DANIEL HÉRAUD

CARNET DE ROUTE / ROAD REPORT INC.

Dépôt légal: 4e trimestre 1998
Bibliothèque nationale du Québec
Bibliothèque nationale du Canada

Imprimé et relié au Canada

ISBN: 1-895100-38-0

SOMMAIRE

▓ **L'AUTOMOBILE AUTOUR DU MONDE   11**

▓ **144 ESSAIS ROUTIERS DÉTAILLÉS   65**

▓ **17 ANALYSES DES NOUVEAUTÉS 1999**

▓ **BILAN COMPARATIF DES MEILLEURS
ACHATS DANS CHAQUE CATÉGORIE   391**

La course à la médiocrité..?

Vous aurez sans doute remarqué que depuis quelques années ce livre, comme son concurrent le plus proche, arrive de plus en plus tôt sur les tablettes de votre libraire. Pendant des décennies, les guides automobiles sortaient à l'occasion du Salon du Livre, début novembre. Mais depuis, c'est à qui sortira le plus tôt. Fin octobre, mi-octobre, fin septembre, mi-septembre... Et pourquoi pas mi-juillet? Ainsi tout le monde aurait de quoi lire pendant les vacances.

Cette course est ridicule, car elle prive finalement le lecteur d'un contenu de qualité. Si les constructeurs américains relâchent l'information sur leurs modèles de l'année suivante entre les mois de juin et juillet les asiatiques le font entre septembre et octobre et les européens, entendez par là les allemands, à Noël...

Cela signifie tout simplement que les livres qui sont finis d'imprimer fin septembre sont amputés de 25% de leur contenu véridique.

Pire, dans le but d'être toujours les premiers, 80% des photos de certains de nos concurrents ne sont pas du millésime indiqué sur la couverture, mais bien de l'année précédente. C'est plus vite fait et moins stressant que d'attendre celles des constructeurs. Mais c'est de la fausse représentation.

Le plus drôle, c'est que ce procédé ne profite à personne, puisque depuis des années les chiffres de ventes demeurent à plus ou moins un

ou deux pour cent près, strictement identiques. Personne ne vole de lecteurs à personne. Mais tout le monde est privé de quelque chose de fondamental qui est la qualité de l'information.

Malgré la difficulté d'obtenir le matériel nécessaire à la confection de notre «bible» au bon moment, l'équipe de Carnet de Route a mis les bouchées doubles pour livrer le meilleur de l'information disponible. J'en profite pour les remercier tous très sincèrement de leur compétence et leur dévouement à la cause de ce livre qui nous tient tant à coeur.

Comme vous allez le constater, Carnet de Route s'est encore amélioré, les textes plus longs et plus précis sont regroupés sur la page de gauche tandis que les tableaux de chiffres figurent sur celle de droite, comme certains d'entre vous l'avaient suggérés. Nous avons aussi essayé de satisfaire ceux qui demandent plus de photos de détails sur chaque modèle, ce qui a porté leur nombre total à plus de mille. Les prix mini-maxi permettant de mieux négocier, ont rejoint le tableau des équipements afin de laisser de la place aux marques et modèles de pneus équipant d'origine les différents modèles d'automobile. La prochaine fois que nous nous rencontrerons nous serons à l'aube du troisième millénaire et à cette occasion Carnet de Route se surpassera pour vous offrir le meilleur de l'automobile. Bonne route et à l'année prochaine.

Daniel Héraud

CRÉDITS

Photo de couverture: Renault Zo
Photo de l'auteur : Jacques Grenier
Les photographies des pages intérieures sont de: Lise Champagne, Michel Condominas, Gérard Héraud, Daniel Héraud, Jean D'Hugues Benoit Charette et des services de presse des constructeurs.

Rédacteur en chef:	Daniel Héraud
Collaborateurs:	Luc Gagné
	Benoit Charette
Maquette de couverture:	Imagidée, Gilles Leduc
Correction - traduction:	Rachelle Renaud
Révision technique:	Jacques Gervais
Consultant technique:	François Viau
Séparations de couleur:	Imagidée, Jean-Denis Lalande
Impression:	Québécor Inc.

COLLABORATEURS INTERNATIONAUX

Allemagne:	Helmut Herke
Canada:	Sammy Chang
France:	Michel Condominas
	Gérard Héraud
États-Unis	Alan McVicar
Grande-Bretagne:	Nick Bennett
Italie:	Andréa Andali

REMERCIEMENTS

Pour réaliser ce *Carnet de Route*, nous avons dû compter sur le concours de nombreuses personnes œuvrant dans le domaine de l'automobile et de l'édition. Que tous ceux qui, de près ou de loin, ont participé à la réalisation de ce livre soient ici sincèrement remerciés.

Les spécifications techniques relatives aux automobiles présentées dans ce livre, de même que les données apparaissant sous les rubriques «Moteurs», «Transmissions», «Caractéristiques», «Prix et Équipements» ont été fournies par les constructeurs.

L'auteur, l'éditeur et le distributeur ne sauraient garantir que ces données sont exactes et complètes. Les commentaires et les recommandations de ce livre ont été formulés en toute bonne foi; cependant, l'auteur, l'éditeur et le distributeur déclinent toute responsabilité en ce qui a trait à l'usage qui pourrait en être fait.

INDEX

Identification de la marque.

Identification du ou des modèles.

Drapeau du pays du constructeur.

Texte d'évaluation classé par ordre décroisssant des points positifs et négatifs suite à l'essai du véhicule.

Les indices s'expliquent ainsi:

Le montant de la **Prime d'assurance** a été établi pour un individu âgé de 35 ans, marié, habitant une région métropolitaine, n'ayant pas eu d'accident au cours des six dernières années et pas de suspension de permis de conduire. Prime de base pour 1 million de responsabilité civile, déductibles: 250 $ pour collision; 50 $ pour risques multiples.

Le **Taux de dépréciation** est calculé à partir de notre «Guide des voitures usagées» sur une période de trois ans. Si le véhicule existe depuis moins de trois ans, le nombre d'années suit entre parenthèses.

Le **Prix de revient au kilomètre** a été calculé par catégorie. Il est basé sur l'usage du véhicule pendant une durée de trois ans à raison de 20 000 km par année et comprend la prime d'assurance, l'immatriculation, les intérêts du financement, le carburant, l'usure des pneus, l'entretien et les réparations, la dépréciation et les frais de stationnement.

OLDSMOBILE — Intrigue

L'Intrigue se vend bien, tout comme le nom Oldsmobile d'ailleurs. C'est si vrai que ce constructeur applique désormais le nom de sa marque sur sa carrosserie! Celle-ci a pour mission de faire oublier la Cutlass Supreme et sa conception ultra-conservatrice car elle s'apparente plutôt aux intermédiaires nippones populaires. Certes, elle partage la plate-forme des Buick Century-Regal et de la Pontiac Grand Prix, mais propose une esthétique plus raffinée inspirée dans ses grandes lignes par l'Aurora.

GAMME
Oldsmobile propose l'Intrigue sous la forme d'une berline à 4 portes, avec trois niveaux de finition: GX, le modèle de base qui a quatre freins à disque, l'ABS, un climatiseur et des jantes d'alliage; la GL, intermédiaire, qui a en plus un siège baquet réglable assisté pour le conducteur, un dossier escamotable 60/40 à l'arrière, des antibrouillards et des rétroviseurs extérieurs chauffants; la GLS, enfin, qui offre une sellerie de cuir, un siège baquet à réglages assistés pour le passager, des appliqués de simili-bois, un système audio à lecteur de cassettes et de CD, et un rétroviseur intérieur électro-chromique. Cette année, les trois versions peuvent recevoir le groupe d'options «Autobahn», qui comprend des pneus à cote «H» et des freins plus performants (disques avant de 12 po et servo-frein différent).

TECHNIQUE
Deux moteurs sont proposés, pour une partie de l'année. Les versions GX et GL reçoivent le V6 3800 de 3.8L, alors que la GLS utilise le nouveau V6 DACT de 3.5L. Toutefois, ce dernier éclipsera le V6 3800 au cours de l'année. L'Intrigue a une carrosserie en acier montée sur un châssis monocoque. Tous les panneaux sont galvanisés des deux côtés, sauf le pavillon. Avec un coefficient de 0.32, l'efficacité aérodynamique de la carrosserie est dans la moyenne.

La suspension indépendante aux quatre roues est basée sur des jambes de force MacPherson à l'avant et un système multibras à l'arrière. Il y a des ressorts hélicoïdaux et une barre antiroulis devant comme derrière.

Des freins à disque aux quatre roues, un antiblocage et un antipatinage sont livrés en série, de même que la dernière servo-direction Magnasteer II dont l'assistance progressive varie selon la vitesse.

Une belle formule...

POSITIF

+ LE STYLE. Inspirée elle aussi des grandes lignes de l'Aurora, l'Intrigue est élégante et son allure distinctive attire le regard, surtout dans les couleurs foncées qui lui donnent de la classe. Empreint de simplicité, ce dernier vieillira bien.

+ L'ÉQUIPEMENT. Par rapport à la Cutlass Supreme, l'Intrigue offre un aménagement et des équipements plus complets. On est loin des voitures américaines traditionnelles offertes à des prix alléchants, mais dégarnies à outrance, à moins d'y ajouter beaucoup d'options... ce qui faisait gonfler la facture illico!

+ LES PERFORMANCES. Le nouveau V6 DACT de 3.5L apporte à l'Intrigue ce qui lui manquait le plus: un moteur digne de son châssis et de ses suspensions. Avec 215 ch «atmosphériques», les accélérations et les reprises s'approchent de celles de la Regal au moteur compressé. Le nouveau venu permet une conduite inspirée, sans que son rendement en souffre vraiment puisque sa consommation s'est maintenue autour de 12.5 litres aux 100 km durant notre essai.

+ LE CONFORT. Sur la route, l'Intrigue se comporte avec les manières d'une voiture importée. La suspension possède un juste niveau de fermeté et masque bien les défauts du revêtement. De plus, les sièges bien rembourrés procurent un maintien appréciable qui ajoute au confort de roulement.

+ LE COMPORTEMENT. L'Intrigue négocie les courbes avec beaucoup d'aplomb, grâce à une suspension efficace et des pneumatiques qui gardent une excellente adhérence sur pavé sec et humide.

+ LA QUALITÉ. Oldsmobile fait montre d'un grand souci de qualité. L'assemblage et la finition sont excellents. On le voit à l'uniformité de la finition et l'ajustement des pièces, qui affiche une tolérance rigoureuse. La même constatation s'impose quant à l'équipement de cette voiture, qui est au-dessus de la moyenne en matière de qualité (pneus, phares, essuie-glace, etc.).

+ DE BONS POINTS: Soulignons le côté pratique des deux leviers de la colonne de direction, qui actionnent les phares, les feux directionnels et les essuie-glace, de même que la bonne visibilité qu'on a sous tous les angles, entre autres, à cause des grands rétroviseurs extérieurs.

NÉGATIF

- LA TRANSMISSION. La transmission a un étagement très long; il faut savoir solliciter l'accélérateur de la «bonne» manière pour enclencher la surmultipliée ou pour rétrograder au moment opportun. De plus, il y a peu de frein moteur en 3e vitesse.

- LES PERFORMANCES. Les performances du V6 3800 sont moyennes, par rapport à celles des rivales de l'Intrigue, bien qu'elles soient convenables. On a souvent l'impression de rouler beaucoup plus vite qu'en réalité. Le nouveau V6 DACT devrait ajouter un peu de piquant!

- LA DIRECTION. Elle est précise et très directe, avec 2.5 tours seulement d'une butée à l'autre. Toutefois, le système Magnasteer souffre d'un excès d'assistance, ce qui la rend légère et sensible par grand vent et sur mauvais revêtement.

- LES MATÉRIAUX. Certains plastiques utilisés dans l'habitacle déprécient l'ensemble (surtout les garnitures de cuir), à cause de leur couleur terne (grisâtre) et leur texture brillante.

- L'AMÉNAGEMENT. La console centrale est trop basse, plus qu'elle ne l'est dans les Buick Century-Regal et la Pontiac Grand Prix. Enfin le sélecteur masque les commandes du climatiseur.

- LES BRUITS. Il est curieux qu'une voiture aussi profilée émette autant de bruits éoliens, à moins que son passage en soufflerie aérodynamique ait été de trop courte durée...

CONCLUSION
L'Oldsmobile Intrigue démontre, à l'instar de la Buick Regal et de la Chevrolet Malibu, que General Motors est à nouveau capable de produire des véhicules d'une qualité concurrentielle, parvenant même à rendre des points aux produits japonais. ☺

Le point final exprime:

☺ **au-dessus de 65%,**

😐 **de 55% à 65%,**

☹ **en dessous de 55%.**

Attention: les véhicules sont répertoriés par ordre alphabétique, sous le nom de leur constructeur et non de leurs vendeurs. Consultez toujours l'index pour trouver rapidement la bonne page.

Sigle du constructeur.

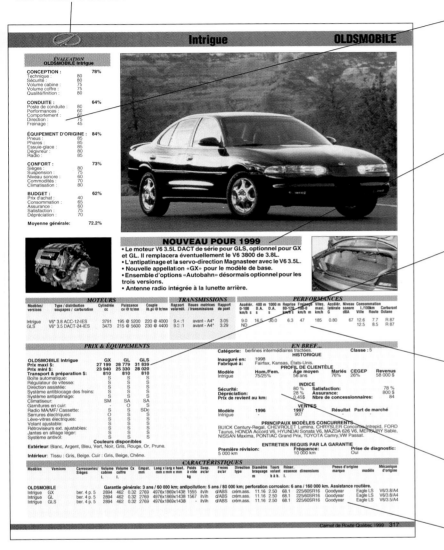

Pointage d'évaluation de chaque modèle établi en fonction du barème présenté page 8 et à partir des données des constructeurs et des résultats de nos rapports d'essai, avec sous-pointage par chapitre pour mieux cerner le caractère de chaque véhicule.

NOUVEAU POUR 1999
La mise à jour des différentes modifications apportées à chaque modèle.

Les prix mini-maxi et les principaux équipements des différentes versions d'un modèle ainsi que les couleurs disponibles pour la carrosserie et l'aménagement intérieur.

Principaux ensembles mécaniques disponibles, moteurs et transmissions ainsi que leurs performances relevées par ordinateur lors de nos cycles d'essai sur routes et pistes.

Données historiques, statistiques démographiques, de vente, de part de marché, principale concurrence, entretien périodique.

Principales caractéristiques techniques.

IMPORTANTE MISE EN GARDE
Ce livre est compilé à partir des informations préliminaires communiquées par les constructeurs l'été précédant la mise en marché des véhicules. Les différences constatées entre nos données et celles que les constructeurs publient à l'automne dans leurs catalogues ou durant l'année ne constituent pas des erreurs, mais des changements qu'ils effectuent sans préavis.

Carnet de Route étant écrit simultanément pour le Québec, le Canada et les États-Unis, il est possible que certains modèles illustrés ne soient pas tout à fait conformes à ceux effectivement commercialisés localement.

TYPES DE MOTEUR
H   cylindres disposés horizontalement
L   cylindres disposés en ligne
V   cylindres disposés en V

ALIMENTATION
IE(P)   injection électronique (programmée)
IEPM   injection électronique à points multiples
IM   injection mécanique
IESPM   injection électronique séquentielle à points multiples
IM   injection monopoint (1 seul gicleur)
IMCE   injection mécanique à commande électronique
PI   pompe à injection rotative de Diesel
T ou Tbo   turbocompresseur
Tr   turbocompresseur avec refroidisseur (intercooler)
C   compresseur volumétrique
R 87   essence régulière 87 octane
M 89   essence moyenne 89 octane
S 91   essence supérieure 91 octane

TRANSMISSIONS
M4 M5 M6   manuelle à 4 vitesses; à 5 vitesses; à 6 vitesses
A3 A4 A5   automatique à 3 rapports; à 4 rapports; à 5 rapports
4x2/2RM   2 roues motrices
4x4/4RM   4 roues motrices ou traction intégrale

MODÈLES
cam.   camionnette
cpé.   coupé
déc.   décapotable ou cabriolet
ber.   berline
fam.   familiale
frg.   fourgonnette
lim.   limousine
tt   tout terrain
2 p.   2 portes
3 p.   3 portes
4 p.   4 portes
5 p.   5 portes

SUSPENSION
i   indépendante
si   semi-indépendante
r   essieu rigide
ra   essieu rigide-amortisseurs à air
ih   indépendante-ressorts hélicoïdaux (suspension)
il   indépendante-ressorts à lames (suspension)

DIRECTION
crém.   direction à crémaillère
bil.   direction à billes
v/g   direction à vis et galets
ass.   assistée

FREINS
d   disque
t   tambour
ABS   système antiblocage de frein aux roues
ABS ar.   antiblocage de frein aux roues arrière

MESURES
Cyl.   cylindre
cc ou l   cylindrée en centimètres cubes ou litres
cv   chevaux-vapeur (norme SAE)
mm   millimètre
m   mètre
m.kg-N.m   couple exprimé en mètre-kilo (Newton-mètre)
lb.pi   couple exprimé en livre-pied
dm3   volume en décimètre cube ou litre
kg   kilogramme
dBA   mesure de bruit en décibels sur l'échelle A
km/h   kilomètres à l'heure
l/100 km   litres aux 100 kilomètres

AUTRES
* ou S   équipement d'origine ou standard
# ou ND   pas disponible avant d'imprimer
Ac.   accessoire
M   manuel (climatiseur, sièges, rétroviseurs)
A   automatique (climatiseur)
E   électrique (serrures, fenêtres, sièges, rétroviseurs))
ND   non disponible
NR   non recommandé
O   option
R   renforcé (pour HD/Heavy-Duty)
C   chauffant (rétroviseurs)
Cx   coefficient aérodynamique
4RD   quatre roues directrices
tdb   tableau de bord

BARÈME D'ÉVALUATION
1999

Notes en %	**0**	10	20	30	40	**50**	60	70	80	90	**100**

CONCEPTION

• Technique:	aérodynamique		plate-forme		mécanique		propulseurs	matériaux		
• Sécurité: NHTSA	structures		portes		environnement		ceintures	coussins		
• Volume cabine: EPA L	1600	1800	2000	2200	2400	2500	2600	2800	3000	3200	3400
• Volume coffre: EPA L	100	150	200	250	300	350	400	450	500	550	600
• Qualité/finition:	assemblage		finition		apparence			matériaux		

CONDUITE

• Poste de conduite:	position		visibilité		commandes		contrôles			
• Performances: 0/100 en s.	15	14	13	12	11	10	9	8	7	5	4
• Comportement: lat. G	0.50	0.55	0.60	0.65	0.70	0.75	080	0.85	0.90	0.95	1.0
• Direction:	démultiplication			précision	dosage		assistance	recentrage		
• Freinage: 100/0 en m	65	60	57.5	55	52.5	50	45	42.5	40	37.5	35

ÉQUIPEMENT D'ORIGINE

• Pneus:	adhérence:	sec		mouillé		hiver		confort		bruit
• Phares:	portée	luminosité		largeur du faisceau		antibrouillard				
• Essuie-glace:	surface	vitesse		intermittent		type de balais				
• Dégivreur:	surface	vitesse								
• Radio:	MA/MF		cassette		dc		qualité du son	puissance		répartition

CONFORT

• Sièges:	assise		maintien latéral		soutien lombaire		rembourrage			revêtement
• Suspension:	amortissement			amplitude		roulis		tangage			fréquence
• Niveau sonore: dBA	74	73	72	71	70	68	67	66	65	64	63
• Commodités:	boîte à gants	vide-poches	coffret	console		évidements	tablettes			
• Climatisation:	rapidité		répartition		chaud	froid		soufflerie		commandes

BUDGET

• Prix d'achat: $ CDN	50000	45000	40000	35000	30000	25000	22500	20000	17500	15000	12500
• Consommation: l./100	22	20	18	16	15	14	13	12	10	8	6
• Assurance: prime en $ HT	5000	3500	2500	2000	1500	1000	900	800	700	600	500
• Satisfaction: %	5	10	20	30	40	50	60	70	80	90	100
• Dépréciation: %	100	90	80	70	60	50	40	30	20	10	5

ABS ou ALB. Initiales de «antilock brake system» ou «anti-lock braking». Ce système a pour fonction de décéler et d'annuler d'éventuels blocages de roues lors de freinages violents. Des palpeurs situés à chaque disque ou tambour de freins détectent l'amorce d'un blocage et ordonnent à une centrale de diminuer la pression d'huile de frein par plusieurs pulsations par seconde jusqu'à ce que la roue retrouve sa vitesse de rotation. La sophistication de ces systèmes varie beaucoup entre les marques. Certains sont de type mécanique, d'autres plus complexes sont activés par des senseurs à inertie qui mesurent la décélération réelle et l'accélération latérale (ou force centrifuge en virage) pour éviter les tête-à-queue ou embardées toujours possibles avec les dispositifs plus simplistes.

Alésage/course. Dimensions qui permettent de calculer la cylindrée d'un moteur. L'alésage est le diamètre du piston et la course la distance parcourue par celui-ci. Formule: A/2 au carré x π x C x nombre de cylindres= volume en cm3. (A et C en cm).

Allumage électronique. Ce dispositif remplaçant l'allumeur et les vis platinées détermine le moment propice pour enflammer le mélange carburé par la bougie.

Alternateur. Accessoire entraîné par la courroie du moteur qui alimente le circuit électrique (allumage des bougies, charge de la batterie, climatisation et accessoires).

Amortisseur. Cet accessoire, contrôlant l'amplitude et la vitesse de débattement des roues dues aux inégalités de la route, participe dans une certaine mesure au contrôle des mouvements de caisse tels que le roulis, le tangage, les compressions et délestages. *A. hydraulique.* Utilise une circulation interne d'huile. *A.à gaz.* Utilise une circulation interne de gaz (azoté). Sur certains modèles, la tension d'amortissement est ajustée soit automatiquement, soit par le conducteur grâce à une électrovanne contrôlant le débit hydraulique ou gazeux et permettant de faire varier la fermeté.

Arbre à cames. Pièce en acier pourvue de saillies permettant d'actionner les soupapes d'admission et d'échappement soit directement, soit par l'intermédiaire de culbuteurs. Elle est entraînée par courroie ou par chaîne. *A. à c. central.* Situé au centre du bloc du moteur à 6 ou 8 cylindres disposés en V, il actionne les soupapes par l'intermédiaire de renvois et de culbuteurs. Cette disposition qui est assez ancienne existe encore sur les moteurs d'origine américaine. *A. à c. latéral.* Même principe que le précédent mais cette fois appliqué sur un moteur disposé en ligne de 4 ou 6 cylindres. *A. à c. simple en tête.* L'arbre est situé dans la culasse directement au-dessus ou à côté des soupapes. Cette disposition plus moderne prévaut sur la quasi-totalité des moteurs d'origine européenne ou japonaise et peut actionner de deux à quatre soupapes par cylindre. *A.à c. double en tête.* Cette fois-ci chaque arbre est spécialisé. Le premier actionne les soupapes d'admission des gaz et le deuxième les soupapes d'échappement. Cette disposition offre le plus souvent le meilleur rendement. (->5 soupapes.)

Barres antiroulis, antidévers ou stabilisatrices. Barre transversale reliant chaque paire de roues pour limiter l'inclinaison de la voiture en virage.

Bas de caisse. Partie inférieure de la carrosserie de la voiture.

Baudrier. Partie supérieure de la ceinture de sécurité retenant le tronc du corps.

Berline. Carrosserie à 2 ou 3 volumes, à 2, 3, 4 ou 5 portes, offrant 4 à 6 places.

Bielle. Pièce de métal reliant le piston au vilebrequin, la bielle transmet le mouvement alternatif rectiligne du premier en mouvement circulaire continu pour le second.

Boîte de transfert. Utilisée sur les véhicules tout terrain pour coupler les trains avant et arrière qui, sinon, sont libres ou désengagés.

Boîte de vitesses à commande manuelle. Organe mécanique composé d'arbres sur lesquels sont montés deux trains d'engrenage, le primaire solidaire du moteur et le secondaire relié aux roues motrices. La sélection des rapports est commandée par le conducteur par l'intermédiaire d'une tringlerie et le désaccouplement moteur-transmission par la pédale d'embrayage.

Boîte de vitesses automatique. Mécanisme assurant le changement automatique des 3, 4 ou 5 rapports.

Cache-bagages. Toile ou couvercle couvrant habituellement le coffre des berlines ou coupés à deux volumes.

Calandre. Orifice du radiateur.

Carburateur. Élément qui sert à préparer le mélange combustible pour le moteur. Le carburant est admis par un orifice calibré (gicleur) qui le réduit en brouillard pour mieux le mélanger à l'air. *C. à simple corps:* possédant une chambre de carburation. *C .à double corps* ...à deux chambres.

Carrossage. Angle d'inclinaison des roues par rapport au plan vertical.

Carter d'huile. Compartiment étanche sous le moteur contenant l'huile et la pompe à huile. **Carter de transmission.** Compartiment contenant les arbres, les engrenages, les roulements et l'huile de lubrification.

Ceinture de caisse. Ligne formée par la partie inférieure de la surface vitrée.

Conduits ou collecteur d'admission ou d'échappement. Tuyauterie rassemblant les gaz en aval ou en amont du moteur. Leurs formes, longueur et diamètre déterminent le volume, la vitesse et la quantité d'air pour l'obtention soit du couple (formes courbes, étroites et longues), soit de la puissance (formes droites à plus grand diamètre).

Coupé. Carrosserie à 2 volumes, 2 places principales et 2 de dépannage, ayant une allure sportive et individualiste.

Couple moteur. Effort instantané développé par le moteur qui s'exprime en livres-pieds dans le système américain (SAE) et en mètres-kilos (Newton-mètre) en métrique (DIN). Formule: 1 lb.pi = 1.3529 m.kg (N.m).

Colonne de direction ajustable. *En hauteur:* pour favoriser l'angle et le maintien du volant; *en longueur ou télescopique:* pour s'ajuster à la taille des conducteurs.

Compresseur. Élément de suralimentation destiné à augmenter le volume d'air à l'admission du moteur par opposition à l'aspiration normale. *C. volumétrique.* On distingue 2 sortes de compresseurs: de Roots (sur Ford Thunderbird SC), ou à spirales (VW Corrado). Le compresseur est entraîné par une courroie reliée au vilebrequin du moteur. *Turbocompresseur.* Type de compresseur utilisant une turbine entraînée par la vitesse des gaz d'échappement. Courant sur les voitures sport et les véhicules à moteur Diesel, il élève à la fois couple et puissance.

Compression. Deuxième temps du cycle durant lequel le piston comprime le mélange gazeux. S'emploie comme «Frein moteur» lorsque ce cycle est pauvre en carburant, en phase de décélération.

Convertisseur de couple. Accouplement hydraulique des boîtes automatiques assurant la fonction d'embrayage; est caractérisé par un effet de glissement car les parties engagées ne sont pas solidaires comme dans une boîte mécanique.

Couple conique. Engrenages utilisés pour transformer le mouvement longitudinal d'un arbre de transmission en un mouvement perpendiculaire; un moteur transversal ne possède pas de couple conique.

Culasse. Pièce coiffant la partie supérieure du bloc de cylindres d'un moteur comprenant avec le couvre-culasse, les arbres à cames, les soupapes, les conduits d'admission, d'échappement et le haut des chambres de combustion.

Custode. Panneaux de carrosserie latéraux encadrant la lunette arrière.

Cx. Coefficient de résistance d'une carrosserie à la pénétration dans l'air. **SCx** est la mesure réelle du Cx compte tenu de la surface frontale du véhicule.

Cylindres. Chambre cylindrique fermée par la culasse, où se meut le piston. **C. en ligne.** Cylindres disposés longitudinalement. *C. en V.* Cylindres répartis également en deux rangées, réunies au niveau du vilebrequin. *C. opposés.* (ou Boxer) bancs de cylindres disposés horizontalement et réunis au centre au niveau du vilebrequin.

Déflecteur. Appendice servant à mieux canaliser le flux d'air autour d'un véhicule en mouvement. Habituellement situé à l'avant sous le pare-chocs et à l'arrière sur le couvercle de coffre, il peut être fixe ou mobile en fonction de la vitesse.

Déport négatif. Inclinaison légère mais progressive des roues directrices vers l'intérieur du virage au fur et à mesure qu'elles pivotent sur elles-mêmes. Aide à limiter le sous-virage.

Détecteur de cognement ou de cliquetis. Détecte et annihile le bruit, résultant du choc du piston sur son axe (bielle) dû à l'élévation de la température. Voir aussi **Octane.**

Diesel. Carburant lourd, par opposition à l'essence plus légère et plus volatile. *Le moteur Diesel* exige un taux de compression très élevé (22:1) pour enflammer spontanément le combustible par auto-allumage non commandé. Ce type de moteur ne comprend ni dispositif, ni bougie d'allumage.

Différentiel. Mécanisme contenu dans un carter et permettant aux roues motrices de tourner à des vitesses différentes tout en restant, l'une ou l'autre, soumises à l'action du couple-moteur. Il est aussi employé pour répartir le couple entre les essieux avant et arrière des voitures à transmission intégrale permanente. (Non permanente: voir boîte de transfert) *D. autobloquant.* Dispositif mécanique complémentaire ayant pour but de solidariser la roue qui n'est pas soumise au couple-moteur à l'autre qui patine par manque d'adhérence. ***D. à glissement limité***. Il est semblable à l'autobloquant mais est fixé selon le manufacturier à un pourcentage prédéterminé: de 25 à 100 %. ***D. à viscocoupleur***. Boîtier complémentaire où deux groupes de lamelles intercalées, chacun étant solidaire d'une roue, baignent dans un liquide à base de silicone qui, en s'échauffant, se fige et solidarise les deux demi-arbres de roues lorsqu'il y a différence de rotation.

Distribution par chaîne. L'arbre à cames est entraîné par une chaîne. ***D. par courroie***. Par une courroie crantée. ***D. par pignons***. Par un couple d'engrenage à roues dentées.

Dosage. (freinage) Voir **Moduler**.

Échangeur de température. Il est utilisé pour refroidir à l'aide de l'air ambiant, soit le liquide de refroidissement du moteur, soit l'air d'admission en aval du turbocompresseur.

Embrayage. Mécanisme situé entre le moteur et la boîte de vitesses qui se compose de deux surfaces ou disques parallèles en rotation, entrant en contact par frottement. La séparation de ces disques permet le changement de vitesse et leur contact la transmission du couple moteur aux roues.

Frein à disque. Type de frein comportant un disque solidaire du moyeu de roue et sur lequel viennent s'appuyer des plaquettes pour provoquer une friction. **F. à disque ventilé.** Disque plus épais qui comporte en son centre des aubes pour y faire circuler l'air et pour y tempérer l'élévation de température du métal. **F. à tambour.** Type de frein comportant un tambour fixé à la surface interne de la roue et qui tourne avec elle; ces segments ou plaquettes viennent frotter contre sa face interne.

Injection directe. Pulvérisation du carburant sous les conduits d'admission du moteur où il se mélange à l'air. **I. indirecte.** Employée dans les moteurs Diesel, le carburant est injecté dans une pré-chambre avant d'être envoyé dans la chambre de combustion. **I. mécanique.** Le carburant est giclé par un mécanisme pré-réglé. **I. électronique.** Le dosage de carburant est déterminé par une centrale électronique. **I. monopoint.** Un seul gicleur pour tous les conduits d'admission. **I. à points multiples.** Un gicleur par conduit d'admission par cylindre. **I. séquentielle.** Par pulvérisation d'essence en pulsations.

Jambe de suspension, de force ou MacPherson. Suspension indépendant dans laquelle l'amortisseur est situé à l'intérieur d'un tube vertical où le ressort hélicoïdal est placé à la partie supérieure de ce tube. Ce dernier est relié au bras ou au triangle inférieur de suspension alors que l'extrémité supérieure est boulonnée au châssis.

Jante. Rebord de roue retenant celui du pneu.

Jupe. Comme le déflecteur, mais pour les soubassements latéraux.

Longerons. Parties longitudinales d'un cadre ou d'un châssis automobile par rapport aux traverses latérales. Ils peuvent être tubulaires, profilés en U ou en carré.

Maître-cylindre. Sorte de pompe de commande contenant un piston et alimentée par un réservoir rempli de liquide (huile) pour distribuer la pression de freinage aux quatre roues.

Manomètre. Appareil de mesure de pression d'un liquide (huile de frein, le plus souvent).

Moduler. Facilité avec laquelle un conducteur peut faire varier l'intensité du freinage.

Doser. Facilité avec laquelle le chauffeur peut déterminer la concentration ou la pression de freinage selon l'assistance du servofrein.

Monocoque. (Carrosserie m. ou caisse autoporteuse). Infrastructure formée par des longerons et des traverses, intégrée totalement par soudage dans la carrosserie de façon à former une plate-forme solide sur laquelle viennent se fixer les éléments mécaniques.

Moteur multisoupape. Moteur pourvu d'une culasse comprenant de trois à cinq soupapes par cylindre.

Moteur polycarburant. Actuellement au stade expérimental, ce moteur utilise plusieurs types de carburant.

Moteur rotatif. (ou Wankel). Moteur à explosion dans lequel le cylindre et le piston classiques sont remplacés respectivement par une chambre pratiquée dans un stator et par un rotor ou un piston rotatif.

Octane. (indice d'). **Capacité antidétonante d'une essence.** Plus il est élevé, plus elle est en mesure de résister à l'auto-allumage avant que s'effectue l'inflammation commandée par la bougie.

Pneu à taille ou profil bas ou haut. Déterminé par les dimensions d'un pneu (ex: 185/60R14). Le 60 indique la hauteur ou le profil en pourcentage, soit 60% de 185 mm, qui est la largeur. Inférieur à 60%, il favorise la tenue de route et, supérieur à 65%, le confort.

Porte-à-faux. Emplacement du moteur en avant du milieu du train avant ou derrière le milieu du train arrière.

Rapport de pont. Détermine la démultiplication finale en aval de la transmission. Il permet de faire varier la longueur de transmission en modifiant le rapport entre le nombre de dents des pignons. Un rapport de 2,9 à 1 est plus long qu'un autre de 3,4 à 1.

Rapport volumétrique. C'est le rapport entre le volume de la chambre de combustion (celle comprise entre le toit de la culasse et la surface du piston au sommet de sa course) et celui atteint par le piston au bas de sa course. Un rapport de 9,0 à 1 indique que le piston fait neuf fois l'équivalent en volume de celui de la chambre de combustion. Plus il est élevé, plus le mélange est comprimé et augmente ainsi les rendements de couple et puissance. Le rapp. vol. d'un moteur suralimenté est volontairement abaissé (8,0 à 1 par exemple) pour octroyer une chambre de combustion plus grande étant donné la charge supplémentaire provenant de la surpression. Une mécanique Diesel demande un rapport très élevé (22,0 à 1) pour enflammer sans intervention le mélange.

Servo. Pour servofrein et servodirection. Assistance qui remplace partiellement l'effort du conducteur par une source d'énergie auxiliaire pour le freinage et la direction.

Soupape. Obturateur mobile qui s'ouvre et se ferme en ne permettant que le passage du mélange air-essence à l'admission et des gaz brûlés à l'échappement. Elle est actionnée par les cames de l'arbre de distribution.

Soupape de décharge. Pour les moteurs suralimentés, une soupape libère le surplus de pression engendré par le compresseur du turbo et ne conserve que le nécessaire au bon fonctionnement du moteur. C'est elle qui détermine la pression maximale tolérée par le moteur. Moteur de tourisme turbo: environ 0,5 à 0,7 bar max., ...de Formule 1: jusqu'à 4,5 bars (4,5 fois la pression atmosphérique normale).

Sous-vireur. Tendance d'un véhicule en situation de courbe plus ou moins prononcée à aller tout droit ou à s'échapper vers l'extérieur de la courbe. À la limite, c'est le train avant qui décroche le premier.

Survireur. Se dit d'un véhicule qui, dans un virage, a tendance à virer plus que le braquage des roues directrices ne le sollicite. À la limite, c'est le train arrière qui décroche le premier.

Surmultiplicateur. Dans une boîte de vitesses manuelle ou automatique, le dernier rapport est surmultiplié par rapport aux autres qui sont démultipliés. Ainsi l'arbre de transmission tourne à une vitesse supérieure à celle du moteur.

Suspension à barre de torsion. La fonction de ressort est assurée par la torsion d'une barre en acier disposée parallèlement à l'axe du véhicule. À une extrémité, elle est ancrée (fixe) au cadre et, à l'autre, à un levier de suspension. Sa tolérance à la torsion détermine la hauteur du véhicule au repos. **Barre Panhard.** Elle guide habituellement de manière transversale l'essieu rigide. Elle est attachée près de la roue d'un côté et au châssis de l'autre. **S. indépendante.** Chaque roue dispose de ses propres leviers, barres ou bras tous reliés au châssis. **S. à ressorts à lames.** Série de lames en acier spécial de longueurs décroissantes et superposées les unes aux autres. Elle est surtout utilisée sur les véhicules de transport lourds dotés d'essieux rigides. **S. hydropneumatique.** Utilise une sphère remplie d'azote dont l'élasticité permet au véhicule d'avoir une garde-au-sol constante grâce à un dispositif d'appoint de fluide sous pression (ou correcteur d'assiette). **S. rigide.** L'axe entre les roues motrices est formé d'un seul bloc avec le différentiel. **S. semi-indépendante.** Chaque roue est reliée par un levier longitudinal à un tube transversal principal. Le tout est complété par des jambes de force.

Suspension pilotée. Les amortisseurs sont reliés à une centrale hydraulique qui fait varier le degré de fermeté de ceux-ci selon des niveaux définis d'avance.

Synchronisation. (...des rapports de boîte). Première étape du changement de vitesse qui consiste à faire tourner les pignons correspondants à la même vitesse pour faciliter le crabotage de ceux-ci.

Traction intégrale. Un différentiel central logé en sortie de boîte répartit le couple-moteur soit dans des proportions avant-arrière fixes (50-50 ou 40-60 etc), soit dans des proportions variables à l'aide d'un différentiel de type Torsen qui réagit en envoyant le couple au train ayant le plus de motricité. Ce type de traction fonctionne en permanence.

Tunnel. Cavité longitudinale au centre de la voiture permettant le passage de l'arbre de transmission entre le moteur avant et le train arrière.

Turbocompresseur. Voir rapport volumétrique.

Vilebrequin. Partie de la chaîne cinématique qui transforme avec les bielles le mouvement alternatif en un mouvement rotatif.

TECHNIQUE

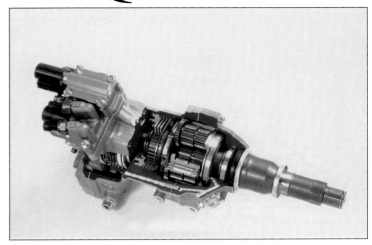

HONDA

Ce constructeur japonais a commencé à s'intéresser aux véhicules électriques en 1980. En 1996 il a mis au point la EV une voiture fonctionnant à partir de batteries à hydrure de métal. Ce constructeur réputé pour ses moteurs à haut rendement et faibles émissions de polluants s'est attaché à étudier un moteur électrique capable d'un très haut taux de rendement. Le groupe propulseur comprend enfermé dans un même carter le moteur lui même, le régulateur et la transmission. Bardé d'aimants puissants le moteur est parvenu à un rendement maximal de 96% bien exploité par la large plage de vitesses et de charges. Pesant 1615 kg (3 500 lb) la petite EV est capable de parcourir de 210 à 350 km (130-215 m) et atteindre une vitesse maximale de 130 km/h (80 m/h).

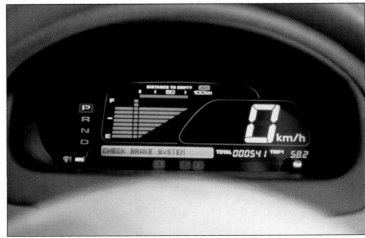

Technique

AUDI

C'est en Hongrie, à 150 km (100 milles) de la capitale Budapest que Audi a décidé de fabriquer son nouveau coupé TT. L'usine ultra moderne, rigoureusement organisée «à l'allemande», est située dans la charmante ville de Györ. Érigée après la chute du mur de Berlin, elle produit les différents moteurs de la gamme Audi. L'usine a été agrandie pour accueillir le montage du TT dont la version cabriolet sera dévoilée sous peu. Dans le sens des aiguille d'une montre on peut voir ici différents aspects de l'assemblage. Les carrosseries qui sont assemblées ailleurs, arrivent sur des plate-formes accompagnées de certains accessoires. La partie mécanique arrive préassemblée sur la chaîne de montage sur des chariots téléguidés. Une fois positionnés le moteur et les éléments de transmission sont fixés par les employés qui travaillent dans de remarquables conditions de propreté. Une fois le montage terminé les voitures sont vérifiées et testées avant d'être entreposées sur la pelouse entourant l'usine.

Technique

DODGE

Présentée au dernier Salon de Détroit, la ESX2 constitue la seconde génération de véhicule hybride étudié par Chrysler. Elle est équipée d'un moteur Diesel de 1.5L à injection directe qui consomme très peu. (3.4 l/100km ou 70 m/g) pour charger la batterie au plomb à haute performance alimentant le moteur électrique servant à la traction. Pour parvenir à réduire le poids de manière radicale, la coque est constituée d'une structure d'aluminium recouverte de six éléments de polyester thermoplastique permettant d'économiser 20% des coûts habituels. De la taille d'une Dodge Intrepid, la ESX2 pèse 548 kg de moins (1 200 lb) tout en offrant un volume utile supérieur. Elle accélère de 0 à 96 km/h (0-60 m/h) en 12 secondes et son autonomie est de 675 km (420 milles).

Technique

TOYOTA

C'est au dernier Salon de Tokyo que Toyota a fait le point sur ses recherches en matière de pile à combustible. Pour illustrer l'application de ce procédé visant à créer de l'énergie sans polluer, la firme japonaise a équipé un RAV4 d'un bloc de stockage en alliage destiné a emmagasiner l'hydrogène nécessaire à alimenter la pile à combustible, afin qu'elle produise les 20 kW nécessaire pour faire parcourir 250 km (155 milles) au RAV4 soit une consommation équivalent à 3.0 l/100km (80 m/g). On sait que sous pression, certains alliages métalliques sont capables d'absorber et de relâcher de l'hydrogène. Ainsi un bloc de 100 kg (220 lb) d'hydrure de métal peut «absorber» 20 000 litres (700 000 pi-cu) d'hydrogène gazeux, tout en le mettant à l'abri des risques d'explosion.

Technique

CADILLAC

Durant la guerre du Golfe, la technologie de l'imagerie thermale a permis aux militaires américains d'accomplir leur mission en pleine nuit. Cadillac est le premier constructeur à avoir adapté ce procédé à la conduite automobile. Sa DeVille 2000 pourra être équipée de ce dispositif qui permet de voir par projection sur le pare-brise ce qu'il y a au delà de la portée des phares, afin de renforcer la sécurité.

Technique

Lors des 22ᵉ «Toyota Idea Olympics» un concours primant les idées les plus originales touchant la conception de véhicules, le gagnant était ce «360 Degree Free-Moving Mode Car» (à gauche) caractérisé par ses 4 roues motrices-directrices et sa cabine rotative qui donne au pilote la sensation de survoler le trafic.

Le Prix d'Excellence a été décerné à ce «Mechanigator» (en haut) mû par les mouvements des hanches de son conducteur. Ci-dessus cette chaise roulante est aussi grimpante, grâce à ses chenilles lui permettant de monter les trottoirs, les escaliers et d'aller sur toutes sortes de surfaces comme le sable ou la glace.

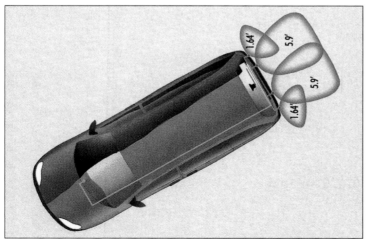

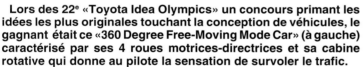

Le radar de marche arrière mis au point par Ford est une option pour le moins originale dont on peut équiper la dernière mini-fourgonnette Windstar. Quatre palpeurs installés sur le pare-

chocs déclenche un avertisseur si quelque chose ou quelqu'un se trouve derrière le véhicule. Le rythme de la sonnerie s'accélère au fur et à mesure que l'on se rapproche de l'impact.

SALON DE TOKYO

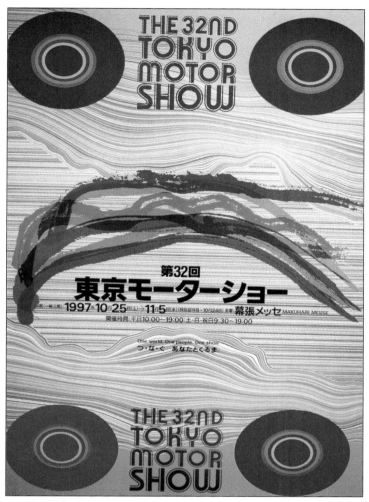

• TOKYO

Le dernier Salon de Tokyo s'est tenu dans le complexe commercial Makuhari en banlieue de la métropole japonaise. Comme c'est souvent le cas, il a été marqué par la grande diversité des véhicules exposés et le fait qu'il est difficile de les photographier sans les cohortes de jeunes et jolies personnes chargées de les mettre en valeur. Un exercice délicat, inconnu ailleurs...

Salon de Tokyo

• BMW

Les constructeurs allemands ont véritablement été les seuls à créer une diversion dans cette marée de produits nippons. BMW a révélé l'étude d'un coupé-cabriolet baptisé Z07 dont les lignes classiques s'inspirent de celles du 507 commercialisé dans les années cinquante à 252 exemplaires animés par un moteur V8.

Le Z07 est conçu à partir d'une structure en aluminium supportant les panneaux de carrosserie fait du même métal, tandis que les pare-chocs sont constitués d'un composite de fibres de carbone. Pour être fidèle à son prédécesseur, le moteur est le V8 de 4.4L qui équipe la M5, assisté de la transmission séquentielle à six rapports. Les jantes de magnésium sont chaussées de pneus créés pour la circonstance.

Salon de Tokyo

• DAIHATSU

Le FR-X (en haut à gauche) est un petit coupé sportif 2+2 aux lignes rondouillardes animé par un moteur de 850 cc, tandis que le Naked (en haut à droite) est un véhicule purement utilitaire très compact et solide avec moteur 660 cc!

• DAEWOO

La d'Arts est une voiture de ville dont on voit ici la version Style qui a été conçue pour le Salon de Tokyo. Sa peinture deux tons, ses jantes à rayons et ses accents chromés lui donnent l'allure «kitch» dont les Japonais raffolent.

Mesurant moins de 4 m en longueur, cette création coréenne est aussi fabriquée en Roumanie, Pologne et en Inde et est équipée d'un moteur de 800 cc donnant 52 ch.

Salon de Tokyo

• HONDA

Dans le sens des aiguilles d'une montre, le J-WJ représente l'étude d'un véhicule à 4RM très compact pourvu d'une transmission variable en continu avec moteur 1.5L VTEC. Le J-MW reprend la même mécanique pour illustrer une petite voiture familiale traitée comme une mini fourgonnette dont elle offre la position de conduite élevée. Le J-VX est un micro coupé sportif basé sur le concept «Small is Smart». Son moteur est un 3 cylindres VTEC de 1.0L à injection directe assisté d'une transmission variable en continu. Un moteur-générateur électrique très compact, accolé au moteur thermique, augmente sa puissance pour accélérer et récupère l'énergie cinétique lors des ralentissements afin de réduire la consommation.

Salon de Tokyo

• ISUZU

Le VX-2 (ci-dessus) est une vision futuriste de ce que sera, selon Isuzu, un véhicule polyvalent. Le Zaccar (à gauche) en diffère par sa partie arrière ouverte et son moteur Diesel à injection directe. Le V-Cross (ci-contre) aux lignes très futuristes est déjà commercialisé au Japon où il ne passe pas inaperçu.

• KIA

En plus de la version semi décapotable à deux portes de son véhicule polyvalent Sportage, ce constructeur coréen exposait sa vision d'un coupé sportif qu'il se propose de commercialiser bientôt, baptisé KMS-4 pourvu d'un moteur 4 cylindres de 2.0L développant 151 ch. Ce coupé sera muni de panneaux solaires et d'un système de freinage d'urgence.

Salon de Tokyo

• MAZDA

Le dévoilement de la dernière évolution du roadster Miata a été un des pôles d'attraction du Salon de Tokyo. Plus fuselé et plus dynamique que le précédent, il se signale par ses phares apparents, son moteur plus puissant, son tableau de bord renouvelé, son coffre plus logeable et sa capote dont la lunette est désormais en verre et pourvue d'un dégivreur électrique.

On pouvait aussi admirer la dernière Sentia (en bas à droite), le modèle le plus prestigieux de la marque, qui fut autrefois importé en Amérique du Nord sous le nom de 929 Serenia.

La Demio (en bas à gauche) mi-familiale mi-fourgonnette, qui connait un grand succès au Japon pour son caractère compact et polyvalent, est disponible en version électrique.

Salon de Tokyo

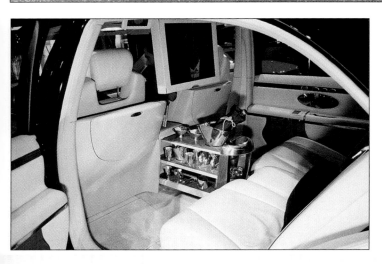

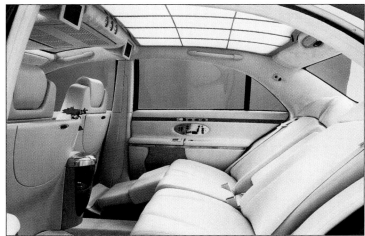

● MERCEDES-BENZ

La Maybach, du nom du styliste allemand Wilhelm Maybach, sera bientôt le modèle le plus prestigieux de la gamme du constructeur allemand. Fabriquée à mille exemplaires, elle sera établie à partir de la plate-forme et de la mécanique de la prochaine série S, dont elle se distinguera par son équipement encore plus raffiné et plus luxueux. Destinée à être conduite par un chauffeur, cette berline dispose, aux places arrière, de sièges inclinables, d'un bar élaboré et d'un système de communication multimédia complet incluant trois téléphones, un ordinateur, un téléviseur et un magnétoscope. La carrosserie faite de matériaux composites, d'aluminium et de magnésium, comporte un système d'éclairage puissant géré par un microprocesseur.

Salon de Tokyo

• MITSUBISHI

Dans le sens des aiguilles d'une montre, on découvre le prototype Maia, un véhicule polyvalent à l'aménagement intérieur modulable dont le hayon s'ouvre de trois façons différentes. Le Tetra illustre la nouvelle tendance stylistique des véhicules tout terrain dont les lignes sont plus arrondies. Sa garde-au-sol plus basse, ses portes plus généreuses et son hayon articulé facilitent l'accès. Ci-contre, l'étude HSR illustre un coupé sportif du siècle prochain, qui se distingue par l'articulation complexe de ses portes. De plus, sa cabine peut s'élever ou s'abaisser afin de procurer selon le mode de conduite une bonne visibilité ou une meilleure finesse aérodynamique. Les commandes et le tableau de bord font preuve d'imagination.

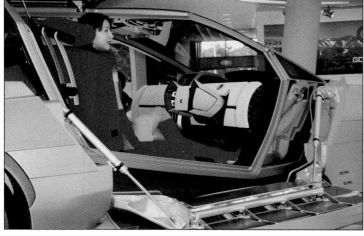

Salon de Tokyo

● NISSAN

Dans le sens des aiguilles d'une montre, la R'nessa constituait la pièce maîtresse de l'exposition Nissan. Il s'agit d'une grosse familiale aux sièges modulables, déclinée en versions plus ou moins puissantes. Ci-contre, l'Altra EV est le premier véhicule électrique produit pour le marché nord-américain dont les piles aux ions de lithium, dissimulées sous le plancher, permettent une autonomie de 195 km (120 milles). L'AL-X (ci-dessous) est un véhicule citadin hybride à la structure en aluminium, dont le moteur thermique recharge les batteries, tandis que le Cube (à gauche) procure un volume intérieur maximal, pour un encombrement minimal, avec la possibilité de passer des places avant à la banquette arrière sans sortir du véhicule.

Salon de Tokyo

• SUBARU

Une Exiga (ci-dessus) revue et corrigée trônait au milieu du stand Subaru. Il s'agit d'une grosse familiale-fourgonnette à traction intégrale pourvue d'une nouvelle version compacte du moteur 4 cylindres à plat de 2.5L. Un système de contrôle dynamique (VDC) stabilise son comportement, tandis qu'un dispositif de sécurité optique (ADA), vérifie les manoeuvres du pilote.

La Elten (ci-contre), dont l'esthétique rappelle celle de la fameuse 360, est l'étude d'un véhicule urbain hybride équipé d'une transmission variable en continu, dont le toit est garni d'un panneau solaire.

La Casa Blanca (ci-dessous à droite) est une version rétro de l'Impreza dont une nouvelle version sportive (à gauche) de la berline était exposée.

Salon de Tokyo

C2 コンパクト・スーパースポーツ
COMPACT・SUPERSPORTS

• SUZUKI

Dans le sens des aiguilles d'une montre, le CT-1 est le concept d'un véhicule utilitaire électrique destiné à transporter de faibles charges en milieu urbain. Il est caractérisé par ses portes latérales coulissant de manière électrique.

Le UW-1 représente l'étude d'une mini familiale compacte animée par un moteur 4 cylindres de 1.0L. Sa cabine permet d'asseoir cinq personnes sans pénaliser le volume du coffre qui est suffisant.

Le C2 est un charmant petit roadster dont le toit rigide d'une seule pièce s'escamote par rotation, laissant le volume du coffre intact. Il est équipé d'un remarquable moteur V8 de 1.6L donnant 250 ch et d'une transmission manuelle à 6 vitesses ou automatique à 5 rapports.

Salon de Tokyo

• TOYOTA

La Prius (ci-dessus) est la première automobile hybride au monde à être effectivement commercialisée. Elle s'est d'abord vendue au Japon au prix d'une compacte normale, grâce aux subsides du gouvernement nippon. Selon le type de conduite, l'ordinateur de bord fait fonctionner soit le moteur à essence de 1.5L, soit le moteur électrique, soit les deux en même temps, sans intervention du conducteur qui suit sur un écran cathodique le type de carburant choisi en vue de réduire autant la consommation que la pollution.

Le roadster MR-S (ci-contre) est propulsé par un moteur de 1.8L installé en position centrale arrière. Il est assisté par une transmission séquentielle identique à celle utilisée en Formule 1.

Salon de Tokyo

• TOYOTA

La e-com (ci-dessus) est une petite voiture électrique comme tant d'autres, qui se distingue toutefois par ses formes ovoïdes. Ses batteries nickel-MH lui permettent de couvrir 100 km sur une charge et durent trois fois plus que celles au plomb.

La carrosserie du Funcoupe, déjà montré à Francfort l'an dernier, ne manque pas d'originalité et s'apparente à celle d'une auto de loisir.

Le New (ci-contre) est un véhicule polyvalent à quatre roues motrices aux lignes futuristes et à l'aménagement intérieur dépouillé. La technique n'écartant pas l'esthétique, Toyota affirme que le tableau de bord arbore le style «village», ce qui nous laisse perplexe, ou alors la campagne n'est plus ce qu'elle était...

Salon de Tokyo

• VOLKSWAGEN

Comme ses homologues BMW et Mercedes-Benz, VW a tenu à marquer le Salon de Tokyo d'un modèle particulier. Bien que dessiné par Ital Design le coupé W12 a des lignes on ne peut plus classiques. Toutefois son moteur W12 est plus original, au moment où la populaire marque allemande vient de faire l'acquisition de Rolls Royce et de Lamborghini. Il est en fait constitué de deux moteurs VR6 accolés selon un angle de 72 degrés et développe 420 ch à 5800 tr/mn grâce à sa distribution composée de 4 soupapes par cylindre actionnées par un total de 4 ACT. Ce groupe extrêmement compact est réalisé en aluminium, mais les couvercles de culbuteurs et de chaîne de distribution sont faits de magnésium.

Les Curiosités du Salon de Tokyo

Le Jimny Wide est la dernière version du véhicule qui fut vendu sous le nom de Samurai. L'élargissement de ses voies lui procure la stabilité qui lui faisait défaut et avait justifié son retrait.

La Hyundai baptisée Atos ou Andro est en fait une micro fourgonnette 4 portes à 5 places, pourvue d'un moteur de 1.0L développant 55 ch réservée aux marchés asiatiques.

Il est difficile d'imaginer que cet aménagement intérieur de style chalet suisse est celui d'un autobus japonais destiné à desservir les stations de skis...

On peut juger de la ligne très fuyante de la partie arrière de la dernière version de l'Accord familiale qui n'est plus commercialisée en Amérique du Nord.

La Lincoln Town Car commercialisée au Japon ne manque pas d'allure avec ses optiques à phares lenticulaires qui lui donnent une apparence plus «hi-tech» que celle du modèle domestique.

Le Toyota Spacio est la version mini fourgonnette de la Corolla. Comme c'est la mode au Japon, la partie avant est traitée de manière rétro, pour ne pas dire baroque.

Les Curiosités du Salon de Tokyo

Cette moto Honda qui emprunte à l'automobile son siège confortable et son coffre pratique, constitue une évolution intéressante du véhicule à deux roues.

Sans doute inspirée par la Plymouth Prowler, cette réalisation, qui ne manque pas d'intérêt, ornait le stand d'un marchand de jantes très stylisées.

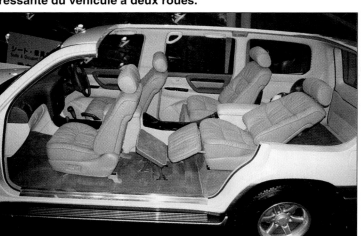

La firme Araco commercialise des sièges articulés, offrant un confort maximal, destinés à remplacer la banquette arrière de la plupart des véhicules tout terrain polyvalents.

Deux acteurs très connus au Canada tournaient un numéro comique sur le stand de Mazda. On reconnaît de gauche à droite Jim Robinson et Mike Benchimol...

Comment hésiter à ramener une douzaine de beignes à la maison après avoir rencontré de si charmantes vendeuses. Au Japon, la notion de harcèlement sexuel n'existe pas encore...

Voyez-vous le modèle en question? Non? Nous non plus et c'est souvent le cas des photographes qui couvrent le Salon de Tokyo, mais personne ne s'en plaint réellement...

SALON DE DÉTROIT

• AUDI

De la traction intégrale au 4x4 il n'y a qu'un pas que la firme allemande n'hésite pas à franchir afin de tenter de profiter de la mode des véhicules polyvalents. Sa SUV (ci-dessous) basée sur la A6 Avant, dispose d'un suspension pneumatique qui ajuste la garde-au-sol automatiquement en fonction de la vitesse. Tout n'est finalement qu'une question de langage...

• ACURA

Comme c'est devenu une sorte de coutume pour la marque, la TL-X est le concept qui a permis de redéfinir la dernière version de l'Acura TL qui sera mise en vente dès l'automne 1998. Dessinée en Californie, elle sera construite en Ohio et permettra à Acura de doubler ses ventes. Elle sera disponible avec un moteur V6 et une transmission automatique à sélection séquentielle.

Salon de Détroit

• ASTON MARTIN

Jack Nasser, l'éminence grise de Ford qui est propriétaire de la marque anglaise, était fier de présenter cette étude d'une Super Aston nommée Projet Vantage, dont les lignes sont l'oeuvre de Ian Callum. Bien que moderne, le dessin de la coque reste dans la tradition de la marque, tandis que l'intérieur innove en utilisant le cuir fauve et l'aluminium apparent. La coque faite de nid d'abeille d'aluminium et de matériau composite a vu son poids réduit de moitié, tout en lui procurant une rigidité maximale. Le moteur V12 de 6.0L (deux V6 accolés), associé à une transmission à sélection séquentielle à 6 rapports, doit permettre d'atteindre 320 km/h et de passer de 0 à 100 km/h en 4 secondes.

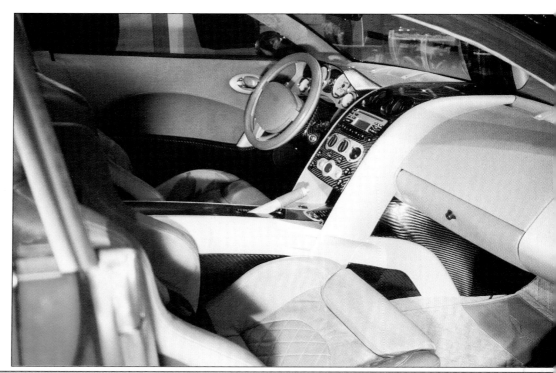

Salon de Détroit

• BUICK

Le projet Signia s'inscrit dans la grande tendance actuelle de la voiture familiale polyvalente. Si sa ligne pesante ne passera pas à l'histoire, le traitement du hayon amovible ne manque pas d'intérêt car il permet un accès facile à la soute qui est modulable. Basée sur l'architecture de la Park Avenue Ultra, la Signia est équipée d'un V6 compressé de 3.8L délivrant 240 cv. La transmission est automatique et intégrale, mais pas destinée à un usage tout terrain. Un mode de propulsion hybride est à l'étude qui permettra de réduire de façon substantielle la consommation de carburant et l'émission de polluants. L'écran situé au centre du tableau de bord permet de contrôler les principales fonctions du véhicule qui peuvent être personnalisées.

Salon de Détroit

• CHRYSLER

D'emblée, la Chronos impressionne par ses proportions inhabituelles, puisqu'elle mesure plus de 5 m de long et près de 2 m de large. Ses roues de 20 et 21 po de diamètre sont à l'avenant de même que sa mécanique empruntée à la Viper soit un moteur V10 de 6.0L dont la puissance est ramenée à 350 cv (!) avec une transmission automatique à 4 rapports. Pesant 2 350 kg cette voiture de prestige rappelle la Chrysler d'Elegance dessinée en 1953 par Virgil Exner.

La Chrysler LHS (ci-dessus) qui a été rajeunie demeure le modèle de prestige du troisième constructeur américain, tandis que sa cousine la 300M qui en dérive, s'inspire des anciennes 300 qui ont laissé le souvenir de sportive en habit du dimanche...

Salon de Détroit

• FORD

Ford veut tester en Amérique du Nord la popularité de la petite camionnette Courier F1 (en haut à gauche) destinée à la livraison de charges légères. Fabriquée au Brésil, elle est équipée de moteurs 1.3 et 1.4L qui lui assurent un rendement très économique. À droite. l'Alpe est un projet de fusion entre un véhicule tout terrain et une familiale à quatre portes. D'un format compact, il est basé sur la plate-forme de l'Escort et pourvu d'un moteur de 2.0L. Ci-contre, le nouveau camion Super Duty de la Série F qui est offert en versions 250-350-450 et 550.

Ci-dessous, Ford n'a pas tardé à emboîter le pas à Dodge en équipant ses camionnettes F-150 et Ranger d'une quatrième porte arrière visant à faciliter l'accès.

Salon de Détroit

• HONDA

Au moment de son dévoilement, la MV99 pour Mini Van 99 ne portait pas encore son nom définitif. Ce n'est que plus tard que l'on a appris que la remplaçante de l'Odyssey porterait le même patronyme. Si l'intérieur était présenté de manière délirante, les proportions montraient clairement que Honda avait décidé de concurrencer avec les plus volumineux de ses compétiteurs.

• GMC

General Motors donnait un avant-goût de l'apparence de ses nouvelles camionnettes qui seront renouvelées pour 1999, exposant cette GMC Sierra Ace. On note l'allongement de la partie arrière de la cabine qui donnera plus d'espace en longueur aux occupants de la banquette.

Salon de Détroit

• JEEP

Vedette du spectacle d'ouverture de Chrysler, le Jeepster explore l'association entre un véhicule tout terrain et un coupé sportif, à la manière du X-90 de Suzuki, mais en plus original. Ce véhicule peut passer de l'autoroute à travers champs grâce à sa garde-au-sol variable et sa transmission intégrale Quadra-Trac. Son propulseur est le nouveau V8 de 4.7L délivrant 275 cv que l'on retrouvera sous peu dans d'autres véhicules de ce constructeur, à commencer par le dernier Grand Cherokee. Le Jeepster étonne par ses faibles porte-à-faux avant-arrière et la structure tubulaire de sécurité qui sert aussi d'ossature à la capote.

Cette approche va peut être rendre au coupé sportif la popularité qu'il a cédée aux 4x4.

Salon de Détroit

• LEXUS

C'est la toute première apparition nord-américaine du nouveau véhicule polyvalent RX 300 (ci-dessus), dérivé des ES 300-Camry. Concurrent direct du ML320 de Mercedes-Benz, il se signale par son style futuriste. À droite, le LX 470 remplace le LX 450, toujours basé sur le Toyota Land Cruiser.

• MERCURY

Afin de rajeunir sa clientèle traditionnelle, cette division de Ford ressuscite la Cougar pour le nom et la Probe pour la philosophie. Pourtant, il faut noter que le soubassement et la mécanique ne proviennent plus de chez Mazda, mais des Ford Contour et Mercury Mystique, dont les moteurs 4 cylindres Zetec de 2.0L et V6 Duratec de 2.5L.

Salon de Détroit

• MITSUBISHI

Conçue en Californie, la SST est l'étude géo-mécanique d'une voiture de sport du siècle prochain qui exprime son tempérament par un aspect musculaire comparable à celui du corps humain. Elle impressionne par ses roues de 20 pouces de diamètre et son aménagement intérieur très dépouillé.

• OLDSMOBILE

L'Alero remplace avantageusement l'Achieva. En fait, si la recette de base reste la même, ses formes et son aménagement intérieur s'inspirent à la fois de l'Aurora et de l'Intrigue, de caractère moins anonyme. Elle continue d'être proposée en coupé et berline animés par un 4 cylindres de 2.4L ou d'un V6 de 3.4L avec boîte automatique seulement.

Salon de Détroit

• PLYMOUTH

Le roadster Pronto illustre ce que pourrait être un petit véhicule sportif abordable fabriqué par Chrysler, destiné à attirer une clientèle plus jeune. Sa carrosserie est une peau de polyéthylène injecté (le même matériau que celui des bouteilles de liqueur) qui permettrait de réduire les coûts de production de 80%. Son moteur, un 2.4L compressé produisant 225 ch est celui du Neon de compétition. Il est installé en position central arrière dans une structure monocoque en acier. Son intérieur reprend les attributs traditionnels des voitures de ce genre, à savoir un bloc instrument compact et des sièges baquets garnis de cuir.

Salon de Détroit

• PONTIAC

Le Montana Thunder illustre le résultat d'un cauchemar collectif qui a affecté les stylistes de Pontiac lorsqu'ils se sont rendus compte qu'ils ne parviendraient jamais à surclasser leurs homologues chez Chrysler... Pourtant, si l'ensemble est plutôt dérangeant, certains détails ne manquent pas d'intérêt, tels le haillon motorisé, l'ordinateur intégré ou les répétiteurs de feux de direction dans les rétroviseurs latéraux.

Ci-dessous, la dernière édition de la Grand Am montre qu'elle conserve son style particulier qui plaît à tant de ses clients. Ce que l'on ne voit pas sur ces photos: elle s'est enrichie d'un tableau de bord rappelant les attributs de la chanteuse de musique «country» Dolly Parton...

Salon de Détroit

• SUBARU

Paul Hogan le célèbre «Crocodile Dundee» avait fait le voyage d'Australie pour dévoiler cette berline Outback et il n'était pas de bonne humeur...

• SUZUKI

Ce véhicule spécial tient plus du bricolage que du concept, puisqu'il s'agit d'un avant de Sidekick à 4 portes avec la boîte d'une camionnette.

•VOLKSWAGEN

La New Beetle a, sans contredit, constitué l'événement du Salon de Détroit 1998, volant la vedette à Chrysler qui n'avait pas vu venir le coup.

• VOLVO

Volvo importera la Série 40 à moteur 1.9L qu'il fabrique avec Mitsubishi en Europe.

SALON DE NEW YORK

• CHEVROLET

Identique au Suzuki Vitara, le Chevrolet Tracker a été entièrement renouvelé. Depuis son apparition en 1994, il n'avait pratiquement pas changé et l'arrivée sur le marché de nouveaux concurrents comme les Honda CR-V et RAV4 l'avait relégué au rang d'antiquité... Il reste offert en version 2 portes décapotable courte avec moteur 1.6L de 97 cv et 4 portes familiale longue, animé d'un nouveau moteur 2.0L de 127 cv. Le nouveau venu se signale encore par son nouveau châssis plus rigide, son essieu avant renforcé (2.0L), sa cabine et sa soute plus logeables, son tableau de bord plus pratique et sa transmission intégrale que l'on peut sélectionner à n'importe qu'elle vitesse en dessous de 100 km/h.

Salon de New York

• HONDA

Le succès mitigé de la première Odyssey qui tenait plus de la familiale que de la fourgonnette a forcé Honda à reconsidérer sa stratégie. Pour faire bonne mesure, la nouvelle Odyssey est aussi volumineuse que les versions allongées des Caravan, Voyager et de la Windstar. Elle est plus logeable que la Nissan Quest et la Toyota Sienna. Elle est mue par un nouveau V6 de 3.5L dérivé de celui de la Accord et sera fabriquée à Alliston, Ontario au Canada.

• HYUNDAI

Malencontreusement baptisée Avatar, la remplaçante de la Sonata demeurera équipée d'un moteur V6 transversal et d'une transmission automatique à quatre rapports.

Salon de New York

• INFINITI

Coucou, la revoilà. La G20 qui avait disparu de la gamme Infiniti en 1997, revient avec une allure rajeunie, mais avec des arguments mécaniques quasi identiques à ceux de l'ancien modèle. À suivre...

• LINCOLN

À la surprise générale Lincoln a présenté les LS6 et LS8 qui constitueront dès l'an 2000 le bas de gamme de la marque de prestige de Ford. Ce modèle propulsé qui partage sa structure avec celle de la très attendue «petite» Jaguar, pourra être équipée soit d'un moteur V6 de 3.0L, soit d'un V8 de 3.9L, avec transmissions manuelle (LS6), automatique et séquentielle intitulée SelectShift. Les Infiniti, Lexus, Catera et autres n'ont qu'à bien se tenir...

Salon de New York

• MERCEDES-BENZ

La firme de Stuttgart révélait quatre modèles qui seront équipés d'un moteur V8 de 4.3L: la C43, la CLK430, la E430 et le tout terrain ML430 feront partie de la gamme 1999.

• TOYOTA

Le coupé Solara, issu de la Camry dont il reprend les éléments mécaniques, sera fabriqué à Cambridge, Ontario au Canada.

• VOLVO

Le constructeur suédois étoffe sa gamme par le bas en annonçant l'importation du modèle compact qu'il construit conjointement en Europe avec Mitsubishi. Les S et V40 seront pourvues de moteurs 4 cylindres de 1.9L.

SALON DE GENÈVE

• GENÈVE

Le Salon de Genève est sans doute celui qui mérite le qualificatif d'international, du fait que la Suisse et en particulier la ville de Genève, sont des hauts lieux d'affaires et de politique internationales. On y croise des gens venus du monde entier en quête des produits les plus originaux et les plus prestigieux.

Salon de Genève

• AUDI

La familiale A6 Avant n'a pas tardé à rejoindre la berline en version traction avant ou intégrale Quattro, pourvue d'un moteur V6 de 193 cv.

• BERTONE

Le Pickster est une camionnette de hautes performances qui sera plus à l'aise dans les beaux quartiers de la ville qu'à la ferme ou sur un chantier de construction. Par contre sur une autoroute germanique, elle mettra en évidence les 320 cv de son moteur BMW pour faire des livraisons urgentes. Ses roues de 21 po sont équipées de pneus Michelin anticrevaison et en dépannage, deux personnes peuvent prendre place sur des sièges escamotables intégrés au plancher de la caisse.

Salon de Genève

● BMW

La série 3 fait peau neuve de façon très conservatrice en adoptant la plupart des détails de style inaugurés sur les plus récents modèles de la marque. Plus longue, plus large et plus haute, elle y gagne autant en comportement qu'en habitabilité. Elle sera importée en Amérique du Nord avec 2 moteurs 6 cylindres: un 2.5 et un 2.8L.

● DAEWOO

Le constructeur coréen à renouvelé deux des modèles qu'il distribue en Europe. À droite, la Lanos est une compacte abordable équipée de moteurs de 1.5L et 1.6L.

La Leganza se compare à une Hyundai Elantra. Elle est disponible en berline et familiale à moteur 2.0L de 133 cv avec transmission manuelle ou automatique.

Salon de Genève

• FERRARI

Pininfarina a subtilement retouché la 456 au niveau du capot avant et du bouclier du pare-chocs, tandis que Ferrari a raffiné la suspension et installé une instrumentation inédite ainsi qu'un dispositif antipatinage.

• JAGUAR

La firme de Coventry marquait le cinquantième anniversaire de son modèle XK en révélant la version R de son dernier coupé dont le moteur V8 à compresseur produit 370 cv.

• FORD

Ford bouleverse sa tradition en proposant une ligne provocante et une nouvelle appellation pour la remplaçante de l'Escort qui a été son modèle vedette de cette fin de siècle.

Salon de Genève

• HYUNDAI

Le constructeur coréen n'a pas manqué d'attirer l'attention avec son dernier prototype Euro-I inspiré des roadsters des années cinquante, assaisonné de formes musculaires qui caractérisent les produits de la marque. L'aménagement du cockpit et les commandes électroniques par fil sont empruntés aux voitures de compétition. Si le public répond favorablement, Hyundai construira ce modèle un jour ou l'autre...

• KIA

Carnival est le nom de cette mini-fourgonnette venue de Corée. D'allure traditionnelle, elle est animée par des moteurs V6 de 2.5 et 2.9L, mais se signale surtout par les astucieuses tablettes fixées aux dossiers des sièges avant.

Salon de Genève

• MERCEDES-BENZ

On voit ci-dessus le nouveau cabriolet CLK, ainsi qu'une version Designo du SLK (à droite) qui se signale par la discrétion de sa décoration...

La Maybach déjà vue à Tokyo dévoilait à Genève un côté salon-bureau destiné à séduire les gens d'affaires. À noter le traitement intéressant du plafond dans la partie arrière.

• MITSUBISHI

La Spacestar (ci-dessous) vient remplacer un véhicule connu en Amérique du Nord sous le nom de Colt Wagon ou Expo LRV. Entre la familiale et la mini-fourgonnette, elle a perdu sa porte latérale coulissante. Difficile de dire si l'étude L200 (à droite) est un véhicule tout terrain avec une plateforme ou alors une camionnette à 4 portes!

Salon de Genève

• OPEL

La Zaphira est un nouveau véhicule polyvalent qui vient s'intercaler entre la familiale Omega Caravan et la mini fourgonnette Sintra (identique aux Venture-Trans Sport) dans la gamme de GM Europe. Conçu sur la plate-forme de l'Astra, il se signale par sa troisième banquette qui s'escamote dans le plancher comme sur le Honda Odyssey.

• PEUGEOT

L'anagramme concocté par Peugeot pour baptiser l'étude qui préfigure sa prochaine 207, est intraduisible dans une autre langue que le français. Il fallait lire Vingt-Coeur pour vainqueur et non Two-O-Heart comme l'on fait certains magazines étrangers. Il s'agit d'un coupé-cabriolet traité de manière brillante, comme vrai un bijou.

Salon de Genève

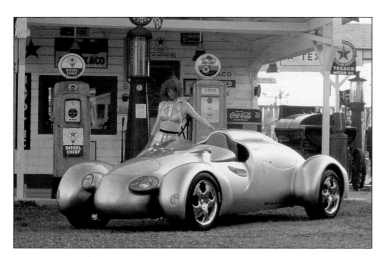

• RINSPEED

La E-Go Rocket est une autre élucubration du petit constructeur helvétique Rinspeed. Il s'agit encore d'une monoplace rappelant les bolides de record de vitesse. Sous le capot on trouve un V8 de 410 cv permettant d'atteindre 260 km/h.

• ROLLS ROYCE

Un nouveau modèle n'est pas monnaie courante chez le constructeur britannique qui vient d'entrer dans le giron de Volkswagen. La Silver Seraph est une grande berline de prestige d'un style classique et raffiné, qui conserve les attributs traditionnels de la marque comme la calandre verticale, les accents chromés et les garnitures de cuir et de bois. Curieusement, on trouve sous son capot un V12 de 322 cv d'origine BMW!

NOTRE COUVERTURE

• RENAULT

Cette intrigante Zo possédait tous les critères requis pour figurer sur la couverture de Carnet de Route. Intrigante, elle l'est par son nom tiré de zoomorphe, à cause de ses formes inspirées de celles d'un coléoptère et le côté apparent de son châssis qui dérangent quelque peu. À la fois roadster rappelant la moto par son côté ajouré et «dune-buggy» par sa forme de baignoire, Zo est un véhicule tout terrain dont la suspension pneumatique fait varier la garde-au-sol en fonction du mode d'utilisation choisi: bas sur autoroute ou haut perché à travers champs.

La Clio (ci-dessus) est le modèle le plus populaire du constructeur français. Elle a été renouvelée dans le style «ponton» particulier qu'elle tente de remettre à la mode.

Salon de Genève

• SBARRO

L'ami Franco fêtait ses quarante ans de passion automobile entouré de son épouse Françoise et des élèves de la dernière promotion de son école l'Espace Sbarro. Il présentait cette année (dans le sens des aiguilles d'une montre) une version Océan de la Citroën Berlingo, reminiscence des voitures de plage des années soixante, le Be-Twin, un roadster à roues apparentes, doté de deux postes de pilotage, sans doute destiné à donner des cours dans les écoles de conduite. Enfin, ci-dessous, le Crisalys est un coupé que son toit rétractable transforme en un cabriolet. Sa coque est reliée au châssis par des éléments en caoutchouc visant à éliminer bruits et vibrations et il est équipé d'un moteur V6 Peugeot.

Salon de Genève

• SEAT

La Bolero (ci-contre) illustre le projet d'une berline sportive qui affiche un style massif voisin de celui de la Audi A6 et du futur coupé TT. Elle a été élaborée par les chercheurs de la firme espagnole Seat appartenant au groupe Volkswagen.

• TATA

Cette firme indienne tente sa chance sur le marché européen en présentant (en haut) une petite berline économique ainsi qu'un véhicule tout terrain baptisé Safari.

• VALMET

Cette firme suédoise à réalisé une version landaulet du Honda CR-V qui ne manque pas d'intérêt, tant par l'organisation de sa capote à commande électrique que par sa lunette en verre munie d'un essuie-lave-glace.

Depuis le temps qu'on en parle et que jamais rien de concret ne dépasse l'état de prototype de salon, on avait fini par penser que les carburants de remplacement et les voitures électriques ou hybrides faisaient partie du monde des chimères.

Après la pitoyable tentative de GM de commercialiser une voiture électrique dont l'autonomie n'excédait pas la longueur du fil du chargeur de sa batterie, il semblait qu'aucun espoir ne pointerait sérieusement avant la fin de ce siècle. C'était compter sans Toyota, le géant japonais d'un dynamisme qui n'a d'égal que ses ressources financières gigantesques, fruit d'une gestion ultra-conservatrice.

Au dernier Salon de Tokyo, en octobre 1997, Toyota exposait plusieurs véhicules répondant à des normes de pollution nulle ou très faible, dont la Prius qui est commercialisée sur le marché japonais depuis décembre de la même année et qui rencontre un énorme succès.

Son principe est relativement simple. À l'avant, on trouve le groupe propulseur qui consiste à enfermer dans un même carter un moteur à essence à 4 cylindres de 1.5L couplé à une transmission variable en continu (CVT). Un moteur et un alternateur électrique viennent s'intercaler entre ces deux éléments. Il n'y a aucune liaison directe entre le moteur thermique et les roues. Installé en série, ce dernier tourne à un régime maximal de 4 000 tr/mn et ne sert qu'à faire tourner l'alternateur qui recharge les batteries selon la demande. Celles-ci sont de type nickel hydrure de métal, de la grosseur d'une pile C dont 40 modules sont branchés en série pour fournir un courant nominal de 240 volts. Elles sont

disposées à plat entre le dossier de la banquette et le coffre et ne sont jamais chargées à plus de 66% afin de permettre une durée de vie égale à celle du véhicule, soit environ 250 000 km. Elles alimentent le moteur électrique qui développe 40 ch à un régime compris entre 960 et 2 000 tr/mn. C'est la fée électronique qui fait office de chef d'orchestre pour que chacun des instruments joue sa partition au bon moment. Ce cerveau électronique sophistiqué permet d'utiliser, selon les conditions, le moteur électrique alimenté par les batteries pour démarrer par exemple, mais si un besoin de puissance est nécessaire et que la réserve d'énergie est insuffisante dans les batteries, le moteur thermique entre en action pour fournir le courant nécessaire. En descente ou lors des freinages, l'énergie cinétique est transformée en courant électrique et dirigé vers les batteries. L'énergie électrique est sans cesse renouvelée tant qu'il y a de l'essence dans le réservoir, ce qui évite d'avoir à brancher la batterie pour la recharger. Lors des démarrages par temps froid, une batterie conventionnelle placée dans le coffre à bagages, envoie des impulsions pour stimuler les électrons des batteries de traction avant tout départ. Le câble du chauffe-bloc moteur permettra aussi de maintenir la tension lors des nuits froides. La beauté de ce système, c'est que cette voiture électrique est autonome à 100% puisqu'elle fabrique sa propre énergie à partir d'un moteur qui pollue deux fois moins qu'un propulseur conventionnel. Cette solution n'est peut-être pas idéale, mais elle a le mérite d'exister, d'être abordable et de réduire de 50% les émissions de gaz polluants.

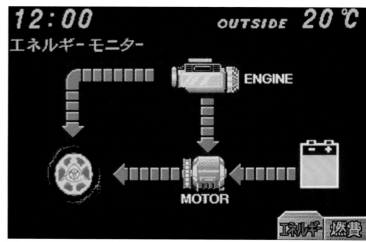

TOYOTA Prius
Roulez dans la voiture
de demain...

La mise au point et la commercialisation de l'automobile hybride Prius constitue une première technologique remarquable pour le constructeur japonais Toyota. Même si de nombreux constructeurs se disent prêts à lui emboîter le pas, Toyota restera le premier à en avoir introduit un sur le marché japonais, puis en 1999, sur les marchés américains et canadiens.

GAMME
Pour l'instant, la Prius est une berline 4 portes d'une longueur comparable à celle d'une Corolla, mais on sait qu'un coupé basé sur la même technologie sera commercialisé sous peu. Son équipement de série comprend la transmission automatique variable en continu, une direction assistée, un climatiseur et un dispositif antiblocage des freins. Au moment où elle arrivera sur le marché nord-américain, elle sera pourvue de coussins gonflables latéraux en plus des deux frontaux qui l'équipent déjà.

TECHNIQUE
La carrosserie de la Prius est monocoque en acier. Sa ligne simple est particulièrement efficace, puisque malgré sa surface frontale importante dûe à sa hauteur inhabituelle, elle affiche un coefficient aérodynamique de 0.30. Sa carrosserie a été conçue de manière à être rigide et légère à la fois par l'emploi d'acier à haute résistance. Les techniques d'insonorisation de Lexus lui ont été appliquées afin de maintenir son habitacle serein. La suspension est indépendante de type MacPherson à l'avant, tandis qu'à l'arrière on trouve un essieu déformant faisant office de barre de torsion. Les freins sont mixtes avec dispositif antiblocage et la direction à crémaillère est assistée en série. Le groupe propulseur comprenant le moteur thermique, le générateur, le moteur électrique et la transmission variable en continu est enfermé dans un seul et même carter disposé de manière transversale entre les roues motrices.

POSITIF
+ LA POLLUTION. Grâce au système hybride, le volume des gaz polluants rejetés dans l'atmosphère est diminué de moitié sur le modèle actuel et il est question d'améliorer ce résultat d'ici la commercialisation.
+ LE RENDEMENT. Le mode de propulsion hybride permet d'économiser du carburant puisque la consommation actuelle se situe à moins de 4 litres

aux 100 km, (40 mpg) ce qui lui donne une autonomie moyenne de 1 250 km (775 miles).
+ LA CONDUITE. Elle est d'une facilité déroutante, car l'ordinateur se charge de tout. Après avoir mis le contact, il suffit de sélectionner la marche avant ou arrière et d'accélérer.
+ LE FORMAT. Pour un encombrement relativement modeste, la Prius offre un habitacle plus généreux que celui d'une Corolla, du fait qu'on y est assis plus haut. Le coffre n'est pas transformable à cause de la présence des batteries, mais sa capacité est honnête et son accès des plus aisés.
+ LE CONFORT. La suspension relativement souple et les sièges bien rembourrés ménagent autant les occupants que la mécanique qui est discrète, hormis le sifflement de turbine qu'émet la transmission variable.
+ L'ÉCRAN. Placé au centre du tableau de bord où il peut servir au système de navigation où celui-ci est disponible, il illustre de manière graphique la gestion de l'énergie et la manière dont elle est produite.
+ LE CÔTÉ PRATIQUE. La Prius recèle de nombreux espaces de rangement qui rendent son usage particulièrement efficace.

NÉGATIF
- LE POIDS. D'environ 200 kg plus élevé que celui d'un modèle conventionnel de son gabarit, la Prius donne l'impression de conduire une grosse américaine, dans ses réactions parfois élastiques. Sa masse perturbe aussi les performances, plus chiffrées que celles ressenties, car elle donne l'impression d'aller plus vite qu'en réalité.
- LES ROUES. Petites pour diminuer la résistance au roulement, elles s'accommodent mal de la charge et du transfert de poids en virage, ce qui surcharge la roue intérieure.

CONCLUSION
Même si l'on peut penser que Toyota s'implique de manière spectaculaire dans la lutte contre la pollution et le gaspillage d'énergie pour se ménager une image favorable à des fins purement commerciales, il n'empêche que la Prius, première voiture hybride au monde à être produite en série, existe bel et bien et elle sera en vente chez les concessionnaires Toyota dès l'an prochain en Amérique du Nord... ☺

TOYOTA Prius		
CONCEPTION :		**73%**
Technique :	90	
Sécurité :	80	
Volume cabine :	65	
Volume coffre :	50	
Qualité/finition :	80	
CONDUITE :		**60%**
Poste de conduite :	75	
Performances :	20	
Comportement :	70	
Direction :	75	
Freinage :	60	
ÉQUIPEMENT D'ORIGINE :		**72%**
Pneus :	70	
Phares :	75	
Essuie-glace :	75	
Dégivreur :	70	
Radio :	75	
CONFORT :		**77%**
Sièges :	80	
Suspension :	80	
Niveau sonore :	70	
Commodités :	80	
Climatisation :	75	
BUDGET :		**66%**
Prix d'achat :	60	
Consommation :	100	
Assurance :	70	
Satisfaction :	50	
Dépréciation :	50	
Moyenne générale:		**82.8%**

NOUVEAU POUR 1999

• Selon les informations reçues avant d'aller sous presse, cette voiture hybride devrait être commercialisée à la fin de 1999 comme année-modèle 2000.

MOTEURS / TRANSMISSIONS / PERFORMANCES

Modèles/ versions	Type / distribution soupapes / carburation	Cylindrée cc	Puissance cv @ tr/mn	Couple lb.pi @ tr/mn	Rapport volumét.	Roues motrices / transmissions	Rapport de pont	Accélérations 0-100 km/h s	400m s	1000m s	Reprise 80-120 km/h s	Freinage 100-0 km/h m	Vites. maxi. km/h	Accélér. latérale G	Niveau sonore dBA	Consommation l./100km Ville	Route	Carburant Octane
Prius	L4 1.5 DACT-16-IE Moteur électrique	1496	58 @ 4000 40 @ 2600	75 @ 4000 225 @ 940	13.5 :1	avant - AVC	3.927	13.8	22.0	36.5	11.0	44	160	ND	66	3.7		R 87

PRIX & ÉQUIPEMENTS

TOYOTA Prius	ber. 4 p.
Prix maxi $:	**25 000**
Prix mini $:	-
Transport & préparation $:	-
Boîte automatique:	S
Régulateur de vitesse:	-
Direction assistée:	S
Système antiblocage des freins:	S
Système antipatinage:	-
Climatiseur:	S
Garnitures en cuir:	-
Radio MA/MF/ Cassette:	S
Serrures électriques:	S
Lève-vitres électriques:	S
Volant ajustable:	S
Rétroviseurs ext. ajustables:	S
Jantes en alliage léger:	-
Système antivol:	-

Couleurs disponibles

Extérieur: Blanc, Argent, Bleu, Bordeaux.

Intérieur: Gris moyen

HISTORIQUE

Catégorie:	berline compacte tractée, hybride	Classe : 3
Inauguré en:	1997	
Fabriqué à:	Japon.	

PROFIL DE CLIENTÈLE

Modèle	Hom./Fem.	Âge moyen	Mariés	CEGEP	Revenus
Prius	50/50 %	42 ans	72%	50 %	55 000 $

INDICES

Sécurité:	80 %	Satisfaction:	ND
Dépréciation:	ND	Assurance:	950 $
Prix de revient au km:	0.22 $	Nbre de concessionnaires:	67

VENTES

Modèle	1996	1997	Résultat	Part de marché
Prius		Pas encore commercialisé.		

PRINCIPAUX MODÈLES CONCURRENTS

CHEVROLET Cavalier, DODGE-PLYMOUTH Neon, FORD Escort, HONDA Civic 4 p., HYUNDAI Elantra, MAZDA Protegé, PONTIAC Sunfire, SATURN SL, SUBARU Impreza, VOLKSWAGEN Jetta.

ENTRETIEN REQUIS PAR LA GARANTIE

Première révision:	Fréquence:	Prise de diagnostic:
6 000 km	10 000 km	Oui

CARACTÉRISTIQUES

Modèles	Versions	Carrosseries/ Sièges	Volume cabine l.	Volume coffre l.	Cx	Empat. mm	Long x larg x haut. mm x mm x mm	Poids à vide kg	Susp. av/ar	Freins av/ar	Direction type	Diamètre braquage m	Tours volant b à b.	Réser. essence l.	dimensions	Pneus d'origine marque	modèle	Mécanique d'origine
TOYOTA Prius	base	Garantie: ber. 4 p. 5	2700	350	0.32	2550	4275x1695x1490	1240	ih/sih	d/t/ABS	crém.ass.	9.4	3.6	50	165/65SR15	-		- L4/1.5/AVC

Dernière Heure...

● MERCEDES-BENZ

Ce constructeur allemand présentera officiellement en mars 1999 sa nouvelle berline de prestige de Classe S. La ligne de la nouvelle venue est nettement plus harmonieuse et ses proportions moins prétentieuses. Elle continuera d'être mue par des moteurs 6, 8 et 12 cylindres et un coupé deux portes CL, lui aussi d'apparence très fluide, fera son entré au prochain Salon de Francfort en septembre 1999.

● JAGUAR

En bas à droite on voit le prototype de la Jaguar X200 qui partagera la plupart de ses éléments mécaniques avec la future Lincoln LS.

● VOLKSWAGEN

En bas à gauche la VW Bora européenne sera la future Jetta nord-américaine.

TOYOTA Solara

HONDA Odyssey

ESSAIS
ET
ANALYSES

JEEP Grand Cherokee

PLYMOUTH Prowler

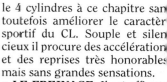

Cocon douillet

Cela ne paie jamais d'être trop en avance sur son temps. Peu de spécialistes ont véritablement compris la démarche d'Acura au moment de la commercialisation du coupé CL. Aujourd'hui l'arrivée du Toyota Solara dérivé de la Camry, jette un éclairage nouveau sur l'avenir du marché des coupés. Les «baby boomers» devenus des «empty nesters» délaisseront un jour les mini-fourgonnettes où s'entassait leur progéniture, ou les 4x4 arrogants qui finalement ne les menaient pas partout, pour entamer l'ère de la retraite dans le confort douillet et raffiné d'un véhicule à deux portes.

GAMME
L'Acura CL est offert sous la forme unique d'un coupé deux portes 2+2 en versions 2.3 avec moteur 4 cylindres de 2.3L à transmission manuelle à 5 vitesses en série ou automatique à 4 rapports en option, ou 3.0 pourvue du V6 3.0L avec boîte automatique. L'équipement de ces deux modèles est très complet et ne diffère que par la transmission automatique qui est standard sur le 3.0 et optionnelle sur le 2.3. On note encore qu'aucun système antipatinage ne figure au catalogue.

TECHNIQUE
Le coupé CL a été créé à partir de la plate-forme de la Honda Accord dont il reprend l'empattement ainsi que les principaux éléments mécaniques. La carrosserie monocoque en acier dont certains panneaux sont galvanisés, possède une finesse aérodynamique suspecte puisque le constructeur en fait un mystère.
La suspension est indépendante aux quatre roues, selon le principe des leviers triangulés superposés avec ressorts hélicoïdaux, amortisseurs coaxiaux et barre stabilisatrice sur les deux essieux.
Le moteur 2.3L est à SACT avec 4 soupapes par cylindre et pourvu du système de contrôle électronique du calage et de la levée variable des soupapes connu sous l'appellation VTEC. Le V6 tout en aluminium est celui de l'Accord construit à l'usine d'Anna dans l'Ohio. Il profite lui aussi de l'injection d'essence programmée et de la technique VTEC.

+ LE STYLE. Il ne manque pas d'originalité, tout en finesse, avec une pointe de futurisme, particulièrement à l'arrière où le dessin des feux rappelle ceux du prototype présenté à Détroit en 1995. L'en-semble est élégant et le soin apporté aux détails et à l'équipement est plus soigné que sur la plupart des modèles concurrents.

+ LE CONFORT. Il est très appréciable, car l'habitacle offre quatre vraies places, bien que la hauteur soit plus limitée à l'arrière. La suspension absorbe bien les plus gros défauts du revêtement, malgré son amplitude moyenne. De plus le niveau sonore est faible à vitesse de croisière, car la plupart des bruits sont bien étouffés par une insonorisation efficace, qu'ils viennent du roulement, de la mécanique ou du vent.

+ LE CÔTÉ PRATIQUE. Il surprend sur un modèle de ce genre, car le coffre a une capacité suffisante et les espaces de rangements comprennent une boîte à gants, des vide-poches de portières, un coffre de console et un évidement dans le tableau de bord.

+ LE RENDEMENT. Le moteur VTEC est économique car sa consommation est raisonnable vu les performances qu'il délivre.

+ LES PERFORMANCES. Elle sont surtout intéressantes avec le 4 cylindres, grâce à ses réactions franches au guidage précis de la suspension ou aux performances pures des propulseurs. La direction participe pour beaucoup dans cet agrément, car elle est bien dosée légèrement ferme, mais précise et bien démultipliée.

+ LA PRÉSENTATION. À l'intérieur elle offre une certaine classe avec ses appliques de bois, ses garnitures de cuir, sa finition minutieuse et ses matières plastiques qui ont une belle apparence.

+ LE V6. Le moteur V6 surclasse le 4 cylindres à ce chapitre sans toutefois améliorer le caractère sportif du CL. Souple et silencieux il procure des accélérations et des reprises très honorables mais sans grandes sensations.

+ LE FREINAGE. Il est efficace car même avec le système antiblocage les distances des arrêts d'urgence sont relativement courtes et il est facile à doser grâce à une pédale sensible et progressive. Son endurance est surprenante pour un modèle d'origine japonaise, car elle n'a jamais démontré de signe de fatigue au cours de nos essais intensifs.

- LE BUDGET. Le prix élevé de ces coupés s'explique par la richesse de leur équipement et le confort qu'ils procurent. Le fait d'être méconnu augmente sensiblement leur dépréciation.

- LE TEMPÉRAMENT. S'il est agréable à conduire, le coupé CL n'a rien d'excitant même avec le moteur V6 qui fait peu de différence.

- LA MANIABILITÉ. Elle pourrait être plus efficace car la moindre manoeuvre demande à ce qu'on s'y reprenne à plusieurs reprises avec force tours de volant.

- LA RIGIDITÉ. Il y a matière à amélioration, car la coque de nos deux véhicules d'essai faisait entendre de nombreux bruits de caisse ou de finition qui ne sont pas compatibles avec la classe de ces voitures.

- LE COFFRE. Il n'est pas transformable et ne peut accepter d'objets encombrants, car il ne communique avec la cabine que par une trappe à skis dont son ouverture manque de largeur.

- L'ANTIBLOCAGE. Il se laisse facilement prendre en défaut et il arrive qu'il ne s'active que quelques fractions de seconde plus tard, laissant les roues bloquer sur une courte distance.

- INCONCEVABLE : les ceintures des places avant ne sont pas ajustables en hauteur et la radio de série est de bien médiocre qualité.

CONCLUSION
L'Acura CL a été le premier coupé de luxe à tenter de convaincre une certaine clientèle des vertus du confort d'une voiture raffinée et performante, sans pour autant qu'elle soit sportive. C'est une nouvelle tendance qui est aujourd'hui appuyée par d'autres constructeurs sérieux, ce qui donne à penser que quelque chose va finir par arriver dans ce segment. ☺

ÉVALUATION ACURA CL

CONCEPTION :		68%
Technique :	80	
Sécurité :	80	
Volume cabine :	40	
Volume coffre :	60	
Qualité/finition :	80	

CONDUITE :		66%
Poste de conduite :	80	
Performances :	60	
Comportement :	50	
Direction :	80	
Freinage :	60	

ÉQUIPEMENT D'ORIGINE :		82%
Pneus :	85	
Phares :	80	
Essuie-glace :	90	
Dégivreur :	75	
Radio :	80	

CONFORT :		71%
Sièges :	75	
Suspension :	75	
Niveau sonore :	50	
Commodités :	75	
Climatisation :	80	

BUDGET :		62%
Prix d'achat :	40	
Consommation :	75	
Assurance :	55	
Satisfaction :	85	
Dépréciation :	55	

Moyenne générale: **69.8%**

NOUVEAU POUR 1999

- Style différent de jantes en alliage pour le 3.0CL.
- Filet de retenue arrière.
- Timbre du klaxon identique à celui du TL.

MOTEURS / TRANSMISSIONS / PERFORMANCES

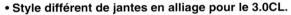

Modèles/ versions	Type / distribution soupapes / carburation	Cylindrée cc	Puissance ch @ tr/mn	Couple lb.pi @ tr/mn	Rapport volumét.	Roues motrices / transmissions	Rapport de pont	0-100 km/h s	400m s	1000m s	Reprise 80-120 km/h s	Freinage 100-0 km/h m	Vites. maxi. km/h	Accélér. latérale G	Niveau sonore dBA	Ville	Route	Carburant Octane
2.3CL	L4 2.3 SACT-16-IEPMP	2254	150 @ 5700	152 @ 4900	9.3 :1	avant - M5*	4.27	9.0	16.7	30.5	6.5	39	190	0.74	67	9.6	6.9	R 87
						avant - A4	4.29	10.0	17.3	31.0	7.0	40	180	0.74	67	10.4	7.2	R 87
3.0CL	V6 3.0 SACT-24-IEPMP	2997	200 @ 5600	195 @ 4800	9.4 :1	avant - A4	4.20	8.5	16.3	29.6	6.2	40	200	0.76	66	12.0	7.7	R 97

PRIX & ÉQUIPEMENTS

ACURA CL	2.3CL	3.0CL
Prix maxi $:	30 000	34 000
Prix mini $:	27 605	31 285
Transport & préparation $:	320	320
Boîte automatique:	O	S
Régulateur de vitesse:	S	S
Direction assistée:	S	S
Système antiblocage des freins:	S	S
Système antipatinage:	-	-
Climatiseur:	SA	SA
Garnitures en cuir:	SC	SC
Radio MA/MF/ Cassette:	SDc	SDc
Serrures électriques:	S	S
Lève-vitres électriques:	S	S
Volant ajustable:	S	S
Rétroviseurs ext. ajustables:	SEC	SEC
Jantes en alliage léger:	S	S
Système antivol:	S	S

Couleurs disponibles

Extérieur: Noir, Titane, Rouge, Bleu-vert.

Intérieur: Charbon de bois, Tan.

EN BREF...

Catégorie: coupés sportifs tractés. **Classe : S**

HISTORIQUE

Inauguré en:	1997
Fabriqué à:	East Liberty, Ohio, États-Unis.

PROFIL DE CLIENTÈLE

Modèle	Hom./Fem.	Âge moyen	Mariés	CEGEP	Revenus
CL	ND				

INDICES

Sécurité:	80 %	Satisfaction:	85 %
Dépréciation:	35 %	Assurance:	935-1 050 $
Prix de revient au km:	0.44 $	Nbre de concessionnaires:	11

VENTES

Modèle	1996	1997	Résultat	Part de marché
CL	282	441	+ 56.4 %	9.6 %

PRINCIPAUX MODÈLES CONCURRENTS

BMW Série 3 coupé, CHRYSLER Sebring, DODGE Avenger, HONDA Prelude, Accord 2p., MERCURY Cougar, OLDSMOBILE Alero 2p., PONTIAC Grand Am 2p., TOYOTA Celica.

ENTRETIEN REQUIS PAR LA GARANTIE

Première révision:	Fréquence:	Prise de diagnostic:
5 000 km	10 000 km	Oui

CARACTÉRISTIQUES

Modèles	Versions	Carrosseries/ Sièges	Volume cabine l.	Volume coffre l.	Cx	Empat. mm	Long x larg x haut. mm x mm x mm	Poids à vide kg	Susp. av/ar	Freins av/ar	Direction type	Diamètre braquage m	Tours volant b à b.	Réser. essence l.	dimensions	Pneus d'origine marque	modèle	Mécanique d'origine
ACURA		Garantie générale: 4 ans / 80 000 km: mécanique: 5 ans / 100 000 km; corrosion de surface: 5 ans/ kilométrage illimité.																
CL	2.3	cpé. 2 p.2+2	2398	339	ND	2715	4830x1780x1390	1362	ih/ih	d/ABS	crém.ass.	12.0	3.0	65.0	205/55R16	Michelin	MXV4	L4/2.3/M5
CL	3.0	cpé. 2 p.2+2	2398	339	ND	2715	4830x1780x1390	1466	ih/ih	d/ABS	crém.ass.	12.0	3.0	65.0	205/55R16	Michelin	MXV4	V6/3.0/A4

ACURA

EL

Au Canada l'Acura EL est venu jeter un éclairage nouveau sur le potentiel d'une approche luxueuse dans le segment des voitures sous-compactes populaires. Son constructeur a été récompensé de sa hardiesse puisque la EL se vend bien, à des clients qui apprécient les Honda mais voulaient se gratifier de quelque chose de moins banal. Basée sur la Civic à quatre porte la EL offre une allure, une présentation et un équipement plus élaboré, pour un prix qui demeure somme toute relativement abordable.

GAMME

Uniquement offerte en berline à quatre portes proposée en versions de base SE, Sport et Premium, la EL est pourvue d'un moteur 1.6L et d'une transmission manuelle à 5 vitesses. Le modèle de base SE est livré avec la direction assistée, le régulateur de vitesse, le climatiseur, les asservissements électriques des vitres, serrures et rétroviseurs extérieurs chauffants, le lecteur de disques compacts, la colonne de direction ajustable et un système antivol. La Sport y ajoute, le dispositif antiblocage des roues au freinage et les jantes en alliage léger. La version Premium offre en plus les garnitures en cuir, les sièges chauffants et le toit ouvrant, mais dans tous les cas la transmission automatique à 4 rapports est optionnelle.

TECHNIQUE

La carrosserie monocoque en acier dont l'efficacité aérodynamique est seulement honnête, diffère de celle de la Civic par l'esthétique de ses extrémités qui comprennent des phares et feux différents. La suspension est indépendante aux quatre roues, constituée de leviers triangulés superposés et d'une barre stabilisatrice sur chaque train de roues. Elle a été ajustée afin de concilier l'efficacité du confort et celui du comportement. Le freinage est mixte sur tous les modèles, mais le système antiblocage des roues n'est standard que sur les versions Sport et Premium. Les EL sont équipées du moteur 1.6L à SACT et 16 soupapes développant 127 ch grâce à un système de contrôle électronique du calage et de la levée variable des soupapes, connu sous le nom de VTEC qui équipe aussi le coupé Civic Si. Les trois versions sont chaussées de pneus de même type et dimensions.

POSITIF

+ LE PRIX. Celui de la version de base SE est attrayant car il permet d'obtenir pour un prix raisonnable

La Civic des gens riches

une petite voiture de bonne réputation, pratique, bien équipée, tandis que ceux des versions Sport et Premium sont moins raisonnables.

+ LE COMPORTEMENT. Il bénéficie de la qualité des pneumatiques installés sur des roues de 15 pouces. Grâce aux deux barres stabilisatrices montées en série, les EL s'inscrivent facilement dans les virages et elles font preuve d'une certaine agilité en slalom.

+ LE CONFORT. Le roulement est remarquable pour une voiture de ce format, car la suspension absorbe en douceur les principaux défauts de la route. Les bruits et les vibrations sont mieux amortis en provenance de la mécanique que des roues qui ont tendance à trépider sur les défauts de faible amplitude. Les sièges maintiennent convenablement, qu'ils soient garnis de tissu

ou de cuir, mais leur rembourrage est plutôt ferme.

+ LA CONDUITE. Elle est agréable, bien que les performances ne soient pas vraiment sportives car le rapport poids/puissance est moyen. Comme toujours sur les moteurs VTEC la puissance arrive à haut régime, mais la transmission manuelle, facile à sélectionner, permet d'en tirer un meilleur parti que l'automatique. Les commandes sont douces et la direction quasi parfaite, bien qu'un peu trop démultipliée.

+ LE RENDEMENT. Le moteur VTEC est économique car sa consommation est raisonnable vu les performances qu'il délivre.

+ LE CÔTÉ PRATIQUE. Le coffre offre un volume suffisant lorsque les places arrière sont occupées et il peut être agrandi vers la cabine en escamotant le dossier de la ban-

quette. Quant aux rangements il sont suffisants aux places avan mais pas très volumineux.

+ LA QUALITÉ. L'assemblage et l finition sont aussi rigoureux qu sur la Civic. L'apparence des maté riaux est flatteuse, surtout celle de garnitures des sièges. Héritées de l Civic, l'ergonomie, la présentation du tableau de bord, la bonne visibi lité et la simplicité des commande et des contrôles sont idéales.

+ LA PRÉSENTATION. Elle es flatteuse, malgré le côté déjà vu de la carrosserie. Dans certaines cou leurs la EL a l'air d'un petit bijou e l'intérieur de la Premium se donn des airs de TL.

NÉGATIF

- DÉCEVANTES. Les versions S et Sport ne sont pas vraimen luxueuses et ne diffèrent d'une sim ple Civic que par leur équipemen plus complet.

- LES PERFORMANCES. Elles n sont que moyennes au poids res pectable de ces modèles provenan du surplus d'équipement de mêm que de la rigidité qui rend la carros serie plus sécuritaire.

- LE FREINAGE. Privé d'antiblo cage, les roues avant bloquent rapi dement en situation d'urgence e les distances sont longues et le trajectoires moins stables que su les autres modèles.

- LA FABRICATION. La tôlerie fai légère lorsqu'on ferme portes et ca pots et la matière plastique qui gar nit le tableau de bord est absolu ment identique à celle de la Civic, c qui est indigne d'un modèle huppé

- LA LIGNE. Elle n'est pas désa gréable, mais aussi banale que cell de la Civic avec laquelle elle es facile à confondre, car sa personna lisation n'est pas allé assez loin.

- LE NIVEAU SONORE. Il manqu de discrétion, car le chant aigu du moteur se fait entendre à la moin dre accélération.

- LA BOÎTE AUTOMATIQUE. S sélection est parfois saccadée et ell retranche quelques précieux che vaux au petit moteur, surtout lors que le climatiseur fonctionne.

- À REVOIR : l'instrumentation dif ficile à lire de jour, parce que de couleur orange foncé, le manqu d'accoudoir central et de range ments à l'arrière.

CONCLUSION

Si au départ, l'idée de faire une mini-Rolls à partir d'une Civic étai excellente, on regrette qu'Acura ne soit pas allé jusqu'au bout, car hor mis la Premium, la EL n'est qu'une Super Civic. Pourquoi les gens ri ches et célèbres ne pourraient-ils pas rouler petit carrosse?

ÉVALUATION ACURA EL

CONCEPTION : 70%
- Technique : 80
- Sécurité : 90
- Volume cabine : 50
- Volume coffre : 50
- Qualité/finition : 80

CONDUITE : 66%
- Poste de conduite : 80
- Performances : 60
- Comportement : 60
- Direction : 80
- Freinage : 50

ÉQUIPEMENT D'ORIGINE : 78%
- Pneus : 85
- Phares : 80
- Essuie-glace : 75
- Dégivreur : 70
- Radio : 80

CONFORT : 70%
- Sièges : 75
- Suspension : 75
- Niveau sonore : 50
- Commodités : 75
- Climatisation : 75

BUDGET : 70%
- Prix d'achat : 60
- Consommation : 80
- Assurance : 70
- Satisfaction : 85
- Dépréciation : 55

Moyenne générale : 70.8%

NOUVEAU POUR 1999

- De nouveaux rétroviseurs extérieurs repliables.
- Une grille de calandre retouchée.
- Un nouveau sélecteur de boîte automatique à 6 positions.
- Une nouvelle version de base SE.
- Des détails d'équipement sur le versions Sport et Premium.

MOTEURS / TRANSMISSIONS / PERFORMANCES

Modèles/ versions	Type / distribution soupapes / carburation	Cylindrée cc	Puissance ch @ tr/mn	Couple lb.pi @ tr/mn	Rapport volumét.	Roues motrices / transmissions	Rapport de pont	0-100 km/h s	400m s	1000m s	Reprise 80-120 km/h s	Freinage 100-0 km/h m	Vites. maxi. km/h	Accélér. latérale G	Niveau sonore dBA	Consommation l./100km Ville	Route	Carburant Octane
1.6EL	L4 1.6 SACT-16-IEP	1590	127 @ 6600	107 @ 5500	9.6 :1	avant - M5*	4.25	8.8	16.2	29.8	6.5	40	190	0.78	67	8.3	6.4	R 87
						avant - A4	4.36	10.0	17.0	30.6	6.9	42	180	0.78	68	9.1	6.6	R 87

PRIX & ÉQUIPEMENTS

ACURA 1.6EL	SE	Sport	Premium
Prix maxi $:	18 800	-	-
Prix mini $:	17 300	-	-
Transport & préparation $:	280	-	-
Boîte automatique:	O	O	O
Régulateur de vitesse:	S	S	S
Direction assistée:	S	S	S
Système antiblocage des freins:	-	S	S
Système antipatinage:	-	-	-
Climatiseur:	S	S	S
Garnitures en cuir:			SC
Radio MA/MF/ Cassette:	SDc	SDc	SDc
Serrures électriques:	S	S	S
Lève-vitres électriques:	S	S	S
Volant ajustable:	S	S	S
Rétroviseurs ext. ajustables:	SEC	SEC	SEC
Jantes en alliage léger:	-	S	S
Système antivol:	S	S	S

Couleurs disponibles

Extérieur: Argent, Vert, Noir, Titane, Rouge.

Intérieur: Charcoal, Gris, Ivoire.

EN BREF...

Catégorie: berlines sous-compactes tractées. **Classe :** 3S

HISTORIQUE

Inauguré en: 1996

Fabriqué à: Alliston, Ontario, Canada

PROFIL DE CLIENTÈLE

Modèle	Hom./Fem.	Âge moyen	Mariés	CEGEP	Revenus
1.6EL	ND				

INDICES

Sécurité:	90 %	Satisfaction:	87%
Dépréciation:	30 %	Assurance:	800 $
Prix de revient au km:	0.35 $	Nbre de concessionnaires:	11

VENTES

Modèle	1996	1997	Résultat	Part de marché
1.6EL	695	2 856	+ 311.0 %	9.6 %

PRINCIPAUX MODÈLES CONCURRENTS

HONDA Civic, MAZDA Protegé, TOYOTA Corolla, VOLKSWAGEN Golf, Jetta.

ENTRETIEN REQUIS PAR LA GARANTIE

Première révision:	Fréquence:	Prise de diagnostic:
5 000 km	10 000 km	Oui

CARACTÉRISTIQUES

Modèles	Versions	Carrosseries/ Sièges	Volume cabine l.	Volume coffre l.	Cx	Empat. mm	Long x larg x haut. mm x mm x mm	Poids à vide kg	Susp. av/ar	Freins av/ar	Direction type	Diamètre braquage m	Tours volant b à b.	Réser. essence l.	dimensions	Pneus d'origine marque	modèle	Mécanique d'origine
ACURA																		
1.6EL	SE	ber. 4 p.4	2543	337	0.32	2620	4478x1705x1395	1124	ih/ih	d/t	crém.ass.	10.0	3.6	45.0	195/55R15	Michelin	XGT-V4	L4/1.6/M5
1.6EL	Sport	ber. 4 p.4	2543	337	0.32	2620	4478x1705x1395	1144	ih/ih	d/t/ABS	crém.ass.	10.0	3.6	45.0	195/55R15	Michelin	XGT-V4	L4/1.6/M5
1.6EL	Premium	ber. 4 p.4	2543	337	0.32	2620	4478x1705x1395	1162	ih/ih	d/t/ABS	crém.ass.	10.0	3.6	45.0	195/55R15	Michelin	XGT-V4	L4/1.6/M5

Garantie générale: 4 ans / 80 000 km: mécanique: 5 ans / 100 000 km; corrosion de surface: 5 ans/ kilométrage illimité.

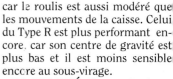

Alors qu'elle a été à l'origine du succès de la marque de luxe de Honda l'Integra semble oubliée, négligée, car son renouvellement semble se faire attendre. Ses ventes chutent et rien n'indique que la relève va se pointer à l'horizon. S'il est vrai que la conduite sportive perd de plus en plus d'adeptes, l'Integra demeure une manière agréable de se véhiculer avec un certain style qui ne nécessite pas de brûler l'asphalte à tous les feux de circulation. Après la débandade de nombreux modèles du genre, l'Integra fait figure de survivant, mais pour combien de temps encore?

Poussiéreux...

GAMME

L'Integra est un coupé à 3 portes proposé en finitions RS/SE, GS, GS-R plus l'édition limitée Type R. Ils sont tous équipés d'un moteur 4 cylindres de 1.8L à DACT et 16 soupapes, développant 139 ch sur les versions RS/SE et GS, 170 ch dans la GS-R grâce à un contrôle d'admission de type VTEC et 195 ch dans le Type R. Les transmissions d'origine sont manuelles à 5 vitesses ou automatiques à 4 rapports en option excepté sur les GS-R et Type R où elle est seulement manuelle. L'équipement de base du RS/SE comprend le climatiseur, la commande électrique des vitres, serrures et rétroviseurs extérieurs, des jantes en alliage léger, la colonne de direction ajustable, le système antivol et la radiocassette lecteur de disques compacts. Le GS ajoute le régulateur de vitesse et l'antiblocage des roues au freinage. Le GS-R est plus riche d'un moteur plus puissant et de jantes en alliage léger différentes et le Type R 25 ch supplémentaires, un volant gainé de cuir, des sièges baquet et la garniture du tableau de bord en fibres de carbone. Dans tous les cas la transmission automatique, les garnitures de siège en cuir, le toit ouvrant sont optionnels.

TECHNIQUE

Les Integra possèdent une carrosserie monocoque en acier dont l'efficacité aérodynamique est moyenne avec un coefficient de 0.32. La suspension est indépendante aux quatre roues, à double levier triangulé avec barre stabilisatrice, à l'avant comme à l'arrière. Les freins sont à disque aux quatre coins et les versions GS et GS-R sont équipées en série d'un système antiblocage des roues qui est plus sophistiqué encore sur le Type R. Le moteur tout en aluminium diffère sur les GS-R et Type R par sa tubulure

d'admission à deux étages et sa distribution VTEC, un système de contrôle électronique du calage et de la levée variable des soupapes qui permet au moteur de mieux respirer à haut régime. La coque du Type R a été renforcée, ses freins à disque plus importants, ses barres antiroulis plus grosses et son centre de gravité abaissé. On s'étonne toutefois que ses pneus ne soient pas plus volumineux que ceux des autres modèles de cette gamme.

POSITIF

+ LE STYLE. Il tire son originalité du dessin particulier de la partie avant dont les phares à lentille permettent de le différencier facilement de ses principaux concurrents.
+ LA CONDUITE. Son agrément découle de la vivacité des réactions de ces modèles dont la direction,

précise et bien démultipliée procure une spontanéité qui plaît beaucoup aux jeunes conducteurs. La sélection rapide et précise ainsi que le bon étagement de la boîte manuelle permet de tirer le meilleur parti de la mécanique, et le siège bien galbé, la bonne visibilité et le tableau de bord bien organisé, concourent à créer une ambiance de conduite sportive.
+ LES PERFORMANCES. Les moteurs VTEC font preuve, au delà de 3000 tr/mn, d'un brio remarquable en accélération comme en reprise, mais qui oblige souvent à rouler au-dessus des limites permises pour en apprécier le charme.
+ LE COMPORTEMENT. La suspension sophistiquée permet de placer facilement ces voitures en courbe pourvu que les barres antiroulis soit d'un diamètre suffisant,

car le roulis est aussi modéré que les mouvements de la caisse. Celui du Type R est plus performant encore, car son centre de gravité est plus bas et il est moins sensible encore au sous-virage.
+ LA QUALITÉ. Comme toujours chez les constructeurs japonais, le montage et la finition sont très rigoureux et les tolérances d'assemblage très serrées.
+ LE CÔTÉ PRATIQUE. Il n'a pas été oublié, car le coffre est transformable et les rangements de bonne taille sont bien distribués dans l'habitacle.
+ LA FIABILITÉ. Le taux de satisfaction très élevé (90%) des usagers qui explique la bonne valeur de revente et la rareté des occasions.

NÉGATIF

- LA SÉCURITÉ. La résistance à l'impact de la structure des Integra n'est plus à la hauteur des modèles les plus récents et les passagers semblent moins bien protégés que le conducteur.
- LE FREINAGE. Privé d'antiblocage le modèle de base voit ses roues avant bloquer rapidement au détriment des pneus et de la stabilité, d'autant que le freinage «au seuil» est difficile à pratiquer avec précision sur ce modèle.
- LA QUALITÉ. Certains matériaux ne font pas riche, la tôlerie et les garnitures de tissu sont minces et la matière plastique qui garnit le tableau de bord fait bon marché.
- LES MOTEURS. Les multisoupapes sont tous creux en dessous de 3000 tr/mn, ce qui rend les reprises à bas régime frustrantes, surtout avec la boîte automatique qui ôte tout caractère sportif.
- LE CONFORT. Il souffre du rembourrage ferme des sièges, de l'espace limité en hauteur et en longueur aux places arrière, des réactions brutales de la suspension lorsque l'asphalte est dégradé et du niveau sonore, qui se maintient élevé en toutes circonstances.
- LA PRÉSENTATION. Elle a vieilli dans la cabine où le tableau de bord aurait besoin de se faire rafraîchir le portrait...
- L'ACCÈS. La rigidification de la partie arrière de la carrosserie impose un seuil de coffre élevé qui complique sérieusement la manutention des bagages.

CONCLUSION

Les coupés Integra ne sont pas vraiment dépassés sur le plan technique ou des performances, mais ils auraient besoin d'un bon dépoussiérage qui permettrait de relancer leurs ventes, qui depuis deux ans sont en chute libre. ☺

ÉVALUATION ACURA Integra

CONCEPTION :		62%
Technique :	80	
Sécurité :	65	
Volume cabine :	30	
Volume coffre :	55	
Qualité/finition :	80	

CONDUITE :		70%
Poste de conduite :	80	
Performances :	65	
Comportement :	70	
Direction :	80	
Freinage :	55	

ÉQUIPEMENT D'ORIGINE :		76%
Pneus :	75	
Phares :	80	
Essuie-glace :	75	
Dégivreur :	75	
Radio :	75	

CONFORT :		71%
Sièges :	75	
Suspension :	75	
Niveau sonore :	55	
Commodités :	70	
Climatisation :	80	

BUDGET :		63%
Prix d'achat :	50	
Consommation :	80	
Assurance :	45	
Satisfaction :	90	
Dépréciation :	50	

Moyenne générale:		**68.4%**

NOUVEAU POUR 1999

- RS remplacé par le modèle ES «Édition Spéciale» comprenant les jantes en alliage, le déflecteur arrière et les rétroviseurs de couleur assortie.

MOTEURS / TRANSMISSIONS / PERFORMANCES

Modèles/ versions	Type / distribution soupapes / carburation	Cylindrée cc	Puissance ch @ tr/mn	Couple lb.pi @ tr/mn	Rapport volumét.	Roues motrices / transmissions	Rapport de pont km/h	Accélérations 0-100 s	400m s	1000m km/h s	Reprise 80-120 km/h s	Freinage 100-0 m	Vites. maxi. km/h	Accélér. latérale G	Niveau sonore dBA	Consommation l./100km Ville	Route	Carburant Octane
RS/SE, GS	L4 1.8 DACT-16-IEP	1834	139 @ 6300	122 @ 5200	9.2 :1	avant - M5*	4.27	8.8	17.2	29.7	6.4	41	200	0.82	68	9.3	6.8	R 87
						avant - A4	4.36	9.6	18.0	30.5	6.9	45	190	0.82	68	9.8	6.7	R 87
GS-R	L4 1.8 DACT-16-IEP	1797	170 @ 7600	128 @ 6200	10.0 :1	avant - M5	4.40	7.8	16.8	29.0	5.2	40	210	0.85	67	9.5	7.1	S 91
Type R	L4 1.8 DACT-16-IEP	1797	195 @ 8000	130 @ 7500	10.6 :1	avant - M5	4.40	7.0	16.2	28.5	4.8	41	220	0.90	70	9.5	7.5	S 91

PRIX & ÉQUIPEMENTS

ACURA Integra	RS/SE	GS	GS-R	Type R
Prix maxi $:	21 000	25 500	27 300	30 000
Prix mini $:	19 325	23 465	25 120	27 605
Transport & préparation $:	280	280	280	280
Boîte automatique :	O	O	-	-
Régulateur de vitesse :	-	S	S	S
Direction assistée :	S	S	S	S
Système antiblocage des freins :	-	S	S	S
Système antipatinage :	-	-	-	S
Climatiseur :	S	S	S	S
Garnitures en cuir :	O	O	O	-
Radio MA/MF/ Cassette :	SDc	SDc	SDc	SDc
Serrures électriques :	S	S	S	S
Lève-vitres électriques :	S	S	S	S
Volant ajustable :	S	S	S	S
Rétroviseurs ext. ajustables :	SE	SE	SE	SE
Jantes en alliage léger :	-	S	S	S
Système antivol :	S	S	S	S
Couleurs disponibles				

Extérieur: Argent, Blanc, Rouge, Vert, Noir.

Intérieur: Noir.

EN BREF...

Catégorie: coupés sportifs compacts tractés.   **Classe :** 3

HISTORIQUE

Inauguré en: 1987-1993
Fabriqué à: Suzuka, Japon.

PROFIL DE CLIENTÈLE

Modèle	Hom./Fem.	Âge moyen	Mariés	CEGEP	Revenus
Integra	61/39 %	36 ans	55 %	56 %	62 000 $

INDICES

Sécurité :	65 %	Satisfaction :	90 %
Dépréciation :	40 %	Assurance :	1 135 $
Prix de revient au km :	0.40 $	Nbre de concessionnaires :	11

VENTES

Modèle	1996	1997	Résultat	Part de marché
Integra	2 092	1 418	- 32.2 %	26.4 %

PRINCIPAUX MODÈLES CONCURRENTS

CHEVROLET Cavalier Z24, FORD ZX2, HONDA Prelude, Civic SiR, HYUNDAI Tiburon FX, PONTIAC Sunfire GT, SATURN SC2, TOYOTA Celica.

ENTRETIEN REQUIS PAR LA GARANTIE

Première révision :	Fréquence :	Prise de diagnostic :
5 000 km	10 000 km	Non

CARACTÉRISTIQUES

Modèles	Versions	Carrosseries/ Sièges	Volume cabine l.	Volume coffre l.	Cx	Empat. mm	Long x larg x haut. mm x mm x mm	Poids à vide kg	Susp. av/ar	Freins av/ar	Direction type	Diamètre braquage m	Tours volant b à b.	Réser. essence l.	Pneus d'origine dimensions	marque	modèle	Mécanique d'origine
ACURA																		
Integra	RS/SE	cpé.3 p.4	2184	377	0.32	2570	4380x1710x1335	1147	ih/ih	d/d	crém.ass.	10.6	2.98	50.0	195/60R14	Yokohama	Y-376	L4/1.8/M5
Integra	GS	cpé.3 p.4	2159	377	0.32	2570	4380x1710x1335	1197	ih/ih	d/ABS	crém.ass.	10.6	2.98	50.0	195/55R15	Michelin	XGT-V4	L4/1.8/M5
Integra	GS-R	cpé.3 p.4	2159	377	0.32	2570	4380x1710x1335	1210	ih/ih	d/ABS	crém.ass.	10.6	2.98	50.0	195/55R15	Michelin	XGT-V4	L4/1.8/M5
Integra	Type R	cpé.3 p.4	2159	377	0.32	2570	4380x1695x1320	1172	ih/ih	d/ABS	crém.ass.	10.6	2.98	50.0	195/55R15	Bridgestone	RE010	L4/1.8/M5

Garantie générale: 4 ans / 80 000 km: mécanique: 5 ans / 100 000 km; corrosion de surface: 5 ans/ kilométrage illimité.

On s'étonne encore de voir le NSX-T figuré au catalogue d'Acura quand on sait combien ses ventes sont misérables. Comme le Supra de Toyota ou le défunt RX-7 de Mazda, les coupés exotiques ne font plus recette. Aujourd'hui les machos roulent en camion et les bolides sont laissés en pâture aux contrôles radar qui en raffolent... Cela ne veut pas dire que la mode ne reviendra pas, mais lorsqu'elle le fera ces modèles seront dépassés depuis longtemps et ce sont leurs descendants qui prendront la relève.

GAMME

Le NSX-T reste offert sous la forme d'une berlinette 2 places à moteur central V6 de 3.2L avec la transmission manuelle à 6 vitesses et 3.0L avec la boîte automatique à 4 rapports avec mode de sélection manuelle baptisé «SportShift». L'équipement d'origine comprend un climatiseur, un régulateur de vitesse, le système antiblocage-antipatinage des roues, une chaîne stéréo, les principaux asservissements électriques, les sièges garnis de cuir, les jantes en alliage léger, le toit ouvrant en T à deux panneaux et un système d'alarme.

TECHNIQUE

Honda a investi dans la création du NSX-T qui fut un des premiers véhicules de petite série à posséder une coque presque entièrement réalisée en aluminium, ce qui a permis de gagner 140 kg (300 lb) sur le poids de l'ensemble par rapport à l'acier. Malgré sa ligne fuyante le coefficient aérodynamique, n'est pas exceptionnel avec une marque de 0.32 et la coque ne comporte aucun aménagement pour canaliser l'effet de sol. La suspension, indépendante aux quatre roues, s'inspire de la compétition. Elle est composée de triangles inégaux superposés, forgés en aluminium avec ressorts, amortisseurs et demi-arbres de transmission en acier. L'équilibre du poids, qui approche 1500 kg, est favorable puisque 42% se trouve sur l'avant et 58% sur l'arrière grâce à la position centrale arrière du moteur. Le bloc du V6 est celui du moteur de l'ancienne Legend. Il bénéficie d'une culasse à double arbre à cames avec 12 soupapes par rangée de cylindres et un dispositif de distribution variable baptisé VTEC que Honda a protégé par 350 brevets. Cette technique, appliquée à d'autres modèles de la marque, comprend trois cames et trois culbuteurs du côté de l'admission. Deux cames classiques au profil rond actionnent les soupapes jusqu'à 5000

Sans panache...

tr/m. Au delà, la troisième came intercalée entre les deux premières prend le relais, actionnée par la pression de l'huile.

POSITIF

+ LE STYLE. Il est d'essence exotique et parvient encore à attirer l'attention des badauds qui la confondent de loin avec une Ferrari quand elle est rouge, le bruit, la puissance et la classe en moins bien sûr...

+ LE COMPORTEMENT. Il est très stable car il profite du bon équilibrage des masses, de la longueur de l'empattement, de la faible hauteur de son centre de gravité et de ses suspensions sophistiquées dont le poids non suspendu est réduit au maximum.

+ LA CONCEPTION. Elle est sophistiquée car elle a bénéficiée de l'expérience que Honda a glanée en compétition, et de l'application de hautes technologies en ce qui concerne l'utilisation d'aluminium pour la fabrication de la coque et des éléments de suspension.

+ LES PERFORMANCES. Elles sont plus impressionnantes avec la boîte manuelle que l'automatique, et parviennent presque à égaler celles de ses concurrentes transalpines.

+ LA CONDUITE. Elle est remarquable par le fait qu'elle est extrêmement civilisée pour un modèle de cette catégorie. Son usage quotidien ne pose aucun problème durant la belle saison, car la mécanique est polie, l'équipement complet et le confort de roulement fort appréciable.

+ LA QUALITÉ. Elle est évidente, car la construction est rigide, même avec le toit en «T», la finition minu-

tieuse et les matériaux de belle facture.

+ LA FIABILITÉ. Elle constitue sans aucun doute le plus bel attrait de ce modèle qui est la Maytag des exotiques comparé aux capricieuses Ferrari. En fait la durabilité vient du fait que la mécanique n'est pas si exotique que ça puisque son moteur dérive de celui de l'ancienne Legend, aujourd'hui RL. Son fonctionnement est peu sensible aux conditions climatiques ce qui permet de s'en servir à longueur d'année à la limite, sauf dans les endroits où il neige abondamment.

+ L'ACCÈS. Il n'est pas trop acrobatique de s'installer dans la cabine, car malgré la faible hauteur, les portes bien dimensionnées s'ouvrent largement.

NÉGATIF

- LE BUDGET. Le NSX-T n'est pas une bonne affaire car son prix est très élevé en regard de sa valeur de revente qui demeure très fluctuante, et il vaut mieux acquérir un usagé, pour ne prendre aucun risque, car les amateurs ne se bousculent pas.

- LE MOTEUR. Il manque trop de caractère pour que la conduite soit au niveau de l'apparence.

- LA DIRECTION. Elle manque de reversibilité et de la rapidité qui rend normalement ce genre de voiture passionnante à conduire, en leur donnant des réactions vives et spontanées.

- LE CÔTÉ PRATIQUE. Comme souvent sur ce genre d'automobile, il est pénalisé par le volume minuscule du coffre et des rangements qui ne sont pas assez nombreux et volumineux.

- L'INSONORISATION. Elle pourrait être plus efficace afin de mieux étouffer les bruits de roulement qui dominent le niveau sonore, ce qui permettrait peut-être d'apprécier un peu plus celui en provenance du moteur, dont l'échappement n'a rien d'évocateur.

- LA PRÉSENTATION. La cabine ne transforme pas la moindre balade en une grande aventure, car sa présentation est particulièrement fade.

- L'ACCÈS. Il n'est pas facile d'atteindre la mécanique comme c'est souvent le cas des modèles à moteur central.

CONCLUSION

Dans un élan superbe on pourrait dire du NSX-T «qu'à lutter sans panache il triomphe sans gloire». Toutefois la responsabilité du destin qui le frappe incombe à ses créateurs qui ont usé de trop de compromis.

☺

ÉVALUATION ACURA NSX-T

CONCEPTION :   60%
Technique :   100
Sécurité :   90
Volume cabine :   10
Volume coffre :   10
Qualité/finition :   90

CONDUITE :   81%
Poste de conduite :   85
Performances :   85
Comportement :   85
Direction :   75
Freinage :   75

ÉQUIPEMENT D'ORIGINE :   81%
Pneus :   90
Phares :   85
Essuie-glace :   80
Dégivreur :   70
Radio :   80

CONFORT :   61%
Sièges :   80
Suspension :   70
Niveau sonore :   40
Commodités :   40
Climatisation :   75

BUDGET :   45%
Prix d'achat :   0
Consommation :   60
Assurance :   35
Satisfaction :   90
Dépréciation :   40

Moyenne générale :   65.6%

NOUVEAU POUR 1999

- Aucun changement.

MOTEURS / TRANSMISSIONS / PERFORMANCES

Modèles/ versions	Type / distribution soupapes / carburation	Cylindrée cc	Puissance ch @ tr/mn	Couple lb.pi @ tr/mn	Rapport volumét.	Roues motrices / transmissions	Rapport de pont	Accél. 0-100 km/h s	400m s	1000m s	Reprise 80-120 km/h s	Freinage 100-0 km/h m	Vites. maxi. km/h	Accélér. latérale G	Niveau sonore dBA	Consommation Ville l./100km	Route	Carburant Octane
NSX-T	V6 3.2 DACT-24-IEPMP	3179	290 @ 7100	224 @ 5500	10.2 : 1	arrière - M6	4.06	5.4	13.5	24.5	3.6	35	250	0.94	70	13.5	9.2	S 91
NSX-T	V6 3.0 DACT-24-IEPMP	2977	252 @ 6600	210 @ 5300	9.6 : 1	arrière - A4	4.43	6.8	14.8	25.5	4.2	38	240	0.90	70	13.0	9.1	S 91

PRIX & ÉQUIPEMENTS

ACURA NSX-T   man.   autom.

	man.	autom.
Prix maxi $:	140 000	-
Prix mini $:	123 205	-
Transport & préparation $:	840	-
Boîte automatique :	-	S
Régulateur de vitesse :	S	S
Direction assistée :	S	S
Système antiblocage des freins :	S	S
Système antipatinage :	S	S
Climatiseur :	SA	SA
Garnitures en cuir :	S	S
Radio MA/MF/ Cassette :	S	S
Serrures électriques :	S	S
Lève-vitres électriques :	S	S
Volant ajustable :	S	S
Rétroviseurs ext. ajustables :	SE	SE
Jantes en alliage léger :	S	S
Système antivol :	S	S

Couleurs disponibles
Extérieur : Noir, Bleu, Blanc, Rouge, Argent, Jaune.

Intérieur : Cuir : Noir, Fauve.

EN BREF...

Catégorie : coupés exotiques propulsés.   **Classe :** GT

HISTORIQUE
Inauguré en : 1991
Fabriqué à : Tochigi, Japon.

PROFIL DE CLIENTÈLE

Modèle	Hom./Fem.	Âge moyen	Mariés	CEGEP	Revenus
NSX-T	96/4 %	44 ans	65 %	52 %	200 000 $

INDICES
Sécurité : 90 %   **Satisfaction :** 90 %
Dépréciation : 53 %   **Assurance :** 2 390 $
Prix de revient au km : 1.20 $ **Nbre de concessionnaires :** 11

VENTES

Modèle	1996	1997	Résultat	Part de marché
NSX-T	3	3	=	ND

PRINCIPAUX MODÈLES CONCURRENTS
CHEVROLET Corvette, DODGE Viper GTS, FERRARI 355, PORSCHE 911.

ENTRETIEN REQUIS PAR LA GARANTIE
Première révision : 5 000 km   **Fréquence :** 10 000 km   **Prise de diagnostic :** Oui

CARACTÉRISTIQUES

Modèles	Versions	Carrosseries/ Sièges	Volume cabine l.	Volume coffre l.	Cx	Empat. mm	Long x larg x haut. mm x mm x mm	Poids à vide kg	Susp. av/ar	Freins av/ar	Direction type	Diamètre braquage m	Tours volant b à b.	Réser. essence l.	Pneus d'origine marque	dimensions	modèle	Mécanique d'origine
ACURA							Garantie générale : 4 ans / 80 000 km; mécanique : 5 ans / 100 000 km; corrosion de surface : 5 ans/ kilométrage illimité.										
NSX-T	man.	cpé 2 p. 2	1385	153	0.32	2530	4425x1810x1170	1435	ih/ih	d/ABS	crém.ass.	12.0	3.07	70.0 av.215/45ZR16	Bridgestone	RE010	V6/3.2/M6
NSX-T	autom.	cpé 2 p. 2	1385	153	0.32	2530	4425x1810x1170	1455	ih/ih	d/ABS	crém.ass.	12.0	3.07	70.0 ar. 245/40ZR17	Bridgestone	RE010	V6/3.0/A4

Sans faire de bruit les ventes de la RL ont petit à petit gagné du terrain et dans certaines contrées il s'en vend plus que de Lincoln Town Car, ce qui est tout de même une sérieuse référence. Si le fait de l'avoir débaptisé Legend a aidé à sa banalisation, sa dernière refonte ne l'a pas plus avantagé que les précédentes. À force de vouloir faire des voitures qui ne plaisent qu'à la clientèle nord-américaine, les constructeurs japonais sont devenus les spécialistes des modèles aseptisés à outrance dedans dehors et en dessous...

Aseptisée...

GAMME

La RL est une grosse berline à 4 portes équipée d'un moteur V6 de 3.5L et d'une transmission automatique à 4 rapports. Elle est vendue en version unique dont l'équipement très complet inclut tout ce que l'on trouve normalement sur les voitures de luxe soit les asservissements électriques habituels, les garnitures de cuir, les sièges avant chauffants, une chaîne stéréo avec lecteur de disques compacts et chargeur automatique, les jantes en alliage léger et le système antivol avec immobiliseur. Il faut ajouter à cette liste les rétroviseurs et une extension au coffre vers la cabine à travers une trappe à skis.

TECHNIQUE

La carrosserie monocoque en acier comporte de nombreux panneaux en acier galvanisé. Sa ligne conserve une efficacité aérodynamique moyenne avec un coefficient de 0.32, malgré la présence d'un déflecteur situé derrière le pare-chocs qui réduit l'écoulement de l'air sous la carrosserie pour le répartir sur les côtés et le toit. Le poids est important puisqu'il approche les 1700 kg à vide, réparti selon le ratio 60% sur l'avant et 40% sur l'arrière. La suspension indépendante aux quatre roues est constituée de triangles inégaux superposés avec barre stabilisatrice à l'avant comme à l'arrière. Les freins sont à quatre disques et le système antiblocage monté en série est couplé à un antipatinage (TCS) agissant par l'intermédiaire des freins pour empêcher une des roues motrices de patiner. Le moteur V6 à 90 degrés à simple arbre à cames en tête et 24 soupapes, est en aluminium avec des chemises en fonte. Pour améliorer la puissance et le couple, Acura a mis au point un système d'admission à trois niveaux. Pour réduire les vibrations inhérentes à ce type de moteur, un système d'équilibrage est monté latéralement et entraîné par la courroie, de plus le moteur est fixé à un berceau indépendant par l'intermédiaire de supports hydrauliques gérés électroniquement, offrant deux modes d'amortissement, selon que le régime se trouve en dessous ou au-dessus de 850 tr/mn.

POSITIF

+ LE STYLE. La carrosserie est simple et élégante, mais elle ressemble trop à celle du modèle précédent et n'offre rien de vraiment accrocheur.

+ LE PRIX. Il n'est pas exagéré car il se situe exactement entre celui d'une Saab 9⁵ et d'une BMW 528 pratiquement à égalité avec celui d'une GS 300.

+ LE CONFORT. Il impressionne que ce soit au niveau du vaste volume de la cabine, de l'insonorisation très efficace, que de la suspension qui aplanit une grande partie des défauts de la route, alors que les sièges procurent un maintien et un soutien quasi parfaits.

+ LES PERFORMANCES. Elles sont respectables pour un véhicule de ce poids, car le moteur est à la fois puissant, souple et silencieux, la transmission intelligente, les pneumatiques bien dimensionnés et de qualité, de même que le dispositif antipatinage qui contrôle la motricité. De plus son rendement est efficace puisque la consommation se maintient à un niveau très raisonnable en tout temps.

+ LE COMPORTEMENT. Il ne pose aucun souci aux allures normales sur bonnes routes, car il est aussi stable en ligne droite qu'en grande courbe, et neutre en virage, bien que son poids et son gabarit généreux ne rendent pas la RL très agile.

+ LE FREINAGE. Il est relativement efficace car à froid il parvient à arrêter la masse de la RL en moins de 40 m (130 pi.) avec l'antiblocage.

+ L'ENVIRONNEMENT. Le conducteur est bien installé devant une planche de bord ergonomique et bien organisée où il dispose d'une excellente visibilité.

+ LA QUALITÉ. L'assemblage rigoureux et la finition soignée sont des constantes des produits Honda.

NÉGATIF

- LA SÉCURITÉ. Elle pèche par le manque de coussins latéraux, de phares puissants ou d'un contrôle de la stabilité que ses rivales possèdent.

- LE FORMAT. L'«entre deux» choisi par Honda, se veut plus spacieux que les Lexus de milieu de gamme et moins coûteux que les modèles V8, ne donne satisfaction à personne.

- LA PRÉSENTATION. Elle est particulièrement fade de la ligne de la carrosserie qui est banale, à l'intérieur qui a perdu le caractère européen qui caractérisait l'ancienne Legend. La partie centrale de la console qui semble vide et l'aspect du plastique qui la garnit bien terne. Enfin le cuir et les appliques de bois n'ont pas une grande classe.

- LA CONDUITE. Au volant la RL manque sérieusement d'intérêt car malgré les performances dont la mécanique est capable et la tenue de route compétente elle n'offre que des sensations très aseptisées.

- LE FREINAGE. Il est difficile à doser à cause de la faible résistance de la pédale et son endurance est très moyenne à chaud.

- LA DIRECTION. Elle est trop assistée, trop démultipliée, trop légère et inconsistante lors des fortes accélérations où on a parfois l'impression que les roues avant décollent de la route.

- LA SUSPENSION. Trop souple elle génère des mouvements de caisse importants qui dérangent plus les occupants que le comportement. On se demande encore pourquoi à ce niveau de prix et de technologie, la RL n'offre pas une suspension ajustable en fonction de deux modes de conduite différents avec une position automatique ?

CONCLUSION

La Acura RL ne manque pas de qualités, mais elle est tellement noyée dans un ensemble aseptisé, et banalisé que l'on aurait tendance à lui préférer un modèle moins parfait mais plus vivant et moins anonyme.

ÉVALUATION ACURA RL

CONCEPTION :   **76%**
Technique :	90
Sécurité :	80
Volume cabine :	65
Volume coffre :	60
Qualité/finition :	85

CONDUITE :   **68%**
Poste de conduite :	80
Performances :	65
Comportement :	70
Direction :	75
Freinage :	50

ÉQUIPEMENT D'ORIGINE :   **82%**
Pneus :	85
Phares :	80
Essuie-glace :	80
Dégivreur :	75
Radio :	90

CONFORT :   **79%**
Sièges :	80
Suspension :	80
Niveau sonore :	70
Commodités :	80
Climatisation :	85

BUDGET :   **49%**
Prix d'achat :	0
Consommation :	65
Assurance :	45
Satisfaction :	90
Dépréciation :	45

Moyenne générale: **70.8%**

NOUVEAU POUR 1999

- Retouches esthétiques aux parties avant-arrière, nouveaux phares à décharge de gaz et feux antibrouillard intégrés.
- Nouveaux disques de frein plus épais.
- Nouvelles jantes en alliage et pneus Michelin MXV4 standard.
- Nouveaux coussins d'air «intelligents» et coussins latéraux.
- Nouveaux pare-soleil avec extensions latérales.

MOTEURS / TRANSMISSIONS / PERFORMANCES

Modèles/ versions	Type / distribution soupapes / carburation	Cylindrée cc	Puissance ch @ tr/mn	Couple lb.pi @ tr/mn	Rapport volumét.	Roues motrices / transmissions	Rapport de pont	0-100 km/h s	400m s	1000m s	Reprise 80-120 km/h s	Freinage 100-0 km/h m	Vites. maxi. km/h	Accélér. latérale G	Niveau sonore dBA	Consommation l./100km Ville	Route	Carburant Octane
base	V6 3.5 SACT-24-IEP	3474	210 @ 5200	224 @ 2800	9.6 :1	avant - A4	4.18	8.5	16.4	29.3	5.7	39	200	0.85	66	12.6	8.8	S 91

PRIX & ÉQUIPEMENTS

ACURA   **3.5RL**

Prix maxi $:	**55 000**
Prix mini $:	**49 505**
Transport & préparation $:	**320**
Boîte automatique:	S
Régulateur de vitesse:	S
Direction assistée:	S
Système antiblocage des freins:	S
Système antipatinage:	S
Climatiseur:	SA
Garnitures en cuir:	SC
Radio MA/MF/ Cassette:	SDc
Serrures électriques:	S
Lève-vitres électriques:	S
Volant ajustable:	S
Rétroviseurs ext. ajustables:	SEC
Jantes en alliage léger:	S
Système antivol:	S

Couleurs disponibles

Extérieur: Noir, Blanc, Or, Vert.

Intérieur: Noir, Parchemin, Quartz .

EN BREF...

Catégorie: berlines de luxe tractées.   **Classe :** 7

HISTORIQUE
Inauguré en: 1996
Fabriqué à: Sayama, Japon.

PROFIL DE CLIENTÈLE
Modèle	Hom./Fem.	Âge moyen	Mariés	CEGEP	Revenus
RL	81/19 %	48 ans	86 %	66 %	138 000 $

INDICES
Sécurité:	80 %	**Satisfaction:**	90 %
Dépréciation:	50 %	**Assurance:**	1 385 $
Prix de revient au km:	0.91 $	**Nbre de concessionnaires:**	11

VENTES
Modèle	1996	1997	Résultat	Part de marché
RL	195	236	+ 21.0 %	26.4 %

PRINCIPAUX MODÈLES CONCURRENTS
AUDI A6, BMW Série 5, CHRYSLER 300M, INFINITI Q45, LEXUS GS 300 & LS 400, MERCEDES-BENZ C-280, SAAB 9[5], VOLVO S80.

ENTRETIEN REQUIS PAR LA GARANTIE
Première révision:	Fréquence:	Prise de diagnostic:
5 000 km	10 000 km	Oui

CARACTÉRISTIQUES

Modèles	Versions	Carrosseries/ Sièges	Volume cabine l.	Volume coffre l.	Cx	Empat. mm	Long x larg x haut. mm x mm x mm	Poids à vide kg	Susp. av/ar	Freins av/ar	Direction type	Diamètre braquage m	Tours volant b à b.	Réser. essence l.	dimensions	Pneus d'origine marque	modèle	Mécanique d'origine
ACURA																		
RL	3.5	ber.4 p. 5	2724	419	0.32	2910	4995x1820x1435	1655	ih/ih	d/ABS	crém.ass.	11.0	3.35	68.0	215/60R16	Michelin	MXV4	V6/3.5/A4

ACURA Garantie générale: 4 ans / 80 000 km: mécanique: 5 ans / 100 000 km; corrosion de surface: 5 ans/ kilométrage illimité.

ACURA TL
Sortir de sa torpeur

Depuis qu'elle existe, que ce soit sous le nom de Vigor ou de TL, cette voiture n'a jamais connu qu'un succès mitigé se classant loin derrière les prima donna de sa catégorie, que sont les Volvo S70, BMW Série 3, Audi A4 et Mercedes-Benz Classe C qui se classent ainsi dans l'ordre d'importance de leurs ventes. Il faut dire qu'au milieu d'un tel aréopage de modèles ayant une aussi forte personnalité, la pauvre TL n'avait aucune chance de briser l'indifférence du public et sortir de son anonymat. La complication inutile d'offrir deux motorisations pour un même modèle dans ce créneau ne s'est pas révélé plus payante la plupart des clients ne voulant pas d'autre moteur qu'un V6. Et puis la présence de la RL qui était équipée d'un moteur équivalent ne faisait qu'ajouter à la confusion générale.

Avec la dernière TL Acura a tenté de solutionner quelques uns des problèmes des modèles précédents. À commencer par le prix, puisque le seul modèle à moteur V6 vendu cette année coûte le même prix que le 5 cylindres de l'an dernier. Compte tenu du fait que son niveau d'équipement est supérieur, c'est toute une affaire. En ce qui concerne le style, on ne peut pas dire qu'il soit d'une folle originalité, mais les lignes sont élégantes sans plus. La dernière TL est un produit nord-américain puisqu'elle a été dessinée et conçue en Californie dans le bureau de style de Honda à Torrance où l'on a travaillé l'aérodynamique, afin de lui donner une finesse supérieure à celle du modèle précédent. La TL est fabriquée dans l'usine Honda de Marysville, Ohio où sont produites les Honda Accord avec lesquelles la TL partage sa plate-forme. Son contenu domestique est de 95% ce qui amènera l'EPA à la classer comme véhicule américain.

Les stylistes qui ont présidé à son renouvellement se sont inspirés de l'ambiance de San Francisco et plus précisément le quartier exclusif de Nob Hill où ils ont séjournés au fameux Hôtel Fairmont. En regardant la TL on ne voit pas au premier coup d'oeil en quoi cette ville au relief tourmenté a pu inspirer une voiture aux lignes si plates. Les retouches subtiles du pare-brise, de la calandre ou du capot du coffre à bagages ont sans doute fait évoluer les volumes, mais toujours pas l'impression générale que cette voiture qui se fond dans la foule des modèles qui finissent tout plus ou moins à se ressembler. Le renouvellement de la carrosserie a au moins permis d'améliorer la résistance à la torsion de 70% et à la flexion de 80% ce qui donne une idée de la rigidité du modèle précédent. L'insonorisation a nécessité l'emploi de 41.3 kg (91 lb) de matériau insonorisant et les corps creux comme les montants du toit ont été remplis de mousse plastique.

La structure principale a fait l'objet d'intenses études menées à l'aide d'un super-ordinateur Cray pour simuler des collisions de différentes forces et directions afin de disposer des renforts aux endroits stratégiques. Ainsi en cas d'impact frontal des longerons rectilignes de large section sont chargés d'acheminer l'énergie de l'impact à travers le châssis sans le recours de renforts aux intersections des sections transversales. Afin de surpasser les normes fédérales américaines de 2003, l'intérieur de la TL, les montants du toit ont été munis de garnitures absorbantes ainsi que d'une garniture du pavillon destinées à réduire les blessures des occupants. Acura affirme aussi avoir amélioré la sécurité active en intégrant de série à son dernier modèle un système antipatinage-antiblocage, un dispositif améliorant l'adhésion des roues en virage et la linéarité directionnelle en ligne droite ainsi que des phares à décharge à haute intensité.

ACURA

TL

Depuis son introduction sur le marché en 1991, la Vigor (de même que la TL depuis 1996) était affublé du rôle d'éternel second. Tels de bons soldats, ces voitures avaient toutes les qualités pour réussir, mais leur manque de panache les laissaient constamment dans l'ombre d'autres modèles plus populaires. Dans l'automobile comme dans la société on ne se souvient jamais des seconds, il faut toujours avoir un petit quelque chose pour se démarquer de la masse et la nouvelle TL a peut-être trouvé sa voie.

GAMME

La nouvelle Acura TL est une berline à 4 portes offerte en une seule version pourvue d'un moteur V6 de 3.2L qui n'a rien à voir avec celui de la version précédente. La boîte de vitesses automatique à quatre rapports à régulation électronique offre une conduite en mode semi-manuel «Sportshift».

Le conducteur peut en déplaçant le pommeau du sélecteur de vitesse dans une grille spéciale, changer les rapports manuellement. Pour ce qui est de l'équipement, Acura n'a rien laissé au hasard, tout y est. Seul un ensemble «Aéro» complet et le groupe plaqué Or est offert comme option et installé par le concessionnaire. Pour les États-Unis, un système de navigation vient également en option.

TECHNIQUE

La TL 1999 est basée sur la nouvelle plate-forme globale de Honda qui a été utilisée pour la première fois l'an dernier lors du renouvellement de l'Accord. Malgré un empattement plus court de 9,5 cm, la TL offre une longueur hors tout de 4,9 m soit 3,5 cm de plus que l'ancienne version. La nouvelle ossature de la TL est 70% plus résistante à la torsion et la résistance à la flexion a été améliorée de 80% ce qui donne une voiture très solide sur la route. Dans la carrosserie, des séparateurs de montant de toit en mousse, des feuilles insonorisantes pour le prolongement des arches de roues et des supports hydrauliques de moteur montés sous vide servent à réduire au minimum le bruit dans l'habitacle.

La suspension avant utilise un système à double levier triangulé avec des ressorts hélicoïdaux plus fermes et des amortisseurs recalibrés pour profiter de la meilleure rigidité de la coque. À l'arrière un nouveau système à levier triangulé à cinq biellettes indépendant offre une meilleure efficacité en étant beaucoup plus compact, il contribue ainsi

à augmenter l'espace intérieur et du coffre. Les freins sont à disques ventilés aux quatre roues avec système ABS et contrôle de traction en équipement de série.

POSITIF

+ LE PRIX. La nouvelle TL tout équipée, c'est près de sept mille dollars de moins que l'an dernier. Une aubaine comparée aux ténors de la catégorie comme la Lexus ES 300 ou la BMW Série 3. Une relocalisation du Japon aux États-Unis pour la fabrication et un partage de 45% des pièces avec la Honda Accord pourraient expliquer cette forte réduction.

+ L'ÉQUIPEMENT. Contrairement à bien d'autres voitures de luxe, la TL est livrée clé en main. La sellerie de cuir, freins ABS, contrôleur de traction, air climatisé, antivol, toit ouvrant électrique, sièges chauffants tout est inclus dans le prix. Pour ceux qui en ont jamais assez, un groupe aéro et un groupe plaqué Or sont installés en option chez les concessionnaires, mais ils n'ajoutent rien de fonctionnel à la voiture. Pour les États-Unis un système de navigation fait également parti de la liste d'options.

+ LA DIRECTION. Auparavant surassistée et très légère, la direction est maintenant précise et offre un heureux mariage avec la route. Elle se fait un délice des petites routes en lacet.

+ LA TENUE DE ROUTE. Avec une carrosserie beaucoup plus rigide, une puissance accrue et un peu de poids en moins, la TL s'est enfin trouvé une âme et un véritable plaisir de conduite. Ajouter à cela une réaction très neutre en virage et une suspension arrière très active et cette voiture peut porter le vocable de sportive.

+ L'HABITABILITÉ. La cabine est plus vaste surtout aux places arrière qui disposent d'un peu plus d'espace pour que leurs occupants y soient à l'aise.

+ LE CONFORT: En raison de sa grande rigidité, la suspension a pu être calibrée pour être plus confortable sans nuire aux aspirations sportives de la voiture. Beaucoup de matériel insonorisant, permet aux occupants de rouler dans une atmosphère très feutrée.

+ LES PERFORMANCES. Acura a réussi à donner du caractère à la TL qui en manquait cruellement. Le moteur répond bien aux sollicita-

tions et ne semble jamais se lasser à la tâche. Seul un petit creux à bas régime et en reprise lui fait perdre un peu de sa superbe.

+ LA QUALITÉ. Comme toujours chez Honda, la réalisation est pratiquement parfaite car la construction est d'une propreté clinique et la finition soignée jusqu'au moindre détail. Seuls quelques matériaux manquent un peu de noblesse.

+ LA TRANSMISSION. La boîte de vitesses sophistiquée combine plusieurs fonctions très intéressantes. Par exemple le contrôle logique en pente va retarder le passage ascendant des vitesses lorsque la voiture monte une pente pour faciliter une reprise énergique. En descente, elle applique un freinage moteur en réduisant automatiquement le passage des vitesses.

NÉGATIF

- BIZARRE. Avec tous ce remaniement, les ingénieurs ont transformé le frein à main en frein de stationnement. La pédale est maintenant engagée/désengagée par l'action d'une pédale au plancher. Alors pour la facilité d'utilisation, il faudra repasser.

- LE FREINAGE. Sans remettre l'efficacité du système en cause, quelques journalistes ont éprouvé des problèmes de surchauffe. Un son très proche de celui d'un marteau-piqueur envahissait l'habitacle et déclenchait le contrôle de traction. Après discussion avec un ingénieur d'Acura, il a confirmé connaître la situation, mais n'élabore pas davantage puisqu'il s'agit d'une situation qui ne prévaut que pour les voitures de pré-production. Il a confirmé que les voitures de production seront parfaites. Souhaitons-le.

- LA LIGNE. Bien qu'équilibrée, la TL manque un peu de chien pour vraiment se faire remarquer. Chez Acura on dit que elle représente la voiture des gens qui ont réussi mais qui ne veulent pas le faire savoir au monde entier. Cela explique le profil bas de la nouvelle TL qui mérite tout de même beaucoup de considération.

CONCLUSION

La TL 1999 se veut un nouveau coup d'envoi chez Acura qui fabriquait depuis son entrée sur le marché de vulgaires clones de Honda. La TL est différente et annonce une nouvelle mentalité. Mais il faudra faire assez vite pour renouveler la gamme et spécialement la RL qui va rapidement se transformer en éléphant blanc avec une TL plus moderne et plus performante à 20 mille dollars de moins. ☺

ÉVALUATION ACURA TL

CONCEPTION :		76%
Technique :	85	
Sécurité :	90	
Volume cabine :	65	
Volume coffre :	60	
Qualité/finition :	80	

CONDUITE :		67%
Poste de conduite :	80	
Performances :	65	
Comportement :	50	
Direction :	80	
Freinage :	60	

ÉQUIPEMENT D'ORIGINE :		80%
Pneus :	80	
Phares :	80	
Essuie-glace :	75	
Dégivreur :	75	
Radio :	90	

CONFORT :		78%
Sièges :	80	
Suspension :	80	
Niveau sonore :	70	
Commodités :	80	
Climatisation :	80	

BUDGET :		59%
Prix d'achat :	25	
Consommation :	65	
Assurance :	40	
Satisfaction :	90	
Dépréciation :	75	

Moyenne générale:	**72.0%**

NOUVEAU POUR 1999

- Nouveau modèle disponible uniquement en version TL 3.2 équipé d'un nouveau V6 de 3.2L avec boîte automatique séquentielle.

MOTEURS / TRANSMISSIONS / PERFORMANCES

Modèles/ versions	Type / distribution soupapes / carburation	Cylindrée cc	Puissance ch @ tr/mn	Couple lb.pi @ tr/mn	Rapport volumét.	Roues motrices / transmissions	Rapport de pont	Accélérations 0-100 s	400m s	1000m km/h s	Reprise 80-120 km/h m	Freinage 100-0 km/h	Vites. maxi. km/h	Accélér. latérale G	Niveau sonore dBA Ville	Consommation l./100km Route	Carburant Octane
3.2TL	V6 3.2 SACT-24-IEP	3210	225 @ 5500	216 @ 5000	9.8 :1	avant -A4	4.20	8.6	16.8	29.6	6.2	42	220	0.78	66	12.3 8.7	S 91

PRIX & ÉQUIPEMENTS

ACURA TL **3.2**

Prix maxi $:	35 000
Prix mini $:	31 960
Transport & préparation $:	320
Boîte automatique:	S
Régulateur de vitesse:	S
Direction assistée:	S
Système antiblocage des freins:	S
Système antipatinage:	S
Climatiseur:	SA
Garnitures en cuir:	SC
Radio MA/MF/ Cassette:	SDc
Serrures électriques:	S
Lève-vitres électriques:	S
Volant ajustable:	S
Rétroviseurs ext. ajustables:	SE
Jantes en alliage léger:	S
Système antivol:	S

Couleurs disponibles
Extérieur: Noir, Argent, Lagune, Émeraude, Rouge, Bruyère.

Intérieur: Gris, Beige.

EN BREF...

Catégorie: berlines de luxe tractées. **Classe :** 7

HISTORIQUE
Inauguré en: 1999
Fabriqué à: Marysville, Ohio, États-Unis.

PROFIL DE CLIENTÈLE
Modèle	Hom./Fem.	Âge moyen	Mariés	CEGEP	Revenus
TL	80/20 %	43 ans	90 %	60 %	90 000 $

INDICES
Sécurité:	75 %	Satisfaction:	90 %
Dépréciation:	65 %	Assurance:	1 100 $
Prix de revient au km:	0.65 $	Nbre de concessionnaires:	11

VENTES
Modèle	1996	1997	Résultat	Part de marché
TL	386	421	+ 9.1 %	26.4 %

PRINCIPAUX MODÈLES CONCURRENTS
AUDI A4, BMW Série 3, INFINITI I30, LEXUS ES 300, MAZDA Millenia, MERCEDES-BENZ Classe C, NISSAN Maxima, TOYOTA Avalon, VOLVO S70.

ENTRETIEN REQUIS PAR LA GARANTIE
Première révision:	Fréquence:	Prise de diagnostic:
5 000 km	10 000 km	Oui

CARACTÉRISTIQUES

Modèles	Versions	Carrosseries/ Sièges	Volume cabine l.	Volume coffre l.	Cx	Empat. mm	Long x larg x haut. mm x mm x mm	Poids à vide kg	Susp. av/ar	Freins av/ar	Direction type	Diamètre braquage m	Tours volant b à b.	Réser. essence l.	dimensions	Pneus d'origine marque	modèle	Mécanique d'origine
ACURA		Garantie générale: 4 ans / 80 000 km: mécanique: 5 ans / 100 000 km; corrosion de surface: 5 ans/ kilométrage illimité.															
TL	3.2	ber. 4 p. 5	2733	405	0.32	2745	4900x1785x1425	1565	ih/ih	d/ABS	crém. ass.	11.2	3.5	65.0	205/60R16	Michelin	MXV4	V6/3.2/A4

Le Hummer, (de HMMWV pour High Mobility Multi-purpose Wheeled Vehicle ou Humvee) est devenu un habitué de la vie des gens riches et célèbres aux-quels il propose un moyen différent de ne pas passer inaperçu. Au moins en Hummer il est plus facile de fuir les paparazzi qu'en Mercedes... Dire qu'on le voit partout est un euphémisme, puisqu'il y a peu d'endroit sur la surface de la Terre où il ne puisse mettre les roues. Ce qu'on oublie trop souvent c'est que ce véhicule est avant tout un outil de transport professionnel polyvalent.

GAMME

Le Hummer est un véhicule tout terrain disponible avec toit souple ou rigide, sous la forme d'une camionnette à cabine à 2 ou 4 portes avec caisse longue ou courte et en familiale à 4 portes. La mécanique d'origine est constituée d'un V8 Diesel de 6.5L avec transmission automatique à 4 rapports de chez General Motors et d'une boîte de transfert à gamme haute et basse. En option, on peut obtenir un V8 turbo Diesel de 6.5L donnant 195 ch. L'équipement de série comprend la direction assistée, le climatiseur, les vitres et les serrures à commande électrique, un radiocassette, les jantes en alliage léger et le mode intermittent des essuie-glace.
En option on peut rajouter le régulateur de vitesse et le système anti-blocage des freins. Selon les besoins on peut y ajouter un treuil d'une capacité de 6 tonnes et un dispositif permettant de contrôler la pression des pneus en roulant afin de pallier une crevaison mineure ou améliorer l'adhérence et le confort en terrain difficile.

TECHNIQUE

La coque, réalisée en aluminium anodisé, est assemblée à l'aide de rivets et de colle Cybond. Elle est installée sur un châssis de profilé d'acier de forte section sur lequel la mécanique est montée au-dessus de l'axe longitudinal afin d'offrir une garde au sol maximale. Les supports des différentiels avant et arrière sont installés de manière symétrique aux deux extrémités. Le capot avant est fait de résine polyester armée de fibres de verre tandis que les portes sont en acier. La suspension est indépendante aux quatre roues constituée de doubles bras triangulaires superposés. Le freinage est à quatre disques montés à la sortie des différentiels. Les quatre roues sont motrices à plein temps et les différentiels avant et arrière sont de type Torsen. Elles

Dur à cuire...

offrent la particularité d'être entraînées de manière excentrée par une cascade de pignons réducteurs afin de dégager au maximum le dessous du véhicule. Les énormes pneus peuvent être livrés, contre supplément, équipés de roues intérieures en caoutchouc plein leur permettant de rouler même après une crevaison .

TRÈS POSITIF

++ LE FRANCHISSEMENT. Ses capacités sont ahurissantes, car il est capable de monter des marches de 1.0 m (42 po), de circuler dans 0.70 m (27 po) d'eau ou de boue et grimper des pentes très abruptes. Si ses dimensions l'empêchent de se faufiler dans les sous-bois, en terrain découvert, il surmonte pratiquement tous les obstacles, lentement mais sûrement.

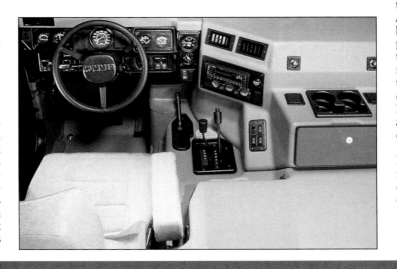

POSITIF

+ LE STYLE. Très militaire il est facile à reconnaître ne passe pas inaperçu surtout en zone urbaine où il prend beaucoup de place. Les anneaux qui trônent au milieu du capot moteur font poser bien des questions de la part des badauds qui ont peine à croire qu'ils servent à le suspendre sous un parachute... Sa ligne utilitaire est dénuée de toute grâce, mais elle est fonctionnelle et offre l'avantage de ne jamais se démoder...

+ LA POLYVALENCE. Elle est exemplaire car en plus d'être à la mode, il peut pratiquement intervenir n'importe où. Hors l'armée américaine, sa vocation est de rejoindre les endroits les plus inaccessibles, ce qui en fait un véhicule de choix aux service de la loi, des secours de toutes sortes, des com-pagnies d'électricité ou de téléphone.

+ LA CONDUITE. Elle est d'une facilité déconcertante ce qui permet de le mettre pratiquement entre toutes les mains. Ses réactions sont franches et saines et les commandes réduites à leur plus simple expression.

+ LA TRACTION. Ses quatre roues motrices à plein temps en font le tracteur idéal pour tirer de lourdes charges ou remorques.

+ LA QUALITÉ. Sa fabrication aux standards militaires, explique sa fiabilité et sa durabilité exceptionnelle, et son constructeur ne prévoit pas les reconditionner avant une période de 10 ans comme il le fait pour l'armée...

NÉGATIF

- LE BUDGET. Son prix exorbitant souffre des normes de fabrication et de qualité rigoureuses qui président à sa construction et ne le mettent pas à la portée de toutes les bourses, de surcroît sa consommation n'est jamais économique.

- L'ENCOMBREMENT. Sa largeur inhabituelle demande l'habileté d'un chauffeur de tank pour circuler en ville où il est impensable de chercher à le stationner. D'autre part la visibilité est problématique sous pratiquement tous les angles, quel que soit le genre de toit considéré, car les piliers sont épais et les angles morts importants.

- LES PERFORMANCES. Elle sont limitées, car les accélérations et les reprises très laborieuses obligent à adopter des réflexes de camionneur. Toutefois sur autoroute, il maintient facilement une vitesse de croisière de 120 km/h qui effarouche les bébé-voitures...

- LE CÔTÉ PRATIQUE. Il est des plus limité sa cabine ne pouvant accueillir que quatre personnes dans des «capsules» d'espace limitées par l'énorme console centrale. À l'arrière, la place réservée aux bagages ne correspond pas non plus à la démesure des proportions de ce monstre. Les rangements sont inexistants et l'accès tant à la cabine, à la mécanique qu'à la soute, est acrobatique car la garde-au-sol est importante et aucun marchepied n'est installé en série.

CONCLUSION

Le Hummer est l'ultime tout terrain de notre époque. Il ne peut se comparer à rien d'autre et rien d'autre ne peut lui être comparé...

ÉVALUATION
AMG Hummer

CONCEPTION : 81%
Technique :	85
Sécurité :	80
Volume cabine :	80
Volume coffre :	80
Qualité/finition :	80

CONDUITE : 38%
Poste de conduite :	75
Performances :	0
Comportement :	30
Direction :	70
Freinage :	15

ÉQUIPEMENT D'ORIGINE : 62%
Pneus :	90
Phares :	80
Essuie-glace :	60
Dégivreur :	0
Radio :	80

CONFORT : 50%
Sièges :	70
Suspension :	50
Niveau sonore :	20
Commodités :	30
Climatisation :	80

BUDGET : 43%
Prix d'achat :	0
Consommation :	20
Assurance :	50
Satisfaction :	85
Dépréciation :	60

Moyenne générale: 54.8%

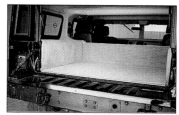

NOUVEAU POUR 1999

- L'amélioration de l'insonorisation pour un plus grand confort.
- Les essieux redessinés pour permettre au moteur de tourner à un régime inférieur.
- Le bouchon du réservoir de carburant est désormais attaché pour éviter de le perdre.

MOTEURS / TRANSMISSIONS / PERFORMANCES

Modèles/ versions	Type / distribution soupapes / carburation	Cylindrée cc	Puissance cv @ tr/mn	Couple lb.pi @ tr/mn	Rapport volumét.	Roues motrices / transmissions	Rapport de pont	Accélér. 0-100 km/h s	400 m D.A. s	1000 m D.A. s	Reprise 80-120 km/h s	Freinage 100-0 km/h m	Vites. maxi. km/h	Accélér. latérale G	Niveau sonore dBA	Consommation Ville l./100km	Route	Carburant Octane
base	V8* 6.5D ACC-16-IM	6478	170 @ 3400	290 @ 1700	21.5 :1	toutes-A4	2.72	20.5	22.0	42.0	ND	60	125	0.65	74	16.1	12.3	D
option	V8 6.5TD ACC-16-IM	6478	195 @ 3400	430 @ 1800	21.5 :1	toutes-A4	2.72	18.5	21.0	39.0	ND	61	130	0.65	72	16.0	12.5	D

PRIX & ÉQUIPEMENTS

AM GENERAL Hummer

	2p. cam.	4p. ber.	4p. déc.	4p. fam.
Prix maxi $:	83 900	100 500	94 500	105 500
Prix mini $:				
Transport & préparation $:	1 795	1 795	1 795	1 795
Boîte automatique:	S	S	S	S
Régulateur de vitesse:	O	S	O	S
Direction assistée:	S	S	S	S
Système antiblocage des freins:	O	O	O	O
Système antipatinage:	S	S	S	S
Climatiseur:	S	S	S	S
Garnitures en cuir:	-	-	-	-
Radio MA/MF/ Cassette:	S	S	S	S
Serrures électriques:	S	S	S	S
Lève-vitres électriques:	S	S	S	S
Volant ajustable:	-	-	-	-
Rétroviseurs ext. ajustables:	S	S	S	S
Jantes en alliage léger:	S	S	S	O
Système antivol:	-	O	O	O

Couleurs disponibles

Extérieur: Rouge, Noir, Jaune, Argent métallisé, Vert, Blanc.

Intérieur: Tan, Gris, Noir.

EN BREF...

Catégorie: véhicules tout usages à 4RM. **Classe :** utilitaires

HISTORIQUE
Inauguré en: 1985
Fabriqué à: South Bend, Indiana, É-U.

PROFIL DE CLIENTÈLE
Modèle	Hom./Fem.	Âge moyen	Mariés	CEGEP	Revenus
Hummer	100/0 %	48 ans	80 %	35 %	150 000 $

INDICES
Sécurité:	90 %	Satisfaction:	83 %
Dépréciation:	40 %	Assurance:	1 175 $
Prix de revient au km:	1.00 $	Nbre de concessionnaires:	1

VENTES
Modèle	1996	1997	Résultat	Part de marché
Hummer	ND			

PRINCIPAUX MODÈLES CONCURRENTS
CHEVROLET-GMC Suburban-Tahoe, CHEVROLET Silverado, GMC Sierra, DODGE Ram, FORD Expedition.

ENTRETIEN REQUIS PAR LA GARANTIE
Première révision:	Fréquence:	Prise de diagnostic:
6 000 km	10 000 km	Non

CARACTÉRISTIQUES

Modèles	Versions	Traction	Carrosseries/ Sièges	Empat. mm	Long x larg x haut. mm x mm x mm	Poids à vide kg	Susp. av/ar	Freins av/ar	Direction type	Diamètre braquage m	Tours volant b à b.	Réser. essence l.	Pneus d'origine dimensions	marque	modèle	Mécanique d'origine
AM/GENERAL			Garantie: 3 ans / 60 000 km.													
Hummer	HardTop	4x4	cam. 2 p.2	3302	4686x2197x1905	2899	ih/ih	d/d	bil.ass.	16.2	3.1	95+64	37x12.5R16.5	Goodyear	Wrangler MT	V8/6.5/A4
Hummer	Berline	4x4	ber. 4 p.4	3302	4686x2197x1905	3080	ih/ih	d/d	bil.ass.	16.2	3.1	95+64	37x12.5R16.5	Goodyear	Wrangler MT	V8/6.5/A4
Hummer	Décapotable	4x4	déc. 4 p.4	3302	4686x2197x1951	3012	ih/ih	d/d	bil.ass.	16.2	3.1	95+64	37x12.5R16.5	Goodyear	Wrangler MT	V8/6.5/A4
Hummer	Familiale	4x4	fam. 4 p.4	3302	4686x2197x1951	3166	ih/ih	d/d	bil.ass.	16.2	3.1	95+64	37x12.5R16.5	Goodyear	Wrangler MT	V8/6.5/A4

Après des années d'indifférence, pour ne pas dire de franche méprise, les Audi sont en passe de devenir populaires. La A4 est la première à avoir subitement connu un succès inespéré. Lors de son renouvellement son style compact et dynamique épaulé par un moteur et un prix plus réalistes ont suffit à déclencher le coup de foudre. Par effet d'entraînement, la marque est plus reconnue et les autres modèles découverts. Il ne reste plus au gens des relations publiques que de poursuivre leurs efforts auprès des spécialistes et de livrer en temps les informations sur les produits...

Multiple...

GAMME

La A4 est offerte au Canada uniquement en berline à 4 portes alors qu'aux États-Unis une familiale est aussi disponible avec traction avant ou intégrale animée soit par un moteur 4 cylindres 1.8L Turbo ou d'un V6 de 2.8L provenant de la A6. La transmission d'origine est manuelle à 5 vitesses, mais une automatique à 5 rapports est proposée en option. Le système de transmission intégrale quattro est offert comme une option sur toutes les A4 dont l'équipement de base comprend le climatiseur automatique, les asservissements électriques des serrures, vitres et rétroviseurs extérieurs chauffants, un système antipatinage couplé à l'antiblocage des roues au freinage, des jantes en alliage léger, des sièges avant chauffants et un système antivol fonctionnant avec la télécommande d'ouverture des portes. Les A4 2.8 offrent en option, des garnitures de sièges en cuir, mais le toit ouvrant et l'ordinateur de bord restent optionnels sur toutes les versions. En option on peut obtenir des ensembles commodités, quatre saisons, audio ou sport.

TECHNIQUE

La carrosserie de la A4 possède des lignes harmonieuses possédant une bonne finesse aérodynamique puisque son cœfficient de traînée est de 0.29. De type monocoque, elle est entièrement réalisée en acier galvanisé, ce qui permet à Audi de procurer l'une des meilleures assurances au monde contre la corrosion. La suspension avant est indépendante basée sur un système de leviers transversaux, alors qu'à l'arrière on a affaire à un essieu semi-rigide maintenu par des bras longitudinaux. La traction intégrale des versions quattro est permanente et comprend un différentiel central Torsen qui répartit automatique-

ment 78 % de la puissance en fonction de l'adhérence entre les deux trains de roues. Le moteur 1.8L Turbo est à DACT avec 20 soupapes soit 5 par cylindres, de même que le V6 de 2.8L, l'un des plus compacts et des plus légers de sa catégorie. La transmission automatique à 5 vitesses comprend un système de recherche du meilleur rapport à sélectionner en fonction des conditions de conduite. Les freins à disques aux quatre roues gérés par un dispositif antiblocage faisant aussi fonction d'antipatinage électronique.

POSITIF

+ LE STYLE. Très musclée, la A4 est l'une des Audi les plus réussies. Il fait paraître la carrosserie plus compacte et plus étroite qu'elle l'est en réalité.

+ LA TRACTION INTÉGRALE. Le système quattro apporte une grande efficacité à la conduite et au rendement et se révèle très sécuritaire en conduite hivernale, pour peu que les pneus soient bien adaptés.

+ LES PERFORMANCES. Elles sont tout à fait respectables grâce au rapport poids/puissance favorable du moteur V6 2.8L qui est aussi à l'aise avec la transmission manuelle que l'automatique.

+ LA CONDUITE. Elle est rendue agréable par la direction précise et bien dosée qui a toutefois certaines réactions élastiques bizarres. La position du conducteur est excellente et le tableau de bord simple et bien organisé.

+ LE PRIX. Celui de la version de base à moteur 1.8T est des plus abordables et constitue une bonne affaire depuis que la valeur de re-

vente reprend du poil de la bête...

+ LA QUALITÉ. La fabrication de Audi est l'une des meilleures au monde que ce soit au niveau de l'assemblage qui est aussi rigide que résistant à la corrosion. La finition est aussi remarquable par la perfection de son uniformité que par l'apparence noble des matériaux utilisés. Sur ce point Audi surpasse ses BMW et Mercedes dont les produits les moins chers ne sont pas aussi léchés.

+ LE CONFORT. Il est surprenant sur une voiture de ce format grâce à la suspension souple qui n'a jamais de réactions brutales, aux sièges avant aussi bien galbés que rembourrés, et à l'insonorisation qui étouffe les bruits mécaniques et de roulement, alors que les bruits éoliens sont très faibles.

+ LE CÔTÉ PRATIQUE. Il provient des rangements nombreux et bien dimensionnés et du coffre qui manque un peu de hauteur et de profondeur mais qui est transformable et accessible.

NÉGATIF

- LE BUDGET. Celui de la version 2,8 est moins populaire (malgré un réajustement), car le montant de sa prime d'assurance et sa consommation ne sont pas économiques.

- LE MOTEUR. Le 1.8T manque de couple à bas régime où le temps de réponse de son Turbo est parfois agaçant. Ce phénomène est plus évident avec la boîte automatique avec laquelle il se révèle nettement moins onctueux que le V6.

- L'HABITABILITÉ. Elle est moins généreuse à l'arrière qu'à l'avant car le dossier de la banquette est trop vertical, son rembourrage trop dur, son assise trop courte et l'espace pour les jambes limité par le manque de longueur. De plus l'arche prononcée de la porte complique leur accès.

- LES COMMANDES. La plupart sont déroutantes car trop inhabituelles pour des nord-américains, tandis que l'écran d'informations digitale est totalement illisible de jour et dérangeant la nuit par sa couleur orangée.

- À REVOIR: l'antenne radio démodée avec son brin torsadé quand celle des concurrentes est intégrée à la surface vitrée et les rangements qui ont été oubliés aux places arrière.

CONCLUSION

Le succès de la Audi A4 est facile à expliquer. Il réside dans son allure sympathique mais aussi le choix de modèles, de versions ou d'options qui permettent de l'adapter à un grand nombre d'utilisateurs et de budgets... ☺

ÉVALUATION AUDI A4

CONCEPTION : 76%
Technique :	90
Sécurité :	90
Volume cabine :	50
Volume coffre :	60
Qualité/finition :	90

CONDUITE : 64%
Poste de conduite :	80
Performances :	50
Comportement :	60
Direction :	75
Freinage :	55

ÉQUIPEMENT D'ORIGINE : 80%
Pneus :	85
Phares :	80
Essuie-glace :	75
Dégivreur :	80
Radio :	80

CONFORT : 73%
Sièges :	75
Suspension :	75
Niveau sonore :	65
Commodités :	70
Climatisation :	80

BUDGET : 56%
Prix d'achat :	20
Consommation :	75
Assurance :	45
Satisfaction :	85
Dépréciation :	55

Moyenne générale : 69.8%

NOUVEAU POUR 1999

• Informations non disponibles avant d'aller sous presse.

MOTEURS

Modèles/ versions	Type / distribution soupapes / carburation	Cylindrée cc	Puissance cv @ tr/mn	Couple lb.pi @ tr/mn
A4 1.8T	L4T 1.8 DACT-20-IESPM	1781	150 @ 5700	155 @ 1750
A4 1.8Tqtro	L4T 1.8 DACT-20-IESPM	1781	150 @ 5700	155 @ 1750
A4 2.8	V6 2.8 DACT-30-IESPM	2771	190 @ 6000	207 @ 3200
A4 2.8 qtro	V6 2.8 DACT-30-IESPM	2771	190 @ 6000	207 @ 3200

TRANSMISSIONS

Rapport volumét.	Roues motrices / transmissions	Rapport de pont
9.5 :1	avant - M5*	3.70
9.5 :1	toutes - A5	3.73
10.3 :1	avant - M5*	3.70
	avant - A5	3.29
10.3 :1	toutes - M5*	3.89
	toutes - A5	3.29

PERFORMANCES

Accélér. 0-100 km/h s	400 m D.A. s	1000 m D.A. s	Reprise 80-120 km/h s	Freinage 100-0 km/h m	Vites. maxi. km/h	Accélér. latérale G	Niveau sonore dBA	Consommation l./100km Ville	Route	Carburant Octane
8.8	16.5	29.8	6.3	38	210	0.78	67	10.2	6.8	R 87
10.0	17.2	30.5	7.5	42	200	0.80	67	12.1	8.0	R 87
8.7	15.7	28.5	6.0	42	210	0.78	67	11.7	7.4	R 87
9.7	17.0	29.9	6.8	43	200	0.78	67	12.9	7.4	R 87
10.0	16.8	30.2	7.0	44	200	0.80	67	12.2	8.1	R 87
10.5	17.4	31.0	7.2	44	190	0.80	67	13.5	8.0	R 87

PRIX & ÉQUIPEMENTS

AUDI A4	1.8T 2RM	1.8T quattro	2.8 2RM	2.8 quattro
Prix maxi $:	32 700	38 800	35 400	41 500
Prix mini $:	27 795	32 980	30 090	35 275
Transport & préparation $:	510	510	510	510
Boîte automatique :	O	O	O	O
Régulateur de vitesse :	S	S	S	S
Direction assistée :	S	S	S	S
Système antiblocage des freins :	S	S	S	S
Système antipatinage :	S	S	S	S
Climatiseur :	SA	SA	SA	SA
Garnitures en cuir :	-C	-C	OC	OC
Radio MA/MF/ Cassette :	S	S	S	S
Serrures électriques :	S	S	S	S
Lève-vitres électriques :	S	S	S	S
Volant ajustable :	S	S	S	S
Rétroviseurs ext. ajustables :	SEC	SEC	SEC	SEC
Jantes en alliage léger :	S	S	S	S
Système antivol :	S	S	S	S

Couleurs disponibles

Extérieur : Noir, Argent, Blanc, Rouge, Mica, Titane, Émeraude, Vert, Sable, Bleu.

Intérieur : Anthracite, Écru, Platine, Titane, Bleu.

EN BREF...

Catégorie :	berlines de luxe tractées ou intégrales.

Classe : 7

HISTORIQUE

Inauguré en :	1973: Fox; 1979: 4000; 1982: 90.
Fabriqué à :	Ingolstadt, Allemagne.

PROFIL DE CLIENTÈLE

Modèle	Hom./Fem.	Âge moyen	Mariés	CEGEP	Revenus
A4	92/8 %	46 ans	82 %	71 %	112 500 $

INDICES

Sécurité :	95 %	Satisfaction :	86 %
Dépréciation :	47 %	Assurance :	1 425-1 530 $
Prix de revient au km :	0.67 $	Nbre de concessionnaires :	9

VENTES

Modèle	1996	1997	Résultat	Part de marché
A4	483	659	+ 36.4 %	ND

PRINCIPAUX MODÈLES CONCURRENTS

ACURA TL, BMW Série 3, INFINITI I30, LEXUS ES 300, MAZDA Millenia, NISSAN Maxima, SAAB 9³, TOYOTA Avalon, VOLKSWAGEN Passat VR6, VOLVO S70.

ENTRETIEN REQUIS PAR LA GARANTIE

Première révision :	Fréquence :	Prise de diagnostic :
12 000 km	12 000 km	Oui

CARACTÉRISTIQUES

Modèles	Versions	Carrosseries/ Sièges	Volume cabine l.	Volume coffre l.	Cx	Empat. mm	Long x larg x haut. mm x mm x mm	Poids à vide kg	Susp. av/ar	Freins av/ar	Direction type	Diamètre braquage m	Tours volant b à b.	Réser. essence l.	Pneus d'origine dimensions	marque	modèle	Mécanique d'origine
AUDI		Garantie générale : 3 ans / 80 000 km; perforation corrosion : 10 ans; entretien gratuit : 3 ans / 80 000 km; assistance routière : 3 ans.																
A4 1.8T	base	ber.4 p. 4/5	2483	387	0.29	2617	4522x1733x1418	1305	ih/sih	d/ABS	crém.ass.	11.1	3.1	62.0	205/60R15	Continental	Supercontact	L4T/1.8/M5
A4 1.8T	quattro	ber.4 p. 4/5	2483	387	0.29	2607	4522x1733x1418	1420	ih/ih	d/ABS	crém.ass.	11.1	3.1	62.0	205/60R15	Continental	Supercontact	L4T/1.8/M5
A4 2.8	base	ber.4 p. 4/5	2483	387	0.29	2617	4522x1733x1418	1400	ih/sih	d/ABS	crém.ass.	11.1	3.1	62.0	205/55R16	Michelin	Pilot SX	V6/2.8/M5
A4 2.8	quattro	ber.4 p. 4/5	2483	387	0.29	2607	4522x1733x1418	1505	ih/ih	d/ABS	crém.ass.	11.1	3.1	62.0	205/55R16	Michelin	Pilot SX	V6/2.8/M5

Point milieu de la gamme Audi, la A6 a été renouvelée l'an dernier dans un style pour le moins controversé qui a enthousiasmé les Européens, mais obtenu des commentaires plus réservés des nord-américains plus conservateurs. Quoiqu'il en soit, la A6 concentre génération après génération un formidable potentiel

GAMME

La A6 est disponible sous la forme de berlines ou familiales Avant à 4 portes à traction avant ou intégrales, équipées d'un V6 de 2.8L avec transmission automatique séquentielle en série. Leur équipement de série est des plus complet et il comprend en plus des éléments normalement offerts sur une voiture de ce prix un système de climatisation intégrant un filtre à pollen et deux capteurs solaires, un ensemble climatique optionnel pour le Canada avec volant chauffant.

TECHNIQUE

Les dernières Audi A6 continuent d'offrir une carrosserie monocoque faite de tôle d'acier entièrement galvanisé des deux côtés dont certains éléments comme le capot avant et certaines pièces de suspension sont en aluminium et d'autres en magnésium. Cela a permis d'abaisser le poids en dessous de celui des modèles précédents, bien que la carrosserie soit plus large plus haute, l'empattement plus long, mais la longueur totale plus courte. La finesse aérodynamique est très favorable puisqu'elle obtient l'excellent coefficient de 0.28. La suspension est indépendante aux quatre roues. À l'avant on a affaire à une organisation à quatre bras fixés à un cadre auxiliaire, alors qu'à l'arrière on trouve des bras combinés sur la version traction et des doubles bras oscillants sur la quattro. Une barre antiroulis complète chaque essieu et les quatre freins sont à disque aux quatre coins, assistés d'un dispositif antiblocage des roues au freinage faisant aussi fonction d'antipatinage. Le moteur V6 2.8L reste disposé de manière longitudinale. Il est à la fois léger et compact, et se signale par ses tubulures d'admission de longueurs variables commandées par un clapet à dépression. Le circuit long favorise le couple à bas régime et le court procure plus de puissance au-dessus de 4000 tr/mn. La boîte automatique à 5 rapports est dite «adaptive» et sa sélection électronique, dérivée du principe Tiptronic de Porsche. Le changement des rapports s'effectue en fonction du style de conduite et du profil de la route, de manière soit

Grande routière...

entièrement automatique soit manuelle. La traction intégrale permanente comprend trois différentiels, un sur chaque train de roue et un central de type Torsen qui répartit le couple sur le train et la roue dépourvus d'adhérence.

TRÈS POSITIF

++ LA SÉCURITÉ. Elle atteint tant du côté actif que passif un degré inusité puisque la A6 dispose de 2 coussins gonflables frontaux et 4 latéraux logés dans les dossiers des sièges. Sa coque qui est l'une des plus rigide au monde a récolté une des meilleures marques suite aux essais de collision de la NHTSA. Côté dynamique le système quattro IV constitue l'ultime réponse en matière de traction avec son différentiel Torsen et le verrouillage électronique du différentiel ainsi que le

dispositif antipatinage EDL-ASR procurant une adhérence optimale.

POSITIF

+ LA QUALITÉ. Celle de l'assemblage et des matériaux employés se situe nettement au-dessus de la moyenne, tandis que la présentation générale est irréprochable avec une finition exemplaire dépassant celle de Mercedes et BMW.

+ L'HABITABILITÉ. Elle permet à cinq personnes de s'y installer confortablement, et la capacité du coffre, plus long que large, peut être améliorée en escamotant le dossier de la banquette, un fait rare dans cette catégorie.

+ LE CONFORT. Le roulement profite de la souplesse de la suspension, du galbe efficace des sièges et du faible niveau sonore à vitesse de croisière, résultat de la bonne rigidité de la coque et du sérieux de

l'insonorisation.

+ LA TECHNIQUE. Elle fait des Audi des voitures en avance sur leur temps et leurs concurrentes, impliquant le choix de solutions avant-gardistes comme la coque en acier entièrement galvanisé, les éléments en alliage léger et la traction intégrale quattro.

+ LE RENDEMENT. Il est relativement économique sur la version traction dont la consommation est raisonnable en partie à cause du rapport poids/puissance et de l'aérodynamique favorables.

+ LA DÉPRÉCIATION. Avec le temps la réputation d'Audi s'améliore et avec elle la valeur de revente des véhicules qui n'est plus mauvaise qu'à une certaine époque.

+ L'ÉQUIPEMENT. Il est très complet et de qualité ce qui justifie en grande partie le prix de ces modèles qui contrairement à l'Europe sont considérés ici comme des voitures de luxe à part entière.

NÉGATIF

- LE PRIX. Les Audi A6 ne sont pas à la portée du commun des mortels, et le fait que leur entretien soit gratuit durant le temps de la garantie est une faible consolation.

- LA TRANSMISSION. La formule Tiptronic n'apporte pas grand chose à ce modèle qui ne peut revendiquer aucune prétention sportive.

- LES PERFORMANCES. Malgré l'augmentation de la puissance le moteur V6 semble souvent au bout de son souffle, surtout avec le système quattro qui augmente le poids et le rapport poids/puissance.

- L'ÉCRAN DIGITAL. Il est complètement illisible de jour, même lorsque la luminosité est raisonnable, ce qui est gênant lorsqu'on utilise la fonction Tiptronic et l'affichage du rapport engagé.

- LA SUSPENSION. Sa souplesse excessive provoque un roulis qui est plus désagréable que gênant pour le comportement, surtout aux allures normales.

- LA DIRECTION. Elle est plus légère sur la traction que la quattro et sa sensibilité réclame une attention soutenue sur route glissante.

- LES COMMANDES. Certaines sont particulières et complexes, qui réclament un certain apprentissage et un surcroît de concentration.

- À REVOIR : la faiblesse des feux de croisement.

CONCLUSION

La Audi A6 est une grande routière presque idéale, car elle est sûre et confortable en toute circonstance. Toutefois certains compromis douteux nuisent à son homogénéité...

☺

ÉVALUATION AUDI A6

CONCEPTION : 82%
Technique :	90
Sécurité :	90
Volume cabine :	60
Volume coffre :	85
Qualité/finition :	85

CONDUITE : 70%
Poste de conduite :	85
Performances :	55
Comportement :	65
Direction :	80
Freinage :	65

ÉQUIPEMENT D'ORIGINE : 80%
Pneus :	80
Phares :	80
Essuie-glace :	80
Dégivreur :	80
Radio :	80

CONFORT : 78%
Sièges :	80
Suspension :	80
Niveau sonore :	70
Commodités :	80
Climatisation :	80

BUDGET : 48%
Prix d'achat :	0
Consommation :	60
Assurance :	45
Satisfaction :	85
Dépréciation :	50

Moyenne générale : 71.6%

NOUVEAU POUR 1999

• Informations non disponibles avant d'aller sous presse.

MOTEURS / TRANSMISSIONS / PERFORMANCES

Modèles/ versions	Type / distribution soupapes / carburation	Cylindrée cc	Puissance cv @ tr/mn	Couple lb.pi @ tr/mn	Rapport volumét.	Roues motrices / transmissions	Rapport de pont	Accélér. 0-100 km/h s	400 m D.A. s	1000 m D.A. s	Reprise 80-120 km/h s	Freinage 100-0 km/h m	Vites. maxi. km/h	Accélér. latérale G	Niveau sonore dBA	Consommation l./100km Ville	Route	Carburant Octane
A6	V6 2.8 DACT-30-IESPM	2771	200 @ 6000	207 @ 3200	10.3 :1	avant-A5*	3.409	9.6	16.6	29.5	6.8	42	230	0.80	66	13.4	7.8	R 87
A6 quattro	V6 2.8 DACT-30-IESPM	2771	200 @ 6000	207 @ 3200	10.3 :1	quatre-A5*	3.409	11.0	17.8	32.2	7.8	42	225	0.81	66	13.8	8.4	R 87

PRIX & ÉQUIPEMENTS

AUDI A6	2RM ber.4p.	quattro ber.4p.	quattro fam.4p.
Prix maxi $:	48 880	-	-
Prix mini $:	42 735	-	-
Transport & préparation $:	-	-	-
Boîte automatique :	S	S	S
Régulateur de vitesse :	S	S	S
Direction assistée :	S	S	S
Système antiblocage des freins :	S	S	S
Système antipatinage :	S	S	S
Climatiseur :	SA	SA	SA
Garnitures en cuir :	OC	OC	OC
Radio MA/MF/ Cassette :	S	S	S
Serrures électriques :	S	S	S
Lève-vitres électriques :	S	S	S
Volant ajustable :	S	S	S
Rétroviseurs ext. ajustables :	SEC	SEC	SEC
Jantes en alliage léger :	S	S	S
Système antivol :	S	S	S

Couleurs disponibles

Extérieur : Noir, Argent, Blanc, Mica, Byzance.

Intérieur : Anthracite, Écru, Bleu, Platine.

EN BREF...

Catégorie :	berlines et familiales tractées ou intégrales.	**Classe :**	7

HISTORIQUE
Inauguré en :	1982 (5000), 1998.
Fabriqué à :	Neckarsulm, Allemagne.

PROFIL DE CLIENTÈLE
Modèle	Hom./Fem.	Âge moyen	Mariés	CEGEP	Revenus
A6	82/18 %	56 ans	89 %	52 %	134 000 $

INDICES
Sécurité :	90 %	**Satisfaction :**	85 %
Dépréciation :	48 %	**Assurance :**	1 475-1 600 $
Prix de revient au km :	0.90 $	**Nbre de concessionnaires :**	9

VENTES
Modèle	1996	1997	Résultat	Part de marché
A6	86	147	+ 70.9 %	ND

PRINCIPAUX MODÈLES CONCURRENTS
ACURA RL, BMW Série 5, LEXUS GS 300, MAZDA Millenia, SAAB 9⁵, VOLVO S80.

ENTRETIEN REQUIS PAR LA GARANTIE
Première révision :	Fréquence :	Prise de diagnostic :
12 000 km	12 000 km	Oui

CARACTÉRISTIQUES

AUDI A6 — Garantie générale : 3 ans / 80 000 km; système antipollution : 6 ans / kilométrage illimitée; perforation corrosion : 10 ans, assistance routière.

Modèles	Versions	Carrosseries/ Sièges	Volume cabine l.	Volume coffre l.	Cx	Empat. mm	Long x larg x haut. mm x mm x mm	Poids à vide kg	Susp. av/ar	Freins av/ar	Direction type	Diamètre braquage m	Tours volant b à b.	Réser. essence l.	dimensions	Pneus d'origine marque	modèle	Mécanique d'origine
A6	Traction	ber. 4 p.5	2783	487	0.28	2760	4878x1810x1452	1575	ih/sih	d/ABS	crém.ass.	11.7	2.8	70	205/55R16	Goodyear	Eagle RS-A	V6/2.8/A5
A6	quattro	ber. 4 p.5	2715	436	0.28	2759	4878x1810x1451	1680	ih/ih	d/ABS	crém.ass.	11.7	2.8	70	205/55R16	Goodyear	Eagle RS-A	V6/2.8/A5
A6	quattro	fam. 4 p.5	2812	1031	0.28	2759	4878x1810x1479	1749	ih/ih	d/ABS	crém.ass.	11.7	2.8	70	195/65R15	Goodyear	Eagle RS-A	V6/2.8/A5

Par sa conception la Audi A8 est sans doute la voiture la plus évoluée de notre époque. C'est en effet celle qui comporte le plus d'innovations techniques, dont la plus importante est sa carrosserie entièrement réalisée en aluminium. Si on ajoute sa transmission intégrale sophistiquée quattro et son moteur V8 de dernière génération, on réalise qu'elle constitue un cocktail technologique unique sur le marché. Pourtant son prix reste inférieur à celui de ses principales concurrentes qui la devancent seulement au chapitre de la présentation du luxe de l'équipement.

GAMME

La Audi A8 est une berline à quatre portes offerte en deux versions 3.7 et 4.2, équipées de moteurs V8 avec transmission automatique. Le 3.7 équipe le modèle à traction sur les roues avant et le 4.2L celui à transmission intégrale quattro IV. L'équipement de ces deux modèles est identique et des plus complets. Les options consistent en un ensemble «temps froid» incluant les sièges arrière et le volant chauffants et un sac à skis dans le coffre. Pour ceux qui habitent dans le sud, l'option «temps chaud» comprend des vitres isolées, un toit ouvrant à panneau solaire alimentant des ventilateurs lorsque la voiture est stationnée au soleil et des stores protégeant la custode et les vitres arrière. En option on peut encore disposer, des commandes de la radio sur le volant, de jantes chromées, d'une chaîne haute-fidélité Bose, d'une peinture blanche nacrée, d'un système de téléphone «mains libres» et d'un chargeur de disques compacts.

TECHNIQUE

La Audi A8 est la seule voiture de série au monde à posséder une carrosserie monocoque entièrement réalisée en alliage d'aluminium. À cause des propriétés particulières de ce métal, elle est constituée d'une ossature (space-frame) de profilés d'aluminium sur laquelle les panneaux de carrosserie sont assemblés pour donner une rigidité supérieure à celle d'une construction identique en acier. Son efficacité aérodynamique est remarquable, puisqu'elle obtient un coefficient inférieur à 0.30 malgré l'importance de la surface frontale, de la section des pneus et des orifices de la carrosserie. La suspension avant est constituée de quatre bras transversaux et de bras trapézoïdaux à l'arrière auxquels s'ajoute une barre stabilisatrice sur chaque train de

Douche écossaise...

roue. La 3.7 à traction est pourvue d'un antidérapage électronique (ASR), alors que la quattro dispose d'un blocage automatique des différentiels (EDL). Les freins sont à disque aux quatre roues et le dispositif antiblocage des roues répartit proportionnellement la force de freinage, afin d'assurer un équilibre optimal. La sécurité est à la hauteur des caractéristiques de la A8 qui est aussi une des rares voitures à offrir six coussins gonflables en série (deux frontaux et quatre latéraux).

POSITIF

+L'AVANCE TECHNOLOGIQUE. Audi a été un précurseur en matière de traction intégrale et d'usage de l'aluminium comme matériau principal de la structure principale d'une automobile. Mais le reste du contenu de la A8 est aussi à la fine

pointe de la technologie, afin d'offrir un véhicule qui présente des performances et une sécurité optimales.

+ LA SÉCURITÉ. Elle est assurée par la capacité d'absorption de l'aluminium qui encaisse mieux les chocs que l'acier, de même que la présence de six coussins gonflables des ceintures à tendeurs et d'aides à la conduite électroniques.

+ LES PERFORMANCES. Le moteur 4.2L est capable de prestations de haut calibre, sans qu'elles excèdent toutefois celles des modèles concurrents. Les accélérations comme les reprises sont vives car le rapport poids/puissance est favorable, à cause du gain de poids réalisé par la carrosserie en aluminium.

+ LE COMPORTEMENT. Les épures de suspension sophistiquées et l'ensemble de l'étude dynamique de

ce modèle procurent une stabilité et une neutralité rassurante, renforcée par les systèmes de contrôle de l'assiette et du dérapage du véhicule qui démontre une belle neutralité dans la plupart des circonstances. Nous avons été surpris de l'agilité surprenante en slalom pour un véhicule de ce gabarit.

+ LE RENDEMENT. Le ratio poids-puissance avantageux permet une consommation économique surprenante puisqu'elle équivaut à celle d'un moteur V6.

+ LE CONFORT. La générosité des sièges pullman, la suspension moelleuse et l'excellente insonorisation phonique permettent d'effectuer de longues étapes sans fatigue, faisant de la A8 le véhicule idéal des grands voyages.

NÉGATIF

- LE STYLE. Il est dommage qu'un modèle aussi avant-gardiste n'ait pas bénéficié d'une apparence plus osée qui souligne mieux son côté novateur. Les stylistes de Audi ont décidé de jouer la carte de l'anonymat, ce qui a comme avantage de ne pas périmer trop rapidement son image.

- LE BUDGET. Il nécessite de solides assises financières, car la valeur de revente peut souffrir de la méfiance envers un excès de technologie. De plus la complexité de la réparation de la structure d'aluminium donne des boutons aux assureurs comme aux carrossiers.

- LA CONDUITE. Son agrément est fortement mitigé du fait des réactions aseptisées de cette voiture trop parfaite pour être excitante...

- LA PRÉSENTATION. À l'intérieur elle est triste et conventionnelle, rappelant peu ici encore le côté novateur de la technologie. Les appliques de bois traditionnelles auraient dû faire place à de la fibre de carbone, ou à quelque chose de plus original encore. Il y a trop de gens raisonnable chez Audi...

- À REVOIR : l'antenne radio vieillotte, qui pourrait être intégrée à la lunette, les commandes trop nombreuses (40 interrupteurs et 3 boutons) complexes et faciles à confondre qui nécessitent un véritable cours d'interprétation du véhicule avant de se mettre à son volant.

CONCLUSION

La Audi A8 est une véritable douche écossaise sur quatre roues. Enthousiasmante par tout ce qu'elle est «sous la peau» elle est désarmante de banalité dans sa conduite et sa présentation tant extérieure qu'intérieure. ☺

ÉVALUATION AUDI A8

CONCEPTION : 88%
Technique :	100
Sécurité :	100
Volume cabine :	70
Volume coffre :	80
Qualité/finition :	90

CONDUITE : 73%
Poste de conduite :	85
Performances :	70
Comportement :	70
Direction :	80
Freinage :	60

ÉQUIPEMENT D'ORIGINE : 83%
Pneus :	85
Phares :	85
Essuie-glace :	80
Dégivreur :	80
Radio :	85

CONFORT : 83%
Sièges :	85
Suspension :	80
Niveau sonore :	80
Commodités :	80
Climatisation :	90

BUDGET : 40%
Prix d'achat :	0
Consommation :	50
Assurance :	15
Satisfaction :	85
Dépréciation :	50

Moyenne générale : 73.4%

NOUVEAU POUR 1999

• Informations non disponibles avant d'aller sous presse.

MOTEURS / TRANSMISSIONS / PERFORMANCES

Modèles/ versions	Type / distribution soupapes / carburation	Cylindrée cc	Puissance cv @ tr/mn	Couple lb.pi @ tr/mn	Rapport volumét.	Roues motrices / transmissions	Rapport de pont	Accélér. 0-100 km/h s	400 m D.A. s	1000 m D.A. s	Reprise 80-120 km/h s	Freinage 100-0 km/h m	Vites. maxi. km/h	Accélér. latérale G	Niveau sonore dBA	Consommation l./100km Ville	Route	Carburant Octane
A8 3.7(ÉU)	V8 3.7 DACT-32-IESPM	3697	230 @ 5500	235 @ 2700	10.8 :1	avant-A5	3.091	8.6	16.8	28.2	6.3	40	210ÉU	0.83	65	13.8	8.5	R 87
A8 4.2	V8 4.2 DACT-32 IESPM	4172	300 @ 6000	295 @ 3300	10.8: 1	toutes-A5	2.727	7.5	15.4	27.6	5.4	45	210ÉU	0.85	65	14.0	8.7	R 87

PRIX & ÉQUIPEMENTS

AUDI A8	(É.-U.) 3.7	4.2
Prix maxi $:	-	90 540
Prix mini $:	-	76 960
Transport & préparation $:	-	510
Boîte automatique:	S	S
Régulateur de vitesse:	S	S
Direction assistée:	S	S
Système antiblocage des freins:	S	S
Système antipatinage:	S	S
Climatiseur:	S	S
Garnitures en cuir:	S	SC
Radio MA/MF/ Cassette:	S	S
Serrures électriques:	S	S
Lève-vitres électriques:	S	S
Volant ajustable:	S	S
Rétroviseurs ext. ajustables:	SEC	SEC
Jantes en alliage léger:	S	S
Système antivol:	S	S

Couleurs disponibles
Extérieur: Aluminium, Blanc, Noir, Vert, Gris.

Intérieur: Noir, Tan.

EN BREF...

Catégorie: berlines de luxe tractées ou intégrales. **Classe :** 7

HISTORIQUE
Inauguré en: 1996
Fabriqué à: Ingolstadt, Allemagne.

PROFIL DE CLIENTÈLE
Modèle	Hom./Fem.	Âge moyen	Mariés	CEGEP	Revenus
A8	90/10 %	50 ans	91 %	55 %	225 000 $

INDICES
Sécurité:	100 %	Satisfaction:	85 %
Dépréciation:	50 %	Assurance:	1 950 $
Prix de revient au km:	1.17 $	Nbre de concessionnaires:	9

VENTES
Modèle	1996	1997	Résultat	Part de marché
A8	7	45	+ 543 %	-

PRINCIPAUX MODÈLES CONCURRENTS
BMW 740iL, INFINITI Q45, LEXUS LS 400, MERCEDES-BENZ Classe S.

ENTRETIEN REQUIS PAR LA GARANTIE
Première révision:	Fréquence:	Prise de diagnostic:
12 000 km	12 000 km	Oui

CARACTÉRISTIQUES

Modèles	Versions	Carrosseries/ Sièges	Volume cabine l.	Volume coffre l.	Cx	Empat. mm	Long x larg x haut. mm x mm x mm	Poids à vide kg	Susp. av/ar	Freins av/ar	Direction type	Diamètre braquage m	Tours volant b à b.	Réser. essence l.	dimensions	Pneus d'origine marque	modèle	Mécanique d'origine
AUDI A8	Garantie générale: 3 ans / 80 000 km; système antipollution: 6 ans / kilométrage illimitée; perforation corrosion: 10 ans, assistance routière: 3 ans.																	
A8 3.7(É.U.)	traction	ber. 4 p.5	2826	498	0.29	2882	5034x1880x1440	1670	ih/ih	d/ABS	crém.ass.	12.3	2.7	90.0	225/60HR16	Michelin	Pilot SX	V8/3.7/A5
A8 4.2	quattro	ber. 4 p.5	2826	510	0.29	2882	5034x1880x1440	1770	ih/ih	d/ABS	crém.ass.	12.3	2.7	90.0	225/60HR16	Michelin	Pilot SX	V8/4.2/A5

AUDI TT Coupé
«Du pétrole dans le sang»

Conscient du fait que ses ventes et son image ne sont pas ce qu'elles devraient être en Amérique du Nord Audi a décidé de briser la glace en attirant l'attention par un nouveau modèle qui sera disponible aux États-Unis dès l'automne 1998 en version deux roues motrices et au Canada au printemps 1999 en version quattro. Au début les modèles seront ceux développant 180 ch car il faudra attendre l'automne 1999 pour voir arriver la version quattro de 225 ch et le cabriolet qui sera disponible dès le printemps 2000. Il y a longtemps qu'Audi n'avait pas eu de coupé dans sa gamme et ce retour en force est marqué par un coup d'éclat. Il est en effet difficile de rester indifférent devant le style totalement original de ce nouveau modèle dérivé de l'étude de style montrée pour la première fois à Francfort en 1995.

Avec ses porte-à-faux réduits au maximum, sa forme arrondie comme une carapace, ses formes polies comme un galet et certains détails sculptés de manière précieuse, le coupé TT accapare le regard et fascine par son format dense. À l'extérieur on remarque le bouchon du réservoir de carburant copié d'ancien modèle, taillé dans un bloc d'aluminium et adapté aux réalités d'aujourd'hui.

Le coupé TT est un magnifique objet au sens artistique de la chose, qui ne manquera pas de glaner des honneurs à travers le monde. Son originalité de bon goût ne choque pas mais il surprend que Audi, d'habitude si conservateur dans ses choix de style, soit allé aussi loin. Il est vrai que celui de la dernière ne manque pas de personnalité en affichant des lignes massives proches de celles dont le TT se fait aujourd'hui le champion. Le style de l'aménagement intérieur n'a pas été laissé pour compte puisque

dans un genre plus classique il est aussi élaboré. Il s'inspire des modèles sportifs de la grande époque des courses du Tourist Trophy dont le TT tire son appellation et qui se couraient sur les routes d'Europe.

Un savant mélange d'aluminium, de plastique noble et de cuir donnent à l'habitacle une ambiance sobre de grande classe où rien ne fait tape à l'oeil. Mais au delà de l'apparence, on a, dès qu'on s'installe dans le TT, une impression de solidité et de protection que renforce la faible surface vitrée latérale. Cette idée de carapace est omniprésente jusque dans le cockpit où l'on a vraiment le sentiment de faire corps avec le véhicule tant il semble compact. Il donne aussi la sensation d'être plein et dense, surtout le modèle quattro plus pesant. Alors reviennent en mémoire les images de cette incroyable complexité technique, observée sur la ligne d'assemblage en Hongrie, qui disparaît sous l'habillage, mais dont les effets se font sentir dès

les premiers instants de la conduite. Plus que ses concurrents directs, le coupé TT donne l'impression de piloter quelque chose de très sophistiqué, comme un avion de chasse, dont tous les éléments concourent à son efficacité et à sa mission. Celle du TT est de procurer des sensations et la version 225 ch ne s'en prive pas, au point qu'il était difficile sur les routes sinueuses de l'Ombrie en Italie d'approcher les limites de cette technologie qui implique désormais de nouveaux développements dans le perfectionnement du système quattro. Ce qu'il y a d'intéressant dans le cas du TT c'est que la technologie ne prend pas le pas sur l'homme qui garde le contrôle absolu des opérations, même si en coulisse la technologie s'assure que tout se passe bien. Et finalement on sort de cette conduite grandi par la confiance qu'inspire cette technique admirable dont le plus grand mérite est de repousser les limites physiques sans mettre la sécurité en danger.

Cela faisait quelques années que Audi n'avait pas mis un coupé sportif à son catalogue. Le dernier remontait aux années quatre-vingt et il s'appelait tout simplement quattro. Soucieux de donner la réplique au BMW Z3, Mercedes SLK et Porsche Boxster, la firme d'Ingolstadt a décidé d'aller de l'avant en développant le prototype TT qui avait fait sensation au Salon de Francfort en 1995. Ce coupé qui sera bientôt suivi d'un cabriolet a l'avantage original d'offrir une traction avant ou intégrale, alors que ses concurrents sont propulsés.

GAMME

Le coupé TT sera d'abord importé comme traction puis quattro animé du moteur 1.8 Turbo donnant 180 ch avec transmission manuelle à 5 vitesses, puis plus tard dans sa version quattro 225 ch avec boîte manuelle à 6 rapports. Ce n'est qu'ultérieurement que le cabriolet fera son apparition. Il s'agit d'un coupé 2+2 dont l'équipement de base comprend la plupart des éléments de confort actuels, comme le climatiseur automatique, les principales servitudes électriques et une radio-cassette d'une puissance de 80 Watt. Pour le moment aucune transmission automatique n'est prévue, mais Audi propose des groupes d'option comme l'ensemble performances comprenant les phares au Xenon et des roues de 17 pouces équipées de pneus d'été, l'ensemble confort avec sièges chauffants et ordinateur de voyage à six fonctions et l'ensemble audio incluant un système Bose avec chargeur pour 6 disques compacts.

TECHNIQUE

Pour des raisons de prix de revient la carrosserie du TT est faite d'acier entièrement galvanisé des deux côtés tandis que le capot avant est en aluminium. Malgré les gros pneus, les larges ouvertures de la carrosserie et la surface frontale importante, le coefficient aérodynamique se situe entre 0.34 et 0.35. La suspension avant est de type MacPherson dont l'élément de base triangulaire est fixé à un berceau indépendant de la structure principale. À l'arrière de la version à deux roues motrices on trouve un essieu de torsion tubulaire, tandis que sur la quattro elle est constituée de deux bras triangulaires transversaux et d'un bras tiré longitudinal avec amortisseurs à gaz et barre antiroulis dans tous les cas. Les freins à double circuit en diagonale sont à disques ventilés à l'avant et pleins à l'arrière avec dispositif antiblocage-

antipatinage (2WD) en série avec répartiteur électronique de la pression. Les freins sont à disque aux quatre roues avec système antiblocage ABS 5.3 incluant la régulation électronique de la pression sur les roues arrière.

POSITIF

+ LE STYLE. Il y a longtemps qu'un nouveau modèle ne nous avait pas offert un aspect aussi dramatique. Surprenant de prime abord, on s'habitue vite aux formes massives mais sculptées de ce bolide qui fait extrêmement compact, ramassé.

+ LA SÉCURITÉ. En plus d'une carrosserie extrêmement rigide qui offre une bonne protection en cas de collision, le coupé TT est équipé de coussins gonflables frontaux et latéraux.

+ LE COMPORTEMENT. La version quattro est celle qui impressionne le plus car elle semble rivée à la route sans que le pilote ait à user de sa science pour y parvenir.

+ LES PERFORMANCES. Bien que le moteur de base, permette de s'amuser de manière raisonnable, c'est le 225 ch qui donne le plus l'impression de piloter une voiture de course. Sa vivacité, son bruit

tout y est et c'est dans cet équipage que le TT semble le plus homogène.

+ LE FREINAGE. Facile à moduler, son action est précise et progressive permettant un dosage parfait. Bien que nous n'ayons pu prendre de mesures précises les arrêts «appuyés» se sont effectués sur des distances relativement courtes et sa résistance à l'échauffement satisfaisante sur ce tracé très sinueux.

+ LE CONFORT. Même lorsque le revêtement se dégrade, le TT n'est jamais franchement inconfortable comme c'est le lot de nombreux modèles sportifs. Sans être réellement souple sa suspension bien amortie dispose d'une amplitude suffisante pour encaisser les défauts de la route, sans indisposer les occupants.

+ LA PRÉSENTATION. Elle est très réussie dans l'habitacle qui est traité dans un style qui rappelle les voitures de compétition. Le tableau de bord noir mat sert d'écrin au nombreux éléments circulaires coulés en aluminium comme les bouches de ventilation, le cerclage du volant ou du sélecteur de la boîte de vitesse etc. On retrouve le métal poli sur le pédalier et le repose-pied.

+ LA QUALITÉ. Audi est sans aucun

doute un des champions en titre de la qualité en matière d'automobile. Partant d'une ingénierie très rigoureuse, la réalisation est méthodique, l'assemblage méticuleux et la finition absolument impeccable.

+ LE CÔTÉ PRATIQUE. Pour un coupé sportif le TT offre des espaces de rangements comme une grande boîte à gants, des filets-vide-poches de portières une sorte d'étagère au-dessus des pieds du passager et un évidement sur le tunnel de transmission. Bien qu'il ne soit pas immense, le coffre a des formes facilement exploitables et le dossier de la banquette forme une plate-forme en se repliant en deux parties qui permet alors de remiser deux sacs de golf dans la longueur..

NÉGATIF

- LA DIRECTION. Celle de la version tractée n'est pas d'un emploi agréable car sa réponse est élastique et elle ne permet pas toujours de placer l'avant avec précision à l'entrée des virages.

- LA VISIBILITÉ. Elle n'est pas idéale parce qu'on est assis très bas, que la ceinture de caisse est haute, les montants du toit très épais. Les rétroviseurs sont bien proportionnés, mais ils sont placés trop en arrière ce qui oblige à tourner la tête pour les consulter.

- LES PLACES ARRIÈRE. Comme toujours sur ce genre de véhicule elles sont très symboliques et surtout destinées à de très jeunes enfants.

- LA SÉLECTION. Celle de la boîte à 5 vitesses se montrait grincheuse entre le second et le troisième rapport, ce qui est surprenant sur une réalisation allemande.

- LA CONSOLE. Elle est envahissante, particulièrement la barre d'aluminium formant poignée sur laquelle le genou vient immanquablement se cogner.

- L'ACCÈS. Il n'est pas facile de se glisser à l'arrière vu que les dossiers des sièges avant ne dégagent pas assez d'espace et que l'arche du toit est très prononcée.

- À REVOIR: les interrupteurs permettant de commander à distance l'ouverture du hayon, du bouchon du réservoir de carburant ou de désactiver le système d'alarme sont difficiles à atteindre cachés dans un compartiment au bout de la console centrale sous le tableau de bord.

CONCLUSION

Le coupé TT sera commercialisé à un prix agressif qui devrait lui assurer un succès aussi enviable que celui de la A4 dont il dérive en grande partie.

☺

TT

AUDI

ÉVALUATION AUDI TT

CONCEPTION : 64%
Technique : 90
Sécurité : 90
Volume cabine : 30
Volume coffre : 25
Qualité/finition : 85

CONDUITE : 79%
Poste de conduite : 85
Performances : 80
Comportement : 70
Direction : 80
Freinage : 80

ÉQUIPEMENT D'ORIGINE : 81%
Pneus : 80
Phares : 80
Essuie-glace : 80
Dégivreur : 80
Radio : 85

CONFORT : 67%
Sièges : 80
Suspension : 75
Niveau sonore : 40
Commodités : 60
Climatisation : 80

BUDGET : 41%
Prix d'achat : 0
Consommation : 65
Assurance : 40
Satisfaction : 75
Dépréciation : 25

Moyenne générale: 66.4%

Anecdote

Pour avoir le privilège de rouler trois heures dans le nouveau coupé Audi TT, il nous a fallu prendre dix avions, traverser quatre pays, la France, la Hongrie, l'Autriche et l'Italie et tout cela en six jours. Un record. Mais cela en valait la peine, car l'essai se déroulait sur les routes de l'Ombrie, la région de l'Italie où se courait la légendaire Targa Florio.

MOTEURS / TRANSMISSIONS / PERFORMANCES

Modèles/ versions	Type / distribution soupapes / carburation	Cylindrée cc	Puissance cv @ tr/mn	Couple lb.pi @ tr/mn	Rapport volumét.	Roues motrices / transmissions	Rapport de pont	0-100 s	400m s	1000m km/h s	80-120 km/h	100-0 m	Vites. maxi. km/h	Accél. latérale G	Niveau sonore dBA	Consommation Ville	l./100km Route	Carburant Octane
FWD	L4T 1.8 DACT-20-IESPM	1781	180 @ 5500	174 @ 1950	9.5 :1	avant - M5	3.938	7.4*					228*					S 91
quattro	L4T 1.8 DACT-20-IESPM	1781	180 @ 5500	174 @ 1950	9.5 :1	toutes - M5	3.938	7.4*					226*					S 91
quattro	L4T 1.8 DACT-20-IESPM	1781	225 @ 5900	207 @ 2200	9.0 :1	toutes - M6	3.316	6.4*					243*					S 91

* données du constructeur

PRIX & ÉQUIPEMENTS

AUDI TT cpé. 2 p.	1.8T FWD	1.8T quattro	1.8T 225 quattro
Prix maxi $:	ND	ND	ND
Prix mini $:	-	-	-
Transport & préparation $:	-	-	-
Boîte automatique:			
Régulateur de vitesse:	S	S	S
Direction assistée:	S	S	S
Système antiblocage des freins:	S	S	S
Système antipatinage:	S		
Climatiseur:	SA	SA	SA
Garnitures en cuir:	s	S	S
Radio MA/MF/ Cassette:	S	S	SDc
Serrures électriques:	S	S	S
Lève-vitres électriques:	S	S	S
Volant ajustable:	S	S	S
Rétroviseurs ext. ajustables:	SEC	SEC	SEC
Jantes en alliage léger:	S	S	S
Système antivol:	S	S	S

Couleurs disponibles
Extérieur: Noir, Jaune, Rouge, Gris, Argent, Bleu, Vert.
Intérieur: Noir, Gris, Bleu denim.

EN BREF...

Catégorie: coupés sportifs à traction avant ou intégrale. **Classe :** GT

HISTORIQUE
Inauguré en: 2000
Fabriqué à: Györ, Hongrie.

PROFIL DE CLIENTÈLE
Modèle	Hom./Fem.	Âge moyen	Mariés	CEGEP	Revenus
TT	ND				

INDICES
Sécurité: 90 % Satisfaction: ND %
Dépréciation: ND % Assurance: 1 485 $
Prix de revient au km: 0.69 $ Nbre de concessionnaires: 9

VENTES
Modèle	1996	1997	Résultat	Part de marché
TT	Non commercialisé à cette époque.			

PRINCIPAUX MODÈLES CONCURRENTS
BMW Z3, MERCEDES-BENZ SLK, PORSCHE Boxster.

ENTRETIEN REQUIS PAR LA GARANTIE
Première révision: 12 000 km Fréquence: 12 000 km Prise de diagnostic: Oui

CARACTÉRISTIQUES

Modèles	Versions	Carrosseries/ Sièges	Volume cabine l.	Volume coffre l.	Cx	Empat. mm	Long x larg x haut. mm x mm x mm	Poids à vide kg	Susp. av/ar	Freins av/ar	Direction type	Diamètre braquage m	Tours volant b à b.	Réser. essence l.	Pneus d'origine dimensions	marque	modèle	Mécanique d'origine
AUDI					Garantie générale: 3 ans / 80 000 km; système antipollution: 6 ans / kilométrage illimitée; perforation corrosion: 10 ans, assistance routière.												
TT	1.8T FWD	cpé.2 p. 2+2	1668	390	0.34	2422	4041x1764x1346	1205	ih/ih	d/ABS	crém.ass.	10.45	2.8	55	205/55R16	Michelin	Pilot SX	L4T/1.8/M5
TT	1.8T quattro	cpé.2 p. 2+2	1668	306	0.34	2429	4041x1764x1345	1320	ih/ih	d/ABS	crém.ass.	10.45	2.8	62	205/55R16	Michelin	Pilot SX	L4T/1.8/M5
TT	1.8T quattro 225 ch	cpé.2 p. 2+2	1688	306	0.35	2429	4041x1764x1345	1320	ih/ih	d/ABS	crém.ass.	10.45	2.8	62	225/45ZR17	Michelin	Pilot SX	L4T/1.8/M6

BMW Série 3
Les yeux de Chimène...

La première chose que l'on remarque lorsqu'on contemple la dernière BMW de Série 3 c'est son «regard». C'est en effet la partie avant qui marque la plus grande différence avec le modèle précédent et bien des non-initiés ne feront même pas la différence! Les modèles qui ont du succès sont tellement prisonniers de leur image de leurs attributs, que les stylistes ont les plus grandes peines du monde à les faire évoluer. Dans son allure générale, la Série 3 sera désormais plus facile à confondre avec la Série 5 à qui elle emprunte sa ceinture de caisse haute, sa partie arrière sculptée et son museau plus raffiné. Le principal de l'évolution se fait dans le sens du confort de la suspension qui est plus isolée de la coque et téléphone moins les informations sur le revêtement et fait que l'on «sent» moins la voiture qu'auparavant.

Sans que cela soit le signe d'un embourgeoisement radical, il découle du raffinement permanent des modèles dans le but de les rendre plus efficaces et plus rigoureux. Et puis le confort n'est pas un péché capital. On peut vouloir éprouver des bonnes sensations sans pour autant souffrir! Parce que les BMW sont des propulsions et qu'elles ont toujours eu la réputation d'être frivole sur chaussée mouillée, BMW s'est attaché à les rendre plus facile à conduire, surtout par ceux qui n'en font pas profession. C'est ce qui explique les aides à la conduite chargés de contrôler les trajectoires, le patinage ou le blocage des roues ou les dérapages. Plus la fée électronique intervient pour tout, l'ajustement du rythme des essuie-glace, les ajustements personnels comme le bon fonctionnement des accessoires qui est surveillé en permanence, moins le conducteur a à intervenir. L'électronique embarquée est si poussée qu'on se demande bien ce qu'il va bientôt

rester à faire à la personne qui s'installe au volant? Si cette profusion de sécurité s'explique sur des voitures d'un format généreux sur un modèle compact comme la Série 3 une fois qu'on a installé le faisceau électrique, les six coussins gonflables et tout le reste de la quincaillerie, il ne faut pas s'étonner qu'il reste si peu d'espace dans la cabine, ou que le moindre incident coûte cher parce qu'il dérange cette organisation très serrée.

Ce polissage à outrance révèle surtout que BMW cherche à toucher une clientèle plus établie que turbulente en lui offrant plus de confort que de sensations. Il faut bien avouer aussi que les sensations de conduite que l'on peut éprouver sur les autoroutes et les routes de notre époque, ont elles aussi évolué avec les réalités sociales. La vitesse et la conduite dite sportive sont lourdement taxées et regardées dans certains états comme un mal à éradiquer.

Le jeune turbulent ne roule plus aujourd'hui en BMW, mais en Honda Civic ou en Volkswagen Golf, parce que la Série 3 est devenue si chère que seuls des notables peuvent y avoir accès. C'est donc normal qu'elle s'embourgeoise, comme l'ont fait avant elle les Séries 5 et 7.

Après avoir conduit ces voitures on se demande franchement si BMW, Mercedes et les autres ne feraient pas mieux d'abandonner la propulsion et se tourner à leur tour vers la traction ou l'intégrale pour véritablement coller avec les réalités de l'époque.

Cette «révolution» s'est révélée extrêmement payante pour Volvo qui étouffait dans son classicisme et a vu ses ventes exploser à travers le monde sans que cela l'empêche de parler de performances sportives ou de comportement sécuritaire en toutes saisons...

La Série 3 subit une cure de rajeunissement. Elle arbore désormais un style proche de celui de la 5 sans vraiment déroger à son format qui malgré l'allongement de certaines dimensions demeure très compact. Beaucoup de gens ne feront pas la différence avec le modèle actuel avant de les voir côte à côte. Ce remaniement qui touche seulement deux modèles, se poursuivra jusqu'en 2001 et entre-temps les modèles actuels continueront d'être commercialisés tel quel.

GAMME

Elle comprend pour 1999 les nouvelles berlines 4 portes 323 et 328 ainsi que les petites 318ti à hayon, le coupé à 2 portes en unique finition M et les cabriolets qui demeurent inchangés. L'équipement de série comprend la plupart des éléments usuels sur des modèles de ce prix excepté les garnitures de cuir, et le système de navigation dont la facture est salée et qui ne fonctionne pas partout...

TECHNIQUE

On reconnaît les berlines de la nouvelle génération par leurs porte-à-faux plus courts, leur calandre redessinée et une prise d'air sur le capot. Leurs dimensions, autant intérieures qu'extérieures, ont été bonifiées car ces voitures sont plus longues et plus larges de 4 cm, ce qui a pour effet d'améliorer l'habitabilité et le volume du coffre de manière significative. Ces modèles diffèrent par leurs carrosseries qui est monocoque en acier, dont 60% des tôles sont galvanisées, et enduite d'un traitement anticorrosion. Leurs lignes qui combinent les principaux attributs traditionnels de la marque ont une efficacité aérodynamique qui commence à dater avec un coefficient variant entre 0.31 et 0.32. La suspension est indépendante aux quatre roues composée de leviers triangulés superposés à l'avant et à leviers transversaux à l'arrière avec barre stabilisatrice sur les deux essieux. Certains de ces éléments sont en aluminium, plus rigide et plus léger. Les freins sont à disque aux quatre roues et les dispositifs d'antiblocage et de contrôle de traction et de stabilité, en série sur toutes les versions. La technologie développée pour améliorer les performances des moteurs 6 cylindres et pour réduire les émissions s'appelle double VANOS. Elle a pour objectif de permettre une courbe de puissance plus favorable tout en contrôlant le refroidissement du moteur et en améliorant le rendement du catalyseur. Ces mo-

teurs se conforment donc aux nouvelles exigences en matière d'environnement et répondent aux normes sévères de la Californie (LEV). La transmission automatique, disponible en option sur les modèles 323 et 328, est à cinq rapports et est à mode adaptative. C'est-à-dire qu'elle s'ajuste au type de conduite du conducteur. Au chapitre de la sécurité en plus des coussins gonflables frontaux et latéraux BMW installe en série le coussin gonflable en forme de tube protégeant la tête des occupants des places avant (HPS). En option on peut obtenir des coussins latéraux situés dans les portes arrière. Un système de navigation intégré sera aussi offert en option sur les nouvelles berlines. Les vitres à commandes électriques sont munies d'un mécanisme d'arrêt automatique en cas de présence incongrues lors de leur remontée.

POSITIF

+ **LA CONDUITE**. Elle est très agréable, due à la chimie existant entre la propulsion, la puissance et la direction qui joue un rôle important dans le comportement routier de ces voitures.

+ **LA QUALITÉ**. Le niveau de finition amélioré : autant les matériaux employés pour la construction du tableau de bord que le degré de finition de la carrosserie est relevé.

+ **LE COMPORTEMENT**. Il a été amélioré par l'allègement des pièces non suspendues de la suspension et cela se vérifie sur chaussée mouillée où la stabilité est supérieure, mais la suspension renforcée est plus sensible aux écarts de conduite et aux mauvaises routes.

+ **LES PERFORMANCES**. Seuls les moteurs 6 cylindres sont dignes du label sportifs, car ils sont à la fois souples et puissants et s'accommodent aussi bien d'une conduite tranquille que de velléités juvéniles.

+ **LE COFFRE**. Son volume a augmenté et il peut être agrandi en rabattant les dossiers de la banquette arrière. De plus son seuil bas facilite la manutention des bagages.

+ **LE CONFORT**. L'espace intérieur a été agrandi. Les passagers arrière seront plus à l'aise et le conducteur ainsi que son passager avant bénéficient de plus d'espace aux hanches et aux jambes. Le tout assure une excellente position de conduite.

+ **LA SÉCURITÉ**. Seuls des coussins latéraux arrière et intégrés dans

les portières, sont optionnels. Le nouveau tube de protection pour la tête des occupants avant lors d'un impact latéral, HPS, est maintenant de série et issu de la technologie développé sur les séries 5 et 7.

+ **LE BUDGET**. Afin de décider les réticents à entrer dans la famille BMW, l'entretien sera gratuit pour une durée de trois ans ou de 60,000 km. Seules les pièces d'usure normale seront aux frais du propriétaire (embrayage et plaquettes de freins).

+ **LE FREINAGE**. Il a encore été amélioré, car les distances des arrêts d'urgence sont plus courtes grâce à des disques plus gros et ventilés sur les quatre roues.

+ **LA VISIBILITÉ**. Elle est excellente sauf vers l'arrière où le coffre élevé et la dimension restreinte de la lunette arrière.

+ **LE TABLEAU DE BORD**. Il a retrouvé l'apparence typique de BMW et son apparence fait moins bon marché que celui des modèles de la génération précédente.

+ **LE CÔTÉ PRATIQUE**. Les espaces de rangement ont vu leur capacité améliorée comme le coffre à gants et les vide-poches de portières.

+ **UN BON POINT** : pour la grande contenance du réservoir de liquide lave-glace (5.3 litres) et l'excellent rendement des essuie-glace.

NÉGATIF

- **LE BUDGET**. Le coût d'acquisition des versions bien équipées et l'absence de certains accessoires normalement inclus sur des voitures de ce prix font des BMW de bas de gamme des véhicules peu attirants.

- **LA SÉCURITÉ**. L'indice attribué par la NHTSA aux modèles de la génération précédente n'est pas aussi favorable que celui obtenu par les derniers modèles.

- **L'HABITABILITÉ**. Malgré la présence de trois ceintures de sécurité à l'arrière, les berlines de série 3 ne peuvent en aucun cas accueillir plus de quatre personnes.

- **LES PERFORMANCES**. Celles du moteur 4 cylindres sont décevantes avec la transmission automatique et ne correspondent pas à l'idée que l'on se fait d'une voiture de sport.

CONCLUSION

Ces modèles demeurent les meilleures références en matière de voitures sportives. Ils s'adressent à ceux et celles adorant conduire tout en affichant un certain mode de vie. Toutefois ce sont deux choses coûtant fort cher, particulièrement chez BMW... ☺

ÉVALUATION
BMW Série 3

CONCEPTION :		69%
Technique :	90	
Sécurité :	90	
Volume cabine :	35	
Volume coffre :	50	
Qualité/finition :	80	

CONDUITE :		79%
Poste de conduite :	85	
Performances :	65	
Comportement :	70	
Direction :	90	
Freinage :	85	

ÉQUIPEMENT D'ORIGINE :		79%
Pneus :	80	
Phares :	80	
Essuie-glace :	80	
Dégivreur :	75	
Radio :	80	

CONFORT :		71%
Sièges :	75	
Suspension :	70	
Niveau sonore :	60	
Commodités :	70	
Climatisation :	80	

BUDGET :		50%
Prix d'achat :	10	
Consommation :	50	
Assurance :	45	
Satisfaction :	85	
Dépréciation :	60	

Moyenne générale:		**69.6%**

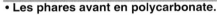

NOUVEAU POUR 1999
- Les phares avant en polycarbonate.
- La télécommande d'ouverture du coffre.
- Les commandes de la radio et du régulateur de vitesse au volant de série.
- La roue de secours pleine grandeur sur la 328.
- Les poignées de portes différentes offrant une meilleure prise.

MOTEURS / TRANSMISSIONS / PERFORMANCES

Modèles/ versions	Type / distribution soupapes / carburation	Cylindrée cc	Puissance cv @ tr/mn	Couple lb.pi @ tr/mn	Rapport volumét.	Roues motrices / transmissions	Rapport de pont	Accélér. 0-100 km/h s	400 m D.A. s	1000 m D.A. s	Reprise 80-120 km/h s	Freinage 100-0 m	Vites. maxi. km/h	Accélér. latérale G	Niveau sonore dBA	Consommation l./100km Ville	Route	Carburant Octane
318	L4* 1.9 DACT-16-IE	1895	138 @ 6000	133 @ 4300	10.0 :1	arrière - M5*	3.45	9.8	17.0	31.6	6.8	36	187	0.83	68	10.2	6.7	S 91
323	L6* 2.5 DACT-24-IE	2494	168 @ 5500	181 @ 3500	10.5 :1	arrière - M5*1)	3.07	ND								11.6	7.2	S 91
328	L6* 2.8 DACT-24-IE	2793	190 @ 5500	206 @ 3500	10.2 :1	arrière - M5*2,3)2.93		8.0	15.3	28.0	5.6	39	206	0.85	66	11.9	7.5	S 91
M3	L6* 3.2 DACT-24-IE	3201	240 @ 6000	237 @ 3800	10.5 :1	arrière - M5*	3.23	7.0	15.2	27.7	4.5	35	220	0.88	68	11.8	7.7	S 91

1) Getrag B   2) ZF C   3) A5 optionnelle, rapport de pont de 3.46

PRIX & ÉQUIPEMENTS

BMW Série 3	318 ti cpé.3p.	323i ber.4p.	323i déc,2p.	328i ber.4.p	328i déc.2p.	M3 cpé.2p.
Prix maxi $:	27 800	34 900	49 900	44 900	58 900	62 900
Prix mini $:	24 600	30 890	44 160	39 740	52 130	55 670
Transport & préparation $:	150	150	150	150	150	150
Boîte automatique:	O	O	O	O	O	-
Régulateur de vitesse:	S	S	S	S	S	S
Direction assistée:	S	S	S	S	S	S
Système antiblocage des freins:	S	S	S	S	S	S
Système antipatinage:	S	S	S	S	S	S
Climatiseur:	O	SA	S	SA	S	S
Garnitures en cuir:	-	-	O	O	O	S
Radio MA/MF/ Cassette:	O	S	S	S	S	S
Serrures électriques:	-	S	S	S	S	S
Lève-vitres électriques:	-	S	S	S	S	S
Volant ajustable:	-	S	S	S	S	S
Rétroviseurs ext. ajustables:	O	SEC	S	SEC	S	S
Jantes en alliage léger:	-	O	S	O	S	S
Système antivol:	-	O	S	O	S	S

Couleurs disponibles

Extérieur: Blanc, Noir, Bleu, Rouge, Gris, Argent, Violet, Vert.

Intérieur: Anthracite, Gris, Rouge, Bleu, Turquoise. Cuir: Noir, Beige, Gris, Jaune.

EN BREF...

Catégorie: coupés et berlines de luxe propulsées.   **Classe :** 7

HISTORIQUE
Inauguré en: 1982 (320i 2 p.) 1991, 1999.
Fabriqué à: Dingolfing, (Munich) Allemagne,.

PROFIL DE CLIENTÈLE

Modèle	Hom./Fem.	Âge moyen	Mariés	CEGEP	Revenus
Série 3	70/30 %	40 ans	65 %	58 %	96 000 $

INDICES
Sécurité:	90 %	Satisfaction:		85 %
Dépréciation:	40 %	Assurance:		1 350-1 765$
Prix de revient au km:	0.68 $	Nbre de concessionnaires:		7

VENTES
Modèle	1996	1997	Résultat	Part de marché
Série 3	1 026	1 235	+ 20.3 %	ND

PRINCIPAUX MODÈLES CONCURRENTS
ACURA TL, AUDI A4, HONDA Accord, INFINITI I30, LEXUS ES 300, MAZDA Millenia, MERCEDES-BENZ Classe C, NISSAN Maxima, SAAB 9³, TOYOTA Camry, VOLVO S80.

ENTRETIEN REQUIS PAR LA GARANTIE
Première révision:	Fréquence:	Prise de diagnostic:
24 000 km	24 000 km	Oui

CARACTÉRISTIQUES

Modèles	Versions	Carrosseries/ Sièges	Volume cabine l.	Volume coffre l.	Cx	Empat. mm	Long x larg x haut. mm x mm x mm	Poids à vide kg	Susp. av/ar	Freins av/ar	Direction type	Diamètre braquage m	Tours volant b à b.	Réser. essence l.	dimensions	Pneus d'origine marque	modèle	Mécanique d'origine
BMW		Garantie générale : 4 ans/ 80 000 km; corrosion: 6 ans / kilométrage illimité; antipollution: 8 ans / 130 000 km.																
318	ti	cpé.3 p. 4	2322	300	0.35	2700	4210x1698x1393	1260	ih/ih	d/t/ABS	crém.ass.	10.4	3.4	52.0	185/65SR15	-	-	L4/1.9/M5
323*	**i**	**ber.4 p. 4**	**ND**	**440**	**0.31**	**2725**	**4471x1739x1415**	**1430**	**ih/ih**	**d/ABS**	**crém.ass.**	**10.5**	**3.4**	**63.0**	**195/65HR15**	-	-	**L6/2.8/M5**
323	i	déc.2 p. 4	2152	230	0.36	2700	4433x1710x1366	1495	ih/ih	d/ABS	crém.ass.	10.8	3.4	62.0	205/60HR15	-	-	L6/2.5/M5
328*	**i**	**ber.4 p. 4**	**ND**	**440**	**0.31**	**2725**	**4471x1739x1415**	**1450**	**ih/ih**	**d/ABS**	**crém.ass.**	**10.5**	**3.4**	**63.0**	**205/55R16**	**Michelin**	**Energy MXV4**	**L6/2.8/M5**
328	i	déc.2 p. 4	2152	230	0.36	2700	4433x1710x1348	1540	ih/ih	d/ABS	crém.ass.	10.4	3.4	62.0	205/60HR15	-	-	L6/2.8/M5
M3		cpé.2 p. 4	2322	405	0.32	2710	4433x1710x1335	1440	ih/ih	d/ABS	crém.ass.	11.6	3.4	62.0	225/45ZR17	Michelin	Pilot SX	L6/3.2/M5

* nouveaux modèles 1999.

La Série 5 demeure le point milieu de la gamme BMW. Elle profite à la fois des bienfaits de la Série 7 en matière de motorisation et de la Série 3 en ce qui concerne son format compact. Mais c'est par son écrasante homogénéité que la 5 impressionne et devance ses plus proches rivales. Il est certain que pour des raisons de prix elle ne peut pas être la plus répandue, ce qui ne l'empêche pas d'être avec sa rivale la E320 chez Mercedes un des modèles les plus accomplis de la production mondiale actuelle.

GAMME

La Série 5 est proposée cette année en berline et familiale à 4 portes en versions 528i équipée d'un 6 cylindres en ligne de 2.8L donnant 190 ch avec boîte manuelle à 5 vitesses en série ou automatique à 4 rapports en option, ou 540i pourvue d'un V8 de 4.4 L de 282 ch couplé au choix et sans frais à une boîte manuelle 6 rapports ou automatique à 5 rapports auxquelles on peut substituer contre supplément la «Steptronic» à 5 rapports de la Série 7. Énumérer l'équipement de série serait trop long dans le cadre de cette page, mais disons qu'il est copieux.

TECHNIQUE

La carrosserie monocoque en acier dont la plupart des panneaux sont galvanisés est aussi rigide en torsion qu'en flexion. Malgré sa surface frontale importante son efficacité aérodynamique est satisfaisante avec un coefficient variant entre 0.30 et 0.31. Pour éliminer la majorité des bruits, les vitres des portières sont doubles, certaines tôles planes ont été doublées d'aluminium et les corps creux injectés, eux, d'une mousse expansible. Si l'aluminium n'a pas été retenu pour la coque elle-même, il a été choisi pour réaliser les éléments de la suspension où il a permis de gagner 65 kilos. Elle est indépendante aux quatre roues basée sur un système de jambe élastique à double joint et tirants à l'avant et à leviers transversaux et longitudinaux à l'arrière, complété par deux barres stabilisatrices. Les freins à quatre disques avec système antiblocage électronique faisant aussi office d'antipatinage en série. Ces véhicules disposent d'un «accumulateur de chaleur latente» permettant de fournir de l'air chaud à 40° C en moins de 30 secondes, même si la voiture est restée stationnée deux jours par -20° C, et de dégivrer les vitres en un temps record. Elles sont aussi pourvues de six coussins d'air, deux à l'avant et

Parfaite symbiose...

quatre dans les portes. Enfin les optiques sont monobloc et intègrent des phares de route au xénon qui éclairent mieux sans éblouir, et durent plus longtemps que les lampes halogènes. La transmission automatique «Steptronic» permet deux modes de sélection complètement automatique ou manuelle sans pédale d'embrayage, comme le fameux Tiptronic de Porsche.

POSITIF

+ L'ALLURE. Elle est racée et harmonieuse car elle intègre de manière subtile les attributs traditionnels de la marque dans un ensemble moderne dont la ligne est cunéiforme, avec sa calandre intégrée au capot moteur.

+ LE CONFORT. Il a nettement progressé grâce à la suspension moelleuse, aux sièges aussi bien galbés que rembourrés et au très faible niveau de bruit, résultant d'un remarquable travail d'insonorisation.

+ LA DIRECTION. Bien dosée elle procure une excellente maniabilité malgré une démultiplication un peu forte et donne parfois l'impression qu'elle est floue.

+ LES PERFORMANCES. Elles se situent au-dessus de la moyenne, les deux moteurs permettant des accélérations et des reprises bien suffisantes pour assurer la sécurité. Si celles de la 528 sont amplement suffisantes, celles de la 540 profitent du souffle du V8 qui semble sans limite.

+ LES INNOVATIONS. La Série 5 a hérité de la 7 toutes sortes de gadgets et d'accessoires allant du volant chauffant, au six coussins gonflables en passant par l'accumulateur de chaleur, l'essuie-glace

dont le balai droit est excentré pour diminuer l'angle mort ou le radar d'approche situé sur le pare-chocs arrière permettant de reculer de manière sécuritaire.

+ LE CÔTÉ PRATIQUE. Son vaste coffre, profond et transformable est facilement accessible grâce à son ouverture évasée, tandis que les rangements sont aussi nombreux que bien dimensionnés dans la cabine.

NÉGATIF

- LE BUDGET. Il demande de sérieuses assises financières car l'achat, l'assurance et l'entretien sont extrêmement coûteux et la nécessité de nombreuses visites payantes chez le concessionnaire ne sont pas réjouissantes. De surcroît, la forte dépréciation vient retrancher encore quelques points à l'aspect financier.

- L'ACCÈS. Il demeure délicat aux places arrière où l'espace pour les jambes est limité, surtout si les sièges avant sont reculés loin.

- L'HABITABILITÉ. Bien que supérieure à celle de la génération antérieure, elle ne supporte pas la comparaison avec des voitures de provenances plus modestes qui sont plus logeables.

- DE MAUVAIS GOÛT. Les appliques de bois Zebrano font faux bois bizarre et elles ont été abandonnées par d'autres constructeurs pour cette raison.

- LE COFFRE. Il est si profond qu'il faut y ramper pour aller chercher les objets qui se seront déplacés durant le transport.

- LA CONSOLE CENTRALE. Très large et moins bien orientée vers le conducteur, certaines commandes qui y sont situées sont loin de sa main.

- LES RÉTROVISEURS. Ceux placés à l'extérieur sont très petits et privent d'une bonne visibilité vers l'arrière.

- LES COMMANDES. Certaines d'entre elles sont particulières et complexes comme celles de la radio qui demande un cours intensif pour syntoniser sa station préférée.

- LA LISIBILITÉ. Les instruments sont difficiles à déchiffrer la nuit, où l'éclairage fluorescent et les chiffres petits et rapprochés demandent beaucoup d'attention.

CONCLUSION

La Série 5 ne s'adresse pas à monsieur-tout-le-monde car c'est une voiture exceptionnelle, destinée à des gens exceptionnels ayant un budget à l'avenant afin de pouvoir apprécier sa parfaite symbiose entre son tempérament sportif et son confort raffiné.

☺

ÉVALUATION BMW Série 5

CONCEPTION : 80%
Technique :	90
Sécurité :	90
Volume cabine :	60
Volume coffre :	70
Qualité/finition :	90

CONDUITE : 75%
Poste de conduite :	80
Performances :	75
Comportement :	60
Direction :	80
Freinage :	80

ÉQUIPEMENT D'ORIGINE : 85%
Pneus :	85
Phares :	80
Essuie-glace :	85
Dégivreur :	80
Radio :	95

CONFORT : 82%
Sièges :	90
Suspension :	90
Niveau sonore :	60
Commodités :	80
Climatisation :	90

BUDGET : 47%
Prix d'achat :	0
Consommation :	55
Assurance :	40
Satisfaction :	85
Dépréciation :	55

Moyenne générale : 73.8%

NOUVEAU POUR 1999

- Version familiale avec moteur 6 cylindres et V8.
- Retouches des puissances et couples des moteurs.
- Le système de navigation disponible en option.

MOTEURS / TRANSMISSIONS / PERFORMANCES

Modèles/ versions	Type / distribution soupapes / carburation	Cylindrée cc	Puissance cv @ tr/mn	Couple lb.pi @ tr/mn	Rapport volumét.	Roues motrices / transmissions	Rapport de pont	Accélér. 0-100 km/h s	400 m D.A. s	1000 m D.A. s	Reprise 80-120 km/h s	Freinage 100-0 km/h m	Vites. maxi. km/h	Accélér. latérale G	Niveau sonore dBA	Consommation Ville l./100km	Consommation Route	Carburant Octane
528i	L6* 2.8 DACT-24-IE	2793	190 @ 5500	206 @ 3500	10.2 :1	arrière - M5*	2.93	8.0	16.0	28.5	5.8	38	206	0.80	66-72	11.9	7.5	S 91
528iA	L6* 2.8 DACT-24-IE	2793	190 @ 5500	206 @ 3500	10.2 :1	arrière - A4	4.10	8.3	16.3	29.0	6.0	36	206	0.80	66-72	12.5	8.2	S 91
540i	V8* 4.4 DACT-32-IE	4398	282 @ 5400	324 @ 3600	10.0 :1	arrière - M6	2.81	6.7	14.8	26.6	4.8	38	250	0.81	64-70	15.5	9.2	S 91
540iA	V8* 4.4 DACT-32-IE	4398	282 @ 5400	324 @ 3600	10.0 :1	arrière - A5*	2.81	7.0	15.2	27.2	5.2	39	206	0.81	64-70	13.4	8.9	S 91

PRIX & ÉQUIPEMENTS

BMW Série 5	528i	528iT	540i
Prix maxi $:	-	-	-
Prix mini $:	-	-	-
Transport & préparation $:	-	-	-
Boîte automatique :	O	O	SF
Régulateur de vitesse :	S	S	S
Direction assistée :	S	S	S
Système antiblocage des freins :	S	S	S
Système antipatinage :	S	S	S
Climatiseur :	S	S	S
Garnitures en cuir :	O	O	S
Radio MA/MF/ Cassette :	S	S	S
Serrures électriques :	S	S	S
Lève-vitres électriques :	S	S	S
Volant ajustable :	S	S	S
Rétroviseurs ext. ajustables :	S	S	S
Jantes en alliage léger :	S	S	S
Système antivol :	S	S	S

Couleurs disponibles

Extérieur : Blanc, Rouge, Vert, Noir, Argent, Bleu, Gris, Beige.

Intérieur : Noir, Gris, Ultramarine, Parchemin.

EN BREF...

Catégorie : berlines de luxe propulsées. **Classe :** 7

HISTORIQUE

Inauguré en : 1972
Fabriqué à : Dingolfing,(Münich) Allemagne.

PROFIL DE CLIENTÈLE

Modèle	Hom./Fem.	Âge moyen	Mariés	CEGEP	Revenus
Série 5	89/11 %	45 ans	82 %	75 %	168 000$

INDICES

Sécurité :	90 %	Satisfaction :	87 %
Dépréciation :	47 %	Assurance :	1 700-1 850 $
Prix de revient au km :	1.00 $	Nbre de concessionnaires :	7

VENTES

Modèle	1996	1997	Résultat	Part de marché
Série 5	250	430	+ 72.0 %	ND

PRINCIPAUX MODÈLES CONCURRENTS

ACURA RL, AUDI A6, CADILLAC STS, LEXUS GS 300-400, LINCOLN Continental, MERCEDES-BENZ Classe E, OLDSMOBILE Aurora, SAAB 9⁵, VOLVO 80.

ENTRETIEN REQUIS PAR LA GARANTIE

Première révision :	Fréquence :	Prise de diagnostic :
24 000 km	24 000 km	Oui

CARACTÉRISTIQUES

Modèles	Versions	Carrosseries/ Sièges	Volume cabine	Volume coffre	Cx	Empat. mm	Long x larg x haut. mm x mm x mm	Poids à vide kg	Susp. av/ar	Freins av/ar	Direction type	Diamètre braquage m	Tours volant b à b.	Réser. essence l.	dimensions	Pneus d'origine marque	modèle	Mécanique d'origine
BMW		Garantie générale : 4 ans/ 80 000 km; corrosion : 6 ans / kilométrage illimité: antipollution : 8 ans / 130 000 km.																
528i		ber. 4 p. 5	2577	460	0.30	2830	4775x1800x1435	1585	ih/ih	d/ABS	crém.ass.	11.3	3.0	70.0	225/60R15	Michelin	Energy MXV4	L6/2.8/M5
528iT		fam. 4 p. 5	2600	410	0.31	2830	4805x1800x1435	1690	ih/ih	d/ABS	crém.ass.	11.3	3.0	70.0	225/60R15	Michelin	Energy	L6/2.8/M5
540i		ber. 4 p. 5	2577	460	0.31	2830	4775x1800x1416	1700	ih/ih	d/ABS	crém.ass.	11.4	3.0	70.0	235/45R17	Pirelli	P6000	V8/4.4/M6
540iT		fam. 4 p. 5	2600	410	0.31	2830	4805x1800x1440	1840	ih/ih	d/ABS	crém.ass.	11.4	3.0	70.0	225/55R16	Continental	Eco Plus	V8/4.4/A5

BMW a tout simplement redéfini le format de la voiture de grand luxe lorsqu'elle a renouvelé sa Série 7 en 1995. Sa rivale de toujours, la Mercedes-Benz Classe S, avait choisi un format plus imposant et moins gracieux qui a déplu à la clientèle et forcé son constructeur à la retoucher plusieurs fois, pour finalement décider de la remplacer prématurément par un modèle dont les proportions sont exactement celles de la Série 7 actuelle. Cela explique que les ventes de la grosse BMW arrivent pratiquement au niveau de celles de sa rivale, ce qui ne s'était jamais vu...

GAMME

La Série 7 comprend trois berlines 4 portes. La 740 à moteur V8 4.4L est offerte sur empattement court (i) ou long (iL), alors que la 750iL à moteur V12 de 5.4L n'est disponible qu'avec empattement long. En plus des aides à la conduite électroniques, l'équipement de ces modèles atteint un sommet en matière de raffinement et d'imagination, puisqu'on y trouve un volant chauffant où sont disposées les télécommandes de la radio et du téléphone, alors que les places arrière de la 750iL sont protégées par des rideaux d'intimité de custode et de portières et pourvues de repose-pieds individuels. Cette année le système de navigation s'ajoute contre supplément sur toutes les versions.

TECHNIQUE

Le secret de la Série 7 vient du talent des stylistes de BMW qui ont réussi à minimiser ses proportions tout en affinant la ligne générale pour parvenir à une bonne efficacité aérodynamique puisque le coefficient est de 0.31 malgré l'importance de la surface frontale. La carrosserie est très rigide en torsion comme en flexion assurant une base solide aux trains de roulement. La suspension est indépendante aux quatre roues, composée de jambes de force à l'avant et d'un essieu à bras multiples à l'arrière incluant des géométries antiplongée-anticabrage. Le freinage est assuré par quatre disques ventilés assistés par un système antiblocage-antipatinage, auquel s'ajoute en série, un antidérapage (DSC) très évolué, assurant la neutralité du comportement en virage, en cas de fausse manoeuvre du conducteur ou de réactions inhérentes à la qualité du revêtement. L'amortissement variable incorpore un dispositif de mise à niveau automatique du train arrière.

Les deux moteurs sont couplés à

Le nouveau standard...

une boîte automatique à 5 rapports «Steptronic» offrant un mode de sélection manuel ou automatique et dite adaptive du fait que son programme logique s'adapte autant aux conditions routières qu'aux habitudes de conduite du pilote en anticipant la sélection des rapports.

POSITIF

+ **LA TECHNIQUE.** Elle est hyper sophistiquée dans les moindres détails que ce soit au niveau des performances qui sortent de l'ordinaire que du raffinement de l'équipement ou de la sécurité. À ce chapitre, plusieurs dispositifs assurent une protection exceptionnelle des occupants, tels les 6 coussins gonflables procurant une protection complète frontale comme latérale au niveau de la tête, du torse et du bassin. De plus, les différents systè-

mes d'aide à la conduite permettent une stabilité dynamique remarquable quelles que soient les circonstances.

+ **LES PERFORMANCES.** Elles sont comparables à celles d'un coupé de Grand Tourisme avec des chiffres d'accélération assez relevés, réalisés dans le plus grand confort, tout en procurant un rare plaisir à conduire un engin aussi compétent que perfectionné, malgré son poids et son gabarit respectables.

+ **LE COMPORTEMENT.** Sa neutralité et son équilibre sont exemplaires dans des conditions ne dépassant pas les limites du raisonnable, car ses garde-fous électroniques ne peuvent rien contre la stupidité d'un conducteur qui chercherait à les prendre en défaut.

+ **LA SÉCURITÉ.** Elle atteint un niveau unique, par la conjugaison

d'un ensemble de dispositifs tant passifs que dynamiques qui permettent de rendre la conduite relaxante et rassurante dans des conditions adverses, où le conducteur contrôle parfaitement le véhicule.

+ **LE CONFORT.** Il est de grande classe, car il profite à la fois de suspension ni trop ferme ni trop molle, du galbe parfait des sièges avant et de la banquette, qui est ajustable, ainsi que de l'efficacité supérieure de l'insonorisation.

+ **LA DOUBLE PERSONNALITÉ.** La 750iL est à la fois une limousine prestigieuse des grandes occasions ou une sportive très performante sans complexe en regard de son poids ou de sa taille, procurant un plaisir de conduite exceptionnel dans cette catégorie.

+ **L'HABITACLE.** Sa présentation est nettement plus chaleureuse que celle de sa rivale la Mercedes Classe S, grâce à des détails de finition émotifs inspirés par Jaguar ou Maserati, comme la manière dont le cuir qui garnit les sièges est plissé, les appliques de bois ou les coloris des matériaux.

+ **LA QUALITÉ.** Elle atteint des sommets inhabituels que ce soit au niveau de l'assemblage, de la finition ou de la noblesse des matériaux utilisés.

+ **LE CÔTÉ PRATIQUE.** La Série 7 regorge de rangements astucieux disséminés à l'avant comme à l'arrière de la cabine et le coffre peut engloutir un nombre respectable de valises Vuitton...

NÉGATIF

- **LE BUDGET.** L'achat, l'entretien, l'assurance et la consommation de ces modèles exigent des revenus supérieurs à la moyenne et un banquier fort compréhensif...

- **LA COMPLEXITÉ.** Il faut une bonne dose de patience et un coefficient intellectuel confortable pour assimiler rapidement les fonctions et la manipulation des différentes commandes d'une Série 7. De surcroît, les commandes typiquement européennes demandent une certaine habitude, surtout celles de la chaîne audio ou du climatiseur qui ne semblent pas si rationnelles des esprits non germaniques...

CONCLUSION

Avec la Série 7, BMW a défini le nouveau standard de la voiture de prestige moderne, sécuritaire, performante, compétente et raffinée à l'extrême. Pas étonnant que son succès dépasse de loin celui des modèles précédents et va jusqu'à inquiéter celui de la grosse Mercedes.

ÉVALUATION
BMW Série 7

CONCEPTION :		92%
Technique :	100	
Sécurité :	100	
Volume cabine :	80	
Volume coffre :	80	
Qualité/finition :	100	

CONDUITE :		78%
Poste de conduite :	90	
Performances :	75	
Comportement :	75	
Direction :	85	
Freinage :	65	

ÉQUIPEMENT D'ORIGINE :		87%
Pneus :	90	
Phares :	90	
Essuie-glace :	85	
Dégivreur :	80	
Radio :	90	

CONFORT :		87%
Sièges :	90	
Suspension :	90	
Niveau sonore :	80	
Commodités :	90	
Climatisation :	85	

BUDGET :		38%
Prix d'achat :	0	
Consommation :	30	
Assurance :	25	
Satisfaction :	85	
Dépréciation :	50	

Moyenne générale:		76.4%

NOUVEAU POUR 1999

- Les légères retouches de la partie avant incluant les phares, la calandre et l'aileron aérodynamique.
- Le système de navigation disponible en option.

MOTEURS / TRANSMISSIONS / PERFORMANCES

Modèles/ versions	Type / distribution soupapes / carburation	Cylindrée cc	Puissance cv @ tr/mn	Couple lb.pi @ tr/mn	Rapport volumét.	Roues motrices / transmissions	Rapport de pont	Accélér. 0-100 km/h s	400 m D.A. s	1000 m D.A. s	Reprise 80-120 km/h s	Freinage 100-0 km/h m	Vites. maxi. km/h	Accélér. latérale G	Niveau sonore dBA	Consommation l./100km Ville	Route	Carburant Octane
740i/iL	V8* 4.4 DACT-32-IEM	4398	282 @ 5700	324 @ 3700	10.0 :1	arrière - A5*	2.93	8.5	16.2	28.8	5.9	38	206*	0.82	64-70	13.9	9.2	S 91
750iL	V12* 5.4 SACT-24-IEM	5379	322 @ 5000	361 @ 3900	10.0 :1	arrière - A5*	2.81	7.8	15 6	27.2	5.4	40	206*	0.81	64-70	16.2	10.9	S 91

PRIX & ÉQUIPEMENTS

BMW Série 7	740i/iL	750iL
Prix maxi $:	-	-
Prix mini $:	-	-
Transport & préparation $:	-	-
Boîte automatique:	S	S
Régulateur de vitesse:	S	S
Direction assistée:	S	S
Système antiblocage des freins:	S	S
Système antipatinage:	S	S
Climatiseur:	S	S
Garnitures en cuir:	S	S
Radio MA/MF/ Cassette:	S	S
Serrures électriques:	S	S
Lève-vitres électriques:	S	S
Volant ajustable:	S	S
Rétroviseurs ext. ajustables:	S	S
Jantes en alliage léger:	S	S
Système antivol:	S	S

Couleurs disponibles

Extérieur: Blanc, Rouge, Vert, Noir, Argent, Bleu, Gris, Beige, Pourpre.

Intérieur: Noir, Gris, Beige, Marine.

EN BREF...

Catégorie: berlines de luxe propulsées.   **Classe :** 7

HISTORIQUE
Inauguré en: 1986-1995.
Fabriqué à: Dingolfing, (Münich) Allemagne.

PROFIL DE CLIENTÈLE

Modèle	Hom./Fem.	Âge moyen	Mariés	CEGEP	Revenus
Série 7	92/8 %	56 ans	93 %	66 %	270 000 $

INDICES
Sécurité:	100 %	Satisfaction:	87 %
Dépréciation:	50 %	Assurance:	2 325-3 650 $
Prix de revient au km:	1.60 $	Nbre de concessionnaires:	7

VENTES
Modèle	1996	1997	Résultat	Part de marché
Série 7	103	221	+ 114.5 %	ND

PRINCIPAUX MODÈLES CONCURRENTS
AUDI A8, CADILLAC Seville STS, INFINITI Q45, JAGUAR XJ8, LEXUS LS 400, MERCEDES -BENZ Classe S.

ENTRETIEN REQUIS PAR LA GARANTIE
Première révision:	Fréquence:	Prise de diagnostic:
24 000 km	24 000 km	Oui

CARACTÉRISTIQUES

Modèles	Versions	Carrosseries/ Sièges	Volume cabine	Volume coffre	Cx	Empat. mm	Long x larg x haut. mm x mm x mm	Poids à vide kg	Susp. av/ar	Freins av/ar	Direction type	Diamètre braquage m	Tours volant b à b.	Réser. essence l.	dimensions	Pneus d'origine marque	modèle	Mécanique d'origine
BMW		Garantie générale : 4 ans/ 80 000 km; corrosion: 6 ans / kilométrage illimité; antipollution: 8 ans / 130 000 km.																
740	i	ber. 4 p. 5	2973	500	0.31	2930	4984x1862x1435	1930	ih/ih	d/ABS	bil.ass.	11.6	3.5	85.0	235/60R16	Michelin	MXV4 XSE	V8/4.4/A5
740	iL	ber. 4 p. 5	2973	500	0.31	3070	5124x1862x1425	1945	ih/ih	d/ABS	bil.ass.	12.2	3.5	85.0	235/60R16	Michelin	MXV4 XSE	V8/4.4/A5
750	iL	ber. 4 p. 5	2973	500	0.32	3070	5124x1862x1425	2068	ih/ih	d/ABS	bil.ass.	12.2	3.5	95.0	235/60R16	Michelin	MXV4 XSE	V12/5.4/A5

Le roadster Z3 a fait souffler un vent de jeunesse sur la gamme de BMW qui depuis fort longtemps se limitait à des berlines et à des coupés sportifs, bon chic, bon genre mais très conventionnels et sans fantaisie. Même l'arrivée du cabriolet Série 3 n'avait pas bouleversé l'ordre établi qui ronronnait paisiblement. Après une introduction particulièrement spectaculaire, le roadster s'est solidement installé parmi les modèles les plus dynamiques du marché, renforcé par l'arrivée de versions de plus en plus musclées.

GAMME

Le Z3 est disponible en quatre versions pour 1999: un coupé disponible sur commande spéciale et trois roadsters: le modèle de base pourvu du 6 cylindres 2.5L de la 323, le 2.8 avec le 2.8L des 328 ou le M avec la même mécanique que la M3, avec transmission manuelle à 5 vitesses. L'équipement de série du modèle de base comprend la direction assistée, l'antiblocage des roues, les serrures, les vitres et les rétroviseurs à commande standard, la radiocassette, les jantes en alliage léger et des barres antiretournement permettant de mieux protéger les occupants en cas de tonneau. Les 2.8 et M y ajoutent la capote à commande électrique, un climatiseur, un régulateur de vitesse, un système antipatinage, des garnitures en cuir, des sièges chauffants, un lecteur de disques compacts et un système antivol.

TECHNIQUE

Établi à partir de la plate-forme raccourcie du cabriolet 318i , les différentes versions du Z3 se distinguent par leurs jantes particulières et certains appendices ou renflements de leur carrosserie. Ils possèdent une carrosserie constituée d'un caisson monocoque en acier, dont certains panneaux sont galvanisés des deux côtés. Cette constitution assure une rigidité maximale pour un poids raisonnable. L'encadrement du pare-brise fait office d'arceau de sécurité vers l'avant, et on retrouve les barres anticapotage autodéployantes identiques à celles installées sur les cabriolets de Série 3. Les suspensions dérivent de celles de la dernière M3. À l'avant on trouve une jambe de force MacPherson avec des bras inférieurs en forme d'arc, tandis qu'à l'arrière on trouve de classiques bras semi-oscillants, dont les ressorts hélicoïdaux, les amortisseurs, les barres antiroulis ainsi que leurs attaches diffèrent selon la version considé-

Plaisirs traditionnels

rée. Les freins sont à disque aux quatre roues et le dispositif antiblocage standard. Le système antipatinage **répartit le couple de manière différentielle à l'accélération comme au freinage sur la roue offrant la meilleure adhérence.**

POSITIF

+ LE STYLE. Aussi dynamique que typé, il mélange habilement le moderne, le rétro, les impératifs techniques actuels et les attributs traditionnels de ce type de véhicule.

+ LES PERFORMANCES. Celles des versions 2.8 et M sont plus musclées que celles du modèle de base, qui a été gratifié d'un six cylindres, empêchant désormais de le comparer au Miata, du moins sur le plan technique. Les accélérations et les reprises vont de normales jusqu'à toniques avec les 240 ch du

M qui obligent à se surveiller constamment pour ne pas tomber dans les filets des radars, tellement il est vif... Le meilleur compromis demeure la version 2.8 dont le moteur est à la fois souple et brillant pour un rendement raisonnable.

+ L'AGRÉMENT. Il résulte à la fois de la position de conduite basse, du bruit de l'échappement et de l'effet de vent qui donnent l'impression d'aller très vite. D'autre part, la sélection des transmissions manuelles constitue un véritable régal...

+ LA DIRECTION. Quasi parfaite, elle offre une précision rigoureuse, une assistance et une démultiplication idéales et son diamètre de braquage court favorise la maniabilité.

+ LE COMPORTEMENT. Il est efficace, grâce à la sophistication de la suspension et aux pneus procurant une excellente adhérence

même sur mauvais revêtements. [En] slalom, la maniabilité et la mot[ri]cité permettent d'enchaîner les vi[ra]ges avec une grande facilit[é] mais il vaut mieux avoir le pi[ed] léger sur pavé humide pour contr[ô]ler le déboîtement du train arri[ère] malgré l'antipatinage.

+ LE FREINAGE. Précis à doser, [il] permet des arrêts d'urgence tr[ès] courts et sa stabilité comme sa r[é]sistance sont remarquables.

+ LE CONFORT. Bien que ferme[s,] la suspension comme les sièges [ne] sont pas désagréables à la longue[,] le filet livré en option canalise bie[n] les courants d'air bien lorsque [la] capote est baissée.

+ LE CÔTÉ PRATIQUE. Il n'e[st] pas négligeable, car malgré son v[o]lume limité, le coffre accueille deux petites valises et un sac mo[u] tandis que la cabine comporte suf[fi]samment de rangements.

NÉGATIF

- LA CAPOTE. Elle est simplis[te] car non doublée, peu étanche (a[u] dessus des vitres latérales) et [la] custode en plastique, incroyab[le] quand celle du Miata moins co[û]teux est en verre incluant un dég[i]vreur électrique. Pour finir, le cou[v]re-capote est infernal à install[er,] sa conception tient plus du bric[o]lage que du produit industriel.

- LE BRUIT. Le niveau sonore d[e]vient vite gênant sur autoroute d[u] fait que la capote n'est pas double[e] et la coque chiche en matéria[ux] insonorisants.

- LES COMMANDES. Certains i[n]terrupteurs ne sont pas bien dispo[o]sés comme les interrupteurs de v[i]tres placés sur la console centrale [et] surtout la colonne de direction q[ui] n'est ajustable dans aucun sens!

- L'AUTONOMIE. Avec un rése[r]voir de seulement 50 litres, le Z[3] permet de parcourir 400 km [ou] moins, ce qui est un peu juste s[ur] parcours autoroutier.

- LA QUALITÉ. La présentatio[n] comme la texture des matéria[ux] sont plus flatteuses sur les 2.8 et [M] que sur le modèle de base où ell[es] font nettement bon marché.

- À REVOIR: les feux de croiseme[nt] moins puissants que ceux de rout[e,] la batterie mal placée et difficile [à] sortir de son logement.

CONCLUSION

Les Z3 offrent trois gammes d'émo[o]tions au rythme de leurs différent[s] six cylindres. Avec eux BMW offre [le] plaisir de la conduite sous la form[e] moins austère d'un roadster esthé[é]tiquement très réussi. On se de[e]mande pourtant si cette multipl[i]cité de versions est bien rationnell[e] sur un marché aussi restreint?

ÉVALUATION BMW Z3

CONCEPTION :		57%
Technique :	85	
Sécurité :	80	
Volume cabine :	20	
Volume coffre :	20	
Qualité/finition :	80	

CONDUITE :		82%
Poste de conduite :	80	
Performances :	75	
Comportement :	75	
Direction :	90	
Freinage :	90	

ÉQUIPEMENT D'ORIGINE :		64%
Pneus :	85	
Phares :	75	
Essuie-glace :	80	
Dégivreur :	0	
Radio :	80	

CONFORT :		64%
Sièges :	80	
Suspension :	60	
Niveau sonore :	50	
Commodités :	50	
Climatisation :	80	

BUDGET :		54%
Prix d'achat :	10	
Consommation :	70	
Assurance :	45	
Satisfaction :	80	
Dépréciation :	65	

Moyenne générale:		64.2%

NOUVEAU POUR 1999

- Le coupé disponible sur commande spéciale.
- Le moteur 2.5L remplace le 1.9L sur le Z3 de base.
- Le système de navigation disponible en option.

MOTEURS / TRANSMISSIONS / PERFORMANCES

Modèles/ versions	Type / distribution soupapes / carburation	Cylindrée cc	Puissance cv @ tr/mn	Couple lb.pi @ tr/mn	Rapport volumét.	Roues motrices / transmissions	Rapport de pont	Accélér. 0-100 km/h s	400 m D.A. s	1000 m D.A. s	Reprise 80-120 km/h s	Freinage 100-0 km/h m	Vites. maxi. km/h	Accélér. latérale G	Niveau sonore dBA	Consommation l./100km Ville	Route	Carburant Octane
Z3 2.3	L6* 2.5 DACT-24-IE	2494	168 @ 5500	181 @ 3950	10.5 :1	arrière - M5*	2.93	8.0	15.7	27.0	5.6	36	200	0.86	68-75	11.6	7.2	S 91
						arrière - A4	2.93	8.9	16.5	28.4	6.2	38	190	0.86	68-76	12.4	8.0	S 91
Z3 2.8	L6* 2.8 DACT-24-IE	2793	189 @ 5300	203 @ 3950	10.2 :1	arrière - M5*	3.15	6.7	14.8	26.0	5.0	37	210	0.87	67-74	12.3	8.7	S 91
						arrière - A4	4.10	7.4	15.5	26.4	5.6	38	200	0.87	67-74	12.8	8.7	S 91
M	L6* 3.2 DACT-24-IE	3152	240 @ 6000	236 @ 3800	10.5 :1	arrière - M5*	3.23	5.4	14.0	25.2	4.2	37	220	0.88	68-75	11.8	7.7	S 91

PRIX & ÉQUIPEMENTS

BMW Z3	2.3	2.8	M
Prix maxi $:	-	-	-
Prix mini $:	-	-	-
Transport & préparation $:	-	-	-
Boîte automatique:	O	O	-
Régulateur de vitesse:	O	S	S
Direction assistée:	S	S	S
Système antiblocage des freins:	S	S	S
Système antipatinage:	O	S	S
Climatiseur:	O	S	S
Garnitures en cuir:	O	S	S
Radio MA/MF/ Cassette:	S	SDc	SDc
Serrures électriques:	S	S	S
Lève-vitres électriques:	S	S	S
Volant ajustable:	-	-	-
Rétroviseurs ext. ajustables:	S	S	S
Jantes en alliage léger:	S	S	S
Système antivol:	O	S	S

Couleurs disponibles

Extérieur: Rouge-violet, Rouge, Vert, Noir, Blanc, Argent, Bleu.
Tissu : Anthracite-noir, Bleu-noir, Vert-noir. Cuirette : Noir, Gris-noir.
Intérieur: Cuir : Noir, Violet-noir, Rouge-noir, Vert-beige foncé, Beige clair-beige foncé.

EN BREF...

Catégorie:	cabriolets sportifs propulsés.		Classe :	3S

HISTORIQUE

Inauguré en:	1996
Fabriqué à:	Spartanburg, Caroline du Nord, États-Unis.

PROFIL DE CLIENTÈLE

Modèle	Hom./Fem.	Âge moyen	Mariés	CEGEP	Revenus
Z3	ND				

INDICES

Sécurité:	80 %	Satisfaction:	80 %
Dépréciation:	35 % (2 ans)	Assurance:	1300-1500 $
Prix de revient au km:	0.72-80 $	Nbre de concessionnaires:	7

VENTES

Modèle	1996	1997	Résultat	Part de marché
Z3	ND			

PRINCIPAUX MODÈLES CONCURRENTS

BMW 318i, MAZDA Miata, MERCEDES-BENZ SLK, PORSCHE Boxster.

ENTRETIEN REQUIS PAR LA GARANTIE

Première révision:	Fréquence:	Prise de diagnostic:
24 000 km	24 000 km	Oui

CARACTÉRISTIQUES

Modèles	Versions	Carrosseries/ Sièges	Volume cabine	Volume coffre	Cx	Empat. mm	Long x larg x haut. mm x mm x mm	Poids à vide kg	Susp. av/ar	Freins av/ar	Direction type	Diamètre braquage m	Tours volant b à b.	Réser. essence l.	dimensions	Pneus d'origine marque	modèle	Mécanique d'origine
BMW		Garantie générale : 4 ans/ 80 000 km; corrosion: 6 ans / kilométrage illimité; antipollution: 8 ans / 130 000 km.																
Z3	2.3	déc. 2 p. 2	ND	165	0.41	2445	4025x1692x1289	1220	ih/ih	d/ABS	crém.ass.	10.0	3.0	51.0	225/50ZR16	Michelin	Pilot MXM	L6/2.5/M5
		déc. 2 p. 2	ND	165	0.41	2445	4025x1692x1289	1255	ih/ih	d/ABS	crém.ass.	10.0	3.0	51.0	225/50ZR16	Michelin	Pilot MXM	L6/2.5/A4
Z3	2.8	déc. 2 p. 2	ND	165	0.42	2445	4025x1740x1293	1260	ih/ih	d/ABS	crém.ass.	10.4	3.0	51.0	av.225/45ZR17	Dunlop	SP 8080	L6/2.8/M5
		déc. 2 p. 2	ND	165	0.42	2445	4025x1740x1293	1300	ih/ih	d/ABS	crém.ass.	10.4	3.0	51.0	ar.245/40ZR17	Dunlop	SP 8080	L6/2.8/A4
Z3	M Roadster	déc. 2 p. 2	ND	165	0.42	2445	4025x1740x1293	1350	ih/ih	d/ABS	crém.ass.	10.4	3.0	51.0	av.225/45ZR17	Dunlop	SP 8080	L6/3.2/M5
Z3	M Coupé	cpé. 2 p. 2	ND	165	0.42	2445	4025x1740x1270	1350	ih/ih	d/ABS	crém.ass.	10.4	3.0	51.0	ar.245/40ZR17	Dunlop	SP 8080	L6/3.2/M5

Après une année complète sur le marché, on peut affirmer que General Motors a misé juste. Les Century et Regal ont connu durant cette période un succès équivalent à celui que l'Intrigue a rencontré chez Oldsmobile et la Grand Prix chez Pontiac. La gamme intermédiaire a toujours été le terrain de prédilection du premier constructeur nord-américain, jusqu'à ce que Ford lance la Taurus. Depuis, les cartes ont changé de main et celles que GM détient actuellement avec ces modèles semblent plus heureuses.

GAMME

Si la Century est véritablement devenue le modèle de base de la gamme Buick, depuis la disparition de la Skylark, elle est surtout destinée aux flottes et compagnies de location. La Regal est plus à même de rendre des points aux Camry et Accord qu'elle vise particulièrement. Ces berlines à quatre portes sont proposées en versions Custom ou Limited pour la Century et LS ou GS pour la Regal. Les deux premières sont pourvues du V6 3.1L donnant 160 ch, tandis que la troisième reçoit la énième version du légendaire 3.8L atmosphérique de 195 ch ou compressée de 240 ch. Ces voitures sont bien équipées en série puisqu'elles comprennent, même dans leur plus simple expression, la transmission automatique, la direction assistée, le système antiblocage-antipatinage des roues, le climatiseur, les vitres et les serrures à commande électrique, le volant ajustable et le système antivol.

TECHNIQUE

Basées sur la dernière évolution de la plate-forme W, les Century-Regal partagent une carrosserie monocoque en acier dont la majorité des panneaux sont galvanisés des deux côtés à l'exception du pavillon. Bien que leurs lignes soient fluides, leur finesse aérodynamique ne brise aucun record, avec un coefficient de 0.32. La suspension, indépendante aux quatre roues, s'inspire du principe de MacPherson à l'avant et d'un système de jambes de force à l'arrière avec barre stabilisatrice sur les deux trains de roues. Les freins sont mixtes sur les Century et à quatre disques sur les Regal, mais le système antiblocage-antipatinage des roues est de série. Les propulseurs disponibles sont connus de longue date. C'est toutefois le 3.8L qui retient le plus l'attention par sa réputation de fiabilité et la puissance respectable qu'il fournit dans ses deux versions. Le système de climatisation dispose d'un filtre à

La main heureuse...

poussières et pollen, la batterie est munie d'un disjoncteur antidécharge, un dispositif empêche le démarreur de fonctionner lorsque le moteur tourne et la direction à assistance variable standard sur les Regal, mais optionnelle sur la Century Limited.

POSITIF

+ LA VALEUR. Le fait d'intégrer dans un prix d'achat réaliste, bon nombre d'équipement rend la plus simple de ces automobiles très attrayante et maintient une valeur de revente au-dessus de la moyenne.

+ L'APPARENCE. Bien que très classiques, les lignes des Century et Regal sont élégantes, car sans excès, ce qui devrait leur permettre de ne pas se démoder trop vite.

+ LE CONFORT. Le volume de la cabine permet à cinq occupants de s'y sentir à l'aise sur des sièges qui

sont aussi bien formés que rembourrés, tandis que le niveau sonore est favorable.

+ LE RENDEMENT. Ces moteurs ne sont pas nés d'hier, pourtant leur consommation demeure réaliste comparée aux performances dont ils sont capables. Les accélérations du 3.8L compressé lui permettent de devancer plusieurs modèles dits sportifs, qui lui rendent quelques précieuses secondes, sans que cela altère sa fiabilité reconnue.

+ LA TENUE DE ROUTE. Grâce à ses suspensions plus fermes et un amortissement de qualité, la Regal se comporte de façon satisfaisante dans la plupart des circonstances.

+ LE FREINAGE. Avec ses quatre disques, la Regal freine de manière rassurante, puisque les arrêts surprise à partir de 100 km/h s'effectuent, en moyenne, sur des distances à peine supérieures à 40 m. De

plus la réaction de la pédale permet un dosage précis et progressif.

+ LE CÔTÉ PRATIQUE. Les nombreux espaces de rangement et le vaste volume du coffre, facilement accessible grâce à la large découpe de son ouverture, permettent un usage quotidien agréable.

+ UN BON POINT: Pour une fois il fait plaisir de signaler que les phares éclairent de manière remarquable tant en position croisement que route, que les essuie-glace dégagent la majorité de la surface du pare-brise à un rythme adéquat et que le système de climatisation est prompt à fournir de la chaleur ou du froid, bien que son ventilateur manque un peu de puissance.

NÉGATIF

- LA QUALITÉ. Malgré les progrès accomplis au niveau de la présentation et de la texture des matériaux utilisés à l'intérieur, ces modèles sont encore loin des standards d'assemblage de finition et de fiabilité des composants des produits japonais. Cela relève d'un processus long et difficile auquel les constructeurs nord-américains sont confrontés depuis nombre d'années.

- LA SUSPENSION. Celle de la Century rappelle par sa mollesse celle des bateaux d'antan. Satisfaisante sur autoroute, elle provoque un roulis qui finit par nuire au comportement et au confort sur tracé sinueux ou sur mauvais revêtement. Mal de mer garanti.

- LE FREINAGE. Les freins arrière à tambour ne permettent pas à la Century de s'arrêter de manière aussi efficace que la Regal qui dispose de quatre disques. En situation d'urgence, les distances d'arrêt sont longues et les garnitures résistent mal à un usage intensif.

- LES PNEUS. Les General standards sur les Century ne sont pas les mieux adaptés car leur adhérence est précaire sur chaussée glissante.

- À REVOIR: la présentation fade de la cabine de la Century, les bouches d'aération, le levier à commandes multiples complexe à utiliser, le sélecteur de vitesses trop court, l'absence d'accoudoir central à l'arrière de la Century dont le coffre n'est pas transformable.

CONCLUSION

En décidant d'opter pour une nouvelle manière de concevoir et de conditionner les automobiles, (en grande partie initiée par les constructeurs japonais), General Motors a eu la main heureuse, car elle s'est donné la chance de proposer un produit aussi attrayant par son tempérament que sa valeur intrinsèque. ☺

BUICK Century Custom

ÉVALUATION
BUICK Century - Regal

CONCEPTION :   **80%**
Technique :	75
Sécurité :	90
Volume cabine :	80
Volume coffre :	75
Qualité/finition :	80

CONDUITE :   **65%**
Poste de conduite :	80
Performances :	70
Comportement :	50
Direction :	80
Freinage :	45

ÉQUIPEMENT D'ORIGINE :   **79%**
Pneus :	75
Phares :	85
Essuie-glace :	80
Dégivreur :	75
Radio :	80

CONFORT :   **74%**
Sièges :	75
Suspension :	80
Niveau sonore :	60
Commodités :	75
Climatisation :	80

BUDGET :   **60%**
Prix d'achat :	45
Consommation :	65
Assurance :	65
Satisfaction :	75
Dépréciation :	50

Moyenne générale: **71.6%**

NOUVEAU POUR 1999

- Une centrale d'antiblocage et d'antipatinage des roues.
- Une couleur ajoutée : Auburn Nightmist Pearl.
- Un système de contrôle de pression des pneus standard.
- Un système de son Concert Sound III (Century).
- La suspension de base plus sportive sur la Regal.
- Le ventilateur de refroidissement plus efficace.

MOTEURS / TRANSMISSIONS / PERFORMANCES

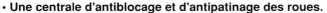

Modèles/versions	Type / distribution soupapes / carburation	Cylindrée cc	Puissance ch @ tr/mn	Couple lb.pi @ tr/mn	Rapport volumét.	Roues motrices / transmissions	Rapport de pont	Accélér. 0-100 km/h s	400 m D.A. s	1000 m D.A. s	Reprise 80-120 km/h s	Freinage 100-0 km/h m	Vites. maxi. km/h	Accélér. latérale G	Niveau sonore dBA	Consommation l./100km Ville	Route	Carburant Octane
Century	V6* 3.1 ACC-12-IES	3135	160 @ 5200	185 @ 4000	9.6:1	avant - A4	3.29	9.8	17.6	32.0	7.7	51	170	0.75	66	12.3	7.8	R 87
Regal LS	V6* 3.8 ACC-12-IES	3791	200 @ 5200	225 @ 4000	9.4:1	avant - A4	3.05	8.3	16.2	29.4	5.9	46	175	0.77	64-68	12.4	7.5	R 87
Regal GS	V6C* 3.8 ACC-12-IES	3791	240 @ 5200	280 @ 3600	8.5:1	avant - A4	2.93	7.7	15.7	28.5	5.3	42	185	0.77	64-67	13.5	8.2	S 91

PRIX & ÉQUIPEMENTS

BUICK Century	Custom	Ltd		
BUICK Regal			**LS**	**GS**
Prix maxi $:	25 199	26 099	27 785	31 079
Prix mini $:	22 180	22 968	24 445	27 355
Transport & préparation $:	810	810	810	810
Boîte automatique:	S	S	S	S
Régulateur de vitesse:	O	S	S	S
Direction assistée:	S	S	S	S
Système antiblocage des freins:	S	S	S	S
Système antipatinage:	S	S	S	S
Climatiseur:	SM	SM	S	S
Garnitures en cuir:	-	O	O	S
Radio MA/MF/ Cassette:	O	S	S	S
Serrures électriques:	S	S	S	S
Lève-vitres électriques:	S	S	S	S
Volant ajustable:	S	S	S	S
Rétroviseurs ext. ajustables:	O	SE	SE	SE
Jantes en alliage léger:	O	O	O	S
Système antivol:	S	S	S	S

Couleurs disponibles
Extérieur: Gris, Blanc, Bleu, Noir, Rouge, Vert, Sable, Auburn.

Intérieur : Gris, Bleu, Rouge, Taupe.

EN BREF...

			Classe : 5
Catégorie:	berlines intermédiaires tractées.		

HISTORIQUE
Inauguré en: Century: 1981, Regal: 1987 renouvelées en 1997
Fabriqué à: Oshawa, Ontario, Canada

PROFIL DE CLIENTÈLE

Modèle	Hom./Fem.	Âge moyen	Mariés	CEGEP	Revenus
Century	72/28 %	70 ans	68 %	26 %	45 000 $
Regal	82/18 %	64 ans	80 %	31 %	54 000 $

INDICES

Sécurité:	C:ND-R:ND	Satisfaction:	-
Dépréciation:	C:50%-R:55%	Assurance:	825-950$
Prix de revient au km:	C:0.45$-R:0.58$	Nbre de concessionnaires:	84

VENTES

Modèle	1996	1997	Résultat	Part de marché
Century-Regal	3 884	1948	-50 %	11.5 %

PRINCIPAUX MODÈLES CONCURRENTS
CHEVROLET Lumina, CHRYSLER Concorde-Intrepid, FORD Taurus, HONDA Accord, HYUNDAI Sonata V6, MAZDA 626, MERCURY Sable, NISSAN Maxima, OLDSMOBILE Intrigue, PONTIAC Grand Prix, TOYOTA Camry, VW Passat.

ENTRETIEN REQUIS PAR LA GARANTIE

Première révision:	Fréquence:	Prise de diagnostic:
5 000 km	10 000 km	Oui

CARACTÉRISTIQUES

Modèles	Versions	Carrosseries/ Sièges	Volume cabine	Volume coffre	Cx	Empat. mm	Long x larg x haut. mm x mm x mm	Poids à vide kg	Susp. av/ar	Freins av/ar	Direction type	Diamètre braquage m	Tours volant b à b.	Réser. essence l.	dimensions	Pneus d'origine marque	modèle	Mécanique d'origine
BUICK		Garantie générale: 3 ans / 60 000 km; antipollution: 5 ans / 80 000 km; perforation corrosion: 6 ans / 160 000 km. Assistance routière.																
Century	Custom	ber. 4 p. 6	2883	473	0.32	2769	4943x1847x1438	1521	ih/ih	d/t/ABS	crém.ass.	11.43	3.04	66.2	205/70R15	General	Ameri G4S	V6/3.1/A4
Century	Limited	ber. 4 p. 6	2883	473	0.32	2769	4943x1847x1438	1529	ih/ih	d/t/ABS	crém.ass.	11.43	3.04	66.2	205/70R15	General	Ameri G4S	V6/3.1/A4
Regal	LS	ber. 4 p. 5	2883	473	0.33	2769	4983x1847x1438	1560	ih/ih	d/ABS	crém.ass.	11.43	2.39	66.2	215/70R15	GoodYear	Eagle LS	V6/3.8/A4
Regal	GS	ber. 4 p. 5	2883	473	0.33	2769	4983x1847x1438	1607	ih/ih	d/ABS	crém.ass.	11.43	2.39	66.2	225/60R16	GoodYear	Eagle LS	V6C/3.8/A4

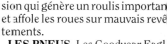
La Buick LeSabre représente tout ce qu'il y a de plus conservateur en matière d'automobile. Depuis des années, elle est une des plus vendues et lorsque GM a procédé à sa modernisation, c'est par petites touches prudentes, de peur de déranger sa clientèle particulière. Ce modèle dont les ventes comptent encore pour 40 % de son segment, continue de plaire par le côté traditionnel de sa présentation, ses performances et son budget.

Rétro mobile...

GAMME

Cette intermédiaire classique est offerte sous la forme d'une berline à quatre portes en finitions Custom et Limited, auxquelles s'ajoutent le groupe d'option Grand Touring dont le rapport de pont plus court permet de meilleures accélérations. Elle est mue par le V6 de 3.8L de série II, un des plus réussis au chapitre du rendement. L'équipement de série est riche puisqu'il comprend déjà pratiquement tout sur la Custom de base, sauf l'antipatinage, les garnitures de cuir, la radio-cassette et les jantes en alliage léger.

TECHNIQUE

La LeSabre partage avec les Oldsmobile 88 et Pontiac Bonneville, sa plate-forme de la série H, la plupart de ses composants mécaniques et certains des éléments de carrosserie et de vitrage. Monocoque en acier, dont certains panneaux sont galvanisés des deux côtés, sa carrosserie a été rigidifiée, afin de pouvoir satisfaire aux dernières normes de sécurité, particulièrement en ce qui concerne les chocs latéraux. Malgré la révision de sa ligne, son coefficient aérodynamique demeure moyen. La suspension indépendante se réclame du principe MacPherson à l'avant et de la jambe de Chapman avec ressorts hélicoïdaux et barre stabilisatrice à l'arrière. Le freinage est mixte avec système antiblocage des roues sur tous les modèles, même sur l'option Gran Touring aux performances légèrement supérieures.

POSITIF

+ **L'ALLURE**. Bien qu'elle soit très classique, elle a quelque chose de familier qui rassure sans doute le type d'acheteur auquel elle s'adresse.

+ **L'HABITABILITÉ**. Le volume de la cabine et du coffre de ce modèle sont à peine inférieurs à ceux de la défunte Roadmaster. Toutefois, si on peut théoriquement y asseoir six personnes, disons que quatre seront infiniment plus à l'aise.

+ **LES PERFORMANCES**. Elles ne manquent pas de surprendre, puisque les accélérations et les reprises se situent à un niveau inhabituel pour ce genre de véhicule. Cela s'explique par le rapport poids-puissance favorable de 7.8 kg/ch, digne de modèles nettement plus exotiques.

+ **LA MÉCANIQUE**. Simple et efficace, le bon vieux 3.8L procure une puissance et un couple respectables sans artifice et sa consommation se maintient dans un registre raisonnable, si l'on ne joue pas trop avec l'accélérateur. Il est associé à une des meilleures transmissions du marché dont la sélection est douce et le rétrogradage efficace.

+ **LE CONFORT**. Il résulte surtout de la douceur de la suspension très onctueuse et du faible niveau de bruit qui bercent les occupants lors de longues étapes sur autoroute.

+ **LES COMMANDES**. Celles disposées sur le volant des versions luxueuses, sont pratiques parce qu'elles ne sont pas trop nombreuses et complexes.

+ **L'ÉQUIPEMENT**. Il est des plus complets même sur le modèle de base qui comporte de nombreux éléments normalement optionnels.

+ **UN BON POINT** : pour la puissance des phares dont la portée et la luminosité sont aussi efficaces en mode croisement que route et la maniabilité appréciable pour un véhicule de cette taille, ainsi que la climatisation à ajustement séparé aux places avant.

NÉGATIF

- **LE COMPORTEMENT**. Il date d'une autre époque à cause de la trop grande souplesse de la suspension qui génère un roulis important et affole les roues sur mauvais revêtements.

- **LES PNEUS**. Les Goodyear Eagle GA qui équipaient notre voiture d'essai ne sont pas les mieux choisis pour ce modèle, car leur adhérence n'est pas idéale, même sur chaussée sèche et ils sont très bruyants.

- **LA DIRECTION**. Son assistance trop forte ne donne aucune sensation de la route et de plus, elle est floue au centre.

- **LE FREINAGE**. Son efficacité n'est que moyenne car les distances d'arrêt sont longues et les garnitures sensibles à l'échauffement. L'antiblocage simpliste laisse passer des amorces de blocage et la pédale élastique n'est pas facile à doser.

- **LE TABLEAU DE BORD**. Plus rétro que ça, tu meurs, car il semble sorti d'un musée avec sa forme aplatie et son ergonomie fantaisiste d'une autre époque et les gros interrupteurs situés à ses extrémités ne sont pas du meilleur goût.

- **LES SIÈGES**. Eux aussi hérités du passé, ils ne procurent aucun maintien latéral ou soutien lombaire, à l'avant comme à l'arrière.

- **LA VISIBILITÉ**. Elle est loin d'être idéale car on est assis bas, la ceinture de caisse est haute, les montants du toit sont épais et les rétroviseurs extérieurs très petits.

- **LA QUALITÉ**. Certains matériaux de finition laissent à désirer, comme les appliques de faux bois clinquantes, ou les matières plastiques d'apparence bon marché qui garnissent le tableau de bord.

- **LE SÉLECTEUR**. Qu'il soit disposé sous le volant ou au plancher, le changement de vitesse n'est pas facile à manipuler parce qu'il est trop court et son mécanisme manque de précision.

- **DOMMAGE**. Que le système antipatinage des roues ne soit pas installé d'origine car il sécurise grandement l'utilisation sur chaussée glissante, surtout en hiver.

- **À REVOIR** : les rangements peu pratiques, peu nombreux et mal disposés, l'ergonomie de certaines commandes dont celles disposées sur la porte du conducteur, ainsi que le médiocre rendement des essuie-glace.

CONCLUSION

Les performances dont la Buick LeSabre est capable révèlent de plus en plus combien elle est dépassée sur le plan dynamique. Quant à son confort, il n'est que partiel et ne peut être compensé que par une liste d'équipement, si fournie soit-elle. Elle sera remplacée l'an prochain par un modèle entièrement renouvelé.

ÉVALUATION
BUICK LeSabre

CONCEPTION :		79%
Technique :	75	
Sécurité :	80	
Volume cabine :	85	
Volume coffre :	80	
Qualité/finition :	75	

CONDUITE :		65%
Poste de conduite :	70	
Performances :	70	
Comportement :	60	
Direction :	70	
Freinage :	55	

ÉQUIPEMENT D'ORIGINE :		74%
Pneus :	70	
Phares :	80	
Essuie-glace :	60	
Dégivreur :	80	
Radio :	80	

CONFORT :		69%
Sièges :	75	
Suspension :	70	
Niveau sonore :	70	
Commodités :	50	
Climatisation :	80	

BUDGET :		52%
Prix d'achat :	35	
Consommation :	50	
Assurance :	55	
Satisfaction :	80	
Dépréciation :	40	

Moyenne générale:	67.8%

NOUVEAU POUR 1999

- Les deux teintes de carrosserie: Argent et Bronze.
- Le système antipollution amélioré.

MOTEURS / TRANSMISSIONS / PERFORMANCES

Modèles/ versions	Type / distribution soupapes / carburation	Cylindrée cc	Puissance ch @ tr/mn	Couple lb.pi @ tr/mn	Rapport volumét.	Roues motrices / transmissions	Rapport de pont	Accélér. 0-100 km/h s	400 m D.A. s	1000 m D.A. s	Reprise 80-120 km/h s	Freinage 100-0 km/h m	Vites. maxi. km/h	Accélér. latérale G	Niveau sonore dBA	Consommation l./100km Ville	Route	Carburant Octane
base	V6* 3.8 ACC-12-IES	3791	205 @ 5200	230 @ 4000	9.4 :1	avant - A4	2.86	8.5	16.3	29.8	6.1	44	185	0.76	67-70	12.4	7.5	R 87
G. Touring	V6* 3.8 ACC-12-IES	3791	205 @ 5200	230 @ 4000	9.4 :1	avant - A4	3.05	8.2	15.8	29.0	5.8	45	180	0.77	67-70	12.4	7.5	R 87

PRIX & ÉQUIPEMENTS

BUICK LeSabre	Custom	Limited
Prix maxi $:	28 845	31 775
Prix mini $:	25 390	27 970
Transport & préparation $:	920	920
Boîte automatique:	S	S
Régulateur de vitesse:	S	S
Direction assistée:	S	S
Système antiblocage des freins:	S	S
Système antipatinage:	-	-
Climatiseur:	S	S
Garnitures en cuir:	O	O
Radio MA/MF/ Cassette:	O	S
Serrures électriques:	S	S
Lève-vitres électriques:	S	S
Volant ajustable:	S	S
Rétroviseurs ext. ajustables:	S	S
Jantes en alliage léger:	O	S
Système antivol:	S	S

Couleurs disponibles
Extérieur: Argent, Blanc, Bleu, Émeraude, Noir, Bordeaux, Rouge, Vert, Bronze, Beige.

Intérieur: Gris, Bleu, Rouge, Taupe.

EN BREF...

Catégorie:	berlines tractées de grand format.	Classe :	6

HISTORIQUE
Inauguré en:	1969.
Fabriqué à:	Buick City, Flint, Michigan, États-Unis.

PROFIL DE CLIENTÈLE
Modèle	Hom./Fem.	Âge moyen	Mariés	CEGEP	Revenus
LeSabre	85/15 %	67 ans	89 %	26 %	55 000 $

INDICES
Sécurité:	80 %	Satisfaction:	80 %
Dépréciation:	58 %	Assurance:	950 $
Prix de revient au km:	0.56 $	Nbre de concessionnaires:	84

VENTES
Modèle	1996	1997	Résultat	Part de marché
série H	1 790	ND		

PRINCIPAUX MODÈLES CONCURRENTS
CHRYSLER Concorde, Intrepid, FORD Crown Victoria, MERCURY Grand Marquis, PONTIAC Bonneville, OLDSMOBILE 88.

ENTRETIEN REQUIS PAR LA GARANTIE
Première révision:	Fréquence:	Prise de diagnostic:
5 000 km	10 000 km	Oui

CARACTÉRISTIQUES

Modèles	Versions	Carrosseries/ Sièges	Volume cabine	Volume coffre	Cx	Empat. mm	Long x larg x haut. mm x mm x mm	Poids à vide kg	Susp. av/ar	Freins av/ar	Direction type	Diamètre braquage m	Tours volant b à b.	Réser. essence l.	dimensions	Pneus d'origine marque	modèle	Mécanique d'origine
BUICK		Garantie générale: 3 ans / 60 000 km; antipollution: 5 ans / 80 000 km; perforation corrosion: 6 ans / 160 000 km. Assistance routière.																
LeSabre	Custom	ber. 4 p.6	3072	481	0.34	2814	5100x1890x1412	1562	ih/ih	d/t/ABS	crém.ass.g	12.4	2.97	68.1		205/70R15	Goodyear	Eagle GA	V6/3.8/A4
LeSabre	Limited	ber. 4 p.6	3072	481	0.34	2814	5100x1890x1412	1573	ih/ih	d/t/ABS	crém.ass.d	12.0	2.97	68.1		205/70R15	Goodyear	Eagle GA	V6/3.8/A4

La Park Avenue est la plus grosse et la plus luxueuse des Buick. D'une taille comparable à celle de la Cadillac de Ville ou de l'Oldsmobile Aurora, elle est la plus effacée des trois.

GAMME

Il s'agit d'une berline à quatre portes offerte en version de base mue par le V6 de 3.8L atmosphérique ou Ultra, animée par sa version compressée. L'équipement d'origine est relativement complet, puisqu'il comprend la transmission automatique, le dispositif antiblocage des roues, le climatiseur, le régulateur de vitesse, le radiocassette, les vitres, les serrures et les rétroviseurs à commande électrique, les jantes en alliage léger et le dispositif antivol Pass-Key III. L'Ultra comprend en plus le système antipatinage, les sièges garnis de cuirs et chauffants et une suspension plus «sportive».

TECHNIQUE

Édifiée sur la plate-forme C qu'elle partage avec les Cadillac Seville, Eldorado et l'Oldsmobile Aurora, la Park Avenue dispose d'une carrosserie monocoque en acier dont la finesse aérodynamique est banale puisque son cœfficient est de 0.34. Elle comporte deux berceaux supportant les trains avant et arrière sur lesquels sont fixés les organes mécaniques et la suspension qui est indépendante aux quatre roues. À l'avant, elle est de type MacPherson, et à triangles obliques avec leviers transversaux à l'arrière. Les freins sont à disque aux quatre roues assistés par un dispositif antiblocage de dernière génération couplé à un antipatinage standard sur l'Ultra.

POSITIF

+ SON ALLURE. Ses lignes arrondies à la fois classiques et distinguées sont très typiques du style Buick. Sobres et discrètes, elles permettent toutefois de la reconnaître au premier coup d'oeil.

+ LE VOLUME UTILE. La cabine et le coffre permettent d'accueillir aisément cinq occupants et leurs bagages. Un sixième pourra être admis à bord mais pour un court trajet car sa position ne sera pas la plus confortable.

+ SON HOMOGÉNÉITÉ. L'amalgame quasi parfait de sa coque rigide, de sa suspension absorbante et de son groupe propulseur musclé rend la conduite intéressante, même pour le modèle de base.

+ LE CONFORT. La Park Avenue comme l'Ultra s'apprécient pour le moelleux de leur suspension, du rembourrage des sièges de même que l'insonorisation qui permet de maintenir un faible niveau de bruit

Grande bourgeoise...

à vitesse de croisière sur autoroute. À cela s'ajoute la climatisation redoutablement efficace, capable de vous rôtir en hiver et de vous congeler en été...

+ L'ÉQUIPEMENT. Déjà très complet sur le modèle de base, l'Ultra n'ajoute que les garnitures en cuir, les sièges avant chauffants et le dispositif antipatinage.

+ LES PERFORMANCES. Celles du V6 3.8L compressé procurent un agrément de conduite particulier à l'Ultra, dont les accélérations comme les reprises sont plus franches que celles de la Park Avenue de base, grâce à un rapport poids puissance plus favorable. Passer de 0 à 100 km/h en 8.5 secondes n'est pas banal pour une voiture bourgeoise pesant 1750 kg... La boîte de vitesse contribue au bon rendement de l'ensemble grâce à sa sélection douce,

précise et bien échelonnée.

+ LA TENUE DE ROUTE. Celle de la Park Avenue Ultra est moins pénalisée par le roulis que le modèle de base dont les ressorts et les amortisseurs sont moins fermes et le diamètre des barres stabilisatrices moins important. Si elle aborde les virage avec moins d'assurance, elle n'en reste pas moins sûre et prévisible en usage normal.

+ LE FREINAGE. La présence de disques sur les roues arrière a permis de raccourcir les distances d'arrêt de même que d'améliorer la résistance à l'échauffement.

+ LA CONSOMMATION. La puissance et le couple délivrés sur les deux versions du V6 3.8L, n'altèrent pas le caractère économique de la consommation qui se maintient en-dessous de 14 l/100km.

+ LA QUALITÉ. Elle est de plus en

plus évidente, que ce soit au niveau de la fabrication de la structure qui est rigide, que de la finition soignée ou des matériaux employés dont l'apparence est plus flatteuse.

+ LA PRÉSENTATION INTÉRIEURE. Elle est agréable avec son tableau de bord moderne, dont la console centrale, bien utilisée, comprend de nombreux rangements et un accoudoir bien placé.

+ UN BON POINT: pour le filtre à pollen du système de climatisation et les rétroviseurs qui pivotent lorsqu'on passe en marche arrière.

NÉGATIF

- LA MANIABILITÉ. La Park Avenue est parfois délicate à manoeuvrer ou à stationner à cause se son diamètre de braquage important.

- LA SUSPENSION. L'excès de souplesse qui caractérise celle du modèle de base, provoque des mouvements de caisse et un roulis importants qui obligent à ralentir sur tracé sinueux..

- LA TRANSMISSION. Curieusement pour une GM, elle ne procure que peu de frein moteur lorsqu'on rétrograde manuellement.

- LES SIÈGES. Bien que conçus pour des personnes d'un certain âge, il n'offrent pas un maintien latéral et un soutien lombaire suffisants à cause de leur manque de galbe et de leur rembourrage trop mou lorsqu'ils sont garnis de tissu.

- LA VISIBILITÉ. Elle est perturbée de 3/4 arrière par l'importance du pilier "C" qui crée un angle mort important.

- LE BRUIT. Le moteur de l'Ultra rugit à la moindre accélération ou reprise, ce qui cadre bien peu avec le caractère feutré de l'ambiance de ce véhicule.

- LES PNEUS. Satisfaisants sur d'autres modèles, les Goodyear Eagle LS semblent moins bien adaptés aux Park Avenue sur lesquelles ils scuffrent du transfert de poids en virage. Un diamètre supérieur améliorerait la stabilité au freinage.

- À REVOIR : la taille ridicule du cendrier, les vide-poches de portière inutilisables du fait de leur faible hauteur et l'ergonomie de la partie centrale du tableau de bord.

CONCLUSION

Les Park Avenue vieillissent bien et continuent d'offrir un luxe d'espace, de confort et d'équipement sous une apparence discrète et un format généreux. Sa mécanique atmosphérique ou compressée offre deux modes de conduite différents et une fiabilité solidement établie. Elle sera le choix de ceux qui veulent afficher leur réussite sans porter ombrage à leur patron... ☺

ÉVALUATION
BUICK Park Avenue

CONCEPTION : 78%
Technique :	80
Sécurité :	80
Volume cabine :	85
Volume coffre :	70
Qualité/finition :	75

CONDUITE : 65%
Poste de conduite :	80
Performances :	70
Comportement :	55
Direction :	70
Freinage :	50

ÉQUIPEMENT D'ORIGINE : 75%
Pneus :	75
Phares :	80
Essuie-glace :	70
Dégivreur :	75
Radio :	75

CONFORT : 72%
Sièges :	75
Suspension :	80
Niveau sonore :	70
Commodités :	50
Climatisation :	85

BUDGET : 51%
Prix d'achat :	20
Consommation :	60
Assurance :	50
Satisfaction :	80
Dépréciation :	45

Moyenne générale: 68.2%

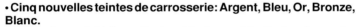

NOUVEAU POUR 1999

- Cinq nouvelles teintes de carrosserie: Argent, Bleu, Or, Bronze, Blanc.
- Rétroviseur intérieur électrochimique et batterie plus puissante standard sur la version Ultra.
- Amélioration du joint du capot-moteur et des feux arrière.

MOTEURS / TRANSMISSIONS / PERFORMANCES

Modèles/ versions	Type / distribution soupapes / carburation	Cylindrée cc	Puissance ch @ tr/mn	Couple lb.pi @ tr/mn	Rapport volumét.	Roues motrices / transmissions	Rapport de pont	Accélér. 0-100 km/h s	400 m D.A. s	1000 m D.A. s	Reprise 80-120 km/h s	Freinage 100-0 km/h m	Vites. maxi. km/h	Accélér. latérale G	Niveau sonore dBA	Consommation l./100km Ville	Route	Carburant Octane
Park Ave.	V6* 3.8 ACC-12-ISPM	3791	205 @ 5200	230 @ 4000	9.4 :1	avant - A4*	3.05	9.5	16.7	30.5	6.7	46	180	0.75	65-68	13.0	8.0	R 87
Ultra	V6* C 3.8 ACC-12-ISPM	3791	240 @ 5200	280 @ 3600	8.5 :1	avant - A4*	2.93	8.5	16.4	29.5	6.2	44	200	0.77	65-68	13.5	8.2	S 91

PRIX & ÉQUIPEMENTS

BUICK Park Avenue	Park Avenue	Ultra
Prix maxi $:	41 060	48 905
Prix mini $:	36 140	41 190
Transport & préparation $:	920	920
Boîte automatique:	S	S
Régulateur de vitesse:	S	S
Direction assistée:	S	S
Système antiblocage des freins:	S	S
Système antipatinage:	O	S
Climatiseur:	SA	SA
Garnitures en cuir:	O	S
Radio MA/MF/ Cassette:	S	S Dc
Serrures électriques:	S	S
Lève-vitres électriques:	S	S
Volant ajustable:	S	S
Rétroviseurs ext. ajustables:	S	S
Jantes en alliage léger:	S	S
Système antivol:	S	S

Couleurs disponibles

Extérieur: Argent, Blanc, Bleu, Vert, Noir, Bordeaux, Rouge, Or, Bronze, Beige..

Intérieur: Gris, Bleu, Rouge, Taupe.

EN BREF...

Catégorie: berlines de luxe tractées. **Classe :** 7

HISTORIQUE

Inauguré en: 1971
Fabriqué à: Wentzville, Missouri, É.-U.

PROFIL DE CLIENTÈLE

Modèle	Hom./Fem.	Âge moyen	Mariés	CEGEP	Revenus
Park Avenue	87/13 %	67 ans	89 %	28 %	70 000 $

INDICES

Sécurité:	80 %	Satisfaction:	82 %
Dépréciation:	55 %	Assurance:	1 050-1 155 $
Prix de revient au km:	0.58$	Nbre de concessionnaires:	84

VENTES

Modèle	1996	1997	Résultat	Part de marché
GM série C	1 700	433	- 74.5 %	ND

PRINCIPAUX MODÈLES CONCURRENTS

ACURA RL, CHRYSLER LHS & 300M, OLDSMOBILE Aurora, LEXUS ES & GS 300, MAZDA Millenia, PONTIAC Bonneville, TOYOTA Avalon, VOLVO S80.

ENTRETIEN REQUIS PAR LA GARANTIE

Première révision:	Fréquence:	Prise de diagnostic:
5 000 km	10 000 km	Oui

CARACTÉRISTIQUES

Modèles	Versions	Carrosseries/ Sièges	Volume cabine	Volume coffre	Cx	Empat. mm	Long x larg x haut. mm x mm x mm	Poids à vide kg	Susp. av/ar	Freins av/ar	Direction type	Diamètre braquage m	Tours volant b à b.	Réser. essence l.	Pneus d'origine dimensions	marque	modèle	Mécanique d'origine
BUICK	Garantie générale: 3 ans / 60 000 km; antipollution: 5 ans / 80 000 km; perforation corrosion: 6 ans / 160 000 km. Assistance routière.																	
Park Avenue		ber. 4 p.5/6	3174	541	0.34	2891	5253x1897x1458	1714	ih/ih	d/ABS	crém.ass.g	12.0	2.93	70.0	225/60R16	Goodyear	Eagle LS	V6/3.8/A4
Park Avenue Ultra		ber. 4 p.5/6	3174	541	0.34	2891	5253x1897x1458	1762	ih/ih	d/ABS	crém.ass.d	12.2	3.15	70.0	225/60R16	Goodyear	Eagle LS	V6C/3.8/A4

Le coupé Riviera s'adresse depuis ses origines à une clientèle très particulière à la recherche d'un équivalent à leur yacht. Depuis la disparition de son homologue Mark VIII chez Lincoln, il reste avec l'Eldorado un des rares représentants de la race des coupés de luxe qui était florissante voici une trentaine d'années. Autre temps, autre moeurs, aujourd'hui le moyen de locomotion doit être utilitaire et passer partout par tous les temps et la force brutale a remplacé la finesse et le bon goût.

GAMME

La Riviera n'est plus offerte qu'en version unique à moteur V6 3.8L compressé développant 240 ch. Son équipement est des plus complets puisque les seules options sont les sièges avant chauffants et le toit ouvrant.

TECHNIQUE

La carrosserie monocoque, en acier galvanisé sur deux côtés tandis que le capot-moteur qui est en aluminium, affiche un coefficient aérodynamique moyen de 0.34 malgré son allure très profilée. Lors de sa dernière refonte, elle a vu sa rigidité structurelle nettement améliorée dans le but d'assurer un comportement plus rigoureux et l'élimination des bruits, vibrations et secousses en provenance des trains roulants. Elle comporte un berceau à l'avant et à l'arrière, supportant la mécanique et les éléments de suspension. Celle-ci est indépendante aux quatre roues, selon le principe MacPherson à l'avant et grâce à des triangles obliques et bras transversaux à l'arrière. Les quatre freins sont à disque avec un système antiblocage livré en série. Depuis l'an dernier le moteur V6 3.8L, qui a été finement accordé, est secondé par une transmission automatique dont les pignons comme les arbres sont plus gros afin d'améliorer la durabilité du mécanisme et afin de résister au couple plus élevé fourni par le compresseur.

POSITIF

+ **SA SILHOUETTE.** La Riviera attire toujours l'attention par ses formes bulbeuses, rappelant la carène d'un bateau ou d'un aéronef. En plus de dégager une certaine élégance, sa ligne ne manque pas d'originalité.

+ **LE VOLUME UTILE.** Même si les dégagements en longueur et en hauteur ne sont pas aussi généreux à l'arrière qu'à l'avant, on ne manque ni d'espace dans la cabine qui

Espèce menacée...

peut accommoder jusqu'à cinq personnes, ni dans le coffre.

+ **LE CONFORT.** Sur bon revêtement, la suspension fait preuve de souplesse, les sièges bien rembourrés maintiennent efficacement et l'insonorisation maintient le niveau sonore bas à vitesse de croisière.

+ **LES PERFORMANCES.** Elles surprennent par le côté tonique du V6 3.8L compressé qui procure à ce véhicule d'un poids respectable des accélérations et des reprises dignes d'un engin sportif sans en altérer le rendement, puisque la consommation se maintient en moyenne autour des 13 litres aux 100 km.

+ **LA QUALITÉ.** L'assemblage, la finition et les matériaux employés sont de bonne qualité, sans toutefois rivaliser avec celle des modèles européens ou japonais équivalents.

+ **L'AGRÉMENT DE CONDUITE.** Contrairement à ce que l'on pourrait penser, on peut éprouver un certain plaisir à piloter ce gros coupé Buick, tant pour la douceur et la précision de ses commandes que le punch de la mécanique qui s'exécute avec des manières aussi discrètes que civilisées.

+ **LE COMPORTEMENT.** Le raffermissement de la suspension procure un meilleur aplomb en virage où il limite le roulis et affiche une aisance surprenante pour un véhicule de ce gabarit.

+ **L'ÉQUIPEMENT.** Très complet, il comprend des éléments de luxe et de confort que l'on retrouve sur les véhicules importés.

+ **LE CÔTÉ PRATIQUE.** Inhabituel sur ce type de modèle, les rangements sont nombreux et bien disposés.

NÉGATIF

- **LA MANIABILITÉ.** Les lignes courbes de sa carrosserie ont tendance à faire paraître le Riviera plus petit qu'il ne l'est en réalité et ses proportions encombrantes nuisent autant à sa maniabilité en circulation urbaine qu'à son agilité sur routes sinueuses.

- **LA VISIBILITÉ.** Elle est limitée vers l'avant et l'arrière par l'importance des montants du toit, la hauteur de la ceinture de caisse et le fait que l'on est assis bas. De plus, les formes arrondies de ses extrémités ne permettent pas de situer les limites de la carrosserie avec précision lors des manoeuvres de stationnement.

- **LA DIRECTION.** Elle demande une certaine attention car son assistance trop forte la rend légère et sensible. Lorsqu'il vente, il faut jouer de la barre pour maintenir le cap.

- **LE FREINAGE.** Le poids important pénalise son endurance, car l'efficacité des garnitures s'évanouit rapidement en usage intensif. Lors des arrêts d'urgence on constate de nombreuses amorces de blocage qui sont plus agaçantes que dangereuses. De plus, la nouvelle transmission ne procure aucun frein moteur lorsqu'on rétrograde manuellement.

- **LE TABLEAU DE BORD.** Si on ne peut nier qu'il est original, son organisation se révèle être plus fantaisiste qu'ergonomique, car certaines commandes sont éloignées de la main du conducteur et la répétition des éléments circulaires fait un peu chargé.

- **L'ACCÈS.** Bien que les portes soient aussi longues que pesantes, il n'est pas facile de prendre place à l'arrière où la longueur et la hauteur font défaut, tandis que la hauteur du seuil du coffre complique la manutention des bagages.

- **À REVOIR :** les vitres arrière qui ne s'ouvrent pas, l'ajustement de la colonne de direction qui n'améliore pas beaucoup la position de conduite et les bruits de vent agaçants sur une voiture aussi profilée.

CONCLUSION

Le coupé Riviera est plus dédié au confort qu'à la conduite sportive. Pourtant il ne déteste pas faire fumer ses pneus, lorsque l'asphalte est parfaite et l'autoroute rectiligne parce qu'en virage on risque plutôt le mal de mer. Son style élégant et le luxe de son équipement expliquent qu'il soit un des rares survivants de son espèce. Toutefois ses jours sont comptés car sa clientèle fond à vue d'oeil...

ÉVALUATION
BUICK Riviera

CONCEPTION : 75%
Technique : 75
Sécurité : 80
Volume cabine : 70
Volume coffre : 70
Qualité/finition : 80

CONDUITE : 66%
Poste de conduite : 80
Performances : 75
Comportement : 50
Direction : 75
Freinage : 50

ÉQUIPEMENT D'ORIGINE : 74%
Pneus : 75
Phares : 75
Essuie-glace : 70
Dégivreur : 70
Radio : 80

CONFORT : 76%
Sièges : 75
Suspension : 75
Niveau sonore : 80
Commodités : 70
Climatisation : 80

BUDGET : 49%
Prix d'achat : 15
Consommation : 55
Assurance : 45
Satisfaction : 80
Dépréciation : 50

Moyenne générale: 68.0%

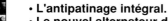
NOUVEAU POUR 1999

- L'antipatinage intégral.
- Le nouvel alternateur de 125 amp.
- Les quatre nouvelles teintes de carrosserie: Argent, Bleu, Or et Bronze.

MOTEURS / TRANSMISSIONS / PERFORMANCES

Modèles/ versions	Type / distribution soupapes / carburation	Cylindrée cc	Puissance ch @ tr/mn	Couple lb.pi @ tr/mn	Rapport volumét.	Roues motrices / transmissions	Rapport de pont	Accélér. 0-100 km/h s	400 m D.A. s	1000 m D.A. s	Reprise 80-120 km/h s	Freinage 100-0 km/h m	Vites. maxi. km/h	Accélér. latérale G	Niveau sonore dBA	Consommation l./100km Ville	Route	Carburant Octane
Riviera	V6C 3.8 ACC-12-IESPM	3791	240 @ 5200	280 @ 3600	8.5:1	avant - A4	2.93	7.8	15.7	28.5	5.0	44	180	0.75	67-69	13.5	8.2	S 91

PRIX & ÉQUIPEMENTS

BUICK Riviera	base
Prix maxi $:	44 125
Prix mini $:	38 835
Transport & préparation $:	920
Boîte automatique:	S
Régulateur de vitesse:	S
Direction assistée:	S
Système antiblocage des freins:	S
Système antipatinage:	S
Climatiseur:	SA
Garnitures en cuir:	S
Radio MA/MF/ Cassette:	S Dc
Serrures électriques:	S
Lève-vitres électriques:	S
Volant ajustable:	S
Rétroviseurs ext. ajustables:	S
Jantes en alliage léger:	S
Système antivol:	S

Couleurs disponibles
Extérieur: Argent, Blanc, Bleu, Émeraude, Noir, Bordeaux, Or, Beige, Bronze.
Intérieur: Gris, Bleu, Vert, Rouge, Taupe.

EN BREF...

Catégorie: coupés intermédiaires tractés.   Classe : 7

HISTORIQUE
Inauguré en: 1949 désignation. 1963 premier modèle; 1993 modèle actuel.
Fabriqué à: Lake Orion, Michigan, États-Unis.

PROFIL DE CLIENTÈLE

Modèle	Hom./Fem.	Âge moyen	Mariés	CEGEP	Revenus
Riviera	80/20 %	56 ans	81 %	37 %	90 000 $

INDICES

Sécurité:	80 %	Satisfaction:	78 %
Dépréciation:	52 %	Assurance:	1 250 $
Prix de revient au km:	0.57$	Nbre de concessionnaires:	84

VENTES

Modèle	1996	1997	Résultat	Part de marché
Riviera	265	129	- 51.3 %	2.7 %

PRINCIPAUX MODÈLES CONCURRENTS
CADILLAC Eldorado.

ENTRETIEN REQUIS PAR LA GARANTIE

Première révision:	Fréquence:	Prise de diagnostic:
5 000 km	10 000 km	Oui

CARACTÉRISTIQUES

Modèles	Versions	Carrosseries/ Sièges	Volume cabine	Volume coffre	Cx	Empat. mm	Long x larg x haut. mm x mm x mm	Poids à vide kg	Susp. av/ar	Freins av/ar	Direction type	Diamètre braquage m	Tours volant b à b.	Réser. essence l.	dimensions	Pneus d'origine marque	modèle	Mécanique d'origine
BUICK																		
Riviera Supercharged		cpé. 2 p.5	2818	493	0.34	2891	5263x1905x1387	1684	ih/ih	d/ABS	crém.ass.	11.92	3.15	70.0	225/60R16	Goodyear	Eagle GA	V6C/3.8/A4

BUICK
Garantie générale: 3 ans / 60 000 km; antipollution: 5 ans / 80 000 km; perforation corrosion: 6 ans / 160 000 km. Assistance routière.

Si General Motors a pris des raccourcis discutables pour combler son retard dans le domaine des voitures de luxe compactes et abordables, il faut avouer que pour une fois cela s'est révélé payant. Les dix dernières années ont vu croître le succès de ce genre de voiture tant chez les constructeurs européens que japonais qui tiennent le haut du pavé. De leur côté, les constructeurs américains n'avaient jusqu'a très récemment aucun modèle à opposer aux BMW de série 3, Nissan Maxima ou Lexus ES 300.

GAMME

La Catera est une berline quatre portes proposée en version unique à l'équipement complet, auquel s'ajoutent quelques options. Elle est pourvue d'un moteur V6 de 3.0L avec transmission automatique, d'un climatiseur automatique à deux zones, des sièges à commande électrique, d'un dispositif d'antiblocage et d'antipatinage des roues, ainsi que d'un système antivol sophistiqué. Les principales options sont les jantes en aluminium chromées, les garnitures de sièges en cuir, un ouvre-porte de garage programmable, un toit ouvrant vitré et un changeur de disques compacts situé dans le coffre à bagages.

TECHNIQUE

Fabriquée chez Opel en Allemagne, la Catera est dérivée de l'Omega MV6 dont les composants viennent des quatre coins du monde. La carrosserie est faite en Allemagne, la transmission automatique en France, le moteur en Angleterre, et certains équipements de finition aux États-Unis. Sa structure autoportante en acier est extrêmement rigide. Son architecture est classique. La Catera est une voiture propulsée. Ses principaux éléments mécaniques sont fixés sur deux berceaux indépendants de la structure principale. À l'avant, la suspension est de type MacPherson et certains de ses points d'attache sont hydrauliques afin de maximiser la précision du comportement et la stabilité lors des freinages intenses, tandis qu'à l'arrière elle est à bras multiples, avec dispositif de mise à niveau constante. Les freins sont à disques aux quatre roues avec système antiblocage et antipatinage en série. Le moteur est un moderne V6 de 3.0L dont les bancs de cylindres font un angle de 54 degrés. Les bougies à triples électrodes, la courroie et le fluide de refroidissement longue durée permettent de repousser la mise au point du moteur à 160 000 km.

L'Empire contre attaque

POSITIF

+ LA PRÉSENTATION. Elle ne manque pas de classe avec sa robe sobre et élégante qui ne laisse pas deviner qu'il s'agit d'une Cadillac, tandis que la cabine fait plutôt cossu avec ses fauteuils généreux et sa planche de bord bien garnie.

+ LA VALEUR. Le rapport prix-équipement est relativement favorable comparé à celui de certaines de ses concurrentes directes, puisque les sièges sont à la fois ajustables et chauffants à l'avant comme à l'arrière, mais il est bizarre que la garniture de cuir soit optionnelle.

+ LA SÉCURITÉ. Cette voiture d'origine allemande bardée de protections est aussi robuste et pesante qu'un char d'assaut. La visibilité est excellente sous tous les angles, malgré la ceinture de caisse un peu haute et la position de conduite idéale grâce aux multiples ajustements du siège du conducteur. La nuit, les phares ont une puissance remarquable en luminosité comme en portée, qu'ils soient en position de croisement ou de route.

+ LE CONFORT. Il est excellent dû au vaste volume de la cabine qui donne beaucoup de place aux occupants, à l'onctuosité de la suspension qui filtre bien les défauts de la route, au rembourrage moelleux des sièges qui maintiennent parfaitement et au faible niveau de bruit, résultant d'une isolation phonique très efficace.

+ LE COMPORTEMENT. Excepté en hiver, où malgré la présence d'un dispositif antipatinage efficace, les sorties de virage sont parfois acrobatiques, la Catera tient bien la route, mais la propulsion qui favorise d'ordinaire la conduite spor-

tive, n'apporte pas grand-chose, vu le manque de punch de la mécanique.

+ LE FREINAGE. À la fois puissant et équilibré, il permet des arrêts d'urgence courts à répétition sans démontrer de perte d'endurance tandis que le dosage de la pédale est précis.

+ LA QUALITÉ. On reconnaît d'emblée la touche allemande dans l'assemblage, la finition et la texture des matériaux avec en prime une impression de solidité à toute épreuve.

+ LA MANIABILITÉ. Bien que son rapport de démultiplication soit normal, la direction offre un diamètre de braquage particulièrement court qui facilite les manoeuvres de stationnement. Par ailleurs, elle est à la fois rapide, précise et bien dosée pour permettre un contrôle optimal en toutes circonstances.

+ LE CÔTÉ PRATIQUE. La cabine est parsemée de plusieurs espaces de rangement et le coffre offrant une excellente capacité peut être agrandi en abaissant une ou deux parties du dossier de la banquette.

NÉGATIF

- SA LIGNE. On ne peut pas dire qu'elle déborde d'originalité, car elle passe totalement inaperçue. Les stylistes de GM d'ordinaire si efficaces ont ici coulé le bateau pour avoir tenté de conserver le maximum d'éléments d'origine d'un modèle dont la ligne datait déjà de quelques années.

- LES PERFORMANCES. Pour une voiture de ce prix et de cette classe, les accélérations comme les reprises sont pour le moins banales du fait du poids élevé. Cela pénalise sérieusement l'agrément de conduite qui chute sérieusement lorsque le véhicule est chargé.

- LE TABLEAU DE BORD. Autre séquelle de la conception ancienne de ce véhicule, sa planche de bord est haute et massive et empiète beaucoup sur l'espace vital des occupants des places avant.

- LA PROPULSION. Malgré un système antipatinage efficace et des pneus de qualité, elle n'offre pas la même assurance qu'une traction surtout en conduite hivernale où il faut être vigilant pour garder le cap...

CONCLUSION

Résultat de compromis économiques, la Catera n'est pas une mauvaise voiture, mais sa conception date et ses performances ne sont pas à la hauteur de celles de ses plus proches rivales.

ÉVALUATION
CADILLAC Catera

CONCEPTION :   **78%**
Technique :	85
Sécurité :	90
Volume cabine :	70
Volume coffre :	60
Qualité/finition :	85

CONDUITE :   **68%**
Poste de conduite :	80
Performances :	60
Comportement :	60
Direction :	80
Freinage :	60

ÉQUIPEMENT D'ORIGINE :   **78%**
Pneus :	80
Phares :	80
Essuie-glace :	75
Dégivreur :	75
Radio :	80

CONFORT :   **79%**
Sièges :	80
Suspension :	80
Niveau sonore :	80
Commodités :	75
Climatisation :	80

BUDGET :   **44%**
Prix d'achat :	15
Consommation :	60
Assurance :	45
Satisfaction :	50
Dépréciation :	50

Moyenne générale :   **69.4%**

NOUVEAU POUR 1999

- Verrouillage central des portes amélioré.
- Capacité de mémoire améliorée pour enregistrer les préférences de quatre conducteurs distincts.
- Système OnStar disponible en option.

MOTEURS / TRANSMISSIONS / PERFORMANCES

Modèles/ versions	Type / distribution soupapes / carburation	Cylindrée cc	Puissance ch @ tr/mn	Couple lb.pi @ tr/mn	Rapport volumét.	Roues motrices / transmissions	Rapport de pont	Accélér. 0-100 km/h s	400 m D.A. s	1000 m D.A. s	Reprise 80-120 km/h s	Freinage 100-0 km/h m	Vites. maxi. km/h	Accélér. latérale G	Niveau sonore dBA	Consommation l./100km Ville	Route	Carburant Octane
base	V6*3.0 DACT-24-IESPM	2962	200 @ 6000	192 @ 3600	10.0 :1	arrière - A4	3.9	9.0	16.6	29.8	6.3	40	200	0.80	65-69	12.9	8.7	S 91

PRIX & ÉQUIPEMENTS

CADILLAC Catera	base
Prix maxi $:	42 310
Prix mini $:	34 550
Transport & préparation $:	920
Boîte automatique :	S
Régulateur de vitesse :	S
Direction assistée :	S
Système antiblocage des freins :	S
Système antipatinage :	S
Climatiseur :	SA
Garnitures en cuir :	S
Radio MA/MF/ Cassette :	S
Serrures électriques :	S
Lève-vitres électriques :	S
Volant ajustable :	S
Rétroviseurs ext. ajustables :	SE
Jantes en alliage léger :	S
Système antivol :	S

Couleurs disponibles

Extérieur : Noir, Blanc, Beige.

Intérieur : Beige, Gris, Noir.

EN BREF...

Catégorie : berline de luxe propulsée.   **Classe :** 7

HISTORIQUE

Inauguré en :	1997
Fabriqué à :	Ruesselsheim, Allemagne.

PROFIL DE CLIENTÈLE

Modèle	Hom./Fem.	Âge moyen	Mariés	CEGEP	Revenus
Catera	ND				

INDICES

Sécurité :	85 %	**Satisfaction :**	ND
Dépréciation :	30 %	**Assurance :**	1 250 $
Prix de revient au km :	0.65 $	**Nbre de concessionnaires :**	54

VENTES

Modèle	1996	1997	Résultat	Part de marché
Catera	Modèle non commercialisé à cette époque.			

PRINCIPAUX MODÈLES CONCURRENTS

ACURA TL, AUDI A4, BMW Série 3, INFINITI I30, LEXUS ES & GS 300, MAZDA Millenia, NISSAN Maxima, SAAB 9-3 & 9-5, VOLVO S70.

ENTRETIEN REQUIS PAR LA GARANTIE

Première révision :	Fréquence :	Prise de diagnostic :
5 000 km	6 mois / 10 000 km	Oui

CARACTÉRISTIQUES

Modèles	Versions	Carrosseries/ Sièges	Volume cabine	Volume coffre	Cx	Empat. mm	Long x larg x haut. mm x mm x mm	Poids à vide kg	Susp. av/ar	Freins av/ar	Direction type	Diamètre braquage m	Tours volant b à b.	Réser. essence l.	dimensions	Pneus d'origine marque	modèle	Mécanique d'origine
CADILLAC																		

CADILLAC Garantie générale : 4 ans / 80 000 km; antipollution : 5 ans / 80 000 km; perforation corrosion : 6 ans / 160 000 km. Assistance routière.

| Catera | base | ber. 4 p.5 | 2781 | 411 | 0.33 | 2730 | 4928x1786x1432 | 1710 | ih/ih | d/ABS | bille ass. | 10.2 | 3.0 | 60.5 | 225/55HR16 | Goodyear | Eagle RS-A | V6/3.0/A4 |

Ford semble tout faire pour aider ses concurrents. Après avoir saccagé le succès de la Taurus, voilà qu'il sème le doute avec la nouvelle apparence de la Lincoln Town Car que ses clients habituels ont du mal à accepter. En attendant, le contestable «Edge Design» fait le bonheur de Cadillac qui continue à tenir la tête des ventes de voitures de luxe en Amérique du Nord (talonné par Mercedes-Benz) grâce à son approche plus conservatrice qui n'exclut ni la performance, ni la haute technologie.

GAMME

La De Ville n'est disponible qu'en berline à quatre portes en versions de base, Concours ou d'Elegance toutes pourvues du moteur Northstar V8 4.6L qui développe 275 ch sur la première et la dernière et 300 ch sur la Concours. L'équipement original comprend entre autres le système antipatinage-antiblocage, les jantes en alliage léger et le climatiseur automatique. Les options sont les garnitures en cuir (de base) les sièges avant chauffants, le toit ouvrant et le système de communication par satellite OnStar.

TECHNIQUE

Monocoque en acier, la carrosserie de ces modèles possède une efficacité aérodynamique remarquable, compte tenu de l'importance de sa surface frontale (0.35). La suspension auto ajustable, baptisée «Road Sensing Suspension II», est indépendante aux quatre roues. À l'avant il s'agit d'un système MacPherson, alors qu'à l'arrière on trouve des triangles obliques et des leviers transversaux tandis que chaque train de roue dispose d'une barre antiroulis. Les quatre freins à disque sont gérés par un système antiblocage-antipatinage Bosch et la pression du fluide d'assistance de la direction est contrôlée par un dispositif magnétique appelé Magnasteer. Côté sécurité, elle est désormais pourvue de coussins latéraux aux places avant.

POSITIF

+ SON ALLURE. Malgré sa taille imposante, la De Ville a une ligne très classique, sobre et équilibrée, qui symbolise à elle seule la réussite de la bourgeoisie américaine.

+ L'HABITABILITÉ. Proportionnelle aux dimensions de sa carrosserie, la cabine accueille confortablement cinq personnes, pour de longues étapes.

+ LE CONFORT. Le terrain de prédilection de la De Ville est l'autoroute où sa suspension comme le

Royale...

rembourrage des sièges sont moelleux et l'insonorisation aussi efficace que la climatisation.

+ SA TECHNOLOGIE. Sous son apparence traditionnelle, la De Ville fait preuve d'un modernisme surprenant. Sa traction avant fait merveille l'hiver et elle est bardée d'équipements électroniques digne de la Guerre des Étoiles...

+ LE MOTEUR. Le Northstar est un des moteurs les plus accomplis de sa génération. Les accélérations et les reprises qu'il procure à la Concours (300 ch) sont comparables à celles de véritables coupés sportifs et elles sont tout à fait respectables sur la De Ville de base ou d'Elegance.

+ LE COMPORTEMENT. Celui de la Concours est tout à fait surprenant grâce à sa suspension à ajustement électronique, qui contrôle plus efficacement les mouvements de

carrosserie que sur les autres versions qui font plus «bateau».

+ LA QUALITÉ. Que ce soit au niveau de la construction, de la finition ou des matériaux, elle s'est nettement améliorée au fil des années, ce qui explique que le nombre de clients très satisfaits dépasse 85%, chiffre qui était autrefois l'apanage des modèles japonais.

+ LE FREINAGE. S'il est puissant et équilibré, son endurance reste à améliorer, car l'efficacité des garnitures disparaît rapidement lorsqu'elles sont mises à rude épreuve.

+ LE RENDEMENT. La consommation n'est pas aussi forte qu'on pourrait l'imaginer, compte tenu de la masse imposante de ces véhicules, puisqu'elle se maintient en moyenne aux alentours de 14 litres aux 100 km pour le moteur de 275 ch. Sur la version plus puissante,

elle est proportionnelle à la pesanteur du pied droit du conducteur.

+ UN BON POINT : pour le détecteur de pluie qui déclenche automatiquement les essuie-glace et surtout le système de communication par satellite OnStar qui offre d'intéressantes possibilités de sécurité, comme alerter les autorités en cas d'accident, déverrouiller les portes du véhicule à distance si on a laissé les clés à l'intérieur ou retracer le véhicule en cas de vol. D'ailleurs son service de renseignements permet de guider le propriétaire vers sa destination, un hôtel ou un restaurant particulier.

NÉGATIF

- LA DIRECTION. Malgré toute la technologie embarquée, il n'est pas possible d'ajuster son assistance qui est trop forte et la rend légère, sensible et gomme toute sensation de la route. Cela demande une certaine habitude pour maintenir le cap par fort vent latéral.

- LA MANIABILITÉ. En plus du permis de conduire normal, il faut une licence nautique pour maîtriser ce mastodonte dont les dimensions et le grand diamètre de braquage rendent certaines manoeuvres délicates...

- LA SUSPENSION. La mollesse excessive de celle du modèle de base et d'Elegance provoque des mouvements de caisse importants pouvant donner le mal de mer sur mauvais revêtement et compliquer la prise de virages serrés dans lesquels la De Ville n'est pas agile du tout.

- LA VISIBILITÉ. Malgré l'importante surface vitrée, elle n'est pas idéale car l'épaisseur du pilier C gêne la vue de 3/4 arrière.

- DOMMAGE! Que le système OnStar, comme tous les autres systèmes de guidage ne soit pas disponible partout en Amérique du Nord, car il améliore la sécurité à tous les points de vue.

- LES SIÈGES. Bien qu'ils aient été sensiblement améliorés, ils ne procurent qu'un maintien latéral et un support lombaire médiocres à l'avant et à l'arrière.

- LA POSITION DE CONDUITE. Elle serait meilleure si la colonne de direction était moins longue et le volant plus près du tableau de bord.

CONCLUSION

En attendant sa refonte qui interviendra l'an prochain, la De Ville reste la voiture de luxe américaine par excellence. Traditionnellement vaste et confortable, elle surprend par ses performances, son rendement et le côté sophistiqué de certaines de ses solutions techniques.

DeVille CADILLAC

ÉVALUATION CADILLAC DeVille

CONCEPTION : 89%
- Technique : 90
- Sécurité : 90
- Volume cabine : 95
- Volume coffre : 90
- Qualité/finition : 80

CONDUITE : 67%
- Poste de conduite : 85
- Performances : 70
- Comportement : 50
- Direction : 80
- Freinage : 50

ÉQUIPEMENT D'ORIGINE : 78%
- Pneus : 80
- Phares : 80
- Essuie-glace : 80
- Dégivreur : 70
- Radio : 80

CONFORT : 80%
- Sièges : 80
- Suspension : 80
- Niveau sonore : 80
- Commodités : 70
- Climatisation : 90

BUDGET : 47%
- Prix d'achat : 0
- Consommation : 55
- Assurance : 45
- Satisfaction : 85
- Dépréciation : 50

Moyenne générale : 72.2%

NOUVEAU POUR 1999

- Installé de série: l'antivol sonore et le rétroviseur intérieur à coloration électrochimique avec boussole.
- En option: le système OnStar avec avis de déploiement des coussins gonflables latéraux.
- Trois nouvelles teintes de carrosserie.

MOTEURS / TRANSMISSIONS / PERFORMANCES

Modèles/versions	Type / distribution soupapes / carburation	Cylindrée cc	Puissance ch @ tr/mn	Couple lb.pi @ tr/mn	Rapport volumét.	Roues motrices / transmissions	Rapport de pont	Accélér. 0-100 km/h s	400 m D.A. s	1000 m D.A. s	Reprise 80-120 km/h s	Freinage 100-0 km/h m	Vites. maxi. km/h	Accélér. latérale G	Niveau sonore dBA	Conso. Ville	Conso. Route	Carburant Octane
1)	V8* 4.6 DACT-32-IESPM	4565	275 @ 5600	300 @ 4000	10.3 :1	avant - A4*	3.11	8.8	16.3	30.0	4.8	45	200	0.78	64-70	13.9	8.3	S 91
2)	V8* 4.6 DACT-32-IESPM	4565	300 @ 6000	295 @ 4400	10.3 :1	avant - A4*	3.71	8.0	15.8	28.6	4.5	42	220	0.80	65-70	14.2	8.7	S 91

1) DeVille & d'Elegance   2) DeVille Concours

PRIX & ÉQUIPEMENTS

CADILLAC DeVille

	Sedan	Concours	d'Elegance
Prix maxi $:	49 710	54 815	57 490
Prix mini $:	40 600	44 770	46 950
Transport & préparation $:	920	920	920
Boîte automatique:	S	S	S
Régulateur de vitesse:	S	S	S
Direction assistée:	S	S	S
Système antiblocage des freins:	S	S	S
Système antipatinage:	S	S	S
Climatiseur:	SA	SA	SA
Garnitures en cuir:	O	S	S
Radio MA/MF/ Cassette:	S	S	S
Serrures électriques:	S	S	S
Lève-vitres électriques:	S	S	S
Volant ajustable:	S	S	S
Rétroviseurs ext. ajustables:	SE	SE	SE
Jantes en alliage léger:	S	S	S
Système antivol:	S	S	S

Couleurs disponibles
Extérieur: Vert, Blanc, Noir, Beige, Grenat, Rouge, Moka, Améthyste, Bleu, Argile, Sable, Carmin.
Intérieur: Noir, Rouge, Bleu, Beige.

EN BREF...

Catégorie: berlines de luxe tractées.   Classe : 7

HISTORIQUE
Inauguré en: 1970.
Fabriqué à: Hamtramck-Détroit, Michigan, États-Unis.

PROFIL DE CLIENTÈLE

Modèle	Hom./Fem.	Âge moyen	Mariés	CEGEP	Revenus
DeVille	82/18 %	66 ans	87 %	29 %	94 000 $

INDICES
Sécurité: 90 %   Satisfaction: 85 %
Dépréciation: 52 %   Assurance: 1 425 $
Prix de revient au km: 0.75 $ Nbre de concessionnaires: 54

VENTES

Modèle	1996	1997	Résultat	Part de marché
GM série K	1 009	979	-3.0 %	11.0 %

PRINCIPAUX MODÈLES CONCURRENTS
LEXUS LS 400, LINCOLN Continental & Town Car, OLDSMOBILE Aurora.

ENTRETIEN REQUIS PAR LA GARANTIE
Première révision: 5 000 km   Fréquence: 10 000 km   Prise de diagnostic: Oui

CARACTÉRISTIQUES

CADILLAC Garantie générale: 4 ans / 80 000 km; antipollution: 5 ans / 80 000 km; perforation corrosion: 6 ans / 160 000 km. Assistance routière.

Modèles	Versions	Carrosseries/ Sièges	Volume cabine	Volume coffre	Cx	Empat. mm	Long x larg x haut. mm x mm x mm	Poids à vide kg	Susp. av/ar	Freins av/ar	Direction type	Diamètre braquage m	Tours volant b à b.	Réser. essence l.	dimensions	Pneus marque	modèle	Mécanique d'origine
DeVille	Sedan	ber. 4 p.6	3307	566	0.35	2891	5330x1943x1421	1820	ih/ih	d/ABS	crém.ass.	12.4	2.65	76.0	225/60R16	Michelin	XW4	V8/4.6/A4
DeVille	Concours	ber. 4 p.5	3307	566	0.35	2891	5330x1943x1421	1843	ih/ih	d/ABS	crém.ass.	12.4	2.83	76.0	225/60R16	Goodyear	Eagle RS-A	V8/4.6/A4
DeVille	d'Elegance	ber. 4 p.6	3307	566	0.35	2891	5330x1943x1421	1838	ih/ih	d/ABS	crém.ass.	12.4	2.65	76.0	225/60R16	Michelin	XW4	V8/4.6/A4

Carnet de Route Québec 1999   113

Il est curieux que General Motors, qui a été le premier constructeur à sentir venir le marché des gros tout terrain de luxe, n'ait pas doté plus rapidement Cadillac d'un produit capable de concurrencer le Navigator de Lincoln. Il faut dire que le succès foudroyant de ce dernier et de l'Expedition de Ford a pris tout le monde par surprise, y compris les gens de Dearborn. Le choix de ce type de véhicule est tellement irrationnel que personne n'avait imaginé atteindre de tels chiffres de vente aussi rapidement. C'est donc en catastrophe que Cadillac s'est décidé à transformer un GMC Denali en Escalade...

GAMME

L'Escalade est un gros véhicule familial à 4 portes pourvu d'un moteur V8 de 5.7L avec transmission automatique à 4 rapports, dans un niveau de finition unique, dont l'équipement est remarquablement complet. Ainsi on trouve en série cinq sièges garnis de cuir «Nuance», à réglage électrique et chauffants aux places avant, ainsi qu'un système audio Bose permettant aux passagers avant/arrière d'écouter des programmes différents, les feux antibrouillards, un attelage permettant de tracter une remorque de 3 tonnes, les jantes en aluminium chromé.

TECHNIQUE

L'Escalade dérive directement du récent GMC Denali dont le niveau d'équipement et la présentation se situaient déjà un cran au-dessus de ceux du Yukon. Il en reprend intégralement la carrosserie et la mécanique dont le système AutoTrack qui permet de choisir entre la propulsion à 2 ou 4 roues motrices à la demande ou en permanence. Sa carrosserie en acier est fixée à un châssis en échelle en acier galvanisé à 5 traverses dérivé de celui des camionnettes de GM de la génération précédente. La suspension avant est indépendante composée de triangles superposés avec barres de torsion, tandis qu'à l'arrière elle est rigide avec des ressorts à lames. Par rapport à ses homologues chez Chevrolet et GMC, la suspension a été assouplie et l'insonorisation poussée pour procurer un confort à la Cadillac. Les lignes de sa carrosserie ne sont pas des plus fluides avec un coefficient aérodynamique de 0.45. L'assistance de la direction varie en fonction de la vitesse, les freins sont mixtes sur tous ces modèles et le système antiblocage agissant sur les 4 roues est standard.

Vente de feu...

POSITIF

+ L'HABITABILITÉ. Sans être aussi longues que celles d'un Suburban, la cabine de l'Escalade et sa soute accueillent jusqu'à cinq personnes et leurs bagages en leur fournissant un espace respectable.

+ LA PRÉSENTATION. Elle est très flatteuse avec ses garnitures de cuir souple et ses appliques de bois Zebrano et le volant fini mi-cuir mi-bois. Les clients de Cadillac ne seront pas dépaysés, car ils retrouveront dans l'Escalade les principaux attributs qui caractérisent les automobiles de cette marque.

+ LE CONFORT. C'est sur autoroute que l'Escalade est à son avantage car la suspension s'y montre très élastique et le niveau sonore de bruit très bas, puisque seuls les bruits éoliens autour du pare-brise et des rétroviseurs viennent troubler la quiétude de l'habitacle.

+ L'AGRÉMENT DE CONDUITE. Ceux qui aiment piloter de gros engins seront à leur affaire dans l'Escalade dont les proportions font très camion. De plus, les commandes sont douces et la cabine bien aménagée avec son tableau de bord, très ergonomique du fait de ses dimensions, mais qui contient une foule d'instruments et de détails pratiques comme le coffret situé entre les sièges avant comportant même un écritoire...

+ LES SIÈGES. Ils sont moelleux à souhait et comportent des appuie-tête ajustables et des accoudoirs escamotables à l'avant.

+ LA VISIBILITÉ. Elle est excellente sous tous les angles car la position de conduite est surélevée, la surface vitrée importante et les rétroviseurs largement dimensionnés.

+ LE SYSTÈME ONSTAR. Le fait d'être en communication quasi immédiate avec un centre d'aide permet de s'orienter, de réserver un hôtel, un restaurant, de demander du secours en cas d'urgence et même d'ouvrir à distance les portes du véhicule si l'on a laissé les clés à l'intérieur...

NÉGATIF

LA TECHNIQUE. Elle est déjà dépassée puisque l'Escalade ne profitera pas avant trois ans des perfectionnements des derniers utilitaires de GM.

- LA CONSOMMATION. Le V8 ne fait pas dans la dentelle puisqu'elle se maintient autour de 25 l./100 km et le gros réservoir permet une autonomie allant jusqu'à 450 km...

- LA CHARGE UTILE. L'Escalade est équipé en série d'un système d'attelage permettant de remorquer une charge de seulement 3 000 kg, quand la plupart des grosses caravanes pèsent 1000 kg de plus...

- LE COMPORTEMENT. La souplesse excessive de la suspension alliée à une direction floue et une garde-au-sol élevée, concourent à créer un sentiment d'appréhension à l'approche de virages serrés dans lesquels ce véhicule n'est pas à l'aise.

- HORS ROUTE. Le bouclier avant très massif limite sérieusement l'angle d'attaque en terrain accidenté, au point que nous n'avons pas été capables de sortir d'un simple petit fossé sans l'accrocher.

- LA MANIABILITÉ. Le gabarit et le poids limitent la maniabilité de ce véhicule qui n'est pas à l'aise en zone urbaine dans les petites rues où son grand diamètre de braquage le rend gauche.

- LE CONFORT. Il se détériore rapidement dès que l'asphalte n'est pas parfait, car l'Escalade roule et tangue à loisir et les trépidations des roues révèlent ses origines modestes et utilitaires...

- LES PLACES ARRIÈRE. Elles ne sont pas très agréables, car difficiles d'accès par les portes étroites, de plus l'assise de la banquette est courte et son dossier n'offre aucun maintien latéral.

- LE HAYON. Le seul disponible s'ouvre en deux parties vers le haut et le bas, ce qui complique sérieusement la manutention des bagages.

CONCLUSION

L'Escalade est-il assez élaboré pour tenir tête au produit plus moderne de Ford? Rien n'est moins sûr et c'est sans aucun doute son prix qui décidera les clients de Cadillac de rester chez leurs concessionnaires, ou d'aller chercher ailleurs...

ÉVALUATION
CADILLAC Escalade

CONCEPTION :   **80%**
Technique : 75
Sécurité : 85
Volume cabine : 85
Volume coffre : 75
Qualité/finition : 80

CONDUITE :   **55%**
Poste de conduite : 80
Performances : 40
Comportement : 40
Direction : 75
Freinage : 40

ÉQUIPEMENT D'ORIGINE :   **75%**
Pneus : 75
Phares : 80
Essuie-glace : 75
Dégivreur : 70
Radio : 75

CONFORT :   **74%**
Sièges : 80
Suspension : 75
Niveau sonore : 60
Commodités : 75
Climatisation : 80

BUDGET :   **39%**
Prix d'achat : 0
Consommation : 20
Assurance : 45
Satisfaction : 80
Dépréciation : 50

Moyenne générale: **64.6%**

NOUVEAU POUR 1999

• Nouveau modèle issu du GMC Denali et mis aux standards de Cadillac.

MOTEURS / TRANSMISSIONS / PERFORMANCES

Modèles/ versions	Type / distribution soupapes / carburation	Cylindrée cc	Puissance ch @ tr/mn	Couple lb.pi @ tr/mn	Rapport volumét.	Roues motrices / transmissions	Rapport de pont	0-100 km/h s	400m s	1000m s	Reprise 80-120 km/h s	Freinage 100-0 km/h m	Vites. maxi. km/h	Accélér. latérale G	Niveau sonore dBA	Ville l./100km	Route	Carburant Octane
base	V8* 5.7 ACC-16-IESPC	5733	255 @ 4600	330 @ 2800	9.4 :1	quatre -A4	3.73	11.0	18.0	32.2	7.8	52	175	0.70	66	18.1	13.2	R 87

PRIX & ÉQUIPEMENTS

CADILLAC   **Escalade**
Prix maxi $: -
Prix mini $: -
Transport & préparation $: -
Boîte automatique: S
Régulateur de vitesse: S
Direction assistée: S
Système antiblocage des freins: S
Système antipatinage: S
Climatiseur: S
Garnitures en cuir: S
Radio MA/MF/ Cassette: SDc
Serrures électriques: S
Lève-vitres électriques: S
Volant ajustable: S
Rétroviseurs ext. ajustables: S
Jantes en alliage léger: S
Système antivol: S
    Couleurs disponibles
Extérieur: Blanc, Noir, Argent, Bordeaux.

Intérieur: Tan.

EN BREF...
Catégorie: véhicules polyvalent de luxe 4x4.   **Classe :** utilitaires
HISTORIQUE
Inauguré en: 1999
Fabriqué à: Arlington, Texas, États-Unis.
PROFIL DE CLIENTÈLE

Modèle	Hom./Fem.	Âge moyen	Mariés	CEGEP	Revenus
Escalade	85/15 %	65 ans	85 %	30 %	100 000 $

INDICES
Sécurité: 90 %   **Satisfaction:** ND
Dépréciation: ND   **Assurance:** 1 100 $
Prix de revient au km: 0.65 $ **Nbre de concessionnaires:** 54
VENTES

Modèle	1996	1997	Résultat	Part de marché
Escalade	Non commercialisé à cette époque.			

PRINCIPAUX MODÈLES CONCURRENTS
CHEVROLET-GMC Tahoe-Denali-Suburban, FORD Expedition, LEXUS LX 470, LINCOLN Navigator, MERCEDES-BENZ Classe M.
ENTRETIEN REQUIS PAR LA GARANTIE
Première révision: 5 000 km   **Fréquence:** 6 mois / 10 000 km   **Prise de diagnostic:** Oui

CARACTÉRISTIQUES

Modèles	Versions	Traction	Carrosseries/ Sièges	Empat. mm	Long x larg x haut. mm x mm x mm	Poids à vide kg	Susp. av/ar	Freins av/ar	Direction type	Diamètre braquage m	Tours volant b à b.	Réser. essence l.	dimensions	Pneus d'origine marque	modèle	Mécanique d'origine
CADILLAC			Garantie générale: 4 ans / 80 000 km; antipollution: 5 ans / 80 000 km; perforation corrosion: 6 ans / 160 000 km. Assistance routière.													
Escalade	base	4x4	fam. 4 p. 6	2984	5110x1956x1887	2528	it/rl	d/t/ABS	bil.ass.	12.41	3.0	113.6	265/70R16	Firestone	Firehawk LS	V8/5.7/A4

En renouvelant la Seville en 1998, Cadillac n'a pas tenté d'étonner ses clients, mais plutôt de raffiner le seul modèle de sa gamme qu'il puisse véritablement exporter dans le monde entier, comme ambassadeur de la technologie américaine. Sans bouleverser l'apparence de ce modèle, Cadillac s'est attaché à le rendre plus compact (- 30 cm pour les marchés asiatiques et européens), plus compétent au niveau du comportement, plus raffiné en termes de confort et toujours plus complet en ce qui concerne l'équipement.

Visées internationales

GAMME

La Seville est une berline de luxe à 4 portes proposée en deux versions: la luxueuse SLS et la sportive STS. Le coupé Eldorado fait cette même distinction avec ses finitions de base ou ETC. Chaque version utilise le moteur V8 Northstar de 4.6L et une transmission automatique à 4 rapports à gestion électronique. Pour la SLS et l'Eldorado, ce moteur produit 275 ch et pour les STS et ETC, 300 ch. L'équipement de série comprend une sellerie de cuir, une chaîne stéréo sophistiquée, des sièges avant dotés de coussins gonflables latéraux et de ceintures de sécurité intégrées, un système antivol et le dispositif antidérapage StabiliTrak. Toutefois le système de communication et d'aide par satellite OnStar est offert en option.

TECHNIQUE

Les Seville et Eldorado partagent la plate-forme «G» de l'Oldsmobile Aurora. Sa structure a subi beaucoup d'améliorations. Par rapport au modèle précédent, elle est 58% plus rigide en flexion et 53% en torsion. Et il est intéressant de noter que les Seville exportées en Europe et en Asie sont légèrement plus courtes que celles qui nous sont destinées. Des législations qui favorisent les véhicules de moins de 5 m de long, dans ces pays où l'espace est rare, justifient cette différence. Ces précieux millimètres ont été rognés au niveau des boucliers de pare-chocs avant et arrière. La structure est monocoque, faite d'acier galvanisé et elle comprend deux faux châssis, devant et derrière. Des éléments tubulaires hydroformés forment une cage autour de l'habitacle, pour assurer une grande résistance en cas de collision. La suspension avant, de type MacPherson, s'assimile à celle du modèle antérieur, mais à l'arrière on trouve désormais deux leviers triangulés d'aluminium forgé, maintenus par des bras transversaux ajustables,

une barre stabilisatrice et un régulateur d'assiette pneumatique. Les freins à disque aux quatre roues ont un système à 4 circuits, avec dispositif antiblocage-antipatinage. La direction à crémaillère à assistance magnétique variable selon la vitesse, est identique à celle de l'Aurora. La Seville regorge de systèmes électroniques; un système Multiplex assure, d'ailleurs, la transmission des données pour tous les systèmes de gestion. Fait à noter, l'ordinateur de bord peut livrer ses informations dans cinq langues; il distingue même le français de France de celui du Canada. Subtil!

POSITIF

+ LE CONFORT. La suspension rend le roulement moelleux, même pour la STS. Son débattement a été augmenté de 20% par rapport à la suspension de l'ancienne Seville.

Des sièges avant «adaptables» et chauffants figurent parmi les options; ils épousent automatiquement les formes du corps de leurs occupants et procurent un maintien exceptionnel. L'insonorisation, efficace étouffe les bruits parasites provenant du moteur et du châssis.

+ LES PERFORMANCES. Le moteur Northstar donne des accélérations et des reprises étonnantes, ce qui assure un haut degré de sécurité lors des situations d'urgence.

+ LE STYLE. Au dehors comme en dedans, il fait preuve d'une sobriété étonnante pour une voiture américaine et en prime le cuir sent bon, ce qui n'arrive malheureusement plus souvent dans notre monde où tout est aseptisé!

+ LE COMPORTEMENT. Sur la route, la Seville a un comportement homogène, que le conducteur adopte un style de conduite

relaxe ou rapide. Lors de situations extrêmes, c'est rassurant. D'ailleurs, le système StabiliTrak, conçu pour maintenir l'assiette du véhicule, s'avère attrayant puisqu'il n'est pas aussi contraignant que ceux des concurrentes de la Seville. Il n'empêche jamais le conducteur d'accélérer lorsqu'il le décide.

+ PRATIQUE: le tiroir coulissant, accessoire optionnel qui s'installe dans le coffre et facilite le déchargement des colis, surtout ceux qui sont au fond. Lincoln y avait déjà pensé pour sa Continental...

NÉGATIF

- LES PNEUS. Si ceux de grade Z inclus dans le groupe d'options «Autobahn» sont bien adaptés, les simples LS montés sur les STS et ETC ne permettent pas d'atteindre sans risques les vitesses élevées dont ces modèles sont capables, car ils rendent la direction très délicate à contrôler. Prudence à ceux qui voudront pousser une petite pointe, pour voir...

- LA CONSOMMATION. Sur ce point les STS et ETC ne font pas dans la dentelle, puisqu'il n'est pas rare de voir l'ordinateur de bord indiquer 25 l/100 km lorsqu'on veut maintenir un rythme élevé.

- LA MANIABILITÉ. En ville comme sur les routes sinueuses, la STS manque d'agilité et en slalom sa motricité fait parfois défaut. Pas surprenant avec une masse qui dépasse allègrement les 2 tonnes...

- CERTAINES COMMANDES. Bien que le dernier tableau de bord soit élégant et relativement bien organisé, l'emplacement choisi pour la commande du régulateur de vitesse est en dehors du champ de vision du conducteur. Mieux vaut apprendre à l'utiliser avant de se mettre en route!

- LE BRUIT. L'insonorisation, très efficace pour effacer les bruits en provenance des roues ou de la mécanique, fait que les filets d'air qui glissent sur le pare-brise, deviennent assourdissants dès 80 km/h!

- À REVOIR. Certains détails de finition ou d'équipement déçoivent, comme le joint d'étanchéité des portes, côté carrosserie, qui à tendance à se vriller, la roue de secours format galette, les ceintures avant désuètes ainsi que le revêtement du coffre qui est digne d'une Cavalier...

CONCLUSION

Avec la Seville, Cadillac tente de reprendre sa place sur l'échiquier international. Pour y arriver, elle devra toutefois corriger certains irritants qui maintiennent la Seville un cran en arrière de ses rivales européennes et asiatiques. ☺

ÉVALUATION
CADILLAC Seville-Eldorado

CONCEPTION :		84%
Technique :	100	
Sécurité :	90	
Volume cabine :	80	
Volume coffre :	70	
Qualité/finition :	80	

CONDUITE :		68%
Poste de conduite :	80	
Performances :	75	
Comportement :	50	
Direction :	80	
Freinage :	55	

ÉQUIPEMENT D'ORIGINE :		80%
Pneus :	80	
Phares :	80	
Essuie-glace :	75	
Dégivreur :	75	
Radio :	90	

CONFORT :		82%
Sièges :	80	
Suspension :	80	
Niveau sonore :	80	
Commodités :	80	
Climatisation :	90	

BUDGET :		47%
Prix d'achat :	0	
Consommation :	50	
Assurance :	45	
Satisfaction :	90	
Dépréciation :	50	

Moyenne générale : 72.2%

NOUVEAU POUR 1999

- Le système d'assistance OnStar livrable en option.
- Les sièges optionnels adaptables et chauffants.
- Les sièges à ajustements électriques, avec supports lombaires massants, offerts sur la STS.
- Trois nouvelles teintes de carrosserie.

MOTEURS / TRANSMISSIONS / PERFORMANCES

Modèles/ versions	Type / distribution soupapes / carburation	Cylindrée cc	Puissance ch @ tr/mn	Couple lb.pi @ tr/mn	Rapport volumét.	Roues motrices / transmissions	Rapport de pont	Accélér. 0-100 km/h s	400 m D.A. s	1000 m D.A. s	Reprise 80-120 km/h s	Freinage 100-0 km/h m	Vites. maxi. km/h	Accélér. latérale G	Niveau sonore dBA	Consommation Ville	l./100km Route	Carburant Octane
SLS-base	V8*4.6 DACT-32-IESP	4565	275 @ 5600	300 @ 4000	10.3 :1	avant - A4	3.11	7.8	15.8	29.0	5.0	41	180	0.77	65-70	13.9	8.3	S 91
STS-ETC	V8*4.6 DACT-32-IESP	4565	300 @ 6000	295 @ 4400	10.3 :1	avant - A4	3.71	7.5	15.5	28.5	4.5	42	240	0.79	65-71	14.2	8.7	S 91

PRIX & ÉQUIPEMENTS

CADILLAC Seville	SLS	STS		
CADILLAC Eldorado			base	ETC
Prix maxi $:	59 195	63 080	51 120	55 370
Prix mini $:	48 340	51 520	42 565	45 220
Transport & préparation $:	920	920	920	920
Boîte automatique:	S	S	S	S
Régulateur de vitesse:	S	S	S	S
Direction assistée:	S	S	S	S
Système antiblocage des freins:	S	S	S	S
Système antipatinage:	S	S	S	S
Climatiseur:	SA	SA	Sa	Sa
Garnitures en cuir:	S	S	S	S
Radio MA/MF/ Cassette:	S	S	S	S
Serrures électriques:	S	S	S	S
Lève-vitres électriques:	S	S	S	S
Volant ajustable:	S	S	S	S
Rétroviseurs ext. ajustables:	S	S	S	S
Jantes en alliage léger:	S	S	S	S
Système antivol:	S	S	S	S

Couleurs disponibles
Extérieur: Vert, Blanc, Noir, Beige, Grenat, Rouge, Moka, Bleu, Argile, Sable, Carmin.
Intérieur: Noir, Capuccino, Cerise foncée, Bleu foncé, Beige.

EN BREF...

Catégorie: coupé et berlines de luxe tractés. **Classe :** 7

HISTORIQUE
Inauguré en: 1976-1998
Fabriqué à: Hamtramck-Détroit, Michigan, États-Unis.

PROFIL DE CLIENTÈLE

Modèle	Hom./Fem.	Âge moyen	Mariés	CEGEP	Revenus
Seville	87/13%	53 ans	83%	44%	140 000 $

INDICES
Sécurité: 100 % **Satisfaction:** 92 %
Dépréciation: 51 % **Assurance:** 1500-1650 $
Prix de revient au km: 0.85 $ **Nbre de concessionnaires:** 54

VENTES

Modèle	1996	1997	Résultat	Part de marché
GM série K	1009	979	- 3.0 %	11.0 %

PRINCIPAUX MODÈLES CONCURRENTS
BMW Série 5, INFINITI Q45, JAGUAR XJ8, LEXUS GS-LS 400, LINCOLN Continental, MERCEDES-BENZ classe E, OLDSMOBILE Aurora.

ENTRETIEN REQUIS PAR LA GARANTIE
Première révision: 5 000 km **Fréquence:** 10 000 km **Prise de diagnostic:** Oui

CARACTÉRISTIQUES

CADILLAC Garantie générale: 4 ans / 80 000 km; antipollution: 5 ans / 80 000 km; perforation corrosion: 6 ans / 160 000 km. Assistance routière.

Modèles	Versions	Carrosseries/ Sièges	Volume cabine	Volume coffre	Cx	Empat. mm	Long x larg x haut. mm x mm x mm	Poids à vide kg	Susp. av/ar	Freins av/ar	Direction type	Diamètre braquage m	Tours volant b à b.	Réser. essence l.	Pneus d'origine dimensions	marque	modèle	Mécanique d'origine
Seville	SLS	ber. 4 p. 5	2950	445	0.31	2850	5105x1904x1414	1801	ih/ih	d/ABS	crém.ass.	12.3	2.40	70.7	235/60R16	Goodyear	Integrity	V8/4.6/A4
Seville	STS	ber. 4 p. 5	2950	445	0.31	2850	5105x1904x1406	1815	ih/ih	d/ABS	crém.ass.	12.3	2.40	70.7	235/60R16	Goodyear	Eagle LS	V8/4.6/A4
Eldorado	base	cpé. 2 p. 5	2319	435	0.33	2743	5095x1918x1361	1743	ih/ih	d/ABS	crém.ass.	12.3	2.65	75.7	225/60R16	Michelin	XW4	V8/4.6/A4
Eldorado	ETC	cpé. 2 p. 5	2319	435	0.33	2743	5095x1918x1361	1758	ih/ih	d/ABS	crém.ass.	12.3	2.83	75.7	225/60R16	Goodyear	Eagle RS-A	V8/4.6/A4

L'Astro et la Safari constituent un créneau à elles seules: celui des fourgonnettes intermédiaires à roues arrière motrices. À mi-chemin entre les mini-fourgonnettes à traction et les gros fourgons à propulsion, malgré une qualité et une fiabilité maintes fois mises en doute. Leur popularité se maintient auprès de certains automobilistes pour qui elles comblent des besoins particuliers.

GAMME

Depuis 1995, seule la carrosserie «allongée» est offerte. En outre, GM propose des versions 4x2 et 4x4, et trois niveaux de finition: de base, LS et LT, pour les Chevrolet; SLX, SLE, SLT, pour les GMC. Un moteur V6 de 4.3L équipe ces fourgonnettes assisté d'une transmission automatique à quatre rapports et à gestion électronique.

TECHNIQUE

À quelques détails près, l'Astro et la Safari sont identiques. Malgré des formes très «carrées», ces mini-fourgonnettes ont néanmoins une carrosserie relativement efficace du point de vue aérodynamique et leur Cx de 0.38 le confirme. Leur carrosserie monocoque d'acier a un châssis secondaire en échelle à l'avant. Il contribue à rigidifier l'ensemble. La suspension avant indépendante utilise des leviers transversaux sur les versions 4x2 et des barres de torsion pour les 4x4. Derrière, un essieu rigide de type Salisbury est retenu par deux ressorts à lames d'acier. La direction à billes a une assistance variable selon la vitesse. Les freins à disque à l'avant, et à tambours à l'arrière sont dotés d'un système antiblocage de série. Ces fourgonnettes ont une charge utile de 800 kg et une capacité de remorquage atteignant 2 500 kg. Ces cotes généreuses sont souvent à l'origine de l'achat de ces véhicules, puisque aucune mini-fourgonnette à traction ne peut en faire autant.

POSITIF

+ **LA POLYVALENCE.** L'Astro et la Safari ont une double personnalité: elles peuvent accueillir jusqu'à huit passagers, puis se transformer en ouvrières dotées d'une importante charge utile, d'une capacité de remorquage élevée et d'un volume de chargement atteignant 4 800 litres.
+ **LE FORMAT.** Le gabarit intermédiaire de ces fourgonnettes les situe entre les mini-fourgonnettes et les fourgons grand format.
+ **LE MOTEUR.** La puissance et le couple élevés du V6 de 4.3L autorisent des performances surprenantes. Le très bon rapport poids-puis-

Ouvrières et familiales

sance (10.02 kg/ch) n'est pas étranger à cela.
+ **LA PRÉSENTATION.** Elle est aussi soignée à l'intérieur qu'à l'extérieur et le tableau de bord est plus ergonomique qu'autrefois.
+ **LE POSTE DE CONDUITE.** Une surface vitrée généreuse, des rétroviseurs de grande dimension et une grande lunette arrière (sur les modèles à portes arrière à triple battant) procurent une excellent visibilité dans toutes les directions. De plus, le levier de la transmission, monté derrière le volant, s'utilise bien. Enfin, la transmission rétrograde rapidement lors des dépassements et elle procure un bon frein moteur.
+ **LA CONSOLE.** Celle aménagée sur le capot du moteur est fort bien conçue et elle compense l'absence de boîte à gants.
+ **LA DIRECTION.** Les versions

4x2 sont plus maniables que les 4x4, à cause d'un diamètre de braquage inférieur. Ces dernières ont toutefois une direction plus directe, qui permet de réagir plus vite.
+ **UN BON POINT :** Les propriétaires de ces véhicules se disent très satisfaits de la fiabilité à 80%. Par ailleurs, les portes arrière à triple battant sont très pratiques et elles ont un essuie-glace et un dégivreur électrique que n'ont pas les portes battantes conventionnelles.

NÉGATIF

- **LA SÉCURITÉ.** Les tests de collision réalisés par la N.H.T.S.A. aux États-Unis, suggèrent un faible niveau de sécurité. Ces tests font état de possibles blessures graves dans certains types d'accidents.
- **LA CONSOMMATION.** Nous avons enregistré l'une des plus fortes consommations de carburant

parmi toutes les petites fourgonnettes. Un V8 de faible cylindrée ferait sans doute mieux et il produirait plus de couple.
- **LE FREINAGE.** Des distances d'arrêt très longues, lors de freinages d'urgence, une endurance éphémère des garnitures, en usage intensif, et un dosage imprécis du freinage (la pédale est parfois spongieuse) en font un point faible de ces véhicules!
- **LA DIRECTION.** À basse vitesse, elle est trop sensible, alors qu'en conduite normale, elle devient parfois trop ferme, en plus d'être imprécise au centre. Vraiment pas un exemple dans le genre.
- **LE COMPORTEMENT.** Sa qualité dépend essentiellement de celle des pneumatiques. De plus, le centre de gravité élevé de ces fourgonnettes impose une certaine prudence, particulièrement dans les courbes serrées. En période hivernale, il vaut mieux doter ces véhicules de pneus de bonne qualité afin d'éviter certaines figures de style peu gracieuses.
- **LE MANQUE D'ESPACE.** Les passagers arrière ont plus d'espace pour les jambes que le conducteur et son voisin, à cause du capot-moteur qui empiète à l'intérieur de l'habitacle et des arches des roues avant, qui imposent au plancher des formes irrégulières. De plus, étant dotées d'un système d'entraînement typique des véhicules propulsés, ces fourgonnettes ont un plancher très élevé, difficile d'accès.
- **À REVOIR.** L'angle d'ouverture des portes avant est trop faible. De plus, les commandes d'ajustement des sièges avant sont si mal placées qu'il faut ouvrir la porte pour les utiliser!
- **LE CONFORT.** La suspension plutôt sèche n'aime pas les mauvaises routes. De plus, l'assise de chaque siège est très courte. Enfin, le niveau sonore souffre d'un effet de résonance perceptible à certaines vitesses. Si vous recherchez du confort, mieux vaut chercher ailleurs!
- **HANDICAP.** Ces fourgonnettes sont si hautes, qu'il est impossible de les garer dans le garage d'une maison ou dans un stationnement public intérieur.

CONCLUSION

Les fourgonnettes Astro et Safari sont des «véhicules outils». Elles n'ont rien à voir avec les mini-fourgonnettes et encore moins avec des automobiles. Pour transporter et remorquer de lourdes charges, par contre, elles conviennent parfaitement... si leur appétit insatiable ne vous gêne pas trop!

ÉVALUATION
CHEVROLET-GMC Astro-Safari

CONCEPTION :		72%
Technique :	70	
Sécurité :	50	
Volume cabine :	100	
Volume coffre :	70	
Qualité/finition :	70	

CONDUITE :		52%
Poste de conduite :	80	
Performances :	35	
Comportement :	35	
Direction :	75	
Freinage :	35	

ÉQUIPEMENT D'ORIGINE :		65%
Pneus :	70	
Phares :	70	
Essuie-glace :	70	
Dégivreur :	40	
Radio :	75	

CONFORT :		69%
Sièges :	75	
Suspension :	70	
Niveau sonore :	50	
Commodités :	70	
Climatisation :	80	

BUDGET :		54%
Prix d'achat :	50	
Consommation :	40	
Assurance :	60	
Satisfaction :	75	
Dépréciation :	45	

Moyenne générale:	**62.4%**

NOUVEAU POUR 1999

- Les clés à tête plus grande, offrant une meilleure prise.
- La nouvelle console de plafond.
- L'amélioration de la transmission automatique.
- La boîte de transfert de la version intégrale.
- Les deux nouvelles couleurs de carrosserie.

MOTEURS / TRANSMISSIONS / PERFORMANCES

Modèles/ versions	Type / distribution soupapes / carburation	Cylindrée cc	Puissance ch @ tr/mn	Couple lb.pi @ tr/mn	Rapport volumét.	Roues motrices / transmissions	Rapport de pont	Accélér. 0-100 km/h s	400 m D.A. s	1000 m D.A. s	Reprise 80-120 km/h s	Freinage 100-0 km/h m	Vites. maxi. km/h	Accélér. latérale G	Niveau sonore dBA	Consommation l./100km Ville	Route	Carburant Octane
4x2	V6 4.3 ACC-12-IES	4300	190 @ 4400	250 @ 2800	9.2 :1	arrière - A4*	3.73	11.0	17.9	32.3	7.8	48	170	0.67	68	15.0	11.0	R 87
4x4	V6 4.3 ACC-12-IES	4300	190 @ 4400	250 @ 2800	9.2 :1	ar./4 - A4*	3.73	11.7	18.5	33.0	8.5	50	165	0.67	68	15.3	11.3	R 87

PRIX & ÉQUIPEMENTS

CHEVROLET Astro 4x2 GMC Safari 4x4	base	LS	LT SL	SLE	SLT
Prix maxi $:	22 135	-	- 26 165	-	-
Prix mini $:	20 700	-	- 23 030	-	-
Transport & préparation $:	870	-	- 870	-	-
Boîte automatique:	S	S	S S	S	S
Régulateur de vitesse:	O	O	S O	S	S
Direction assistée:	S	S	S S	S	S
Système antiblocage des freins:	S	S	S S	S	S
Système antipatinage:	-	-	- -	-	-
Climatiseur:	SM	SM	SM SM	SM	SM
Garnitures en cuir:	-	-	O -	O	O
Radio MA/MF/ Cassette:	O	O	O O	O	O
Serrures électriques:	O	S	S O	S	S
Lève-vitres électriques:	O	S	S O	S	S
Volant ajustable:	O	S	S O	S	S
Rétroviseurs ext. ajustables:	SM	SE	SE SM	SE	SE
Jantes en alliage léger:	-	-	S -	O	S
Système antivol:	S	S	S S	S	S

Couleurs disponibles

Extérieur: Blanc, Argent, Tilleul, Gris, Bleu, Noir, Vert, Cuivre, Rouge, Bronze.

Intérieur: Gris moyen, Bleu, Rouge, Neutre.

EN BREF...

Catégorie: fourgonnettes intermédiaires propulsées ou AWD. **Classe :** utilitaires.

HISTORIQUE
Inauguré en: 1986
Fabriqué à: Baltimore, Maryland, États-Unis.

PROFIL DE CLIENTÈLE

Modèle	Hom./Fem.	Âge moyen	Mariés	CEGEP	Revenus
Astro	77/23 %	45 ans	87 %	30 %	59 000 $
Safari	80/20 %	45 ans	93 %	32 %	59 000 $

INDICES

Sécurité:	50 %	Satisfaction:	75 %
Dépréciation:	53 %	Assurance:	825-1000 $
Prix de revient au km:	0.51 $	Nbre de concessionnaires:	94

VENTES

Modèle	1996	1997	Résultat	Part de marché
Astro/Safari	1716	3 051	+ 78 %	11.8 %

PRINCIPAUX MODÈLES CONCURRENTS
CHEVROLET Venture, DODGE Caravan/ Grand Caravan, FORD Villager & Windstar, HONDA Odyssey, MAZDA MPV, MERCURY Villager, NISSAN Quest, PLYMOUTH Voyager/Grand Voyager, PONTIAC Trans Sport, TOYOTA Sienna, VW EuroVan.

ENTRETIEN REQUIS PAR LA GARANTIE

Première révision:	Fréquence:	Prise de diagnostic:
5 000 km	10 000 km	Oui

CARACTÉRISTIQUES

Modèles	Versions	Traction	Carrosseries/ Sièges	Empat. mm	Long x larg x haut. mm x mm x mm	Poids à vide kg	Susp. av/ar	Freins av/ar	Direction type	Diamètre braquage m	Tours volant b à b.	Réser. essence l.	dimensions	Pneus d'origine marque	modèle	Mécanique d'origine
CHEVROLET / GMC			Garantie générale: 3 ans / 60 000 km; antipollution: 5 ans / 80 000 km; perforation corrosion: 6 ans / 160 000 km. Assistance routière.													
Astro / Safari base / SL	4x2		frg.4 p.2/8	2825	4821x1968x1903	1903	ih/rl	d/t/ABS	bil.ass.	13.0	3.10	94.6	215/75R15	Uniroyal	Tiger Paw	V6/4.3/A4
Astro / Safari LS / SLE	4x2		frg.4 p.5/8	2825	4821x1968x1903	-	ih/rl	d/t/ABS	bil.ass.	13.0	3.10	94.6	215/75R15	Uniroyal	Tiger Paw	V6/4.3/A4
Astro / Safari LT / SLT	4x2		frg.4 p.5/8	2825	4821x1968x1903	-	ih/rl	d/t/ABS	bil.ass.	13.0	3.10	94.6	215/75R15	Uniroyal	Tiger Paw	V6/4.3/A4
Astro / Safari base / SL	4x4		frg.4 p.2/8	2825	4821x1969x1903	2015	it/rl	d/t/ABS	bil.ass.	12.9	2.70	94.6	215/75R15	Uniroyal	Tiger Paw	V6/4.3/A4
Astro / Safari LS / SLE	4x4		frg.4 p.5/8	2825	4821x1969x1903	-	it/rl	d/t/ABS	bil.ass.	12.9	2.70	94.6	215/75R15	Uniroyal	Tiger Paw	V6/4.3/A4
Astro / Safari LT / SLT	4x4		frg.4 p.5/8	2825	4821x1969x1903	-	it/rl	d/t/ABS	bil.ass.	12.9	2.70	94.6	215/75R15	Uniroyal	Tiger Paw	V6/4.3/A4

Toujours populaires

Aux Chevrolet Blazer et GMC Jimmy s'ajoute, pour 1999, une nouvelle variante de luxe: la GMC Envoy. GM cherchait à maintenir ses 4x4 intermédiaires au sommet de leur créneau. Mieux encore, puisqu'en 1997 leurs ventes combinées en Amérique du Nord les a haussés au second rang, derrière le Ford Explorer et devant la Jeep Grand Cherokee. Or, l'ajout d'un nouveau modèle n'augmentera certes pas les ventes de façon spectaculaire, mais contribuera sans aucun doute à les consolider.

GAMME

GM propose des Blazer-Jimmy à 2 ou 4 portes, avec 2 ou 4 roues motrices. L'Envoy, par contre, n'existe qu'en version 4 portes et 4x4. Chevrolet offre trois niveaux de finition: de base, LS et LT. Chez GMC, les versions équivalentes se nomment: SL, SLS et SLT. L'Envoy constitue un modèle haut de gamme réservé à la gamme GMC. De façon générale, ces véhicules sont bien équipés et comptent en série une boîte automatique, un climatiseur, un régulateur de vitesse, un volant inclinable (sauf les modèles de base), l'antiblocage aux quatre roues et un système antivol PASS-Lock.

TECHNIQUE

Leur châssis à longerons est soudé à la carrosserie habillée de tôles galvanisées des deux côtés, sauf pour le toit. La transmission intégrale «Insta-Trac» des 4x4 n'est pas à prise constante, mais peut être engagée à la volée. Un nouveau système «AutoTrac», à prise constante, est offert en option pour 1999 (livré en série sur l'Envoy). Le couple est réparti à 35/65% entre les roues avant et arrière des modèles 4x4. La suspension indépendante à l'avant adopte des triangles et des leviers transversaux, avec des ressorts hélicoïdaux, pour les 4x2, et des barres de torsion, pour les 4x4. À l'arrière, l'essieu rigide est suspendu par des ressorts à lames semi-elliptiques. Une barre antiroulis complète chaque train. Il y a trois niveaux d'amortissement: le premier optimise le confort sur route au détriment du remorquage; le second, plus ferme, permet de tracter des remorques plus lourdes; le dernier, le plus ferme, maximise la capacité de remorquage. Depuis 1998, des freins à disque aux quatre roues et l'ABS sont de série. Quant au moteur V6 Vortec de 4.3L, depuis l'an dernier il est surclassé de 15 ch par le V6 de 4.0L de l'Explorer et GM n'offre pas de V8, contrairement à ses rivaux.

POSITIF

+ LES PERFORMANCES. Le moteur V6 procure d'excellentes accélérations et reprises qui, en mode 4x2, s'apparentent à celles d'une berline familiale moyenne. En évolution tout terrain, on apprécie plus son couple, qui est tout à fait respectable.

+ LE CONFORT. Sur l'autoroute, le roulement est très confortable, sauf avec la suspension renforcée. La suspension masque bien les irrégularités de la route où les gros pneus s'avèrent relativement silencieux.

+ LE COMPORTEMENT. Avec un châssis et une caisse plus rigides, le comportement routier de ces véhicules utilitaires paraît plus sûr, surtout sur de mauvais revêtements. Toutefois, il demeure perfectible.

+ LE FREINAGE. Avec des disques aux quatre roues, le freinage est puissant et endurant. Il réduit les distances d'arrêt et l'antiblocage stabilise les trajectoires. Le freinage demeure, toutefois, difficile à doser, sa commande étant spongieuse.

+ LA QUALITÉ. Par rapport aux premiers Blazer, les modèles récents sont d'une qualité d'assemblage nettement supérieure. Même les matériaux semblent être de meilleure facture.

+ INTÉRESSANT. L'Insta-Trac qui permet d'embrayer les roues arrière en roulant, quelle que soit la vitesse du véhicule, s'emploie aisément, grâce à une commande électronique du boîtier de transfert.

+ L'AMÉNAGEMENT. Il est à la fois élégant et ergonomique. Les commandes et accessoires sont généralement bien disposés et faciles d'accès et le tableau de bord est présenté de matière agréable.

+ LES SIÈGES. Ils procurent un maintien latéral appréciable et beaucoup de support au niveau lombaire, grâce à leurs formes galbées. La position de conduite se définit d'autant plus aisément. Derrière, le coussin de la banquette est bas, mais le rembourrage est moelleux.

+ LES RANGEMENTS. La boîte à gants n'est pas très grande, mais les vide-poches avant et arrière des versions de luxe compensent cette petitesse.

NÉGATIF

- LA CONSOMMATION. À cause du poids élevé de ces véhicules (1 835 kg) et de l'importance de la cylindrée du V6, la consommation se maintient au-dessus de 16 l/100 km.

- L'HABITABILITÉ. Compte tenu du leur gabarit important, ces véhicules déçoivent car ils permettent à seulement quatre adultes de voyager confortablement, leur carrosserie étant trop étroite pour en accueillir un cinquième, autrement qu'en dépannage.

- L'INSONORISATION. Les bruits de roulement provenant du châssis et le moteur qui vocifère à la moindre accélération, signalent que l'insonorisation reste perfectible.

- L'ACCÈS. Il est limité aux places arrière et la carrosserie possède 2 ou 4 portes et les places arrière sont difficiles à atteindre à cause de l'ouverture étroite des portes et des poignées qui sont mal placées.

- LE HAYON. Certains modèles sont livrés avec un petit hayon arrière jumelé d'un battant, une combinaison qui limite l'accès à l'aire à bagages. Le hayon d'une pièce, avec lunette relevable, est plus pratique. On peut même déposer de petits colis, en soulevant simplement la lunette.

- LA VISIBILITÉ. Elle s'avère limitée vers l'arrière, surtout sur les modèles à 2 portes qui présentent des angles morts importants.

- À REVOIR. Certaines commandes compliquées demandent à être repensées, comme le levier placé à gauche sous le volant et on constate que certaines versions ne sont toujours pas pourvues d'appuie-tête aux places arrière.

CONCLUSION

Dans ce créneau qui déborde littéralement de modèles, les Blazer, Jimmy et Envoy se classent dans la moyenne. Néanmoins, les Ford Explorer et Jeep Grand Cherokee conservent un attrait supérieur, entre autres, parce qu'ils offrent une plus grande variété de moteurs.

ÉVALUATION
CHEVROLET-GMC Blazer-Jimmy

CONCEPTION :		73%
Technique :	75	
Sécurité :	75	
Volume cabine :	65	
Volume coffre :	75	
Qualité/finition :	75	

CONDUITE :		58%
Poste de conduite :	80	
Performances :	55	
Comportement :	45	
Direction :	70	
Freinage :	40	

ÉQUIPEMENT D'ORIGINE :		74%
Pneus :	80	
Phares :	80	
Essuie-glace :	70	
Dégivreur :	60	
Radio :	80	

CONFORT :		67%
Sièges :	75	
Suspension :	70	
Niveau sonore :	50	
Commodités :	60	
Climatisation :	80	

BUDGET :		52%
Prix d'achat :	45	
Consommation :	40	
Assurance :	50	
Satisfaction :	75	
Dépréciation :	50	

Moyenne générale:	**64.8%**

NOUVEAU POUR 1999
- La version luxueuse Envoy du Jimmy.
- Les rétroviseurs extérieurs de série plus grands.
- Le témoin de vitre mal fermée.
- La transmission Autotrac livrable en option.
- Le siège conducteur à 8 réglages assistés en option.
- La chaîne audio Bose haut de gamme optionnelle.
- Le nouveau chargeur à 6 disques compacts en option.

MOTEURS / TRANSMISSIONS / PERFORMANCES

Modèles/ versions	Type / distribution soupapes / carburation	Cylindrée cc	Puissance ch @ tr/mn	Couple lb.pi @ tr/mn	Rapport volumét.	Roues motrices / transmissions	Rapport de pont	Accélér. 0-100 km/h s	400 m D.A. s	1000 m D.A. s	Reprise 80-120 km/h s	Freinage 100-0 km/h m	Vites. maxi. km/h	Accélér. latérale G	Niveau sonore dBA	Consommation l./100km Ville	Route	Carburant Octane
4x2	V6 4.3 ACC-12-IES	4300	190 @ 4400	250 @ 2800	9.2 :1	arrière-M5	3.42	9.0	16.7	29.8	6.5	44	185	0.72	69	14.6	9.8	R 87
						arrière-A4*	3.42	9.4	17.2	30.6	6.8	48	190	0.72	69	15.0	11.0	R 87
4x4	V6 4.3 ACC-12-IES	4300	190 @ 4400	250 @ 2800	9.2 :1	quatre-M5	3.42	9.6	17.2	30.4	7.0	45	175	0.72	69	17.2	11.6	R 87
						quatre-A4*	3.42	9.9	17.5	30.6	7.7	47	185	0.72	69	15.4	10.7	R 87

PRIX & ÉQUIPEMENTS

CHEVROLET Blazer GMC Jimmy	base SL 2 p. 4x2	LS SLS 4 p. 4x2	ZR2 SLE 2 p. 4x4	LTTrailBlazer SLT 4 p. 4x4	Envoy 4 p. 4x4
Prix maxi $:	26 845	-	-	38 885	44 615
Prix mini $:	23 185	-	-	33 580	38 535
Transport & préparation $:	720	-	-	-	920
Boîte automatique:	S	S	S	S	S
Régulateur de vitesse:	O	S	S	S	S
Direction assistée:	S	S	S	S	S
Système antiblocage des freins:	S	S	S	S	S
Système antipatinage:	-	-	-	-	-
Climatiseur:	SM	SM	SM	SA	SA
Garnitures en cuir:	-	-	-	S	S
Radio MA/MF/ Cassette:	O	S	S	S	SDc
Serrures électriques:	O	S	S	S	S
Lève-vitres électriques:	O	S	S	S	S
Volant ajustable:	O	S	S	S	S
Rétroviseurs ext. ajustables:	SM	SE	SE	SE	SE
Jantes en alliage léger:	O	S	S	S	S
Système antivol:	S	S	S	S	S

Couleurs disponibles

Extérieur: Blanc, Noir, Beige, Bleu, Or, Vert, Rouge, Cuivre, Beige, Étain.

Intérieur: Graphite, Gris moyen, Beige.

EN BREF...

Catégorie: véhicules tout terrain propulsés ou 4x4.   **Classe :** utilitaires

HISTORIQUE

Inauguré en: 1983: Blazer S-10/Jimmy.
Fabriqué à: Moraine, OH, Linden NJ, É.-U.

PROFIL DE CLIENTÈLE

Modèle	Hom./Fem.	Âge moyen	Mariés	CEGEP	Revenus
Blazer/Jimmy	80/20 %	46 ans	75 %	28 %	65 000 $

INDICES

Sécurité:	75 %	Satisfaction:	75 %
Dépréciation:	50 %	Assurance:	955 -1 065 $
Prix de revient au km:	0.55 $	Nbre de concessionnaires:	94

VENTES

Modèle	1996	1997	Résultat	Part de marché
Blazer-Jimmy	2 577	2 974	+ 15.4 %	17 %

PRINCIPAUX MODÈLES CONCURRENTS

DODGE Durango, FORD Explorer, ISUZU Rodeo & Trooper, JEEP Cherokee & Grand Cherokee, NISSAN Pathfinder, TOYOTA 4Runner.

ENTRETIEN REQUIS PAR LA GARANTIE

Première révision:	Fréquence:	Prise de diagnostic:
5 000 km	6 mois/ 10 000 km	Oui

CARACTÉRISTIQUES

CHEVROLET-GMC   Garantie générale: 3 ans / 60 000 km; antipollution: 5 ans / 80 000 km; perforation corrosion: 6 ans / 160 000 km. Assistance routière.

Modèles	Versions	Traction	Carrosseries/ Sièges	Empat. mm	Long x larg x haut. mm x mm x mm	Poids à vide kg	Susp. av/ar	Freins av/ar	Direction type	Diamètre braquage m	Tours volant b à b.	Réser. essence l.	Pneus d'origine marque dimensions	modèle	Mécanique d'origine
Blazer-Jimmy base	4x2		t.t. 2 p.4	2553	4491x1722x1649	1596	ih/rl	d/ABS	bil.ass.	10.6	3.38	71.9	205/75R15 Michelin	XW4	V6/4.3/A4
Blazer-Jimmy base	4x2		t.t. 4 p.5	2718	4656x1722x1633	1666	ih/rl	d/ABS	bil.ass.	11.2	3.38	68.1	205/75R15 Michelin	XW4	V6/4.3/A4
Blazer-Jimmy base	4x4		t.t. 2 p.4	2553	4491x1722x1639	1746	ih/rl	d/ABS	bil.ass.	10.7	2.97	71.9	205/75R15 Michelin	XW4	V6/4.3/A4
Blazer-Jimmy base	4x4		t.t. 4 p.5	2718	4656x1722x1631	1837	it/rl	d/ABS	bil.ass.	12.0	2.97	68.1	205/75R15 Michelin	XW4	V6/4.3/A4
GMC Envoy	4x4		t.t. 4 p.5	2718	4656x1722x1631	1850	it/rl	d/ABS	bil.ass.	12.0	2.97	68.1	205/75R15 Michelin	XW4	V6/4.3/A4

Les ventes en chute libre de la Camaro sont de mauvaise augure. L'avenir de ce modèle demeure incertain; on évoque sa disparition en même temps que celle de la Firebird, sa jumelle. Tout cela était facilement prévisible. Si GM ne s'était pas limitée à des retouches esthétiques et à la réalisation d'une plate-forme plus rigide en 1993, il en serait peut-être autrement de nos jours, même si ce segment connaît une certaine désaffection de la part du public.

GAMME

La Camaro et la Firebird se distinguent par l'esthétique de leurs carrosseries, mais leurs plate-formes et leurs éléments mécaniques sont identiques. La gamme Chevrolet est constituée de coupés et de cabriolets différenciés par les niveaux d'équipement: de base, RS et Z28. Un moteur V6 de 3.8L, jumelé à une transmission manuelle à 5vitesses, équipe les modèles de base et RS. Quant aux Z28, ils empruntent le V8 LS1 de 5.7L de la Corvette. Fort de ses 305 ch (320ch pour la SS), il est jumelé à une transmission automatique à 4 vitesses ou à une boîte manuelle à 6 vitesses optionnelle. Chevrolet offre des groupes «performances» pour les V6 (RPO Y87) et les Z28 (RPO 1LE)

TECHNIQUE

La carrosserie aux traits fluides fait preuve d'efficacité aérodynamique, avec un Cx de 0.32 pour le coupé et 0.36 pour le cabriolet. La carrosserie est faite en acier galvanisé (ailes arrière et capot) et en polymère composite (portes, ailes avant, pavillon, couvercle du coffre et aileron arrière). Par rapport aux modèles qu'elle a remplacés, en 1993, cette Camaro offre plus de rigidité grâce à des renforts et à des poutres longitudinales sous les portes. Sa suspension avant indépendante utilise des bras transversaux longs et courts, alors qu'à l'arrière on retrouve un essieu rigide suspendu par des bras multiples de type Salisbury et une barre Panhard. Il y a des barres antiroulis avant et arrière, de diamètres variables, selon le modèle. Des freins à disque aux quatre roues figurent parmi l'équipement de série, tout comme l'antiblocage Bosch. La servodirection à crémaillère subit des réglages adaptés aux performances de chaque modèle et elle est moins démultipliée pour les modèles Z28.

POSITIF

+ LE STYLE. La Camaro ressemble à une flèche en mouvement. Spec-

En sursis?

taculaire! Elle fait encore et toujours tourner les têtes, particulièrement les Z28 et les SS aux couleurs flamboyantes.

+LES PERFORMANCES. En adoptant le moteur LS1 de la Corvette, les temps d'accélération et de reprise de la Z28 se sont sensiblement rapprochés de ceux de l'ultime bolide de Chevrolet.

• LA CONDUITE. Enfoncez le pied au plancher et la Z28 vous nourrit de la puissance délirante de son V8 et de ses mugissements, qui vont vous chercher jusqu'aux tripes!

+LA VALEUR. Le rapport prix/performances demeure alléchant pour les passionnés de sensations fortes, surtout ceux qui ne parlent que de 0-100 km/h à la journée longue.

+ LE COMPORTEMENT. L'agrément de conduite est directement proportionnel à la qualité du revê-

tement de la route. La nouvelle caisse plus rigide contribue à une tenue de cap précise et réduit le roulis. Ainsi, on atteint une vitesse d'accélération latérale honorable, quoiqu' inférieure à celle de la Corvette, qui bénéficie d'un centre de gravité plus bas et de pneus plus adhérants.

+ L'INTÉRIEUR. Le tableau de bord, retouché en 1997, offre un aménagement ergonomique nettement moins tape-à-l'oeil. Il est d'autant plus agréable à regarder car les matières plastiques qui le composent n'ont plus cette texture bon marché.

+ LA DÉCAPOTABLE Le mécanisme de levage de la capote du cabriolet est très efficace. De plus, la lunette arrière est faite de verre.

+ L'ANTIPATINAGE. Livré en série sur tous les modèles, il permet

désormais de stabiliser les accélérations surtout sur revêtement mouillé, ce qui sécurisera les courses de coin de rue...

NÉGATIF

- LE FORMAT. La Camaro a-t-elle encore sa place? Elle est inutilement encombrante, son poids est exagéré et sa technique dépassée!

- LA VISIBILITÉ. La visibilité n'était sûrement pas la priorité des concepteurs de cette voiture. Le tableau de bord très haut et les sièges très bas limitent la visibilité vers l'avant; sur les côtés, il y a cette ceinture de caisse élevée; vers l'arrière, ce sont le large pilier B et la lunette arrière fortement inclinée ou la capote qui bloquent le champ de vision.

- LE MOTEUR V6. Avec un rapport poids/puissance aussi défavorable, le V6 a définitivement une vocation de baladeur, pas de sportif!

- LE MOTEUR V8. Ne conduit pas une Z28 qui veut! Ses réactions sont brutales: avec un moteur qui recèle tant de puissance et une suspension aussi ferme, une ruade n'attend pas l'autre sur un revêtement de piètre qualité.

- LA RIGIDITÉ. Les cabriolets manquent de rigidité. La torsion de leur caisse rend la conduite imprécise, au point de causer des sueurs froides au conducteur qui excède une vitesse raisonnable… pour ses capacités!

- PAS PRATIQUE. Compte tenu des dimensions importantes de la voiture, l'accès à l'habitacle nécessite cependant l'apprentissage d'une routine de gymnastique, et ce malgré de grandes portes. De plus, les places arrière, les espaces de rangement et le coffre à bagages sont ridiculement petits.

• À CORRIGER. Le convertisseur catalytique empiète dans l'habitacle à l'avant et il impose au passager l'inconfort d'un plancher difforme; le passage ardu des rapports de la transmission manuelle; enfin, le couvre-capote, dont l'utilisation est tout simplement désagréable.

CONCLUSION

Le succès mitigé de la Camaro démontre clairement qu'il s'agit d'un véhicule d'une époque désormais révolue. On a beau s'accrocher au mythe, les besoins et les attentes ont changé. GM aurait sans doute plus de succès avec un modèle portant le nom Camaro s'il s'agissait d'un hybride tout usage à transmission intégrale, doté d'un moteur relativement performant. Après tout, même Porsche aura son tout-terrain sous peu!

ÉVALUATION
CHEVROLET Camaro

CONCEPTION :		62%
Technique :	75	
Sécurité :	90	
Volume cabine :	35	
Volume coffre :	40	
Qualité/finition :	70	

CONDUITE :		70%
Poste de conduite :	80	
Performances :	70	
Comportement :	70	
Direction :	70	
Freinage :	60	

ÉQUIPEMENT D'ORIGINE :		78%
Pneus :	80	
Phares :	80	
Essuie-glace :	80	
Dégivreur :	70	
Radio :	80	

CONFORT :		58%
Sièges :	60	
Suspension :	60	
Niveau sonore :	40	
Commodités :	50	
Climatisation :	80	

BUDGET :		50%
Prix d'achat :	45	
Consommation :	40	
Assurance :	40	
Satisfaction :	75	
Dépréciation :	50	

Moyenne générale :	63.6%

NOUVEAU POUR 1999

- Le différentiel Zexel Torsen pour tous les ponts autobloquants.
- Le témoin de durée utile de l'huile moteur.
- La chaîne audio Monsoon offerte en option.
- L'antipatinage désormais livrable sur modèles V6.
- Le réservoir de carburant en plastique de 63.6 litres.
- Les trois nouvelles teintes de carrosserie.

MOTEURS / TRANSMISSIONS / PERFORMANCES

Modèles/ versions	Type / distribution soupapes / carburation	Cylindrée cc	Puissance ch @ tr/mn	Couple lb.pi @ tr/mn	Rapport volumét.	Roues motrices / transmissions	Rapport de pont	Accélér. 0-100 km/h s	400 m D.A. s	1000 m D.A. s	Reprise 80-120 km/h s	Freinage 100-0 km/h m	Vites. maxi. km/h	Accélér. latérale G	Niveau sonore dBA	Consommation l./100km Ville	Consommation l./100km Route	Carburant Octane
base L36	V6* 3.8 ACC-12-IES	3791	200 @ 5200	225 @ 4000	9.4 :1	arrière-M5*	3.23	9.0	15.8	29.7	6.2	40	185	0.85	68	12.2	7.1	R 87
						arrière-A4	3.08	9.8	17.0	30.8	6.7	42	180	0.85	68	12.4	7.5	R 87
Z28 LS1	V8 5.7 ACC-16-IES	5665	305 @ 5200	335 @ 4000	10.1 :1	arrière-M6	3.42	5.5	14.0	25.4	3.6	38	240	0.87	72	13.8	8.1	S 91
						arrière-A4*	2.73	6.0	14.5	26.0	4.0	40	220	0.87	72	14.0	8.7	S 91
Z28 SS	V8 5.7 ACC-16-IES	5665	320 @ 5200	340 @ 4400	10.1 :1	arrière-M6	3.42	5.4	13.8	25.2	3.7	38	230	0.88	72	14.5	9.0	S 91

PRIX & ÉQUIPEMENTS

CHEVROLET Camaro

	cpé. base	déc. base	cpé. Z28	déc. Z28	cpé. Z28 SS	déc. Z28 SS
Prix maxi $:	23 100	30 105	28 670	37 100	30 105	41 190
Prix mini $:	19 555	26 000	24 770	32 050	28 920	36 200
Transport & préparation $:	705	705	705	705	705	705
Boîte automatique:	O	O	S	S	S	S
Régulateur de vitesse:	O	O	S	S	S	S
Direction assistée:	S	S	S	S	S	S
Système antiblocage des freins:	S	S	S	S	S	S
Système antipatinage:	O	O	O	O	O	O
Climatiseur:	SM	SM	SM	SM	SM	SM
Garnitures en cuir:	O	O	O	O	O	O
Radio MA/MF/ Cassette:	S	S	S	S	S	S
Serrures électriques:	O	O	O	S	S	S
Lève-vitres électriques:	O	O	O	S	S	S
Volant ajustable:	S	S	S	S	S	S
Rétroviseurs ext. ajustables:	SM	SM	SM	SE	SE	SE
Jantes en alliage léger:	O	O	S	S	S	S
Système antivol:	S	S	S	S	S	S

Couleurs disponibles
Extérieur: Noir, Rouge, Sarcelle, Blanc, Or, Bleu, Vert, Orange, Étain.
Tissu : Neutre, Gris foncé, Rouge.
Intérieur: Cuir : Blanc, Gris foncé, Neutre.

EN BREF...

Catégorie: coupés sportifs propulsés. **Classe :** S

HISTORIQUE
Inauguré en:	1967-1993
Fabriqué à:	Ste-Thérèse, Québec, Canada.

PROFIL DE CLIENTÈLE
Modèle	Hom./Fem.	Âge moyen	Mariés	CEGEP	Revenus
Camaro	70/30 %	39 ans	48 %	39 %	74 000 $

INDICES
Sécurité:	90 %	Satisfaction:	75 %
Dépréciation:	50 %	Assurance:	1 385 -1 475 $
Prix de revient au km:	0.45 $	Nbre de concessionnaires:	94

VENTES
Modèle	1996	1997	Résultat	Part de marché
Camaro/Firebird	997	445	- 55.4 %	8.8 %

PRINCIPAUX MODÈLES CONCURRENTS
ACURA Integra, CHRYSLER Sebring, DODGE Avenger, FORD Mustang & Cobra, HONDA Prelude, TOYOTA Supra..

ENTRETIEN REQUIS PAR LA GARANTIE
Première révision:	Fréquence:	Prise de diagnostic:
5 000 km	10 000 km	Oui

CARACTÉRISTIQUES

Modèles	Versions	Carrosseries/ Sièges	Volume cabine	Volume coffre	Cx	Empat. mm	Long x larg x haut. mm x mm x mm	Poids à vide kg	Susp. av/ar	Freins av/ar	Direction type	Diamètre braquage m	Tours volant b à b.	Réser. essence l.	Pneus d'origine dimensions	Pneus d'origine marque	Pneus d'origine modèle	Mécanique d'origine
CHEVROLET																		
Camaro	base	cpé.2 p. 2+2	2325	366	0.32	2568	4907x1882x1303	1500	ih/rh	d/ABS	crém.ass.	12.41	2.67	63.6	215/60R16	BF Goodrich	T/A	V6/3.8/M5
	base	déc.2 p. 2+2	2288	216	0.36	2568	4907x1882x1321	1588	ih/rh	d/ABS	crém.ass.	12.41	2.67	63.6	215/60R16	BF Goodrich	T/A	V6/3.8/M5
	Z28	cpé.2 p. 2+2	2325	366	0.32	2568	4907x1882x1303	1560	ih/rh	d/ABS	crém.ass.	12.22	2.28	63.6	235/55R16	Goodyear	Eagle GS-C	V8/5.7/A4
	Z28	déc.2 p. 2+2	2288	216	0.36	2568	4907x1882x1321	1622	ih/rh	d/ABS	crém.ass.	12.22	2.28	63.6	235/55R16	Goodyear	Eagle GS-C	V8/5.7/A4

Garantie générale: 3 ans / 60 000 km; antipollution: 5 ans / 80 000 km; perforation corrosion: 6 ans / 160 000 km. Assistance routière.

CHEVROLET-GMC
Silverado-Sierra
Retour en force...

Il était plus que temps que General Motors remette ses camionnettes au niveau du marché. Après l'arrivée fracassante de la Dodge Ram en 1994 et de la Ford F-150 en 1997, les modèles C/K étaient rapidement tombés en désuétude. Le mot d'ordre qui a guidé le rajeunissement de ces utilitaires a été : plus gros, plus vite, plus solide et plus brillant...

Bien que rien de très révolutionnaire ait été mis en oeuvre pour rajeunir ce produit typiquement nord-américain qui compte parmi les plus vendus sur ce continent, les divisions Chevrolet et GMC qui commercialisent respectivement les Silverado et Sierra se sont attachées à corriger les lacunes des anciens utilitaires. Le premier travail a consisté à améliorer sérieusement la rigidité du châssis. Pour ce faire, il a été décidé de s'inspirer de celui de la Ram c'est-à-dire de le diviser en trois parties rivetées plutôt que soudées. Ce principe permet non seulement de le rendre modulaire, mais surtout de le rendre plus facile à fabriquer en regard du gain important en rigidité tant en torsion qu'en flexion, pour un prix de revient plus favorable. Cela permet aussi de bonifier tous les éléments qui s'y rattachent comme les suspensions, la direction et le groupe propulseur et d'améliorer le comportement et la conduite qui ont fait l'objet de raffinements importants. Les ingénieurs proclament que c'est de loin le châssis le plus intelligent jamais produit par GM en termes de durabilité et de fiabilité. La suspension avant a été retouchée afin de procurer une meilleure précision au centre et de réduire le diamètre de braquage de la direction. Ainsi les bras de contrôle sont plus longs, ce qui offre aussi la possibilité d'augmenter sa charge utile. À

l'arrière, la principale modification a consisté à augmenter la voie pour permettre une meilleure stabilité. Le boîtier de direction lui-même n'est plus à billes mais à crémaillère sur les modèles à deux roues motrices dont le poids total en charge se situe en-dessous de 3 tonnes, afin d'améliorer sa précision et le poids. Autre amélioration importante, les freins sont désormais à disque avec ABS aux quatre roues en série. Des étriers et des disques plus importants permettront de multiplier la vie des plaquettes par trois ou quatre. Si les moteurs V6 de 4.3L et 6.5L Turbo Diesel continuent d'être offerts, ce sont surtout les nouveaux V8 de 4.8L, 5.3L et 6.0L qui retiennent l'attention. Ils constituent l'ultime évolution du petit bloc Chevrolet qui a vu le jour voici 40 ans. Traités à la sauce Vortec, ils deviennent les plus puissants de leur segment grâce à des pistons et des soupapes d'un type

nouveau et un aménagement du bloc qui le rend plus rigide. D'autre part, la lubrification, le refroidissement, l'étanchéité ont été sérieusement améliorés dans le but d'augmenter la fiabilité. La transmission automatique propose un mode permettant d'améliorer la capacité de traction en terrain difficile, tandis que l'AutoTrac offert en option sur les 4x4 engage automatiquement l'essieu avant lorsque les roues arrière perdent de l'adhérence. Le système électrique a été simplifié, allégé et fiabilisé, tandis que les phares sont plus puissants pour procurer une meilleure visibilité. Le système d'attelage a été entièrement repensé en vue d'offrir une capacité supérieure, la nouvelle cabine a été élargie pour donner plus de confort aux occupants, tandis que la troisième porte fait désormais partie de l'équipement de série.

Si au palmarès des ventes individuelles, les camionnettes Chevrolet Silverado et GMC Sierra se classent premières devant la Ford F-150, conjointement elles repassent en tête avec un grand total de plus de 9 000 unités vendues en 1997 au Québec. La lutte au sommet pour conquérir la première place sur le podium va encore s'intensifier avec l'arrivée de modèles profondément remaniés. Il est intéressant de noter que 75% des ventes de camionnettes vendues ont une charge utile d'une demi-tonne, 60% sont à cabine allongée et 56% sont des 4x4...

GAMME

Les camionnettes Chevrolet-GMC sont techniquement identiques et ne diffèrent que par des changements de style et d'équipement. Il en existe un grand nombre de versions réparties dans deux familles principales de 1/2 ou 3/4 de tonne de charge utile: les 4x2 (C 1500-2500) ou 4x4 (K 1500-2500) à caisse et cabine régulières ou allongée à 2 ou 3 portes, à caisse courte avec les ailes ressorties dite Sportside et courte ou longue avec les flancs droits dite Fleetside, à roues arrière simples ou doubles. Les gros utilitaires 3500 seront modernisés à leur tour dans l'année qui vient et en attendant ils demeureront identiques à ce qu'ils étaient en 1998. Outre le moteur V6 de 4.3L et le V8 Turbo Diesel de 6.5L identiques à ceux des modèles précédents, on peut choisir entre trois nouveaux V8 de 4.8L, 5.3L et 6.0L. Les Chevrolet Silverado sont offertes en finitions base, LS et LT et les GMC Sierra, SL, SLE et SLT. L'équipement de série de tous ces véhicules comprend la direction assistée et les freins à disque aux quatre roues avec système antiblocage.

TECHNIQUE

Ces camionnettes sont construites à partir d'un châssis en échelle en acier galvanisé comportant désormais 9 traverses. Il est réalisé en trois sections dont celle située à l'avant est obtenue par hydroformage. La section centrale, faite d'un profilé en U, est disponible en 4 longueurs afin de s'adapter à deux empattements et deux longueurs de cabine. En fait, ce nouveau procédé a permis d'offrir une rigidité supérieure de 65% à celle du châssis précédent, tout en réduisant sa masse de 27%. La partie arrière commune à toutes les versions a été étudiée en vue de réduire de manière significative, le nombre d'attaches de remorque autrefois né-

cessaire. La suspension avant est indépendante faite de triangles superposés, et barres de torsion sur les 4x4, tandis qu'à l'arrière elle demeure rigide avec ressorts à lames. Les freins à disque aux quatre roues et le système antiblocage sont standards tout comme la direction qui est désormais à crémaillère sur les modèles à deux roues motrices d'une demi-tonne de charge utile. La carrosserie a été entièrement redessinée, plus large et plus logeable dans toutes les directions que la plupart des rivales et la troisième porte est désormais standard sur la cabine allongée. Les panneaux latéraux de la caisse Sportside sont réalisés en matériau composite, ce qui les rend insensibles à la corrosion, aux faibles chocs et aux égratignures. Les sièges comme le tableau de bord ont fait l'objet d'études ergonomiques poussées et le système de climatisation est plus efficace et plus puissant.

POSITIF

+ LE COMPORTEMENT. La rigidité du nouveau châssis, ainsi que les retouches apportées à la suspension ont nettement amélioré la tenue de route des dernières camionnettes de GM. Cela se traduit par une

plus grande précision du guidage et une assiette plus favorable qui permet de les inscrire plus facilement en courbes de différents diamètres.

+ LE FREINAGE. Les quatre disques avec antiblocage, les nouvelles plaquettes, un refroidissement amélioré ainsi que le dosage proportionnel de la pression sur les roues arrière ont permis de réduire les distances de freinage dans une proportion pouvant aller jusqu'à 30%.

+ LA QUALITÉ. Elle a été améliorée à tous les niveaux, technique, fabrication, matériaux et finition pour permettre d'offrir un produit comparable, si ce n'est supérieur à ceux de la concurrence.

+ LES PERFORMANCES. Ces camionnettes offrent désormais les moteurs V8 les plus puissants de leur catégorie autorisant des accélérations supérieures à celles des modèles précédents.

+ LA PRÉSENTATION. Bien que le style de la cabine ne s'éloigne pas de celui des modèles précédents, il a été raffiné et arrondi dans le sens de celui des automobiles, avec notamment de nouvelles optiques de phares minces. À l'intérieur, tout fait moins utilitaire, même sur les versions de base dont l'apparence des sièges est plus flatteuse.

+ LE CÔTÉ PRATIQUE. Plus logeable, la cabine a été gratifiée de nombreux rangements (dont le nombre varie selon la finition) et d'un marchepied sur le côté droit visant à faciliter l'accès.

+ LA CONDUITE. Elle est plus raffinée qu'auparavant, tendant à se rapprocher elle aussi de celle d'une automobile, particulièrement sur les modèles d'une demi-tonne de charge. La direction est plus douce, précise, le freinage plus facile à doser et les réactions plus civilisées de la suspension bénéficiant de la meilleure rigidité du châssis. À cela s'ajoute l'excellente visibilité procurée par le généreux vitrage, les rétroviseurs bien dimensionnés et les phares plus efficaces.

+ LE CONFORT. La suspension moins ferme, les sièges mieux formés et l'insonorisation plus efficace de la cabine ont amélioré le confort qui est toutefois plus évident sur les modèles à deux roues motrices et à empattement long.

+ CHARGE ET TRACTION. Elles ont été améliorées par la présence d'un châssis plus rigide, de caisses plus logeables, d'une gamme de nouveaux moteurs plus puissants ainsi que de systèmes d'attelage plus efficaces et mieux adaptés aux besoins des usagers.

NÉGATIF

- LA CONSOMMATION. Elle atteint des proportions astronomiques avec les moteurs V8 à essence et oblige à considérer l'option du moteur Turbo Diesel pour ceux qui couvrent de grandes distances.

- LA MANIABILITÉ. Les généreuses dimensions de ces utilitaires rendent certaines manoeuvres délicates, qui demandent une certaine habitude.

- LE CONFORT. Le roulement des versions à empattement court ou 4x4 devient sautillant ou berçant dès que le revêtement n'est pas parfait et la version à Turbo Diesel nécessite l'option d'insonorisation supplémentaire pour être réellement confortable.

CONCLUSION

General Motors a fait ce qu'il fallait pour mettre ses camionnettes au niveau de ses concurrentes. Il faut dire qu'elle a été à l'écoute de sa clientèle au moment de renouveler ces modèles qui sont vitaux pour son avenir. Quand on sait que près de 80% des acheteurs de camionnettes demeurent loyaux à leur marque, on comprend que Chevrolet et GMC aient tout mis en oeuvre pour ne pas qu'ils aillent voir ailleurs.

ÉVALUATION
CHEVROLET Silverado-GMC Sierra

CONCEPTION :	67%
Technique :	80
Sécurité :	90
Volume cabine :	60
Volume coffre :	25
Qualité/finition :	80

CONDUITE :	56%
Poste de conduite :	80
Performances :	40
Comportement :	40
Direction :	80
Freinage :	40

ÉQUIPEMENT D'ORIGINE :	63%
Pneus :	75
Phares :	80
Essuie-glace :	80
Dégivreur :	-
Radio :	80

CONFORT :	70%
Sièges :	75
Suspension :	65
Niveau sonore :	55
Commodités :	75
Climatisation :	80

BUDGET :	56%
Prix d'achat :	50
Consommation :	30
Assurance :	70
Satisfaction :	80
Dépréciation :	50

Moyenne générale :	**62.4%**

NOUVEAU POUR 1999

• Modèles entièrement renouvelés à partir d'un châssis très rigide, d'une cabine plus vaste et plus confortable, d'un freinage plus efficace et offrant le choix de trois nouveaux moteurs V8 Vortec de 4.8L, 5.3L et 6.0L.

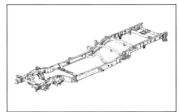

MOTEURS / TRANSMISSIONS / PERFORMANCES

Modèles/ versions	Type / distribution soupapes / carburation	Cylindrée cc	Puissance ch @ tr/mn	Couple lb.pi @ tr/mn	Rapport volumét.	Roues motrices / transmissions	Rapport de pont	Accélér. 0-100 km/h s	400 m D.A. s	1000 m D.A. s	Reprise 80-120 km/h s	Freinage 100-0 km/h m	Vites. maxi. km/h	Accélér. latérale G	Niveau sonore dBA	Consommation l./100km Ville	Route	Carburant Octane
base	V6 4.3 ACC-12-IES	4300	200 @ 4600	260 @ 2800	9.4 :1	arrière - M5*	3.08	11.7	18.0	33.0	7.6	56	145	0.63	68	14.8	10.3	R 87
options	V8 4.8 ACC-16-IES	4807	255 @ 5200	285 @ 4000	9.5 :1	ar./4 - M5*	3.42	ND										R 87
	V8 5.3 ACC-16-IES	5328	270 @ 5000	315 @ 4000	9.5 :1	ar./4 - A4	3.42	ND										R 87
	V8 6.0 ACC-16-IES	5967	300 @ 4800	355 @ 4000	9.4 :1	ar./4 - M5*	4.10	ND										R 87
	V8 TD 6.5 ACC-16-IM	6468	215 @ 3400	440 @ 1800	19.5 :1	ar./4 - M5*	3.73	ND										D

PRIX & ÉQUIPEMENTS

CHEVROLET Silverado 1500	4X2 base	LS	LT	4X4 SL	SLE	SLT
GMC Sierra				SL	SLE	SLT
Prix maxi $:	21 775	28 440	-	25 275	-	-
Prix mini $:	17 935	20 690	-	20 815	-	-
Transport & préparation $:	870	870	-	870	-	-
Boîte automatique:	O	O	S	O	O	O
Régulateur de vitesse:	O	O	S	O	O	O
Direction assistée:	S	S	S	S	S	S
Système antiblocage des freins:	S	S	S	S	S	S
Système antipatinage:	-	-	-	-	-	-
Climatiseur:	O	S	S	O	S	S
Garnitures en cuir:	-	-	S	-	O	S
Radio MA/MF/ Cassette:	O	SCd	SCd	O	S	SCd
Serrures électriques:	-	S	S	-	S	S
Lève-vitres électriques:	-	S	S	-	S	S
Volant ajustable:	S	S	S	S	S	S
Rétroviseurs ext. ajustables:	SM	SE	SE	SM	SE	SE
Jantes en alliage léger:	O	S	S	O	S	S
Système antivol:	-	S	S	-	S	S

Couleurs disponibles

Extérieur: Vert, Gris, Or, Rouge, Cuivre, Bleu, Étain, Noir, Blanc.

Intérieur: Neutre, Bleu, Gris, Rouge.

EN BREF...

Catégorie:	camionnettes propulsées et 4x4.	Classe : utilitaires

HISTORIQUE

Inauguré en: 1936-1992-1999
Fabriqué à: Fort Wayne, Indiana, Pontiac, Michigan, É-U, Oshawa, Ont., Canada.

PROFIL DE CLIENTÈLE

Modèle	Hom./Fem.	Âge moyen	Mariés	CEGEP	Revenus
Silverado	96/4 %	49 ans	65 %	15 %	55 000 $
Sierra	96/4 %	47 ans	61 %	18 %	53 000 $

INDICES

Sécurité:	90 %	Satisfaction:	82 %
Dépréciation:	50 %	Assurance:	845-995 $
Prix de revient au km:	0.58 $	Nbre de concessionnaires:	94

VENTES

Modèle	1996	1997	Résultat	Part de marché
C/K	8 416	9039	+ 7.4 %	46.0 %

PRINCIPAUX MODÈLES CONCURRENTS

DODGE Ram, FORD série F, TOYOTA T100.

ENTRETIEN REQUIS PAR LA GARANTIE

Première révision:	Fréquence:	Prise de diagnostic:
5 000 km	6 mois/10 000 km	Oui

CARACTÉRISTIQUES

Modèles Versions	Carrosseries/ Sièges	Traction	Empat. mm	Long x larg x haut. mm x mm x mm	Poids à vide kg	Susp. av/ar	Freins av/ar	Direction type	Diamètre braquage m	Tours volant	Réser. essence l.	Pneus d'origine marque	dimensions	modèle	Mécanique d'origine
CHEVROLET-GMC série 1500		Garantie générale : 3 ans / 60 000 km; antipollution : 5 ans / 80 000 km; perforation corrosion : 6 ans / 160 000 km.													
Silverado-Sierra cab.reg.caiss.courte	cam.2 p.3	4x2	3023	5159x1994x1808	1779	ih/rl	d/ABS	crém.ass.	12.2	3.04	98.4	Uniroyal	235/75R16	Tiger Paw	V6/4.3/M5
Silverado-Sierra cab.reg.caiss.longue	cam.2 p.3	4x2	3378	5639x1994x1803	1820	ih/rl	d/ABS	crém.ass.	12.3	3.04	128.9	Uniroyal	235/75R16	Tiger Paw	V6/4.3/M5
Silverado-Sierra cab.long.caiss.court.	cam.2 p.3/5	4x2	3645	5781x1994x1808	1921	ih/rl	d/ABS	crém.ass.	14.2	3.04	98.4	Uniroyal	235/75R16	Tiger Paw	V6/4.3/M5
Silverado-Sierra cab.& caiss.longues	cam.2 p.3/5	4x2	4000	6261x1994x1798	2015	ih/rl	d/ABS	crém.ass.	15.4	3.04	128.9	Uniroyal	235/75R16	Tiger Paw	V6/4.3/M5
Silverado-Sierra cab.reg.caiss.courte	cam.2 p.3	4x4	3023	5163x1994x1874	1927	it/rl	d/ABS	bil.ass.	12.4	2.88	98.4	GoodyearWrangler RT/S	245/75R16		V6/4.3/M5
Silverado-Sierra cab.reg.caiss.longue	cam.2 p.3	4x4	3378	5644x1994x1872	1980	it/rl	d/ABS	bil.ass.	13.6	2.88	128.9	GoodyearWrangler RT/S	245/75R16		V6/4.3/M5
Silverado-Sierra cab.long.caiss.court.	cam.2 p.3/5	4x4	3645	5781x1994x1877	2096	it/rl	d/ABS	bil.ass.	14.4	2.88	98.4	GoodyearWrangler RT/S	245/75R16		V6/4.3/M5
Silverado-Sierra cab.& caiss.longues	cam.2 p.3/5	4x4	4000	6266x1994x1872	2154	it/rl	d/ABS	bil.ass.	15.6	2.88	128.9	GoodyearWrangler RT/S	245/75R16		V6/4.3/M5

Le succès de la Cavalier repose sur des notions très simples: un contenu attrayant, une ligne agréable, un gabarit pratique et des prix convaincants. Pas surprenant qu'elle soit la voiture la plus vendue au Canada en 1997. Aux États-Unis elle arrive en 9ième position avec 302, 161 unités, derrière la Honda Civic. Pour 1999, la Cavalier ne subit aucun changement important, ce qui ne devrait avoir aucun impact sur sa popularité.

GAMME
Simplifiée à l'extrême, elle ne compte que cinq modèles: une berline et un coupé de base, une berline LS, dotée d'un équipement rehaussé, et un coupé et un cabriolet Z24, au caractère sportif plus marqué. Le moteur de base est un 4 cylindres de 2.2L jumelé à une boîte manuelle à 5 vitesses ou une automatique à 3 rapports. Un 4 cylindres multisoupape à double arbre à cames de 2.4L et 150 ch équipe les Z24 et il figure parmi les options de la berline LS. Ce modèle reçoit d'ailleurs en équipement de série une boîte automatique à 4 rapports, avec gestion électronique. Cette transmission est optionnelle pour les autres modèles.

TECHNIQUE
La carrosserie monocoque en acier de la Cavalier est rigide et donne un comportement routier ferme, en plus d'assurer une protection supérieure aux occupants. Les bruits de caisse et les vibrations parasites sont également réduits. Par contre, les lignes élancées des carrosseries cachent une piètre efficacité aérodynamique, comme l'indiquent les Cx qui s'échelonnent de 0.38 à 0.42. La suspension avant utilise des jambes de force MacPherson, alors qu'à l'arrière on a recours à un essieu tubulaire semi-rigide. Des freins à disque à l'avant, et à tambour à l'arrière, sont jumelés d'un antiblocage en équipement de série. La servodirection est également standard. La berline LS bénéficie d'un antipatinage de série, qui figure parmi les options des modèles équipés préalablement de la transmission automatique à 4 rapports.

TRÈS POSITIF
+ L'ESTHÉTIQUE. Pour plaire à tant d'acheteurs, l'esthétique de cette voiture doit être nécessairement réussie… et elle l'est! Un peu plus de la moitié des acheteurs de berlines Cavalier sont des hommes, alors qu'on observe la situation inverse avec les coupés et les cabriolets.

La plus répandue!

POSITIF
+ LA VALEUR. L'attrait principal de cette voiture demeure son équipement de série complet, offert à prix convenable. Attention, toutefois, aux groupes optionnels d'accessoires qui ont tendance à gonfler le prix.

+ LE CONFORT. Avec une habitabilité généreuse, devant comme derrière, une suspension efficace et des sièges avant très moulants, de longs voyages s'effectuent agréablement.

+ LE FORMAT. Le gabarit raisonnable de la Cavalier correspond au volume utile de l'habitacle. Les nombreux espaces de rangement sont d'accès facile, la boîte à gants est très volumineuse et le coffre, qui est facilement accessible, offre un volume utile qu'on peut augmenter, dans tous les modèles, en repliant le dossier monopièce de la banquette arrière.

+ LA PRÉSENTATION. Par rapport aux anciennes Cavalier, la présentation des nouveaux modèles est soignée et d'apparence plus agréable, grâce à des garnitures qui ont des coloris plus jeunes.

• LE CHÂSSIS. Sur la route, la Cavalier affiche une grande rigidité et le roulis est limité. On tire ainsi une précision directionnelle accrue dans les courbes et un comportement généralement prévisible. Naturellement, la qualité du comportement routier est liée à la qualité des pneumatiques qui équipent la voiture.

+ LE MOTEUR. Ce pimpant multisoupape de 2.4L a des accélérations et des reprises nettement plus relevées que le 4 cylindres de base. Il n'est toutefois pas aussi doux que le V6 de la génération précédente de Cavalier. De plus, son couple est inférieur.

NÉGATIF
- LA QUALITÉ. Celle de certains composants ou détails de finition expliquent le côté attirant du prix. Il n'y a pas de miracle et si la fiabilité s'est améliorée, il y a encore à faire de ce côté-là.

- LE MOTEUR 2.2L. Il manque de vigueur lorsqu'il est jumelé avec la vieille transmission automatique à trois vitesses. C'est encore pire lorsqu'on enclenche le climatiseur.

- LES PNEUS. Les modèles de base sont chaussés de pneus de piètre qualité qui sont bruyants en courbe. Sur revêtement sec, ils sont peu adhérants et d'autant plus glissants sur pavé mouillé. Lorsqu'on pense que notre vie, sur la route, n'en tient qu'à quelques centimètres carrés de caoutchouc…

- LA DIRECTION. La démultiplication de la direction convient, mais pas le niveau d'assistance. Elle est trop légère et imprécise au centre. Par mauvais temps, cela requiert une attention soutenue.

- LE FREINAGE. Le freinage est endurant, mais son efficacité demeure moyenne. À cause de la pédale qui est trop spongieuse, le freinage est difficile à doser. Les distances d'arrêt sont longues et le système antiblocage, minimaliste, entre en action souvent trop tôt et il ne réussit pas toujours à éviter le blocage des roues!

- LE BRUIT. Aucun des deux moteurs n'est un exemple de silence et de douceur. Au fond, l'insonorisation manque un peu, particulièrement sur les modèles de base.

- LE CAPOT. L'espace important qu'on aperçoit entre le pare-chocs et le capot-moteur irrite les gens qui ont l'impression que le capot est ouvert. Il suffirait d'un simple bourrelet de caoutchouc pour corriger cette erreur de style.

- LA TRANSMISSION. La vieille boîte automatique à trois vitesses essoufle le moteur et lui impose des régimes élevés, qui se paient en carburant.

CONCLUSION
Si le succès de la Cavalier se maintient, c'est simplement parce que le produit répond bien aux attentes primordiales des acheteurs, mais surtout parce que son rapport prix-contenu est favorable. GM semble l'avoir compris. Or, aussi longtemps que cette recette conviendra, la Cavalier risque de demeurer comme on la connaît actuellement.

ÉVALUATION
CHEVROLET Cavalier

CONCEPTION : **66%**
Technique :	75
Sécurité :	75
Volume cabine :	55
Volume coffre :	55
Qualité/finition :	70

CONDUITE : **63%**
Poste de conduite :	75
Performances :	60
Comportement :	55
Direction :	70
Freinage :	55

ÉQUIPEMENT D'ORIGINE : **74%**
Pneus :	70
Phares :	80
Essuie-glace :	80
Dégivreur :	70
Radio :	70

CONFORT : **69%**
Sièges :	75
Suspension :	70
Niveau sonore :	50
Commodités :	70
Climatisation :	80

BUDGET : **67%**
Prix d'achat :	70
Consommation :	75
Assurance :	60
Satisfaction :	75
Dépréciation :	55

Moyenne générale: **67.8%**

NOUVEAU POUR 1999

- Les raffinements du moteur 2.4L Twin Cam.
- La calandre des modèles RS et LS de couleur coordonnée à la carrosserie.
- Les deux nouvelles teintes de carrosserie.
- Les sièges garnis de tissu.

MOTEURS / TRANSMISSIONS / PERFORMANCES

Modèles/ versions	Type / distribution soupapes / carburation	Cylindrée cc	Puissance ch @ tr/mn	Couple lb.pi @ tr/mn	Rapport volumét.	Roues motrices / transmissions	Rapport de pont	Accélér. 0-100 km/h s	400 m D.A. s	1000 m D.A. s	Reprise 80-120 km/h s	Freinage 100-0 km/h m	Vites. maxi. km/h	Accélér. latérale G	Niveau sonore dBA	Consommation l./100km Ville	Consommation l./100km Route	Carburant Octane
1)	L4* 2.2 SACL-8-IES	2190	115 @ 5000	135 @ 3600	9.0 :1	avant - M5*	3.58	10.5	17.6	31.5	7.3	43	165	0.75	68	10.0	6.0	R 87
						avant - A3	3.18	11.5	18.4	32.7	7.8	44	160	0.75	68	10.5	7.0	R 87
2)	L4* 2.4 DACT-16-IES	2392	150 @ 5600	155 @ 4400	9.5 :1	avant - M5*	3.94	8.0	16.1	28.5	5.8	44	180	0.78	70	10.7	6.7	R 87
						avant - A4	3.91	8.8	16.4	30.3	6.3	45	175	0.78	70	10.7	6.7	R 87

1) base cpé., berline, RS cpé., berline LS. 2) base Z24 cpé. et déc., option berline LS.

PRIX & ÉQUIPEMENTS

CHEVROLET Cavalier	base ber./cpé.	RS cpé.	base ber.	LS ber.	Z24 cpé.	Z24 déc.
Prix maxi $:	15 515	-	15 515	18 575	20 035	26 450
Prix mini $:	13 970	-	13 800	16 285	17 635	22 850
Transport & préparation $:	645	645	645	645	645	645
Boîte automatique:	O	O	S	S	O	O
Régulateur de vitesse:	O	S	O	S	O	O
Direction assistée:	S	S	S	S	S	S
Système antiblocage des freins:	S	S	S	S	S	S
Système antipatinage:	O	O	O	O	S	O
Climatiseur:	O	O	O	S	S	S
Garnitures en cuir:	-	-	-	-	-	-
Radio MA/MF/ Cassette:	O	O	O	O	S	S
Serrures électriques:	O	O	O	O	S	S
Lève-vitres électriques:	-	O	O	O	S	S
Volant ajustable:	-	S	-	S	S	S
Rétroviseurs ext. ajustables:	SM	SM	SM	SE	SE	SE
Jantes en alliage léger:	-	O	O	O	S	S
Système antivol:	S	S	S	S	S	S

Couleurs disponibles

Extérieur: Vert métallique, Blanc, Rouge, Noir, Vert, Or, Cayenne, Bleu, Sable.

Intérieur: Neutre, Graphite, Gris moyen, Blanc (décapotable).

EN BREF...

Catégorie: compactes tractées. **Classe :** 3

HISTORIQUE

Inauguré en: 1982-1995

Fabriqué à: Ramos Arizpe, Mexique, Lordstown, Ohio, Lansing, Michigan, États-Unis.

PROFIL DE CLIENTÈLE

Modèle	Hom./Fem.	Âge moyen	Mariés	CEGEP	Revenus
Z24	42/58 %	33 ans	48 %	31 %	47 000 $
coupé	45/55 %	38 ans	50 %	43 %	51 000 $
berline	60/40 %	42 ans	72 %	39 %	43 000 $

INDICES

Sécurité:	75 %	Satisfaction:	75 %
Dépréciation:	45 %	Assurance:	835 à 1 150 $
Prix de revient au km:	0.42 $	Nbre de concessionnaires:	94

VENTES

Modèle	1996	1997	Résultat	Part de marché
Cavalier-Sunfire	26 432	30 601	+ 15.8%	27.3 %

PRINCIPAUX MODÈLES CONCURRENTS

DODGE-PLYMOUTH Neon, FORD Escort, HONDA Civic, HYUNDAI Elantra, MAZDA Protegé, SATURN, SUBARU Impreza, TOYOTA Corolla, VOLKSWAGEN Golf/Jetta.

ENTRETIEN REQUIS PAR LA GARANTIE

Première révision:	Fréquence:	Prise de diagnostic:
5 000 km	10 000 km	Oui

CARACTÉRISTIQUES

Modèles	Versions	Carrosseries/ Sièges	Volume cabine	Volume coffre	Cx	Empat. mm	Long x larg x haut. mm x mm x mm	Poids à vide kg	Susp. av/ar	Freins av/ar	Direction type	Diamètre braquage m	Tours volant b à b.	Réser. essence l.	dimensions	Pneus d'origine marque	Pneus d'origine modèle	Mécanique d'origine
CHEVROLET		Garantie générale: 3 ans / 60 000 km; antipollution: 5 ans / 80 000 km; perforation corrosion: 6 ans / 160 000 km. Assistance routière.																
Cavalier	base	cpé. 2 p.4	2473	375	0.39	2644	4590x1745x1346	1188	ih/sih	d/t/ABS	crém.ass.	10.9	2.6	56.8	195/70R14	Goodyear	Conquest	L4/2.2/M5
Cavalier	RS	cpé. 2 p.4	2473	375	0.39	2644	4590x1745x1346	1191	ih/sih	d/t/ABS	crém.ass.	10.9	2.6	56.8	195/65R15	BF Goodrich	Touring T/A	L4/2.2/M5
Cavalier	Z24	cpé. 2 p.4	2473	375	0.39	2644	4590x1745x1346	1247	ih/sih	d/t/ABS	crém.ass.	10.9	2.8	56.8	205/55R16	Goodyear	Eagle RS-A	L4/2.4/M5
Cavalier	Z24	déc. 2 p.4	2351	298	0.42	2644	4590x1745x1374	1288	ih/sih	d/t/ABS	crém.ass.	10.9	2.6	56.8	195/65R15	Goodyear	Eagle RS-A	L4/2.4/M5
Cavalier	base	ber. 4 p.5	2598	386	0.38	2644	4590x1725x1389	1214	ih/sih	d/t/ABS	crém.ass.	10.9	2.6	56.8	195/70R14	Goodyear	Conquest	L4/2.2/M5
Cavalier	LS	ber. 4 p.5	2598	386	0.38	2644	4590x1725x1389	1235	ih/sih	d/t/ABS	crém.ass.	10.9	2.6	56.8	195/65R15	BF Goodrich	Touring T/A	L4/2.2/A4

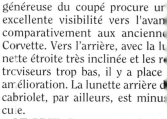
La nouvelle Corvette «C5» a plu et déçu, tout à la fois. L'ultime voiture de sport américaine a été entièrement repensée du point de vue technique, en mieux. Mais pour son enveloppe, on a retenu des traits empreints d'un conservatisme flagrant. À tout le moins, elle a fait ses preuves sur piste. Or, pour les amateurs les plus orthodoxes de ce modèle mythique, la gamme s'enrichit cette année d'un coupé à toit rigide taillé pour le sport pur et dur.

GAMME

Le porte-étendard de la marque Chevrolet se décline dorénavant en trois versions: il y a un coupé découvrable, équipé d'un panneau amovible, un cabriolet classique et le nouveau coupé à toit rigide («Hard Top»). Chacun dispose du V8 de 5.7L qui produit 345 ch. Ce puissant moteur est jumelé avec une boîte automatique à 4 rapports, livré en équipement de série. Une boîte manuelle à six vitesses est offerte parmi les options.

TECHNIQUE

La carrosserie aux formes élancées est faite de polymère composite (fibre de verre) et son excellent coefficient aérodynamique est de 0.29! Elle est montée sur un châssis périmétrique avec longerons en acier tubulaire qui vibre à 23 Hertz lorsque le panneau du toit est en place, et à 21, une fois déposé. Les principaux éléments du châssis sont hydroformés en acier galvanisé. Un berceau en aluminium, à l'avant du châssis, reçoit les principaux éléments mécaniques. La suspension est indépendante aux quatre roues et elle utilise, devant comme derrière, des doubles bras oscillants asymétriques, des ressorts transversaux à lame en matériau composite et une barre antiroulis. Le pare-brise est logé dans une structure d'aluminium qui sert à rigidifier la région du tableau de bord. Un arceau de sécurité d'acier est intégré à la partie arrière du toit. La direction, de type magnétique, varie selon la vitesse. Les freins à disque surdimensionnés incorporent un antiblocage et un antipatinage de série. En intégrant la transmission au pont arrière, avec le différentiel, on a obtenu une répartition de masses presque idéale, de 51.5/48.5%.

POSITIF

+ LA CONDUITE. Le moteur ne semble jamais à court de puissance et le grognement sourd qu'il libère dès qu'on le sollicite est franchement stimulant!

+ LE FREINAGE. Nos mesures de

Un trio de haut vol!

freinage de la Corvette sont parmi les meilleures que nous ayons mesurées. Il suffit de 33 à 35 m pour immobiliser la Corvette à partir de 100 km/h. La moyenne de l'industrie se situe à 40 m.

+ LES PERFORMANCES. Avec un rapport poids/puissance de 4.27 kg/ch, les accélérations et les reprises sont musclées. La poussée est spectaculaire et grâce au différentiel autobloquant, la linéarité est parfaite.

+ LE COMPORTEMENT. Le châssis rigide et les pneus Goodyear Eagle F1 très mordants assurent un comportement remarquable sur chaussée sèche. Même en sélectionnant le réglage «confort» de la suspension active, le roulis reste limité. On atteint presque 1 G en accélération latérale, le meilleur résultat pour une voiture de série.

+ LE CONFORT. Oubliez les an-

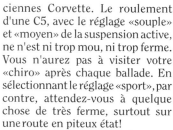

ciennes Corvette. Le roulement d'une C5, avec le réglage «souple» et «moyen» de la suspension active, ne n'est ni trop mou, ni trop ferme. Vous n'aurez pas à visiter votre «chiro» après chaque ballade. En sélectionnant le réglage «sport», par contre, attendez-vous à quelque chose de très ferme, surtout sur une route en piteux état!

+ LA CONSOMMATION. Au terme de nos essais, la consommation moyenne se chiffrait à 15 litres aux 100 km, ce qui semble presque raisonnable dans les circonstances...

+ LE CÔTÉ PRATIQUE. On peut désormais accéder au coffre de l'extérieur. Son volume utile est satisfaisant et convient à deux valises, deux sacs souples et le panneau amovible du toit. Celui-ci est assez léger pour être manipulé par une personne.

+ LA VISIBILITÉ. La surface vitrée généreuse du coupé procure une excellente visibilité vers l'avant comparativement aux anciennes Corvette. Vers l'arrière, avec la lunette étroite très inclinée et les rétroviseurs trop bas, il y a place à amélioration. La lunette arrière du cabriolet, par ailleurs, est minuscule.

+ LE PRIX. Compte tenu du rapport «PPP» (prix/puissance/performances), la Corvette s'avère un achat «raisonnable».

NÉGATIF

- LE TRAIN AVANT. Alourdi par le moteur, il va souvent en butée et requiert des corrections directionnelles. Plus le revêtement est mauvais, pire c'est!

- LE FORMAT. Longue de 4.56 m, la Corvette n'est pas facile à manoeuvrer dans les stationnements. Ironiquement, même à bord, l'espace est compté. Les personnes de forte taille ne l'apprécieront guère.

- LA GARDE-AU-SOL. Le petit filet de caoutchouc situé sous le pare-chocs avant, à 5 cm du sol, se fait souvent érafler!

- LE BRUIT. Entre 70 et 80 km/h, une fois le toit retiré, les occupants de la voiture sont exposés à des bruits de vent parasites.

- UNE LACUNE. La transmission automatique n'ayant pas d'afficheur au tableau de bord pour indiquer le rapport engagé, oblige le conducteur à souvent cesser de regarder la route.

- LES PHARES. La puissance des phares de cette voiture est nettement insuffisante. Elle devrait être dotée d'ampoules à décharge de gaz. En outre, les essuie-glace balaient le pare-brise à une vitesse beaucoup trop lente.

- LES RANGEMENTS. La boîte à gants est trop petite et les vide-poches de portes, inexistants. Quant au coffret de la console, son utilité reste symbolique: on y loge une ou deux cartes routières ou un étui de lunettes, pas plus!

TRÈS NÉGATIF

- LE STYLE. La partie arrière de la carrosserie est massive, grossière et ne correspond pas au style de l'avant. L'effort des stylistes semble s'être arrêté là!

CONCLUSION

Le confort et le côté pratique de la Corvette C5 ont nettement progressé, tout comme ses performances, mais qui peut vraiment (et légalement) en bénéficier? Reste à voir si des cohortes d'acheteurs assureront la survie de ce mythe de l'industrie automobile américaine

ÉVALUATION
CHEVROLET Corvette

CONCEPTION : 65%
Technique :	90
Sécurité :	90
Volume cabine :	15
Volume coffre :	50
Qualité/finition :	80

CONDUITE : 86%
Poste de conduite :	80
Performances :	85
Comportement :	90
Direction :	75
Freinage :	100

ÉQUIPEMENT D'ORIGINE : 79%
Pneus :	90
Phares :	75
Essuie-glace :	75
Dégivreur :	75
Radio :	80

CONFORT : 55%
Sièges :	80
Suspension :	60
Niveau sonore :	20
Commodités :	30
Climatisation :	85

BUDGET : 43%
Prix d'achat :	0
Consommation :	40
Assurance :	35
Satisfaction :	80
Dépréciation :	60

Moyenne générale : 65.6%

NOUVEAU POUR 1999

- Le modèle Hard Top qui comprend d'origine: les pneus Goodyear Eagle F1, la suspension Z51 avec le rapport de différentiel autobloquant de 3.42 et la boîte manuelle 6 vitesses.
- Le système d'affichage sur le pare-brise (Head-Up Display).
- L'ajustement électrique de la colonne de direction.
- La couleur de carrosserie Rouge Magnétique Métallisé.

MOTEURS / TRANSMISSIONS / PERFORMANCES

Modèles/ versions	Type / distribution soupapes / carburation	Cylindrée cc	Puissance ch @ tr/mn	Couple lb.pi @ tr/mn	Rapport volumét.	Roues motrices / transmissions	Rapport de pont	Accélér. 0-100 km/h s	400 m D.A. s	1000 m D.A. s	Reprise 80-120 km/h s	Freinage 100-0 km/h m	Vites. maxi. km/h	Accélér. latérale G	Niveau sonore dBA	Consommation l./100km Ville	Consommation l./100km Route	Carburant Octane
base	V8* 5.7 ACC-16-IES	5665	345 @ 5600	350 @ 4400	10.1 :1	arrière-A4*	2.73	5.3	14.0	25.3	3.5	35	270	0.95	72-80	14.0	8.7	S 91
						arrière-M6*	3.42	5.0	13.8	24.8	3.2	33	275	0.95	72	13.7	8.0	S 91

PRIX & ÉQUIPEMENTS

CHEVROLET Corvette	cpé	HT	déc.
Prix maxi $:	50 430	52 870	59 850
Prix mini $:	42 370	42 830	48 480
Transport & préparation $:	845	845	845
Boîte automatique:	S	ND	S
Régulateur de vitesse:	S	S	S
Direction assistée:	S	S	S
Système antiblocage des freins:	S	S	S
Système antipatinage:	S	S	S
Climatiseur:	SM	SM	SM
Garnitures en cuir:	S	S	S
Radio MA/MF/ Cassette:	S	S	S
Serrures électriques:	S	S	S
Lève-vitres électriques:	S	S	S
Volant ajustable:	S	S	S
Rétroviseurs ext. ajustables:	SEC	SEC	SEC
Jantes en alliage léger:	S	S	S
Système antivol:	S	S	S

Couleurs disponibles
Extérieur: Noir, Blanc, Rouge, Etain, Argent, Bleu.

Intérieur : Noir, Gris clair, Rouge, Chêne.

EN BREF...

Catégorie: coupés et cabriolets sportifs propulsés. **Classe :** S & GT.

HISTORIQUE
Inauguré en:	1953, 1963, 1968, 1984, 1997.
Fabriqué à:	Bowling Green, Kentucky, États-Unis.

PROFIL DE CLIENTÈLE
Modèle	Hom./Fem.	Âge moyen	Mariés	CEGEP	Revenus
Corvette	75/25 %	45 ans	66 %	36 %	130 000 $

INDICES
Sécurité:	90 %	Satisfaction:	80 %
Dépréciation:	40 %	Assurance:	2 150 $
Prix de revient au km:	0.85 $	Nbre de concessionnaires:	94

VENTES
Modèle	1996	1997	Résultat	Part de marché
Corvette	48	74	+ 54.2%	0.7%

PRINCIPAUX MODÈLES CONCURRENTS
BMW MZ3 , DODGE Viper, PORSCHE 911 & Boxster, MERCEDES-BENZ CLK 430, TOYOTA Supra.

ENTRETIEN REQUIS PAR LA GARANTIE
Première révision:	Fréquence:	Prise de diagnostic:
5 000 km	6 mois/10 000 km	Oui

CARACTÉRISTIQUES

Modèles	Versions	Carrosseries/ Sièges	Volume cabine l.	Volume coffre l.	Cx	Empat. mm	Long x larg x haut. mm x mm x mm	Poids à vide kg	Susp. av/ar	Freins av/ar	Direction type	Diamètre braquage b à b. m	Tours volant	Réser. essence l.	Pneus d'origine dimensions	Pneus d'origine marque	Pneus d'origine modèle	Mécanique d'origine
CHEVROLET		Garantie générale : 3 ans / 60 000 km; antipollution : 5 ans / 80 000km; perforation corrosion : 6 ans / 160 000 km.																
Corvette	coupé	cpé. 2 p.2	1459	704	0.29	2655	4566x1870x1214	1472	il/il	d/ABS	crém.ass.	12.2	2.32	75.7	av.245/45ZR17	Goodyear	Eagle F1	V8/5.7/A4
Corvette	Hard Top	cpé. 2 p.2	ND	ND	0.29	2655	4566x1870x1217	1430	il/il	d/ABS	crém.ass.	12.2	2.32	75.7		Goodyear	Eagle F1	V8/5.7/M6
Corvette	décapotable	déc. 2 p.2	ND	394	0.32	2655	4566x1870x1211	1473	il/il	d/ABS	crém.ass.	12.2	2.32	75.7	ar.275/40ZR18	Goodyear	Eagle F1	V8/5.7/A4

Les Chevrolet Lumina et Monte Carlo passent aisément inaperçues. Leur allure anonyme manque particulièrement d'éclat. À un point tel qu'elles passent pour des voitures «génériques»: de vulgaires moyens de transport, sans plus. Certes, elles remplissent parfaitement leur mandat — déplacer des gens du point A au point B — mais elles se limitent à cela. Même les versions dites sportives ne parviennent pas à faire illusion. Lorsque GM les remplacera l'an prochain en les rebaptisant Impala, on les oubliera sans peine.

GAMME

La berline Lumina et le coupé Monte Carlo sont les plus vieux modèles de la série d'intermédiaires «W» de GM, une famille qui compte également les Buick Century et Regal, l'Oldsmobile Intrigue et la Pontiac Grand Prix. Chevrolet propose la Lumina en trois livrée: de base, LS et LTZ, alors qu'il n'en existe que deux pour la Monte Carlo: LS et Z34. Le moteur de série de la Lumina et du coupé Monte Carlo LS est un V6 de 3.1L de 160 ch. Pour la berline LTZ, on peut y substituer, sur demande, le V6 de 3.8L et 200 ch qui équipe aussi la Monte Carlo Z34. Seule une transmission automatique à 4 rapports est offerte.

TECHNIQUE

La même plate-forme sert à l'ensemble de ces modèles «W». Il en va ainsi également pour les organes mécaniques, qui sont les mêmes à quelques détails près. Les Lumina et Monte Carlo ont une carrosserie monocoque en acier nettement plus rigide que celles de leurs devancières. Toutefois, avec un Cx de 0.34, leur qualité aérodynamique reste très moyenne. La suspension est indépendante aux quatre roues et utilise des jambes de force MacPherson à l'avant, alors que derrière on a recours à un système à trois bras oscillants jumelés à une jambe de force MacPherson. Il y a des freins à disque aux quatre roues et l'antiblocage est standard.

POSITIF

+ LE PRIX. Les acheteurs sont attirés par les prix alléchants des modèles de base, qui suggèrent une valeur intéressante. Toutefois, l'équipement de base est limité et dès qu'on ajoute des options, l'aspect abordable du prix s'estompe.

+ LE MOTEUR. Le «gros» V6 est désirable. Ses performances sont bonnes et son rendement, efficace puisqu'il n'a pas une consommation débridée.

Véhicule «générique»

+ L'HABITABILITÉ. Ces deux voitures ont été conçues pour transporter jusqu'à six occupants. Par contre, cinq personnes y sont plus confortables, surtout dans le coupé. Le volume des deux coffres est satisfaisant et le seuil relativement bas de chacun facilite le chargement des bagages.

+ LE CONFORT. La suspension souple des versions de base a un rendement satisfaisant, particulièrement appréciable sur l'autoroute où le niveau sonore est bas.

+ LA TRANSMISSION. La boîte automatique à quatre vitesses est parmi les plus efficaces actuellement. Elle est souple et masque bien les changements de rapports. En outre, elle procure plus de frein moteur que celui des voitures rivales chez Ford et Chrysler.

+ LE COMPORTEMENT. Les versions «sportives» LTZ et Z34 ont une suspension plus ferme et des pneus qui ont plus de mordant. On en retire une précision directionnelle supérieure.

+ L'AGRÉMENT. Les éléments mécaniques, au point et homogènes, procurent beaucoup d'agrément de conduite sur autoroute, à une vitesse de croisière.

+ LA PRÉSENTATION. Par rapport aux Lumina et Monte Carlo de la génération précédente, ces modèles-ci ont des tableaux de bord élégants plus ergonomiques et mieux organisés.

+ LA VISIBILITÉ. Des piliers «B» relativement minces et un pilier «C» échancré, sur la berline, donnent une bonne visibilité. Sur le coupé, par contre, le pilier «C» trop large bouche plus la vue de 3/4 arrière.

+ UN BON POINT : pour les commandes du tableau de bord et de la radio faciles à manipuler. De plus, un climatiseur à deux zones peut être obtenu sur demande.

NÉGATIF

- LE ROULIS. La suspension des modèles de base a un roulis prononcé lorsqu'on aborde une courbe et lors des changements de voies à haute vitesse. Cela déséquilibre le véhicule et complique la prise de virages.

- L'ESTHÉTIQUE. Les Lumina et Monte Carlo ne font jamais tourner les têtes… exception faite des Lumina coiffées de gyrophares! Pas surprenant qu'elle ne réussissent pas à rivaliser avec les autres voitures intermédiaires. Des retouches esthétiques s'imposent.

- LES SIÈGES. Le niveau de confort que procurent les sièges des modèles de base fait souhaiter de passer un minimum de temps à bord. Leur support lombaire est minimaliste et les coussins beaucoup trop mous.

- LE FREINAGE. Son efficacité n'est que moyenne, même sur la version Z34 de la Monte Carlo pourvue de disques aux quatre roues, puisque ces voitures s'arrêtent sur des distances supérieures à la moyenne de 40 m.

- LA DIRECTION. La direction est très légère car elle souffre d'une «surassistance» chronique. Elle demande beaucoup d'attention de la part du conducteur lorsque la voiture est soumise à des vents latéraux.

- LA FINITION. Aucune de ces deux voitures ne gagnera un concours de beauté avec la finition bâclée qu'elles ont et l'allure bon marché de certains matériaux utilisés à l'intérieur.

- UN MAUVAIS POINT. Les modèles de base paraissent dégarnis avec leur instrumentation minimaliste. De plus, le manque d'espace de rangement dans l'habitacle représente une sérieuse négligence de la part des créateurs. Enfin, les phares sont peu puissants et les essuie-glace, comme la ventilation demandent à être améliorés.

CONCLUSION

Mais voilà, GM se souciera-t-elle de ces commentaires? Sûrement pas. La Lumina et la Monte Carlo sont condamnées à demeurer tel quel, puisqu'elles sont condamnées, la Lumina tout particulièrement, à une existence quasi fantomatique de véhicule générique, sans odeur et sans saveur…

ÉVALUATION
CHEVROLET Lumina-Monte Carlo

CONCEPTION : 76%
Technique :	75
Sécurité :	90
Volume cabine :	70
Volume coffre :	70
Qualité/finition :	75

CONDUITE : 63%
Poste de conduite :	70
Performances :	60
Comportement :	60
Direction :	70
Freinage :	55

ÉQUIPEMENT D'ORIGINE : 71%
Pneus :	70
Phares :	75
Essuie-glace :	70
Dégivreur :	70
Radio :	70

CONFORT : 72%
Sièges :	65
Suspension :	75
Niveau sonore :	70
Commodités :	70
Climatisation :	80

BUDGET : 57%
Prix d'achat :	50
Consommation :	60
Assurance :	50
Satisfaction :	75
Dépréciation :	50

Moyenne générale: 67.8%

NOUVEAU POUR 1999

• La nouvelle teinte Pourpre de la carrosserie.

MOTEURS / TRANSMISSIONS / PERFORMANCES

Modèles/versions	Type / distribution soupapes / carburation	Cylindrée cc	Puissance ch @ tr/mn	Couple lb.pi @ tr/mn	Rapport volumét.	Roues motrices / transmissions	Rapport de pont	Accélér. 0-100 km/h s	400 m D.A. s	1000 m D.A. s	Reprise 80-120 km/h s	Freinage 100-0 km/h m	Vites. maxi. km/h	Accélér. latérale G	Niveau sonore dBA	Consommation Ville	Consommation Route l./100km	Carburant Octane
1)	V6* 3.1 ACC-12-IES	3135	160 @ 5200	185 @ 4000	9.6 :1	avant - A4*	3.29	9.8	17.0	30.8	6.8	43	165	0.77	67	12.3	7.8	R 87
2)	V6 3.8 ACC-12-IES	3791	200 @ 5200	225 @ 4000	9.4 :1	avant - A4*	3.29	8.6	16.4	29.6	6.1	44	175	0.78	66	12.4	7.5	R 87

1) base, LS 2) base Z34 & Z34

PRIX & ÉQUIPEMENTS

CHEVROLET Lumina	ber.	base	LS	LTZ		
CHEVROLET Monte Carlo	cpe.				LS	Z34
Prix maxi $:		22 329	23 749	25 270	24 715	26 145
Prix mini $:		19 655	20 905	22 240	21 755	23 010
Transport & préparation $:		810	810	810	720	720
Boîte automatique:		S	S	S	S	S
Régulateur de vitesse:		O	O	O	O	S
Direction assistée:		S	S	S	S	S
Système antiblocage des freins:		S	S	S	S	S
Système antipatinage:		-	-	-	-	-
Climatiseur:		S	S	S	S	S
Garnitures en cuir:		-	O	O	O	O
Radio MA/MF/ Cassette:		O	S	S	S	S
Serrures électriques:		S	S	S	S	S
Lève-vitres électriques:		O	S	S	S	S
Volant ajustable:		S	S	S	S	S
Rétroviseurs ext. ajustables:		SM	SE	SE	SE	SE
Jantes en alliage léger:		S	O/S	S	O	S
Système antivol:		S	S	S	S	S

Couleurs disponibles
Extérieur: Blanc, Bleu, Noir, Jade, Bois d'épave, Rouge, Auburn, Étain.
Intérieur : Bleu, Gris moyen, Neutre, Rouge Rubis.

EN BREF...

Catégorie:	berlines et coupés Intermédiaires tractés.
Classe :	5

HISTORIQUE
Inauguré en:	1995
Fabriqué à:	Oshawa, Ontario, Canada.

PROFIL DE CLIENTÈLE
Modèle	Hom./Fem.	Âge moyen	Mariés	CEGEP	Revenus
Lumina	75/25%	59 ans	82%	23%	47 000 $
Monte Carlo	70/30%	46 ans	68%	35%	67 000 $

INDICES
Sécurité:	L : 90 % MC : 80 %
Satisfaction:	77 %
Dépréciation:	50 %
Assurance:	L : 835$ MC : 965 $
Prix de revient au km:	L : 0.43$ MC : 0.45$
Nbre de concessionnaires:	94

VENTES
Modèle	1996	1997	Résultat	Part de marché
Lumina/MC	4 724	3 727	- 21.1 %	9.1 %

PRINCIPAUX MODÈLES CONCURRENTS
Lumina : CHRYSLER Concorde & Intrepid, FORD Taurus, MERCURY Sable, TOYOTA Camry.
Monte Carlo : CHRYSLER Sebring, DODGE Avenger.

ENTRETIEN REQUIS PAR LA GARANTIE
Première révision:	Fréquence:	Prise de diagnostic:
5 000 km	10 000 km	Oui

CARACTÉRISTIQUES

Modèles	Versions	Carrosseries/ Sièges	Volume cabine l.	Volume coffre l.	Cx	Empat. mm	Long x larg x haut. mm x mm x mm	Poids à vide kg	Susp. av/ar	Freins av/ar	Direction type	Diamètre braquage m b à b.	Tours volant	Réser. essence l.	Pneus d'origine dimensions	Pneus d'origine marque	Pneus d'origine modèle	Mécanique d'origine
CHEVROLET		Garantie générale : 3 ans / 60 000 km; antipollution: 5 ans / 80 000km; perforation corrosion: 6 ans / 160 000 km, assistance routière 24 h.																
Lumina	base	ber. 4 p.5	2853	440	0.33	2730	5104x1841x1402	1511	ih/ih	d/t/ABS	crém.ass.	11.2	2.60	62.8	205/70R15	BF Goodrich	Touring T/A	V6/3.1/A4
Lumina	LS	ber. 4 p.5	2853	440	0.33	2730	5104x1841x1402	1531	ih/ih	d/t/ABS	crém.ass.	11.2	2.26	62.8	225/60R16	BF Goodrich	Touring T/A	V6/3.1/A4
Lumina	LTZ	ber. 4 p.5	2853	440	0.33	2730	5104x1841x1402	1551	ih/ih	d/t/ABS	crém.ass.	11.9	2.26	62.8	225/60R16	Goodyear	Eagle RS-A	V6/3.8/A4
Monte Carlo	LS	cpé. 2 p.5	2728	440	0.34	2730	5098x1841x1367	1470	ih/ih	d/t/ABS	crém.ass.	11.2	2.60	62.8	205/70R15	BF Goodrich	Touring T/A	V6/3.1/A4
Monte Carlo	Z34	cpé. 2 p.5	2728	440	0.33	2730	5098x1841x1367	1559	ih/ih	d/t/ABS	crém.ass.	11.9	2.26	62.8	225/60R16	Goodyear	Eagle RS-A	V6/3.8/A4

La Malibu a été conçue pour attirer les acheteurs de Camry et de Accord, rien de moins. Comparativement à une Lumina, c'est le jour et la nuit! Il s'agit d'une berline pratique, moderne et bien équipée. Le nom n'est peut-être pas nouveau, mais il n'a rien de commun avec la Malibu d'antan, pas plus d'ailleurs qu'avec la Chevrolet Corsica qu'elle a remplacée. L'arrivée de la Malibu a marqué chez GM le début d'une nouvelle ère de définition des produits plus ciblés sur la concurrence asiatique.

GAMME

La Malibu est une berline à quatre portes proposée en deux versions: de base et LS. Le moteur quatre cylindres Twin Cam de 2.4L, qu'on retrouve sur les Cavalier Z24, équipe la Malibu de base. La Malibu LS a, quant à elle, un V6 de 3.1L qui développe autant de puissance que le quatre cylindres (150 ch), mais avec plus de souplesse. Une transmission automatique à quatre rapports et à gestion électronique, complète le portrait technique. Le modèle de base a un équipement très complet comprenant des roues de 15 pouces, un climatiseur à commande manuelle, une colonne de direction réglable et un système antiblocage. Pour sa part, la LS reçoit en plus des phares antibrouillards, un télé déverrouillage, un régulateur de vitesse, des rétroviseurs à réglage électrique, des lève-vitres électriques, un siège ajustable dans six sens pour le conducteur, des jantes d'alliage, des sièges baquets à l'avant et une banquette arrière à dossier rabattable 60/40.

TECHNIQUE

La Malibu utilise la nouvelle plate-forme «P90» que partagent les nouveaux modèles «N» de GM, la Grand Am et l'Alero. Les dimensions extérieures de la Malibu l'assimilent à une Toyota Camry, alors que son volume utile la situe entre la Ford Taurus et la Camry. Pourtant, la Malibu n'est qu'une grande compacte, pas une intermédiaire! Sa carrosserie monocoque a des panneaux en acier galvanisé de chaque côté et son architecture est particulièrement rigide. Toutefois, les formes profilées de sa carrosserie masquent bien son coefficient aérodynamique moyen de 0.32. La suspension est indépendante aux quatre roues. Devant, on trouve des jambes de force MacPherson et, à l'arrière, trois bras oscillants. Il y a des barres antiroulis devant et derrière. Les freins mixtes sont dotés d'un

Anti-nipponne

antiblocage de quatrième génération sur les deux versions. Les moteurs développent tous deux 150 ch, mais le V6 produit 25 lb.pi de couple de plus à un régime inférieur.

POSITIF

+ LA VALEUR. La Malibu offre beaucoup pour le prix demandé, ce qui la rend très concurrentielle face aux voitures asiatiques, qui offrent souvent moins pour plus d'argent. Toutefois son équipement a été sélectionné afin de la différencier des autres versions.

+ L'ESTHÉTIQUE. La ligne élégante et moderne de cette berline se compare favorablement à celle de ses rivales nippones et nord-américaines.

+ LA LOGEABILITÉ. L'habitacle spacieux peut accueillir jusqu'à cinq personnes avec beaucoup de confort. De plus, le grand coffre modulable peut aisément engouffrer tous leurs bagages.

+ LES PERFORMANCES. Compte tenu du poids de cette berline, ses moteurs procurent d'excellentes accélérations et reprises. Ils se distinguent, toutefois, par leur couple respectif. Le moteur V6, naturellement plus vif, anime agréablement la Malibu.

+ LE CONFORT. La suspension absorbe admirablement bien les défauts du revêtement, alors que les sièges offrent un soutien honnête. De plus, le niveau sonore à vitesse de croisière est convenable. Difficile de demander mieux!

+ LE COMPORTEMENT. La Malibu a un comportement routier sain, malgré ses pneus qui sont de qualité moyenne. Elle aborde les virages sans s'incliner et permet de

réaliser des manoeuvres d'évitement avec aisance.

+ L'ASPECT PRATIQUE. À l'inverse de la Lumina, la Malibu a de nombreux espaces de rangement à l'avant: une boîte à gants de grand format, des vide-poches de portières, un coffret sur la console centrale et des porte-gobelets dont un à gauche du volant.

+ LA PRÉSENTATION. La finition est soignée et les matériaux employés, généralement de belle facture, surtout par rapport à certains autres produits de la marque. Chevrolet a visiblement voulu réaliser une automobile comparable à ses rivales.

NÉGATIF

- LE BRUIT. L'isolation acoustique est perfectible, puisqu'elle laisse filtrer, à l'accélération, le bruit des moteurs qui ne sont pas de première jeunesse et des bruits de suspension engendrés par les revêtements de mauvaise qualité.

- LE FREINAGE. Bien qu'il soit endurant et facile à doser, les distances d'arrêt sont nettement plus longues que la moyenne de la catégorie. La médiocre qualité des plaquettes semblent être en cause, car elles s'usent assez rapidement.

- LA TRANSMISSION. Il arrive parfois que la transmission automatique ait des réactions inattendues lors du passage des vitesses, et cela avec les deux moteurs. Elle donne l'impression de ne pas savoir sur quel rapport se brancher et il en résulte des à-coups désagréables.

- LES RANGEMENTS. Ils font cruellement défaut aux places arrière où les occupants ne disposent en tout et partout que de deux porte-gobelets.

- À REVOIR. Le plastique utilisé pour les garnitures de portes, de même que le simili bois du tableau de bord, détonnent avec la qualité de l'ensemble des autres matériaux qu'on retrouve dans l'habitacle. L'absence des poignées de maintien au pavillon et de repose-pied pour le conducteur dénote une certaine mesquinerie.

CONCLUSION

General Motors a définitivement changé sa façon de travailler. En cherchant à imiter les produits asiatiques, elle tente de placer sa Malibu dans le peloton de tête des modèles compacts, qui sont parmi les plus populaires du moment. Il est rassurant de constater que le géant américain est encore capable de nous réserver d'agréables surprises dans cette période troublée de son histoire.

ÉVALUATION CHEVROLET Malibu

CONCEPTION : 74%
Technique : 75
Sécurité : 80
Volume cabine : 70
Volume coffre : 70
Qualité/finition : 75

CONDUITE : 60%
Poste de conduite : 80
Performances : 50
Comportement : 50
Direction : 80
Freinage : 40

ÉQUIPEMENT D'ORIGINE : 79%
Pneus : 75
Phares : 80
Essuie-glace : 80
Dégivreur : 80
Radio : 80

CONFORT : 70%
Sièges : 75
Suspension : 75
Niveau sonore : 50
Commodités : 65
Climatisation : 85

BUDGET : 65%
Prix d'achat : 55
Consommation : 70
Assurance : 70
Satisfaction : 80
Dépréciation : 50

Moyenne générale : 69.6%

NOUVEAU POUR 1999

- La nouvelle teinte de carrosserie Bronze.

MOTEURS / TRANSMISSIONS / PERFORMANCES

Modèles/ versions	Type / distribution soupapes / carburation	Cylindrée cc	Puissance ch @ tr/mn	Couple lb.pi @ tr/mn	Rapport volumét.	Roues motrices / transmissions	Rapport de pont	Accélér. 0-100 km/h s	400 m D.A. s	1000 m D.A. s	Reprise 80-120 km/h s	Freinage 100-0 km/h m	Vites. maxi. km/h	Accélér. latérale G	Niveau sonore dBA	Consommation l./100km Ville	Route	Carburant Octane
base	L4* 2.4 DACT-16-IES	2392	150 @ 6000	155 @ 4400	9.5 :1	avant - A4	3.42	10.0	17.2	31.0	6.9	42	170	0.75	68	11.3	7.2	R 87
LS	V6* 3.1 ACC-12-IES	3135	150 @ 4800	180 @ 3200	9.6 :1	avant - A4	3.05	9.5	16.5	30.4	6.6	44	180	0.75	67	12.3	7.8	R 87

PRIX & ÉQUIPEMENTS

CHEVROLET Malibu	base	LS
Prix maxi $:	20 895	24 045
Prix mini $:	18 390	21 160
Transport & préparation $:	720	720
Boîte automatique:	S	S
Régulateur de vitesse:	O	S
Direction assistée:	S	S
Système antiblocage des freins:	S	S
Système antipatinage:	-	-
Climatiseur:	SM	SM
Garnitures en cuir:	-	O
Radio MA/MF/ Cassette:	O	S
Serrures électriques:	O	S
Lève-vitres électriques:	O	S
Volant ajustable:	S	S
Rétroviseurs ext. ajustables:	O	S
Jantes en alliage léger:	S	S
Système antivol:	S	S

Couleurs disponibles
Extérieur: Blanc, Argent métallisé, Bleu, Noir, Cerise, Beige, Sable, Vert jade, Malachite Bronze.
Intérieur: Neutre, Chêne, Gris moyen, Gris clair.

EN BREF...

Catégorie:	compactes tractées	Classe : 4

HISTORIQUE
Inauguré en: 1997
Fabriqué à: Wilmington, Delaware & Oklahoma City, Oklahoma, États-Unis.

PROFIL DE CLIENTÈLE

Modèle	Hom./Fem.	Âge moyen	Mariés	CEGEP	Revenus
Malibu	ND				

INDICES
Sécurité: 80%   Satisfaction: 82%
Dépréciation: 50 %   Assurance: 835 $
Prix de revient au km: 0.43 $ Nbre de concessionnaires: 94

VENTES

Modèle	1996	1997	Résultat	Part de marché
Malibu	-	3 294		10.0%

PRINCIPAUX MODÈLES CONCURRENTS
CHRYSLER Cirrus, DODGE Stratus, FORD Contour, HONDA Accord, HYUNDAI Sonata, MAZDA 626, MERCURY Mystique, NISSAN Altima, PLYMOUTH Breeze, SUBARU Legacy, TOYOTA Camry et VOLKSWAGEN Passat.

ENTRETIEN REQUIS PAR LA GARANTIE
Première révision: 5 000 km   Fréquence: 10 000 km   Prise de diagnostic: Oui

CARACTÉRISTIQUES

Modèles	Versions	Carrosseries/ Sièges	Volume cabine l.	Volume coffre l.	Cx	Empat. mm	Long x larg x haut. mm x mm x mm	Poids à vide kg	Susp. av/ar	Freins av/ar	Direction type	Diamètre braquage b à b. m	Tours volant	Réser. essence l.	Pneus d'origine dimensions	marque	modèle	Mécanique d'origine
CHEVROLET	Garantie générale: 3 ans / 60 000 km; antipollution: 5 ans / 80 000km; perforation corrosion: 6 ans / 160 000 km, assistance routière 24 h.																	
Malibu	base	ber. 4 p. 4/5	2799	466	0.32	2718	4836x1763x1433	1384	ih/ih	d/t/ABS	crém.ass	11.1	2.9	56.8	215/60R15	Firestone	Affinity	L4/2.4/A4
Malibu	LS	ber. 4 p. 4/5	2799	466	0.32	2718	4836x1763x1433	1396	ih/ih	d/t/ABS	crém.ass	11.1	2.9	56.8	215/60R15	Firestone	Affinity	V6/3.1/A4

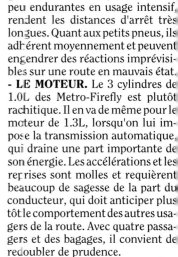

Le marché automobile laisse peu de place, aujourd'hui, aux mini super-économiques. Une signe des temps! Les locations à long-terme alléchantes rendent les gros 4x4 et les mini-fourgonnettes beaucoup plus désirables que les puces. Ils La rumeur veut, d'ailleurs, que GM soit sur le point de retirer les Metro-Firefly de sa gamme, étant donné le volume de ventes limité. Suzuki emboîterait-elle le pas?

GAMME

À la base, la Metro (ex-Geo), la Firefly et la Swift sont identiques. Elles se distinguent par leur finition et les moteurs offerts. La Swift est désormais offerte uniquement avec le coupé à hayon DLX et le moteur 4 cylindres de 1.3L. GM, pour sa part, offre encore des coupés et des berlines 4 portes, tant chez Chevrolet que chez Pontiac. Le coupé est encore pourvu du moteur 3 cylindres de 1.0L, alors que le 4 cylindres 1.3L équipe la berline. Ce dernier est toutefois disponible en option sur le coupé. La transmission de série est une manuelle à 5 vitesses, alors qu'une automatique à 3 rapports fait partie des options. De par leur nature économique, ces véhicules ont un équipement restreint, qui comprend néanmoins deux coussins gonflables et des essuie-glace à balayage intermittent. La radio, le climatiseur et l'antiblocage sont optionnels pour tous les modèles, alors qu'une servodirection est offerte pour les berlines Metro et Firefly.

TECHNIQUE

Ces petites voitures à carrosserie monocoque en acier sont évidemment très légères. Malgré leurs formes fuselées, elles n'offrent qu'une finesse aérodynamique moyenne, qui a finalement peu d'importance en regard de leur poids et de leurs performances. Elles possèdent une suspension indépendante aux quatre roues qui utilise des jambes de force MacPherson avec des leviers triangulés et une barre stabilisatrice à l'avant. À l'arrière, on a recours à des jambes MacPherson jumelés à des leviers triangulés obliques, des leviers transversaux et une barre stabilisatrice. Le freinage est assuré par des disques et des tambours mais dépourvu d'ABS. La direction à crémaillère n'est pas assistée et de petits pneus de 13 pouces chaussent les jantes d'acier. Les moteurs de ces voitures sont les plus petits du marché automobile nord-américain.

Pièges à mouches...

POSITIF

+ LE RENDEMENT. Ces petites voitures sont économiques à l'usage. Leur consommation est la plus faible des véhicules vendus au pays. Toutefois, la prime d'assurance imposée pour cette voiture équivaut à celle d'une sous-compacte, pourtant plus volumineuse.

+ LA STRUCTURE. Elle est plus rigide qu'elle ne l'était sur les versions antérieures. De plus, des poutres de renfort ont été ajoutées dans les portes et deux coussins gonflables font partie de l'équipement de série.

+ LA TENUE DE ROUTE. L'adoption de pneus de 13 pouces et le poids plus étoffé des derniers modèles contribuent à rendre leur tenue de route plus rassurante.

+ SON ALLURE. À la fois amusante et élégante elle rend ces véhicules particulièrement désirables, surtout la berline qui paraît même plus généreuse qu'elle ne l'est réellement.

+ L'HABITABILITÉ. Quatre adultes peuvent prendre place dans la berline et voyager dans un confort relatif.

+ LA MANIABILITÉ. La conduite est véritablement amusante car ces mini voitures sont très maniables et elles se moquent bien de la congestion du centre-ville où elles se faufilent joyeusement et sont les plus faciles à garer.

NÉGATIF

- LA SÉCURITÉ. Une si petite voiture demeure, tout de même, vulnérable lors d'une collision avec un véhicule plus lourd, en raison de son format, de la minceur des tôles et de la fragilité relative de sa structure.

- LE FREINAGE. En situation d'urgence, les freins ont tendance à bloquer. Bizarre que l'antiblocage ne soit pas optionnel! En outre, les garnitures de freins, plutôt frêles et peu endurantes en usage intensif, rendent les distances d'arrêt très longues. Quant aux petits pneus, ils adhèrent moyennement et peuvent engendrer des réactions imprévisibles sur une route en mauvais état.

- LE MOTEUR. Le 3 cylindres de 1.0L des Metro-Firefly est plutôt rachitique. Il en va de même pour le moteur de 1.3L, lorsqu'on lui impose la transmission automatique, qui draine une part importante de son énergie. Les accélérations et les reprises sont molles et requièrent beaucoup de sagesse de la part du conducteur, qui doit anticiper plus tôt le comportement des autres usagers de la route. Avec quatre passagers et des bagages, il convient de redoubler de prudence.

- LA DIRECTION. Ces voitures sont sensibles aux vents latéraux. De plus, leur direction imprécise réagit mal aux défauts du revêtement, particulièrement aux ornières longitudinales que creusent les camions lourds dans l'asphalte.

- LE CONFORT. Naturellement, la suspension de ces voitures est plutôt ferme et ses réactions la font parfois sautiller. L'habitacle de la berline peut accueillir quatre adultes, certes, mais il n'est pas moins étroit pour autant. Il ne faut pas être gêné par la promiscuité. L'accès aux places arrière sur le coupé, n'est pas un point fort de ces pièges à mouches...

- LE CHOIX. La gamme de ces modèles a été simplifiée et elles n'offrent plus qu'un seul niveau de finition.

- L'APPARENCE. Le niveau de finition est rudimentaire, surtout sur les Chevrolet et les Pontiac. Les matériaux utilisés dans l'habitacle donnent l'allure d'un produit bon marché tout comme certains composants comme les pneus, entre autres.

- LE COFFRE. L'aire de chargement du hatchback est très petite lorsque la banquette est occupée. Par contre, on triple son volume en escamotant cette banquette arrière.

CONCLUSION

Voitures citadines par excellence, ces mini brillent par l'habitabilité de la berline et la polyvalence du coupé à hayon. Elles sont avares en carburant et sont d'une maniabilité diabolique. Toutefois, il suffit de circuler aux côtés d'un camion semi-remorque pour se rendre compte que le niveau de sécurité qu'elles assurent est très relatif...

ÉVALUATION
Metro-Firefly

CONCEPTION :		62%
Technique :	75	
Sécurité :	80	
Volume cabine :	50	
Volume coffre :	35	
Qualité/finition :	70	

CONDUITE :		46%
Poste de conduite :	70	
Performances :	20	
Comportement :	45	
Direction :	65	
Freinage :	30	

ÉQUIPEMENT D'ORIGINE :		69%
Pneus :	65	
Phares :	75	
Essuie-glace :	75	
Dégivreur :	70	
Radio :	60	

CONFORT :		57%
Sièges :	60	
Suspension :	60	
Niveau sonore :	40	
Commodités :	50	
Climatisation :	75	

BUDGET :		72%
Prix d'achat :	90	
Consommation :	70	
Assurance :	80	
Satisfaction :	70	
Dépréciation :	50	

Moyenne générale :		**61.2%**

NOUVEAU POUR 1999

- Les deux nouvelles teintes de carrosserie Vert Foncé Métallisé et Argent Métallisé.

MOTEURS / TRANSMISSIONS / PERFORMANCES

Modèles/ versions	Type / distribution soupapes / carburation	Cylindrée cc	Puissance ch @ tr/mn	Couple lb.pi @ tr/mn	Rapport volumét.	Roues motrices / transmissions	Rapport de pont	Accélér. 0-100 km/h s	400 m D.A. s	1000 m D.A. s	Reprise 80-120 km/h s	Freinage 100-0 m	Vites. maxi. km/h	Accélér. latérale G	Niveau sonore dBA	Consommation Ville l./100km	Route	Carburant Octane
1)	L3* 1.0 SACT-6-IE	993	55 @ 5700	58 @ 3300	9.5 :1	avant - M5*	4.39	14.3	19.3	37.2	13.5	46	145	0.75	70	5.4	4.3	R 87
2)	L4* 1.3 SACT-16-IEPM	1299	79 @ 6000	75 @ 3000	9.5 :1	avant - M5*	3.79	13.2	18.8	36.4	11.8	49	160	0.75	68	6.4	4.9	R 87
						avant - A3	3.61	14.0	19.5	37.5	13.0	48	150	0.75	68	7.7	6.3	R 87

1) Metro & Firefly 2 p.   2) Metro-Firefly 2 p. LSi et 4 p.LSi

PRIX & ÉQUIPEMENTS

CHEVROLET Metro PONTIAC Firefly	2 p.	2 p. LSi	4 p. LSi
Prix maxi $:	10 690	-	11 680
Prix mini $:	9 730	-	10 630
Transport & préparation $:	545	545	545
Boîte automatique:	-	O	O
Régulateur de vitesse:	-	-	-
Direction assistée:	-	-	O
Système antiblocage des freins:	O	O	O
Système antipatinage:	-	-	-
Climatiseur:	O	O	O
Garnitures en cuir:	-	-	-
Radio MA/MF/ Cassette:	O	O	O
Serrures électriques:	-	-	O
Lève-vitres électriques:	-	-	-
Volant ajustable:	-	-	-
Rétroviseurs ext. ajustables:	SM	SM	SM
Jantes en alliage léger:	-	-	-
Système antivol:	-	-	-

Couleurs disponibles
Extérieur: Noir, Blanc, Rouge, Bleu, Vert, Or, Argent.

Intérieur: Gris.

EN BREF...

Catégorie: coupés et berlines mini-compactes tractées.   **Classe :** 2

HISTORIQUE
Inauguré en: 1987,1995.
Fabriqué à: Ingersoll, Ontario, Canada.

PROFIL DE CLIENTÈLE

Modèle	Hom./Fem.	Âge moyen	Mariés	CEGEP	Revenus
Metro/Firefly	53/47 %	36 ans	46 %	28 %	36 000 $

INDICES
Sécurité:	70 %	Satisfaction:	82 %
Dépréciation:	47 %	Assurance:	750 $
Prix de revient au km:	0.35 $	Nbre de concessionnaires:	94

VENTES
Modèle	1996	1997	Résultat	Part de marché
Metro/Firefly	3 776	2 742	- 27.4 %	1.9 %

PRINCIPAUX MODÈLES CONCURRENTS
HYUNDAI Accent 3 p.

ENTRETIEN REQUIS PAR LA GARANTIE
Première révision:	Fréquence:	Prise de diagnostic:
5 000 km	10 000 km	Non

CARACTÉRISTIQUES

Modèles	Versions	Carrosseries/ Sièges	Volume cabine l.	Volume coffre l.	Cx	Empat. mm	Long x larg x haut. mm x mm x mm	Poids à vide kg	Susp. av/ar	Freins av/ar	Direction type	Diamètre braquage m b à b.	Tours volant	Réser. essence l.	dimensions	Pneus d'origine marque	modèle	Mécanique d'origine
CHEVROLET		Garantie générale: 3 ans / 80 000 km; corrosion perforation: 5 ans / kilométrage illimité.Dépannage 24 heures.																
Metro	base	cpé. 3 p. 4	2436	238	0.33	2365	3795x1590x1389	860	ih/ih	d/t	crém.	9.60	3.7	39.0	155/80R13	Goodyear	Invicta GL	L3/1.0/M5
Metro	LSi	ber. 4 p. 4	2567	292	0.34	2365	4166x1590x1407	900	ih/ih	d/t	crém.	9.60	3.7	39.0	155/80R13	Goodyear	Invicta GL	L4/1.3/M5
PONTIAC		Garantie générale: 3 ans / 80 000 km; corrosion perforation: 5 ans / kilométrage illimité.Dépannage 24 heures.																
Firefly	base	cpé. 3 p. 4	2436	238	0.33	2365	3795x1590x1389	860	ih/ih	d/t	crém.	9.60	3.7	39.0	155/80R13	Goodyear	Invicta GL	L3/1.0/M5
Firefly	ber. 4 p. 4	2567	292	0.34	2365	4166x1590x1407	900	ih/ih	d/t	crém.	9.60	3.7	39.0	155/80R13	Goodyear	Invicta GL	L4/1.3/M5

L'apparition d'une nouvelle Dodge Dakota en 1997 a causé un recul dans les ventes des camionnettes S10 et Sonoma. Elles sont désormais classées troisième, derrière la Ford Ranger et la Dakota. Pourtant, ce recul important est survenu après l'introduction de versions rafraîchies qui avaient gagné, entre autres, une troisième porte pour la cabine allongée. Il faut croire qu'à prix comparable, le côté intermédiaire de la Dakota et surtout sa présentation attirante sont des éléments dont GM devra tenir compte.

En perte de vitesse

GAMME
La S10 et la Sonoma sont identiques à quelques détails près. Elles sont offertes en versions 4x2 et 4x4, avec cabine normale ou allongée, une boîte longue, courte ou de type «Sportside» avec marchepieds. Chevrolet et GMC les proposent en trois niveaux de finition: de base, LS et SS/ZR2, pour la première; SL, SLS et SLE, pour la seconde. Les versions 4x2 ont un 4 cylindres de 2.2L et 120 ch en guise de moteur de base; les 4x4 ont un V6 Vortec de 4.3L et 180 ch. Il existe d'autres versions de ce moteur, dont une de 190 ch offerte pour les 4x4, et une autre de 175 ch destinée aux 4x2. Ces camionnettes n'ont pas un équipement particulièrement bien garni. Les 4x2 sont livrés avec une direction assistée, un antiblocage aux quatre roues et des essuie-glace intermittents. Les 4x4 bénéficient, en plus, de quatre freins à disque.

TECHNIQUE
La carrosserie est faite d'acier galvanisé sur les deux faces, sauf pour le pavillon et le panneau de caisse avant. Elle repose sur un châssis à longerons à cinq traverses. Le boîtier de transfert «InstaTrac» n'est pas en prise constante, toutefois on peut l'embrayer à la volée. Le couple du moteur est alors réparti à 35% aux roues avant et à 65% aux roues arrière. La suspension indépendante avant utilise des ressorts hélicoïdaux pour les 4x2 et des ressorts de torsion pour les 4x4. À l'arrière, l'essieu rigide est suspendu par des ressorts à lames. Les modèles 4x2 ont des freins mixtes, alors que les 4x4 ont quatre freins à disque. De plus, la direction à circulation de billes a une assistance variable.

POSITIF
+ LE CHOIX. La grande variété de modèles et de niveaux de finition assure tout acheteur de trouver un véhicule satisfaisant ses besoins.

+ LE MOTEUR V6. Le moteur V6 est plus performant que celui des marques concurrentes. Ses accélérations et ses reprises se comparent à celles d'une voiture de tourisme.

+ LE CONFORT. Grâce à un meilleur réglage de la suspension, même avec une caisse vide, cette camionnette offre un roulement agréable. Même la suspension des 4x4 rebondit moins, et ce malgré de gros pneus. À l'intérieur, les sièges baquets sont moulants et bien rembourrés. De plus, l'insonorisation est satisfaisante. L'habitacle allongée convient à deux adultes et, derrière, à deux enfants qui prennent place sur de petits strapontins qui se déploient transversalement.

+ LE COMPORTEMENT. Le châssis et la caisse rigides favorisent une tenue de route compétente lorsque le revêtement est en bon état.

Ailleurs il se dégrade rapidement et oblige souvent à lever le pied, surtout sur les versions 4x4 dont la suspension est plus ferme et les pneus plus gros.

+ PRATIQUE. Le système «InstaTrac» qui distribue automatiquement la puissance disponible aux roues possédant une bonne adhérence, ce qui maximise le rendement sur terrain difficile.

+ LA QUALITÉ. Par rapport aux modèles des années passées, la qualité d'ensemble gagne des points. L'assemblage semble plus homogène, la finition, plus soignée, et la qualité des matériaux est à la hausse.

+ LA 3e PORTE! La troisième porte, du côté conducteur, fait partie de l'équipement de série des modèles à cabine allongée. Elle facilite l'embarquement des passagers ou le chargement de colis à l'arrière.

+ LE PRIX. Ces véhicules sont offerts à des prix alléchants. Toutefois, l'équipement de base est souvent limité.

+ LE STYLE. Les S10 et Sonoma sont élégants; les versions sport et 4x4 font tourner les têtes, surtout les Sportside avec leurs ailes arrière renflées.

NÉGATIF
- LA CONSOMMATION. Les moteurs V6 ne sont pas particulièrement économiques à utiliser à cause, entre autres, de leurs fortes cylindrées et du poids élevé des véhicules (1650 kg). Si la consommation est une priorité pour vous, le 4 cylindres vous conviendra peut-être davantage. Toutefois, n'oubliez pas qu'il a été conçu pour des travaux légers.

- LE NIVEAU SONORE. L'insonorisation fait défaut pour les modèles à moteur 4 cylindres. Les occupants sont exposés à une cacophonie composée de bruits de roulement et des vociférations du moteur, lorsqu'il accélère.

- LA GARDE AU SOL. Les S10/Sonoma 4X4 sont plus limitées que certaines de leurs rivales pour franchir des obstacles parce que dans certains cas leur garde au sol est d'à peine 191 mm (7.9 ").

- LE FREINAGE. Le freinage n'est pas progressif et son efficacité s'avère moyenne lors d'arrêts d'urgence. Heureusement, l'antiblocage compense en apportant une stabilité accrue. En outre, les garnitures paraissent plus endurantes que sur les versions antérieures.

- LES SIÈGES. Les modèles de base à cabine régulière ont une banquette peu confortable, qui n'offre ni maintien latéral, ni support lombaire. Quant aux strapontins, considérez-les comme des outils de dépannage.

- LE CÔTÉ PRATIQUE. Il y a une très petite boîte à gants et les versions plus chères seulement ont droit à des vide-poches de portière et à un coffret de console.

- À REVOIR. GM devrait repenser certains accessoires comme le levier multifonction, situé à gauche du volant, qui combine beaucoup trop de fonctions.

CONCLUSION
L'effet de la nouveauté a une grande influence sur la popularité des camionnettes compactes, comme le démontre le recul observé dans les ventes de ces modèles, depuis l'arrivée de la nouvelle génération de Dodge Dakota. Après tout, le succès de ce genre de véhicule dépend des tendances de la mode...

ÉVALUATION
CHEVROLET-GMC S10 - Sonoma

CONCEPTION :   61%
Technique :	75
Sécurité :	60
Volume cabine :	60
Volume coffre :	40
Qualité/finition :	70

CONDUITE :   54%
Poste de conduite :	80
Performances :	45
Comportement :	40
Direction :	75
Freinage :	30

ÉQUIPEMENT D'ORIGINE :   71%
Pneus :	70
Phares :	75
Essuie-glace :	70
Dégivreur :	-
Radio :	70

CONFORT :   62%
Sièges :	65
Suspension :	70
Niveau sonore :	45
Commodités :	50
Climatisation :	80

BUDGET :   52%
Prix d'achat :	45
Consommation :	40
Assurance :	45
Satisfaction :	75
Dépréciation :	55

Moyenne générale: 60.0%

NOUVEAU POUR 1999

- La niveau de finition Xtreme.
- Les améliorations de la transmission automatique.
- Les rétroviseurs extérieurs plus grands et repliables.
- Le système de sécurité standard.
- Les trois nouvelles teintes de carrosserie : Or, Vert et Rouge.

MOTEURS / TRANSMISSIONS / PERFORMANCES

Modèles/versions	Type / distribution soupapes / carburation	Cylindrée cc	Puissance ch @ tr/mn	Couple lb.pi @ tr/mn	Rapport volumét.	Roues motrices / transmissions	Rapport de pont	Accélér. 0-100 km/h s	400 m D.A. s	1000 m D.A. s	Reprise 80-120 km/h s	Freinage 100-0 km/h m	Vites. maxi. km/h	Accélér. latérale G	Niveau sonore dBA	Consommation Ville l./100km	Consommation Route	Carburant Octane
4x2*	L4 2.2 SACL-8-IES	2189	120 @ 5000	140 @ 3600	9.0 :1	arrière-M5*	2.73	12.5	18.5	35.7	10.7	45	145	0.75	70	11.0	7.5	R 87
						arrière-A4	4.11	13.7	19.2	36.4	11.2	47	140	0.75	71	12.4	8.5	R 87
4x2 option	V6 4.3 ACC-12-IES	4300	175 @ 4400	240 @ 2800	9.2 :1	arrière-M5*	3.42	8.0	15.8	28.2	5.8	45	165	0.77	69	14.5	9.7	R 87
			180 @ 4400	245 @ 2800	9.2 :1	arrière-A4	3.42	8.5	16.4	29.5	6.0	44	175	0.77	69	14.7	10.7	R 87
4x4	V6 4.3 ACC-12-IES	4300	180 @ 4400	245 @ 2800	9.2 :1	ar./4-M5*	3.42	9.2	16.8	30.6	6.5	48	160	0.77	69	16.2	11.5	R 87
			190 @ 4400	250 @ 2800	9.2 :1	ar./4-A4	3.42	9.5	17.2	30.8	6.7	46	170	0.78	69	14.8	10.5	R 87

PRIX & ÉQUIPEMENTS

CHEVROLET Série S-10 GMC Sonoma	base SL 4x2	LS SLS 4x2	Xtreme SLE 4x4	ZR2 4x4
Prix maxi $:	16 190	17 360	23 995	ND
Prix mini $:	14 895	15 189	21 120	ND
Transport & préparation $:	-	-	-	ND
Boîte automatique:	O	O	O	O
Régulateur de vitesse:	-	O	O	O
Direction assistée:	S	S	S	S
Système antiblocage des freins:	S	S	S	S
Système antipatinage:	-	-	-	-
Climatiseur:	O	O	O	O
Garnitures en cuir:	-	-	-	-
Radio MA/MF/ Cassette:	O	O	O	O
Serrures électriques:	O	O	O	S
Lève-vitres électriques:	O	O	O	S
Volant ajustable:	O	O	S	S
Rétroviseurs ext. ajustables:	-	O	S	S
Jantes en alliage léger:	-	O	S	O
Système antivol:	S	S	S	S

Couleurs disponibles

Extérieur: Blanc, Onyx, Noir, Bleu, Vert, Rouge, Cuivre, Argent, Or.

Intérieur: Gris moyen, Graphite, Beige.

EN BREF...

Catégorie: camionnettes propulsées 4x2 ou 4x4.   **Classe :** utilitaire

HISTORIQUE

Inauguré en: 1982
Fabriqué à: Linden NJ, Shreveport, LO, É.-U.

PROFIL DE CLIENTÈLE

Modèle	Hom./Fem.	Âge moyen	Mariés	CEGEP	Revenus
S-10/Sonoma	88/12 %	44 ans	59 %	28 %	51 000 $

INDICES

Sécurité:	90 %	Satisfaction:	75 %
Dépréciation:	45 %	Assurance:	775 $
Prix de revient au km:	0.38 $	Nbre de concessionnaires:	94

VENTES

Modèle	1996	1997	Résultat	Part de marché
S-10/Sonoma	2 744	2 177	- 20.7 %	22.4 %

PRINCIPAUX MODÈLES CONCURRENTS

DODGE Dakota, FORD Ranger, ISUZU Hombre, MAZDA B, NISSAN Frontier, TOYOTA Tacoma.

ENTRETIEN REQUIS PAR LA GARANTIE

Première révision:	Fréquence:	Prise de diagnostic:
5 000 km	6 mois/ 10 000 km	Oui

CARACTÉRISTIQUES

Modèles	Versions	Traction	Carrosseries/ Sièges	Empat. mm	Long x larg x haut. mm x mm x mm	Poids à vide kg	Susp. av/ar	Freins av/ar	Direction type	Diamètre braquage m	Tours volant b à b.	Réser. essence l.	Pneus d'origine dimensions	marque	modèle	Mécanique d'origine
CHEVROLET-GMC			Garantie générale: 3 ans / 60 000 km; antipollution: 5 ans / 80 000km; perforation corrosion: 6 ans / 160 000 km, assistance routière 24 h.													
S-10-Sonoma cais.courte 4x2			cam. 2 p.2/3	2751	4829x1725x1575	1363	ih/rl	d/t/ABS	bil.ass.	10.6	2.75	71.9	205/75R15	Uniroyal	Tiger Paw	L4/2.2/M5
S-10-Sonoma cais.longue 4x2			cam. 2 p.2/3	2995	5235x1725x1596	1379	ih/rl	d/t/ABS	bil.ass.	11.2	2.75	71.9	205/75R15	Uniroyal	Tiger Paw	L4/2.2/M5
S-10-Sonoma cab.longue 4x2			cam. 2 p.4/5	3122	5202x1725x1593	1462	ih/rl	d/t/ABS	bil.ass.	12.7	2.75	71.9	205/75R15	Uniroyal	Tiger Paw	V6/4.3/M5
S-10-Sonoma cais.courte 4x4			cam. 2 p.2/3	2750	4829x1725x1588	1588	ih/rl	d/ABS	bil.ass.	10.6	2.75	71.9	205/75R15	Uniroyal	Tiger Paw	L4/2.2/M5
S-10-Sonoma cais.longue4x4			cam. 2 p.2/3	2995	5235x1725x1636	1662	ih/rl	d/ABS	bil.ass.	11.2	2.75	71.9	205/75R15	Uniroyal	Tiger Paw	L4/2.2/M5
T-10-Sonoma cab.longue 4x4			cam. 2 p.4/5	3122	5202x1725x1610	1697	ih/rl	d/ABS	bil.ass.	12.7	2.75	71.9	205/75R15	Uniroyal	Tiger Paw	V6/4.3/M5

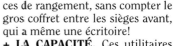

C'est à GM que revient l'honneur d'avoir développé le créneau des gros véhicules tout usage avec son imposant Suburban. D'ailleurs, le modèle offert actuellement a des origines qui remontent à la fin des années 1980! Quant aux Tahoe et Yukon, ce sont des dérivés du Suburban créés pour profiter de cette vague de popularité des gros 4x4. L'apparition des GMC Yukon Denali et Cadillac Escalade s'inscrit dans la même foulée et vise, plus précisément, un nouveau créneau de 4x4 de luxe, où l'offre se diversifie de plus en plus.

GAMME

GM propose désormais cinq variantes de ces grosses familiales. Le Tahoe, le Yukon et le Suburban demeurent inchangés. En plus des versions de base plutôt dégarnies, Chevrolet propose trois autres niveaux de finition pour le Tahoe: LS, LT et Sport, et deux autres pour le Suburban: LS et LT. De son côté, GMC offre les Yukon SLE et SLT, et les Suburban SL, SLE et SLT. Par ailleurs, deux nouveaux modèles de luxe s'ajoutent à cet éventail déjà étendu de produits: le GMC Yukon Denali et le Cadillac Escalade, premier camion de série portant l'écusson de la marque de prestige de GM. Ces deux modèles sont des clones richement habillés des Tahoe-Yukon 4 portes. Ils partagent le même V8 à essence de 5.7L et 255 ch. Le Denali et l'Escalade ont quatre roues motrices et un boîtier de transfert AutoTrac, à mode 4x4 automatique. Les Tahoe-Yukon et Suburban 4x4 sont livrés avec un boîtier de transfert conventionnel avec levier au plancher, sauf les LT et SLT qui ont l'AutoTrac en équipement de série. Des versions 4x2 des Tahoe-Yukon et Suburban sont offertes, de même que des modèles à 2 portes. Les Tahoe-Yukon et Suburan peuvent également avoir un turbodiesel de 6.5L, alors qu'un imposant V8 de 7.4L est réservé au Suburban. Ces véhicules ont une transmission automatique à 4 vitesses, une servodirection à assistance variable, deux coussins gonflables, un antiblocage et des essuie-glace à balayage intermittent. Des versions plus élaborées bénéficient d'un climatiseur, d'un régulateur de vitesse, de lève-vitres électriques, d'un volant inclinable, de rétroviseurs télécommandés et de jantes d'alliage.

TECHNIQUE

Ces véhicules partagent une plateforme issue des anciennes camionnettes C/K. Les Tahoe, Yukon, De-

La bataille des Titans

nali et Escalade ont une carrosserie plus courte de 30 cm que celle du Suburban. La carrosserie en acier galvanisé repose sur un châssis à longerons à 5 traverses. Très «carrées» elles opposent une masse importante au déplacement, comme en témoigne leur Cx de 0.45. La suspension indépendante à l'avant utilise des leviers triangulés et, pour les 4x2, des ressorts hélicoïdaux, alors que les 4x4 sont munis de barres de torsion. À l'arrière, l'essieu rigide est suspendu par des ressorts à lames semi-elliptiques. Les freins sont à disque à l'avant et à tambour à l'arrière, jumelés à un antiblocage.

POSITIF

+ L'HABITABILITÉ. Ces véhicules ont un habitacle immense. Le Tahoe peut accueillir six passagers et le Suburban, jusqu'à neuf… sans oublier leurs bagages!

+ LE PRIX. Certaines variantes de ces véhicules sont offertes à des prix concurrentiels par rapport à certains véhicules plus modestes comme le Blazer, le Grand Cherokee ou l'Explorer.

+LES PERFORMANCES. Avec 255 ch sous le capot, les Yukon-Tahoe ont des performances équivalentes à celles de grosses berlines de tourisme. Voilà pourquoi GM a créé une version pour la police, qui pourrait remplacer la défunte Caprice.

+ LE CONFORT. Ces mastodontes sont confortables sur autoroute à vitesse de croisière, où suspension et niveau sonore sont acceptables.

+LA CONDUITE. Ces véhicules plairont aux amateurs de gros utilitaires, avec leurs commandes douces et la cabine bien aménagée. Le tableau de bord n'est pas un exemple d'ergonomie, mais il comprend beaucoup d'instruments et d'espa-

ces de rangement, sans compter le gros coffret entre les sièges avant, qui a même une écritoire!

+ LA CAPACITÉ. Ces utilitaires ont d'importantes capacités de charge et de remorquage (3 200 kg), lorsqu'ils sont munis des équipements recommandés par le constructeur.

+ LA PRÉSENTATION. Les modèles haut de gamme ont une présentation et une finition soignées, mais il faut cocher bien des cases sur la liste des options pour constituer un équipement complet.

+ LA VISIBILITÉ. Avec une position de conduite surélevée, une ligne de caisse basse et de gros rétroviseurs, la visibilité est excellente dans toutes les directions.

+ LE COMPORTEMENT. Bien que sécuritaire, leur tenue de route n'est pas celle d'une automobile, car le centre de gravité est perché plus haut et l'inertie plus importante.

NÉGATIF

- LA CONSOMMATION. Les moteurs V8 sont des gouffres à carburant. Même la version diesel a une consommation importante.

- LA MANIABILITÉ. Le gabarit imposant de ces véhicules et, surtout, leur grand diamètre de braquage les handicapent en zone urbaine.

- LES SIÈGES. Leur assise est trop courte et ils n'offrent pas beaucoup de soutien latéral, étant peu galbés. Avec la sellerie de cuir de certaines versions, il y a encore moins de maintien!

- L'INCONFORT. Ces véhicules ne peuvent cacher leurs origines ouvrières sur une route en piètre état. Les dérobades du train arrière sont fréquentes et les bruits de caisse s'accumulent au fil des kilomètres.

- À REVOIR. Les deux portes battantes latérales, livrées en équipement de série, facilitent l'accès à l'aire à bagages, mais au détriment de la visibilité vers l'arrière. Par contre, le hayon optionnel avec battant n'est guère mieux puisque, une fois ouvert, il nous éloigne de l'aire de chargement. Par contre, il donne une meilleure visibilité.

CONCLUSION

Cadillac a choisi le bon nom pour son 4x4. Son arrivée coïncide avec… l'escalade (!) de l'offre dans ce créneau de géants. Et ce n'est pas fini. Ford, qui fait des ravages avec l'Expedition et le Navigator, est en train de mettre au point un nouveau Titan, l'Excursion, un futur rival du Suburban, pendant que Dodge en peaufine un pour voler des ventes aux Tahoe-Yukon. À suivre...

ÉVALUATION
CHEVROLET-GMC Tahoe-Yukon, Suburban

CONCEPTION :   **77%**
Technique :	75
Sécurité :	75
Volume cabine :	85
Volume coffre :	75
Qualité/finition :	75

CONDUITE :   **57%**
Poste de conduite :	80
Performances :	40
Comportement :	40
Direction :	75
Freinage :	50

ÉQUIPEMENT D'ORIGINE :   **75%**
Pneus :	75
Phares :	80
Essuie-glace :	75
Dégivreur :	70
Radio :	75

CONFORT :   **68%**
Sièges :	70
Suspension :	70
Niveau sonore :	50
Commodités :	70
Climatisation :	80

BUDGET :   **46%**
Prix d'achat :	20
Consommation :	20
Assurance :	55
Satisfaction :	80
Dépréciation :	55

Moyenne générale: **64.6%**

NOUVEAU POUR 1999

- Le démarreur et le radiateur du V8 5.7L Vortec plus durable.
- Les améliorations de la transmission automatique 4L60-E.
- Les trois nouvelles teintes métallisées de la carrosserie : Gris Charbon, Or et Vert Prairie.
- La version Z71 hors route du Tahoe.

MOTEURS / TRANSMISSIONS / PERFORMANCES

Modèles/ versions	Type / distribution soupapes / carburation	Cylindrée cc	Puissance ch @ tr/mn	Couple lb.pi @ tr/mn	Rapport volumét.	Roues motrices / transmissions	Rapport de pont	Accélér. 0-100 km/h s	400 m D.A. s	1000 m D.A. s	Reprise 80-120 km/h s	Freinage 100-0 km/h m	Vites. maxi. km/h	Accélér. latérale G	Niveau sonore dBA	Consommation l./100km Ville	Route	Carburant Octane
base	V8*5.7 ACC-16-IES	5733	255 @ 4600	330 @ 2800	9.4 :1	ar./4 - A4*	3.42	9.3	16.8	30.5	6.6	46	175	0.68	68	18.1	13.2	R 87
option	V8TD 6.5 ACC-16-IM	6468	195 @ 3400	430 @ 1800	19.5 :1	ar./4 - A4*	ND	13.5	19.2	36.0	10.8	52	150	0.66	71	16.2	11.4	D
option Sub.	V8 7.4 ACC-16-IES	7439	290 @ 4000	410 @ 3200	8.9 :1	ar./4 - A4*	ND	12.0	18.2	33.6	8.5	48	180	0.67	68	19.5	12.4	R 87

PRIX & ÉQUIPEMENTS

CHEVROLET Tahoe 4X2	**de base**	**LS**	**LT**			
GMC Yukon 4X4		**SLE**	**SLT**	**Denali**		
CHEVROLET-GMC Suburban 4x2					**base**	**LS/SLE**
Prix maxi $:	31 555	38 915	41 915	55 800	34 620	38 720
Prix mini $:	26 825	32 050	35 630	47 435	31 000	31 905
Transport & préparation $:	920	920	920	920	920	920
Boîte automatique:	S	S	S	S	S	S
Régulateur de vitesse:	O	S	S	S	O	S
Direction assistée:	S	S	S	S	S	S
Système antiblocage des freins:	S	S	S	S	S	S
Système antipatinage:	-	-	S	S	-	-
Climatiseur:	O	SM	SA	SA	O	SM
Garnitures en cuir:	-	-	S	S	-	-
Radio MA/MF/ Cassette:	O	S	SDc	SDc	O	S
Serrures électriques:	O	S	S	S	O	S
Lève-vitres électriques:	O	S	S	S	O	S
Volant ajustable:	O	S	S	S	S	S
Rétroviseurs ext. ajustables:	SM	SE	SE	SE	SM	SE
Jantes en alliage léger:	O	S	S	S	-	S
Système antivol:	S	S	S	S	S	S

Couleurs disponibles

Extérieur: Noir, Blanc, Rouge, Bleu, Étain, Cuivre, Vert, Gris, Or.

Intérieur: Neutre, Gris, Bleu, Rouge.

EN BREF...

Catégorie: véhicules polyvalents propulsés 4x2 ou 4x4.   **Classe :** utilitaires

HISTORIQUE
Inauguré en : 1936: Suburban; 1970: Blazer; 1995 : Yukon, Tahoe.
Fabriqué à : Arlington Texas, Janesville, WI, É-U, Silao, Mexique.

PROFIL DE CLIENTÈLE
Modèle	Hom./Fem.	Âge moyen	Mariés	CEGEP	Revenus
Suburban	80/20 %	42 ans	75 %	45 %	104 000 $
Tahoe	60/40 %	38 ans	61 %	30 %	72 000 $
Yukon	85/15 %	43 ans	66 %	44 %	80 000 $

INDICES
Sécurité:	75 %	Satisfaction:	80 %
Dépréciation:	45 %	Assurance:	965 $
Prix de revient au km:	0.65 $	Nbre de concessionnaires:	94

VENTES
Modèle	1996	1997	Résultat	Part de marché
Tahoe-Yukon	1 123	955	- 15.0 %	50.1 %
Suburban	624	527	- 14.5%	27.7 %

PRINCIPAUX MODÈLES CONCURRENTS
Tahoe/Yukon : FORD Expedition, LEXUS LX470, ISUZU Trooper, LINCOLN Navigator, Land ROVER, Range ROVER, TOYOTA Land Cruiser.
Suburban: aucun

ENTRETIEN REQUIS PAR LA GARANTIE
Première révision:	Fréquence:	Prise de diagnostic:
5 000 km	6 mois/10 000 km	Non

CARACTÉRISTIQUES

Modèles	Versions	Traction	Carrosseries/ Sièges	Empat. mm	Long x larg x haut. mm x mm x mm	Poids à vide kg	Susp. av/ar	Freins av/ar	Direction type	Diamètre braquage m	Tours volant b à b.	Réser. essence l.	dimensions	Pneus d'origine marque	modèle	Mécanique d'origine
CHEVROLET-GMC série 1500			Garantie générale: 3 ans / 60 000 km; antipollution: 5 ans / 80 000km; perforation corrosion: 6 ans / 160 000 km, assistance routière 24 h.													
Tahoe-Yukon	4x2	fam. 2 p.5/6	2832	4775x1958x1798	2053	ih/rl	d/t/ABS	bil.ass.	11.6	3.0	113.5	235/75R15	Firestone	Steeltec A/T	V8/5.7/A4
Tahoe-Yukon	4x4	fam. 2 p.5/6	2832	4775x1958x1841	2212	it/rl	d/t/ABS	bil.ass.	11.9	3.0	113.5	245/75R16	Firestone	Steeltec A/T	V8/5.7/A4
Tahoe-Yukon	4x2	fam. 4 p.5/6	2985	5070x1951x1786	2005	ih/rl	d/t/ABS	bil.ass.	12.1	3.0	113.5	235/75R15	Firestone	Steeltec A/T	V8/5.7/A4
Tahoe-Yukon	4x4	fam. 4 p.5/6	2985	5070x1951x1839	2419	it/rl	d/t/ABS	bil.ass.	12.4	3.0	113.5	245/75R16	Firestone	Steeltec A/T	V8/5.7/A4
Suburban C1500	4x2	fam. 4 p.6/9	3340	5575x1948x1795	2187	ih/rl	d/t/ABS	bil.ass.	13.3	3.0	159.0	235/75R15	Firestone	Steeltec A/T	V8/5.7/A4
Suburban K1500	4x4	fam. 4 p.6/9	3340	5575x1948x1836	2390	it/rl	d/t/ABS	bil.ass.	13.6	3.0	159.0	245/75R16	Firestone	Steeltec A/T	V8/5.7/A4

Après avoir été le précurseur dans le domaine des véhicules tout terrain léger, la firme japonaise Suzuki s'est endormie sur ses lauriers et a laissé le champ libre à de nouveaux concurrents qui lui ont volé la première place. Maintenant que le Honda CR-V caracole loin en tête des ventes, suivi du Toyota RAV4, l'associé de GM se réveille avec le désir de reconquérir le terrain perdu. Chose certaine, le Vitara et son clone le Tracker ne manque pas d'arguments, mais serait-ce assez pour redonner confiance aux clients négligés?

GAMME

Le Chevrolet Tracker est identique aux Suzuki Vitara et Grand Vitara qui succèdent aux Sidekick à quelques détails de présentation et d'équipement près. Il n'est disponible au Canada qu'avec transmission à 4 roues motrices, sous la forme d'une carrosserie décapotable à 2 portes ou familiale à 4 portes en finition unique. La décapotable est pourvue en série d'un moteur 4 cylindres de 1.6L et la familiale d'un nouveau 2.0L extrapolé du précédent 1.8L avec boîte manuelle en série, de même que le freinage antiblocage intégral et la direction assistée.

TECHNIQUE

La carrosserie monocoque en acier est désormais assujettie à un châssis séparé qui a été sérieusement rigidifié. Son efficacité aérodynamique n'est pas aussi performante que celle d'une petite automobile, mais elle a été raffinée dans des proportions intéressantes. Les empattements sont restés identiques à ceux des anciens modèles, mais la longueur et la largeur ont été augmentés. La suspension avant est à roues indépendantes, à jambe élastique avec triangle supérieur, et essieu rigide avec bras longitudinaux et triangle de réaction alors que le pont arrière est maintenu par cinq bras tirés et suspendu par des ressorts hélicoïdaux. La transmission ne peut passer de 2 à 4 roues motrices qu'à la demande, en engageant la boîte de transfert qui rend les roues avant motrices à la volée, tandis que les moyeux des roues avant s'engagent automatiquement. La direction est désormais assistée et à crémaillère et les freins sont mixtes avec un système antiblocage.

POSITIF

+ L'ALLURE. De format compact. ces petits véhicules utilitaires ont une apparence sympathique et leurs lignes, plus raffinées que précédem-

Finalement Finalement...

ment continueront de plaire à un clientèle majoritairement féminine.

+ L'HABITABILITÉ. Les deux carrosseries sont plus logeables à cause de la longueur et de la largeur plus généreuses.

+ LE PRIX. Chacun de ces deux modèles est vendu à un prix populaire qui s'explique par le peu d'équipement inclus. Il permet toutefois de disposer à bon compte d'un véhicule décapotable ou familial.

+ LE MOTEUR 2.0L. Bien qu'il ne soit pas aussi puissant que le V6 offert chez Suzuki, le nouveau moteur de la familiale autorise des performances acceptables. Dommage que l'on n'ait pas eu la bonne idée de l'installer aussi dans la version décapotable qui est franchement sous-motorisée.

+ LE COMPORTEMENT. Sur la route on constate des progrès importants quant à la tenue de cap qui est plus rigoureuse, du fait de la meilleure rigidité de la plate-forme et la précision de la direction à crémaillère.

+ LA MANIABILITÉ. La direction à crémaillère a permis de réduire encore le diamètre de braquage des deux véhicules, leur permettant de se faufiler aussi aisément en ville que dans les sous-bois.

+ LA PRÉSENTATION. À l'intérieur tout a été redessiné de manière moderne et fonctionnelle, dans un style plus automobile qu'utilitaire. Nous regrettons cependant que certains matériaux fassent encore bon marché...

+ LE CÔTÉ PRATIQUE. Les Tracker sont bons à tout faire. Les rangements sont intelligents et la soute du modèle à quatre portes est modulable grâce à la banquette rabat-

table. De plus, le hayon d'une seule pièce à battant permet un accès plus aisé à la soute, en regrettant que les charnières aient été localisées à droite, comme chez ses concurrents, pour les marchés où l'on circule et on se gare à gauche de la chaussée...

NÉGATIF

- LA STABILITÉ. Elle reste encore étroitement liée à la qualité de la route, la force du vent et l'adhérence des pneus car sur routes mal entretenues, les écarts peuvent même surprendre les conducteurs expérimentés, avec l'empattement court de la décapotable.

- LE RENDEMENT. Celui du 1.6L est lourdement pénalisé par un rapport poids-puissance défavorable (12.7 kg/ch), ce qui se traduit par une consommation trop forte en regard de la cylindrée.

- DISCUTABLE. La compétence hors route de ces véhicules est encore moins évidente que celle des précédents, du fait que les angles d'entrée, de sortie ainsi que la garde au sol ont été réduits et que les pneus livrés en série manquent sérieusement de relief pour partir à l'aventure hors des sentiers battus.

- L'INCONFORT. Il persiste, car la suspension reste sensible à la moindre imperfection du revêtement, le rembourrage des sièges n'est pas encore assez moelleux et l'insonorisation demeure symbolique.

- LE FREINAGE. Son efficacité laisse encore à désirer car les distances d'arrêt sont aussi longues lors des arrêts d'urgence. Toutefois les trajectoires sont moins fantaisistes avec l'ABS livré en série.

- LA BOÎTE AUTOMATIQUE. Elle reste aussi bruyante que laborieuse avec une sélection des rapports plutôt saccadée, sans compter qu'elle absorbe une bonne partie de la puissance des moteurs, particulièrement le 1.6L qui est amorphe.

- L'ACCÈS. Il demeure délicat d'atteindre les places arrière de la décapotable sans encombre à cause du manque d'espace et de marchepieds.

- À REVOIR: La suspension du modèle à deux portes à toit mou très sautillante, le chauffage un peu juste et les sièges arrière ainsi que l'espace réservé aux bagages très symbolique.

CONCLUSION

Bien qu'elle se soit fait attendre trop longtemps, la relève du Tracker ne manque pas d'intérêt, car l'évolution est sensible. Toutefois on se plaindra toujours des moteurs à bout de souffle, du comportement aléatoire et du fait que malgré son système de traction intégrale, le Tracker ne soit pas plus à l'aise qu'il faut en tout terrain... ☺

ÉVALUATION
CHEVROLET Tracker

CONCEPTION : 60%
Technique : 80
Sécurité : 75
Volume cabine : 40
Volume coffre : 30
Qualité/finition : 75

CONDUITE : 53%
Poste de conduite : 80
Performances : 25
Comportement : 50
Direction : 75
Freinage : 35

ÉQUIPEMENT D'ORIGINE : 75%
Pneus : 80
Phares : 75
Essuie-glace : 80
Dégivreur : 70
Radio : 70

CONFORT : 61%
Sièges : 75
Suspension : 60
Niveau sonore : 25
Commodités : 70
Climatisation : 75

BUDGET : 63%
Prix d'achat : 60
Consommation : 70
Assurance : 50
Satisfaction : 80
Dépréciation : 55

Moyenne générale: 62.4%

NOUVEAU POUR 1999

- La carrosserie entièrement redessinée.
- Le moteur 2.0L remplaçant le 1.8L précédent.
- La suspension arrière à cinq bras tirés.
- La direction à crémaillère qui remplace l'ancienne à billes.
- L'aménagement intérieur entièrement revu.

MOTEURS / TRANSMISSIONS / PERFORMANCES

Modèles/ versions	Type / distribution soupapes / carburation	Cylindrée cc	Puissance ch @ tr/mn	Couple lb.pi @ tr/mn	Rapport volumét.	Roues motrices / transmissions	Rapport de pont	Accélér. 0-100 km/h s	400 m D.A. s	1000 m D.A. s	Reprise 80-120 km/h s	Freinage 100-0 m	Vites. maxi. km/h	Accélér. latérale G	Niveau sonore dBA	Consommation l./100km Ville	Route	Carburant Octane
2 p.	L4*1.6 SACT-16-IEPM	1590	97 @ 5200	100 @ 4000	9.5:1	ar./4 - M5* ar./4 - A4	5.12 4.87	12.2 ND	18.7	34.2	10.2	44	165	0.75	70	10.5	8.5	R 87
4 p. & opt.	L4*2.0 DACT-16-IEPM	1995	127 @ 6000	134 @ 3000	9.3 :1	ar./4 - M5* ar./4 - A4	4.62 4.87	ND ND										

PRIX & ÉQUIPEMENTS

CHEVROLET Tracker	2 p.	4 p.	
Prix maxi $:	18 630	17 750	(1998)
Prix mini $:	16 960	19 495	
Transport & préparation $:	560	560	
Boîte automatique:	O	O	
Régulateur de vitesse:	O	O	
Direction assistée:	S	S	
Système antiblocage des freins:	O	O	
Système antipatinage:	-	-	
Climatiseur:	O	O	
Garnitures en cuir:	-	-	
Radio MA/MF/ Cassette:	O	O	
Serrures électriques:	-	O	
Lève-vitres électriques:	-	O	
Volant ajustable:	O	O	
Rétroviseurs ext. ajustables:	SM	SM	
Jantes en alliage léger:	O	O	
Système antivol:	-	-	

Couleurs disponibles
Extérieur: Blanc, Noir, Argent, Vert, Rouge, Violet, Bleu.

Intérieur: Gris moyen.

EN BREF...

Catégorie: usages multiples propulsés/4RM... **Classe :** utilitaires

HISTORIQUE
Inauguré en: 1990
Fabriqué à: Ingersoll, Ontario, Canada.

PROFIL DE CLIENTÈLE
Modèle	Hom./Fem.	Âge moyen	Mariés	CEGEP	Revenus
Tracker	45/55 %	39 ans	56 %	33 %	50 000 $

INDICES
Sécurité:	75 %	Satisfaction:	80 %
Dépréciation:	45 %	Assurance:	1 075 $
Prix de revient au km:	0.50 $	Nbre de concessionnaires:	94

VENTES
Modèle	1996	1997	Résultat	Part de marché
Tracker	852	709	- 16.8 %	12.6 %

PRINCIPAUX MODÈLES CONCURRENTS
HONDA CR-V, JEEP Cherokee & TJ, SUBARU Forester, TOYOTA RAV4.

ENTRETIEN REQUIS PAR LA GARANTIE
Première révision:	Fréquence:	Prise de diagnostic:
-	-	-

CARACTÉRISTIQUES

Modèles	Versions	Traction	Carrosseries/ Sièges	Empat. mm	Long x larg x haut. mm x mm x mm	Poids à vide kg	Susp. av/ar	Freins av/ar	Direction type	Diamètre braquage m	Tours volant b à b.	Réser. essence l.	dimensions	Pneus d'origine marque	modèle	Mécanique d'origine
CHEVROLET			Garantie générale: 3 ans / 80 000 km. Dépannage routier 24 heures.													
Tracker	2 portes	4x4	déc. 2 p.4	2200	3780x1695x1690	1235	ih/rh	d/t	crém.ass.	9.6	3.5	56.0	205/75R15	Bridgestone	Desert Dueller	L4/1.6/M5
Tracker	4 portes	4x4	fam. 4 p.5	2480	4060x1695x1690	1355	ih/rh	d/t	crém.ass.	10.6	3.5	65.9	205/75R15	Bridgestone	Desert Dueller	L4/2.0/M5

L'arrivée de la fourgonnette Venture et de ses jumelles, la Pontiac Trans Sport et l'Oldsmobile Silhouette, devrait permettre à GM de rivaliser pleinement avec les championnes du créneau: les Chrysler. Par rapport aux anciens modèles à carrosserie en plastique, ceux-ci sont plus conventionnels mais aussi plus pratiques. Sans compter que GM a eu l'intelligence d'intégrer les derniers développement comme l'empattement long et les portes coulissantes des deux côtés qui peuvent de plus être motorisées en option.

GAMME

La Venture est proposée en versions normale et allongée. Chacune peut être dotée de la seconde porte latérale coulissante optionnelle. Seulement deux niveaux de finition figurent au catalogue: de base et LS (cette dernière n'étant pas offerte pour la version commerciale de la Venture). La transmission automatique, un climatiseur à contrôle manuel, la servodirection et un système antiblocage font partie de l'équipement de série. Les coussins gonflables latéraux, intégrés aux sièges avant et jumelés aux coussins frontaux, sont également livrés d'office. Parmi les options, notons un système de traction asservie, une porte latérale coulissante côté passager à télécommande électrique, et un système auxiliaire combiné de climatisation et de chauffage pour les places arrière.

TECHNIQUE

La Venture a un châssis monocoque constitué de tôle d'acier galvanisés des deux côtés, sauf pour le pavillon. Le capot du moteur est en aluminium. Le châssis repose sur un sous-châssis en échelle qui ajoute à la rigidité structurelle. La suspension avant indépendante a des jambes de force MacPherson et une barre stabilisatrice. À l'arrière, la suspension semi-indépendante a un essieu de torsion suspendu par des ressorts hélicoïdaux. Il y a une barre stabilisatrice également. Une suspension «tourisme» optionnelle ajoute des correcteurs d'assiette pneumatiques. Le V6 de 3.4L, un moteur éprouvé, développe 180 ch et 205 lb.pi., ce qui en fait le moteur d'origine le plus puissant du créneau. Il est monté sur un berceau indépendant fixé à la coque par l'intermédiaire d'éléments de caoutchouc. Une transmission automatique à quatre rapports, à contrôle électronique, transmet la puissance aux roues avant. Le freinage est assuré par un tandem disques/tam-

Presque réussies!

bours et un antiblocage agissant sur les quatre roues. La servodirection est à crémaillère. Chevrolet propose quatre configurations pour la partie arrière de l'habitacle: des sièges individuels (les sièges ultralégers de 17 kg des modèles précédents), des banquettes pleines ou divisées, ou des sièges «Capitaine». Selon l'aménagement, la Venture peut transporter de six à huit passagers.

POSITIF

+ **LE CONFORT.** La Venture offre un grand confort de roulement sur l'autoroute. Sa suspension très souple, ses sièges avant galbés et bien rembourrés, et l'insonorisation efficace démontrent que c'est là son milieu idéal. Les seuls bruits audibles sont ceux des pneus, selon la qualité du revêtement.

+ **LES PERFORMANCES.** Environ 11 secondes suffisent à la Venture pour atteindre 100km/h et ses reprises sont adéquates pour les dépassements, du moins à demi-charge. Elle n'est pas trop gourmande, non plus, sa consommation moyenne frôlant 13 l. aux 100 km.

+ **L'AGRÉMENT DE CONDUITE.** La boîte automatique est, sans contredits, un point fort de cette fourgonnette. Elle passe les rapports sans à-coups et procure beaucoup de frein moteur lorsqu'on passe en 3e en 2e vitesse.

+ **LE COMPORTEMENT.** Dans la plupart des cas, son comportement routier est équilibré. Il est possible d'aborder des courbes plus ou moins serrées sans crainte.

+ **BIEN VU.** Nous avons apprécié la télécommande électrique de la porte coulissante du côté passager, les

nombreux espaces de rangement, le pare-chocs arrière qui sert de marchepied et les essuie-glace efficaces qui dégagent rapidement une grande partie du pare-brise.

NÉGATIF

- **LES SIÈGES.** L'assise des sièges est trop basse. Ils ne donnent pas le confort escompté, la banquette intermédiaire particulièrement. Les sièges arrière sont plats et durs et leurs appuie-tête sont symboliques.

- **LA FINITION.** Les véhicules que nous avons conduit ne donnaient pas une bonne image du travail d'ingénierie. Des fils, des conduits et des faisceaux électriques (dans le compartiment moteur) pendaient, leurs fixations ayant cédé. En conduite d'hiver, les essuie-glace et les prises d'air de la climatisation, situés au pied du pare-brise sous le capot, sont régulièrement saisis par la glace, les rendant inopérants. Enfin, le châssis de la version allongée manque de rigidité, ce qu'on reconnaît au concert de bruits de caisse auquel on a droit sur de mauvais revêtements.

- **LE FREINAGE.** La pédale de freins est élastique et difficile à doser. De plus, les grandes distances d'arrêt dénotent un freinage médiocre.

- **COMPLEXE.** Le levier qui commande les feux de direction, les essuie-glace, le lave-glace, le régulateur de vitesse et l'inversion des phares (ouf!) est difficile à utiliser. Les versions européennes de cette fourgonnette (Opel Sintra) ont pourtant des commandes différentes, plus simples à utiliser.

- **LA SUSPENSION.** Sur mauvais revêtement, la suspension a des réactions désagréables, lorsque les roues avant atteignent leur butée. La suspension n'a pas assez de débattement.

- **L'ACCÈS.** Logé pratiquement sous le pare-brise et le tableau de bord, le moteur est difficile d'accès même pour effectuer les simples vérifications d'entretien routinier.

- **LA PRÉSENTATION.** À l'intérieur, la Venture emploie des tissus aux couleurs fades et des plastiques d'apparence bon marché.

CONCLUSION

À priori, la fourgonnette Venture semble disposer de tous les attributs requis pour la rendre populaire. Toutefois, vue de plus près, sa finition déficiente et le confort relatif de ses sièges, la déprécient. Comme si GM ne disposait pas des ressources nécessaires pour élever la qualité d'assemblage, à tout le moins, au niveau des produits Chrysler... ☺

ÉVALUATION
CHEVROLET Venture

CONCEPTION :		**67%**
Technique :	75	
Sécurité :	40	
Volume cabine :	80	
Volume coffre :	70	
Qualité/finition :	70	
CONDUITE :		**52%**
Poste de conduite :	75	
Performances :	35	
Comportement :	45	
Direction :	70	
Freinage :	35	
ÉQUIPEMENT D'ORIGINE :		**81%**
Pneus :	70	
Phares :	80	
Essuie-glace :	90	
Dégivreur :	85	
Radio :	80	
CONFORT :		**70%**
Sièges :	70	
Suspension :	75	
Niveau sonore :	50	
Commodités :	75	
Climatisation :	80	
BUDGET :		**65%**
Prix d'achat :	50	
Consommation :	65	
Assurance :	70	
Satisfaction :	80	
Dépréciation :	60	
Moyenne générale :		**67.0%**

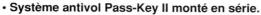

NOUVEAU POUR 1999

- Système antivol Pass-Key II monté en série.
- Les rétroviseurs extérieurs chauffants standard.
- Système OnStar offert en option.
- Version 8 passagers disponible.

MOTEURS / TRANSMISSIONS / PERFORMANCES

Modèles/ versions	Type / distribution soupapes / carburation	Cylindrée cc	Puissance cv @ tr/mn	Couple lb.pi @ tr/mn	Rapport volumét.	Roues motrices / transmissions	Rapport de pont	Accélér. 0-100 km/h s	400 m D.A. s	1000 m D.A. s	Reprise 80-120 km/h s	Freinage 100-0 km/h m	Vites. maxi. km/h	Accélér. latérale G	Niveau sonore dBA	Consommation l./100km Ville	Route	Carburant Octane
court	V6* 3.4 ACC-12-IES	3350	185 @ 5200	210 @ 4000	9.6 :1	avant-A4	3.29	11.0	17.7	32.2	8.6	45	170	0.72	67	13.8	9.9	R 87
long	V6* 3.4 ACC-12-IES	3350	185 @ 5200	210 @ 4000	9.6 :1	avant-A4	3.29	11.7	18.4	33.5	9.2	52	165	0.71	68	13.8	9.9	R 87

PRIX & ÉQUIPEMENTS

CHEVROLET Venture	base 3 p.court	LS 4 p.long	LT 4 p.long
Prix maxi $:	24 625	26 930	-
Prix mini $:	21 615	23 700	-
Transport & préparation $:	865	865	865
Boîte automatique :	S	S	S
Régulateur de vitesse :	O	S	S
Direction assistée :	S	S	S
Système antiblocage des freins :	S	S	S
Système antipatinage :	-	O	S
Climatiseur :	SM	SM	SM
Garnitures en cuir :	-	O	O
Radio MA/MF/ Cassette :	O	S	SDc
Serrures électriques :	O	S	S
Lève-vitres électriques :	O	S	S
Volant ajustable :	S	S	S
Rétroviseurs ext. ajustables :	SE	SE	SE
Jantes en alliage léger :	O	S	S
Système antivol :	S	S	S

Couleurs disponibles

Extérieur : Blanc, Vert, Rouge, Sable, Argent, Bleu, Sarcelle.

Intérieur : Gris, Beige, Brun, Sarcelle.

EN BREF...

Catégorie : mini-fourgonnettes tractées.　　　**Classe :** utilitaires

HISTORIQUE

Inauguré en : 1997
Fabriqué à : Doraville, Georgie, États-Unis.

PROFIL DE CLIENTÈLE

Modèle	Hom./Fem.	Âge moyen	Mariés	CEGEP	Revenus
Venture	82%/18%	46 ans	95%	33%	55 000 $

INDICES

Sécurité :	60 %	Satisfaction :	75 %
Dépréciation :	45 %	Assurance :	800 $
Prix de revient au km :	0.51 $	Nbre de concessionnaires :	94

VENTES

Modèle	1996	1997	Résultat	Part de marché
série U	9 376	11 267	+ 20.2 %	15.1 %

PRINCIPAUX MODÈLES CONCURRENTS

DODGE Caravan-Grand Caravan, FORD Windstar, HONDA Odyssey, MAZDA MPV, MERCURY Villager, NISSAN Quest, OLDSMOBILE Silhouette, PLYMOUTH Voyager-Grand Voyager, PONTIAC Trans Sport, TOYOTA Sienna, VW EuroVan.

ENTRETIEN REQUIS PAR LA GARANTIE

Première révision :	Fréquence :	Prise de diagnostic :
5 000 km	6 mois/10 000 km	Oui

CARACTÉRISTIQUES

CHEVROLET — Garantie générale : 3 ans / 60 000 km; antipollution : 5 ans / 80 000km; perforation corrosion : 6 ans / 160 000 km, assistance routière 24 h.

Modèles	Versions	Traction	Carrosseries/ Sièges	Empat. mm	Long x larg x haut. mm x mm x mm	Poids à vide kg	Susp. av/ar	Freins av/ar	Direction type	Diamètre braquage m	Tours volant b à b.	Réser. essence l.	dimensions	Pneus d'origine marque	modèle	Mécanique d'origine
Venture	régulier	4x2	frg. 4 p.7	2845	4747x1830x1712	1678	ih/rh	d/t/ABS	crém.ass.	11.4	3.0	75.7	215/70R15	General	XP 2000 GT	V6/3.4/A4
Venture	allongée	4x2	frg. 4 p.7	3047	5102x1830x1729	1741	ih/rh	d/t/ABS	crém.ass.	12.1	3.0	94.6	215/70R15	General	XP 2000 GT	V6/3.4/A4

On attendait avec impatience le véhicule polyvalent qui serait tiré de la camionnette Dakota. Son esthétique et ses prestations faisaient rêver les amateurs qui voyaient déjà en lui la panacée de ce genre de véhicule. Toutefois, le miracle n'a pas eu lieu, car malgré son allure très séduisante, le Durango ne fait pas fureur. On pourrait même dire qu'on en voit peu par rapport à certains de ses concurrents. Il va être intéressant d'expliquer pourquoi ce véhicule tant attendu à fait patate...

GAMME

Ce véhicule tout terrain polyvalent de taille intermédiaire, prend la forme d'une familiale à quatre portes proposée en version SLT ou SLT+ qui incorpore un groupe d'options. Il est offert en série avec un moteur V6 de 3.9L que l'on peut remplacer par deux V8 de 5.2L et 5.9L LEV (à basses émissions).

La transmission peut être à 2 ou 4 roues motrices à la demande grâce à une boîte de transfert manuelle et une boîte automatique à 4 rapports. L'équipement de série est relativement fourni, puisqu'il comprend tout ce que l'on trouve de nos jours sur ce type de véhicule à l'exception des systèmes antiblocage des freins et antivol. Mesquin à ce niveau de prix...

TECHNIQUE

Le Durango est directement issu de la camionnette Dakota dont il reprend le châssis, les principaux éléments mécaniques et la partie avant de la cabine incluant le tableau de bord et les commandes. La cabine monocoque en acier est fixée par douze isolateurs à un châssis robuste en échelle comportant cinq traverses et offrant une haute rigidité torsionnelle. Il est peint de manière électrostatique afin d'améliorer la résistance à la corrosion. La suspension avant des modèles à 2RM est constituée de bras longs et courts et d'une jambe de force MacPherson. Cette disposition a permis d'améliorer le diamètre de braquage, la réversibilité de la direction, de même que la stabilité en virage. Celle des 4RM demeure basée sur des barres de torsion, alors qu'à l'arrière on retrouve un essieu rigide porté par des ressorts à lames dont l'organisation a été raffinée, afin d'améliorer le confort et le comportement de tous les modèles. La direction est à crémaillère sur les 2RM et à circulation de billes sur les 4RM et le freinage est mixte mais dépourvu de système antiblocage en série.

Premier de classe..!

POSITIF

+ SON ALLURE. Ce véhicule plaît par ses lignes trapues et musclées qui font de lui un sportif. Haut sur patte, il semble prêt à affronter les pires obstacles et sa présentation simple, voire austère lui donne un côté sérieux, outil, très particulier.

+ SA CAPACITÉ. Le Durango est le seul véhicule de sa catégorie à offrir huit places dans un habitacle qui ne semble pas pouvoir contenir autant de monde. La soute n'est pas en reste puisque lorsque la dernière banquette est rabattue, on dispose d'un volume de chargement de 1453 litres...

+ SA FORCE. D'emblée, Dodge a pourvu le Durango du gros V8 qui fait merveille dans la Dakota. Ainsi équipé, il dispose d'une charge utile et d'une capacité de traction enviable qui le place pratiquement à l'égal d'un Expedition puisqu'elle peut aller jusqu'à 3.3 tonnes (7,300 lb).

+ LE FORMAT. Autant de puissance dans un format somme toute compact ne laisse pas indifférent ceux qui ne se sentent pas le courage d'affronter les monstrueux Yukon, Expedition ou Suburban. Son diamètre de braquage court et sa démultiplication normale lui confèrent une bonne maniabilité.

+ LA TRACTION. Que ce soit pour remorquer de lourdes charges avec le modèle deux roues motrices ou circuler en terrain difficile avec le 4x4, le Durango offre une traction efficace et équilibrée.

+ LA SOLIDITÉ. C'est la première impression qui se dégage de ce véhicule au moment de la prise en main. On sent que le poids est considérable et qu'il ne manque pas de viande autour de l'os.

+ LE TABLEAU DE BORD. S'il ne compte pas parmi les plus spectaculaires ou luxueux, il est au moins rationnel et sobrement présenté. Les commandes de la radio sont toutefois situées loin de la main du pilote.

+ LA SUSPENSION. Pour ce qu'elle est rustique, surtout à l'arrière, elle offre un confort de roulement surprenant comparable à celui des mini-fourgonnettes de la marque qui sont elles aussi équipées de ressorts à lames datés au carbone 14...

+ ASTUCIEUX. Les coffres localisés sous le plancher de la soute à bagages peuvent soustraire de nombreux objets à la vue. De plus, il est possible de considérer les sièges comme modulables, vu la grande facilité avec laquelle on peut escamoter les deux banquettes en tout ou en parties.

NÉGATIF

- LA CONSOMMATION. Au début de sa commercialisation, ce nouveau venu n'était disponible qu'au compte-gouttes et uniquement avec le moteur V8 de 5.2L qui est un glouton de la plus belle espèce puisqu'il engloutit facilement 20 l. aux 100 km et encore plus en tout terrain...

- LE FREINAGE. Peu incisif à l'attaque, il manque à la fois d'efficacité et d'équilibre, car dépourvu d'un quelconque système antiblocage, ce qui n'est pas très sécuritaire en situation d'urgence. De plus, son dosage manque de précision à cause de la réaction élastique de la pédale.

- LES SIÈGES. Ils déçoivent par leur manque de galbe à l'avant où le maintien latéral est insuffisant, tandis que les banquettes sont peu épaisses donc peu rembourrées.

- LA DIRECTION. Elle manque de spontanéité sur la 4x4 ce qui rend la conduite floue. Cela est dû en partie aux gros pneus élastiques, mais surtout à la direction à billes, tandis que celle de la 4x2 est à crémaillère.

- LA TECHNOLOGIE. Elle est quelque peu primaire puisque aucun système de transmission à répartition automatique de la puissance sur les roues en fonction de l'adhérence n'est proposé comme c'est le cas sur la plupart des concurrents.

CONCLUSION

Le Durango est de loin le meilleur élève de sa classe, car il est le plus fort et le plus intelligent. Il nécessitera néanmoins quelques retouches pour être plus qu'un utilitaire et mieux affronter le Grand Cherokee qui le marginalise, pour l'instant, en étant devenu la meilleure référence en matière de véhicule polyvalent. ☺

ÉVALUATION
DODGE Durango

CONCEPTION :   79%
Technique : 75
Sécurité : 80
Volume cabine : 80
Volume coffre : 80
Qualité/finition : 80

CONDUITE :   56%
Poste de conduite : 75
Performances : 45
Comportement : 50
Direction : 70
Freinage : 40

ÉQUIPEMENT D'ORIGINE :   77%
Pneus : 75
Phares : 75
Essuie-glace : 75
Dégivreur : 80
Radio : 80

CONFORT :   74%
Sièges : 75
Suspension : 80
Niveau sonore : 55
Commodités : 80
Climatisation : 80

BUDGET :   49%
Prix d'achat : 20
Consommation : 20
Assurance : 50
Satisfaction : 80
Dépréciation : 75

Moyenne générale :   67.0%

NOUVEAU POUR 1999

- La version à deux roues motrices ainsi que la disponibilité du moteur V6 de 3.9L.
- Les moteurs V8 de 5.2 et 5.9L à basses émissions polluantes.
- Les retouches esthétiques apportées au hayon.
- La console de plafond redessinée.
- Les deux nouvelles teintes de carrosserie : Argent et Bleu.

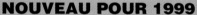

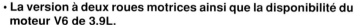

MOTEURS / TRANSMISSIONS / PERFORMANCES

Modèles/ versions	Type / distribution soupapes / carburation	Cylindrée cc	Puissance cv @ tr/mn	Couple lb.pi @ tr/mn	Rapport volumét.	Roues motrices / transmissions	Rapport de pont	0-100 km/h s	400m s	1000m s	Reprise 80-120 km/h s	Freinage 100-0 m	Vites. maxi. km/h	Accélér. latérale G	Niveau sonore dBA	Consommation l./100km Ville	Route	Carburant Octane
4x2	V6* 3.9 ACC-12-IESPM	3906	175 @ 4800	225 @ 3200	9.1 :1	ar./ 4 - A4*	3.92	ND										
	V8 5.2 ACC-16-IESPM	5208	230 @ 4400	300 @ 3200	9.1 :1	ar./ 4 - A4*	3.55	9.0	17.0	30.8	7.0	51	185	0.73	67	-	-	R 87
	V8 5.9 ACC-16-IESPM	5895	245 @ 4000	335 @ 3200	8.9 :1	ar./ 4 - A4	3.55	ND										
4x4	V6* 3.9 ACC-12-IESPM	3906	175 @ 4800	225 @ 3200	9.1 :1	ar./ 4 - A4*	3.92	12.0	18.7	33.8	9.9	55	150	0.70	67	15.4	11.5	R 87
	V8 5.2 ACC-16-IESPM	5208	230 @ 4400	300 @ 3200	9.1 :1	ar./ 4 - A4*	3.92	9.5	17.2	31.0	7.0	58	185	0.70	68	17.8	13.0	R 87
	V8 5.9 ACC-16-IESPM	5895	245 @ 4000	335 @ 3200	8.9 :1	ar./ 4 - A4*	3.92	ND										

PRIX & ÉQUIPEMENTS

DODGE Durango	SLT 4x2	SLT+ 4x4
Prix maxi $:	36 030	37 395
Prix mini $:	31 810	32 970
Transport & préparation $:	715	715
Boîte automatique :	S	S
Régulateur de vitesse :	S	S
Direction assistée :	S	S
Système antiblocage des freins :	S ar.	S ar.
Système antipatinage :	-	-
Climatiseur :	-	S
Garnitures en cuir :	-	S
Radio MA/MF/ Cassette :	S	S Cd
Serrures électriques :	S	S
Lève-vitres électriques :	S	S
Volant ajustable :	S	S
Rétroviseurs ext. ajustables :	SE	SE
Jantes en alliage léger :	O	S
Système antivol :	S	S

Couleurs disponibles

Extérieur : Argent, Bleu, Vert, Rouge, Blanc, Bois d'épave.

Intérieur : Agate, Beige, Gris.

EN BREF...

Catégorie : Véhicule tout terrain à 2 ou 4 roues motrices.   **Classe :** utilitaires

HISTORIQUE
Inauguré en : 1998
Fabriqué à : Newark, Delaware, États-Unis.

PROFIL DE CLIENTÈLE

Modèle	Hom./Fem.	Âge moyen	Mariés	CEGEP	Revenus
Durango	75/25%	42 ans	76 %	30 %	49 000 $

INDICES
Sécurité : 80 %   **Satisfaction :** 78 %
Dépréciation : 25 %   **Assurance :** 825-975 $
Prix de revient au km : 0.52 $ **Nbre de concessionnaires :** 148

VENTES

Modèle	1996	1997	Résultat	Part de marché
Durango		43		

PRINCIPAUX MODÈLES CONCURRENTS
CHEVROLET Blazer, FORD Explorer, GMC Jimmy, ISUZU Rodeo & Trooper, JEEP Cherokee & Grand Cherokee, NISSAN Pathfinder, TOYOTA 4Runner.

ENTRETIEN REQUIS PAR LA GARANTIE
Première révision : 7 500 km   **Fréquence :** 6 mois / 10 000 km   **Prise de diagnostic :** Oui

CARACTÉRISTIQUES

Modèles	Versions	Traction	Carrosseries/ Sièges	Empat. mm	Long x larg x haut. mm x mm x mm	Poids à vide kg	Susp. av/ar	Freins av/ar	Direction type	Diamètre braquage m	Tours volant b à b	Réser. essence l.	dimensions	Pneus d'origine marque / modèle	Mécanique d'origine
DODGE						Garantie générale : 3 ans / 60 000 km; corrosion de surface : 3 ans; perforation : 7 ans / 160 000 km; assistance routière : 3 ans / 60 000 km.									
Durango	SLT	4x2	fam. 4 p.5-6	2944	4910x1816x1804	1932	ih/rl	d/t/ABSar	crém.ass.	11.9	3.15	95.0	235/75R15	Goodyear Wrangler RT/S	V6/3.9/A4
Durango	SLT	4x2	fam. 4 p.5-6	2944	4910x1816x1804	1993	ih/rl	d/t/ABSar	crém.ass.	11.9	3.15	95.0	235/75R15	Goodyear Wrangler RT/S	V8/5.2/A4
Durango	SLT	4x4	fam. 4 p.5-7	2944	4910x1816x1852	2047	it/rl	d/t/ABSar	bil.ass.	11.9	3.15	95.0	235/75R15	Goodyear Wrangler RT/S	V6/3.9/A4
Durango	SLT	4x4	fam. 4 p.5-7	2944	4910x1816x1852	2112	it/rl	d/t/ABSar	bil.ass.	11.9	3.15	95.0	235/75R15	Goodyear Wrangler RT/S	V8/5.2/A4
Durango	SLT	4x4	fam. 4 p.5-7	2944	4910x1816x1852	2122	it/rl	d/t/ABSar	bil.ass.	11.9	3.15	95.0	235/75R15	Goodyear Wrangler RT/S	V8/5.9/A4

Si le cabriolet Sebring a remplacé l'ancien Le Baron, les coupés Sebring et Avenger n'ont pas exactement succédé à la défunte Daytona. Pas plus luxueux que sportifs, ces modèles ne brillent ni par leur originalité ni par leurs prestations qui sont banales. Heureusement que le cabriolet vient sauver ce tableau peu reluisant en lui apportant une touche vacancière tonifiante. La Sebring est en effet la voiture décapotable la plus populaire en Amérique du Nord et c'est assez pour éclipser les deux coupés d'origine plus ou moins douteuses.

GAMME

Si l'Avenger n'existe qu'en coupé de base ou ES chez Dodge, le Sebring est offert en cabriolet JX et JXi, ou coupé LX et LXi chez Chrysler. Les coupés sont équipés en série du moteur 4 cylindres 2.0L de la Neon associé à une boîte manuelle à 5 vitesses, et le cabriolet du 4 cylindres de 2.4L des Cirrus-Stratus avec transmission automatique à 4 rapports, tandis que le V6 de 2.5L est offert en option sur ces deux modèles, assisté d'une boîte automatique à 4 vitesses. L'équipement des modèles de base comprend au moins la direction assistée, la radio-cassette et le volant ajustable.

TECHNIQUE

Ces trois véhicules ne sont pas issus de la même famille. Les coupés, qui sont identiques à quelques détails cosmétiques près, ont été créés à partir de la plate-forme du Eagle Talon, qui était identique au Mitsubishi Eclipse...dont ils reprennent les principaux éléments mécaniques de base comme les suspensions, les moteurs et leur transmission ainsi que le tableau de bord. Ils sont toujours fabriqués par Mitsubishi qui fournit aussi le moteur V6 de 2.5L optionnel. Le cabriolet lui, est fabriqué au Mexique. Il dérive directement de la plate-forme des Cirrus-Stratus-Breeze dont il reprend aussi certains éléments de la partie frontale et le tableau de bord. Bien que fuyantes, leurs lignes ont une efficacité aérodynamique très moyenne. La carrosserie monocoque en acier possède des suspensions indépendantes aux quatre roues. Elles sont à bras supérieurs et inférieurs inégaux sur la décapotable et à triangles superposés à l'avant comme à l'arrière des coupés. Tous sont pourvus de ressorts hélicoïdaux et de barres stabilisatrices. Leur direction est à crémaillère assistée et les freins à disque avec antiblocage en série sur certaines versions.

Sans enthousiasme

TRÈS POSITIF

+ L'ALLURE. Le cabriolet Sebring a autant de charme avec que sans sa capote qui se manipule très facilement et comporte une lunette en verre équipée d'un dégivreur. Elle est des plus étanches et doublée d'un ciel cachant ses arceaux. Le BMW Z3 ne peut en dire autant...

POSITIF

+ LE STYLE. À force de retouches, celui des coupés est devenu plus spectaculaire. Celui du cabriolet est plus fluide avec son pare-brise fortement incliné et sa partie arrière qui ressemble à s'y méprendre à celle des Camaro-Firebird.

+ L'HABITABILITÉ. Denrée rare sur ce type de véhicule, elle est aussi généreuse dans les coupés que dans le cabriolet, permettant à quatre adultes d'y prendre place confortablement, pourvu que ceux installés à l'arrière soient de petit gabarit. Si l'espace pour la tête et les jambes y est suffisant, l'angle du dossier de la banquette un peu trop incliné, devient vite fatiguant.

+ L'AGRÉMENT DE CONDUITE. Il provient surtout de la précision de la direction et de l'efficacité de la suspension qui procurent un comportement compétent.

+ LES PERFORMANCES. Le moteur 2.4L est le mieux adapté à ces véhicules, même avec la transmission automatique qui pourrait cependant être mieux échelonnée.

+ L'ACCÈS. Grâce aux longues portes s'ouvrant généreusement, il est aussi facile de pénétrer dans les deux carrosseries, à l'avant comme à l'arrière, où l'espace dégagé par les sièges avant est suffisant.

+ LE COFFRE. Celui des coupés est plus vaste que celui du cabriolet

qui n'est pas transformable et doit abriter la capote.

+ LE FREINAGE. S'il a progressé en efficacité et précision, la pédale est moins spongieuse, surtout sur le cabriolet qui est plus lourd, tandis que l'antiblocage de dernière génération est plus rigoureux que l'ancien système.

NÉGATIF

- LA RIGIDITÉ. Elle est douteuse car ces véhicules laissent entendre des bruits inquiétants lorsqu'on circule sur des routes dont le revêtement est imparfait.

- LE MANQUE D'IMAGE. Les coupés manquent singulièrement de charisme, particulièrement l'Avenger qui ne bénéficie même pas de l'aura du monstrueux Viper vendu par la même division.

- LES PERFORMANCES. Celles du moteur V6 sont très décevantes car il n'a pas le brio qui fait l'attrait de son homologue chez Mazda. Quant au 2.0L emprunté à la Neon, il est affligé d'un rapport poids-puissance défavorable qui le fait paraître anémique.

- LA PRÉSENTATION. L'intérieur des coupés est d'une banalité affligeante que la présence de faux bois sur la Sebring ne parvient pas à rehausser. Les tableaux de bord sont très fades sur les coupés et celui du cabriolet, hérité de la Cirrus, est pénalisé par sa console centrale trop basse.

- LA VISIBILITÉ. Elles est aussi médiocre sur les deux carrosseries où l'on est assis bas à l'avant tandis que le couvercle du coffre très relevé prive d'une vision suffisante vers l'arrière. L'épais pilier C des coupés et la petite lunette de la capote créent un angle mort important de 3/4 et le rétroviseur intérieur est minuscule.

- LE CÔTÉ PRATIQUE. Les rangements n'ont pas été le souci majeur des créateurs de ces modèles. Ils se limitent à de petites boîtes à gants et des vide-poches de portières difficiles à utiliser.

- À REVOIR: la présentation simpliste et l'apparence bon marché de certaines versions; la faiblesse de la soufflerie de la climatisation, insuffisante les jours de températures extrêmes; les vitres arrière qui ne s'ouvrent pas sur les coupés, et la faiblesse intolérable des phares qui semble être une marque de commerce de Chrysler. Pas brillant...

CONCLUSION

La Sebring décapotable est de loin la plus réussie de ces trois modèles disparates qui ne sont pas plus excitants à conduire que flatteurs à contempler.

ÉVALUATION CHRYSLER FG

CONCEPTION :   **71%**
Technique :   80
Sécurité :   90
Volume cabine :   60
Volume coffre :   50
Qualité/finition :   75

CONDUITE :   **60%**
Poste de conduite :   70
Performances :   40
Comportement :   50
Direction :   80
Freinage :   60

ÉQUIPEMENT D'ORIGINE :   **69%**
Pneus :   75
Phares :   50
Essuie-glace :   80
Dégivreur :   60
Radio :   80

CONFORT :   **68%**
Sièges :   75
Suspension :   80
Niveau sonore :   50
Commodités :   60
Climatisation :   75

BUDGET :   **68%**
Prix d'achat :   50
Consommation :   75
Assurance :   60
Satisfaction :   80
Dépréciation :   75

Moyenne générale :   **67.2%**

NOUVEAU POUR 1999

- Le coussin gonflable du conducteur de dernière génération.
- La révision des équipements proposés.
- Les deux teintes de carrosserie : Rouge Inferno et Vert Cyprès (cabriolet) ou Prune et Bleu Requin (coupés).
- Certains détails de présentation.

MOTEURS / TRANSMISSIONS / PERFORMANCES

Modèles/ versions	Type / distribution soupapes / carburation	Cylindrée cc	Puissance cv @ tr/mn	Couple lb.pi @ tr/mn	Rapport volumét.	Roues motrices / transmissions	Rapport de pont	Accélér. 0-100 km/h s	400 m D.A. s	1000 m D.A. s	Reprise 80-120 km/h s	Freinage 100-0 km/h m	Vites. maxi. km/h	Accélér. latérale G	Niveau sonore dBA	Consommation l./100km Ville	Route	Carburant Octane
1)	L4*2.0 DACT-16-IESPM	1996	140 @ 6000	130 @ 4800	9.6 : 1	avant - M5*	3.94	10.5	18.0	31.7	8.5	43	165	0.76	69	10.8	6.8	R 87
						avant - A4	3.91	11.8	18.6	32.8	8.5	41	160	0.76	70	11.1	7.2	R 87
2)	L4*2.4 DACT-16-IESPM	2429	150 @ 5200	167 @ 4000	9.4 : 1	avant - A4	3.91	10.7	17.8	31.6	7.5	43	170	0.78	69	11.3	7.1	R 87
3)	V6 2.5 SACT-24-IESPM	2497	163-168 @ 5500	170 @ 4350	9.4 : 1	avant - A4	3.91	10.2	17.3	31.4	7.0	45	175	0.78	68	12.2	7.7	R 87

1) base coupés   2) base cabriolet   3) option base, cabriolet JXi & JXi Ltd.

PRIX & ÉQUIPEMENTS

CHRYSLER Sebring DODGE Avenger	JX	JXi	LX	LXi	base	ES
	déc.	déc.	cpé.	cpé.	cpé.	cpé.
Prix maxi $:	27 530	33 970	21 650	26 810	20 180	22 045
Prix mini $:	24 100	29 640	19 405	23 950	17 225	19 460
Transport & préparation $:	695	695	695	695	695	695
Boîte automatique:	S	S	O	S	O	S
Régulateur de vitesse:	S	S	O	S	O	S
Direction assistée:	S	S	S	S	S	S
Système antiblocage des freins:	O	S	O	S	O	S
Système antipatinage:	-	-	-	-	-	-
Climatiseur:	S	S	S	S	O	S
Garnitures en cuir:	-	S	-	O	-	O
Radio MA/MF/ Cassette:	SDc	SDc	S	SDc	S	S
Serrures électriques:	O	S	O	S	O	O
Lève-vitres électriques:	S	S	O	S	O	O
Volant ajustable:	S	S	S	S	S	S
Rétroviseurs ext. ajustables:	SM	SE	SM	SE	SM	SM
Jantes en alliage léger:	O	S	O	S	O	S
Système antivol:	O	S	-	-	-	-

Couleurs disponibles

Extérieur: Blanc, Améthyste, Champagne, Vert, Rouge, Argent, Bleu, Ardoise, Café, Noir, Prune, Paprika.
Intérieur: Gris, Rouge, Agate, Beige, Blanc-Noir, Gris-Noir, Beige-Beige, Noir-Beige.

EN BREF...

Catégorie: coupés et cabriolets compacts tractés.   **Classe :** 4

HISTORIQUE
Inauguré en: 1995.
Fabriqué à: coupés : Normal, Illinois, États-Unis. décapotable : Toluca, Mexico.

PROFIL DE CLIENTÈLE

Modèle	Hom./Fem.	Âge moyen	Mariés	CEGEP	Revenus
Avenger	72/28 %	35 ans	46 %	47 %	58 000 $
Sebring	82/18 %	56 %	53 %	68 000 $

INDICES
Sécurité: coupé 100 %, cabrio 75%   **Satisfaction:** 80 %
Dépréciation: coupé 50%, cabrio 42%   **Assurance:** 835-960 $
Prix de revient au km: 0.46 $ **Nbre de concessionnaires:** 148

VENTES

Modèle	1996	1997	Résultat	Part de marché
Sebring/Avenger	1 182	932	- 21.2 %	14.4 %

PRINCIPAUX MODÈLES CONCURRENTS
CHEVROLET Camaro, FORD Mustang, HONDA Prelude, PONTIAC Firebird.

ENTRETIEN REQUIS PAR LA GARANTIE
Première révision: 5 000 km   **Fréquence:** 6 mois ou 10 000 km   **Prise de diagnostic:** Oui

CARACTÉRISTIQUES

Modèles	Versions	Carrosseries/ Sièges	Volume cabine l.	Volume coffre l.	Cx	Empat. mm	Long x larg x haut. mm x mm x mm	Poids à vide kg	Susp. av/ar	Freins av/ar	Direction type	Diamètre braquage m b à b.	Tours volant	Réser. essence l.	Pneus d'origine dimensions	marque	modèle	Mécanique d'origine
CHRYSLER		Garantie générale: 3 ans / 60 000 km; corrosion de surface: 3 ans; perforation: 7 ans / 160 000 km; assistance routière: 3 ans / 60 000 km.																
Sebring	LX	cpé. 2 p. 4	2580	371	0.36	2635	4850x1770x1345	1346	ih/ih	d/t	crém.ass.	12.0	2.4	60.0	195/70R14	Michelin	XW4	L4/2.0/M5
Sebring	LXi	cpé. 2 p. 4	2580	371	0.36	2635	4850x1770x1355	1453	ih/ih	d	crém.ass.	12.2	2.35	60.0	215/50R17	Goodyear	Eagle GT	V6/2.5/A4
Sebring	JX	déc. 2 p. 4	2523	320	0.36	2692	4893x1780x1392	1511	ih/ih	d/t	crém.ass.	12.2	2.8	60.5	205/65R15	Michelin	MX4	L4/2.4/A4
Sebring	JXi	déc. 2 p. 4	2523	320	0.36	2692	4893x1780x1392	1534	ih/ih	d/t/ABS	crém.ass.	12.2	2.8	60.5	215/55R16	Michelin	XGT4	V6/2.5/A4
Sebring	JXi Limited	déc. 2 p. 4	2523	320	0.36	2692	4893x1780x1392	1545	ih/ih	d/ABS	crém.ass.	12.2	2.8	60.5	215/55R16	Michelin	XGT4	V6/2.5/A4
DODGE		Garantie générale: 3 ans / 60 000 km; corrosion de surface: 3 ans; perforation: 7 ans / 160 000 km; assistance routière: 3 ans / 60 000 km.																
Avenger	base	cpé. 2 p. 4	2580	371	0.36	2635	4830x1755x1296	1314	ih/ih	d/t	crém.ass.	12.0	2.4	60.0	195/70R14	Michelin	XW4	L4/2.0/M5
	ES	cpé. 2 p. 4	2580	371	0.36	2635	4830x1755x1306	1359	ih/ih	d	crém.ass.	12.4	2.4	60.0	215/50R17	Goodyear	Eagle GT	L4/2.0/M5

Dans la catégorie des compactes supérieures, les Cirrus, Stratus et Breeze de Chrysler arrivent en tête des ventes, devant la série N de GM et les Contour-Mystique de Ford. Ce résultat ne doit rien au hasard, car ces modèles disposent de sérieux atouts. Le premier, et non des moindres, est une présentation flatteuse au dehors comme au dedans, mais surtout ils sont plus logeables et plus confortables que leurs plus proches opposants. Malheureusement, au niveau du choix mécanique, ils ne font pas mieux que leurs congénères.

GAMME

Chez Chrysler la Cirrus est offerte en une version unique LXi équipée en série d'un moteur V6 2.5L et d'une transmission automatique à 4 rapports. Chez Dodge la Stratus est vendue de base ou ES avec le moteur de 2.0L de la Neon et une boîte manuelle à 5 rapports, tout comme chez Plymouth, la Breeze qui n'existe qu'en une seule finition de base. La Stratus peut recevoir en option le moteur 4 cylindres de 2.4L ou le V6 de 2.5L ainsi que la transmission automatique à 4 rapports. Ces trois modèles sont pourvus en série, d'une direction assistée avec colonne de direction ajustable, d'un climatiseur et de rétroviseurs extérieurs téléréglables.

TECHNIQUE

La carrosserie de ces modèles compacts est monocoque en acier. Elle offre une excellente rigidité que ce soit en torsion ou en flexion et sa finesse aérodynamique est efficace grâce à un coefficient favorable de 0.31. La suspension est indépendante aux quatre roues, selon le principe de MacPherson à l'avant avec des bras de longueur inégale dont les articulations isolent la caisse des vibrations et secousses en provenance des roues. À l'arrière on trouve des bras inégaux ajustables avec effet directionnel induit. Des barres antiroulis sont montées sur les deux trains et l'assistance de la direction varie en fonction de la vitesse. Les freins sont mixtes, sauf sur la Cirrus à moteur V6, ce qui est facile à comprendre vu le poids respectable de ces véhicules. Les retouches apportées pour 1999 consistent en un ajustement visant à améliorer le centrage du véhicule et son guidage pour donner à la conduite une impression de franchise et d'assurance. D'autre part, l'insonorisation a été améliorée et certains éléments de la suspension ajustées pour procurer un confort supérieur.

Comme sur un nuage...

POSITIF

+ LE PRIX. Chrysler parvient à proposer un modèle convenablement équipé pour un prix très compétitif grâce à ses prix de revient plus bas qu'ailleurs.

+ L'ESTHÉTIQUE. Après quatre années sur le marché, la ligne de ces voitures a bien vieilli car elle demeure élégante et originale. Le principe de la cabine avancée lui donne un air de famille avec les autres membres de la famille Chrysler, et une dynamique intéressante.

+ LE COMPORTEMENT. Il est très efficace, à la manière des voitures européennes, sur lesquelles la souplesse avantage le confort sans nuire à la tenue de route. Le guidage est précis, les réactions prévisibles et l'amortissement absorbant.

+ LE RENDEMENT. Le moteur 4 cylindres 2.4L fait pratiquement jeu égal avec le V6 en terme de performance et d'agrément, mais sa consommation est plus économique.

+ LE CONFORT. Il surprend agréablement par le côté moelleux, mais sans excès, de la suspension, le rembourrage adéquat des sièges avant dont le galbe maintient efficacement les occupants. De plus, les vibrations en provenance de la route sont bien filtrées sans recourir à de coûteux berceaux indépendants pour porter les trains avant/arrière.

+ L'HABITABILITÉ. C'est surtout aux places arrière que les occupants disposent de plus d'espace en hauteur et en longueur que sur les modèles concurrents. De son côté, le coffre est vaste et logeable et son volume peut être agrandi en rabattant le dossier de la banquette.

+ LE FREINAGE. Il s'est amélioré quant aux distances d'arrêt en situation d'urgence, qui dépassent légèrement 40 m, surtout la Cirrus qui avait bien besoin de disques aux roues arrière, et est la seule à disposer de l'antiblocage en série.

NÉGATIF

- LE FREINAGE. Sans antiblocage ni disques aux roues arrière, les plaquettes des Stratus et de la Breeze résistent mal à l'échauffement et leur commande spongieuse est difficile à doser.

- LA SÉCURITÉ. Il est surprenant de constater les notes médiocres obtenues par la structure de ces automobiles modernes après les tests de collision du N.H.T.S.A des États-Unis.

- LA BOÎTE AUTOMATIQUE. Elle constitue une des pires réalisations de Chrysler au cours des dernières années tant elle est désagréable à utiliser avec ses rapports mal échelonnés, son rétrogradage lent et l'absence totale de frein-moteur lorsqu'on rétrograde.

- LES PERFORMANCES. Celles du moteur V6 sont banales et peu enthousiasmantes comparées à celles du moteur Mazda de même cylindrée qui rend la conduite de la 626 si agréable. Le 2.0L des Stratus-Breeze de base est économique mais ses prestations sont timides et il est aussi bruyant que vibrant.

- LA VISIBILITÉ. Comme sur toutes les Chrysler, elle souffre de la hauteur du couvercle du coffre et de l'étroitesse de la lunette arrière, qui rendent les manoeuvres de stationnement délicates.

- LES RANGEMENTS. Ils ne sont pas en nombre suffisant car la boîte à gants et les vide-poches de portes ont une contenance ridicule.

- LA SUSPENSION AVANT. En charge, elle fait payer son excès de souplesse en talonnant dès que le revêtement n'est plus parfait.

- LA BANQUETTE Elle n'est pas aussi confortable que les sièges avant, car elle est sans relief avec un rembourrage inégal. Y aurait-il deux classes d'occupants?

- LA QUALITÉ. Certains matériaux composant le tableau de bord et les contre-portes ne font pas très riche.

- À REVOIR : le manque d'efficacité du système maintenant le couvercle du coffre à bagages ouvert et la puissance insuffisante des phares.

CONCLUSION

Ces voitures méritent amplement leur première place au palmarès des ventes, car elles offrent chacune dans son genre, un ensemble attirant pour un prix abordable. La seule ombre au tableau est le moteur V6 qui n'est pas des plus exaltants...

ÉVALUATION CHRYSLER JA

CONCEPTION : 69%
Technique : 80
Sécurité : 50
Volume cabine : 65
Volume coffre : 75
Qualité/finition : 75

CONDUITE : 62%
Poste de conduite : 75
Performances : 45
Comportement : 60
Direction : 75
Freinage : 55

ÉQUIPEMENT D'ORIGINE : 70%
Pneus : 75
Phares : 60
Essuie-glace : 60
Dégivreur : 75
Radio : 80

CONFORT : 64%
Sièges : 75
Suspension : 75
Niveau sonore : 55
Commodités : 50
Climatisation : 65

BUDGET : 69%
Prix d'achat : 60
Consommation : 70
Assurance : 75
Satisfaction : 80
Dépréciation : 60

Moyenne générale : 66.8%

NOUVEAU POUR 1999

- La suspension plus confortable.
- Les quatre freins à disque standard sur la Cirrus.
- L'insonorisation accrue.
- Les quelques retouches esthétiques.
- Les deux nouvelles teintes de carrosserie.
- Le système de sécurité disponible en option (Stratus-Breeze).

MOTEURS / TRANSMISSIONS / PERFORMANCES

Modèles/ versions	Type / distribution soupapes / carburation	Cylindrée cc	Puissance cv @ tr/mn	Couple lb.pi @ tr/mn	Rapport volumét.	Roues motrices / transmissions	Rapport de pont	Accélér. 0-100 km/h s	400 m D.A. s	1000 m D.A. s	Reprise 80-120 km/h s	Freinage 100-0 km/h m	Vites. maxi. km/h	Accélér. latérale G	Niveau sonore dBA	Consommation l./100km Ville	Consommation l./100km Route	Carburant Octane
1)	L4* 2.0-SACT-16-IESPM	1996	132 @ 6000	128 @ 5000	9.8 :1	avant - M5*	3.94	11.3	17.6	31.8	7.8	46	165	0.80	68	8.7	5.9	R 87
						avant - A4	4.08	12.0	18.0	32.2	8.1	44	160	0.80	68	10.4	6.6	R 87
2)	L4 2.4-DACT-16-IESPM	2429	150 @ 5200	167 @ 4000	9.4 :1	avant - A4	3.91	10.4	17.5	31.1	7.1	42	175	0.81	68	11.3	7.1	R 87
3)	V6* 2.5-SACT-24-IESPM	2497	168 @ 5800	170 @ 4350	9.4 :1	avant - A4*	3.91	9.7	17.0	30.4	6.7	43	180	0.83	67	12.2	7.7	R 87

1) base Stratus-Breeze 2) option Stratus-Breeze 3) base Cirrus, option Stratus

PRIX & ÉQUIPEMENTS

	CHRYSLER Cirrus LXi	DODGE Stratus base	DODGE Stratus ES	PLYMOUTH Breeze base
Prix maxi $:	24 480	21 090	25 025	21 090
Prix mini $:	22 330	19 090	22 470	19 080
Transport & préparation $:	695	695	695	710
Boîte automatique:	S	O	S	O
Régulateur de vitesse:	S	O	S	O
Direction assistée:	S	S	S	S
Système antiblocage des freins:	S	O	S	O
Système antipatinage:	-	-	-	-
Climatiseur:	S	S	S	S
Garnitures en cuir:	O	S	O	S
Radio MA/MF/ Cassette:	S	S	S	S
Serrures électriques:	S	O	S	O
Lève-glace électriques:	S	O	S	O
Volant ajustable:	S	S	S	S
Rétroviseurs ext. ajustables:	SEC	SM	SEC	SE
Jantes en alliage léger:	O	-	S	O
Système antivol:	O	-	O	O

Couleurs disponibles

Extérieur: Blanc, Rouge, Bleu, Vert, Améthyste, Canneberge, Platine, Champagne, Ardoise.
Intérieur: Agate, Beige, Argent.

EN BREF...

Catégorie: berlines compactes tractées. **Classe :** 4

HISTORIQUE
Inauguré en: 1995, 1996 pour Breeze.
Fabriqué à: Sterling Heights, MI, États-Unis.

PROFIL DE CLIENTÈLE

Modèle	Hom./Fem.	Âge moyen	Mariés	CEGEP	Revenus
Cirrus	76/24 %	54 ans	74 %	32 %	53 000 $
Stratus	57/43 %	51 ans	78 %	30 %	56 000 $

INDICES
Sécurité: 50 % Satisfaction: 80 %
Dépréciation: 45 % Assurance: 765-825 $
Prix de revient au km: 0.41-0.45 $ Nbre de concessionnaires: 148

VENTES

Modèle	1996	1997	Résultat	Part de marché
Chrysler JA	5 497	6 242	+ 13.6 %	7.7 %

PRINCIPAUX MODÈLES CONCURRENTS
FORD Contour, HONDA Accord, HYUNDAI Sonata, MAZDA 626, MERCURY Mystique, NISSAN Altima, OLDSMOBILE Alero, PONTIAC Grand Am, SUBARU Legacy, TOYOTA Camry, VW Passat.

ENTRETIEN REQUIS PAR LA GARANTIE
Première révision: 7 500 km Fréquence: 6 mois Prise de diagnostic: Oui

CARACTÉRISTIQUES

Modèles	Versions	Carrosseries/ Sièges	Volume cabine l.	Volume coffre l.	Cx	Empat. mm	Long x larg x haut. mm x mm x mm	Poids à vide kg	Susp. av/ar	Freins av/ar	Direction type	Diamètre braquage m	Tours volant b à b.	Réser. essence l.	Pneus d'origine dimensions	Pneus d'origine marque	Pneus d'origine modèle	Mécanique d'origine
CHRYSLER		Garantie générale: 3 ans / 60 000 km; corrosion de surface: 1 an / 20 000 km; perforation: 7 ans / 160 000 km; assistance routière: 3 ans / 60 000 km.																
Cirrus	LXi	ber. 4 p. 5	2716	445	0.31	2743	4750x1822x1380	1427	ih/ih	d/ABS	crém.ass.	11.28	3.10	60.5	195/65R15	Michelin	MX4	V6/2.5/A4
DODGE		Garantie générale: 3 ans / 60 000 km; corrosion de surface: 1 an / 20 000 km; perforation: 7 ans / 160 000 km; assistance routière: 3 ans / 60 000 km.																
Stratus	base	ber. 4 p. 5	2704	445	0.31	2743	4725x1822x1378	1325	ih/ih	d/t	crém.ass.	11.3	3.09	60.5	195/70R14	Michelin	XW4	L4/2.0/M5
Stratus	ES	ber. 4 p. 5	2704	445	0.31	2743	4725x1822x1381	1391	ih/ih	d/t/ABS	crém.ass.	11.3	3.09	60.5	195/65R15	Michelin	MX4	L4/2.4/A4
PLYMOUTH		Garantie générale: 3 ans / 60 000 km; corrosion de surface: 1 an / 20 000 km; perforation: 7 ans / 160 000 km; assistance routière: 3 ans / 60 000 km.																
Breeze	base	ber. 4 p. 5	2716	445	0.31	2743	4742x1822x1378	1327	ih/ih	d/t	crém.ass.	11.3	3.09	60.5	195/70R14	Michelin	XW4	L4/2.0/M5

Chrysler, le constructeur qui a le mieux réussi sur le plan mondial en matière de mini-fourgonnettes et de véhicules polyvalents tout terrain, croit toujours à l'automobile conventionnelle, particulièrement à la classe intermédiaire. La dernière Concorde a une vocation différente de la précédente dont le style était typiquement nord-américain et qui de ce fait a connu un succès mitigé, entaché par de nombreux problèmes de fiabilité. Sa remplaçante revient avec un style plus international, dont la partie avant s'inspire de celle de grands classiques historiques.

GAMME

Les dernières Concorde et Intrepid demeurent des berlines à quatre portes de classe intermédiaire offertes en finition LX et LXi pour la Concorde et de base ou ES pour l'Intrepid. Elles sont animées par deux nouveaux moteurs V6 complétés d'une transmission automatique: un 2.7L pour les modèles de base et un 3.2L pour les LXi et ES. L'équipement de série des modèles les plus simples comprend la transmission automatique, la direction assistée, le climatiseur, le régulateur de vitesse, la radiocassette, les serrures, les vitres et les rétroviseurs extérieurs à commande électrique ainsi que la colonne de direction ajustable. Les modèles LXi et ES sont eux dotés d'origine d'un système antiblocage-antipatinage des roues, de jantes en alliage léger, d'un système antivol et d'un lecteur de disques compacts.

TECHNIQUE

L'architecture de la dernière Concorde est très proche de celle du prototype présenté au Salon de Détroit en janvier 1997. Elle reprend le concept de la cabine avancée, qui consiste à repousser les roues aux quatre coins de l'habitacle pour libérer un maximum d'espace. Pour spectaculaire qu'elle soit, la ligne n'en n'est pas moins efficace sur le plan aérodynamique puisque le coefficient de traînée est de 0.29. Le châssis a été amélioré au chapitre de la rigidité, mais ce sont les deux nouveaux moteurs qui retiennent l'attention. Ces deux V6 se situent à la fine pointe de la technologie actuelle. Ils sont entièrement réalisés en aluminium avec chemise en fonte dont la puissance respective surclasse de 10% celle de leurs prédécesseurs et leurs émanations sont 30% moins polluantes. Ils sont accouplés à la transmission automatique à commande électronique adaptable qui équipait déjà les an-

Douche écossaise...

ciens modèles, ce qui ne constitue pas la meilleure nouvelle pour de nombreux clients déçus. La suspension est indépendante aux quatre roues qui sont aussi pourvues de disques de frein à rendement accru. La mécanique et la suspension avant de type MacPherson sont installées sur un berceau indépendant constitué d'éléments hydroformés. Elle est à bras multiples de type Chapman à l'arrière dont la traverse en aluminium allège l'ensemble tout en le rendant plus rigide.

POSITIF

+ LA LIGNE. Elle est très dynamique avec une prépondérance sur l'avant. La calandre de la Concorde rappelle celle de modèles glorieux des années soixante tels les Aston Martin, Ferrari et tutti quanti.
+ L'ESPACE. Que ce soit dans la cabine ou le coffre, la place ne manque pas. On peut asseoir à l'aise trois personnes à l'arrière
+ LE COMPORTEMENT. Par rapport au modèle précédent, la tenue de route est plus rigoureuse grâce à la rigidité supérieure de la structure qui autorise un guidage plus précis. Les combinés ressorts amortisseurs absorbent efficacement les défauts de la route tout en permettant de maintenir la trajectoire.
+ LA MANIABILITÉ. Elle est excellente pour un véhicule de ce format car elle permet de stationner aisément en zone urbaine et de faire demi-tour sur des routes étroites. L'assistance est bien dosée et la précision de la direction, excellente.
+ LE CÔTÉ PRATIQUE. Il n'a pas été oublié, car la plupart des rangements sont bien dimensionnés à l'avant comme à l'arrière où en plus

d'une aumônière, l'accoudoir central contient un vaste vide-poches et deux porte-gobelets. De plus le coffre est immense, mais pas transformable, bien qu'il communique avec la cabine par une trappe à skis.
+ LES PHARES. Ils sont nettement plus efficaces que ceux du modèle précédents, leurs faisceaux ayant une portée et une luminosité bien supérieures.

NÉGATIF

- LE NIVEAU SONORE. Il est surprenant qu'une voiture aussi récente laisse entendre autant de bruits, en provenance de la mécanique, du roulement ou de l'aérodynamique, preuve qu'un faible coefficient de traînée ne fait pas tout...
- LA QUALITÉ. Celle des matières plastiques qui composent le tableau de bord fait plus utilitaire que sur les anciens modèles. Le résultat déçoit par son manque de classe.
- LES PERFORMANCES. Accélérations et reprises des nouveaux moteurs V6 sont très ordinaires et les chiffres obtenus sont inférieurs à ceux des modèles précédents.
- LE FREINAGE. Son efficacité reste moyenne malgré les améliorations apportées, puisque la plupart des arrêts s'effectuent sur une distance moyenne de 50 m à partir de 100 km/h et il manque terriblement de mordant à l'attaque.
- LA SUSPENSION. Elle talonne rapidement en charge où son manque d'amplitude nuit au confort.
- QUELQUES LACUNES. Le manque de véritables appuie-tête aux places arrière tandis que ceux situés à l'avant ne sont pas ajustables en inclinaison, ainsi que les hésitations de la télécommande d'ouverture des portes dont le récepteur n'est peut-être pas très bien placé.
- LA BOÎTE AUTOMATIQUE. Comme précédemment il n'y a aucun frein-moteur lorsqu'on rétrograde, ce qui ne permet pas de soulager les freins lors de longues descentes avec la Concorde. La sélection «AutoStick» de l'intrepid ES résout ce problème, mais les changements de rapports sont parfois brutaux si l'on veut pousser les régimes.

CONCLUSION

Emballantes par leurs lignes et leur confort, les dernières Concorde-Intrepid sont plus décevantes sur le plan aérodynamique, des performances et surtout de la présentation intérieure où la qualité d'exécution comme celle des matériaux sont très ordinaires. La recherche de la meilleure profitabilité pousse parfois les constructeurs à faire des compromis risqués. ☺

ÉVALUATION CHRYSLER LH

CONCEPTION : 83%
Technique : 80
Sécurité : 90
Volume cabine : 80
Volume coffre : 90
Qualité/finition : 75

CONDUITE : 66%
Poste de conduite : 80
Performances : 55
Comportement : 60
Direction : 80
Freinage : 55

ÉQUIPEMENT D'ORIGINE : 82%
Pneus : 80
Phares : 80
Essuie-glace : 80
Dégivreur : 80
Radio : 90

CONFORT : 76%
Sièges : 80
Suspension : 80
Niveau sonore : 70
Commodités : 70
Climatisation : 80

BUDGET : 61%
Prix d'achat : 50
Consommation : 75
Assurance : 45
Satisfaction : 85
Dépréciation : 50

Moyenne générale : 73.6%

NOUVEAU POUR 1999
- L'amélioration du confort de la suspension et la réduction des bruits, vibrations et secousses.
- La fonction antidémarrage ajoutée au système antivol.
- La version à faibles émissions des moteurs V6.
- La nouvelle teinte de carrosserie : Vert Cyprès.
- Le filet de retenue dans le coffre à bagages.
- La garniture des sièges en cuir de qualité supérieure.

MOTEURS / TRANSMISSIONS / PERFORMANCES

Modèles/versions	Type / distribution soupapes / carburation	Cylindrée cc	Puissance cv @ tr/mn	Couple lb.pi @ tr/mn	Rapport volumét.	Roues motrices / transmissions	Rapport de pont	Accélér. 0-100 km/h s	400 m D.A. s	1000 m D.A. s	Reprise 80-120 km/h s	Freinage 100-0 km/h m	Vites. maxi. km/h	Accélér. latérale G	Niveau sonore dBA	Consommation l./100km Ville	Route	Carburant Octane
1)	V6* 2.7 DACT-24-IESPM	2736	200 @ 5800	190 @ 4850	9.7 :1	avant - A4	3.89	10.5	17.5	30.2	7.2	48	180	0.76	68	11.3	7.1	R 87
2)	V6* 3.2 SACT-24-IESPM	3231	225 @ 6300	225 @ 3800	9.5 :1	avant - A4	3.66	9.3	17.2	30.0	6.4	50	190	0.78	68	12.6	7.6	R 87

1) Concorde LX & Intrepid   2) Concorde LXi & Intrepid ES

PRIX & ÉQUIPEMENTS

CHRYSLER Concorde	LX	LXi		
CHRYSLER Intrepid			base	ES
Prix maxi $:	27 635	32 355	25 060	29 425
Prix mini $:	24 590	28 460	22 405	26 115
Transport & préparation $:	765	765	765	765
Boîte automatique:	S	S	S	S
Régulateur de vitesse:	S	S	S	S
Direction assistée:	S	S	S	S
Système antiblocage des freins:	O	S	O	S
Système antipatinage:	O	O	-	O
Climatiseur:	SM	SA	SM	SM
Garnitures en cuir:	-	S	-	S
Radio MA/MF/ Cassette:	S	SDc	S	S
Serrures électriques:	S	S	S	S
Lève-vitres électriques:	S	S	S	S
Volant ajustable:	S	S	S	S
Rétroviseurs ext. ajustables:	SE	SE	SE	SE
Jantes en alliage léger:	-	S	-	S
Système antivol:	S	S	-	O

Couleurs disponibles
Extérieur: Vert, Platine, Rouge, Champagne, Améthyste, Canneberge, Ardoise, Blanc.
Intérieur: Quartz, Agate, Beige.

EN BREF...
Catégorie: berlines tractées de grand format.   Classe : 6

HISTORIQUE
Inauguré en: 1993
Fabriqué à: Bramalea, Ontario, Canada.

PROFIL DE CLIENTÈLE

Modèle	Hom./Fem.	Âge moyen	Mariés	CEGEP	Revenus
Concorde	82/18 %	62 ans	85 %	27 %	55 000 $
Intrepid	77/23 %	49 ans	84 %	42 %	55 000 $

INDICES
Sécurité: 90 %   Satisfaction: 85 %
Dépréciation: 47-54 %   Assurance: 850 $
Prix de revient au km: 0.46 $ Nbre de concessionnaires: 148

VENTES

Modèle	1996	1997	Résultat	Part de marché
LH	5 607	4 650	- 17.1 %	17.2 %

PRINCIPAUX MODÈLES CONCURRENTS
CHEVROLET Lumina, BUICK Century-Regal-LeSabre, FORD Taurus, HONDA Accord, MERCURY Sable, NISSAN Maxima, OLDSMOBILE Intrigue, PONTIAC Bonneville-Grand Prix, TOYOTA Camry.

ENTRETIEN REQUIS PAR LA GARANTIE
Première révision: 7 500 km   Fréquence: 6 mois / 10 000 km   Prise de diagnostic: Oui

CARACTÉRISTIQUES

Modèles	Versions	Carrosseries/ Sièges	Volume cabine l.	Volume coffre l.	Cx	Empat. mm	Long x larg x haut. mm x mm x mm	Poids à vide kg	Susp. av/ar	Freins av/ar	Direction type	Diamètre braquage b à b. m	Tours volant	Réser. essence l.	dimensions	Pneus d'origine marque	modèle	Mécanique d'origine
CHRYSLER																		
Concorde	LX	ber. 4 p.5	3047	530	0.30	2870	5311x1892x1420	1563	ih/ih	d	crém.ass.	11.5	3.11	64.0	205/70R15	Goodyear	Conquest GA	V6/2.7/A4
Concorde	LXi	ber. 4 p.5	3047	530	0.30	2870	5311x1892x1420	1613	ih/ih	d/ABS	crém.ass.	11.5	3.11	64.0	225/60R16	Goodyear	Eagle GA	V6/3.2/A4
Intrepid		ber. 4 p.5	2959	521	0.30	2870	5175x1898x1420	1552	ih/ih	d	crém.ass.	11.5	3.11	64.0	205/70R15	Goodyear	Conquest GA	V6/2.7/A4
Intrepid	ES	ber. 4 p.5	2959	521	0.30	2870	5175x1898x1420	1596	ih/ih	d/ABS	crém.ass.	11.5	3.11	64.0	225/60R16	Goodyear	Eagle GA	V6/3.2/A4

Garantie générale: 3 ans / 60 000 km; corrosion de surface: 3 ans ; perforation: 7 ans / 160 000 km; assistance routière: 3 ans / 60 000 km.

CHRYSLER LHS et 300M
L'esprit plus que la lettre...

CHRYSLER LHS

La disparition de la Eagle Vision et le renouvellement de la LHS ont donné à Chrysler l'occasion de franchir une nouvelle étape dans l'occupation de segments où elle était peu représentée jusqu'à maintenant. Dans le créneau des voitures de luxe, la première LHS a fait une percée intéressante, allant jusqu'à vendre plus que des Cadillac Seville certains mois. Toutefois son luxe douillet n'a jamais été véritablement exportable en Europe où les amateurs sont plus friands de berlines sportives. La 300M aura donc le mandat de remplacer la Eagle Vision sur les marchés nord-américains et de tenter sa chance de l'autre côté de l'Atlantique.

Le choix de l'appellation 300M fait référence aux berlines à hautes performances que Chrysler faisait courir contre la montre dans les années

soixante, à l'époque des Pony Car. Plusieurs générations de 300 ont battu des records enviables et attesté du fait que Chrysler était capable de se joindre au club des brûleurs d'asphalte. Aujourd'hui les temps ont changé et si l'on ne peut plus faire de course de coin de rue chaque fois qu'on en aurait le gôut, l'esprit demeure intact et une petite pointe ne fait pas de mal de temps à autre, pourvu qu'on ne se fasse pas prendre.

Si la LHS dérive directement de la Concorde dont elle reprend la coque et les principaux éléments mécaniques, la 300M partage sa carrosserie avec l'Intrepid. Ainsi dans les deux cas, seules les parties avant et arrière ont été retravaillées pour donner à ces deux modèles une personnalité distinctive. Toutefois les portes et les vitrages demeurent strictement identiques. Mesurant moins de 5 mètres, la 300M entre parfaitement dans le segment

CHRYSLER LHS

CHRYSLER 300M

CHRYSLER 300M

des grandes berlines européennes telles les Audi A6, Mercedes-Benz 320, BMW série 5 et 7 et les XJ6 qui comptent parmi les plus répandues. Sur notre sol, la LHS s'attaquera aux fiefs des Park Avenue, Aurora et Continental sans oublier la sempiternelle Lexus ES 300 et récemment la Cadillac Catera qui commence à faire des ravages.

Contrairement aux Concorde et Intrepid, ces nouvelles venues reçoivent exclusivement le nouveau moteur V6 de 3.5L extrapolé du dernier 3.2L, du moins en Amérique du Nord parce qu'en Europe le 2.7L sera offert. Au-delà du côté cosmétique et des propulseurs, Chrysler s'est attaché à peaufiner ce qui laissait à désirer sur les précédentes LHS et Vision, à savoir la suspension. Toutes deux dans leur genre manquaient de raffinement et de caractère. Par rapport aux Concorde et Intrepid, un nouveau berceau avant

a été créé, fait de trois pièces tubulaires hydroformées extrêmement rigide. La géométrie à été révisée pour mieux résister au cabrage lors des accélérations et à la plongée au freinage. De plus, les ressorts ont été isolés et les amortisseurs sont plus conséquents. À l'arrière, une traverse en aluminium permet un roulement plus doux sans perte pour le comportement. Sur notre continent, ces deux modèles seront chaussés de Goodyear Eagle LS (comme la Seville) mais les sportifs pourront obtenir des Michelin XGTV4 inclus dans l'ensemble optionnel «comportement» de la 300M, qui seront standards sur les modèles exportés dans les «vieux pays»... L'aménagement intérieur est pratiquement identique au genre d'instruments près, mais la 300M est le seul des deux modèles à recevoir en série la sélection séquentielle «AutoStick».

Quand il s'agit de faire rêver les automobilistes, Chrysler n'a pas son pareil. La recette est excellente, toujours la même, et elle marche à chaque fois. Deux ans avant la sortie d'un modèle, on expose au Salon de Détroit un prototype spectaculaire, conçu de manière très réaliste, dont la modernité et l'audace des lignes transportent autant les journalistes spécialisés que les amateurs de belles automobiles. Quand vient le temps de révéler le dit modèle, on fait en sorte qu'il y ait le moins possible de photos d'espion dans les revues spécialisées afin que la surprise soit complète, puis on dévoile en grande pompe le dit modèle qui enthousiasme tout le monde, parce qu'il est encore plus beau et plus élaboré que le prototype, ce qui lui donne une excellente critique dans la presse dès le départ et de bonnes chances de s'arracher comme des pains chauds.

Si la LHS s'adresse à une clientèle mûre, la 300M va tenter de séduire des acheteurs plus jeunes, ayant entre 35 et 45 ans dont 40% seront des femmes, avec un revenu familial moyen et annuel de 80 000 $. Les gourous de la mise en marché de Chrysler voient cette nouvelle clientèle comme expressive, athlétique, raffinée et à la recherche d'une automobile ayant un caractère unique. Tout le monde a le droit de rêver...

GAMME

Les 300M et LHS sont des berlines à quatre portes de classe luxueuse offerte en finition unique, mais qui peut être agrémentée d'un ensemble «comportement sportif» dans le cas de la 300M. Elles sont animées par le dernier moteur V6 de 3.5L avec transmission automatique à gestion électronique, dont la sélection séquentielle «AutoStick» est standard sur la 300M. L'équipement de série comprend outre tout ce qu'il est normal de trouver dans cette catégorie, des sièges garnis de cuir fin, un climatiseur automatique, un lecteur de disques compacts et un ordinateur de voyage.

TECHNIQUE

La LHS a été élaboré à partir de la carrosserie de la Concorde, alors que la 300M dérive de celle de l'Intrepid. Elles en diffèrent toutefois par leur berceau avant plus rigide supportant la mécanique et la suspension. Cette coque est aussi spectaculaire qu'efficace puisque son coefficient de finesse aérodynamique est 0.31. La rigidité a été améliorée de 40% en flexion et de 20% en torsion et une traverse en aluminium stabilise le train arrière. Si les suspensions sont identiques à cel-

les des autres modèles LH, les ressorts et les amortisseurs ont des tarages spécifiques, visant à rendre le roulement plus doux et le guidage plus rigoureux. Les freins sont à disque aux quatre roues et l'antiblocage comme l'antipatinage sont livrés en série. Le moteur V6 commun à ces deux modèles est un 3.5L dérivé du 3.2L des LH. Entièrement réalisé en aluminium avec chemise en fonte, il développe 253 ch et 255 lb-pi de couple et ses émanations sont 30% moins polluantes. Afin d'éliminer le bruit, un deuxième résonnateur à été ajouté. La transmission est automatique à commande électronique adaptable. Il s'agit de celle qui équipait déjà les anciens modèles, ce qui ne constitue pas la meilleure nouvelle.

POSITIF

+ L'ALLURE. Elle est très dynamique avec une prépondérance sur l'avant comme sur la Concorde et rappelle les modèles glorieux des années soixante.

+ LE CONFORT. Que ce soit dans la cabine ou le coffre, l'espace est généreux et 5 personnes y seront très à l'aise ainsi que leurs bagages.

Le roulement est très doux sans être pour autant sirupeux comme sur d'autres américaines bon teint. La suspension absorbante nivelle bien les défauts de la route et l'insonorisation étouffe la plupart des bruits. Par rapport à la LHS précédente les bruits de vent ont été réduits de manière spectaculaire au niveau du pare-brise et des fenêtres.

+ LA TENUE DE ROUTE. Elle est plus rigoureuse grâce à la rigidité supérieure de la structure et aux aménagements destinés à rendre le guidage le plus précis possible. Les combinés ressorts amortisseurs spécialement calibrés sont souples sans que le roulis soit trop important pour nuire à l'assiette de ces véhicules qui résiste mieux que les Concorde-Intrepid aux mouvements de plongée et de cabrage.

+ LA MANIABILITÉ. Elle est excellente pour des véhicules de cette taille car elle permet de stationner aisément en zone urbaine et de faire demi-tour sur des routes étroites. L'assistance est bien dosée et la précision de la direction, excellente.

+ LE CÔTÉ PRATIQUE. La plupart des rangements sont bien dimensionnés à l'avant comme à l'ar-

rière où en plus d'une aumônière l'accoudoir central contient un vaste vide-poche et deux porte-gobelets. Enfin le coffre est immense et il communique avec la cabine par une trappe à skis.

+ LES PHARES. Nettement plus efficace que ceux du modèle précédent, leurs faisceaux possède une portée et une luminosité permettant d'y bien voir de manière très sécuritaire.

+ LE TABLEAU DE BORD. Bien qu'il reprenne les grandes lignes et l'organisation de celui des LH, sa présentation est infiniment plus soignée, avec son garnissage flatteur, son instrumentation remarquable, particulièrement celui de la 300M dont l'affichage est noir sur fond blanc. L'ensemble a de la classe et sa finition est soignée.

NÉGATIF

- LES PERFORMANCES. Les accélérations comme les reprises du moteur 3.5L nous ont laissés sur notre faim, surtout sur la 300M où elles ne correspondent pas au tempérament que le nom veut faire revivre. Elle manquent de piment et les chiffres obtenus le prouvent.

- LE FREINAGE. Son efficacité n'est que moyenne malgré les améliorations apportées. La plupart des arrêts s'effectuent à une distance moyenne de 47 m à partir de 100 km/h et il manque beaucoup de mordant à l'attaque.

- LA BOÎTE AUTOMATIQUE. Elle ne procure aucun frein-moteur lorsqu'on rétrograde manuellement, ce qui ne permet pas de soulager les freins lors de longues descentes avec la LHS. La sélection «AutoStick» de la 300M résout ce problème, mais les changements de rapports sont parfois brutaux si l'on veut pousser les régimes.

- QUELQUES LACUNES. Le manque de véritables appuie-têtes aux places arrière tandis que ceux situés à l'avant ne sont pas ajustables en inclinaison, ainsi que les hésitations de la télécommande d'ouverture des portes dont le récepteur n'est peut- être pas très bien placé.

CONCLUSION

La LHS se justifie mieux que la 300M, car elle a nettement progressé dans le sens du confort qui est aussi raffiné que le comportement est précis. La 300M ne remplit pas vraiment le mandat qu'on lui a fixé en la désignant comme la sportive du duo, puisque bien d'autres modèles moins coûteux font mieux en termes de performances. Un petit coup de pouce sous la forme d'un compresseur viendrait facilement dissiper ce malentendu.

ÉVALUATION CHRYSLER LHS

CONCEPTION : 84%
Technique :	80
Sécurité :	90
Volume cabine :	80
Volume coffre :	90
Qualité/finition :	80

CONDUITE : 67%
Poste de conduite :	80
Performances :	65
Comportement :	55
Direction :	80
Freinage :	55

ÉQUIPEMENT D'ORIGINE : 82%
Pneus :	80
Phares :	80
Essuie-glace :	80
Dégivreur :	80
Radio :	90

CONFORT : 74%
Sièges :	80
Suspension :	80
Niveau sonore :	60
Commodités :	70
Climatisation :	80

BUDGET : 52%
Prix d'achat :	20
Consommation :	60
Assurance :	50
Satisfaction :	85
Dépréciation :	45

Moyenne générale : 71.8%

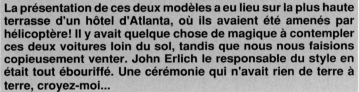

Anecdote

La présentation de ces deux modèles a eu lieu sur la plus haute terrasse d'un hôtel d'Atlanta, où ils avaient été amenés par hélicoptère! Il y avait quelque chose de magique à contempler ces deux voitures loin du sol, tandis que nous nous faisions copieusement venter. John Erlich le responsable du style en était tout ébouriffé. Une cérémonie qui n'avait rien de terre à terre, croyez-moi...

MOTEURS / TRANSMISSIONS / PERFORMANCES

Modèles/ versions	Type / distribution soupapes / carburation	Cylindrée cc	Puissance cv @ tr/mn	Couple lb.pi @ tr/mn	Rapport volumét.	Roues motrices / transmissions	Rapport de pont	Accélérations 0-100 km/h s	400m s	1000m s	Reprise 80-120 km/h s	Freinage 100-0 km/h m	Vites. maxi. km/h	Accélér. latérale G	Niveau sonore dBA	Consommation l./100km Ville	Route	Carburant Octane
base	V6 3.5 SACT-24-IESPM	3518	253 @ 6400	255 @ 3950	10.1 :1	avant - A4	3.66	8.5	16.3	29.4	6.1	47	220	0.77	67	13.3	8.9	M 89

PRIX & ÉQUIPEMENTS

CHRYSLER	300M	LHS
Prix maxi $:	38 900	40 900
Prix mini $:	33 520	35 220
Transport & préparation $:	790	810
Boîte automatique:	S	S
Régulateur de vitesse:	S	S
Direction assistée:	S	S
Système antiblocage des freins:	S	S
Système antipatinage:	S	S
Climatiseur:	SA	SA
Garnitures en cuir:	S	S
Radio MA/MF/ Cassette:	Sdc	Sdc
Serrures électriques:	S	S
Lève-vitres électriques:	S	S
Volant ajustable:	S	S
Rétroviseurs ext. ajustables:	SEC	SEC
Jantes en alliage léger:	S	S
Système antivol:	S	S

Couleurs disponibles

Extérieur: Vert, Platine, Rouge, Champagne, Cannelle, Améthyste, Canneberge, Ardoise, Blanc.
Intérieur: Agate, Beige.

EN BREF...

Catégorie: berlines de luxe tractées.   **Classe :** 7

HISTORIQUE
Inauguré en:	1994-1999
Fabriqué à:	Bramalea, Ontario, Canada.

PROFIL DE CLIENTÈLE
Modèle	Hom./Fem.	Âge moyen	Mariés	CEGEP	Revenus
300M	60/40 %	40 ans	78 %	41 %	85 000 $
LHS	92/8 %	60 ans	87 %	37 %	87 000 $

INDICES
Sécurité:	90 %	Satisfaction:	78 %
Dépréciation:	45 %	Assurance:	1 100 $
Prix de revient au km:	0.55 $	Nbre de concessionnaires:	148

VENTES
Modèle	1996	1997	Résultat	Part de marché
300M	Non commercialisé à cette époque.			
LHS	754			

PRINCIPAUX MODÈLES CONCURRENTS
LHS : BUICK Park Avenue, CADILLAC Catera, INFINITI I30, LEXUS ES & GS 300, LINCOLN Continental, OLDSMOBILE Aurora.

300M : AUDI A6, BMW Série 5, JAGUAR XJ8, MERCEDES-BENZ E320.

ENTRETIEN REQUIS PAR LA GARANTIE
Première révision:	Fréquence:	Prise de diagnostic:
7 500 km	6 mois / 10 000 km	Oui

CARACTÉRISTIQUES

Modèles	Versions	Carrosseries/ Sièges	Volume cabine	Volume coffre	Cx	Empat. mm	Long x larg x haut. mm x mm x mm	Poids à vide	Susp. av/ar	Freins av/ar	Direction type	Diamètre braquage m	Tours volant b à b.	Réser. essence l.	dimensions	Pneus d'origine marque	modèle	Mécanique d'origine
CHRYSLER		Garantie générale: 3 ans / 60 000 km; corrosion de surface: 3 ans ; perforation: 7 ans / 160 000 km; assistance routière: 3 ans / 60 000 km.																
300M	base	ber. 4 p. 5	2976	476	0.31	2870	5023x1890x1422	1618	ih/ih	d/ABS	crém.ass.	11.5	3.11	64.0	225/55R17	Goodyear	Eagle LS	V6/3.5/A4
LHS	base	ber. 4 p. 5	3038	530	0.31	2870	5276x1890x1422	1623	ih/ih	d/ABS	crém.ass.	11.5	3.11	64.0	225/55R17	Goodyear	Eagle LS	V6/3.5/A4

L'originalité paie...

Il y a deux ans que la Dakota a fait peau neuve et depuis, elle n'a cessé de renforcer sa position sur le marché. Au Québec elle arrive en tête des ventes devant la Ranger de Ford et les S-10/Sonoma de GM. C'est un beau résultat si l'on se souvient qu'il n'y a pas si longtemps, ce modèle était considéré comme marginal. De fait, son esthétique compte pour au moins la moitié de son succès, tandis que son gros moteur V8 et son format intermédiaire lui donnent des possibilités inédites sous un format compact très réaliste.

GAMME

La Dakota existe avec transmission à deux et quatre roues motrices, cabine simple ou allongée, ne comportant toujours que deux portes. Sa charge utile standard est de 1 180 kg (2 600 lb) et elle peut tracter une remorque pesant jusqu'à 3 084 kg (6 800 lb). La cabine allongée offre à l'arrière une banquette à trois places escamotable disposée face à la route. Les finitions sont de base, Sport et SLT pour la cabine régulière et de base, Sport, SLT et SLT Plus pour la Club Cab. L'équipement standard de tous les modèles comprend la direction assistée, l'antiblocage des roues arrière au freinage, le poste de radio, les rétroviseurs extérieurs ajustables et les essuie-glace intermittents.

TECHNIQUE

La cabine monocoque en acier est fixée à un robuste châssis en échelle de même consistance comportant cinq traverses à haute rigidité torsionnelle. Il est peint de manière électrostatique afin d'améliorer la résistance à la corrosion. La suspension avant des modèles à 2RM est constituée de bras longs et courts et d'une jambe de force MacPherson. Cela a permis de réduire le diamètre de braquage, la réversibilité de la direction, de même que la stabilité en virage. Celle des 4RM demeure basée sur des barres de torsion, alors qu'à l'arrière on retrouve un essieu rigide supporté par des ressorts à lames qui a été raffiné, afin d'améliorer le confort et le comportement de tous les modèles. La direction qui est à crémaillère sur les 2RM et à circulation de billes sur les 4RM, est assistée dans tous les cas. Le freinage est mixte avec dispositif antiblocage sur les roues arrière en série. Le moteur de base des versions à 2RM est un 4 cylindres de 2.5L, seulement offert avec boîte manuelle à 5 vitesses, tandis que le V6 de 3.9L est standard sur les Club Cab et les 4RM et le V8 de 5.2L

optionnel avec les deux modes de traction avec boîte manuelle 5 vitesses en série. Pour 1999, le V8 5.9L reste uniquement offert sur le modèle 4X2 R/T.

POSITIF

+ SON ALLURE. Calquée sur celle de la Ram, en un peu plus raffinée et plus allongée, elle lui donne un aspect sportif très sympathique, qui compte pour une bonne part de son succès.

+ SA POLYVALENCE. La camionnette Dakota fait un excellent second véhicule, aussi capable de remplir des tâches pour le travail que les combler les besoins des loisirs grâce à sa capacité de charge et de remorquage bien supérieure à la moyenne des camionnettes de petit format, surtout avec le moteur V8 5.2L.

+ SON FORMAT. On est moins serré dans la cabine de la Dakota que dans celle de ses principales concurrentes. De plus, la caisse allongée permet de transporter des feuilles de contre-plaqué de 4 pi x 8 pi sans montage spécial.

+ LES MOTEUR V8. Ils offrent une puissance et un couple généreux qui procurent des performances ainsi qu'une capacité de charge et de traction exceptionnelles dans cette catégorie.

+ L'HABITABILITÉ. La cabine Club est pourvue d'une banquette pleine largeur face à la route pouvant accueillir trois personnes dans un confort supérieur à celui des strapontins de la concurrence ou un volume respectable de bagages.

+ LE CONFORT. Il est supérieur à la moyenne, grâce aux réglages plus fins des suspensions, au rembourrage plus consistant des siè-

ges et à l'insonorisation très efficace pour un véhicule utilitaire.

+ LE COMPORTEMENT. Il a été notablement amélioré par le guidage plus précis des trains avant tandis que la présence de roues d'un diamètre plus important a amélioré la stabilité.

+ LA QUALITÉ. Par rapport à l'ancien modèle, elle est plus évidente car l'ensemble donne une impression de robustesse tant à l'extérieur qu'à l'intérieur où la finition est plus soignée et les matériaux d'une texture plus agréable.

+ LA DIRECTION. Celle des 2RM est plus précise et les diamètres de braquage plus courts améliorent considérablement la maniabilité. Toutefois sur les 4RM, elle manque de sensibilité et de précision au centre et semble parfois inerte.

NÉGATIF

- LE FREINAGE. La longueur des distances d'arrêt témoigne de son manque d'efficacité et il manque de mordant à l'attaque. De plus un antiblocage intégral améliorerait la stabilité qui laisse à désirer quand la chaussée est mouillée et la caisse vide...

- L'ACCÈS. L'absence des demi-portes arrière qui font le succès de ses concurrents prive la cabine Club d'un accès aisé vers les places arrière ou tout simplement pour y remiser des bagages.

- LA CONSOMMATION. Elle n'est jamais économique avec le V6, encore moins avec les V8. Sur la version 4x4 elle peut facilement atteindre 20 litres aux 100 km lorsque le terrain est difficile... L'option d'un moteur Diesel ou fonctionnant au gaz naturel avantagerait certains utilisateurs.

- LA SÉCURITÉ. Le manque d'appui-tête aux places arrière fait que les occupants de la banquette ont tendance à se frapper le crâne sur la vitre arrière à la moindre accélération.

- LA PRÉSENTATION. Celle de la cabine tranche singulièrement avec le côté flamboyant de la carrosserie car elle est plutôt terne, par manque d'imagination, particulièrement le tableau de bord qui fait très utilitaire.

CONCLUSION

Le succès de la camionnette Dakota récompense Chrysler de savoir sortir des sentiers battus pour offrir d'autres alternatives aux consommateurs. C'est la victoire de l'imagination sur la routine, de la créativité sur la mode qui a fait le renouveau de cette firme et qui fait l'envie de ses concurrents.

ÉVALUATION
DODGE Dakota

CONCEPTION : 62%
Technique :	80
Sécurité :	75
Volume cabine :	40
Volume coffre :	40
Qualité/finition :	75

CONDUITE : 57%
Poste de conduite :	70
Performances :	40
Comportement :	55
Direction :	70
Freinage :	50

ÉQUIPEMENT D'ORIGINE : 64%
Pneus :	80
Phares :	75
Essuie-glace :	85
Dégivreur :	0
Radio :	80

CONFORT : 71%
Sièges :	75
Suspension :	70
Niveau sonore :	60
Commodités :	70
Climatisation :	80

BUDGET : 60%
Prix d'achat :	65
Consommation :	30
Assurance :	70
Satisfaction :	80
Dépréciation :	55

Moyenne générale : 62.8%

NOUVEAU POUR 1999

- La boîte manuelle à 5 vitesses du moteur L4 2.5L.
- Les pneus des groupes Sport et Performance.
- L'amélioration: des freins, de la télécommande des portes, du contrôle des bruits, des vibrations et des secousses.
- L'interrupteur circulaire des phares.
- La révision des charges utiles.

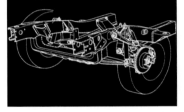

MOTEURS / TRANSMISSIONS / PERFORMANCES

Modèles/ versions	Type / distribution soupapes / carburation	Cylindrée cc	Puissance cv @ tr/mn	Couple lb.pi @ tr/mn	Rapport volumét.	Roues motrices / transmissions	Rapport de pont	Accélér. 0-100 km/h s	400 m D.A. s	1000 m D.A. s	Reprise 80-120 km/h s	Freinage 100-0 km/h m	Vites. maxi. km/h	Accélér. latérale G	Niveau sonore dBA	Consommation l./100km Ville	Route	Carburant Octane
1)	L4* 2.5 ACC-8-IESPM	2464	120 @ 5200	145 @ 3250	9.2 :1	arrière - M5*	3.92	13.6	19.0	37.0	14.2	47	165	0.75	68	12.4	8.6	R 87
2)	V6* 3.9 ACC-12-IESPM	3908	175 @ 4800	225 @ 3200	9.1 :1	ar./ 4 - M5*	3.21	11.8	18.7	35.0	12.0	50	160	0.77	68	15.6	9.9	R 87
						ar./ 4 - A4	3.55	12.6	19.3	35.8	11.5	51	150	0.77	68	14.5	10.4	R 87
3)	V8 5.2 ACC-16-IESPM	5208	230 @ 4400	300 @ 3200	9.1 :1	ar./ 4 - A4	3.55	8.0	15.7	27.2	5.7	45	180	0.78	67	17.7	12.8	R 87
4)	V8 5.9 ACC-16-IESPM	5897	250 @ 4400	345 @ 3200	8.9 :1	arrière - A4*	3.92	7.5	15.5	26.8	5.4	44	190	0.83	69	18.5	13.0	R 87

1) * 4x2 2) * 4x4, option 4X2 3) option 4X2, 4x4 4) R/T 4X2

PRIX & ÉQUIPEMENTS

DAKOTA cabine régulière	Base 4x2 long	Sport 4x2 long	SLT 4x2 Base	Club Cab 4x2 Sport	Club Cab 4x4 SLT	4x4
Prix maxi $:	17 585	-	-	20 950	25 235	-
Prix mini $:	16 180	-	-	18 690	22 335	-
Transport & préparation $:	900	-	-	900	900	-
Boîte automatique:	O	O	O	O	O	O
Régulateur de vitesse:	-	O	O	O	O	O
Direction assistée:	S	S	S	S	S	S
Système antiblocage des freins:	S	S	S	S	S	S
Système antipatinage:	-	-	-	-	-	-
Climatiseur:	O	O	S	O	O	S
Garnitures en cuir:	-	-	-	-	-	-
Radio MA/MF/ Cassette:	S	S	S	S	S	S
Serrures électriques:	-	O	O	-	O	O
Lève-vitres électriques:	-	O	O	-	O	O
Volant ajustable:	O	O	S	O	O	O
Rétroviseurs ext. ajustables:	SM	SM	SM	SM	SM	SM
Jantes en alliage léger:	-	S	S	-	S	S
Système antivol:	-	O	O	-	O	O

Couleurs disponibles

Extérieur: Noir, Blanc, Améthyste, Vert, Rouge, Bleu, Bois flottant, Jaune.

Intérieur: Agate, Gris.

EN BREF...

Catégorie: camionnettes propulsées ou 4x4. **Classe :** utilitaires.

HISTORIQUE
Inauguré en:	1986, modèle 1987
Fabriqué à:	Dodge City, (Warren, Michigan)

PROFIL DE CLIENTÈLE
Modèle	Hom./Fem.	Âge moyen	Mariés	CEGEP	Revenus
Dakota 4x2	94/ 6 %	53 ans	83 %	23 %	52 500 $
Dakota 4x4	89/11 %	46 ans	70 %	25 %	48 000 $

INDICES
Sécurité:	75 %	Satisfaction:	80 %
Dépréciation:	45 %	Assurance:	775 -835 $
Prix de revient au km:	0.41 - 0.45 $	Nbre de concessionnaires:	148

VENTES
Modèle	1996	1997	Résultat	Part de marché
Dakota	1 630	2 364	+ 45.0 %	27.6 %

PRINCIPAUX MODÈLES CONCURRENTS
FORD Ranger, CHEVROLET S-10, GMC Sonoma, MAZDA B, NISSAN Frontier, TOYOTA Tacoma & T150.

ENTRETIEN REQUIS PAR LA GARANTIE
Première révision:	Fréquence:	Prise de diagnostic:
7 500 km	6 mois	Oui

CARACTÉRISTIQUES

Modèles	Versions	Traction	Carrosseries/ Sièges	Empat. mm	Long x larg x haut. mm x mm x mm	Poids à vide kg	Susp. av/ar	Freins av/ar	Direction type	Diamètre braquage m	Tours volant b à b.	Réser. essence l.	Pneus d'origine dimensions	marque	modèle	Mécanique d'origine
DODGE			Garantie générale: 3 ans / 60 000 km; corrosion de surface: 3 ans ; perforation: 7 ans / 160 000 km; assistance routière: 3 ans / 60 000 km.													
Dakota	court	4x2	cam.2 p.2	2843	4974x1816x1666	1521	ih/rl	d/t/ABS*	crém.ass.	11.0	2.86	57.0	215/75R15	Goodyear	Wrangler ST	L4/2.5/M5
Dakota	long	4x2	cam.2 p.2	3147	5466x1816x1658	1620	ih/rl	d/t/ABS*	crém.ass.	12.0	2.86	57.0	215/75R15	Goodyear	Invicta GL	V6/3.9/M5
Dakota	Club Cab	4x2	cam.2 p.5	3327	5456x1816x1666	1758	ih/rl	d/t/ABS*	crém.ass.	12.6	2.86	57.0	235/75R15	Goodyear	Invicta GL	V6/3.9/M5
Dakota	court	4x4	cam.2 p.2	2843	4974x1816x1725	1727	ih/rl	d/t/ABS*	bil.ass.	10.9	3.83	57.0	215/75R15	Goodyear	Wrangler RT/S	V6/3.9/M5
Dakota	Club Cab	4x4	cam.2 p.5	3327	5456x1816x1741	1828	ih/rl	d/t/ABS*	bil.ass.	12.5	3.83	57.0	235/75R15	Goodyear	Wrangler RT/S	V8/5.2/M5

* ABS sur roues arrière

Année après année, plus le temps passe, plus d'autres mini-fourgonnettes arrivent sur le marché et plus Chrysler continue d'assurer son monopole sur le type de véhicule qu'il inventa en 1984. Une dynamique intelligente, un souci de remise en question constante et un perfectionnement continu ont permis aux Town and Country, Caravan et Voyager de se maintenir en tête des ventes de cette catégorie où elles écoulent deux fois plus d'unités que leur plus proche concurrente...

GAMME

Les Caravan-Voyager (courtes) sont disponibles en finitions de base, SE et LE et les Grand Caravan - Grand Voyager (longues) SE, LE et sportive ES, alors que Chrysler propose la Town & Country en version LX et LXi sur les deux empattements. Le moteur de base des versions courtes est un 4 cylindres de 2.4L, celui des versions SE, un V6 de 3.0L, celui des versions allongées, un V6 de 3.3L et celui des Town & Country et des AWD, un 3.8L dont la puissance a été portée à 180 cv. Si la deuxième porte latérale coulissante du côté gauche reste optionnelle, les versions les plus simples de ces véhicules sont pourvues en série de la transmission automatique, de la direction assistée, de l'antiblocage des freins et on trouve désormais des appuie-tête à toutes les places.

TECHNIQUE

Plus longues et plus larges que les modèles précédents, avec une surface vitrée plus vaste, les dernières fourgonnettes Chrysler sont les plus modernes des trois modèles les plus vendus. La coque autoporteuse en acier a été sérieusement rigidifiée et sa finesse aérodynamique est comparable à celle d'une automobile. La suspension avant est constituée d'une traverse en aluminium coulé qui améliore la précision de la géométrie tout en réduisant le poids et le diamètre de braquage, tandis qu'à l'arrière, on retrouve un essieu rigide tubulaire suspendu par deux ressorts à une seule lame complétés d'une barre Panhard pour éviter le mouvement de lacet. Les freins sont mixtes et l'antiblocage standard sur tous les modèles. La version intégrale dispose d'une boîte de transfert et d'un viscocoupleur qui répartit 10 % de la puissance vers les roues arrière lorsque l'adhérence diminue. Chrysler devra moderniser ses propulseurs qui ne sont pas au même niveau de puissance que leurs concurrents, même si les rapports poids-puissance demeurent encore favorables.

La meilleure référence...

POSITIF

+ L'ESTHÉTIQUE. La carrosserie de ces véhicules est aussi flatteuse à l'oeil, fonctionnelle à l'usage, qu'efficace sur le plan aérodynamique. Les finitions monochromes sont particulièrement attirantes (Town & Country et Sport), mais certaines années le choix de couleurs semble des plus restreints.

+ LE CONFORT. Le roulement est superbe. Il tient autant à l'onctuosité de la suspension qu'au support efficace des sièges avant, qu'au faible niveau de bruit, de vibrations et de secousses, et ce, même sur les versions les plus économiques.

+ L'HABITABILITÉ. Elle a été augmentée de 10 % dans les cabines des deux types de carrosserie lors de la dernière refonte. Elle procure plus d'espace au niveau des jambes, des hanches et des épaules, tandis que l'espace entre les sièges a été élargie et les seuils des portes abaissés.

+ LE COMPORTEMENT. Une traverse en aluminium rigide a amélioré la précision de guidage du train avant qui s'inscrit plus facilement en virage surtout avec les pneus 16 pouces très recommandés. Le train arrière réagit mieux sur mauvais revêtements et maintient une assiette plus constante, malgré la rusticité de sa conception.

+ LA QUALITÉ. Celle de l'ingénierie, de l'assemblage, de la finition et des matériaux employés a été rehaussée et la présentation fait moins utilitaire qu'autrefois.

+ LE RENDEMENT. Les V6 de Chrysler ne sont pas les plus modernes, mais ils sont parmi les plus économiques, leur consommation se maintenant en-dessous des standards de leurs cylindrées.

+ L'ACCÈS. Il est facilité par l'abaissement du seuil du plancher, la deuxième porte coulissante offerte en option et le hayon à poignée extérieure.

+ UN BON POINT: pour les appuie-tête des places arrière désormais livrés en série, le dégivreur qui empêche l'accumulation de glace à la base du pare-brise et les balais d'essuie-glace d'y adhérer par grand froid ainsi que les roulettes qui facilitent la manipulation des banquettes.

NÉGATIF

+ LA BOÎTE AUTOMATIQUE. L'électronique à 4 vitesses n'offre pratiquement pas de frein moteur au rétrogradage, son échelonnement est parfois capricieux et sa fiabilité pose encore des problèmes.

- LES PHARES. Leur éclairage est d'une faiblesse inadmissible et ils ne sont pas dignes de l'image progressiste de Chrysler. En effet, ce sont les pires de l'industrie car leur luminosité comme leur portée sont très nettement insuffisantes.

- LES RANGEMENTS. Ils sont limités car la boîte à gants est petite, le tiroir éloigné sous le siège du passager et le trou situé au bas de la console. Les grands vide-poches des portes ont été oubliés de même que les tablettes aux sièges arrière (Kia y a pensé). On se plaindra encore de la disparition du petit bac aménagé sur le dessus du tableau de bord de l'ancien modèle qui était si pratique...

- LE TABLEAU DE BORD. Il est plus spectaculaire que pratique ou ergonomique, car certaines commandes sont difficiles d'accès et la console centrale est trop basse.

- LES BANQUETTES. Leur rembourrage est ferme, leurs coussins et dossiers trop courts et elles sont horriblement lourdes et difficiles à manipuler. Leur modularité est inexistante et pour disposer d'espace pour les bagages il faut souvent remiser l'une d'entre elles...

- LE HAYON. Difficile à fermer à cause du mauvais balancement des vérins qui obligent à s'y reprendre à plusieurs fois.

- À AMÉLIORER: l'absence de marchepied intégré au pare-choc arrière et les crochets à vêtements incapables de supporter une tringle à cintres...

CONCLUSION

L'arrivée de nouveaux concurrents de même que la vogue des véhicules tout terrain polyvalents, n'a pas vraiment entamé le succès des mini-fourgonnettes de Chrysler qui demeurent encore la meilleure référence en la matière... ☺

ÉVALUATION CHRYSLER série NS

CONCEPTION : 79%
Technique : 80
Sécurité : 80
Volume cabine : 90
Volume coffre : 65
Qualité/finition : 80

CONDUITE : 59%
Poste de conduite : 75
Performances : 35
Comportement : 40
Direction : 80
Freinage : 65

ÉQUIPEMENT D'ORIGINE : 74%
Pneus : 80
Phares : 40
Essuie-glace : 80
Dégivreur : 80
Radio : 90

CONFORT : 78%
Sièges : 90
Suspension : 80
Niveau sonore : 80
Commodités : 60
Climatisation : 80

BUDGET : 64%
Prix d'achat : 50
Consommation : 75
Assurance : 60
Satisfaction : 85
Dépréciation : 50

Moyenne générale : 70.8%

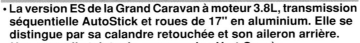

NOUVEAU POUR 1999
- La version ES de la Grand Caravan à moteur 3.8L, transmission séquentielle AutoStick et roues de 17'' en aluminium. Elle se distingue par sa calandre retouchée et son aileron arrière.
- Une nouvelle teinte de carrosserie : Vert Cyprès.
- La conception de la partie arrière du plancher et l'installation de la roue de secours, repensée pour améliorer l'angle de sortie.
- Appuie-tête de banquettes standards sur tous les modèles.

MOTEURS / TRANSMISSIONS / PERFORMANCES

Modèles/versions	Type / distribution soupapes / carburation	Cylindrée cc	Puissance cv @ tr/mn	Couple lb.pi @ tr/mn	Rapport volumét.	Roues motrices / transmissions	Rapport de pont	Accélér. 0-100 km/h s	400 m D.A. s	1000 m D.A. s	Reprise 80-120 km/h s	Freinage 100-0 km/h m	Vites. maxi. km/h	Accélér. latérale G	Niveau sonore dBA	Consommation l./100km Ville	Route	Carburant Octane
1)	L4* 2.4 DACT-16-IESPM	2429	150 @ 5200	167 @ 4000	9.4 :1	avant - A3	3.19	ND								11.8	8.2	R 87
2)	V6* 3.0 SACT-12-IESPM	2972	150 @ 5200	176 @ 4000	8.9 :1	avant - A3*/A4	2.98	12.0	18.6	34.8	9.7	45	165	0.70	68	12.7	9.1	R 87
3)	V6* 3.3 ACC-12-IESPM	3301	158 @ 4850	203 @ 3250	8.9 :1	avant - A4*	3.62	11.7	18.2	32.8	8.3	40	170	0.70	68	13.3	8.9	R 87
4)	V6* 3.8 ACC-12-IESPM	3778	180 @ 4400	240 @ 3200	9.6 :1	avant - A4*	3.45	11.0	17.8	32.0	7.6	42	175	0.70	67	13.8	9.1	R 87
5)	V6* 3.8 ACC-12-IESPM	3778	180 @ 4400	240 @ 3200	9.6 :1	toutes - A4*	3.45	11.5	18.3	32.7	8.2	48	165	0.70	67	14.8	9.3	R 87

1) std Car-Voy 2) std Gd Car-Voy & SE, Car-Voy SE, opt base 3) std Car-Gd Car LE,T&C SX &LX, opt tous modèles 4) std T& C LXi, option Car LE-Gd CarLE-SE, T&C LX 5) standard AWD

PRIX & ÉQUIPEMENTS

	base	SE	LE	ES	FWD	AWD
DODGE Caravan	base	SE	LE	ES	FWD	AWD
PLYMOUTH Voyager	base	SE			long	long
CHRYSLER Town & Country	court	court	long	long	LX	LXi
Prix maxi $:	24 230	27 445	33 745	36 120	42 915	46 135
Prix mini $:	21 670	24 440	29 800	31 815	36 835	39 570
Transport & préparation $:	855	855	855	855	855	855
Boîte automatique :	S	S	S	S	S	S
Régulateur de vitesse :	O	S	S	S	S	S
Direction assistée :	S	S	S	S	S	S
Système antiblocage des freins :	O	S	S	S	S	S
Système antipatinage :	-	-	O	S	O	S
Climatiseur :	O	SM	SM	SA	SA	SA
Garnitures en cuir :	-	-	O	O	O	O
Radio MA/MF/ Cassette :	O	S	S	S	S	SDc
Serrures électriques :	O	O	S	S	S	S
Lève-vitres électriques :	O	O	S	S	S	S
Volant ajustable :	O	S	S	S	S	S
Rétroviseurs ext. ajustables :	SM	SEC	SEC	SEC	SEC	SEC
Jantes en alliage léger :	-	O	O	S	S	O
Système antivol :		O	O	O	O	O

Couleurs disponibles
Extérieur : Gris, Vert, Rouge, Améthyste, Blanc, Sarcelle, Canneberge, Taupe, Champagne, Ardoise.
Intérieur : Beige, Gris, Argent.

EN BREF...

Catégorie : fourgonnettes à traction avant ou intégrale. **Classe :** utilitaires.

HISTORIQUE
Inauguré en : 1984; court; 1987: long.
Fabriqué à : Windsor, Ontario, Canada & St-Louis, Missouri, É.-U.

PROFIL DE CLIENTÈLE

Modèle	Hom./Fem.	Âge moyen	Mariés	CEGEP	Revenus
Caravan/Voy.	78/22 %	42 ans	87 %	42 %	58 000 $
T & Country	60/40 %	44 ans	65 %	61 %	85 000 $

INDICES
Sécurité : 85 % Satisfaction : 85 %
Dépréciation : 45-52 % Assurance : 770-1 150 $
Prix de revient au km : 0.50 $ Nbre de concessionnaires : 148

VENTES

Modèle	1996	1997	Résultat	Part de marché
Caravan-Voyager	18 230	20 311	+ 11.4 %	47.7 %

PRINCIPAUX MODÈLES CONCURRENTS
CHEVROLET Astro & Venture, FORD Windstar, HONDA Odyssey, MAZDA MPV, MERCURY Villager, NISSAN Quest, OLDSMOBILE Silhouette, PONTIAC Trans Sport, TOYOTA Sienna, VW EuroVan.

ENTRETIEN REQUIS PAR LA GARANTIE
Première révision : 7 500 km Fréquence : 6 mois / 10 000 km Prise de diagnostic : Oui

CARACTÉRISTIQUES

Modèles	Versions	Carrosseries/ Sièges	Empat. mm	Long x larg x haut. mm x mm x mm	Poids à vide kg	Susp. av/ar	Freins av/ar	Direction type	Diamètre braquage m	Tours volant b à b.	Réser. essence l.	dimensions	Pneus d'origine marque	modèle	Mécanique d'origine
CHRYSLER	Garantie générale : 3 ans / 60 000 km; corrosion de surface : 3 ans ; perforation : 7 ans / 160 000 km; assistance routière : 3 ans / 60 000 km.														
Town & Country	S	frg.4 p.7	2878	4735x1950x1746	1795	ih/rl	d/t/ABS	crém.ass.	11.5	3.14	75.0	215/65R16	Michelin	MX4	V6/3.3/A4
Town & Country	LX/LXi AWD	frg.4 p.7	3030	5073x1950x1746	1971	ih/rl	d/d/ABS	crém.ass.	11.5	3.14	75.0	215/65R16	Michelin	MX4	V6/3.8/A4
DODGE-PLYMOUTH	Garantie générale : 3 ans / 60 000 km; corrosion de surface : 3 ans ; perforation : 7 ans / 160 000 km; assistance routière : 3 ans / 60 000 km.														
Caravan-Voyager	base	frg.4 p.5/7	2878	4733x1950x1740	1595	ih/rl	d/t/ABS	crém.ass.	11.5	3.14	75.0	205/75R14	Goodyear	Conquest	L4/2.4/A3
Caravan-Voyager	SE	frg.4 p.5/7	2878	4733x1950x1740	1682	ih/rl	d/t/ABS	crém.ass.	11.5	3.14	75.0	205/65R15	Goodyear	Conquest	V6/3.0/A4
Caravan-Voyager	LE	frg.4 p.5/7	2878	4733x1950x1740	1799	ih/rl	d/t/ABS	crém.ass.	11.5	3.14	75.0	215/65R15	Goodyear	Conquest	V6/3.3/A4
Gd-Caravan-Voyager	base	frg.4 p.7	3030	5070x1950x1740	1671	ih/rl	d/t/ABS	crém.ass.	12.0	3.14	75.0	215/70R15	Goodyear	Conquest	V6/3.3/A4
Gd-Caravan-Voyager	SE	frg.4 p.7	3030	5070x1950x1740	1729	ih/rl	d/t/ABS	crém.ass.	12.0	3.14	75.0	215/70R15	Goodyear	Conquest	V6/3.8/A4
Gd- Caravan	ES	frg.4 p.7	3030	5070x1950x1740	1837	ih/rl	d/t/ABS	crém.ass.	12.0	3.14	75.0	215/60R17	Goodyear	Conquest	V6/3.8/A4

On ne remerciera jamais assez Chrysler d'avoir eu le courage (ou l'intelligence) de créer des véhicules comme le Viper ou le Prowler. Non seulement cela met du piquant dans les conversations, mais cela égaie aussi les rues des villes qui sinon seraient désespérément vides de toute fantaisie. Bref, j'avais sincèrement l'impression de faire une bonne action en voyant s'allumer les regards des automobilistes endormis, alors que je ramenais le Prowler au garage, dans le trafic matinal d'un lundi gris...

GAMME

Le roadster Prowler n'existe qu'en une seule version à deux portes décapotable animée par le dernier V6 de 3.5L avec une boîte automatique à quatre vitesses à sélection séquentielle «AutoStick». Malgré son apparence simpliste, son équipement de série est complet, du moins on y trouve tout ce qui est nécessaire pour être confortable à savoir un climatiseur, un lecteur de disques compacts ainsi que des serrures, des vitres et des rétroviseurs à commande électrique. Toutefois la roue de secours et le dispositif antiblocage-antipatinage des roues sont inconnus au bataillon, ce qui est surprenant quand on considère le format et le prix des pneus à taille basse pour continuer à rouler sans dommage après une crevaison...

TECHNIQUE

Autant le style de la carrosserie rappelle les hot-rods des années 50, autant sa constitution fait appel à une technologie de pointe... Ce roadster propulsé est constitué d'un châssis et d'une carrosserie faits de panneaux d'aluminium collés et rivetés. Certains éléments de carrosserie comme les ailes sont fait de matériau composite. Inutile d'épiloguer sur la valeur du coefficient aérodynamique car cela n'a absolument aucune importance...

La suspension indépendante aux quatre roues est composée de leviers triangulaires transversaux et d'un essieu arrière maintenus par des bras longitudinaux, transversaux et obliques. La plupart de ces éléments sont faits d'aluminium forgé comme on en trouve sur les voitures de compétition. Elle est complétée par des barres stabilisatrices, des ressorts hélicoïdaux et des amortisseurs télescopiques. Les freins sont à disque aux quatre roues mais dépourvus de tout dispositif antiblocage-antipatinage et la direction est à crémaillère dont l'assistance varie en fonction de la vitesse.

Être vu sans rien voir...

TRÈS POSITIF

+LE STYLE. Cet engin fabuleux attire l'attention de manière irrésistible, car magnétique. De toutes les voitures que nous avons eu le loisir d'essayer, celle-ci arrive largement en tête lorsqu'il s'agit de se faire remarquer. Sa conception soignée impressionne, que se soit au niveau du dessin de la carrosserie qui est très esthétique jusque dans les moindres détails tels les phares, les pare-chocs ou la calandre.

+L'AGRÉMENT DE CONDUITE. S'installer derrière le volant de ce véhicule est une expérience extraordinaire tant ses réactions sont franches et saines. Les accélérations musclées s'accompagnent de différentes vocalises qui provoquent de nombreuses montées d'adrénaline. De plus, il est extrêmement rare de nos jours de circuler dans un véhicule dont les roues et la suspension avant sont apparentes, ce qui ajoute à l'inédit.

+ LA DIRECTION. Elle est quasi parfaite, douce, précise, bien asservie, sans transmettre trop de réactions en provenance des roues.

POSITIF

+ LA TECHNIQUE. Chrysler n'a pas lésiné sur les moyens. L'usage de l'aluminium pour le châssis, la carrosserie et les éléments de suspension n'est pas encore courant sur le marché. Les épures de suspension inspirées de celles des voitures de compétition et la transmission automatique à sélection séquentielle en sont la preuve.

+ SON PRIX. On pourrait dire qu'il est presque raisonnable, si ce n'était qu'il y a peu de chance de payer réellement le prix de détail suggéré

tant la surenchère est forte actuellement. Raisonnable aussi la consommation qui tourne autour de 1 l/100 km ou les frais d'entretien grâce aux nombreuses pièces empruntées à la grande série.

+ LES PERFORMANCES. Sans arracher l'asphalte, le Prowler accélère de manière énergique dans un bruit qui constitue un régal pour les oreilles des afficionados. Si les reprises sont un peu moins percutantes, il y a assez de jus pour se faire quelques chaleurs sur tracé sinueux.

+ LA QUALITÉ. Pour un véhicule bâti en petite série, l'assemblage, les matériaux et la finition sont proches de ceux d'un modèle de série, supérieurs même à ceux du Viper.

+ LE CLIN D'OEIL RÉTRO. Le compte-tours monté sur la colonne de direction ainsi que le reste de l'instrumentation donnent à l'habitacle une saveur d'époque...

NÉGATIF

-LA VISIBILITÉ. Elle est très limitée lorsque la capote est fermée par la hauteur de la ceinture de caisse et du tableau de bord et la petitesse de la lunette.

- LE FREINAGE. Dépourvu d'ABS il est aussi fantaisiste dans ses distances d'arrêt que ses trajectoires car les petites roues avant qui bloquent rapidement empêchent de s'arrêter au seuil avec précision.

- LE CONFORT. Si tout va assez bien sur bon revêtement, le Prowler secoue ses occupants sans ménagement sur vilaines routes où la suspension est impitoyable. Heureusement les sièges sont bien rembourrés et leurs formes maintiennent efficacement. Enfin le bruit que l'on trouve exaltant les cinquante premiers kilomètres l'est nettement moins si la balade se prolonge.

-LE CÔTÉ PRATIQUE. Il est inexistant, car les rangements comme le volume du coffre sont purement symboliques et la petite remorque offerte pour remiser les bagages est loin d'être un gadget.

- À REVOIR: L'accessibilité de certaines commandes (phares), la fragilité des attaches de la capote, la rigidité de l'ensemble lorsque la capote est abaissée, de même que la fixation des portes qui claquent de manière désagréable.

CONCLUSION

Rouler en Prowler n'est pas de tout repos, car il faut lutter contre les éléments: la foule des curieux, les commandes et les réactions bestiales de l'engin sur mauvaise route. Qu'est-ce qu'on ne ferait pas pour être vu sans rien y voir..?

ÉVALUATION
PLYMOUTH Prowler

CONCEPTION : 48%
Technique :	90
Sécurité :	75
Volume cabine :	0
Volume coffre :	0
Qualité/finition :	75

CONDUITE : 70%
Poste de conduite :	50
Performances :	80
Comportement :	70
Direction :	90
Freinage :	60

ÉQUIPEMENT D'ORIGINE : 72%
Pneus :	90
Phares :	75
Essuie-glace :	70
Dégivreur :	50
Radio :	75

CONFORT : 40%
Sièges :	80
Suspension :	40
Niveau sonore :	0
Commodités :	10
Climatisation :	70

BUDGET : 50%
Prix d'achat :	0
Consommation :	70
Assurance :	30
Satisfaction :	50
Dépréciation :	100

Moyenne générale: 56.0%

NOUVEAU POUR 1999

- Le moteur 3.5L identique à celui des Chrysler LHS et 300M.
- Les coussins gonflables de dernière génération.
- L'interrupteur du coussin gonflable pour le passager.
- Les nouvelles teintes de carrosserie.

MOTEURS / TRANSMISSIONS / PERFORMANCES

Modèles/versions	Type / distribution soupapes / carburation	Cylindrée cc	Puissance cv @ tr/mn	Couple lb.pi @ tr/mn	Rapport volumét.	Roues motrices / transmissions	Rapport de pont	Accélér. 0-100 km/h s	400 m D.A. s	1000 m D.A. s	Reprise 30-120 km/h s	Freinage 100-0 km/h m	Vites. maxi. km/h	Accélér. latérale G	Niveau sonore dBA	Consommation Ville l./100km	Route	Carburant Octane
Prowler	V6* 3.5 SACT-24-IESPM	3518	253 @ 6400	255 @ 3950	10.1 :1	arrière - A4	3.89	7.0	14.3	26.0	4.6	46	200	0.85	78-82	12.5	8.5	S 91

PRIX & ÉQUIPEMENTS

PLYMOUTH Prowler base
déc. 2 p.
Prix maxi $:	55 000
Prix mini $:	48 690
Transport & préparation $:	555
Boîte automatique:	S
Régulateur de vitesse:	S
Direction assistée:	S
Système antiblocage des freins:	-
Système antipatinage:	-
Climatiseur:	SM
Garnitures en cuir:	S
Radio MA/MF/ Cassette:	SDc
Serrures électriques:	S
Lève-vitres électriques:	S
Volant ajustable:	-
Rétroviseurs ext. ajustables:	SE
Jantes en alliage léger:	S
Système antivol:	S

Couleurs disponibles
Extérieur: Violet, Jaune, Rouge, Noir.

Intérieur: Agate.

EN BREF...

Catégorie: roadster sportif propulsé | **Classe :** GT

HISTORIQUE
Inauguré en:	1997
Fabriqué à:	Coner Avenue Détroit, Michigan, États-Unis.

PROFIL DE CLIENTÈLE
Modèle	Hom./Fem.	Âge moyen	Mariés	CEGEP	Revenus
Prowler	ND				

INDICES
Sécurité:	ND	Satisfaction:	ND
Dépréciation:	ND	Assurance:	1 850 $
Prix de revient au km:	0.55 $	Nbre de concessionnaires:	148

VENTES
Modèle	1996	1997	Résultat	Part de marché
Prowler	-	5	-	-

PRINCIPAUX MODÈLES CONCURRENTS
BMW Z3 2.8 & M, MERCEDES-BENZ SLK, PORSCHE Boxster.

ENTRETIEN REQUIS PAR LA GARANTIE
Première révision:	Fréquence:	Prise de diagnostic:
7 500 km	six mois / 10 000 km	Non

CARACTÉRISTIQUES

PLYMOUTH Garantie générale: 3 ans / 60 000 km; corrosion de surface: 3 ans ; perforation: 7 ans / 160 000 km; assistance routière: 3 ans / 60 000 km.

Modèles	Versions	Carrosseries/ Sièges	Volume cabine	Volume coffre	Cx	Empat. mm	Long x larg x haut. mm x mm x mm	Poids à vide kg	Susp. av/ar	Freins av/ar	Direction type	Diamètre braquage m	Tours volant b à b.	Réser. essence l.	dimensions	Pneus d'origine marque	modèle	Mécanique d'origine
Prowler	base	cab.2 p. 2	1356	51	ND	2878	4199x1943x1293	1287	ih/ih	d	crém.ass.	11.7	3.1	45.0	av.225/45R17	Goodyear	Eagle GS-D	V6/3.5/A4
															ar.295/40R20	Goodyear	Eagle GS-D	

Comme c'est souvent le cas, c'est à la veille d'être complètement renouvelée que la Neon semble atteindre sa meilleure forme. Après un début de carrière controversé, elle n'a jamais rencontré le succès que son constructeur lui prédisait. Au chapitre des ventes, elle arrive en bonne quatrième derrière les Cavalier-Sunfire, la Corolla et l'Escort. Pourtant Chrysler n'a pas cessé de l'améliorer, surtout sur le plan du confort et de l'équipement afin de lui donner une valeur toujours plus intéressante. Sa remplaçante fera son entrée en l'an 2000.

GAMME

La Neon est à la fois vendue chez Dodge et Plymouth. Elle existe en coupés deux portes et berlines à quatre portes en finition de base, à laquelle se greffent deux groupes d'options Sport et R/T chez Dodge, Expresso ou Style chez Plymouth. Les deux carrosseries sont équipées en série d'un moteur 2.0L à SACT de 132 ch, mais seul le coupé peut recevoir en option sa version à DACT qui délivre 150 ch. La transmission manuelle et la direction assistée sont standard sur tous les modèles, tandis que la boîte automatique à 3 rapports et l'antiblocage des freins sont livrés contre supplément.

TECHNIQUE

La coque de la Neon a été créée sur le principe de la cabine avancée. Sa carrosserie en acier a été rigidifiée afin d'offrir une bonne protection en cas de collision et un comportement supérieur. Sa finesse aérodynamique est honnête avec un coefficient de 0.33. La suspension est indépendante aux quatre roues, selon le principe MacPherson à l'avant et Chapman à l'arrière. La direction est à crémaillère assistée et le freinage mixte sur tous les modèles excepté le coupé R/T qui possède 4 disques, une suspension plus sportive et des pneus à haute performance. Afin de rendre la Neon rentable, Chrysler a expérimenté sur elle des techniques de montage inédites qui ont surpris les constructeurs japonais eux-mêmes... Pour moderne qu'il soit, le moteur de 2.0L n'a jamais été aussi raffiné que celui des concurrentes nippones.

POSITIF

+ **LE STYLE.** Avec ses gros yeux globuleux, la partie avant de la Neon fait penser à une grenouille, mais à l'intérieur, les coloris des garnitures sont jeunes et bien coordonnés.

+ **LA VALEUR.** Les modèles de base constituent une bonne affaire, car

Pleine maturité...

pour le prix demandé, si leur équipement n'est pas très riche, il comprend toutefois des éléments importants comme le climatiseur, la direction assistée, les rétroviseurs ajustables et les serrures électriques.

+ **LE COMPORTEMENT.** Il est très sûr lorsque le revêtement est de bonne qualité, car le roulis est bien contrôlé et l'amortissement efficace. À la limite, on peut même trouver la suspension un peu trop ferme pour une berline familiale.

+ **LA CONDUITE.** Elle est agréable grâce à la puissance et au couple du moteur qui procurent de franches accélérations et à la direction directe et précise qui rend son guidage très facile.

+ **L'HABITABILITÉ.** Elle est honnête car la largeur est bien calculée, mais à l'arrière, l'espace est plus

généreux pour la tête que pour les jambes. Le volume du coffre est lui aussi appréciable et il peut être agrandi en abaissant le dossier de la banquette.

+ **LES COUPÉS.** Ils sont amusants à conduire car bien dans l'esprit des voitures de sport destinées aux jeunes auxquels ils permettent de mesurer leur talent à bon prix.

NÉGATIF

- **LA VISIBILITÉ.** Elle est limitée vers l'arrière par la hauteur du couvercle du coffre et la forte inclinaison de la lunette qui s'obscurcit rapidement sous la pluie.

- **LES PHARES.** Comme sur d'autres modèles de ce constructeur, ils manquent autant de portée que de luminosité.

- **LE MOTEUR.** Il est rugueux, bruyant et vibrant, et rappelle par

son manque de raffinement ses homologues chez GM et Saturn. De plus, sa puissance ne correspond pas vraiment à sa cylindrée et il n'y a pas assez de différence entre les prestations des deux types de distribution.

- **LA SUSPENSION.** Elle manque de débattement à l'arrière, ce qui occasionne des «coups de raquette» désagréables sur mauvais revêtement.

- **LE FREINAGE.** Il a tout pour déplaire avec son efficacité médiocre, sa stabilité précaire sans système antiblocage et sa pédale spongieuse qui ne permet pas un dosage précis. Quatre disques et l'ABS seraient beaucoup plus rassurants.

- **LES COMMODITÉS.** Les rangements sont minuscules et bien mal conçus. De plus, l'absence de repose-pied ainsi que les ceintures simplistes rendent les longues étapes fatigantes.

- **LA QUALITÉ.** On peut dire qu'elle est de moins en moins inégale que ce soit au niveau de l'assemblage de la finition ou des matériaux employés. Toutefois le bruit des portes et des capots laissent toujours entendre un son creux quand on les ferme.

- **L'ERGONOMIE.** L'aménagement de la cabine n'est pas un modèle du genre, surtout pour les personnes de grande taille qui ne s'y sentent pas à l'aise, le volant n'est pas pratique, la console centrale trop basse et la réverbération du tableau de bord dans le pare-brise, toujours gênante par forte luminosité.

- **LA BANQUETTE.** Elle a été sacrifiée pour donner une impression d'espace, avec son assise trop courte et son dossier sans relief qui ne procure aucun maintien. Pire, sur les modèles à deux portes dont l'accès est plutôt acrobatique.

- **LA BOÎTE AUTOMATIQUE.** Elle est désuète avec ses trois rapports qui ne favorisent pas une faible consommation. Elle offre au moins l'avantage de procurer un frein moteur efficace lors des rétrogradages. La manuelle est aussi bien échelonnée, mais son sélecteur manque trop de précision pour être d'un usage agréable.

CONCLUSION

En attendant sa relève, la Néon a gagné ses galons de voiture populaire à la force du poignet. Ses propriétaires ne s'en plaignent pas plus qu'il ne faut et Chrysler promet de faire mieux avec la suivante qui sera plus compacte et plus économique afin de contrer la concurrence chez nous comme dans d'autres pays du monde où elle sera exportée.

ÉVALUATION
DODGE-PLYMOUTH Neon

CONCEPTION :	69%
Technique :	80
Sécurité :	80
Volume cabine :	50
Volume coffre :	60
Qualité/finition :	75

CONDUITE :	62%
Poste de conduite :	70
Performances :	60
Comportement :	60
Direction :	75
Freinage :	45

ÉQUIPEMENT D'ORIGINE :	68%
Pneus :	80
Phares :	60
Essuie-glace :	60
Dégivreur :	70
Radio :	70

CONFORT :	59%
Sièges :	70
Suspension :	70
Niveau sonore :	65
Commodités :	30
Climatisation :	60

BUDGET :	72%
Prix d'achat :	75
Consommation :	85
Assurance :	75
Satisfaction :	75
Dépréciation :	50

Moyenne générale:	**66.0%**

NOUVEAU POUR 1999

- Les coussins gonflables de dernière génération.

MOTEURS / TRANSMISSIONS / PERFORMANCES

Modèles/ versions	Type / distribution soupapes / carburation	Cylindrée cc	Puissance cv @ tr/mn	Couple lb.pi @ tr/mn	Rapport volumét.	Roues motrices / transmissions	Rapport de pont	Accélér. 0-100 km/h s	400 m D.A. s	1000 m D.A. s	Reprise 80-120 km/h s	Freinage 100-0 km/h m	Vites. maxi. km/h	Accélér. latérale G	Niveau sonore dBA	Consommation l./100km Ville	Route	Carburant Octane
berline	L4* SACT-16-IESPM	1996	132 @ 6000	129 @ 5000	9.8 :1	avant-M5	3.55	9.5	17.0	30.4	6.7	42	185	0.82	68	8.2	5.3	R 87
						avant-A3	2.98	10.6	17.5	31.0	7.3	43	180	0.82	69	10.1	6.7	R 87
coupé	L4 DACT-16-IESPM	1996	150 @ 6500	133 @ 5500	9.6 :1	avant-M5	3.94	8.5	16.4	29.5	6.2	40	195	0.85	70	9.1	6.1	R 87
						avant-A3	3.19	9.4	16.6	30.4	6.6	41	190	0.85	70	9.8	7.0	R 87

PRIX & ÉQUIPEMENTS

DODGE-PLYMOUTH Neon	base cpé.2 p.	base ber.4 p.	Sport cpé.2 p.	R/T cpé.2 p.
Prix maxi $:	15 215	15 415	17 595	18 650
Prix mini $:	14 105	14 280	16 180	17 090
Transport & préparation $:	645	645	645	645
Boîte automatique:	O	O	O	O
Régulateur de vitesse:	O	O	O	O
Direction assistée:	S	S	S	S
Système antiblocage des freins:	O	O	O	O
Système antipatinage:	-	-	-	-
Climatiseur:	O	O	S	S
Garnitures en cuir:	-	-	-	-
Radio MA/MF/ Cassette:	O	O	O	S
Serrures électriques:	S	S	S	S
Lève-vitres électriques:	O	O	O	-
Volant ajustable:	O	O	O	O
Rétroviseurs ext. ajustables:	S	S	S	S
Jantes en alliage léger:	O	O	O	S
Système antivol:	-	-	-	-

Couleurs disponibles

Extérieur: Platine, Vert, Blanc, Bleu, Rouge, Champagne, Ardoise, Canneberge, Noir, Améthyste.
Intérieur: Agate, Chamois.

EN BREF...

Catégorie:	coupés et berlines compacts tractés.			Classe : 3S

HISTORIQUE
Inauguré en:	Janvier 1994, modèle 1995.
Fabriqué à:	Belvidere, Illinois. É-U & Toluca, Mexique.

PROFIL DE CLIENTÈLE
Modèle	Hom./Fem.	Âge moyen	Mariés	CEGEP	Revenus
berline	57/43%	41 ans	63 %	52 %	51 000 $
coupé	48/52%	36 ans	51 %	46 %	51 000 $

INDICES
Sécurité:	80 %	Satisfaction:	78 %
Dépréciation:	48 %	Assurance:	765 $
Prix de revient au km:	0.36 $	Nbre de concessionnaires:	148

VENTES
Modèle	1996	1997	Résultat	Part de marché
Neon	8 471	8 041	- 5.1 %	9.5 %

PRINCIPAUX MODÈLES CONCURRENTS
Berline : CHEVROLET Cavalier, FORD Escort, HONDA Civic 4 p., HYUNDAI Elantra, NISSAN Sentra, PONTIAC Sunfire, SATURN SL, SUBARU Impreza, TOYOTA Corolla, VW Golf.
Coupé : HONDA Civic Si, SATURN SC.

ENTRETIEN REQUIS PAR LA GARANTIE
Première révision:	Fréquence:	Prise de diagnostic:
7 500 km	6 mois	Oui

CARACTÉRISTIQUES

Modèles	Versions	Carrosseries/ Sièges	Volume cabine	Volume coffre	Cx	Empat. mm	Long x larg x haut. mm x mm x mm	Poids à vide kg	Susp. av/ar	Freins av/ar	Direction type	Diamètre braquage m	Tours volant b à b.	Réser. essence l.	dimensions	Pneus d'origine marque	modèle	Mécanique d'origine
DODGE-PLYMOUTH	Garantie générale: 3 ans / 60 000 km; corrosion de surface: 3 ans ; perforation: 7 ans / 160 000 km; assistance routière: 3 ans / 60 000 km.																	
Neon		cpé. 2 p. 5	2583	334	0.33	2642	4364x1712x1395	1120	ih/ih	d/t	crém.ass.	10.8	3.2	47.3	185/65R14	Goodyear	Eagle GA	L4/2.0/M5
Neon	Sport	cpé. 2 p. 5	2583	334	0.33	2642	4364x1712x1395	1120	ih/ih	d/t	crém.ass.	10.8	3.2	47.3	185/65R14	Goodyear	Eagle GA	L4/2.0/M5
Neon	R/T	cpé. 2 p. 5	2583	334	0.33	2642	4364x1712x1395	1120	ih/ih	d	crém.ass.	10.8	2.8	47.3	185/65HR14	Goodyear	Eagle RS-A	L4/2.0/M5
Neon		ber. 4 p. 5	2546	334	0.33	2642	4364x1707x1395	1137	ih/ih	d/t	crém.ass.	10.8	3.2	47.3	185/65R14	Goodyear	Eagle GA	L4/2.0/M5

On peut affirmer que c'est l'arrivée de la dernière camionnette Ram qui a donné le coup d'envoi du renouvellement de ces utilitaires, qui sont les véhicules les plus vendus en Amérique du Nord. Ford a suivi voici deux ans et GM cette année. Si la Ram n'arrive que troisième après ses deux rivales, elle n'en a pas moins amélioré son score de manière spectaculaire, en vendant l'an dernier plus de 350 000 unités sur notre continent, soit trois fois ce que vendait l'ancien modèle.

GAMME

Les camionnettes Ram sont disponibles en versions 1500, 2500 et 3500 à deux ou quatre roues motrices, avec caisses et cabines courtes ou longues. La cabine allongée baptisée Club Cab offre désormais la possibilité d'être équipée, en option sous le nom de Quad Cab, de quatre portes, soit deux portes arrière permettant de faciliter l'accès à la banquette. Les moteurs de base sont un V6 de 3.9L sur les 1500 et deux V8 de 5.2 et 5.9L sur les 2500 et 3500 auxquels s'ajoutent en option un moteur Turbo Diesel Cummins et le V10 de 8.0L à essence. La transmission standard est manuelle à 5 vitesses ou automatique à quatre rapports contre supplément. L'équipement de série est plutôt chiche sur le modèle de base qui est une bête de somme, alors que la SLT peut pratiquement rivaliser avec des véhicules de luxe racés.

TECHNIQUE

La Ram est constituée d'un châssis en échelle en acier comportant cinq traverses et de nombreux renforts afin de lui procurer une rigidité optimale. Si les longerons de la partie avant du châssis sont soudés, à l'arrière ils sont rivetés afin de pouvoir être réparés plus facilement. La carrosserie dont les lignes arrondies ont permis d'atteindre une finesse aérodynamique acceptable pour ce type de véhicule, y est fixée par l'intermédiaire d'isolateurs en caoutchouc permettant de réduire la transmission de bruits et vibrations.

La suspension avant est indépendante basée sur un système de triangles inégaux superposés sur les 4x2 1500 et 2500 et d'essieu rigide maintenu par de multiples barres sur les 4x2 3500 et les 4x4,, tandis qu'à l'arrière, l'essieu est rigide avec ressorts à lames. Le freinage est mixte sur tous les modèles et l'antiblocage livré de série n'agit que sur les roues arrière de tous les modèles, le système intégral étant proposé contre supplément.

Le déclencheur...

TRÈS POSITIF

+ LE STYLE. Viril de ces utilitaires qui a sans doute compté pour beaucoup dans la décision de nombreux acheteurs, car elle est à la fois moderne et un rien de rétro, rappelant les fameux Dodge qui participèrent à la Deuxième Guerre mondiale. Difficile à confondre cette ligne qui a donné naissance à celle des Dakota et Durango.

POSITIF

+ LE CONFORT. C'est un des points forts de la Ram car sa suspension réagit avec une douceur plus évidente sur les 4x2 que les 4x4, toujours plus sautillant. Les différents sièges soutiennent mieux que par le passé et l'insonorisation est pratiquement aussi efficace que celle d'une automobile.

+ LA SOLIDITÉ. Cette camionnette inspire confiance par l'impression d'extrême robustesse qui se dégage de sa construction. Certaines techniques appliquées au châssis et à la fixation de la cabine ont depuis été repris par la concurrence.

+ LE CHOIX. Au-delà du nombre de versions que l'on peut obtenir avec les différents paramètres qui définissent ces utilitaires, le choix de moteurs, remarquable, permet de trouver l'attelage idéal pour un usage particulier. Du V6 au V10 en passant par deux V8 et un Turbo Diesel, la puissance et le couple sont «à la carte».

+ LA VALEUR. La Ram constitue un bon investissement que ce soit pour le travail ou les loisirs. Bien que ses rivales l'aient aujourd'hui rejointe sur le plan technique, elle possède un charisme qui lui permet de maintenir sa valeur de revente de manière remarquable.

+ LA QUAD CAB. Avec ses quatre portes, la cabine allongée permet d'asseoir jusqu'à six personnes dans un confort très acceptable. Sinon la partie arrière se transforme en soute à bagages offrant une contenance intéressante, bien que son organisation ne soit pas aussi astucieuse que celle de la F-150 de Ford.

+ LE TABLEAU DE BORD. Il est sobre et organisé de façon rationnelle et ergonomique.

+ UN BON POINT: pour la partie centrale du dossier de la banquette avant qui fait office d'accoudoir lorsqu'il est rabattu et contient un coffret pouvant servir de bureau ...

NÉGATIF

- LA CONSOMMATION. Il faut prévoir un solide budget carburant, car la Ram (comme ses congénères) ne marche pas à l'eau bénite. Il faut compter en moyenne abreuver ses moteurs V8 de 18 à 20 l/100km

- LE BRUIT. Le moteur Diesel a de grandes qualités quant à sa puissance et son couple, mais il le fait payer par un bruit désagréable que l'on soit dehors ou dedans. Il est incroyable que Dodge ne maîtrise pas mieux cet aspect du confort.

- LE FREINAGE. Les distances d'arrêt d'urgence sont très longues, le mordant à l'attaque faible et la pédale, spongieuse, ce qui empêche de le doser avec précision. Son attaque parfois brutale peut surprendre lors d'un arrêt en catastrophe sur chaussée humide sans ABS.

- LA MANIABILITÉ. Elle laisse à désirer sur les versions longues et la Club Cab dont le diamètre de braquage est immense et demande beaucoup de travail pour faire un simple demi-tour....

- L'ACCESSIBILITÉ. Elle est délicate sur les versions 4x4 dont la garde au sol est élevée. Dodge devrait trouver le moyen d'intégrer un marchepied qui ne pénalise pas les évolutions en tout terrain...

- LA SOUTE. En général, les constructeurs ne se gênent pas pour se voler les bonnes idées. Qu'est-ce que Dodge attend pour doter la banquette arrière de sa Club Cab d'un système d'escamotage aussi intelligent que celui que Ford a mis au point sur sa F-150?

CONCLUSION

La camionnette Ram est une des valeurs sûres du marché actuel des véhicules utilitaires. Il reste encore à peaufiner quelques détails et à renforcer sa fiabilité pour qu'elle se hisse à la hauteur de ses rivales à qui elle donne depuis cinq ans pas mal de fil à retordre..

ÉVALUATION
DODGE Ram 1500

CONCEPTION :	70%
Technique :	80
Sécurité :	70
Volume cabine :	60
Volume coffre :	65
Qualité/finition :	75

CONDUITE :	55%
Poste de conduite :	75
Performances :	50
Comportement :	35
Direction :	75
Freinage :	40

ÉQUIPEMENT D'ORIGINE :	62%
Pneus :	75
Phares :	75
Essuie-glace :	80
Dégivreur :	0
Radio :	80

CONFORT :	68%
Sièges :	80
Suspension :	50
Niveau sonore :	60
Commodités :	70
Climatisation :	80

BUDGET :	55%
Prix d'achat :	50
Consommation :	30
Assurance :	60
Satisfaction :	80
Dépréciation :	55

Moyenne générale :	62.0%

NOUVEAU POUR 1999

- L'antiblocage intégral standard sur les versions 3500.
- L'apparence de la version Sport.
- L'interrupteur circulaire des phares.
- La couleur Jaune pour la carrosserie de la version Sport et Agate pour la garniture en cuir.

MOTEURS / TRANSMISSIONS / PERFORMANCES

Modèles/ versions	Type / distribution soupapes / carburation	Cylindrée cc	Puissance cv @ tr/mn	Couple lb.pi @ tr/mn	Rapport volumét.	Roues motrices / transmissions	Rapport de pont	Accélér. 0-100 km/h s	400 m D.A. s	1000 m D.A. s	Reprise 80-120 km/h s	Freinage 100-0 km/h m	Vites. maxi. km/h	Accélér. latérale G	Niveau sonore dBA	Consommation l./100km Ville	Route	Carburant Octane
1500 4x2	V6* 3.9 ACC-12-IESPM	3906	175 @ 4800	230 @ 3200	9.1 :1	arrière - M5*	3.21	12.0	18.6	33.2	8.4	48	160	0.71	68	15.6	10.2	R 87
1500 4X4	V8* 5.2 ACC-16-IESPM	5208	230 @ 4400	300 @ 3200	9.1 :1	ar./4 - M5*	3.55	11.5	18.2	32.6	8.0	59	170	0.74	67	19.5	11.9	R 87
2500/3500	V8* 5.9 ACC-16-IESPM	5895	245 @ 4000	335 @ 3200	8.9 :1	arrière - M5*	3.54	9.0	16.5	31.5	6.5	56	165	0.75	67	18.8	12.1	R 87
option	L6DT 5.9 ACL-24-IM	5883	215 @ 2700	420 @ 1600	17.5 :1	ar./4 - M5*	3.54	14.0	19.5	33.0	12.0	53	150	0.72	72	14.0	10.0	D
option	V10 8.0 ACC-20-IESPM	7990	300 @ 4000	450 @ 2800	8.6 :1	ar./4 - M5*	3.54	8.5	16.6	30.4	6.5	56	175	0.73	69	22.0	16.0	R 87

PRIX & ÉQUIPEMENTS

DODGE Ram 1500 4x2	WS court	ST long	SLT Club Cab
Prix maxi $:	22 575	29 400	33 850
Prix mini $:	19 700	25 290	28 940
Transport & préparation $:	900	900	900
Boîte automatique:	O	O	O
Régulateur de vitesse:	O	O	S
Direction assistée:	S	S	S
Système antiblocage des freins:	ar. S	S	S
Système antipatinage:	-	-	-
Climatiseur:	O	O	S
Garnitures en cuir:	-	-	O
Radio MA/MF/ Cassette:	O	S	S
Serrures électriques:	-	O	S
Lève-vitres électriques:	-	O	S
Volant ajustable:	S	S	S
Rétroviseurs ext. ajustables:	SM	SM	SE
Jantes en alliage léger:	-	O	S
Système antivol:	O	O	O

Couleurs disponibles

Extérieur: Rouge, Brun épave, Vert, Bleu, Noir, Blanc.

Intérieur: Gris, Beige, Agate.

EN BREF...

Catégorie:	camionnettes grand format 4x2 ou 4x4.
Classe :	utilitaires

HISTORIQUE

Inauguré en:	1994
Fabriqué à:	Dodge City (Warren, Michigan), St-Louis, Missouri, États-Unis Largo Alberto & Saltillo, Mexique (Club Cab).

PROFIL DE CLIENTÈLE

Modèle	Hom./Fem.	Âge moyen	Mariés	CEGEP	Revenus
Ram 1500	92/8 %	48 ans	81 %	19 %	58 000 $

INDICES

Sécurité:	70 %	Satisfaction:	80 %
Dépréciation:	45 %	Assurance:	850 -950 $
Prix de revient au km:	0.62 $	Nbre de concessionnaires:	148

VENTES

Modèle	1996	1997	Résultat	Part de marché
Ram	3 115	2 972	- 4.6 %	15.9 %

PRINCIPAUX MODÈLES CONCURRENTS

CHEVROLET-GMC série C/K, FORD série F, TOYOTA T-100.

ENTRETIEN REQUIS PAR LA GARANTIE

Première révision:	Fréquence:	Prise de diagnostic:
7 500 km	6 mois	Oui

CARACTÉRISTIQUES

DODGE Ram Série 1500 Garantie générale: 3 ans / 60 000 km; corrosion de surface: 3 ans ; perforation: 7 ans / 160 000 km; assistance routière: 3 ans / 60 000 km.

Modèles	Versions	Traction	Carrosseries/ Sièges	Empat. mm	Long x larg x haut. mm x mm x mm	Poids à vide kg	Susp. av/ar	Freins av/ar	Direction type	Diamètre braquage m	Tours volant b à b.	Réser. essence l.	dimensions	Pneus d'origine marque modèle	Mécanique d'origine
1500	Cab. rég. caisse courte	4x2	cam.2 p.3	3015	5184x2017x1826	1916	ih/rl	d/t/ABS*	bil.ass.	12.46	3.2	98	225/75R16	Goodyear Wrangler APc	V6/3.9/M5
2500	Cab. rég. caisse longue	4x2	cam.2 p.3	3421	5692x2017x1824	1966	ih/rl	d/t/ABS*	bil.ass.	13.93	3.2	132	225/75R16	Goodyear Wrangler APc	V6/3.9/M5
3500	Cab/Quad caisse longue	4x2	cam.4 p.6	3929	6200x2014x1816	2116	ih/rl	d/t/ABS*	bil.ass.	15.73	3.2	132	245/75R16	Goodyear Wrangler APc	V8/5.2/M5
1500	Cab. rég. caisse courte	4x4	cam.2 p.3	3015	5184x2017x1897	2119	rt/rl	d/t/ABS*	bil.ass.	12.46	3.0	98	225/75R16	Goodyear Wrangler APc	V8/5.2/M5
2500	Cab. rég. caisse longue	4x4	cam.2 p.3	3421	5692x2017x1895	2153	rt/rl	d/t/ABS*	bil.ass.	13.90	3.2	132	225/75R16	Goodyear Wrangler APc	V8/5.2/M5
3500	Cab/Quad caisse longue	4x4	cam.4 p.6	3929	6200x2014x1892	2277	rt/rl	d/t/ABS*	bil.ass.	15 67	3.0	132	245/75R16	GoodyearWrangler RT/S	V8/5.2/M5

* ABS sur roues arrière

Le Viper s'est définitivement installé en tête du palmarès des voitures exotiques fabriquées en Amérique du Nord. Ses prestations aux derniers 24 Heures du Mans, n'ont fait que rehausser son prestige qui éclipse désormais celui de la Corvette. Ce modèle a aussi permis à Chrysler d'acquérir le statut particulier de constructeur innovateur ayant le don de frapper l'imaginaire des consommateurs en posant des gestes inédits comme de fabriquer un tel monstre ou un hot-rod comme le Prowler juste pour le plaisir...

GAMME

Le Viper est un véhicule exotique offert sous la forme d'un cabriolet RT/10 ou d'un coupé à hayon GTS animé d'un moteur V10 de 8.0L développant 450 ch avec boîte uniquement manuelle à 6 vitesses. L'équipement de série des deux versions est relativement fourni puisqu'il comprend des éléments de confort comme le climatiseur, les vitres, les serrures et les rétroviseurs à commande électrique, la direction assistée ou de luxe comme les garnitures de siège en cuir et un système audio perfectionné. Toutefois on remarque qu'aucun dispositif antiblocage-antipatinage n'est proposé, même en option. On note que dans le courant de l'année 98 le RT/10 a troqué ses panneaux latéraux amovibles pour des vitres électriques et gagné de véritable serrures de porte...

TECHNIQUE

Le Viper est constitué d'un châssis en acier laminé rigidifié par une structure tubulaire. La suspension est indépendante aux quatre roues, constituée d'éléments en aluminium forgé. On a affaire à un montage de triangles inégaux avec ensembles ressort-amortisseur ajustables et barre stabilisatrice à l'avant comme à l'arrière. La direction est à crémaillère assistée et les freins sont à quatre disques surdimensionnés et ventilés. Les panneaux de la carrosserie sont faits en matériaux composites synthétiques injectés sous pression. L'encadrement du pare-brise, qui englobe le dessus du tableau de bord, joue le rôle d'arceau de sécurité avant et a fait l'objet d'un dépôt de brevet car il contribue à la rigidité de la structure. Le différentiel est du type à glissement limité utilisant un système à disque, mais aucune transmission automatique n'est proposée. Afin de procurer une position de conduite idéale, le pédalier est ajustable de manière longitudinale.

Morsure fatale...

TRÈS POSITIF

++ LE COUPÉ GTS. Il rappelle merveilleusement les Cobra Daytona des 24 Heures du Mans de la grande époque. Sa carrosserie fermée permet de l'utiliser tous les jours, même lorsque la température est maussade, car la visibilité et le volume du coffre à bagages y sont nettement supérieurs à ceux du cabriolet dont l'usage est plus limité.

++ LE PLAISIR DE CONDUIRE. Il résulte de l'énorme puissance à transmettre de la manière la plus efficace possible aux roues et qui se traduit par un affrontement permanent entre l'homme et la machine, ponctué par les rugissements puissants du V10 qui ne semble pas avoir de limite. Toutefois par temps de pluie, le pilote devra aussi être diplomate pour rester sur la route.

POSITIF

+ L'ALLURE. Même s'il est moins voyant que le Prowler, il impressionne par son museau monstrueux et disproportionné qui évoque irrésistiblement la puissance.

+ LE MOTEUR V10. Sa puissance et son couple phénoménaux permettent des accélérations et des reprises fulgurantes dans un bruit de tonnerre. Toutefois il faut beaucoup d'espace pour s'exprimer et la conduite urbaine est plus faite de frustration que d'extase.

+ LE COMPORTEMENT. Grâce au roulis minimal, à la suspension ajustable et aux énormes pneus, le Viper est rivé à la route et affiche un équilibre rare sur chaussée sèche. Sous la pluie, il vaut mieux conduire avec un oeuf sous le pied et faire preuve de discernement lors de la remise des gaz en courbe...

+ LE FREINAGE. Très puissant, il est facile à doser et assez équilibré malgré l'absence d'un système antiblocage. Au prix où sont les pneus il vaudra mieux éviter les blocages intempestifs.

+ LA POSITION DE CONDUITE. La présence du pédalier ajustable l'a rendu beaucoup plus confortable. Il en résulte un meilleur confort et moins de distraction au moment de changer de rapport.

+ LA SÉCURITÉ. Les coussins gonflables et le toit rigide du coupé GTS comme l'arceau du roadster assurent une bonne protection.

+ LA TECHNOLOGIE. Chrysler a mis dans le projet Viper une technologie à la hauteur de ses ambitions et à aucun moment on n'a l'impression d'avoir affaire à un Kit-Car Les petits désagréments que l'on constate à l'usage sont plutôt propres à ce type de véhicule.

NÉGATIF

- LE BUDGET. Il faut être à l'aise pour acquérir, nourrir et entretenir ce bolide, sans compter les multiples petits désagréments qui surviennent toujours lorsqu'on circule une telle automobile...

- LE CONFORT. Si les sièges baquets sont bien rembourrés, l'espace disponible est limité et la suspension impitoyable sur mauvais revêtement. Sans parler de la chaleur et du bruit que dégage le moteur, difficiles à supporter sur longs trajets.

- LE CÔTÉ PRATIQUE. Le manque de rangement dans la cabine ainsi que le faible volume du coffre du roadster, incitent à voyager ultra-léger (une carte de crédit reste l'idéal).

- LA MANIABILITÉ. Handicapé par son grand diamètre de braquage, ses dimensions généreuses et ses larges pneus le Viper ne fait pas un demi-tour sur un dix sous. Cela demande beaucoup de patience.

TRÈS NÉGATIF

- LA VISIBILITÉ . Elle demeure le plus gros handicap du roadster, dont la lunette et les vitres latérales sont très étroites tandis que l'arceau de sécurité créé un angle mort important de 3/4. Elle est pire encore lorsque le toit est en place et mieux vaut ne pas être claustrophobe...

CONCLUSION

Même les plus blasés succombent au charme du Viper, car il est difficile de ne pas être impressionné par sa puissance, son bruit et ses réactions musclées. Cela prend tout un pilote pour dominer cette bête rétive, et tout en banquier pour en assumer les conséquences... ☹

ÉVALUATION
DODGE Viper RT/10 et GTS

CONCEPTION :		61%
Technique :	90	
Sécurité :	90	
Volume cabine :	20	
Volume coffre :	30	
Qualité/finition :	75	

CONDUITE :		88%
Poste de conduite :	80	
Performances :	100	
Comportement :	100	
Direction :	80	
Freinage :	80	

ÉQUIPEMENT D'ORIGINE :		78%
Pneus :	90	
Phares :	80	
Essuie-glace :	70	
Dégivreur :	70	
Radio :	80	

CONFORT :		46%
Sièges :	75	
Suspension :	50	
Niveau sonore :	10	
Commodités :	20	
Climatisation :	75	

BUDGET :		43%
Prix d'achat :	0	
Consommation :	20	
Assurance :	40	
Satisfaction :	85	
Dépréciation :	70	

Moyenne générale :	63.2%

NOUVEAU POUR 1999

- Les roues en aluminium chromé avec pneus Michelin Pilot.
- Les rétroviseurs extérieurs téléréglables.
- La garniture optionnelle des sièges en cuir Connolly.
- Les accents en aluminium satiné de la décoration intérieure.
- Le dessin du sélecteur de la transmission.
- La décoration extérieure : noir à bandes argentées.

MOTEURS / TRANSMISSIONS / PERFORMANCES

Modèles/ versions	Type / distribution soupapes / carburation	Cylindrée cc	Puissance cv @ tr/mn	Couple lb.pi @ tr/mn	Rapport volumét.	Roues motrices / transmissions	Rapport de pont	Accélér. 0-100 km/h s	400 m D.A. s	1000 m D.A. s	Reprise 80-120 km/h s	Freinage 100-0 km/h m	Vites. maxi. km/h	Accélér. latérale G	Niveau sonore dBA	Consommation l./100km Ville Route		Carburant Octane
base	V10*8.0 ACC-20-IESPM	7990	450 @ 5200	490 @ 3700	9.6:1	arrière - M6	3.07	4.3	12.4	21.5	2.8	40	265	1.00	75	18.4	11.4	S 91

PRIX & ÉQUIPEMENTS

DODGE Viper	RT/10 déc. 2 p.	GTS cpé.2 p.
Prix maxi $:	90 610	94 380
Prix mini $:	80 170	83 380
Transport & préparation $:	1 400	1 400
Boîte automatique :	-	-
Régulateur de vitesse :	-	-
Direction assistée :	S	S
Système antiblocage des freins :	-	-
Système antipatinage :	-	-
Climatiseur :	S	S
Garnitures en cuir :	S	S
Radio MA/MF/ Cassette :	SDc	SDc
Serrures électriques :	S	S
Lève-vitres électriques :	S	S
Volant ajustable :	S	S
Rétroviseurs ext. ajustables :	SE	SE
Jantes en alliage léger :	S	S
Système antivol :		

Couleurs disponibles

Extérieur : Argent, Rouge, Noir.

Intérieur : Gris-Noir.

EN BREF...

Catégorie : sportives exotiques propulsées. **Classe :** GT

HISTORIQUE
Inauguré en : 1992 roadster 2 places.
Fabriqué à : Conner Avenue, Détroit, Michigan, États-Unis.

PROFIL DE CLIENTÈLE

Modèle	Hom./Fem.	Âge moyen	Mariés	CEGEP	Revenus
Viper	94/6%	54 ans	57 %	58 %	120 000 $

INDICES
Sécurité :	90 %	Satisfaction :	86 %
Dépréciation :	30 %	Assurance :	2 100 $
Prix de revient au km :	1.42 $	Nbre de concessionnaires :	148

VENTES
Modèle	1996	1997	Résultat	Part de marché
Viper	18	18	=	ND

PRINCIPAUX MODÈLES CONCURRENTS
CHEVROLET Corvette, Porsche 911 Turbo, Acura NSX, MERCEDES-BENZ SL 600.

ENTRETIEN REQUIS PAR LA GARANTIE
Première révision :	Fréquence :	Prise de diagnostic :
7 500 km	6 mois	Oui

CARACTÉRISTIQUES

Modèles	Versions	Carrosseries/ Sièges	Volume cabine	Volume coffre	Cx	Empat. mm	Long x larg x haut. mm x mm x mm	Poids à vide kg	Susp. av/ar	Freins av/ar	Direction type	Diamètre braquage m	Tours volant b à b.	Réser. essence l.	Pneus d'origine dimensions	marque	modèle	Mécanique d'origine
DODGE		Garantie générale : 3 ans / 60 000 km; corrosion : 10 ans; assistance routière : 3 ans / 60 000 km.																
Viper	RT/10	déc. 2 p. 2	ND	193	0.46	2444	4448x1924x1117	1505	ih/ih		d	crém.ass.	12.34	2.4	72.0			V10/8.0/M6
															av.275/35ZR18	Michelin	Pilot Sport MXX3	
															ar.335/30ZR18	Michelin	Pilot Sport MXX3	
Viper	GTS	cpé. 2 p. 2	ND	260	0.35	2444	4488x1924x1195	1535	ih/ih		d	crém.ass.	12.34	2.4	72.0			V10/8.0/M6

Pour sa dernière année de production avant d'être remplacée aux alentours de l'an 2000, la 355 a été enrichie d'une version F1 qui, comme son nom l'indique, possède quelque chose issue de la fameuse compétition. Ce détail, c'est la transmission à sélection séquentielle qui permet au pilote de changer les vitesses sans ôter les mains du volant. Ainsi l'heureux acquéreur d'un tel modèle pourra jouer les Schumacher à longueur de journée si telle est sa fantaisie, ou tout simplement conduire en profitant d'un summum d'efficacité.

GAMME

La F355 est offerte sous la forme d'un coupé Targa TS, d'un coupé TB ou F1 et d'un Spider dont le toit se manoeuvre de manière semi-automatique. Tous partagent le moteur V8 de 3.5L avec boîte manuelle à 6 rapports, sauf le F1 muni d'une sélection séquentielle.

TECHNIQUE

La F355 a pris la relève de la 348 qui n'a pas laissé que de bons souvenirs, car celle-ci a toujours souffert d'un manque d'homogénéité qui reflétait bien la mentalité de son constructeur à cette époque. La structure monocoque de la F355 munie de deux berceaux métalliques soutenant les trains avant/arrière a été fortement rigidifiée. Le dessous du plancher est caréné, formant deux tunnels qui créent un effet de sol qui colle la voiture à la route tout en la dispensant d'ailerons disgracieux. Le capot et les étriers de freins sont coulés en aluminium, alors que l'armature des portières est réalisée en matériaux composites et les jantes de roues en magnésium. La suspension pilotée électroniquement permet de faire varier l'amortissement selon la qualité du revêtement ou le style de conduite recherché. Le moteur, disposé longitudinalement, est un V8 de 3.5L à 40 soupapes (5 par cylindre) qui développe 375 ch à 8 250 tr/mn, ce qui confère à la F355 un rapport poids/puissance exceptionnel de 3.55 kg/cv. L'assistance de la direction varie en fonction de la vitesse et les freins disposent d'un système antiblocage qui peut être annulé à la demande.

POSITIF

+ LE STYLE. La griffe de Pininfarina est inimitable. Ses carrosseries sont de véritables sculptures mobiles sur lesquelles la lumière et le vent jouent à loisir. Bien qu'un peu plus carrée que ses soeurs, la 355 n'en possède pas moins tous les chromosomes de la marque.

V8
all arrabiata..

+ LES PERFORMANCES. Ferrari a finalement réussi à établir qu'il pouvait y avoir de la vie en dehors d'un V12 auquel son image était irrésistiblement associée. Tout en puissance et en couple, celui du 355 est souple et bien exploité par les rapports courts de la transmission qui demande toujours à être réchauffée pour ne pas accrocher et permet de catapulter l'ensemble à près de 295 km/h en pointe et d'accélérer de 0 à 100 km/h en 5.0 secondes.

+ LE COMPORTEMENT. Il est extraordinairement équilibré, grâce à la rigidité supérieure de la structure tubulaire, à la suspension active, à l'effet de sol et aux pneus plus gros qui lui confèrent une neutralité exemplaire. Son agilité lui permet d'enchaîner les virages avec une facilité déconcertante, sans réclamer des dons particuliers de son pilote. Le carènage situé sous le plancher, (principe emprunté à la compétition), est redoutablement efficace, car l'effet de sol colle la voiture à la route, ce qui lui donne beaucoup d'assurance en virage.

+ LA TRANSMISSION. La sélection séquentielle apporte une autre dimension à la version F1 qui est pour l'instant la seule à en bénéficier. Les palettes disposées derrière le volant permettent de monter (à droite) et de descendre (à gauche) les rapports sans pédale d'embrayage. Le passage de la marche arrière à l'aide du petit levier situé sur la console centrale est nettement moins enthousiasmant.

+ LE FREINAGE. Facile à doser lors des simples ralentissements, il est aussi efficace qu'endurant, mais l'antiblocage qui stabilise les trajectoire, allonge les distances d'arrêt sur lesquelles on peut gagner 10 à 15% en annulant son action.

+ L'AGRÉMENT. Conduire une Ferrari est quelque chose d'unique et la 355 ne fait pas exception à la règle. Sans faire dans sa culotte, il faut avouer que chaque fois que l'on s'installe au volant et que l'on tourne la clé de contact, quelque chose de magique se produit. Le défi du pilote devient alors d'être à la hauteur de son bolide en toutes circonstances, ce qui n'est pas rien. Les mélomanes apprécieront les variantes du chant du moteur lors des montées en régime.

+ LA SÉCURITÉ. Elle a été sérieusement améliorée par la rigidification de la structure, le montage de coussins gonflables et par un système antiblocage des freins qui peut être annulé à la demande.

NÉGATIF

- LA QUALITÉ. Bien qu'elle ait progressé, elle n'est pas encore au niveau des standards du reste de l'industrie. On constate encore quelques lacunes de finition, des caprices et quelques bris qui frustrent leurs propriétaires qui ne s'en plaignent pourtant pas. Masochisme?

- L'ERGONOMIE. La disposition de certaines commandes n'est pas logique et elles sont hors d'atteinte sur la console centrale. Enfin, la position de conduite oblique et l'angle mort important de 3/4 sont fâcheux

- LE CONFORT. Malgré les progrès accomplis, les sièges restent fermes, la suspension trépidante sur mauvais revêtement et le bruit de l'échappement, vite envahissant.

- LE CÔTÉ PRATIQUE. Cette notion qui n'a rien d'incompatible avec le plaisir laisse à désirer, car le coffre est minuscule et les rangements se limitent à une petite boîte à gants, un coffret de console et un peu d'espace derrière les sièges.

- À REVOIR : Un système antipatinage débrayable apporterait plus d'assurance sur chaussée mouillée où la remise des gaz reste délicate.

CONCLUSION

Qui l'eut cru? Les temps changent et Ferrari aussi. Sous la gouverne de Luca Di Montezzemollo, la marque de prestige de Fiat a pris conscience de ses responsabilités. Moins arrogant et plus efficace, le constructeur italien marque des points et pas seulement au championnat du monde. Cette 355 est devenue un modèle à part entière, pas une sous-Ferrari, mais une Ferrari unique dont le V8 est un mode d'expression différent, qu'on ne lui connaissait pas et cela valait le détour...

ÉVALUATION FERRARI F355

CONCEPTION : 63%
Technique : 90
Sécurité : 80
Volume cabine : 40
Volume coffre : 25
Qualité/finition : 80

CONDUITE : 88%
Poste de conduite : 80
Performances : 100
Comportement : 90
Direction : 80
Freinage : 90

ÉQUIPEMENT D'ORIGINE : 82%
Pneus : 90
Phares : 85
Essuie-glace : 85
Dégivreur : 70
Radio : 80

CONFORT : 51%
Sièges : 70
Suspension : 60
Niveau sonore : 65
Commodités : 20
Climatisation : 40

BUDGET : 37%
Prix d'achat : 0
Consommation : 25
Assurance : 10
Satisfaction : 75
Dépréciation : 75

Moyenne générale : 64.2%

NOUVEAU POUR 1999

• La version F1 comportant un dispositif de sélection séquentielle, activé par deux palettes situées sous le volant.

MOTEURS / TRANSMISSIONS / PERFORMANCES

Modèles/ versions	Type / distribution soupapes / carburation	Cylindrée cc	Puissance cv @ tr/mn	Couple lb.pi @ tr/mn	Rapport volumét.	Roues motrices / transmissions	Rapport de pont	Accélér. 0-100 km/h s	400 m D.A. s	1000 m D.A. s	Reprise 80-120 km/h s	Freinage 100-0 km/h m	Vites. maxi. km/h	Accélér. latérale G	Niveau sonore dBA	Consommation l./100km Ville	Route	Carburant Octane
F355	V8* 3.5 DACT-40 IEMP	3495	375 @ 8250	268 @ 6000	11.0 :1	arrière-M6*	4.3	5.0	13.5	24.8	3.0	36	295	0.98	74	23.8	14.4	S 91

PRIX & ÉQUIPEMENTS

FERRARI **F355**
Prix maxi $: -
Prix mini $: -
Transport & préparation $: -
Boîte automatique: O
Régulateur de vitesse: S
Direction assistée: S
Système antiblocage des freins: S
Système antipatinage: S
Climatiseur: S
Garnitures en cuir: S
Radio MA/MF/ Cassette: S
Serrures électriques: S
Lève-vitres électriques: S
Volant ajustable: S
Rétroviseurs ext. ajustables: S
Jantes en alliage léger: S
Système antivol: S

Couleurs disponibles
Extérieur: Rouge, Noir, Blanc, Gris, Jaune, Bleu.

Intérieur : Noir, Blanc, Tan, Bleu.

EN BREF...

Catégorie: coupés et cabriolets exotiques propulsés. **Classe :** GT

HISTORIQUE
Inauguré en: 1995: GTS & Spider F355.
Fabriqué à: Maranello, Modene, Italie.

PROFIL DE CLIENTÈLE
Modèle	Hom./Fem.	Âge moyen	Mariés	CEGEP	Revenus
F355	98/2 %	48 ans	80 %	80 %	200 000 $

INDICES
Sécurité: 80 % Satisfaction: 75 %
Dépréciation: 35 % Assurance: 5 750 $
Prix de revient au km: 1.65 $ Nbre de concessionnaires: 2

VENTES
Modèle	1996	1997	Résultat	Part de marché
Ferrari	5	6	+ 20 %	ND

PRINCIPAUX MODÈLES CONCURRENTS
ACURA NSX-T, MERCEDES-BENZ 500 SEC-SL, PORSCHE 911.

ENTRETIEN REQUIS PAR LA GARANTIE
Première révision: 500 km
Fréquence: 5 000 km
Prise de diagnostic: Oui

CARACTÉRISTIQUES

Modèles	Versions	Carrosseries/ Sièges	Volume cabine	Volume coffre	Cx	Empat. mm	Long x larg x haut. mm x mm x mm	Poids à vide kg	Susp. av/ar	Freins av/ar	Direction type	Diamètre braquage m	Tours volant b à b.	Réser. essence l.	dimensions	Pneus d'origine marque	modèle	Mécanique d'origine
FERRARI							**Garantie totale : 2 ans / kilométrage illimité avec assistance routière.**											
F355	GTS	cpé. 2 p. 2	ND	220	0.32	2450	4250x1900x1170	1350	ih/ih	d/ABS	crém.ass.	12.1	3.25	82				V8/3.5/M6
F355	GTB	cpé. 2 p. 2	ND	220	0.32	2450	4250x1900x1170	1350	ih/ih	d/ABS	crém.ass.	12.1	3.25	82 av.225/40ZR18 ar.265/40ZR18	-	-	V8/3.5/M6
F355	F1	cpé. 2 p. 2	ND	220	0.32	2450	4250x1900x1170	1350	ih/ih	d/ABS	crém.ass.	12.1	3.25	82	-	-	V8/3.5/M6
F355	Spider	déc. 2 p. 2	ND	ND	0.34	2450	4249x1900x1171	1350	ih/ih	d/ABS	crém.ass.	12.1	3.25	82			V8/3.5/M6

Comme un sculpteur retouche-rait une oeuvre déjà achevée, Pininfarina a poli quelques détails de la carrosserie de ce monument qu'est devenu en peu d'années la 456. Les ferraristes s'accordent à la considérer déjà comme une des meilleures voitures jamais produites par la marque au cheval cabré. Avec ses quatre places et le fait qu'elle est la seule à pouvoir être véritablement mise en toutes les mains, elle est la Ferrari familiale par excellence, celle qu'on se dispute dans les chaumières pour aller chercher le moindre litre de lait chez le dépanneur du coin...

GAMME

Le 456 est un coupé 2+2 à moteur V12 de 5.5L disposant de deux versions: la GT à transmission manuelle à 6 vitesses et la GTA à boîte automatique à 4 rapports. Leur équipement très complet comprend tout ce que l'on peut imaginer sur des voitures de ce prix, excepté un véritable système antipatinage et des sièges chauffants.

TECHNIQUE

Pininfarina s'est surpassé en dessinant la 456 et on comprend facilement pourquoi Sergio le patron en fait sa voiture de service... Réalisée en alliage d'aluminium, la coque est fixée à un châssis tubulaire en acier pour former un ensemble très rigide. Si les portes sont elles aussi en alliage d'aluminium, les capots des phares escamotables et du moteur sont faits de fibres de carbone. La ligne est très efficace sur le plan aérodynamique, grâce à un volet mobile intégré au pare-chocs arrière qui permet de réduire la portance du train arrière en fonction de la vitesse. La suspension indépendante aux quatre roues est composée de doubles leviers triangulaires transversaux. Elle est ajustable selon trois modes : ferme, normal ou souple et comprend un correcteur qui maintient le niveau du train arrière constant. L'assistance de la direction varie en fonction de la vitesse et les freins à disque disposent d'étriers doubles en aluminium et d'un système antiblocage ATE. Le moteur est un 12 cylindres en V à 65° tout en aluminium à 4 arbres à cames en tête et 48 soupapes dont l'allumage et l'injection sont commandés par un système Motronic 5.2 de Bosch. Cette année l'ordre d'allumage a été inversé pour disposer de quelques chevaux supplémentaires. Enfin, la boîte de vitesses est intégrée au pont arrière et les roues arrière disposent d'un système antipatinage.

La Ferrari familiale...

POSITIF

+ **LE STYLE.** Pininfarina a réalisé une sorte de chef-d'oeuvre en créant une carrosserie à la fois discrète mais spectaculaire, identifiable au premier coup d'oeil, car follement Ferrari.

+ **LES PERFORMANCES.** Elle sont exceptionnelles, car la puissance et le couple foisonnent à tous les régimes, au point qu'il est toujours possible de repartir en 5e dès 50 km/h. Chaque accélération s'accompagne d'un chant profond, qui a le don de faire monter le taux d'adrénaline.

+ **LA TENUE DE ROUTE.** Malgré son poids et son encombrement, la 456 GT demeure agile et précise en toutes circonstances grâce à l'excellent équilibre des masses (56/44%). La motricité est idéale même dans les virages serrés, grâce au différentiel à glissement limité et à l'adhérence remarquable des pneus.

+ **LA CONDUITE.** Elle est rendue agréable grâce à la direction rapide et précise qui permet de placer la voiture au millimètre près, ainsi que la transmission automatique bien conçue qui n'entame en rien son caractère, tout en rendant la conduite urbaine plus relaxante. Ce qui frappe le plus sur la 456, c'est la double personnalité qui la caractérise. Elle peut être rageuse et agressive lorsque menée sportivement ou douce, docile et d'une facilité déconcertante à guider lorsque les circonstances l'exigent.

+ **LE FREINAGE.** Il est véritablement à la hauteur des performances, car les arrêts sont faciles à doser et courts, malgré la présence d'un antiblocage et il résiste parfaitement à l'échauffement.

+ **L'HABITABILITÉ.** Aérée, la cabine surprend par la longueur et la hauteur disponibles, surtout à l'arrière où les places sont relativement utilisables.

+ **LE CONFORT.** Il est magnifique grâce aux sièges d'une superbe facture qui maintiennent efficacement, à la suspension ajustable qui joue bien son rôle, tandis que le bruit du moteur s'entend assez pour en jouir mais pas assez pour déranger.

+ **LA QUALITÉ.** Celle des matériaux ainsi que de certains détails d'équipement a été notablement améliorée et les interrupteurs de Fiat ont disparu.

+ **LE CÔTÉ PRATIQUE.** Surprise, les rangements sont en nombre suffisant et bien disposés, tandis que le coffre à bagages est facilement accessible grâce à l'échancrure de son ouverture. Libéré de la roue de secours, il offre un volume honnête permettant d'y ranger un jeu de valises faites sur mesure et vendues en option.

NÉGATIF

- **LA FINITION.** Il reste à faire pour que certains détails soient à la hauteur de la somme à acquitter pour devenir propriétaire d'une telle voiture. Ferrari devrait voler à Lexus le secret de ses matières plastiques.

- **LES JAUGES.** Celles disposées au milieu du tableau de bord sont difficiles à lire et certaines commandes sont placées trop loin de la main du conducteur.

- **LA FIABILITÉ.** Elle est moins capricieuse qu'à une certaine époque, mais nécessite plusieurs visites chez le garagiste pour maintenir ces voitures en forme.

TRÈS NÉGATIF

- **LE BUDGET.** Bien qu'il nous répugne à aborder ce sujet, disons que tout a un prix, surtout les bonnes choses. Ceux qui peuvent s'offrir un tel véhicule ne sont pas en peine de le gaver et de l'entretenir. Disons simplement que les coûts rattachés à ce genre de gratification semblent pour le moins exagérés.

CONCLUSION

La 456 est une véritable oeuvre d'art, ce qui explique que son prix ne soit pas à la portée de tous les collectionneurs. Son allure et ses prestations aussi raffinées que brillantes lui donnent une place à part dans la production automobile mondiale. Avec elle, plus de plaisir solitaire puisqu'on le fait partager à trois autres intimes triés sur le volet. À quand la familiale à quatre portes?

FERRARI 456 GT

ÉVALUATION
Ferrari 456 GT

CONCEPTION :   71%
Technique :	90
Sécurité :	90
Volume cabine :	50
Volume coffre :	45
Qualité/finition :	80

CONDUITE :   82%
Poste de conduite :	80
Performances :	95
Comportement :	85
Direction :	80
Freinage :	70

ÉQUIPEMENT D'ORIGINE :   82%
Pneus :	90
Phares :	90
Essuie-glace :	80
Dégivreur :	70
Radio :	80

CONFORT :   71%
Sièges :	75
Suspension :	80
Niveau sonore :	75
Commodités :	60
Climatisation :	65

BUDGET :   32%
Prix d'achat :	0
Consommation :	10
Assurance :	10
Satisfaction :	80
Dépréciation :	60

Moyenne générale: 67.6%

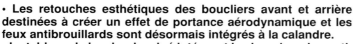

NOUVEAU POUR 1999

• Les retouches esthétiques des boucliers avant et arrière destinées à créer un effet de portance aérodynamique et les feux antibrouillards sont désormais intégrés à la calandre.
• Le tableau de bord redessiné intégrant les bouches de ventilation empruntées à la 550, moins d'instruments, mais des coutures apparentes du cuir qui le garnit.

MOTEURS / TRANSMISSIONS / PERFORMANCES

Modèles/ versions	Type / distribution soupapes / carburation	Cylindrée cc	Puissance cv @ tr/mn	Couple lb.pi @ tr/mn	Rapport volumét.	Roues motrices / transmissions	Rapport de pont	Accélér. 0-100 km/h s	400 m D.A. s	1000 m D.A. s	Reprise 80-120 km/h s	Freinage 100-0 km/h m	Vites. maxi. km/h	Accélér. latérale G	Niveau sonore dBA	Consommation l./100km Ville	Route	Carburant Octane
GT	V12* 5.5 DACT-48-IE	5474	436 @ 6250	407 @ 4500	10.6 :1	arrière-M6	3.28	5.5	13.4	23.4	3.4	36	300	0.90	68	28.3	13.8	S 91
GTA						arrière-A4	3.53	5.7	13.6	23.7	3.2	37	300	0.90	68	29.8	12.7	S 91

PRIX & ÉQUIPEMENTS

FERRARI 456	GT	GTA
Prix maxi $:	315 750	321 800
Prix mini $:	-	-
Transport & préparation $:	-	-
Boîte automatique:	-	S
Régulateur de vitesse:	S	S
Direction assistée:	S	S
Système antiblocage des freins:	S	S
Système antipatinage:	S	S
Climatiseur:	SA	SA
Garnitures en cuir:	S	S
Radio MA/MF/ Cassette:	S	S
Serrures électriques:	S	S
Lève-vitres électriques:	S	S
Volant ajustable:	S	S
Rétroviseurs ext. ajustables:	S	S
Jantes en alliage léger:	S	S
Système antivol:	S	S

Couleurs disponibles

Extérieur: Rouge, Noir, Blanc, Gris, Jaune, Bleu.

Intérieur: Noir, Blanc, Tan, Bleu.

EN BREF...

HISTORIQUE
Catégorie:	coupés exotiques propulsés. **Classe :** GT
Inauguré en:	1993.
Fabriqué à:	Grugliasco (carrosserie) & Maranello (mécanique), Italie.

PROFIL DE CLIENTÈLE
Modèle	Hom./Fem.	Âge moyen	Mariés	CEGEP	Revenus
456 GT	95/5 %	58 ans	90 %	80 %	300 000 $

INDICES
Sécurité:	90 %	**Satisfaction:**	80 %
Dépréciation:	30 %	**Assurance:**	7 950 $
Prix de revient au km:	2.17 $	**Nbre de concessionnaires:**	2

VENTES
Modèle	1996	1997	Résultat	Part de marché
Ferrari	ND			

PRINCIPAUX MODÈLES CONCURRENTS
ASTON MARTIN Virage, MERCEDES-BENZ 600 SEC-SL.

ENTRETIEN REQUIS PAR LA GARANTIE
Première révision:	Fréquence:	Prise de diagnostic:
500 km	5 000 km	Oui

CARACTÉRISTIQUES

Modèles	Versions	Carrosseries/ Sièges	Volume cabine	Volume coffre	Cx	Empat. mm	Long x larg x haut. mm x mm x mm	Poids à vide kg	Susp. av/ar	Freins av/ar	Direction type	Diamètre braquage m	Tours volant b à b.	Réser. essence l.	dimensions	Pneus d'origine marque	modèle	Mécanique d'origine
FERRARI		Garantie totale : 2 ans / kilométrage illimité avec assistance routière.																
456	GT	cpé 2 p.2+2	-	315	0.34	2600	4730x1920x1300	1690	ih/ih	d/ABS	crém.ass.	11.8	3.1	110	av.255/45ZR17 ar.285/40ZR17			V12/5.5/M6
456	GTA	cpé 2 p.2+2	-	315	0.34	2600	4730x1920x1300	1770	ih/ih	d/ABS	crém.ass.	11.8	3.1	110				V12/5.5/A4

Le coupé 550 Maranello ne véhicule pas le même exotisme que le dernier héritier du Testarossa. Plus classique de conception et surtout plus sage dans ses proportions et son apparence, le 550 passe pratiquement inaperçu, ce qui est grave pour un véhicule de ce prix. Même s'il est mieux adapté à la clientèle capable de s'offrir cet élément de prestige, il manque sérieusement de panache pour porter l'étendard du constructeur automobile le plus directement impliqué dans la compétition de haut niveau et le plus rapide au monde.

GAMME

Le 550 Maranello est un coupé deux places existant en version unique animée d'un moteur V12 de 5.5L avec boîte de vitesses manuelle à six rapports. Son équipement des plus complets comprend la plupart des éléments de confort et de luxe rattachés aux véhicules de prestige.

TECHNIQUE

Le coupé Maranello est construit autour d'un châssis tubulaire en acier soudé sur lequel la carrosserie en aluminium est assujettie. Le dessous du véhicule est caréné pour améliorer l'écoulement de l'air et assurer un effet de sol efficace qui le stabilise de manière aérodynamique, sans l'aide de volets plus ou moins gracieux. La suspension est indépendante aux quatre roues et constituée de leviers transversaux et des triangles inégaux avec barre antiroulis sur les deux trains. Les freins à disque ventilés et à doubles étriers sont contrôlés par un système antiblocage Bosch. Un dispositif antipatinage ajustable et débrayable est livré en série, de même que le pilotage de la suspension qui permet d'obtenir une gradation du comportement, de manière inversement proportionnelle au confort. Le moteur est un V12 utilisant le même bloc et les mêmes culasses à doubles arbres à cames en tête et quatre soupapes par cylindre que la 456 GT.

TRÈS POSITIF

+ **LE MOTEUR.** Typiquement Ferrari, il est tout en muscle et vif à prendre des tours dans un élan musical inimitable. Sa puissance et son couple considérables lui confèrent une souplesse qui ne l'est pas moins, rendant la conduite exaltante. Avec 485 ch pour tirer un poids en charge d'environ 1 900 kg cela fait encore un rapport poids-puissance de 3.9 kg/ch, lorsque la moyenne se situe juste en dessous de 10 kg/ch!

Plus réaliste...

+ **LE COMPORTEMENT.** La rigidité de la structure, ainsi que la rigueur du guidage des suspensions et de la direction se conjuguent pour assurer une conduite facile et sécuritaire jusqu'à des vitesses qui feraient dresser les cheveux sur la tête d'un policier nord-américain... Pour un conducteur moyen, cela semble même trop facile avec le danger de mal anticiper le danger lors d'une réaction inattendue sur mauvais revêtement par exemple.

+ **LA SÉCURITÉ.** Longtemps négligée chez Ferrari au profit d'éléments dynamiques, elle bénéficie aujourd'hui de coussins gonflables et de systèmes antiblocage et antipatinage des roues qui assurent une stabilité optimale lorsque l'adhérence n'est pas parfaite. Toutefois, il reste beaucoup à faire pour atteindre le niveau de Mercedes...

POSITIF

+**LE STYLE.** Pininfarina, couturier exclusif de la maison de Modène, a encore une fois réalisé une robe classique intégrant des éléments historiques en filigrane et à la fois dynamiques et pratiques.

+ **L'AMBIANCE.** L'habitacle qui embaume le cuir fin est présenté dans un style très italien, c'est à dire aussi sobre que raffiné.

+ **LA CONDUITE.** Comme sur la 456 qui l'a précédée, ce qui frappe le plus dès les premiers tours de roue du 550, c'est la facilité avec laquelle un conducteur moyen peut maîtriser une cavalerie aussi abondante que fougueuse. Avec toutefois une réserve en ce qui touche la suppression de l'antipatinage débrayable qui peut dans certains cas se révéler dangereuse, car le dosage de l'accélération en sortie de virage est cru-

cial si la chaussée est humide et peut sérieusement affecter la stabilité de la trajectoire. Puissance et couple sont tellement généreux que l'on peut sauter certains rapports et même «oublier» de rétrograder...

+ **LE CÔTÉ PRATIQUE.** Le 550 n'a rien à voir avec le dernier F512M à ce sujet, puisque le coffre a une contenance décente, la boîte à gants une taille raisonnable, les vide-poches de portières sont réellement utilisables et le coffret disposé sur la console centrale peut contenir des cassettes ou des disques compacts.

+ **L'EFFICACITÉ.** Même si cela semble sacrilège, notons que les phares et les essuie-glace sont particulièrement efficaces, ce qui n'était pas toujours le cas sur certaines Ferrari dans le passé.

• **LE LUXE.** Le constructeur italien a fait un sérieux effort pour mettre l'équipement de ses modèles de prestige au niveau de celui de ses rivaux allemands moins chers et beaucoup plus sophistiqués. Ainsi, les sièges possèdent des ajustements électriques ultra-rapides (normal sur une Ferrari...), dont le réglage du maintien latéral, un élément encore peu répandu. Cette abondance de luxe et ce confort explique toutefois l'importance du poids et du prix.

NÉGATIF

- **L'ALLURE.** Celle de la carrosserie semble un peu trop conventionnelle, comparée à celle du tableau de bord qui est chargée et manque de simplicité.

- **LE POIDS.** Il est relativement élevé, malgré l'utilisation intensive de matériaux légers comme l'aluminium, le magnésium et le titane. Malgré l'équilibre quasi parfait des masses (53/47%), une certaine inertie se fait sentir en virages serrés où le moindre dérapage peut avoir de sérieuses conséquences s'il n'est pas parfaitement contrôlé.

- **LE CONFORT.** Performances obligent, la suspension est intransigeante, même sur le mode souple, le bruit du moteur couvre tous les autres, en particulier, les éoliens qui sont presque aussi importants que ceux engendrés par les pneus de grande taille. Le 550 n'est vraiment pas le véhicule idéal pour les ballades romantiques...

CONCLUSION

Moins exotique que son prédécesseur, le 550 Maranello se vend mieux à une clientèle qui n'appréciait plus devoir se mettre à genoux pour prendre place à bord. On oublie généralement qu'il ne suffit pas de créer ces machines de rêve. Il faut aussi les vendre... ☺

550 Maranello | FERRARI

ÉVALUATION
FERRARI 550 Maranello

CONCEPTION : 61%
Technique : 90
Sécurité : 90
Volume cabine : 20
Volume coffre : 15
Qualité/finition : 90

CONDUITE : 88%
Poste de conduite : 90
Performances : 100
Comportement : 100
Direction : 90
Freinage : 60

ÉQUIPEMENT D'ORIGINE : 88%
Pneus : 100
Phares : 90
Essuie-glace : 85
Dégivreur : 75
Radio : 90

CONFORT : 60%
Sièges : 90
Suspension : 50
Niveau sonore : 20
Commodités : 60
Climatisation : 80

BUDGET : 37%
Prix d'achat : 0
Consommation : 0
Assurance : 5
Satisfaction : 80
Dépréciation : 100

Moyenne générale: 66.8 %

NOUVEAU POUR 1999

• Aucun changement majeur.

MOTEURS / TRANSMISSIONS / PERFORMANCES

Modèles/versions	Type / distribution soupapes / carburation	Cylindrée cc	Puissance cv @ tr/mn	Couple lb.pi @ tr/mn	Rapport volumét.	Roues motrices / transmissions	Rapport de pont	Accélér. 0-100 km/h s	400 m D.A. s	1000 m D.A. s	Reprise 80-120 km/h s	Freinage 100-0 km/h m	Vites. maxi. km/h	Accélér. latérale G	Niveau sonore dBA	Ville	Route	Carburant Octane
550	V12*5.5DACT-48-IE	5474	477 @ 7000	421 @ 5000	10.8 :1	arrière-M6*	3.91	4.5	12.7	22.5	3.2	40	320	1.00	72	35.0	15.5	S 91

PRIX & ÉQUIPEMENTS

FERRARI 550 Maranello coupé
Prix maxi $: 293 000
Prix mini $: -
Transport & préparation $: inclus
Boîte automatique: S
Régulateur de vitesse: S
Direction assistée: S
Système antiblocage des freins: S
Système antipatinage: S
Climatiseur: SA
Garnitures en cuir: S
Radio MA/MF/ Cassette: S
Serrures électriques: S
Lève-vitres électriques: S
Volant ajustable: S
Rétroviseurs ext. ajustables: SE
Jantes en alliage léger: S
Système antivol: S

Couleurs disponibles
Extérieur: Rouge, Noir, Blanc, Gris, Jaune, Bleu.
Intérieur: Noir, Blanc, Tan, Bleu.

EN BREF...
Catégorie: coupés exotiques propulsés. **Classe :** GT

HISTORIQUE
Inauguré en: 1996
Fabriqué à: Maranello (Italie)

PROFIL DE CLIENTÈLE
Modèle	Hom./Fem.	Âge moyen	Mariés	CEGEP	Revenus
Ferrari 550	98/2%	64 ans	90%	85%	400 000 $

INDICES
Sécurité: 80% **Satisfaction:** ND
Dépréciation: ND **Assurance:** 7 900 $
Prix de revient au km: 2.17 $ **Nbre de concessionnaires:** 2

VENTES
Modèle	1996	1997	Résultat	Part de marché
Ferrari	ND			

PRINCIPAUX MODÈLES CONCURRENTS
ASTON-MARTIN DB7, JAGUAR XKR, LAMBORGHINI Diablo, MERCEDES-BENZ SEC & SL600.

ENTRETIEN REQUIS PAR LA GARANTIE
Première révision: 500 km **Fréquence:** 5 000 km **Prise de diagnostic:** Oui

CARACTÉRISTIQUES

Modèles	Versions	Carrosseries/ Sièges	Volume cabine	Volume coffre	Cx	Empat. mm	Long x larg x haut. mm x mm x mm	Poids à vide kg	Susp. av/ar	Freins av/ar	Direction type	Diamètre braquage m	Tours volant b à b.	Réser. essence l.	dimensions	Pneus d'origine marque	modèle	Mécanique d'origine
FERRARI		Garantie totale : 2 ans / kilométrage illimité avec assistance routière.																
F550	base	cpé. 2 p. 2	-	185	0.33	2500	4550x1935x1277	1690	ih/ih	d/ABS	crém.ass.	11.6	2.7	114	av.255/40ZR18 ar.295/35ZR18	-	-	V12/5.5/M6

FORD MERCURY
Cougar
N'est-ce qu'un gros matou ?

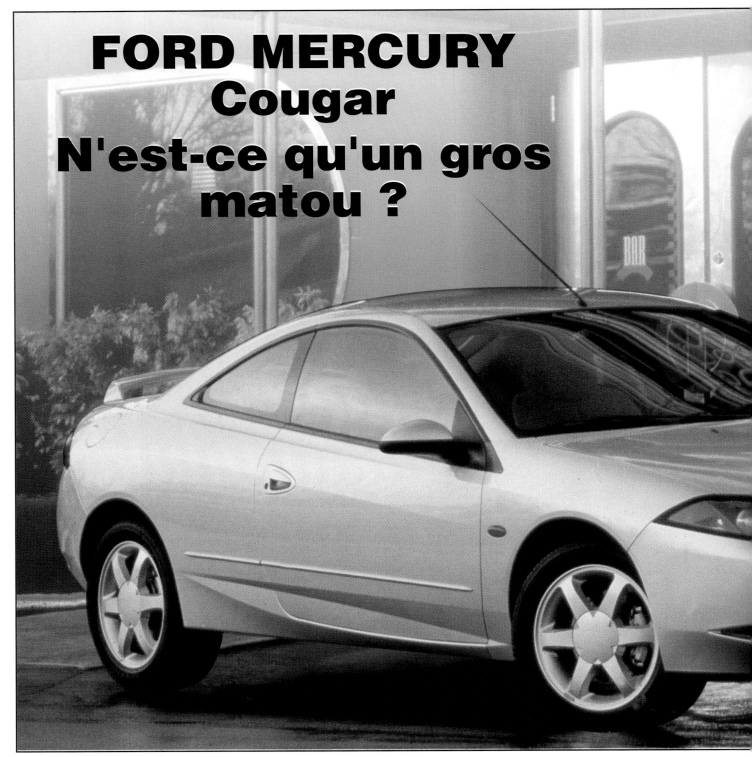

Les voies du Seigneur sont impénétrables tout comme celles des constructeurs d'automobiles. L'an dernier chez Ford, le coupé Probe qui a fait une honorable carrière a été brutalement retiré du marché en même temps que les Thunderbird et Cougar. Un an plus tard, un véhicule du style Probe réapparaît chez Mercury sous le nom de Cougar. Où est la logique dans tout cela?

De toute évidence, Ford ne voulait pas renouveler le Probe, parce qu'il était établi et fabriqué par Mazda, que les Thunderbird et Cougar spécimens d'une race dépassée, ne faisaient plus recette et surtout que la division Mercury avait un urgent besoin de renouveler sa clientèle avant que celle-ci ne l'entraîne dans le tombeau... L'autre question se pose: pourquoi mettre autant d'énergie sur un type de véhicule qui ne se vend pas

actuellement? Tout simplement qu'au moment où il a été décidé d'étudier un coupé établi sur la plate-forme des Contour-Mystique, l'Expedition et le Navigator n'avaient pas encore connu un succès foudroyant et personne ne pouvait prédire que les consommateurs allaient aussi rapidement et aussi massivement embarquer dans la fièvre du 4x4.

Le «nouveau» Cougar est un coupé sportif 2+2 dont la carrosserie affiche un style résolument moderne avec ses optiques lenticulaires, ses orifices très dessinés et certaines accentuations plutôt exotiques. Soixante douze pour cent des composants du Cougar proviennent des Contour-Mystique. C'est une bonne chose en soit, lorsqu'on sait que cette base a été établie en Europe pour la Mondeo et qu'elle est réputée pour la rigidité de sa structure et l'implantation rationnelle des composants mécaniques.

Il n'y a aucun rapport entre le nouveau et l'ancien Mercury Cougar. Il suffit de comparer leurs styles pour voir que Ford a simplement voulu conserver dans son catalogue un nom très vendeur. Le style constitue l'attrait principal du petit coupé dérivé de la Mystique.

On constate que Claude Lobbo, le patron du style chez Ford, continue d'appliquer progressivement sa théorie du «Edge Design» à tous les modèles. Les lignes sont tendues et nervurées plutôt qu'arrondies à la sauce «bio». Les stylistes s'en sont donné à cœur joie, car ils ont peaufiné les moindres détails du Cougar. Des poignées de porte aux phares et aux feux arrière en passant par le tableau de bord, tout est très dessiné, original. Jusqu'à un certain point, on peut considérer comme extrême la manière dont certains éléments ont été traités, parfois de manière un peu trop caricaturale, avec le risque de les voir vieillir prématurément et se démoder rapidement. Certaines touches sont cependant réussies comme l'intégration de l'aileron arrière, le pli des bas de caisse, la formes des prises d'air ou des phares ainsi que la disposition semi-circulaire du poste de pilotage centré sur le conducteur, qui rappelle le cockpit des monoplaces de compétition. Les contre-portes qui ne sont pas banales non plus, s'ajoutent à ce festival d'idées et d'imagination.

Le côté mécanique est moins flamboyant, mais il est au moins moderne puisque les suspensions et les moteurs sophistiqués ont été inaugurés sur les Contour-Mystique voici maintenant quatre ans. Côté sécurité, le coupé Cougar est le premier véhicule construit par Ford à être équipé de coussins gonflables latéraux protégeant la tête et le torse.

Allant à contre-courant dans un marché qui favorise avant tout les camionnettes 4x4 et les mini-fourgonnettes, Ford lance un nouveau coupé sport compact destiné à un public jeune de coeur et d'esprit. Plus audacieux encore, il s'agit d'une Mercury! Le nouveau Cougar ne ressemble en rien aux automobiles balourdes et ultra-conservatrices qui portaient, il n'y a pas longtemps encore, ce nom autrefois prestigieux. De fait, il se rapproche davantage du concept initial d'alternative luxueuse au «Pony Car» de Ford, la Mustang!

GAMME

Le Cougar est un coupé à hayon arrière. Son style est inspiré du «Edge Design», qui marie courbures et lignes tendues. La Cougar reprend les moteurs des berlines Contour/Mystique: le Zetec 4 cylindres de 2.0L à DACT et le Duratec V6 de 2.5L à DACT. Le premier est livré avec une boîte manuelle à 5 vitesses seulement, alors que le second peut être jumelé, sur demande, à une boîte automatique à 4 rapports. L'équipement de série comprend, entre autres, une télécommande électrique d'ouverture du hayon, des jantes de 15 pouces et un anti-démarreur doublé d'une alarme. Celui du Cougar V6, qui se veut un cran au-dessus, y ajoute un climatiseur.

TECHNIQUE

Le Cougar a été conçu à partir de la plate-forme des Contour/Mystique/Mondeo, mais son empattement et ses voies sont vaguement différentes. Toutefois, près de 70% de ses composantes sont communes à ces trois berlines. De plus, le châssis du Cougar est 20% plus rigide que celui de la Contour! Sa carrosserie en acier, montée sur un châssis monocoque, affiche un coefficient aérodynamique moyen de 0.32. La suspension est indépendante aux quatre roues et montée sur des sous-châssis fixés par des joints de caoutchouc isolants. À l'avant, elle utilise le principe MacPherson, alors qu'à l'arrière les roues sont suspendues par quatre bras. Il y a des barres antiroulis devant comme derrière. Les freins sont mixtes sur les deux modèles. Des freins à disque sont disponibles, mais seulement sur demande, tout comme l'antiblocage et l'antipatinage.

POSITIF

+ SON ALLURE. Les formes résolument modernes du coupé tranchent avec l'allure débonnaire des produits Mercury, généralement

destinés à un public plus «mûr». Ce style ne laisse personne indifférent, car il est très dynamique, mais il emballe plus les jeunes que les gens rationnels. Exactement ce que Mercury recherchait...

+ LES SIÈGES À MÉMOIRE. Toutes les voitures à 2 portes n'en ont pas, mais le Cougar, oui! Le siège du passager est doté d'une mémoire qui permet au siège de reprendre exactement la position qu'il occupait avant l'inclinaison du dossier.

+ LE HAYON. Il est léger et ne se soulève pas trop haut. De plus, il est muni d'une poignée qui facilite sa fermeture. On a aussi prévu une tablette cache-bagages amovible.

+ LE CÔTÉ PRATIQUE. La vocation sportive de cette voiture ne l'empêche pas d'être polyvalente grâce à son coffre modulable, car le dossier de la banquette divisé 50/50 s'escamote selon les besoins.

+ LE CONFORT. Les sièges avant très galbés offrent un maintien latéral et un support lombaire remarquables. Les occupants des places avant disposent de beaucoup d'espace pour leurs pieds et le conducteur dispose même d'un repose-pied. Merveilleux!

+ LE TABLEAU DE BORD. Moins

audacieux que celui de l'Escort ZX2, le tableau de bord du Cougar est néanmoins très réussi du point de vue style, mais aussi pour son ergonomie efficace.

+ LE COMPORTEMENT. Héritée de la Mondeo européenne, la suspension offre un excellent compromis entre le confort et la tenue de route qui permet d'atteindre des accélérations latérales dignes de modèles plus exotiques et plus coûteux. Toutefois, sur le modèle mis à notre disposition, le train avant était instable et l'effet de couple gênant sur chaussée mouillée.

+ L'ÉCHAPPEMENT. Tous les bruits ne sont pas dérangeants. Ainsi, celui de l'échappement du Cougar est tonique sans tomber sur les nerfs, mais il fait regretter que les performances ne soient pas à l'unisson...

NÉGATIF

- LE STYLE. Pour intéressant qu'il soit, il est aussi excessif à l'intérieur qu'à l'extérieur et aura tendance à se démoder rapidement. Certains accessoires sont conçus comme des gadgets et ne font pas très sérieux.

- LES PERFORMANCES. Elles sont décevantes, si on les compare à

celle de l'ancien Ford Probe qui était nettement plus amusant à conduire. Celles du 4 cylindres sont, à la limite, plus satisfaisantes que celles du V6 qui sont très ordinaires.

- LA DIRECTION. Elle est assez rapide et son assistance bien dosée, mais elle manque de franchise et de précision quand vient le temps d'effectuer une mise en trajectoire.

- L'ÉQUIPEMENT. Pour un modèle sportif portant de surcroît l'écusson Mercury, l'équipement pourrait être plus riche, puisque les quatre freins à disque, l'essuie-glace de lunette arrière, le régulateur de vitesse et les pneus de 16 pouces montés sur des jantes en alliage, sont tous optionnels.

- LE BRUIT. Avec un habitacle à hayon arrière, le niveau sonore est toujours plus élevé que dans une carrosserie à trois volumes. Notre sonomètre a enregistré dans le Cougar, les niveaux sonores les plus élevés parmi toutes les voitures que nous avons essayées cette année!

- LES PLACES ARRIÈRE. Les constructeurs affirment que les places arrière des coupés ne sont jamais utilisées. Dans ce cas, pourquoi y mettre des sièges aussi minuscules, quand un grand coffre ferait aussi bien l'affaire?

- LA VISIBILITÉ. En raison de la forme en «coin» de la carrosserie, qui impose une partie arrière relativement élevée, les manoeuvres de marche arrière sont entravées par une visibilité très réduite.

- LE VOLANT. Malgré une bonne prise, il est inutilement massif et ne correspond pas au style moderne de l'habitacle. Le volant Momo installé en série sur la dernière Miata démontre qu'il est possible de conjuguer élégance pratique et coussin gonflable de dernière génération.

- L'OUVERTURE DU COFFRE. La télécommande d'ouverture du hayon est située dans un endroit plutôt inusité, soit près du plancher, à proximité de la manette d'ouverture du capot. Pourquoi ne pas l'avoir logée dans la portière ou au tableau de bord, à un endroit plus accessible?

- L'ACCÈS. Le coffre est spacieux et modulable, mais son seuil est tellement élevé qu'on risque des maux de dos en soulevant les bagages!

CONCLUSION

Le Cougar est plus stimulant à contempler qu'à conduire. Ses compromis ne sont pas parfaits et il privilégie plus le confort que la conduite sportive. Malgré ses rugissements rageurs et son allure agressive ce Cougar n'est finalement qu'un gros matou très pacifique... ☺

ÉVALUATION
MERCURY Cougar

CONCEPTION : 66%
Technique :	80
Sécurité :	80
Volume cabine :	35
Volume coffre :	60
Qualité/finition :	75

CONDUITE : 64%
Poste de conduite :	75
Performances :	45
Comportement :	65
Direction :	75
Freinage :	60

ÉQUIPEMENT D'ORIGINE : 78%
Pneus :	75
Phares :	75
Essuie-glace :	80
Dégivreur :	80
Radio :	80

CONFORT : 64%
Sièges :	75
Suspension :	75
Niveau sonore :	30
Commodités :	60
Climatisation :	80

BUDGET : 60%
Prix d'achat :	70
Consommation :	70
Assurance :	60
Satisfaction :	50
Dépréciation :	50

Moyenne générale: 66.4%

NOUVEAU POUR 1999

- Nouveau modèle réalisé à partir de la plate-forme et des éléments mécaniques des Contour-Mystique, dont il reprend aussi les deux ensembles propulseurs composés des moteurs 4 cylindres 2.0L Zetec et V6 2.5L Duratec.

MOTEURS — TRANSMISSIONS — PERFORMANCES

Modèles/ versions	Type / distribution soupapes / carburation	Cylindrée cc	Puissance cv @ tr/mn	Couple lb.pi @ tr/mn	Rapport volumét.	Roues motrices / transmissions	Rapport de pont	Accélérations 0-100 km/h s	400m s	1000m s	Reprise 80-120 km/h s	Freinage 100-0 km/h m	Vites. maxi. km/h	Accélér. latérale G	Niveau sonore dBA	Consommation l./100km Ville	Route	Carburant Octane
I-4	L4* 2.0 DACT-16-IESPM	1988	125 @ 5500	130 @ 4000	9.6 :1	avant - M5	3.82	11.0	17.8	32.0	7.4	40	175	0.80	67	9.7	6.3	R 87
V-6	V6 2.5 DACT-24-IESPM	2544	170 @ 6250	165 @ 4250	9.7 :1	avant - M5	4.06	9.0	16.7	30.5	6.6	41	185	0.82	67	12.0	7.7	R 87
						avant - A4	3.77	10.4	17.5	32.0	7.2	39	180	0.82	68	11.4	7.2	R 87

PRIX & ÉQUIPEMENTS

MERCURY Cougar	I-4	V-6
Prix maxi $:	19 995	21 795
Prix mini $:	18 420	19 605
Transport & préparation $:	740	740
Boîte automatique:	-	O
Régulateur de vitesse:	O	O
Direction assistée:	S	S
Système antiblocage des freins:	O	O
Système antipatinage:	-	O
Climatiseur:	SM	SM
Garnitures en cuir:	-	-
Radio MA/MF/ Cassette:	S	S
Serrures électriques:	S	S
Lève-vitres électriques:	S	S
Volant ajustable:	S	S
Rétroviseurs ext. ajustables:	SEC	SEC
Jantes en alliage léger:	S	S
Système antivol:	S	S

Couleurs disponibles

Extérieur: Orange, Or, Rouge, Vert, Bleu, Argent, Noir, Blanc.

Intérieur: Grège, Noir, Brun.

EN BREF...

Catégorie: coupés sportifs tractés. **Classe :** 3S

HISTORIQUE
Inauguré en: 1999
Fabriqué à: Flat Rock, Michigan, États-Unis.

PROFIL DE CLIENTÈLE
Modèle	Hom./Fem.	Âge moyen	Mariés	CEGEP	Revenus
Cougar	ND				

INDICES
Sécurité:	80 %	**Satisfaction:**	ND %
Dépréciation:	ND %	**Assurance:**	800-950 $
Prix de revient au km:	0.42 $	**Nbre de concessionnaires:**	128

VENTES
Modèle	1996	1997	Résultat	Part de marché
Cougar		Non commercialisé à cette époque.		

PRINCIPAUX MODÈLES CONCURRENTS
ACURA Integra, BMW M3, EAGLE Talon, CHEVROLET Camaro, CHRYSLER Sebring, DODGE Avenger, FORD Mustang, HONDA Prelude, NISSAN 240SX, PONTIAC Firebird, TOYOTA Celica.

ENTRETIEN REQUIS PAR LA GARANTIE
Première révision:	Fréquence:	Prise de diagnostic:
8 000 km	6 mois	Oui

CARACTÉRISTIQUES

Modèles	Versions	Carrosseries/ Sièges	Volume cabine	Volume coffre	Cx	Empat. mm	Long x larg x haut. mm x mm x mm	Poids à vide kg	Susp. av/ar	Freins av/ar	Direction type	Diamètre braquage m	Tours volant b à b.	Réser. essence l.	dimensions	Pneus d'origine marque	modèle	Mécanique d'origine
MERCURY		Garantie totale, antipollution et batterie: 3 ans / 60 000 km; corrosion perforation: 5 ans / kilométrage illimité.																
Cougar	I-4	cpé. 2 p.2+2	2384	411	0.32	2703	4699x1768x1326	1312	ih/ih	d/t	crém.ass.	11.28	3.28	58.7	205/70R15	Firestone	Firehawk GTA	L4/2.0/M5
Cougar	V-6	cpé. 2 p.2+2	2384	411	0.32	2703	4699x1768x1326	1363	ih/ih	d/t	crém.ass.	11.28	3.28	58.7	205/60R15	Firestone	Firehawk GTA	V6/2.5/M5

Ford croyait continuer le succès des Tempo-Topaz avec ses Contour et Mystique. Ses clients s'attendaient à des remplaçantes à des prix correspondants! Mais voilà, le second constructeur américain a juste oublié de signifier que c'est l'Escort qui allait prendre la place des Tempo-Topaz et que les Contour-Mystique étaient destinées à rivaliser avec d'autres modèles comme les Integra, Malibu, Grand Am, Breeze, Stratus, Accord et 626. L'allure anonyme de ces voitures «mondiales» a été retouchée en 1998, mais leur moteur V6 qui demeure leur talon d'Achille reste égal à lui-même.

GAMME

Les Ford Contour et Mercury Mystique se distinguent par quelques éléments de style (calandre et partie arrière) et d'aménagement. Ces berlines à quatre portes sont offertes en deux versions: LX et SE chez Ford et GS et LS chez Mercury. Les versions Contour GL et Mystique de base ont été éliminées. Pour chaque marque, le moteur de série est le 4 cylindres Zetec de 2.0L, jumelé à une boîte manuelle à 5 vitesses. Une transmission automatique à 4 vitesses figure parmi les options de tous les modèles. Par contre, le moteur optionnel V6 Duratec de 2.5L est réservé aux Contour SE et Mystique LS. La gamme Ford compte, en outre, un modèle à haute performance baptisé Contour SVT, dont le moteur V6 atteint désormais 200 cv (5 de plus qu'en 1998).

TECHNIQUE

Le duo Contour-Mystique a été développé simultanément avec la Ford Mondeo, qui est construite et vendue à travers l'Europe, d'où leur qualificatif de «voitures mondiales». Elles ont une carrosserie monocoque d'acier dont les lignes sont très fluides, comme en témoigne leur coefficient aérodynamique de 0.31. La suspension indépendante aux quatre roues fait appel à des jambes de force MacPherson à l'avant et à un système à bras multiples à effet directionnel à l'arrière. Il y a des barres antiroulis devant comme derrière. Pour les versions à vocation «sportive», les Contour SE et Mystique LS à moteur V6 et la Contour SVT, des amortisseurs plus fermes et des barres stabilisatrices de plus gros diamètre sont installés. De surcroît, des freins à disque remplacent ceux à tambour des roues arrière. Tous les modèles bénéficient d'une servodirection, mais celles des modèles SE, SVT et LS est plus rapide.

Sous-estimées...

Ford affirme que ses moteurs sont à la fine pointe de la technologie et qu'ils ne nécessiteront aucune intervention majeure avant 160 000 km, excepté les vidanges et les changements de filtre!

POSITIF

+ LA SVT. Cette version originale offre des performances et un style attrayants et son moteur émet des sonorités stimulantes!

+ LE STYLE. Les retouches apportées aux carrosseries en 1998 donnent plus de personnalité à ces berlines. Leurs calandres sont très réussies, surtout celle de la Mystique qui a plus de classe.

+ LA TECHNIQUE. En développant ces modèles sur la base de la Mondeo européenne, Ford a adopté une technique de pointe, garante d'un châssis très rigide, d'une suspension sophistiquée et de moteurs Zetec et Duratec ultramodernes.

+ LE TEMPÉRAMENT. Les performances de la Contour SVT de même que son comportement routier surpassent ceux des SE/LS.

+ LA QUALITÉ. L'assemblage et la finition sont soignés. Aucun bruit parasite ne se fait entendre même sur de mauvaises routes et les matériaux comme les accessoires sont de belle facture.

+ LE FREINAGE. Celui des versions SE/LS et SVT est très efficace pour des voitures de cette catégorie. Il est mordant, puissant, progressif et équilibré avec l'ABS.

+ LES PERFORMANCES. Le moteur 4 cylindres offre des prestations plus attrayantes que le V6 des SE/LS. Les temps d'accélération et de reprise sont très proches, ce qui déçoit. La SVT, par contre, bénéficie d'une mécanique plus brillante, qui retranche une seconde aux accélérations et aux reprises.

+ LE CONFORT. Les Contour/Mystique ont une suspension moelleuse qui efface les imperfections du revêtement et les sièges moulants sont bien rembourrés. Le niveau sonore est modeste, même sur la SVT dont les performances ne sont pas acquises au détriment du confort.

+ LE COMPORTEMENT. Sur la route, ces berlines offrent un comportement neutre et leur direction est précise. Sur tracés sinueux, les SE/LS sont plus amusantes à conduire en raison de leur roulis limité, mais pas autant que la SVT, dont la suspension est encore plus ferme et les pneus à haute performance plus mordants.

+ LE COFFRE. Il est assez vaste et son ouverture basse et large facilite le chargement des bagages. Le dossier de la banquette divisé 60/40 (en option) permet d'augmenter substantiellement son volume.

+ UN BON POINT: pour des détails comme les poignées de porte intérieures illuminées (la nuit), la commande permettant d'abaisser le dossier de la banquette à partir du coffre et le filtre à pollen du système de climatisation.

NÉGATIF

- LA PROTECTION. En cas de collision, celle des passagers semble moins efficace que celle du conducteur qui, au contraire, est optimale.

- LA DIRECTION. L'assistance de celle de la SVT est trop forte, ce qui la rend légère en accélération où la précision souffre d'un effet de couple marqué.

- L'HABITABILITÉ. À l'arrière, l'espace pour les jambes est compté, bien que les sièges aient été redessinés et les occupants de grande taille s'y trouveront à l'étroit.

- LE MOTEUR V6. Ses performances sont trop proches de celles du 4 cylindres, qui est nettement plus économique. Un non-sens!

- LA BOÎTE MANUELLE. Excepté celle de la SVT, sa sélection manque de précision et la synchronisation des rapports est très lente.

- LA MANIABILITÉ. Celle des versions à moteur V6 est pénalisée par un diamètre de braquage plus important que celui des versions à moteur 4 cylindres.

CONCLUSION

Les Contour-Mystique ne rencontrent pas le succès qu'elles mérite. La faute en incombe à Ford qui les a aussi mal calibrées que présentées, prouvant une fois de plus que le concept de la voiture mondiale reste utopique. ☺

ÉVALUATION
FORD-MERCURY Contour-Mystique

CONCEPTION :		69%
Technique :	80	
Sécurité :	75	
Volume cabine :	50	
Volume coffre :	60	
Qualité/finition :	80	

CONDUITE :		66%
Poste de conduite :	80	
Performances :	50	
Comportement :	60	
Direction :	75	
Freinage :	65	

ÉQUIPEMENT D'ORIGINE :		76%
Pneus :	75	
Phares :	80	
Essuie-glace :	80	
Dégivreur :	70	
Radio :	75	

CONFORT :		66%
Sièges :	75	
Suspension :	75	
Niveau sonore :	50	
Commodités :	50	
Climatisation :	80	

BUDGET :		72%
Prix d'achat :	60	
Consommation :	75	
Assurance :	65	
Satisfaction :	85	
Dépréciation :	75	

| **Moyenne générale:** | | **69.8%** |

NOUVEAU POUR 1999
- Les sièges avant revus pour donner plus de place à l'arrière.
- Les Contour GL et Mystique de base sont retirées du catalogue.
- La suspension avant recalibrée.
- Le tableau de bord modifié.
- La contenance du réservoir à essence portée à 57 litres.
- Moteur 5 ch plus puissant pour la Contour SVT.
- Des pneus plus performants sur la Contour SVT.

MOTEURS / TRANSMISSIONS / PERFORMANCES

Modèles/ versions	Type / distribution soupapes / carburation	Cylindrée cc	Puissance cv @ tr/mn	Couple lb.pi @ tr/mn	Rapport volumét.	Roues motrices / transmissions	Rapport de pont	Accélér. 0-100 km/h s	400 m D.A. s	1000 m D.A. s	Reprise 80-120 km/h s	Freinage 100-0 km/h m	Vites. maxi. km/h	Accélér. latérale G	Niveau sonore dBA	Consommation l./100km Ville	Route	Carburant Octane
base	L4* 2.0 DACT-16-IESPM	1988	125 @ 5500	130 @ 4000	9.6 :1	avant- M5	3.84	10.0	17.2	31.5	6.8	40	175	0.78	67	9.6	6.2	R 87
						avant-A4	3.92	11.1	17.8	32.2	7.8	42	170	0.78	68	9.9	6.8	R 87
option	V6 2.5 DACT-24-IESPM	2544	170 @ 6250	165 @ 4250	9.7 :1	avant-M5	4.06	8.8	16.7	29.0	6.5	38	180	0.82	67	11.5	7.4	R 87
						avant-A4	3.77	9.4	17.0	30.6	6.7	39	175	0.82	68	10.9	7.1	R 87
SVT	V6 2.5 DACT-24-IESPM	2544	200 @ 6700	167 @ 5625	10.0 :1	avant-M5	4.06	7.7	16.4	28.5	5.0	38	220	0.85	68	11.9	8.3	S 91

PRIX & ÉQUIPEMENTS

FORD Contour MERCURY Mystique	LX	SE	SVT	GS	LS
Prix maxi $:	17 595	19 695	28 195	17 995	20 095
Prix mini $:	16 270	17 770	25 250	16 630	18 115
Transport & préparation $:	740	740	740	740	740
Boîte automatique:	O	O	-	O	O
Régulateur de vitesse:	O	S	S	S	S
Direction assistée:	S	S	S	S	S
Système antiblocage des freins:	O	O	-	O	O
Système antipatinage:	-	-	-	-	-
Climatiseur:	SM	SM	SM	SM	SM
Garnitures en cuir:	-	O	S	-	S
Radio MA/MF/ Cassette:	O	S	S	S	S
Serrures électriques:	O	S	S	S	S
Lève-vitres électriques:	-	S	S	S	S
Volant ajustable:	S	S	S	S	S
Rétroviseurs ext. ajustables:	SE	SE	SE	SE	SE
Jantes en alliage léger:	-	O	S	O	S
Système antivol:	S	S	S	S	S

Couleurs disponibles
Extérieur: Bleu, Brun, Rouge, Vert, Argent, Noir, Blanc.

Intérieur: Bleu, Brun, Grège.

EN BREF...

Catégorie:	berlines compactes tractées.			Classe :	4

HISTORIQUE

Inauguré en:	1995
Fabriqué à:	Kansas City, MI, États-Unis & Cuautitlan, Mexique.

PROFIL DE CLIENTÈLE

Modèle	Hom./Fem.	Âge moyen	Mariés	CEGEP	Revenus
Contour	65/35 %	48 ans	71 %	44 %	58 200 $
Mystique	72/28 %	52 ans	82 %	46 %	56 300 $

INDICES

Sécurité:	75 %	Satisfaction:	85 %
Dépréciation:	27 %	Assurance:	800 - 935 $
Prix de revient au km:	0.40 $	Nbre de concessionnaires:	128

VENTES

Modèle	1996	1997	Résultat	Part de marché
Contour-Mystique	5 071	5 812	+ 14.6 %	13.3 %

PRINCIPAUX MODÈLES CONCURRENTS
ACURA Integra 4p., CHEVROLET Malibu, CHRYSLER Cirrus, DODGE Stratus, HONDA Accord, MAZDA 626, NISSAN Altima, OLDSMOBILE Alero, PLYMOUTH Breeze, PONTIAC Grand Am, SUBARU Legacy, VW Passat.

ENTRETIEN REQUIS PAR LA GARANTIE

Première révision:	Fréquence:	Prise de diagnostic:
8 000 km	6 mois	Oui

CARACTÉRISTIQUES

Modèles	Versions	Carrosseries/ Sièges	Volume cabine	Volume coffre	Cx	Empat. mm	Long x larg x haut. mm x mm x mm	Poids à vide kg	Susp. av/ar	Freins av/ar	Direction type	Diamètre braquage m	Tours volant b à b.	Réser. essence l.	Pneus d'origine dimensions	marque	modèle	Mécanique d'origine
FORD		Garantie totale, antipollution et batterie: 3 ans / 60 000 km; corrosion perforation: 5 ans / kilométrage illimité.																
Contour	LX	ber. 4 p. 5	2554	394	0.31	2705	4689x1755x1382	1256	ih/ih	d/t	crém.ass.	11.12	2.78	57.0	185/70R14	Firestone	Firehawk GTA	L4/2.0/M5
Contour	SE	ber. 4 p. 5	2554	394	0.31	2705	4689x1755x1382	1285	ih/ih	d/t	crém.ass.	11.36	2.71	57.0	185/70R14	Firestone	Firehawk GTA	V6/2.5/M5
Contour	SVT	ber. 4 p. 5	2532	394	0.31	2705	4671x1755x1384	1392	ih/ih	d/ABS	crém.ass.	12.19	2.71	57.0	215/50ZR16BF	Goodrich	G-Force T/A	V6/2.5/M5
MERCURY		Garantie totale, antipollution et batterie: 3 ans / 60 000 km; corrosion perforation: 5 ans / kilométrage illimité.																
Mystique	GS	ber. 4 p. 5	2537	394	0.31	2705	4694x1755x1382	1272	ih/ih	d/t	crém.ass.	11.12	2.78	57.0	185/70R14	Firestone	Firehawk GTA	L4/2.0/M5
Mystique	LS	ber. 4 p. 5	2554	394	0.31	2705	4694x1755x1382	1272	ih/ih	d	crém.ass.	11.36	2.71	57.0	205/60R15	Firestone	Firehawk GTA	V6/2.5/M5

Les berlines Crown Victoria et Grand Marquis évoquent l'époque révolue de la «grosse» voiture américaine traditionnelle. Une race en voie de disparition, puisqu'elles sont les dernières du genre depuis la disparition des Chevrolet Caprice et Buick Roadmaster. Ces grosses voitures recrutent leurs adeptes principalement auprès d'automobilistes d'âge mûr et parmi les services publics — police, taxi, flottes commerciales, etc. Le monopole qu'elles procurent à Ford actuellement semble assurer leur survie, du moins pour le moment.

GAMME

Les Crown Victoria et Grand Marquis sont des berlines à quatre portes offertes en deux livrées: de base et LX pour la Ford et GS et LS pour la Mercury. Elles sont conçues pour transporter cinq ou six adultes. Leur moteur est un V8 à un arbre à cames en tête de 4.6L jumelé à une transmission automatique à 4 rapports. La refonte de leur carrosserie en 1998 était surtout de nature esthétique. Ces voitures utilisent encore une plate-forme introduite à l'automne de 1978.

TECHNIQUE

Ces deux berlines de dimensions respectables sont identiques à quelques détails près et se distinguent principalement par l'esthétique de leur carrosserie et l'aménagement intérieur. Malgré leurs formes élancées et équilibrées, les carrosseries de ces deux voitures n'affichent pas une efficacité aérodynamique exemplaire, comme en témoigne leur Cx de 0.37. Dans chaque cas, la carrosserie en acier est fixée sur un châssis périmétrique doté d'une suspension avant indépendante à bras différentiels et d'un essieu rigide, à l'arrière, suspendu par quatre bras et un parallélogramme de type Watt. Des ressorts hélicoïdaux et des amortisseurs à gaz complètent ces systèmes de suspension aux quatre roues, avec des barres antiroulis. La direction à assistance variable en fonction de la vitesse, est à circulation de billes, alors que le freinage est assuré par disques aux quatre roues. L'antiblocage fait désormais partie de l'équipement de série de ces deux voitures, mais malheureusement l'antipatinage demeure toujours optionnel.

Quant au moteur V8 à deux soupapes par cylindre, on ne le retrouve pas uniquement dans les Crown Victoria et Grand Marquis. Il anime également les dernières Lincoln Town Car et aussi la Mustang GT 1998.

Les plaisirs démodés...

+ LE CONFORT. Difficile de dénigrer le confort de roulement de ces deux modèles. Sur une voie rapide au revêtement lisse, sans dénivellation, elles semblent flotter sur un coussin d'air, dans un silence de roulement impressionnant. Leur suspension tolère moins bien les bosses sur lesquelles elle se déhanche généreusement. Les banquettes 50/50 offrent plus de maintien latéral et de support lombaire que par le passé, mais ne sont pas encore suffisamment galbées.

+ L'HABITABILITÉ. L'habitacle peut aisément accueillir cinq ou six personnes. Le dégagement pour la tête, les épaules et les jambes est généreux et les portières s'ouvrent suffisamment pour faciliter l'entrée comme la sortie.

+ LA CONSOMMATION. Malgré le gros moteur, la taille et le poids de ces voitures, la consommation se maintient autour de 13 l/100 km, un résultat surprenant

+ LE FREINAGE. Quatre disques assurent un freinage progressif, précis et endurant. Et pour les modèles 1999, l'antiblocage est désormais installé en série.

+ LA CONDUITE. Ces voitures uniques en leur genre offrent un charme de conduite révolu. Tout en douceur, tout en silence, on a parfois l'impression de diriger un gros bateau. Nostalgie!

+ LA QUALITÉ. En vingt ans, la qualité de la construction de ces berlines s'est beaucoup améliorée. L'ajustement et le montage des composantes s'effectuent toujours selon des normes courantes. La qualité des matériaux utilisés est également tout autre de ce qu'elle était par le passé. La grande différence se situe également au niveau de la rigidité nettement supérieure du châssis qui supprime la plupart des bruits de caisse.

- L'ENCOMBREMENT. Naturellement, avec un gabarit aussi important, il faut réapprendre à conduire pour savoir manoeuvrer ou garer un aussi gros véhicule dans les rues étroites d'un centre-ville. Bien que le rayon de braquage ait été réduit au fil des ans, il demeure important, tout autant que les porte-à-faux avant et arrière, nettement au-dessus de la moyenne.

- L'ESSIEU RIGIDE. Il manifeste sa présence dès qu'on franchit un joint d'expansion en courbe, en générant un décrochage caractéristique. Une sorte de valse-hésitation qui rappelle les anciennes voitures américaines…qui affecte directement le confort. En outre en conduite hivernale, l'antipatinage optionnel et un bon jeu de pneus à neige constitueront un choix avisé, pour palier aux aléas de la propulsion.

- LE COFFRE. Il est gargantuesque, mais à cause de ses formes tourmentées, de la position de la roue de secours et de sa profondeur inhabituelle, il n'est pas pratique, ni facile à utiliser car son seuil élevé complique la manipulation des bagages.

- LE TABLEAU DE BORD. Bien que son style ait été rafraîchi au fil des ans, il semble vieillot aujourd'hui. Les commandes sont mal disposées dont celles du système audio hors de portée du conducteur! Quant à l'appliqué de similibois destiné à relever le style du tableau de bord, il lui donne, bien au contraire, une allure bon marché

- LA CAPACITÉ DE TRACTION. Malgré leur taille imposante, ces berlines ne peuvent tracter des remorques de plus d'une tonne. Certains amateurs de camping et propriétaires de bateau risquent d'être déçus.

- LE CÔTÉ PRATIQUE. Les espaces de rangement ne sont pas très nombreux, pas plus devant que derrière où l'on ne trouve même pas de porte-gobelets, ce qui est étonnant sur des tels modèles.

CONCLUSION

Bien qu'elles soient d'une autre époque, les Crown Victoria et Grand Marquis ne manquent pas d'attraits: confort, sécurité et performances raisonnables. Toutefois, leur essieu rigide et leur côté pratique désuets révèlent leur âge avancé! ☺

ÉVALUATION
Crown Victoria-Grand Marquis

CONCEPTION : 83%
Technique :	70
Sécurité :	90
Volume cabine :	90
Volume coffre :	90
Qualité/finition :	75

CONDUITE : 55%
Poste de conduite :	50
Performances :	60
Comportement :	60
Direction :	75
Freinage :	30

ÉQUIPEMENT D'ORIGINE : 77%
Pneus :	75
Phares :	80
Essuie-glace :	75
Dégivreur :	80
Radio :	75

CONFORT : 75%
Sièges :	75
Suspension :	70
Niveau sonore :	70
Commodités :	70
Climatisation :	90

BUDGET : 57%
Prix d'achat :	40
Consommation :	40
Assurance :	70
Satisfaction :	85
Dépréciation :	50

Moyenne générale : 69.4%

NOUVEAU POUR 1999

- Le dispositif antiblocage standard.
- De nouvelles teintes de carrosserie.

MOTEURS / TRANSMISSIONS / PERFORMANCES

Modèles/ versions	Type / distribution soupapes / carburation	Cylindrée cc	Puissance cv @ tr/mn	Couple lb.pi @ tr/mn	Rapport volumét.	Roues motrices / transmissions	Rapport de pont	Accélér. 0-100 km/h s	400 m D.A. s	1000 m D.A. s	Reprise 80-120 km/h s	Freinage 100-0 km/h m	Vites. maxi. km/h	Accélér. latérale G	Niveau sonore dBA	Consommation l./100km Ville	Route	Carburant Octane
1)	V8* 4.6 SACT-16-IEPM	4601	200 @ 4250	275 @ 3000	9.0 :1	arrière - A4*	2.73	9.0	16.5	30.2	6.5	48	175	0.75	65-72	13.5	8.4	R 87
2)	V8* 4.6 SACT-16-IEPM	4601	215 @ 4500	285 @ 3000	9.0 :1	arrière - A4*	2.73	8.8	16.2	30.0	6.3	47	175	0.75	65-72	13.5	8.4	R 87
3)	V8* 4.6 SACT-16-IEPM	4601	175 @ 4500	235 @ 3500	10.0 :1	arrière - A4*	3.27	ND										

1) base 2) Échappement double 3) Gaz naturel

PRIX & ÉQUIPEMENTS

FORD Crown Victoria MERCURY Grand Marquis	base	LX	GS	LS
Prix maxi $:	31 895	34 195	33 695	35 195
Prix mini $:	27 730	29 685	29 325	30 600
Transport & préparation $:	940	940	940	940
Boîte automatique :	S	S	S	S
Régulateur de vitesse :	S	S	S	S
Direction assistée :	S	S	S	S
Système antiblocage des freins :	S	S	S	S
Système antipatinage :	O	O	O	O
Climatiseur :	SM	SM	SM	SM
Garnitures en cuir :	-	O	O	O
Radio MA/MF/ Cassette :	S	S	S	S
Serrures électriques :	S	S	S	S
Lève-vitres électriques :	S	S	S	S
Volant ajustable :	S	S	S	S
Rétroviseurs ext. ajustables :	SE	SE	SE	SE
Jantes en alliage léger :	O	O	O	O
Système antivol :	S	S	S	S

Couleurs disponibles

Extérieur : Or, Rouge, Vert, Bleu, Gris, Argent, Noir, Blanc.

Intérieur : Bleu, Parchemin, Brun, Graphite, Blanc-Graphite.

EN BREF...

Catégorie :	berlines de grand format propulsées.

Classe : 6

HISTORIQUE
Inauguré en :	1979
Fabriqué à :	St-Thomas, Ontario, Canada.

PROFIL DE CLIENTÈLE
Modèle	Hom./Fem.	Âge moyen	Mariés	CEGEP	Revenus
Crown Victoria	82/18 %	67 ans	87 %	25 %	54 000 $
Grand Marquis	90/10 %	67 ans	87 %	17 %	53 000 $

INDICES
Sécurité :	90 %	Satisfaction :	85 %
Dépréciation :	50 %	Assurance :	850 $
Prix de revient au km :	0.58 $	Nbre de concessionnaires :	128

VENTES
Modèle	1996	1997	Résultat	Part de marché
C.V./Gd M.	1 035	926	- 10.5 %	17.4 %

PRINCIPAUX MODÈLES CONCURRENTS
BUICK LeSabre, OLDSMOBILE 88, PONTIAC Bonneville, TOYOTA Avalon.

ENTRETIEN REQUIS PAR LA GARANTIE
Première révision :	Fréquence :	Prise de diagnostic :
8 000 km	6 mois	Oui

CARACTÉRISTIQUES

Modèles	Versions	Carrosseries/ Sièges	Volume cabine	Volume coffre	Cx	Empat. mm	Long x larg x haut. mm x mm x mm	Poids à vide kg	Susp. av/ar	Freins av/ar	Direction type	Diamètre braquage m	Tours volant b à b.	Réser. essence l.	Pneus d'origine dimensions	marque	modèle	Mécanique d'origine
FORD																		
Crown Victoria base		ber.4 p.6	3155	583	0.37	2913	5385x1986x1443	1776	ih/rh	d/ABS	bil.ass.	12.27	3.4	72.0	225/60SR16	Goodyear	Eagle LS	V8/4.6/A4
Crown Victoria LX		ber.4 p.6	3155	583	0.37	2913	5385x1986x1443	1781	ih/rh	d/ABS	bil.ass.	12.27	3.4	72.0	225/60SR16	Goodyear	Eagle LS	V8/4.6/A4
MERCURY																		
Gd Marquis GS		ber.4 p.6	3095	583	0.37	2913	5385x1986x1443	1777	ih/rh	d/ABS	bil.ass.	12.27	3.4	72.0	225/60SR16	Goodyear	Eagle LS	V8/4.6/A4
Gd Marquis LS		ber.4 p.6	3095	583	0.37	2913	5385x1986x1443	1792	ih/rh	d/ABS	bil.ass.	12.27	3.4	72.0	225/60SR16	Goodyear	Eagle LS	V8/4.6/A4

FORD — Garantie totale, antipollution et batterie : 3 ans / 60 000 km; corrosion perforation : 5 ans / kilométrage illimité.

MERCURY — Garantie totale, antipollution et batterie : 3 ans / 60 000 km; corrosion perforation : 5 ans / kilométrage illimité.

La Ford Escort a beaucoup changé au fil des générations, au point de devenir une des voitures les plus en demande dans sa catégorie. Une fiabilité à la hausse et un aménagement intérieur pratique n'y sont certes pas étrangers. Le fait d'avoir adopté certaines composantes mécaniques issues des Mazda 323 et Protegé semble également avoir solutionné certains problèmes de nature technique. Cette version de l'Escort arrive toutefois au terme de sa carrière, puisqu'elle sera remplacée, au cours de l'automne 1999, par une nouvelle compacte nommée Focus.

GAMME

Le catalogue de Ford propose actuellement trois variantes de l'Escort: une berline et une familiale à quatre portes, et depuis 1998, le coupé ZX2 qui a sa vie propre (nous lui dédions sa propre rubrique plus loin). La berline est offerte en deux modèles, LX et SE, et la familiale, en version SE seulement. Pour le marché américain, il existe des clones de ces voitures pour la gamme Mercury: les Tracer GS et LS. Le seul moteur disponible est un 4 cylindres en ligne de 2.0L. Il est jumelé à une boîte manuelle à 5 vitesses en équipement de série, ou à une boîte automatique à 4 vitesses sur demande. Présentée comme une voiture économique, l'Escort LX a un équipement de série minimaliste, comprenant à tout le moins la direction assistée et un dossier de banquette arrière escamotable 60/40, qui rend le volume du coffre modulable. Toutefois, pour garnir cette voiture, il faut passer par la longue liste des options. Même constat sur la version LX, qui n'est même pas équipée d'origine d'essuie-glace à balayage intermittent!

TECHNIQUE

Redessinée en 1997, la carrosserie monocoque d'acier a un style profilé, mais peu efficace du point de vue aérodynamique (Cx de 0.34). Par contre, par rapport aux anciennes Escort, celles-ci ont une rigidité torsionnelle supérieure et elles laissent moins filtrer les bruits et vibrations parasites des éléments mécaniques. En outre, elles sont traitées pour mieux résister à la corrosion. Il y a des freins à disque à l'avant, des tambours à l'arrière et l'antiblocage est optionnel.
La suspension a des amortisseurs plus fermes et de grosses barres stabilisatrices. Des pneus de 14 pouces plus larges contribuent au confort et à l'agrément de conduite de cette voiture. La transmission ma-

Fin de carrière...

nuelle est précise, alors que l'automatique dispose d'un convertisseur de couple qui optimise les performances et réduit la consommation. Ce moteur de 2.0L, un dérivé de l'ancien 1.9L, a une admission à double tubulure qui module l'admission du carburant selon le régime, pour améliorer le rendement. Sa puissance est 25% supérieure à celle du précédent et ce moteur serait un des moins polluants de sa catégorie. Il a également des bougies garnies de platine qu'on ne remplace qu'après 160 000 km!

POSITIF

+ **LE RENDEMENT**. Le moteur 2.0L est avare de carburant. Il consomme, en moyenne, 8 litres aux 100 km, ce qui donne une autonomie de 600 km.
+ **LE COMPORTEMENT**. L'Escort est agréable à conduire. Elle est plus équilibrée qu'auparavant et son roulis est modéré. Son comportement est très prévisible en ligne droite comme en courbe.
+ **LE CONFORT**. La suspension marque des points en matière de confort. Elle absorbe bien les défauts du revêtement, mais elle vibre sur les dénivellations de courte amplitude. Les sièges sont fermes et procurent assez de maintien pour limiter la fatigue. Par contre, la banquette est plate et n'offre qu'un minimum de confort.
+ **LA CONDUITE**. L'Escort est amusante à conduire; sa direction précise la rend très maniable. De plus, son moteur est plus puissant que celui des anciens modèles.
+ **LE FORMAT**. Compte tenu d'un encombrement extérieur réduit, l'habitacle et le coffre offrent des volumes convenables. L'aire à bagages de la familiale, un peu plus grande que celle de l'ancienne, donne une vaste surface presque plane, une fois le dossier 60/40 de la banquette replié.
+ **LE POSTE DE CONDUITE**. L'aménagement du tableau de bord est agréable et pratique et la surface vitrée procure une excellente visibilité dans toutes les directions.
+ **LA FINITION**. Par rapport aux anciennes Escort, la qualité d'assemblage et de la finition est nettement supérieure. Les ajustements sont serrés à l'extérieur comme à l'intérieur où les tissus des sièges sont de bonne qualité.

NÉGATIF

- **LES PERFORMANCES**. Les accélérations et les reprises ne sont pas à la hauteur d'un moteur de 2.0L, mais elles conviennent parfaitement à une voiture à vocation familiale.
- **LA PRÉSENTATION**. Une chose n'a pas changé par rapport aux anciennes Escort: la décoration intérieure est toujours aussi terne. Le plastique gris ou noir lustré utilisé en abondance, rend le coup d'oeil fade.
- **LE FREINAGE**. Les distances d'arrêt sont longues pour une petite voiture et sans antiblocage, les trajectoires restent imprévisibles.
- **LE NIVEAU SONORE**. À plus de 100 km/h, le bruit devient rapidement envahissant. On perçoit pêle-mêle des bruits mécaniques, qui ne se manifestent qu'à certains régimes, d'autres engendrés par le roulement, plus permanents, et quelques «rossignols» selon la qualité de la chaussée.
- **L'ACCÈS**. La forme très arrondie du haut des portières arrière oblige à baisser la tête pour ne pas s'assommer en montant.
- **À REVOIR**. Les phares manquent de puissance. De plus, les essuie-glace ont une surface de balayage nettement insuffisante. Enfin, dans la cabine, on ne dispose que de minuscules espaces de rangement.

CONCLUSION

L'Escort continue de figurer parmi les petites voitures économiques les plus vendues en Amérique du Nord. Si elle n'a plus rien à voir avec les modèles d'antan, qui n'ont pas laissé que de bons souvenirs, ses aspects pratiques et économiques ne sont pas à dédaigner, malgré son manque de puissance et sa présentation terne. Souhaitons que la Focus qui lui succèdera l'an prochain ira plus loin, dans la même direction!

ÉVALUATION
FORD-MERCURY Escort-Tracer

CONCEPTION : 67%
Technique :	80
Sécurité :	80
Volume cabine :	50
Volume coffre :	50
Qualité/finition :	75

CONDUITE : 59%
Poste de conduite :	75
Performances :	50
Comportement :	50
Direction :	70
Freinage :	50

ÉQUIPEMENT D'ORIGINE : 75%
Pneus :	75
Phares :	70
Essuie-glace :	75
Dégivreur :	75
Radio :	80

CONFORT : 64%
Sièges :	75
Suspension :	75
Niveau sonore :	50
Commodités :	50
Climatisation :	70

BUDGET : 73%
Prix d'achat :	75
Consommation :	90
Assurance :	70
Satisfaction :	80
Dépréciation :	50

Moyenne générale: 67.6%

NOUVEAU POUR 1999

- La télécommande d'ouverture du coffre des berlines en série.
- La toile cache-bagages, la galerie de toit et l'essuie-glace arrière en série sur la familiale SE.
- Les enjoliveurs de roue de 14 pouces boulonnés.
- Les garnitures de tissus des sièges à dossiers bas.
- Le miroir de courtoisie du pare-soleil du conducteur de série.

MOTEURS

Modèles/ versions	Type / distribution soupapes / carburation	Cylindrée cc	Puissance cv @ tr/mn	Couple lb.pi @ tr/mn
base	L4* 2.0 SACT-8-IESPM	1988	110 @ 5000	125 @ 3750

TRANSMISSIONS

Rapport volumét.	Roues motrices / transmissions	Rapport de pont
9.2 :1	avant - M5*	3.85
	avant - A4	3.74

PERFORMANCES

Accélér. 0-100 km/h s	400 m D.A. s	1000 m D.A. s	Reprise 80-120 km/h s	Freinage 100-0 km/h m	Vites. maxi km/h	Accélér. latérale G	Niveau sonore dBA	Consommation l./100km Ville	Consommation l./100km Route	Carburant Octane
10.0	17.5	31.5	9.3	43	175	0.70	68	8.4	5.8	R 87
11.0	18.2	32.8	9.5	46	170	0.70	68	9.3	6.4	R 87

PRIX & ÉQUIPEMENTS

FORD Escort / MERCURY Tracer	LX ber.4p.	SE ber.4p.	SE fam.4p.	GS ber.4p.	LS ber.4p.	LS fam.4.p.
Prix maxi $:	14 895	16 395	16 395	Vendu aux États-Unis seulement		
Prix mini $:	13 760	14 780	14 780			
Transport & préparation $:	680	680	680			
Boîte automatique :	O	O	O	O	O	O
Régulateur de vitesse :	-	O	O	O	O	O
Direction assistée :	S	S	S	S	S	S
Système antiblocage des freins :	O	O	O	O	O	O
Système antipatinage :	-	-	-	-	-	-
Climatiseur :	OM	SM	SM	OM	SM	SM
Garnitures en cuir :	-	-	-	-	-	-
Radio MA/MF/ Cassette :	O	S	S	S	S	S
Serrures électriques :	-	O	O	O	O	O
Lève-vitres électriques :	-	O	O	O	O	O
Volant ajustable :	-	O	O	O	O	O
Rétroviseurs ext. ajustables :	SM	SE	SE	SM	SE	SE
Jantes en alliage léger :	-	O	O	O	O	O
Système antivol :	O	O	O	O	O	O

Couleurs disponibles
Extérieur: Moka, Rouge, Bleu, Aiguemarine, Vert, Argent, Ambre, Or, Ébène, Blanc.
Intérieur: Graphite moyen, Bleu, Brun.

EN BREF...

Catégorie: berlines et familiales compactes tractées. **Classe :** 3

HISTORIQUE
Inauguré en: 1980, 1990, 1997.
Fabriqué à: Wayne, Michigan, État-Unis & Hermosillo, Mexique.

PROFIL DE CLIENTÈLE
Modèle	Hom./Fem.	Âge moyen	Mariés	CEGEP	Revenus
Escort LX	55/45 %	44 ans	62 %	41 %	45 500 $
Escort SE	50/50 %	44 ans	55 %	39 %	43 000 $

INDICES
Sécurité:	80 %	Satisfaction:	80 %
Dépréciation:	48 %	Assurance:	690-950 $
Prix de revient au km:	0.32 $	Nbre de concessionnaires:	128

VENTES
Modèle	1996	1997	Résultat	Part de marché
Escort	10 602	10 862	+ 2.4 %	8.6 %
Tracer	Vendue seulement aux États-Unis.			

PRINCIPAUX MODÈLES CONCURRENTS
CHEVROLET Cavalier, DODGE-PLYMOUTH Neon, HONDA Civic , HYUNDAI Elantra, MAZDA Protegé, NISSAN Sentra, PONTIAC Sunfire, SATURN SL, SUBARU Impreza, TOYOTA Corolla, VOLKSWAGEN Golf-Jetta.

ENTRETIEN REQUIS PAR LA GARANTIE
Première révision:	Fréquence:	Prise de diagnostic:
8 000 km	6 mois	Oui

CARACTÉRISTIQUES

Modèles	Versions	Carrosseries/ Sièges	Volume cabine	Volume coffre	Cx	Empat. mm	Long x larg x haut. mm x mm x mm	Poids à vide kg	Susp. av/ar	Freins av/ar	Direction type	Diamètre braquage m	Tours volant b à b.	Réser. essence l.	dimensions	Pneus d'origine marque	Pneus d'origine modèle	Mécanique d'origine
FORD		Garantie générale, antipollution et batterie: 3 ans / 60 000 km; corrosion perforation: 5 ans / kilométrage illimité.																
Escort	LX	ber. 4 p. 4	2469	362	0.34	2499	4428x1702x1354	1119	ih/ih	d/t	crém.ass.	9.60	3.1	48.4	185/65R14	Uniroyal	Tiger Paw	L4/2.0/M5
Escort	SE	ber. 4 p. 4	2469	362	0.34	2499	4428x1702x1354	1121	ih/ih	d/t	crém.ass.	9.60	3.1	48.4	185/65R14	Uniroyal	Tiger Paw	L4/2.0/M5
Escort	SE	fam. 5 p. 4	2656	744	0.36	2499	4386x1702x1369	1148	ih/ih	d/t	crém.ass.	9.60	3.1	48.4	185/65R14	Uniroyal	Tiger Paw	L4/2.0/M5
Tracer	GS	ber. 4 p. 4	2469	362	0.34	2499	4437x1702x1354	1119	ih/ih	d/t	crém.ass.	9.60	3.1	48.4	185/65R14	Uniroyal	Tiger Paw	L4/2.0/M5
Tracer	LS	ber. 4 p. 4	2469	362	0.34	2499	4437x1702x1354	1121	ih/ih	d/t	crém.ass.	9.60	3.1	48.4	185/65R14	Uniroyal	Tiger Paw	L4/2.0/M5
Tracer	LS	fam. 5 p. 4	2656	744	0.36	2499	4386x1702x1369	1148	ih/ih	d/t	crém.ass.	9.60	3.1	48.4	185/65R14	Uniroyal	Tiger Paw	L4/2.0/M5

Le succès obtenu par le plus récent véhicule polyvalent de Ford, l'Expedition, a confirmé l'existence d'une forte demande pour ce genre de gros utilitaire. Comment expliquer que tant d'automobilistes aient pu s'en passer si longtemps? D'autant plus que GM offre le Suburban depuis près de 40 ans! Quoi qu'il en soit, Ford profite de la manne, et de plus d'une façon. Il a d'abord cloné l'Expedition pour créer le Lincoln Navigator et il s'apprête à lancer un nouveau mastodonte, encore plus gros basé sur la camionnette Super Duty...

GAMME

Cette énorme familiale à quatre portes est disponible avec deux ou quatre roues motrices. Elle existe en deux finitions, XLT et Eddie Bauer et peut accueillir de 5 à 8 passagers, selon l'aménagement. Le moteur de série est un V8 de 4.6L jumelé à une transmission automatique à 4 rapports. Un V8 de 5.4L est offert en option. L'équipement de série de l'Expedition est, somme toute, convenable, compte tenu du prix demandé. Ford a même ajouté à l'équipement de série du XLT le régulateur de vitesse qui lui manquait en 1998. Enfin des marchepieds illuminés figurent parmi les options.

TECHNIQUE

À l'instar du Chevrolet Tahoe, qui est issu de l'ancienne camionnette C/K, l'Expedition est une «évolution» de la camionnette F-150. Il en partage le châssis à longerons et l'avant de la carrosserie, jusqu'au pilier B. Cette carrosserie en acier est fixée au châssis par l'intermédiaire d'éléments isolants en caoutchouc. La suspension avant est identique à celle du F-150 et utilise une combinaison de bras longs et courts dotés de ressorts hélicoïdaux sur les 4x2, et de barres de torsion sur les 4x4. Par contre, à l'arrière, elle est propre à l'Expedition puisque l'essieu rigide est maintenu par cinq bras et suspendu par des ressorts hélicoïdaux. Une suspension pneumatique permettant de faire varier la garde au sol, est offerte en option pour les modèles 4x4. Le freinage est assuré par des disques aux quatre roues et un antiblocage agissant sur les quatre roues. Un interrupteur électrique situé sur le tableau de bord permet de passer de deux à quatre roues motrices. Il permet de sélectionner les modes 4x2, 4x4 H, 4x4 L et Auto. Ce dernier mode entraîne automatiquement les roues avant dès que le train arrière perd de l'adhérence, sans aucune intervention du conducteur.

Familial à outrance...

POSITIF

+ L'ALLURE. L'Expedition est à la fois élégant et imposant. Les traits équilibrés de sa carrosserie ne suggèrent pas un gabarit aussi important qu'il ne l'est en réalité. De loin, sans référence d'échelle, il est facile de le confondre avec un Explorer surtout de derrière, où leur lignes sont semblables.

+ L'HABITABILITÉ. De cinq à huit personnes peuvent voyager à bord d'un Expedition. Naturellement, plus il y a de passagers, moins il reste d'espace pour les bagages, mais il y a de quoi faire...

+ LE CONFORT. Celui que procure cet utilitaire a de quoi étonner. Le train arrière sautille moins que celui de ses rivaux, dotés de ressorts à lames. La version 4x4 est un peu plus ferme, mais cela ne nuit pas pour autant. Les sièges galbés procurent un haut niveau de confort et l'insonorisation efficace limite le niveau sonore.

+ LA MANIABILITÉ. Avec un diamètre de braquage inférieur d'au moins un mètre à celui de la F-150, l'Expedition se manie très bien. Les ingénieurs de Ford se sont appliqués sur ce point particulier, suite aux commentaires de la clientèle féminine qui est sensible à cet élément de la conduite.

+ LE COMPORTEMENT. La suspension avant contribue à rendre le guidage précis et les réactions saines, même sous l'effet de vents latéraux ou sur une route détériorée.

+ LE HAYON. Il se manipule aisément car ses vérins sont bien calibrés et il est doté d'une lunette articulée par laquelle on peut accéder à l'aire de chargement sans avoir à soulever le hayon.

+ LES RANGEMENTS. Ils sont aussi nombreux que pratiques à l'intérieur de la cabine de l'Expedition. La console centrale ainsi que les vide-poches de portières sont volumineux, ce qui compense pour la modestie de la boîte à gants.

+ UN BON POINT: Nous avons particulièrement apprécié la commande simple et pratique qui enclenche les roues motrices, désormais dotée d'un mode 4x4 automatique. Aussi, soulignons deux options intéressantes: les marchepieds illuminés, très sécuritaires, et le nouveau pédalier ajustable.

NÉGATIF

- LE BUDGET. L'achat et l'utilisation de ce véhicule exigent des sommes importantes, car sa consommation moyenne gravite autour de 18 litres aux 100 km. En fait, seule la prime d'assurance paraît relativement raisonnable dans ce festival de dollars plus ou moins réaliste.

- L'ENCOMBREMENT. Avec un gabarit aussi important, l'Expedition n'est pas facile à conduire dans les rues étroites d'un centre-ville où les espaces de stationnement sont de plus en plus restreints.

- LES PERFORMANCES. Malgré l'augmentation de la puissance et du couple celles du V8 de 4.6L sont encore timides en regard de la cylindrée, à cause du poids important du véhicule. Les accélérations et les reprises sont plus laborieuses, mieux vaut opter pour le V8 de 5.4L.

- LA FINITION. Certains détails de finition demandent plus d'attention. Par exemple, l'ajustement de certains inserts de plastique des contreportes nous a paru aléatoire.

- L'ACCESSIBILITÉ. Monter à bord des versions 4x4 requiert beaucoup de souplesse, malgré les nombreuses poignées, car la marche est haute. Cela rend les marchepieds optionnels presque indispensables.

- LA TROISIÈME BANQUETTE. Le confort réservé aux occupants de la troisième banquette est limité. Difficile à atteindre, elle est moins rembourrée que la banquette centrale et n'offre aucun relief.

- PAS DE DIESEL? Ford devrait offrir un moteur diesel pour ce mastodonte. Cela lui procurerait des ventes additionnelles dans les régions où l'essence est coûteuse.

CONCLUSION

L'Expedition vise une clientèle à la recherche de beaucoup d'espace ou d'une grande capacité de remorquage, mais aussi aussi ceux et celles qui souhaitent se distinguer par le seul format de leur véhicule. Deux clientèles qui ont des besoins bien différents. ☺

ÉVALUATION
FORD Expedition

CONCEPTION : **85%**
Technique :	80
Sécurité :	75
Volume cabine :	100
Volume coffre :	90
Qualité/finition :	80

CONDUITE : **53%**
Poste de conduite :	80
Performances :	45
Comportement :	35
Direction :	75
Freinage :	30

ÉQUIPEMENT D'ORIGINE : **78%**
Pneus :	85
Phares :	70
Essuie-glace :	80
Dégivreur :	70
Radio :	85

CONFORT : **71%**
Sièges :	75
Suspension :	75
Niveau sonore :	50
Commodités :	75
Climatisation :	80

BUDGET : **46%**
Prix d'achat :	0
Consommation :	20
Assurance :	70
Satisfaction :	80
Dépréciation :	60

Moyenne générale: **66.6%**

NOUVEAU POUR 1999
- La puissance et le couple améliorés des deux moteurs.
- La calandre et les roues redessinées.
- Le pédalier ajustable offert en option.
- Le climatiseur à contrôle électronique en série sur la version Eddie Bauer.
- Le système audio à compensateur du volume sonore.
- La banquette dotée de roulettes pour faciliter son transport.

MOTEURS
Modèles/versions	Type / distribution soupapes / carburation	Cylindrée cc	Puissance cv @ tr/mn	Couple lb.pi @ tr/mn
base	V8*4.6 SACT-16-IES	4601	240 @ 4750	293 @ 3500
option	V8 5.4 SACT-16-IES	5403	260 @ 4500	345 @ 2300

TRANSMISSIONS
Rapport volumét.	Roues motrices / transmissions	Rapport de pont
9.0 :1	ar./4 - A4	3.31
9.0 :1	ar./4 - A4	3.31

PERFORMANCES
Accélér. 0-100 km/h s	400 m D.A. s	1000 m D.A. s	Reprise 80-120 km/h s	Freinage 100-0 km/h m	Vites. maxi. km/h	Accélér. latérale G	Niveau sonore dBA	Consommation l./100km Ville	Route	Carburant Octane
11.5	18.5	33.4	9.0	45	170	0.70	68	16.9	11.2	R 87
11.0	18.0	32.8	8.0	48	175	0.70	68	18.2	12.3	R 87

PRIX & ÉQUIPEMENTS
FORD Expedition	XLT 4x2 4 p.	XLT 4x4 4 p.	E.Bauer 4x2 4 p.	E.Bauer 4x4 4 p.
Prix maxi $:	37 485	41 595	45 595	50 096
Prix mini $:	31 150	34 050	38 150	41 840
Transport & préparation $:	940	945	945	945
Boîte automatique:	S	S	S	S
Régulateur de vitesse:	S	S	S	S
Direction assistée:	S	S	S	S
Système antiblocage des freins:	S	S	S	S
Système antipatinage:	-	-	S	S
Climatiseur:	SM	SM	SA	SA
Garnitures en cuir:	-	-	S	S
Radio MA/MF/ Cassette:	S	S	SDc	SDc
Serrures électriques:	S	S	S	S
Lève-vitres électriques:	S	S	S	S
Volant ajustable:	S	S	S	S
Rétroviseurs ext. ajustables:	SE	SE	SE	SE
Jantes en alliage léger:	O	O	S	S
Système antivol:	S	S	S	S

Couleurs disponibles
Extérieur: Or, Vert, Rouge, Bleu, Noir, Argent, Blanc.
Intérieur: Graphite moyen, Graphite foncé, Brun.

EN BREF...
Catégorie: véhicules polyvalents à 2 et 4 roues motrices. **Classe :** utilitaire

HISTORIQUE
Inauguré en: 1997
Fabriqué à: Wayne, Michigan, États-Unis.

PROFIL DE CLIENTÈLE
Modèle	Hom./Fem.	Âge moyen	Mariés	CEGEP	Revenus
Expedition	68/32%	42 ans	72%	40 %	90 000 $

INDICES
Sécurité:	75 %	Satisfaction:	78 %
Dépréciation:	38 % (2 ans)	Assurance:	950 $
Prix de revient au km:	0.64 $	Nbre de concessionnaires:	128

VENTES
Modèle	1996	1997	Résultat	Part de marché
Expedition	302	1 126	+ 272.8 %	41.3 %

PRINCIPAUX MODÈLES CONCURRENTS
CADILLAC Escalade, DODGE Durango, CHEVROLET Tahoe- GMC Yukon, CHEVROLET Suburban, JEEP Grand Cherokee, LEXUS RX 300 & LX 470, LINCOLN Navigator. MERCEDES-BENZ Classe M.

ENTRETIEN REQUIS PAR LA GARANTIE
Première révision:	Fréquence:	Prise de diagnostic:
8 000 km	6 mois / 8 000 km	Oui

CARACTÉRISTIQUES
Modèles	Versions	Traction	Carrosseries/ Sièges	Empat. mm	Long x larg x haut. mm x mm x mm	Poids à vide kg	Susp. av/ar	Freins av/ar	Direction type	Diamètre braquage m	Tours volant b à b.	Réser. essence l.	Pneus d'origine dimensions	marque modèle	Mécanique d'origine
FORD			Garantie générale, antipollution et batterie: 3 ans / 60 000 km; corrosion perforation: 5 ans / kilométrage illimité.												
Expedition	XLT	4x2	fam. 4 p.6	3025	5197x1996x1887	2199	ih/rh	d/ABS	bil.ass.	12.31	3.3	98.4	255/70R16	Goodyear Wrangler RT/S	V8/4.6/A4
Expedition	Eddie Bauer	4x2	fam. 4 p.6	3025	5197x1996x1887	-	ih/rh	d/ABS	bil.ass.	12.31	3.3	98.4	255/70R16	Goodyear Wrangler RT/S	V8/4.6/A4
Expedition	XLT	4x4	fam. 4 p.6	3025	5197x1996x1946	-	ih/rh	d/ABS	bil.ass.	12.34	3.3	113.6	255/70R16	Goodyear Wrangler RT/S	V8/4.6/A4
Expedition	Eddie Bauer	4x4	fam. 4 p.6	3025	5197x1996x1946	-	ih/rh	d/ABS	bil.ass.	12.34	3.3	113.6	265/70R17	Goodyear Wrangler RT/S	V8/4.6/A4

Comment faire pour conserver à un champion sa place sur le podium? En l'améliorant sans cesse. Voilà ce qu'a fait Ford en dotant son Explorer d'une transmission automatique à cinq rapports plus souple, d'un V6 plus puissant, d'un V8 performant et d'une transmission intégrale sophistiquée. Ajoutez à cela des aménagements complets et luxueux et voilà les principaux ingrédients qui expliquent le succès de cet utilitaire. Désormais tous les concessionnaires Lincoln-Mercury nord-américains pourront vendre son équivalent le Mountaineer.

En haut du podium...

GAMME

Ford propose toute une panoplie de versions de l'Explorer: carrosseries à 2 et 4 portes, à deux ou quatre roues motrices ou avec transmission intégrale. Il n'existe plus qu'une seule variante Sport de l'Explorer à 2 portes, alors qu'il en existe quatre pour l'Explorer à 4 portes: XL, XLT, Eddie Bauer et Limited. Un V6 de 4.0L à soupapes en tête équipe les versions Sport, XL et XLT en équipement de série avec soit la transmission manuelle à 5 rapports, soit l'automatique à 5 rapports optionnelle (cette dernière est standard pour la XLT). Un V6 à arbre à cames en tête de 4.0L équipe les versions Eddie Bauer et Limited, alors qu'il est offert sur demande pour les autres versions. Le V8 Thunderbolt de 5.0L, peut aussi être obtenu pour les versions XLT, Eddie Bauer et Limited. Ces deux moteurs sont jumelés à la transmission automatique à 5 rapports.

TECHNIQUE

L'Explorer a une carrosserie d'acier montée sur un châssis à longerons et boulonnée avec des éléments isolants en caoutchouc. L'efficacité aérodynamique de la carrosserie a augmenté avec les retouches effectuées pour 1998; le Cx atteint désormais 0.41, grâce aux formes plus arrondies de la calandre. La suspension avant est indépendante. Elle utilise une combinaison de bras longs et courts avec des barres de torsion et l'essieu arrière est suspendu par des ressorts à lames. Le V6 de base développe 160 cv contre 210, pour le V6 SACT. Quant au V8, un moteur bien connu, il est apprécié pour son couple élevé. Le système de traction intégrale «Control Trac», à gestion électronique, est réglé à l'aide d'un bouton situé au tableau de bord. Il a un mode «Auto» qui distribue la puissance aux roues avant lorsque les roues arrière patinent. Quant à la transmission automatique à 5 rapports, c'est une va-

riante de l'ancienne transmission à 4 vitesses, à laquelle un cinquième rapport a été ajouté selon le procédé breveté «Swap Shift».

POSITIF

+ L'ALLURE. Le succès de l'Explorer dépend beaucoup de l'apparence de sa carrosserie, même si les plus récentes retouches n'ont pas fait l'unanimité.

+ LE CHOIX. Aspect non négligeable, les nombreuses variantes offertes permettent à une foule d'acheteurs de trouver un véhicule convenant à leurs besoins et leurs moyens.

+ L'HABITABILITÉ. La version à 4 portes offre un habitacle plus spacieux, grâce à un empattement supérieur de 25 centimètres. On y trouve assez d'espace pour cinq personnes et tous leurs bagages.

+ LES MOTEURS. Le V6 de 4.0L,

fort de ses 205 ch et le V8 de 5.0L procurent d'excellentes performances, compte tenu du rapport poids/puissance de l'Explorer. Ils permettent de tracter des remorques d'un poids plus que respectable.

+ LA TENUE DE ROUTE. La suspension avant, introduite en 1995, a amélioré le comportement routier de ce véhicule et contribue à rendre la direction précise.

+ L'AMÉNAGEMENT. Le propriétaire d'une voiture de luxe ne sera pas dépaysé à bord d'une version Eddie Bauer ou Limited. Au contraire, leur équipement de série respectif est très complet et comprend de nombreux accessoires qui contribuent au confort.

+ LA FIABILITÉ. L'Explorer est reconnu pour son haut niveau de fiabilité, un point fort confirmé par les études de J.D. Power et par le

taux de satisfaction élevé des utilisateurs. Cet important argument lui confère une avance importante sur ses principaux rivaux.

+ LE CONFORT. La suspension pneumatique à mise à niveau automatique augmente considérablement le confort. Elle est désormais offerte sur les versions XLT, Eddie Bauer et Limited. Les sièges de ces versions sont mieux rembourrés et l'insonorisation plus efficace assurent le bien-être des occupants sur longs trajets.

+ LE TABLEAU DE BORD. Il est ergonomique, élégant et pratique, sa console centrale offrant beaucoup d'espaces de rangement.

+ LE CÔTÉ PRATIQUE. La version à 4 portes est la plus utile puisqu'elle offre un meilleur accès à l'habitacle, mais aussi parce que son hayon arrière a une lunette articulée qui s'ouvre indépendamment.

NÉGATIF

- LE BUDGET. Ce véhicule est aussi coûteux à l'achat qu'à l'utilisation, car même sa prime d'assurance est forte. Quel gâchis de ressources lorsqu'on sait que les utilisateurs de l'Explorer n'exploitent que 30% de son potentiel!

- LE V6 DE BASE. Ses performances sont décevantes. Les accélérations et les reprises sont molles, ce qui peut parfois constituer un danger, par exemple au moment d'effectuer un dépassement. Il vaudra mieux opter pour le V6 à SACT offrant 210 ch.

- LE FREINAGE. Il est perfectible car les distances d'arrêt sont longues, malgré la présence de disques aux quatre roues. L'endurance des plaquettes n'est que moyenne, mais la stabilité des arrêts d'urgence est excellente, grâce à l'antiblocage monté en série.

- LES 4x2. La version de base à deux roues motrices offre un confort minimaliste. Les sièges sont mal dessinés, la suspension sautille et le manque d'insonorisation engendre un niveau sonore élevé.

- À REVOIR. La garde au sol est trop faible sur les versions de base et l'accès aux places arrière est compliqué par le manque d'espace sur la version à 2 portes et par l'étroitesse des portières sur les versions à 4 portes.

CONCLUSION

Le secret du succès de l'Explorer tient à son perfectionnement continu et à sa fiabilité exemplaire, car pour le reste il relève davantage de la mode que de besoins réels.

ÉVALUATION
Explorer-Mountaineer

CONCEPTION : 77%
Technique : 80
Sécurité : 90
Volume cabine : 65
Volume coffre : 75
Qualité/finition : 75

CONDUITE : 55%
Poste de conduite : 75
Performances : 60
Comportement : 40
Direction : 70
Freinage : 30

ÉQUIPEMENT D'ORIGINE : 77%
Pneus : 75
Phares : 75
Essuie-glace : 70
Dégivreur : 75
Radio : 90

CONFORT : 66%
Sièges : 75
Suspension : 75
Niveau sonore : 60
Commodités : 40
Climatisation : 80

BUDGET : 53%
Prix d'achat : 30
Consommation : 40
Assurance : 65
Satisfaction : 80
Dépréciation : 50

Moyenne générale: 65.6%

NOUVEAU POUR 1999

- La forme des pare-chocs avant et des phares antibrouillards.
- Les moulures latérales des Eddie Bauer et Limited.
- La suspension arrière pneumatique en option.
- Le système de détection d'obstacle vers l'arrière en option.
- Les sièges, la galerie à bagages et les roues de 16 po. de la version Limited.

MOTEURS / TRANSMISSIONS / PERFORMANCES

Modèles/versions	Type / distribution soupapes / carburation	Cylindrée cc	Puissance cv @ tr/mn	Couple lb.pi @ tr/mn	Rapport volumét.	Roues motrices / transmissions	Rapport de pont	Accélér. 0-100 km/h s	400 m D.A. s	1000 m D.A. s	Reprise 80-120 km/h s	Freinage 100-0 km/h m	Vites. maxi. km/h	Accélér. latérale G	Niveau sonore dBA	Consommation l./100km Ville	Route	Carburant Octane
1)	V6* 4.0 ACC-12-IESPM	3996	160 @ 4200	225 @ 2750	9.0 :1	ar./toutes-M5	3.27	9.0	16.6	30.6	6.6	55	170	0.72	68	15.1	11.0	R 87
						ar./toutes-A5	3.27	ND										
2)	V6* 4.0 SACT-12-IESPM	3996	210 @ 5250	240 @ 3250	9.7 :1	ar./toutes-A5	3.55	8.5	16.4	29.5	6.1	57	175	0.73	68	15.5	11.3	R 87
3)	V8 5.0 ACC-16-IESPM	4942	215 @ 4200	288 @ 3300	9.0 :1	ar./toutes-A4	3.73	10.0	17.2	30.7	6.8	54	175	0.72	70	17.7	11.7	R 87

1) Std Explorer XL, Sport 4X2, XLT. 2) Std Eddie Bauer, Limited & Mountaineer; opt. XL, Sport 4X2, XLT. 3) opt. Mountaineer, XLT, Eddie Bauer & Limited.

PRIX & ÉQUIPEMENTS

FORD Explorer

	XL 4 p. 4x2	Sport 2 p. 4x4	XLT 4 p. 4x4	EB Limited 4 p. AWD	Limited 4 p. AWD
Prix maxi $:	29 895	30 995	38 595	45 195	48 595
Prix mini $:	26 110	27 650	33 505	39 115	40 305
Transport & préparation $:	795	795	795	795	795
Boîte automatique:	O	O	S	S	S
Régulateur de vitesse:	O	O	S	S	S
Direction assistée:	S	S	S	S	S
Système antiblocage des freins:	S	S	S	S	S
Système antipatinage:	-	-	-	S	S
Climatiseur:	SM	SM	SM	SA	SA
Garnitures en cuir:	-	-	-	S	S
Radio MA/MF/ Cassette:	S	S	SDc	SDc	SDc
Serrures électriques:	O	S	S	S	S
Lève-vitres électriques:	O	S	S	S	S
Volant ajustable:	O	O	S	S	S
Rétroviseurs ext. ajustables:	SM	SE	SE	SE	SEC
Jantes en alliage léger:	-	S	S	S	S
Système antivol:	S	S	S	S	S

Couleurs disponibles

Extérieur: Or, Vert, Orange, Brun, Rouge, Bleu, Platine, Blanc, Noir.

Intérieur: Graphite moyen, Graphite foncé, Brun.

EN BREF...

Catégorie: véhicules polyvalents tout terrain. **Classe :** utilitaires.

HISTORIQUE
Inauguré en: 1991: Explorer, 1997 Mountaineer
Fabriqué à: Louisville, Kentucky, & St-Louis, Missouri, États-Unis.

PROFIL DE CLIENTÈLE
Modèle	Hom./Fem.	Âge moyen	Mariés	CEGEP	Revenus
Explorer 4x2	76/24 %	42 ans	90 %	44 %	74 000 $
Explorer 4x4	74/26 %	47 ans	80 %	50 %	92 000 $
Mountaineer	ND				

INDICES
Sécurité:	85 %	Satisfaction:	80 %
Dépréciation:	50 %	Assurance:	850-975 $
Prix de revient au km:	0.55 $	Nbre de concessionnaires:	128

VENTES
Modèle	1996	1997	Résultat	Part de marché
Explorer	1 343	2 151	+ 60.2 %	25.7 %
Mountaineer	Non commercialisé à cett époque.			

PRINCIPAUX MODÈLES CONCURRENTS
CHEVROLET Blazer, GMC Jimmy, ISUZU Rodeo & Trooper, JEEP Cherokee & Grand Cherokee, LAND ROVER Discovery, LEXUS RX 300, MERCEDES-BENZ Classe M, NISSAN Pathfinder, OLDSMOBILE Bravada, TOYOTA 4Runner.

ENTRETIEN REQUIS PAR LA GARANTIE
Première révision:	Fréquence:	Prise de diagnostic:
8 000 km	6 mois/ 8000 km	Oui

CARACTÉRISTIQUES

Modèles	Versions	Traction	Carrosseries/ Sièges	Empat. mm	Long x larg x haut. mm x mm x mm	Poids à vide kg	Susp. av/ar	Freins av/ar	Direction type	Diamètre braquage m	Tours volant b à b.	Réser. essence l.	dimensions	Pneus d'origine marque	modèle	Mécanique d'origine
FORD	Garantie totale, antipollution et batterie: 3 ans / 60 000 km; corrosion perforation: 5 ans / kilométrage illimité.															
Explorer	Sport	4x2	fam.2 p.4/5	2583	4893x1783x1704	1667	it/rl	d/ABS	crém.ass.	10.57	3.5	66.2	235/75R15	Firestone	Wilderness	V6/4.0/M5
Explorer	XL	4x4	fam.5 p.4/5	2835	4844x1783x1720	1765	it/rl	d/ABS	crém.ass.	11.36	3.5	79.5	225/70R15	Firestone	Wilderness	V6/4.0/M5
Explorer	Eddie Bauer	4x4	fam.5 p.4/5	2835	4844x1783x1715	1880	it/rl	d/ABS	crém.ass.	11.36	3.5	79.5	255/70R16	Firestone	Wilderness	V6/4.0/A5
Explorer	Limited	4x4	fam.5 p.4/5	2835	4844x1783x1715	1925	it/rl	d/ABS	crém.ass.	11.36	3.5	79.5	255/70R16	Firestone	Wilderness	V6/4.0/A5
Mountaineer		4x2	fam.5 p.4/5	2835	4844x1783x1715	1782	it/rl	d/ABS	crém.ass.	11.36	3.5	79.5	255/70R16	Firestone	Wilderness	V6/4.0/A5
Mountaineer		4x4	fam.5 p.4/5	2835	4844x1783x1715	1882	it/rl	d/ABS	crém.ass.	11.36	3.5	79.5	255/70R16	Firestone	Wilderness	V6/4.0/A5

Le F-150 a révolutionné le marché de la camionnette, en offrant un véhicule à la fois robuste et confortable, deux notions apparemment irréconciliables pour ce type de véhicule. À l'inverse du Dodge Ram, qui exploitait la corde sensible de la nostalgie, Ford a joué la carte du modernisme, une approche qui semble avoir réussi, vu l'énorme succès rencontré par cette dernière génération d'utilitaires depuis son lancement. Pour 1999, Ford ajoute au côté pratique de ces véhicules en dotant toutes les versions SuperCab de deux portes arrière.

Pour tout, pour tous...

GAMME

En permutant les différents attributs essentiels de la F-150, on recense plus d'une centaine de versions, selon qu'elles aient deux ou quatre roues motrices, un des six empattements, une caisse Styleside ou Flareside et une cabine régulière ou allongée SuperCab. Notez que les SuperCab ont désormais deux portes arrière qui s'ouvrent à contresens des portes avant et seulement lorsque celles-ci sont ouvertes. Ces portes additionnelles dégagent une grande ouverture pour faciliter l'accès à la banquette ou pour déposer des bagages sur la plate-forme formée par la banquette repliée.

Les F-150 sont offertes en quatre niveaux d'équipement: «Work», XL, XLT et Lariat. Trois moteurs Triton figurent au catalogue: le V6 de 4.2L est le moteur de série des Work, XL et XLT; le V8 de 4.6L équipe les F-150 Lariat et il est offert en option pour les autres modèles; un V8 de 5.4L peut aussi équiper tous les modèles sur demande. Les versions Work, XL et XLT sont livrées avec une boîte manuelle à 5 vitesses ou automatique à 4 vitesses optionnelle. La Lariat, par contre, est livrée d'office avec la boîte automatique.

Pour 1999, Ford propose également un V8 de 5.4L bicarburant, qui peut être alimenté au gaz naturel. Tous ces moteurs sont dotés d'un dispositif anti-surchauffe, qui permet au moteur de fonctionner temporairement même sans liquide de refroidissement.

TECHNIQUE

La F-150 a une carrosserie en acier déposée sur un châssis à longerons d'acier à 8 traverses. Elle est fixée par des coussinets de caoutchouc qui isolent des secousses et des vibrations parasites. L'efficacité aérodynamique de la carrosserie, très profilée à l'avant, se confirme par un coefficient relativement bas de 0.37. Comme sur l'Expedition, la suspension avant utilise un système MacPherson avec des bras longs et courts jumelés à des ressorts hélicoïdaux sur les versions 4x2 et des barres de torsion sur les versions 4x4. L'essieu rigide à l'arrière est porté par des ressorts à lames. Le freinage est assuré par des disques et des tambours, avec un antiblocage de série pour les roues arrière. Un système ABS aux quatre roues figure parmi les options.

TRÈS POSITIF

+ L'HOMOGÉNÉITÉ. Sa robustesse lui donne un caractère de véhicule à tout faire, un véritable passe-partout. Néanmoins, son élégante carrosserie et son habitacle confortable en font un véhicule agréable à utiliser quotidiennement.

POSITIF

+ LA ROBUSTESSE. Les fanatiques de la marque citent la robustesse et la fiabilité du F-150 comme principaux arguments d'achat. Le pourcentage élevé d'utilisateurs très satisfaits semble pourtant contradictoire par rapport au nombre encore élevé de problèmes identifiés par 100 véhicules.

+ LE CHOIX. Avec un tel éventail de modèles et de mécaniques, tous les acheteurs peuvent trouver la version qui convient à leur utilisation particulière.

+ LE STYLE. La ligne du F-150 qui est élégante et équilibrée, parvient tout de même à évoquer la robustesse. En outre, ses formes arrondies ne masquent ses véritables proportions en donnant l'impression que ce véhicule est plus petit qu'il l'est en réalité.

+ LE CONFORT. Pour un véhicule destiné à de gros travaux, son roulement est très confortable. Les modèles à empattement long ont une suspension qui sautille moins. Par contre, les 4x4 à châssis courts et hauts sont inconfortables sur les routes cahoteuses.

+ LES PORTES ARRIÈRE. Les deux portes arrière, montées de série sur les modèles SuperCab, transforment l'aspect pratique de ces camionnettes.

+ LA CONDUITE. La suspension avant indépendante a éliminé le louvoiement par vent latéral et sur voie rainurée, une caractéristique irritante des anciennes camionnettes F-150.

+ LES RANGEMENTS. Les modèles haut de gamme ont plus d'espaces de rangement que les modèles de base. De plus, le coffret de l'accoudoir central permet de libérer l'habitacle de nombreux articles qui traîneraient.

+ LE RENDEMENT. Les moteurs offrent un bon rendement. Ils sont souples et puissants. Même le V6 surprend par ses prestations. Toutefois, ces véhicules sont si lourds qu'on ne peut parler d'utilisation économique.

+ UN BON POINT : Nous avons aimé le sélecteur qui permet de passer de 2 à 4 roues motrices, de même que le mode 4x4 automatique qui n'entraîne les roues avant qu'en cas de nécessité.

NÉGATIF

- LE BUDGET. Ces véhicules imposent un budget important, en raison de leur prix d'achat et de leurs coûts d'entretien élevés.

- LA CONSOMMATION. Aucun de ces moteurs à essence n'est économique et Ford n'offre malheureusement pas de moteur diesel. Il faut compter dépenser en moyenne 18 litres aux 100 km en utilisation courante et plus sous forte charge.

- L'ACCÈS. On «monte» littéralement dans une F-150 4X4 et même les nombreuses poignées ne peuvent pallier au seuil élevé du plancher et des marchepieds semblent indispensables.

- LA DIRECTION. La direction est légère et les modèles les plus longs exigent une grande habileté pour être manoeuvrés lorsqu'il faut les garer, à cause d'un diamètre de braquage important.

CONCLUSION

Maintenant que GM a lancé ses nouvelles camionnettes, la lutte va être chaude pour savoir qui des Silverado-Sierra ou de la F-150 prendra la tête de cette catégorie en Amérique du Nord l'an prochain... ☺

ÉVALUATION FORD F-150

CONCEPTION : 75%
Technique : 80
Sécurité : 90
Volume cabine : 75
Volume coffre : 50
Qualité/finition : 80

CONDUITE : 56%
Poste de conduite : 80
Performances : 40
Comportement : 35
Direction : 75
Freinage : 50

ÉQUIPEMENT D'ORIGINE : 79%
Pneus : 85
Phares : 75
Essuie-glace : 80
Dégivreur : 70
Radio : 85

CONFORT : 64%
Sièges : 70
Suspension : 60
Niveau sonore : 50
Commodités : 60
Climatisation : 80

BUDGET : 52%
Prix d'achat : 40
Consommation : 30
Assurance : 60
Satisfaction : 80
Dépréciation : 50

Moyenne générale: 65.2%

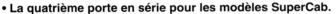

NOUVEAU POUR 1999

- La quatrième porte en série pour les modèles SuperCab.
- La calandre, les moulures de bas de caisse, les jantes d'alliage de 16 po, les sièges avant et les garnitures de portes redessinés.
- Le V8 de 5.4L plus puissant.
- Le couvercle genre «tonneau» pour couvrir la caisse.
- Le PTEC de 2 722 kg avec le V8 de 4.6L.

MOTEURS / TRANSMISSIONS / PERFORMANCES

Modèles/versions	Type / distribution soupapes / carburation	Cylindrée cc	Puissance cv @ tr/mn	Couple lb.pi @ tr/mn	Rapport volumét.	Roues motrices / transmissions	Rapport de pont	Accélér. 0-100 km/h s	400 m D.A. s	1000 m D.A. s	Reprise 80-120 km/h s	Freinage 100-0 m	Vites. maxi. km/h	Accélér. latérale G	Niveau sonore dBA	Consommation l./100km Ville	Consommation l./100km Route	Carburant Octane
base	V6* 4.2 ACC-12-IESPM	4195	205 @ 4750	250 @ 3000	9.3 :1	ar./4 - M5	3.08	12.0	18.3	33.7	9.8	47	160	0.68	68	15.6	10.9	R 87
						ar./4 - A4	3.31	13.0	18.8	34.8	10.6	49	155	0.68	68	14.4	10.4	R 87
option	V8 4.6 SACT-16-IESPM	4601	220 @ 4500	290 @ 3250	9.0 :1	ar./4 - M5	3.08	11.0	17.5	33.2	8.0	46	165	0.68	68	15.8	11.6	R 87
						ar./4 - A4	3.08	11.7	18.1	33.4	8.5	48	160	0.68	68	15.8	10.9	R 87
option	V8 5.4 SACT-16-IESPM	5403	260 @ 4500	345 @ 2300	9.0 :1	ar./4 - A4	3.08	10.0	17.2	32.4	7.4	48	170	0.68	68	16.9	12.1	R 87

PRIX & ÉQUIPEMENTS

FORD F-150	Work 4x2 reg.cab.	XL 4x2 Sup.cab.	XLT 4x4 reg.cab.	Lariat 4x4 Sup.cab.
Prix maxi $:	22 295	25 495	25 995	28 495
Prix mini $:	18 660	21 845	21 895	26 765
Transport & préparation $:	940	940	940	940
Boîte automatique:	O	O	O	O
Régulateur de vitesse:	O	O	S	S
Direction assistée:	S	S	S	S
Système antiblocage des freins:	S	S	S	S
Système antipatinage:	-	-	-	-
Climatiseur:	-	-	SM	SM
Garnitures en cuir:	-	-	-	S
Radio MA/MF/ Cassette:	O	O	S	SDc
Serrures électriques:	-	-	S	S
Lève-vitres électriques:	-	-	S	S
Volant ajustable:	O	O	S	S
Rétroviseurs ext. ajustables:	SM	SM	SE	SE
Jantes en alliage léger:	O	O	S	S
Système antivol:	-	-	-	-

Couleurs disponibles
Extérieur: Or, Rouge, Bleu, Vert, Sarcelle, Noir, Argent, Blanc.
Intérieur: Graphite moyen, Brun, Bleu, Graphite foncé.

EN BREF...

Catégorie: camionnettes 4x2 & 4x4. **Classe :** utilitaires

HISTORIQUE
Inauguré en: 1996 (F-150) 1997 (F-250)
Fabriqué à: Kansas City, Missouri; Wayne, Michigan; Norfolk, Virginia; Louisville, Kentucky, États-Unis. Oakville, Ontario, Canada.

PROFIL DE CLIENTÈLE

Modèle	Hom./Fem.	Âge moyen	Mariés	CEGEP	Revenus
F-150 4x2	94/6 %	43 ans	74 %	16 %	49 000 $
F-150 4x4	94/6 %	39 ans	60 %	25 %	50 000 $

INDICES
Sécurité: 90 % Satisfaction: 70 %
Dépréciation: 50 % Assurance: 850-975 $
Prix de revient au km: 0.52 $ Nbre de concessionnaires: 128

VENTES

Modèle	1996	1997	Résultat	Part de marché
Série F	6 489	8 673	+ 33.6 %	32.5 %

PRINCIPAUX MODÈLES CONCURRENTS
CHEVROLET Silverado, DODGE Ram, GMC Sierra, TOYOTA T100.

ENTRETIEN REQUIS PAR LA GARANTIE
Première révision: 8 000 km
Fréquence: 6 mois/ 8000 km
Prise de diagnostic: Oui

CARACTÉRISTIQUES

Modèles	Versions	Traction	Carrosseries/ Sièges	Empat. mm	Long x larg x haut. mm x mm x mm	Poids à vide kg	Susp. av/ar	Freins av/ar	Direction type	Diamètre braquage m	Tours volant b à b.	Réser. essence l.	Pneus d'origine dimensions	Pneus d'origine marque	Pneus d'origine modèle	Mécanique d'origine
FORD	Garantie totale, antipollution et batterie: 3 ans / 60 000 km; corrosion perforation: 5 ans / kilométrage illimité.															
F-150	Cab. reg. boîte court. Work	4x2	cam. 2 p.3	3045	5136x1991x1839	1746	ih/rld/t/ABS/ar.	bil.ass.		12.34	3.3	94.6	235/70R16	Firestone	Wilderness	V6/4.2/M5
F-150	Cab. reg. boîte long. Work	4x2	cam. 2 p.5	3518	5608x1991x1913	1921	ih/rld/t/ABS/ar.	bil.ass.		12.31	3.3	94.6	235/70R16	Firestone	Wilderness	V6/4.2/M5
F-150	Sup.Cab. boîte court. XL	4x2	cam. 2 p.5	3518	5608x1991x1844	1835	ih/rld/t/ABS/ar.	bil.ass.		13.99	3.3	94.6	235/70R16	Firestone	Wilderness	V6/4.2/M5
F-150	Sup.Cab. boîte long. XLT	4x2	cam. 2 p.5	3990	6081x1991x1905	1905	ih/rld/t/ABS/ar.	bil.ass.		15.64	3.3	113.6	235/70R16	Firestone	Wilderness	V6/4.2/M5
F-150	Cab. reg. boîte court. Work	4x4	cam. 2 p.3	3053	5174x2019x1831	1796	it/rl	d/t/ABS		13.99	3.3	92.7	235/70R16	Goodyear	Wrangler RT/S	V6/4.2/M5
F-150	Cab. reg. boîte long. Work	4x4	cam. 2 p.5	3526	5646x2019x1905	1968	it/rl	d/t/ABS		13.96	3.3	94.6	235/70R16	Goodyear	Wrangler RT/S	V6/4.2/M5
F-150	Cab. reg. boîte court. XL	4x4	cam. 2 p.5	3526	5646x2019x1913	2031	it/rl	d/t/ABS		13.96	3.3	94.6	235/70R16	Goodyear	Wrangler RT/S	V6/4.2/M5
F-150	Sup.Cab. boîte long. XLT	4x4	cam. 2 p.5	3998	6119x2019x1908	2089	it/rl	d/t/ABS		15.61	3.3	113.6	235/70R16	Goodyear	Wrangler RT/S	V6/4.2/M5

En attendant l'arrivée du prochain Mustang totalement nouveau, prévu pour l'an 2002, le modèle actuel enfile un nouvel habit afin de fêter dignement ses trente cinq ans d'existence. Les panneaux de la carrosserie ont été redessinés dans le style de la maison «Edge Design», les moteurs gagnent du muscle, le châssis de la rigidité et la tenue de route de la rigueur, éléments qui manquaient aux modèles commercialisés à ce jour. Si à l'intérieur, la planche de bord demeure identique, les sièges ont été améliorés en structure comme en revêtement.

GAMME

Le Mustang 1999 sera disponible sous forme de coupés et de cabriolets en deux niveaux de finition: de base ou GT. La Mustang de base est pourvue d'un V6 de 3.8L et la GT d'un V8 de 4.6L à SACT. La boîte manuelle à 5 vitesses est de série et l'automatique à 4 vitesses, optionnelle. Les cabriolets sont dotés d'une capote à commande électrique et un toit rigide en polymère est disponible sur demande. Si l'équipement de série n'évolue pas, on peut désormais obtenir en option un système antipatinage efficace à toutes les allures, fonctionnant à partir des senseurs de l'antiblocage, qui lui aussi demeure optionnel.

TECHNIQUE

La carrosserie du Mustang 1999 s'inspire de celle de 1964 1/2. Ses lignes ont été nervurées afin de rappeler celles de l'original dont on retrouve l'emblème et le motif de la grille reproduits avec fidélité. Les phares et les feux arrière ont été redéfinis ainsi que les prises d'air et les jantes. Autoporteuse en acier, la coque a vu sa rigidité structurelle renforcée sur les deux modèles, surtout le cabriolet dont elle améliore le comportement et la résistance aux impacts. La suspension avant est indépendante et de type MacPherson, tandis qu'à l'arrière, l'essieu rigide affiche une conception remontant aux calendes grecques! Il est suspendu par quatre bras tirés et dispose d'une barre antiroulis. Les modèles à moteur V8 ont une barre de plus gros diamètre et l'essieu arrière à 4 amortisseurs. Tous les modèles ont des freins à disque aux quatre roues. Les deux moteurs disponibles ont vu leur puissance augmenter. Le V6 3.8L gagne 40 ch et le V8 4.6L en gagne 25, grâce à de nombreux raffinements tel un vilebrequin mieux équilibré, des blocs renforcés et de nouveaux roulements en aluminium.

Trente cinq bougies...

POSITIF

+ L'ESTHÉTIQUE. Le style du Mustang 1999 offre une allure qui se rapproche encore plus de celle de son ancêtre, ce qui ne va pas manquer de plaire aux nombreux nostalgiques de ce modèle.

+ LE SUCCÈS. Son format réaliste et son prix compétitif pour un équipement très honnête expliquent le succès de ce modèle, dans une conjoncture pourtant peu favorable à ce genre de véhicule.

+ LES PERFORMANCES. Avec 40 ch de plus, le V6 offre une conduite plus attrayante que par le passé, tandis que le V8 permet d'approcher les temps d'accélération et de reprise de la Cobra, qui n'est pas reconduite au moment d'écrire ces lignes.

+ LE COMPORTEMENT. Au fil du temps et des générations, le Mustang a acquis un comportement plus stable grâce à la meilleure rigidité du châssis et aux pneus de meilleure qualité.

+ LA CONDUITE. Elle est très agréable, surtout avec le moteur V8 4.6L vif, souple et puissant à souhait, la direction rapide et bien démultipliée, les transmissions bien synchronisées et bien étagées. À la carte, elle peut aussi bien être paisible et relaxante que sportive et exaltante, au goût du conducteur.

+ LE CONFORT. Il est de loin supérieur à ce qu'il était autrefois. La suspension est plus civilisée, les sièges, mieux conçus, le niveau sonore, approprié pour ne rien enlever au caractère sportif de la voiture et les places arrière sont presque utilisables!

+ LE SON. Le bruit sourd du moteur V8 est un ingrédient intrinsèque du plaisir de la conduire. N'empêche qu'à vitesse de croisière, lorsqu'il devient plus discret, le confort augmente d'autant!

+ UN BON POINT: pour la rigidité plus évidente de la coque, particulièrement celle des cabriolets; la capote doublée qui se manoeuvre très facilement et dont la lunette en verre comprend un dégivreur, ce qui n'est pas encore le cas sur le prestigieux Z3 de BMW...

NÉGATIF

- LA QUALITÉ. Le niveau de qualité et la fiabilité ne font pas l'unanimité. Malgré la passion que vouent de nombreux propriétaires à leur voiture, le nombre de clients très satisfaits ne dépasse pas 75%!

- L'ESSIEU RIGIDE. Il demeure la plaie la plus évidente de ce modèle, car il a tendance à louvoyer sur mauvais revêtement où il engendre des sautillements désagréables, mais heureusement pas dangereux. Il semble que Ford ne dispose pas d'assez de ressources technologiques pour étudier une suspension indépendante...

- LE FREINAGE. Sans antiblocage, il manque autant de précision que de stabilité et un tel système améliorerait la sécurité que de l'inclure dans l'équipement de série.

- LA TRACTION. Les pertes de motricité et les dérobades du train arrière sont fréquentes, surtout avec les V8 qui sont très puissants. Dommage ici encore que Ford ne prenne pas les devants en livrant l'antipatinage d'origine.

- LA DIRECTION. Elle est un peu floue sur les cabriolets dont la rigidité de ce type de carrosserie n'atteint pas celle des coupés.

- LES PLACES ARRIÈRE. Elles ne sont guère confortables. L'espace est compté et la banquette très plate n'offre pas de support latéral ou lombaire.

- L'AUTONOMIE. La GT à moteur V8 offre une autonomie très limitée qui ne dépasse guère 350 km à allure soutenue et oblige à s'arrêter trop souvent lors de voyages au long cours.

- LES SIÈGES. Ceux du modèle de base sont inconfortables et mal dessinés, tandis que ceux du GT n'offrent pas le maintien auquel on s'attend d'une voiture sport!

CONCLUSION

Le Mustang demeure le coupé sportif nord-américain par excellence, car il offre des sensations de conduite intéressantes à bon compte. Ses ventes surpassent celles de ses concurrents les plus proches que sont les Camaro-Firebird dont l'avenir semble très incertain... ☺

ÉVALUATION
FORD Mustang

CONCEPTION :   61%
Technique :	75
Sécurité :	90
Volume cabine :	30
Volume coffre :	35
Qualité/finition :	75

CONDUITE :   75%
Poste de conduite :	80
Performances :	75
Comportement :	70
Direction :	80
Freinage :	70

ÉQUIPEMENT D'ORIGINE :   75%
Pneus :	80
Phares :	75
Essuie-glace :	75
Dégivreur :	65
Radio :	80

CONFORT :   65%
Sièges :	75
Suspension :	70
Niveau sonore :	50
Commodités :	50
Climatisation :	80

BUDGET :   57%
Prix d'achat :	50
Consommation :	60
Assurance :	50
Satisfaction :	75
Dépréciation :	50

Moyenne générale :   66.6%

NOUVEAU POUR 1999
- La carrosserie redessinée dans un style plus angulaire, incorporant des touches rappelant le premier Mustang.
- La puissance améliorée des moteurs V6 3.8L et V8 4.6L.
- Le nouveau différentiel de 3.27 en série sur tous les modèles.
- La réduction significative du diamètre de braquage.
- La révision de la structure et du recouvrement des sièges avant.

MOTEURS / TRANSMISSIONS / PERFORMANCES

Modèles/ versions	Type / distribution soupapes / carburation	Cylindrée cc	Puissance cv @ tr/mn	Couple lb.pi @ tr/mn	Rapport volumét.	Roues motrices / transmissions	Rapport de pont	Accélér. 0-100 km/h s	400 m D.A. s	1000 m D.A. s	Reprise 80-120 km/h s	Freinage 100-0 km/h m	Vites. maxi. km/h	Accélér. latérale G	Niveau sonore dBA	Consommation l./100km Ville	Route	Carburant Octane
base	V6* 3.8 ACC-12-IES	3797	190 @ 5250	220 @ 3000	9.36 :1	arrière-M5*	3.27	8.2	16.2	28.8	6.3	40	170	0.80	67	11.6	7.4	R 87
						arrière-A4	3.27	9.0	17.0	30.2	6.7	42	165	0.80	67	12.3	7.7	R 87
GT	V8* 4.6 SACT-16-IES	4601	250 @ 5000	295 @ 4000	9.0 :1	arrière-M5*	3.27	6.7	14.8	26.8	4.8	38	190	0.85	68	13.7	8.5	R 87
						arrière-A4	3.27	7.5	15.2	27.5	5.6	40	180	0.85	68	13.7	9.0	R 87

PRIX & ÉQUIPEMENTS

FORD Mustang

	base cpé.2p.	base déc.2p.	GT cpé.2p.	GT déc.2p.	
Prix maxi $:	22 595	29 295	26 995	33 595	
Prix mini $:	20 375	26 275	23 440	29 050	(1998)
Transport & préparation $:	720	720	720	720	
Boîte automatique:	O	O	O	O	
Régulateur de vitesse:	O	O	O	O	
Direction assistée:	S	S	S	S	
Système antiblocage des freins:	O	O	O	O	
Système antipatinage:	O	O	O	O	
Climatiseur:	SM	SM	SM	SM	
Garnitures en cuir:	O	O	O	O	
Radio MA/MF/ Cassette:	O	O	S	S	
Serrures électriques:	S	S	S	S	
Lève-vitres électriques:	S cabrio	S cabrio	S cabrio	S cabrio	
Volant ajustable:	S	S	S	S	
Rétroviseurs ext. ajustables:	SE	SE	SE	SE	
Jantes en alliage léger:	O	O	S	S	
Système antivol:	S	S	S	S	

Couleurs disponibles

Extérieur: Orange, Rouge, Bleu, Vert, Noir, Argent, Blanc.

Intérieur: Brun, Graphite moyen, Noir, Parchemin.

EN BREF...

Catégorie:	coupés et cabriolets sportifs propulsés.	**Classe :** 3S

HISTORIQUE

Inauguré en:	1994
Fabriqué à:	Dearborn, Michigan, États-Unis.

PROFIL DE CLIENTÈLE

Modèle	Hom./Fem.	Âge moyen	Mariés	CEGEP	Revenus
Mustang	60/40 %	35 ans	42 %	43 %	57 000 $

INDICES

Sécurité:	90 %	Satisfaction:	75 %
Dépréciation:	48 %	Assurance:	950 à 1 150 $
Prix de revient au km:	0.48 $	Nbre de concessionnaires:	128

VENTES

Modèle	1996	1997	Résultat	Part de marché
Mustang	975	535	- 45.0 %	9.0 %

PRINCIPAUX MODÈLES CONCURRENTS

ACURA Integra, CHEVROLET Camaro, CHRYSLER Sebring, DODGE Avenger, HONDA Prelude, PONTIAC Firebird, TOYOTA Celica.

ENTRETIEN REQUIS PAR LA GARANTIE

Première révision:	Fréquence:	Prise de diagnostic:
8 000 km	6 mois/ 8000 km	Oui

CARACTÉRISTIQUES

Modèles	Versions	Carrosseries/ Sièges	Volume cabine l.	Volume coffre l.	Cx	Empat. mm	Long x larg x haut. mm x mm x mm	Poids à vide kg	Susp. av/ar	Freins av/ar	Direction type	Diamètre braquage m	Tours volant b à b.	Réser. essence l.	dimensions	Pneus d'origine marque	modèle	Mécanique d'origine
FORD		Garantie totale, antipollution et batterie: 3 ans / 60 000 km; corrosion perforation: 5 ans / kilométrage illimité.																
Mustang		cpé. 2 p.4	2659	309	0.33	2573	4653x1857x1349	1392	ih/rh	d	crém.ass.	11.27	2.38	59.4	205/65R15	Goodyear	Eagle GA	V6/3.8/M5
Mustang		déc. 2 p.4	2350	218	0.38	2573	4653x1857x1351	1456	ih/rh	d	crém.ass.	11.27	2.38	59.4	205/65R15	Goodyear	Eagle GA	V6/3.8/M5
Mustang	GT	cpé. 2 p.4	2659	309	0.36	2573	4653x1857x1354	1485	ih/rh	d	crém.ass.	11.58	2.38	59.4	225/55R16	BF.Goodrich	-	V8/4.6/M5
Mustang	GT	déc. 2 p.4	2350	218	0.38	2573	4653x1857x1354	1555	ih/rh	d	crém.ass.	11.58	2.38	59.4	225/55R16	BF.Goodrich	-	V8/4.6/M5

Avec la Ranger, Ford occupe sur l'ensemble du continent nord-américain, la première place du créneau des camionnettes compactes, devançant la Dodge Dakota et le duo Chevrolet S-10 et GMC Sonoma, respectivement seconde et troisième. Or puisque la F-150 occupe également le premier rang, dans le créneau des camionnettes grand format, Ford domine, et de loin, le marché très populaire (et très lucratif) de la camionnette. Pour maintenir la position de la Ranger, Ford l'a doté de la SuperCab à deux portes arrière plutôt qu'une.

GAMME

La Ranger est livrée avec un habitacle régulier et une caisse courte ou longue, ou un habitacle allongé SuperCab et une caisse courte. L'habitacle SuperCab a désormais deux portes arrière qui s'ouvrent à contresens, quand les portes avant sont ouvertes. Il y a deux niveaux de finition: XL et XLT, des caisses de type Flareside et Styleside et la Ranger peut avoir deux ou quatre roues motrices. Pour les modèles 4x2, le moteur de base est un 4 cylindres de 2.5L, alors que deux V6 de 3.0L et 4.0L sont offerts en option. Pour les modèles 4x4, le V6 de 3.0L est le moteur de base. Pour tous les modèles, la transmission manuelle à 5 rapports est standard. En option, on peut avoir une boîte automatique à 4 rapports pour le 4 cylindres et le V6 de 3.0L et à 5 rapports pour le V6 de 4.0L.

TECHNIQUE

La carrosserie en acier de ces utilitaires repose sur un châssis à longerons à sept traverses (huit pour les SuperCab). Elle est fixée par l'intermédiaire de blocs isolants en caoutchouc. À l'instar de la F-150, la suspension avant est à bras longs et courts jumelés à des ressorts hélicoïdaux sur les 4x2 et des barres de torsion sur les 4x4. L'essieu rigide arrière est supporté par des ressorts à lames très conventionnels. La direction est à crémaillère et les freins à disque et tambour sont complétés par un dispositif antiblocage agissant sur les roues arrière en série et sur les quatre roues en option. Sur les versions à quatre roues motrices, les roues avant sont engagées par l'intermédiaire d'une commande électrique dont l'interrupteur est situé sur le tableau de bord. Ce système simpliste qui ne comporte pas de différentiel central, ne peut être utilisé que sur des surfaces glissantes et à basses vitesses sinon il risque de se détériorer rapidement.

Format junior...

POSITIF

+ LA FIABILITÉ. Le taux de satisfaction des usagers confirme la réputation de fiabilité et la valeur de solutions techniques éprouvées utilisées pour ce véhicule. La Ranger est réputée pour la robustesse de sa construction et le soin apporté à sa finition qui comptent pour une bonne part de sa valeur.

+ SUR LA ROUTE. La suspension avant, moins sensible aux défauts du revêtement, donne un comportement routier satisfaisant et contribue à rendre la direction précise.

+ LA BOÎTE MANUELLE. Elle est agréable à utiliser, car ses rapports passent avec précision. De plus, la course et l'effort de la pédale d'embrayage sont bien dosés.

+ LES MOTEURS V6. Ils ont des capacités de charge et de remorquage attrayantes et constituent le meilleur choix pour ces utilitaires.

+ LA CABINE ALLONGÉE. En 1999, la cabine allongée gagne une seconde porte arrière et il est désormais possible de supprimer les strapontins montés en équipement de série dans les versions SuperCab.

+ UN BON POINT: pour les essuie-glace qui balaient une grande surface à un rythme suffisant pour procurer une bonne visibilité par forte pluie et pour les sièges baquets ou la banquette divisée 60/40 qui procurent un honnête maintien.

NÉGATIF

- LES PERFORMANCES. Si le 4 cylindres de 2.5L de base convient à des petits travaux, une charge importante et l'utilisation du climatiseur affectent sérieusement ses accélérations, ses reprises et sa consommation. Quant aux V6, ils manquent de puissance à bas régime, leur fonctionnement est rugueux et leur consommation, considérable. Tout comme Dodge, Ford devrait songer à offrir un petit V8 sur les Ranger, afin de combler les besoins ceux qui veulent plus de puissance et de couple sans être obligé d'acquérir une F-150.

- LE CONFORT. Ces utilitaires ne sont pas des modèles de quiétude car à vide leur suspension sautille et rebondit sans arrêt et il faut une forte constitution pour endurer de se faire chahuter de la sorte, dès que le revêtement n'est pas parfait.

- LE FREINAGE. Sa qualité n'a rien d'impressionnant sur les modèles 4x2 dont le système antiblocage n'agit que sur les roues arrière et dont l'efficacité est contestable surtout en charge.

- LE COMPORTEMENT. La tenue de route sur pavé humide est inquiétante. Dans le cas de la version de base, c'est à cause d'une suspension trop souple et de pneus sous-dimensionnés, alors que pour les versions 4x4, c'est le contraire: la suspension est trop dure et les pneus, trop gros.

- LA DIRECTION. Bien qu'elle soit à crémaillère, elle est trop démultipliée et a des réactions élastiques qui ne sont pas toujours agréables. De plus son grand diamètre de braquage lui confère une maniabilité médiocre.

- LA TRACTION INTÉGRALE. Son principe rustique n'est pas idéal car limité à être utilisé uniquement sur des surfaces glissantes, ce qui limite autant l'usage du véhicule que la sécurité.

- LA CONSOMMATION. Les V6 sont gourmands en carburant, surtout avec une utilisation tout-terrain intense.

- PAS DE V8. Un moteur V8 donnerait aux Ranger une polyvalence, une capacité de charge et plus de puissance motrice, qualités désirables pour les véhicules outils. Naturellement, il y a la Dodge Dakota...

- UN MAUVAIS POINT: la banquette de la version de base est plutôt rudimentaire. Elle ne procure ni maintien, ni support latéral. Pas besoin de s'imposer pareil supplice!

CONCLUSION

La camionnette Ranger est un utilitaire solide et serviable, mais il ne faut pas la confondre avec une automobile, car on risquerait d'être déçu. Fiable et dure à l'ouvrage, elle n'est pas des plus confortables et son comportement routier manque de finesse, ce qui ne devrait pas être incompatible...

ÉVALUATION
FORD Ranger

CONCEPTION :		60%
Technique :	80	
Sécurité :	70	
Volume cabine :	40	
Volume coffre :	35	
Qualité/finition :	75	

CONDUITE :		51%
Poste de conduite :	70	
Performances :	30	
Comportement :	40	
Direction :	75	
Freinage :	40	

ÉQUIPEMENT D'ORIGINE :		54%
Pneus :	70	
Phares :	80	
Essuie-glace :	70	
Dégivreur :	0	
Radio :	50	

CONFORT :		56%
Sièges :	65	
Suspension :	50	
Niveau sonore :	50	
Commodités :	40	
Climatisation :	75	

BUDGET :		62%
Prix d'achat :	60	
Consommation :	60	
Assurance :	65	
Satisfaction :	75	
Dépréciation :	50	

Moyenne générale :		**56.6%**

NOUVEAU POUR 1999

- La quatrième porte optionnelle sur la SuperCab.
- Le climatiseur installé en série sur les modèles XLT.
- Le retrait du catalogue de la version Splash.
- La possibilité d'éliminer les strapontins des versions SuperCab.

MOTEURS / TRANSMISSIONS / PERFORMANCES

Modèles/ versions	Type / distribution soupapes / carburation	Cylindrée cc	Puissance cv @ tr/mn	Couple lb.pi @ tr/mn	Rapport volumét.	Roues motrices / transmissions	Rapport de pont	Accélér. 0-100 km/h s	400 m D.A. s	1000 m D.A. s	Reprise 80-120 km/h s	Freinage 100-0 m	Vites. maxi. km/h	Accélér. latérale G	Niveau sonore dBA	Consommation l./100km Ville	Route	Carburant Octane
1)	L4* 2.5 SACT-8-IESPM	2503	119 @ 5000	146 @ 3000	9.37 :1	arrière - M5*	-	12.8	18.8	34.3	10.5	42	145	0.69	70-76	10.7	8.0	R 87
						arrière - A4	-	13.6	19.5	35.2	11.2	45	140	0.69	69-75	11.6	8.7	R 87
2)	V6* 3.0 ACC-12-IESPM	2986	150 @ 5000	185 @ 3750	9.14 :1	arr/4 - M5*	-	12.0	18.8	33.8	9.8	46	155	0.71	68-75	13.9	9.5	R 87
						arr/4 - A4	-	13.2	19.4	34.5	10.6	52	150	0.71	68-75	14.0	9.5	R 87
3)	V6* 4.0 ACC-12-IESPM	3996	160 @ 4200	225 @ 2750	9.0 :1	arr/4 - M5	-	11.0	18.2	33.5	9.5	48	160	0.73	68-74	13.8	10.0	R 87
						arr/4 - A5	-	11.8	19.7	34.2	10.0	50	155	0.73	68-74	14.4	10.2	R 87

1) * Cab. reg. & SuperCab. 2)* Cab reg. & SuperCab 4x4. 3) option tous modèles.

PRIX & ÉQUIPEMENTS

FORD Ranger	XL 4X2 court	XL 4x4 court	XLT 4x2 long	XLT 4x4 long
Prix maxi $:	15 995	20 295	18 895	23 495
Prix mini $:	14 670	18 495	16 585	20 405
Transport & préparation $:	755	755	755	755
Boîte automatique:	O	O	O	O
Régulateur de vitesse:	O	O	O	O
Direction assistée:	S	S	S	S
Système antiblocage des freins:	S	S	S	S
Système antipatinage:	-	-	-	-
Climatiseur:	O	O	O	O
Garnitures en cuir:	-	-	-	-
Radio MA/MF/ Cassette:	-	-	O	O
Serrures électriques:	O	O	O	O
Lève-vitres électriques:	O	O	O	O
Volant ajustable:	-	-	-	-
Rétroviseurs ext. ajustables:	SM	SM	SM	SM
Jantes en alliage léger:	-	-	S	S
Système antivol:	-	-	-	-

Couleurs disponibles

Extérieur: Or, Rouge, Bleu, Vert, Orange, Platine, Noir, Blanc.

Intérieur: Graphite moyen, Brun, Graphite foncé.

EN BREF...

Catégorie:	camionnettes compactes 4x2 & 4x4.	Classe :	utilitaires

HISTORIQUE

Inauguré en:	1983
Fabriqué à:	Louisville, Kentucky, Twin Cities, Minnesota, Edison, New Jersey, États-Unis.

PROFIL DE CLIENTÈLE

Modèle	Hom./Fem.	Âge moyen	Mariés	CEGEP	Revenus
Ranger	89/11 %	44 ans	57 %	32 %	45 000 $

INDICES

Sécurité:	75 %	Satisfaction:	75 %
Dépréciation:	47 %	Assurance:	835-950 $
Prix de revient au km:	0.43 $	Nbre de concessionnaires:	128

VENTES

Modèle	1996	1997	Résultat	Part de marché
Ranger	2 363	2 292	- 3.0 %	28.2 %

PRINCIPAUX MODÈLES CONCURRENTS

DODGE Dakota, CHEVROLET S-10, GMC Sonoma, ISUZU, NISSAN Frontier, TOYOTA Tacoma & T100.

ENTRETIEN REQUIS PAR LA GARANTIE

Première révision:	Fréquence:	Prise de diagnostic:
8 000 km	6 mois/ 8000 km	Oui

CARACTÉRISTIQUES

Modèles	Versions	Traction	Carrosseries/ Sièges	Empat. mm	Long x larg x haut. mm x mm x mm	Poids à vide kg	Susp. av/ar	Freins av/ar	Direction type	Diamètre braquage m	Tours volant b à b.	Réser. essence l.	Pneus d'origine dimensions	marque	modèle	Mécanique d'origine
FORD			Garantie totale, antipollution et batterie: 3 ans / 60 000 km; corrosion perforation: 5 ans / kilométrage illimité.													
Ranger	court XL	4x2	cam. 2 p.2	2835	4763x1763x1648	1343	ih/rl	d/t/ABS*	crém.ass.	-	-	62.4	205/75R14	Firestone	Radial ATX	L4/2.5/M5
Ranger	long XL	4x2	cam. 2 p.2	2985	5098x1763x1648	1527	ih/rl	d/t/ABS*	crém.ass.	-	-	75.7	205/75R14	Firestone	Radial ATX	L4/2.5/M5
Ranger	SuperCab XL	4x2	cam. 2 p.3	3193	5154x1763x1648	1468	ih/rl	d/t/ABS*	crém.ass.	-	-	75.7	205/75R14	Firestone	Radial ATX	L4/2.5/M5
Ranger	court XL	4x4	cam. 2 p.2	2835	4793x1786x1648	1510	ih/rl	d/t/ABS	crém.ass.	-	-	62.4	215/75R15	Firestone	Wilderness HT	V6/3.0/M5
Ranger	long XL	4x4	cam. 2 p.2	2987	5067x1786x1648	1527	ih/rl	d/t/ABS	crém.ass.	-	-	75.7	215/75R15	Firestone	Wilderness HT	V6/3.0/M5
Ranger	SuperCab XL	4x4	cam. 2 p.3	3198	5123x1786x1646	1654	ih/rl	d/t/ABS	crém.ass.	-	-	75.7	215/75R15	Firestone	Wilderness HT	V6/3.0/M5

* sur roues arrière.

Le prix du style..?

Les Taurus-Sable de seconde génération ne parviennent pas à provoquer l'engouement suscité par les premiers modèles. Après s'être fait déposséder du titre de voiture la plus vendue en Amérique du Nord par la Toyota Camry, la Ford Taurus et sa jumelle, la Mercury Sable, poursuivent sur leur lancée, après avoir subi un important remodelage en 1998. Ford avait misé à fond sur le style au détriment du côté pratique, alors que ses rivales jouaient la carte du conservatisme.

GAMME

Ford a rebaptisé les versions des Taurus 1999. Les berlines sont proposées en trois livrées: LS et SE ainsi que l'étonnante SHO à haute-performance, qui demeure hors-norme. Quant à la familiale, elle n'existe plus qu'en version SE. De son côté, Mercury propose ses berlines et ses familiales en deux livrées: GS et LS. Pour 1999, le V6 Vulcan de 3.0L devient le moteur de série des Taurus et Sable sauf, naturellement, pour la SHO.

Le V6 de 3.0L Duratec à DACT, plus puissant de 55 ch que le Vulcan, est une option. Quant à la Taurus SHO, elle revient inchangée, munie du V8 de 3.4L mis au point par Yamaha. Toutes les versions ont une transmission automatique à 4 rapports, y compris la SHO. De plus, la servodirection, le climatiseur, les lève-vitres électriques et les rétroviseurs extérieurs à télécommande électrique font partie de l'équipement de série de tous les modèles.

TECHNIQUE

Les formes profilées de la Taurus favorisent l'écoulement de l'air. Le coefficient de 0.30 de la berline Taurus, de deux points supérieur à celui de la berline Sable,- la preuve que les formes anguleuses, plus traditionnelles, jouent parfois contre l'efficacité aérodynamique - tandis que le Cx des familiales est de 0.34. Si les berlines se distinguent par de nombreux détails esthétiques, par contre, les familiales sont pratiquement identiques. Leur carrosserie en acier est monocoque et compte parmi les plus rigides de ce segment; cet aspect figurait d'ailleurs au sommet des priorités de la récente refonte de ces voitures. La suspension est indépendante aux quatre roues selon le principe de MacPherson. Le train avant a été conçu pour maximiser la stabilité et le guidage, tout en isolant les bruits et les vibrations parasites. Les berlines Taurus LX/SE et Sable GS/LS sont dotées de freins mixtes, alors que les familiales et la Taurus SHO sont munies de freins à disque aux quatre roues. Seule la SHO reçoit un antiblocage de série.

TRÈS POSITIF

++ LA VERSION SHO. Le qualificatif de «hot rod» pour homme d'affaires illustre bien ce qu'est la SHO: une berline discrète, dotée d'une mécanique raffinée et puissante, qui ne laisse jamais entrevoir ce dont elle est capable jusqu'au moment d'appuyer sur l'accélérateur.

POSITIF

+ LA PRÉSENTATION. La qualité d'assemblage est soignée, à l'intérieur comme à l'extérieur. Les ajustements sont serrés et la qualité des matériaux, supérieure à ce qu'elle était auparavant.

+ L'HABITABILITÉ. En gagnant quelques centimètres en largeur, ces modèles sont plus spacieux que les anciens, et peuvent loger cinq personnes.

+ LE CONFORT. La suspension absorbe bien les irrégularités du revêtement, malgré une certaine fermeté, alors que les sièges procurent beaucoup de maintien. De plus, l'isolation des bruits extérieurs est satisfaisante.

+ LE RENDEMENT. Malgré son côté athlétique, le V8 de la SHO ne consomme que 11 litres/100 km!

+ LA POLYVALENCE. La SHO brille aussi par son côté pratique, ce qui joint l'utile à l'agréable. Sa banquette arrière a même un dossier escamotable 60/40 qui permet d'agrandir le coffre!

+ DES BONS POINTS : pour la console centrale des versions à 6 passagers qui sert à la fois d'accoudoir et d'espace de rangement. Une option pratique et originale qui compense le peu d'espaces de rangement des modèles à 5 passagers. Ensuite, le V8 de la SHO émet un son riche et stimulant et son aménagement riche est rehaussé d'une belle sellerie de cuir.

NÉGATIF

- LE V6 DURATEC. Il reste très décevant puisque le vénérable Vulcan à soupapes en tête procure des performances pratiquement équivalentes. Néanmoins, le poids important de ces voitures fait paraître ces moteurs essoufflés lorsqu'ils transportent une lourde charge.

- LES PNEUMATIQUES. Ceux montés d'origine, (SHO mis à part) ne favorisent pas le comportement routier de ces voitures car ils manquent singulièrement d'adhérence sur un revêtement humide.

- LE FREINAGE. Il laisse à désirer car les distances d'arrêt sont très longues et on se demande qu'est-ce que Ford attend pour doter les berlines de disques aux roues arrière et d'un antiblocage efficace en série.

- LA DIRECTION. En accélérant à fond, le train avant de la SHO manque d'adhérence. Son effet de couple reste minime, mais le véhicule a tendance à louvoyer, alors que la direction perd sa précision. De plus, son rayon de braquage est largement supérieur à celui des autres Taurus, ce qui explique sa maniabilité médiocre.

- LA SUSPENSION DE LA SHO. La suspension de la SHO n'apprécie guère les routes cahoteuses. Elle manque d'amplitude et talonne très tôt.

- À REVOIR : le manque d'espaces de rangements, malgré le fait qu'en 1999 Ford a ajouté des petits vide-poches dans les portes avant ainsi que le champ de vision limité de 3/4 arrière aussi bien sur les berlines que les familiales du fait de la forme de la lunette arrière.

TRÈS NÉGATIF

- LA «PIZZA». Ce module de commandes de forme ovale situé au centre du tableau de bord et qui regroupe de façon confuse les commutateurs du système audio et de la climatisation, n'a rien de génial et pourrait laisser sa place à une disposition plus conventionnelle.

CONCLUSION

On risque de tout perdre en voulant trop gagner. En allant trop vite et trop loin dans sa révolution stylistique, Ford a mis en péril le succès de ses modèles vedettes et perdu la couronne de la catégorie. On ne peut pas gagner à tous les coups...

ÉVALUATION
FORD Taurus MERCURY Sable

CONCEPTION : 78%
Technique :	85
Sécurité :	90
Volume cabine :	70
Volume coffre :	70
Qualité/finition :	75

CONDUITE : 58%
Poste de conduite :	75
Performances :	55
Comportement :	50
Direction :	70
Freinage :	40

ÉQUIPEMENT D'ORIGINE : 73%
Pneus :	75
Phares :	75
Essuie-glace :	70
Dégivreur :	70
Radio :	75

CONFORT : 70%
Sièges :	70
Suspension :	75
Niveau sonore :	75
Commodités :	50
Climatisation :	80

BUDGET : 60%
Prix d'achat :	50
Consommation :	60
Assurance :	60
Satisfaction :	80
Dépréciation :	50

Moyenne générale: 67.8%

NOUVEAU POUR 1999

- L'aménagement à 5 passagers standard et l'aménagement à 6 passagers offert sans frais.
- L'indicateur de vitesse redessiné.
- Les enjoliveurs de roues.
- Les vide-poches de portières avant.

MOTEURS / TRANSMISSIONS / PERFORMANCES

Modèles/versions	Type / distribution soupapes / carburation	Cylindrée cc	Puissance cv @ tr/mn	Couple lb.pi @ tr/mn	Rapport volumét.	Roues motrices / transmissions	Rapport de pont	Accélér. 0-100 km/h s	400 m D.A. s	1000 m D.A. s	Reprise 80-120 km/h s	Freinage 100-0 km/h m	Vites. maxi. km/h	Accélér. latérale G	Niveau sonore dBA	Consommation l./100km Ville	Route	Carburant Octane
LX/SE/GS	V6* 3.0 ACC-12-IESPM	2986	145 @ 5250	170 @ 3250	9.3 :1	avant - A4	3.77	10.6	18.0	31.8	7.2	44	165	0.78	68-72	12.4	7.6	R 87
SE/LS	V6 3.0 DACT-24-IESPM	2967	200 @ 5750	200 @ 4500	10.0 :1	avant - A4	3.98	9.4	16.7	30.4	6.7	48	175	0.78	66-72	12.7	8.1	R 87
SHO	V8* 3.4 DACT-32-IESPM	3392	235 @ 6100	230 @ 4800	10.0 :1	avant - A4	3.77	8.0	15.9	28.5	5.3	41	200	0.80	66-72	14.2	8.6	S 91

PRIX & ÉQUIPEMENTS

FORD Taurus MERCURY Sable	LX ber.4p.	SE fam.4p.	SE ber.4p.	SHO ber.4p.	GS ber.4p.	LS ber.4p.
Prix maxi $:	23 295	25 595	23 995	37 795	24 395	25 095
Prix mini $:	20 280	21 820	20 880	32 605	21 225	21 820
Transport & préparation $:	850	850	850	850	850	850
Boîte automatique:	S	S	S	S	S	S
Régulateur de vitesse:	O	S	S	S	S	S
Direction assistée:	S	S	S	S	S	S
Système antiblocage des freins:	O	O	O	S	O	O
Système antipatinage:	-	-	-	S	-	-
Climatiseur:	SM	SM	SM	SA	SM	SM
Garnitures en cuir:	-	-	-	S	-	-
Radio MA/MF/ Cassette:	O	S	S	S	S	S
Serrures électriques:	O	S	S	S	S	S
Lève-vitres électriques:	S	S	S	S	S	S
Volant ajustable:	S	S	S	S	S	S
Rétroviseurs ext. ajustables:	SE	SE	SE	SEC	SE	SE
Jantes en alliage léger:	O	O	O	S	O	S
Système antivol:	O	O	O	S	O	O

Couleurs disponibles

Extérieur: Or, Rouge, Vert, Bleu, Argent, Noir, Blanc.

Intérieur: Graphite moyen, Brun, Bleu.

EN BREF...

Catégorie: berlines & familiales intermédiaires tractées. **Classe :** 5

HISTORIQUE
Inauguré en: 1996.
Fabriqué à: Atlanta, Georgie & Chicago, Illinois, États-Unis.

PROFIL DE CLIENTÈLE
Modèle	Hom./Fem.	Âge moyen	Mariés	CEGEP	Revenus
Taurus	73/27 %	61 ans	85 %	39 %	53 000 $
Sable	77/23 %	63 ans	85 %	31%	56 000 $

INDICES
Sécurité:	90 %	Satisfaction:	80 %
Dépréciation:	50-54 %	Assurance:	855 -1 150 $
Prix de revient au km:	0.45-0.55 $	Nbre de concessionnaires:	128

VENTES
Modèle	1996	1997	Résultat	Part de marché
Taurus-Sable	6 822	6 366	- 6.7 %	15.6 %

PRINCIPAUX MODÈLES CONCURRENTS
BUICK Century-Regal, CHEVROLET Lumina, DODGE Intrepid, CHRYSLER Concorde, HONDA Accord V6, HYUNDAI Sonata, NISSAN Maxima, OLDSMOBILE Cutlass, PONTIAC Grand Prix, TOYOTA Camry V6.

ENTRETIEN REQUIS PAR LA GARANTIE
Première révision: 8 000 km
Fréquence: 6 mois/ 8000 km
Prise de diagnostic: Oui

CARACTÉRISTIQUES

Modèles	Versions	Carrosseries/ Sièges	Volume cabine l.	Volume coffre l.	Cx	Empat. mm	Long x larg x haut. mm x mm x mm	Poids à vide kg	Susp. av/ar	Freins av/ar	Direction type	Diamètre braquage m	Tours volant b à b.	Réser. essence	dimensions	Pneus d'origine marque	modèle	Mécanique d'origine
FORD		Garantie totale, antipollution et batterie: 3 ans / 60 000 km; corrosion perforation: 5 ans / kilométrage illimité.																
Taurus	LX	ber.4 p.5	2874	447	0.30	2756	5017x1854x1400	1510	ih/ih	d/t	crém.ass.	11.58	2.96	60.6		205/65R15	General	Ameri G45	V6/3.0/A4
Taurus	SE	fam.4 p.5	2959	1087	0.34	2756	5070x1854x1463	1579	ih/ih	d/d	crém.ass.	11.58	2.96	60.6		205/65R15	General	Ameri G45	V6/3.0/A4
Taurus	SE	ber.4 p.5	2874	447	0.30	2756	5017x1854x1400	1521	ih/ih	d/t	crém.ass.	11.58	2.96	60.6		205/65R15	Goodyear	Eagle GS-C	V6/3.0/A4
Taurus	SHO	ber.4 p.5	2874	447	0.30	2756	5039x1854x1417	1504	ih/ih	d/ABS	crém.ass.	12.92	2.66	60.6		225/55ZR16	Goodyear	Eagle RS-A	V8/3.4/A4
MERCURY		Garantie totale, antipollution et batterie: 3 ans / 60 000 km; corrosion perforation: 5 ans / kilométrage illimité.																
Sable	GS	ber.4 p.5	2882	453	0.32	2756	5072x1854x1407	1498	ih/ih	d/t	crém.ass.	11.58	2.96	60.6		205/65R15	General	Ameri G45	V6/3.0/A4
Sable	GS	fam.4 p.5	2948	1087	0.34	2756	5057x1854x1463	1574	ih/ih	d/d	crém.ass.	11.58	2.96	60.6		205/65R15	General	Ameri G45	V6/3.0/A4

La Mercury Villager joue un rôle de second violon. Qualifiée de «luxueuse» et dotée d'une carrosserie plus petite que celle de la Windstar, elle occupe une position retranchée sur le marché des mini-fourgonnettes. La refonte dont elle bénéficie pour 1999 l'élève au niveau de la concurrence, sans lui enlever ce statut d'éternelle alternative, qui impose un succès limité. De son côté, la Quest de Nissan, sa jumelle, procure à son constructeur une part de ce marché qui demeure appréciable.

GAMME

Le duo Villager/Quest a été créé par Nissan aux États-Unis, toutefois ces mini-fourgonnettes sont assemblées par Ford, en Ohio. Il s'agit de clones qui se distinguent par des détails d'aménagement et l'esthétique de leurs carrosseries. Par rapport aux anciens modèles, la nouvelle livrée est 12 cm plus longue, 3 cm plus large et le porte-à-faux arrière est allongé de 8 cm, ce qui a permis d'accroître le dégagement pour les jambes au niveau de la banquette médiane. La Villager est offerte en versions de base, Estate et Sport, et la Quest, en versions GXE, SE et GLE. Elles sont pourvues d'un V6 Nissan de 3.3L qui produit 170 ch, soit 19 de plus que l'ancien, jumelé à une transmission automatique à 4 rapports.

TECHNIQUE

La plate-forme de ces nouvelles venues demeure celle de l'ancienne Maxima. Le moteur, par contre, est celui du Pathfinder retouché pour la circonstance. Il est donc importé du Japon et constitue la seule composante à provenir de l'extérieur des États-Unis. La suspension avant indépendante est de type Mac-Pherson, alors qu'à l'arrière, l'essieu rigide est suspendu par un nouveau ressort monolame Hotchkiss. Un duo disques/tambours assure le freinage sur tous ces modèles, avec un antiblocage optionnel pour la Mercury et de série pour les Nissan! Les Villager/Quest sont les seules mini-fourgonnettes qui offrent l'aménagement intérieur modulaire des sièges baptisé «Quest Trac». Il est constitué de banquettes médiane et arrière montées sur des rails longitudinaux leur permettant de coulisser et d'être fixées à différentes positions, au gré de l'utilisateur. Ce moyen permet d'exploiter au maximum l'espace utile sans avoir à démonter les sièges qui sont pesants. Une idée qui tarde malheureusement à se généraliser chez les concurrents.

Second violon...

POSITIF

+ LA PRÉSENTATION. Avec leur habitacle généralement cossu et des aménagements luxueux, ces deux mini-fourgonnettes s'adressent plutôt à des automobilistes qui veulent remplacer leur voiture de luxe, qu'à des voyageurs de commerce!

+ LA MODULARITÉ. L'aménagement Quest Trac demeure unique et pratique. Il est étonnant qu'aucun autre manufacturier ne l'ait adopté sur d'autres mini-fourgonnettes, surtout Ford pour sa Windstar!

+ LE CONFORT. La suspension souple, l'excellent rembourrage des sièges ainsi que l'insonorisation efficace permettent de faire de longues étapes sans fatigue.

+ LES PERFORMANCES. Grâce au nouveau moteur de 3.3L, les accélérations comme les reprises se trouvent améliorées par rapport à celles de l'ancien 3.0L, pour se situer désormais dans la moyenne, mais sa consommation va de pair! Cela permet au moins à ces véhicules de pouvoir désormais tirer des remorques pouvant peser jusqu'à 1 600 kg (3 500 lb) avec un équipement approprié.

+ LE COMPORTEMENT. Le roulement demeure sûr, malgré le roulis qu'engendre la suspension souple. Celui de la Quest SE est supérieur grâce à ses suspensions plus fermes, sa barre antiroulis arrière et ses pneus de 16 po.

+ LA QUALITÉ. Une fois n'est pas coutume: un produit américain fabriqué en Ohio parvient à atteindre le standard de qualité des produits japonais. Comme quoi la coopération a du bon...

+ L'ÉQUIPEMENT. Il est plus complet sur la Quest que la Mercury dont le système antiblocage des freins et l'antivol sont optionnels.

+ LE TABLEAU DE BORD. Redessiné, il offre un coup d'oeil agréable et son aménagement est ergonomique, mais certaines commandes sont toujours difficiles à utiliser.

+ DE BONS POINTS : pour la tablette munie d'un filet, installée dans la soute à bagages permettant de superposer des objets pesants, les vide-poches aménagés dans les portes avant et la vitre arrière ouvrante.

NÉGATIF

- LA SÉCURITÉ. Nissan a du travail à faire pour rehausser le niveau de sécurité de ces véhicules. Malgré un châssis rigide, des sacs gonflables, des appuie-tête de série à chaque place et des freins ABS de série pour les Nissan (optionnels pour les Ford!), ces mini-fourgonnettes n'ont jusqu'ici récolté qu'une note plutôt basse en matière de protection des occupants.

- LE FREINAGE. Le freinage n'est pas très puissant. Il manque de mordant et d'endurance et sans antiblocage, les roues avant tendent à bloquer très rapidement en situation d'urgence.

- L'HABITABILITÉ. Malgré les retouches apportées à la carrosserie, le volume habitable est insuffisant en configuration 7 passagers, car il manque de place pour les jambes aux sièges arrière. L'habitacle reste étroit et il est difficile d'y circuler. Enfin, il sera difficile de faire entrer dans la soute les bagages de sept passagers!

- LA SUSPENSION AVANT. La suspension avant est surchargée et talonne souvent sur les routes cahoteuses, ce qui oblige à ralentir pour maintenir un confort adéquat.

- LA DIRECTION. Elle est surassistée et devient rapidement légère et floue. De plus, son diamètre de braquage important ne favorise pas la maniabilité, compte tenu de son empattement court.

- LA POSITION DE CONDUITE. Les conducteurs de grande taille apprécieraient un siège offrant la possibilité d'être reculé davantage pour y trouver plus de confort.

- À REVOIR: la console centrale trop basse qui oblige quasiment à se pencher pour ajuster la climatisation.

CONCLUSION

Les Villager/Quest ont gagné en raffinement et en confort, mais elles demeurent petites et peu logeables en configuration 7 places. Avec 4 ou 5 personnes à bord, elles procurent un confort équivalent à celui d'une berline luxueuse. ☺

ÉVALUATION
MERCURY Villager NISSAN Quest

CONCEPTION :		76%
Technique :	80	
Sécurité :	80	
Volume cabine :	80	
Volume coffre :	60	
Qualité/finition :	80	

CONDUITE :		61%
Poste de conduite :	80	
Performances :	40	
Comportement :	50	
Direction :	75	
Freinage :	60	

ÉQUIPEMENT D'ORIGINE :		76%
Pneus :	80	
Phares :	80	
Essuie-glace :	75	
Dégivreur :	70	
Radio :	75	

CONFORT :		70%
Sièges :	75	
Suspension :	75	
Niveau sonore :	50	
Commodités :	70	
Climatisation :	80	

BUDGET :		58%
Prix d'achat :	40	
Consommation :	50	
Assurance :	60	
Satisfaction :	85	
Dépréciation :	55	

Moyenne générale:		**68.2%**

NOUVEAU POUR 1999

- La carrosserie redessinée avec deuxième porte coulissante.
- Le moteur V6 de 3.3L.
- Le tableau de bord redessiné.
- L'aménagement intérieur revu.

MOTEURS / TRANSMISSIONS / PERFORMANCES

Modèles/ versions	Type / distribution soupapes / carburation	Cylindrée cc	Puissance cv @ tr/mn	Couple lb.pi @ tr/mn	Rapport volumét.	Roues motrices / transmissions	Rapport de pont	Accélér. 0-100 km/h s	400 m D.A. s	1000 m D.A. s	Reprise 80-120 km/h s	Freinage 100-0 km/h m	Vites. maxi. km/h	Accélér. latérale G	Niveau sonore dBA	Consommation l./100km Ville Route	Carburant Octane
base	V6* 3.3 SACT12-IESPM	3275	170 @ 4800	200 @ 2800	8.9 :1	avant - A4	3.86	11.0	17.8	32.6	8.0	45	180	0.75	67-71	13.8 8.9	R 87

PRIX & ÉQUIPEMENTS

MERCURY Villager NISSAN Quest	base	Estate	Sport	GXE	SE	GLE
Prix maxi $:	24 595	29 495	31 395	25 598	30 898	-
Prix mini $:	21 420	25 585	27 200	22 865	27 285	-
Transport & préparation $:	895	895	895	450	450	-
Boîte automatique:	S	S	S	S	S	S
Régulateur de vitesse:	S	S	S	O	S	S
Direction assistée:	S	S	S	S	S	S
Système antiblocage des freins:	O	O	O	S	S	S
Système antipatinage:	-	-	-	-	-	-
Climatiseur:	SM	SM	SM	SM	SM	SA
Garnitures en cuir:	-	O	S	O	O	S
Radio MA/MF/ Cassette:	S	S	S	S	S	SDc
Serrures électriques:	S	S	S	SM	S	S
Lève-vitres électriques:	S	S	S	S	S	S
Volant ajustable:	S	S	S	S	S	S
Rétroviseurs ext. ajustables:	SM	SEC	SEC	SM	SEC	SEC
Jantes en alliage léger:	O	O	S	-	S	S
Système antivol:	O	O	O	O	S	S

Couleurs disponibles

Extérieur: Rouge, Bleu, Vert, Argent, Noir, Blanc, Gris, Or.

Intérieur: Vison, Gris, Vert.

EN BREF...

Catégorie: fourgonnettes compactes tractées. **Classe :** utilitaires

HISTORIQUE
Inauguré en: 1993
Fabriqué à: Avon Lake, Ohio, États-Unis.

PROFIL DE CLIENTÈLE

Modèle	Hom./Fem.	Âge moyen	Mariés	CEGEP	Revenus
Villager/Quest	79/21 %	41 ans	88 %	55 %	75 000 $

INDICES
Sécurité:	80 %	Satisfaction:	85 %
Dépréciation:	46 %	Assurance:	845 $
Prix de revient au km:	0.51 $	Nbre de concessionnaires:	128

VENTES

Modèle	1996	1997	Résultat	Part de marché
Villager	1 169	755	- 35.4 %	1.2 %
Quest	983	1 082	+ 10.1 %	1.6 %

PRINCIPAUX MODÈLES CONCURRENTS
CHEVROLET Venture, CHRYSLER T&C, DODGE Caravan, HONDA Odyssey, PONTIAC Trans Sport, OLDSMOBILE Silhouette, PLYMOUTH Voyager, MAZDA MPV, TOYOTA Sienna.

ENTRETIEN REQUIS PAR LA GARANTIE
Première révision: 8 000 km **Fréquence:** 6 mois/ 8000 km **Prise de diagnostic:** Oui

CARACTÉRISTIQUES

Modèles	Versions	Carrosseries/ Sièges	Volume cabine l.	Volume coffre l.	Cx	Empat. mm	Long x larg x haut. mm x mm x mm	Poids à vide kg	Susp. av/ar	Freins av/ar	Direction type	Diamètre braquage m	Tours volant b à b.	Réser. essence l.	dimensions	Pneus d'origine marque	modèle	Mécanique d'origine
MERCURY		Garantie totale, antipollution et batterie: 3 ans / 60 000 km; corrosion perforation: 5 ans / kilométrage illimité.																
Villager		frg. 4 p. 7	ND	ND	0.36	2850	4945x1903x1781	ND	ih/rl	d/t	crém.ass.	11.8	3.0	76.0	215/70R15	-	-	V6/3.3/A4
Villager	Estate	frg. 4 p. 7	ND	ND	0.36	2850	4945x1903x1781	ND	ih/rl	d/t	crém.ass.	11.8	3.0	76.0	225/60R16	-	-	V6/3.3/A4
Villager	Sport	frg. 4 p. 7	ND	ND	0.36	2850	4945x1903x1781	ND	ih/rl	d/t	crém.ass.	11.8	3.0	76.0	225/60R16	-	-	V6/3.3/A4
NISSAN		Garantie totale, antipollution et batterie: 3 ans / 60 000 km; corrosion perforation: 5 ans / kilométrage illimité.																
Quest	GXE	frg. 4 p. 7	ND	ND	0.36	2850	4948x1903x1709	ND	ih/rl	d/t/ABS	crém.ass.	11.8	3.0	76.0	215/70R15	Goodyear	Eagle LS	V6/3.3/A4
Quest	SE	frg. 4 p. 7	ND	ND	0.36	2850	4948x1903x1709	ND	ih/rl	d/t/ABS	crém.ass.	11.8	3.0	76.0	225/60R15	-	-	V6/3.3/A4
Quest	GLE	frg. 4 p. 7	ND	ND	0.36	2850	4948x1903x1709	ND	ih/rl	d/t/ABS	crém.ass.	11.8	3.0	76.0	215/70R15	Goodyear	Eagle LS	V6/3.3/A4

Enfin dotée de sa quatrième porte, tout en maintenant les 5 étoiles acquises au chapitre de la sécurité, la Windstar est prête à affronter pour le second «round»... Ford qui a été le précurseur en matière de portes multiples sur les camionnettes, n'avait pas imaginé que les acheteurs de mini-fourgonnettes réclameraient eux aussi une porte latérale du côté gauche. Les nouvelles Windstar en sont désormais équipées. De plus, dans sa forme révisée, la Windstar offre plusieurs équipements inédits dont le fameux radar de recul bien pratique.

GAMME

La Windstar existe toujours avec carrosserie à empattement long seulement. Par rapport au modèle qu'elle remplace, sa dimension est quasi-identique, bien qu'elle soit plus courte de 1 cm, plus large de 3 cm et plus basse d'au moins 5.6 cm. Le porte-à-faux avant a aussi été réduit. Ford propose quatre versions: 3.0L, LX, SE et SEL. Seule la 3.0L reçoit le V6 3.0L. Les trois autres modèles disposent du V6 3.8L. La transmission est automatique à 4 rapports pour tous les modèles. Il y a de nombreuses variantes d'équipement, mais toutes les versions disposent d'une servodirection, d'un système antiblocage des freins, d'un essuie-glace de lunette arrière et d'un aménagement offrant au moins six places. La nouvelle porte coulissante latérale de gauche n'est pas disponible pour la 3.0L; elle est manuelle sur les versions LX et SE, alors que celles de la SEL sont assistées par un système électrique.

TECHNIQUE

La plate-forme utilisée par la Windstar 1999 s'approche de celle de l'ancienne Taurus. La carrosserie monocoque en acier est très rigide, ce qui explique la haute cote de sécurité obtenue de la NHTSA. Ce qui explique aussi que la Windstar soit plus lourde que ses rivales. La suspension avant est indépendante, de type MacPherson, tandis qu'à l'arrière on a recours à un essieu tiré déformant, qui fait office de barre stabilisatrice et des ressorts hélicoïdaux. Le nouveau dessin de la carrosserie n'a rien apporté à sa finesse aérodynamique qui demeure inchangée. La Windstar se signale par son habitacle très spacieux, dont le plancher a un seuil plus bas que la moyenne afin de faciliter l'accès. Pour 1999, les deux moteurs ne gagnent rien en puissance, mais leur couple augmente de façon substantielle.

L'étoile montante...

POSITIF

+ **LA SÉCURITÉ**. Ford s'est attaché à conserver à la Windstar les cinq étoiles chèrement acquises lors des tests de collision, qui témoignent de l'extrême rigidité de la coque, même avec l'ouverture de la seconde porte coulissante. On note aussi la présence de coussins gonflables latéraux aux places avant qui protègent à la fois la tête et le torse des occupants.

+ **LA PUISSANCE**. Le moteur V6 de 200 cv dispose désormais de plus de couple, ce qui le maintient devant ses rivaux chez GM et Chrysler (180 ch). Il autorise des accélérations et des reprises franches, grâce à un rapport poids/puissance plus favorable.

+ **L'HABITABILITÉ**. L'habitacle très vaste peut accueillir jusqu'à sept personnes et tous leurs bagages. On peut agrandir l'espace cargo en retirant les deux banquettes arrière qui sont désormais dotées de roulettes, pour en faciliter le déplacement (une idée de Chrysler d'il y a trois ans déjà!).

+ **LE CONFORT**. La Windstar offre un roulement confortable lié à sa suspension qui absorbe bien les défauts du revêtement, au généreux rembourrage des sièges et à l'insonorisation efficace.

+ **LE FREINAGE**. Il est progressif et puissant, le plus efficace de la catégorie sans aucun doute. Les distances d'arrêt d'urgence se situent en dessous des 40 m, et ce malgré la présence d'un système antiblocage.

+ **LA CONDUITE**. Elle rappelle plus celle d'un grosse berline que celle d'un utilitaire, avec ses réactions douces et civilisées.

+ **LA ROBUSTESSE**. Le châssis très rigide assure une base solide tandis que la finition est soignée et la qualité des matériaux, satisfaisante.

+ **DE BONS POINTS**: pour le levier de frein de stationnement situé à droite du siège du conducteur, le système de détection arrière par radar est pratique, la poignée du hayon bien conçue et l'essuie-glace arrière à vitesse intermittente. Même le modèle de base a une banquette médiane dotée d'appuie-tête!

NÉGATIF

- **LE CHOIX**. La faiblesse du Windstar vient de son manque de choix au niveau des moteurs, des formats et des aménagements de la cabine qui n'est pas vraiment modulable.

- **LE STYLE**. Décidément Ford en arrache avec son bureau de style qui ne parvient pas à élaborer une stratégie cohérente et un véritable air de famille entre les véhicules autrement que par la calandre ovale...

- **LE ROULIS**. La suspension très souple engendre un roulis important, qui engendre un sous-virage inquiétant que les pneus d'une qualité plus qu'ordinaire ne peuvent contrer.

- **LE TABLEAU DE BORD**. Même les retouches apportées au tableau de bord ne suffisent pas à lui donner l'ergonomie attendue. La partie centrale demeure trop basse et les formes tourmentées ne permettent pas de l'utiliser de façon efficace.

- **LES BANQUETTES**. Les banquettes intermédiaire et arrière ont une assise courte et celle du fond n'est pas facile d'accès. Elles sont lourdes et irritantes à manipuler. Dommage que Ford ignore toujours le principe de rails utilisé par Nissan, dans le duo Quest/Villager qui simplifie tellement la modularité des sièges!

- **LE CÔTÉ PRATIQUE**: les espaces de rangement demeurent très rares pour une mini-fourgonnette. La boîte à gants est minuscule et le coffret de la console trop bas et difficile à atteindre. Au moins cette année, les portières avant disposent de vide-poches sur certaines finitions!

- **À REVOIR**: l'essuie-glace arrière décentré qui ne balaie qu'une maigre partie de la lunette arrière... et pas la bonne!

CONCLUSION

La refonte de la Windstar a pour but de la mettre au niveau de ses principales rivales. Avec des prix concurrentiels et une version économique qui n'existe pas uniquement que dans les catalogues (!), elle a de bonnes chances d'agrandir sa part du gâteau. ☺

ÉVALUATION
FORD Windstar

CONCEPTION : **84%**
Technique : 80
Sécurité : 100
Volume cabine : 85
Volume coffre : 80
Qualité/finition : 75

CONDUITE : **61%**
Poste de conduite : 80
Performances : 50
Comportement : 35
Direction : 70
Freinage : 70

ÉQUIPEMENT D'ORIGINE : **74%**
Pneus : 75
Phares : 75
Essuie-glace : 75
Dégivreur : 70
Radio : 75

CONFORT : **72%**
Sièges : 75
Suspension : 70
Niveau sonore : 75
Commodités : 60
Climatisation : 80

BUDGET : **62%**
Prix d'achat : 50
Consommation : 50
Assurance : 70
Satisfaction : 85
Dépréciation : 55

Moyenne générale : **70.6%**

NOUVEAU POUR 1999
- **La carrosserie redessinée avec porte coulissante à gauche.**
- **L'aménagement intérieur repensé.**
- **Les roulettes des banquettes facilitant leur déplacement.**
- **Le tableau de bord redessiné.**
- **Le couple amélioré des moteurs V6.**
- **Les coussins gonflables latéraux optionnels.**
- **Le système de radar de marche arrière.**

MOTEURS / TRANSMISSIONS / PERFORMANCES

Modèles/ versions	Type / distribution soupapes / carburation	Cylindrée cc	Puissance cv @ tr/mn	Couple lb.pi @ tr/mn	Rapport volumét.	Roues motrices / transmissions	Rapport de pont	Accél. 0-100 km/h s	400 m D.A. s	1000 m D.A. s	Reprise 80-120 km/h s	Freinage 100-0 km/h m	Vites. maxi. km/h	Accél. latérale G	Niveau sonore dBA	Consommation l./100km Ville	Route	Carburant Octane
3.0L	V6* 3.0 ACC-12-IESPM	2986	150 @ 5000	186 @ 3750	9.3 :1	avant-A4	ND	9.8	16.9	30.6	6.8	39	175	0.67	68	13.6	9.4	R 87
LX, SE, SEL	V6* 3.8 ACC-12-IESPM	3797	200 @ 4900	240 @ 3600	9.3 :1	avant-A4	3.37											

PRIX & ÉQUIPEMENTS

FORD Windstar	3.0L	LX	SE	SEL
Prix maxi $:	24 295	27 895	31 595	35 995
Prix mini $:	21 950	24 280	27 425	31 165
Transport & préparation $:	895	895	895	895
Boîte automatique:	S	S	S	S
Régulateur de vitesse:	O	S	S	S
Direction assistée:	S	S	S	S
Système antiblocage des freins:	S	S	S	S
Système antipatinage:	-	-	-	-
Climatiseur:	O	SM	SA	SA
Garnitures en cuir:	-	-	-	S
Radio MA/MF/ Cassette:	O	S	S	SDc
Serrures électriques:	-	S	S	S
Lève-vitres électriques:	-	S	S	S
Volant ajustable:	-	S	S	S
Rétroviseurs ext. ajustables:	SM	SE	SEC	SEC
Jantes en alliage léger:	O	O	S	S
Système antivol:	S	S	S	S

Couleurs disponibles
Extérieur: Rouge, Bleu, Or, Vert, Brun, Blanc, Argent, Noir.

Intérieur: Bleu, Graphite, Parchemin.

EN BREF...
Catégorie: fourgonnettes compactes tractées. **Classe :** utilitaires

HISTORIQUE
Inauguré en: 1995-1999
Fabriqué à: Oakville, Ontario, Canada.

PROFIL DE CLIENTÈLE
Modèle	Hom./Fem.	Âge moyen	Mariés	CEGEP	Revenus
Windstar	79/21 %	42 ans	94 %	42 %	63 000 $

INDICES
Sécurité:	100 %	Satisfaction:	85 %
Dépréciation:	46 %	Assurance:	850 $
Prix de revient au km:	0.51 $	Nbre de concessionnaires:	128

VENTES
Modèle	1996	1997	Résultat	Part de marché
Windstar	7 161	11 989	+ 67.4 %	21.5 %

PRINCIPAUX MODÈLES CONCURRENTS
CHEVROLET Venture, CHRYSLER T&C, DODGE-PLYMOUTH Caravan-Voyager, HONDA Odyssey, PONTIAC Trans Sport, MAZDA MPV, MERCURY Villager, NISSAN Quest, OLDSMOBILE Silhouette, TOYOTA Sienna, VOLKSWAGEN EuroVan.

ENTRETIEN REQUIS PAR LA GARANTIE
Première révision:	Fréquence:	Prise de diagnostic:
8 000 km	6 mois	Oui

CARACTÉRISTIQUES

Modèles	Versions	Carrosseries/ Sièges	Volume cabine l.	Volume coffre l.	Cx	Empat. mm	Long x larg x haut. mm x mm x mm	Poids à vide kg	Susp. av/ar	Freins av/ar	Direction type	Diamètre braquage m	Tours volant b à b.	Réser. essence l.	dimensions	Pneus d'origine marque	modèle	Mécanique d'origine
FORD		Garantie totale, antipollution et batterie: 3 ans / 60 000 km; corrosion perforation: 5 ans / kilométrage illimité.																
Windstar	3.0	frg. 3 p. 7	ND	ND	0.35	3066	5103x1946x1679	ND	ih/srh	d/t/ABS	crém.ass.	12.4	2.8	98.4	205/70R15	-	-	V6/3.0/A4
Windstar	LX	frg. 4 p. 7	ND	ND	0.35	3066	5103x1946x1671	ND	ih/srh	d/t/ABS	crém.ass.	12.4	2.8	98.4	215/70R15	-	-	V6/3.8/A4
Windstar	SE	frg. 4 p. 7	ND	ND	0.35	3066	5103x1946x1671	ND	ih/srh	d/t/ABS	crém.ass.	12.4	2.8	98.4	215/70R15	-	-	V6/3.8/A4
Windstar	SEL	frg. 4 p. 7	ND	ND	0.35	3066	5103x1946x1671	ND	ih/srh	d/t/ABS	crém.ass.	12.4	2.8	98.4	225/60R16	-	-	V6/3.8/A4

Ford a choisi de donner à l'Escort une version sportive abordable et distincte, et ce malgré la chute dramatique de la demande pour ce genre de voiture. La ZX2 a sa propre carrosserie, sa propre personnalité. Néanmoins, elle partage les pages du même catalogue que Ford destine à tous les produits de la famille… Escort! Des traits élancés ne suffisent pas toujours pour transformer une compacte en grande sportive. N'empêche, les jeunes l'aiment quand même.

GAMME

Le coupé ZX2 existe en deux versions nommées «Cool» et «Hot», selon certaines petites particularités d'équipement. La première, moins chère, a des rétroviseurs à réglage manuel, une radio AM/FM, alors que la seconde, plus «cossue», bénéficie de rétroviseurs télécommandés, de moulures de protection de couleur assortie, d'une radiocassette AM/FM, d'un climatiseur et d'un déverrouillage. En marge de ces deux versions, il existe un groupe «Sport» optionnel qui ajoute des jantes d'alliage de 15 pouces, des feux antibrouillards, des sièges «sports», un aileron arrière et un embout chromé au silencieux. Un seul moteur figure au catalogue: le 4 cylindres Zetec de 2.0L à DACT, jumelé à une boîte manuelle de série ou automatique en option.

TECHNIQUE

Ce coupé a une carrosserie monocoque d'acier, dont l'efficacité aérodynamique moyenne se chiffre à 0.33. Il utilise une variante de la plate-forme de l'Escort. Il partage donc l'empattement et plusieurs composants mécaniques majeurs. La suspension indépendante aux quatre roues est de type MacPherson à l'avant, alors qu'à l'arrière, chaque roue est suspendue par quatre bras. Il y a des barres antiroulis avant et arrière. Le moteur multisoupape Zetec 2.0L produit 130 ch, soit 20 de mieux que celui de l'Escort, grâce à une culasse à DACT. Une masse de 1 124 kg donne à ce coupé un rapport poids/puissance favorable comparé à celui de la Neon à moteur de 132 cv! Pour avoir plus de puissance aux moments opportuns, un dispositif coupe le climatiseur lors des accélérations et des reprises. De plus, cette mécanique dispose d'arbres à cames à calage variable qui maximisent le couple (127 lb/pi). Le freinage est assuré par un duo disques/tambours et l'ABS est optionnel. Ford ne propose toujours pas de système antipatinage.

L'image d'une sportive...

POSITIF

+ SON ALLURE. La ZX2 se distingue par sa frimousse aguichante. Ses traits profilés sont agréables, même s'ils ne sont pas très efficaces du point de vue aérodynamique.

+ LE COMPORTEMENT. Sur la route, la ZX2 est à point, surtout avec les roues de 15 pouces qui rendent la direction plus précise et permettent d'aborder les courbes avec assurance. La direction est un peu plus ferme que celle de la berline, mais la suspension affiche un roulis moins prononcé. Elle absorbe bien les défauts des routes en mauvais état.

+ L'AGRÉMENT DE CONDUITE. Conduire la ZX2 procure beaucoup de satisfaction. Le moteur vif produit une puissance satisfaisante et permet même de se croire au volant d'une voiture bien plus puissante!

+ LE VOLUME UTILE. L'habitacle offre quatre places et le coffre a un volume très intéressant, avant qu'on ait escamoté les deux dossiers 60/40 de la banquette arrière, ce qui accroît davantage ce volume.

+ LE CONFORT. Pour une voiture économique de petit format, la douceur de roulement étonne. La suspension homogène a un bon taux d'amortissement. De plus, les sièges baquets sont fermes à souhait. Enfin, à vitesse de croisière sur autoroute, le niveau sonore demeure raisonnable.

+ LA MANIABILITÉ. La ZX2 est très maniable, comme en témoigne son faible diamètre de braquage.

NÉGATIF

- LES PERFORMANCES. Chronomètre en main, la ZX2 est moins impressionnante. Malgré ses 20 cv

de plus, elle ne fait guère mieux qu'une berline Escort!

- LA DIRECTION. Puisqu'elle reprend plusieurs organes majeurs de la berline, comme sa direction très «utilitaire», la ZX2 souffre d'une démultiplication lente.

- L'EFFET DE COUPLE. Lorsqu'on enfonce l'accélérateur, mieux vaut tenir le volant fermement à deux mains, car l'effet de couple est considérable.

- LE FREINAGE. Le freinage est précis et bien équilibré. Toutefois, il est moins puissant et peu endurant en usage intensif. Les distances d'arrêts d'urgence sont supérieures à la moyenne (43 m pour 100-0 km/h). C'est beaucoup pour un véhicule léger. Quatre disques régleraient le problème.

- LE TABLEAU DE BORD. L'esthétique du tableau de bord irrite! Les formes en angle du bloc d'instruments vers la gauche et la «pizza» centrale qui regroupe les commandes audio et celles de la ventilation comme pour la Taurus, désoriente continuellement. À revoir, S.V.P.!

- L'HABITABILITÉ. Avec quatre adultes à bord, l'espace est un peu étroit. À l'avant, on en vient au coude-à-coude, alors que le levier de la transmission impose de se tenir plus à jambes droites!

- LA BOÎTE MANUELLE. Sa commande est imprécise et élastique ce qui ne cadre pas tellement avec les soi-disant prétentions sportives de ce modèle.

- LES PLACES ARRIÈRE. Ceux qui s'y installent doivent se contenter d'une banquette sans relief et peu rembourrée. De plus, la garde au toit est limitée, donc des enfants y seront plus à l'aise.

- L'ÉQUIPEMENT D'ORIGINE. Il n'y a pas de repose-pied et il faut passer par les groupes d'options pour «habiller» cette voiture décemment! Pas beaucoup d'espaces de rangement, non plus…

- LE NIVEAU SONORE. Sur mauvaise route, le niveau de bruit est élevé, car alimenté des bruits de roulement importants et du moteur qui vocifère à la moindre accélération.

CONCLUSION

La ZX2 est plaisante à conduire car elle est prévisible et sûre. Toutefois elle est loin d'offrir le tempérament sportif des anciennes Escort GT dont elle ne possède ni les performances, ni le comportement. Ce n'est finalement qu'une gentille Escort ayant une image distinctive et un tantinet plus aguichante…

ÉVALUATION FORD ZX2

CONCEPTION : 62%
- Technique : 75
- Sécurité : 80
- Volume cabine : 30
- Volume coffre : 50
- Qualité/finition : 75

CONDUITE : 60%
- Poste de conduite : 70
- Performances : 55
- Comportement : 55
- Direction : 70
- Freinage : 50

ÉQUIPEMENT D'ORIGINE : 75%
- Pneus : 80
- Phares : 75
- Essuie-glace : 70
- Dégivreur : 75
- Radio : 75

CONFORT : 63%
- Sièges : 70
- Suspension : 75
- Niveau sonore : 40
- Commodités : 50
- Climatisation : 80

BUDGET : 71%
- Prix d'achat : 70
- Consommation : 85
- Assurance : 70
- Satisfaction : 80
- Dépréciation : 50

Moyenne générale : 66.2%

NOUVEAU POUR 1999

- La télécommande d'ouverture du coffre désormais de série.
- La nouvelle sellerie de tissus.
- Le volant gainé de cuir optionnel sur l'ensemble Sport.

MOTEURS / TRANSMISSIONS / PERFORMANCES

Modèles/ versions	Type / distribution soupapes / carburation	Cylindrée cc	Puissance cv @ tr/mn	Couple lb.pi @ tr/mn	Rapport volumét.	Roues motrices / transmissions	Rapport de pont	Accélér. 0-100 km/h s	400 m D.A. s	1000 m D.A. s	Reprise 80-120 km/h s	Freinage 100-0 km/h m	Vites. maxi. km/h	Accélér. latérale G	Niveau sonore dBA	Consommation l./100km Ville	Route	Carburant Octane
base	L4* 2.0 DACT-16-IESPM	1988	130 @ 5750	127 @ 4250	9.6 :1	avant - M5*	4.10	9.5	17.0	31.0	6.9	43	180	0.78	70	9.1	6.5	R 87
						avant - A4	3.74	10.0	17.5	31.8	7.3	47	175	0.78	70	9.3	6.5	R 87

PRIX & ÉQUIPEMENTS

FORD ZX2	Cool	Hot
Prix maxi $:	15 895	17 395
Prix mini $:	14 660	15 660
Transport & préparation $:	680	680
Boîte automatique:	O	O
Régulateur de vitesse:	O	O
Direction assistée:	S	S
Système antiblocage des freins:	O	O
Système antipatinage:	-	-
Climatiseur:	O	SM
Garnitures en cuir:	-	O
Radio MA/MF/ Cassette:	O	S
Serrures électriques:	O	O
Lève-vitres électriques:	O	O
Volant ajustable:	O	O
Rétroviseurs ext. ajustables:	SM	SE
Jantes en alliage léger:	O	O
Système antivol:	O	S

Couleurs disponibles
Extérieur: Moka, Or, Vert, Rouge, Bleu, Argent, Noir, Blanc, Aigue-marine.
Intérieur: Gris moyen, Bleu, Brun.

EN BREF...

Catégorie: coupés sportifs tractés. **Classe :** 3S

HISTORIQUE
Inauguré en: 1998
Fabriqué à: Hermosillo, Mexique

PROFIL DE CLIENTÈLE

Modèle	Hom./Fem.	Âge moyen	Mariés	CEGEP	Revenus
ZX2	50/50 %	35 ans	50%	30%	40 000 $

INDICES
- Sécurité: 80 % · Satisfaction: 80 %
- Dépréciation: 40 % · Assurance: 835 $
- Prix de revient au km: 0.33 $ · Nbre de concessionnaires: 128

VENTES

Modèle	1996	1997	Résultat	Part de marché
ZX2	Modèle non commercialisé à cette époque.			

PRINCIPAUX MODÈLES CONCURRENTS
CHEVROLET Cavalier, DODGE-PLYMOUTH Neon, HONDA Civic, HYUNDAI Tiburon, PONTIAC Sunfire, SATURN SC.

ENTRETIEN REQUIS PAR LA GARANTIE
- Première révision: 8 000 km
- Fréquence: 6 mois
- Prise de diagnostic: Oui

CARACTÉRISTIQUES

Modèles	Versions	Carrosseries/ Sièges	Volume cabine l.	Volume coffre l.	Cx	Empat. mm	Long x larg x haut. mm x mm x mm	Poids à vide kg	Susp. av/ar	Freins av/ar	Direction type	Diamètre braquage m	Tours volant b.à b.	Réser. essence l.	Pneus d'origine dimensions	marque	modèle	Mécanique d'origine
FORD Escort	ZX2	cpé. 2 p. 4	2282	334	0.33	2499	4450x1712x1328	1124	ih/ih	d/t	crém.ass.	9.6	3.1	48.5	185/65R14	Goodyear	Eagle RS-A	L4/2.0/M5

Garantie générale, antipollution et batterie: 3 ans / 60 000 km; corrosion perforation: 5 ans / kilométrage illimité.

Presque parfaite...

Avec Accord, Honda a pratiquement réussi à créer un modèle mondial, dans le sens où c'est sans doute la voiture la mieux adaptée aux besoins planétaires actuels. Cette réussite s'explique par l'homogénéité exceptionnelle de ce véhicule auquel il est difficile de trouver des défauts majeurs, tant sa conception, son élaboration et sa réalisation touchent à la perfection. Cette dernière n'étant heureusement pas de ce monde, il reste toujours des détails à améliorer, mais disons qu'il est difficile de se tromper en optant pour un de ces modèles.

GAMME

La Honda Accord est proposée en coupé 2 portes en versions LX, EX et EX V6 et en berline 4 portes DX, LX, EX et EX V6. Les DX, LX et EX sont mues d'origine par un moteur 4 cylindres de 2.3L développant 135 ou 150 cv alors que les EX V6 disposent d'un V6 de 3.0L donnant 200 ch. L'équipement général comprend sur tous les modèles une direction assistée en fonction du couple, un climatiseur avec système de filtration, un régulateur de vitesse, une radiocassette, un volant et des rétroviseurs extérieurs ajustables et les télécommandes d'ouverture du coffre et de la trappe de l'orifice du réservoir de carburant.

TECHNIQUE

Monocoque en acier, la carrosserie de l'Accord a été entièrement redessinée l'an dernier et renforcée afin d'améliorer sa rigidité en torsion (+40%) comme en flexion (+69 %). Sa fluidité aérodynamique se situe dans la moyenne favorable avec un coefficient variant entre 0.31 et 0.32. Les suspensions sont fixées à deux cadres indépendants de la coque afin de l'isoler des bruits et vibrations en provenance des trains de roulement. Elles sont constituées de doubles leviers triangulaires dont celles situées à l'arrière comprenant 5 bras tirés. Les freins sont mixtes sur les DX et LX, à disque sur les LX, EX et EX V6 et l'antiblocage est standard sur tous les modèles excepté la berline DX. Enfin l'assistance de la direction à crémaillère est dosée en fonction de la valeur du couple. Si le moteur 4 cylindres de 2.3L est une évolution du précédent 2.2L, le V6 est tout nouveau. Avec ses bancs de cylindres inclinés à 60°, ce dernier bénéficie de la technologie VTEC favorisant le remplissage des cylindres à l'admission grâce à un contrôle électronique du calage variable des soupapes. Le système antivol qui équipe tous les modèles se compose d'une clé de contact (sans pile) qui émettant un code magnétique activant le microprocesseur gérant l'allumage et la carburation du moteur. Ce codage permet plusieurs millions de combinaisons.

TRÈS POSITIF

++ **LA VALEUR.** Elle est une des plus élevées du marché à cause de la conception méticuleuse, la fabrication soignée et la fiabilité réputée.

++ **L'HOMOGÉNÉITÉ.** C'est l'impression la plus forte qui se dégage de ces véhicules dont tous les éléments sont parfaitement accordés pour une utilisation idéale.

++ **LA QUALITÉ.** Celle de la fabrication et de la finition est très poussée car les tolérances et les ajustements sont très serrés. Les matériaux ont une apparence plus noble, surtout les matières plastiques, aussi agréables à l'oeil qu'au toucher.

POSITIF

+ **LE STYLE.** Celui du coupé est jeune et dynamique et fait preuve d'une originalité de bon goût. Plus classique, celui de la berline a prudemment évolué tout en demeurant gracieux et équilibré.

+ **LES PERFORMANCES.** Elles ne sont pas miraculeuses puisque les chiffres obtenus sont conservateurs. Le V6 est un modèle de puissance en douceur et le 4 cylindres est vif et souple même avec la boîte automatique qui est bien échelonnée et procure un frein moteur efficace.

+ **LA TECHNOLOGIE.** Honda se maintient en tête des fabricants de moteurs à faible et très faible niveau de pollution qui devancent la sévère réglementation californienne.

+ **LA LOGEABILITÉ.** Honda s'est appliqué à maximiser le volume intérieur des cabines afin de pouvoir

réellement asseoir trois personnes de taille moyenne à l'arrière des deux carrosseries. Quant au coffre, son volume initial est adéquat et il peut être agrandi en abaissant le dossier de la banquette.

+ **LA CONDUITE.** La douceur et la précision des commandes, comme celles du freinage ou de la direction qui sont aussi bien dosées que démultipliées et les réactions franches de la suspension qui procurent un guidage exemplaire, ce qui rend la conduite très agréable, quel que soit le moteur choisi.

+ **LE CONFORT.** La suspension de l'Accord offre un compromis presque idéal entre le comportement et des réactions très civilisées même lorsque l'asphalte se dégrade.

+ **LE CÔTÉ PRATIQUE.** Il s'est nettement amélioré sur les derniers modèles, grâce aux nombreux espaces de rangement aussi bien calibrés que disposés.

NÉGATIF

- **LE FREINAGE.** Bien qu'il soit stable et endurant, son efficacité n'est que médiocre car les distances des arrêts d'urgence sont plus longues que la moyenne.

- **LES SIÈGES.** Ils pourraient être plus confortables car en général l'assise est courte, le maintien latéral moyen et le rembourrage ferme surtout pour ceux garnis de cuir.

- **LE NIVEAU SONORE.** L'insonorisation est perfectible car les moteurs sont bruyants lors des accélérations et des rétrogradages et les pneus tambourinent lourdement au passage des joints de dilatation.

- **LA MOTRICITÉ.** Elle reste facile à prendre en défaut dès que l'adhérence n'est pas parfaite, surtout qu'aucun dispositif antipatinage ne fait partie de l'équipement même optionnel de ces modèles.

- **LA VERSION DX.** Elle est à éviter, car difficile à revendre avec son équipement réduit au minimum qui ne comprend même pas l'antiblocage des roues et ses pneumatiques trop petits et de médiocre qualité.

- **DES MAUVAIS POINTS :** pour les commandes inversées de la radio et de la climatisation, les peintures légères sensibles aux rayures, l'accoudoir central avant gênant avec la boîte manuelle et le rétroviseur intérieur trop étroit.

CONCLUSION

L'Accord est une des cinq voitures les plus réussies et les plus populaires au monde, avec la Mercedes-Benz E320, les Toyota Camry et Corolla et la Honda Civic. À condition d'opter pour la bonne version, on ne peut finalement se tromper que sur la couleur... ☺

ÉVALUATION
HONDA Accord

CONCEPTION :   77%
Technique :   85
Sécurité :   90
Volume cabine :   65
Volume coffre :   60
Qualité/finition :   85

CONDUITE :   66%
Poste de conduite :   80
Performances :   60
Comportement :   50
Direction :   80
Freinage :   60

ÉQUIPEMENT D'ORIGINE :   78%
Pneus :   80
Phares :   80
Essuie-glace :   75
Dégivreur :   75
Radio :   80

CONFORT :   74%
Sièges :   75
Suspension :   75
Niveau sonore :   60
Commodités :   80
Climatisation :   80

BUDGET :   66%
Prix d'achat :   50
Consommation :   75
Assurance :   65
Satisfaction :   90
Dépréciation :   50

Moyenne générale :   72.2%

NOUVEAU POUR 1999
- L'amélioration de la lisibilité de l'horloge.
- Les rétroviseurs extérieurs repliables.
- Le tissu des sièges des DX et LX.
- L'antiblocage des roues standard sur la LX.
- Les garnitures de cuir en série sur la EX comprenant aussi les sièges avant chauffants, des appliques de bois et le siège du conducteur ajustable de manière électrique.

MOTEURS / TRANSMISSIONS / PERFORMANCES

Modèles/ versions	Type / distribution soupapes / carburation	Cylindrée cc	Puissance cv @ tr/mn	Couple lb.pi @ tr/mn	Rapport volumét.	Roues motrices / transmissions	Rapport de pont	Accélér. 0-100 km/h s	400 m D.A. s	1000 m D.A. s	Reprise 80-120 km/h s	Freinage 100-0 km/h m	Vites. maxi. km/h	Accélér. latérale G	Niveau sonore dBA	Consommation l./100km Ville	Route	Carburant Octane
DX	L4* 2.3 SAC T-16-IPM	2254	135 @ 5400	145 @ 4700	8.8 :1	avant - M5*	4.062	9.8	17.2	30.6	6.5	46	175	0.75	67-75	9.5	6.9	R 87
						avant - A4	4.466	10.6	17.5	31.5	7.8	48	170	0.75	67-74	10.3	7.2	R 87
LX-EX	L4* 2.3 SACT-16-IPM	2254	150 @ 5700	152 @ 4900	9.3 :1	avant - M5	4.062	9.4	16.8	30.6	6.4	43	180	0.75	68-76	9.5	7.0	R 87
						avant - A4*	4.466	10.0	17.2	31.2	7.5	48	175	0.75	66-74	10.5	7.4	R 87
EX-V6	V6* 3.0 SACT-24-IPM	2997	200 @ 5500	195 @ 4700	9.4 :1	avant - A4	4.200	8.0	15.7	28.8	5.2	42	200	0.77	65-72	11.4	7.7	R 87

PRIX & ÉQUIPEMENTS

HONDA Accord berlines	DX	LX	EX	EX-V6			
HONDA Accord coupés					LX	EX	EXV6
Prix maxi $:	22 000	23 800	26 800	30 800	23 800	26 800	30 800
Prix mini $:	20 135	21 870	24 525	28 185	21 780	24 525	28 185
Transport & préparation $:	300	300	300	300	300	300	300
Boîte automatique :	O	O	O	S	O	O	S
Régulateur de vitesse :	S	S	S	S	S	S	S
Direction assistée :	S	S	S	S	S	S	S
Système antiblocage des freins :	-	S	S	S	S	S	S
Système antipatinage :	-	-	-	S	-	-	S
Climatiseur :	SM	SM	SM	SA	SM	SA	SA
Garnitures en cuir :	-	-	-	S	-	-	S
Radio MA/MF/ Cassette :	S	S	S	SDc	S	S	S Dc
Serrures électriques :	-	S	S	S	S	S	S
Lève-vitres électriques :	-	S	S	S	S	S	S
Volant ajustable :	S	S	S	S	S	S	S
Rétroviseurs ext. ajustables :	SM	SE	SE	SE	SE	SE	SE
Jantes en alliage léger :	-	-	S	S	-	S	S
Système antivol :	-	-	S	S	-	S	S

Couleurs disponibles
Extérieur : Blanc, Noir, Bleu, Émeraude, Rose, Argent, Raisin, Cassis.
Intérieur : Lapis, Gris, Ivoire.

EN BREF...

Catégorie : coupés et berlines compacts tractés.   **Classe :** 4

HISTORIQUE
Inauguré en : 1986-1998
Fabriqué à : Marysville, Ohio, États-Unis.

PROFIL DE CLIENTÈLE
Modèle	Hom./Fem.	Âge moyen	Mariés	CEGEP	Revenus
Accord	73/27 %	47 ans	85 %	47 %	61 500 $

INDICES
Sécurité : 80 %   **Satisfaction :** 90 %
Dépréciation : 42 %   **Assurance :** 835-950 $
Prix de revient au km : 0.46 $ **Nbre de concessionnaires :** 59

VENTES
Modèle	1996	1997	Résultat	Part de marché
Accord	8 420	8 130	- 3.4 %	26.9 %

PRINCIPAUX MODÈLES CONCURRENTS
CHRYSLER Cirrus, DODGE Stratus, FORD Contour, MAZDA 626, MERCURY Mystique, NISSAN Altima & Maxima, OLDSMOBILE Alero, PLYMOUTH Breeze, PONTIAC Grand Am, SUBARU Legacy, TOYOTA Camry, VOLKSWAGEN Passat.

ENTRETIEN REQUIS PAR LA GARANTIE
Première révision : 6 000 km
Fréquence : 6 000 km
Prise de diagnostic : Oui

CARACTÉRISTIQUES

Modèles	Versions	Carrosseries/ Sièges	Volume cabine l.	Volume coffre l.	Cx	Empat. mm	Long x larg x haut. mm x mm x mm	Poids à vide kg	Susp. av/ar	Freins av/ar	Direction type	Diamètre braquage m	Tours volant b à b.	Réser. essence l.	dimensions	Pneus d'origine marque	modèle	Mécanique d'origine
HONDA		Garantie générale : 3 ans / 60 000 km; mécanique : 5 ans 100 000 km																
Accord	LX	cpé. 2 p. 5	2625	385	0.32	2670	4745x1785x1400	1345	ih/ih	d/t/ABS	crém.ass.	11.0	3.05	64.5	195/65HR15	Bridgestone	Turanza	L4/2.3/M5
Accord	EX	cpé. 2 p. 5	2625	385	0.32	2670	4745x1785x1400	1365	ih/ih	d/ABS	crém.ass.	11.0	3.05	64.5	195/65HR15	Bridgestone Potenza	E241	L4/2.3/M5
Accord	EX V6	cpé. 2 p. 5	2625	385	0.32	2670	4745x1785x1400	1480	ih/ih	d/ABS	crém.ass.	11.0	3.05	64.5	205/60VR16	Michelin	MXV4	V6/3.0/A4
Accord	DX	ber. 4 p. 5	2880	399	0.33	2715	4796x1785x1445	1305	ih/ih	d/t	crém.ass.	11.8	3.11	65.0	195/70SR14	Dunlop	SP40	L4/2.3/M5
Accord	LX	ber. 4 p. 5	2880	399	0.33	2715	4796x1785x1445	1350	ih/ih	d/t/ABS	crém.ass.	11.8	3.11	65.0	195/65HR15	Michelin	MXV4	L4/2.3/M5
Accord	EX	ber. 4 p. 5	2880	399	0.33	2715	4796x1785x1445	1305	ih/ih	d/ABS	crém.ass.	11.8	3.11	65.0	195/65HR15	Michelin	MXV4	L4/2.3/M5
Accord	EX V6	ber. 4 p. 5	2880	399	0.33	2715	4796x1785x1445	1350	ih/ih	d/ABS	crém.ass.	11.8	3.11	65.0	205/60VR16	Michelin	MXV4	V6/3.0/A4

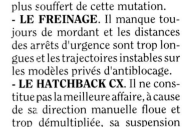

La Honda Civic est l'archétype de la première voiture par excellence. Compacte et bien dessinée, elle a déjà séduit plusieurs générations de jeunes conducteurs, qui étaient jusqu'ici facilement reconnaissables à la manière dont ils portent leur casquette à l'envers. En vieillissant, ces clients sont demeurés fidèles aux modèles de leurs débuts qui ont suivi leur évolution en gagnant progressivement en volume et en confort afin de satisfaire leurs besoins. Enfin Honda a amélioré la sécurité au détriment du poids et des performances.

GAMME

La Civic est commercialisée sous trois formes de carrosserie: soit le «hatchback» trois portes en versions CX ou DX, le coupé deux portes DX ou Si et la berline quatre portes LX ou EX. L'équipement du hatchback CX de base comprend très peu de choses, si ce n'est un moteur, quatre roues et un coussin gonflable! Le coupé DX n'est pas beaucoup mieux loti, mais au moins il a les deux coussins. Le coupé Si et les berlines sont un peu plus généreux, mais la transmission automatique, le régulateur de vitesse (sauf Si-EX), l'antiblocage des roues (sauf hatchback) et le climatiseur sont optionnels sur tous les modèles.

TECHNIQUE

La carrosserie des Civic est monocoque en acier. Elle a été sérieusement rigidifiée lors de la dernière refonte de ces modèles, dont les principales dimensions ont été allongées afin d'agrandir les volumes utiles de la cabine et du coffre. Le poids en a souffert tandis que la finesse aérodynamique est très conservatrice.

La suspension indépendante aux quatre roues est constituée de doubles levier triangulés, tandis que le train arrière est maintenu par des bras tirés. La direction est à crémaillère et le freinage est mixte sur tous les modèles, mais le système antiblocage des roues est offert en option sur tous les modèles sauf les deux hatchbacks. Les Civic sont équipées de deux moteurs 1.6L à SACT et 16 soupapes. Celui des versions CX, DX, LX et EX développe 106 ch et celui du coupé Si 127 ch grâce à un système de contrôle électronique du calage et de la levée variable des soupapes, baptisé VTEC. Honda commercialise depuis deux ans des moteurs à basses et très basses émissions de gaz polluants (LEV et ULEV) qui respectent les normes très strictes qui seront imposées en Californie dès l'an prochain.

Auto école...

POSITIF

+ L'HABITABILITÉ. Elle s'est améliorée récemment, surtout à l'arrière du hatchback dont la hauteur intérieure et le volume du coffre sont plus confortables.

+ LE COMPORTEMENT. S'il dépend essentiellement de la qualité des pneus qui est très médiocre sur les modèles de base. Les Civic sont amusantes à conduire car compactes et agiles. Saines et prévisibles, elle tiennent bien la route et se faufilent prestement en ville où elles sont très maniables.

+ LE CONFORT. Il surprend sur des voitures économiques aussi modestes, dont la suspension absorbe en douceur les défauts de la route, tandis que les bruits et les vibrations sont bien étouffés, qu'ils proviennent de la mécanique ou des trains de roulement.

+ LA CONDUITE. Elle reste amusante par la précision et la douceur des commandes, la transmission manuelle facile à sélectionner et l'excellente direction assistée dont la démultiplication est toutefois un peu forte.

+ LE RENDEMENT. En conduite normale, le moteur 1.6L est remarquablement économique, sa consommation se maintenant autour de 8 litres aux 100 km, malgré les performances dont il est capable.

+ LA QUALITÉ. Elle est plus évidente au niveau de l'ingénierie, de l'assemblage et de la finition malgré l'aspect toujours un peu «léger» de la tôlerie.

NÉGATIF

- LES PERFORMANCES. L'augmentation de poids qui a résulté de la rigidification de la coque a amené la pesanteur de ces modèles à près d'une tonne, augmentant le rapport poids-puissance en pénalisant autant les performances que le freinage. Ce sont les accélérations et les reprises de la berlines qui ont le plus souffert de cette mutation.

- LE FREINAGE. Il manque toujours de mordant et les distances des arrêts d'urgence sont trop longues et trajectoires instables sur les modèles privés d'antiblocage.

- LE HATCHBACK CX. Il ne constitue pas la meilleure affaire, à cause de sa direction manuelle floue et trop démultipliée, sa suspension inconsistante et son équipement symbolique, pour un prix qui dépasse celui de ses concurrents.

- LE STYLE. Les amateurs de la Civic trouvent l'apparence des derniers modèles moins réussie que par le passé.

- L'ESPACE. Il est limité aux places arrière du coupé et du hatchback dont l'accès est toujours acrobatique, du fait de la hauteur limitée et du système d'effacement des sièges avant de certaines versions qui ne libère pas assez d'espace pour accommoder les gens de grande taille.

- LES SIÈGES. Ils ne sont pas des modèles de confort car leur rembourrage est aussi mince que ferme et la banquette maintient moins bien que les sièges avant. Pas la meilleure voiture pour faire le tour du monde...

- LA PRÉSENTATION. Elle est très fade à l'intérieur, que l'on opte pour le gris clair ou foncé et l'apparence de certaines garnitures fait toujours très bon marché. Il ne devrait pas coûter cher d'utiliser des tissus à motifs comme ceux qui garnissaient le coupé del Sol...

- LA QUALITÉ. Elle laisse à désirer en ce qui concerne certains matériaux comme le plastique qui garnit les portes, le tissu des sièges ou la radio qui est indigne d'un représentant nippon.

- LE COFFRE. Son volume initial reste limité sur le hatchback lorsque la banquette est occupée, mais ses proportions augmentent dès que l'on escamote son dossier.

CONCLUSION

La Civic demeure le point de départ obligé des nombreux jeunes automobilistes qui apprécient son style, son tempérament, sa conduite et son caractère économique. Mais ce sont surtout sa fiabilité et sa valeur de revente qui les attirent et font de son acquisition une aventure moins risquée qu'avec certaines de ses concurrentes, moins coûteuses.

ÉVALUATION HONDA Civic

CONCEPTION :		69%
Technique :	80	
Sécurité :	100	
Volume cabine :	35	
Volume coffre :	50	
Qualité/finition :	80	

CONDUITE :		62%
Poste de conduite :	70	
Performances :	50	
Comportement :	70	
Direction :	80	
Freinage :	40	

ÉQUIPEMENT D'ORIGINE :		74%
Pneus :	80	
Phares :	80	
Essuie-glace :	75	
Dégivreur :	70	
Radio :	65	

CONFORT :		65%
Sièges :	65	
Suspension :	75	
Niveau sonore :	50	
Commodités :	60	
Climatisation :	75	

BUDGET :		73%
Prix d'achat :	75	
Consommation :	70	
Assurance :	75	
Satisfaction :	85	
Dépréciation :	60	

Moyenne générale :		68.6%

NOUVEAU POUR 1999

- Les retouches esthétiques des parties avant-arrière et de la partie centrale du tableau de bord.
- Le sélecteur de vitesses à six positions.
- La version SiR à moteur 160 ch avec des roues 15 po, quatre freins à disque, une suspension sportive, l'ajustement en hauteur du siège du conducteur, des rétroviseurs extérieurs chauffants, des lampes de carte et un lecteur de disques compacts.

MOTEURS / TRANSMISSIONS / PERFORMANCES

Modèles/ versions	Type / distribution soupapes / carburation	Cylindrée cc	Puissance cv @ tr/mn	Couple lb.pi @ tr/mn	Rapport volumét.	Roues motrices / transmissions	Rapport de pont	Accélér. 0-100 km/h s	400 m D.A. s	1000 m D.A. s	Reprise 80-120 km/h s	Freinage 100-0 km/h m	Vites. maxi. km/h	Accélér. latérale G	Niveau sonore dBA	Consommation l./100km Ville	Route	Carburant Octane
base	L4* 1.6 SACT-16-IEMPP	1590	106 @ 6200	103 @ 4600	9.4 :1	avant - M5*	3.72	11.0	17.6	32.7	7.8	43	175	0.78	68	7.5	5.7	R 87
						avant - A4	4.35	12.2	18.4	34.5	10.0	44	170	0.78	68	8.4	6.1	R 87
Si	L4* 1.6 SACT-16-IEMPP	1590	127 @ 6600	107 @ 5500	9.6 :1	avant - M5*	4.25	9.0	16.2	28.8	6.6	46	190	0.80	68	8.1	6.3	R 87
						avant - A4	4.35	10.8	17.6	31.5	7.2	45	180	0.80	68	9.1	6.7	R 87
SiR	L4* 1.6 DACT-16-IEMPP	1590	160 @ 7600	110 @ 7000	10.2 :1	avant - M5*	4.27	ND										

PRIX & ÉQUIPEMENTS

HONDA Civic Hbk	CX	DX				
HONDA Civic Coupé			DX	Si-SiR		
HONDA Civic Berline					LX	EX
Prix maxi $:	14 000	14 800	15 900	18 300	15 700	17 000
Prix mini $:	13 025	14 800	14 630	16 840	14 445	15 645
Transport & préparation $:	260	260	260	260	260	260
Boîte automatique:	O	O	O	O	O	O
Régulateur de vitesse:	-	-	-	S	-	S
Direction assistée:	O	O	S	S	S	S
Système antiblocage des freins:	-	-	O	O	O	O
Système antipatinage:	-	-	-	-	-	-
Climatiseur:	O	O	O	O	O	O
Garnitures en cuir:	-	-	-	-	-	S
Radio MA/MF/ Cassette:	O	O	S	SDc	O	S
Serrures électriques:	-	-	-	S	-	S
Lève-vitres électriques:	-	-	-	S	-	S
Volant ajustable:	O	S	S	S	S	S
Rétroviseurs ext. ajustables:	SM	SM	SM	SEC	SM	SEC
Jantes en alliage léger:	-	-	-	S	-	O
Système antivol:	-	-	O	O	O	O

Couleurs disponibles
Extérieur: Coupés & Hatchbacks : Noir, Argent, Rouge, Améthyste.
Berlines : Noir, Argent, Vert, Rouge, Blanc, Sarcelle.
Intérieur: Gris, Gris foncé.

EN BREF...

Catégorie: berlines, coupés, hatchback sous-compacts tractés. Classe : 3S

HISTORIQUE
Inauguré en: 1996.
Fabriqué à: Alliston, Ontario, Canada.

PROFIL DE CLIENTÈLE

Modèle	Hom./Fem.	Âge moyen	Mariés	CEGEP	Revenus
Hatch/Coupé	52/48 %	30 ans	34 %	48 %	50 000 $
Berline	58/42 %	38 ans	78 %	55 %	59 000 $

INDICES
Sécurité: 100 %   Satisfaction: 90 %
Dépréciation: 42 %   Assurance: 780-850 $
Prix de revient au km: 0.32 $ Nbre de concessionnaires: 59

VENTES

Modèle	1996	1997	Résultat	Part de marché
Civic	14 137	23 688	+ 67.5 %	18.5 %

PRINCIPAUX MODÈLES CONCURRENTS
CHEVROLET Cavalier, DODGE-PLYMOUTH Néon, FORD Escort, HYUNDAI Accent, MAZDA Protegé, NISSAN Sentra, PONTIAC Sunfire, TOYOTA Tercel, VOLKSWAGEN Golf.

ENTRETIEN REQUIS PAR LA GARANTIE
Première révision: 6 000 km   Fréquence: 6 000 km   Prise de diagnostic: Oui

CARACTÉRISTIQUES

Modèles	Versions	Carrosseries/ Sièges	Volume cabine l.	Volume coffre l.	Cx	Empat. mm	Long x larg x haut. mm x mm x mm	Poids à vide kg	Susp. av/ar	Freins av/ar	Direction type	Diamètre braquage m	Tours volant b à b.	Réser. essence l.	dimensions	Pneus d'origine marque	modèle	Mécanique d'origine
HONDA		Garantie générale: 3 ans / 60 000 km; mécanique: 5 ans 100 000 km.																
Civic	CX	hbk. 3 p.4/5	2060	379	0.31	2620	4180x1705x1375	1037	ih/ih	d/t	crém.	10.8	3.6	45.0	185/65R14	Dunlop	-	L4/1.6/M5
Civic	DX	hbk. 3 p.4/5	2060	379	0.31	2620	4180x1705x1375	1037	ih/ih	d/t	crém.	10.8	3.6	45.0	185/65R14	-	-	L4/1.6/M5
Civic	DX	cpé. 2 p.4/5	2074	338	0.31	2620	4450x1705x1375	1064	ih/ih	d/t	crém.ass.	10.8	3.6	45.0	185/65R14	-	-	L4/1.6/M5
Civic	Si	cpé. 2 p.4/5	2074	338	0.31	2620	4450x1705x1375	1117	ih/ih	d/t	crém.ass.	10.8	3.6	45.0	185/65R14	-	-	L4/1.6/M5
Civic	SiR	cpé. 2 p.4/5	2074	338	0.31	2620	4450x1705x1375	1125	ih/ih	d	crém.ass.	10.8	3.6	45.0	195/60R15	-	-	L4/1.6/M5
Civic	LX	ber. 4 p.4/5	2206	338	0.32	2620	4450x1705x1390	1060	ih/ih	d/t	crém.ass.	10.8	3.6	45.0	185/65R14	-	-	L4/1.6/M5
Civic	EX	ber. 4 p.4/5	2206	338	0.32	2620	4450x1705x1390	1084	ih/ih	d/t	crém.ass.	10.8	3.6	45.0	185/65R14	-	-	L4/1.6/M5

Sur certains marchés le Honda CR-V a pulvérisé les records de ventes, distançant largement ses poursuivants parmi lesquels on compte le Toyota RAV4 et le Subaru Forester. Il faut reconnaître que Honda a mis toutes les chances de son côté en créant un véhicule réellement polyvalent, facile à conduire et efficace, issu de la plate-forme de la renommée Honda Civic. En reléguant au second plan le côté tout terrain, pour mettre en évidence la sécurité de la traction intégrale, ce constructeur japonais a atteint sa cible de plein fouet.

GAMME

Le CR-V est un véhicule polyvalent à 4 portes et traction intégrale offert en version LX à transmission manuelle ou EX automatique. Elles sont mues par un moteur à 4 cylindres de 2.0L développant 128 ch déjà utilisé sur d'autres modèles de la marque. L'équipement de base des deux finitions est complet puisqu'il inclut dans tous les cas : la direction assistée, le freinage anti-blocage, le régulateur de vitesse, le climatiseur et les principaux asservissements électriques.

TECHNIQUE

La carrosserie du CR-V est monocoque en acier dont l'efficacité aérodynamique est inconnue. Malgré sa garde au sol respectable de 210 mm (8.25 po), ce véhicule ne peut être considéré comme un tout-terrain à part entière du fait qu'il ne dispose pas de boîtier de transfert le dotant d'une gamme de rapports courts, de pneus suffisamment accrocheurs et de plaques protégeant les principaux organes mécaniques.

La suspension qui est indépendante aux quatre roues est constituée de triangles superposés avec amortisseurs hélicoïdaux et barres stabilisatrices. La direction est à crémaillère assistée et le freinage mixte avec l'antiblocage en série. La transmission intégrale ne nécessite aucune intervention de la part du conducteur. Lorsque l'adhérence est parfaite, ce sont les roues avant qui sont motrices, mais si elle vient à se dégrader, les trains avant et arrière sont munis d'une pompe hydraulique tournant en même temps que les roues. Lorsque leur vitesse de rotation diffère, l'augmentation de pression créée par les pompes actionne un embrayage multidisques qui transmet une partie proportionnelle du couple aux roues arrière, selon un rapport qui peut varier de 100% sur l'avant et 0% à l'arrière à 50-50%. Ce dispositif agit, comme son nom l'indique, en temps réel.

En plein dans le mille

POSITIF

+ LE FORMAT. Le CR-V est original parce qu'il constitue la synthèse de plusieurs véhicules. Sa traction intégrale lui permet d'évoluer de manière sécuritaire sur différentes surfaces, on y est assis très droit et on peut passer des places avant aux places arrière un peu comme dans une mini-fourgonnette. Il possède quatre portes battantes comme une familiale, se conduit très facilement et se comporte comme une simple automobile, dont il offre les performances et les normes de sécurité.

+ LA CONDUITE. Elle est facile et pas spécialisée du tout. Les commandes sont douces et précises, la visibilité excellente sous tous les angles et les performances du moteur suffisamment enjouées pour agrémenter les ballades.

+ LE CÔTÉ PRATIQUE. Le CR-V est très polyvalent. On accède facilement à la cabine où les rangements sont aussi nombreux que bien localisés. La tablette repliable située entre les sièges avant, comme la table de pique-nique servant aussi de plancher dans la soute à bagages, attestent de l'imagination des concepteurs de Honda. Le volume cargo est facile à moduler, en repliant aisément le dossier de la banquette séparé 40/60. Le hayon en deux parties est facile à utiliser et facilite l'accès à la soute.

+ LA TENUE DE ROUTE. Malgré le débattement important des roues, le roulis est bien contrôlé et la motricité favorise le passage des courbes où le CR-V se montre agile.

+ LA QUALITÉ. Malgré l'aspect léger des éléments de carrosserie et de certains matériaux de finition, L'assemblage et la finition sont rigoureux et la fiabilité semble à la hauteur des autres modèles Honda selon les premiers propriétaires.

+ LES PERFORMANCES. Le petit 2.0L procure des accélérations et des reprises comparables à celles de véhicules possédant des moteurs beaucoup plus gros et gourmands.

+ LA MANIABILITÉ. Le court diamètre de braquage, la démultiplication raisonnable et l'excellente visibilité facilitent les évolutions dans la jungle urbaine.

+ LE PRIX. Il est raisonnable si l'on tient compte de son équipement complet. Il se compare très favorablement à celui d'un Cherokee 4 cylindres auquel il faudrait ajouter quelques options pour obtenir l'équivalence.

+ LE RENDEMENT. Le 2.0L procure un rapport poids-puissance décent de 10.5 kg/ch et se contente en moyenne de 12 litres aux 100 km.

NÉGATIF

- LA DIRECTION. Elle est un peu trop assistée, mais surtout elle a une réponse élastique qui n'est pas toujours agréable et son centrage n'est pas automatique.

- LE FREINAGE. Il pourrait être plus efficace car il manque de mordant à l'attaque et les distances des arrêts de secours sont longues. Toutefois son dosage est progressif et précis et les trajectoires bien rectilignes grâce à l'antiblocage qui travaille fort pour parvenir à ses fins.

- LE NIVEAU SONORE. Il est élevé en tout temps à cause de la configuration de la cabine et du manque d'insonorisant qui empêche d'isoler plus efficacement la mécanique et les trains de roulement. La tôlerie est légère et portes et capot sonnent creux lorsqu'on les ferme.

- LES LIMITES D'UTILISATION. Le CR-V n'est pas un véritable tout-terrain, mais plutôt un «tout-chemin». La faible protection des organes mécaniques dissuade d'aller se promener en pleine nature, car seul le réservoir de carburant est protégé par une plaque métallique.

- À REVOIR : certaines commandes mal situées, le sélecteur de la boîte de vitesses, le frein à main qui ne sont pas plus pratiques l'un que l'autre, les roues trop petites, l'essuie-glace arrière non intermittent.

CONCLUSION

En créant, à partir d'une base éprouvée, un véhicule parfaitement adapté à la majorité des utilisateurs du nouveau segment des véhicules polyvalents compacts, Honda a misé en plein dans le mille et récolté immédiatement le tribut de sa perspicacité.

ÉVALUATION
HONDA CR-V

CONCEPTION : **74%**
Technique :	85
Sécurité :	80
Volume cabine :	70
Volume coffre :	55
Qualité/finition :	80

CONDUITE : **58%**
Poste de conduite :	75
Performances :	50
Comportement :	50
Direction :	75
Freinage :	40

ÉQUIPEMENT D'ORIGINE : **75%**
Pneus :	80
Phares :	85
Essuie-glace :	80
Dégivreur :	70
Radio :	60

CONFORT : **73%**
Sièges :	75
Suspension :	80
Niveau sonore :	40
Commodités :	90
Climatisation :	80

BUDGET : **64%**
Prix d'achat :	40
Consommation :	70
Assurance :	55
Satisfaction :	90
Dépréciation :	65

Moyenne générale: **68.8%**

NOUVEAU POUR 1999

• La teinte de carrosserie «or».

MOTEURS / TRANSMISSIONS / PERFORMANCES

Modèles/versions	Type / distribution soupapes / carburation	Cylindrée cc	Puissance ch @ tr/mn	Couple lb.pi @ tr/mn	Rapport volumét.	Roues motrices / transmissions	Rapport de pont	Accél. 0-100 km/h s	400 m D.A. s	1000 m D.A. s	Reprise 80-120 km/h s	Freinage 100-0 km/h m	Vites. maxi. km/h	Accélér. latérale G	Niveau sonore dBA	Consommation l./100km Ville	Route	Carburant Octane
LX	L4* 2.0 DACT-16 IEMP	1973	128 @ 5500	137 @ 4300	9.2 :1	toutes - M5	ND											
EX	L4* 2.0 DACT-16 IEMP	1973	128 @ 5500	137 @ 4300	9.2 :1	toutes - A4	4.36	11.0	17.7	32.0	7.6	42	155	0.75	69	13.0	8.0	R 87

PRIX & ÉQUIPEMENTS

HONDA CR-V	LX	EX
Prix maxi $:	25 800	27 600
Prix mini $:	23 610	25 255
Transport & préparation $:	340	340
Boîte automatique:	O	S
Régulateur de vitesse:	S	S
Direction assistée:	S	S
Système antiblocage des freins:	S	S
Système antipatinage:	-	-
Climatiseur:	S	S
Garnitures en cuir:	-	-
Radio MA/MF/ Cassette:	O	SDc
Serrures électriques:	S	S
Lève-vitres électriques:	S	S
Volant ajustable:	S	S
Rétroviseurs ext. ajustables:	S	S
Jantes en alliage léger:	-	S
Système antivol:	-	-

Couleurs disponibles
Extérieur: Noir, Rouge, Argent, Vert, Bleu, Or.

Intérieur: Gris.

EN BREF...

HISTORIQUE
Catégorie:	véhicules polyvalents à traction intégrale. **Classe :** utilitaires
Inauguré en:	1997
Fabriqué à:	Saima, Japon.

PROFIL DE CLIENTÈLE
Modèle	Hom./Fem.	Âge moyen	Mariés	CEGEP	Revenus
CR-V	ND				

INDICES
Sécurité:	80 %	**Satisfaction:**	88 %
Dépréciation:	35 %	**Assurance:**	975 $
Prix de revient au km:	0.47 $	**Nbre de concessionnaires:**	59

VENTES
Modèle	1996	1997	Résultat	Part de marché
CR-V	-	4 077		39.8 %

PRINCIPAUX MODÈLES CONCURRENTS
CHEVROLET Tracker, JEEP Cherokee, SUBARU Forester, SUZUKI Sidekick, TOYOTA RAV4.

ENTRETIEN REQUIS PAR LA GARANTIE
Première révision:	**Fréquence:**	**Prise de diagnostic:**
6 000 km	6 000 km	Oui

CARACTÉRISTIQUES

Modèles	Versions	Carrosseries/Sièges	Volume cabine l.	Volume coffre l.	Cx	Empat. mm	Long x larg x haut. mm x mm x mm	Poids à vide kg	Susp. av/ar	Freins av/ar	Direction type	Diamètre braquage m	Tours volant b à b.	Réser. essence l.	dimensions	Pneus d'origine marque	modèle	Mécanique d'origine
HONDA		Garantie générale: 3 ans / 60 000 km; mécanique: 5 ans 100 000 km.																
CR-V	LX	fam. 4 p. 5	2773	837	ND	2620	4470x1750x1705	1335	ih/ih	d/t/ABS	crém.ass.	10.6	3.0	58.0	205/70R15	Bridgestone	Dueler H/T	L4/2.0/M5
CR-V	EX	fam. 4 p. 5	2773	837	ND	2620	4470x1750x1705	1350	ih/ih	d/t/ABS	crém.ass.	10.6	3.0	58.0	205/70R15	Bridgestone	Dueler H/T	L4/2.0/A4

HONDA Odyssey
Le grand jeu...

Honda est le dernier constructeur en date à entrer de plein pied sur le marché de la mini-fourgonnette. Après avoir essayé de couper les coins rond en improvisant un hybride, mi-voiture, mi-fourgonnette qui n'a finalement satisfait personne, le constructeur japonais revient à la charge avec un modèle spécifiquement adapté au marché nord-américain, d'un calibre semblable à celui des véhicules qui battent des records de vente depuis près de quinze ans, les Grand Caravan-Voyager. Le nouvel Odyssey est calqué sur eux et aussi sur le Windstar qui ne fait pas si mal non plus depuis ces dernières années. Toutefois le créneau dans lequel ce nouveau produit va s'insérer se situe au milieu du segment entre les modèles déjà bien équipés comme les versions Sport de Dodge et les versions de luxe comme le Silhouette d'Oldsmobile.

Depuis sa création en 1983, le marché de la mini-fourgonnette a évolué et subit des transformations importantes. Alors que les ventes n'ont cessé d'augmenter, elles vont se stabiliser au seuil de l'an 2000. Qu'on le veuille ou non, ce véhicule est par excellence celui de la famille, ce qui explique qu'aucun constructeur ne puisse vraiment se passer d'en avoir un dans une gamme de généraliste. La clientèle cible est précisément connue, mais Honda s'est attaché non pas à constater ce que l'on sait déjà sur elle, mais plutôt vers qui elle allait évoluer pour tenter de créer le véhicule qui aura le plus de chance de la satisfaire. Les chercheurs de Honda ont ainsi constaté que les clients utilisent leur mini-fourgonnette de façon très différente de ceux des autres types de véhicules. Le premier critère est la spaciosité, parce que si l'on dispose d'un volume important on peut faire beaucoup de choses. Encore faut-il que la conception permette de moduler

l'espace en fonction des besoins de chacun. Cette notion de modularité n'est pas nouvelle mais elle n'est pas partagé de manière égale entre les constructeurs. Chrysler et Ford ne veulent pas en entendre parler alors que General Motors l'a inclus dans le cahier des charges des Venture, Trans Sport et Silhouette lorsqu'il s'est agit de le redéfinir. D'une petite équipe de mini-ligue de base-ball à des feuilles de contre-plaqué en passant par des meubles antiques ou des chiens de chasse, l'adaptation de la cabine peut varier du tout au tout. Si on ne se posait pas ce genre d'état d'âme il y a dix ans, aujourd'hui ce genre de véhicule doit se raffiner et se perfectionner pour garder la faveur de sa clientèle-type.

Toutefois il demeure des impératifs auxquels on ne peut pas toucher. La mini-fourgonnette, doit être spacieuse, mais se garer facilement en ville et rentrer dans un garage prévu pour une automobile. Le moteur V6 est la norme établie pour la motorisation qui doit être économique et la transmission automatique un autre élément intangible. Le domaine dans lequel Honda pouvait apporter sa contribution pour faire progresser cette espèce de véhicule, se résumait finalement au moteur, à la suspension et à la sécurité, des domaines où ce constructeur a déjà fait sa marque depuis fort longtemps sur ses automobiles. C'est pourquoi on constate que le V6 de 3.5L est le plus puissant du marché et la suspension la première à être indépendante comme sur une automobile. De là à perfectionner le comportement en contournant le problème du centre de gravité, en maîtrisant le roulis et en améliorant le freinage il n'y avait qu'un pas que Honda a franchi brillamment. La nouvelle Odyssey apporte une contribution importante, une nouvelle approche, moins utilitaire et plus automobile qui va forcer la concurrence à suivre cette direction.

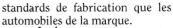

Après le semi-échec du premier Odyssey qui n'était en fait qu'une Accord familiale rehaussée, Honda a décidé de jouer le grand jeu et d'attaquer le marché de front avec un véhicule réellement compétitif. Pour ce faire il a suivi le même chemin que Ford et opté pour un empattement unique, long, limitant la gamme à un seul modèle polyvalent. Partant du principe que «qui peut le plus, peut le moins», Honda a adapté l'idée de la mini-fourgonnette à sa philosophie de produit, en tentant de définir ce qui inciterait les nouveaux clients à entrer dans la famille et ceux qui y sont déjà à ne pas en sortir...

GAMME

La «grande Odyssey» est une mini-fourgonnette à part entière, offerte dans un seul format allongé offrant 7 places. Elle est munie de 4 portes dont deux coulissantes. Elle est proposée en versions LX et EX, toutes deux équipées de la même mécanique constituée d'un moteur V6 de 3.5 L avec transmission automatique à 4 rapports à gestion électronique.

L'équipement de série du LX comprend le climatiseur, le système antiblocage des roues, les vitres, les serrures et les glaces de custode à commande électrique, le régulateur de vitesse, la colonne de direction ajustable, une radiocassette et système antivol avec immobilisateur. Le EX ajoute à tout cela, la motorisation des portes coulissantes, l'antipatinage, le siège du conducteur à plusieurs ajustements assistés, une chaîne stéréo incluant un lecteur de disques compacts, un système d'entrée sans clé, un climatiseur automatique, des jantes en alliage léger de 16 pouces et des rétroviseurs extérieurs à commandes électrique.

TECHNIQUE

La carrosserie du nouvel Odyssey est monocoque en acier dont certains panneaux très exposés sont galvanisés. Elle est basée sur un cadre très rigide intégré à la plate-forme. La caisse elle même comporte quatre cercles formant les piliers qui supportent le toit et renforce la cohésion de l'ensemble. Sa finesse aérodynamique n'est pas officiellement connue, mais sa ligne fuyante ne devrait pas réserver de mauvaise surprise.

La suspension est indépendante aux quatre roues, chose rare chez les mini-fourgonnettes. À l'avant elle s'inspire de l'épure de MacPherson, avec un levier inférieur coulé de forme triangulaire, tandis qu'à l'ar-

rière elle comporte des doubles leviers triangulés typiques de la conception de Honda. À l'avant de gros coussinets de caoutchouc amoindrissent les chocs en provenance de la route, alors qu'à l'arrière un faible pincement élastique a été intégré aux bras transversaux pour permettre un effet de braquage permettant de résister aux pressions latérales comme celle du vent. Les freins sont à disques et tambours et le dispositif antiblocage standard sur les deux versions qui bénéficient aussi d'un dispositif de répartition électronique qui déleste la pression sur les roues arrière lorsqu'un blocage des roues est imminent. La EX est la seule à recevoir en série un antipatinage électronique utilisant les capteurs de l'ABS.

POSITIF

+ L'HABITABILITÉ. En optant pour le grand format, Honda a maximisé les chances de sa dernière mini-fourgonnette, de plaire au plus grand nombre. On peut moduler l'espace intérieur en fonction des besoins de chacun grâce aux sièges individuels amovibles et à la dernière banquette qui s'escamote dans le plancher de la soute.

+ LE COMPORTEMENT. Il s'inspire de celui des automobiles de la marque en profitant d'un centre de gravité placé assez bas ce qui favorise l'assiette en courbe, surtout que les voies sont les plus larges de la catégorie. Bien contrôlé, le roulis est modéré et l'Odyssey s'inscrit facilement dans des courbes de diamètres différents.

+ LES PERFORMANCES. Avec 210 ch la dernière mini-fourgonnette de Honda passe en avant de la Windstar pour ce qui est de la puissance. L'Odyssey accélère franchement pour passer de 0 à 96 km/h (0-60 m/h) en moins de 10 secondes ce qui est remarquable pour un véhicule à moteur V6 de 3.5L pesant tout de même plus de 2 tonnes avec une personne à bord...

+ L'ÉQUIPEMENT. Il est très complet même sur le LX, ce qui explique le positionnement de l'Odyssey dans le segment supérieur où il s'opposera aux versions luxueuses des constructeurs américains.

+ LA QUALITÉ. Elle a présidé à tous les stades de l'élaboration de ce modèle, de l'ingénierie, à la fabrication puis au soin apporté à la finition, puisque ce nouveau véhicule présentait les mêmes tolérances et

standards de fabrication que les automobiles de la marque.

+ LE CÔTÉ PRATIQUE. La modularité de l'habitacle permet d'adapter l'Odyssey à une foule d'utilisations. Dans la cabine les rangements pullulent. Citons la boîte à gants de bonne taille, le coffret situé au bas de la console, les vide-poches de portières et le plateau escamotable situé entre les sièges avant, hérité du CR-V.

+ LE SIÈGE MAGIQUE. Quelle bonne idée que d'avoir repris de la première Odyssey cette banquette qui se replie et s'escamote dans le plancher de la soute à bagages. De plus lorsqu'elle est utilisée, son logement empêche les bagages qui y sont entreposés de se déplacer.

+ UN BON POINT : pour le soucis du détail. Ainsi on trouve un repose-pied pour le conducteur, chose rare dans une mini-fourgonnette, pour les appuie-tête installés en série à toutes les places.

NÉGATIF

- LE TABLEAU DE BORD. Il est curieusement massif et haut. Sa masse bouche visuellement la partie avant de la cabine, ce qui va à l'encontre des tendances actuelles.

- LES PORTES MOTORISÉES. Si leur motorisation présente un certain intérêt, elle tient du gadget comparé à la complexité de leur mécanisme.

- LE CONFORT. S'il n'est pas vraiment inconfortable, le roulement n'a pas le velouté de celui d'un Grand Caravan ou d'un Windstar. De surcroît, les sièges pourraient être à la fois plus moelleux et mieux galbés à l'arrière où les banquettes sont rigoureusement plates, mais aussi à l'avant où cela est gênant.

- LA PRÉSENTATION. Elle est fade à l'intérieur ou selon des coloris des garnitures elle fait très ordinaire et on n'a pas l'impression d'avoir affaire à un produit de luxe, compte tenu du prix auquel il est proposé.

- LA ROUE DE SECOURS. Elle n'est pas très pratique à atteindre, cachée dans un logement situé dans le plancher en arrière du siège du conducteur. Elle offre au moins l'avantage de ne pas se salir et de se faire oublier...

CONCLUSION

S'il fallait trouver une définition à l'emporte pièce, nous dirions que la nouvelle Odyssey est sans doute la mini-fourgonnette dont la conduite et les réactions se rapprochent le plus de celles d'une automobile et particulièrement d'une Honda Accord...

ÉVALUATION
HONDA Odyssey

CONCEPTION :   **79%**
Technique :	80
Sécurité :	80
Volume cabine :	90
Volume coffre :	65
Qualité/finition :	80

CONDUITE :   **63%**
Poste de conduite :	75
Performances :	50
Comportement :	50
Direction :	80
Freinage :	60

ÉQUIPEMENT D'ORIGINE :   **78%**
Pneus :	80
Phares :	80
Essuie-glace :	75
Dégivreur :	80
Radio :	75

CONFORT :   **70%**
Sièges :	75
Suspension :	70
Niveau sonore :	50
Commodités :	80
Climatisation :	75

BUDGET :   **66%**
Prix d'achat :	40
Consommation :	70
Assurance :	55
Satisfaction :	90
Dépréciation :	75

Moyenne générale :   **71.2%**

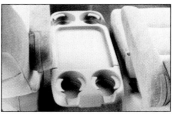

NOUVEAU POUR 1999

• Toute nouvelle minifourgonnette de plus grande dimension à doubles portes coulissantes avec moteur V6 3.5L de 210 ch.

MOTEURS

Modèles/ versions	Type / distribution soupapes / carburation	Cylindrée cc	Puissance ch @ tr/mn	Couple lb.pi @ tr/mn
LX, EX	V6 3.5 SACT-24-IEPMP	3471	210 @ 5200	229 @ 4300

TRANSMISSIONS

Rapport volumét.	Roues motrices / transmissions	Rapport de pont
9.4 :1	avant - A4	3.91

PERFORMANCES

Accélér. 0-100 km/h s	400 m D.A. s	1000 m D.A. s	Reprise 80-120 km/h s	Freinage 100-0 km/h m	Vites. maxi. km/h	Accélér. latérale G	Niveau sonore dBA	Consommation l./100km Ville	Route	Carburant Octane
9.6	17.0	31.0	6.8	42	190	0.75	68	12.0	9.2	R 87

PRIX & ÉQUIPEMENTS

HONDA Odyssey	LX	EX
Prix maxi $:	29 800	-
Prix mini $:	27 270	-
Transport & préparation $:	340	-
Boîte automatique :	S	S
Régulateur de vitesse :	S	S
Direction assistée :	S	S
Système antiblocage des freins :	S	S
Système antipatinage :	-	S
Climatiseur :	SM	SA
Garnitures en cuir :	-	-
Radio MA/MF/ Cassette :	S	SDc
Serrures électriques :	S	S
Lève-vitres électriques :	S	S
Volant ajustable :	S	S
Rétroviseurs ext. ajustables :	SE	SE
Jantes en alliage léger :	-	S
Système antivol :	S	S

Couleurs disponibles

Extérieur : Bleu, Vert, Beige, Argent.

Intérieur : Gris, Ivoire, Vert.

EN BREF...

Catégorie :	familiales compactes tractées.			**Classe :** 4

HISTORIQUE

Inauguré en :	1999
Fabriqué à :	Alliston, Ontario, Canada

PROFIL DE CLIENTÈLE

Modèle	Hom./Fem.	Âge moyen	Mariés	CEGEP	Revenus
Odyssey	78/22 %	48 ans	91 %	51 %	69 000 $

INDICES

Sécurité :	90 %	Satisfaction :	87 %
Dépréciation :	25 %	Assurance :	975 $
Prix de revient au km :	0.49 $	Nbre de concessionnaires :	59

VENTES

Modèle	1996	1997	Résultat	Part de marché
Odyssey	867	522	- 39.8 %	1.7 %

PRINCIPAUX MODÈLES CONCURRENTS

CHEVROLET Venture, DODGE Caravan, MAZDA MPV, MERCURY Villager, NISSAN Quest, PLYMOUTH Voyager, PONTIAC Montana, TOYOTA Sienna, VW EuroVan.

ENTRETIEN REQUIS PAR LA GARANTIE

Première révision :	Fréquence :	Prise de diagnostic :
6 000 km	6 000 km	Oui

CARACTÉRISTIQUES

Modèles	Versions	Carrosseries/ Sièges	Volume cabine l.	Volume coffre l.	Cx	Empat. mm	Long x larg x haut. mm x mm x mm	Poids à vide kg	Susp. av/ar	Freins av/ar	Direction type	Diamètre braquage m	Tours volant b à b.	Réser. essence l.	dimensions	Pneus d'origine marque	modèle	Mécanique d'origine
HONDA		Garantie générale : 3 ans / 60 000 km; mécanique : 5 ans / 100 000 km.																
Odyssey	LX	fam.4 p.6/7	3812	711	ND	3000	5110x1920x1740	1910	ih/ih	d/t/ABS	crém.ass.	11.48	3.0	75.7	215/65R16	Goodyear	Conquest	V6/3.5/A4
Odyssey	EX	fam.4 p.6/7	3812	711	ND	3000	5110x1920x1740	1945	ih/ih	d/t/ABS	crém.ass.	11.48	3.0	75.7	215/65R16	Goodyear	Conquest	V6/3.5/A4

Bien qu'il ne soit le plus répandu, le coupé Prelude a connu depuis sa remise à jour, voici deux ans, un regain de succès digne des grandes années... Cela s'explique entre autres par la disparition de nombreux modèles de cette catégorie, faute d'avoir été remis à jour en temps et en heure... En corrigeant les erreurs qu'il avait commis sur le modèle précédent, Honda a choisi de le doter d'une mécanique sophistiquée pour en faire un véhicule sportif original et ayant véritablement quelque chose à offrir. De plus sa ligne particulière avait pour but d'attirer l'attention.

GAMME

Le Honda Prelude est commercialisé en deux versions, de base et Type SH, équipées de la même mécanique comprenant un moteur de 2.2L avec transmission manuelle à 5 vitesses en série. Curieusement seul le modèle de base pourra recevoir la transmission automatique à 4 rapports à sélection séquentielle qui est offerte en option. L'équipement d'origine comprend les quatre freins à disque avec dispositif antiblocage des roues, qui sont des 16 pouces pourvues de jantes en alliage léger. À l'intérieur on trouve un climatiseur, un régulateur de vitesse, une colonne de direction ajustable, des serrures, vitres et rétroviseurs à commande électrique, un toit ouvrant et un système antivol. La version Type SH y ajoute le pommeau du sélecteur gainé de cuir et le système ATTS pour Active Torque Transfer System.

TECHNIQUE

La carrosserie du dernier Prelude est plus longue et plus haute, afin d'améliorer l'espace des places arrière et du coffre à bagages. Monocoque en acier elle a été rigidifiée afin d'améliorer le comportement tout en réduisant de manière importante la transmission des bruits, des vibrations et des secousses. La nouvelle structure est 55% plus résistante en torsion et 40% en flexion. Par rapport au modèle précédent cela a permis d'abaisser le niveau sonore de 3.5 décibels sur mauvais revêtement. Toujours pour abaisser le niveau sonore, l'échappement et l'admission ont été révisés et les passages de roues recouverts de panneaux sandwich visant à diminuer la transmission des bruits de roulement. La nouvelle transmission automatique à sélection séquentielle baptisée «Sport-Shift» est gérée par un processeur de plus grande capacité permettant d'adopter un procédé d'engagement

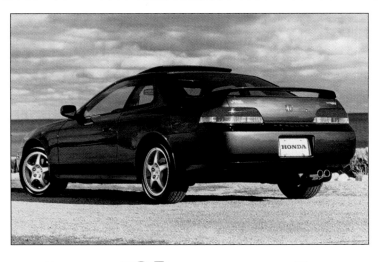

La fièvre du samedi soir...

linéaire de l'embrayage afin qu'il soit plus progressif. Le sélecteur est particulier, car en plus de se déplacer longitudinalement il se déplace aussi latéralement afin de permettre une sélection manuelle sans avoir à commander l'embrayage. Un indicateur au tableau de bord permet de savoir à tout moment quel mode et quel rapport sont engagés. La version Type SH sera pourvue de l'ATTS. Il s'agit d'un dispositif permettant de faire varier le régime de rotation et le couple de la roue intérieure en virage pour éviter qu'elle patine et annuler la tendance à vouloir «tirer droit».

POSITIF

+ LES PERFORMANCES. Elles sont un peu plus évidentes que celles de l'ancien modèle et le fait que les deux versions disposent de la

même puissance. Les accélérations comme les reprises sont brillantes grâce à un moteur moderne à la fine pointe de la technologie qui ne demande qu'à révolutionner et on sent nettement le second souffle de l'effet VTEC au-dessus de 5 000 tr/mn, sans que la consommation ne devienne alarmante.

+ LE COMPORTEMENT. Il constitue sans aucun doute le point fort de ce modèle dont la suspension sophistiquée remplit parfaitement son mandat puisqu'il est facile d'inscrire le Prelude dans toutes sortes de virage le guidage des trains de roulement étant très précis et le roulis aussi limité que les mouvements de caisse.

+ LA CONDUITE. Elle est très agréable de la facilité à guider ce véhicule avec grande précision, la direction étant aussi douce, directe

et bien dosée ainsi que du mode de sélection ultra-rapide de la boîte séquentielle qui permet d'exploiter les ressources du moteur jusqu'au quatrième rapport.

+ LE FREINAGE. Il est très efficace et aussi facile à doser avec précision que son action est progressive ou l'action intelligente de l'antiblocage tandis que les distances des arrêts panique se situent dans la moyenne.

+ LA PRÉSENTATION. Le tableau de bord du modèle actuel est infiniment plus rationnel que celui du précédent. Les commandes comme les contrôles y sont disposés de manière ergonomique, mais sans aucune fantaisie puisque la seule teinte de garniture disponible reste le noir... Toutefois la qualité des matériaux s'est améliorée, car les matières plastiques et le tissu des garnitures ont apparence flatteuse.

+ LE CÔTÉ PRATIQUE. Les rangements que l'on trouve dans la cabine du Prelude, sont bien répartis et de taille convenable. De son côté le coffre est plus haut que long ou large et sa contenance reste modeste surtout qu'il ne communique avec la cabine autrement que par un trou à skis.

NÉGATIF

- LE PRIX. Le Prelude est cher et sa revente pas aussi rapide ni profitable qu'à une certaine époque.

- LA DIRECTION. En certaines circonstances elle devient sensible et semble procéder par à-coups un phénomène dû à la pompe de l'assistance.

- LE CONFORT. Il ne rime pas avec Sport puisque le Prelude n'offre pas quatre vraies places, que sa suspension est inflexible et le niveau sonore parfois envahissant.

- L'ACCÈS. Il est limité aux places avant par le faible angle d'ouverture des portes et la forte inclinaison du pare-brise, qu'à l'arrière où les dégagements sont encore trop limités en longueur et en hauteur, pour que l'opération soit considérée comme périlleuse.

- LA QUALITÉ. Celle de certains accessoires comme la radio qui fait pitié sur un véhicule de ce prix, les phares ou les essuie-glace dont le rendement est médiocre.

CONCLUSION

Amusant à conduire, le Prelude est un plaisir cher et raffiné qui se déguste en solitaire. S'il a survécu à la tempête qui a fait le vide autour de lui, il lui manque quelques atouts tels un confort et un côté pratique plus évident pour en faire un véhicule plus polyvalent dans la vie de tous les jours... ☺

ÉVALUATION HONDA Prelude

CONCEPTION :		61%
Technique :	85	
Sécurité :	80	
Volume cabine :	30	
Volume coffre :	30	
Qualité/finition :	80	
CONDUITE :		**72%**
Poste de conduite :	80	
Performances :	70	
Comportement :	65	
Direction :	80	
Freinage :	65	
ÉQUIPEMENT D'ORIGINE :		**77%**
Pneus :	80	
Phares :	80	
Essuie-glace :	75	
Dégivreur :	70	
Radio :	80	
CONFORT :		**76%**
Sièges :	85	
Suspension :	70	
Niveau sonore :	70	
Commodités :	80	
Climatisation :	75	
BUDGET :		**59%**
Prix d'achat :	35	
Consommation :	70	
Assurance :	45	
Satisfaction :	85	
Dépréciation :	60	
Moyenne générale :		**69.0%**

NOUVEAU POUR 1999

- Le moteur sans mise au point avant 160,000km dont la puissance passe de 195 @ 200ch.
- Les garnitures en cuir standard dans la version Type SH.
- Le système d'entrée sans clé.
- Le climatiseur comprenant un filtreur de particules d'air.
- La calandre forme nid d'abeilles avec logo Prelude.

MOTEURS / TRANSMISSIONS / PERFORMANCES

Modèles/versions	Type / distribution soupapes / carburation	Cylindrée cc	Puissance ch @ tr/mn	Couple lb.pi @ tr/mn	Rapport volumét.	Roues motrices / transmissions	Rapport de pont	Accélér. 0-100 km/h s	400 m D.A. s	1000 m D.A. s	Reprise 80-120 km/h s	Freinage 100-0 km/h m	Vites. maxi. km/h	Accélér. latérale G	Niveau sonore dBA	Consommation l./100km Ville	Route	Carburant Octane
base	L4* 2.2 DACT-16-IEPM	2157	200 @ 7000	156 @ 5250	10.0 :1	avant - M5*	4.266	7.2	15.2	26.5	5.2	42	220	0.81	70	10.8	8.4	S 91
SportShift	L4* 2.2 DACT-16-IEPM	2157	190 @ 6600	156 @ 5250	ND	avant - A4	4.785	8.5	16.6	29.5	6.0	41	210	0.81	70	10.9	7.9	S 91

PRIX & ÉQUIPEMENTS

HONDA Prelude	base	Type SH
Prix maxi $:	27 600	31 300
Prix mini $:	25 255	28 645
Transport & préparation $:	300	300
Boîte automatique :	O	-
Régulateur de vitesse:	S	S
Direction assistée:	S	S
Système antiblocage des freins:	S	S
Système antipatinage:	-	S
Climatiseur:	S	S
Garnitures en cuir:	-	S
Radio MA/MF/ Cassette:	S Dc	S Dc
Serrures électriques:	S	S
Lève-vitres électriques:	S	S
Volant ajustable:	S	S
Rétroviseurs ext. ajustables:	SE	SE
Jantes en alliage léger:	S	S
Système antivol:	S	S

Couleurs disponibles
Extérieur: Noir, Rouge, Bleu, Blanc.

Intérieur: Noir.

EN BREF...

Catégorie: coupés sportifs tractés. **Classe :** S

HISTORIQUE
Inauguré en: 1979-1997.
Fabriqué à: Sayama, Japon.

PROFIL DE CLIENTÈLE
Modèle	Hom./Fem.	Âge moyen	Mariés	CEGEP	Revenus
Prelude	54/46 %	31 ans	32 %	49 %	63 000 $

INDICES
Sécurité:	80 %	Satisfaction:	87 %
Dépréciation:	38 %	Assurance:	1 175-1 285 $
Prix de revient au km:	0.48 $	Nbre de concessionnaires:	59

VENTES
Modèle	1996	1997	Résultat	Part de marché
Prelude	224	500	+ 123.2 %	3.5 %

PRINCIPAUX MODÈLES CONCURRENTS
ACURA Integra GS-R, CHEVROLET Camaro V6, FORD Mustang, PONTIAC Firebird V6, TOYOTA Celica.

ENTRETIEN REQUIS PAR LA GARANTIE
Première révision:	Fréquence:	Prise de diagnostic:
6 000 km	6 000 km	Oui

CARACTÉRISTIQUES

Modèles	Versions	Carrosseries/ Sièges	Volume cabine l.	Volume coffre l.	Cx	Empat. mm	Long x larg x haut. mm x mm x mm	Poids à vide kg	Susp. av/ar	Freins av/ar	Direction type	Diamètre braquage m	Tours volant b à b.	Réser. essence l.	dimensions	Pneus d'origine marque	modèle	Mécanique d'origine
HONDA							Garantie générale: 3 ans / 60 000 km; mécanique: 5 ans 100 000 km.											
Prelude	base	cpé. 2 p. 4	2218	246	-	2585	4522x1752x1315	1340	ih/ih	d/ABS	crém.ass.	11.0	2.8	60.0	205/50R16	Bridgestone	Potenza R 92	L4/2.2/M5
Prelude	Type SH	cpé. 2 p. 4	2218	246	-	2585	4522x1752x1315	1380	ih/ih	d/ABS	crém.ass.	11.0	2.7	60.0	205/50R16	Bridgestone	Potenza R 92	L4/2.2/M5

Cette petite voiture a été la première de l'actuelle génération de Hyundai à afficher un changement radical de la stratégie du constructeur coréen, quant à la position de ses produits dans le monde, face à la concurrence japonaise. Auparavant, il se contentait d'utiliser une technologie quelque peu dépassée qui lui permettait d'offrir ses modèles à un prix moindre. Cette approche a été pour le moins catastrophique en Amérique du Nord où le manque de qualité, de fiabilité voire de service ne pardonne pas. Depuis qu'elle a remplacé l'Excel (qui portait bien mal son nom) l'Accent n'a pas cessé de voir ses ventes grimper les barreaux du palmarès pour se retrouver en bonne compagnie derrière la Honda Civic et la Toyota Tercel...

Mini pot...

GAMME

L'Accent existe sous la forme d'un coupé 3 portes en versions L, GSi et d'une berline à 4 portes en version GL. Elles disposent toutes du même moteur 4 cylindres de 1.5L à SACT à injection et d'une boîte manuelle à 5 rapports, la transmission automatique à 4 rapports étant offerte contre supplément. L'équipement des L de base ne comprend pas grand chose hormis, le mode intermittent des essuie-glace et des rétroviseurs extérieurs ajustables manuellement et la radiocassette. Les versions GSi/GL y ajoutent la direction assistée. La boîte automatique, le système antiblocage des roues au freinage, les coussins gonflables, le climatiseur, le toit ouvrant et les jantes en alliage léger sont tous facturés en supplément.

TECHNIQUE

L'Accent possède une carrosserie monocoque en acier dont les lignes arrondies procurent un rendement aérodynamique performant avec un cœfficient de 0.31. La suspension est indépendante aux quatre roues avec jambe de force MacPherson à l'avant et doubles biellettes à l'arrière avec barre stabilisatrice sur chacun des essieux. Le freinage est mixte sur tous les modèles mais l'antiblocage optionnel au même titre que les deux coussins gonflables protégeant les places avant.

POSITIF

+ **LE PRIX**. Il est très compétitif, parce qu'il n'inclut pas certains éléments de sécurité essentiels comme les coussins gonflables ou l'antiblocage des roues. L'équipement du modèle 3 portes de base est des plus symboliques, puisqu'il ne comporte même pas la direction assistée que l'on retrouve sur les autres.

+ **L'HABITABILITÉ**. Malgré les dimensions restreintes de la carrosserie elle accueille quatre adultes et leurs bagages dans un confort très honnête, puisque les dégagements sont suffisants en hauteur comme en longueur.

+ **LES PERFORMANCES**. Elles sont plus enlevées avec la transmission manuelle qui permet des accélérations et des reprises supérieures à celles obtenues avec la transmission automatique qui rétrograde à la moindre dénivellation et escamote une bonne partie de la puissance disponible, sans parler du climatiseur... Ici le choix parfait n'existe pas.

+ **LE RENDEMENT**. Il est un des plus économiques sur le marché nord-américain, mais pas autant que celui de certaines concurrentes japonaises.

+ **LE STYLE**. Il est sympathique et amusant avec sa bouille ronde qui a fière allure dans certaines couleurs vive, lorsqu'équipé de jantes en alliage léger.

+ **LA CONDUITE**. Elle est nettement plus agréable avec la direction assistée qui est précise, rapide et permet une excellente maniabilité grâce à son diamètre de braquage court et à ses dimensions modestes.

+ **LE CONFORT**. Elle tire avantage de l'efficacité de la suspension et de la forme des sièges avant qui maintiennent relativement bien les occupants selon leur gabarit.

+ **LA TENUE DE ROUTE**. Elle surprend par sa qualité, sans toutefois s'approcher de celui de certaines rivales japonaises. Celui des versions GSi /GL est plus rassurant grâce à leurs équipement pneumatique plus généreux que celui des L.

+ **LA QUALITÉ**. L'assemblage, la finition et la nature des matériaux a sérieusement progressé et la présentation intérieure est moins banale que chez certaines rivales, bien que l'Accent ne puisse cacher son caractère économique.

NÉGATIF

- **LA DIRECTION**. La manuelle est détestable, car imprécise et trop démultipliée, elle gâche le plaisir de conduire le modèle de base.

- **LES PERFORMANCES**. Elles sont très moyennes car les accélérations et les reprises sont laborieuses surtout lorsque l'Accent est chargée.

- **LA FINITION**. Elle pourrait être plus soignée sans que cela coûte fortune. Certains détails comme le garnissage du coffre font vraiment négligé.

- **LA BOÎTE MANUELLE**. Elle est loin d'être idéale car elle manque à la fois de précision et de rigueur, ce qui provoque quelques frustrations surtout en conduite urbaine où il arrive souvent de confondre le premier et le troisième rapport.

- **LE FREINAGE**. Il n'est pas plus efficace qu'endurant, car les distances d'arrêt d'urgence sont trop longues pour une voiture de ce poids dont les trajectoires sont plutôt fantaisistes quand elle n'est pas pourvue du système antiblocage.

- **ATTENTION**. Les rainures de la chaussée influencent aussi la trajectoire de ces petites voitures hautes sur pattes et il faut particulièrement se méfier des petits pneus de la version de base qui sont glissants.

- **LE BRUIT**. Il reste élevé car le moteur manifeste à la moindre accélération, les bruits de vent et de roulement augmentent rapidement en fonction de la vitesse.

- **L'ODEUR**. Celle que dégage les matières plastiques composant le tableau de bord, a quelque chose de particulièrement écœurant durant les chaudes journées d'été où il faut laisser les vitres entrebâillées pour atténuer ce désagrément.

CONCLUSION

L'abandon progressif des petites voitures de base de gamme ouvre à l'Accent un vaste marché déserté. Il faudrait réviser certains aspects de l'Accent afin qu'elle devienne encore plus compétitive sans que cela influence sérieusement son prix. La clientèle est devenue très difficile, surtout lorsqu'elle n'a pas d'argent...

ÉVALUATION HYUNDAI Accent

CONCEPTION : 61%
Technique : 75
Sécurité : 50
Volume cabine : 50
Volume coffre : 60
Qualité/finition : 70

CONDUITE : 59%
Poste de conduite : 75
Performances : 50
Comportement : 50
Direction : 70
Freinage : 50

ÉQUIPEMENT D'ORIGINE : 70%
Pneus : 70
Phares : 75
Essuie-glace : 70
Dégivreur : 65
Radio : 70

CONFORT : 59%
Sièges : 65
Suspension : 60
Niveau sonore : 40
Commodités : 60
Climatisation : 70

BUDGET : 79%
Prix d'achat : 85
Consommation : 85
Assurance : 80
Satisfaction : 80
Dépréciation : 65

Moyenne générale : 65.6%

NOUVEAU POUR 1999

- Simplification des versions : 3 portes L et GSi, 4 portes GL.
- Jantes d'un design différent sur la GL.
- Une nouvelle teinte de carrosserie.

MOTEURS

Modèles/ versions	Type / distribution soupapes / carburation	Cylindrée cc	Puissance ch @ tr/mn	Couple lb.pi @ tr/mn
base	L4* 1.5 SACT-12-IEPM	1495	92 @ 5500	97 @ 4000

TRANSMISSIONS

Rapport volumét.	Roues motrices / transmissions	Rapport de pont
10.0 :1	avant - M5*	3.842
	avant - A4	3.656

PERFORMANCES

Accélér. 0-100 km/h s	400 m D.A. s	1000 m D.A. s	Reprise 80-120 km/h s	Freinage 100-0 km/h m	Vites. maxi. km/h	Accélér. latérale G	Niveau sonore dBA	Consommation l./100km Ville	Route	Carburant Octane
11.5	17.7	32.8	7.3	45	175	0.76	70	8.3	5.9	R 87
12.8	18.8	34.8	10.2	46	165	0.76	70	8.8	6.2	R 87

PRIX & ÉQUIPEMENTS

HYUNDAI Accent	L	GL	GSi
Prix maxi $:	11 295	12 645	13 195
Prix mini $:	10 275	11 190	11 895
Transport & préparation $:	320	320	320
Boîte automatique :	-	O	O
Régulateur de vitesse :	-	-	-
Direction assistée :	-	S	S
Système antiblocage des freins :	-	O	O
Système antipatinage :	-	-	-
Climatiseur :	-	O	O
Garnitures en cuir :	-	-	-
Radio MA/MF/ Cassette :	S	S	S
Serrures électriques :	-	-	S
Lève-vitres électriques :	-	-	S
Volant ajustable :	-	-	-
Rétroviseurs ext. ajustables :	SM	SM	SE
Jantes en alliage léger :	-	-	S
Système antivol :	-	-	-

Couleurs disponibles
Extérieur : Vert, Argent, Prune, Bleu, Blanc, Noir, Rouge.
Intérieur : Gris-vert.

EN BREF...

Catégorie : berlines et coupés sous-compacts tractés. **Classe :** 3S

HISTORIQUE
Inauguré en : 1995
Fabriqué à : Ulsan, Corée du sud.

PROFIL DE CLIENTÈLE
Modèle	Hom./Fem.	Âge moyen	Mariés	CEGEP	Revenus
Accent	45/55 %	38 ans	53 %	32 %	39 000 $

INDICES
Sécurité : 50 % Satisfaction : 80 %
Dépréciation : 48 % Assurance : 725-780 $
Prix de revient au km : 0.33 $ Nbre de concessionnaires : 49

VENTES
Modèle	1996	1997	Résultat	Part de marché
Accent	3 484	5 801	+ 66.5 %	3.2 %

PRINCIPAUX MODÈLES CONCURRENTS
CHEVROLET Metro, HONDA Civic, NISSAN Sentra, SATURN SL1, TOYOTA Tercel.

ENTRETIEN REQUIS PAR LA GARANTIE
Première révision : 5 000 km
Fréquence : 10 000 km
Prise de diagnostic : Non

CARACTÉRISTIQUES

Modèles	Versions	Carrosseries/ Sièges	Volume cabine l.	Volume coffre l.	Cx	Empat. mm	Long x larg x haut. mm x mm x mm	Poids à vide kg	Susp. av/ar	Freins av/ar	Direction type	Diamètre braquage m	Tours volant b à b.	Réser. essence l.	dimensions	Pneus d'origine marque	modèle	Mécanique d'origine
HYUNDAI							Garantie générale : 3 ans / 60 000 km; mécanique : 5 ans / 100 000 km; corrosion perforation : 5 ans/100 000 km; antipollution : 5 ans/ 60 000 km.										
Accent	L	cpé. 3 p.4	2492	456	0.31	2400	4923x1621x1394	953	ih/ih	d/t	crém.	9.69	3.9	45.0	155/80R13	General	HP 40	L4/1.5/M5
Accent	GSi	cpé. 3 p.4	2492	456	0.31	2400	4923x1621x1394	959	ih/ih	d/t	crém.ass.	9.69	3.9	45.0	175/70R14	General	HP 40	L4/1.5/M5
Accent	GL	ber. 4 p.4	2492	303	0.31	2400	4117x1621x1394	961	ih/ih	d/t	crém.ass.	9.69	3.9	45.0	175/70R14	General	HP 40	L4/1.5/M5

L'Elantra est un peu la Corolla de Hyundai, bien qu'un monde de popularité sépare ces deux modèles qui partagent le segment des compactes. Depuis sa dernière refonte en 1995, cette petite voiture toute simple a vu sa cote de popularité remonter la pente et les commentaires des utilisateurs se font de plus en plus élogieux à son endroit. C'est à notre avis la seule manière de reconquérir le terrain perdu au chapitre de la crédibilité, lors des premières années d'établissement de cette marque en Amérique du Nord. Petit train va loin...

Un outil efficace...

GAMME

L'Elantra est disponible en berline ou familiale à 4 portes en versions GL et GLS. Toutes sont équipées cette année du moteur de 2.0L déjà installé dans le Tiburon, assisté d'une transmission manuelle à 5 vitesses en série sur les deux versions ou automatique à 4 rapports fonctionnant selon le mode sport ou normal, en option.

Comme sur l'Accent de base l'équipement des Elantra GL est des plus pauvres puisqu'il ne comprend que la direction assistée, les essuie-glace intermittents, les rétroviseurs extérieurs ajustables manuellement, le volant ajustable et un radiocassette. Les GLS sont plus gâtées puisqu'elles comprennent les deux coussins gonflables frontaux, ainsi que les vitres, les serrures et les rétroviseurs extérieurs à commande électrique.

Les options sont le climatiseur et la transmission automatique, le freinage antiblocage à quatre disques pour la GLS, les jantes en alliage léger et le toit ouvrant pour la berline GLS.

TECHNIQUE

La carrosserie monocoque en acier a une efficacité aérodynamique acceptable puisque son coefficient varie entre 0.32 pour la berline et 0.34 pour la familiale. La suspension est indépendante aux quatre roues, de type MacPherson à l'avant et à deux bras tirés à l'arrière avec barres stabilisatrices sur les deux trains. Le freinage mixte et la direction assistée sont standards sur tous les modèles.

Le nouveau moteur dérive du précédent. C'est un propulseur moderne à double arbre à cames en tête et 16 soupapes qui délivre 140 ch. Il ne pèse que 135 kg grâce à son bloc en aluminium et son cache culbuteurs en plastique. Il a été amélioré comme la carrosserie pour transmettre un minimum de bruits, de vibrations et de secousses.

POSITIF

+ LE PRIX. Il est compétitif car il se situe entre 5 à 8 % en dessous de ceux des produits japonais, à qualité et équipement comparables. Toutefois, de nombreux éléments proposés en option font paraître les Elantra moins cher que leur concurrentes, ce qui n'est pas toujours exact.

+ L'ALLURE. Elle est bougrement sympathique, simple et rondouillarde, particulièrement celle de la familiale, une des rares dans cette catégorie.

+ LA QUALITÉ. Sa construction, sa finition comme l'apparence et le toucher des matériaux, de même que la présentation générale ont été améliorés pour mettre l'Elantra au niveau de ses rivales.

+ LA TECHNIQUE. Elle est simple, mais efficace et elle ne doit plus rien aux anciens produits Mitsubishi. Le moteur hérité du Tiburon est plus vif et plus efficace que le précédent et la carrosserie est plus rigide, ce qui procure une sensation de robustesse qui sert plus la précision du guidage, que la qualité du confort.

+ LA CONDUITE. Son agrément provient de la bonne volonté du moteur qui autorise de bonnes performances, ses accélérations étant franches tandis que la direction, douce, précise et rapide, donne un caractère nerveux à la conduite, sans qu'on puisse toutefois la qualifier de sportive, les pneus des GL étant sous-dimensionnés.

+ LE COMPORTEMENT. Il s'est grandement amélioré depuis les premiers jours, grâce en grande partie à la qualité des pneumatiques, mais aussi de la suspension simple mais efficace à quatre roues indépendantes et à la meilleure rigidité de la coque.

+ LE RENDEMENT. Le moteur confère à l'Elantra un rapport poids/puissance avantageux pour cette catégorie et sa consommation économique en conduite normale.

+ LE CONFORT. Le roulement s'est amélioré depuis que la suspension est plus souple, les sièges mieux galbés et le bruit comme les vibrations ou les secousses moindre.

+ LA FAMILIALE. Bien que ses ventes stagnent, elle représente une manière pratique de repousser de quelques années l'achat d'une minifourgonnette plus coûteuse.

+ L'ÉQUIPEMENT. Celui plus complet de la GLS améliore sa valeur de cette version et rend son usage plus pratique que celui de la GL trop dépouillée qui sera plus difficile à revendre.

NÉGATIF

- LA SÉCURITÉ. L'indice de sécurité accordé par le NHTSA, suite aux résultats des essais de collision, de même que celui de satisfaction indiquant un pourcentage d'utilisateurs très satisfaits sont inférieurs à la moyenne de la catégorie.

- LE FREINAGE. Il est médiocre de série, car il manque autant de mordant que de stabilité lors des arrêts d'urgence et l'option des disques aux roues arrière avec système antiblocage s'impose au nom de la sécurité.

- LE MOTEUR. Sa puissance étant obtenue à haut régime, il devient aussi bruyant que gourmand lorsqu'il est fortement sollicité.

- LE REMBOURRAGE. Les sièges ont vu leur galbe amélioré, mais leur rembourrage n'est pas encore assez moelleux à notre goût surtout aux places arrière où il est mince et manque de relief.

- LA BOÎTE AUTOMATIQUE. Elle «pompe» une bonne partie de la puissance disponible, et dont sa sélection comme le rétrogradage sont longs à agir au point qu'il faut souvent les provoquer.

- LE COFFRE. Sa contenance est acceptable, mais son ouverture étroite complique la manipulation des bagages.

- À REVOIR : la qualité de certains détails de finition et d'apparence qui font bon marché.

CONCLUSION

L'Elantra élargit sans cesse le cercle de ses habitués. Au fil des générations elle s'améliore de manière spectaculaire, et ne sera bientôt plus considérée comme une Corolla coréenne, mais comme une alternative valable à sa célèbre rivale. ☺

ÉVALUATION HYUNDAI Elantra

CONCEPTION : 59%
Technique :	75
Sécurité :	60
Volume cabine :	45
Volume coffre :	45
Qualité/finition :	70

CONDUITE : 60%
Poste de conduite :	70
Performances :	50
Comportement :	60
Direction :	70
Freinage :	50

ÉQUIPEMENT D'ORIGINE : 69%
Pneus :	75
Phares :	70
Essuie-glace :	70
Dégivreur :	65
Radio :	65

CONFORT : 64%
Sièges :	70
Suspension :	70
Niveau sonore :	50
Commodités :	60
Climatisation :	70

BUDGET : 70%
Prix d'achat :	65
Consommation :	75
Assurance :	75
Satisfaction :	70
Dépréciation :	65

Moyenne générale: 64.4%

NOUVEAU POUR 1999

- Les retouches esthétiques des parties avant et arrière.
- Le moteur de 2.0L provenant du Tiburon.
- Les jantes redessinées.
- Les leviers de commandes rotatifs en remplacement des anciennes glissières.
- Le volant redessiné.

MOTEURS / TRANSMISSIONS / PERFORMANCES

Modèles/ versions	Type / distribution soupapes / carburation	Cylindrée cc	Puissance ch @ tr/mn	Couple lb.pi @ tr/mn	Rapport volumét.	Roues motrices / transmissions	Rapport de pont	Accélér. 0-100 km/h s	400 m D.A. s	1000 m D.A. s	Reprise 80-120 km/h s	Freinage 100-0 km/h m	Vites. maxi. km/h	Accélér. latérale G	Niveau sonore dBA	Consommation l./100km Ville	Route	Carburant Octane
Base	L4 2.0 DACT-16-IEPM	1975	140 @ 6000	133 @ 4800	10.3 :1	avant - M5	3.650	9.7	16.8	30.8	6.8	44	175	0.80	67	10.6	7.0	R 87
Option	L4 2.0 DACT-16-IEPM	1975	140 @ 6000	133 @ 4800	10.3 :1	avant - A4	3.659	11.0	17.8	32.0	7.8	46	170	0.80	67	10.5	7.4	R 87

PRIX & ÉQUIPEMENTS

HYUNDAI Elantra	GL	GLS
Prix maxi $:	14 295	17 545
Prix mini $:	12 670	15 375
Transport & préparation $:	360	360
Boîte automatique:	O	O
Régulateur de vitesse:	O	O
Direction assistée:	S	S
Système antiblocage des freins:	-	O
Système antipatinage:	-	-
Climatiseur:	O	O
Garnitures en cuir:	-	-
Radio MA/MF/ Cassette:	S	S
Serrures électriques:	-	S
Lève-vitres électriques:	-	S
Volant ajustable:	S	S
Rétroviseurs ext. ajustables:	SM	SE
Jantes en alliage léger:	-	O
Système antivol:	-	-

Couleurs disponibles

Extérieur: Vert, Rouge, Blanc, Noir, Santal, Bleu, Gris.

Intérieur: Gris, Beige.

EN BREF...

Catégorie: berlines compactes tractées. **Classe :** 3

HISTORIQUE
Inauguré en:	1991-1995
Fabriqué à:	Ulsan, Corée du Sud.

PROFIL DE CLIENTÈLE
Modèle	Hom./Fem.	Âge moyen	Mariés	CEGEP	Revenus
Elantra	62/38 %	43 ans	64 %	33 %	40 000 $

INDICES
Sécurité:	60 %	Satisfaction:	68 %
Dépréciation:	50 %	Assurance:	775 $
Prix de revient au km:	0.42 $	Nbre de concessionnaires:	49

VENTES
Modèle	1996	1997	Résultat	Part de marché
Elantra	2 995	3 450	+ 15.2 %	2.28 %

PRINCIPAUX MODÈLES CONCURRENTS
CHEVROLET Cavalier, FORD Escort, HONDA Civic, MAZDA Protegé, NISSAN Sentra, PONTIAC Sunfire, SATURN SL1/SL2, SUBARU Impreza, TOYOTA Corolla, VW Golf, Jetta.

ENTRETIEN REQUIS PAR LA GARANTIE
Première révision:	Fréquence:	Prise de diagnostic:
6 000 km	3 mois/6 000 km	Non

CARACTÉRISTIQUES

Modèles	Versions	Carrosseries/ Sièges	Volume cabine l.	Volume coffre l.	Cx	Empat. mm	Long x larg x haut. mm x mm x mm	Poids à vide kg	Susp. av/ar	Freins av/ar	Direction type	Diamètre braquage m	Tours volant b à b.	Réser. essence l.	dimensions	Pneus d'origine marque	modèle	Mécanique d'origine
HYUNDAI		Garantie générale: 3 ans / 60 000 km; mécanique: 5 ans / 100 000 km;corrosion perforation: 5 ans/100 000 km; antipollution: 5 ans / 60 000 km.																
Elantra	GL	ber. 4 p.4/5	2650	323	0.32	2550	4420x1699x1394	1144	ih/ih	d/t	crém.ass.	9.91	3.02	55.0	175/65R14	Michelin	XGT+4	L4/2.0/M5
Elantra	GL	fam.4 p.4/5	2679	915	0.34	2550	4450x1699x1494	1188	ih/ih	d/t	crém.ass.	9.91	3.02	55.0	175/65R14	Michelin	XGT+4	L4/2.0/M5
Elantra	GLS	ber. 4 p.4/5	2650	323	0.32	2550	4420x1699x1394	1173	ih/ih	d/t	crém.ass.	9.91	3.02	55.0	195/60R14	Michelin	XGT+4	L4/2.0/M5
Elantra	GLS	fam.4 p.4/5	2679	915	0.34	2550	4450x1699x1494	1218	ih/ih	d/t	crém.ass.	9.91	3.02	55.0	195/60R14	Michelin	XGT+4	L4/2.0/M5

HYUNDAI Sonata
Sur la bonne voie...

Malgré son prix attractif, la Sonata ne se vend pas encore en quantité industrielle. Cette situation pourrait sans doute évoluer si le nouveau modèle présenté ici se révèle être véritablement comparable avec ceux des constructeurs japonais qui monopolisent le segment des modèles intermédiaires. La Honda Accord et la Toyota Camry constituent les plus gros canons de l'industrie automobile en Amérique du Nord et il n'est certes pas facile pour le constructeur coréen de prétendre disposer d'une technologie aussi avancée que celle des deux nippons, les américains eux-mêmes ayant toutes les misères du monde, à les copier. Cela n'empêche pas le coréen de faire évoluer son produit, puisque la dernière Sonata dispose d'une transmission automatique et de deux moteurs flambants neufs.

C'est toutefois l'esthétique de la nouvelle Sonata qui retient d'emblée l'attention. Son allure se distingue en effet de celle des modèles qui reniant les arrondis du style «bio» se tournent à nouveau vers les arêtes du «Edge» relancé par Ford. Harmonieuse dans l'ensemble, c'est surtout vers l'arrière qu'elle démontre le plus de personnalité avec une certaine recherche pour donner aux volumes une apparence classique mais moderne. Le traitement des phares et de la calandre donne à la partie avant une sorte d'agressivité que le constructeur taxe de sportive, mais qui est en tous cas dynamique. Bien que Hyundai mentionne que la Sonata a subi de nombreux passages en soufflerie pour affiner son aérodynamique on ne trouve aucune mention officielle prouvant que cette affirmation est fondée.

Les concepteurs ont été guidés par le désir de donner à ce modèle l'apparence d'un modèle luxueux reflétant l'impression d'espace, d'une

ergonomie soignée et de traitement minutieux des détails. Cela apparaît dans l'importance des surfaces vitrées qui donnent à la cabine l'impression d'espace d'un modèle plus volumineux.

À l'intérieur, le tableau de bord a été redessiné, afin de l'organiser de la manière la plus fonctionnelle et ergonomique possible. Le résultat est réussi puisque sa présentation est agréable, avec ses formes arrondies et son organisation nette jointe au côté mat de la matière plastique dont il est fait donne un bon coup d'oeil, même si l'applique de bois de sa partie centrale est un peu envahissante. Il est dommage que Hyundai n'ait pas jugé important de munir toutes les Sonata d'un filtre à pollen. La sensibilité aux allergies serait-elle l'apanage des plus riches ?

Quoiqu'il en soit la présentation générale fait moins bon marché que sur le modèle précédent et les coloris comme la texture ou le toucher des matériaux renforcent cette impression. Sur le plan technique la mise à jour a consisté à redéfinir les suspensions afin d'améliorer le comportement et le confort et c'est pourquoi les amortisseurs sont désormais à gaz sur toutes les versions. On remarque aussi que la présentation du moteur a progressée puisqu'il est recouvert d'un cache mettant en évidence les tubulures d'admission comme en trouve sur les voitures de haut rang.

Nul doute que les bonnes intentions de Hyundai se traduiront par une augmentation de l'intérêt pour la Sonata si la qualité, mais surtout la fiabilité atteignent elles aussi le niveau de leurs concurrents japonais. Dans ce marché très compétitif au sommet, cela prend du sérieux et de la confiance pour établir des liens à long terme avec une clientèle, afin qu'elle transmette la bonne parole et restaure une réputation.

HYUNDAI   Sonata

S'il y a une qualité qu'il faut reconnaître aux Coréens, c'est qu'ils sont opiniâtres. Depuis plus de quinze ans que la firme Hyundai «galère» en Amérique du Nord, elle est sur le point d'atteindre son objectif qui était de devenir un constructeur respecté, d'un niveau comparable à celui des constructeurs japonais. L'époque des Hyundai Pony est révolue. Il suffit d'observer la nouvelle Sonata pour s'en rendre compte. D'un constructeur de modèles bon marché, le géant coréen est devenu l'émule des grands fabricants nippons, à plus d'un égard. La nouvelle Sonata l'illustre bien, avec un niveau de finition nettement amélioré, un design original et une esthétique moderne réussie.

GAMME

La Sonata est une berline de format intermédiaire offerte en deux livrées: GL et GLS. La première reçoit un 4 cylindres en ligne DACT de 2.4L (au lieu du 2.0L de l'ancienne Sonata) et la seconde, un «petit» V6 DACT de 2.5L (au lieu d'un 3.0L). La seule transmission offerte est une boîte automatique à 4 rapports et surmultipliée. L'habitacle peut accueillir jusqu'à cinq adultes. L'équipement de série est relativement complet et comprend, entre autres, une servodirection, des lève-vitres électriques, un régulateur de vitesse, des essuie-glace à balayage intermittent, un climatiseur, un siège ajustable en hauteur pour le conducteur et un dossier escamotable 60/40 de banquette arrière. La GLS se distingue, outre son moteur, par un aménagement plus luxueux et des accessoires comme un filtre antipollen, un système audio à lecteurs cassettes et CD, des jantes d'alliage, des appliques en similibois, un siège baquet à support lombaire réglable pour le conducteur et de pneus Michelin de 15 pouces. Une sellerie de cuir et un toit ouvrant sont optionnels.

TECHNIQUE

La carrosserie d'acier de la Sonata est monocoque établie sur la plateforme du modèle précédent. L'empattement est le même, mais la voie a été élargie de 2.5 cm à l'avant et 2.0 cm à l'arrière. La carrosserie a gagné 1 cm en longueur, presque 5 cm en hauteur et 0.5 cm en largeur. De plus, par rapport à l'ancienne Sonata, l'habitacle du nouveau modèle offre, à l'avant, plus de dégagement pour la tête (+1.9 cm), moins pour les épaules (-3.3 cm) et les hanches (-5.1 cm), mais plus pour les jambes. À l'arrière, il y en a

moins pour la tête (-3.0 cm), les épaules (-1.8 cm), les hanches (-7.0 cm) et les jambes (-1.0 cm). La suspension est indépendante aux quatre roues. Hyundai a désormais recours, à l'avant, à deux leviers triangulés plutôt que des jambes de force MacPherson. À l'arrière, par contre, on a retenu le système multibras de l'ancien modèle et il y a des barres stabilisatrices à l'avant comme à l'arrière. Le modèle GL dispose de quatre amortisseurs à l'huile, alors que ceux de la GLS sont à l'azote.

Un tandem disques/tambours assure le freinage pour la GL, alors que la GLS bénéficie de la puissance de disques aux quatre roues. L'antiblocage et l'antipatinage sont deux systèmes optionnels exclusifs à la GLS. Au chapitre de la sécurité, Hyundai offre en option des coussins latéraux gonflables pour les places avant. Par contre, l'équipement de série des deux modèles comprend le «détecteur de passager», un nouveau dispositif qui désamorce le coussin gonflable du côté passager lorsque personne n'occupe cette place et des prétensionneurs pour les ceintures de sécurité des places avant.

POSITIF

+ L'INSONORISATION. La nouvelle Sonata se signale par son châssis plus rigide, qui n'émet aucun bruit de caisse et par l'insonorisation efficace, qui étouffe bien les bruits de roulement et mécaniques.

+ LE COFFRE. La banquette arrière dotée d'un dossier 60/40 escamotable permet de moduler le volume utile du coffre dont l'ouverture est large et bien découpée.

+ LE MOTEUR V6. Avec 21 ch de plus, le nouveau V6 offre un fonctionnement doux et procure des performances satisfaisantes, compte tenu de la vocation familiale de cette berline.

+ LA BOÎTE AUTOMATIQUE. La transmission masque bien le passage des rapports et procure un peu de frein moteur, lorsqu'on s'en sert pour rétrograder.

+ LE ROULEMENT. La suspension absorbe bien les défauts du revêtement et limite le roulis de façon satisfaisante.

+ LE FREINAGE. Les quatre disques de la GLS sont rassurant et leur dosage progressif à souhait!

+ LES PLACES ARRIÈRE. Malgré quelques centimètres de moins, les places arrière demeurent spacieu-

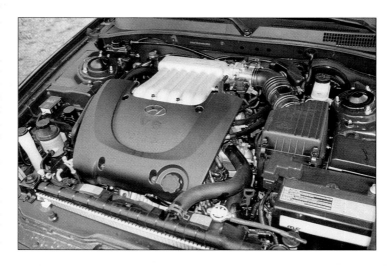

ses pour des adultes qui disposent de suffisamment d'espace dans toutes les directions.

+ LE STYLE. La nouvelle allure de la Sonata la distingue de ses concurrentes, par l'allure particulière de sa partie frontale, mais c'est l'arrière qui est la plus originale. En effet la ligne du coffre, contrairement à la tendance actuelle, n'est pas trop haute et ne remonte pas ce qui l'empêche d'empiéter sur le champ de vision arrière.

NÉGATIF

- L'ACCÈS. L'accès aux places arrière est limité par les portes qui ne s'ouvrent pas assez largement et par le coussin du dossier dont les formes proéminentes empiètent sur l'espace réservé au passage!

- UNE LACUNE. Cette voiture n'est pas équipée de carillon avertisseur pour indiquer qu'on a oublié d'éteindre les phares à l'arrêt du moteur. Cela constituera sans aucun doute une cause de décharge accidentelle de batterie l'hiver...

- LA DIRECTION. Elle est légère et imprécise au centre en ligne droite et dans les manoeuvres de changement rapide de voie. Son assistance trop forte en est une des causes.

- LA TRANSMISSION. Le rétrogradage (kickdown) n'est pas instantané. Il faut donc prévoir de légers délais lorsqu'on désire du frein moteur ou accélérer pour effectuer un dépassement rapide.

- LES PNEUS. Par rapport aux pneus Michelin MXV4 de 15 pouces qui chaussent la GLS, les pneus Hankook et Kumho de première monte pour la GL donnent une apparence très bon marché à cette version.

- LE FREINAGE. Il est dommage qu'il soit nécessaire d'opter pour le modèle haut de gamme GLS pour disposer de l'antiblocage et l'antipatinage qui, de surcroît, sont facturés contre supplément et uniquement sur cette finition!

- À REVOIR : le manque de hauteur du coffre qui oblige à mettre obligatoirement à plat certains objets, et la radio placée sous les commandes de la climatisation.

CONCLUSION

Avec sa carrosserie remaniée de manière élégante et originale, la dernière Sonata se démarque du lot de ses concurrentes et ne manquera pas de faire tourner les têtes. Elle se caractérise aussi par la qualité de son assemblage, de sa finition et des matériaux employés. Suffisamment pour que l'on commence à la comparer à plusieurs modèles nippons en tenant compte de son prix plus compétitif.

ÉVALUATION
HYUNDAI Sonata

CONCEPTION :		70%
Technique :	75	
Sécurité :	75	
Volume cabine :	70	
Volume coffre :	55	
Qualité/finition :	75	

CONDUITE :		62%
Poste de conduite :	80	
Performances :	45	
Comportement :	55	
Direction :	75	
Freinage :	55	

ÉQUIPEMENT D'ORIGINE :		72%
Pneus :	75	
Phares :	75	
Essuie-glace :	75	
Dégivreur :	65	
Radio :	70	

CONFORT :		68%
Sièges :	75	
Suspension :	70	
Niveau sonore :	50	
Commodités :	70	
Climatisation :	75	

BUDGET :		64%
Prix d'achat :	50	
Consommation :	70	
Assurance :	75	
Satisfaction :	75	
Dépréciation :	50	

Moyenne générale: 67.2%

NOUVEAU POUR 1999

- Modèle renouvelé à partir de la plate-forme du précédent.
- Deux nouveaux moteurs: un 4 cylindres de 2.4L et un V6 de 2.5L accouplés exclusivement à une nouvelle transmission automatique à quatre rapports.
- Le «détecteur de passager» empêchant le déploiement du coussin avant droit si personne n'occupe ce siège.
- Filtre antipollen sur la GLS.

MOTEURS / TRANSMISSIONS / PERFORMANCES

Modèles/ versions	Type / distribution soupapes / carburation	Cylindrée cc	Puissance ch @ tr/mn	Couple lb.pi @ tr/mn	Rapport volumét.	Roues motrices / transmissions	Rapport de pont	Accélér. 0-100 km/h s	400 m D.A. s	1000 m D.A. s	Reprise 80-120 km/h s	Freinage 100-0 km/h m	Vites. maxi. km/h	Accélér. latérale G	Niveau sonore dBA	Consommation l./100km Ville	Route	Carburant Octane
GL	L4 2.4 DACT-16-IEPM	2351	148 @ 5500	156 @ 3000	10.0 :1	avant - A4	3.77	11.0	17.6	31.8	7.8	45	180	0.78	68	11.4	7.7	R 87
GLS	V6 2.5 DACT-24-IEPM	2494	163 @ 6000	167 @ 4000	10.0 :1	avant - A4	3.77	10.0	17.3	30.8	6.9	44	200	0.78	67	11.7	7.8	R 87

PRIX & ÉQUIPEMENTS

HYUNDAI Sonata	GL	GLS
Prix maxi $:	19 995	23 595
Prix mini $:	17 825	21 020
Transport & préparation $:	395	395
Boîte automatique:	S	S
Régulateur de vitesse:	S	S
Direction assistée:	S	S
Système antiblocage des freins:	-	O
Système antipatinage:	-	O
Climatiseur:	S	S
Garnitures en cuir:	-	O
Radio MA/MF/ Cassette:	S	SDc
Serrures électriques:	S	S
Lève-vitres électriques:	S	S
Volant ajustable:	S	S
Rétroviseurs ext. ajustables:	SEC	SEC
Jantes en alliage léger:	-	S
Système antivol:		

Couleurs disponibles
Extérieur: Cerise, Noir, Vert, Argent, Gris, Blanc.

Intérieur: Gris Brun.

EN BREF...

Catégorie: berlines intermédiaires tractées. **Classe :** 5

HISTORIQUE
Inauguré en: 1989-1994-1999
Fabriqué à: Ulsan, Corée du Sud

PROFIL DE CLIENTÈLE

Modèle	Hom./Fem.	Âge moyen	Mariés	CEGEP	Revenus
Sonata	81/19 %	49 ans	78 %	41 %	50 000 $

INDICES
Sécurité:	80 %	Satisfaction:	73 %
Dépréciation:	52 %	Assurance:	785 $
Prix de revient au km:	0.47 $	Nbre de concessionnaires:	49

VENTES

Modèle	1996	1997	Résultat	Part de marché
Sonata	757	591	- 21.9 %	1.0 %

PRINCIPAUX MODÈLES CONCURRENTS
CHEVROLET Malibu, CHRYSLER Cirrus, DODGE Stratus, FORD Contour-Taurus, HONDA Accord, MAZDA 626, MERCURY Mystique-Sable, NISSAN Altima-Maxima, OLDSMOBILE Alero, PONTIAC Grand Am, SUBARU Legacy, TOYOTA Camry, VOLKSWAGEN Passat.

ENTRETIEN REQUIS PAR LA GARANTIE

Première révision:	Fréquence:	Prise de diagnostic:
6 000 km	3 mois/6 000 km	Non

CARACTÉRISTIQUES

Modèles	Versions	Carrosseries/ Sièges	Volume cabine l.	Volume coffre l.	Cx	Empat. mm	Long x larg x haut. mm x mm x mm	Poids à vide kg	Susp. av/ar	Freins av/ar	Direction type	Diamètre braquage m	Tours volant b à b.	Réser. essence l.	dimensions	Pneus d'origine marque	modèle	Mécanique d'origine
HYUNDAI		Garantie générale: 3 ans / 60 000 km; mécanique: 5 ans / 100 000 km; perforation corrosion: 5 ans / 100 000 km; antipollution: 5 ans / 60 000 km.																
Sonata	GL	ber. 4 p.5	-	374	-	2700	4710x1818x1410	1409	ih/ih	d/t	crém.ass.	10.52	2.92	65.0	195/70R14	Hankook	-	L4/2.4/A4
Sonata	GLS	ber. 4 p.5	-	374	-	2700	4710x1818x1410	1409	ih/ih	d/d	crém.ass.	10.52	2.92	65.0	205/60R15	Michelin	MXV4	V6/2.5/A4

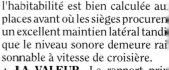

Depuis son lancement voici maintenant deux ans le petit «requin» a eu la dent dure puisqu'il a croqué quelques compétiteurs dans le segment des coupés sportifs abordables. Ce n'est pas vraiment une surprise, parce que depuis que Hyundai a décidé de jouer le jeu de la qualité et de l'audace, des changements se font sentir dans la perception du public envers cette firme coréenne. Il faut dire aussi que l'apparence de la version la plus huppée du Tiburon ne laisse pas les amateurs indifférents et qu'ils la trouvent infiniment plus abordable économiquement parlant.

GAMME

Le coupé sportif Tiburon est vendu en deux finitions, de base, équipée d'un 4 cylindres de 1.8L ou FX, équipée d'un 2.0L. L'équipement du modèle de base comprend la direction assistée, les rétroviseurs extérieurs et le volant ajustables, les vitres à commande électrique et un radiocassette. Le FX est plus riche des serrures électriques, des rétroviseurs télécommandés, d'un régulateur de vitesse, d'une chaîne stéréo plus perfectionnée, de jantes en alliage léger, d'un aileron (de requin?) et d'un essuie-glace arrière, des freins à disque aux roues postérieures et des projecteurs antibrouillards. Seul le FX peut recevoir le groupe d'options Touring, comprenant l'ABS à quatre circuits, la direction dont l'assistance varie en fonction de la vitesse et une sellerie en cuir.

TECHNIQUE

Le Tiburon a été établi à partir de la plate-forme de l'Elantra. Son style dérive de ceux exposés sur les différentes études HCD III que Hyundai a promené à travers le monde. Et c'est suite à l'engouement du public que la décision fut prise de le fabriquer. Monocoque en acier, la carrosserie aux lignes effilées possède une efficacité aérodynamique assez moyenne puisque son coefficient n'est que de 0.33.

La suspension est indépendante aux quatre roues, de type MacPherson à l'avant et à doubles bras longitudinaux à l'arrière avec amortisseurs à gaz. Le freinage est mixte sur le modèle de base et à quatre disques sur le FX, mais le système antiblocage est optionnel. Le moteur Bêta à 16 soupapes et double arbre à cames en tête, est de conception exclusive Hyundai. Il est doté de l'injection d'essence électronique, de poussoirs hydrauliques auto-ajustables, d'injecteurs d'essence à double ouverture et d'un système

Reconnu...

d'allumage sans distributeur. Le moteur de 1.8L développe 130 ch et le 2.0L 140 ch, afin de fournir une puissance et un couple adéquats. Quant à la boîte automatique, elle est dotée d'une nouvelle technologie dite de rétroaction à contrôle électronique, qui améliore la sélection des rapports.

POSITIF

+ LE STYLE. Il est dynamique, très «musculaire» avec ses formes semblant sculptées par le vent, sa prise d'air agressive, ses lignes arrondies et aérodynamiques qui lui assurent une apparence identifiable.

+ LA CONDUITE. Elle est amusante, malgré la traction et ce, sur les deux versions dont les réactions sont vives et franches et permettent de les inscrire aisément en virage où la réponse précise de la direction permet de les placer avec précision. De plus la visibilité est appréciable grâce aux minces piliers du toit, au pare-brise haut et aux portières dépourvues de cadre.

+ LES PERFORMANCES. Celles du moteur de 2.0L sont les seules qui méritent véritablement le qualificatif de sportives, et encore, puisque les chiffres obtenus en accélérations comme en reprise sont comparables à ceux de l'Elantra. Il a toutefois assez de couple pour procurer un certain agrément même avec la transmission automatique.

+ LE COMPORTEMENT. Il est efficace découlant en grande partie du calibrage de la suspension qui a été mise au point avec la collaboration de Porsche et des pneumatiques de qualité montés en série.

+ LE CONFORT. Il est surprenant pour un véhicule de ce type, car l'habitabilité est bien calculée au places avant où les sièges procurent un excellent maintien latéral tandi que le niveau sonore demeure rai sonnable à vitesse de croisière.

+ LA VALEUR. Le rapport prix équipement est intéressant, surtou celui de la version FX qui est la plu rapide et la plus facile à revendre.

+ LA PRÉSENTATION. Elle es soignée à l'intérieur qui rappell un peu celui de la première Eagl Talon avec son tableau de bord asy métrique permettant au conduc teur de consulter les instrument analogiques qui sont d'autant plu faciles à lire qu'ils sont blancs su fond noir.

+ L'HABITABILITÉ. Elle se situ dans la bonne moyenne de la caté gorie grâce à l'allongement de l'em pattement et des voies. Toutefois y a plus d'espace à l'avant qu'à l'ar rière où les places ne pourront êtr considérées qu'en dépannage comme c'est toujours le cas sur c genre de véhicule.

+ LE CÔTÉ PRATIQUE. Il n'es pas habituellement le lot de ce genr d'engin, mais il n'a pas été néglig puisque les rangements sont nom breux et bien disposés dans la ca bine et que le coffre transformabl permet d'embarquer un volume d bagages suffisant.

NÉGATIF

- L'ERGONOMIE. Celle du tablea ce bord qui laisse à désirer, car s partie centrale est en retrait au lie d'être en saillie, ce qui oblige s'avancer pour atteindre certaine commandes comme celles de la ra dio et de la climatisation, qui son inversées par rapport à l'ordre nor malement établi.

- LES PLACES ARRIÈRE. Elle conviendront mieux à de jeunes en fants qu'à des adultes, car l'espac pour les jambes et la hauteur sou plafond sont trop limités et leu accès plutôt périlleux.

- LES PERFORMANCES. Elle n'ont rien d'exotiques sur la versio de base ce qui obligera à limiter c moteur à l'usage de la boîte ma nuelle, pour ne pas se faire dépasse par des 4x4 en folie...

- LES RÉFLEXIONS. Celles d dessus du tableau de bord dans l pare-brise et de la vitre du bloc d'instruments sont gênantes le jours de grande luminosité.

CONCLUSION

En plébiscitant le Tiburon, le publi a fait savoir à Hyundai qu'il avai pris acte des progrès accomplis e qu'il l'encourageait à poursuivre dans cette direction qui mène tô ou tard à un succès d'envergure.

ÉVALUATION HYUNDAI Tiburon

CONCEPTION : 64%
Technique : 80
Sécurité : 70
Volume cabine : 40
Volume coffre : 55
Qualité/finition : 75

CONDUITE : 67%
Poste de conduite : 80
Performances : 60
Comportement : 60
Direction : 80
Freinage : 55

ÉQUIPEMENT D'ORIGINE : 76%
Pneus : 80
Phares : 75
Essuie-glace : 75
Dégivreur : 70
Radio : 80

CONFORT : 73%
Sièges : 80
Suspension : 70
Niveau sonore : 60
Commodités : 80
Climatisation : 75

BUDGET : 61%
Prix d'achat : 70
Consommation : 75
Assurance : 55
Satisfaction : 75
Dépréciation : 30

Moyenne générale : 68.2%

NOUVEAU POUR 1999

- Aucun changement majeur.

MOTEURS / TRANSMISSIONS / PERFORMANCES

Modèles/ versions	Type/ distribution soupapes / carburation	Cylindrée cc	Puissance cv @ tr/mn	Couple lb.pi @ tr/mn	Rapport volumét.	Roues motrices / transmissions	Rapport de pont	Accélér. 0-100 km/h s	400 m D.A. s	1000 m D.A. s	Reprise 80-120 km/h s	Freinage 100-0 km/h m	Vites. maxi. km/h	Accélér. latérale G	Niveau sonore dBA	Consommation l./100km Ville	Route	Carburant Octane
base	L4*1.8 DACT-16-IEPM	1796	130 @ 6000	122 @ 5000	10.0 :1	avant - M5*	3.84	9.2	16.5	30.4	6.5	44	175	0.80	66-70	10.5	7.3	R 87
						avant - A4	4.35	ND										
FX	L4*2.0 DACT-16-IEPM	1975	140 @ 6000	133 @ 4800	10.3 :1	avant - M5*	3.84	8.7	16.0	29.5	6.3	42	185	0.80	66-70	10.8	7.3	R 87
						avant - A4	4.35	9.5	16.7	30.6	6.7	44	180	0.80	66-70	11.3	7.8	R 87

PRIX & ÉQUIPEMENTS

HYUNDAI Tiburon	base	FX	SE
Prix maxi $:	17 895	19 895	20 895
Prix mini $:	16 065	17 625	18 625
Transport & préparation $:	360	360	360
Boîte automatique:	O	O	O
Régulateur de vitesse:	-	S	S
Direction assistée:	S	S	S
Système antiblocage des freins:	-	O	O
Système antipatinage:	-	-	-
Climatiseur:	O	O	S
Garnitures en cuir:	-	O	O
Radio MA/MF/ Cassette:	S	S	S
Serrures électriques:	-	S	S
Lève-vitres électriques:	S	S	S
Volant ajustable:	S	S	S
Rétroviseurs ext. ajustables:	SM	SE	SE
Jantes en alliage léger:	O	S	S
Système antivol:	-	-	-

Couleurs disponibles
Extérieur: Argent, Violet, Vert, Rouge, Blanc, Noir.
Intérieur: Noir.

EN BREF...

Catégorie: coupés sportifs tractés **Classe :** 3S

HISTORIQUE
Inauguré en: 1997
Fabriqué à: Ulsan, Corée du Sud

PROFIL DE CLIENTÈLE

Modèle	Hom./Fem.	Âge moyen	Mariés	CEGEP	Revenus
Tiburon	50/50 %	30 ans	40 %	35 %	36 500 $

INDICES
Sécurité: 70 % Satisfaction: 77 %
Dépréciation: 45 % Assurance: 950 $
Prix de revient au km: 0.42 $ Nbre de concessionnaires: 49

VENTES

Modèle	1996	1997	Résultat	Part de marché
Tiburon	608	927	+ 52.5 %	13.4 %

PRINCIPAUX MODÈLES CONCURRENTS
CHEVROLET Cavalier, DODGE-PLYMOUTH Neon, FORD ZX2, HONDA Civic, PONTIAC Sunfire, SATURN SC, TOYOTA Celica.

ENTRETIEN REQUIS PAR LA GARANTIE
Première révision: 6 000 km
Fréquence: 3 mois/6 000 km
Prise de diagnostic: Non

CARACTÉRISTIQUES

Modèles	Versions	Carrosseries/ Sièges	Volume cabine	Volume coffre	Cx	Empat. mm	Long x larg x haut. mm x mm x mm	Poids à vide kg	Susp. av/ar	Freins av/ar	Direction type	Diamètre braquage m	Tours volant b à b.	Réser. essence l.	dimensions	Pneus d'origine marque	modèle	Mécanique d'origine
HYUNDAI																		

Garantie générale: 3 ans / 60 000 km; mécanique: 5 ans / 100 000 km; corrosion perforation: 5 ans / 100 000 km; antipollution: 5 ans / 60 000 km.

Tiburon	base	cpé. 2 p. 2+2	2265	362	0.33	2474	4340x1730x1303	1156	ih/ih	d/t	crém.ass.	10.39	2.8	55.0	195/60R14	Michelin	XGT+4	L4/1.8/M5
Tiburon	FX	cpé. 2 p. 2+2	2265	362	0.33	2474	4340x1730x1303	1173	ih/ih	d	crém.ass.	10.39	2.8	55.0	195/55R15	Michelin	XGTV4	L4/2.0/M5
Tiburon	SE	cpé. 2 p. 2+2	2265	362	0.33	2474	4340x1730x1303	1185	ih/ih	d	crém.ass.	10.39	2.8	55.0	195/55R15	Michelin	XGTV4	L4/2.0/M5

INᚒINITI G20
Coucou, la revoilà...

La G20 n'est pas une inconnue et encore moins une nouveauté. Disons que les circonstances qui la ramènent sur le marché sont plus ou moins nébuleuses, si l'on se fie aux affirmations de son constructeur. Importée entre 1991 et 96 elle était déjà le modèle d'entrée de la gamme Infiniti. Issue de la Primera, modèle développé pour le marché européen, la G20 est une compacte à caractère sportif relativement bien équipée, ciblée sur la clientèle recherchant une BMW de série 3, une Mercedes-Benz Classe C ou une Volvo V70. Rien de moins...

Ces acheteurs seront à la recherche d'une carrosserie compacte, d'un moteur 4 cylindres et d'un comportement sportif original. Si sur papier, la G20 possède la plupart de ces critères, il n'empêche que de visu elle ne

possède par le dixième de la personnalité qu'il lui faudrait pour affronter ses soi-disant concurrentes. La G20 ne manque pourtant pas d'atouts. Sur le plan technique, sa carrosserie compacte très rigide constitue une solide fondation. Sa suspension élaborée assure un bon compromis entre un comportement incisif et un confort appréciable. Enfin, son moteur de 2.0L est assez vif et rageur pour donner l'illusion d'être performant. Côté sécurité, cette petite voiture fait aussi bien que les grandes avec ses coussins gonflables frontaux et latéraux livrés en série, ses ceintures avant comportant un système de prétension. Le klaxon a été relocalisé afin qu'il soit plus facile à situer en cas d'urgence et un système d'alarme est standard sur tous les modèles.

Nissan est parti de la plate-forme de l'ancienne G20 pour élaborer la

nouvelle, ce qui explique que les principaux organes mécaniques et les dimensions de base soient quasiment identiques. Toutefois les panneaux de carrosserie comme les vitrages sont entièrement neufs. Le profil de la carrosserie est plus pointu que précédemment, la calandre plus structurée et la partie arrière plus sculptée avec de nouveaux feux. Des jupes soulignant les flancs de la caisse, les boucliers avant-arrière plus massifs et le diamètre des roues passé de 14 à 15 pouces, donnent à l'ensemble une allure trappue particulière. À l'intérieur, l'aménagement a été entièrement revu, avec comme souci d'utiliser au mieux l'espace disponible, de la manière la plus ergonomique possible. Les sièges redessinés offrent deux appuie-tête ajustables à l'avant et à l'arrière. Le tableau de bord est sobrement présenté, peut-être un peu trop, puisque les appliques de bois qui décoraient l'ancien

modèle, n'ont pas été reconduites. Heureusement que l'équipement généreux compense pour ce manque d'affichage qui se veut dans la ligne des produits européens, qui ont pour eux cependant, de forts stigmates...
Unique chez Infiniti, la G20 n'a pas d'équivalent chez Lexus, BMW (le moteur 4 cylindres a été retiré de la Série 3) ou Volvo. Reste l'Acura Integra, la Mercedes-Benz de Classe C, la Honda Accord, la Toyota Camry, la Volkswagen Jetta GLX, mais surtout la Nissan Altima qui est sa plus sérieuse rivale; une des voitures compactes les plus vendues en Amérique du Nord, d'un style original, de performances équivalentes qui peut offrir un équipement aussi sophistiqué en haut de gamme pour un prix plus avantageux. Nous aimerions nous tromper, mais le sentiment domine qu'il ne sortira rien de bon pour la G20 encore une fois...

Depuis quelques années, Nissan semble se chercher, dans ce qui ressemble fort à une débâcle. Après avoir pris de mauvaises décisions au mauvais moment pendant plusieurs années, le second constructeur nippon tente de colmater les brèches en tentant d'aller chercher des ventes dans tous les segments du marché avec des produits qui existent déjà, c'est-à-dire ne nécessitant pas d'investissements lourds. Le cas de l'Infiniti G20 est un bon exemple de cette stratégie, puisque ce modèle qui avait été retiré voici deux ans, réintègre la gamme pour 1999.

GAMME

Difficile à classer entre les compactes, les sportives et les luxueuses, l'Infiniti G20 est une berline à quatre portes vendue en version de base Luxury ou «t» pour «touring». Cette dernière dispose d'une suspension plus ferme, d'un aileron arrière, de jantes et de pneus lui donnant une apparence et un comportement plus sportifs. Ces deux versions disposent cependant de la même mécanique à savoir un moteur 4 cylindres de 2.0L associé à une boîte manuelle à 5 vitesses en série sur la «t» au même titre que le dispositif antiblocage basé sur un viscocoupleur. La transmission automatique à 4 rapports est optionnelle sur la «t» mais standard sur la Luxury, tout comme les garnitures en cuir des sièges. Par ailleurs, l'équipement très complet de la G20, qui comprend entre autre un climatiseur automatique, les principaux asservissements électriques, un toit ouvrant, un système de son Bose et des sièges avant chauffants, éléments qui lui confèrent le statut de voiture de luxe.

TECHNIQUE

La carrosserie monocoque en acier soit recuit, soit Durasteel, est assemblée selon un procédé typique de Nissan appelé I.B.A.S pour «Intelligent Body Assembly System», mesurant de manière optique 60 points de la coque en les comparant au modèle de référence. Ce système autorise une tolérance de plus ou moins 1 mm permettant un assemblage d'un grande rigidité et d'une grande rigueur, les panneaux latéraux étant soudés d'une seule pièce. Bien que banales, les lignes de la carrosserie sont efficaces sur le plan aérodynamique, avec un cœfficient de 0.30. La suspension est indépendante, basée sur des triangles superposés à l'avant et sur le fameux essieu MultiLink, système de bras multiples à l'arrière avec une barre

stabilisatrice par essieu. Le freinage est à disque sur les quatre roues assisté d'un dispositif antiblocage à quatre capteurs et quatre voies. L'unique moteur disponible est un 4 cylindres de 2.0L à doubles arbres à cames en tête développant 140 ch. Il comporte huit contrepoids installés sur le vilebrequin ayant pour mission de réduire les vibrations. La transmission manuelle à 5 vitesses est livrée en série tout comme le différentiel autobloquant fonctionnant par viscocouplage sur la version sportive «t» tandis que la boîte automatique est optionnelle dans ce cas mais standard sur la version Luxury.

POSITIF

+ LA CONDUITE. Son agrément repose principalement sur la franchise des réactions de la suspension, de la direction et de la mécanique qui rappellent le tempérament de modèles européens. Le conducteur est confortablement installé et il profite d'une excellente visibilité. Le comportement de la version «t» est plus performant, car sa suspension adaptée la fait virer plus à plat et la rend plus précise à placer dans des virages de différents rayons.

+ L'ÉQUIPEMENT. Il est très complet, ce qui explique en partie que le prix soit plus élevé que la moyenne des modèles de ce format.

+ LE CONFORT. Les places arrière bénéficient d'un peu plus d'espace que sur l'ancien modèle, mais ne peuvent toujours accueillir que deux personnes. Les sièges offrent un soutien lombaire, un maintien latéral efficaces et un rembourrage moelleux. La suspension du modèle de base est un peu plus souple que celle du «t» et le niveau sonore a diminué grâce à une meilleure insonorisation qui étouffe bien les bruits de roulement. Seul le moteur manifeste sa présence lors des fortes accélérations.

+ LE CÔTÉ PRATIQUE. Les rangements et les commodités sont plus généreux à l'avant de la cabine et le coffre est extensible si l'on rabat le dossier de la banquette.

+ HOMOGÈNE. Le mode de construction et le côté compact de la carrosserie dégagent une impression d'homogénéité et de solidité rassurantes. Les modèles mis à notre disposition étaient exempts de bruits de carrosserie ou de finition.

+ LA VERSION «t». Elle est visuellement plus attrayante et plus facile

à identifier avec son aileron arrière.

+ LE SERVICE. Les clients apprécient beaucoup la manière dont leur concessionnaire les traite et les attentions dont ils sont l'objet...

NÉGATIF

- LA PRÉSENTATION. Le style du modèle de base est d'une banalité affligeante et la G20 passe totalement inaperçue dans la circulation où ne s'annonce pas plus son tempérament luxueux que sportif.

- LES PERFORMANCES. Elles sont plutôt banales, avec des accélérations et des reprises très moyennes que bon nombre de modèles plus récents et moins huppés peuvent surpasser pour moins cher.

- LA SUSPENSION AVANT. Son amplitude, plus limitée qu'à l'arrière, la fait aller souvent en butée en charge sur mauvais revêtement ce qui nuit sérieusement au confort.

- LES PLACES ARRIÈRE. Malgré les gains faits sur certaines dimensions, l'espace et les rangements restent comptés à l'arrière où seulement deux personnes seront à l'aise sur un long trajet.

- DOMMAGE. Les appliques de bois qui ornaient le modèle précédent ont disparu, ôtant de la classe et de la chaleur à l'habitacle qui en manque cruellement.

- LA DÉPRÉCIATION. Jusqu'à présent, la G20 n'a pas constitué une bonne affaire car ses faibles ventes minent sa valeur de revente qui est inférieure à celle de ses rivales.

- À REVOIR. L'accoudoir central situé sur la console est gênant car mal conçu. L'antenne radio genre fouet fait très dépassé sur une voiture de ce prix, lorsque sur de vulgaires GM, elle est intégrée à la lunette arrière. Les japonais sont-ils encore les maîtres du gadget et de l'innovation électronique?

- LE RÉSEAU. Le nombre de concessionnaires Infiniti est plutôt limité, ce qui ne facilite pas plus la diffusion de ces voitures que leur entretien.

CONCLUSION

Il est difficile de croire que la G20 qui a déjà été un échec, puisse comme par miracle devenir un succès du jour au lendemain, en améliorant seulement certains de ses ingrédients. Cela prend beaucoup d'optimisme ou de naïveté pour prétendre qu'elle va finalement faire sa place dans un segment du marché où ses concurrentes bien mieux armées déploient des arguments technologiques ou de prestige supérieurs pour maintenir leur mainmise.

☺

ÉVALUATION INFINITI G20

CONCEPTION :   72%
- Technique : 80
- Sécurité : 90
- Volume cabine : 50
- Volume coffre : 60
- Qualité/finition : 80

CONDUITE :   69%
- Poste de conduite : 75
- Performances : 60
- Comportement : 65
- Direction : 80
- Freinage : 65

ÉQUIPEMENT D'ORIGINE :   79%
- Pneus : 80
- Phares : 80
- Essuie-glace : 80
- Dégivreur : 75
- Radio : 80

CONFORT :   72%
- Sièges : 80
- Suspension : 80
- Niveau sonore : 50
- Commodités : 70
- Climatisation : 80

BUDGET :   64%
- Prix d'achat : 35
- Consommation : 80
- Assurance : 45
- Satisfaction : 90
- Dépréciation : 70

Moyenne générale :   71.2%

NOUVEAU POUR 1999

- Modèle renouvelé à partir de la Nissan Primera vendue en Europe.
- Empattement, longueur et hauteur allongés.
- Coffre à bagages communiquant avec la cabine.

MOTEURS / TRANSMISSIONS / PERFORMANCES

Modèles/ versions	Type / distribution soupapes / carburation	Cylindrée cc	Puissance cv @ tr/mn	Couple lb.pi @ tr/mn	Rapport volumét.	Roues motrices / transmissions	Rapport de pont	0-100 km/h s	400m s	1000m km/h s	Reprise 80-120 km/h m	Freinage 100-0 km/h	Vites. maxi. km/h	Accélér. latérale G	Niveau sonore dBA	Consommation Ville l./100km	Route	Carburant Octane
G20	L4* 2.0 DACT-16-IESPM	1998	140 @ 6400	132 @ 4800	9.5 :1	avant - M5*	4.176	9.0	16.8	29.8	6.4	42	205	0.82	66-70	10.5	7.6	S 91
						avant - A4	4.072	9.6	17.2	30.4	6.7	44	200	0.82	66-70	10.3	7.1	S 91

PRIX & ÉQUIPEMENTS

INFINITI G20

	Luxury	«t»	«t» cuir
Prix maxi $:	29 950	32 950	34 050
Prix mini $:	27 280	29 920	-
Transport & préparation $:	0	0	0
Boîte automatique:	S	O	O
Régulateur de vitesse:	S	S	S
Direction assistée:	S	S	S
Système antiblocage des freins:	S	S	S
Système antipatinage:	S	S	S
Climatiseur:	SA	SA	SA
Garnitures en cuir:	S	O	S
Radio MA/MF/ Cassette:	SDc	SDc	SDc
Serrures électriques:	S	S	S
Lève-vitres électriques:	S	S	S
Volant ajustable:	S	S	S
Rétroviseurs ext. ajustables:	SEC	SEC	SEC
Jantes en alliage léger:	S	S	S
Système antivol:	S	S	S

Couleurs disponibles

Extérieur: Blanc, Noir, Rouge, Bleu, Vert, Beige, Bronze, Titane.

Intérieur: Beige, Noir.

EN BREF...

Catégorie: berlines de luxe compactes tractées.   **Classe :** 7

HISTORIQUE

Inauguré en: 1991
Fabriqué à: Tochigi, Japon.

PROFIL DE CLIENTÈLE

Modèle	Hom./Fem.	Âge moyen	Mariés	CEGEP	Revenus
G20	70/30%	48 ans	72%	70%	95 000$

INDICES

Sécurité:	90 %	Satisfaction:	88 %
Dépréciation:	30 %	Assurance:	1 250 $
Prix de revient au km:	0.55 $	Nbre de concessionnaires:	4

VENTES

Modèle	1996	1997	Résultat	Part de marché
G20	Pas commercialisé à cette époque.			

PRINCIPAUX MODÈLES CONCURRENTS

ACURA Integra, HONDA Accord, MAZDA 626, NISSAN Altima, TOYOTA Camry, VOLKSWAGEN Jetta GLX, VOLVO S70.

ENTRETIEN REQUIS PAR LA GARANTIE

Première révision:	Fréquence:	Prise de diagnostic:
12 000 km	6 mois/12 000 km	Oui

CARACTÉRISTIQUES

Modèles	Versions	Carrosseries/ Sièges	Volume cabine l.	Volume coffre l.	Cx	Empat. mm	Long x larg x haut. mm x mm x mm	Poids à vide kg	Susp. av/ar	Freins av/ar	Direction type	Diamètre braquage m	Tours volant b à b.	Réser. essence l.	Pneus d'origine dimensions / marque / modèle	Mécanique d'origine
INFINITI		Garantie: générale 4 ans / 100 000 km; mécanique et antipollution: 6 ans / 160 000 km; corrosion perforation: 7 ans / kilométrage illimité.														
G20	base	ber. 4 p. 4	2557	402	0.30	2600	4509x1695x1400	1332	ih/ih	d/ABS	crém.ass.	11.4	3.28	60	195/65HR15 Bridgestone Potenza RE92	L4/2.0/M5
G20	Luxury	ber. 4 p. 4	2557	402	0.30	2600	4509x1695x1400	1362	ih/ih	d/ABS	crém.ass.	11.4	3.28	60	195/65HR15 Bridgestone Potenza RE92	L4/2.0/A4
G20	"t"	ber. 4 p. 4	2557	402	0.30	2600	4509x1695x1400	1380	ih/ih	d/ABS	crém.ass.	11.4	3.28	60	195/60HR15 Bridgestone Potenza RE92	L4/2.0/M5

Le succès qu'a rencontré ces dernières années les premiers modèles de luxe, ne semble pas vouloir faiblir et l'on constate des progressions importantes chez les Volvo, BMW, Audi, Mercedes-Benz de cette catégorie où la Cadillac Catera a créé la surprise. Les japonaises de ce segment ne semblent pas bénéficier de la même faveur puisque ce sont ces modèles qui ferment la marche avec les ventes les plus faibles. Le prestige des emblèmes expliquent autant ce clivage que l'ultra-conservatisme des produits japonais qui manquent d'imagination.

GAMME
La I30 est une berline à 4 portes proposée en versions de base ou «t» pour «touring» qui diffère par sa suspension plus sportive, ses jantes et son aileron qui permettent de la reconnaître plus facilement. Leur mécanique est identique à l'exception du rapport de différentiel plus court de la «t» qui offre de meilleures performances. Il s'agit d'un moteur V6 de 3.0L avec transmission automatique à 4 vitesses.

TECHNIQUE
Identique à celle de la Maxima, la carrosserie de la I30 se distingue par ses parties avant et arrière traitées dans le style typique d'Infiniti. Monocoque en acier, elle offre une excellente rigidité tant en flexion qu'en torsion, mais sa finesse aérodynamique n'est que moyenne puisque son coefficient aérodynamique est de 0.32. La suspension avant, fixée sur un berceau indépendant du châssis, est de type MacPherson alors qu'elle est rigide à l'arrière constituée d'un dispositif multi-bras dérivé du principe mécanique de Scott-Russell, permettant de maintenir un cambrage constant des roues et baptisé MultiLink.
Les freins sont à disque aux quatre roues avec système antiblocage en série ainsi qu'un différentiel autobloquant par viscocouplage faisant office d'antipatinage.

POSITIF
+ SON ALLURE. Elle est flatteuse grâce à certains artifices créés pour ne pas donner l'impression de rouler dans une Maxima de grand luxe. Toutefois Infiniti n'est pas allé assez loin pour créer un modèle très personnalisé comme Lexus l'a fait pour différencier la ES 300 de la Camry.
+ LA FIABILITÉ. Elle est remarquable puisque 95 % des propriétaires se disent très satisfaits de leur véhicule sur lequel ils ont connus très peu ou pas de problèmes.

Trop chromée..?

+ LA CONDUITE. La carrosserie très rigide et les suspensions compétentes procurent un guidage très précis. De plus, le moteur, qui est un des plus réussis de sa génération, ne manque ni de puissance ni de couple pour procurer des performances respectables. Les accélérations comme les reprises sont toutefois légèrement encore supérieures sur la version «t» qui dispose d'un rapport de pont plus court.
+ LE COMPORTEMENT. Il est très sûr grâce en grande partie à la suspension arrière qui procure une excellente stabilité en ligne droite comme en courbe, en réduisant les variations de cambrage lors des changements rapides de voie et du même coup l'effet de soulèvement du train arrière lors des freinages brusques. La I30 est neutre dans la plupart des circonstances en conduite normale et se montre relativement agile sur parcours sinueux.
+ LE MOTEUR. Ce V6 de 3.0L offre un excellent rendement puisque en dépit de ses performances relevées, il maintient une consommation économique qui dépasse rarement 13 l/ 100 km.
+ LE CONFORT. Le roulement est superbe sur autoroute. Il profite de la douceur de la suspension dont l'amortissement est efficace et du débattement suffisant des roues. Quant au niveau sonore, il se maintient relativement bas grâce à une insonorisation efficace.
+ LE FREINAGE. Il donne satisfaction car les distances des arrêts d'urgence se situent sous la barre des 40 m et sa stabilité est aussi remarquable que son endurance dans les cas extrêmes.
+ LA DIRECTION. On peut la citer à cause de sa rapidité, de sa précision, de son assistance bien dosée et bien démultipliée à vitesse normale tandis que son court diamètre de braquage permet une excellente maniabilité.
+ L'HABITABILITÉ. La cabine et le coffre peuvent accueillir confortablement quatre personnes et leurs effets. Malgré le format compact de la carrosserie, les principaux dégagements sont bien dimensionnés, surtout en hauteur.
+ LES COMMODITÉS. Les rangements sont plus généreux que dans la Maxima puisque les porte-gobelets, les crochets à cintre font partie de l'équipement d'origine, tout comme les sièges avant chauffants, très appréciés dans les contrées nordiques.

NÉGATIF
- LES SIÈGES. Ils ne sont pas confortables à cause de leur rembourrage très ferme et de leur manque de galbe. Ils ne maintiennent ni ne soutiennent suffisamment et sont fatigants pour effectuer de longues étapes, surtout aux places arrière. De plus, les commandes d'ajustement des sièges avant sont difficiles à atteindre, car il y a peu d'espace entre le siège et la portière.
- LE TABLEAU DE BORD. Il n'est pas mieux conçu que sur la Maxima, car sa partie centrale est en retrait plutôt qu'en saillie et les commandes qui y sont situées sont éloignées de la main du conducteur.
- LA PRÉSENTATION. Elle est plutôt chargée à l'extérieur, ce qui fait dire à certains que ce modèle fait un peu trop «chromé»...
- LE COFFRE. Sa contenance est limitée par rapport au gabarit de ce modèle et il n'est pas extensible car seulement muni d'une trappe à skis.
- À REVOIR : l'absence de rappel de la position du sélecteur de la boîte automatique dans l'instrumentation, les rétroviseurs extérieurs trop petits, le manque d'efficacité des essuie-lave-glace et du dégivreur. Il n'y pas de bouches de ventilation à l'arrière comme c'est le cas sur d'autres voitures de cette catégorie.

CONCLUSION
L'Infiniti I30 fait moins bien que sa rivale la ES 300, du fait que son constructeur s'est donné moins de mal pour la personnaliser et que la marque ne brille pas particulièrement par son dynamisme. Elle n'en reste pas moins très plaisante à conduire, mais on se demande pourquoi payer plus qu'une Maxima, qui peut faire aussi bien sinon mieux pour moins d'argent...

ÉVALUATION INFINITI I30		
CONCEPTION :		**78%**
Technique :	85	
Sécurité :	90	
Volume cabine :	70	
Volume coffre :	60	
Qualité/finition :	85	
CONDUITE :		**66%**
Poste de conduite :	75	
Performances :	60	
Comportement :	60	
Direction :	80	
Freinage :	55	
ÉQUIPEMENT D'ORIGINE :		**73%**
Pneus :	80	
Phares :	80	
Essuie-glace :	75	
Dégivreur :	50	
Radio :	80	
CONFORT :		**77%**
Sièges :	70	
Suspension :	80	
Niveau sonore :	75	
Commodités :	80	
Climatisation :	80	
BUDGET :		**58%**
Prix d'achat :	15	
Consommation :	75	
Assurance :	45	
Satisfaction :	90	
Dépréciation :	65	
Moyenne générale:		**70.4%**

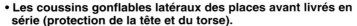

NOUVEAU POUR 1999

- Les coussins gonflables latéraux des places avant livrés en série (protection de la tête et du torse).
- Le système antipatinage livré en série.
- Le système antidémarrage couplé à l'antivol.
- Les modifications apportées à la chaîne audio.

MOTEURS / TRANSMISSIONS / PERFORMANCES

Modèles/ versions	Type / distribution soupapes / carburation	Cylindrée cc	Puissance cv @ tr/mn	Couple lb.pi @ tr/mn	Rapport volumét.	Roues motrices / transmissions	Rapport de pont	Accélérations 0-100 km/h s	400m s	1000m s	Reprise 80-120 km/h s	Freinage 100-0 km/h m	Vites. maxi. km/h	Accélér. latérale G	Niveau sonore dBA	Consommation l./100km Ville	Route	Carburant Octane
I30	V6* 3.0 DACT-24-IESPM	2988	190 @ 5600	205 @ 4000	10.0 :1	avant - A4*	3.619	9.0	16.4	30.8	6.6	39	200	0.80	62-68	11.4	7.8	M 89
I30t	V6* 3.0 DACT-24-IESPM	2988	190 @ 5600	205 @ 4000	10.0 :1	avant - A4*	3.823	8.0	15.7	27.5	5.9	40	195	0.82	62-68	11.4	7.8	M 89

PRIX & ÉQUIPEMENTS

INFINITI I30	base	«t»
Prix maxi $:	41 350	44 000
Prix mini $:	37 205	39 475
Transport & préparation $:	inclus	inclus
Boîte automatique:	S	S
Régulateur de vitesse:	S	S
Direction assistée:	S	S
Système antiblocage des freins:	S	S
Système antipatinage:	S	S
Climatiseur:	SA	SA
Garnitures en cuir:	S	S
Radio MA/MF/ Cassette:	SDc	S Dc
Serrures électriques:	S	S
Lève-vitres électriques:	S	S
Volant ajustable:	S	S
Rétroviseurs ext. ajustables:	SEC	SEC
Jantes en alliage léger:	S	S
Système antivol:	S	S

Couleurs disponibles

Extérieur: Beige, Vert olive, Blanc, Noir, Châtaigne, Bleu, Aubergine, Cristal.

Intérieur: Sauge, Beige, Noir.

EN BREF...

Catégorie: berlines de luxe tractées.   **Classe :** 7

HISTORIQUE
Inauguré en: 1995
Fabriqué à: Oppama, Japon.

PROFIL DE CLIENTÈLE
Modèle	Hom./Fem.	Âge moyen	Mariés	CEGEP	Revenus
I30	85/15 %	48 ans	88 %	60 %	140 000 $

INDICES
Sécurité:	90 %	**Satisfaction:**	92 %
Dépréciation:	35 %	**Assurance:**	1 175 $
Prix de revient au km:	0.60 $	**Nbre de concessionnaires:**	4

VENTES
Modèle	1996	1997	Résultat	Part de marché
I30	235	178	-24.2 %	1.0 %

PRINCIPAUX MODÈLES CONCURRENTS
ACURA TL, AUDI A4, BMW Série 3, LEXUS ES 300, MAZDA Millenia, NISSAN Maxima, SAAB 9³ & 9⁵, VOLVO S70.

ENTRETIEN REQUIS PAR LA GARANTIE
Première révision:	Fréquence:	Prise de diagnostic:
12 000 km	6 mois/12 000km	Oui

CARACTÉRISTIQUES

Modèles	Versions	Carrosseries/ Sièges	Volume cabine	Volume coffre	Cx	Empat. mm	Long x larg x haut. mm x mm x mm	Poids à vide kg	Susp. av/ar	Freins av/ar	Direction type	Diamètre braquage m	Tours volant b à b.	Réser. essence l.	dimensions	Pneus d'origine marque	modèle	Mécanique d'origine
INFINITI																		
I30	base	ber. 4 p. 5	2820	399	0.32	2700	4816x1770x1415	1429	ih/ih	d/ABS	crém.ass.	10.6	2.9	70.0	205/65R15	Bridgestone	Potenza RE92	V6/3.0/A4
I30	t	ber. 4 p. 5	2820	399	0.31	2700	4816x1770x1415	1463	ih/ih	d/ABS	crém.ass.	10.6	2.9	70.0	215/55R16	Toyo	Proxes Ao6	V6/3.0/A4

INFINITI Garantie générale 4 ans / 100 000 km; mécanique et antipollution: 6 ans / 100 000 km; corrosion perforation: 7 ans / kilométrage illimité.

Le QX4 a été le premier véhicule Infiniti à connaître un succès instantané. De fait, il a été le modèle le plus vendu de la gamme en 1997. Ce record n'a pas été difficile à battre, vu que les consommateurs ne s'arrachent pas les I30 et Q45. Tout le mérite de ce succès revient surtout aux stylistes de NDI de San Diego pour avoir su si habilement transformer la citrouille Pathfinder en un carrosse de luxe baptisé QX4. Le contenu, le prix et le service Infiniti ont fait le reste.

GAMME

Le QX4 est un véhicule polyvalent de luxe à 5 portes dérivé du Nissan Pathfinder. Il est doté de la même mécanique que son illustre parent, soit un moteur V6 de 3.3L et d'une transmission automatique à 4 rapports. Toutefois il diffère par son rapport de pont plus court et sa transmission intégrale permanente. Son équipement est assez complet, puisque la seule option disponible est le toit ouvrant, ce qui explique aussi qu'il pèse 131 kg (288 lb) de plus que le Pathfinder.

TECHNIQUE

La carrosserie monocoque en acier intègre un châssis en échelle, qui contribue fortement à la rigidité en flexion comme en torsion. La seule plaque de protection montée en série protège le réservoir de carburant. La suspension indépendante est de type MacPherson à l'avant alors qu'à l'arrière, l'essieu rigide est guidé par cinq bras avec ressorts hélicoïdaux et barre stabilisatrice. Le freinage est mixte avec antiblocage, antipatinage et verrouillage automatique des moyeux avant en série. Le QX4 possède une traction intégrale permanente activée par un interrupteur monté sur le tableau de bord, selon trois modes: deux roues motrices, quatre roues motrices automatique et quatre roues motrices avec différentiel verrouillé sur les rapports courts.
Nissan a opté pour le dispositif ATTESA, créé pour le coupé sportif japonais Skyline GT-R, parce que son temps de réponse est quasi instantané et que le changement de traction de deux à quatre roues motrices était pratiquement imperceptible. Lorsque le commutateur électrique de la transmission est placé sur le mode automatique, ce sont des embrayages électromagnétiques qui permettent d'envoyer progressivement le couple vers les roues avant. Toutefois ce transfert ne s'effectue que lorsque l'ordinateur détecte le patinage d'une roue arrière et il augmente au fur et à

La cendrillon des 4x4...

mesure que les différentes plaques de son embrayage se collent les unes aux autres.

POSITIF

+ LE STYLE. Celui de la partie avant diffère suffisamment de celle du Pathfinder, pour donner au QX4 une allure distinctive très réussie. Le traitement du bouclier et de l'éclairage est si original qu'il a fait école et inspiré la plupart des modèles sortis après lui.

+ LA TRANSMISSION. Elle compte parmi les plus sophistiquées, octroyant au QX4 l'efficacité et le comportement d'une voiture sportive, quelle que soit la qualité de l'adhérence et de passer de 2 à 4 roues motrices de la manière la plus harmonieuse et efficace possible.

+ LES PERFORMANCES. Le rapport de différentiel plus court et l'augmentation de cylindrée du moteur V6 permettent des accélérations et des reprises dignes d'une automobile, dans une grande douceur de fonctionnement.

+ LE COMPORTEMENT. Ce véhicule compte parmi les plus sûrs de sa catégorie, à cause de la grande rigidité de la structure qui rend le guidage des trains de roulement très précis, tandis que le roulis bien contrôlé et la hauteur raisonnable du centre de gravité, lui permettent d'aborder les virages avec assurance et il est agile sur tracé sinueux.

+ LE FREINAGE. Facile à doser, il permet des arrêts d'urgence parfaitement rectilignes dont les distances sont relativement courtes pour un véhicule pesant près de 2.5 tonnes en charge...

+ LE CONFORT. Sur autoroute il se compare facilement à celui d'une automobile car la suspension est moelleuse, les sièges aussi bien galbés que rembourrés et le niveau sonore maintenu bas par une insonorisation efficace.

+ LA DIRECTION. Parce qu'elle est à crémaillère, elle est directe, rapide, bien dosée et la maniabilité est satisfaisante, puisque le diamètre de braquage est assez court.

+ L'HABITACLE. Il est bien organisé autour du conducteur en plus d'être bien conçu. Et dispose d'une bonne visibilité périphérique, maintenant que la roue de secours est disposée sous le plancher arrière du véhicule. Le tableau de bord qui est directement dérivé de celui du Pathfinder est simple mais ergonomique et bien organisé.

+ LA QUALITÉ. L'assemblage, la finition, comme l'apparence des matériaux sont soignés et l'équipement aussi complet que luxueux. Le cuir des sièges et les appliques de bois font bonne impression car ils sont flatteurs à l'oeil et au touché. La garantie est aussi plus avantageuse que celle du Pathfinder.

NÉGATIF

- LE MOTEUR. Malgré les améliorations, il manque encore de puissance et de couple au moment d'effectuer des dépassements ou en terrain accidenté. Ce qui explique que la plupart des concurrents offrent un moteur V8 de plus de 4.0L.

- LA GARDE AU SOL. Plus basse qu'autrefois, elle limite les capacités de franchissement. On accroche parfois en terrain accidenté et il est bon de savoir que seul le réservoir de carburant est protégé par une plaque d'acier laissant les organes de transmission à découvert.

- L'ESPACE. Il est restreint aux places arrière où les sièges luxueux plus épais que ceux du Pathfinder laissent peu d'espace pour les jambes et compliquent plus l'accès.

- LA CONSOMMATION. Elle est forte à cause du poids élevé, du manque de couple du moteur qui est obligé de tourner plus vite, des gros pneus de 16 pouces et de l'aérodynamique peu raffinée.

CONCLUSION

Le QX4 plaît surtout pour son allure particulière, sa transmission sophistiquée, le luxe de son équipement et le soin apporté à sa présentation. Toutefois son moteur d'automobile n'est pas le mieux adapté à ses besoins et son manque de couple et de puissance à bas régime gâte la sauce... Si Infiniti ne lui greffe pas rapidement le V8 de la Q45, ce beau carrosse redeviendra sans doute... une citrouille... ☺

ÉVALUATION INFINITI QX4

CONCEPTION :   **76%**
Technique :	80
Sécurité :	80
Volume cabine :	70
Volume coffre :	70
Qualité/finition :	80

CONDUITE :   **62%**
Poste de conduite :	75
Performances :	40
Comportement :	45
Direction :	80
Freinage :	70

ÉQUIPEMENT D'ORIGINE :   **78%**
Pneus :	80
Phares :	80
Essuie-glace :	75
Dégivreur :	75
Radio :	80

CONFORT :   **73%**
Sièges :	75
Suspension :	70
Niveau sonore :	60
Commodités :	80
Climatisation :	80

BUDGET :   **45%**
Prix d'achat :	0
Consommation :	40
Assurance :	45
Satisfaction :	85
Dépréciation :	55

Moyenne générale: **66.8%**

NOUVEAU POUR 1999

• Aucun changement majeur.

MOTEURS / TRANSMISSIONS / PERFORMANCES

Modèles/ versions	Type / distribution soupapes / carburation	Cylindrée cc	Puissance cv @ tr/mn	Couple lb.pi @ tr/mn	Rapport volumét.	Roues motrices / transmissions	Rapport de pont	Accélér. 0-100 km/h s	400 m D.A. s	1000 m D.A. s	Reprise 80-120 km/h s	Freinage 100-0 km/h m	Vites. maxi. km/h	Accélér. latérale G	Niveau sonore dBA	Consommation l./100km Ville	Route	Carburant Octane
base	V6* 3.3 SACT-12-IESPM	3275	168 @ 4800	196 @ 2800	8.9 :1	arr./4 - A4	4.636	11.2	18.4	32.8	8.9	42	175	0.73	64-70	15.7	11.6	R 87

PRIX & ÉQUIPEMENTS

INFINITI QX4	base
Prix maxi $:	**45 000**
Prix mini $:	**40 380**
Transport & préparation $:	**Inclus**
Boîte automatique:	S
Régulateur de vitesse:	S
Direction assistée:	S
Système antiblocage des freins:	S
Système antipatinage:	S
Climatiseur:	S
Garnitures en cuir:	S
Radio MA/MF/ Cassette:	S Dc
Serrures électriques:	S
Lève-vitres électriques:	S
Volant ajustable:	S
Rétroviseurs ext. ajustables:	SEC
Jantes en alliage léger:	S
Système antivol:	S

Couleurs disponibles

Extérieur: Bleu, Noir, Châtaigne, Beige, Bronze, Sauge, Blanc.

Intérieur: Gris, Beige.

EN BREF...

Catégorie: sport-utilitaire propulsés et intégraux.   **Classe :** utilitaires

HISTORIQUE
Inauguré en:	1997
Fabriqué à:	Kyushu, Japon.

PROFIL DE CLIENTÈLE
Modèle	Hom./Fem.	Âge moyen	Mariés	CEGEP	Revenus
QX4	76/24 %	39 ans	68 %	57 %	81 000 $

INDICES
Sécurité:	75 %	Satisfaction:	85 %
Dépréciation:	45 %	Assurance:	1 385 $
Prix de revient au km:	0.58 $	Nbre de concessionnaires:	4

VENTES
Modèle	1996	1997	Résultat	Part de marché
QX4	92	386	+ 319.5 %	2.3 %

PRINCIPAUX MODÈLES CONCURRENTS
CHEVROLET Blazer, FORD Explorer, GMC Envoy, ISUZU Rodeo & Trooper, JEEP Grand Cherokee, LEXUS RX 300, MERCEDES-BENZ ML 320, TOYOTA 4Runner.

ENTRETIEN REQUIS PAR LA GARANTIE
Première révision:	Fréquence:	Prise de diagnostic:
12 000 km	12 000 km	Non

CARACTÉRISTIQUES

Modèles	Versions	Carrosseries/ Sièges	Volume cabine	Volume coffre	Cx	Empat. mm	Long x larg x haut. mm x mm x mm	Poids à vide kg	Susp. av/ar	Freins av/ar	Direction type	Diamètre braquage m	Tours volant b à b.	Réser. essence l.	dimensions	Pneus d'origine marque	modèle	Mécanique d'origine
INFINITI QX4	base	fam.5 p.5	2631	1076	0.48	2700	4671x1839x1796	1939	ih/rh	d/t/ABS	crém.ass.	11.4	3.1	80.0	245/70R16	Bridgestone	Dueller H/T	V6/3.3/A4

Garantie: générale 4 ans / 100 000 km; mécanique: 6 ans / 100 000 km; corrosion perforation : 7 ans / kilométrage illimité.

Par le passé, la Q45 n'a jamais été en mesure de lutter contre sa rivale directe, la Lexus LS 400. Une campagne de lancement ratée et un style pour le moins douteux, ne lui ont pas donné de chance. Renouvelée en 1997, elle apparaît aujourd'hui plus en mesure de prendre une place significative et ses ventes ont fait des gains intéressants puisqu'elles représentent 68% de celles de la Lexus. Sa carrosserie comme son habitacle ont été redessinés dans un style plus anguleux et beaucoup plus conventionnel.

GAMME

La Q45 est une berline à quatre portes offerte en versions de base ou «t» pour touring qui diffère par sa suspension sportive avec barre antiroulis plus grosse à l'arrière, son aileron arrière et ses jantes en aluminium forgé. La mécanique, commune aux deux versions, consiste en un moteur V8 de 4.1L avec une boîte automatique à 4 rapports. Son équipement très complet comprend tout ce qu'on peut attendre d'une voiture de ce prix, y compris les sièges chauffants aux places avant.

TECHNIQUE

La Q45 dérive de la Cima, une voiture fabriquée par Nissan pour le marché japonais, dont les parties avant et arrière de la carrosserie ont été retouchées par NDI, le bureau de style de la marque installé en Californie, afin de mieux adapter ce modèle aux goûts des Nord-américains. Les lignes sont plus anguleuses, mais plus banales que celles de l'ancienne Q45. Sans références précises à d'autres styles, elles se contentent d'afficher les attributs traditionnels des modèles de cette catégorie comme la calandre classique et les touches de chrome.

Sa carrosserie monocoque en acier est pourvue de suspensions indépendantes aux quatre roues de type MacPherson à l'avant, avec un essieu guidé par des bras multiples à l'arrière. Le freinage à quatre disques dispose d'un système antiblocage sophistiqué en série. Le moteur est un V8 de 4.1L en aluminium de conception très moderne, développant 266 cv, puissance très honorable puisque de la trempe des Northstar de GM ou Intech de Ford. La transmission automatique n'offre pas un mode de sélection manuel, le différentiel est autobloquant par viscocouplage et l'antiblocage des roues livré en série. Ce dernier réduit la puissance du moteur lorsqu'il détecte l'amorce d'une perte d'adhérence des roues motrices.

Le FantÔme de l'opéra...

POSITIF

+ LA PRÉSENTATION. D'emblée, la Q45 fait bonne impression. De l'extérieur, elle fait cossue et solide tout en restant discrète. À l'intérieur, elle est plus typée et plus riche qu'autrefois, car le cuir qui garnit les sièges et les placages de bois sont de bon goût. Les abondantes touches de chrome donnent de la classe à l'ensemble et le volant est invitant avec ses parties où l'on pose les mains gainées d'un cuir perforé du plus bel effet.

+ LE PRIX. Moins chère que le modèle qu'elle a remplacé, sans pour autant avoir coupé dans la qualité, l'équipement ou les performances, la Q45 constitue une bonne affaire.

+ LE CONFORT. Il résulte du généreux volume de la cabine permettant d'y asseoir cinq personnes. Les sièges comme la suspension sont moelleux à souhait, même sur la version «t» qui est moins ferme que sur l'ancien modèle tandis que l'insonorisation est très efficace.

+ LE MOTEUR. Souple et puissant, il délivre d'excellentes performances grâce à un rapport poids/puissance remarquable de 6.6 kg/ch. Les accélérations et les reprises sont vives et la transmission réagit instantanément. Son rendement est une autre bonne surprise puisqu'il se contente en moyenne de 13 litres aux 100 km en utilisation normale, ce qui correspond à l'appétit normal d'un V6.

+ LA TENUE DE ROUTE. Elle est généralement neutre et très stable à vitesse élevée. Elle surprend par son agilité sur tracé sinueux, surtout la version «t» dont les réactions sont plus précises grâce à sa suspension moins souple.

+ LE FREINAGE. Facile à doser en tout temps, il est mordant à l'attaque et très efficace puisqu'il permet d'arrêter de manière rectiligne, cette masse de 2 tonnes en charge sur 40 m en cas d'urgence.

+ LA MANIABILITÉ. Elle est supérieure à celle de l'ancien modèle grâce au diamètre de braquage plus court et à l'assistance différentielle de la direction qui facilite les manoeuvres de stationnement.

+ L'ÉQUIPEMENT. Il est complet incluant toutes les servitudes et les raffinements qui sont l'apanage des voitures de luxe et le côté pratique n'a pas été oublié puisque les rangements sont aussi nombreux à l'avant qu'à l'arrière de la cabine.

+ LA QUALITÉ. Elle est évidente partout car l'assemblage comme la finition sont méticuleux et la qualité des matériaux nettement supérieure à ce qu'elle était autrefois. Quant à la fiabilité, elle est remarquable puisque 95% des propriétaires se déclarent très satisfaits de leur Q45 et se félicitent de leur acquisition.

NÉGATIF

- LE STYLE. On ne peut pas dire que la Q45 ait beaucoup de personnalité, car elle a été créée pour le marché japonais où elle joue le rôle d'une fausse américaine...

- LE BUDGET. Bien que moins chère, la Q45 n'est pas à la portée de toutes les bourses et son entretien comme sa prime d'assurance sont conséquents, tandis que sa valeur de revente est très incertaine.

- LE COFFRE. Il est relativement très petit pour une voiture de cette taille, puisque sa contenance est comparable à celle d'une... Sentra! Toutefois ses formes régulières et son ouverture échancrée permettent d'en tirer le meilleur parti.

- LES COMMANDES. Celles de la radio et de la climatisation sont inversées, ce qui oblige à contourner le sélecteur de la transmission pour changer de poste. Nous avons eu de la difficulté à localiser la commande d'ouverture à distance du coffre qui n'est pas très évidente.

- À REVOIR : le cendrier, bien mal situé, sera très dissuasif pour ceux qui tente d'arrêter de fumer...

CONCLUSION

C'est un secret bien gardé. Sous son masque, la Q45 cache une voiture de luxe performante, compétente et de qualité à un prix tout à fait raisonnable. Le seul problème c'est que trop peu de gens sont au courant qu'Infiniti fait de bonnes voitures, ce qui affecte sa valeur de revente et sa notoriété.

ÉVALUATION INFINITI Q45

CONCEPTION :		74%
Technique :	85	
Sécurité :	90	
Volume cabine :	70	
Volume coffre :	40	
Qualité/finition :	85	

CONDUITE :		72%
Poste de conduite :	85	
Performances :	65	
Comportement :	70	
Direction :	80	
Freinage :	60	

ÉQUIPEMENT D'ORIGINE :		84%
Pneus :	85	
Phares :	85	
Essuie-glace :	80	
Dégivreur :	80	
Radio :	90	

CONFORT :		82%
Sièges :	85	
Suspension :	80	
Niveau sonore :	80	
Commodités :	80	
Climatisation :	85	

BUDGET :		48%
Prix d'achat :	0	
Consommation :	60	
Assurance :	40	
Satisfaction :	90	
Dépréciation :	50	

| **Moyenne générale:** | | **72.0%** |

NOUVEAU POUR 1999

- Les retouches du style de la carrosserie incluant la calandre, des phares à haute intensité et les feux arrière.
- L'horloge au milieu de la planche de bord, la touche d'ouverture automatique du toit ouvrant, les touches de l'ajustement électronique de la suspension, les coussins gonflables latéraux et le rideau de lunette arrière à commande électrique.

MOTEURS — TRANSMISSIONS — PERFORMANCES

Modèles/ versions	Type / distribution soupapes / carburation	Cylindrée cc	Puissance cv @ tr/mn	Couple lb.pi @ tr/mn	Rapport volumét.	Roues motrices / transmissions	Rapport de pont	Accélér. 0-100 km/h s	400 m D.A. s	1000 m D.A. s	Reprise 80-120 km/h s	Freinage 100-0 km/h m	Vites. maxi. km/h	Accélér. latérale G	Niveau sonore dBA	Consommation l./100km Ville Route	Carburant Octane
base	V8* 4.1 DACT-32-ISPM	4130	266 @ 5600	278 @ 4000	10.5 :1	arrière - A4*	3.692	8.0	16.0	27.5	4.9	40	230	0.75	62-66	13.4 9.3	S 91

PRIX & ÉQUIPEMENTS

INFINITI Q45	«t»
Prix maxi $:	66 500
Prix mini $:	58 675
Transport & préparation $:	inclus
Boîte automatique:	S
Régulateur de vitesse:	S
Direction assistée:	S
Système antiblocage des freins:	S
Système antipatinage:	S
Climatiseur:	S
Garnitures en cuir:	S
Radio MA/MF/ Cassette:	S Dc
Serrures électriques:	S
Lève-vitres électriques:	S
Volant ajustable:	S
Rétroviseurs ext. ajustables:	S
Jantes en alliage léger:	S
Système antivol:	S
Couleurs disponibles	

Extérieur: Vert, Noir, Titane, Étain, Blanc.

Intérieur: Beige, Galet, Noir.

EN BREF...

Catégorie: berlines de luxe propulsées.   **Classe :** 7

HISTORIQUE

Inauguré en:	1990-1997
Fabriqué à:	Tochigi, Japon.

PROFIL DE CLIENTÈLE

Modèle	Hom./Fem.	Âge moyen	Mariés	CEGEP	Revenus
Q45	97/3 %	49 ans	90 %	60 %	141 000 $

INDICES

Sécurité:	90 %	Satisfaction:	90 %
Dépréciation:	55 %	Assurance:	1 880 $
Prix de revient au km:	0.97 $	Nbre de concessionnaires:	4

VENTES

Modèle	1996	1997	Résultat	Part de marché
Q45	29	35	+ 20.7 %	0.4 %

PRINCIPAUX MODÈLES CONCURRENTS

BMW Série 5-7, CADILLAC DeVille & Seville, LEXUS GS-LS 400, LINCOLN Continental & Town Car, MERCEDES-BENZ Classe E-S.

ENTRETIEN REQUIS PAR LA GARANTIE

Première révision:	Fréquence:	Prise de diagnostic:
12 000 km	6 mois/12 000 km	Oui

CARACTÉRISTIQUES

Modèles	Versions	Carrosseries/ Sièges	Volume cabine	Volume coffre	Cx	Empat. mm	Long x larg x haut. mm x mm x mm	Poids à vide kg	Susp. av/ar	Freins av/ar	Direction type	Diamètre braquage m	Tours volant b à b.	Réser. essence l.	dimensions	Pneus d'origine marque	modèle	Mécanique d'origine
INFINITI Q45t	«t»	ber. 4 p. 5	2758	357	0.32	2830	5060x1821x1445	1765	ih/ih	d/ABS	crém.ass.	11.0	3.2	81.0	225/50VR17	Michelin Energy	MXV4	V8/4.1/A4

Garantie: générale 4 ans / 100 000 km; mécanique: 6 ans / 100 000 km; corrosion perforation : 7 ans / kilométrage illimité .

C'est la première fois depuis sa présentation en 1990 que le Rodeo subit une transformation radicale. Le modèle 99 arrive avec un style, une technique et des qualités routières améliorées par rapport à la version précédente.

GAMME

Le dernier Rodeo est commercialisé sous la forme d'une familiale à 4 portes en finitions S, LS et LSE. Si aux États-Unis le modèle de base à deux roues motrices est équipé d'un moteur L4 de 2.2L avec boîte manuelle à 5 rapports, au Canada les deux versions sont à 4 roues motrices et pourvues du V6 de 3.2L avec boîte manuelle à 5 vitesses en série sur la S et transmission automatique à 4 rapport en série sur la LS. L'équipement de la version S se résume à peu de choses, si ce n'est la radiocassette, tandis que celui de la LS est plus complet, puisque la seule option d'importance est la garniture des sièges en cuir.

TECHNIQUE

La structure de base du Rodéo est constituée d'un châssis en échelle à 6 traverses réalisée en acier comme la carrosserie qui y est fixée. Ses principales dimensions ont été réduites pour obtenir un véhicule plus compact en longueur, plus large et plus léger. La suspension avant est à roues indépendantes à bras en Y oscillants transversaux doubles, avec barres de torsion et antiroulis, tandis qu'à l'arrière l'essieu rigide est maintenu par cinq bras longitudinaux et suspendu par des ressorts hélicoïdaux. Des plaques de protection installées en série protègent le radiateur, le réservoir de carburant, le carter-moteur et le boîtier de transfert. Le freinage est à quatre disques assisté d'un dispositif antiblocage sur les quatre roues des deux versions. La réduction de poids qui totalise 130 kg (285 lb) a été réalisée au niveau du châssis, de la suspension arrière, de l'arbre de transmission principal qui est en aluminium plutôt qu'en acier, sur les moteurs qui sont plus compacts et composés d'aluminium et de magnésium, ainsi que la centrale de l'antiblocage regroupant les contrôles hydrauliques et électroniques. Le nouveau moteur V6 dispose de plus de puissance et de couple que ses prédécesseurs, grâce à ses quatre soupapes par cylindre, et son système d'admission variable qui favorise la puissance à tous les régimes. La transmission intégrale demeure «à la demande», mais elle s'engage désormais grâce à un bouton plutôt qu'un levier et un système à pression hydraulique per-

Il bonifie en vieillissant

met d'effectuer l'opération en douceur en dessous d'une vitesse limite de 100 km/h.

POSITIF

+ L'ALLURE. Plus compacte et virile que jamais, elle inspire la solidité et l'invulnérabilité qui fait le succès de ces véhicules polyvalents. Les boucliers latéraux nervurés et les passages de roues élargis ont eu pour effet d'asseoir la silhouette du Rodeo qui en impose.

+ L'HABITABILITÉ. Légèrement élargie, la cabine procure assez d'espace pour quatre personnes qui apprécieront les dégagements bien calculés.

+ LE MOTEUR. Le V6 3.2L dispose désormais du punch qui a longtemps fait défaut au Rodeo dans le passé. Les accélérations et les reprises sont dynamiques sur routes,

tandis que hors route, le couple plus généreux facilite ses évolutions.

+ LE COMPORTEMENT. Sur bon revêtement, il profite de la meilleure rigidité de l'ensemble, ainsi que du guidage précis de la direction.

+ LA CONDUITE. Elle est facilitée par l'excellente position du conducteur grâce à l'agencement harmonieux du volant, du siège et des pédales. En prime, la visibilité périphérique est excellente, les rétroviseurs bien dimensionnés et l'instrumentation bien regroupée et très lisible.

+ HORS ROUTE. Les capacités de franchissement du Rodeo sont améliorées par sa généreuse garde au sol, ses angles d'entrée et de sortie importants et sa nouvelle suspension arrière qui procure une assiette et une traction supérieures sur terrain accidenté.

+ UN BON POINT : pour le traitement plus conventionnel du hayon qui facilite l'accès à la soute à bagages, les vitres des portes arrière qui s'ouvrent complètement et les plaques d'acier d'origine protégeant les éléments mécaniques lors des évolutions en tout terrain.

NÉGATIF

- LE PRIX. Il est moins compétitif qu'auparavant, puisque la version LS atteint des prix comparables à ceux des versions haut de gamme de ses rivaux américains lorsqu'elle est toute garnie, sans offrir une valeur de revente aussi intéressante. Même la S qui est très dépouillée est chère pour ce qu'elle offre.

- LA SUSPENSION. Elle est inconsistante et se déhanche à la moindre dénivellation, ce qui perturbe autant le confort que le comportement dès que le revêtement n'est plus parfait. Elle constitue l'aspect le plus contestable du Rodeo car ses réactions désordonnées et ses sautillements incessants proviennent autant des gros pneus que de la mollesse de l'amortissement et de l'empattement qui est plus court de 4 pouces par rapport à celui d'un Explorer.

- LA DIRECTION. Son assistance est plus positive qu'autrefois, mais sa forte démultiplication et son diamètre de braquage important nuisent à la maniabilité.

- LE TABLEAU DE BORD. Si sa présentation est plutôt simple, certaines commandes ne sont pas disposées de manière rationnelle, telles celles de la radio et de la climatisation qui sont inversées, de même que les interrupteurs situés à gauche sous le volant qui sont parfaitement invisibles.

- L'ACCÈS. Le faible angle d'ouverture des portes étroites complique plus l'accès aux places arrière où l'espace est exigu. Enfin, on aimerait disposer de marchepieds et de poignées de maintien bien placées, en équipement d'origine.

- LA VERSION S. Son équipement limité la rend difficile à revendre surtout que la différence de prix avec la LS est peu importante.

- LA DISTRIBUTION. Le nombre limité de concessionnaire et leur éparpillement nuisent à l'entretien et aux réparations.

CONCLUSION

Souhaitons que les qualités dont le dernier Rodeo fait preuve sauront attirer la clientèle des premiers jours qui est depuis allée chercher ailleurs, car le constructeur a mis trop longtemps à offrir un véhicule compétitif. Si ce n'était de sa suspension sautillante, il aurait notre bénédiction...

ÉVALUATION ISUZU Rodeo

CONCEPTION : 76%
Technique :	80
Sécurité :	75
Volume cabine :	60
Volume coffre :	90
Qualité/finition :	75

CONDUITE : 61%
Poste de conduite :	80
Performances :	55
Comportement :	45
Direction :	70
Freinage :	55

ÉQUIPEMENT D'ORIGINE : 76%
Pneus :	80
Phares :	75
Essuie-glace :	75
Dégivreur :	75
Radio :	75

CONFORT : 64%
Sièges :	75
Suspension :	65
Niveau sonore :	40
Commodités :	60
Climatisation :	80

BUDGET : 55%
Prix d'achat :	20
Consommation :	50
Assurance :	60
Satisfaction :	80
Dépréciation :	65

Moyenne générale: 66.4%

NOUVEAU POUR 1999

• **Nouvelle version luxueuse LSE.**

MOTEURS / TRANSMISSIONS / PERFORMANCES

Modèles/ versions	Type / distribution soupapes / carburation	Cylindrée cc	Puissance cv @ tr/mn	Couple lb.pi @ tr/mn	Rapport volumét.	Roues motrices / transmissions	Rapport de pont	Accélér. 0-100 km/h s	400 m D.A. s	1000 m D.A. s	Reprise 80-120 km/h s	Freinage 100-0 km/h m	Vites. maxi. km/h	Accélér. latérale G	Niveau sonore dBA	Consommation l./100km Ville	Route	Carburant Octane
S	V6* 3.2 DACT-24-IEPM	3165	205 @ 5400	214 @ 3000	9.1 :1	ar./4 - M5*	4.3	9.0	16.8	30.4	6.6	45	170	0.72	68-70	14.4	10.6	R 87
LS/LSE	V6* 3.2 DACT-24-IEPM	3165	205 @ 5400	214 @ 3000	9.1 :1	ar./4 - A4	4.3	9.7	17.0	31.7	6.9	47	165	0.72	68-70	14.0	10.6	R 87

PRIX & ÉQUIPEMENTS

ISUZU Rodeo	S	LS	LSE
Prix maxi $:	29 660	33 300	38 990
Prix mini $:	27 255	30 600	35 830
Transport & préparation $:	795	795	795
Boîte automatique:	O	O	S
Régulateur de vitesse:	O	S	S
Direction assistée:	S	S	S
Système antiblocage des freins:	S	S	S
Système antipatinage:	-	S	-
Climatiseur:	O	S	S
Garnitures en cuir:	-	O	S
Radio MA/MF/ Cassette:	S	SDc	SDc
Serrures électriques:	O	S	S
Lève-vitres électriques:	O	S	S
Volant ajustable:	O	S	S
Rétroviseurs ext. ajustables:	SM	SEC	SEC
Jantes en alliage léger:	O	S	S
Système antivol:	O	S	S

Couleurs disponibles

Extérieur: Noir, Argent, Blanc, Vert, Bordeaux.

Intérieur: Gris, Beige.

EN BREF...

Catégorie: véhicules polyvalents à 2 et 4 roues motrices. **Classe :** utilitaires

HISTORIQUE

Inauguré en:	1991-1998
Fabriqué à:	Lafayette, Indiana, États-Unis.

PROFIL DE CLIENTÈLE

Modèle	Hom./Fem.	Âge moyen	Mariés	CEGEP	Revenus
Rodeo	75/25 %	46 ans	74 %	50 %	60 000 $

INDICES

Sécurité:	75 %	**Satisfaction:**	80 %
Dépréciation:	28 % (1 an)	**Assurance:**	850-975 $
Prix de revient au km:	0.50 $	**Nbre de concessionnaires:**	17

VENTES

Modèle	1996	1997	Résultat	Part de marché
Rodeo	52	51	- 1.9 %	0.45 %

PRINCIPAUX MODÈLES CONCURRENTS

CHEVROLET Blazer, FORD Explorer, GMC Jimmy, JEEP Cherokee-Grand Cherokee, NISSAN Pathfinder, TOYOTA 4Runner.

ENTRETIEN REQUIS PAR LA GARANTIE

Première révision:	Fréquence:	Prise de diagnostic:
5 000 km	10 000 km	Non

CARACTÉRISTIQUES

Modèles	Versions	Traction	Carrosseries/ Sièges	Empat. mm	Garde au sol mm	Long x larg x haut. mm x mm x mm	Poids à vide kg	Susp. av/ar	Freins av/ar	Direction type	Diamètre braquage m	Tours volant b à b.	Réser. essence l.	dimensions	Pneus d'origine marque	modèle	Mécanique d'origine
ISUZU		Garantie: 3 ans / 60 000 km; mécanique 5 ans / 100 000 km ; perforation 6 ans / 160 000 km.															
Rodeo	S	4x4	fam. 4 p. 5	2702	200	4653x1787x1680	1748	ih/rh	d/ABS	crém.ass.	11.7	3.64	80.0	235/75R15	Bridgestone	Dueller 684	V6/3.2/M5
Rodeo	LS/LSE	4x4	fam. 4 p. 5	2702	208	4658x1787x1688	1782	ih/rh	d/ABS	crém.ass.	11.7	3.64	80.0	245/70R16	Bridgestone	Dueller 684	V6/3.2/A4

Après les problèmes rencontrés par le modèle précédent, qui avait selon certains essayeurs, une fâcheuse tendance à se retourner lors des tests d'évitement, on s'attendait à ce que son remplaçant soit très différent. Ce n'est pas le cas et à la limite on pourrait dire qu'il y a fausse représentation, lorsqu'il y a si peu de différences entre deux véhicules. Du côté des ventes, le Trooper ne compte pas parmi les meneurs de sa catégorie, dû en grande partie à la faiblesse de son réseau de distribution et aussi à son prix qui n'est pas des plus alléchants.

GAMME

Ce gros tout-terrain polyvalent est offert sous la forme d'une carrosserie familiale à 5 portes avec 4 roues motrices à la demande, en versions S, LS et Limited. Toutes sont équipées en série d'un nouveau V6 de 3.5L avec une transmission manuelle de série pour les L et LS et automatique à quatre rapports pour la Limited. Si l'équipement de cette dernière est digne de louanges et celui de la LS est complet, celui de la S a été particulièrement enrichi, puisqu'il comporte désormais les principaux asservissements électriques, des jantes en aluminium, le régulateur de vitesse et un système antivol qui remontent sérieusement sa valeur.

TECHNIQUE

La carrosserie monocoque en acier, fixée à un châssis à échelle à 7 traverses. Son efficacité aérodynamique n'est pas extraordinaire à cause des formes carrées de sa partie frontale et des gros pneus. Des plaques d'acier protègent en série le radiateur, le réservoir de carburant, le carter moteur et la boîte de transfert. La suspension avant est indépendante, faite de leviers triangulaires transversaux avec barres de torsion et stabilisatrice, tandis qu'à l'arrière, l'essieu est rigide, maintenu par quatre bras oscillants avec barre Panhard, stabilisatrice et ressorts hélicoïdaux. Un système de guidage à quatre articulations empêche le cabrage de l'essieu sous l'effet du couple lors des accélérations et le débattement des deux trains a été augmenté afin d'améliorer le confort. Les freins sont à 4 disques avec un dispositif antiblocage intégral en série. Avec sa cylindrée plus importante, le nouveau moteur tire avantage d'une tubulure d'admission variable qui contribue à améliorer la puissance et le couple disponible. Une nouvelle transmission intégrale permanente est seulement disponible sur la ver-

Très conservateur

sion S tandis que les deux autres sont «à la demande», car ce dispositif est le plus populaire auprès de la clientèle. Pouvant être engagé à la volée quelle que soit la vitesse, le système T.O.D. permet d'équilibrer la répartition du couple entre les roues avant et arrière de manière à maintenir un comportement le plus neutre en évitant le survirage autant que le sous-virage en réagissant à la position de l'accélérateur et des valves du système antipollution.

POSITIF

+ **SON STYLE.** Il est aussi imposant que difficile à démoder. Il attire surtout ceux qui rêvent d'un Range Rover, mais n'ont que la moitié du budget à lui consacrer. On est toutefois loin de la sophistication technique et des performances dont le Range est capable.

+ **LE CONFORT.** Il est remarquable sur autoroute où il rappelle celui d'une grosse berline avec sa suspension douce et ses sièges aussi bien formés que rembourrés.

+ **L'ÉQUIPEMENT.** Contrairement au modèle précédent dont la version de base était très dépouillée, la S fait pratiquement jeu égal avec la LS dont elle ne diffère que par des détails plus axés sur le luxe que sur la fonctionnalité.

+ **LA POLYVALENCE.** Sa vaste cabine, dont le volume utile est très proche de celui d'une mini-fourgonnette, permet d'accueillir cinq personnes. La soute à bagages est généreuse et facilement accessible grâce à deux portes à battant de largeur inégale.

+ **LA CONDUITE.** Elle est agréable grâce à la position élevée du conducteur qui profite d'une visibilité

satisfaisante vers l'avant et les côtés, tandis que le tableau de bord est aussi bien aménagé que garni.

+ **LA QUALITÉ.** Elle ne fait aucun doute en ce qui concerne l'assemblage, la finition ou les matériaux employés, mais la présentation générale est baroque, car certaines teintes sont plus spectaculaires qu'harmonieuses dehors et dedans.

+ **UN BON POINT** : pour la facilité avec laquelle la banquette arrière s'escamote et les accoudoirs des sièges avant ajustables.

NÉGATIF

+ **LA SUSPENSION.** Toujours trop souple, elle exige un surcroît de prudence, car elle crée un fort roulis qui rend les trajectoires incertaines par vent latéral ou sur revêtement défoncé où l'essieu arrière a tendance à rebondir et à donner des coups de raquette et où les roues s'affolent. La situation du modèle précédent n'a guère évolué et c'est un peu décevant, car cela rend le comportement douteux dans certaines circonstances.

- **LE FREINAGE.** Celui de notre véhicule d'essai était endurant, mais manquait de puissance et de stabilité lors des arrêts d'urgence qui étaient difficiles à doser par le manque de consistance de la pédale.

- **LE BUDGET.** Le Trooper coûte aussi cher à l'achat qu'à l'utilisation, sa consommation descendant rarement sous les 18 litres aux 100 km: un V8 ne serait pas plus gourmand tout en offrant une puissance et un couple supérieurs.

- **L'ACCÈS.** Il est toujours malaisé de monter à bord car les portes étroites ne s'ouvrent pas suffisamment et la garde au sol est importante. Aucun marchepied qui pourrait faciliter ces manoeuvres n'est offert, même en option.

- **LE BRUIT.** Le moteur manque autant de discrétion que les filets d'air qui circulent autour de la cabine à mesure que la vitesse augmente dû à la piètre performance de la finesse aérodynamique.

- **LA VISIBILITÉ.** Elle reste gênée vers l'arrière par les épais montants du toit et la roue de secours installée à l'extérieur sur le hayon.

- **À REVOIR** : le rendement médiocre des phares, des essuie-glace, de la climatisation et le manque de rangement aux places arrière.

CONCLUSION

Le Trooper est une grosse familiale à quatre roues motrices plus orientée vers le confort que l'aventure. Sa conduite demandera de garder à l'esprit les limites de sa conception pour éviter les mauvaises surprises.

ÉVALUATION
ISUZU Trooper

CONCEPTION : **77%**
Technique :	80
Sécurité :	70
Volume cabine :	65
Volume coffre :	90
Qualité/finition :	80

CONDUITE : **59%**
Poste de conduite :	80
Performances :	55
Comportement :	45
Direction :	70
Freinage :	45

ÉQUIPEMENT D'ORIGINE : **76%**
Pneus :	75
Phares :	80
Essuie-glace :	80
Dégivreur :	70
Radio :	75

CONFORT : **66%**
Sièges :	75
Suspension :	80
Niveau sonore :	35
Commodités :	65
Climatisation :	75

BUDGET : **41%**
Prix d'achat :	0
Consommation :	20
Assurance :	50
Satisfaction :	85
Dépréciation :	50

Moyenne générale: **63.9%**

NOUVEAU POUR 1999

- Aucun changement majeur.

MOTEURS / TRANSMISSIONS / PERFORMANCES

Modèles/ versions	Type / distribution soupapes / carburation	Cylindrée cc	Puissance cv @ tr/mn	Couple lb.pi @ tr/mn	Rapport volumét.	Roues motrices / transmissions	Rapport de pont	Accélér. 0-100 km/h s	400 m D.A. s	1000 m D.A. s	Reprise 80-120 km/h s	Freinage 100-0 km/h m	Vites. maxi. km/h	Accélér. latérale G	Niveau sonore dBA	Consommation l./100km Ville	Route	Carburant Octane
base	V6* 3.5 DACT-24-IEMP	3494	215 @ 5400	230 @ 3000	9.1 :1	ar./4 - M5*	4.56	9.0	16.8	30.4	7.5	48	180	0.72	68-72	16.1	11.5	R 87
						ar./4 - A4	4.30	9.8	17.3	31.8	8.2	51	175	0.72	68-72	15.8	11.3	R 87

PRIX & ÉQUIPEMENTS

ISUZU Trooper	S	LS	Limited
Prix maxi $:	32 975	37 995	41 995
Prix mini $:	30 300	34 915	38 590
Transport & préparation $:	795	795	795
Boîte automatique:	O	O	S
Régulateur de vitesse:	S	S	S
Direction assistée:	S	S	S
Système antiblocage des freins:	S	S	S
Système antipatinage:	S	S	S
Climatiseur:	S	S	S
Garnitures en cuir:	-	-	S
Radio MA/MF/ Cassette:	S	SDc	SDc
Serrures électriques:	S	S	S
Lève-vitres électriques:	S	S	S
Volant ajustable:	S	S	S
Rétroviseurs ext. ajustables:	SEC	SEC	SEC
Jantes en alliage léger:	S	S	S
Système antivol:	S	S	S

Couleurs disponibles

Extérieur: Blanc, Vert, Argent, Rouge, Noir, Bleu.

Intérieur: Brun, Gris, Beige.

EN BREF...

Catégorie: véhicules tout terrain 4x2 & 4x4. **Classe :** Utilitaires

HISTORIQUE

Inauguré en: 1981-1998.
Fabriqué à: Fujisawa, Japon.

PROFIL DE CLIENTÈLE

Modèle	Hom./Fem.	Âge moyen	Mariés	CEGEP	Revenus
Trooper	55/45 %	50 ans	94 %	45 %	100 000 $

INDICES

Sécurité:	70 %	Satisfaction:	85 %
Dépréciation:	48 %	Assurance:	1050 $
Prix de revient au km:	0.58 $	Nbre de concessionnaires:	17

VENTES

Modèle	1996	1997	Résultat	Part de marché
Trooper	40	41	+ 2.5 %	0.36 %

PRINCIPAUX MODÈLES CONCURRENTS

CADILLAC Escalade, CHEVROLET Blazer-Tahoe-Denali, FORD Explorer-Expedition, GMC Jimmy-Yukon-Envoy, INFINITI QX4, JEEP Grand Cherokee, LEXUS RX 300 & LX 470, LINCOLN Navigator.

ENTRETIEN REQUIS PAR LA GARANTIE

Première révision:	Fréquence:	Prise de diagnostic:
5 000 km	10 000 km	Oui

CARACTÉRISTIQUES

Modèles	Versions	Traction	Carrosseries/ Sièges	Empat. mm	Garde au sol mm	Long x larg x haut. mm x mm x mm	Poids à vide kg	Susp. av/ar	Freins av/ar	Direction type	Diamètre braquage m	Tours volant b à b.	Réser. essence l.	dimensions	Pneus d'origine marque	modèle	Mécanique d'origine
ISUZU			Garantie: 3 ans / 60 000 km; mécanique 5 ans / 100 000 km ; perforation 7 ans / 160 000 km.														
Trooper	S	4x4	fam.5 p.5	2760	210	4770x1765x1835	1991	it/rh	d/ABS	bil.ass.	11.6	3.7	85.0	245/70R16	Bridgestone	Dueller 684	V6/3.5/M5
Trooper	LS	4x4	fam.5 p.5	2760	210	4770x1765x1835	1995	it/rh	d/ABS	bil.ass.	11.6	3.7	85.0	245/70R16	Bridgestone	Dueller 684	V6/3.5/M5
Trooper	Limited	4x4	fam.5 p.5	2760	210	4770x1765x1835	2059	it/rh	d/ABS	bil.ass.	11.6	3.7	85.0	245/70R16	Bridgestone	Dueller 684	V6/3.5/A4

Après toutes ces années et les nombreuses retouches dont elle a été l'objet, la Jaguar se maintient à flot. Plutôt que d'attendre une refonte totale, elle s'améliore par petites touches, sans toutefois atteindre le niveau technologique de ses rivales qui, sur ce plan, sont à des années-lumières en avant. Elle n'en a cure et poursuit son bonhomme de chemin, se contentant d'être l'icône parfaite de la voiture à sensations. Sur ce point, elle ne craint absolument personne, car elle est unique et le commun des mortels lui décerne sans hésiter l'Oscar de la grande classe.

GAMME

La famille XJ est constituée de berlines à 4 portes baptisées XJ8, Vanden Plas et XJR. Le moteur commun à ces voitures est le V8 atmosphérique de 4.0L sur les deux premières et compressé sur la XJR. Deux nouvelles transmissions à 5 rapports sont utilisées : une ZF avec l'atmosphérique et une Mercedes-Benz avec le compressé. L'équipement de ces modèles est complet et ne diffère que par le niveau de luxe de certains ingrédients.

TECHNIQUE

Remaniées l'an dernier afin de pouvoir intégrer le moteur V8 hérité du coupé et du cabriolet XK8, les berlines XJ offrent cette année une version moins polluante de ce moteur destinée à satisfaire aux législations en vigueur aux États-Unis. Leur carrosserie monocoque en acier comporte deux faux châssis avant arrière auxquels sont fixés les éléments des suspensions indépendantes constituées de leviers triangulés aux quatre roues, avec dispositifs antiplongée, anticabrage et barres stabilisatrices. Les quatre freins sont à disque avec dispositif antiblocage couplé à l'antipatinage. Le moteur V8 développe 290 cv dans sa version atmosphérique et 370 lorsqu'il est gavé par un compresseur Eaton et les transmissions automatiques à 5 rapports qui l'accompagnent offrent un double mode de sélection très efficace.

La sécurité a été améliorée par l'installation de deux coussins gonflables latéraux localisés dans les portes avant tandis que les ceintures frontales disposent de tendeurs pyrotechniques.

TRÈS POSITIF

++ LE STYLE. Élégant et classique, il caractérise ces véhicules aux lignes fluides et harmonieuses enrichies d'éléments chromés qui lui confèrent une classe inimitable.

Vénérable maîtresse...

++ LA PRÉSENTATION. L'intérieur rappelle un salon anglais avec ses riches garnitures de cuir Connolly et ses appliques de noyer d'une qualité remarquable, aussi agréables à l'oeil qu'au toucher. Dommage que le cuir ne sente plus rien...

POSITIF

+ LA CONDUITE. Elle constitue un véritable régal qui découle de l'osmose parfaite existant entre la puissance disponible bien exploitée par une transmission possédant la meilleure sélection séquentielle du marché, une direction rapide et fidèle, des freins aussi efficaces que faciles à doser et la tenue de route qui profite de la rigidification de la coque.

+ LES PERFORMANCES. Elles sont remarquables, car le moteur est capable de propulser ces véhicules d'un poids respectable à des vitesses exotiques dans de courts laps de temps. Les 370 ch de la version XJR, la plus sauvage, ne devront être confiés qu'à des mains expertes qui sauront en faire bon usage.

+ LE CONFORT. L'onctuosité de la suspension et l'insonorisation qui étouffe sans pitié la plupart des bruits, créent une ambiance «cozy» typiquement anglaise.

+ LA QUALITÉ. La construction, la finition et les matériaux ont continué de s'améliorer et la fiabilité est aujourd'hui normale pour des voitures de ce prix et les accessoires d'origine comme les pneus, les phares ou la climatisation sont beaucoup plus efficaces qu'auparavant.

+ LE TABLEAU DE BORD. Plus rationnel et plus ergonomique que l'ancien où tout est bien à sa place dans le style typique de la maison.

+ LE CÔTÉ PRATIQUE. Il n'a pas été mis de côté, puisque les rangements sont nombreux et bien proportionnés comprenant même des tablettes de pique-nique escamotables à l'arrière de la Vanden Plas. «Would you have any Grey Poupon?»-« But of course...»

+ LA VALEUR. Elle s'améliore au rythme de la qualité et de la fiabilité de ces modèles qui perdent moins qu'à une certaine époque...

NÉGATIF

- LE BUDGET. Ces voitures sont des maîtresses exigeantes, car elles coûtent cher et consomment beaucoup : le moteur compressé de la XJR peut facilement engloutir 20 litres aux 100 km. Heureusement, la consommation du moteur atmosphérique est plus raisonnable, du moins en conduite normale.

- LA TECHNOLOGIE. Les XJ accusent un retard de plus en plus évident et le charme, qui leur a permis de tenir jusqu'à présent, ne suffira bientôt plus.

- LE COMPORTEMENT. Les gains de poids et d'encombrement ont relégué ces berlines au rang des véhicules «««pépères»»», qui préfèrent être conduits en douceur, plutôt que sportivement.

- LE VOLUME UTILE. La cabine de la XJ8 n'offre pas un espace proportionnel à son encombrement et la version allongée Vanden Plas a son utilité. Le coffre est logé à la même enseigne car il est ridiculement petit, principalement occupé par l'énorme roue de secours.

- LES SIÈGES. Ils sont aussi bizarrement formés à l'avant qu'à l'arrière et demandent une certaine adaptation pour s'y sentir confortable.

- LA MANIABILITÉ. Celle de la longue Vanden Plas est pénalisée par son grand diamètre de braquage.

- À REVOIR : certaines commandes inhabituelles, la visibilité limitée de 3/4 arrière et certains détails de finition comme les poignées de portes extérieures provenant des Taurus/Sable ou l'instrumentation illisible très enfoncée dans le placage massif du tableau de bord. Lors de notre essai, les enjoliveurs cachant les boulons des roues se sont détachés des jantes avec une facilité déconcertante.

CONCLUSION

Comme une vieille maîtresse, la XJ ne manque ni de charme ni de classe. Toutefois si elle procure beaucoup de plaisir en s'acquittant de ses devoirs avec brio, elle coûte fort cher et certains de ses artifices ne datent pas de la dernière pluie... Délicieusement britannique...

☺

ÉVALUATION JAGUAR XJ8-XJR

CONCEPTION : **75%**
Technique :	85
Sécurité :	90
Volume cabine :	70
Volume coffre :	40
Qualité/finition :	90

CONDUITE : **74%**
Poste de conduite :	80
Performances :	70
Comportement :	60
Direction :	80
Freinage :	80

ÉQUIPEMENT D'ORIGINE : **81%**
Pneus :	85
Phares :	80
Essuie-glace :	80
Dégivreur :	75
Radio :	85

CONFORT : **80%**
Sièges :	80
Suspension :	80
Niveau sonore :	80
Commodités :	80
Climatisation :	80

BUDGET : **40%**
Prix d'achat :	0
Consommation :	30
Assurance :	40
Satisfaction :	80
Dépréciation :	50

Moyenne générale: **70.0%**

NOUVEAU POUR 1999

- Le moteur V8 a été modifié afin de satisfaire aux dernières normes antipollution.
- Les deux nouvelles teintes de carrosserie de la Vanden Plas: Vert Olive et Vert Foncé.

MOTEURS / TRANSMISSIONS / PERFORMANCES

Modèles/ versions	Type / distribution soupapes / carburation	Cylindrée cc	Puissance cv @ tr/mn	Couple lb.pi @ tr/mn	Rapport volumét.	Roues motrices / transmissions	Rapport de pont	Accélér. 0-100 km/h s	400 m D.A. s	1000 m D.A. s	Reprise 80-120 km/h s	Freinage 100-0 km/h m	Vites. maxi. km/h	Accélér. latérale G	Niveau sonore dBA	Consommation l./100km Ville	Route	Carburant Octane
XJ8	V8* 4.0 DACT-32-IESP	3996	290 @ 6100	290 @ 4250	10.75 :1	arrière-ZFA5*	3.06	7.6	15.2	26.6	5.4	39	230	0.80	64-66	13.5	8.9	S 91
XJ* L- VdP	V8* 4.0 DACT-32-IESP	3996	290 @ 6100	290 @ 4250	10.75 :1	arrière-ZFA5*	3.06	8.2	16.4	29.0	5.7	41	220	0.80	64-68	14.0	9.2	S 91
XJR	V8*C 4.0 DACT 32-IESP	3996	370 @ 6150	387 @ 3600	9.00 :1	arrière-M-B A5*3.06		6.0	14.2	25.7	4.2	44	240	0.80	65-68	16.0	10.5	S 91

PRIX & ÉQUIPEMENTS

JAGUAR XJ8
JAGUAR XJR

	XJ8		XJ8 L	Vanden Plas	
					base
Prix maxi $:	76 900	-	89 900	92 900	
Prix mini $:	65 755	-	76 875	79 435	
Transport & préparation $:	300	-	300	300	
Boîte automatique:	S	S	S	S	
Régulateur de vitesse:	S	S	S	S	
Direction assistée:	S	S	S	S	
Système antiblocage des freins:	S	S	S	S	
Système antipatinage:	S	S	S	S	
Climatiseur:	SA	SA	SA	SA	
Garnitures en cuir:	S	S	S	S	
Radio MA/MF/ Cassette:	S	S	SDc	SDc	
Serrures électriques:	S	S	S	S	
Lève-vitres électriques:	S	S	S	S	
Volant ajustable:	S	S	S	S	
Rétroviseurs ext. ajustables:	S	S	S	S	
Jantes en alliage léger:	S	S	S	S	
Système antivol:	S	S	S	S	

Couleurs disponibles

Extérieur: Gris, Blanc, Noir, Bleu mistral, Météorite, Vert, Topaze, Anthracite, Cabernet, Titane, Turquoise, Rouge amarante et madère, Sherwood.
Intérieur: Bleu, Charbon, Gruau, Café, Nimbus.

EN BREF...

Catégorie:	berlines de grand luxe propulsées..
	Classe : 7

HISTORIQUE
Inauguré en:	1987
Fabriqué à:	Browns Lane, Coventry, Angleterre.

PROFIL DE CLIENTÈLE
Modèle	Hom./Fem.	Âge moyen	Mariés	CEGEP	Revenus
XJ8	92/8 %	52 ans	90 %	53 %	215 000 $
XJR	98/2 %	48 ans	90 %	57 %	300 000 $

INDICES
Sécurité:	90 %	Satisfaction:	80 %
Dépréciation:	48 %	Assurance:	1 950-2 150 $
Prix de revient au km:	1.00 $	Nbre de concessionnaires:	3

VENTES
Modèle	1996	1997	Résultat	Part de marché
XJ8-XJR	174	175		3.1 %

PRINCIPAUX MODÈLES CONCURRENTS
AUDI A8, BMW Série 5-7, CADILLAC Seville, INFINITI Q45, LEXUS LS 400, MERCE-DES-BENZ Classe E-S, OLDSMOBILE Aurora..

ENTRETIEN REQUIS PAR LA GARANTIE
Première révision:	Fréquence:	Prise de diagnostic:
6 000 km	10-16 000 km	Oui

CARACTÉRISTIQUES

Modèles	Versions	Carrosseries/ Sièges	Volume cabine	Volume coffre	Cx	Empat. mm	Long x larg x haut. mm x mm x mm	Poids à vide kg	Susp. av/ar	Freins av/ar	Direction type	Diamètre braquage m	Tours volant b à b.	Réser. essence l.	dimensions	Pneus d'origine marque	modèle	Mécanique d'origine
JAGUAR		Garantie: 4 ans / 80 000 km; corrosion: 6 ans / kilométrage illimité; antipollution : 4 ans / 80 000 km ; entretien gratuit 2 ans / 32 000 km.																
XJ8		ber.4 p.5	2633	360	0.37	2870	5024x1798x1339	1813	ih/ih	d/ABS	crém.ass.	12.8	2.8	81.0		225/60ZR16	Pirelli P4000	V8/4.0/A5
XJ8	L	ber.4 p.5	ND	360	0.37	2995	5149x1798x1351	1820	ih/ih	d/ABS	crém.ass.	13.2	2.8	81.0		225/60ZR16	Pirelli P4000	V8/4.0/A5
XJ8	Vanden Plas	ber.4 p.5	ND	360	0.37	2995	5149x1798x1351	1836	ih/ih	d/ABS	crém.ass.	13.2	2.8	81.0		225/60ZR16	Pirelli P4000	V8/4.0/A5
XJR		ber.4 p.5	2633	360	0.39	2870	5024x1798x1339	1848	ih/ih	d/ABS	crém.ass.	12.8	2.8	81.0		255/40ZR18	Pirelli P Zero	V8C/4.0/A5

Les XK8 ont constitué la première manifestation du renouveau de Jaguar, sous l'influence du géant américain Ford qui a acquis la firme britannique voici maintenant huit ans. Ils ont pris la relève des XJS qui ont été les seuls modèles sportifs de Jaguar durant plus de douze ans. Par leur technologie, ces derniers véhicules d'exception sont tournés vers le futur, tandis que le style de leur carrosserie s'inspire de la tradition établie antérieurement par les fameux modèles XKE durant les années soixante.

GAMME

Les XK8 sont proposés en coupé et cabriolet 2+2 offerts en finition unique, équipés d'un moteur V8 de 4 litres avec boîte automatique à cinq rapports et sélection simple ou séquentielle. Comme il se doit pour des automobiles de ce prix, leur équipement est des plus complets. Il comprend notamment les systèmes antiblocage et antipatinage.

TECHNIQUE

Monocoque en acier, la carrosserie des XK8 comporte des panneaux galvanisés. Sa finesse aérodynamique est honnête, puisque le coefficient du coupé est de 0.35 et 0.36 pour le cabriolet. La suspension est indépendante aux quatre roues et basée sur des triangles superposés, fixés à un berceau en aluminium et calculés pour prévenir la plongée du train avant. Même principe à l'arrière où la géométrie empêche le cabrage à l'accélération, tandis qu'une barre stabilisatrice complète les deux trains. Les freins sont à disque avec dispositif antiblocage et les pneus P Zero ont été créés spécialement pour ces modèles par Pirelli. Le moteur qui anime les XK8 est un V8, le premier de l'histoire de la firme de Coventry. Si sa conception ne doit rien à Ford, elle a tout de même bénéficié des conseils de développement du géant américain. Il s'agit d'un 4.0L développant 290 cv et 290 lb.pi de couple. Son bloc et sa culasse sont en alliage d'aluminium. Sa distribution est à DACT avec quatre soupapes par cylindre. Elle est pourvue d'un dispositif baptisé «Variable Cam Phasing», permettant de faire varier le calage de l'arbre à cames, afin d'obtenir 80% du couple maximal entre 1 400 et 6 400 tr/mn. Ce mécanisme, situé à l'extrémité des arbres à cames, modifie le temps d'ouverture des soupapes d'admission, mais pas sa durée. La boîte automatique ZF à 5 rapports maximise les performances tout en ménageant l'économie de carburant.

Retour aux sources..

TRÈS POSITIF

++ **LA LIGNE**. Elle rappelle irrésistiblement celle de l'immortel XKE. Même si les proportions sont différentes de celles de l'original, l'allure générale est très dynamique et les détails esthétiques très épurés et peut-être un peu trop.

POSITIF

+ **LE MOTEUR V8**. Il constitue le cœur de ce modèle, car il est à la fois souple, puissant et onctueux en même temps que silencieux et exempt de vibrations. Il procure des performances enviables à ces véhicules dont le poids n'est pas négligeable, grâce à un rapport poids/puissance confortable.

+ **LA CONDUITE**. Le plaisir qu'elle procure provient du guidage rigoureux des trains avant/arrière qui profitent de la rigidité de la coque, même sur le cabriolet, et de la précision de la direction et du freinage qui permet un pilotage fin.

+ **LA QUALITÉ**. Elle a progressé car l'assemblage est plus rigoureux et la finition très soignée bien qu'elle n'atteigne pas encore le niveau de celui de ses rivales allemandes ou japonaises. Le cuir des sièges a toujours un toucher typiquement Connolly, mais son côté inodore déçoit profondément. La capote du cabriolet est d'une fabrication impeccable, car elle est doublée et se manoeuvre de façon automatique.

+ **LE COMPORTEMENT**. Il est nettement supérieur à celui des anciens XJS, car très stable et facile à contrôler en toutes circonstances. Cela est dû autant à la rigidité de la coque qu'aux épures de suspension sophistiquées.

+ **LA DIRECTION**. Elle est aussi douce que directe et précise, ce qui permet de contrôler la trajectoire avec une précision remarquable sur route comme en zone urbaine où la maniabilité est acceptable.

NÉGATIF

- **LE GABARIT**. Les XK8 sont beaucoup plus à l'aise en ligne droite ou en grande courbe qu'en slalom, où leur poids très élevé et leur gabarit imposant nuisent autant à leur agilité qu'à l'agrément de conduite qui n'a rien de sportive.

- **LA CARROSSERIE**. Elle est un peu trop dépouillée, souffrant du manque de chrome si typique de Jaguar sur les jantes, les rétroviseurs, les feux arrière et les parechocs... Jaguar devra remédier à cette grave lacune dans les plus brefs délais.

- **LA POSITION DE CONDUITE**. Elle est pénalisée par la forme particulière du siège qui ne donne pas l'impression de maintenir et de soutenir suffisamment. L'espace disponible est des plus restreints que ce soit en longueur ou en largeur et l'accès est gêné par la largeur inhabituelle du seuil de porte.

- **LA VISIBILITÉ**. Elle souffre de la hauteur de la ceinture de caisse, de l'épaisseur des montants du parebrise et de l'angle mort que fait de 3/4 la capote du cabriolet, qui est plus important que sur le coupé, tandis que les deux lunettes sont également étroites et très inclinées.

- **LE TABLEAU DE BORD**. Comme la carrosserie, il manque d'accentuation car les panneaux de bois qui le garnissent sont massifs et épais et son ergonomie souffre de l'inversion des commandes du climatiseur et de la radio tandis que les interrupteurs situés à droite sont hors d'atteinte.

- **LES PLACES ARRIÈRE**. Elles sont totalement inutilisables par manque de longueur et de hauteur. Il aurait été intelligent de les traiter de manière à pouvoir y remiser des bagages en abaissant le dossier de la banquette formant une plate-forme.

- **À REVOIR** : l'absence d'essuieglace pour la lunette du coupé.

CONCLUSION

Les XK8 ne prétendent pas être des voitures de sport au sens radical du terme. Ce sont de belles voitures de luxe à deux places qui procurent toutefois un haut niveau de sécurité mettant ceux qui ont les moyens de se les procurer à l'abri des mauvaises surprises et des désagréments des modèles exotiques. En ce sens, Jaguar a parfaitement redéfini ce que sont les voitures de grand tourisme de notre époque... ☺

ÉVALUATION JAGUAR XK8

CONCEPTION : 68%
Technique : 85
Sécurité : 90
Volume cabine : 40
Volume coffre : 40
Qualité/finition : 85

CONDUITE : 77%
Poste de conduite : 75
Performances : 80
Comportement : 70
Direction : 80
Freinage : 80

ÉQUIPEMENT D'ORIGINE : 80%
Pneus : 85
Phares : 80
Essuie-glace : 80
Dégivreur : 75
Radio : 80

CONFORT : 70%
Sièges : 80
Suspension : 80
Niveau sonore : 50
Commodités : 60
Climatisation : 80

BUDGET : 45%
Prix d'achat : 0
Consommation : 50
Assurance : 30
Satisfaction : 85
Dépréciation : 60

Moyenne générale: 68.0%

NOUVEAU POUR 1999

- Les deux nouvelles teintes de carrosserie: rouge Phoenix et vert olive Alpine.
- La capote du cabriolet de couleur Beige désormais disponible.

MOTEURS / TRANSMISSIONS / PERFORMANCES

Modèles/ versions	Type / distribution soupapes / carburation	Cylindrée cc	Puissance cv @ tr/mn	Couple lb.pi @ tr/mn	Rapport volumét.	Roues motrices / transmissions	Rapport de pont	Accélér. 0-100 km/h s	400 m D.A. s	1000 m D.A. s	Reprise 80-120 km/h s	Freinage 100-0 km/h m	Vites. maxi. km/h	Accélér. latérale G	Niveau sonore dBA	Consommation l./100km Ville	Route	Carburant Octane
XK8 cpé.	V8* 4.0 DACT-32-IE	3996	290 @ 6100	290 @ 4250	10.75 :1	arrière - A5*	3.06	6.7	15.0	28.0	4.4	38	245	0.85	64-72	13.5	9.1	S 91
XK8 déc.	V8* 4.0 DACT-32-IE	3996	290 @ 6100	290 @ 4250	10.75 :1	arrière - A5*	3.06	7.0	15.2	28.4	4.6	40	240	0.85	64-72	13.5	9.1	S 91

PRIX & ÉQUIPEMENTS

JAGUAR XK8	coupé	cabriolet
Prix maxi $:	91 900	99 900
Prix mini $:	78 580	85 420
Transport & préparation $:	inclus	inclus
Boîte automatique:	S	S
Régulateur de vitesse:	S	S
Direction assistée:	S	S
Système antiblocage des freins:	S	S
Système antipatinage:	S	S
Climatiseur:	S	S
Garnitures en cuir:	S	S
Radio MA/MF/ Cassette:	SDc	SDc
Serrures électriques:	S	S
Lève-vitres électriques:	S	S
Volant ajustable:	S	S
Rétroviseurs ext. ajustables:	S	S
Jantes en alliage léger:	S	S
Système antivol:	S	S

Couleurs disponibles
Extérieur: Vert, Noir, Beige, Blanc, Rouge, Bleu.
Intérieur: Noir, Blanc, Tan, Bleu.

EN BREF...

Catégorie: coupés et cabriolets de Grand Tourisme. **Classe :** GT

HISTORIQUE
Inauguré en: 1997
Fabriqué à: Browns Lane, Coventry, Angleterre.

PROFIL DE CLIENTÈLE

Modèle	Hom./Fem.	Âge moyen	Mariés	CEGEP	Revenus
XK8	83%/17%	49 ans	78%	50%	300 000 $

INDICES
Sécurité:	90 %	Satisfaction:	87%
Dépréciation:	40 %	Assurance:	1975 $
Prix de revient au km:	1.10 $	Nbre de concessionnaires:	3

VENTES
Modèle	1996	1997	Résultat	Part de marché
XK8	-	53		0.6 %

PRINCIPAUX MODÈLES CONCURRENTS
ACURA NSX-T, MERCEDES-BENZ SC-SL, PORSCHE Boxster-911, VOLVO C70.

ENTRETIEN REQUIS PAR LA GARANTIE
Première révision: 6 000 km
Fréquence: 10 000 km
Prise de diagnostic: Oui

CARACTÉRISTIQUES

Modèles	Versions	Carrosseries/ Sièges	Volume cabine	Volume coffre	Cx	Empat. mm	Long x larg x haut. mm x mm x mm	Poids à vide kg	Susp. av/ar	Freins av/ar	Direction type	Diamètre braquage m	Tours volant b à b.	Réser. essence l.	dimensions	Pneus d'origine marque	modèle	Mécanique d'origine
JAGUAR	Garantie: 4 ans / 80 000 km; corrosion: 6 ans / kilométrage illimité; antipollution : 4 ans / 80 000 km ; entretien gratuit 2 ans / 32 000 km.																	
XK8	coupé	cpé. 2 p.2+2	ND	314	0.35	2588	4760x1829x1283	1666	i/i	d/d/ABS	crém.ass.	12.4	2.8	75.6	245/50ZR17	Pirelli	P Zero	V8/4.0/A5
XK8	décapotable	déc. 2 p.2+2	ND	269	0.36	2588	4760x1829x1294	1754	i/i	d/d/ABS	crém.ass.	12.4	2.8	75.6	245/50ZR17	Pirelli	P Zero	V8/4.0/A5

Malgré son âge, le Cherokee a encore son mot à dire grâce à son rapport valeur-prix difficile à battre. Il est le seul véhicule tout terrain compact à offrir un moteur 6 cylindres de 190 ch lui permettant de remorquer jusqu'à 2.25 tonnes (5000 lb). Sa ligne indémodable fait partie du paysage quotidien dans lequel il est très répandu. Les retouches apportées l'an dernier ont relancé sa popularité au même titre que les versions Sport, Classic et Limited très bien ciblées, dont l'équipement est des plus intéressants.

GAMME

Le Cherokee est proposé en carrosserie à 3 ou 5 portes à transmission à 2 ou 4 roues motrices en versions SE, Sport ainsi que Classic et Limited qui remplacent la Country. Le SE est pourvu d'un 4 cylindres de 2.5L alors que les Sport, Classic et Limited reçoivent le 6 cylindres en ligne de 4.0L. La boîte de vitesses est manuelle en série ou automatique à 3 ou 4 rapports en option. Les deux coussins gonflables sont standard mais l'ABS agissant sur les quatre roues demeure en option.

TECHNIQUE

Le Cherokee comporte une structure en acier composée d'un châssis en échelle intégré à une carrosserie monocoque en acier. Sa ligne n'est pas des plus subtiles avec un cœfficient aérodynamique se situant autour de 0.50. La suspension est à essieu rigide avec bras longitudinaux, barre de réaction et ressorts hélicoïdaux à l'avant et maintenus par des ressorts à lames à l'arrière. Les freins sont mixtes mais le système ABS est seulement offert contre supplément. Sur les 4x4, la transmission intégrale à la demande «Command-Trac» est de série sur le SE, tandis que la «Select-Trac» à plein temps, équipe d'origine les autres versions. Les deux moteurs, qui commencent à dater, sont assistés en série d'une transmission manuelle et en option d'une automatique à 3 (2.5L) ou 4 rapports, cette dernière étant standard sur les versions Classic et Limited.

POSITIF

+ L'ALLURE. Familière et virile, elle est indémodable et projette une image de solidité réconfortante.

+ LE FORMAT. Très compact, il permet de passer partout et d'être très maniable, tandis que son moteur 6 cylindres de 4.0L lui confère une puissance exclusive et une capacité de traction unique.

+ LE FRANCHISSEMENT. Le

De beaux restes...

Cherokee est un véritable acrobate car ses capacités de franchissement sont spectaculaires grâce à ses angles d'entrée et de sortie importants, sa traction efficace, son poids raisonnable et sa roue de secours située dans la soute à bagages, pour optimiser la garde au sol.

+ LA MANIABILITÉ. Grâce à ses dimensions réduites, au court diamètre de braquage et à la direction qui est vive, bien qu'un peu trop démultipliée, ce véhicule demande peu d'espace pour manoeuvrer. De plus, la visibilité est optimale sous tous les angles car la surface vitrée est importante et les montants du toit relativement minces.

+ LES PERFORMANCES. Elles sont plus énergiques avec le moteur 6 cylindres dont le rapport poids/puissance est plus favorable que celui du 4 cylindres.

+ LE CHOIX. Le Cherokee est un des rares véhicules polyvalents à offrir 2 carrosseries, 4 niveaux de finition, 2 groupes propulseurs et 3 modes de transmission intégrale.

+ LE COMPORTEMENT. Malgré son centre de gravité élevé, il est surprenant d'assurance pour un véhicule de ce type, car le roulis est limité et les gros pneus permettent d'aborder les courbes, même serrées, avec un certain aplomb.

+ LA VALEUR. Le Cherokee est un des véhicules qui se revend le mieux dans sa catégorie, grâce à la fiabilité et à la longévité de ses composants et son prix plus favorable que celui de certains concurrents.

+ L'AMÉNAGEMENT. Le récent tableau de bord est plus pratique qu'autrefois. Il est plus ergonomique avec sa partie centrale en saillie, qui met les principales commandes

à portée de la main.

+ LA POSITION DE CONDUITE. Elle a été améliorée par la nouvelle colonne de direction et le siège enveloppant au rembourrage adéquat.

+ LA QUALITÉ. Elle s'est sensiblement améliorée au niveau de la finition et des matériaux et la présentation générale fait moins utilitaire.

NÉGATIFS

- LA CONCEPTION. Elle commence à dater sérieusement en ce qui concerne l'habitabilité de la cabine qui souffre du manque de largeur et de hauteur, tandis que la soute qui n'est pas immense est envahie par la roue de secours.

- L'ACCÈS. Il demeure acrobatique dû à l'étroitesse des portes de la carrosserie à 4 portes et la garde au sol importante qui obligeront certains à opter pour la version 2 portes avec marchepieds rapportés.

- LA SÉCURITÉ. Elle est pénalisée par l'absence d'appuie-tête en série aux places arrière et la faiblesse chronique des phares et le côté flou de la direction trop assistée.

- LE FREINAGE. Il manque d'efficacité car les distances des arrêts d'urgence sont plus longues que la moyenne et l'absence d'antiblocage en série rend leurs trajectoires très incertaines. De plus, la transmission automatique ne dispense pas beaucoup de frein moteur.

- LES PERFORMANCES. Celles du moteur 2.5L sont très anémiques, particulièrement avec la boîte automatique quand le climatiseur fonctionne. Avec la boîte manuelle, il oblige à changer souvent de rapport pour maintenir l'allure.

- LE RENDEMENT. Il est médiocre avec les deux moteurs dont la vétusté est criante. Ils sont très gourmands par rapport à la puissance réelle dont ils disposent.

- LE CONFORT. Il laisse à désirer, car les gros pneus et les essieux rigides secouent les occupants et l'assise comme le dossier de la banquette sont trop courts. Le vent autour des formes anguleuses de la carrosserie comme le grondement des moteurs maintiennent le niveau sonore élevé.

- À REVOIR: le manque de rangements dans les portes et de repose-pied pour le conducteur.

CONCLUSION

Le Cherokee continue de connaître un succès mérité qui tient autant à son format compact qu'à son gros moteur 4.0L qui en fait un des 4x4 les plus musclés de sa catégorie pour un rapport valeur-prix difficile à battre... 🙂

ÉVALUATION
JEEP Cherokee

CONCEPTION : 66%
Technique :	75
Sécurité :	70
Volume cabine :	60
Volume coffre :	50
Qualité/finition :	75

CONDUITE : 54%
Poste de conduite :	75
Performances :	35
Comportement :	40
Direction :	70
Freinage :	50

ÉQUIPEMENT D'ORIGINE : 77%
Pneus :	80
Phares :	70
Essuie-glace :	80
Dégivreur :	75
Radio :	80

CONFORT : 61%
Sièges :	70
Suspension :	60
Niveau sonore :	50
Commodités :	50
Climatisation :	75

BUDGET : 57%
Prix d'achat :	50
Consommation :	55
Assurance :	50
Satisfaction :	80
Dépréciation :	50

Moyenne générale : 63.0%

NOUVEAU POUR 1999
- Le moteur 2.5L rencontrant les normes antipollution TLEV.
- Les nouvelles teintes de carrosserie Vert Forêt et Sable Désert ainsi que Camel et Agate pour les garnitures intérieures.
- Le système antivol et les sièges avant chauffants optionnels sur le Limited.
- La gestion du climatiseur favorisant les performances.
- La présentation améliorée de la version Sport.

MOTEURS / TRANSMISSIONS / PERFORMANCES

Modèles/ versions	Type / distribution soupapes / carburation	Cylindrée cc	Puissance cv @ tr/mn	Couple lb.pi @ tr/mn	Rapport volumét.	Roues motrices / transmissions	Rapport de pont	Accélér. 0-100 km/h s	400 m D.A. s	1000 m D.A. s	Reprise 80-120 km/h s	Freinage 100-0 km/h m	Vites. maxi km/h	Accélér. latérale G	Niveau sonore dBA	Consommation Ville l./100km	Route	Carburant Octane
1)	L4* 2.5 ACC-8-IESPM	2464	125 @ 5400	150 @ 3250	9.2 :1	arr./4 - M5*	4.10	12.5	18.8	35.2	11.0	48	150	0.68	69	11.7	7.9	R 87
						arr./4 - A3	3.55	13.5	19.5	36.8	11.8	49	145	0.68	68	13.1	10.0	R 87
2)	L6* 4.0 ACC-12-IESPM	3960	190 @ 4600	225 @ 3000	8.8 :1	arr./4 - M5*	3.07	9.0	16.6	30.5	7.0	51	180	0.70	69	13.3	9.7	R 87
						arr./4 - A4*	3.55	10.0	17.5	31.3	8.0	50	175	0.70	69	15.2	10.3	R 87

1) SE. 2) Sport, Classic, Limited, option SE.

PRIX & ÉQUIPEMENTS

JEEP Cherokee	SE fam.2p. 4x2	Sport fam.2p. 4x4	Classic fam.4p. 4x4	Limited fam.4p. 4x4
Prix maxi $:	22 460	26 705	30 245	33 285
Prix mini $:	20 120	23 730	26 740	29 235
Transport & préparation $:	700	700	700	700
Boîte automatique:	O	O	S	S
Régulateur de vitesse:	O	O	O	S
Direction assistée:	S	S	S	S
Système antiblocage des freins:	O	O	O	O
Système antipatinage:	O	O	O	O
Climatiseur:	O	O	O	O
Garnitures en cuir:	-	-	-	S
Radio MA/MF/ Cassette:	O	S	S	S
Serrures électriques:	-	O	S	S
Lève-vitres électriques:	-	O	S	S
Volant ajustable:	O	O	O	S
Rétroviseurs ext. ajustables:	SM	SE	SE	SEC
Jantes en alliage léger:	O	O	S	S
Système antivol:	O	O	O	O

Couleurs disponibles
Extérieur: Rouge, Bleu, Vert, Gris, Blanc, Noir, Chili Pepper, Or, Jade, Sable.

Intérieur: Camel, Agate.

EN BREF...

Catégorie : véhicules polyvalents à 2 ou 4 RM. **Classe :** Utilitaires

HISTORIQUE
Inauguré en:	1984.
Fabriqué à:	Toledo, Ohio, états-Unis.

PROFIL DE CLIENTÈLE
Modèle	Hom./Fem.	Âge moyen	Mariés	CEGEP	Revenus
Cherokee	68/32 %	42 ans	64 %	53 %	69 000 $

INDICES
Sécurité:	70 %	Satisfaction:	78 %
Dépréciation:	48 %	Assurance:	985 $
Prix de revient au km:	0.53 $	Nbre de concessionnaires:	148

VENTES
Modèle	1996	1997	Résultat	Part de marché
Cherokee	818	1 525	+ 86.4 %	11.0 %

PRINCIPAUX MODÈLES CONCURRENTS
CHEVROLET Blazer, DODGE Durango, FORD Explorer, ISUZU Rodeo, GMC Jimmy, NISSAN Pathfinder, SUZUKI Grand Vitara, TOYOTA 4Runner.

ENTRETIEN REQUIS PAR LA GARANTIE
Première révision:	Fréquence:	Prise de diagnostic:
12 000 km	6 mois	Oui

CARACTÉRISTIQUES

Modèles	Versions	Traction	Carrosseries/ Sièges	Empat. mm	Long x larg x haut. mm x mm x mm	Poids à vide kg	Susp. av/ar	Freins av/ar	Direction type	Diamètre braquage m	Tours volant b à b.	Réser. essence l.	dimensions	Pneus d'origine marque	modèle	Mécanique d'origine
JEEP	Garantie générale: 3 ans / 60 000 km; corrosion de surface 1 an / 20 000 km; perforation 7 ans / 160 000 km; assistance routière 3 ans / 60 000 km.															
Cherokee	SE	4X2	fam.3 p.5	2576	4254x1763x1624	1369	rh/rl	d/t	bil.ass.	10.7	2.94	76.0	215/75R15	Goodyear	Wrangler AP	L4/2.5/M5
Cherokee	Sport	4X2	fam.5 p.5	2576	4254x1763x1624	1431	rh/rl	d/t	bil.ass.	10.7	2.94	76.0	225/75R15	Goodyear	Wrangler RT/S	L6/4.0/M5
Cherokee	Classic/Limited	4X2	fam.5 p.5	2576	4254x1763x1624	1449	rh/rl	d/t	bil.ass.	10.7	2.94	76.0	225/70R15	Goodyear	Wrangler RT/S	L6/4.0/A4
Cherokee	SE	4X4	fam.3 p.5	2576	4254x1763x1626	1442	rh/rl	d/t	bil.ass.	10.7	2.94	76.0	215/75R15	Goodyear	Wrangler AP	L4/2.5/M5
Cherokee	Sport	4X4	fam.5 p.5	2576	4254x1763x1626	1521	rh/rl	d/t	bil.ass.	10.7	2.94	76.0	225/75R15	Goodyear	Wrangler RT/S	L6/4.0/M5
Cherokee	Classic/Limited	4X4	fam.5 p.5	2576	4254x1763x1626	1540	rh/rl	d/t	bil.ass.	10.7	2.94	76.0	225/70R15	Goodyear	Wrangler RT/S	L6/4.0/M5

JEEP Grand Cherokee
Un grand cru...

Le Grand Cherokee nouveau est arrivé. Après avoir battu un peu partout dans le monde des records de popularité ainsi que des records de ventes, Jeep a décidé que le temps était venu de rafraîchir son porte-étendard. Ainsi, cinq ans après la présentation du premier modèle qui allait créer un véritable phénomène, la seconde génération fait son entrée avec tambours et trompettes.
Le premier coup d'oeil ne donne pas l'impression que la nouvelle carrosserie soit bien différente de la précédente, si ce n'est l'organisation de la grille de la calandre qui comporte, de manière traditionnelle, les sept «dents» caractéristiques de la marque. Pourtant, tout est nouveau dans le Grand Cherokee à l'exception d'une grosse poignée de vis et boulons, le rétroviseur intérieur et le filtre à huile qui proviennent du modèle précédent. On

comprend aisément qu'au niveau du style, les créateurs de Jeep aient été on ne peut plus prudents au moment de dessiner un nouveau véhicule. Il fallait faire progresser l'apparence sans pour autant qu'elle s'éloigne de celle qui avait connu un succès aussi éclatant. Il est souvent plus facile de créer de toutes pièces que d'être prisonnier de critères trop rigoureux. On peut considérer que le dernier Grand Cherokee possède bien à la fois les attributs caractériels de la marque et ceux de son illustre prédécesseur. À l'extérieur, les proportions ont été respectées, les boucliers des bas de caisse constituent une sorte de signature et une foule de détails ont été intégrés pour procurer un curieux mélange de luxe avec le côté rude et fonctionnel des utilitaires. Même souci à l'intérieur qui est d'une sobriété exemplaire et donne une impression de raffinement. Les matériaux ont été choisis avec

soin pour leur apparence et leur texture, sans désir de tromper sur leur provenance. Le format de la structure n'a pas été indûment grossi. Certaines dimensions ont été agrandies pour donner plus de confort, sans plus. Le Grand Cherokee conserve sa taille intermédiaire sans perdre de vue ses concurrents directs dont le Mercedes-Benz de Classe M. Pour soutenir la comparaison, il y offre plus d'espace aux places arrière où le dossier s'escamote promptement et la roue de secours trouve enfin place sous le plancher pour dégager un maximum d'espace pour les bagages sans amputer le sacro-saint angle de sortie. Il n'a fallu que vingt mois pour valider les formes définitives de ce véhicule qui bénéficie d'une suspension toute nouvelle qui, nous le verrons plus loin, va largement contribuer au succès de ce nouveau venu. Rien n'a été épargné pour donner au Grand

Cherokee toutes les chances de maintenir son succès. Ainsi il dispose d'un tout nouveau moteur V8 modulaire issu des V6 de la marque, associé à une transmission flambant neuve et un nouveau système de transmission intégrale baptisé «Quadra-Drive».

Dans un marché dont les ventes sont passées de 500 000 unités en 1984 à 2.4 millions l'an dernier pour atteindre 3.3 millions en 2003, il ne faut laisser aucune prise à la concurrence et sans cesse prendre les devants. Jeep est actuellement organisé pour fabriquer 500 000 Grand Cherokee par an et se dit prêt à équiper d'autres usines de par le monde si la demande venait à excéder la production. La création de ce nouveau véhicule a nécessité un investissement de 2.6 milliards de dollars américains dont 800 millions ont servi à la création du nouveau moteur et de ses moyens de production.

Jeep n'a pas lésiné sur les moyens à mettre en oeuvre pour que le Grand Cherokee se maintienne dans le peloton de tête des véhicules polyvalents à quatre roues motrices les plus vendus en Amérique du Nord. Sa refonte ne s'est pas limitée au côté cosmétique de la carrosserie ou de la cabine, puisque sa plate-forme et ses principaux organes mécaniques sont nouveaux, modernes et réussis, faisant du Grand Cherokee notre meilleure recrue pour 1999.

GAMME

Ce véhicule polyvalent est proposé sous la forme d'une familiale à 4 portes, à 2 ou 4 roues motrices, en versions Laredo et Limited équipées en série du moteur 6 cylindres en ligne de 4.0L qui équipait déjà le modèle précédent ou en option du dernier V8 de 4.7L avec une nouvelle boîte automatique à 4 rapports. Les versions 4x4 proposent plusieurs dispositifs de traction intégrale dont le dernier «Quadra-Drive». L'équipement de base est très complet, puisque les Laredo et Limited ne diffèrent que par les garnitures en cuir des sièges et le dispositif antivol optionnels sur le premier et de série sur le second.

TECHNIQUE

La carrosserie du Grand Cherokee demeure monocoque en acier, ce qui permet de réduire sa hauteur par rapport à l'emploi d'un châssis, tout en conservant une garde-au-sol importante. Elle est extrêmement rigide du fait qu'elle intègre un châssis cadre au soubassement. Toutefois, malgré ses lignes tendues, sa finesse aérodynamique n'est pas celle d'une automobile, bien qu'elle soit plus favorable que celle du modèle précédent. Si l'empattement est identique, la longueur a gagné 111 mm (4,4 in), la largeur 40 mm (1,6 in) et la hauteur 38 mm (1,5 in). Les voies ont été élargies, mais le volume du coffre est diminué même s'il est libéré de la roue de secours de pleine grandeur prenant désormais place sous le plancher de la soute. C'est dans la rigidité des liaisons par bras multiples entre les essieux rigides et la caisse, que réside le secret du comportement et du confort du Grand Cherokee. Leur organisation a été repensée pour accroître l'amplitude et l'adhérence des roues. La direction à circulation de billes a été créée afin d'offrir la même précision qu'un système à crémaillère et les freins sont à disque aux quatre roues assistés en série d'un système antiblocage. Le nouveau V8 est modulaire puisqu'il s'agit du V6 de 3.5L auquel on a

ajouté deux cylindres. Si sa puissance est plus élevée que celle du 5.2L précédent, son couple est moindre, tout comme sa consommation et sa pollution. La nouvelle boîte automatique à 4 vitesses offre la particularité d'appliquer la surmultiplication dès le second rapport et la transmission intégrale permanente à répartition de puissance par viscocoupleur «Quadra-Drive» est standard avec le moteur V8. Pour finir, la climatisation utilise une sonde infrarouge pour ajuster la température de la cabine à celle du corps des occupants.

POSITIF

+ LE STYLE. Il va continuer d'exercer son charme qui compte pour une bonne part du succès de ce véhicule qui amalgame avec brio le luxe et le raffinement à l'image virile et conquérante de Jeep.

+ LA SUSPENSION. Elle constitue le point fort du dernier Grand Cherokee, auquel elle procure un comportement aussi efficace sur que hors route et un confort digne d'une berline de grand luxe.

+ LA VALEUR. Pour des prix très proches de ceux des modèles précédents, l'équipement de série est des plus complets et incorpore nombre de modernités techniques importantes qui font de ce véhicule une véritable aubaine puisque sa dépréciation est moins forte que celle de la plupart de ses concurrents.

+ LE CONFORT. Les concepteurs de Jeep ont démontré une fois de plus leur habileté à civiliser les suspensions à essieu rigide pour qu'elles procurent un confort comparable à celui d'un système Mac-Pherson. Les sièges sont aussi bien formés que rembourrés à l'avant qu'à l'arrière, l'insonorisation est efficace et la climatisation des plus stables.

+ LE COMPORTEMENT. Il surprend autant par sa stabilité que sa neutralité dans des courbes de tous diamètres, sans égard à la position du centre de gravité, tandis que son adhérence ou ses capacités de franchissement hors route sont tout à fait remarquables.

+ LES PERFORMANCES. Le nouveau V8 de 4.7L apporte une nouvelle dimension au dernier Grand Cherokee. Sa puissance, sa vivacité et sa transmission intelligente lui permettent de rivaliser avec bien des voitures au chapitre des accélérations et des reprises. On est sur-

pris de la très faible inertie de son équipage mobile et du bruit de turbine qu'il émet en plein effort.

+ LE FREINAGE. Puissant et facile à doser, il permet des arrêts courts très stables et possède une endurance remarquable.

+ LE «QUADRA-DRIVE». Il représente ce que Jeep sait faire de mieux en matière de traction intégrale, car ce dispositif permet de transférer automatiquement le couple disponible sur la ou les roues possédant la meilleure adhérence.

+ UN BON POINT : pour la transformation facile de l'espace cargo à l'arrière, les grosses poignées des portes et du hayon, la vitre ouvrante du hayon, le pare-chocs arrière formant marchepied et les bacs de rangement qui compensent pour la modestie de la boîte à gants.

NÉGATIF

- L'HABITABILITÉ. Plus court que celui de ses concurrents, l'empattement du Grand Cherokee favorise plus sa maniabilité en tout terrain mais l'espace intérieur n'offre pas assez de place pour les jambes à l'avant comme à l'arrière où les portes, encore trop étroites, ne facilite pas l'accès. De surcroît, les contre-portes et la console centrale sont envahissantes et limitent l'espace vital des occupants, qui ne devront pas être plus de quatre pour voyager confortablement.

- LE BRUIT. Malgré la bonne insonorisation de la coque, les bruits de moteur et de vent maintiennent en permanence un bourdonnement qui devient vite fatigant.

LA SÉCURITÉ. Bizarre qu'on ne trouve pas de coussins gonflables latéraux sur une réalisation d'une telle modernité...

- LES RANGEMENTS. Peu nombreux et de petite taille à l'avant, ils sont absents aux places arrière où l'on doit se contenter de deux aumônières et de deux porte-gobelets.

- L'APPARENCE. Les matières plastiques qui composent le tableau de bord font aussi bon marché que dans les dernières LH de Chrysler.

- LE TABLEAU DE BORD. Le dépouillement de sa présentation comme sa platitude sont exagérés, sa lisibilité est médiocre et il ne comporte pas de rappel de la sélection de la boîte de vitesses, comme sur la moindre Honda Civic...

CONCLUSION

Jeep a consulté les clients du Grand Cherokee pour améliorer un par un la plupart de ses inconvénients. Avec le résultat que le nouveau modèle atteint des sommets de performances, de comportement, de confort et de luxe, sans déroger à la philosophie qui a fait son succès...

ÉVALUATION
JEEP Grand Cherokee

CONCEPTION : 78%
Technique :	85
Sécurité :	90
Volume cabine :	70
Volume coffre :	65
Qualité/finition :	80

CONDUITE : 70%
Poste de conduite :	80
Performances :	60
Comportement :	50
Direction :	80
Freinage :	80

ÉQUIPEMENT D'ORIGINE : 79%
Pneus :	80
Phares :	80
Essuie-glace :	80
Dégivreur :	75
Radio :	80

CONFORT : 74%
Sièges :	80
Suspension :	80
Niveau sonore :	60
Commodités :	70
Climatisation :	80

BUDGET : 39%
Prix d'achat :	10
Consommation :	30
Assurance :	45
Satisfaction :	85
Dépréciation :	25

Moyenne générale : 68.0%

Anecdote
Les présentations de nouveaux modèles rivalisent d'originalité afin que les journalistes en gardent un souvenir précis. Celle du dernier Grand Cherokee a eu lieu dans la région de Seattle, sur une presqu'île qu'on ne pouvait atteindre que par bateau ou hydravion. La veille, le souper avait eu lieu chez l'artiste verrier Sahuly, dont la maison située sur le port de Seattle est une étrange galerie décorée d'énormes fleurs de verre multicolore.

MOTEURS / TRANSMISSIONS / PERFORMANCES

Modèles/ versions	Type / distribution soupapes / carburation	Cylindrée cc	Puissance cv @ tr/mn	Couple lb.pi @ tr/mn	Rapport volumét.	Roues motrices / transmissions	Rapport de pont	Accélér. 0-100 km/h s	400 m D.A. s	1000 m D.A. s	Reprise 80-120 km/h s	Freinage 100-0 km/h m	Vites. maxi. km/h	Accélér. latérale G	Niveau sonore dBA	Consommation l./100km Ville	Route	Carburant Octane
base	L6* 4.0 ACC-12-IESPM	3956	195 @ 4600	230 @ 3000	8.8 :1	ar./4 - A4*	3.73	9.5	17.0	30.4	6.9	40	190	0.75	66-72	15.0	10.2	R 87
option	V8 4.7 SACT-16-IESPM	4701	235 @ 4800	295 @ 3200	9.3 :1	ar./4 - A4*	3.73	8.5	16.4	29.6	6.2	41	200	0.75	65-72	17.3	12.1	R 87

PRIX & ÉQUIPEMENTS

JEEP Grand Cherokee	Laredo 4x2	Limited 4x2	Laredo 4x4	Limited 4x4
Prix maxi $:	35 130	41 870	36 060	47 920
Prix mini $:	30 360	35 090	31 125	35 375
Transport & préparation $:	700	700	700	700
Boîte automatique:	S	S	S	S
Régulateur de vitesse:	S	S	S	S
Direction assistée:	S	S	S	S
Système antiblocage des freins:	S	S	S	S
Système antipatinage:	-	-	-	-
Climatiseur:	SM	SA	SM	SA
Garnitures en cuir:	O	S	O	S
Radio MA/MF/ Cassette:	S	SDc	S	SDc
Serrures électriques:	S	S	S	S
Lève-vitres électriques:	S	S	S	S
Volant ajustable:	S	S	S	S
Rétroviseurs ext. ajustables:	SE	SEC	SE	SEC
Jantes en alliage léger:	S	S	S	S
Système antivol:	O	S	O	S

Couleurs disponibles

Extérieur: Noir, Platine, Blanc, Champagne, Améthyste, Ardoise, Rouge, Bleu, Sienne, Taupe.
Intérieur: Agate, Camel, Taupe.

EN BREF...

Catégorie : véhicules polyvalents 4x2 et 4x4. **Classe :** utilitaires

HISTORIQUE
Inauguré en: 1993-1999
Fabriqué à: Jefferson North, Détroit, États-Unis & Graz, Autriche.

PROFIL DE CLIENTÈLE
Modèle	Hom./Fem.	Âge moyen	Mariés	CEGEP	Revenus
Grand Cherokee	70/30 %	46 ans	80 %	51 %	92 500 $

INDICES
Sécurité:	80 %	Satisfaction:	85 %
Dépréciation:	25 %	Assurance:	975-1185 $
Prix de revient au km:	0.51 $	Nbre de concessionnaires:	148

VENTES
Modèle	1996	1997	Résultat	Part de marché
Grand Cherokee	4 381	4 339	- 1.0 %	28.4 %

PRINCIPAUX MODÈLES CONCURRENTS
CHEVROLET Blazer, DODGE Durango, FORD Explorer, ISUZU Trooper, INFINITI QX4, GMC Jimmy-Envoy, LEXUS RX 300, MERCEDES-BENZ Classe M, NISSAN Pathfinder, TOYOTA 4Runner.

ENTRETIEN REQUIS PAR LA GARANTIE
Première révision:	Fréquence:	Prise de diagnostic:
5 000 km	6 mois/10 000 km	Oui

CARACTÉRISTIQUES

Modèles	Versions	Traction	Carrosseries/ Sièges	Empat. mm	Long x larg x haut. mm x mm x mm	Poids à vide kg	Susp. av/ar	Freins av/ar	Direction type	Diamètre braquage m	Tours volant b à b.	Réser. essence l.	Pneus d'origine dimensions	marque	modèle	Mécanique d'origine
JEEP		Garantie générale: 3 ans / 60 000 km; corrosion de surface 1 an / 20 000 km; perforation 7 ans / 160 000 km; assistance routière 3 ans / 60 000 km.														
Gd Cherokee	Laredo	4x2	fam. 4p. 5	2691	4610x1836x1762	1696	rh/rh	d/ABS	bil.ass.	11.1	2.94	78.0	225/75R16	Goodyear	Wrangler ST	L6/4.0/A4
Gd Cherokee	Limited	4x2	fam. 4p. 5	2691	4610x1836x1762	1730	rh/rh	d/ABS	bil.ass.	11.1	2.94	78.0	245/70R16	Goodyear	Eagle LS	L6/4.0/A4
Gd Cherokee	Laredo	4x4	fam. 4p. 5	2691	4610x1836x1762	1776	rh/rh	d/ABS	bil.ass.	11.1	2.94	78.0	225/75R16	Goodyear	Wrangler ST	L6/4.0/A4
Gd Cherokee	Limited	4x4	fam. 4p. 5	2691	4610x1836x1762	1837	rh/rh	d/ABS	bil.ass.	11.1	2.94	78.0	245/70R16	Goodyear	Eagle LS	L6/4.0/A4

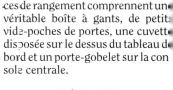

C'est par ce véhicule que la légende est née. Créé pour l'armée américaine lors de la Deuxième Guerre mondiale comme véhicule à tout faire passe-partout, la Jeep s'est facilement reconvertie à la vie civile une fois les hostilités terminées. Elle a finalement donné naissance à une famille de véhicules tout terrain, qui connaît en ce moment l'apogée de sa notoriété. La Jeep qui en est à sa cinquième génération s'adresse surtout à ceux qui veulent se distinguer par un moyen de locomotion aussi irrationnel que non-conformiste...

GAMME

La Jeep TJ (Wrangler aux États-Unis) est offerte avec carrosserie décapotable à toit souple en version SE à moteur 4 cylindres de 2.5L ou Sport et Sahara avec moteur 6 cylindres en ligne de 4.0L. L'équipement de la SE est très dépouillé puisqu'il ne comprend même pas de direction assistée, de radio ou de banquette arrière. On y trouve tout juste deux coussins gonflables, un toit mou et deux demi-portes dont le haut est en vinyle et une roue de secours. Il faut opter pour la finition Sport pour disposer d'une direction assistée, d'une radio AM/FM et d'une banquette arrière, tandis que la Sahara y ajoute la radiocassette, la colonne de direction ajustable, le mode intermittent des essuie-glace, des pneus et un réservoir d'essence plus volumineux ainsi qu'un ensemble de décoration distinctif, comprenant des jantes en alliage léger. Dans tous les cas, la transmission automatique, le climatiseur, le toit rigide et le système antiblocage des roues ainsi que le régulateur de vitesse font partie de la longue liste des options.

TECHNIQUE

La Jeep TJ est constituée d'une carrosserie en acier fixée sur un châssis du même métal qui a été redessiné afin de pouvoir intégrer la suspension à ressorts hélicoïdaux «Quadra Coil», héritée du précédent Grand Cherokee. Les ponts avant et arrière demeurent rigides mais ils sont maintenus et guidés par différents bras longitudinaux et transversaux et complétés par des barres stabilisatrices. Les freins sont mixtes sur toutes les versions et un système antiblocage simpliste n'est offert en option que sur les versions à moteur six cylindres. Les moteurs demeurent les vénérables 4 cylindres et 6 cylindres en ligne qui peuvent être accouplés à une antédiluvienne transmission automatique à 3 rapports en option.

Encore capricieuse...

POSITIF

+ LA MODE. La Jeep demeure le mode d'expression favori de ceux qui veulent se situer en marge de la majorité en s'affichant comme des aventuriers de tout acabit...

+ LE STYLE. Celui de ce véhicule mythique a été non seulement respecté, mais encore amélioré par l'ajout de détails plus conformes au modèle original.

+ LE COMPORTEMENT. Sa stabilité a été améliorée par l'adaptation des éléments de suspension du Grand Cherokee. Outre le guidage qui est moins sensible à la qualité de la route, le confort et la sécurité sont les autres bénéficiaires de cette amélioration.

+ LES CAPACITÉS. C'est hors route que la Jeep se justifie pleinement par son aptitude remarquable à franchir les obstacles, grâce à ses angles d'entrée et de sortie importants, sa traction très efficace, sa garde au sol importante et sa maniabilité qui découle de son format compact.

+ LE TABLEAU DE BORD. Simple et fonctionnel, il est bien adapté au genre de ce véhicule, car les instruments et les commandes sont disposés de manière ergonomique.

+ LA CLIMATISATION. Elle est enfin devenue efficace grâce au système pourvu de bouches d'aération efficaces assurant une bonne répartition de l'air froid comme chaud.

+ L'ACCÈS. Il est beaucoup plus facile de prendre place à l'arrière, grâce au brillant système de basculement du siège avant droit qui dégage suffisamment d'espace. Regrettons seulement que celui du conducteur n'en soit pas équipé.

+ LE CÔTÉ PRATIQUE. Les espaces de rangement comprennent une véritable boîte à gants, de petits vide-poches de portes, une cuvette disposée sur le dessus du tableau de bord et un porte-gobelet sur la console centrale.

NÉGATIF

- LE FREINAGE. Celui de nos différents véhicules d'essai s'est révélé dangereux lors des arrêts d'urgence car les roues bloquaient tôt et dans le désordre, déséquilibrant le véhicule et rendant les distances d'arrêt très longues avec ou sans système antiblocage.

- LE RENDEMENT. Les deux moteurs sont dépassés à ce chapitre. Le 4 cylindres est rugueux, bruyant et manque autant de puissance que de couple, même avec la boîte manuelle. Le 6 cylindres offre de meilleures prestations, mais au prix d'une consommation élevée.

- LE CONFORT. Il n'est acceptable que sur les autoroutes californiennes au revêtement parfait, sinon ailleurs les réactions de la suspension sont aussi éprouvantes que désagréables. À cela s'ajoute le niveau de bruit qui est important en tout temps qu'il soit d'origine éolienne mécanique ou de roulement.

- LA DIRECTION. Elle est rapide et permet une bonne maniabilité, mais son assistance trop forte la rend légère et préoccupante, car elle peut affecter la stabilité directionnelle.

- L'HABITABILITÉ. Elle est limitée par le manque de largeur de la cabine où les occupants des places avant sont collés sur les portes tandis que la banquette arrière est minimaliste.

- LA CAPOTE. Bien ajustée, étanche et moins bruyante, elle est cauchemardesque lorsqu'il s'agit d'ôter le moindre panneau, alors imaginez-la enlever entièrement...

- LES SUSPENSIONS. Leur complexité (surtout à l'avant) laisse envisager des coûts de réparation élevés suite au moindre accident.

- LA SOUTE. Elle est ridiculement petite, ne contient pas grand chose et son accès est très compliqué.

- À REVOIR : l'autonomie insuffisante avec le réservoir de série dont le moteur 6 cylindres a vite fait de gober les 57 litres, quand il semblerait intelligent d'équiper tous les modèles de celui de 72 litres offert en option...

CONCLUSION

La Jeep a pris de l'âge et sa dernière mouture n'a pas assez évolué pour justifier notre endossement. Il y a encore beaucoup à faire pour améliorer la sécurité, que ce soit au niveau du comportement ou du freinage...

ÉVALUATION JEEP TJ

CONCEPTION :   54%
Technique :	75
Sécurité :	80
Volume cabine :	40
Volume coffre :	0
Qualité/finition :	75

CONDUITE :   45%
Poste de conduite :	75
Performances :	30
Comportement :	45
Direction :	60
Freinage :	15

ÉQUIPEMENT D'ORIGINE :   60%
Pneus :	75
Phares :	75
Essuie-glace :	75
Dégivreur :	0
Radio :	75

CONFORT :   43%
Sièges :	70
Suspension :	30
Niveau sonore :	0
Commodités :	40
Climatisation :	75

BUDGET :   55%
Prix d'achat :	50
Consommation :	40
Assurance :	50
Satisfaction :	80
Dépréciation :	55

Moyenne générale: 51.4%

NOUVEAU POUR 1999

- Les capotes et le toit rigide de couleur Tan foncé.
- Le climatiseur amélioré avec commandes rotatives.
- Le moteur 2.5L rencontrant les normes d'émission TLEV.
- La couleur Camel/Vert foncé des sièges de la finition Sahara.
- Les teintes de carrosserie Bleu, Sable, Vert.
- Les teintes de garnitures intérieures :Camel et Agate.

MOTEURS / TRANSMISSIONS / PERFORMANCES

Modèles/ versions	Type / distribution soupapes / carburation	Cylindrée cc	Puissance cv @ tr/mn	Couple lb.pi @ tr/mn	Rapport volumét.	Roues motrices / transmissions	Rapport de pont	Accélér. 0-100 s	400 m D.A. s	1000 m D.A. km/h s	Reprise 80-120 km/h s	Freinage 100-0 km/h	Vites. maxi. km/h	Accélér. latérale G	Niveau sonore dBA	Consommation l./100km Ville / Route		Carburant Octane
1)	L4* 2.5 ACC-8-IESPM	2464	120 @ 5400	140 @ 3500	9.2 :1	arr./4 - M5*	4.11	13.5	18.6	36.5	10.8	60	140	0.75	68-76	13.1	11.1	R 87
						arr./4 - A3	3.73	14.8	20.0	37.2	11.5	58	130	0.75	68-76	14.3	11.6	R 87
2)	L6* 4.0 ACC-12-IESPM	3964	185 @ 4600	222 @ 2800	8.8 :1	arr./4 - M5*	3.07	10.5	17.3	32.5	8.1	48	165	0.75	68-78	14.1	10.6	R 87
						arr./4 - A3	3.07	11.2	18.8	34.0	9.9	51	160	0.75	68-78	15.3	11.2	R 87

1) SE.   2) Sport, Sahara, option SE.

PRIX & ÉQUIPEMENTS

JEEP TJ	SE	Sport	Sahara
Prix maxi $:	19 205	22 310	25 305
Prix mini $:	17 810	19 870	22 410
Transport & préparation $:	700	700	700
Boîte automatique:	O	O	O
Régulateur de vitesse:	O	O	O
Direction assistée:	S	S	S
Système antiblocage des freins:	-	O	O
Système antipatinage:	-	-	-
Climatiseur:	O	O	O
Garnitures en cuir:	-	-	-
Radio MA/MF/ Cassette:	O	O	S
Serrures électriques:	-	-	-
Lève-vitres électriques:	-	-	-
Volant ajustable:	O	O	S
Rétroviseurs ext. ajustables:	SM	SM	SM
Jantes en alliage léger:	O	O	S
Système antivol:	O	O	O

Couleurs disponibles

Extérieur: Chili Pepper, Améthiste, Gris, Bleu, Vert, Sable.

Intérieur: Bleu, Tan, Gris.

EN BREF...

Catégorie: véhicules polyvalents tout terrain.   **Classe :** utilitaires

HISTORIQUE

Inauguré en:	1987-1997.
Fabriqué à:	Toledo, Ohio, États-Unis.

PROFIL DE CLIENTÈLE

Modèle	Hom./Fem.	Âge moyen	Mariés	CEGEP	Revenus
TJ	67/33 %	34 ans	39 %	44 %	59 000 $

INDICES

Sécurité:	80 %	Satisfaction:	80%
Dépréciation:	45 %	Assurance:	950 $
Prix de revient au km:	0.49 $	Nbre de concessionnaires:	148

VENTES

Modèle	1996	1997	Résultat	Part de marché
YJ	923	1 160	+ 25.7 %	10.5 %

PRINCIPAUX MODÈLES CONCURRENTS

CHEVROLET Tracker, HONDA CR-V, SUZUKI Vitara, TOYOTA RAV4.

ENTRETIEN REQUIS PAR LA GARANTIE

Première révision:	Fréquence:	Prise de diagnostic:
5 000 km	6 mois /10 000 km	Oui

CARACTÉRISTIQUES

Modèles	Versions	Traction	Carrosseries/ Sièges	Empat. mm	Long x larg x haut. mm x mm x mm	Poids à vide kg	Susp. av/ar	Freins av/ar	Direction type	Diamètre braquage m	Tours volant b à b.	Réser. essence l.	Pneus d'origine dimensions	marque	modèle	Mécanique d'origine
JEEP																
TJ	SE	4x4	déc. 2 p.2	2373	3886x1693x1805	1505	rh/rh	d/t	bil.ass.	10.0	3.0	57.0	205/75R15	Goodyear	Wrangler RT/S	L4/2.5/M5
TJ	Sport	4x4	déc. 2 p.4	2373	3886x1693x1805	1559	rh/rh	d/t	bil.ass.	10.0	3.0	57.0	215/75R15	Goodyear	Wrangler RT/S	L6/4.0/M5
TJ	Sahara	4x4	déc. 2 p.4	2373	3886x1693x1805	1570	rh/rh	d/t	bil.ass.	10.0	3.0	72.0	225/75R15	Goodyear	Wrangler GS-A	L6/4.0/M5

Garantie générale: 3 ans / 60 000 km; corrosion de surface 1 an / 20 000 km; perforation 7 ans / 160 000 km; assistance routière 3 ans / 60 000 km.

Les Diablo vivent leurs derniers moments de production, puisqu'en 1999 ils seront remplacés par un nouveau modèle baptisé Canto. Maintenant que Lamborghini a été racheté par Volkswagen, on peut s'attendre à voir la marque de Santa Agata revitalisée et devenir plus compétitive face à sa rivale de toujours, Ferrari. On va finalement voir apparaître un modèle plus petit, équipé d'un moteur V8 dont le prototype existe depuis une dizaine d'années et qui n'a jamais été fabriqué faute d'argent. L'avenir semble assuré et c'est réconfortant.

GAMME
Le Diablo est un véhicule exotique à haute performance caractérisé par ses portes à dégagement vertical, décliné en coupé 2 portes, 2 places en finition unique à 2 roues motrices ou VT à transmission intégrale, roadster VT et deux versions allégées SV et SVR destinées à la compétition.

TECHNIQUE
Très «low tech», l'ossature du châssis des Diablo est simplement tubulaire en acier, tandis que la carrosserie est composée de panneaux d'aluminium ajustés à la main et seuls le fond de la cabine, les boucliers avant-arrière, les capots et le tunnel central sont faits d'un moulage de fibres de carbone. Les suspensions indépendantes ont des géométries antiplongée et anticabrage comportant désormais un ajustement électronique des amortisseurs Koni en fonction de la vitesse. En dessous de 130 km/h, la suspension est douce puis elle se raffermit progressivement jusqu'à 250 km/h et au-delà. Le moteur 12 cylindres est disposé de manière associé avec sa boîte de vitesses pénétrant dans la cabine par le tunnel central, ce qui permet d'équilibrer parfaitement les masses avant/arrière selon un rapport de 49/51. Le V12 qui a subi des mises à jour constantes, développe 492 ch sur les deux versions et la boîte manuelle est une ZF à 5 rapports munie d'un embrayage de compétition et 532 ch sur les modèles de compétition. Le freinage est confié à des disques ventilés de type «compétition» mais ne comportent aucun système antiblocage. Dans la version à transmission intégrale, le tunnel central accueille l'arbre de transmission entraînant le train avant qui ne délivre que de 0 à 25% de la puissance disponible, afin de conserver au Diablo son caractère propulsé et l'agrément de conduite qui s'y rattache, même lorsque l'adhérence est précaire.

Monstre sacré ou sacré monstre ?

TRÈS POSITIF
++ LE STYLE. Dessinés par Marcello Gandini, les coupés et le roadster Diablo comptent parmi les véhicules les plus connus au monde. Leur ligne à couper le souffle est loin d'être dépassée et il suffit de constater la fascination qu'exerce l'un de ces modèles sur le public pour en être convaincu.

++ LES PERFORMANCES. Elles sont pour le moins extraordinaires, car avec autour de 500 ch, le rapport poids/puissance atteint la valeur record de 3.2 kg/ch. Les accélérations comme les reprises sont fantastiques, du moins tant que l'adhérence le permet sur la version à deux roues motrices, ce qui explique la nécessité d'offrir la possibilité d'une transmission intégrale, malgré la largeur phénoménale des pneumatiques. Si la sélection de la transmission est lente, le couple est si abondant que l'on peut réaccélérer à partir de 60 km/h en 5e sans que le moteur proteste et sauver ainsi quelques changements de rapport... Quant au bruit de l'échappement, il a le don de faire monter à lui seul le taux d'adrénaline des occupants comme celui des badauds.

POSITIF
+ LE COMPORTEMENT. Même si elle paraît facile de prime abord, la conduite d'un de ces monstres demande quand même une certaine habitude, car le Diablo est foncièrement sous-vireur et à la limite, le train arrière décroche aussi sèchement sur la VT que sur la version normale, ce qui exige beaucoup de sang-froid et de doigté pour ne pas se retrouver en perdition. La trans-

mission intégrale n'améliore que l'adhérence en virage, car le viscocoupleur est plutôt lent à réagir en slalom. Sur pavé sec la voiture tient toute seule, que les virages soient larges ou serrés, grâce à son généreux équipement pneumatique. Toutefois la stabilité se gâte au dessus de 260 km/h, par la portance négative nécessitant la présence de l'aileron optionnel.

+ LA QUALITÉ. Les Diablo sont en grande partie faites à la main, ce qui explique la qualité de l'assemblage et de la finition dont les opérations sont confiées à des femmes, reconnues pour être plus minutieuses que les hommes...

+ LA DIRECTION. Elle est bien assistée, rapide et directe, mais sa maniabilité est fort limitée par la très faible garde au sol, le grand diamètre de braquage et les généreuses dimensions du véhicule.

NÉGATIF
- LA FIABILITÉ. Comme les Ferrari, les Lamborghini sont capricieuses et fragiles, et un rien peut perturber leur humeur, ce qui est anormal sur des voitures de ce prix.

- LE CONFORT. Il est très rudimentaire, vu la simplicité des sièges peu rembourrés et pas vraiment inclinables. La suspension est ferme en tout temps, mais moins sur la VT dont les amortisseurs sont ajustables, quant à l'énorme grondement du V12, il devient vite fatigant.

- LE CÔTÉ PRATIQUE. Il est minimaliste, puisque la cabine ne recèle aucun espace de rangement digne de ce nom et la capacité du coffre est très symbolique.

- LA CONDUITE. La visibilité est très précaire de 3/4 et vers l'arrière la position de conduite parfaite est très laborieuse à trouver. L'organisation de la console centrale plus stylisée que logique car plusieurs commandes sont hors de portée du conducteur, qui doit décoller le dos de son siège pour les actionner.

- LE FREINAGE. Il est remarquablement efficace mais son dosage est très délicat du fait de la dureté de la pédale. Les arrêts comme les départs rapides souffrent de l'absence d'un système antiblocage/antipatinage qui permettrait de garder le véhicule sur des trajectoires prévisibles dans les deux cas sur chaussée glissante.

CONCLUSION
Véhicules d'exception, les Diablo font rêver les amateurs d'automobiles du monde entier grâce à leurs lignes sculptées et leurs performances mythiques. Seuls ceux capables de les acquérir doivent avoir les pieds solidement sur terre...

ÉVALUATION
LAMBORGHINI Diablo

CONCEPTION : 62%
Technique :	100
Sécurité :	90
Volume cabine :	20
Volume coffre :	20
Qualité/finition :	80

CONDUITE : 85%
Poste de conduite :	75
Performances :	100
Comportement :	90
Direction :	80
Freinage :	80

ÉQUIPEMENT D'ORIGINE : 83%
Pneus :	90
Phares :	90
Essuie-glace :	80
Dégivreur :	70
Radio :	85

CONFORT : 38%
Sièges :	60
Suspension :	50
Niveau sonore :	0
Commodités :	10
Climatisation :	70

BUDGET : 30%
Prix d'achat :	0
Consommation :	0
Assurance :	0
Satisfaction :	80
Dépréciation :	70

Moyenne générale: 59.6%

NOUVEAU POUR 1999

▶ • Modèle en fin de carrière qui sera remplacé au courant de 1999 par un tout nouveau véhicule baptisé Canto qui sera présenté au prochain Salon de Genève.

MOTEURS / TRANSMISSIONS / PERFORMANCES

Modèles/ versions	Type / distribution soupapes / carburation	Cylindrée cc	Puissance cv @ tr/mn	Couple lb.pi @ tr/mn	Rapport volumét.	Roues motrices / transmissions	Rapport de pont	Accélér. 0-100 km/h s	400 m D.A. s	1000 m D.A. s	Reprise 80-120 km/h s	Freinage 100-0 km/h m	Vites. maxi. km/h	Accélér. latérale G	Niveau sonore dBA	Consommation l./100km Ville Route	Carburant Octane
base	V12 5.7 DACT-48-IESPM	5707	492 @ 6800	429 @ 5200	10.0:1	arrière-M5	2.41	4.5	13.5	21.0	ND	40	325	0.90	70-79	29.0 15.2	S 91
VT	V12 5.7 DACT-48-IESPM	5707	492 @ 6800	429 @ 5200	10.0:1	quatre-M5	2.41	4.7	13.8	21.5	ND	42	320	0.90	70-79	29.0 15.2	S 91
SV	V12 5.7 DACT-48-IESPM	5707	532 @ 7100	429 @ 5900	10.0:1	arrière-M5	2.529	4.0	13.2	20.8	ND	38	330	0.95	72-80	29.0 15.2	S 91
SVR	V12 5.7 DACT-48-IESPM	5707	532 @ 7100	429 @ 5900	10.0:1	arrière-M5	2.529	ND									

PRIX & ÉQUIPEMENTS

LAMBORGHINI Diablo	base	VT	SV/SVR
Prix maxi $:	355 000	404 000	379 000
Prix mini $:	-	-	-
Transport & préparation $:	-	-	-
Boîte automatique:	-	-	-
Régulateur de vitesse:	-	-	-
Direction assistée:	S	S	S
Système antiblocage des freins:	-	S	S
Système antipatinage:	-	S	S
Climatiseur:	S	S	S
Garnitures en cuir:	S	S	S
Radio MA/MF/ Cassette:	S	S	S
Serrures électriques:	S	S	S
Lève-vitres électriques:	S	S	S
Volant ajustable:	S	S	S
Rétroviseurs ext. ajustables:	S	S	S
Jantes en alliage léger:	S	S	S
Système antivol:	S	S	S

Couleurs disponibles

Extérieur: Rouge, Jaune, Blanc, Noir, Gris métallisé, Bleu.

Intérieur: Tan, Blanc, Noir.

EN BREF...

Catégorie: coupés de Grand Tourisme propulsés ou 4RM.   **Classe :** exotique

HISTORIQUE

Inauguré en: 1990 : coupé; 1996:roadster & SV
Fabriqué à: Santa Agata Bolognese, Bologne, Italie.

PROFIL DE CLIENTÈLE

Modèle	Hom./Fem.	Âge moyen	Mariés	CEGEP	Revenus
Diablo	98/2 %	58 ans	78 %	38 %	325 000 $

INDICES

Sécurité:	90 %	Satisfaction:	80 %
Dépréciation:	47 %	Assurance:	12 300 $
Prix de revient au km:	3,25 $	Nbre de concessionnaires:	1

VENTES

Modèle	1996	1997	Résultat	Part de marché
Diablo	ND			

PRINCIPAUX MODÈLES CONCURRENTS

FERRARI F550 Maranello.

ENTRETIEN REQUIS PAR LA GARANTIE

Première révision:	Fréquence:	Prise de diagnostic:
3 000 km	6 mois/10 000 km	Oui

CARACTÉRISTIQUES

Modèles	Versions	Carrosseries/ Sièges	Volume cabine	Volume coffre	Cx	Empat. mm	Long x larg x haut. mm x mm x mm	Poids à vide kg	Susp. av/ar	Freins av/ar	Direction type	Diamètre braquage m	Tours volant b à b.	Réser. essence l.	dimensions	Pneus d'origine marque modèle	Mécanique d'origine
LAMBORGHINI Diablo		Garantie: 2 ans / 12 000 km.															
Diablo		cpé. 2 p. 2	ND	140	0.30	2650	4460x2040x1105	1576	ih/ih	d/d	crém.ass.	12.55	3.2	100	av.235/40ZR17 ar.335/35ZR17	Pirelli P Zero	V12/5.7/M5
Diablo	VT	cpé. 2 p. 2	ND	140	0.30	2650	4460x2040x1105	1625	ih/ih	d/d	crém.ass.	12.55	3.2	100	av.235/40ZR17 ar.335/35ZR17	Pirelli P Zero	V12/5.7/M5
Diablo	VT	déc. 2 p. 2	ND	140	0.30	2650	4470x2040x1115	1625	ih/ih	d/d	crém.ass.	12.55	3.2	100	av.235/40ZR17 ar.335/35ZR18	Pirelli P Zero	V12/5.7/M5
Diablo	SV-SVR	cpé. 2 p. 2	ND	140	0.30	2650	4470x2040x1115	1530	ih/ih	d/d	crém.ass.	12.55	3.2	100	av.235/40ZR17 ar.335/35ZR18	Pirelli P Zero	V12/5.7/M5

En matière de voiture de luxe abordable, la Lexus ES 300 est devenue une sorte de référence que la plupart de ses concurrentes tentent d'imiter à tout prix. C'est d'autant plus curieux qu'elle ne soit pas, et de loin, le modèle le plus vendu de sa catégorie. Issue de la Camry, elle constitue la version de base de la gamme Lexus dont il est le plus populaire en terme d'unités vendues. C'est plutôt du côté de la qualité de son exécution et de sa finition qu'elle fait l'envie de ses rivales qui voudraient bien posséder la même réputation de fiabilité...

GAMME

La Lexus ES 300 n'existe qu'en berline à 4 portes offerte en version unique dont l'équipement de série très complet inclut les garnitures de cuir, l'antipatinage et l'antiblocage des roues, la mémoire du siège du conducteur et les jantes en alliage léger, en plus du climatiseur, régulateur de vitesse, chaîne stéréo et tous les asservissements électriques usuels, auxquels s'ajoutent des options ou groupes d'options...

TECHNIQUE

La ES 300 dérive de la Camry dont elle reprend la plate-forme, la mécanique, ainsi que certains éléments de carrosserie ou de vitrage. Lors de sa dernière refonte, elle a vu son empattement et sa longueur augmentés d'environ 50 mm. Sa conception générale emprunte au principe de la cabine avancée, inauguré par Chrysler sur ses modèles LH, qui apporte plus d'espace et une meilleure visibilité. La ligne très effilée explique que le coefficient aérodynamique se situe entre 0.32 à 0.29. La coque autoporteuse est en acier, dont la majorité des panneaux sont galvanisés des deux côtés. La suspension est indépendante aux quatre roues, basée sur le principe de MacPherson et pourvue de barres stabilisatrices. On peut se procurer en option le système AVS (Adaptive Variable Suspension) qui ajuste continuellement la pression des amortisseurs au profil de la route et permet de sélectionner l'amplitude de l'amortissement selon les modes souple, normal et sport, selon 16 combinaisons possibles. Les trains avant/arrière sont montés sur des berceaux isolés de la coque par des éléments de caoutchouc servant à filtrer bruits et vibrations. Le moteur V6 de 3.0L est identique à celui du modèle précédent, mais son système d'échappement double lui permet de gagner 2 ch. La transmission de type adaptive enregistre les habitudes de conduite et anti-

Sans âme...

cipe les réactions du conducteur. Les freins à disque et le dispositif antiblocage-antipatinage des roues sont standard au Canada.

POSITIF

+ LA VALEUR. L'abaissement du prix et l'augmentation de l'équipement en fait une meilleure affaire que l'ancien modèle. Par cette pratique, Lexus entend maintenir son volume de ventes dans ce segment très compétitif, dominé de loin par les constructeurs européens.

+ LA PRÉSENTATION. Elle est aussi réussie au-dehors qu'au-dedans, tout en finesse et en nuances avec sa carrosserie aux lignes élégantes et son aménagement intérieur d'une grande rigueur.

+ LE CONFORT. Il profite de l'amplitude moelleuse de la suspension, des sièges bien rembourrés et du niveau de bruit qui se maintient très bas grâce à une insonorisation très efficace. La sensation est beaucoup plus américaine que japonaise ou européenne, ce qui explique le succès de ce modèle.

+ LES PERFORMANCES. Les accélérations comme les reprises sont franches grâce à un rapport poids/puissance performant.

+ LE COMPORTEMENT. Il est stable dans la plupart des circonstances et n'empêche pas une certaine agilité en slalom grâce aux dimensions et au poids (qui a augmenté) raisonnables de ce modèle.

+ LE FREINAGE. Il est efficace, stable et endurant, mais l'antiblocage intervient parfois de manière inopinée tout comme l'antipatinage qui lui est couplé.

+ LA CONDUITE. Son agrément provient de la douceur des commandes, des réactions soyeuses et silencieuses de la mécanique, de la sensation de sécurité découlant du bon contrôle des trajectoires (au freinage comme à l'accélération) et aux nombreux équipements de confort fournis en série sur ce modèle.

+ LE TABLEAU DE BORD. Il impressionne par son aspect net, ses formes polies et ses instruments éclairés par tubes cathodiques sur lesquels les aiguilles rouges, genre LED, se déplacent, apportant une touche de raffinement technique.

+ LA QUALITÉ. Évidente à tous les niveaux avec son assemblage soigné, sa finition minutieuse et ses matériaux traités contre le vieillissement, dont l'apparence est aussi agréable à l'oeil qu'au toucher.

+ LE CÔTÉ PRATIQUE. Le coffre est vaste et accessible et les rangements plus nombreux et bien conçus aux places avant.

NÉGATIF

- LA SUSPENSION ADAPTIVE. Malgré la sophistication du système AVS, il ne donne pas entière satisfaction car il ne devine pas vraiment les intentions du conducteur et exagère les réponses de la suspension dans tous les sens.

- LA CONDUITE. Malgré le côté brillant des performances et la sophistication de la suspension, la ES 300 n'est pas amusante à conduire car elle n'a pas d'âme. Tout est trop aseptisé et surassisté comme la direction ou le freinage qui sont inconsistants.

- LES VOLUMES UTILES. Ils ont légèrement régressé dans la cabine qui n'accueille confortablement que quatre adultes. Le coffre est moins volumineux que celui du modèle précédent et il ne communique avec la cabine que par une trappe à skis. Toutefois son seuil a été abaissé afin de faciliter la manutention des bagages.

- L'ERGONOMIE. Celle de la partie centrale du tableau de bord laisse à désirer, car elle n'est pas assez orientée vers le conducteur et les interrupteurs situés à gauche sont pratiquement invisibles.

- À REVOIR : les vide-poches de portières peu pratiques à l'avant et le manque de rangements aux places arrière, le freinage difficile à doser et la maniabilité qui pourrait être meilleure.

CONCLUSION

Trop américanisée, la dernière Lexus ES 300 est très fonctionnelle et fait preuve d'un haut niveau de technicité. Malheureusement, un trop en tout nuit et il est difficile de ressentir pour elle un quelconque élan de passion... ☺

ÉVALUATION LEXUS ES 300

CONCEPTION : **75%**
Technique : 85
Sécurité : 90
Volume cabine : 60
Volume coffre : 55
Qualité/finition : 85

CONDUITE : **72%**
Poste de conduite : 80
Performances : 65
Comportement : 60
Direction : 75
Freinage : 80

ÉQUIPEMENT D'ORIGINE : **80%**
Pneus : 80
Phares : 80
Essuie-glace : 80
Dégivreur : 75
Radio : 85

CONFORT : **82%**
Sièges : 80
Suspension : 85
Niveau sonore : 80
Commodités : 80
Climatisation : 85

BUDGET : **53%**
Prix d'achat : 10
Consommation : 65
Assurance : 45
Satisfaction : 90
Dépréciation : 55

Moyenne générale: **72.4%**

NOUVEAU POUR 1999

• Le moteur sera pourvu du VVT-I pour Variable Valve Timing Intelligent et sa puissance et son couple seront supérieurs.
• Le système de contrôle de la stabilité (VSC) optionnel (USA).

MOTEURS / TRANSMISSIONS / PERFORMANCES

Modèles/versions	Type / distribution soupapes / carburation	Cylindrée cc	Puissance cv @ tr/mn	Couple lb.pi @ tr/mn	Rapport volumét.	Roues motrices / transmissions	Rapport de pont	Accélér. 0-100 km/h s	400 m D.A. s	1000 m D.A. s	Reprise 80-120 km/h s	Freinage 100-0 km/h m	Vites. maxi. km/h	Accélér. latérale G	Niveau sonore dBA	Consommation l./100km Ville	Route	Carburant Octane
ES 300	V6*3.0 DACT-24-IESPM	2995	210 @ 5800	220 @ 4400	10.5:1	avant - A4	3.72	8.3	16.3	29.3	5.8	41	225	0.80	64-68	12.3	8.1	R 87

PRIX & ÉQUIPEMENTS

LEXUS ES 300 base
Prix maxi $: 43 820
Prix mini $: 39 440
Transport & préparation $: 325
Boîte automatique: S
Régulateur de vitesse: S
Direction assistée: S
Système antiblocage des freins: S
Système antipatinage: S
Climatiseur: S
Garnitures en cuir: S
Radio MA/MF/ Cassette: S
Serrures électriques: S
Lève-vitres électriques: S
Volant ajustable: S
Rétroviseurs ext. ajustables: S
Jantes en alliage léger: S
Système antivol: S

Couleurs disponibles
Extérieur: Blanc, Noir, Argent, Rubis, Beige, Rose, Vert, Bleu.
Intérieur: Tissu: Noir, Taupe. Cuir: Noir, Ivoire, Taupe, Chêne.

EN BREF...

Catégorie: berlines de luxe tractées. **Classe :** 7

HISTORIQUE
Inauguré en: 1992-1997
Fabriqué à: Tahara, Japon.

PROFIL DE CLIENTÈLE
Modèle	Hom./Fem.	Âge moyen	Mariés	CEGEP	Revenus
ES 300	85/15 %	46 ans	89 %	61 %	141 000 $

INDICES
Sécurité: 90 % Satisfaction: 90 %
Dépréciation: 44 % Assurance: 1 250 $
Prix de revient au km: 0.66 $ Nbre de concessionnaires: 4

VENTES
Modèle	1996	1997	Résultat	Part de marché
ES 300	183	306	+ 67.2 %	2.5 %

PRINCIPAUX MODÈLES CONCURRENTS
ACURA TL, AUDI A4-A6, BMW Série 3, INFINITI I30, MAZDA Millenia, NISSAN Maxima, SAAB 9³ & 9⁵, TOYOTA Camry V6 & Avalon, VOLVO S70.

ENTRETIEN REQUIS PAR LA GARANTIE
Première révision: 6 000 km **Fréquence:** 6 000 km **Prise de diagnostic:** Oui

CARACTÉRISTIQUES

Modèles	Versions	Carrosseries/ Sièges	Volume cabine	Volume coffre	Cx	Empat. mm	Long x larg x haut. mm x mm x mm	Poids à vide kg	Susp. av/ar	Freins av/ar	Direction type	Diamètre braquage m	Tours volant b à b.	Réser. essence l.	Pneus d'origine dimensions	marque	modèle	Mécanique d'origine
LEXUS ES 300	base	ber. 4 p.5	2608	368	0.29	2670	4831x1791x1394	1532	ih/ih	d/ABS	crém.ass.	11.2	3.0	70.0	205/65VR15	Dunlop / Goodyear / Bridgestone	SP Sport / Eagle GA / Potenza RE 88	V6/3.0/A4

Garantie générale: 4 ans / 80 000 km; mécanique: 6 ans / 110 000 km; corrosion perforation: 6 ans / kilométrage illimité & assistance routière.

De vilain crapaud qu'elle était, la GS s'est miraculeusement transformée en un pur sang, grâce à la magie du moteur V8 de la LS 400 que Lexus lui a greffé avec succès l'an dernier. Si le sort de la version 300 ne semble pas promis à un plus brillant avenir que celui du modèle précédent, celui de la 400 promet de concurrencer avec les prestigieuses européennes sur leur terrain de prédilection: la haute performance. Pourtant si ces modèles prestigieux sont profitables, ils ne se vendent pas en quantité suffisante pour faire une différence.

GAMME

Situées entre la ES 300 et la LS 400, les GS 300 et 400 offrent désormais un palier supplémentaire de luxe et de performances dans la gamme Lexus. Cette berline à 4 portes est disponible en version GS 300, pourvue du moteur L6 de 3.0L du modèle précédent ou en GS 400 avec le V8 de 4.0L de la LS 400. Elles sont munies d'une transmission automatique à 5 rapports, mais l'équipement des deux versions diffère par les garnitures de cuir qui sont en option sur la 300, tandis que les sièges chauffants, le toit ouvrant, les phares à décharge de gaz, le système de navigation, le changeur de disques compacts, les jantes chromées et les pneus plus gros sont facturés contre supplément.

TECHNIQUE

La structure des nouvelles Lexus GS est toute nouvelle de même que la plate-forme à partir de laquelle elle a été établie. Elle est monocoque en acier avec le moteur à l'avant et les roues motrices à l'arrière. La finesse aérodynamique de la carrosserie est efficace puisque son coefficient descend en dessous de 0.30. La suspension, fixée à des berceaux indépendants de la coque, est indépendante, constituée de deux triangles inégaux superposés avec barre stabilisatrice à l'avant comme à l'arrière. Les freins sont à disque et le dispositif antiblocage/antipatinage des roues est livré en série ainsi que l'assistance de la direction qui varie en fonction de la vitesse. Les deux modèles bénéficient d'origine d'un système antidérapage permettant d'aider le conducteur à conserver la maîtrise du véhicule en cas de dérapage ou de glissade.

POSITIF

+ **LE STYLE.** Les lignes à la fois compactes et dynamiques, faciles à reconnaître, confèrent à ces modèles une personnalité plus évidente que celle de l'ancienne version.

Métamorphose...

+ **LES PERFORMANCES.** Celles du moteur V8 de la GS 400 permettent des accélérations et des reprises très exotiques, grâce à un rapport poids/puissance particulièrement favorable. Quant à celles de la GS 300, elles sont plus dynamiques que précédemment, mais paraissent bien fades comparées à celles de la 400, qui ont plus de panache.

+ **LE COMPORTEMENT.** Il est très sécuritaire, malgré un roulis marqué et ce, même sur chaussée mouillée où les systèmes antiblocage, antipatinage et antidérapage se combinent pour assurer une stabilité optimale et une neutralité facile à maintenir avec l'accélérateur. Toutefois l'antidérapage ne laisse pas toujours au conducteur la possibilité de remettre les gaz au moment opportun.

+ **LE CONFORT.** Il est évident à tous les niveaux, puisque les sièges bien galbés maintiennent efficacement et ce même à l'arrière, la suspension moelleuse filtre bien les défauts de la route et l'insonorisation poussée maintient le niveau sonore très bas.

+ **LES PRIX.** Ils sont assez réalistes, puisque celui de la GS 400 se compare très favorablement à celui d'une BMW 540i. Reste à savoir si la tranquillité d'esprit nippone l'emportera sur le prestige bavarois...

+ **LA QUALITÉ.** Celle de l'assemblage, de la finition et des matériaux est au-dessus de tout soupçon et le taux élevé de clients très satisfaits ainsi que les premières places des palmarès de J.D. Power confirment la réputation enviable de Lexus. Le cuir qui garnit les sièges est d'une grande douceur et les appliques de bois sont sobres et de bon

goût.

+ **LA CONDUITE.** Elle est très plaisante grâce au format compact qui rend ces véhicules maniables, à la direction ultra-précise permettant de les placer avec rigueur dans les courbes les plus fermées où la GS 400 se révèle plus agile que la 300 grâce à sa puissance supérieure et la qualité de sa motricité.

+ **UN BON POINT:** pour l'efficacité des essuie-glace dont la surface de balayage dégage 90% du pare-brise ainsi que la puissance des phares à décharge de gaz qui sont malheureusement facturés en supplément...

NÉGATIF

- **LA SUSPENSION.** Tout comme celle de la ES 300, elle n'est pas très polyvalente malgré sa sophistication. Sa souplesse excessive provoque des dérobades du train arrière dont le guidage manque de rigueur en conduite rapide.

- **LA CABINE.** Elle n'offre de l'espace que pour quatre personnes malgré la présence d'un cinquième appuie-tête à l'arrière, car la carrosserie manque de largeur, surtout aux places arrière.

- **LA SÉLECTION SÉQUENTIELLE.** Elle n'apporte pas plus aux performances qu'à la conduite car les boutons installés sur le volant, permettant de changer les vitesses, demandent une attention supplémentaire sur route sinueuse.

- **LE TABLEAU DE BORD.** Son apparence est plutôt chargée avec ses alvéoles profondes et son mode d'éclairage aussi omniprésent que distrayant. De plus son ergonomie est imparfaite puisque certaines commandes y sont mal disposées.

- **LA VISIBILITÉ.** Elle est perfectible vers l'arrière car la lunette est étroite, les appuie-tête hauts comme de 3/4 où le pilier C est épais à sa base.

- **LE COFFRE.** Il est pénalisé par ses formes compliquées, son plancher pas rigoureusement plat et sa capacité insuffisante car il manque de longueur et ne peut pas être agrandi vers la cabine. Les rangements font défaut aux places arrière où l'accoudoir central ne comporte que deux porte-gobelets.

CONCLUSION

Il faudra plus qu'un moteur V8 et le style provocateur de la carrosserie des modèles GS pour ébranler l'hégémonie des constructeurs allemands qui prennent les premières places du palmarès des ventes de cette catégorie. La tentative de Lexus ne manque pas d'intérêt, mais elle reste perfectible... ☺

ÉVALUATION LEXUS GS 300-400

CONCEPTION : 78%
- Technique : 85
- Sécurité : 90
- Volume cabine : 70
- Volume coffre : 60
- Qualité/finition : 85

CONDUITE : 73%
- Poste de conduite : 80
- Performances : 75
- Comportement : 70
- Direction : 80
- Freinage : 60

ÉQUIPEMENT D'ORIGINE : 82%
- Pneus : 85
- Phares : 80
- Essuie-glace : 85
- Dégivreur : 75
- Radio : 85

CONFORT : 75%
- Sièges : 80
- Suspension : 70
- Niveau sonore : 70
- Commodités : 70
- Climatisation : 85

BUDGET : 50%
- Prix d'achat : 0
- Consommation : 60
- Assurance : 45
- Satisfaction : 90
- Dépréciation : 55

Moyenne générale: 71.6%

NOUVEAU POUR 1999

- L'aileron arrière de la GS 400 fait désormais partie de la liste d'options.

MOTEURS / TRANSMISSIONS / PERFORMANCES

Modèles/versions *: de série	Type / distribution soupapes / carburation	Cylindrée cc	Puissance cv @ tr/mn	Couple lb.pi @ tr/mn	Rapport volumét.	Roues motrices / transmissions	Rapport de pont	Accélér. 0-100 km/h s	400 m D.A. s	1000 m D.A. s	Reprise 80-120 km/h s	Freinage 100-0 km/h m	Vites. maxi. km/h	Accélér. latérale G	Niveau sonore dBA	Consommation l./100km Ville	Route	Carburant Octane
GS 300	L6* 3.0 DACT-24-IE	2997	225 @ 6000	220 @ 4000	10.5 :1	arrière-A5	3.916	8.0	15.8	27.8	5.2	37	220	0.85	65-68	12.1	8.9	S 91
GS 400	V8* 4.0 DACT-32-IE	3969	300 @ 6000	310 @ 4000	10.5 :1	arrière-A5	3.266	6.8	14.6	26.5	4.2	38	240	0.85	64-68	13.7	9.3	S 91

PRIX & ÉQUIPEMENTS

LEXUS	GS 300	GS 400
Prix maxi $:	58 900	67 600
Prix mini $:	51 835	58 900
Transport & préparation $:	400	400
Boîte automatique:	S	S
Régulateur de vitesse:	S	S
Direction assistée:	S	S
Système antiblocage des freins:	S	S
Système antipatinage:	S	S
Climatiseur:	SA	SA
Garnitures en cuir:	O	S
Radio MA/MF/ Cassette:	S	S
Serrures électriques:	S	S
Lève-vitres électriques:	S	S
Volant ajustable:	S	S
Rétroviseurs ext. ajustables:	SE	SE
Jantes en alliage léger:	S	S
Système antivol:	S	S

Couleurs disponibles
Extérieur: Blanc, Argent, Bronze, Onyx noir, Or, Rubis, Jade, Bleu.
Intérieur: Tissu: Gris. Cuir: Gris, Ivoire, Épinette.

EN BREF...

Catégorie: berlines de luxe propulsées. **Classe :** 7

HISTORIQUE
Inauguré en: 1993-1998
Fabriqué à: Tahara, Japon.

PROFIL DE CLIENTÈLE
Modèle	Hom./Fem.	Âge moyen	Mariés	CEGEP	Revenus
GS 300	83/17%	47 ans	93%	61%	137 500 $

INDICES
Sécurité:	90%	Satisfaction:	90%
Dépréciation:	35%	Assurance:	1575
Prix de revient au km:	0.84 $	Nbre de concessionnaires:	4

VENTES
Modèle	1996	1997	Résultat	Part de marché
GS 300	5	28	+ 460 %	0.26 %
GS 400	-	33		0.31 %

PRINCIPAUX MODÈLES CONCURRENTS
GS 300 : ACURA RL, BMW 528i, MERCEDES-BENZ E320, SAAB 9[5], VOLVO S70.
GS 400 : CADILLAC Seville, BMW 540i, LINCOLN Continental, MERCEDES-BENZ E420.

ENTRETIEN REQUIS PAR LA GARANTIE
Première révision:	Fréquence:	Prise de diagnostic:
6 000 km	6 000 km	Oui

CARACTÉRISTIQUES

Garantie générale: 4 ans / 80 000 km; mécanique: 6 ans / 110 000 km; corrosion perforation: 6 ans / kilométrage illimité & assistance routière.

Modèles	Versions	Carrosseries/ Sièges	Volume cabine l.	Volume coffre l.	Cx	Empat. mm	Long x larg x haut. mm x mm x mm	Poids à vide kg	Susp. av/ar	Freins av/ar	Direction type	Diamètre braquage m	Tours volant b à b.	Réser. essence l.	Pneus d'origine dimensions	marque	modèle	Mécanique d'origine
LEXUS GS	300	ber. 4 p. 4/5	2831	419	0.29	2799	4800x1800x1440	1649	ih/ih	d/ABS	crém.ass.	11.0	3.38	75.0	215/60VR16	Bridgestone	Turanza ER 30	L6/3.0/A5
GS	400	ber. 4 p. 4/5	2831	419	0.29	2799	4800x1800x1440	1674	ih/ih	d/ABS	crém.ass.	11.0	3.38	75.0	225/55VR16 235/45ZR17	Michelin Bridgestone	Pilot HX MXM Potenza RE030	V8/4.0/A5

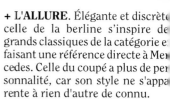

LEXUS LS 400

Bien que leurs ventes ne représentent qu'une fraction de celles des modèles Mercedes-Benz équivalents, ces Lexus se veulent les pendants japonais de leurs illustres concurrentes. À la renommée traditionnelle elles opposent une fiabilité remarquable qui leur permet de conserver une valeur de revente honorable. Si sur le plan technique, leur degré de sophistication n'atteint pas encore celui de leurs rivales européennes, Lexus compense en offrant un service attentif et courtois qui a de quoi faire rêver les clients d'en face...

GAMME

La LS 400 est une berline à 4 portes disponible en finition unique à laquelle s'ajoutent quelques rares options, tandis que les coupés SC ne sont plus vendus qu'aux États-Unis dans les mêmes conditions. Les coupés sont pourvus d'un moteur 6 cylindres en ligne de 3.0L (SC 300) et V8 de 4.0L (SC 400) associés à une transmission automatique à 5 rapports, ces derniers équipant en exclusivité la berline LS 400. L'équipement de série de ces véhicules est très complet et les seules options demeurent le toit ouvrant, la suspension pneumatique auto-ajustable (LS 400), les sièges chauffants et les jantes chromées.

TECHNIQUE

Bien qu'ils semblent immuables, ces véhicules évoluent sans cesse et partagent la même plate-forme ainsi que les principaux éléments mécaniques. Leur carrosserie monocoque est faite d'acier galvanisé des deux côtés. Sa finesse aérodynamique est efficace avec des Cx de 0.28 pour la berline et de 0.32 pour les coupés. Leur suspension est indépendante aux quatre roues, constituée de triangles inégaux superposés avec barre stabilisatrice sur les deux trains. Les freins sont à disque ventilé avec un système antiblocage, antipatinage et antidérapage (VSC), permettant de contrôler les réactions du véhicule en cas de perte d'adhérence ou de trajectoire. Le dernier moteur V8 de 4.0L est plus puissant de 30 ch et son couple plus élevé de 30 lb.pi que son prédécesseur dont il reprend pourtant la cylindrée et les principales caractéristiques.

POSITIF

+ LA QUALITÉ. Elle est évidente à tous les niveaux de la conception, de l'assemblage, de la finition ou des composants employés. Toyota maîtrise parfaitement certaines techniques permettant de fabriquer

Moins attirantes...

des contre-portes et des tableaux de bord à l'aspect riche très soigné qui donnent à ces modèles un cachet particulier.

+ LA FIABILITÉ. Il suffit de constater le nombre élevé de clients très satisfaits pour comprendre pourquoi Lexus est accroché aux premières places du palmarès depuis plusieurs années.

+ LE CONFORT. Il est plus évident sur la berline où il profite du vaste volume habitable, de la suspension moelleuse (surtout la pneumatique offerte en option), des sièges aussi bien formés que rembourrés et de la remarquable insonorisation qui permet de maintenir un silence impressionnant à vitesse de croisière.

+ LE MOTEUR V8. Il est aussi remarquable pour les performances qu'il procure à ces véhicules d'un format et d'un poids respectables que pour son absence de bruits et de vibrations. Sa puissance et son couple autorisent des accélérations, des reprises ainsi qu'une vitesse de pointe comparables à celles de leurs rivales allemandes.

+ LE FREINAGE. Bien qu'il ne figure pas parmi les meilleurs, il se classe honorablement, compte tenu du poids à arrêter.

+ LA CONSOMMATION. Celle du V8 est relativement économique pour un moteur de cette cylindrée pour un véhicule de ce poids, puisqu'elle se maintient autour de 14 litres aux 100 km.

+ LE COMPORTEMENT. Il est plus stable qu'auparavant grâce aux diverses aides à la conduite comme les systèmes antidérapage et antipatinage qui permettent d'assurer un bon équilibre dynamique.

+ L'ALLURE. Élégante et discrète celle de la berline s'inspire de grands classiques de la catégorie en faisant une référence directe à Mercedes. Celle du coupé a plus de personnalité, car son style ne s'apparente à rien d'autre de connu.

+ LE TABLEAU DE BORD. Il est sans doute l'un des plus simples, des plus logiques et des plus ergonomiques que l'on puisse trouver sur le marché. La main atteint instinctivement les commandes appropriées dont les plus usuelles sont de gros boutons ronds comme celles qui commandent la température ou le volume de la radio.

+ LA VALEUR DE REVENTE. Elle se maintient honorablement comparé à celle d'autres modèles aussi exotiques.

+ UN BON POINT : pour le dégagement assisté des sièges avant du coupé qui améliore l'accès à la banquette, toujours problématique sur ce genre de modèle.

NÉGATIF

- LE PRIX. Il est nettement moins compétitif qu'autrefois, ce qui fait hésiter de nombreux clients pour qui le logo apposé sur le capot devient un élément de choix important.

- LA PRÉSENTATION. Elle demeure d'une grande banalité, à l'extérieur comme à l'intérieur et ce ne sont sûrement pas les excès de style qui perturberont les propriétaires. Le plus curieux, c'est que la grande majorité d'entre eux affirment que c'est justement cette discrétion qui les a attirés vers ces modèles.

- LA SUSPENSION. Celle du coupé est dure et sensible aux défauts de la route au point d'en être désagréable et il est curieux que personne chez Lexus n'ait pensé à l'offrir ajustable.

- LA DIRECTION. Son excès d'assistance et de démultiplication la rend à la fois légère, sensible et peu informative, ce qui banalise sévèrement la conduite.

- LE COFFRE. Il est relativement petit sur la berline comparé à son encombrement, mais ses formes régulières et son seuil bas facilitent la manutention des bagages. Sur le coupé on regrette qu'il ne soit pas transformable, ce qui permettrait de l'agrandir.

CONCLUSION

La crise asiatique devrait permettre de ramener le prix de ces modèles à un niveau compétitif, sinon il est à craindre que leurs ventes ne périclitent encore, face aux Européens qui continuent de jouir d'un prestige et d'une technologie bien supérieurs.

LEXUS SC 400

ÉVALUATION LEXUS LS 400

CONCEPTION :		81%
Technique :	90	
Sécurité :	90	
Volume cabine :	75	
Volume coffre :	60	
Qualité/finition :	90	

CONDUITE :		73%
Poste de conduite :	85	
Performances :	75	
Comportement :	55	
Direction :	80	
Freinage :	70	

ÉQUIPEMENT D'ORIGINE :		80%
Pneus :	80	
Phares :	80	
Essuie-glace :	80	
Dégivreur :	75	
Radio :	85	

CONFORT :		80%
Sièges :	80	
Suspension :	80	
Niveau sonore :	80	
Commodités :	80	
Climatisation :	80	

BUDGET :		51%
Prix d'achat :	0	
Consommation :	65	
Assurance :	40	
Satisfaction :	95	
Dépréciation :	55	

Moyenne générale:	73.0%

NOUVEAU POUR 1999

• Aucun changement majeur.

MOTEURS / TRANSMISSIONS / PERFORMANCES

Modèles/ versions	Type / distribution soupapes / carburation	Cylindrée cc	Puissance cv @ tr/mn	Couple lb.pi @ tr/mn	Rapport volumét.	Roues motrices / transmissions	Rapport de pont	Accélér. 0-100 km/h s	400 m D.A. s	1000 m D.A. s	Reprise 80-120 km/h s	Freinage 100-0 km/h m	Vites. maxi. km/h	Accélér. latérale G	Niveau sonore dBA	Consommation Ville	l./100km Route	Carburant Octane
LS 400	V8* 4.0 DACT-32-IESPM	3969	290 @ 6000	300 @ 4000	10.5 :1	arrière - A5	3.266	7.2	15.5	26.6	5.2	38	230	0.80	65-69	12.7	8.7	S 91
SC 300	L6* 3.0 DACT-24-IESPM	2997	225 @ 6000	220 @ 4000	10.0 :1	arrière - A4	4.272	8.6	16.3	29.5	6.2	40	220	0.85	66-69	12.1	8.9	S 91
SC 400	V8* 4.0 DACT-32-IESPM	3969	290 @ 6000	300 @ 4000	10.5 :1	arrière - A5	3.266	7.5	15.2	26.5	5.2	38	240	0.87	64-68	12.7	8.7	S 91

PRIX & ÉQUIPEMENTS

LEXUS	LS 400
Prix maxi $:	78 300
Prix mini $:	68 710
Transport & préparation $:	460
Boîte automatique:	S
Régulateur de vitesse:	S
Direction assistée:	S
Système antiblocage des freins:	S
Système antipatinage:	S
Climatiseur:	S
Garnitures en cuir:	S
Radio MA/MF/ Cassette:	S
Serrures électriques:	S
Lève-vitres électriques:	S
Volant ajustable:	S
Rétroviseurs ext. ajustables:	S
Jantes en alliage léger:	S
Système antivol:	S

Couleurs disponibles
Extérieur: Blanc, Argent, Noir, Rouge, Beige, Jade, Mica, Sarcelle, Mûre.

Intérieur: Ivoire, Gris, Noir, Agate.

EN BREF...

Catégorie: berlines de luxe propulsées.　　Classe : 7

HISTORIQUE
Inauguré en: 1990
Fabriqué à: Tahara, Japon.

PROFIL DE CLIENTÈLE

Modèle	Hom./Fem.	Âge moyen	Mariés	CEGEP	Revenus
LS 400	86/14 %	54 ans	90 %	61 %	287 000 $
SC 400	Commercialisé aux États-Unis seulement.				

INDICES
Sécurité:	90 %	Satisfaction:	95 %
Dépréciation:	46 %	Assurance:	1 705 $
Prix de revient au km:	0.95 $	Nbre de concessionnaires:	4

VENTES
Modèle	1996	1997	Résultat	Part de marché
LS 400	78	51	- 34.5 %	0.4 %
SC 400	Commercialisé aux États-Unis seulement.			

PRINCIPAUX MODÈLES CONCURRENTS
AUDI A8, BMW 740i, CADILLAC Seville, INFINITI Q45, JAGUAR XJ8, LINCOLN Continental, OLDSMOBILE Aurora.

ENTRETIEN REQUIS PAR LA GARANTIE
Première révision:	Fréquence:	Prise de diagnostic:
6 000 km	6 000 km	Oui

CARACTÉRISTIQUES

Modèles	Versions	Carrosseries/ Sièges	Volume cabine l.	Volume coffre l.	Cx	Empat. mm	Long x larg x haut. mm x mm x mm	Poids à vide kg	Susp. av/ar	Freins av/ar	Direction type	Diamètre braquage m	Tours volant b à b.	Réser. essence l.	Pneus d'origine marque	modèle	Mécanique d'origine
LEXUS LS	400	ber. 4 p.5	2888	394	0.28	2850	4996x1829x1435	1765	ih/ih	d/ABS	crém.ass.	10.6	3.46	85.1	225/60VR16 Bridgestone Goodyear	Turanza ER 33 Eagle GA	V8/4.0/A5
SC	300	cpé.2 p.2+2	2135	263	0.32	2690	4890x1801x1351	1615	ih/ih	d/ABS	crém. ass.	11.0	3.10	78.0	225/55VR16 Michelin	Pilot HX MXM	L6/3.0/A4
SC	400	cpé.2 p.2+2	2135	263	0.32	2690	4890x1801x1351	1658	ih/ih	d/ABS	crém. ass.	11.0	3.10	78.0	225/55VR16 Michelin	Pilot HX MXM	V8/4.0/A5

Garantie générale: 4 ans / 80 000 km; mécanique: 6 ans / 110 000 km; corrosion perforation: 6 ans / kilométrage illimité & assistance routière.

LEXUS

LX 470

Lexus a été le premier des constructeurs étrangers à sauter dans la course aux gros véhicules polyvalents, initiée par General Motors en 1995 avec la commercialisation des Yukon-Tahoe. Depuis, Ford a aligné ses Expedition et Navigator et Lexus a remplacé le LX 450 vieillot par le LX 470 dérivé de la dernière mouture de l'excellent Toyota Land Cruiser. De tous les véhicules commercialisés en Amérique du Nord, le LX 470 est le mieux armé pour rivaliser avec le fameux Range Rover qui a ouvert la voie à ce marché, voici plus d'un quart de siècle.

GAMME

Le LX 470 n'existe que sous la forme d'une grosse familiale à quatre portes proposée en version unique qui a troqué l'ancien 6 cylindres pour un V8 de 4.7L avec transmission automatique à quatre rapports, quatre roues motrices en permanence et une suspension hydro-pneumatique ajustable. Le reste de l'équipement est des plus complets puisque la seule option d'usine est le toit ouvrant. Le LX 470 se distingue par sa calandre, ses boucliers latéraux, les passages d'ailes renflés, marchepieds, jantes en alliage léger et son porte-bagages de toit.

TECHNIQUE

Tout comme le LX 450 avant lui, le 470 est basé sur le Land Cruiser. Il est composé d'un châssis à caisson intégré à la carrosserie en acier. Pour un véhicule possédant une telle surface frontale, des ouvertures et des pneus importants sa finesse aérodynamique est remarquable puisque son Cx n'est que de 0.40. La suspension avant est devenue indépendante, basée sur des leviers triangulés et des barres de torsion, alors qu'à l'arrière, l'essieu rigide est maintenu par quatre bras tirés. Un dispositif hydro-pneumatique permet de faire varier la garde au sol selon trois niveaux: haut, normal et bas. Toutefois dès que le véhicule dépasse 30 km/h, (19 mph) la suspension reprend automatiquement la position normale. Un autre système agit sur les amortisseurs pour faire varier leur réaction en fonction de l'état de la route. Le moteur est désormais un V8 de 4.7L à double arbres à cames en tête et 32 soupapes, développant 230 ch, couplé à une boîte de vitesses automatique à 4 rapports. La transmission est intégrale à plein temps, grâce à un différentiel central avec visco-coupleur, qui peut être bloqué à la demande afin de répartir également la puissance entre les deux trains de

Sumo wagon...

roues tandis que le différentiel arrière est à glissement limité. Le freinage est assuré par quatre disques, dont le servo-mécanisme est activé hydrauliquement et auquel s'ajoute un dispositif antiblocage des roues. Enfin, chose surprenante sur un véhicule de cette taille, la direction est à crémaillère pour procurer une précision optimale.

POSITIF

+ LES PERFORMANCES. Elles nous ont littéralement surpris, puisque ce mastodonte pesant trois tonnes en charge accélère mieux que la plupart des voitures et permet des dépassements sécuritaires.

+ LE CONFORT. Il est remarquable, car il s'apparente plus à celui d'une limousine que d'un utilitaire grâce au débattement bien contrôlé de la suspension qui permet d'ab-

sorber les dénivellations les plus importantes hors route et de se montrer imperturbable sur autoroute.

+ LE VOLUME UTILE. Il permet d'installer 5 à 8 personnes dans la cabine lorsque la seconde banquette optionnelle est installée dans la soute à bagages. Les dégagements sont généreux dans toutes les directions, même aux places arrière qui disposent de plus d'espace que sur le LX 450. Si le hayon de la soute à bagages n'est pas des plus pratiques à utiliser, le volume disponible est immense lorsque la troisième banquette n'est pas installée.

+ LA CONDUITE. Elle est plus agréable qu'on pourrait l'imaginer, grâce à la position de conduite comparable à celle d'une mini-fourgonnette, la visibilité honnête et la planche de bord bien organisée.

+ L'ACCÈS. Il est facilité par la présence de marchepieds et de neuf poignées judicieusement disposées mais il n'est toujours pas facile d'atteindre la troisième banquette.

+ LE COMPORTEMENT. Il est surprenant grâce à la suspension bien adaptée et aux quatre roues motrices à plein temps. L'agilité n'est pas le fort de ce bon géant qui est plutôt pataud en virage serré ou en slalom à cause de sa taille et de son roulis importants. Il surprend pourtant par la vivacité de ses réactions et l'assurance de son équilibre.

+ LA QUALITÉ. Tout dans ce véhicule a été soigneusement pensé, réalisé ou fini et le LX 470 fait moins utilitaire que son prédécesseur.

NÉGATIF

- LE BUDGET. Malgré ses qualités le LX 470 est offert à un prix ahurissant qui surpasse de loin celui de ses plus proches opposants. On peut quasiment s'offrir deux Expedition pour son prix... Sans compter que sa prime d'assurance n'est pas donnée, pas plus que sa consommation qui varie entre 16 et 20 litres aux 100 km selon l'effort à fournir...

- L'ENCOMBREMENT. La taille du LX 470 n'est pas idéale que ce soit en circulation urbaine ou dans les sous-bois où ce véhicule évolue de manière maladroite et demande un bon coup d'oeil pour toute manoeuvre délicate.

- LE FREINAGE. Il ne nous a pas donné entière satisfaction, car les distances des arrêts inattendus étaient longues, la pédale inerte était difficile à doser avec précision et malgré la présence d'un dispositif antiblocage, des corrections importantes étaient nécessaires pour maintenir le véhicule sur la route lors de ces essais.

- LA DIRECTION. Elle est bien dosée, mais sa forte démultiplication (3.8 tr) et son diamètre de braquage important rendent toute manoeuvre laborieuse et les changements rapides de voie sont hasardeux pour l'équilibre.

- À REVOIR : les phares peu puissants qui sont indignes du reste de ce véhicule exceptionnel et le hayon peu pratique qui pourrait être vertical et à ouverture assistée, pour le prix demandé...

CONCLUSION

Le LX 470 représente le plus sérieux concurrent du Range Rover, de caractère plus snob, mais pas aussi fiable ni aussi généreux. Il ne manque pas de surprendre à plus d'un titre, à un point tel qu'il pourrait presque nous convaincre que son prix est justifié... ☺

LX 470   **LEXUS**

ÉVALUATION LEXUS LX 470

CONCEPTION :   84%
Technique :	80
Sécurité :	90
Volume cabine :	90
Volume coffre :	80
Qualité/finition :	80

CONDUITE :   56%
Poste de conduite :	80
Performances :	50
Comportement :	50
Direction :	80
Freinage :	20

ÉQUIPEMENT D'ORIGINE :   76%
Pneus :	80
Phares :	70
Essuie-glace :	75
Dégivreur :	75
Radio :	80

CONFORT :   76%
Sièges :	80
Suspension :	75
Niveau sonore :	70
Commodités :	75
Climatisation :	80

BUDGET :   43%
Prix d'achat :	0
Consommation :	20
Assurance :	35
Satisfaction :	90
Dépréciation :	70

Moyenne générale: 67.0%

NOUVEAU POUR 1999

- Aucun changement majeur.

MOTEURS / TRANSMISSIONS / PERFORMANCES

Modèles/ versions *: de série	Type / distribution soupapes / carburation	Cylindrée cc	Puissance cv @ tr/mn	Couple lb.pi @ tr/mn	Rapport volumét.	Roues motrices / transmissions	Rapport de pont	Accélér. 0-100 km/h s	400 m D.A. s	1000 m D.A. s	Reprise 80-120 km/h s	Freinage 100-0 km/h m	Vites. maxi. km/h	Accélér. latérale G	Niveau sonore dBA	Consommation l./100km Ville	Route	Carburant Octane
LX 470	V8 4.7 DACT-32-IESPM	4664	230 @ 4800	320 @ 3400	9.6 :1	toutes - A4	4.30	10.5	17.6	31.5	7.6	48	175	0.76	64-68	18.4	14.9	R 87

PRIX & ÉQUIPEMENTS

LEXUS	LX 470
Prix maxi $:	82 000
Prix mini $:	70 525
Transport & préparation $:	460
Boîte automatique:	S
Régulateur de vitesse:	S
Direction assistée:	S
Système antiblocage des freins:	S
Système antipatinage:	-
Climatiseur:	S
Garnitures en cuir:	S
Radio MA/MF/ Cassette:	S
Serrures électriques:	S
Lève-vitres électriques:	S
Volant ajustable:	S
Rétroviseurs ext. ajustables:	S
Jantes en alliage léger:	S
Système antivol:	S

Couleurs disponibles

Extérieur: Blanc, Noir, Or, Émeraude, Beige, Mica, Vert.

Intérieur: Taupe, Gris moyen.

EN BREF...

Catégorie: véhicules polyvalents de luxe 4x4.   **Classe :** utilitaires

HISTORIQUE
Inauguré en: 1998
Fabriqué à: Hino, Japon.

PROFIL DE CLIENTÈLE
Modèle	Hom./Fem.	Âge moyen	Mariés	CEGEP	Revenus
LX 470	ND				

INDICES
Sécurité:	90 %	Satisfaction:	90 %
Dépréciation:	30 %	Assurance:	1 650 $
Prix de revient au km:	1.05 $	Nbre de concessionnaires:	4

VENTES
Modèle	1996	1997	Résultat	Part de marché
LX 450	35	36	+ 2.9 %	2.1 %

PRINCIPAUX MODÈLES CONCURRENTS
CHEVROLET Tahoe-Suburban, FORD Expedition, GMC Denali-Suburban, JEEP Grand Cherokee, LINCOLN Navigator.

ENTRETIEN REQUIS PAR LA GARANTIE
Première révision:	Fréquence:	Prise de diagnostic:
6 000 km	6 000 km	Oui

CARACTÉRISTIQUES

Modèles	Versions	Traction	Carrosseries/ Sièges	Empat. mm	Long x larg x haut. mm x mm x mm	Poids à vide kg	Susp. av/ar	Freins av/ar	Direction type	Diamètre braquage m	Tours volant b à b.	Réser. essence l.	dimensions	Pneus d'origine marque	modèle	Mécanique d'origine
LEXUS	Garantie générale: 4 ans / 80 000 km; mécanique: 6 ans / 110 000 km; corrosion perforation: 6 ans / kilométrage illimité & assistance routière.															
LX 470	base	4X4	4 p .8	2850	4890x1941x1849	2450	it/rh	d/ABS	crém. ass.	12.8	3.8	96.0	275/70R16	Michelin	LTX M/S	V8/4.7/A4

La diversification phénoménale du créneau des véhicules polyvalents a engendré un nouvel hybride à la fois tout-terrain, automobile et mini-fourgonnette. Selon ses créateurs, le Lexus RX 300 peut même à la limite être considéré comme une voiture de sport, du fait de ses performances intéressantes! Pourtant de par sa conception, il s'assimile plus aux Volvo V70XC et Subaru Outback qu'aux Mercedes-Benz de Classe M, Infiniti QX-4 ou Range Rover Discovery.

GAMME
Le RX 300 est un véhicule polyvalent de luxe offert en version unique, animée par un seul moteur V6 multisoupape de 3.0L développant 220 chevaux, complété par une transmission automatique à quatre rapports à commande électronique. Si aux États-Unis il est disponible en version traction avant ou intégrale, au Canada seule cette dernière figure au catalogue, avec une capacité de remorquage de 1 587 kg (3500 lb). Comme tout véhicule Lexus, son équipement de série est très complet, mais on peut tout de même y ajouter l'aileron arrière, un attelage de catégorie II et un porte-bagages de toit.

TECHNIQUE
Le RX 300 dérive étroitement de la berline ES 300 dont il reprend la plate-forme constituant la base de sa carrosserie autoporteuse en acier équipée de berceaux avant-arrière supportant le propulseur ainsi que les éléments de transmission et de suspension. Sa rigidité a fait l'objet d'un soin particulier visant à lui procurer le meilleur comportement possible ainsi qu'une bonne résistance en cas de collision. Ses dimensions extérieures sont légèrement supérieures à celles du Grand Cherokee et comme le Mercedes-Benz de Classe M, il est pourvu de quatre coussins gonflables protégeant les occupants des places avant, deux frontaux et deux latéraux. Sa ligne fuselée a une bonne efficacité aérodynamique, puisque son coefficient affiche la marque de 0.36, supérieure à celle du Mercedes qui n'est que de 0.39. Les suspensions sont constituées, à l'avant comme à l'arrière, de jambes de force MacPherson adaptées à son usage particulier. Les freins sont à disque aux quatre roues et l'antiblocage standard. Le moteur V6 est une évolution de celui qui équipe la Lexus ES300. Il dispose de 80% de son couple dès 1 600 tours, grâce au système de calage variable des soupapes baptisé VVTi. Le système de

Un nouvel hybride...

traction intégrale est emprunté à la Celica All-Trac, commercialisée en Asie et en Europe. En conditions normales, la puissance est répartie moitié-moitié entre les roues avant et arrière. Un différentiel central à viscocoupleur et un différentiel arrière à glissement limité de type Torsen, redistribuent la puissance aux roues qui ont la meilleure adhérence, lorsqu'il y en a qui patinent.

POSITIF
+ LE PRIX. Très réaliste, il permet de concurrencer celui du Mercedes ML 320, son principal concurrent.
+ LE STYLE. Élégant il contribue à faire oublier que le RX 300 est un «4x4», car ses lignes sont plus raffinées qu'utilitaires, comme c'est le cas sur ce genre de véhicule.
+ LES PERFORMANCES. Il suffit d'environ 9 secondes pour accélé-

rer de 0 à 100 km/h et les reprises sont tout aussi toniques grâce à un rapport poids/puissance favorable, ce qui explique que la consommation soit raisonnable.
+ LE CONFORT. Malgré une garde au sol respectable, il est facile de prendre place à l'avant sans gymnastique déplaisante. À l'arrière, la banquette montée sur glissières peut se déplacer vers l'avant et son dossier s'incline pour former, avec ceux des sièges avant, un lit...
+ LE CÔTÉ PRATIQUE. La soute est facilement accessible et la banquette s'escamote sans difficulté pour obtenir un plancher parfaitement plat. Entre les sièges avant, la console recèle de multiples rangements qui sont bien pratiques. Le chargeur d'une capacité de six disques compacts est logé dans le tableau de bord et le système de ven-

tilation est doté d'un filtre à poussières microscopiques qui se change tous les trois ans et auquel on accède par la boîte à gants, sans outil.
+ LA QUALITÉ. Elle est évidente à tous les niveaux, que ce soit l'assemblage, la finition ou le choix des matériaux. Toutefois le cuir qui garnit les sièges et les appliques de bois ne font pas très luxueux...
+ UN BON POINT : pour les phares dont l'efficacité est remarquable.

NÉGATIF
- LA SUSPENSION. Son débattement insuffisant et sa souplesse excessive limitent les évolutions hors route et confine le RX 300 à une utilisation principalement routière ou sur terrain peu accidenté. Sur route, elle provoque un roulis important qui, combiné à la dureté des pneus de médiocre qualité génère des réactions aussi étranges que désagréables.
- LE FREINAGE. Il ne nous a pas convaincu de son efficacité, car les distances d'arrêt sont longues, son dosage délicat et des corrections de trajectoire s'avèrent nécessaires malgré la présence d'un système antiblocage.
- LA MANIABILITÉ. Bien que rapide et précise, la direction souffre d'une trop forte assistance, d'un diamètre de braquage trop grand et d'une visibilité médiocre gênée par l'épaisseur des piliers C et D.
- LE NIVEAU SONORE. Il est plus important qu'on pourrait l'imaginer sur un véhicule de cette classe.
- L'ACCÈS. Il est gêné par l'étroitesse des portes et la forte inclinaison du pilier C à l'arrière.
- LE TABLEAU DE BORD. Sa présentation excessive et caricaturale est déjà démodée. Lorsqu'il n'affiche pas les données du système de navigation GPS, l'écran à cristaux liquides indique les réglages du système de ventilation et ceux de la chaîne stéréo qui sont difficiles à déchiffrer. Enfin, certaines commandes dont celles qui sont tactiles sont déroutantes, car inusitées.
- À REVOIR. L'assise trop basse de la banquette, les porte-gobelets des passagers arrière mal situés sur la console centrale et le rythme insuffisant des essuie-glace dont les balais décollent souvent du pare-brise.

CONCLUSION
Le RX 300 livre exactement ce que les clients de ce genre de véhicule réclament: l'impunité de la traction intégrale, une apparence distinctive et la possibilité d'aborder des chemins difficiles sans conduire un utilitaire. Il comblera ceux qui se contenteront de son allure, de son luxe et surtout de sa fiabilité. ☺

ÉVALUATION LEXUS RX 300

CONCEPTION : 80%
Technique : 85
Sécurité : 90
Volume cabine : 80
Volume coffre : 60
Qualité/finition : 85

CONDUITE : 59%
Poste de conduite : 70
Performances : 50
Comportement : 40
Direction : 70
Freinage : 65

ÉQUIPEMENT D'ORIGINE : 77%
Pneus : 70
Phares : 85
Essuie-glace : 75
Dégivreur : 75
Radio : 80

CONFORT : 71%
Sièges : 75
Suspension : 75
Niveau sonore : 45
Commodités : 80
Climatisation : 80

BUDGET : 45%
Prix d'achat : 10
Consommation : 60
Assurance : 40
Satisfaction : 90
Dépréciation : 25

Moyenne générale: 66.4%

NOUVEAU POUR 1999

• Aucun changement majeur.

MOTEURS / TRANSMISSIONS / PERFORMANCES

Modèles/versions	Type / distribution soupapes / carburation	Cylindrée cc	Puissance cv @ tr/mn	Couple lb.pi @ tr/mn	Rapport volumét.	Roues motrices / transmissions	Rapport de pont	Accélér. 0-100 km/h s	400 m D.A. s	1000 m D.A. s	Reprise 80-120 km/h s	Freinage 100-0 km/h m	Vites. maxi. km/h	Accélér. latérale G	Niveau sonore dBA	Consommation l./100km Ville	Route	Carburant Octane
RX 300	V6* 3.0 DACT-24-IESPM	2995	220 @ 5800	222 @ 4400	10.5 :1	avant - A4*	3.080	9.5	16.6	30.2	6.5	40	180	0.71	66-72	12.6	10.8	R 87
RX 300	V6* 3.0 DACT-24-IESPM	2995	220 @ 5800	222 @ 4400	10.5 :1	toutes - A4*	3.291	10.4	17.2	29.9	6.7	44	180	0.71	66-72	13.0	11.2	R 87

PRIX & ÉQUIPEMENTS

LEXUS RX 300 **AWD**
Prix maxi $: 46 000
Prix mini $: 40 945
Transport & préparation $: 460
Boîte automatique: S
Régulateur de vitesse: S
Direction assistée: S
Système antiblocage des freins: S
Système antipatinage: S
Climatiseur: SA
Garnitures en cuir: O
Radio MA/MF/ Cassette: S
Serrures électriques: S
Lève-vitres électriques: SA
Volant ajustable: S
Rétroviseurs ext. ajustables: SEC
Jantes en alliage léger: S
Système antivol: S

Couleurs disponibles
Extérieur: Or, Argent, Noir, Rouge, Bleu, Brun, Bronze.

Intérieur: Tissu: Ivoire. Cuir: Noir, Ivoire.

EN BREF...

HISTORIQUE
Catégorie: véhicules polyvalents à 2 et 4 roues motrices. **Classe :** utilitaires
Inauguré en: 1999
Fabriqué à: -

PROFIL DE CLIENTÈLE
Modèle	Hom./Fem.	Âge moyen	Mariés	CEGEP	Revenus
RX 300	60/40 %	46 ans	82 %	50%	110 000 S

INDICES
Sécurité: 90 % Satisfaction: 92 %
Dépréciation: 47 % Assurance: 1 550 $
Prix de revient au km: 0.58 $ Nbre de concessionnaires: 4

VENTES
Modèle	1996	1997	Résultat	Part de marché
RX 300	Non commercialisé à cette époque.			

PRINCIPAUX MODÈLES CONCURRENTS
CHEVROLET Blazer, DODGE Durango, FORD Explorer, ISUZU Trooper, JEEP Grand Cherokee, GMC Envoy, INFINITI QX4, MERCEDES-BENZ Classe M, TOYOTA 4Runner.

ENTRETIEN REQUIS PAR LA GARANTIE
Première révision: 6 000 km Fréquence: 6 000 km Prise de diagnostic: Oui

CARACTÉRISTIQUES

Modèles	Versions	Traction	Carrosseries/Sièges	Empat. mm	Long x larg x haut. mm x mm x mm	Poids à vide kg	Susp. av/ar	Freins av/ar	Direction type	Diamètre braquage m	Tours volant b à b.	Réser. essence l.	dimensions	Pneus d'origine marque	modèle	Mécanique d'origine
LEXUS			Garantie générale: 4 ans / 80 000 km; mécanique: 6 ans / 110 000 km; corrosion perforation: 6 ans / kilométrage illimité & assistance routière.													
RX 300	base	4x2	fam. 4 p. 5	2616	4575x1816x1669	1769	ih/ih	d/ABS	crém.ass.	12.6	2.6	65.1		225/70R16 Goodyear	Eagle LS	V6/3.0/A4
RX 300	base	4x4	fam. 4 p. 5	2616	4575x1816x1669	1675	ih/ih	d/ABS	crém.ass.	12.6	2.6	65.1		225/70R16 Bridgestone	Dueller HT	V6/3.0/A4

La dernière refonte de la Continental a créé un tel tollé que Lincoln a été obligé d'y apporter des modifications majeures dès la troisième année de sa commercialisation. Ces changements ont fait apparaître une nouvelle personnalité à ce modèle qui n'en a jamais eu beaucoup, en lui donnant un parfum de Jaguar (compagnie parente de Ford) qui ne manque pas de charme. Il est trop tôt pour savoir si ces améliorations ont eu un impact sur les ventes, mais elles ont au moins permis à ce modèle de se démarquer des Cadillac concurrentes.

GAMME

Cette grosse berline de luxe tractée à quatre portes est offerte en finition unique mue par le moteur V8 « Intech » de 4.6L développant 275 cv, accouplé à une transmission automatique à 4 rapports. Son équipement pourtant très complet s'est vu privé du fameux système de sélection des préférences du conducteur, permettant de faire de la conduite «à la carte» qui constituait la plus grande originalité de la première version de ce modèle. L'idée était sans doute trop en avance, autant pour les clients que pour le reste de l'industrie...

TECHNIQUE

La Continental est la seule Lincoln à roues avant motrices. Sa carrosserie monocoque en acier offre une finesse aérodynamique moyenne avec un coefficient de 0.32. Sa suspension, indépendante aux quatre roues, est basée sur le principe MacPherson à l'avant et un aménagement à bras multiples à l'arrière avec une barre stabilisatrice sur chaque train. Des ressorts pneumatiques permettent une mise à niveau constante du train arrière, tandis que les amortisseurs sont hydrauliques.

Le freinage est assuré par quatre disques pilotés par un dispositif antiblocage couplé à un antipatinage en série. L'assistance de la direction à crémaillère est variable et en plus, ajustable sur 3 niveaux. La densité des informations électroniques a nécessité l'utilisation d'un système de communication Multiplex.

Le moteur V8 de la Continental est semblable à celui qui équipe la Town Car. Baptisé Intech, il est désormais le véritable concurrent du NorthStar de Cadillac. Par contre, si sa puissance rivalise maintenant avec celle de la Seville, son prestige n'arrive pas à la cheville de celle de sa rivale qui a des visées plus internationales.

Une Jaguar américaine..?

POSITIF

+ LE STYLE. L'allure de la carrosserie ainsi que la présentation intérieure ont été avantageusement retouchées dans un style qui rappelle que Ford possède aussi Jaguar. Cette tendance est plus évidente vers l'arrière où les feux font penser à ceux d'une XJ8 tandis que l'affreuse barre chromée a finalement disparu.

+ LES PERFORMANCES. Elles sont tout de même remarquables, car ce véhicule très lourd procure des accélérations et des reprises qui sont loin d'être ridicules. Le moteur « Intech » s'acquitte brillamment de sa mission en offrant en prime un rendement surprenant, puisque la consommation descend très bas sur trajets autoroutiers effectués à l'aide du régulateur de vitesse, au point d'être comparable à celle d'un moteur V6...

+ LE COMPORTEMENT. Il est généralement neutre en conduite normale, mais se révèle sous-vireur lorsque guidé de manière sportive à cause de la souplesse excessive de la suspension qui n'est ajustable qu'en option. Quoiqu'il en soit, l'antipatinage et l'antiblocage assurent des trajectoires rectilignes de manière efficace en toutes saisons.

+ LE CONFORT. La Continental est un véritable tapis volant, car la suspension moelleuse absorbe bien les défauts de la route, les sièges sont bien rembourrés et l'insonorisation étouffe sans pitié les bruits en provenance de la mécanique et des trains de roulement tandis que la coque est peu sensible au vent.

+ LE COFFRE. Il permet de loger beaucoup de bagages, même lorsque le casier de rangement (optionnel), amovible et coulissant comme un tiroir, est en place. Cet accessoire constitue une idée tellement géniale que GM se l'est appropriée et l'a appliquée à la Seville et au Bravada. Il se révèle très pratique en usage quotidien grâce à ses divisions qui empêchent les menus objets de se déplacer et de se renverser. Pour charger des objets plus volumineux, il se repousse au fond du coffre ou s'ôte facilement.

NÉGATIF

- LE PRIX. Maintenant que la haute technologie est offerte en option, il devrait baisser de manière substantielle. La Continental n'a pas le prestige de la Seville, bien que son moteur soit désormais aussi puissant...

- LA MANIABILITÉ. Elle est pénalisée par les généreuses proportions de la carrosserie et le grand rayon de braquage.

- LA CONDUITE. Le mode de conduite «à la carte», aujourd'hui optionnel puisque trop coûteux, permet d'ajuster le degré de fermeté de la suspension et de la direction ainsi que la mise en mémoire de la position du siège, des rétroviseurs et de la radio selon les désirs de trois individus différents. Un jour, toutes les automobiles seront équipées de cette manière afin de pouvoir ajuster un même modèle aux désirs d'une infinité d'usagers.

- L'HABITABILITÉ. Elle est loin d'être proportionnelle à l'encombrement et il est inhumain de vouloir installer un cinquième occupant au milieu de la banquette arrière, ne serait-ce que pour un bref instant.

- LES SIÈGES. Malgré leur allure flatteuse, ils ne sont pas très confortables, car s'ils sont bien rembourrés, leur assise très courte et leur dossier peu galbé ne procurent pas un maintien latéral efficace.

- LES RANGEMENTS. Ils sont peu nombreux dans la cabine, où la boîte à gants et les vide-poches de portes sont minuscules tandis que le coffret central est occupé par le lecteur de disques compacts ou le téléphone cellulaire. À l'arrière, on ne trouve que des aumônières incorporées aux dossiers des sièges avant car les concepteurs n'ont pas imaginé d'inclure un coffret et des porte-gobelets dans l'accoudoir central, comme cela se fait de plus en plus...

CONCLUSION

L'avenir dira si les modifications apportées à la Continental ont plu à la clientèle traditionnelle de ce modèle ou si elles ont permis d'en attirer une nouvelle. Dans tous les cas, les résultats seront hautement révélateurs des possibilités de mutation des marques.

ÉVALUATION
LINCOLN Continental

CONCEPTION : 82%
Technique :	90
Sécurité :	90
Volume cabine :	70
Volume coffre :	80
Qualité/finition :	80

CONDUITE : 72%
Poste de conduite :	80
Performances :	65
Comportement :	65
Direction :	80
Freinage :	70

ÉQUIPEMENT D'ORIGINE : 79%
Pneus :	80
Phares :	80
Essuie-glace :	80
Dégivreur :	75
Radio :	80

CONFORT : 73%
Sièges :	70
Suspension :	80
Niveau sonore :	70
Commodités :	60
Climatisation :	85

BUDGET : 43%
Prix d'achat :	0
Consommation :	50
Assurance :	40
Satisfaction :	85
Dépréciation :	40

Moyenne générale: 69.8%

NOUVEAU POUR 1999

- La puissance et le couple améliorés.
- Les jantes en aluminium de série à dix rayons et chromées à six rayons en option.
- Les coussins gonflables latéraux standard.
- Les appuie-tête ajustables dans 4 directions.
- Le liquide de refroidissement de longue durée.

MOTEURS / TRANSMISSIONS / PERFORMANCES

Modèles/versions *: de série	Type / distribution soupapes / carburation	Cylindrée cc	Puissance cv @ tr/mn	Couple lb.pi @ tr/mn	Rapport volumét.	Roues motrices / transmissions	Rapport de pont	Accélér. 0-100 km/h s	400 m D.A. s	1000 m D.A. s	Reprise 80-120 km/h s	Freinage 100-0 km/h m	Vites. maxi. km/h	Accélér. latérale G	Niveau sonore dBA	Consommation l./100km Ville	Route	Carburant Octane
base	V8 4.6 DACT-32-IESPM	4601	275 @ 5750	275 @ 4750	9.85 :1	avant - A4*	3.56	8.3	15.9	28.6	5.7	42	200	0.82	66	13.9	8.9	S 91

PRIX & ÉQUIPEMENTS

LINCOLN	Continental
Prix maxi $:	52 795
Prix mini $:	45 695
Transport & préparation $:	940
Boîte automatique:	S
Régulateur de vitesse:	S
Direction assistée:	S
Système antiblocage des freins:	S
Système antipatinage:	S
Climatiseur:	SA
Garnitures en cuir:	S
Radio MA/MF/ Cassette:	S
Serrures électriques:	S
Lève-vitres électriques:	S
Volant ajustable:	S
Rétroviseurs ext. ajustables:	SEC
Jantes en alliage léger:	S
Système antivol:	S

Couleurs disponibles

Extérieur: Or, Ivoire, Rouge, Bleu, Vert, Gris, Argent, Noir, Blanc.

Intérieur: Parchemin.

EN BREF...

Catégorie: berlines de luxe tractées. **Classe :** 7

HISTORIQUE
Inauguré en: 1988 et 1995.
Fabriqué à: Wixom, MI, États-Unis.

PROFIL DE CLIENTÈLE
Modèle	Hom./Fem.	Âge moyen	Mariés	CEGEP	Revenus
Continental	83/17 %	66 ans	87 %	29 %	95 000 $

INDICES
Sécurité:	90 %	Satisfaction:	87 %
Dépréciation:	58 %	Assurance:	1 450 $
Prix de revient au km:	0.68 $	Nbre de concessionnaires:	36

VENTES
Modèle	1996	1997	Résultat	Part de marché
Continental	211	148	- 29.9 %	1.4 %

PRINCIPAUX MODÈLES CONCURRENTS
BMW 540i, CADILLAC DeVille & Seville, INFINITI Q45, JAGUAR XJ8, LEXUS GS & LS 400, LINCOLN Town Car.

ENTRETIEN REQUIS PAR LA GARANTIE
Première révision:	Fréquence:	Prise de diagnostic:
8 000 km	6 mois/ 10 000 km	Oui

CARACTÉRISTIQUES

Modèles	Versions	Carrosseries/ Sièges	Volume cabine l.	Volume coffre l.	Cx	Empat. mm	Long x larg x haut. mm x mm x mm	Poids à vide kg	Susp. av/ar	Freins av/ar	Direction type	Diamètre braquage m	Tours volant b à b.	Réser. essence l.	dimensions	Pneus d'origine marque	modèle	Mécanique d'origine
LINCOLN																		
Continental	\multicolumn{18}{l}{Garantie: 4 ans / 80 000 km; corrosion perforation antipollution: 4 ans / 80 000 km.}																
		ber.4 p.5	2888	521	0.32	2769	5296x1869x1422	1755	ih/ih	d/ABS	crém.ass.	12.53	2.86	75.7	225/60R16	Michelin	MXV4 ZP	V8/4.6/A4

Si General Motors a été l'initiateur du marché des gros véhicules tout terrain de luxe amorcé en 1995 avec la mise en marché des Tahoe et Yukon dérivés de l'illustre Suburban, c'est à Ford que revient le mérite d'avoir déclenché la frénésie qui a depuis embrasé le marché sans aucun bon sens... L'Expedition et le Navigator ont déclenché une mode que GM elle-même a du mal à suivre, comme en témoigne le lancement précipité du GMC Denali et de l'Escalade de Cadillac, tous issus de la même source dépassée...

GAMME

Le Navigator est un véhicule polyvalent de luxe à deux ou quatre roues motrices offert sous forme d'une grosse familiale à 4 portes plus hayon relevable muni d'une vitre ouvrante, en finition unique. Il est équipé d'un moteur V8 Triton de 5.4L avec transmission automatique à 4 rapports. Son équipement des plus complets se signale par le traitement particulier des places arrière offrant deux baquets identiques à ceux des places avant, séparés par une énorme console centrale qui pourrait contenir un réfrigérateur...

TECHNIQUE

Le Navigator dérive presque entièrement de l'Expedition qui descend lui-même de la camionnette F-150. Il est constitué d'un robuste châssis en échelle sur lequel la carrosserie est fixée par l'intermédiaire d'éléments en caoutchouc visant à l'isoler des bruits et des vibrations. La suspension avant est indépendante, constituée de bras longs et courts, alors qu'à l'arrière, l'essieu rigide est maintenu par cinq bras et suspendu par des ressorts pneumatiques qui maintiennent une assiette constante. Sur les versions 4x4, les ressorts avant sont eux aussi pneumatiques et assurent une mise à niveau dans les deux axes du véhicule permettant de faire varier la garde au sol. Les freins sont à disque avec un système antiblocage agissant sur les quatre roues. La commande des divers modes de transmission intégrale s'effectue grâce à un bouton situé sur le tableau de bord qui permet de sélectionner les positions 4x2, 4x4 H, 4x4 L et Auto qui n'engage les roues avant que lorsqu'un manque d'adhérence se fait sentir.

POSITIF

+L'HABITABILITÉ. Les proportions imposantes de la carrosserie de ce véhicule ne permettent pas d'asseoir plus de monde que chez les concurrents, mais apportent un luxe d'espace unique semblable à celui de la première classe des avions.

+ LE STYLE. Il est impressionnant avec sa calandre haut perchée, ses proportions énormes et ses marchepieds bien intégrés.

+ LE PRIX. Malgré son importance, il constitue une véritable aubaine comparé à celui du Lexus LX 470 ou d'un Expedition Eddie Bauer, qui n'offrent ni son équipement ni son apparence exclusive.

+ LE LUXE. L'aménagement intérieur ne manque pas d'allure avec ses sièges baquets gainés de cuir fin, ses appliques de bois de bon goût et ses consoles centrales généreuses.

+ LE CONFORT. Le roulement est surprenant pour un véhicule de ce type, car la suspension est très douce, même sur la version 4x4. Les sièges soutiennent bien malgré une assise un peu courte car leur rembourrage est généreux et l'insonorisation efficace étouffe la plupart des bruits.

+ LA MANIABILITÉ. Elle est étonnante pour un véhicule de cette envergure dont le diamètre de braquage relativement court permet de manoeuvrer très facilement, même dans des endroits restreints.

+ LA DIRECTION. Elle est rapide, précise et bien démultipliée, bien épaulée par la dernière suspension plus rigoureuse.

+ LE CÔTÉ PRATIQUE. Le hayon qui est facile à manipuler comporte une vitre ouvrante permettant d'accéder à la vaste soute sans avoir à l'ouvrir complètement. Dans la cabine, les rangements sont aussi vastes que nombreux, constitués d'une boîte à gants de bonne taille, de vide-poches de portières et des fameuses consoles centrales servant aussi bien de fourre-tout que de tablette.

+ LES PERFORMANCES. Elles sont très respectables, compte tenu du poids de ce mammouth qui accélère de 0 à 100 km/h en 11 secondes ou moins.

+ LA CONDUITE. Elle est agréable par sa souplesse plus limousine qu'utilitaire. Les commandes et les réactions du véhicule sont toute douceur, l'ambiance feutrée et le comportement très peu stressant, compte tenu des impératifs physiques liés à sa constitution.

+ LA QUALITÉ. Le Navigator conjugue bien la robustesse de Ford avec le raffinement typique de Lincoln. Le soin apporté à la finition des détails de même que l'apparence des matériaux le situent au même niveau que les Continental et Town Car.

+ UN BON POINT : pour la commande simple du «Control-Trac» qui possède une position 4x4 automatique, pour les marchepieds illuminés plus sécuritaires et les commandes de radio et de climatisation des places arrière.

NÉGATIF

- LA CONSOMMATION. Si elle semble normale pour un véhicule de ce poids, pouvant remorquer jusqu'à 3 630 kg (8 000 lb), elle horrifiera ceux qui détestent le gaspillage des ressources terrestres...

- LE FREINAGE. Son dosage est très précis et son endurance remarquable, mais son efficacité laisse à désirer, car les distances des arrêts d'urgence sont longues.

- L'ENCOMBREMENT. Il ne facilite pas le stationnement en ville où les places sont souvent serrées.

- LES REPRISES. Elles sont parfois moins toniques que les accélérations et il faudra être prudent au moment de dépasser, car cela demande de l'espace.

- LES MARCHEPIEDS. Ils demandent à être modifiés car ils sont trop étroits et glissants lorsque mouillés.

- LA TROISIÈME BANQUETTE. Elle n'offre qu'un confort relatif car son relief est insuffisant et son accès des plus acrobatiques.

CONCLUSION

Le Navigator est le parfait exemple d'un produit de synthèse bien adapté à un marché émergeant. Polyvalent, solide et musclé, tout en étant luxueux et bien présenté pour un prix décent, il était condamné à rencontrer le succès que personne ne lui avait prédit. ☺

Première classe...

Navigator
LINCOLN
Ford

ÉVALUATION
LINCOLN Navigator

CONCEPTION : **86%**
Technique :	80
Sécurité :	80
Volume cabine :	100
Volume coffre :	90
Qualité/finition :	80

CONDUITE : **48%**
Poste de conduite :	80
Performances :	40
Comportement :	35
Direction :	75
Freinage :	10

ÉQUIPEMENT D'ORIGINE : **80%**
Pneus :	85
Phares :	70
Essuie-glace :	80
Dégivreur :	80
Radio :	85

CONFORT : **75%**
Sièges :	75
Suspension :	75
Niveau sonore :	60
Commodités :	80
Climatisation :	85

BUDGET : **44%**
Prix d'achat :	0
Consommation :	20
Assurance :	45
Satisfaction :	80
Dépréciation :	75

Moyenne générale: **66.6%**

NOUVEAU POUR 1999

- Le pédalier à ajustement électrique.
- Les roulettes ajoutées à la troisième banquette.
- Le moteur 5.4L à DACT remplace le 5.4L à SACT.

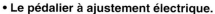

MOTEURS / TRANSMISSIONS / PERFORMANCES

Modèles/ versions	Type / distribution soupapes / carburation	Cylindrée cc	Puissance cv @ tr/mn	Couple lb.pi @ tr/mn	Rapport volumét.	Roues motrices / transmissions	Rapport de pont	Accélér. 0-100 km/h s	400 m D.A. s	1000 m D.A. s	Reprise 80-120 km/h s	Freinage 100-0 km/h m	Vites. maxi. km/h	Accélér. latérale G	Niveau sonore dBA	Consommation Ville l./100km	Route	Carburant Octane
base	V8 5.4 DACT-32-IESPM	5403	300 @ 5000	335 @ 2750	9.5 :1	arrière - A4	3.31	9.8	16.8	30.8	7.0	48	180	0.62	68	18.8	13.2	R 87
						ar./4 - A4	3.73	10.5	17.6	31.5	7.8	54	175	0.62	68	19.6	13.2	R 87

PRIX & ÉQUIPEMENTS

LINCOLN	Navigator
Prix maxi $:	**62 495**
Prix mini $:	**52 340**
Transport & préparation $:	**940**
Boîte automatique:	S
Régulateur de vitesse:	S
Direction assistée:	S
Système antiblocage des freins:	S
Système antipatinage:	-
Climatiseur:	SA
Garnitures en cuir:	S
Radio MA/MF/ Cassette:	S
Serrures électriques:	S
Lève-vitres électriques:	S
Volant ajustable:	S
Rétroviseurs ext. ajustables:	SEC
Jantes en alliage léger:	S
Système antivol:	S

Couleurs disponibles
Extérieur: Or, Rouge, Vert, Bleu, Noir, Argent, Blanc.

Intérieur: Graphite, Brun.

EN BREF...

Catégorie: véhicules polyvalents à 2 et 4 roues motrices. **Classe :** utilitaires.

HISTORIQUE
Inauguré en:	1998
Fabriqué à:	Wayne, Michigan, États-Unis.

PROFIL DE CLIENTÈLE
Modèle	Hom./Fem.	Âge moyen	Mariés	CEGEP	Revenus
Navigator	ND				

INDICES
Sécurité:	75 %	**Satisfaction:**	82
Dépréciation:	27 %	**Assurance:**	1 395 $
Prix de revient au km:	0.90 $	**Nbre de concessionnaires:**	39

VENTES
Modèle	1996	1997	Résultat	Part de marché
Navigator	Pas commercialisé à cette époque.			

PRINCIPAUX MODÈLES CONCURRENTS
CHEVROLET Tahoe-Suburban, FORD Expedition, GMC Denali-Suburban, JEEP Grand Cherokee, Range ROVER, LEXUS LX 470.

ENTRETIEN REQUIS PAR LA GARANTIE
Première révision:	Fréquence:	Prise de diagnostic:
8 000 km	6 mois / 8 000 km	Oui

CARACTÉRISTIQUES

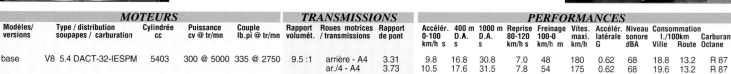

Modèles	Versions	Traction	Carrosseries/ Sièges	Empat. mm	Long x larg x haut. mm x mm x mm	Poids à vide kg	Susp. av/ar	Freins av/ar	Direction type	Diamètre braquage m	Tours volant b à b.	Réser. essence l.	dimensions	Pneus d'origine marque	modèle	Mécanique d'origine
LINCOLN			Garantie: 4 ans / 80 000 km; corrosion perforation antipollution: 4 ans / 80 000 km.													
Navigator	base	4x2	fam. 4 p.7/8	3023	5202x2029x1910	ND	ih/ra	d/ABS	bil.ass.	12.31	3.3	113.6	245/75R16	Continental	Contitrac AT	V8/5.4/A4
Navigator	base	4X4	fam. 4 p.7/8	3023	5202x2029x1948	2446	ih/ra	d/ABS	bil.ass.	12.34	3.3	113.6	245/75R16	Continental	Contitrac AT	V8/5.4/A4

C'est bien connu, on finit par s'habituer à tout, même au pire. Pourtant, pour le commun des mortels, il est difficile de comprendre la dynamique derrière la philosophie stylistique de Ford depuis que Claude Lobo dirige ce département. Si à la longue, elle a quelques chances de déboucher sur un aspect distinctif des modèles du second constructeur américain, à court et moyen terme, elle aura coûté des ventes et créé une certaine suspicion envers les modèles qui étaient parmi les plus appréciés. En cela, le destin de la Town Car ressemble à celui des Taurus-Sable...

GAMME

Comme le modèle qu'elle remplace, la Lincoln Town Car est une berline à 4 portes déclinée en 4 versions: Executive, Signature, Signature TS et Cartier. Toutes sont pourvues de la même base mécanique, constituée du moteur V8 «Intech» de 4.6L et d'une transmission automatique à 4 rapports. L'antiblocage des freins est standard sur tous les modèles de même que l'antipatinage.

TECHNIQUE

La Town Car est constituée d'un châssis périmétrique en acier sur lequel est fixé la carrosserie monocoque dont la plupart des panneaux sont galvanisés. Son efficacité aérodynamique ne fait aucune prouesse puisque son coefficient officieux est de 0.37. La suspension avant reste constituée de bras longs et courts avec ressorts hélicoïdaux et barre stabilisatrice, alors qu'à l'arrière, elle est de type Watt avec ressorts pneumatiques, amortisseurs à gaz et barre stabilisatrice avec dispositif de mise à niveau automatique. La gestion électronique du roulis et du tangage n'a pas été reconduit sur le nouveau modèle qui parvient au même résultat en jouant sur la géométrie des bras du système Watt. Les freins à quatre disques ont été agrandis à l'avant et le dispositif antiblocage-antipatinage monté en série. La direction est encore à circulation de billes mais son assistance n'est pas ajustable à la demande comme il fut un temps.

Le moteur V8 de 4.6L a subi une révision importante au niveau de la culasse et des pistons, et il est protégé contre le serrage en cas de perte du liquide de refroidissement. Les ventilateurs du radiateur sont électriques et le système d'allumage comprend maintenant une bobine par bougie éliminant les fils entre les bougies et la bobine centrale et les pertes de courant par temps humide.

Trop aventureuse?

POSITIF

+ **LA CONDUITE.** Elle fait beaucoup moins «bateau» qu'autrefois grâce à la conception plus élaborée du train arrière (qui aurait pu toutefois être gratifié de roues indépendantes), la direction plus précise, les suspensions mieux guidées et la structure plus rigide tant en torsion qu'en flexion.

+ **LE CONFORT.** Il impressionne par le généreux volume de la cabine qui permet d'accueillir confortablement cinq personnes (bien que la hauteur soit plus limitée aux places arrière), les réactions civilisées de la suspension (malgré la présence d'un essieu arrière rigide) et le rembourrage onctueux des sièges qui manquent toutefois de maintien latéral. Quant au niveau sonore, il se maintient au plus bas.

+ **LE COMPORTEMENT.** La réduction des mouvements de caisse qui sont mieux contrôlés, la réduction du roulis, de même que la plus grande rigueur du guidage du train arrière se combinent pour procurer une neutralité plus longue en courbe et un survirage moins précoce et moins prononcé.

+ **LE MOTEUR.** Il procure des performances très suffisantes pour ce genre de véhicule, plus dédié au confort qu'aux records, dont les accélérations comme les reprises sont assez rapides pour assurer des manoeuvres de dépassement en toute sécurité. Surtout que son rendement surprend par la frugalité de sa consommation qui se maintient en conduite normale autour de 12.5 litres aux 100 km.

+ **UN BON POINT**: pour certains détails pratiques tels les bouches de climatisation ajustables aux places

arrière et les télécommandes de la radio et de la climatisation disposées sur les branches du volant.

NÉGATIF

- **LE STYLE.** Il lui faudra quelque temps pour se faire accepter, parce qu'il emprunte trop à des modèles très connus comme la Chrysler LHS (partie arrière de la verrière) ou la Jaguar (extrémité du coffre à bagages) pour avoir une solide homogénéité. La Town Car a troqué son tuxedo de voiture officielle pour une livrée «patchwork» plus spectaculaire que classique.

- **L'ESSIEU RIGIDE.** Selon la qualité de la route, il fait la pluie et le beau temps sur le comportement et le confort. Une solution bon marché indigne d'un véhicule de classe.

- **LE COFFRE.** Ses formes ridicules, car très tourmentées, le rendent difficile à exploiter, malgré son vaste volume théorique et la roue de secours flanquée en plein milieu n'arrange rien. Une question sur laquelle Lincoln devra sérieusement se pencher.

- **LE CÔTÉ PRATIQUE.** Il est limité par l'absence d'un vide-poches dans la portière avant droite et d'un coffret dans l'accoudoir central arrière, tandis que les places avant sont privées d'une véritable console centrale.

- **LE TABLEAU DE BORD.** Son instrumentation simpliste et d'apparence utilitaire voisine mal avec la pendulette Cartier, tandis que les commandes de la climatisation sont trop basses pour être accessibles.

- **LA VISIBILITÉ.** Elle est perturbée par l'épaisseur des piliers arrière du toit qui sont larges et la lunette qui est étroite.

- **À REVOIR**: la puissance insuffisante des phares qui ne font pas partie d'un équipement luxueux, la texture et l'apparence de certaines pièces en matière plastique qui s'agencent mal avec le cuir et les appliques de bois façon Jaguar. Le mariage anglo-américain aurait pu se traduire ici par un résultat plus harmonieux. On cherche vainement un repose-pied côté chauffeur et les appuie-tête arrière sont simplistes et même pas ajustables.

CONCLUSION

Cette dernière Town Car déçoit par l'abandon des critères qui avaient fait le succès des modèles précédents, qui avaient établi une certaine notoriété. Au-delà de l'esthétique qui est l'affaire de chacun, ce modèle plus que d'autres fait luxe bon marché et certains aspects de sa définition démontrent un mépris alarmant du constructeur pour sa clientèle traditionnelle. ☺

ÉVALUATION
LINCOLN Town Car

CONCEPTION :   **86%**
Technique :	80
Sécurité :	90
Volume cabine :	90
Volume coffre :	90
Qualité/finition :	80

CONDUITE :   **62%**
Poste de conduite :	70
Performances :	50
Comportement :	60
Direction :	80
Freinage :	50

ÉQUIPEMENT D'ORIGINE :   **77%**
Pneus :	80
Phares :	70
Essuie-glace :	80
Dégivreur :	75
Radio :	80

CONFORT :   **73%**
Sièges :	75
Suspension :	80
Niveau sonore :	70
Commodités :	50
Climatisation :	90

BUDGET :   **45%**
Prix d'achat :	0
Consommation :	50
Assurance :	45
Satisfaction :	85
Dépréciation :	45

Moyenne générale: **68.6%**

NOUVEAU POUR 1999
- L'amélioration de la puissance et du couple du moteur 4.6L.
- Les coussins gonflables latéraux protégeant les occupants des places avant.
- Les cinq nouvelles teintes de carrosserie.
- La chaîne stéréo JBL remplace l'Alpine.
- L'accoudoir central arrière escamotable contenant deux porte-gobelets.

MOTEURS / TRANSMISSIONS / PERFORMANCES

Modèles/ versions *: de série	Type / distribution soupapes / carburation	Cylindrée cc	Puissance cv @ tr/mn	Couple lb.pi @ tr/mn	Rapport volumét.	Roues motrices / transmissions	Rapport de pont	Accélér. 0-100 km/h s	400 m D.A. s	1000 m D.A.	Reprise 80-120 km/h s	Freinage 100-0 km/h m	Vites. maxi. km/h	Accélér. latérale G	Niveau sonore dBA	Consommation l./100km Ville	Route	Carburant Octane
1)	V8* 4.6-SACT-16-IESPM	4601	205 @ 4250	280 @ 3000	9.0 :1	arrière - A4*	3.08	10.0	18.0	32.0	7.7	45	175	0.78	65-70	13.9	8.9	R 87
2)	V8* 4.6-SACT-16-IESPM	4601	220 @ 4500	290 @ 3500	9.0 :1	arrière - A4*	3.08	9.5	17.6	31.4	7.2	47	180	0.78	65-70	13.9	8.9	R 87

1) Executive et Signature   2) SignatureTouring Sedan et Cartier

PRIX & ÉQUIPEMENTS

LINCOLN Town Car	Executive	Signature/TS	Cartier
Prix maxi $:	50 895	52 295	54 195
Prix mini $:	44 255	45 445	47 060
Transport & préparation $:	940	940	940
Boîte automatique:	S	S	S
Régulateur de vitesse:	S	S	S
Direction assistée:	S	S	S
Système antiblocage des freins:	S	S	S
Système antipatinage:	S	S	S
Climatiseur:	SA	SA	SA
Garnitures en cuir:	S	S	S
Radio MA/MF/ Cassette:	S	S	S
Serrures électriques:	S	S	S
Lève-vitres électriques:	S	S	S
Volant ajustable:	S	S	S
Rétroviseurs ext. ajustables:	SEC	SEC	SEC
Jantes en alliage léger:	S	S	S
Système antivol:	S	S	S

Couleurs disponibles

Extérieur: Parchemin, Or, Rouge, Cordouan, Bleu, Vert, Gris, Argent, Noir, Blanc.

Intérieur: Graphite, Parchemin, Bleu, Noir, Blanc.

EN BREF...

Catégorie: limousines de luxe propulsées.   **Classe :** 7

HISTORIQUE
Inauguré en:	1980
Fabriqué à:	Wixon, MI, États-Unis.

PROFIL DE CLIENTÈLE
Modèle	Hom./Fem.	Âge moyen	Mariés	CEGEP	Revenus
Town Car	89/11 %	67 ans	91 %	29 %	87 000 S

INDICES
Sécurité:	90 %	Satisfaction:	87 %
Dépréciation:	55 %	Assurance:	1 425 $
Prix de revient au km:	0.95 $	Nbre de concessionnaires:	36

VENTES
Modèle	1996	1997	Résultat	Part de marché
Town Car	324	211	-34.9 %	2.4 %

PRINCIPAUX MODÈLES CONCURRENTS
BMW 740i, CADILLAC DeVille & Seville, INFINITI Q45, JAGUAR XJ8, LEXUS LS 400.

ENTRETIEN REQUIS PAR LA GARANTIE
Première révision:	Fréquence:	Prise de diagnostic:
8 000 km	6 mois	Oui

CARACTÉRISTIQUES

Modèles	Versions	Carrosseries/ Sièges	Volume cabine l.	Volume coffre l.	Cx	Empat. mm	Long x larg x haut. mm x mm x mm	Poids à vide kg	Susp. av/ar	Freins av/ar	Direction type	Diamètre braquage m	Tours volant b à b.	Réser. essence l.	dimensions	Pneus d'origine marque	modèle	Mécanique d'origine
LINCOLN																		
	Garantie: 4 ans / 80 000 km; corrosion perforation antipollution: 4 ans / 80 000 km.																	
Town Car Executive		ber. 4 p. 6	3180	583	0.37	2990	5469x1986x1473	1805	ih/rh	d/ABS	bil.ass.	12.86	3.4	71.9	225/60R16	Michelin	MXV4	V8/4.6/A4
Town Car Signature		ber. 4 p. 6	3180	583	0.37	2990	5469x1986x1473	1821	ih/rh	d/ABS	bil.ass.	12.86	3.4	71.9	225/60R16	Michelin	MXV4	V8/4.6/A4
Town Car Cartier		ber. 4 p. 6	3180	583	0.37	2990	5469x1986x1473	1835	ih/rh	d/ABS	bil.ass.	12.86	3.4	71.9	235/60R16	Michelin	Symetry	V8/4.6/A4

Lorsqu'on prend connaissance des chiffres de ventes des camionnettes Mazda, on se rend compte que ce n'était peut-être pas la meilleure chose à faire que de cloner la Ranger pour réaliser des économies d'échelle. Malgré toutes les qualités de cette dernière, elle ne possède pas les atouts qui avaient permis de vendre autant de modèles conçus et fabriqués par Mazda. Cela pose toujours le problème de l'identité d'un produit et de son constructeur dans le conglomérat des fusions, des regroupements et des simplifications hâtives.

GAMME

La camionnette série B est proposée avec transmission à 2 ou 4 roues motrices, avec caisse courte ou longue, à cabine simple ou allongée, en versions B2500, B3000 et B4000, disponibles en finition SX ou SE. Les cabines allongées profitent cette année des multiples portes offertes sur la Ranger. Cette année encore, devant la désaffection de certains clients, la gamme a été simplifiée pour être plus réaliste. Le moteur de base des modèles B2500 4x2 est un 4 cylindres de 2.5L et celui des B3000 4x4, un V6 de 3.0L alors qu'un V6 de 4.0L est offert en option sur les B4000. La transmission d'origine est manuelle à 5 vitesses et automatique à 4 rapports optionnelle, tout comme celle à 5 rapports qui fait équipe avec V6 4.0L.

TECHNIQUE

Ces utilitaires sont construits à partir d'un châssis en échelle en acier à sept traverses (six sur le 4x4) sur lequel la carrosserie est fixée, par l'intermédiaire de blocs en caoutchouc isolants. Les camionnettes B se distinguent de leurs homologues chez Ford par des retouches esthétiques à la calandre et au profil de la caisse. La suspension avant, identique sur les 4x2 et les 4x4, est indépendante à bras longs et courts, tandis qu'à l'arrière, l'essieu rigide est suspendu par des ressorts à lames. L'antiblocage des freins ne s'applique qu'aux roues arrière des modèles 4x2 et sur les quatre roues des 4x4 dont l'engagement de la transmission intégrale est commandé par un simple interrupteur électrique placé au tableau de bord. Sans différentiel central, cette traction de type partiel ne peut être utilisée que sur des surfaces glissantes et à vitesse modérée. La boîte automatique à 5 rapports est une 4 vitesses à laquelle Ford a ajouté un cinquième rapport entre la première et la seconde, selon la technique baptisée « Swap-Shift ».

Moins prisées...

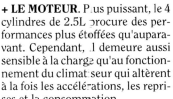

POSITIF

+ LA RÉPUTATION. Celle de solidité et de fiabilité confirmée par le taux de satisfaction des usagers valide le choix de Ford d'utiliser des solutions techniques plus durables que révolutionnaires.

+ LE COMPORTEMENT. Il s'est amélioré grâce à la nouvelle suspension avant qui permet un guidage plus précis et qui sautille moins lorsque la caisse est vide ou la route imparfaite.

+ LA DIRECTION. L'adoption d'un système à crémaillère a nettement amélioré la précision de la conduite en lui apportant un recentrage efficace et une assistance bien dosée. Bien que les diamètres de braquage ne soient pas disponibles, il semble que la maniabilité ait été favorablement affectée par cette importante amélioration.

+ LE MOTEUR. Plus puissant, le 4 cylindres de 2.5L procure des performances plus étoffées qu'auparavant. Cependant, il demeure aussi sensible à la charge qu'au fonctionnement du climatiseur qui altèrent à la fois les accélérations, les reprises et la consommation.

+ LA SÉLECTION. La boîte manuelle est plus agréable à utiliser avec sa sélection rapide et précise, tandis que la course et l'effort de la pédale d'embrayage sont normaux.

+ LA CHARGE UTILE. Les moteurs V6 ont des capacités de chargement et de traction particulièrement intéressantes.

+ LA CABINE RÉGULIÈRE. Elle est désormais plus pratique grâce à son allongement de 75 mm, (3 po) de qui permet de ranger une petite valise ou de menus objets derrière le dossier des sièges.

+ UN BON POINT : pour l'efficacité des essuie-glace dont la vitesse et la surface de balayage sont suffisantes pour assurer une bonne visibilité, même en cas de forte pluie, ainsi que le confort et le bon maintien des sièges baquets et de la banquette 60/40.

NÉGATIF

- LES MOTEURS V6. Ils ne sont pas, selon nous, les mieux adaptés à des véhicules utilitaires, car ils manquent de puissance à bas régime, ont un fonctionnement rugueux et une consommation qui fait regretter l'absence d'un V8 plus puissant.

- L'ÉQUIPEMENT. Il est symbolique de la version de base qui a été dépouillée pour permettre d'annoncer le plus bas prix possible...

- LE CONFORT. Même celui des versions 4x2 n'a rien à voir avec celui d'une automobile, car la suspension tressaute sans arrêt, rendant la moindre trajet épuisant.

- LE FREINAGE. Il est des plus précaires sur les modèles 4x2 dont l'antiblocage agit uniquement sur les roues arrière, et dont l'efficacité est contestable, surtout en charge.

- LE COMPORTEMENT. Celui du modèle de base est inquiétant sur chaussée glissante, à cause de la suspension trop souple et des pneus sous-dimensionnés. Sur les versions 4x4, on arrive à la même constatation, mais pour des raisons inverses, parce qu'elle est trop dure et que les gros pneus rebondissent beaucoup.

- LE SYSTÈME 4X4. Rustique, son usage est limité puisqu'on ne peut l'utiliser que sur chaussée glissante à vitesse modérée au risque de l'endommager. Il devrait y avoir un mode automatique comme sur la série F et l'Expedition.

- LA CONSOMMATION. Celle des moteurs V6 n'est jamais économique, surtout en utilisation tout terrain intense.

- LE MOTEUR V8. Son absence prive ces camionnettes d'une polyvalence, d'une capacité de charge et de traction qui font les beaux jours de leur concurrente la Dodge Dakota. Dommage!

- UN MAUVAIS POINT : pour la banquette de base qui n'offre ni maintien ni soutien efficaces.

CONCLUSION

Si les camionnettes Mazda profitent du développement rapide des Ford Ranger, elles ont perdu l'identité et le format qui avaient fait leur succès dans le passé. Toute rationalisation a son prix, mais ce n'est pas certainement au client à en faire les frais... ☺

série B MAZDA

ÉVALUATION MAZDA-B

CONCEPTION : 60%
- Technique : 80
- Sécurité : 70
- Volume cabine : 40
- Volume coffre : 35
- Qualité/finition : 75

CONDUITE : 51%
- Poste de conduite : 70
- Performances : 30
- Comportement : 40
- Direction : 75
- Freinage : 40

ÉQUIPEMENT D'ORIGINE : 54%
- Pneus : 70
- Phares : 80
- Essuie-glace : 70
- Dégivreur : 0
- Radio : 50

CONFORT : 56%
- Sièges : 65
- Suspension : 50
- Niveau sonore : 50
- Commodités : 40
- Climatisation : 75

BUDGET : 62%
- Prix d'achat : 60
- Consommation : 60
- Assurance : 65
- Satisfaction : 75
- Dépréciation : 50

Moyenne générale: 56.6%

NOUVEAU POUR 1999
- La simplification de la gamme.
- Les jantes de roues différentes et d'un diamètre supérieur.
- Le verrou de roue de secours sur les modèles SE.
- L'abandon des bandes décoratives sur les versions SX et SE.
- Les deux nouvelles teintes de carrosserie : Vert Amazone et Or Moisson.

MOTEURS / TRANSMISSIONS / PERFORMANCES

Modèles/versions	Type / distribution soupapes / carburation	Cylindrée cc	Puissance cv @ tr/mn	Couple lb.pi @ tr/mn	Rapport volumét.	Roues motrices / transmissions	Rapport de pont	Accélér. 0-100 km/h s	400 m D.A. s	1000 m D.A. s	Reprise 80-120 km/h s	Freinage 100-0 km/h m	Vites. maxi. km/h	Accélér. latérale G	Niveau sonore dBA	Consommation l./100km Ville	Route	Carburant Octane
4x2	L4* 2.5 SACT-8-IESPM	2503	119 @ 5000	146 @ 3000	9.4 :1	arrière - M5*	3.73	12.0	18.7	33.8	9.8	42	155	0.69	70	10.7	8.0	R 87
						arrière - A4	4.10	12.8	18.8	34.2	10.5	45	150	0.69	69	11.6	8.7	R 87
4x4	V6* 3.0 ACC-12-IESPM	2982	150 @ 5000	185 @ 3750	9.1 :1	arr/4 - M5*	3.73	11.0	18.3	32.2	8.7	46	160	0.71	68	13.9	9.5	R 87
						arr/4 - A4	3.73	12.2	18.8	33.8	9.8	48	155	0.71	68	14.0	9.5	R 87
option	V6 4.0 ACC-12-IESPM	4015	160 @ 4250	225 @ 3000	9.0 :1	arr/4 - M5	3.55	9.5	17.2	31.4	7.5	48	170	0.73	68	13.8	10.0	R 87
						arr/4 - A5	3.73	10.8	17.7	32.0	8.0	50	165	0.73	68	14.4	10.2	R 87

PRIX & ÉQUIPEMENTS

MAZDA série B	base 4x2 court	SX 4x2 CP	SX 4x4 court	SE 4x4 CP
Prix maxi $:	15 080	19 930	19 750	24 485
Prix mini $:	14 025	17 525	18 250	21 475
Transport & préparation $:	735	735	735	735
Boîte automatique:	O	O	O	O
Régulateur de vitesse:	O	O	O	O
Direction assistée:	S	S	S	S
Système antiblocage des freins:	Sar.	Sar.	Sar.	Sar.
Système antipatinage:	-	-	-	-
Climatiseur:	O	O	O	O
Garnitures en cuir:	-	-	-	-
Radio MA/MF/ Cassette:	O	O	S	S
Serrures électriques:	-	O	O	O
Lève-vitres électriques:	-	O	O	O
Volant ajustable:	-	O	O	O
Rétroviseurs ext. ajustables:	SM	SM	SM	SE
Jantes en alliage léger:	-	S	-	S
Système antivol:	-	-	-	-

Couleurs disponibles
Extérieur: Noir, Blanc, Rouge, Vermillon, Platine, Vert, Or.
Intérieur: Graphite moyen, Brun.

EN BREF...

Catégorie: camionnettes compactes 4x2 & 4x4. Classe : utilitaires

HISTORIQUE
Inauguré en: 1983
Fabriqué à: Edison, New Jersey, États-Unis.

PROFIL DE CLIENTÈLE

Modèle	Hom./Fem.	Age moyen	Mariés	CEGEP	Revenus
série B 4x2	91/9 %	41 ans	68 %	32 %	48 500 $
série B 4x4	88/12%	40 ans	70 %	36 %	52 000 $

INDICES
Sécurité: 75 % Satisfaction: 75 %
Dépréciation: 47 % Assurance: 835-950 $
Prix de revient au km: 0.43 $ Nbre de concessionnaires: 54

VENTES

Modèle	1996	1997	Résultat	Part de marché
série B	833	988	+ 18.6 %	9.8 %

PRINCIPAUX MODÈLES CONCURRENTS
DODGE Dakota, CHEVROLET S-10, FORD Ranger, GMC Sonoma, ISUZU, NISSAN Frontier, TOYOTA Tacoma & T100.

ENTRETIEN REQUIS PAR LA GARANTIE
Première révision: 8 000 km Fréquence: 6 mois/ 8000 km Prise de diagnostic: Oui

CARACTÉRISTIQUES

Modèles	Versions	Traction	Carrosseries/ Sièges	Empat. mm	Long x larg x haut. mm x mm x mm	Poids à vide kg	Susp. av/ar	Freins av/ar	Direction type	Diamètre braquage m	Tours volant b à b.	Réser. essence l.	dimensions	Pneus d'origine marque	modèle	Mécanique d'origine
MAZDA série B			Garantie totale, antipollution et batterie: 3 ans / 60 000 km; corrosion perforation: 5 ans / kilométrage illimité.													
	court SX 4x2		cam. 2 p.2	2834	4762x1763x1648	1372	ih/rl	d/t/ABS*	crém.ass.	11.1	3.5	62.0	205/70R14	Firestone	Wilderness	L4/2.5/M5
	CabPlus SE 4x2		cam. 2 p.2+2	3193	5153x1763x1648	1454	ih/rl	d/t/ABS*	crém.ass.	12.6	3.5	74.0	225/70R15	Firestone	Wilderness	V6/3.0/M5
	court SX 4x4		cam. 2 p.2	2834	4767x1786x1643	1561	it/rl	d/t/ABS	crém.ass.	11.4	3.5	62.0	215/75R15	Firestone	Wilderness	V6/3.0/M5
	CabPlus SE 4x4		cam. 2 p.2+2	3198	5123x1786x1643	1634	it/rl	d/t/ABS	crém.ass.	12.6	3.5	74.0	235/75R15	Firestone	Wilderness	V6/3.0/M5

* sur les roues arrière.

MAZDA Miata
Je te mérite bien...

Le roadster Miata constitue une des belles réussites de l'industrie automobile de notre époque. En peu d'années, ce petit véhicule sympathique s'est taillé à travers le monde une place inexpugnable et a été le véritable précurseur du mouvement de retour à la petite voiture sportive qui a pavé la voie aux BMW Z3, Mercedes-Benz SLK et Porsche Boxster. Le Miata est la voiture de loisir par excellence. Celle que l'on acquiert, contre toute logique fonctionnelle et celle que l'on utilise, pour afficher son indépendance, son égoïsme, uniquement pour se faire plaisir. Le Miata symbolise parfaitement la détente, les vacances et le plaisir puisque sa constitution oblige à ne l'utiliser que durant la belle saison, un peu comme une moto.

Inspiré des roadsters anglais qui déferlèrent sur le monde dans les années cinquante, le Miata a contribué à la cause de la voiture de loisir en lui apportant une fiabilité et une durabilité, qui étaient parfaitement inconnues de cette race de véhicules. De plus il a sérieusement contribué à améliorer la sécurité qui n'était pas le point fort de ces engins de casse-cou qui firent en leur temps pas mal de victimes. On peut dire aujourd'hui que c'est la rigueur toute japonaise qui a présidé à sa conception et à sa fabrication qui lui a finalement donné ses plus belles chances de survie. Et finalement, ce dont Mazda peut être le plus fier a posteriori, c'est d'avoir conservé au Miata son caractère populaire, puisque malgré son prix qui ne cesse de se corser, il demeure relativement accessible à ceux dont l'état d'âme nécessite sa thérapie pour soigner leur déprime.

C'est pourquoi renouveler une institution qui n'avait pratiquement pas changé au cours de ses dix années d'existence, constituait une entreprise délicate à plus d'un égard. L'opération a plutôt consisté à faire évoluer le Miata sans chambouler ses acquis vitaux. Dans son ensemble, la structure reste identique dans ses grandes mesures, mais la coque a été encore rigidifiée, modifiée à l'arrière pour donner plus d'espace dans le coffre, la suspension a été raffinée, la mécanique est plus puissante, la liaison entre le moteur et le différentiel, sorte de colonne vertébrale du véhicule, a été améliorée, le tableau de bord redessinée, la capote munie d'une lunette vitrée et d'un désembueur électrique. Bref, on a fait beaucoup de travail en profondeur dans le but d'améliorer la première version. Toutefois c'est au niveau du style que les changements sont les plus évidents.

Alors que le premier Miata offrait une apparence plutôt massive et quelque peu inerte de l'avant, son héritier possède une allure beaucoup plus fluide. Les phares, désormais apparents, la sculpture des flancs, de la proue comme de la poupe, gratifient le Miata d'un aspect musculaire plus en rapport avec sa vocation. Bien qu'il soit légèrement plus court et plus haut, le dernier venu donne l'impression d'être plus long et plus bas que son prédécesseur. Détail important: les poignées de portes inspirées de celles d'une Ferrari et qui brisaient souvent les ongles de ses dames, ont été redessinées de manière plus sécuritaire. Mazda ne s'attend pas à une évolution de la clientèle du Miata qui attire les jeunes gens au Japon, mais une clientèle plus mûre et plus influente en Amérique du Nord où 35% des ventes sont faites à des individus ayant entre 35 et 44 ans et 27% entre 45 et 54 ans.

MAZDA

Miata

C'est au dernier salon de Tokyo que le nouveau roadster Miata a fait ses premiers tours de roue. Cet événement était attendu de longue date et le monde avait hâte de voir comment le constructeur japonais s'y prendrait pour rajeunir le cabriolet le plus vendu au monde sans altérer le caractère qui a fait son succès. Finalement les puristes, tout comme les «miata philes» ont été rassurés en constatant que Tom Matano, le patron du bureau de style de Mazda en Californie avait, comme à son habitude, accompli sa mission avec brio.

GAMME

Le Miata est un petit roadster à deux places doté d'un moteur 4 cylindres 1.8L et d'une boîte manuelle à 5 vitesses en série, ou automatique à 4 rapports en option. Son équipement d'origine comprend la direction assistée, les jantes en aluminium et une radio avec lecteur de disques compacts. Le groupe d'options «Cuir» y ajoute les vitres et serrures à commande électrique, le régulateur de vitesse, un différentiel Torsen, le dispositif antiblocage des freins ainsi qu'une chaîne stéréo Bose plus élaborée.

TECHNIQUE

La carrosserie monocoque en acier a été encore renforcée pour procurer une meilleure rigidité. Elle comporte une suspension indépendante aux quatre roues, sur le principe de MacPherson à l'avant comme à l'arrière, avec amortisseurs à gaz et une barre stabilisatrice sur chacun des essieux. Mazda a aussi amélioré le principe des deux rails d'aluminium, genre faux châssis reliant le groupe propulseur à l'avant au train arrière, qu'il avait inauguré de manière originale sur le premier modèle. Les freins sont à disque, mais le dispositif antiblocage reste optionnel. Le moteur 4 cylindres de 1.8L à DACT développe désormais 140 ch, procurant à l'ensemble un rapport poids-puissance favorable.

TRÈS POSITIF

++ LE BUDGET. Il est presque raisonnable pour permettre de goûter aux plaisirs d'un véhicule exotique très gratifiant à conduire, sans avoir à se ruiner ou à enfreindre quelque loi que ce soit...
++ LE STYLE. Classique, il joue la simplicité pour plaire à la majorité, mais comme son prédécesseur, on peut lui reprocher un certain manque d'agressivité. Si la première version était inspirée du Lotus Elan, la seconde rappelle beaucoup le Triumph Spitfire des années 70.

++ LA CONDUITE. Elle procure un plaisir fantastique grâce aux réactions franches et vives du moteur, de la transmission, de la direction et de la suspension qui donnent au pilote l'impression de faire corps avec sa machine. Les commandes tombent bien en main et la position de conduite est parfaite pour les gens de taille moyenne.

POSITIF

+ LES PERFORMANCES. L'augmentation de puissance du moteur permet d'améliorer sensiblement les accélérations et les reprises, mais il est toujours regrettable qu'un moteur plus exotique tel le V6 de 1.8L qui équipait l'ancien coupé MX-3, ne soit pas offert dans l'option Cuir.
+ LA TENUE DE ROUTE. Elle continue d'être très efficace grâce au parfait équilibre des masses (50/50). Le Miata vire bien à plat, quel que soit le diamètre de la courbe, en faisant preuve d'une adhérence et d'une motricité surprenantes. Toutefois ses manières sont moins brutales qu'autrefois, car les retouches apportées à la suspension civilisent ses réactions qui demeurent toutefois hautement prévisibles.
+ LES COMMANDES. La boîte de

vitesses est un vrai charme à utiliser car ses rapports sont bien échelonnés et sa sélection rapide et très précise, grâce au petit sélecteur que l'on manie du poignet, qui ajoute au plaisir. Même remarque pour la direction qui s'enorgueillit d'un petit volant Momo du meilleur effet. Le pédalier bien conçu permet la fameuse figure talon-pointe de nos grands-pères et la planche de bord n'est pas en reste, car elle est aussi bien organisée qu'ergonomique.
+ LES DEUX TOITS. Ils sont bien conçus, étanches et faciles à installer. Le souple se rabat d'une main et le rigide permet de faire durer le plaisir même pendant la saison hivernale, avec un équipement pneumatique approprié. Le toit rigide dispose aussi d'un dégivreur électrique et bonne nouvelle pour ceux qui en possédait un, celui du modèle précédent s'adapte parfaitement au nouveau...
+ LE FREINAGE. Facile à doser, mordant à l'attaque et résistant à l'usage, il permet des arrêts courts et stables, l'antiblocage agissant de manière efficace et opportune.
+ DE BONS POINTS : pour l'amélioration de la capote comportant une lunette en verre et un dégi-

vreur électrique, le pare-vent apportant plus de confort à la conduite en décapotable et l'efficacité de l'ensemble essuie-lave-glace.

NÉGATIF

- LES LIMITES D'UTILISATION. À moins d'habiter en Floride ou en Californie, le Miata s'utilise principalement l'été, ce qui oblige à posséder un autre véhicule pour se déplacer durant la saison hivernale.
- LE CONFORT. Il est des plus spartiates car la suspension réagit sèchement aux défauts de la route, les sièges sont fermes et le niveau sonore élevé surtout par manque d'insonorisant, car les bruits éoliens demeurent modérés.
- LE CÔTÉ PRATIQUE. Bien qu'il se soit sensiblement amélioré au niveau du coffre où l'intégration de la roue de secours et de la batterie au plancher ont permis d'augmenter son volume, il manque toujours de rangements dans la cabine dont le volume est réduit au minimum.
- LA CONSOMMATION. Elle serait plus économique si le poids était élevé (plus d'une tonne) et s'il était possible de conduire le Miata de manière conservatrice...
- LA SÉCURITÉ. Mazda se serait montré plus responsable s'il avait installé, même en option, un arceau anticapotage bien intégré au style de la carrosserie.
- LA VISIBILITÉ. Elle est mauvaise de 3/4 arrière avec les deux toits, dont les angles morts latéraux sont importants, tandis que les rétroviseurs extérieurs sont trop petits et placés trop en arrière.
- LA PRÉSENTATION. À l'intérieur, elle est aussi simpliste que lugubre, car tout y est noir et la qualité des matériaux laisse à désirer, telle la matière plastique qui garnit les portes qui fait très utilitaire. Un peu d'imagination ne nuirait pas, bien au contraire.
- LES ACCESSOIRES. Mazda ne se force pas pour offrir des accessoires d'origine qui permettraient de personnaliser le Miata selon les normes du constructeur, tels des arceaux de sécurité, des extensions d'ailes ou des jantes différentes, afin de développer un esprit «club» toujours favorable aux ventes...
- UN MAUVAIS POINT : pour la faiblesse des phares, le son anodin de l'échappement et les porte-gobelets mal situés.

CONCLUSION

Plus que jamais le Miata demeure très désirable pour se déplacer de manière sympathique durant la belle saison et se remémorer l'époque des véritables voitures de sport...

Miata

MAZDA

ÉVALUATION
MAZDA Miata

CONCEPTION :		52%
Technique :	80	
Sécurité :	70	
Volume cabine :	20	
Volume coffre :	10	
Qualité/finition :	80	

CONDUITE :		71%
Poste de conduite :	80	
Performances :	60	
Comportement :	75	
Direction :	80	
Freinage :	60	

ÉQUIPEMENT D'ORIGINE :		78%
Pneus :	80	
Phares :	75	
Essuie-glace :	80	
Dégivreur :	80	
Radio :	75	

CONFORT :		53%
Sièges :	70	
Suspension :	60	
Niveau sonore :	20	
Commodités :	40	
Climatisation :	75	

BUDGET :		62%
Prix d'achat :	50	
Consommation :	75	
Assurance :	45	
Satisfaction :	85	
Dépréciation :	55	

Moyenne générale:	63.2%

Anecdote
Mazda a la réputation de soigner la présentation de ses nouveaux modèles. Ces manifestations sont toujours soigneusement planifiées et fort appréciées des spécialistes invités. Mais le constructeur japonais a joué de malchance avec son dernier cabriolet. Qui aurait pu prévoir qu'il pleuvrait à seaux à Santa Barbara en Californie au début de l'été ? El Niño, pour sûr...

MOTEURS / TRANSMISSIONS / PERFORMANCES

Modèles/ versions	Type / distribution soupapes / carburation	Cylindrée cc	Puissance cv @ tr/mn	Couple lb.pi @ tr/mn	Rapport volumét.	Roues motrices / transmissions	Rapport de pont	Accél. 0-100 km/h s	400 m D.A. s	1000 m D.A. s	Reprise 80-120 km/h s	Freinage 100-0 km/h m	Vites. maxi. km/h	Accél. latérale G	Niveau sonore dBA	Consommation l./100km Ville	Route	Carburant Octane
Miata 1998	L4* 1.8 DACT-16-IE	1840	133 @ 6500	114 @ 5000	9.0 :1	arrière - M5*	4.10	9.0	16.8	30.4	6.5	40	190	0.85	72-78	10.8	8.2	R 87
						arrière - A4	3.91	10.4	17.8	31.7	6.9	42	180	0.85	72-78	10.8	8.2	R 87
Miata 1999	L4* 1.8 DACT-16-IEPM	1840	140 @ 6500	119 @ 5000	9.5 :1	arrière - M5*	4.30	8.2	16.1	28.4	5.8	44	200	0.88	72-78	11.4	7.4	R 87
						arrière - A4	4.10	9.5	17.2	30.7	6.5	46	185	0.88	72-78	10.6	7.4	R 87

PRIX & ÉQUIPEMENTS

MAZDA Miata

	base	Cuir
Prix maxi $:	26 025	Nd
Prix mini $:	23 370	Nd
Transport & préparation $:	300	Nd
Boîte automatique:	O	O
Régulateur de vitesse:	O	S
Direction assistée:	S	S
Système antiblocage des freins:	O	S
Système antipatinage:	O	-
Climatiseur:	O	O
Garnitures en cuir:	O	S
Radio MA/MF/ Cassette:	SDc	SDc
Serrures électriques:	O	S
Lève-vitres électriques:	O	S
Volant ajustable:	O	
Rétroviseurs ext. ajustables:	SM	SE
Jantes en alliage léger:	S	S
Système antivol:		

Couleurs disponibles
Extérieur: Blanc, Noir, Rouge, Bleu, Argent, Vert.

Intérieur: Tissu: Noir. Cuir: Chamois.

EN BREF...

Catégorie: cabriolets sportifs propulsés. Classe : 3S

HISTORIQUE
Inauguré en: 1989.
Fabriqué à: Hofu, Japon.

PROFIL DE CLIENTÈLE
Modèle	Hom./Fem.	Âge moyen	Mariés	CEGEP	Revenus
Miata	63/37 %	40 ans	60 %	60 %	75 000 $

INDICES
Sécurité:	65 %	Satisfaction:	85 %
Dépréciation:	40 %	Assurance:	1 155 $
Prix de revient au km:	0.46 $	Nbre de concessionnaires:	54

VENTES
Modèle	1996	1997	Résultat	Part de marché
Miata	131	196	+ 49.6 %	0.08 %

PRINCIPAUX MODÈLES CONCURRENTS
CHEVROLET Cavalier décapotable, PONTIAC Sunfire décapotable.

ENTRETIEN REQUIS PAR LA GARANTIE
Première révision	Fréquence	Prise de diagnostic:
8 000 km	8 000 km	Oui

CARACTÉRISTIQUES

Modèles	Versions	Carrosseries/ Sièges	Volume cabine l.	Volume coffre l.	Cx	Empat. mm	Long x larg x haut. mm x mm x mm	Poids à vide kg	Susp. av/ar	Freins av/ar	Direction type	Diamètre braquage m	Tours volant b à b.	Réser. essence l.	dimensions	Pneus d'origine marque	modèle	Mécanique d'origine
MAZDA							Garantie générale: 3 ans / 80 000km; mécanique: 5 ans / 100 000 km; corrosion: 5 ans / kilométrage illimité.											
Miata 1998	base	déc.2 p.2	ND	124	0.39	2265	3948x1676x1224	1040	ih/ih	d	crém.ass.	9.7	2.8	48.0	185/60R14	Toyo	R22	L4/1.8/M5
Miata 1998	cuir	déc.2 p.2	ND	124	0.39	2265	3948x1676x1224	1045	ih/ih	d	crém.ass.	9.7	2.8	48.0	195/50R15	Michelin	Pilot SX	L4/1.8/M5
Miata 1999	base	déc.2 p.2	ND	144	0.37	2265	3945x1676x1228	1032	ih/ih	d	crém.ass.	9.2	2.7	48.0	185/60R14	-	-	L4/1.8/M5
Miata 1999	cuir	déc.2 p.2	ND	144	0.37	2265	3945x1676x1228	1035	ih/ih	d/ABS	crém.ass.	9.2	2.7	48.0	195/50R15	-	-	L4/1.8/M5

MAZDA

Millenia

En panne de charisme...

La Millenia est le seul témoin de la tentative de Mazda de rejoindre Toyota, Nissan et Honda dans l'arène des voitures de luxe. Elle a en effet été créée pour figurer dans la gamme Amati qui n'a finalement jamais vu le jour. Distribuée ailleurs dans le monde sous le nom de Xedos, elle a trouvé un emploi en remplaçant au pied levé une 929 boudée par le public. Malgré une technique aussi sophistiquée qu'originale qui s'inscrit dans la philosophie de Mazda, ses ventes ferment la marche de sa catégorie.

GAMME

La Millenia est une berline de luxe tractée à quatre portes, dont le modèle de base, baptisé «Millenia Cuir», est animé par le même V6 2.5L que la 626, tandis que la S reçoit un V6 de 2.3L, fonctionnant selon le cycle de Miller. Ces deux modèles offrent un équipement de série très complet incluant des sièges garnis de cuir, dont ceux placés à l'avant sont chauffants ainsi qu'un dispositif antipatinage couplé à l'antiblocage, de même que la plupart des asservissements et attributs en vigueur dans cette catégorie.

TECHNIQUE

La Millenia possède une carrosserie monocoque en acier dont les lignes très fluides ont une finesse aérodynamique remarquable comme en témoigne son coefficient de 0.29. La suspension est indépendante aux quatre roues et composée de jambes élastiques et de leviers triangulaires transversaux avec barres stabilisatrices. L'assistance de la direction varie en fonction du régime moteur et les freins sont à quatre disques avec système antiblocage-antipatinage installé d'origine.

Le moteur de la S fonctionne selon le cycle de Miller dont le principe permet d'obtenir un taux de détente élevé à partir d'un faible taux de compression, grâce à un ajustement des soupapes et l'apport d'un compresseur Lysholm. Le temps de compression est abrégé, pour créer un cinquième temps qui permet un remplissage optimal des cylindres et une explosion plus forte à cylindrée égale, qui multiplie le couple et la puissance par 1.5 tout en réduisant la consommation de manière significative dans une proportion de 10 à 15 %.

POSITIF

+ LE PRIX. En abaissant le prix de ces modèles pour 1999, Mazda va faire réfléchir ceux qui ne sont pas fixés sur une marque particulière et attirer des acheteurs en attendant le prochain modèle.

+ LA LIGNE. Bien qu'elle soit élégante et racée et ne manquant pas d'un certain charme, elle passe totalement inaperçue.

+ LE CONFORT. Grâce à sa suspension un peu plus souple, celui du modèle de base est plus évident que celui de la S dont la réponse est ferme. Les sièges soutiennent et maintiennent efficacement et le faible niveau sonore témoigne d'une sérieuse insonorisation.

+ LES PERFORMANCES. Celles du moteur Miller de la S s'expliquent par un rapport poids/puissance comparable à celui d'une voiture de sport malgré son poids élevé et sa cylindrée plus faible que la moyenne de la catégorie.

+ LE COMPORTEMENT. Il est excellent, grâce au contrôle efficace du roulis qui permet d'aborder les courbes avec une telle assurance. La direction, rapide et bien démultipliée, permet de placer la voiture avec précision et elle démontre une belle agilité sur parcours sinueux.

+ L'ÉQUIPEMENT. Les deux versions sont bien pourvues et ne diffèrent que par la nature de leur moteur. Pour une fois les sièges avant chauffants, standard, seront appréciés des résidents des pays de la ceinture de neige.

+ LA QUALITÉ. L'assemblage fait solide et rigide, la finition est soignée et les matériaux sont aussi flatteurs au regard qu'au toucher.

+ LE COFFRE. Sa profondeur inhabituelle lui procure une honnête contenance, mais il n'est pas transformable, car le dossier de la banquette est fixe et le chargeur de disques compacts limite sa hauteur.

NÉGATIF

- LA DÉPRÉCIATION. Elle est forte car ces modèles n'ont pas la réputation d'une Lexus ES 300 ou la charisme d'une Nissan Maxima réputée pour ses performances.

- LES PERFORMANCES. Celles du moteur de base sont plutôt banales car le V6 issu de la 626 a du mal à traîner les 112 kg (247 lb) de poids supplémentaire. Rien de bien surprenant que ses accélérations et ses reprises soient lymphatiques, mettant en évidence son manque de couple à bas régime.

- L'AUTOMATIQUE. Elle ne fera pas le bonheur des conducteurs sportifs, car elle est lente à réagir aussi bien pour monter que descendre les rapports et dans certains cas, il faut provoquer le rétrogradage.

- LA CONSOMMATION. Celle du moteur Miller n'est pas aussi économique que Mazda l'annonce, car elle varie entre 13 et 14 litres aux 100 km.

- LE FREINAGE. Il n'est pas des mieux adaptés aux performances de la S, dont les distances d'arrêt sont relativement longues en situation d'urgence. Toutefois, le système antiblocage fonctionne parfaitement, permettant des arrêts très rectilignes et une endurance honorable en usage intensif.

- LA SUSPENSION. Celle de la S est aussi dure de l'avant, qui est surchargée, que de l'arrière où le débattement des roues est limité.

- LE TABLEAU DE BORD. Son style n'a rien à voir avec celui de la carrosserie et ses formes comme son organisation dérangent, certaines commandes étant fantaisistes.

- L'HABITABILITÉ. Elle est limitée aux places arrière, autant en longueur qu'en hauteur, au point qu'un troisième passager ne pourra y séjourner très longtemps. Enfin, la forme arrondie de l'arche et le manque de longueur des portes arrière n'en facilitent pas l'accès.

- LE CÔTÉ PRATIQUE. Les rangements font défaut car la boîte à gants a cédé sa place au coussin gonflable et le coffret de la console centrale, de bonne taille, ne saurait la remplacer.

- LA TRACTION. Elle ne rend pas justice aux prestations du moteur Miller qui irait mieux à une voiture propulsée.

CONCLUSION

En attendant son remplacement, la Millenia va tenter de séduire par son prix plus compétitif et son brillant moteur Miller. Sera-t-il suffisant pour faire oublier le manque de personnalité de la livrée et le côté incongru de son tableau de bord?

ÉVALUATION
MAZDA Millenia

CONCEPTION :   75%
Technique :	80
Sécurité :	100
Volume cabine :	60
Volume coffre :	55
Qualité/finition :	80

CONDUITE :   66%
Poste de conduite :	70
Performances :	60
Comportement :	60
Direction :	80
Freinage :	60

ÉQUIPEMENT D'ORIGINE :   77%
Pneus :	80
Phares :	80
Essuie-glace :	80
Dégivreur :	70
Radio :	75

CONFORT :   72%
Sièges :	80
Suspension :	80
Niveau sonore :	70
Commodités :	50
Climatisation :	80

BUDGET :   52%
Prix d'achat :	20
Consommation :	65
Assurance :	45
Satisfaction :	85
Dépréciation :	45

Moyenne générale: 68.4%

NOUVEAU POUR 1999
- Retouches esthétiques de la partie avant (grille, phares, etc.).
- Plusieurs détails de présentation extérieure/intérieure.
- Jantes en aluminium de 16 po standard avec l'option «cuir».
- Jantes en aluminium de 17 po et nouveaux pneus sur la version S.
- Deux transmetteurs inclus avec le système d'ouverture des portes à distance.

MOTEURS / TRANSMISSIONS / PERFORMANCES

Modèles/ versions	Type / distribution soupapes / carburation	Cylindrée cc	Puissance cv @ tr/mn	Couple lb.pi @ tr/mn	Rapport volumét.	Roues motrices / transmissions	Rapport de pont	Accélér. 0-100 km/h s	400 m D.A. s	1000 m D.A. s	Reprise 80-120 km/h s	Freinage 100-0 km/h m	Vites. maxi. km/h	Accélér. latérale G	Niveau sonore dBA	Consommation l./100km Ville	Route	Carburant Octane
Cuir	V6*2.5 DACT-24-IEPM	2497	170 @ 5800	160 @ 4800	9.2:1	avant - A4	4.375	10.2	17.7	31.5	7.1	45	200	0.80	65	12.2	8.3	S 91
S	V6C*2.3 DACT-24-IEPM	2255	210 @ 5300	210 @ 3500	10.0:1	avant - A4	3.805	8.2	16.4	29.1	6.5	44	220	0.80	67	12.2	8.0	S 91

PRIX & ÉQUIPEMENTS

MAZDA Millenia	Cuir	S
Prix maxi $:	38 660	41 720
Prix mini $:	34 795	37 550
Transport & préparation $:	300	300
Boîte automatique:	S	S
Régulateur de vitesse:	S	S
Direction assistée:	S	S
Système antiblocage des freins:	S	S
Système antipatinage:	S	S
Climatiseur:	SA	SA
Garnitures en cuir:	SC	SC
Radio MA/MF/ Cassette:	SDc	SDc
Serrures électriques:	S	S
Lève-vitres électriques:	S	S
Volant ajustable:	S	S
Rétroviseurs ext. ajustables:	SEC	SEC
Jantes en alliage léger:	S	S
Système antivol:	S	S

Couleurs disponibles
Extérieur: Sable, Noir, Rouge, Bleu, Blanc, Vert, Champagne, Argent.

Intérieur: Beige, Gris.

EN BREF...

Catégorie: berlines de luxe tractées.   **Classe :** 7

HISTORIQUE
Inauguré en: 1994
Fabriqué à: Hofu, Japon.

PROFIL DE CLIENTÈLE
Modèle	Hom./Fem.	Âge moyen	Mariés	CEGEP	Revenus
Millenia	80/20 %	48 ans	73 %	71 %	90 000 $

INDICES
Sécurité:	100 %	Satisfaction:	85 %
Dépréciation:	53 %	Assurance:	1 150-1 275 $
Prix de revient au km:	0.67 $	Nbre de concessionnaires:	54

VENTES
Modèle	1996	1997	Résultat	Part de marché
Millenia	84	121	+ 44.0 %	0.9 %

PRINCIPAUX MODÈLES CONCURRENTS
ACURA TL , AUDI A4, CADILLAC DeVille, INFINITI I30, LEXUS ES 300, LINCOLN Continental, OLDSMOBILE Aurora, SAAB 9³, TOYOTA Avalon, VOLVO S70.

ENTRETIEN REQUIS PAR LA GARANTIE
Première révision:	Fréquence:	Prise de diagnostic:
8 000 km	8 000 km	Oui

CARACTÉRISTIQUES

Modèles	Versions	Carrosseries/ Sièges	Volume cabine l.	Volume coffre l.	Cx	Empat. mm	Long x larg x haut. mm x mm x mm	Poids à vide kg	Susp. av/ar	Freins av/ar	Direction type	Diamètre braquage m	Tours volant b à b.	Réser. essence l.	dimensions	Pneus d'origine marque	modèle	Mécanique d'origine
MAZDA		Garantie générale: 3 ans / 80 000km; mécanique: 5 ans / 100 000 km; corrosion: 5 ans / kilométrage illimité.																
Millenia	Cuir	ber. 4 p. 5	2662	368	0.29	2750	4820x1770x1395	1470	ih/ih	d/ABS	crém.ass.	11.4	2.9	68.0	215/55VR16	Michelin	XGTV4	V6/2.5/A4
Millenia	S	ber. 4 p. 5	2662	368	0.29	2750	4820x1770x1395	1522	ih/ih	d/ABS	crém.ass.	11.4	2.9	68.0	215/50VR17	Dunlop	SP Sport 4000	V6C/2.3/A4

MAZDA

Mazda n'a finalement pas réussi à convaincre que sa mini-fourgonnette MPV était viable, qu'elle soit propulsée ou intégrale, puisque l'aspect sportif lié à ces deux différents modes n'est pour l'instant pas encore entré dans les moeurs automobiles des Nord-Américains. Le côté peu économique de son rendement n'a pas non plus joué en sa faveur. Mazda inaugurera, dès le printemps 1999, un tout nouveau modèle plus conforme aux tendances actuelles, c'est-à-dire tracté, muni de portes coulissantes des deux côtés et d'un format équivalent à celui des Caravan-Voyager.

GAMME

La MPV est une mini-fourgonnette à empattement court, propulsée ou intégrale, dont la carrosserie à 4 portes battantes offre 7 ou 8 places. Le modèle 4x2 est offert en version L ou LX et la 4x4 en LX seulement, à laquelle peut s'ajouter un groupe d'équipement baptisé «All Sport». La MPV est pourvue d'origine d'une transmission automatique, d'une direction assistée, de systèmes antiblocage-antipatinage des roues, de la commande électrique des vitres, des serrures et des rétroviseurs ainsi que le radio lecteur de disques compacts et le volant ajustable. Il est possible de remplacer la banquette médiane par deux sièges capitaine ou d'ôter la dernière banquette amovible pour disposer de plus de place pour les bagages.

TECHNIQUE

La carrosserie monocoque en acier du MPV est très rigide parce qu'elle comprend un châssis auxiliaire soudé à la plate-forme. Sa ligne est efficace, bien qu'elle date de presque dix ans, puisque son cœfficient aérodynamique est comparable à celui de certaines réalisations plus récentes. La suspension est de type MacPherson à l'avant et à essieu rigide à l'arrière, maintenu par des bras longitudinaux et une barre Panhard. Les freins sont à disque avec dispositif antiblocage agissant sur les quatre roues. La MPV est équipée d'un moteur V6 de 3.0L avec transmission automatique à 4 rapports. La traction intégrale «à la demande» s'engage lorsqu'on bloque le différentiel central, par la simple pression d'un interrupteur.

POSITIF

+ **LE STYLE**. Il a bien vieilli grâce aux retouches subies voici deux ans. Avec ses 4 portes battantes, la MPV s'inspire plus d'une familiale que d'un utilitaire.

+ **LA SÉCURITÉ**. Côté passif, elle

Elle jette l'éponge...

est supérieure à celle de certaines de ses concurrentes, grâce à l'extrême rigidité de sa coque renforcée, qui lui vaut la note maximale aux essais de collision, mais explique aussi son poids très élevé, surtout celui de la version à transmission intégrale qui dépasse facilement les deux tonnes en charge.

+ **LA TENUE DE ROUTE**. Elle est caractérisée par un amortissement et un guidage efficaces, qui lui procurent un comportement plus proche de celui d'une automobile. Malgré sa hauteur importante (surtout la 4x4), elle se comporte bien en virage où son survirage caractéristique se contrôle facilement.

+ **LE POSTE DE CONDUITE**. Il est agréable grâce au tableau de bord bien organisé et ergonomique, le siège permettant une bonne posture et la surface vitrée importante qui offre une bonne visibilité sous tous les angles.

+ **LE CONFORT**. Il est appréciable car la suspension bien amortie, jamais brutale, absorbe assez bien les défauts de la route et l'insonorisation est soignée.

+ **LA QUALITÉ**. Sans fioritures, la construction fait robuste, la finition est soignée et les matériaux employés ont une apparence et un contact plus agréable.

+ **L'ACCÈS**. Il est facilité par les portes battantes qui s'ouvrent largement et offrent une rigidité supérieure à celle de certaines coulissantes de la concurrence.

+ **UN BON POINT** : pour les vide-poches et les vitres descendant complètement dans les portes arrière, ainsi que la capacité de traction intéressante avec l'ensemble optionnel livré par le constructeur.

- **LA PROPULSION**. Plus appréciée sur les voitures de sport et les camionnettes que les mini-fourgonnettes, elle complique la conduite hivernale dans les régions enneigées et force à opter pour la traction intégrale si on désire conduire en toute sécurité.

- **LE VOLUME HABITABLE**. Il est restreint, surtout dans la partie arrière de la cabine où l'espace entre les banquettes est des plus comptés.

- **LE FREINAGE**. Il est pénalisé par le poids excessif de ce véhicule dont les distances des arrêts de secours sont très longues, l'endurance des garnitures moyenne et leur usure rapide. Nous avons de plus constaté que selon la charge et l'état de la chaussée, l'antiblocage ne remplit pas toujours son rôle de manière satisfaisante.

- **LES PERFORMANCES**. Ici encore, le poids élevé nuit aux accélérations et aux reprises qui sont laborieuses car le moteur V6 manque singulièrement de couple à bas régime.

- **LA DIRECTION**. Bien assistée, elle souffre d'une démultiplication importante (3.6 et 3.8 tours) qui la rend floue au centre et, malgré l'empattement relativement court, son diamètre de braquage excessif complique la maniabilité.

- **LA CONSOMMATION**. La version 4x4 s'empiffre littéralement de carburant puisqu'elle peut engloutir jusqu'à 20 litres aux 100 km sous forte charge ou lorsqu'on tire une remorque...

- **LA FIABILITÉ**. Elle s'est améliorée avec le temps, mais certaines pièces ne sont pas facilement disponibles et elles coûtent très cher.

- **LES SIÈGES**. Leur rembourrage très ferme fatigue rapidement, car leurs bourrelets deviennent douloureux sur longs trajets...

- **LA SOUTE**. Son volume est limité à sa plus simple expression lorsque toutes les places sont occupées, mais depuis peu, il est possible d'ôter la dernière banquette pour disposer de plus d'espace cargo.

- **À REVOIR** : la banquette centrale fixe et la dernière très lourdes et difficiles à manipuler et le niveau sonore élevé provenant des bruits de vent et de roulement importants.

CONCLUSION

Il faudra attendre encore un peu pour voir le concept de la mini-fourgonnette-tout-terrain triompher. Mazda était un peu trop tôt et le public pas vraiment prêt à s'embarquer. Toutefois cela ne saurait tarder car cette fusion mettrait en commun les avantages de deux véhicules très populaires. ☺

MPV

MAZDA

ÉVALUATION MAZDA MPV

CONCEPTION : 73%
- Technique : 75
- Sécurité : 90
- Volume cabine : 80
- Volume coffre : 40
- Qualité/finition : 80

CONDUITE : 51%
- Poste de conduite : 80
- Performances : 35
- Comportement : 40
- Direction : 60
- Freinage : 40

ÉQUIPEMENT D'ORIGINE : 73%
- Pneus : 80
- Phares : 75
- Essuie-glace : 80
- Dégivreur : 70
- Radio : 60

CONFORT : 70%
- Sièges : 70
- Suspension : 70
- Niveau sonore : 70
- Commodités : 70
- Climatisation : 70

BUDGET : 49%
- Prix d'achat : 40
- Consommation : 30
- Assurance : 50
- Satisfaction : 80
- Dépréciation : 45

Moyenne générale: 63.2%

NOUVEAU POUR 1999

- Aucun changement au modèle actuel qui sera commercialisé jusqu'au printemps, alors qu'il sera remplacé par un nouveau modèle à traction avant et portes coulissantes des deux côtés.

MOTEURS / TRANSMISSIONS / PERFORMANCES

Modèles/ versions	Type / distribution soupapes / carburation	Cylindrée cc	Puissance cv @ tr/mn	Couple lb.pi @ tr/mn	Rapport volumét.	Roues motrices / transmissions	Rapport de pont	Accélér. 0-100 km/h s	400 m D.A. s	1000 m D.A. s	Reprise 80-120 km/h s	Freinage 100-0 km/h m	Vites. maxi. km/h	Accélér. latérale G	Niveau sonore dBA	Consommation l./100km Ville	Route	Carburant Octane
MPV 4x2	V6* 3.0 SACT-18-IEPM	2954	155 @ 5000	169 @ 4000	8.5 :1	arrière-A4*	3.909	11.0	18.0	32.8	8.0	46	170	0.70	66	14.7	10.7	R 87
MPV 4x4	V6* 3.0 SACT-18-IEPM	2954	155 @ 5000	169 @ 4000	8.5 :1	arr./4-A4*	4.300	11.8	18.4	34.5	9.5	48	165	0.70	66	17.0	12.3	R 87

PRIX & ÉQUIPEMENTS

MAZDA MPV	4x2 L	4x2 LX	4x4 LX
Prix maxi $:	25 199	28 635	32 355
Prix mini $:	23 405	26 450	29 890
Transport & préparation $:	300	300	300
Boîte automatique:	S	S	S
Régulateur de vitesse:	-	S	S
Direction assistée:	S	S	S
Système antiblocage des freins:	S	S	S
Système antipatinage:	-	-	-
Climatiseur:	O	S	S
Garnitures en cuir:	-	O	O
Radio MA/MF/ Cassette:	S	S	S
Serrures électriques:	S	S	S
Lève-vitres électriques:	S	S	S
Volant ajustable:	S	S	S
Rétroviseurs ext. ajustables:	SE	SE	SE
Jantes en alliage léger:	-	S	S
Système antivol:	-	O	O

Couleurs disponibles
Extérieur: Blanc, Vert, Argent, Sable, Blanc/Argent, Vert/Argent, Bleu/Argent, Noir/Argent.
Intérieur: Gris, Taupe.

EN BREF...

Catégorie: fourgonnettes compactes propulsées ou 4RM. **Classe :** utilitaire

HISTORIQUE
Inauguré en: 1988
Fabriqué à: Hiroshima, Japon.

PROFIL DE CLIENTÈLE
Modèle	Hom./Fem.	Âge moyen	Mariés	CEGEP	Revenus
MPV	75/25 %	43 ans	74 %	51.5 %	43 000 $

INDICES
- Sécurité: 90 % **Satisfaction:** 80 %
- Dépréciation: 55 % **Assurance:** 975 $
- Prix de revient au km: 0.53 $ **Nbre de concessionnaires:** 54

VENTES
Modèle	1996	1997	Résultat	Part de marché
MPV	322	456	+41.6 %	0.5 %

PRINCIPAUX MODÈLES CONCURRENTS
CHEVROLET Astro & Venture, DODGE-PLYMOUTH Caravan-Voyager, FORD Aerostar & Windstar, HONDA Odyssey, MERCURY Villager, NISSAN Quest, PONTIAC Trans Sport, TOYOTA Sienna, VW EuroVan.

ENTRETIEN REQUIS PAR LA GARANTIE
Première révision: 8 000 km **Fréquence:** 8 000 km **Prise de diagnostic:** Oui

CARACTÉRISTIQUES

Modèles	Versions	Traction	Carrosseries/ Sièges	Empat. mm	Long x larg x haut. mm x mm x mm	Poids à vide kg	Susp. av/ar	Freins av/ar	Direction type	Diamètre braquage m	Tours volant b à b.	Réser. essence l.	dimensions	Pneus d'origine marque	modèle	Mécanique d'origine
MAZDA			Garantie générale: 3 ans / 80 000km; mécanique: 5 ans / 100 000 km; corrosion: 5 ans / kilométrage illimité.													
MPV	L	4x2	frg.5 p.8	2805	4660x1825x1750	1692	ih/rh	d/ABS	crém.ass.	10.8	3.8	74.0	195/75R15	-	-	V6/3.0/A4
MPV	LX	4x2	frg.5 p.8/7	2805	4660x1825x1750	1719	ih/rh	d/ABS	crém.ass.	10.8	3.8	74.0	215/65R15	-	-	V6/3.0/A4
MPV	LX	4x4	frg.5 p.8/7	2805	4660x1825x1815	1842	ih/rh	d/ABS	crém.ass.	12.1	3.6	75.0	225/70R15	-	-	V6/3.0/A4

MAZDA Protegé
La relève de la garde...

Chez Mazda, la Protegé est devenue une sorte d'institution. Elle ne s'est pas toujours appelée comme cela, mais la GLC et les 323 qui l'ont précédée ne sont pas passées inaperçues en leur temps. La saga a commencé en 1977 avec la GLC jusqu'en 1986, date à laquelle la 323 a pris la relève jusqu'en 1990, où le nom Protegé a été employé pour la première fois. En 1995, la 323 a disparu prestement du marché nord-américain peu après son dévoilement, laissant le champ libre à la Protegé qui, depuis, assure le rôle de modèle de base de la gamme du constructeur d'Hiroshima. Le choix et la signification précise de ce nom aux consonances françaises sont tout à fait nébuleuses, comme souvent au Japon où l'on utilise des mots étrangers pour leur musique et leur exotisme.

Les principales rivales de la Protegé sont dans l'ordre d'agressivité: la Toyota Corolla, la Honda Civic et la Nissan Sentra. Lorsqu'on compare les principales dimensions de ces modèles à celles des Protegé nouvelles et anciennes, on se rend compte que la dernière petite Mazda a vu la plupart de ses mesures diminuer légèrement, mais a vu ses dimensions intérieures augmenter telles les largeurs aux coudes à l'avant comme à l'arrière où elle offre plus d'espace que ses principales rivales. Cet accroissement du volume habitable, comparé à la faible diminution des dimensions extérieures, améliore l'efficacité générale de la voiture qui peut faire plus pour une moindre dépense d'énergie puisque les poids ont légèrement diminué. Les ingénieurs de Mazda ont profité de cette refonte pour améliorer une foule de détails, comme la position des sièges qui est plus haute afin de procurer

une meilleure visibilité. L'aménagement intérieur a été peaufiné dans les moindres détails afin de le rendre plus convivial et plus pratique. À preuve, l'ergonomie soignée et le côté pratique des rangements qui sont livrés d'origine sur tous les modèles. Le confort bénéficie directement des améliorations de la caisse qui est beaucoup plus rigide du fait que cette forte homogénéité a pour effet de réduire la transmission de bruits et de vibrations en provenance des trains de roulement et du groupe propulseur. Ainsi la plate-forme, les montants latéraux et ceux du pavillon constituent une solide cage qui procure une bonne résistance en cas de collision. Certains corps creux ont été remplis de mousse uréthane afin de rigidifier et insonoriser encore mieux la coque dont la peinture est une des plus résistantes jamais employées par Mazda.

Afin de la protéger (sans jeu de mots) des éclats de pierre et de l'écaillement, les parties les plus exposées ont été enduites d'un épais revêtement de polyvinyle qui évite aux acides ambiants (pluies, insectes, excréments d'oiseaux et résine d'arbres) d'attaquer le métal.

Dans le souci de minimiser l'impact sur l'environnement, la dernière Protegé est recyclable à 90% car elle ne contient pas de substances nocives comme de l'amiante dans les joints d'étanchéité ou les garnitures de frein ou du plomb à l'air libre. Son moteur 1.6L a reçu la certification californienne ULEV (Ultra Low Emission Vehicle) et le 1.8L est coté LEV. Ainsi pourvue, la Protegé est mieux armée pour soutenir la comparaison avec ses opposantes et avoir les meilleures chances de gagner des parts de marché dans un segment très compétitif.

Protegé

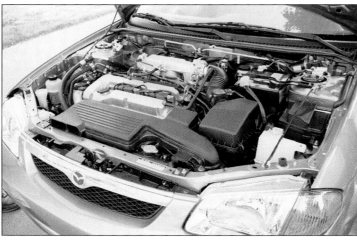

La Protegé est de loin la plus vendue des Mazda en Amérique du Nord mais aussi dans le monde, car elle est commercialisée dans 120 pays. Le renouvellement de ce genre de modèle se fait toujours dans le plus grand conservatisme, quand on sait l'importance que revêt l'acceptation ou le refus d'un modèle auprès de la clientèle. Il ne faut donc pas s'étonner du fait que la dernière Protegé n'ait pas beaucoup progressé, que ce soit en termes d'apparence ou de technique, mais qu'elle se soit surtout raffinée sur des points de détail.

GAMME

La Protegé reste proposée comme une berline 4 portes offerte en versions DX et SE à moteur 1.6L délivrant 105 ch et LX avec le 1.8L à DACT de 122 ch. La transmission de série est manuelle à 5 vitesses mais on peut obtenir une automatique à 4 rapports en option. L'équipement de série de la DX comprend la direction assistée et les lève-vitres électriques tandis que la SE y ajoute la radio à lecteur de disques compacts. La LX est plus riche du régulateur de vitesse, des serrures et rétroviseurs extérieurs à commande électrique et du volant ajustable. Ces trois versions sont pourvues cette année de roues et de pneus de 14 po et le dispositif antiblocage des freins est optionnel sur les SE et LX seulement.

TECHNIQUE

La carrosserie de la Protegé est monocoque en acier dont 90% des tôles sont galvanisées. Elle a été rigidifiée pour résister aux collisions, qu'elles proviennent de quelque angle que ce soit. Chose rare, ce nouveau modèle est un peu plus petit que le précédent, puisque ses différentes cotes sont très légèrement inférieures à celles de l'ancien modèle, ce qui ne l'empêche pas d'offrir un volume habitable plus important.

Bien qu'un peu plus anguleuse, sa ligne conserve la même finesse aérodynamique, son coefficient se maintenant à 0.32. Les suspensions sont indépendantes, à jambes de force et doubles bras trapézoïdaux avec barre stabilisatrice à l'avant comme à l'arrière de toutes les versions dont le freinage est mixte et la direction assistée en série. Le nouveau moteur 1.6L est une extrapolation de l'ancien 1.5 qui a été modernisé et renforcé. La boîte automatique est neuve, elle aussi et contient 26% de pièces en moins et pèse 3.6 kg (8 lb) de moins que l'ancienne.

POSITIF

+ LE STYLE. Sobre et équilibré, il séduit facilement les dames qui comptent pour plus de la moitié des clients de ce modèle. Bien qu'il ne comporte rien de particulier, il est plaisant à l'oeil, car poli et équilibré.

+ LE FORMAT. Ni trop grosse, ni trop petite, la Protegé se situe à la croisée de deux catégories. Sous compacte par ses moteurs, elle est presque une compacte de classe 3 par son habitabilité qui lui permet d'accueillir cinq occupants dans un confort très honnête. Les dégagements intérieurs sont généreux et le coffre est facile à remplir grâce à son ouverture bien dimensionnée qui descend jusqu'au pare-chocs. De plus, il peut être agrandi en abaissant le dossier de la banquette.

+ LE COMPORTEMENT. La Protegé a toujours une bonne tenue de route grâce à sa suspension élaborée. Avec sa suspension à double barre antiroulis, sa direction plus précise et son équipement pneumatique bien dimensionné, la dernière Protegé est encore plus facile à mettre en trajectoire où ses réactions sont saines et prévisibles, même lorsque la qualité du revêtement se dégrade.

+ LE RENDEMENT. Les deux moteurs, conformes aux normes antipollution TULEV (1.6) et ULEV (1.8), sont particulièrement économiques, même avec la boîte automatique, puisque la consommation varie entre 8 et 10 litres/100 km.

+ LES PERFORMANCES. Celles du moteur 1.8L rendent la conduite amusante car il est assez souple et nerveux pour permettre une conduite presque sportive. Le 1.6L n'est pas moins intéressant, mais il est plus performant avec la boîte manuelle.

+ LE CONFORT. Il surprend pour une voiture de cette catégorie car l'amortissement est efficace et les sièges mieux galbés à l'avant qu'à l'arrière et le rembourrage semble moins ferme qu'autrefois.

+ LA PRÉSENTATION. L'intérieur de la cabine paraît moins fade que sur les modèles précédents et la texture des principaux matériaux plus flatteuse aussi. Les matières plastiques font moins bon marché et leur traitement genre perforé sur le tableau de bord est original.

+ LA QUALITÉ. L'assemblage, la finition comme l'apparence des matériaux sont typiques des produits japonais et donnent à la Protegé son caractère très homogène.

+ LA CONFIANCE. La Protegé a toujours eu une bonne réputation de fiabilité puisque plus de 80% de ses propriétaires se déclaraient encore très satisfaits l'an dernier.

+ LA GARANTIE. Elle est plus avantageuse chez Mazda que chez certains de ses concurrents.

+ LES PRIX. Comparés à ceux de certaines rivales, ceux des Protegé semblent réalistes, mais leur équipement est on ne peut plus primaire, excepté celui de la LX.

+ LE CÔTÉ PRATIQUE. Pour une petite voiture économique, la Protegé recèle suffisamment de rangements surtout distribués à l'avant de la cabine, où la boîte à gants est de taille honnête, tout comme les vide-poches de portières, les évidements de la console centrale où l'on trouve aussi deux porte-gobelets.

NÉGATIF

- LA DIRECTION. Elle a gagné en précision, mais son assistance trop forte la rend légère, ce qui demande une certaine habitude.

- LE FREINAGE. Mixte partout, son efficacité n'est que moyenne car les distances d'arrêt sont longues lorsqu'il y a urgence car les roues privées d'ABS bloquent rapidement, rendant les trajectoires louvoyantes. Toutefois, lorsqu'il est présent, l'ABS simpliste laisse passer quelques petits blocages qui sont plus agaçants que dangereux.

- LE MOTEUR 1.6L. Bien qu'il soit plus étoffé que son prédécesseur, ses accélérations et ses reprises sont laborieuses avec la transmission automatique, surtout si le véhicule est chargé et équipé du climatiseur. Dans ces conditions, tout dépassement sera sujet à la prudence.

- LE COFFRE. Son volume a légèrement diminué et il n'est pas tout à fait proportionnel à celui de la cabine, mais le fait qu'il puisse être agrandi en repliant le dossier de la banquette compense pour cet inconvénient.

- LE BRUIT. Les petites Mazda ont toujours été plus bruyantes que la moyenne et la dernière Protegé ne fait pas exception. La nervosité des moteurs et la faible insonorisation de la coque en sont responsables.

CONCLUSION

La Protegé a autant progressé sur le plan esthétique que dynamique ou pratique, pour relancer l'intérêt et ses ventes. C'est une jolie petite voiture pratique et économique, pas révolutionnaire certes, mais suffisamment soignée dans le détail pour pouvoir être confrontée à ses nombreuses rivales. ☺

Protegé · MAZDA

ÉVALUATION MAZDA Protegé

CONCEPTION : 72%
- Technique : 80
- Sécurité : 80
- Volume cabine : 65
- Volume coffre : 55
- Qualité/finition : 80

CONDUITE : 60%
- Poste de conduite : 80
- Performances : 40
- Comportement : 55
- Direction : 70
- Freinage : 55

ÉQUIPEMENT D'ORIGINE : 75%
- Pneus : 75
- Phares : 80
- Essuie-glace : 75
- Dégivreur : 70
- Radio : 75

CONFORT : 67%
- Sièges : 70
- Suspension : 70
- Niveau sonore : 50
- Commodités : 70
- Climatisation : 75

BUDGET : 70%
- Prix d'achat : 80
- Consommation : 70
- Assurance : 70
- Satisfaction : 80
- Dépréciation : 50

Moyenne générale : 68.8%

NOUVEAU POUR 1999

- La carrosserie entièrement redessinée.
- La suspension améliorée avec roues 14 po sur tous les modèles.
- La nouvelle transmission automatique.
- Le moteur 1.6L des versions DX et SE.

MOTEURS · TRANSMISSIONS · PERFORMANCES

Modèles/versions	Type / distribution soupapes / carburation	Cylindrée cc	Puissance cv @ tr/mn	Couple lb.pi @ tr/mn	Rapport volumét.	Roues motrices / transmissions	Rapport de pont	Accélér. 0-100 km/h s	400 m D.A. s	1000 m D.A. s	Reprise 80-120 km/h s	Freinage 100-0 km/h m	Vites. maxi. km/h	Accélér. latérale G	Niveau sonore dBA	Consommation l./100km Ville	Route	Carburant Octane
DX & SE	L4* 1.6 DACT-16-IE	1598	105 @ 5500	107 @ 4000	9.0 :1	avant-M5*	3.850	11.6	18.4	32.7	8.3	44	175	0.78	68-72	8.5	6.7	R 87
						avant-A4	3 904	13.5	19.3	33.4	8.9	45	165	0.78	68-72	9.3	6.9	R 87
LX	L4* 1.8 DACT-16-IE	1840	122 @ 6000	120 @ 4000	9.1 :1	avant-M5*	4.105	10.5	17.5	31.6	7.1	43	190	0.80	67-72	8.9	6.6	R 87
						avant-A4	3.904	12.6	18.7	32.2	7.9	44	175	0.80	67-72	9.7	7.1	R 87

PRIX & ÉQUIPEMENTS

MAZDA Protegé	DX	SE	LX
Prix maxi $:	-	14 675	17 295
Prix mini $:	-	13 490	15 880
Transport & préparation $:	-	300	300
Boîte automatique:	O	O	O
Régulateur de vitesse:	-	-	O
Direction assistée:	S	S	S
Système antiblocage des freins:	-	O	O
Système antipatinage:	-	-	-
Climatiseur:	O	O	O
Garnitures en cuir:	-	-	-
Radio MA/MF/ Cassette:	O	SDc	SDc
Serrures électriques:	-	-	S
Lève-vitres électriques:	S	S	S
Volant ajustable:	-	-	S
Rétroviseurs ext. ajustables:	SM	SM	SE
Jantes en alliage léger:	-	-	-
Système antivol:	-	-	-

Couleurs disponibles

Extérieur: Blanc, Sable, Vert, Noir, Canneberge, Rouge, Sandalwood, Bleu.

Intérieur: Gris, Beige.

EN BREF...

Catégorie: berlines compactes. **Classe :** 3

HISTORIQUE
Inauguré en: 1977 -1995
Fabriqué à: Hiroshima, Japon.

PROFIL DE CLIENTÈLE
Modèle	Hom./Fem.	Âge moyen	Mariés	CEGEP	Revenus
Protegé	44/56 %	36 ans	61 %	67 %	54 000 $

INDICES
Sécurité: 80 % **Satisfaction:** 82 %
Dépréciation: 50 % **Assurance:** 765-835 $
Prix de revient au km: 0.39 $ **Nbre de concessionnaires:** 54

VENTES
Modèle	1996	1997	Résultat	Part de marché
Protegé	4325	6 119	+ 41.5 %	4.2 %

PRINCIPAUX MODÈLES CONCURRENTS
CHEVROLET Cavalier, DODGE-PLYMOUTH Neon, FORD Escort, HONDA Civic 4p, HYUNDAI Elantra, MERCURY Tracer, PONTIAC Sunfire, SATURN SL1, TOYOTA Corolla, VW Jetta.

ENTRETIEN REQUIS PAR LA GARANTIE
Première révision: 8 000 km **Fréquence:** 8 000 km **Prise de diagnostic:** Non

CARACTÉRISTIQUES

Modèles	Versions	Carrosseries/ Sièges	Volume cabine l.	Volume coffre l.	Cx	Empat. mm	Long x larg x haut. mm x mm x mm	Poids à vide kg	Susp. av/ar	Freins av/ar	Direction type	Diamètre braquage m	Tours volant b à b.	Réser. essence l.	dimensions	Pneus d'origine marque	modèle	Mécanique d'origine
MAZDA		Garantie générale: 3 ans / 80 000km; mécanique: 5 ans / 100 000 km; corrosion: 5 ans / kilométrage illimité.																
Protegé	DX	ber.4 p.5	2622	365	0.32	2610	4420x1705x1410	1105	ih/ih	d/t	crém.ass.	10.4	2.7	50.0	185/65R14	-	-	L4/1.6/M5
Protegé	SE	ber.4 p.5	2622	365	0.32	2610	4420x1705x1410	1105	ih/ih	d/t	crém.ass.	10.4	2.7	50.0	185/65R14	-	-	L4/1.6/M5
Protegé	LX	ber.4 p.5	2622	365	0.32	2610	4420x1705x1410	1142	ih/ih	d/t	crém.ass.	10.4	2.7	50.0	185/65R14	Bridgestone	Potenza RE92	L4/1.8/M5

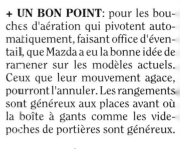

Renouvelée l'an dernier, la Mazda 626 a été refondue pour avoir plus de chance de participer à la compétition que se livrent les compactes qui comptent parmi les voitures les plus vendues sur le continent nord-américain, après les intermédiaires comme les Honda Accord et Toyota Camry. Encore une fois, Mazda a fait preuve de beaucoup de conservatisme, donnant à la 626 des lignes très conventionnelles qui débouchent sur une allure plutôt banale, facile à confondre avec beaucoup d'autres dans cette catégorie.

GAMME

Cette 626 a été conçue pour le marché nord-américain où elle est fabriquée par Auto Alliance, une association de Ford et Mazda à Flat Rock dans le Michigan. La 626 est une berline 4 portes tractée disponible en versions DX et LX dotées du moteur 4 cylindres de 2.0L et en versions LX-V6 et ES pourvues du V6 de 2.5L. La transmission de série est manuelle à 5 vitesses tandis que l'automatique à 4 rapports est optionnelle, mais l'antiblocage et l'antipatinage des roues n'est standard que sur la version ES.

TECHNIQUE

Lors de sa dernière refonte, la carrosserie de la 626 a été encore rigidifiée. Monocoque en acier, elle comprend deux berceaux supportant les éléments de suspension et la mécanique, ce qui permet de supprimer une bonne partie des bruits et des vibrations en provenance des roues et du groupe propulseur. La suspension, de type MacPherson, est indépendante aux quatre roues, complétée par deux bras trapézoïdaux à l'arrière et d'une barre antiroulis sur chaque train. Le freinage est mixte sur les versions DX et LX, à 4 disques sur les LX-V6 et ES, tandis que l'antiblocage est standard sur la ES, optionnel sur la LX-V6. Les moteurs et les transmissions sont ceux qui équipaient l'ancien modèle.

POSITIF

+ LA LIGNE. Bien que simple, elle est relativement harmonieuse et rappelle la Millenia. Elle ne jouit pas d'une très grande personnalité, mais elle a au moins l'avantage d'être discrète, ce qui lui permettra de bien durer dans le temps.

+ LE FORMAT. La 626 offre une bonne habitabilité pour un encombrement et un poids raisonnables, car la cabine et le coffre offrent assez d'espace pour 4 adultes et leurs effets.

Une certaine fadeur...

+ LES PERFORMANCES. Celles du moteur V6 sont emballantes, que ce soit avec la transmission automatique ou la manuelle qui permet une conduite plus sportive, dont les montées en régime et le bruit de l'échappement sont très stimulants.

+ LE COMPORTEMENT. Il est neutre la plupart du temps, pour devenir sous-vireur à l'extrême et malgré la souplesse de sa suspension, la 626 est agile dans les successions de virages.

+ LE CONFORT. Il profite du plus grand volume de la cabine, de la souplesse de la suspension, du galbe des sièges qui maintiennent efficacement le corps et de l'insonorisation qui maintient le niveau sonore bas à vitesse de croisière, même avec le moteur 4 cylindres.

+ LA DIRECTION. Elle est douce et précise et son assistance plus positive que par le passé. Sa démultiplication et son diamètre de braquage raisonnables permettent une bonne maniabilité et l'effet de couple qui caractérisait le modèle précédent lors des fortes accélérations est presque imperceptible, du moins sur chaussée sèche.

+ LE FREINAGE. Celui à quatre disques est plus efficace et plus facile à doser que le mixte qui équipe les DX et LX, car les distances d'arrêt d'urgence sont normales, mais il est regrettable que l'antiblocage des roues ne soit pas offert en option sur les DX et LX.

+ LA QUALITÉ. Celle de l'assemblage et de la finition est plus évidente qu'autrefois, car les ajustements sont rigoureux et les matériaux employés ont une apparence plus agréable à l'œil, telles les garnitures de cuir des versions ES qui sont de belle facture.

+ UN BON POINT: pour les bouches d'aération qui pivotent automatiquement, faisant office d'éventail, que Mazda a eu la bonne idée de ramener sur les modèles actuels. Ceux que leur mouvement agace, pourront l'annuler. Les rangements sont généreux aux places avant où la boîte à gants comme les vide-poches de portières sont généreux.

NÉGATIF

- L'ALLURE. Elle est terriblement anonyme et ne se démarque pas assez de la précédente ou de la foule de concurrentes qui lui ressemblent comme deux gouttes d'eau...

- LA PRÉSENTATION. La platitude règne en maîtresse dans la cabine des 626 abordables, où tout est très ordinaire. Les stylistes auraient pu se forcer un peu pour égayer cet habitacle qui manque totalement d'imagination. Au moins pour une fois, l'intérieur et l'extérieur sont logés à la même enseigne...

- LES PERFORMANCES. Malgré l'augmentation de sa puissance, le moteur 4 cylindres et la transmission automatique ne font pas des étincelles lorsque le véhicule est chargé, car les accélérations et les reprises semblent interminables et la transmission cherche constamment le rapport idéal.

- LE REMBOURRAGE. Les sièges sont trop fermes, surtout la banquette qui manque d'épaisseur et est dépourvue d'un accoudoir central sur certaines versions.

- LE MODÈLE DE BASE. Il ne constitue pas la meilleure affaire malgré son prix alléchant, car son équipement est dépouillé à l'extrême et son freinage mixte dépourvu d'ABS est aléatoire.

- LES RANGEMENTS. On n'en trouve pas aux places arrière qui ne disposent ni de vide-poches de portières ni de porte-gobelets.

- LA VISIBILITÉ. Elle serait bien meilleure si la visière du tableau de bord était plus basse, les rétroviseurs latéraux plus hauts et le pilier C moins épais à sa base.

- LA DÉPRÉCIATION. Elle est plus forte que celle de la plupart des concurrentes et la V6 se revend plus rapidement que la 4 cylindres.

CONCLUSION

La Mazda 626 est une voiture agréable et amusante à conduire lorsqu'elle est équipée du moteur V6 qui en fait une sportive «familiale». Malheureusement, son allure est trop banale et sa présentation intérieure trop fade pour qu'on attrape le coup de foudre pour elle...

ÉVALUATION MAZDA 626

CONCEPTION : 75%
Technique : 80
Sécurité : 90
Volume cabine : 65
Volume coffre : 60
Qualité/finition : 80

CONDUITE : 65%
Poste de conduite : 80
Performances : 50
Comportement : 60
Direction : 80
Freinage : 55

ÉQUIPEMENT D'ORIGINE : 75%
Pneus : 80
Phares : 80
Essuie-glace : 70
Dégivreur : 70
Radio : 75

CONFORT : 71%
Sièges : 80
Suspension : 70
Niveau sonore : 65
Commodités : 60
Climatisation : 80

BUDGET : 61%
Prix d'achat : 50
Consommation : 75
Assurance : 50
Satisfaction : 80
Dépréciation : 50

Moyenne générale: 69.4%

NOUVEAU POUR 1999

- Les DX reçoivent en série: la télécommande d'ouverture du coffre et des miroirs de courtoisie des deux côtés.
- Les LX reçoivent en série: une antenne électrique, des miroirs de courtoisie éclairés des deux côtés.
- Les essuie-glace intermittents ajustables en série (LX, LX-V6 & ES).

MOTEURS / TRANSMISSIONS / PERFORMANCES

Modèles/ versions	Type / distribution soupapes / carburation	Cylindrée cc	Puissance cv @ tr/mn	Couple lb.pi @ tr/mn	Rapport volumét.	Roues motrices / transmissions	Rapport de pont	Accélér. 0-100 km/h s	400 m D.A. s	1000 m D.A. s	Reprise 80-120 km/h s	Freinage 100-0 km/h m	Vites. maxi. km/h	Accélér. latérale G	Niveau sonore dBA	Consommation l./100km Ville	Route	Carburant Octane
DX, LX	L4*2.0 DACT-16-IESPM	1991	125 @ 5500	127 @ 3000	9.0 :1	avant - M5*	4.105	10.0	17.2	31.0	7.0	41	180	0.78	67	9.0	6.6	R 87
						avant - A4	4.230	12.2	18.4	33.2	9.5	44	175	0.78	67	10.7	7.5	R 87
LX-V6, ES	V6*2.5 DACT-24-IESPM	2497	170 @ 6000	163 @ 5000	9.5 :1	avant - M5*	4.105	8.0	15.8	28.2	5.7	38	210	0.80	66	11.7	8.5	S 91
						avant - A4	4.157	10.4	17.6	31.5	7.2	42	200	0.80	66	12.2	8.5	S 91

PRIX & ÉQUIPEMENTS

MAZDA 626	DX	LX	LX-V6	ES
Prix maxi $:	20 140	22 575	25 060	29 215
Prix mini $:	18 395	20 620	22 890	26 680
Transport & préparation $:	300	300	300	300
Boîte automatique:	O	O	O	O
Régulateur de vitesse:	-	S	S	S
Direction assistée:	S	S	S	S
Système antiblocage des freins:	-	-	O	S
Système antipatinage:	-	-	-	S
Climatiseur:	O	SM	SM	SM
Garnitures en cuir:	-	-	-	S
Radio MA/MF/ Cassette:	SDc	SDc	SDc	SDc
Serrures électriques:	-	S	S	S
Lève-vitres électriques:	-	S	S	S
Volant ajustable:	S	S	S	S
Rétroviseurs ext. ajustables:	SE	SE	SE	SE
Jantes en alliage léger:	-	-	S	S
Système antivol:	-	-	-	-

Couleurs disponibles

Extérieur: Blanc, Noir, Vert, Rouge, Bleu, Beige, Épave.

Intérieur: Gris, Beige.

EN BREF...

Catégorie: berlines compactes tractées. **Classe :** 4

HISTORIQUE
Inauguré en: 1979-1998
Fabriqué à: Flat Rock, Michigan, États-Unis.

PROFIL DE CLIENTÈLE

Modèle	Hom./Fem.	Âge moyen	Mariés	CEGEP	Revenus
626	65/35 %	42 ans	75 %	62 %	75 000 $

INDICES
Sécurité: 90 % **Satisfaction:** 85 %
Dépréciation: 48 % **Assurance:** 965-1 065 $
Prix de revient au km: 0.46 S **Nbre de concessionnaires:** 54

VENTES

Modèle	1996	1997	Résultat	Part de marché
626	1 803	2 267	+ 25.7 %	7.4 %

PRINCIPAUX MODÈLES CONCURRENTS
CHEVROLET Malibu, CHRYSLER Cirrus, DODGE Stratus, FORD Contour, NISSAN Altima, MERCURY Mystique, OLDSMOBILE Alero, PONTIAC Grand Am, SUBARU Legacy, VOLKSWAGEN Jetta.

ENTRETIEN REQUIS PAR LA GARANTIE
Première révision: 8 000 km
Fréquence: 8 000 km
Prise de diagnostic: Oui

CARACTÉRISTIQUES

Modèles	Versions	Carrosseries/ Sièges	Volume cabine l.	Volume coffre l.	Cx	Empat. mm	Long x larg x haut. mm x mm x mm	Poids à vide kg	Susp. av/ar	Freins av/ar	Direction type	Diamètre braquage m	Tours volant b à b.	Réser. essence l.	dimensions	Pneus d'origine marque	modèle	Mécanique d'origine
MAZDA	Garantie générale: 3 ans / 80 000 km; mécanique: 5 ans / 100 000 km; corrosion: 5 ans / kilométrage illimité.																	
626	DX	ber. 4 p.5	2750	402	0.33	2670	4745x1760x1400	1269	ih/ih	d/t	crém.ass.	11.0	2.9	64.0	185/70R14	Bridgestone	SF408	L4/2.0/M5
626	LX	ber. 4 p.5	2750	402	0.33	2670	4745x1760x1400	1269	ih/ih	d/t	crém.ass.	11.0	2.9	64.0	185/70R14	Bridgestone	SF408	L4/2.0/M5
626	LX-V6	ber. 4 p.5	2750	402	0.33	2670	4745x1760x1400	1358	ih/ih	d/t	crém.ass.	11.0	2.9	64.0	205/60R15	Bridgestone Potenza	RE92	V6/2.5/M5
626	ES	ber. 4 p.5	2750	402	0.33	2670	4745x1760x1400	1358	ih/ih	d/ABS	crém.ass.	11.0	2.9	64.0	205/60R15	Bridgestone Potenza	RE92	V6/2.5/M5

MERCEDES-BENZ — Classe C

Le dynamisme de BMW qui vient de renouveler sa Série 3, désormais offertes en plusieurs versions, a forcé son concurrent direct Mercedes à renipper un peu sa Classe C qui semblait figée dans un certain immobilisme. Le remplacement du moteur de base par une version compressée de même que l'arrivée de la version C43 à haute performance va mettre du piquant dans l'affrontement des deux géants allemands. D'autant plus que la petite Mercedes est le second plus gros vendeur du constructeur de Stuttgart, derrière la sublime Classe E.

GAMME

La mini-Mercedes est une berline 4 portes offerte en trois versions: la C230K pourvue d'un 4 cylindres de 2.3L cette année équipé d'un compresseur, la C280 avec moteur V6 de 2.8L et la C43, la sportive du lot, qui arbore un V8 de 4.3L identique à celui que l'on retrouve sur les CLK, les Classes E et M. Chacune de ces versions reçoit une transmission automatique à 5 rapports comportant un mode «Hiver», qui effectue un départ arrêté en 2e vitesse et change de vitesse à plus bas régime, pour faciliter certaines manoeuvres.

L'ensemble antiblocage-antipatinage des roues est installé d'origine sur tous ces modèles, tandis que le système antidérapage ASR est standard sur les C280 et C43. Mais cette dernière est la seule a être pourvue en série du ESP (Electronic Stability Program). Par ailleurs, l'équipement général très complet comprend un climatiseur, un régulateur de vitesse, des garnitures de cuir et une nouvelle chaîne stéréo Audio 30 comprenant huit haut-parleurs.

TECHNIQUE

La carrosserie monocoque en acier dont les panneaux sont galvanisés possède une valeur aérodynamique banale, puisque son coefficient n'est que de 0.32. Très rigide, elle comporte différents éléments de protection inusités dans sa catégorie. La suspension indépendante aux quatre roues est constituée de jambes de force et de bras inférieurs triangulaires avec un dispositif antiplongée et un déport négatif. A l'arrière, Mercedes a encore perfectionné la fameuse organisation dite à «bras multiples» incluant des dispositifs anticabrage et antiplongée avec des amortisseurs oléopneumatiques. Les freins sont à disque sur les quatre roues et le dispositif antiblocage est monté en série.

Stimulus...

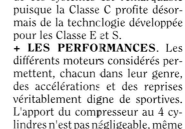
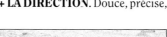

POSITIF

+ LA SÉCURITÉ. Elle tient à la grande rigidité de la carrosserie, qui offre une résistance optimale à différentes formes de collision, et aux éléments de protection habituels des occupants, même si toute cette haute technologie ne se reflète pas dans la note accordée par le bureau des autoroutes américaines.

+ LA QUALITÉ. Une Mercedes se doit d'offrir une construction très solide, une finition soignée et des matériaux de la plus haute qualité pour être digne de la réputation qui confère à ces véhicules une homogénéité exceptionnelle.

+ LE STYLE. Il est plus harmonieux que par le passé. Les retouches esthétiques apportées au fil des ans fait paraître la Classe C moins sévère et moins massive.

+ LA TENUE DE ROUTE. Elle est très rassurante, grâce à l'excellente suspension arrière qui assure un guidage parfait et la motricité assurée par un système antipatinage élaboré et efficace. La sophistication de ces systèmes est remarquable puisque la Classe C profite désormais de la technologie développée pour les Classe E et S.

+ LES PERFORMANCES. Les différents moteurs considérés permettent, chacun dans leur genre, des accélérations et des reprises véritablement digne de sportives. L'apport du compresseur au 4 cylindres n'est pas négligeable, même si cette solution ne semble pas être la plus rationnelle.

+ LE FREINAGE. Très efficace, il autorise des arrêts courts et rectilignes en toute circonstance et son endurance est excellente.

+ LA DIRECTION. Douce, précise, et bien dosée elle est mieux démultipliée qu'à une certaine époque mais le diamètre du volant reste un peu plus grand que la moyenne.

+ L'HABITABILITÉ. Elle permet enfin à quatre adultes d'y voyager confortablement et le coffre qui a un volume acceptable est facilement accessible et peut être agrandi en abaissant le dossier de la banquette divisé en deux parties.

+ UN BON POINT: pour le régulateur de vitesse dont la commande tombe aussi bien sous les yeux que sous les doigts du conducteur.

NÉGATIF

- LA PRÉSENTATION. L'intérieur du modèle de base fait plutôt ordinaire au prix où il est proposé.

- LA VISIBILITÉ. De 3/4 elle est bloquée par l'épaisseur du pilier C, ce qui gêne certaines manoeuvres de stationnement.

- LE CONFORT. Il n'a jamais été très moelleux car la suspension et le rembourrage des sièges sont fermes et certains bruits mécaniques, de roulement ou éoliens parviennent jusqu'aux oreilles des occupants du modèle à moteur 4 cylindres.

- LA SÉLECTION. La transmission automatique est munie d'un des sélecteurs les plus agaçants qui soit, dont le cheminement en zigzag oblige trop souvent à détourner les yeux pour vérifier ce que l'on fait.

- L'ACCÈS. Il demeure délicat de s'installer à l'arrière pour des personnes de grande taille, car la largeur des portes comme la hauteur sous plafond sont plutôt limitées.

- LA CONDUITE. Sur chaussée très glissante, elle requiert de la prudence, malgré la présence d'aides électroniques comme l'antiblocage l'antipatinage et l'antidérapage car, à la limite, le train arrière décroche brutalement, laissant peu de latitude au conducteur qui n'a pas la possibilité d'accélérer à un moment donné pour reprendre le contrôle de la situation.

- À REVOIR: certains accessoires (essuie-glace, climatiseur, radio) ou commandes (phares, frein de stationnement) ne sont pas au standard mondial et requièrent un sérieux apprentissage pour les faire fonctionner de façon satisfaisante.

CONCLUSION

Stimulée par la compétition, Mercedes bouge rapidement ses pions sur l'échiquier du marché afin de ne pas se laisser distancer et l'usage du moteur V8 dans cette catégorie lui donne une sérieuse avance sur son principal rival BMW qui n'en est pas encore là.

ÉVALUATION
MERCEDES-BENZ Classe C

CONCEPTION : 74%
Technique :	90
Sécurité :	90
Volume cabine :	45
Volume coffre :	55
Qualité/finition :	90

CONDUITE : 70%
Poste de conduite :	80
Performances :	60
Comportement :	60
Direction :	80
Freinage :	70

ÉQUIPEMENT D'ORIGINE : 79%
Pneus :	80
Phares :	80
Essuie-glace :	75
Dégivreur :	80
Radio :	80

CONFORT : 74%
Sièges :	75
Suspension :	75
Niveau sonore :	70
Commodités :	70
Climatisation :	80

BUDGET : 53%
Prix d'achat :	0
Consommation :	75
Assurance :	45
Satisfaction :	85
Dépréciation :	60

Moyenne générale: 70.0%

NOUVEAU POUR 1999

- Les versions C230 Kompressor Classique, Élégance, Élégance-Sport à moteur 2.3L compressé et C43 à moteur V8 4.3L.
- La radiocassette/lecteur de disques compacts Audio 30 à 8 haut-parleurs.
- Les rétroviseurs gauche et arrière anti-éblouissants.

MOTEURS / TRANSMISSIONS / PERFORMANCES

Modèles/versions	Type / distribution soupapes / carburation	Cylindrée cc	Puissance cv @ tr/mn	Couple lb.pi @ tr/mn	Rapport volumét.	Roues motrices / transmissions	Rapport de pont	Accélér. 0-100 km/h s	400 m D.A. s	1000 m D.A. s	Reprise 80-120 km/h s	Freinage 100-0 km/h m	Vites. maxi. km/h	Accélér. latérale G	Niveau sonore dBA	Consommation l./100km Ville	Route	Carburant Octane
C230K	L4C 2.3 DACT-16-IES	2295	185 @ 5300	200 @ 2500	8.8 :1	arrière - A5	3.27	ND										
C280	V6 2.8 SACT-18-IES	2799	194 @ 5800	195 @ 3000	10.0 :1	arrière - A5	3.07	8.2	16.1	28.4	5.8	40	210	0.80	66	11.8	8.1	S 91
C43	V8 4.3 SACT-24-IES	4266	302 @ 5850	302 @ 3250	10.0 :1	arrière - A5	3.07	ND										

PRIX & ÉQUIPEMENTS

MERCEDES-BENZ	C230K Classic	C280	C43
Prix maxi $:	37 550	49 950	ND
Prix mini $:	33 105	43 175	-
Transport & préparation $:	375	375	-
Boîte automatique:	S	S	S
Régulateur de vitesse:	S	S	S
Direction assistée:	S	S	S
Système antiblocage des freins:	S	S	S
Système antipatinage:	S	S	S
Climatiseur:	SM	SA	SA
Garnitures en cuir:	O	S	S
Radio MA/MF/ Cassette:	S	S	S
Serrures électriques:	S	S	S
Lève-vitres électriques:	S	S	S
Volant ajustable:	S	S	S
Rétroviseurs ext. ajustables:	SE	SE	SE
Jantes en alliage léger:	S	S	S
Système antivol:	S	S	S

Couleurs disponibles

Extérieur: Noir, Rouge, Ivoire, Bleu, Blanc, Gris, Vert, Argent, Taupe.

Intérieur: Noir, Bleu, Bourgogne, Beige, Gris, Vert.

EN BREF...

Catégorie: berlines de luxe propulsées. **Classe :** 7

HISTORIQUE
Inauguré en: 1993 (C)
Fabriqué à: Sindelfingen & Brement, Allemagne.

PROFIL DE CLIENTÈLE
Modèle	Hom./Fem.	Âge moyen	Mariés	CEGEP	Revenus
Classe C	73/27 %	48 ans	80%	61%	95 000 $

INDICES
Sécurité:	90 %	Satisfaction:	85%
Dépréciation:	40 %	Assurance:	1725 $
Prix de revient au km:	0.68 $	Nbre de concessionnaires:	11

VENTES
Modèle	1996	1997	Résultat	Part de marché
Classe C	379	583	+ 53.8 %	ND

PRINCIPAUX MODÈLES CONCURRENTS
ACURA TL, AUDI A4, BMW série 3, Infiniti I30, LEXUS ES 300, MAZDA Millenia, MITSUBISHI Diamante, SAAB 9[3], VOLVO S70.

ENTRETIEN REQUIS PAR LA GARANTIE
Première révision:	Fréquence:	Prise de diagnostic:
4 800 km	12 000 km	Oui

CARACTÉRISTIQUES

Modèles	Versions	Carrosseries/ Sièges	Volume cabine l.	Volume coffre l.	Cx	Empat. mm	Long x larg x haut. mm x mm x mm	Poids à vide kg	Susp. av/ar	Freins av/ar	Direction type	Diamètre braquage m	Tours volant b à b.	Réser. essence l.	dimensions	Pneus d'origine marque	modèle	Mécanique d'origine
MERCEDES-BENZ		Garantie totale: 4 ans / 80 000 km avec assistance routière.																
C230	K	ber.4 p.5	2492	365	0.32	2690	4507x1720x1424	1474	ih/ih	d/ABS	bil.ass.	10.7	3.1	62.0	205/60R15	Michelin	Energy MXV4	L4C/2.3/A5
C280		ber.4 p.5	2492	365	0.32	2690	4507x1720x1424	1504	ih/ih	d/ABS	bil.ass.	10.7	3.2	62.0	205/60R15	Michelin	Energy MXV4	V6/2.8/A5
C43		ber.4 p.5	2492	365	0.33	2690	4507x1720x1424	1564	ih/ih	d/ABS	bil.ass.	10.7	3.1	62.0	av.225/45ZR17 ar.245/40ZR17	Michelin	Pilot SX	V8/4.3/A5

Le constructeur de Stuttgart a finalement préféré créer des coupés et un cabriolet originaux à partir de la plate-forme de la classe C, au lieu de chercher à transformer la carrosserie de ces dernières comme cela a déjà été le cas dans le passé. Cette solution a l'avantage de donner l'impression d'une multiplicité de modèles, alors qu'en réalité ils partagent les mêmes éléments mécaniques.

GAMME

La famille CLK est composée de deux coupés et d'un cabriolet deux portes proposés en version de base munie d'un moteur V6 de 3.2L, assisté d'une transmission automatique à 5 rapports. Cette année une version plus sportive du coupé fait son apparition sous le vocable 430, signifiant qu'elle est pourvue du V8 de 4.3L qu'elle partage avec la C43, la E430 et le ML430. Ce modèle se reconnaît à sa présentation plus agressive.

TECHNIQUE

Basés sur la plate-forme de la Classe C, les coupés et le cabriolet CLK possèdent une carrosserie qui leur est propre. Bien dessinée, elle offre une bonne efficacité aérodynamique avec un coefficient de 0.31. Le traitement des phares, similaire à celui de la Classe E apporte, une note distinctive et se marie bien à la calandre traditionnelle pour donner une image plus jeune à ces modèles. Monocoque en acier, la carrosserie est un modèle de rigidité, particulièrement celle du cabriolet auquel Mercedes a appliqué des solutions originales pour que sa coque résiste de manière satisfaisante aux torsions et flexions.

La suspension avant est à double triangles superposés dont la géométrie a été étudiée pour améliorer la stabilité, réduire la résistance au roulement et prolonger la vie des pneus en même temps que prévenir les effets de cabrage ou de plongée. À l'arrière, on retrouve la fameuse organisation à bras tirés multiples qui est une des plus efficaces et des plus légères au monde. Les freins sont à disque aux quatre roues assistés par un dispositif qui adapte ses réactions à celles du conducteur pour en moduler l'efficacité.

L'antiblocage et l'antipatinage utilisent les mêmes composants électroniques pour assurer la stabilité primaire du véhicule qui dispose aussi d'un dispositif antidérapage (ESP) optionnel qui agit lorsque l'assiette est perturbée par des mouvements excessifs lors de la prise de virage ou de dérapage sur chaussée glissante.

Refuge...

POSITIF

+ **L'ALLURE.** Malgré leur taille relativement modeste, ces véhicules offrent un style harmonieux très réussi, plus de 3/4 avant et de profil que de 3/4 arrière où leur étroitesse est plus évidente.

+ **LE PRIX.** Compte tenu de leur apparence flatteuse, de la sophistication de leur technique, de leur équipement complet et de la qualité de leur exécution, le prix auquel ces deux modèles sont offerts semble des plus compétitifs.

+ **LA SÉCURITÉ.** Avec ses quatre coussins d'air, elle est poussée à un niveau supérieur à celui de bien d'autres modèles concurrents, tant de manière passive qu'active. Mercedes-Benz a été un des premiers constructeurs à suivre cette voie bien avant que ce domaine ne tombe sous juridiction gouvernementale.

+ **LES PERFORMANCES.** Déjà très épicées avec le V6 de 3.2L, elles deviennent exotiques avec le V8 de 4.3L qui leur confère un sentiment particulier jusqu'à présent inconnu dans cette catégorie.

+ **LA CONDUITE.** Elle est très agréable grâce à l'équilibre général de ces modèles qui est très rassurant. Homogènes ils peuvent aussi bien être conduits de manière tranquille et confortable et se déchaîner soudainement dans une succession de virages où leur pilote voudra vérifier s'il n'a pas perdu la main...

+ **LE COFFRE.** Sa capacité est surprenante pour ce genre de véhicule, surtout qu'il peut être agrandi en escamotant le dossier de la banquette qui est aussi muni d'une trappe à skis.

+ **UN BON POINT** : pour la climatisation sophistiquée fonctionnant sur plusieurs niveaux, pour l'ensemble lave-essuie-glace très efficace et les appuie-tête arrière escamotables.

+ **INGÉNIEUX** : les porte-gobelets «high tech» et le senseur qui ajuste le battement de l'essuie-glace à l'intensité de la pluie.

NÉGATIF

- **LE BRUIT.** Il est curieux que sur une voiture de ce niveau technique, les bruits de roulement soient aussi envahissants et que le moteur manifeste autant sa présence à la moindre accélération. Il semble que les constructeurs germaniques ne considèrent pas le niveau sonore comme un élément de confort.

- **LA DIRECTION.** Trop démultipliée, elle nuit à la spontanéité de la conduite sportive, pénalisant à la fois l'agilité et la précision sur tracé sinueux.

- **LES PLACES ARRIÈRE.** Malgré le soin dont elles ont fait l'objet, elles ne peuvent être utilisées qu'en dépannage, car leurs dégagements sont limités et leur rembourrage très dur.

- **LES COMMANDES.** Celles situées sur la console centrale ne sont pas très pratiques à utiliser, de même que le chemin zigzaguant du sélecteur qui horripile certains jours, surtout qu'aucun rappel de sa position ne figure parmi les instruments.

- **LA STABILITÉ.** À plusieurs reprises durant notre essai, la CLK s'est montrée sensible au vent latéral et à la qualité de la surface de la route. Dans ce dernier cas, il faut préciser qu'elle était équipée de pneus à neige de bonne qualité, ce qui n'explique toutefois pas complètement certains écarts de comportement.

- **LES RANGEMENTS.** Si les vide-poches de portières donnent toute satisfaction, la boîte à gants et le coffret de la console centrale déçoivent par leurs faibles dimensions.

- **L'ENTRETIEN.** Si le prix d'achat et la consommation sont relativement justifiés, la tarification de l'entretien semble parfois abusive même lorsqu'on en a les moyens.

- **À REVOIR** : les vitres électriques qui sont d'une lenteur exaspérante et les phares moins efficaces en position croisement.

CONCLUSION

Dans un marché favorable aux véhicules utilitaires, il demeure des niches où les coupés et cabriolets ont encore la faveur d'un certain public. Se situant à un niveau intermédiaire, les CLK ont l'avantage d'offrir un haut niveau technologique sous un format et à un prix, somme toute raisonnable. ☺

ÉVALUATION
MERCEDES-BENZ CLK320

CONCEPTION : 69%
Technique : 90
Sécurité : 90
Volume cabine : 35
Volume coffre : 40
Qualité/finition : 90

CONDUITE : 74%
Poste de conduite : 80
Performances : 80
Comportement : 70
Direction : 80
Freinage : 60

ÉQUIPEMENT D'ORIGINE : 84%
Pneus : 80
Phares : 80
Essuie-glace : 90
Dégivreur : 85
Radio : 85

CONFORT : 69%
Sièges : 80
Suspension : 80
Niveau sonore : 40
Commodités : 65
Climatisation : 80

BUDGET : 51%
Prix d'achat : 0
Consommation : 55
Assurance : 35
Satisfaction : 90
Dépréciation : 75

Moyenne générale : 69.4%

NOUVEAU POUR 1999

- La version cabriolet CLK320.
- Le moteur V8 de 4.3L du coupé CLK430.
- Le système ASR standard sur tous les modèles.
- Le système de stabilité électronique (ESP) standard sur le coupé CLK430 et optionnel sur les CLK320.
- La radiocassette-lecteur de disques compacts Audio 30.

MOTEURS / TRANSMISSIONS / PERFORMANCES

Modèles/versions	Type / distribution soupapes / carburation	Cylindrée cc	Puissance cv @ tr/mn	Couple lb.pi @ tr/mn	Rapport volumét.	Roues motrices / transmissions	Rapport de pont	Accél. 0-100 km/h s	400m s	1000m s	Reprise 80-120 km/h s	Freinage 100-0 km/h m	Vites. maxi. km/h	Accélér. latérale G	Niveau sonore dBA	Conso. Ville l./100km	Route	Carburant Octane
320	V6 3.2 SACT-18-IES	3199	215 @ 5700	229 @ 3000	10.0 :1	arrière - A5	3.07	7.3	15.5	26.4	5.2	38	210	0.83	66	11.2	7.4	S 91
430	V8 4.3 SACT-24-IES	4266	275 @ 5750	295 @ 3000	10.0 :1	arrière - A5	2.87	ND										

PRIX & ÉQUIPEMENTS

MERCEDES-BENZ CLK	coupé	cabriolet
Prix maxi $:	56 950	ND
Prix mini $:	50 505	-
Transport & préparation $:	435	-
Boîte automatique :	S	S
Régulateur de vitesse :	S	S
Direction assistée :	S	S
Système antiblocage des freins :	S	S
Système antipatinage :	S	S
Climatiseur :	SA	SA
Garnitures en cuir :	S	S
Radio MA/MF / Cassette :	SDc	SDc
Serrures électriques :	S	S
Lève-vitres électriques :	S	S
Volant ajustable :	S	S
Rétroviseurs ext. ajustables :	SEC	SEC
Jantes en alliage léger :	S	S
Système antivol :	S	S

Couleurs disponibles
Extérieur : Noir, Blanc, Bleu, Bordeaux, Rouge, Argent, Vert.

Intérieur : Cabriolet : Noir, Bleu, Vert. Coupé : Noir, Huître, Cendre.

EN BREF...

Catégorie : coupés et cabriolets de luxe propulsés. **Classe :** 7

HISTORIQUE
Inauguré en : coupé : 1998 cabriolet : 1999.
Fabriqué à : Sindelfingen, Allemagne.

PROFIL DE CLIENTÈLE
Modèle	Hom./Fem.	Âge moyen	Mariés	CEGEP	Revenus
CLK	ND				

INDICES
Sécurité : 90 % **Satisfaction :** 88 %
Dépréciation : 25 % **Assurance :** 1850-2250 $
Prix de revient au km : 0.95-1.05 $ **Nbre de concessionnaires :** 11

VENTES
Modèle	1996	1997	Résultat	Part de marché
CLK	Non commercialisé à cette époque.			

PRINCIPAUX MODÈLES CONCURRENTS
JAGUAR XK8

ENTRETIEN REQUIS PAR LA GARANTIE
Première révision : 5 000 km **Fréquence :** 15 000 km **Prise de diagnostic :** Oui

CARACTÉRISTIQUES

Modèles	Versions	Carrosseries/ Sièges	Volume cabine l.	Volume coffre l.	Cx	Empat. mm	Long x larg x haut. mm x mm x mm	Poids à vide kg	Susp. av/ar	Freins av/ar	Direction type	Diamètre braquage m	Tours volant b à b.	Réser. essence l.	dimensions	Pneus d'origine marque	modèle	Mécanique d'origine
MERCEDES-BENZ		Garantie générale : 4 ans / 80 000 km; corrosion perforation; 5 ans / kilométrage illimité.																
CLK	320	cpé.2 p.5	2285	311	0.31	2690	4577x1722x1346	1470	ih/ih	d/ABS	bil.ass.	10.7	3.2	62.0	205/55R16	Michelin Energy MXV4		V6/3.2/A5
CLK	320	déc.2 p.4	2145	273	0.32	2690	4577x1722x1380	ND	ih/ih	d/ABS	bil.ass.	10.7	3.2	62.0	205/55R16	Michelin Energy MXV4		V6/3.2/A5
CLK	430	cpé.2 p.5	2285	318	0.31	2690	4577x1722x1371	1525	ih/ih	d/ABS	bil.ass.	10.7	3.2	62.0 av.225/45ZR17		Michelin	Pilot SX	V8/4.3/A5
														ar.245/40ZR17		Michelin	Pilot SX	

La Classe E est sans aucun doute le modèle qui symbolise le mieux Mercedes-Benz. Elle est, et de loin, le modèle le plus vendu à travers le monde, titre qu'elle a arraché à la classe C. Son style, qui a constitué une étape intermédiaire dans l'évolution de la marque, est déjà éloigné de celui des dernières Classe S, n'empêche elle est à la fine pointe des derniers développements techniques.

GAMME

La Classe E comprend une berline à 4 portes, la E300 équipée d'un moteur 6 cylindres Turbo Diesel de 3.0L, une berline et une familiale E320 pourvues du nouveau V6 de 3.2L et en option de la traction intégrale et enfin la 430 qui dispose d'un moteur V8 de 4.3L. Elles bénéficient toutes d'une transmission automatique à 5 rapports ainsi que des systèmes antiblocage (ABS) et antipatinage des roues (ASR), auxquels peut s'ajouter l'antidérapage (ESP). L'équipement très complet comprend tout ce que l'on peut désirer sur une voiture de cette catégorie.

TECHNIQUE

La carrosserie des Classe E est monocoque en acier et sa rigidification s'est aussi accompagnée d'une diminution de poids. Elle est assortie d'une bonne efficacité aérodynamique puisque son coefficient est de 0.29. La suspension avant est constituée de doubles fourches, tandis qu'à l'arrière, le montage à «cinq leviers» a été allégé. La direction est à crémaillère avec assistance variable et les freins sont à disque aux quatre roues avec système antiblocage couplé à un antipatinage ASR 5 sur les E300-320, auquel s'ajoute un antidérapage sur la E430 (optionnel sur la E320). Ce système baptisé ESP détecte la moindre instabilité, le moindre glissement latéral, survirage, dérapage ou mouvement de lacet et utilise l'ABS et l'ASR pour contrôler la trajectoire et l'assiette du véhicule. Côté sécurité passive, en plus des coussins d'air frontaux, Mercedes installe des coussins latéraux disposés dans les portes et activés par des capteurs séparés, réagissant dès qu'une pression dépasse 5 kg. Les ceintures avant sont pourvues de rétracteurs de tension électroniques et de limiteurs de force destinés à réduire les blessures thoraciques. À noter: le système d'essuie-glace intermittent dont la fréquence est contrôlée par des diodes mesurant l'intensité de la pluie sur le pare-brise, et le radar placé sur le pare-chocs détectant enfants ou objets au moment de stationner.

L'équilibre parfait...

TRÈS POSITIF

++ L'HOMOGÉNÉITÉ. Elle est exceptionnelle, car ce modèle dégage une impression de solidité et de sécurité extraordinaire.

++ LE RENDEMENT. Tous les moteurs équipant la Classe E autorisent des performances élevées, que l'on peut qualifier de sportives, pour une consommation très raisonnable.

POSITIF

+ LE STYLE. Moins anguleux qu'autrefois, il est aussi plus aérodynamique et ses phares ovales lui donnent une personnalité distinctive très classique.

+ LA QUALITÉ. Elle est extrême dans les moindres détails, que ce soit au niveau de l'ingénierie, de la fabrication, de la finition, que des matériaux ou de l'équipement.

+ LA SÉCURITÉ. Son côté passif bénéficie des derniers développements en matière de rigidification de la coque lui permettant de résister à divers types de collision et côté actif, on constate la mise en oeuvre de coussins frontaux, latéraux et de rideaux visant à protéger la tête et le torse des occupants.

+ LE COMPORTEMENT. Il a gagné en précision, en agilité et en sécurité grâce aux aides à la conduite (ABS-ASR-ESP) qui permettent au conducteur de reprendre le contrôle du véhicule après un dérapage. Les modèles de la Classe E atteignent un degré d'équilibre remarquable, car leur neutralité semble sans limite en conduite normale.

+ LES PERFORMANCES. Celles des moteurs à essence sont comparables à celles des voitures de sport, surtout celles de la E430 qui sous des dehors anodins, peut donner la réplique à certains modèles dits exotiques.

+ LE CONFORT. Il est remarquable car la cabine est suffisamment vaste pour permettre à cinq personnes de s'y installer à l'aise. La suspension qui est ferme absorbe efficacement les principaux défauts du revêtement sans jamais être désagréable et les sièges dont le rembourrage est sans compromis, sont tout de même mieux galbés et plus moelleux qu'à une certaine époque.

+ LA MANIABILITÉ. Elle est excellente pour une voiture de ce format dont le diamètre de braquage est raisonnable, ce qui explique sans doute qu'en Europe, elle constitue le choix de nombreux chauffeurs de taxi.

+ LE CÔTÉ PRATIQUE : L'ampleur de ses ventes nord-américaines a poussé Mercedes à tenir de plus en plus compte de certains détails tels les espaces de rangement, les porte-gobelets ou les crochets à cintres qui lui semblaient futiles à une certaine époque.

NÉGATIF

- LE MOTEUR DIESEL. Sa conduite reste des plus frustrantes pour un client nord-américain habitué à l'opulence des moteurs V8 à essence et sa consommation économie n'est pas un argument suffisant pour endurer, ses performances moindres, ses bruits, ses vibrations et ses fumées peu prisés ici.

- LES PHARES. Ceux au xénon permettent une remarquable visibilité la nuit, sans pour autant éblouir les autres usagers. Il est vraiment dommage qu'ils ne fassent pas partie de l'équipement de série de ce véhicule dont ils renforceraient encore la sécurité.

- LA VISIBILITÉ. Elle est gênée de 3/4 arrière par l'épaisseur et l'angle des piliers B et lorsqu'il pleut, l'essuie-glace unique n'offre pas un nombre de battements suffisant pour faire face à de fortes pluies.

- À REVOIR : le coffre dont le volume n'est pas proportionnel à celui de la cabine, les protège-genoux gênants, surtout du côté du conducteur et le cheminement agaçant du sélecteur de vitesse.

CONCLUSION

On ne peut pas se tromper de beaucoup en optant pour un de ces modèles car ils représentent la parfaite synthèse de ce qu'est une berline de taille moyenne de notre époque, à la fois rassurante, performante et agréable à conduire tout en procurant un confort et un luxe adéquats. ☺

ÉVALUATION
MERCEDES-BENZ Classe E

CONCEPTION :		83%
Technique :	90	
Sécurité :	100	
Volume cabine :	65	
Volume coffre :	70	
Qualité/finition :	90	

CONDUITE :		71%
Poste de conduite :	80	
Performances :	70	
Comportement :	65	
Direction :	80	
Freinage :	60	

ÉQUIPEMENT D'ORIGINE :		78%
Pneus :	80	
Phares :	80	
Essuie-glace :	75	
Dégivreur :	75	
Radio :	80	

CONFORT :		75%
Sièges :	80	
Suspension :	80	
Niveau sonore :	70	
Commodités :	65	
Climatisation :	80	

BUDGET :		51%
Prix d'achat :	0	
Consommation :	70	
Assurance :	40	
Satisfaction :	90	
Dépréciation :	55	

Moyenne générale: 71.6%

NOUVEAU POUR 1999
- Le V8 de 4.3L remplace le 4.2L sur la E430.
- Le système de stabilité électronique (ESP) standard sur la E430, optionnel sur tous les autres modèles.
- Les rideaux gonflables protégeant la tête std sur les berlines.
- Les garnitures de cuir standard sur la E300 Diesel et Wagon.
- La radiocassette-lecteur de disques compacts Audio 30.
- L'applique de noyer autour du sélecteur de vitesses.

MOTEURS / TRANSMISSIONS / PERFORMANCES

Modèles/versions	Type / distribution soupapes / carburation	Cylindrée cc	Puissance cv @ tr/mn	Couple lb.pi @ tr/mn	Rapport volumét.	Roues motrices / transmissions	Rapport de pont	Accélér. 0-100 km/h s	400 m D.A. s	1000 m D.A. s	Reprise 80-120 km/h s	Freinage 100-0 km/h m	Vites. maxi. km/h	Accélér. latérale G	Niveau sonore dBA	Consommation l./100km Ville	Route	Carburant Octane
E300	L6TD* 3.0 DACT-24-PI	2996	174 @ 5000	244 @ 1600	22.0 :1	arrière - A5*	3.46	9.0	16.9	30.3	6.8	40	210	0.82	67	8.9	6.3	D
E320	V6* 3.2 SACT-18-IES	3199	221 @ 5600	232 @ 3000	10.0 :1	arrière - A5*	3.07	7.5	15.6	26.8	5.4	39	210	0.82	65	11.3	7.6	S 91
E320 AWD	V6* 3.2 SACT-18-IES	3199	221 @ 5600	232 @ 3000	10.0 :1	ar./4 - A5*	3.07	7.8	16.0	27.0	5.7	39	210	0.82	65	11.8	8.1	S 91
E430	V8*4.3 DACT-24-IEM	4266	275 @ 5750	295 @ 3000	10.0 :1	arrière - A5*	2.87	6.5	14.5	26.0	4.5	41	210	0.82	65	15.2	10.0	S 91

PRIX & ÉQUIPEMENTS

MERCEDES-BENZ	E300TD	E320	E430
Prix maxi $:	59 950	66 450	73 950
Prix mini $:	52 405	58 130	64 755
Transport & préparation $:	435	435	435
Boîte automatique:	S	S	S
Régulateur de vitesse:	S	S	S
Direction assistée:	S	S	S
Système antiblocage des freins:	S	S	S
Système antipatinage:	S	S	S
Climatiseur:	SA	SA	SA
Garnitures en cuir:	O	S	S
Radio MA/MF/ Cassette:	SDc	SDc	SDc
Serrures électriques:	S	S	S
Lève-vitres électriques:	S	S	S
Volant ajustable:	S	S	S
Rétroviseurs ext. ajustables:	SEC	SEC	SEC
Jantes en alliage léger:	S	S	S
Système antivol:	S	S	S

Couleurs disponibles
Extérieur: Noir, Blanc, Turquoise, Indigo, Bleu, Bordeaux, Argent, Vert.

Intérieur: Noir, Bleu, Gris, Parchemin.

EN BREF...

Catégorie: voitures de luxe propulsés et 4 roues motrices. **Classe :** 7

HISTORIQUE

Inauguré en:	1996.
Fabriqué à:	Sindelfingen, (Stuttgart) Allemagne.

PROFIL DE CLIENTÈLE

Modèle	Hom./Fem.	Âge moyen	Mariés	CEGEP	Revenus
Classe E	81/19%	50 ans	82%	62%	120 000 $

INDICES

Sécurité:	100 %	Satisfaction:	92 %
Dépréciation:	40 %	Assurance:	1 700 à 2 200 $
Prix de revient au km:	0.85 -1.05 $	Nbre de concessionnaires:	11

VENTES

Modèle	1996	1997	Résultat	Part de marché
Classe E	402	436	+ 8.5 %	4.5 %

PRINCIPAUX MODÈLES CONCURRENTS
ACURA RL, AUDI A6, BMW Série 5, INFINITI Q45, LEXUS GS 300-400, SAAB 9-5, VOLVO S80.

ENTRETIEN REQUIS PAR LA GARANTIE

Première révision:	Fréquence:	Prise de diagnostic:
5 000 km	15 000 km	Oui

CARACTÉRISTIQUES

Modèles	Versions	Carrosseries/ Sièges	Volume cabine l.	Volume coffre l.	Cx	Empat. mm	Long x larg x haut. mm x mm x mm	Poids à vide kg	Susp. av/ar	Freins av/ar	Direction type	Diamètre braquage m	Tours volant b à b.	Réser. essence l.	dimensions	Pneus d'origine marque	modèle	Mécanique d'origine
MERCEDES-BENZ	Garantie générale: 4 ans / 80 000 km; corrosion perforation; 5 ans / kilométrage illimité.																	
E300	Diesel	ber.4 p.5	2690	433	0.29	2833	4810x1799x1439	1650	ih/ih	d/ABS	crém.ass.	11.34	3.3	80.0	215/55HR16	Continental	Eco Plus	L6D/3.0/A5
E320	Essence	ber.4 p.5	2690	433	0.29	2833	4810x1799x1439	1570	ih/ih	d/ABS	crém.ass.	11.34	3.3	80.0	215/55HR16	Continental	Eco Plus	V6/3.2/A5
E320 AWD	Essence	fam.4 p.7	2767	1240	0.34	2833	4825x1799x1506	1755	ih/ih	d/ABS	crém.ass.	11.34	3.3	70.0	215/55HR16	Continental	Eco Plus	V6/3.2/A5
E430	Essence	ber.4 p.5	2690	433	0.29	2833	4810x1799x1439	1715	ih/ih	d/ABS	crém.ass.	11.34	3.3	80.0	215/55HR16	Continental	Eco Plus	V8/4.3/A5

Mercedes n'a pas manqué son coup en étudiant et en fabriquant un véhicule polyvalent pour l'Amérique du Nord. Le ML320 connaît un succès tel que les listes d'attente s'étirent au-delà d'un an et qu'on ne peut même pas se rabattre sur un usagé, car ils s'arrachent à la même vitesse que les neufs. L'arrivée cette année de la version à moteur V8 ne fera rien pour calmer ce phénomène, bien au contraire. La stratégie fonctionne à merveille, car tous ces nouveaux clients constituent un fabuleux potentiel pour les autres modèles du constructeur allemand.

GAMME

Le Classe M est un véhicule polyvalent de classe intermédiaire du gabarit des gros vendeurs actuels. Il est disponible sous la forme d'une familiale quatre portes avec hayon se relevant verticalement en finitions Classique ou Élégance et à moteur V6 baptisé ML320 ou à V8, ML430. L'équipement de la version Classique, très complet, comprend la plupart des éléments de confort et de luxe en vigueur. La version Élégance et la 430 y ajoutent des sièges garnis de cuir dont ceux placés à l'avant ont huit ajustements électriques et sont chauffants, un toit ouvrant électrique, des appliques de bois et une chaîne haute-fidélité Bose. En 1999 tous les modèles sont équipés du freinage assisté et du dispositif antidérapage ESP.

TECHNIQUE

Au moment de définir son produit vedette pour le marché américain, Mercedes a adopté les solutions techniques les plus éprouvées. Le Classe M se compare mieux au Ford Explorer qu'au Grand Cherokee, par sa constitution faite d'une carrosserie fixée à un châssis séparé, permettant d'offrir une rigidité maximale et d'éliminer un maximum de bruits, de vibrations et de secousses en provenance tant des roues que de la mécanique. Fait d'acier traité contre la corrosion, le châssis est équipé d'une suspension indépendante aux quatre roues, à base de triangles inégaux superposés, de barres de torsion et de barre antiroulis. La direction à crémaillère possède une assistance variable et les freins sont à disque aux quatre roues, contrôlés par un système antiblocage à quatre voies. La transmission à quatre roues motrices est originale du fait qu'elle n'utilise pas le blocage des différentiels pour maintenir la traction constante. Elle reprend le système 4ETS déjà utilisé sur les voitures à

Un succès fou..

traction intégrale de la marque, comprenant un système électronique qui contrôle la rotation de chaque roue grâce aux senseurs de l'antiblocage et qui répartit la puissance en fonction de la meilleure adhérence en agissant sur les différentiels. Lors des évolutions hors route, on obtient une démultiplication courte des rapports en pressant un bouton placé au tableau de bord. Côté sécurité, le classe M devance la plupart de ses rivaux puisqu'il dispose d'une cage de sécurité autour de l'habitacle, de coussins gonflables frontaux et latéraux ainsi que de ceintures avant équipées de tendeurs.

POSITIF

+ LE PRESTIGE. Pourquoi se priver d'exposer dans son entrée une Mercedes à un prix pas tellement éloigné d'un Explorer Limited?

+ LE PRIX. La version Classique est presque abordable et comparable aux «Limited» de ses rivaux américains, compte tenu de son équipement extrêmement fourni.

+ LA SÉCURITÉ. Elle atteint un niveau sans précédent, autant du côté passif avec ses quatre coussins gonflables et la cage anticapotage qu'actif ou son comportement équilibré par des aides à la conduite comme l'antidérapage, l'antiblocage et l'antipatinage des roues lui permettant de tenir le haut du pavé.

+ LA CONDUITE. L'ensemble de ses paramètres place le Classe M au-dessus de la mêlée de ses concurrents, car son rendement mécanique très élevé procure des performances et un agrément de conduite élevés. Ses réactions «automobiles» contrastent avec celles de ses rivaux issus de camionnettes.

+ LE STYLE. Il a créé un genre que Lexus s'est empressé de copier, mais sa ligne douce est aussi efficace puisque sa finesse aérodynamique est sanctionnée par un coefficient de 0.39.

+ LE FORMAT. Intermédiaire, il est bien adapté à la grande majorité des utilisateurs nord-américains, car malgré ses proportions compactes, il est très logeable tant dans la cabine que la soute dont le volume surpasse celui de la plupart de ses concurrents.

+ LE CONFORT. Il est remarquable, que ce soit au niveau de la suspension sophistiquée, des sièges bien formés, que du bruit qui se maintient à un niveau raisonnable à vitesse de croisière.

+ UN BON POINT : pour la puissance sécuritaire des phares, les rangements en nombre suffisant et le cache-bagages utile.

NÉGATIF

- LA QUALITÉ. Certains détails de finition qui ne collent pas avec la réputation du constructeur allemand, tout comme la qualité des matières plastiques. Notre véhicule d'essai laissait entendre de nombreux bruits de carrosserie.

- LA DIRECTION. Trop démultipliée, elle oblige à mouliner autant en tout terrain qu'en manoeuvre de stationnement.

- LA BANQUETTE ARRIÈRE. Difficile d'accès à cause de l'étroitesse des portes, elle n'est pas pratique à utiliser avec ses trois places étroites trop délimitées. De plus, son dispositif d'escamotage est si complexe que même en étant ingénieur on n'est pas capable de le faire fonctionner du premier coup.

- À REVOIR: la commande bizarre du régulateur de vitesse, celles des vitres peu commodes situées sur la console centrale, la jauge à essence imprécise, le chargeur de disques compacts très mal placé dans la soute à bagages et inaccessible lorsque cette dernière est chargée. On se plaindra encore du manque de rappel de la transmission et de l'absence de poignées aidant à monter à bord.

CONCLUSION

Ce véhicule polyvalent n'a pas fini de faire parler de lui, ni de conquérir des parts de marché si ses concurrents ne réagissent pas rapidement. De toute manière, à un prix compétitif, un véhicule portant l'étoile Mercedes aura moins de mal à convaincre que son constructeur à en fabriquer assez pour répondre à la demande...

ÉVALUATION
MERCEDES-BENZ Classe M

CONCEPTION :		78%
Technique :	85	
Sécurité :	90	
Volume cabine :	65	
Volume coffre :	70	
Qualité/finition :	80	

CONDUITE :		69%
Poste de conduite :	80	
Performances :	60	
Comportement :	50	
Direction :	80	
Freinage :	75	

ÉQUIPEMENT D'ORIGINE :		79%
Pneus :	80	
Phares :	80	
Essuie-glace :	75	
Dégivreur :	80	
Radio :	80	

CONFORT :		75%
Sièges :	80	
Suspension :	75	
Niveau sonore :	60	
Commodités :	80	
Climatisation :	80	

BUDGET :		49%
Prix d'achat :	10	
Consommation :	50	
Assurance :	35	
Satisfaction :	80	
Dépréciation :	70	

Moyenne générale :	70.0%

NOUVEAU POUR 1999

- Nouveau modèle ML430 à moteur V8 de 4.3L.
- Ouvre-porte de garage intégré.
- Le freinage assisté et le système ESP standard sur les deux modèles.
- Pare-chocs de couleur assortie à la carrosserie.

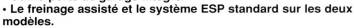

MOTEURS / TRANSMISSIONS / PERFORMANCES

Modèles/ versions	Type / distribution soupapes / carburation	Cylindrée cc	Puissance cv @ tr/mn	Couple lb.pi @ tr/mn	Rapport volumét.	Roues motrices / transmissions	Rapport de pont	Accélér. 0-100 km/h s	400 m D.A. s	1000 m D.A. s	Reprise 80-120 km/h s	Freinage 100-0 km/h m	Vites. maxi. km/h	Accélér. latérale G	Niveau sonore dBA	Consommation Ville	l./100km Route	Carburant Octane
ML320	V6 3.2 SACT-18-IES	3199	215 @ 5500	233 @ 3000	10.0 :1	toutes - A5	3.69	9.0	17.0	30.5	7.2	41	180	0.75	65-70	14.1	10.1	S 91
ML430	V8 4.3 SACT-24-IES	4266	268 @ 5500	288 @ 3000	10.0 :1	toutes - A5	3.46	ND										

PRIX & ÉQUIPEMENTS

MERCEDES-BENZ	ML320 Classic	ML320 Élégance	ML430 ND
Prix maxi $:	46 500	52 800	ND
Prix mini $:	41 390	46 995	-
Transport & préparation $:	435	435	-
Boîte automatique:	S	S	S
Régulateur de vitesse:	S	S	S
Direction assistée:	S	S	S
Système antiblocage des freins:	S	S	S
Système antipatinage:	S	S	S
Climatiseur:	SM	SA	SA
Garnitures en cuir:	-	S	S
Radio MA/MF/ Cassette:	SDc	SDc	SDc
Serrures électriques:	S	S	S
Lève-vitres électriques:	S	S	S
Volant ajustable:	S	S	S
Rétroviseurs ext. ajustables:	SEC	SEC	SEC
Jantes en alliage léger:	S	S	S
Système antivol:	S	S	S

Couleurs disponibles
Extérieur: Argent, Noir, Blanc, Rubis, Vert, Emeraude.
Intérieur : Tissu : Gris. Cuir: Sable, Gris.

EN BREF...

Catégorie: Véhicule tout terrain polyvalent à 4 roues motrices. **Classe :** utilitaires

HISTORIQUE
Inauguré en:	1998
Fabriqué à:	Tuscaloosa, Alabama, États-Unis,

PROFIL DE CLIENTÈLE
Modèle	Hom./Fem.	Âge moyen	Mariés	CEGEP	Revenus
ML320	65/35%	45 ans	80%	52%	100 000 $

INDICES
Sécurité:	90%	Satisfaction:	82 %
Dépréciation:	30%	Assurance:	1675 $
Prix de revient au km:	0.55 $	Nbre de concessionnaires:	11

VENTES
Modèle	1996	1997	Résultat	Part de marché
ML320	-	120	-	-

PRINCIPAUX MODÈLES CONCURRENTS
CHEVROLET Blazer, DODGE Durango, FORD Explorer, ISUZU Trooper, JEEP Grand Cherokee, GMC Jimmy, LAND ROVER Range & Discovery, LEXUS RX 300, MITSUBISHI Montero, NISSAN Pathfinder, TOYOTA 4Runner & Land Cruiser.

ENTRETIEN REQUIS PAR LA GARANTIE
Première révision:	Fréquence:	Prise de diagnostic:
5 000 km	12 000 km	Oui

CARACTÉRISTIQUES

Modèles	Versions	Traction	Carrosseries/ Sièges	Empat. mm	Long x larg x haut. mm x mm x mm	Poids à vide kg	Susp. av/ar	Freins av/ar	Direction type	Diamètre braquage m	Tours volant b à b.	Réser. essence l.	Pneus d'origine dimensions	marque	modèle	Mécanique d'origine
MERCEDES-BENZ			Garantie générale : 4 ans/ 80 000 km avec assistance routière 24 heures.													
ML320	Classique	4x4	fam. 4 p. 5/7	2820	4587x1833x1776	1905	ih/ih	d/ABS	crém.ass.	11.3	3.62	70.0	255/65R16	General	Grabberst	V6/3.2/A5
ML320	Élégance	4x4	fam. 4 p. 5/7	2820	4587x1833x1776	1922	ih/ih	d/ABS	crém.ass.	11.3	3.62	70.0	255/65R16	General	Grabberst	V6/3.2/A5
ML430		4x4	fam. 4 p. 5/7	2820	4587x1833x1776	2010	ih/ih	d/ABS	crém.ass.	11.3	3.62	70.0	275/55R17	General	Grabberst	V8/4.3/A5

La Classe S a toujours constitué la meilleure vitrine technologique du constructeur de Stuttgart. Toutefois en voulant toujours faire plus gros, plus sophistiqué, plus cher, Mercedes s'est heurté à certaines réticences de la clientèle concernant le modèle actuel qui est contesté depuis son dernier renouvellement. Pour faire taire les critiques, il a été décidé de le renouveler plus tôt que prévu, par un modèle dont le format sera moins prétentieux, la ligne plus douce, mais la sophistication encore haussée d'un cran (Voir p.64).

GAMME

La Classe S est composée de berlines à quatre portes sur deux empattements, le court de la S320 et le long des S420, S500 et S600, de coupés deux portes CL500 et CL600 et des deux cabriolets SL500 et SL600. La S320 est la seule munie du 6 cylindres de 3.2L, tandis que les 420 se partagent un V8 de 4.2L, les 500 un V8 de 5.0L et les 600 un V12 de 6.0L. Sur tous ces modèles, la transmission de série est automatique à 5 rapports. À ce niveau de prix, l'équipement est des plus complets et sophistiqués, incluant de quatre à six coussins gonflables, une climatisation automatique à deux niveaux munie d'un détecteur de fumée qui met le système en circulation interne quand le niveau de monoxyde de carbone devient trop élevé, ainsi que des aides à la conduite inédites. La Classe S a aussi été la première automobile à offrir un vitrage latéral double isolant mieux de l'extérieur.

TECHNIQUE

Les modèles de la Classe S sont sans doute les véhicules qui, au monde, contiennent le plus d'innovations techniques et un luxe d'équipement sans précédent.

Leurs carrosseries monocoques en acier spécialement traité pour résister à la corrosion, offrent des lignes essayant de dissimuler leurs énormes proportions et elles ont été affinées, afin d'offrir une aérodynamique efficace dont le coefficient se situe autour de 0.32. La suspension indépendante aux quatre roues est constituée de triangles inégaux superposés à l'avant et de leviers multiples à l'arrière. Elle est ajustable sur les 600 qui bénéficient d'un système antidérapage et de mise à niveau de l'essieu arrière, optionnel ailleurs. La direction est à billes et les freins sont à disque aux quatre roues avec antiblocage et antipatinage livrés en série sur tous les modèles.

Ce n'est qu'un au revoir...

POSITIF

+ L'HOMOGÉNÉITÉ. Elle est remarquable car ces différents véhicules sont bourrés de haute technologie qui assure la sécurité tant active que passive des occupants, surtout en ce qui concerne la qualité de la liaison des roues avec le sol, grâce à une foule de dispositifs électroniques complexes, alimentés par une armée de senseurs.

+ LA SÉCURITÉ. Elle compte parmi les meilleures grâce à la rigidité exceptionnelle de la coque qui intègre une cage de sécurité sur les berlines et coupés ou un arceau rétractable sur les cabriolets, la présence de coussins d'air frontaux et latéraux ainsi que des ceintures à tension automatique qu'il vaut mieux boucler, comme l'a prouvé le fatal accident de Lady Diana.

+ LES PERFORMANCES. Elles surprennent par leur magnitude, malgré le poids et le gabarit imposants de ces véhicules, quel que soit le moteur concerné. Même le 6 cylindres en ligne surprend par son allant et sa consommation raisonnable qui est unique dans cette gamme de gloutons...

+ LE COMPORTEMENT. Il est exceptionnel grâce à l'efficacité combinée de la suspension, de la direction, du freinage, de la motricité et de l'adhérence que seul le poids peut parfois altérer sur chaussée glissante.

+ LA QUALITÉ. Elle réside partout, de l'assemblage à la finition en passant par les matériaux. Elle est une des meilleures au monde pour des véhicules de série, grâce à sa constance et à sa grande rigueur.

+ LE CONFORT. Il profite du vaste volume de la cabine de ces différentes carrosseries dont les sièges sont mieux galbés qu'à une certaine époque, ainsi que de la suspension pilotée et l'extraordinaire insonorisation résultant de l'emploi de vitrages doubles et d'une quantité impressionnante de matériaux insonorisants.

+ L'ÉQUIPEMENT. Il est l'un des plus complets existant sur le marché, et il comprend toutes sortes de techniques, d'accessoires, de gadgets ou d'éléments raffinés et luxueux qui procurent à ces automobiles une des plus faibles cotes de dépréciation du marché.

NÉGATIF

- L'ISOLATION. Elle est dangereuse et requiert une certaine vigilance pour maîtriser et analyser les paramètres de conduite, surtout si la chaussée est glissante, car on ne sent que trop tard que la voiture glisse ou dérape, ce qui peut à la limite poser quelques problèmes.

- LE BUDGET. L'achat, l'assurance, la consommation et l'entretien de ces véhicules mettent le commun des mortels à l'abri de telles exagérations...

- LE FORMAT. Le poids et l'encombrement limitent la maniabilité et l'agilité et il faut se méfier de ce qu'on ne «sent» pas avec ces voitures et les manœuvres de stationnement en ville sont particulièrement délicates.

- LA PRÉSENTATION. Elle laisse autant à désirer à l'extérieur qu'à l'intérieur car elle est relativement banale pour des voitures de ce prix dont certains détails font très utilitaires. L'absence de chrome et la présence de boucliers de plastique ordinaire ternissent l'apparence, alors que dans la cabine, l'ambiance est glaciale malgré la présence de cuir et de bois.

- LA CONDUITE. Son agrément est fortement dilué sur les berlines par leur manque d'agilité et les nombreux asservissements qui prennent souvent le pas sur les décisions du conducteur, de même que le gabarit et le côté aseptisé de leurs réactions. Quant aux coupés et cabriolets, ils sont plus luxueux que réellement sportifs, malgré les hautes performances dont ils sont capables, pour les mêmes raisons.

CONCLUSION

Une nouvelle génération de berlines de Classe S verra le jour au Salon de Genève 1999. Elle sera suivie par les coupés CL qui seront présentés à Francfort à l'automne de la même année, pour finir par les cabriolets prévus pour l'an 2000. En attendant ces véhicules, reste la meilleure expression de l'opulence sociale de notre époque. ☺

ÉVALUATION MERCEDES-BENZ Classe S

CONCEPTION : 92%
Technique :	100
Sécurité :	100
Volume cabine :	90
Volume coffre :	80
Qualité/finition :	90

CONDUITE : 72%
Poste de conduite :	80
Performances :	75
Comportement :	65
Direction :	80
Freinage :	60

ÉQUIPEMENT D'ORIGINE : 82%
Pneus :	85
Phares :	80
Essuie-glace :	80
Dégivreur :	80
Radio :	85

CONFORT : 84%
Sièges :	80
Suspension :	80
Niveau sonore :	90
Commodités :	80
Climatisation :	90

BUDGET : 37%
Prix d'achat :	0
Consommation :	20
Assurance :	20
Satisfaction :	90
Dépréciation :	55

Moyenne générale : 73.4%

NOUVEAU POUR 1999

• Aucun changement majeur, les modèles de la Classe S seront présentés au prochain Salon de Genève.

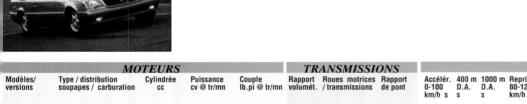

MOTEURS / TRANSMISSIONS / PERFORMANCES

Modèles/ versions	Type / distribution soupapes / carburation	Cylindrée cc	Puissance cv @ tr/mn	Couple lb.pi @ tr/mn	Rapport volumét.	Roues motrices / transmissions	Rapport de pont	Accélér. 0-100 km/h s	400 m D.A. s	1000 m D.A. s	Reprise 80-120 km/h s	Freinage 100-0 km/h m	Vites. maxi. km/h	Accélér. latérale G	Niveau sonore dBA	Consommation l./100km Ville	Route	Carburant Octane
S320	L6* 3.2 DACT-24-IESMP	3199	228 @ 5600	232 @ 3750	10.0 :1	arrière - A5*	3.45	9.3	16.6	30.5	6.6	42	210	0.72	67	13.0	8.9	S 91
S420	V8* 4.2 DACT-32-IESMP	4196	275 @ 5700	295 @ 3900	11.0 :1	arrière - A5*	2.82	8.5	16.4	29.6	6.0	43	210	0.78	67	15.3	9.9	S 91
S500	V8* 5.0 DACT-32-IESMP	4973	315 @ 5600	347 @ 3900	11.0 :1	arrière - A5*	2.65	7.8	15.3	26.8	5.6	44	210	0.79	66	15.9	10.1	S 91
S600	V12* 6.0 DACT-48-IESMP	5987	389 @ 5200	420 @ 3800	10.0 :1	arrière - A5*	2.65	7.0	14.6	26.0	4.8	44	250	0.76	64	18.5	11.1	S 91

PRIX & ÉQUIPEMENTS

MERCEDES-BENZ	S320 SWB	S420	S500	S600	SL500	SL600
Prix maxi $:	87 950	101 900	117 900	176 500	114 900	159 750
Prix mini $:	76 955	89 155	103 155	154 405	100 555	139 855
Transport & préparation $:	435	435	435	435	435	435
Boîte automatique :	S	S	S	S	S	S
Régulateur de vitesse :	S	S	S	S	S	S
Direction assistée :	S	S	S	S	S	S
Système antiblocage des freins :	S	S	S	S	S	S
Système antipatinage :	S	S	S	S	S	S
Climatiseur :	SA	SA	SA	SA	SA	SA
Garnitures en cuir :	S	S	S	S	S	S
Radio MA/MF/ Cassette :	SDc	SDc	SDc	SDc	SDc	SDc
Serrures électriques :	S	S	S	S	S	S
Lève-vitres électriques :	S	S	S	S	S	S
Volant ajustable :	S	S	S	S	S	S
Rétroviseurs ext. ajustables :	SEC	SEC	SEC	SEC	SEC	SEC
Jantes en alliage léger :	S	S	S	S	S	S
Système antivol :	S	S	S	S	S	S

Couleurs disponibles
Extérieur : Noir, Blanc, Rouge, Bleu, Argent, Indigo. SL : Turquoise, Rouge, Vert.

Intérieur : Noir, Bleu, Parchemin, Gris. SL : Cendre, Java, Coquille.

EN BREF...

Catégorie : voitures de grand luxe propulsés. **Classe :** 7

HISTORIQUE
Inauguré en :	1992 berline.
Fabriqué à :	Sindelfingen, (Stuttgart) Allemagne.

PROFIL DE CLIENTÈLE
Modèle	Hom./Fem.	Âge moyen	Mariés	CEGEP	Revenus
S	90/10 %	48 ans	91 %	51 %	195 000 $
SL	93/7 %	43 ans	48 %	58 %	300 000 $

INDICES
Sécurité :	100 %	Satisfaction :	87 %
Dépréciation :	45 %	Assurance :	2 750-8 950 $
Prix de revient au km :	1.10 - 1.55 $	Nbre de concessionnaires :	11

VENTES
Modèle	1996	1997	Résultat	Part de marché
S	161	244	+ 51.5 %	0.3 %
SL	ND			
CL	ND			

PRINCIPAUX MODÈLES CONCURRENTS
S : BMW Série 7, INFINITI Q45, JAGUAR XJ8, LEXUS LS 400.
SL-CL : ASTON MARTIN DB7, JAGUAR XK8.

ENTRETIEN REQUIS PAR LA GARANTIE
Première révision :	Fréquence :	Prise de diagnostic :
5 000 km	12 000 km	Oui

CARACTÉRISTIQUES

Modèles	Versions	Carrosseries/ Sièges	Volume cabine l.	Volume coffre l.	Cx	Empat. mm	Long x larg x haut. mm x mm x mm	Poids à vide kg	Susp. av/ar	Freins av/ar	Direction type	Diamètre braquage m	Tours volant b à b.	Réser. essence l.	dimensions	Pneus d'origine marque	modèle	Mécanique d'origine
MERCEDES-BENZ							Garantie générale : 4 ans / 80 000 km; corrosion perforation : 5 ans / kilométrage illimité.										
SL500		déc.2 p.2	1427	223	0.32	2515	4499x1812x1303	1889	ih/ih	dv/ABS	bil.ass.	10.79	3.0	80.0	245/45ZR17	Michelin Energy	MXV4	V8/5.0/A5
SL600		déc.2 p.2	1427	223	0.32	2515	4499x1812x1303	2021	ih/ih	dv/ABS	bil.ass.	10.79	3.0	80.0	245/40ZR18	-		V12/6.0/A5
CL500		cpé.2 p.5	2625	402	0.30	2945	5065x1912x1445	2130	ih/ih	dv/ABS	bil.ass.	11.70	3.2	100.0	235/60R16	Michelin Energy	MXV4	V8/5.0/A5
CL600		cpé.2 p.5	2625	402	0.30	2945	5065x1912x1445	2250	ih/ih	dv/ABS	bil.ass.	11.70	3.2	100.0	235/60R16	Michelin Energy	MXV4	V12/6.0/A5
S320		ber. 4 p.5	3061	442	0.32	3040	5113x1886x1486	2032	ih/ih	dv/ABS	bil.ass.	12.16	3.2	100.0	225/60R16	Michelin Energy	MXV4	L6/3.2/A5
S420		ber. 4 p.5	3183	442	0.32	3140	5213x1886x1486	2109	ih/ih	dv/ABS	bil.ass.	12.49	3.2	100.0	235/60R16	Michelin Energy	MXV4	V8/4.2/A5
S500		ber. 4 p.5	3183	442	0.32	3140	5213x1886x1486	2132	ih/ih	dv/ABS	bil.ass.	12.49	3.2	100.0	235/60R16	Michelin Energy	MXV4	V8/5.0/A5
S600		ber. 4 p.5	3183	442	0.32	3140	5213x1886x1482	2250	ih/ih	dv/ABS	bil.ass.	12.49	3.2	100.0	235/60R16	-		V12/6.0/A5

BMW a entraîné Mercedes sur des marchés où ce constructeur ne serait peut-être jamais allé de lui-même. La niche des cabriolets, remise au goût du jour par le Mazda Miata, a vu arriver le Z3, puis le Boxster qui se livrent une lutte fratricide en allant arracher des ventes à d'autres produits plus conventionnels. Comme on devait s'y attendre, Mercedes ne pouvait enfanter d'un produit banal, ce qui nous vaut ce coupé cabriolet muni d'un toit rétractable des plus originaux, qui fait son charme et constitue son principal argument de vente.

GAMME

Le SLK est un coupé-cabriolet de classe compacte dont le toit rigide articulé se loge automatiquement au-dessus du coffre à bagages durant les belles journées et se replace rapidement si le temps devient maussade. Il est vendu en version unique équipée d'un moteur 4 cylindres de 2.3L gavé par un compresseur et assisté d'une transmission automatique ou manuelle à 5 rapports. Son équipement d'origine est très complet, ce qui explique en partie son prix élevé. Le SLK dispose en série d'un climatiseur, d'un antipatinage couplé à l'antiblocage des roues, d'une sellerie en cuir, de jantes en alliage léger, d'une chaîne à haute fidélité Bose, de tous les asservissements électriques, d'un système antivol et les seules options sont la peinture métallisée, les sièges chauffants (optionnels) et le chargeur de disques compacts ainsi que le téléphone.

TECHNIQUE

Le coupé-cabriolet SLK est tout à fait original, car il ne dérive pas d'un modèle déjà existant dans la gamme Mercedes. Il est constitué d'une carrosserie monocoque en acier dont l'efficacité aérodynamique est remarquable pour ce type de véhicule, puisque son coefficient moyen est de 0.35. Pour gagner du poids, une partition de magnésium coulé sépare le réservoir de carburant du coffre. La suspension est indépendante aux quatre roues, constituée d'éléments triangulaires doubles à l'avant incluant une géométrie antiplongée et des bras multiples à l'arrière avec géométrie anticabrage et barre stabilisatrice sur les deux trains. La direction est à crémaillère assistée et les freins sont à disque aux 4 roues avec dispositif antiblocage-antipatinage en série. Emprunté à la série C, le moteur a été dopé par un compresseur Roots équipé d'un refroidisseur d'air et délivre 185 ch.

Capoté...

POSITIF

+ LA POLYVALENCE. Pour un prix réaliste, on peut se procurer un cabriolet et un coupé aussi élégants l'un que l'autre. Le gros avantage de cette formule permet de disposer d'un toit solide, isolé et insonorisé, ainsi que de vitrages qui dissuaderont les voleurs ou les vandales. La présence d'une importante surface vitrée favorise la visibilité, même en hiver puisque la lunette est munie d'un dégivreur électrique.

+ LE STYLE. Elégant et racé, ce petit véhicule bien proportionné est bourré de détails hautement peaufinés. Il en va de même à l'intérieur où le traitement rétro de l'habitacle est de bon goût, juste assez pour créer une ambiance chaleureuse et classique.

+ LE TOIT. Le fait qu'il soit rétractable de manière entièrement automatique est un chef-d'œuvre d'ingéniosité et d'ingénierie et ses apparitions et disparitions font toujours recette auprès des badauds. Son étanchéité et son isolation permettent de l'utiliser durant la saison hivernale. Il est actionné de manière entièrement automatique par une pompe hydraulique qui met 25 secondes à l'ouvrir ou le fermer.

+ EFFICACES. La direction précise et bien dosée mériterait toutefois d'être un peu plus directe, tandis que le freinage permet des arrêts stables et faciles à doser.

+ LES PERFORMANCES. Elles sont excellentes car les accélérations comme les reprises sont dynamiques, malgré le temps de réponse du compresseur qui ne commence à faire sentir sa présence qu'à partir de 3 000 tr/mn.

+ LA TENUE DE ROUTE. Elle est remarquablement d'aplomb, car le SLK est à la fois aussi agile, maniable et collé à la route dans la plupart des virages et demeure stable et imperturbable en ligne droite.

+ LA SÉCURITÉ. Elle profite de la rigidité de la structure qui comporte un arceau rétractable, quatre coussins gonflables et des ceintures trois points à tendeurs.

+ LA QUALITÉ. La conception comme la fabrication de ce véhicule sont parfaitement conformes aux critères de Mercedes. Sa structure suffisamment rigide est solidement assemblée, sa finition est soignée dans les moindres détails et les matériaux employés conserveront longtemps une belle apparence.

+ UN BON POINT : pour l'efficacité de certains accessoires d'origine tels les phares, les essuie-glace, les pneus, la climatisation de même que le dégivreur de la lunette.

NÉGATIF

- LA CONDUITE. La position de conduite idéale est difficile à découvrir car la colonne de direction ne s'incline pas. Le moteur, mal adapté, a besoin d'un compresseur pour battre le chronomètre. Ce 2.3L vibre et sonne comme un moteur sans noblesse et le chant de son échappement est aussi désagréable que décevant. Sur ce plan, le SLK est un fiasco total, car un petit six cylindres lui aurait donné un caractère racé en même temps que du couple et un ronflement flatteur.

- LE COFFRE. Sa capacité et son accès sont limités lorsque le toit y est remisé et il n'y pas de place derrière les sièges pour ranger quoi que ce soit.

- LA VISIBILITÉ. Elle n'est pas idéale vers l'arrière où les appuietête et le coupe-vent gênent la vue dans le rétroviseur central, tandis que ceux placés à l'extérieur sont relativement petits.

- LE TOIT. La complexité de son mécanisme d'assistance le rend sujet à des pannes et ajustements.

- À REVOIR : certains détails comme les pare-soleil trop petits qui ne servent pratiquement à rien et auraient pu se replier en deux sur eux-mêmes.

CONCLUSION

Mercedes a réussi à créer un petit engin amusant à conduire en toutes saisons, dont les performances sont intéressantes même si le moteur qui les procure n'est pas celui que l'on voudrait trouver sous son capot. Côté financier, le SLK constitue un bon placement car il perd peu de sa valeur et les clients font la queue pour s'en procurer un... ☺

ÉVALUATION MERCEDES-BENZ SLK

CONCEPTION : 56%
Technique :	85
Sécurité :	80
Volume cabine :	20
Volume coffre :	15
Qualité/finition :	80

CONDUITE : 74%
Poste de conduite :	80
Performances :	70
Comportement :	80
Direction :	80
Freinage :	60

ÉQUIPEMENT D'ORIGINE : 80%
Pneus :	80
Phares :	80
Essuie-glace :	80
Dégivreur :	80
Radio :	80

CONFORT : 69%
Sièges :	80
Suspension :	70
Niveau sonore :	40
Commodités :	75
Climatisation :	80

BUDGET : 49%
Prix d'achat :	0
Consommation :	70
Assurance :	45
Satisfaction :	80
Dépréciation :	50

Moyenne générale: 65.6%

NOUVEAU POUR 1999

• La boîte manuelle à 5 vitesses offerte en option.

MOTEURS / TRANSMISSIONS / PERFORMANCES

Modèles/ versions	Type / distribution soupapes / carburation	Cylindrée cc	Puissance ch @ tr/mn	Couple lb.pi @ tr/mn	Rapport volumét.	Roues motrices / transmissions	Rapport de pont	Accélér. 0-100 km/h s	400 m D.A. s	1000 m D.A. s	Reprise 80-120 km/h s	Freinage 100-0 km/h m	Vites. maxi. km/h	Accélér. latérale G	Niveau sonore dBA	Consommation l./100km Ville	Route	Carburant Octane
SLK	L4*C2.3 DACT 16 IES	2295	185 @ 5300	200 @ 2500	8.8 :1	arrière - A5	3.27	7.8	15.8	28.2	5.5	41	230	0.88	70	10.8	7.1	S 91
						arrière - M5	3.46	ND										

PRIX & ÉQUIPEMENTS

MERCEDES-BENZ	SLK
Prix maxi $:	55 700
Prix mini $:	49 405
Transport & préparation $:	435
Boîte automatique:	S
Régulateur de vitesse:	S
Direction assistée:	S
Système antiblocage des freins:	S
Système antipatinage:	S
Climatiseur:	SA
Garnitures en cuir:	S
Radio MA/MF/ Cassette:	SDc
Serrures électriques:	S
Lève-vitres électriques:	S
Volant ajustable:	S
Rétroviseurs ext. ajustables:	SEC
Jantes en alliage léger:	S
Système antivol:	S

Couleurs disponibles

Extérieur: Noir, Blanc, Bleu, Rouge, Jaune, Argent.

Intérieur : Noir, Bleu, Huître, Salsa.

EN BREF...

Catégorie:	coupés sportifs propulsés.		Classe : GT

HISTORIQUE
Inauguré en:	1997
Fabriqué à:	Sindelfingen, Allemagne.

PROFIL DE CLIENTÈLE
Modèle	Hom./Fem.	Âge moyen	Mariés	CEGEP	Revenus
SLK	ND				

INDICES
Sécurité:	80 %	Satisfaction:	85 %
Dépréciation:	75 %	Assurance:	1 500 $
Prix de revient au km:	0.69 $	Nbre de concessionnaires:	11

VENTES
Modèle	1996	1997	Résultat	Part de marché
SLK	73	89	+ 21.9 %	ND

PRINCIPAUX MODÈLES CONCURRENTS
CHEVROLET Corvette, BMW Z3, PORSCHE Boxster, PLYMOUTH Prowler.

ENTRETIEN REQUIS PAR LA GARANTIE
Première révision:	Fréquence:	Prise de diagnostic:
5 000 km	12 000 km	Oui

CARACTÉRISTIQUES

Modèles	Versions	Carrosseries/ Sièges	Volume cabine l.	Volume coffre l.	Cx	Empat. mm	Long x larg x haut. mm x mm x mm	Poids à vide kg	Susp. av/ar	Freins av/ar	Direction type	Diamètre braquage m	Tours volant b à b.	Réser. essence l.	dimensions	Pneus d'origine marque	modèle	Mécanique d'origine
MERCEDES-BENZ		Garantie générale: 4 ans / 80 000 km; corrosion perforation: 5 ans / kilométrage illimité.																
SLK	Kompressor cpé. 2 p. 2	-	102-270		0.35	2400	3995x1714x1289	1377	ih/ih	dv/ABS	bil.ass.	10.58	3.1	53.0	av.205/55R16	Dunlop	SP8080	L4C/2.3/A5
															ar.225/50R16	Dunlop	SP8080	

NISSAN

Altima

Le succès de la Nissan Altima se confirme année après année. Renouvelée l'an dernier, elle a conservé la faveur du public, grâce à sa ligne originale, le choix de différentes versions bien ciblées et son prix compétitif. Le fait de limiter sa motorisation à un 4 cylindres ne semble pas lui nuire outre mesure, puisqu'elle arrive en cinquième position derrière les américaines de sa catégorie. Dans un autre ordre d'idée, elle constitue un meilleur choix que sa cousine l'Infiniti G20 qui vient de revenir sur le marché après une absence de deux ans.

GAMME

Cette berline compacte à 4 portes est proposée en finitions XE, GXE, SE et GLE, toutes équipées de la même mécanique composée d'un moteur 4 cylindres de 2.4L et d'une transmission manuelle en série, automatique en option sur les XE, GXE et SE et standard sur la GLE. Ces versions ne diffèrent que par leur présentation et leur équipement qui comprend sur tous les modèles: la direction assistée, une colonne de direction réglable, des rétroviseurs extérieurs ajustables et le mode intermittent des essuie-glace. La SE y ajoute des jantes en alliage léger et la GLE des garnitures en cuir. Dans tous les cas, l'antiblocage des freins et le toit ouvrant sont facturés contre supplément.

TECHNIQUE

La carrosserie de l'Altima a été entièrement redessinée à partir de la plate-forme du modèle précédent. Elle est monocoque en acier et sa finesse aérodynamique s'est améliorée puisque son coefficient est passé de 0.35 à 0.32. La suspension est indépendante aux quatre roues, composée d'une jambe de force MacPherson avec barre stabilisatrice sur chaque essieu. Les freins sont mixtes sur les XE/GXE/GLE et à quatre disques en série sur la SE et son train arrière possède un système de pincement variable qui améliore sa tenue de route. Le moteur, identique à celui du modèle précédent, a des pistons plus légers, un filtre à air plus gros, et un poids réduit.

D'une cylindrée un peu supérieure à la moyenne, il développe 150 cv qui procurent un rapport poids/puissance suffisant. Le fait que sa cylindrée égale celle des moteurs V6 de certains concurrents a permis à Nissan d'économiser un moteur qui permettrait à l'Altima de cannibaliser les ventes de la Maxima avec laquelle elle fait équipe sur ce point.

Atout maître...

POSITIF

+ SON ALLURE. Élégante, elle a bien évolué, car moins en rondeur et plus en facettes, comme le veut la tendance du «Edge Design». Sans être originale, elle attire l'attention, surtout dans ses versions SE et GLE luxueusement présentées, qui la font comparer avec des voitures beaucoup plus chères.

+ LE PRIX. Il est plus compétitif que celui de certaines concurrentes, du fait que le seul moteur disponible est un 4 cylindres.

+ L'HABITABILITÉ. Elle s'est améliorée grâce à l'augmentation de la longueur et de la largeur qui a libéré plus d'espace au coude et pour les jambes, la hauteur étant demeurée identique. Quatre adultes y seront très à l'aise et un cinquième pourra éventuellement y prendre place pour un court trajet.

+ LA CONDUITE. Elle est agréable car le moteur 2.4L est assez puissant pour procurer des accélérations et reprises honnêtes grâce à son couple à bas régime qui a augmenté. La direction est rapide et précise et les freins faciles à doser en conduite normale.

+ LE COMPORTEMENT. Il profite de l'extrême rigidité de la coque et de la souplesse de la suspension qui n'engendre qu'un roulis modéré et qui talonne moins de l'avant sur les gros défauts de la route. La version SE se montre plus à l'aise en slalom grâce à ses ressorts et amortisseurs plus fermes, qui lui permettent de virer plus à plat.

+ LE CONFORT. Il capitalise sur la douceur de la suspension, sur le galbe et le rembourrage des sièges avant et sur l'insonorisation qui maintient le confort auditif à un niveau raisonnable à vitesse de croisière, grâce à la réduction des bruits, vibrations et secousses d'origine mécanique.

+ LA PRÉSENTATION. Elle est agréable, car le tableau de bord est aussi esthétique que bien organisé désormais débarrassé de sa fausse applique de bois qui était plutôt voyante.

NÉGATIF

- LE POIDS. Il demeure élevé malgré un léger gain. Il est le résultat de la bonne rigidité de la coque, mais il continue de pénaliser les performances qui demeurent banales ainsi que la consommation qui s'élève rapidement si l'on force l'allure, surtout avec la boîte automatique.

- LA BOÎTE MANUELLE. Elle est loin d'être aussi satisfaisante que l'automatique, car sa sélection est délicate et son échelonnement déficient, car il existe un trou béant entre le premier et le second rapport, tandis que sa démultiplication finale tire trop long.

- LE COFFRE. Il n'offre pas un volume proportionnel à celui de la cabine et à l'encombrement de l'Altima, car il manque de hauteur et son ouverture est étroite. S'il communique maintenant avec la cabine, on ne peut pas passer grand chose par cet orifice qui est des plus réduits.

- LES FREINS. Puissants à froid, les trajectoires sont plus stables qu'autrefois, même sans ABS mais leur endurance s'évanouit rapidement en usage intensif.

- LES SIÈGES. Ceux garnis de cuir n'offrent pas un relief aussi avantageux que ceux tendus de tissu et leur rembourrage est plus ferme. De plus, les places arrière des versions luxueuses sont dépourvues d'appuie-tête.

- L'ACCÈS. Il est gêné aux places arrière par l'arrondi prononcé de l'arche des portières qui oblige à incliner la tête pour entrer au risque de heurter le toit.

- À REVOIR : les commandes de la climatisation inversées avec celles de la radio qui se retrouvent derrière le sélecteur de la transmission...

CONCLUSION

L'Altima est un des meilleurs produits Nissan du moment. Pas trop chère, elle offre une allure distinguée et distinctive, ainsi que des performances respectables et un confort adéquat. Elle constitue en fait le pendant à moteur 4 cylindres de sa consoeur la Maxima.

Altima

NISSAN

ÉVALUATION
NISSAN Altima

CONCEPTION :		75%
Technique :	75	
Sécurité :	80	
Volume cabine :	80	
Volume coffre :	60	
Qualité/finition :	80	

CONDUITE :		72%
Poste de conduite :	80	
Performances :	60	
Comportement :	60	
Direction :	80	
Freinage :	80	

ÉQUIPEMENT D'ORIGINE :		77%
Pneus :	75	
Phares :	80	
Essuie-glace :	75	
Dégivreur :	75	
Radio :	80	

CONFORT :		75%
Sièges :	75	
Suspension :	75	
Niveau sonore :	75	
Commodités :	70	
Climatisation :	80	

BUDGET :		66%
Prix d'achat :	50	
Consommation :	75	
Assurance :	70	
Satisfaction :	85	
Dépréciation :	50	

Moyenne générale:		73.0%

NOUVEAU POUR 1999

- L'essuie-glace intermittent variable en série sur les SE et GXE.
- Les nouvelles teintes de carrosserie.
- Les ajustements électriques du siège du conducteur en série sur la SE.

MOTEURS / TRANSMISSIONS / PERFORMANCES

Modèles/ versions	Type / distribution soupapes / carburation	Cylindrée cc	Puissance cv @ tr/mn	Couple lb.pi @ tr/mn	Rapport volumét.	Roues motrices / transmissions	Rapport de pont	Accélér. 0-100 km/h s	400 m D.A. s	1000 m D.A. s	Reprise 80-120 km/h s	Freinage 100-0 km/h m	Vites. maxi. km/h	Accélér. latérale G	Niveau sonore dBA	Consommation l./100km Ville	Route	Carburant Octane
1)	L4* 2.4 DACT-16-ISPM	2389	150 @ 5600	154 @ 4400	9.2 :1	avant - M5*	3.650	9.0	16.6	30.1	6.6	38	190	0.80	65	9.7	7.0	R 87
2)	L4* 2.4 DACT-16-ISPM	2389	150 @ 5600	154 @ 4400	9.2 :1	avant - A4*	3.619	10.2	17.3	31.2	7.0	40	180	0.80	65	10.6	7.2	R 87

1) XE, GXE, SE.   2) GLE, option XE, GXE, SE.

PRIX & ÉQUIPEMENTS

NISSAN Altima	XE	GXE	SE	GLE
Prix maxi $:	19 898	21 998	25 398	27 998
Prix mini $:	17 980	19 650	22 560	24 725
Transport & préparation $:	420	420	420	420
Boîte automatique:	O	O	O	S
Régulateur de vitesse:	S	S	S	S
Direction assistée:	S	S	S	S
Système antiblocage des freins:	-	O	S	S
Système antipatinage:	-	-	-	-
Climatiseur:	-	SM	SM	SM
Garnitures en cuir:	-	-	O	S
Radio MA/MF/ Cassette:	S	S	SDc	SDc
Serrures électriques:	-	S	S	S
Lève-vitres électriques:	S	S	S	S
Volant ajustable:	S	S	S	S
Rétroviseurs ext. ajustables:	SE	SE	SE	SE
Jantes en alliage léger:	-	-	S	S
Système antivol:	-	O	S	S

Couleurs disponibles

Extérieur: Mûre, Bleu, Vert, Ébène, Platine, Gris, Blanc, Étain, Champagne.

Intérieur: Crépuscule, Blond, Olive.

EN BREF...

Catégorie: berlines compactes tractées.   Classe : 4

HISTORIQUE

Inauguré en:	1993-1998
Fabriqué à:	Smyrna, TE, É.-U.

PROFIL DE CLIENTÈLE

Modèle	Hom./Fem.	Âge moyen	Mariés	CEGEP	Revenus
Altima	67/33 %	44 ans	79 %	47 %	63 500 $

INDICES

Sécurité:	80 %	Satisfaction:	88 %
Dépréciation:	48 %	Assurance:	800 $
Prix de revient au km:	0.44 $	Nbre de concessionnaires:	53

VENTES

Modèle	1996	1997	Résultat	Part de marché
Altima	2 092	3 835	+ 83.3 %	12.5 %

PRINCIPAUX MODÈLES CONCURRENTS

CHEVROLET Cavalier, CHRYSLER Cirrus L4, DODGE Stratus L4, FORD Contour L4, HONDA Civic 4p & Accord L4, MAZDA 626 L4, MERCURY Mystique L4, OLDSMOBILE Alero L4, PLYMOUTH Breeze, PONTIAC Grand Am L4, SUBARU Legacy, TOYOTA Camry L4, VOLKSWAGEN Passat L4.

ENTRETIEN REQUIS PAR LA GARANTIE

Première révision:	Fréquence:	Prise de diagnostic:
12 000 km	12 000 km	Oui

CARACTÉRISTIQUES

Modèles	Versions	Carrosseries/ Sièges	Volume cabine l.	Volume coffre l.	Cx	Empat. mm	Long x larg x haut. mm x mm x mm	Poids à vide kg	Susp. av/ar	Freins av/ar	Direction type	Diamètre braquage m	Tours volant b à b.	Réser. essence l.	dimensions	Pneus d'origine marque	modèle	Mécanique d'origine
NISSAN		Garantie générale: 3 ans / 80 000 km; mécanique: 6 ans / 100 000 km; perforation corrosion et antipollution: 6 ans / kilométrage illimité.																
Altima	XE	ber.4 p.5	2662	390	0.32	2619	4661x1755x1420	1304	ih/ih	d/t	crém.ass.	11.4	2.9	60.0	195/65R15	General	XP2000	L4/2.4/M5
Altima	GXE	ber.4 p.5	2662	390	0.32	2619	4661x1755x1420	1324	ih/ih	d/t	crém.ass.	11.4	2.9	60.0	195/65R15	General	XP2000	L4/2.4/M5
Altima	SE	ber.4 p.5	2662	390	0.32	2619	4661x1755x1420	1325	ih/ih	d/d	crém.ass.	11.4	2.9	60.0	205/60R15	Firestone	Affinity	L4/2.4/M5
Altima	GLE	ber.4 p.5	2662	390	0.32	2619	4661x1755x1420	1335	ih/ih	d/t	crém.ass.	11.4	2.9	60.0	195/65R15	General	XP2000	L4/2.4/A4

Avec les années, Nissan a perdu peu à peu la position privilégiée que la cabine allongée, qu'il a été le premier à commercialiser, lui avait donné dans le passé. Après bien des hésitations (typiques de Nissan) et des contretemps, le Frontier a pris l'an dernier la relève du Costaud (Hardbody) avec son moteur 4 cylindres. Cette année le V6 de 3.3L issu du Pathfinder est disponible sur la King Cab 4x4 à laquelle il donne des performances plus dignes de ce nom. On parle beaucoup entre les branches de ce modèle à 4 portes que Nissan introduira bientôt chez nous.

GAMME

Les camionnettes Frontier sont disponibles avec caisse normale ou allongée, cabine régulière ou King Cab, à deux ou quatre roues motrices, dans les finitions de base, XE et SE. Le seul moteur disponible est le 4 cylindres de 2.4L associé à une transmission manuelle à 5 vitesses ou en option automatique à 4 rapports. En 1999, la camionnette King Cab 4x4 est pourvue d'un V6 de 3.3L développant 170 ch et 200 lb/pi de couple. Le moteur, la transmission et le réservoir de carburant des 4x4 sont protégés en série par des plaques métalliques.

TECHNIQUE

La camionnette compacte de Nissan est constituée d'une carrosserie avec caisse à double paroi en acier et fixées sur un châssis en échelle à cinq traverses. La suspension avant est indépendante avec barres de torsion et barre stabilisatrice sur les 4x2 comme les 4x4, tandis qu'à l'arrière, l'essieu rigide est maintenu par de classiques ressorts à lames. Les freins sont mixtes avec un système antiblocage agissant sur les roues arrière des 4x2 et les quatre roues des 4x4 dont les moyeux avant s'engagent automatiquement. Il a été amélioré au niveau de sa puissance, de son couple et de rendement énergétique afin de diminuer les frictions et les bruits, les vibrations et les secousses. Le système 4x4 est à la demande mais ne peut être engagé qu'en roulant à moins de 40 km/h avec une répartition égale de la puissance entre les deux essieux et seulement offert avec boîte manuelle. Le moteur V6 dont la cylindrée a été augmentée à 3.3L, qui ne compte que 18% des ventes, est de nouveau disponible mais pas sur tous les modèles, ce qui constitue un inconvénient, car les 4 cylindres font piètre figure au chapitre des performances et de la consommation en version 4X4.

À petits pas...

POSITIF

+ LE CHOIX. La gamme du Frontier est plus étoffée avec l'arrivée du moteur V6 qui apporte une version supplémentaire.

+ LE CONFORT. Il est remarquable et il fait plus penser à celui d'une automobile que d'un utilitaire, tant la suspension avant absorbe en douceur les défauts de la route, et que l'arrière ne donne pas de coups de raquette dans un même temps, même à vide. La banquette à dossier séparé et les sièges baquets procurent un maintien honnête et leur rembourrage n'est pas trop ferme, tandis que le niveau sonore se maintient dans un registre confortable.

+ LES PERFORMANCES. Le moteur 4 cylindres offre, pour une fois, une puissance respectable, un couple à bas régime facile à exploiter pour un rendement assez économique. Toutefois il s'accommode mieux d'une transmission à deux roues motrices et se révèle aussi agréable à conduire avec la boîte manuelle qu'automatique. Le V6 est encore plus plaisant car il autorise des accélérations et des reprises musclées qui permettent de conduire de manière sportive, du moins tant que le revêtement est de bonne qualité.

+ LE COMPORTEMENT. Il est stable, même sur les versions de base, mais il sera bon lester quelque peu l'arrière du véhicule lorsqu'on circule à vide sur chaussée glissante.

+ LA KING CAB. Elle reste un atout chez Nissan où elle est plus grande que celle de Toyota. On y peut installer deux enfants en dépannage ou quelques bagages.

+ LE POSTE DE CONDUITE. Il est simple mais bien organisé, la position de conduite étant plus confortable dans la cabine King Cab dont les sièges individuels s'apparentent à ceux d'une automobile. La visibilité est excellente sous tous les angles et le sélecteur court et précis de la boîte manuelle est aussi agréable d'emploi que celui de l'automatique placé sous le volant.

+ LE CÔTÉ PRATIQUE. Il a été amélioré dans la cabine par la présence d'espaces de rangement tels les vide-poches de portes, longs et compartimentés, et la boîte à gants de bonne taille et la boîte munie d'encoches qui permettent d'augmenter le compartiment qui avec des morceaux de bois et permet de transporter des feuilles de matériaux de 4x8 pi.

+ LA QUALITÉ. La fabrication est rigoureuse, la finition soignée et la qualité de matériaux comme la présentation de la cabine, supérieure à ce qu'elle était par le passé.

NÉGATIF

- LE MOTEUR 4 CYLINDRES. Il est insuffisant pour mouvoir la version King Cab 4x4 (pesant plus de 2 tonnes en charge) en terrain difficile, car son couple est trop limité et sa consommation grimpe en flèche.

- LE FREINAGE. Il demeure perfectible en efficacité comme en endurance, car les arrêts sont longs et la résistance à l'échauffement médiocre. Toutefois le système antiblocage des roues procure une bonne stabilité.

- LA MANIABILITÉ. Celle de la King Cab 4x4 est handicapée par son grand diamètre de braquage.

- LA SENSIBILITÉ. Le vent latéral fait sentir ses effets sur tous les modèles, mais particulièrement sur la 4x4 King Cab.

- LA BANQUETTE. Celle installée d'origine sur les modèles de base est particulièrement inconfortable, car elle n'offre ni maintien latéral ni soutien lombaire.

- À REVOIR : La médiocre qualité des pneus, de la peinture et des tissus, tandis que les propriétaires se plaignent de la rareté et du prix de certaines pièces de rechange.

CONCLUSION

En ne cherchant pas à faire de surenchère à la puissance ou à la grosseur, Nissan joue une carte intelligente en se concentrant plutôt sur la clientèle qui se sert d'un petit utilitaire pour des travaux légers ou comme second véhicule dans le cadre familial. Le Frontier convient parfaitement à ce genre d'utilisation et ses limites actuelles quant au choix mécanique ne devraient pas l'handicaper outre mesure.

ÉVALUATION
NISSAN Frontier

CONCEPTION : 59%
Technique :	75
Sécurité :	70
Volume cabine :	50
Volume coffre :	25
Qualité/finition :	75

CONDUITE : 54%
Poste de conduite :	75
Performances :	35
Comportement :	40
Direction :	75
Freinage :	45

ÉQUIPEMENT D'ORIGINE : 56%
Pneus :	70
Phares :	70
Essuie-glace :	70
Dégivreur :	0
Radio :	70

CONFORT : 67%
Sièges :	70
Suspension :	70
Niveau sonore :	60
Commodités :	60
Climatisation :	75

BUDGET : 66%
Prix d'achat :	60
Consommation :	75
Assurance :	60
Satisfaction :	85
Dépréciation :	50

Moyenne générale: 60.4%

NOUVEAU POUR 1999

- Le moteur V6 3.3L en série sur la version King Cab XE &SE 4x4.
- Le différentiel autobloquant par viscocouplage et les moyeux avant automatiques en série sur les V6 4x4.
- Les sièges baquets en option sur la cabine ordinaire.
- Élargisseurs d'aile et moulures de carrosserie assorties.

MOTEURS / TRANSMISSIONS / PERFORMANCES

Modèles/ versions	Type / distribution soupapes / carburation	Cylindrée cc	Puissance cv @ tr/mn	Couple lb.pi @ tr/mn	Rapport volumét.	Roues motrices / transmissions	Rapport de pont	Accélér. 0-100 km/h s	400 m D.A. s	1000 m D.A. s	Reprise 80-120 km/h s	Freinage 100-0 km/h m	Vites. maxi. km/h	Accélér. latérale G	Niveau sonore dBA	Consommation l./100km Ville	Route	Carburant Octane
4x2	L4*2.4 SACT-16-IESPM	2389	143 @ 5200	154 @ 4000	9.2 :1	arrière - M5*	3.54	12.5	18.8	35.5	9.5	50	155	ND	68	10.8	8.5	R 87
						arrière - A4	3.70	13.8	19.5	37.0	11.0	52	160	ND	68	12.1	9.2	R 87
4x4 XE	L4*2.4 SACT-16-IESPM	2389	143 @ 5200	154 @ 4000	9.2 :1	ar./toutes-M5*	3.88	ND										
4x4 KC	V6 3.3 SACT-12-IESPM	3275	170 @ 4800	200 @ 2800	8.9 :1	ar./toutes-M5	4.37	ND										
						ar./toutes-A4	4.37	ND										

PRIX & ÉQUIPEMENTS

NISSAN Frontier Cabine	XE ord. 4x2	XE ord. 4x4	XE K.Cab 4x2	SE K.Cab 4x4
Prix maxi $:	-	20 008	17 998	22 998
Prix mini $:	-	18 970	16 445	20 545
Transport & préparation $:	-	450	450	450
Boîte automatique:	O	O	O	O
Régulateur de vitesse:	O	O	O	S
Direction assistée:	Sar.	S	Sar.	S
Système antiblocage des freins:	S	S	S	S
Système antipatinage:	-	O	-	O
Climatiseur:	-	O	O	O
Garnitures en cuir:	-	-	-	-
Radio MA/MF/ Cassette:	O	O	O	SDc
Serrures électriques:	-	-	-	S
Lève-vitres électriques:	-	-	-	S
Volant ajustable:	O	O	O	S
Rétroviseurs ext. ajustables:	SM	SM	SM	SE
Jantes en alliage léger:	O	O	S	S
Système antivol:	-	-	-	S

Couleurs disponibles
Extérieur: Rouge, Bronze, Bleu, Vert, Ébène, Blanc, Beige, Grès.
Intérieur: Gris, Beige.

EN BREF...

Catégorie: camionnettes compactes propulsées ou 4x4. **Classe:** utilitaires

HISTORIQUE
Inauguré en:	1965-1998
Fabriqué à:	Smyrna, Tennessee, États-Unis.

PROFIL DE CLIENTÈLE

Modèle	Hom./Fem.	Âge moyen	Mariés	CEGEP	Revenus
Frontier-Costaud	88/12%	43 ans	69%	33%	60 000 $

INDICES
Sécurité:	75 %	Satisfaction:	85 %
Dépréciation:	50 %	Assurance:	825-1 150 $
Prix de revient au km:	0.41 $	Nbre de concessionnaires:	53

VENTES
Modèle	1996	1997	Résultat	Part de marché
Frontier-Costaud	571	646	+ 13.1 %	7.0 %

PRINCIPAUX MODÈLES CONCURRENTS
DODGE Dakota, FORD Ranger, CHEVROLET S-10, GMC Sonoma, MAZDA série B, TOYOTA Tacoma.

ENTRETIEN REQUIS PAR LA GARANTIE
Première révision:	Fréquence:	Prise de diagnostic:
12 000 km	12 000 km	Non

CARACTÉRISTIQUES

NISSAN Garantie générale: 3 ans / 80 000 km; mécanique: 6 ans / 100 000 km; perforation corrosion & antipollution: 6 ans / kilométrage illimité.

Modèles	Versions	Traction	Carrosseries/ Sièges	Empat. mm	Long x larg x haut. mm x mm x mm	Poids à vide kg	Susp. av/ar	Freins av/ar	Direction type	Diamètre braquage m	Tours volant b à b.	Réser. essence l.	dimensions	Pneus d'origine marque	modèle	Mécanique d'origine
Frontier	XE	4x2	cam. 2 p.2	2649	4681x1689x1595	1375	ih/rl	d/t/ABSar.	bil.ass.	10.2	3.8	60.0	215/65R15	Firestone	Wilderness	L4/2.4/M5
Frontier	XE KC	4x2	cam. 2 p.2+2	2949	4981x1689x1590	1439	ih/rl	d/t/ABSar.	bil.ass.	11.2	3.8	60.0	215/65R15	Firestone	Wilderness	L4/2.4/M5
Frontier	SE KC	4x2	cam. 2 p.2+2	2949	4981x1689x1590	1459	ih/rl	d/t/ABSar.	bil.ass.	11.2	3.8	60.0	215/65R15	BF Goodrich	-	L4/2.4/M5
Frontier	XE	4x4	cam. 2 p.2	2649	4681x1826x1679	1612	ih/rl	d/t/ABS	bil.ass.	10.8	3.8	60.0	235/75R15	Firestone	Wilderness	L4/2.4/M5
Frontier	XE-V6 KC	4x4	cam. 2 p.2+2	2949	4981x1826x1674	1678	ih/rl	d/t/ABS	bil.ass.	ND	3.8	73.0	235/75R15	Firestone	Wilderness	V6/3,3/M5
Frontier	SE-V6 KC	4x4	cam. 2 p.2+2	2949	4981x1826x1674	1690	ih/rl	d/t/ABS	bil.ass.	ND	3.8	73.0	265/70R15	BF Goodrich	-	V6/3,3/M5

Brillante...

Sans faire de bruit, la Maxima continue d'assurer à Nissan des ventes intéressantes dans un créneau particulier à cheval sur celui des intermédiaires et celui des voitures de luxe de base. De la GLX à la GLE, elle concurrence aussi bien l'Altima la plus chère, que la I30 d'Infiniti. Le taux de fidélité de ses clients est remarquable et il n'est pas rare que certains en aient possédé au moins trois... Il faut avouer que malgré certains côtés décevants, la Maxima possède un moteur et une suspension arrière qui n'ont pas d'équivalent dans sa catégorie.

GAMME
La Maxima est une berline intermédiaire à quatre portes offerte en finitions de base GXE, sportive SE et luxueuse ES ou GLE qui ne diffèrent que par leur degré d'équipement et leur présentation, car leur mécanique est strictement identique. Toutes bénéficient des bienfaits du moteur V6 de 3.0L couplée en série avec une transmission manuelle ou automatique selon la finition. Le modèle de base est déjà très bien pourvu, puisqu'il comprend en série, un climatiseur, un régulateur de vitesse, la plupart des asservissement électriques, un radio cassette et la colonne de direction ajustable.

TECHNIQUE
Sa carrosserie monocoque en acier, possède une finesse aérodynamique moyenne avec un coefficient de 0.32. Sa rigidité, qui était déjà une des meilleures, a été améliorée encore lors de sa dernière refonte. La suspension avant est indépendante selon l'épure de MacPherson et rigide à l'arrière où Nissan a appliqué le principe multibras de Scott-Russell, permettant de maintenir un cambrage constant. Les freins sont à disque aux quatre roues, mais l'antiblocage n'est qu'optionnel, et aucun antipatinage n'est disponible. Ce dernier est constitué d'un différentiel autobloquant par viscocouplage. Le V6 3.0L à DACT de 190 ch possède une transmission manuelle à 5 vitesses sur les GXE et SE et automatique à 4 rapports sur la GLE.

TRÈS POSITIF
++ LE MOTEUR V6. Il est un cas d'espèce, car il répond à la moindre sollicitation et ses accélérations comme ses reprises sont musclées et procurent beaucoup d'agrément grâce au bon échelonnement des deux transmissions. De plus, son appétit en carburant est des plus normaux puisqu'il se contente en moyenne de 11 litres aux 100 km.

POSITIF
+ LE PRIX. Il est concurrentiel pour permettre aux différentes versions de rivaliser avec une foule de modèles allant de la Honda Accord à la Lexus ES 300, tout en chassant sur les terres de l'Infiniti I30.

+ LA TENUE DE ROUTE. Elle impressionne grâce à la suspension arrière à effet différentiel qui procure une excellente stabilité en ligne droite comme en courbe. Le cambrage moins prononcé lors des changements de voie rapide diminue l'effet de soulèvement du train arrière lors des freinages brutaux.

+ LE CONFORT. Le roulement de la Maxima est superbe car la suspension réagit toujours avec douceur, l'amortissement est de qualité, l'amplitude des roues généreuse et le niveau sonore assez bas.

+ LA DIRECTION. Malgré son assistance un tant net forte qui la rend légère dans certaine circonstances, elle est rapide, précise et bien démultipliée. De plus, le diamètre de braquage court permet une excellente maniabilité.

+ L'HABITABILITÉ. Elle est satisfaisante car la longueur, la largeur et la hauteur sont assez généreuses pour que quatre adultes y soient confortablement installés, mais un cinquième ne pourra s'y joindre que pour un court trajet.

+ LE COFFRE. Son volume est plus proportionnel à celui de la cabine avec laquelle il ne communique que par une trappe à ski.

NÉGATIF
- LA SÉCURITÉ. Le bureau des autoroutes américaines, n'a pas gratifié la Maxima d'une bonne note aux tests de collision indiquant un risque de blessures graves en cas d'accident.

- LE FREINAGE. Il demeure perfectible, car les distances d'arrêt sont relativement longues et sans système antiblocage, les situations d'urgence provoquent des louvoiements pour le moins inquiétants. De surcroît, la réponse de la pédale empêche un dosage précis.

- LES COMPROMIS. L'équipement des Maxima est rempli de bizarreries car des éléments normalement standard sur les modèles de cette classe sont facturés en supplément, ce qui dans une certaine mesure, explique le prix avantageux du GXE.

- LA PRÉSENTATION. Celle de la GXE fait honte à son constructeur au dehors comme en dedans où le tissu des sièges et les matières plastiques sont indignes d'une voiture de ce prix.

- LA BOÎTE MANUELLE. Sa sélection est désagréable à froid et imprécise en tout temps, gâchant l'agrément de conduite de la SE qui, sans cela, serait une sportive hors-pair.

- LES SIÈGES. Ceux de la GXE ne sont pas confortables, car leur rembourrage est mince et très ferme et les formes évasives de leur coussin comme de leur dossier ne maintiennent ni ne soutiennent suffisamment.

- L'ERGONOMIE. Le tableau de bord est décevant, car sa console centrale est en retrait plutôt qu'en saillie, mettant les commandes qui y sont disposées loin de la main du conducteur.

- LES COMMODITÉS. Elles sont rares sur la GXE, car les vide-poches de portière manquent de largeur et on ne trouve même pas de simples crochets à cintres à l'arrière.

- À REVOIR : la puissance insuffisante du chauffage par grand froid, l'absence impardonnable du rappel de la position du sélecteur de la boîte automatique parmi les instruments du tableau de bord, en hiver le système d'essuie-lave-glace qui ne nettoie jamais parfaitement le pare-brise et pour finir, le dégivrage de la lunette arrière qui demande une éternité pour s'acquitter de sa tâche.

CONCLUSION
En autant que l'on évite la GXE qui n'est là que pour appâter les poissons à la recherche d'une aubaine impossible, les autres Maxima continuent d'être de bons achats. On aura le choix entre la sportive SE ou les luxueuses ES et GLE qui diffèrent par leur transmission et le caractère de leur équipement.

ÉVALUATION NISSAN Maxima

CONCEPTION : 75%
Technique : 85
Sécurité : 80
Volume cabine : 70
Volume coffre : 60
Qualité/finition : 80

CONDUITE : 70%
Poste de conduite : 75
Performances : 70
Comportement : 60
Direction : 80
Freinage : 65

ÉQUIPEMENT D'ORIGINE : 71%
Pneus : 75
Phares : 75
Essuie-glace : 65
Dégivreur : 65
Radio : 75

CONFORT : 69%
Sièges : 70
Suspension : 80
Niveau sonore : 60
Commodités : 55
Climatisation : 80

BUDGET : 63%
Prix d'achat : 40
Consommation : 75
Assurance : 50
Satisfaction : 95
Dépréciation : 55

Moyenne générale : 69.6%

NOUVEAU POUR 1999

- Le système antidémarrage intégré à l'allumage.
- Le système antipatinage standard avec la boîte automatique et l'ABS.
- Les cinq nouvelles teintes de carrosserie.
- La version EuroSport uniquement disponible au Canada.
- Les garnitures de bois modifiées.

MOTEURS / TRANSMISSIONS / PERFORMANCES

Modèles/ versions	Type / distribution soupapes / carburation	Cylindrée cc	Puissance cv @ tr/mn	Couple lb.pi @ tr/mn	Rapport volumét.	Roues motrices / transmissions	Rapport de pont	Accélér. 0-100 km/h s	400 m D.A. s	1000 m D.A. s	Reprise 80-120 km/h s	Freinage 100-0 km/h m	Vites. maxi. km/h	Accélér. latérale G	Niveau sonore dBA	Consommation l./100km Ville	Route	Carburant Octane
GXE,ES,SE	V6* 3.0 DACT-24-IESPM	2988	190 @ 5600	205 @ 4000	10.0 :1	avant - M5*	3.823	8.0	15.7	27.9	5.5	42	220	0.80	66-70	10.9	8.1	S 91
GLE	V6* 3.0 DACT-24-IESPM	2988	190 @ 5600	205 @ 4000	10.0 :1	avant - A4*	3.619	8.5	16.3	29.2	6.0	45	210	0.80	66-70	11.3	7.6	S 91

PRIX & ÉQUIPEMENTS

NISSAN Maxima	GXE	ES	SE	GLE
Prix maxi $:	28 598	31 298	36 748	37 548
Prix mini $:	25 400	28 115	32 455	33 160
Transport & préparation $:	450	450	450	450
Boîte automatique:	O	O	O	S
Régulateur de vitesse:	S	S	S	S
Direction assistée:	S	S	S	S
Système antiblocage des freins:	-	S	S	S
Système antipatinage:	-	O	O	S
Climatiseur:	SM	SA	SA	SA
Garnitures en cuir:	-	-C	SC	SC
Radio MA/MF/ Cassette:	S	SDc	SDc	SDc
Serrures électriques:	S	S	S	S
Lève-vitres électriques:	S	S	S	S
Volant ajustable:	S	S	S	S
Rétroviseurs ext. ajustables:	SEC	SEC	SEC	SEC
Jantes en alliage léger:	-	S	S	S
Système antivol:	-	-	-	S

Couleurs disponibles
Extérieur: Acajou, Vert Olive, Sable, Ébène, Vert, Blanc, Bleu, Argent.
Intérieur: Tissu et Cuir: Gris-vert, Charbon de bois, Beige.

EN BREF...

Catégorie: berlines de luxe tractées.   **Classe :** 7

HISTORIQUE
Inauguré en: 1981-1995
Fabriqué à: Oppama et Tochigi, Japon.

PROFIL DE CLIENTÈLE

Modèle	Hom./Fem.	Âge moyen	Mariés	CEGEP	Revenus
Maxima	83/17 %	48 ans	85 %	55 %	88 000 $

INDICES
Sécurité:	80 %	Satisfaction:	93 %
Dépréciation:	47 %	Assurance:	1 150 $
Prix de revient au km:	0.47 $	Nbre de concessionnaires:	53

VENTES
Modèle	1996	1997	Résultat	Part de marché
Maxima	2 235	2 688	+ 20.3 %	6.0 %

PRINCIPAUX MODÈLES CONCURRENTS
ACURA TL, AUDI A4, BMW Série 3, HONDA Accord V6, LEXUS ES 300, MAZDA Millenia, SAAB 9⁵, TOYOTA Camry V6, VOLVO S70.

ENTRETIEN REQUIS PAR LA GARANTIE
Première révision:	Fréquence:	Prise de diagnostic:
12 000 km	12 000 km	Oui

CARACTÉRISTIQUES

Modèles	Versions	Carrosseries/ Sièges	Volume cabine l.	Volume coffre l.	Cx	Empat. mm	Long x larg x haut. mm x mm x mm	Poids à vide kg	Susp. av/ar	Freins av/ar	Direction type	Diamètre braquage m	Tours volant b à b.	Réser. essence l.	Pneus d'origine dimensions	marque	modèle	Mécanique d'origine
NISSAN Maxima							Garantie générale: 3 ans / 80 000 km; mécanique: 6 ans / 100 000 km; perforation corrosion & antipollution: 6 ans / kilométrage illimité.											
Maxima	GXE	ber. 4 p.5	2820	411	0.32	2700	4810x1770x1415	1369	ih/ih	d	crém.ass.	10.6	2.9	70.0	205/65R15	Goodyear	Eagle GA	V6/3.0/M5
Maxima	ES	ber. 4 p.5	2820	411	0.32	2700	4810x1770x1415	1367	ih/ih	d/ABS	crém.ass.	10.6	2.9	70.0	215/55R16	Toyo	Proxes AO5	V6/3.0/M5
Maxima	SE	ber. 4 p.5	2820	411	0.32	2700	4810x1770x1415	1396	ih/ih	d/ABS	crém.ass.	10.6	2.9	70.0	215/55R16	Goodyear	Eagle GA	V6/3.0/M5
Maxima	GLE	ber. 4 p.5	2820	411	0.32	2700	4810x1770x1415	1399	ih/ih	d/ABS	crém.ass.	10.6	2.9	70.0	205/65R15	Goodyear	Eagle GA	V6/3.0/A4

NISSAN

Pathfinder

Depuis sa dernière refonte, le Pathfinder a évolué. Il n'est plus le tout-terrain pur et dur de la première génération, celui à qui on faisait faire le tour du monde. Sur la demande de la clientèle, il s'est poli, civilisé, embourgeoisé. C'est ce qui explique que ses formes se soient adoucies. De par ses ventes, il arrive dans les cinq premiers derrière les gros canons de cette catégorie. C'est dire que son succès ne s'est pas démenti depuis les douze dernières années. Il a servi de base au QX4 d'Infiniti, un succès important dans le segment des véhicules polyvalents de luxe.

GAMME

Le Pathfinder est un véhicule polyvalent à 4 portes avec 2 ou 4 roues motrices proposé en finitions XE et LE en 4x2 et XE, SE, et LE en 4x4. Toutes se partagent le moteur V6 de 3.3L et la boîte manuelle est de série sur les XE et SE et l'automatique sur les LE. La version XE comprend la direction assistée, l'antiblocage des freins, un climatiseur manuel, une radiocassette et la colonne de direction ajustable. Le LE comprend pratiquement tout ce qu'il est courant de trouver sur un véhicule de haut de gamme, sauf le toit ouvrant.

TECHNIQUE

La carrosserie du Pathfinder est monocoque en acier intégrant un châssis en échelle (monoframe), afin de maximiser sa rigidité en flexion comme en torsion. La seule plaque de protection montée en série sous ces véhicules protège juste le réservoir de carburant. La suspension est indépendante, de type Mac-Pherson à l'avant tandis qu'à l'arrière, l'essieu rigide est guidé par cinq bras avec ressorts hélicoïdaux et barre stabilisatrice. Le freinage est mixte avec antiblocage en série sur tous les modèles. La direction est à crémaillère et le moteur, un V6 3.3L, délivre 168 ch. Le système de transmission aux quatre roues est de type «à la demande». Il comprend deux différentiels conventionnels sur les ponts avant et arrière dont ce dernier peut être remplacé par un autre à glissement limité à couplage visqueux. La boîte de transfert peut être engagée «à la volée» jusqu'à une vitesse de 80 km/h, tandis que le verrouillage des moyeux avant est automatique.

Réussi, mais...

+ **LA PRÉSENTATION**. Le Pathfinder a conservé un certain air de famille avec son prédécesseur, mais il fait désormais beaucoup plus «automobile» que camion.

+ **LE FORMAT**. Le Pathfinder offre un excellent comportement entre son encombrement et son volume utile. L'espace pour les jambes est appréciable aux places arrière de la cabine, tandis que la soute à bagages est vaste, transformable et aisément accessible par un hayon intelligemment conçu. Il est facile d'accéder à bord grâce à une garde au sol raisonnable et plusieurs poignées bien disposées.

+ **LE PRIX**. Il est vendu à un prix qui, compte tenu de son équipement, est compétitif comparé à la majorité de ses rivaux, même ceux d'origine américaine.

+ **LE COMPORTEMENT**. Il a été grandement amélioré par la plus grande rigidité de la coque qui a permis de rendre le guidage des trains plus précis. Le roulis est aussi moins prononcé, du fait du meilleur calibrage des ressorts-amortisseurs. Cela lui permet de passer les virages avec plus d'assurance, d'autant plus que son centre de gravité est un peu moins haut qu'autrefois.

+ **LE CONFORT** Il profite de l'habitabilité bien calculée, de la suspension moins brutale, tandis que les sièges sont bien galbés et l'insonorisation efficace.

+ **LA DIRECTION**. Sa crémaillère est directe, rapide, facile à doser et la maniabilité satisfaisante, car le diamètre de braquage est relativement court.

+ **LE POSTE DE CONDUITE**. Il est simple mais bien organisé et le conducteur, assis haut, profite d'une bonne visibilité périphérique, maintenant que la roue de secours est disposée sous le plancher de la soute du véhicule. Quant au tableau de bord, il est très simple, pour ne pas

dire simpliste, mais au moins il est plus ergonomique que celui de l'ancien modèle.

+ **LA QUALITÉ**. L'assemblage comme la finition font soigné, les matériaux sont de bon goût et l'équipement assez complet même sur le modèle de base.

- **LA SÉCURITÉ**. Le bureau des autoroutes américaines (NHTSA) n'a pas donné une forte note au Pathfinder considérant les blessures potentielles de ses occupants en cas de collision. Toutefois la rigidité de la caisse a amélioré le comportement comme le confort et le freinage bénéficie d'un dispositif antiblocage des roues en série.

- **LE MOTEUR**. Le V6 du Pathfinder n'a jamais été le mieux adapté aux exigences de ce type de véhicule, car son couple est moyen. Ses accélérations comme ses reprises ne sont pas étincelantes car il semble toujours au bout de son souffle.

- **LE FREINAGE**. Facile à doser, ses trajectoires sont rectilignes lors des arrêts d'urgence, malgré certains mini-blocages des roues. Les distances d'arrêt sont nettement trop longues pour qu'il soit satisfaisant.

- **LES PNEUS**. Les Dunlop installés sur certaines versions sont responsables d'une instabilité directionnelle désagréable qui rend la conduite tendue, car ils sont très glissants, même sur chaussée sèche.

- **LE RENDEMENT**. Il n'est pas très économique, car la consommation est toujours forte, vu les performances moyennes. Ce moteur serait mieux adapté à une automobile qu'à un utilitaire.

- **LA TRANSMISSION**. Ses rapports ne sont pas aussi mal échelonnés sur la boîte manuelle que l'automatique qui ne parviennent pas à tirer le meilleur du couple haut perché du moteur.

- **LA GARDE AU SOL**. Plus basse qu'autrefois, elle limite les capacités de franchissement et il n'est pas rare que le plancher accroche avec les roues de 15 pouces. Déplorons encore le manque de protection en série du moteur et des organes de transmission.

- **À REVOIR** : Le rembourrage trop ferme des sièges, le repose-pied du conducteur mal conçu et certaines commandes mal disposées comme celle de l'essuie-glace arrière.

CONCLUSION

Le Pathfinder ne manque pas de qualité, mais son portrait serait bien plus homogène s'il trouvait un moteur à sa mesure.

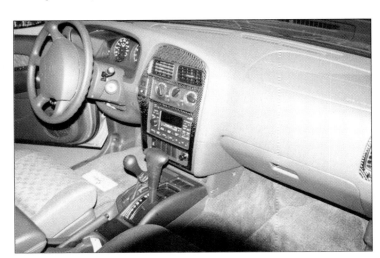

ÉVALUATION NISSAN Pathfinder

CONCEPTION : 72%
- Technique : 80
- Sécurité : 60
- Volume cabine : 70
- Volume coffre : 70
- Qualité/finition : 80

CONDUITE : 57%
- Poste de conduite : 75
- Performances : 35
- Comportement : 35
- Direction : 80
- Freinage : 60

ÉQUIPEMENT D'ORIGINE : 75%
- Pneus : 75
- Phares : 75
- Essuie-glace : 75
- Dégivreur : 75
- Radio : 75

CONFORT : 70%
- Sièges : 75
- Suspension : 60
- Niveau sonore : 70
- Commodités : 70
- Climatisation : 75

BUDGET : 52%
- Prix d'achat : 35
- Consommation : 40
- Assurance : 45
- Satisfaction : 90
- Dépréciation : 50

Moyenne générale : 65.2%

NOUVEAU POUR 1999

- La version LE comprend les élargisseurs d'ailes de couleur assortie à la carrosserie, des jantes en alliage et des marche-pieds identiques à ceux de la version SE.
- La version Chilkoot est destinée exclusivement au marché canadien.

MOTEURS / TRANSMISSIONS / PERFORMANCES

Modèles/ versions	Type / distribution soupapes / carburation	Cylindrée cc	Puissance cv @ tr/mn	Couple lb.pi @ tr/mn	Rapport volumét.	Roues motrices / transmissions	Rapport de pont	Accélér. 0-100 km/h s	400 m D.A. s	1000 m D.A. s	Reprise 80-120 km/h s	Freinage 100-0 km/h m	Vites. maxi. km/h	Accélér. latérale G	Niveau sonore dBA	Consommation l./100km Ville	Route	Carburant Octane
base	V6* 3.3 SACT-12-IESPM	3275	168 @ 4800	196 @ 2800	8.9 :1	arr./4 - M5*	4.636	10.3	17.3	31.4	7.0	47	165	0.68	64-70	14.7	12.0	R 87
						arr./4 - A4	4.636	11.6	18.4	33.7	9.0	45	160	0.68	65-70	15.4	11.6	R 87

PRIX & ÉQUIPEMENTS

NISSAN Pathfinder	XE	SE	LE
Prix maxi $:	31 398	35 498	40 998
Prix mini $:	27 950	31 600	36 290
Transport & préparation $:	450	450	450
Boîte automatique:	O	O	S
Régulateur de vitesse:	-	S	S
Direction assistée:	S	S	S
Système antiblocage des freins:	S	S	S
Système antipatinage:	-	-	-
Climatiseur:	SM	SA	SA
Garnitures en cuir:	-	O	SC
Radio MA/MF/ Cassette:	SDc	SDc	SDc
Serrures électriques:	-	S	S
Lève-vitres électriques:	-	S	S
Volant ajustable:	S	S	S
Rétroviseurs ext. ajustables:	SM	SEC	SEC
Jantes en alliage léger:	O	S	S
Système antivol:	-	S	S

Couleurs disponibles

Extérieur: Rouge, Bleu, Châtaigne, Beige, Vert, Ébène, Gris, Blanc.

Intérieur: Gris, Beige.

EN BREF...

Catégorie : véhicules polyvalents propulsés ou intégraux. **Classe :** utilitaires

HISTORIQUE
- Inauguré en: 1986-1996
- Fabriqué à: Kyushu, Japon.

PROFIL DE CLIENTÈLE

Modèle	Hom./Fem.	Âge moyen	Mariés	CEGEP	Revenus
Pathfinder	76/24 %	39 ans	68 %	57 %	81 000 $

INDICES
- Sécurité: 60 % | Satisfaction: 92 %
- Dépréciation: 50 % | Assurance: 1065 -1 155 $
- Prix de revient au km: 0.51 $ | Nbre de concessionnaires: 53

VENTES

Modèle	1996	1997	Résultat	Part de marché
Pathfinder	1 633	2 022	+ 23.8 %	10.6 %

PRINCIPAUX MODÈLES CONCURRENTS

CHEVROLET Blazer, FORD Explorer, GMC Jimmy, ISUZU Rodeo & Trooper, JEEP Cherokee & Grand Cherokee, SUZUKI Sidekick, TOYOTA 4Runner.

ENTRETIEN REQUIS PAR LA GARANTIE
- Première révision: 12 000 km
- Fréquence: 12 000 km
- Prise de diagnostic: Non

CARACTÉRISTIQUES

Modèles	Versions	Traction	Carrosseries/ Sièges	Empat. mm	Long x larg x haut. mm x mm x mm	Poids à vide kg	Susp. av/ar	Freins av/ar	Direction type	Diamètre braquage m	Tours volant	Réser. essence b à b. l.	dimensions	Pneus d'origine marque	modèle	Mécanique d'origine
NISSAN																
				Garantie générale: 3 ans / 80 000 km; mécanique: 6 ans / 100 000 km; perforation, corrosion & antipollution: 6 ans / kilométrage illimité.												
Pathfinder	XE	4x4	fam.4 p.5	2700	4529x1839x1725	1803	ih/rh	d/t/ABS	crém.ass.	12.8	3.2	80.0		265/70R15 Bridgestone	Dueller HT	V6/3.3/M5
Pathfinder	SE	4x4	fam.4 p.5	2700	4529x1839x1725	1844	ih/rh	d/t/ABS	crém.ass.	12.8	3.2	80.0		265/70R15 Bridgestone	Dueller HT	V6/3.3/M5
Pathfinder	LE	4x4	fam.4 p.5	2700	4529x1839x1725	1830	ih/rh	d/t/ABS	crém.ass.	12.8	3.2	80.0		265/70R15 Bridgestone	Dueller HT	V6/3.3/A4

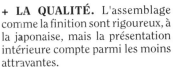

Il est évident que la Sentra ne se vend pas très bien. Depuis sa dernière refonte qui a vu sa suspension arrière améliorée et sa carrosserie redessinée, ses ventes végètent à un niveau très bas pour un modèle de large diffusion. Dans la catégorie des sous-compactes, seule la Suzuki Esteem fait plus mal qu'elle, ce qui n'est pas une bonne référence... Malgré sa vaillance, le petit moteur de base est limité et peut-être que le moteur 2.0L du feu 200SX suffira à rallumer la flamme? Dieu seul le sait, et encore...

GAMME

La Sentra est offerte au Canada en quatre versions: base, XE, GXE et SE auxquels le marché américain ajoute la GLE. Elles sont équipées en série du moteur 1.6L ou 2.0L (SE) avec une transmission manuelle à 5 vitesses. L'équipement du modèle de base est on ne peut plus succinct, mais il est plus généreux sur les autres modèles, bien que l'antiblocage, la transmission automatique et le toit ouvrant (SE) soient option sur tous les modèles.

TECHNIQUE

La Sentra possède une carrosserie monocoque en acier, dont la rigidité torsionnelle a été améliorée par la pose de renforts visant à protéger les occupants en cas de collision. La fréquence de résonance du châssis de 26 Hertz, limite la propagation des bruits et des vibrations à travers la coque, dont l'efficacité aérodynamique est de 0.33. La suspension avant est de type MacPherson, alors qu'à l'arrière, elle est à bras multiples de type Scott-Russell, ce qui permet de gagner de l'espace au niveau de la cabine et du coffre, tout en assurant un comportement et un confort de roulement au-dessus de la moyenne. Les freins sont mixtes d'origine sur tous les modèles sauf le SE, et les GXE peuvent recevoir en option des disques aux roues arrière en même temps que le système antiblocage. La direction à crémaillère est assistée sur toutes les versions excepté le modèle base qui n'a aussi qu'un seul rétroviseur extérieur à gauche.

POSITIF

+ **LE STYLE.** Sobre et élégant pour le format de la carrosserie, il fait paraître la Sentra plus grosse qu'elle l'est en réalité et certains la prennent pour une compacte.

+ **L'HABITABILITÉ.** Elle est supérieure à celle de ses rivales, dans la catégorie des sous-compactes, et il

Flamme éteinte...

est même possible d'asseoir un cinquième occupant au centre de la banquette arrière, en dépannage.

+ **LE COMPORTEMENT.** Le fameux essieu arrière «multibras différentiel» constitue le secret de la tenue de route de la Sentra. Son principe simple permet un guidage plus précis qui améliore la stabilité en virage où ce modèle démontre une assurance supérieure à certaines de ses concurrentes. La qualité des pneus installés sur les différentes versions joue un rôle tout aussi important et le résultat obtenu varie beaucoup entre celui du modèle de base et celui du SE.

+ **LES PERFORMANCES.** Elles sont surprenantes même avec le moteur de base dont les accélérations, comme les reprises sont proportionnelles aux mugissement du vaillant petit moteur et donnent

l'impression d'aller bien plus vite qu'en réalité.

+ **LE RENDEMENT.** Le moteur 1.6L est l'un des plus économiques dans sa catégorie puisqu'il se contente de manière réaliste de 8 litres aux 100 km.

+ **LA DIRECTION.** L'assistée est agréable, car elle est précise et bien démultipliée et procure à cette petite voiture une excellente maniabilité qui fait merveille en ville.

+ **LE CONFORT.** Il est inhabituel pour une voiture de ce format, car la suspension est très souple et les sièges bien formés procurent un maintien latéral qui n'est gâché que par la fermeté de leur rembourrage.

+ **LES PERFORMANCES.** Celles du moteur 2.0L font réaliser combien celles du 1.6L sont terriblement insuffisantes, particulièrement avec la boîte automatique.

+ **LA QUALITÉ.** L'assemblage comme la finition sont rigoureux, à la japonaise, mais la présentation intérieure compte parmi les moins attrayantes.

+ **LE CÔTÉ PRATIQUE.** Il profite des nombreux rangements bien proportionnés. Le coffre à bagages, de taille moyenne, communique avec la cabine par un orifice réduit, situé derrière le dossier de la banquette.

+ **L'ERGONOMIE.** Le tableau de bord est bien organisé avec la partie centrale en saillie qui met les commandes à portée de la main. Dommage que les commandes de la radio soient inversées avec celles de la climatisation.

NÉGATIF

- **LE FREINAGE.** Celui des versions de base, XE et GXE est loin de donner satisfaction car les distances des arrêts d'urgence sont incroyablement longues pour une voiture aussi légère. De plus, la réaction spongieuse de la pédale ne permet pas un dosage précis. Heureusement même sans l'ABS, les trajectoires demeurent rectilignes.

- **LE ROULIS.** Provoqué par la souplesse excessive de la suspension des trois premières versions, il accélère l'apparition du sous-virage qui est plus impressionnant que dangereux.

- **LA DIRECTION.** Son assistance trop forte la rend sensible et légère, ce qui complique la tenue de cap par fort vent latéral.

- **LES PNEUS.** Ceux installés sur le modèle de base sont sous-dimensionnés et de médiocre qualité. Ils devront être impérativement remplacés à l'approche de la période hivernale où ils sont dangereux.

- **LE NIVEAU SONORE.** Il demeure élevé en toute circonstance, car le moteur manque de discrétion lors des accélérations et la coque d'insonorisant, puisque les bruits de roulement sont omniprésents.

- **LA PRÉSENTATION.** Elle est d'une grande banalité et la qualité des tissus et matières plastiques des garnitures n'a rien de réjouissant et un peu de couleur ferait du bien.

- **L'ÉQUIPEMENT.** Celui du modèle de base constitue une véritable honte pour Nissan qui ose proposer un véhicule aussi dépouillé, afin de pouvoir annoncer le prix le plus bas possible...

CONCLUSION

Citadine par excellence, la Sentra a perdu la faveur populaire, sans doute à cause de l'immobilisme de Nissan qui est en cours de réorganisation, suite à de sérieux problèmes financiers.

ÉVALUATION
NISSAN Sentra

CONCEPTION : 63%
Technique : 75
Sécurité : 75
Volume cabine : 50
Volume coffre : 40
Qualité/finition : 75

CONDUITE : 59%
Poste de conduite : 75
Performances : 50
Comportement : 55
Direction : 75
Freinage : 40

ÉQUIPEMENT D'ORIGINE : 73%
Pneus : 70
Phares : 75
Essuie-glace : 75
Dégivreur : 70
Radio : 75

CONFORT : 69%
Sièges : 70
Suspension : 70
Niveau sonore : 50
Commodités : 80
Climatisation : 75

BUDGET : 80%
Prix d'achat : 75
Consommation : 85
Assurance : 90
Satisfaction : 80
Dépréciation : 70

Moyenne générale: 68.8%

NOUVEAU POUR 1999

• Le maintien de la version 1.6L incluant: la télécommande des serrures et les rétroviseurs et poignées de portes de couleur assortie à la carrosserie.
• La nouvelle version 2.0L de 140 ch comprenant le climatiseur, l'antiblocage des freins, les sièges baquets, les jantes en alliage de 15 po, l'aileron arrière et les phares antibrouillards.

MOTEURS / TRANSMISSIONS / PERFORMANCES

Modèles/versions	Type / distribution soupapes / carburation	Cylindrée cc	Puissance cv @ tr/mn	Couple lb.pi @ tr/mn	Rapport volumét.	Roues motrices / transmissions	Rapport de pont	Accélér. 0-100 km/h s	400 m D.A. s	1000 m D.A. s	Reprise 80-120 km/h s	Freinage 100-0 km/h m	Vites. maxi. km/h	Accélér. latérale G	Niveau sonore dBA	Consommation l./100km Ville	Route	Carburant Octane
Sentra	L4* 1.6 DACT-16-IESPM	1597	115 @ 6000	108 @ 4000	9.9 :1	avant - M5*	3.789	10.3	17.4	31.6	7.0	48	165	0.78	69	8.0	5.6	R 87
						avant - A4	3.827	11.5	18.3	32.7	8.1	52	160	0.78	69	8.8	6.0	R 87
SE	L4* 2.0 DACT-16-IESPM	1998	140 @ 6400	132 @ 4800	9.5 :1	avant - M5*	4.176	9.0	16.6	30.5	6.5	48	180	0.80	70	9.0	6.9	R 87
						avant - A4	3.827	ND										

PRIX & ÉQUIPEMENTS

NISSAN Sentra	base	XE	GXE	SE
Prix maxi $:	14 498	15 098	17 498	ND
Prix mini $:	13 835	14 025	16 070	-
Transport & préparation $:	420	420	420	420
Boîte automatique:	-	O	O	O
Régulateur de vitesse:	-	-	S	S
Direction assistée:	-	S	S	S
Système antiblocage des freins:	-	-	O	S
Système antipatinage:	-	-	-	-
Climatiseur:	-	O	S	S
Garnitures en cuir:	-	-	-	-
Radio MA/MF/ Cassette:	-	O	S	SDc
Serrures électriques:	-	-	S	S
Lève-vitres électriques:	-	-	S	S
Volant ajustable:	S	S	S	S
Rétroviseurs ext. ajustables:	-	-	SE	SE
Jantes en alliage léger:	-	-	-	S
Système antivol:	-	-	-	S

Couleurs disponibles
Extérieur: Bronze, Bleu, Ébène, Fusain, Grès, Blanc, Vert, Beige.

Intérieur: Gris, Brun, Charbon de bois.

EN BREF...
Catégorie: berlines sous-compactes tractées. **Classe :** 3

HISTORIQUE
Inauguré en: 1981-1995.
Fabriqué à: Aguascalientes, Mexique & Smyrna TE, États-Unis.

PROFIL DE CLIENTÈLE
Modèle	Hom./Fem.	Âge moyen	Mariés	CEGEP	Revenus
Sentra	54/46 %	44 ans	71 %	61 %	51 000 $

INDICES
Sécurité:	75 %	Satisfaction:	80 %
Dépréciation:	47 %	Assurance:	835 $
Prix de revient au km:	0.35 $	Nbre de concessionnaires:	53

VENTES
Modèle	1996	1997	Résultat	Part de marché
Sentra	1 402	1 869	+ 33.3 %	1.7 %

PRINCIPAUX MODÈLES CONCURRENTS
HONDA Civic berline, HYUNDAI Accent, MAZDA Protegé, TOYOTA Tercel, VOLKSWAGEN Golf.

ENTRETIEN REQUIS PAR LA GARANTIE
Première révision:	Fréquence:	Prise de diagnostic:
12 000 km	12 000 km	Oui

CARACTÉRISTIQUES

Modèles	Versions	Carrosseries/ Sièges	Volume cabine l.	Volume coffre l.	Cx	Empat. mm	Long x larg x haut. mm x mm x mm	Poids à vide kg	Susp. av/ar	Freins av/ar	Direction type	Diamètre braquage m	Tours volant b à b.	Réser. essence l.	dimensions	Pneus d'origine marque	modèle	Mécanique d'origine
NISSAN							Garantie générale: 3 ans / 80 000 km; mécanique: 6 ans / 100 000 km; perforation, corrosion & antipollution: 6 ans / kilométrage illimité.											
Sentra	base	ber. 4 p.5	2469	303	0.33	2535	4343x1692x1384	1050	ih/sih	d/t	crém.	10.4	3.01	50.0	155/80R13	Dunlop	-	L4/1.6/M5
Sentra	XE	ber. 4 p.5	2469	303	0.33	2535	4343x1692x1384	1080	ih/sih	d/t	crém.ass.	10.4	3.01	50.0	175/70R13	General	Ameri 45	L4/1.6/M5
Sentra	GXE	ber. 4 p.5	2469	303	0.33	2535	4343x1692x1384	1102	ih/sih	d/t	crém.ass.	10.4	3.01	50.0	175/65R14	General	Ameri 45	L4/1.6/M5
Sentra	SE	ber. 4 p.5	2469	303	0.33	2535	4343x1692x1384	1188	ih/sih	d/dABS	crém.ass.	10.4	3.01	50.0	195/55R15	General	Ameri 45	L4/2.0/M5

OLDSMOBILE Alero
La chance des audacieux...

Oldsmobile persiste et signe. Dans cette division de General Motors que l'on donnait pour moribonde il n'y a pas si longtemps, la flamme semble s'être rallumée. Longtemps à la traîne dans les ventes et le coeur des consommateurs, il était quasiment question de fermer la boutique, quand une princesse charmante du nom d'Aurora a surpris tout le monde, y compris les gens d'Oldsmobile eux-mêmes. John Rock, le patron d'alors, a eu la clairvoyance de comprendre que le salut de sa marque était au bout du chemin de son indépendance par rapport au reste du conglomérat de GM. Associé, oui, par la force des choses, puisque le principe fondamental du premier constructeur mondial est basé sur le partage des coûts de développement par ses différentes marques, mais indépendant, comme Cadillac.

L'Intrigue révélée l'an dernier a suivi la même voie, bien qu'elle soit plus proche des Buick Century-Regal que l'Aurora l'était des Cadillac. Avec elle s'est développé cet air de famille qui faisait tant défaut aux Oldsmobile des années passées. Les arrondis massifs de l'Aurora ont donné naissance à des lignes ondulées simples, mais agréables et équilibrées renfermant un certaine dynamique. Après avoir développé deux prototypes de Salon pour tester les réactions du public, Oldsmobile s'est engagé dans la refonte de l'Achieva en collaboration avec Pontiac qui rajeunissait en même temps la Grand Am. Il sera intéressant de surveiller les ventes de ces deux modèles dans les mois qui viendront pour voir ce qui fera le plus recette entre le côté harmonieux de l'Alero et le rêve psychédélique de la Grand Am...
C'est toutefois par l'investissement technologique que la dernière Oldsmobile surprend le plus, car son renouvellement va bien au-delà du simple

réajustement cosmétique habituel. La nouvelle plate-forme à un empattement plus long, des voies plus larges que la précédente afin d'augmenter la surface au sol et par là l'assise de ce modèle.

Vue par en dessous, le travail accompli frappe par la netteté de l'organisation du soubassement qui fait solide comme un roc. Les bras de suspension avant sont faits d'aluminium, le berceau du train avant est hydroformé et deux rails longitudinaux solidifient la partie frontale. Même simplicité efficace à l'arrière, où la traverse regroupant les éléments de suspension est amovible, facilitant autant les réparations que les ajustements et son organisation est moderne et efficace. Le système d'échappement est en acier inoxydable, les freins à disques et le tandem du système antiblocage-antipatinage des roues d'origine sur toutes les versions. Pas si mal pour une voiture dite populaire.

Côté sécurité, la caisse forme une cage rigide vibrant à une fréquence de 25 Hz, dont la partie postérieure a été généreusement renforcée, afin de contrer l'affaiblissement que représentent la large ouverture du coffre et le passage par lequel il communique avec la cabine. Les passages de roues sont en acier plus épais et estampés d'une seule pièce. Le groupe propulseur est fixé au berceau avant par l'intermédiaire de supports résistant à la force du couple et permettant de filtrer plus efficacement les vibrations de la mécanique. En «poussant l'enveloppe» de l'Alero aux limites de la classification américaine de l'Environment Protection Agency (EPA), GM a voulu qu'elle concurrence plus directement les modèles très populaires que sont les coupés et berlines Accord qui constituent la véritable cible de l'Alero et explique autant son contenu, son contenant, que son prix. L'avenir dira très vite si la chance sourit encore aux audacieux...

Après avoir été, pendant des années, la division-sacrifice de General Motors, Oldsmobile, contre toute attente, est en train de devenir un de ses éléments les plus dynamiques. Il faut dire que son avant-dernier patron, John Rock, avait compris avant les autres, que l'avenir de GM passait par une plus grande autonomie des divisions et que le partage des éléments communs avait ses limites. Encore une fois l'aventure de l'Aurora, un modèle qui ne passera peut-être pas à l'histoire autrement que comme phénomène déclencheur, a prouvé, qu'il ne pouvait y avoir de salut que dans la différence.

GAMME

L'Alero partage sa plate-forme et nombre de ses éléments mécaniques et de finition avec la Pontiac Grand Am. Elle est proposée sous la forme d'un coupé à 2 portes ou d'une berline à 4 portes en versions GX, GL ou GLS animée en série du 4 cylindres de 2.4L Twin Cam sur les GX et GL ou du nouveau V6 3400 à soupapes tête sur la GLS. Curieusement aucune boîte manuelle ne sera disponible avant longtemps, l'automatique à 4 rapports étant actuellement le seul choix. L'Alero surprend par la qualité de son équipement de série qui comprend beaucoup de choses même sur son modèle le moins cher. Outre l'antiblocage-antipatinage des roues, on trouve aussi un climatiseur, des serrures électriques, la colonne de direction ajustable, un système antivol et un dispositif de contrôle de la pression des pneus.

TECHNIQUE

Comme sa consœur la Pontiac Grand Am, l'Alero a changé du tout au tout. Dans ses proportions tout d'abord. Par rapport à la précédente Achieva, sa carrosserie est légèrement plus courte, mais elle est plus large et plus haute pour le bénéfice de l'habitabilité. C'est toutefois le coffre qui proportionnellement a le plus gagné en espace. Autoporteuse en acier, sa coque possède une efficacité aérodynamique moyenne à peine supérieure à celle de l'Achieva avec un coefficient de 0.32. Par contre la résistance lors des tests de collision a été améliorée puisqu'elle a atteint la cote maximale décernée par la NHTSA. Elle comporte un berceau indépendant à l'avant supportant le groupe propulseur et les éléments de suspension, alors qu'à l'arrière elle est fixée à une traverse boulonnée. La suspension est désormais indépendante aux quatre coins. De type MacPherson à l'avant,

elle est aussi nouvelle que sophistiquée à l'arrière, où les roues sont maintenues par trois bras transversaux de chaque côté, avec barre antiroulis à chaque extrémité. Les trois versions disposent des mêmes ajustements de ressorts et amortisseurs, quel que soit le moteur choisi. Seule la GLS peut recevoir la suspension sportive optionnelle FE3. Les freins sont à disque en série assistés par le désormais duo inséparable antiblocage-antipatinage des roues. Quant à la direction, elle est à assistance variable.

POSITIF

+ LE STYLE. Il est attachant à l'extérieur où les lignes de cette nouvelle venue n'ont aucune peine à faire oublier celles si fades de l'Achieva. Toujours dans les courbes issues de l'Aurora, elles sont différentes de celles de l'Intrigue et confèrent à l'Alero une personnalité sympathique et solide. À l'intérieur les rondeurs sentent le GM à plein nez, mais c'est normal, il faut un signe d'appartenance et tout est traité dans le genre «touche douce»

+ L'INGÉNIERIE. Pour une fois GM n'a pas lésiné et a pris les grands moyens pour faire de l'Alero une

bonne voiture. La coque, la suspension, les freins et le moteur V6 témoignent de cette volonté de bien faire, qui au bout du compte, se paie par un prix peut-être moins favorable que celui des modèles précédents qui, de toute manière, ne se vendaient pas.

+ LE COMPORTEMENT. Ce qui frappe le plus lorsqu'on s'installe au volant de l'Alero c'est l'impression d'homogénéité, inconnue auparavant, identique à celle découverte sur les Aurora et Intrigue. La tenue de route est compétente et franche et selon le type de pneus utilisé, elle surprend agréablement par la rigueur de son guidage et son aisance à négocier les virages les plus pointus, dans un équilibre surprenant. Tant de rigueur surprend, comparé au laisser-aller de la suspension de la génération précédente. La qualité paie.

+ LES PERFORMANCES. En termes de chiffres, elles sont tout à fait honorables, surtout avec le V6 aux épaules plus carrées que celles du 4 cylindres. Les accélérations sont vives et les reprises franches assurent des dépassements sécuritaires.

+ LA CONDUITE. Elle est agréable grâce à la position de conduite et la

visibilité qui sont satisfaisantes (plus sur la berline que le coupé) mais surtout grâce à l'organisation simple et rationnelle du tableau de bord, ainsi qu'au volant et au sélecteur de la transmission qui tombent bien en main. Le conducteur dispose même d'un repose-pied gauche...

+ UN BON POINT : pour les espaces de rangement qui sont bien distribués dans la cabine, les sièges mieux formés qu'autrefois et le rappel de la position du sélecteur de vitesse au tableau de bord.

NÉGATIF

- L'EFFET DE COUPLE. On ne devrait plus mentionner ce phénomène sur une voiture aussi récente, qui est dû en partie à la longueur inégale des arbres de transmission. Mais il n'est vraiment gênant que sur chaussée très glissante.

- LES MOTEURS. Bien qu'ils soient récents, les deux groupes propulseurs sont loin d'être aussi raffinés que leurs homologues japonais dans les Accord ou les Camry-Solara. Le 4 cylindres semble toujours issu d'un tracteur de ferme tellement son allure est rugueuse et le V6 n'a pas le côté soyeux de ses concurrents.

- L'HABITABILITÉ. Bien que plus larges et plus hautes, les places arrière ne disposent pas d'assez d'espace pour les jambes si les sièges avant sont reculés loin.

- LA BOÎTE MANUELLE. Passe, pour la berline, mais le coupé devrait offrir une transmission manuelle en option avec les deux moteurs, puisque statistiquement elle est la moins vendue. Ce sera le cas l'an prochain pour le 4 cylindres, mais pas pour le 6 qui en restera privé.

- LE PRIX. La qualité paie, mais il faut payer pour la qualité. L'Alero vaut mieux que l'Achieva, mais elle est aussi plus chère et son prix s'approche dangereusement de celui de l'Intrigue qui offre un espace et des performances plus généreuses, pour une poignée de dollars supplémentaire. Ce phénomène est identique à celui qui affecte chez Chrysler les Cirrus-Stratus-Breeze vis-à-vis des Concorde-Intrepid. Le partage se fera en fonction de l'âge et du genre de la clientèle.

CONCLUSION

L'Alero surprend par son caractère solide et sain qui fait les bonnes voitures, mais surtout par l'investissement technologique que GM s'est décidé à faire au détriment du sacro-saint prix de revient, pour le plus grand bénéfice des usagers.

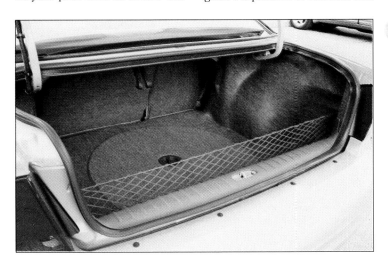

ÉVALUATION
OLDSMOBILE Alero

CONCEPTION : **75%**
Technique : 80
Sécurité : 90
Volume cabine : 60
Volume coffre : 70
Qualité/finition : 75

CONDUITE : **68%**
Poste de conduite : 80
Performances : 55
Comportement : 65
Direction : 80
Freinage : 60

ÉQUIPEMENT D'ORIGINE : **76%**
Pneus : 75
Phares : 80
Essuie-glace : 75
Dégivreur : 75
Radio : 75

CONFORT : **73%**
Sièges : 75
Suspension : 75
Niveau sonore : 60
Commodités : 75
Climatisation : 80

BUDGET : **58%**
Prix d'achat : 60
Consommation : 75
Assurance : 55
Satisfaction : 75
Dépréciation : 25

Moyenne générale: **70.0%**

NOUVEAU POUR 1999

- Modèle remplaçant l'Achieva, entièrement renouvelé sous la forme de coupés et berlines animés soit par un 4 cylindres de 2.4L, soit par un V6 de 3.4L.

MOTEURS / TRANSMISSIONS / PERFORMANCES

Modèles/ versions	Type / distribution soupapes / carburation	Cylindrée cc	Puissance cv @ tr/mn	Couple lb.pi @ tr/mn	Rapport volumét.	Roues motrices / transmissions	Rapport de pont	Accélér. 0-100 km/h s	400 m D.A. s	1000 m D.A. s	Reprise 80-120 km/h s	Freinage 100-0 km/h m	Vites. maxi. km/h	Accélér. latérale G	Niveau sonore dBA	Consommation l./100km Ville	Route	Carburant Octane
1)	L4 2.4 DACT-16-IESPM	2392	150 @ 5600	155 @ 4400	9.5 :1	avant - A4	3.42	10.0	17.0	30.4	6.8	44	165	0.82	68	10.7	7.1	R 87
2)	V6 3.4 ACC-12-IESPM	3350	170 @ 4800	200 @ 4000	9.5 :1	avant - A4	3.05	8.7	16.5	29.7	6.2	45	170	0.82	67	11.4	7.9	R 87

1) Std GX, GL.   2) std GLS, opt. GL.

PRIX & ÉQUIPEMENTS

OLDSMOBILE Alero	GX	GL	GLS
Prix maxi $:	20 995	23 995	28 395
Prix mini $:	18 135	20 120	23 140
Transport & préparation $:	620	620	620
Boîte automatique:	S	S	S
Régulateur de vitesse:	O	S	S
Direction assistée:	S	S	S
Système antiblocage des freins:	S	S	S
Système antipatinage:	S	S	S
Climatiseur:	S	S	S
Garnitures en cuir:	-	O	S
Radio MA/MF/ Cassette:	C	S	SDc
Serrures électriques:	S	S	S
Lève-vitres électriques:	-	S	S
Volant ajustable:	S	S	S
Rétroviseurs ext. ajustables:	SM	SE	SE
Jantes en alliage léger:	-	S	S
Système antivol:	S	S	S

Couleurs disponibles
Extérieur: Argent, Blanc, Bleu, Noir, Vert, Rouge, Gris, Jade, Sable, Orchidée.

Intérieur: Gris, Beige, Rouge, Bleu, Taupe, Tilleul, Graphite, Jade.

EN BREF...

Catégorie: berlines et coupés compacts tractés. **Classe : 4**

HISTORIQUE
Inauguré en: 1999
Fabriqué à: Lansing, Michigan, États-Unis.

PROFIL DE CLIENTÈLE
Modèle	Hom./Fem.	Âge moyen	Mariés	CEGEP	Revenus
Achieva	72/28 %	52 ans	72 %	31 %	48 000 $

INDICES
Sécurité: 90 %   **Satisfaction:** 73 %
Dépréciation: 28 %   **Assurance:** 836 $
Prix de revient au km: 0.44 $ **Nbre de concessionnaires:** 84

VENTES
Modèle	1996	1997	Résultat	Part de marché
série N	6 966	6 096	- 12.5 %	15.1 %

PRINCIPAUX MODÈLES CONCURRENTS
coupé : CHRYSLER Sebring, DODGE Avenger, HONDA Accord, MITSUBISHI Eclipse.
berline : CHRYSLER Cirrus, DODGE Stratus, FORD Contour, MAZDA 626, MERCURY Mystique, NISSAN Altima, PLYMOUTH Breeze, PONTIAC Grand Am, SUBARU Legacy.

ENTRETIEN REQUIS PAR LA GARANTIE
Première révision: 5 000 km   **Fréquence:** 10 000 km   **Prise de diagnostic:** Oui

CARACTÉRISTIQUES

Modèles	Versions	Carrosseries/ Sièges	Volume cabine l.	Volume coffre l.	Cx	Empat. mm	Long x larg x haut. mm x mm x mm	Poids à vide kg	Susp. av/ar	Freins av/ar	Direction type	Diamètre braquage m	Tours volant b à b.	Réser. essence l.	dimensions	Pneus d'origine marque	modèle	Mécanique d'origine
OLDSMOBILE		Garantie générale: 3 ans / 60 000 km; antipollution: 5 ans / 80 000 km; perforation corrosion: 6 ans / 160 000 km. Assistance routière.																
Achieva	**1998**	ber. 4 p.5	2542	396	0.33	2627	4772x1729x1359	1323	ih/sih	d/t/ABS	crém.ass.	10.75	2.3	57.5	195/65R15	-	-	L4/2.4/A4
Alero GX	**1999**	cpé. 2 p.5	2622	433	0.32	2718	4742x1781x1384	1372	ih/ih	d/ABS	crém.ass.	10.69	2.6	56.7	215/60R15	BFGoodrich	Touring T/A	L4/2.4/A4
Alero GLS	**1999**	ber. 4 p.5	2577	433	0.32	2718	4742x1781x1384	1396	ih/ih	d/ABS	crém.ass.	10.91	2.6	56.7	225/50R16	Goodyear	Eagle LS	V6/3.4/A4

Lors de son dévoilement en 1995, personne ne croyait à l'Aurora, au point que même Oldsmobile hésitait à mettre son nom dessus... À cette époque, les jours de cette marque semblaient comptés, mais les dirigeants de General Motors lui ont permis de célébrer son centenaire auquel l'Aurora a largement contribué. Son succès a ouvert la voie à une génération de nouveaux modèles qui lui ressemblent tous étrangement et qui assureront l'avenir de cette marque qui n'en finissait plus de se chercher.

GAMME

Oldsmobile ne propose qu'une seule version de l'Aurora. Cette berline de prestige à quatre portes est dotée d'un V8 DACT de 4.0L, une «évolution» du Northstar de Cadillac. Il est jumelé à une transmission automatique à 4 rapports. Avec un équipement de série très complet, le catalogue d'options se résume à bien peu de choses: l'ensemble Autobahn (pneus à cote «V» et rapport final de transmission de 3.71), des jantes chromées, un système audio Acoustimass à sept haut-parleurs, un chargeur pour 12 disques compacts dans le coffre, un toit ouvrant, des sièges baquets 45/45 et des écussons plaqués or!

TECHNIQUE

L'Aurora est le fruit du travail des ingénieurs de Cadillac, qui l'ont créée en la dérivant de la plate-forme de la Riviera. La carrosserie en acier est de type monocoque et, malgré ses lignes audacieuses, le coefficient aérodynamique n'atteint que 0.31. Afin de contenir le poids du véhicule, on a eu recours à des matériaux légers: par exemple, l'aluminium pour le capot moteur, et le nylon pour le réservoir à essence. Une cage tubulaire protège les occupants de l'habitacle et le châssis a une fréquence naturelle de 25 Hz. Le V8 de 4.0L de cette traction a été conçu pour elle; il est d'ailleurs à l'origine de 14 brevets. Monté transversalement, ce V8 produit 250 ch. La suspension indépendante aux quatre roues utilise des jambes de force MacPherson à l'avant et des bras oscillants obliques à articulations latérales à l'arrière avec barres stabilisatrices aux deux bouts. Les freins à disque aux quatre roues, sont assistés d'un antiblocage et d'un antipatinage en série.

POSITIF

+ LA PHILOSOPHIE. La beauté de l'Aurora ne réside pas uniquement dans l'esthétique de sa carrosserie, mais aussi dans le concept qui vise

L'origine du changement

à offrir un produit moderne et de grande qualité à prix abordable. Cette nouvelle attitude a constitué une sorte de révolution chez General Motors dont ce n'était pas l'habitude.

+ LA VALEUR. Par rapport à ses rivales, l'Aurora constitue une bonne affaire, avec son V8 raffiné et son équipement complet proposé au prix de ses rivales à moteur V6.

+ L'ESTHÉTIQUE. Sans être révolutionnaire, elle est particulière et se reconnaît facilement. Ses propriétaires apprécient son style avant-gardiste et la manière dont l'habitacle est traité.

+ LA QUALITÉ. L'assemblage est robuste, la finition plus soignée que d'ordinaire chez GM et les principaux matériaux ont une belle apparence.

+ L'AMÉNAGEMENT. L'habitacle se signale par le dessin original du tableau de bord dont la partie centrale est délibérément tournée vers le conducteur.

+ LE COMPORTEMENT. L'Aurora est tout sauf agile, car son poids pénalise ses prestations. En règle générale, son attitude est neutre.

+ LE CONFORT. La suspension, les sièges aux contours prononcés et l'insonorisation efficace rehaussent le confort. La finesse de l'aménagement aussi, avec des détails comme l'accoudoir central arrière qui recèle un rangement et deux porte-gobelets ainsi que les pare-soleil à panneaux multiples.

+ LA QUALITÉ. Pour une voiture fabriquée aux États-Unis, la qualité générale est surprenante. Les tolérances sont serrées, l'apparence des matériaux, flatteuse, et la finition, plus soignée que d'ordinaire.

+ LE TABLEAU DE BORD. L'aménagement du tableau de bord est efficace et original; entre autres, la portion centrale incurvée vers le conducteur qui réunit des commandes bien disposées.

+ LES RANGEMENTS. Pour une fois, nul ne se plaindra des rangements qui sont aussi pratiques et originaux!

NÉGATIF

- LA SÉCURITÉ. L'Aurora a obtenu de piètres résultats dans les tests de la NHTSA. Cela suggère une protection limitée pour les occupants en cas de collision, un problème commun à plusieurs produits GM, comme les mini-fourgonnettes Venture, Montana et Silhouette.

- LE FREINAGE. Les garnitures perdent rapidement leur endurance lors de freinages intenses répétés.

- LES PERFORMANCES. Malgré son moteur V8, les performances de l'Aurora ne sont pas renversantes. Certaines de ses rivales affichent de meilleures cotes avec un rapport poids/puissance équivalent.

- LA CONSOMMATION. Son poids élevé désavantage l'Aurora face à ses concurrentes moins lourdes.

- LA DIRECTION. La servo-direction à assistance magnétique est trop légère. De plus, l'Aurora n'est pas agile en ville: le diamètre de braquage est important et la direction très démultipliée. Au moins, la direction est plus précise en ligne droite qu'elle ne l'était en 1995.

- LA VISIBILITÉ. La ceinture de caisse très haute et l'assise trop basse des sièges rendent les occupants claustrophobes et nuisent à la visibilité.

- L'HABITABILITÉ. Les places arrière ne sont pas accueillantes: la garde au toit est limitée et la largeur insuffisante pour assurer un confort satisfaisant à trois personnes.

- LE COFFRE. Son volume est convenable, mais son ouverture étriquée et son seuil élevé compliquent le chargement des bagages. Au moins, il y a une trappe à skis.

- À REVOIR: Cette voiture de luxe devrait avoir un afficheur des rapports de transmission derrière le volant. De plus, les baudriers avant ne sont pas ajustables en hauteur et les boucles des ceintures sont irritantes à utiliser.

CONCLUSION

L'Aurora n'est pas parfaite et elle commence à vieillir, mais malgré les compromis qu'elle impose au niveau de la sécurité et du moteur, elle témoigne qu'un changement s'opère chez GM.

☺

ÉVALUATION
OLDSMOBILE Aurora

CONCEPTION : 74%
Technique :	80
Sécurité :	60
Volume cabine :	80
Volume coffre :	70
Qualité/finition :	80

CONDUITE : 68%
Poste de conduite :	80
Performances :	60
Comportement :	60
Direction :	80
Freinage :	60

ÉQUIPEMENT D'ORIGINE : 76%
Pneus :	75
Phares :	75
Essuie-glace :	75
Dégivreur :	75
Radio :	80

CONFORT : 78%
Sièges :	75
Suspension :	75
Niveau sonore :	70
Commodités :	80
Climatisation :	90

BUDGET : 48%
Prix d'achat :	0
Consommation :	50
Assurance :	45
Satisfaction :	90
Dépréciation :	55

Moyenne générale: 68.8%

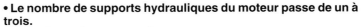

NOUVEAU POUR 1999

• Le nombre de supports hydrauliques du moteur passe de un à trois.
• Les teintes de carrosserie.

MOTEURS / TRANSMISSIONS / PERFORMANCES

Modèles/ versions	Type / distribution soupapes / carburation	Cylindrée cc	Puissance cv @ tr/mn	Couple lb.pi @ tr/mn	Rapport volumét.	Roues motrices / transmissions	Rapport de pont	Accélér. 0-100 km/h s	400 m D.A. s	1000 m D.A. s	Reprise 80-120 km/h s	Freinage 100-0 km/h m	Vites. maxi. km/h	Accélér. latérale G	Niveau sonore dBA	Consommation l./100km Ville	Route	Carburant Octane
Aurora	V8* 4.0 DACT-32-IES	3995	250 @ 5600	260 @ 4400	10.3 :1	avant - A4	3.48	9.0	16.7	30.4	6.5	41	215	0.80	66	13.5	9.0	S 92

PRIX & ÉQUIPEMENTS

OLDSMOBILE Aurora	base
Prix maxi $:	46 190
Prix mini $:	40 648
Transport & préparation $:	920
Boîte automatique:	S
Régulateur de vitesse:	S
Direction assistée:	S
Système antiblocage des freins:	S
Système antipatinage:	S
Climatiseur:	S
Garnitures en cuir:	S
Radio MA/MF/ Cassette:	SDc
Serrures électriques:	S
Lève-vitres électriques:	S
Volant ajustable:	S
Rétroviseurs ext. ajustables:	S
Jantes en alliage léger:	S
Système antivol:	S

Couleurs disponibles
Extérieur: Gris, Blanc, Vert, Argent, Bleu, Noir, Grenat, Cerise, Champagne, Vert, Or, Bronze, Cuivre.
Intérieur: Graphite, Bleu, Tilleul, Champignon, Tan.

EN BREF...

Catégorie:	berlines de luxe tractées.			Classe :	7

HISTORIQUE
Inauguré en:	1995
Fabriqué à:	Lake Orion, Michigan, États-Unis.

PROFIL DE CLIENTÈLE
Modèle	Hom./Fem.	Âge moyen	Mariés	CEGEP	Revenus
Aurora	89/11%	59 ans	85%	35%	105 000 $

INDICES
Sécurité:	60 %	Satisfaction:	90 %
Dépréciation:	45 %	Assurance:	1 390 $
Prix de revient au km:	0.65 $	Nbre de concessionnaires:	84

VENTES
Modèle	1996	1997	Résultat	Part de marché
Aurora	505	534	+ 5.7 %	3.9 %

PRINCIPAUX MODÈLES CONCURRENTS
AUDI A6, BMW 540i, CADILLAC Seville, CHRYSLER LHS, INFINITI Q45, LEXUS GS & LS 400, LINCOLN Continental, MERCEDES-BENZ E420.

ENTRETIEN REQUIS PAR LA GARANTIE
Première révision:	Fréquence:	Prise de diagnostic:
5 000 km	10 000 km	Oui

CARACTÉRISTIQUES

Modèles	Versions	Carrosseries/ Sièges	Volume cabine l.	Volume coffre l.	Cx	Empat. mm	Long x larg x haut. mm x mm x mm	Poids à vide kg	Susp. av/ar	Freins av/ar	Direction type	Diamètre braquage m	Tours volant b à b.	Réser. essence l.	dimensions	Pneus d'origine marque	modèle	Mécanique d'origine
OLDSMOBILE																		
Aurora	base	ber.4 p. 5	2846	456	0.31	2891	5217x1890x1407	1799	ih/ih	d/ABS	crém.ass.	12.77	2.5	75.7	235/60R16	Michelin	MXV4	V8/4.0/A4

Garantie générale: 3 ans / 60 000 km; antipollution: 5 ans / 80 000 km; perforation corrosion: 6 ans / 160 000 km. Assistance routière.

Oldsmobile a été la première marque du groupe GM à offrir une version d'un utilitaire à quatre roues motrices axée sur le luxe. Signe des temps, d'autres divisions du premier constructeur américain lui ont depuis emboîté le pas. Doté d'un intérieur cossu, le Bravada vise une clientèle prête à débourser davantage pour leur 4x4, c'est-à-dire ceux qui achètent des Jeep Grand Cherokee Limited, Ford Explorer Limited et Mercury Mountaineer. Cet Oldsmobile n'est pas commercialisé au Canada, par contre, son clone l'est: le nouveau GMC Envoy.

GAMME

Le Bravada est proposé uniquement sous la forme d'une familiale à 4 portes. À l'instar de l'Aurora, il n'existe qu'une seule version, qui est dotée d'une transmission intégrale. À son équipement déjà très complet s'ajoute, cette année, un volant moins massif. De nouveaux groupes d'options permettent d'obtenir, entre autres, des sièges chauffants et des rétroviseurs extérieurs électrochromiques.

TECHNIQUE

Le Bravada est une variante des utilitaires 4x4 Blazer et Jimmy dont il dérive étroitement. Il s'en distingue surtout par sa calandre, les boucliers latéraux de sa carrosserie et certains détails d'aménagement. Sa carrosserie est faite de panneaux d'acier galvanisés des deux côtés (sauf le pavillon), montée sur un châssis à longerons.

La traction intégrale «SmartTrak» ne requiert aucune intervention du conducteur, utilise un boîtier de transfert à contrôle électronique qui redistribue la puissance du moteur des roues arrière aux roues avant, selon les besoins du moment, en moins de 250 millisecondes. La suspension avant indépendante utilise des leviers triangulés et transversaux, alors que l'essieu rigide arrière est suspendu par des ressorts à lames. Les deux trains disposent de barres antiroulis.

La suspension offre trois niveaux d'amortissement: «Premium», qui privilégie le confort sur la route; le niveau intermédiaire, plus ferme et destiné à du remorquage de charges moyennes; le niveau supérieur, enfin, très rigide et qui sert au remorquage de lourdes charges. Le freinage est assuré en série par des freins à disque aux quatre roues et un système antiblocage. Côté puissance, le V6 Vortec doit s'incliner devant le V6 DACT de l'Explorer et aucun V8 ne figure encore au catalogue.

Hors contexte

POSITIF

+ LES PERFORMANCES. Le moteur V6 offre d'excellentes performances. Avec deux roues motrices, le Bravada a des accélérations et des reprises proches de celles d'une berline conventionnelle.

+ LE CONFORT. Sur grande route, le confort est étonnant, sauf peut-être avec la suspension renforcée qui est un peu plus raide. La suspension et les gros pneus contribuent à niveler les irrégularités de la route.

+ LE FREINAGE. L'ajout de disques aux roues arrière a amélioré le freinage: les arrêts d'urgence sont plus courts et l'ABS contribue à rendre le véhicule stable. La pédale demeure toutefois spongieuse et difficile à doser. Heureusement, en usage intensif, il est endurant.

+ LA QUALITÉ. L'assemblage suggère une impression de solidité et la finition paraît soignée. Les matériaux ont même une apparence noble!

+ LE «SMARTTRAK». Il faut moins d'un quart de seconde pour que le système SmartTrak passe de 2 à 4 roues motrices, sans à-coups, ni vibrations. Ce système «invisible» plaira aux automobilistes qui en sont à leur premier 4x4.

+ L'HABITACLE. Il offre un joli coup d'oeil et sa finition est aussi flatteuse que soignée. De plus, l'aménagement est efficace puisque la majorité des commandes et des accessoires sont à portée de main.

+ LES SIÈGES. Redessinés en 1998, ils sont plus confortables. Très galbés, ils procurent un support latéral et lombaire appréciable. On trouve plus rapidement la position de conduite idéale. La banquette arrière, aussi, est moins plate et son rembourrage, plus moelleux.

+ LE HAYON. On accède à l'aire à bagages en soulevant un hayon doté d'une lunette relevable, un système plus pratique qu'une lunette avec d'un battant indépendant.

+ LES RANGEMENTS. De grands vide-poches de portières, à l'avant comme à l'arrière, compensent pour l'extrême petitesse de la boîte à gants.

NÉGATIF

- LA CONSOMMATION. Le moteur V6 gourmand et le poids élevé du véhicule (1 835 kg/ 4 045 lb) pénalisent le rendement du Bravada surtout lors des évolutions en terrain accidenté ou lorsqu'il s'agit de tirer une lourde remorque.

- LA RIGIDITÉ. La coque émet certains bruits lors des évolutions en tout terrain qui suggère qu'elle n'est peut-être pas encore assez rigide.

- LA QUALITÉ. Malgré le côté flatteur de la présentation, certains détails révèlent que la finition est perfectible, car certaines tolérances sont irrégulières dans l'assemblage, certains ajustements aléatoires dans l'habitacle et les matières plastiques font bon marché.

- L'HABITABILITÉ. Le gabarit du Bravada suggère une habitabilité plus importante qu'elle ne l'est. L'habitacle convient à quatre adultes, mais avec un cinquième, le confort derrière est compromis lors de longs trajets.

- LE NIVEAU SONORE. Les bruits importants en provenance de la mécanique et du train de roulement indiquent que l'insonorisation n'est pas assez soignée.

- L'ACCÈS. L'accès aux places arrière est entravé par l'étroitesse des portières et la hauteur du plancher. Des marchepieds intégrés seraient appréciés et les poignées des portières devraient être relocalisées.

- À REVOIR: Le levier inutilement complexe, à gauche du volant, qui sert aux signaux de direction et à un tas d'autres fonctions. De plus, un véhicule de luxe du genre devrait avoir des appuie-tête aux places arrière.

CONCLUSION

Au sein de la gamme Oldsmobile, le Bravada détonne; par contre l'Envoy, son clone, convient parfaitement à la gamme GMC. C'est sans doute ce qui explique la piètre performance du Bravada au chapitre des ventes. Oldsmobile n'a pas réussi à faire mieux que 6% des ventes du Blazer, et 3.7% des ventes de l'Explorer!

ÉVALUATION
OLDSMOBILE Bravada

CONCEPTION : 73%
Technique :	75
Sécurité :	75
Volume cabine :	65
Volume coffre :	75
Qualité/finition :	75

CONDUITE : 57%
Poste de conduite :	75
Performances :	55
Comportement :	45
Direction :	70
Freinage :	40

ÉQUIPEMENT D'ORIGINE : 74%
Pneus :	80
Phares :	80
Essuie-glace :	70
Dégivreur :	60
Radio :	80

CONFORT : 67%
Sièges :	75
Suspension :	70
Niveau sonore :	50
Commodités :	60
Climatisation :	80

BUDGET : 52%
Prix d'achat :	45
Consommation :	40
Assurance :	50
Satisfaction :	75
Dépréciation :	50

Moyenne générale: 64.6%

NOUVEAU POUR 1999
- Le volant doté d'un sac gonflable à minimodule.
- Le siège du conducteur à réglages assistés avec mémoire.
- Les rétroviseurs extérieurs électrochromiques.
- Le témoin avertisseur du hayon ouvert.
- Le système audio Bose.
- Le lecteur CD à chargeur de six disques et système antivol.
- Les commandes de la radio sur le volant.

MOTEURS / TRANSMISSIONS / PERFORMANCES

Modèles/versions	Type / distribution soupapes / carburation	Cylindrée cc	Puissance cv @ tr/mn	Couple lb.pi @ tr/mn	Rapport volumét.	Roues motrices / transmissions	Rapport de pont	Accélér. 0-100 km/h s	400 m D.A. s	1000 m D.A. s	Reprise 80-120 km/h s	Freinage 100-0 m	Vites. maxi. km/h	Accélér. latérale G	Niveau sonore dBA	Ville	Route	Carburant Octane
4x4	V6 4.3 ACC-12-IES	4300	190 @ 4400	250 @ 2800	9.2:1	arr./quatre-A4	3.70	10.7	17.8	30.6	7.7	47	180	0.72	69	15.0	12.0	R 87

PRIX & ÉQUIPEMENTS

OLDSMOBILE — Bravada
Prix maxi $:	-
Prix mini $:	-
Transport & préparation $:	-
Boîte automatique:	S
Régulateur de vitesse:	S
Direction assistée:	S
Système antiblocage des freins:	S
Système antipatinage:	-
Climatiseur:	SA
Garnitures en cuir:	S
Radio MA/MF/ Cassette:	SDc
Serrures électriques:	S
Lève-vitres électriques:	S
Volant ajustable:	S
Rétroviseurs ext. ajustables:	S
Jantes en alliage léger:	S
Système antivol:	S

Couleurs disponibles
Extérieur: Blanc, Noir, Bleu, Vert, Rouge, Cuivre, Beige, Argent.
Intérieur: Gris, Marine, Graphite, Beige.

EN BREF...
Catégorie: véhicules polyvalents propulsés et 4x4. **Classe :** utilitaires

HISTORIQUE
Inauguré en: 1991-1996
Fabriqué à: Moraine, OH, É.-U.

PROFIL DE CLIENTÈLE
Modèle	Hom./Fem.	Âge moyen	Mariés	CEGEP	Revenus
Bravada	75/25 %	56 ans	80 %	35 %	100 000 $

INDICES
Sécurité:	75 %	Satisfaction:	75 %
Dépréciation:	50 %	Assurance:	ND
Prix de revient au km:	0.45 $	Nbre de concessionnaires:	84

VENTES
Modèle	1996	1997	Résultat	Part de marché
Bravada	Non commercialisé au Canada			

PRINCIPAUX MODÈLES CONCURRENTS
CHEVROLET-GMC Blazer-Jimmy, FORD Explorer, ISUZU Rodeo & Trooper, JEEP Cherokee & Grand Cherokee, LEXUS RX 300, MERCEDES-BENZ classe M, NISSAN Pathfinder, TOYOTA 4Runner.

ENTRETIEN REQUIS PAR LA GARANTIE
Première révision:	Fréquence:	Prise de diagnostic:
5 000 km	6 mois/ 10 000 km	

CARACTÉRISTIQUES

Modèles	Versions	Traction	Carrosseries/ Sièges	Empat. mm	Long x larg x haut. mm x mm x mm	Poids à vide kg	Susp. av/ar	Freins av/ar	Direction type	Diamètre braquage m	Tours volant b à b.	Réser. essence l.	Pneus d'origine dimensions	marque	modèle	Mécanique d'origine
OLDSMOBILE Bravada	base	4x4	Non commercialisé au Canada t.t. 5 p.5	2718	4666x1722x1631	1837	it/rl	d/ABS	bil.ass.	12.04	2.97	70.4	235/70R15	Uniroyal		V6/4.3/A4

L'Intrigue se vend bien, tout comme le nom Oldsmobile d'ailleurs. C'est si vrai que ce constructeur applique désormais le nom de sa marque sur sa carrosserie! Celle-ci a pour mission de faire oublier la Cutlass Supreme et sa conception ultra-conservatrice car elle s'apparente plutôt aux intermédiaires nippones populaires. Certes, elle partage la plateforme des Buick Century-Regal et de la Pontiac Grand Prix, mais propose une esthétique plus raffinée inspirée dans ses grandes lignes par l'Aurora.

GAMME

Oldsmobile propose l'Intrigue sous la forme d'une berline à 4 portes, avec trois niveaux de finition: GX, le modèle de base qui a quatre freins à disque, l'ABS, un climatiseur et des jantes d'alliage; la GL, intermédiaire, qui a en plus un siège baquet réglable assisté pour le conducteur, un dossier escamotable 60/40 à l'arrière, des antibrouillards et des rétroviseurs extérieurs chauffants; la GLS, enfin, qui offre une sellerie de cuir, un siège baquet à réglages assistés pour le passager, des appliqués de simili-bois, un système audio à lecteur de cassettes et de CD, et un rétroviseur intérieur électro-chromique. Cette année, les trois versions peuvent recevoir le groupe d'options «Autobahn», qui comprend des pneus à cote «H» et des freins plus performants (disques avant de 12 po et servo-frein différent).

TECHNIQUE

Deux moteurs sont proposés, pour une partie de l'année. Les versions GX et GL reçoivent le V6 3800 de 3.8L, alors que la GLS utilise le nouveau V6 DACT de 3.5L. Toutefois, ce dernier éclipsera le V6 3800 au cours de l'année. L'Intrigue a une carrosserie en acier montée sur un châssis monocoque. Tous les panneaux sont galvanisés des deux côtés, sauf le pavillon. Avec un coefficient de 0.32, l'efficacité aérodynamique de la carrosserie est dans la moyenne.

La suspension indépendante aux quatre roues est basée sur des jambes de force MacPherson à l'avant et un système multibras à trois leviers, à l'arrière. Il y a des ressorts hélicoïdaux et une barre antiroulis devant comme derrière.

Des freins à disque aux quatre roues, un antiblocage et un antipatinage sont livrés en série, de même que la dernière servo-direction Magnasteer II dont l'assistance progressive varie selon la vitesse.

Une belle formule...

POSITIF

+ LE STYLE. Inspirée elle aussi des grandes lignes de l'Aurora, l'Intrigue est élégante et son allure distinctive attire le regard, surtout dans les couleurs foncées qui lui donnent de la classe. Empreint de simplicité, ce dernier vieillira bien.

+ L'ÉQUIPEMENT. Par rapport à la Cutlass Supreme, l'Intrigue offre un aménagement et des équipements plus complets. On est loin des voitures américaines traditionnelles offertes à des prix alléchants, mais dégarnies à outrance, à moins d'y ajouter beaucoup d'options... ce qui faisait gonfler la facture indûment!

+ LES PERFORMANCES. Le nouveau V6 DACT de 3.5L apporte à l'Intrigue ce qui lui manquait le plus: un moteur digne de son châssis et de ses suspensions. Avec 215 ch «atmosphériques», les accélérations et les reprises s'approchent de celles de la Regal au moteur compressé. Le nouveau venu permet une conduite inspirée, sans que son rendement en souffre vraiment puisque sa consommation s'est maintenue autour de 12.5 litres aux 100 km durant notre essai.

+ LE CONFORT. Sur la route, l'Intrigue se comporte avec les manières d'une voiture importée. La suspension possède un juste niveau de fermeté et masque bien les défauts du revêtement. De plus, les sièges bien rembourrés procurent un maintien appréciable qui ajoute au confort de roulement.

+ LE COMPORTEMENT. L'Intrigue négocie les courbes avec beaucoup d'aplomb, grâce à une suspension efficace et des pneumatiques qui gardent une excellente adhérence sur pavé sec et humide.

+ LA QUALITÉ. Oldsmobile fait montre d'un grand souci de qualité. L'assemblage et la finition sont excellents. On le voit à l'uniformité de la finition et l'ajustement des pièces, qui affiche une tolérance rigoureuse. La même constatation s'impose quant à l'équipement de cette voiture, qui est au-dessus de la moyenne en matière de qualité (pneus, phares, essuie-glace, etc.).

+ DE BONS POINTS: Soulignons le côté pratique des deux leviers de la colonne de direction, qui actionnent les phares, les feux directionnels et les essuie-glace, de même que la bonne visibilité qu'on a sous tous les angles, entre autres, à cause des grands rétroviseurs extérieurs.

NÉGATIF

- LA TRANSMISSION. La transmission a un étagement très long; il faut savoir solliciter l'accélérateur de la «bonne» manière pour enclencher la surmultipliée ou pour rétrograder au moment opportun. De plus, il y a peu de frein moteur en 3e vitesse.

- LES PERFORMANCES. Les performances du V6 3800 sont moyennes, par rapport à celles des rivales de l'Intrigue, bien qu'elles soient convenables. On a souvent l'impression de rouler beaucoup plus vite qu'en réalité. Le nouveau V6 DACT devrait ajouter un peu de piquant!

- LA DIRECTION. Elle est précise et très directe, avec 2.5 tours seulement d'une butée à l'autre. Toutefois, le système Magnasteer souffre d'un excès d'assistance, ce qui la rend légère et sensible par grand vent et sur mauvais revêtement.

- LES MATÉRIAUX. Certains plastiques utilisés dans l'habitacle déprécient l'ensemble (surtout les garnitures de cuir), à cause de leur couleur terne (grisâtre) et leur texture brillante.

- L'AMÉNAGEMENT. La console centrale est trop basse, plus qu'elle ne l'est dans les Buick Century-Regal et la Pontiac Grand Prix. Enfin le sélecteur masque les commandes du climatiseur.

- LES BRUITS. Il est curieux qu'une voiture aussi profilée émette autant de bruits éoliens, à moins que son passage en soufflerie aérodynamique ait été de trop courte durée...

CONCLUSION

L'Oldsmobile Intrigue démontre, à l'instar de la Buick Regal et de la Chevrolet Malibu, que General Motors est à nouveau capable de produire des véhicules d'une qualité concurrentielle, parvenant même à rendre des points aux produits japonais. ☺

ÉVALUATION
OLDSMOBILE Intrigue

CONCEPTION :		**78%**
Technique :	80	
Sécurité :	80	
Volume cabine :	75	
Volume coffre :	75	
Qualité/finition :	80	

CONDUITE :		**64%**
Poste de conduite :	80	
Performances :	60	
Comportement :	60	
Direction :	75	
Freinage :	45	

ÉQUIPEMENT D'ORIGINE :		**84%**
Pneus :	85	
Phares :	85	
Essuie-glace :	85	
Dégivreur :	80	
Radio :	85	

CONFORT :		**73%**
Sièges :	80	
Suspension :	75	
Niveau sonore :	60	
Commodités :	70	
Climatisation :	80	

BUDGET :		**62%**
Prix d'achat :	40	
Consommation :	65	
Assurance :	60	
Satisfaction :	75	
Dépréciation :	70	

Moyenne générale :	**72.2%**

NOUVEAU POUR 1999
- Le moteur V6 3.5L DACT de série pour GLS, optionnel pour GX et GL. Il remplacera éventuellement le V6 3800 de 3.8L.
- L'antipatinage et la servo-direction Magnasteer avec le V6 3.5L.
- Nouvelle appellation «GX» pour le modèle de base.
- Ensemble d'options «Autobahn» désormais optionnel pour les trois versions.
- Antenne radio intégrée à la lunette arrière.

MOTEURS / TRANSMISSIONS / PERFORMANCES

Modèles/ versions	Type / distribution soupapes / carburation	Cylindrée cc	Puissance cv @ tr/mn	Couple lb.pi @ tr/mn	Rapport volumét.	Roues motrices / transmissions	Rapport de pont	Accélér. 0-100 km/h s	400 m D.A. s	1000 m D.A. s	Reprise 80-120 km/h s	Freinage 100-0 km/h m	Vites. maxi. km/h	Accélér. latérale G	Niveau sonore dBA	Consommation l./100km Ville	Consommation l./100km Route	Carburant Octane
Intrigue	V6* 3.8 ACC-12-IES	3791	195 @ 5200	220 @ 4000	9.4 :1	avant - A4*	3.05	9.0	16.5	30.0	6.3	47	185	0.80	67	12.6	7.7	R 87
GLS	V6* 3.5 DACT-24-IES	3473	215 @ 5600	230 @ 4400	9.3 :1	avant - A4*	3.29	ND								12.5	8.5	R 87

PRIX & ÉQUIPEMENTS

OLDSMOBILE Intrigue	GX	GL	GLS
Prix maxi $:	27 199	28 779	31 839
Prix mini $:	23 940	25 330	28 020
Transport & préparation $:	810	810	810
Boîte automatique:	S	S	S
Régulateur de vitesse:	S	S	S
Direction assistée:	S	S	S
Système antiblocage des freins:	S	S	S
Système antipatinage:	S	S	S
Climatiseur:	SM	SA	SA
Garnitures en cuir:	-	O	S
Radio MA/MF/ Cassette:	S	S	SDc
Serrures électriques:	O	S	S
Lève-vitres électriques:	S	S	S
Volant ajustable:	S	S	S
Rétroviseurs ext. ajustables:	S	S	S
Jantes en alliage léger:	S	S	S
Système antivol:	S	S	S

Couleurs disponibles

Extérieur: Blanc, Argent, Bleu, Vert, Noir, Gris, Rouge, Or, Prune.

Intérieur : Tissu : Gris, Beige. Cuir : Gris, Beige, Chêne.

EN BREF...

Catégorie: berlines intermédiaires tractées. **Classe :** 5

HISTORIQUE
Inauguré en: 1998
Fabriqué à: Fairfax, Kansas, États-Unis.

PROFIL DE CLIENTÈLE

Modèle	Hom./Fem.	Âge moyen	Mariés	CEGEP	Revenus
Intrigue	75/25%	56 ans	76%	26%	58 000 $

INDICE

Sécurité:	80 %	Satisfaction:	78 %
Dépréciation:	28 %	Assurance:	800 S
Prix de revient au km:	0.45$	Nbre de concessionnaires:	84

VENTES

Modèle	1996	1997	Résultat	Part de marché
Intrigue	-	907	-	-

PRINCIPAUX MODÈLES CONCURRENTS
BUICK Century-Regal, CHEVROLET Lumina, CHRYSLER Concorde-Intrepid, FORD Taurus, HONDA Accord V6, HYUNDAI Sonata V6, MAZDA 626 V6, MERCURY Sable, NISSAN Maxima, PONTIAC Grand Prix, TOYOTA Camry, VW Passat.

ENTRETIEN REQUIS PAR LA GARANTIE

Première révision:	Fréquence:	Prise de diagnostic:
5 000 km	10 000 km	Oui

CARACTÉRISTIQUES

Modèles	Versions	Carrosseries/ Sièges	Volume cabine l.	Volume coffre l.	Cx	Empat. mm	Long x larg x haut. mm x mm x mm	Poids à vide kg	Susp. av/ar	Freins av/ar	Direction type	Diamètre braquage m	Tours volant b à b.	Réser. essence l.	Pneus d'origine dimensions	Pneus d'origine marque	Pneus d'origine modèle	Mécanique d'origine
OLDSMOBILE																		
Intrigue	GX	ber. 4 p. 5	2894	462	0.32	2769	4976x1869x1438	1555	ih/ih	d/ABS	crém.ass.	11.16	2.50	68.1	225/60SR16	Goodyear	Eagle LS	V6/3.8/A4
Intrigue	GL	ber. 4 p. 5	2894	462	0.32	2769	4976x1869x1438	1567	ih/ih	d/ABS	crém.ass.	11.16	2.50	68.1	225/60SR16	Goodyear	Eagle LS	V6/3.8/A4
Intrigue	GLS	ber. 4 p. 5	2894	462	0.32	2769	4976x1869x1438	-	ih/ih	d/ABS	crém.ass.	11.16	2.50	68.1	225/60SR16	Goodyear	Eagle LS	V6/3.5/A4

Garantie générale: 3 ans / 60 000 km; antipollution: 5 ans / 80 000 km; perforation corrosion: 6 ans / 160 000 km. Assistance routière.

Originalement la Silhouette a été créée pour le marché américain où elle devait concurrencer le Chrysler Town & Country. Elle est la plus luxueuse des mini-fourgonnettes de GM, du moins tant que Cadillac n'en tirera pas une version qui pourrait s'appeler Escapade peut-être ? Elle a précédé la tendance actuelle ou la plupart des utilitaires s'endimanchent pour concurrencer les voitures de prestige. Elle est encore pourvue du système avant-gardiste d'amusement embarqué qui occupera petits et grands tout le voyage durant.

GAMME

La Silhouette est semblable aux Venture et Montana à quelques détails cosmétiques et d'équipement près. Elle est offerte en longueur normale (GS) ou allongée (GL et GLS), toutes deux équipées d'une seconde porte coulissante du côté gauche en série. L'équipement d'origine comprend aussi la boîte automatique, le climatiseur manuel, la direction assistée et le système antiblocage des roues. Parmi les options, on note la présence d'un système antipatinage et d'un ensemble comprenant un magnétoscope avec plusieurs moniteurs.

TECHNIQUE

La carrosserie de la Silhouette est monocoque en acier dont les panneaux sont galvanisés des deux côtés à l'exception de celui du toit. Elle intègre toutefois un châssis en échelle afin de procurer une rigidité maximale à l'ensemble de la structure. La suspension avant est indépendante selon le principe de MacPherson et montée, comme le groupe propulseur, sur un berceau indépendant fixé à la coque par l'intermédiaire d'éléments de caoutchouc. À l'arrière, elle est semi-indépendante constituée d'un essieu de torsion, suspendu par des ressorts hélicoïdaux. Les freins sont à disque à l'avant et à tambour à l'arrière, contrôlés par un système antiblocage agissant sur les quatre roues, et la direction est à crémaillère assistée. L'unique moteur disponible n'est pas nouveau, il s'agit du V6 3.4L que l'on retrouve sur d'autres véhicules fabriqués par GM. Il développe 185 ch et un couple de 210 lb.pi, qui en fait actuellement le moteur d'origine le plus puissant de ce segment. Il est secondé par une transmission automatique à quatre rapports pilotée par électronique. Côté pratique, on trouve l'ouverture assistée et télécommandée de la porte coulissante droite.

Comme chez soi...

POSITIF

+ LA MODULARITÉ. La partie arrière peut être organisée selon trois configurations, à l'aide de sièges individuels, hérités des modèles précédents, ou de banquettes pleines ou divisées. D'origine on compte 7 places, mais certaines versions comportent trois sièges au centre, ce qui porte leur capacité à 8 personnes. Chaque siège pèse 17 kg (37 lb) ce qui permet de les manipuler facilement.

+ LE CONFORT. Sur autoroute où la suspension est de velours, les sièges avant aussi bien galbés que rembourrés et l'insonorisation efficace, puisque le bruit le plus important est celui des pneus sur les défauts de la route.

+ LE MOTEUR 3.4L. Il procure des performances intéressantes puisque la Silhouette dispose d'un pouvoir d'accélération et de reprise autorisant des dépassements sécuritaires, du moins jusqu'à mi-charge, car au-dessus, un 3.8L serait plus approprié sans que le rendement en souffre beaucoup.

+ LA TRANSMISSION. Elle constitue une réussite car sa sélection se fait sans à-coups et l'on peut ralentir efficacement le véhicule en rétrogradant sur le 3e ou le 2e rapport.

+ LE COMPORTEMENT. Il est sain dans la plupart des circonstances, grâce à un équilibre qui permet de prendre les courbes de différents diamètres avec aplomb.

+ UN BON POINT: pour l'ouverture électrique de la porte coulissante droite (option), la porte coulissante de série du côté gauche, les rangements fonctionnels, le pare-chocs arrière formant un marche-pied, et l'efficacité des essuie-glace qui dégagent rapidement la majeure partie du pare-brise.

NÉGATIF

- LES SIÈGES. Ils sont trop bas, à cause du manque de hauteur sous plafond, qui ne procurent pas une position confortable. De plus, ceux situés en arrière sont plats, durs et leurs appuie-tête symboliques.

- L'INGÉNIERIE. Elle est déficiente car de nombreux détails semblent bâclés. Des fils et des conduits traînaient sous nos véhicules d'essai, leurs fixations s'étant détachées, de même pour d'autres faisceaux électriques situés dans le compartiment moteur. Les essuie-glace et les prises d'air de la climatisation, situés au pied du pare-brise sous le capot moteur sont régulièrement saisis par la glace en hiver qui les empêche de fonctionner normalement. Enfin la coque de la version allongée manque de rigidité et fait entendre de nombreux bruits sur mauvaise route.

- LA QUALITÉ. Elle est médiocre car l'assemblage et la finition font entendre de nombreux bruits de carrosserie dès un faible kilométrage et l'apparence de certains plastiques n'est pas des plus riches.

- LE FREINAGE. Son efficacité est contestable car les distances d'arrêt sont longues et la pédale est difficile à doser.

- LE LEVIER. Celui, unique, qui commande à la fois feux de direction, essuie-glace, lave-glace, régulateur de vitesse et inversion des phares est difficile à utiliser.

- LA SUSPENSION. Simpliste, elle a des réactions désagréables sur mauvais revêtement où les roues avant vont rapidement en butée, par manque d'amplitude de la suspension et la surcharge de l'essieu avant.

- L'ACCÈS. Délicat pour la mécanique est aussi critiquable que sur l'ancien modèle, car le moteur est situé sous le pare-brise et le tableau de bord.

- LA PRÉSENTATION. L'intérieur est fade accentué par l'apparence bon marché des matières plastiques.

CONCLUSION

Malgré son allure pimpante, la Silhouette ne possède pas autant de charme que la Town & Country. Il lui manque l'ambiance cossue de la cabine, la traction intégrale et surtout la douceur de roulement et le silence qui caractérisent le produit Chrysler. Dommage que ces mini-fourgonnettes de GM n'aient pas bénéficié de la mise à niveau avec le reste de l'industrie...

☺

ÉVALUATION
OLDSMOBILE Silhouette

CONCEPTION :		71%
Technique :	75	
Sécurité :	60	
Volume cabine :	80	
Volume coffre :	70	
Qualité/finition :	70	

CONDUITE :		52%
Poste de conduite :	75	
Performances :	35	
Comportement :	45	
Direction :	70	
Freinage :	35	

ÉQUIPEMENT D'ORIGINE :		81%
Pneus :	70	
Phares :	80	
Essuie-glace :	90	
Dégivreur :	85	
Radio :	80	

CONFORT :		70%
Sièges :	70	
Suspension :	75	
Niveau sonore :	50	
Commodités :	75	
Climatisation :	80	

BUDGET :		66%
Prix d'achat :	50	
Consommation :	65	
Assurance :	70	
Satisfaction :	80	
Dépréciation :	65	

| **Moyenne générale :** | | **68.0%** |

NOUVEAU POUR 1999

- Les rétroviseurs chauffants et l'antivol livrés en série.
- Le groupe Video Edition en option.
- L'option décoration «Or».
- Les quatre nouvelles teintes de carrosserie.
- Le système OnStar optionnel.
- Les sièges «capitaines» de 2e rangée basculant vers l'avant.

MOTEURS / TRANSMISSIONS / PERFORMANCES

Modèles/ versions	Type / distribution soupapes / carburation	Cylindrée cc	Puissance cv @ tr/mn	Couple lb.pi @ tr/mn	Rapport volumét.	Roues motrices / transmissions	Rapport de pont	Accélér. 0-100 km/h s	400 m D.A. s	1000 m D.A. s	Reprise 80-120 km/h s	Freinage 100-0 km/h m	Vites. maxi. km/h	Accélér. latérale G	Niveau sonore dBA	Consommation l./100km Ville	Route	Carburant Octane
court	V6* 3.4 ACC-12-IES	3350	185 @ 5200	210 @ 4000	9.5 :1	avant-A4	3.29	11.0	17.7	32.2	8.6	45	170	0.72	67	13.0	9.5	R 87
long	V6* 3.4 ACC-12-IES	3350	185 @ 5200	210 @ 4000	9.5 :1	avant-A4	3.29	11.7	18.0	33.0	9.2	53	165	0.71	68	13.0	9.5	R 87

PRIX & ÉQUIPEMENTS

OLDSMOBILE Silhouette

	GL long	GS court	GLS long
Prix maxi $:	29 890	29 855	34 045
Prix mini $:	25 820	25 790	29 405
Transport & préparation $:	865	865	865
Boîte automatique:	S	S	S
Régulateur de vitesse:	S	S	S
Direction assistée:	S	S	S
Système antiblocage des freins:	S	S	S
Système antipatinage:	O	O	S
Climatiseur:	SM	SM	SM
Garnitures en cuir:	O	O	S
Radio MA/MF/ Cassette:	S	S	S
Serrures électriques:	S	S	S
Lève-vitres électriques:	S	S	S
Volant ajustable:	S	S	S
Rétroviseurs ext. ajustables:	SEC	SEC	SEC
Jantes en alliage léger:	O	O	S
Système antivol:	S	S	S

Couleurs disponibles

Extérieur: Brun, Blanc, Vert, Rouge, Malachite, Argent, Sable, Granite.

Intérieur: Gris, Beige, Brun.

EN BREF...

Catégorie: mini-fourgonnettes tractées. **Classe :** utilitaires

HISTORIQUE

Inauguré en: 1997
Fabriqué à: Doraville, Georgie, États-Unis.

PROFIL DE CLIENTÈLE

Modèle	Hom./Fem.	Âge moyen	Mariés	CEGEP	Revenus
Silhouette	76%/24%	45 ans	88 %	35 %	65 000 $

INDICES

Sécurité:	60 %	Satisfaction:	85 %
Dépréciation:	35 %	Assurance:	835 $
Prix de revient au km:	0.51 $	Nbre de concessionnaires:	84

VENTES

Modèle	1996	1997	Résultat	Part de marché
GM série U	9 376	11 267	+ 20.2 %	23.2 %

PRINCIPAUX MODÈLES CONCURRENTS

CHEVROLET Venture, CHRYSLER Town & Country, DODGE Caravan, Gd Caravan, FORD Windstar, HONDA Odyssey, MAZDA MPV, MERCURY Villager, NISSAN Quest, PONTIAC Montana, PLYMOUTH Voyager, Gd Voyager, TOYOTA Sienna, VW EuroVan.

ENTRETIEN REQUIS PAR LA GARANTIE

Première révision:	Fréquence:	Prise de diagnostic:
5 000 km	6 mois/10 000 km	Oui

CARACTÉRISTIQUES

Garantie générale: 3 ans / 60 000 km; antipollution: 5 ans / 80 000km; perforation corrosion: 6 ans / 160 000 km, assistance routière 24 h.

Modèles	Versions	Carrosseries/ Sièges	Volume cabine l.	Volume coffre l.	Cx	Empat. mm	Long x larg x haut. mm x mm x mm	Poids à vide kg	Susp. av/ar	Freins av/ar	Direction type	Diamètre braquage m	Tours volant b à b.	Réser. essence l.	dimensions	Pneus d'origine marque	modèle	Mécanique d'origine
OLDSMOBILE																		
Silhouette régulier GL	frg. 4 p.7/8		-	3766	0.35	2845	4760x1834x1712	1699	ih/rh	d/t/ABS	crém.ass.	11.4	3.05	75.7	205/70R15	BFGoodrich	Touring	V6/3.4/A4
Silhouette allongée GLS	frg. 4 p.7/8		-	4415	0.35	3048	5116x1834x1730	1788	ih/rh	d/t/ABS	crém.ass.	12.1	3.05	94.6	215/70R15	BFGoodrich	Touring	V6/3.4/A4

La berline 88 d'Oldsmobile paraît bien vieille aux côtés de modèles modernes comme l'Alero, l'Intrigue et l'Aurora. Elle utilise l'ancienne plate-forme H, que partagent les Buick LeSabre et Pontiac Bonneville. Malgré un «lifting» subi il y a trois ans, elle ne peut cacher les rides d'une carrosserie inaugurée en 1992. La 88 est donc une relique d'une autre époque, le spectre des anciennes tendances de l'industrie américaine, qui sont diamétralement opposées à celles qui sous-tendent les modèles modernes d'Oldsmobile. Néanmoins, elle poursuit vaillamment sa carrière, desservant une clientèle plus conservatrice.

GAMME

La 88 est une berline grand format à quatre portes proposée en deux versions: LS et LSS. Cette dernière, d'ailleurs, ne porte plus l'appellation «88». Dans les deux cas, le moteur de série est le V6 3800 Série II. Il produit 205 cv. Une version à compresseur de ce moteur de 3,8L est offerte parmi les options de la LSS. La suralimentation lui permet d'atteindre 240 cv. On accorde un statut de voiture de luxe à ces voitures, en raison de leur équipement de série complet.

TECHNIQUE

Puisque la 88 partage la plate-forme H, elle reprend des composantes, certains éléments de carrosserie et des cotes des LeSabre et Bonneville. La 88 a une carrosserie d'acier montée sur un châssis monocoque. Les panneaux de la carrosserie (sauf le pavillon) et les ailes sont galvanisés des deux côtés. La dernière refonte de ce modèle a donné un habitacle plus résistant aux collisions, surtout aux intrusions latérales. Toutefois les retouches esthétiques effectuées en 1996, malgré les traits élancés réussis, n'ont pas rendu cette carrosserie particulièrement efficace du point de vue aérodynamique.

La suspension est indépendante aux quatre roues. À l'avant, elle est basée sur le principe des jambes de force MacPherson tandis qu'à l'arrière on y trouve des jambes Chapman. Elles sont complétées, devant comme derrière, par des ressorts hélicoïdaux et des barres stabilisatrices. Le freinage est assuré par des disques et des tambours, et l'antiblocage est monté de série. Dommage que la LSS ne soit pas munie de disques aux roues arrière et que l'antipatinage soit encore optionnel...

Tradition oblige...

POSITIF

+ L'HABITACLE. Grâce à son habitacle spacieux, qui peut accueillir jusqu'à six personnes, et son coffre généreux, cette berline à traction a remplacé les Caprice et Roadmaster auprès de certains automobilistes, et cela malgré un encombrement extérieur nettement moins imposant.

+ L'ESTHÉTIQUE. Les lignes classiques de la carrosserie font preuve d'une élégance discrète.

+ LE MOTEUR. Le moteur V6 3800 Série II offre de bonnes performances. Grâce à la transmission automatique qui est bien étagée et le passage des rapports rapide et précis qui s'opère sans à-coups, les accélérations et reprises étonnent et permettent de réaliser des manoeuvres de dépassement en toute sécurité.

+ LE CONFORT. La suspension souple et l'insonorisation efficace de l'habitacle, à vitesse de croisière, contribuent au confort de roulement. La version LSS a une suspension plus ferme, qui optimise la stabilité du véhicule.

+ LE RENDEMENT. La 88 a une bonne consommation, compte tenu de la cylindrée importante de son moteur et des performances dont elle est capable.

+ LE TABLEAU DE BORD. Malgré le style conservateur de cette berline, son tableau de bord est parmi les mieux réussis. Son aménagement est fonctionnel et ergonomique, sans oublier son esthétique flatteuse.

+ L'ÉQUIPEMENT. La 88 a un équipement de série complet et de qualité. Les essuie-glace, toutefois, auraient besoin d'être améliorés

pour offrir un meilleur rendement par forte pluie.

+ L'ANTIPATINAGE. De conception plutôt simpliste, il procure toutefois une sécurité accrue en conduite hivernale et il est dommage qu'il soit optionnel, tant pour la LS que pour la LSS.

NÉGATIF

- LE COMPORTEMENT. Sur mauvais revêtement, la suspension de la 88 LS révèle un roulis important. La suspension est trop souple et les roues manquent de débattement, ce qui nuit autant au comportement qu'au confort.

- LA DIRECTION. Son assistance trop forte la rend légère à vitesse de croisière et transmet peu de sensation du revêtement. De plus, elle manque cruellement de précision au centre.

- LE FREINAGE. Des distances d'arrêt plutôt longues et des garnitures sensibles à l'échauffement donnent une faible note au freinage. La pédale est spongieuse et peu progressive, tandis que l'antiblocage simpliste n'empêche pas les amorces de blocage, alors que la pédale devient exagérément ferme et vibrante en situations d'urgence.

- LA VISIBILITÉ. Une ceinture de caisse haute, des montants de pavillon très larges, de petits rétroviseurs extérieurs et une position assise basse limitent la visibilité.

- LA SUSPENSION. Celle de la LSS, franchement ferme, téléphone fidèlement les défauts de la route.

- LA QUALITÉ. La finition, les ajustements et la qualité de certains matériaux déçoivent tels le similibois et les garnitures de plastique du tableau de bord.

- À REVOIR: Les espaces de rangement sont peu nombreux et ceux qu'il y a sont peu pratiques et mal aménagés. Le levier de vitesses, au plancher, est désagréable à manipuler. Enfin, certaines commandes demandent à être repensées comme le levier multiple placé à gauche sous le volant, commandant les phares, les essuie-glace et le régulateur de vitesse, dont la manipulation est trop compliquée.

CONCLUSION

L'achat d'une de ces voitures peut être justifié par la recherche d'un modèle classique attirant peu l'attention, d'une fiabilité établie, d'un coût d'opération raisonnable et d'un équipement complet. Cette grosse berline classique représente un investissement traditionnel dans certaines couches de la société.

ÉVALUATION
OLDSMOBILE 88

CONCEPTION : 80%
Technique : 80
Sécurité : 80
Volume cabine : 80
Volume coffre : 80
Qualité/finition : 80

CONDUITE : 66%
Poste de conduite : 80
Performances : 65
Comportement : 55
Direction : 75
Freinage : 55

ÉQUIPEMENT D'ORIGINE : 75%
Pneus : 75
Phares : 80
Essuie-glace : 60
Dégivreur : 80
Radio : 80

CONFORT : 71%
Sièges : 75
Suspension : 70
Niveau sonore : 70
Commodités : 60
Climatisation : 80

BUDGET : 56%
Prix d'achat : 35
Consommation : 60
Assurance : 50
Satisfaction : 80
Dépréciation : 55

Moyenne générale: 69.6%

NOUVEAU POUR 1999

- Deux couleurs de carrosserie.
- Les pneus à flancs blancs de 16 pouces offerts pour la 88 LS.
- Le système audio de série de la LSS qui comprend désormais un lecteur CD et un lecteur de cassettes.
- Édition 50e anniversaire.

MOTEURS / TRANSMISSIONS / PERFORMANCES

Modèles/ versions	Type / distribution soupapes / carburation	Cylindrée cc	Puissance ch @ tr/mn	Couple lb.pi @ tr/mn	Rapport volumét.	Roues motrices / transmissions	Rapport de pont	Accélér. 0-100 km/h s	400 m D.A. s	1000 m D.A. s	Reprise 80-120 km/h s	Freinage 100-0 km/h m	Vites. maxi. km/h	Accélér. latérale G	Niveau sonore dBA	Consommation l./100km Ville	Route	Carburant Octane
1)	V6* 3.8 ACC-12-IES	3791	205 @ 5200	230 @ 4000	9.4 :1	avant - A4	3.05	8.6	16.3	29.8	6.1	44	185	0.78	66	12.6	7.7	R 87
2)	V6C 3.8 ACC-12-IES	3791	240 @ 5200	280 @ 3600	8.5 :1	avant - A4	2.93	7.7	15.7	28.4	5.2	42	200	0.80	66	13.3	8.3	S 92

1) Base 88, LS, LSS.   2) Option LSS.

PRIX & ÉQUIPEMENTS

OLDSMOBILE 88	Base	LS	LSS
Prix maxi $:	28 705	32 515	-
Prix mini $:	25 625	28 615	-
Transport & préparation $:	920	920	920
Boîte automatique:	S	S	S
Régulateur de vitesse:	S	S	S
Direction assistée:	S	S	S
Système antiblocage des freins:	S	S	S
Système antipatinage:	S	S	S
Climatiseur:	SM	SA	SA
Garnitures en cuir:	O	S	S
Radio MA/MF/ Cassette:	S	S	SDc
Serrures électriques:	S	S	S
Lève-vitres électriques:	S	S	S
Volant ajustable:	S	S	S
Rétroviseurs ext. ajustables:	SM	SE	SE
Jantes en alliage léger:	S	S	S
Système antivol:	S	S	S

Couleurs disponibles

Extérieur: Gris, Beige, Vert, Bleu, Bordeaux, Noir, Blanc, Argent, Tilleul, Champagne.

Intérieur: Taupe, Bordeaux, Bleu, Gris.

EN BREF...

Catégorie: berlines tractées de grand format.   Classe : 6

HISTORIQUE

Inauguré en: 1996
Fabriqué à: Lake Orion, Michigan, États-Unis.

PROFIL DE CLIENTÈLE

Modèle	Hom./Fem.	Âge moyen	Mariés	CEGEP	Revenus
88	82/18 %	66 ans	82 %	36 %	66 000 $

INDICES

Sécurité:	80 %	Satisfaction:	78 %
Dépréciation:	48 %	Assurance:	975 $
Prix de revient au km:	0.58 $	Nbre de concessionnaires:	84

VENTES

Modèle	1996	1997	Résultat	Part de marché
GM série H	1 790	2 082	+16.3 %	17.9 %

PRINCIPAUX MODÈLES CONCURRENTS-

BUICK LeSabre, CHRYSLER Concorde, Intrepid, LHS, FORD Crown Victoria, MERCURY Grand Marquis, NISSAN Maxima, PONTIAC Bonneville, TOYOTA Avalon.

ENTRETIEN REQUIS PAR LA GARANTIE

Première révision:	Fréquence:	Prise de diagnostic:
5 000 km	10 000 km	Oui

CARACTÉRISTIQUES

Modèles	Versions	Carrosseries/ Sièges	Volume cabine l.	Volume coffre l.	Cx	Empat. mm	Long x larg x haut. mm x mm x mm	Poids à vide kg	Susp. av/ar	Freins av/ar	Direction type	Diamètre braquage m	Tours volant	Réser. essence l.	dimensions	Pneus d'origine marque	modèle	Mécanique d'origine
OLDSMOBILE		Garantie générale: 3 ans / 60 000 km; antipollution: 5 ans / 80 000 km; perforation corrosion: 6 ans / 160 000 km. Assistance routière.																
88	Base	ber. 4 p.5/6	3007	510	0.31	2814	5090x1882x1415	1567	ih/ih	d/t/ABS	crém.ass.	12.4	2.97	68.1	205/70R15	-	-	V6/3.8/A4
88	LS	ber. 4 p.5/6	3007	510	0.31	2814	5090x1882x1415	1569	ih/ih	d/t/ABS	crém.ass.	12.4	2.97	68.1	215/65R15	-	-	V6/3.8/A4
88	LSS	ber. 4 p.5	3007	510	0.31	2814	5090x1882x1415	1609	ih/ih	d/t/ABS	crém.ass.	12.4	2.97	68.1	225/60R16	Goodyear	Eagle RS-A	V6/3.8/A4

Chez Pontiac la Bonneville constitue un haut de gamme assaisonné d'une pincée de performance. Après tout, c'est le leitmotiv de cette marque. D'ailleurs, qui imaginerait que la Bonneville partage la même base que les Buick LeSabre et Oldsmobile 88? Du lot, n'est-elle pas celle qui affiche la personnalité à la fois la plus forte et la plus distincte? Elle fait partie intégrante de la légende américaine, même si son image est moins forte aujourd'hui qu'elle l'était dans les années soixante.

GAMME

La Bonneville est une berline à 4 portes proposée en deux versions : SE et SSE. Deux autres appellations, SLE et SSEi, identifient des groupes d'options: le premier, strictement cosmétique, est offert pour la SE, alors que le second, pour la SSE, ajoute des accessoires qui ajoutent aux performances. Le moteur de série est le V6 3800 de 3.8L qui produit 205 ch. Une version à compresseur, qui développe 240 ch, équipe la SSEi. L'équipement de chacune de ces versions est à la hauteur de leur statut.

TECHNIQUE

La carrosserie de la Bonneville est faite d'acier galvanisé des deux côtés (sauf le pavillon). Elle est monocoque et partage avec les Buick LeSabre et Oldsmobile 88 certains éléments de mécanique, de carrosserie ou de vitrage. Les lignes élancées de sa carrosserie sont trompeuses et confèrent à cette voiture un coefficient aérodynamique très moyen. Sa suspension indépendante aux quatre roues utilise des jambes de force MacPherson à l'avant et de Chapman, à l'arrière, avec des ressorts hélicoïdaux et une barre stabilisatrice, devant comme derrière. Tous les modèles ont des freins à disques à l'avant et des tambours, derrière, avec un antiblocage Bosch. La servodirection est de type magnétique, comme sur l'Aurora. Enfin, outre les éléments cosmétiques et le moteur à compresseur, la SSEi se distingue aussi par un rapport final de transmission de 2.93.

POSITIF

+ LA LIGNE. La carrosserie de la Bonneville attire encore l'attention des badauds. Ses traits musculaires et son «museau» pointu lui donnent une «gueule» qui ne passe pas inaperçu. On aime ou pas. L'intérieur mise lui aussi sur le spectaculaire avec entre autres, un volant bardé de commutateurs.

Coeur d'athlète..

+ LES PERFORMANCES. Sous le capot, le vénérable V6 3800 montre qu'il n'est pas encore dépassé. Les accélérations et les reprises de la version atmosphérique sont d'ailleurs très proches de celles du moteur à compresseur!

+ L'HABITABILITÉ. L'habitacle et le coffre sont assez spacieux pour accueillir cinq passagers, avec tous leurs bagages.

+ LE CONFORT. La version SE procure un grand confort de roulement, grâce à sa suspension moelleuse et sa mécanique bien insonorisée. La suspension des SSE et SSEi est un peu plus ferme et leur échappement, moins discret, mais dans une mesure très acceptable. En outre, une suspension ajustable figure parmi les options de ces deux versions.

+ LE MOTEUR. Le V6 atmosphérique offre un bon rendement, compte tenu de sa cylindrée et de ses performances impressionnantes, car en conduite normale, il demeure relativement frugal.

+ L'ANTIPATINAGE. Malgré une conception simpliste, ce dispositif contribue à maintenir l'équilibre sur chaussée glissante, là où les chutes de neiges sont abondantes.

+ LES COMMANDES. Le volant des versions luxueuses a de nombreuses commandes qui sont pratiques, lorsqu'on finit par en assimiler toutes les fonctions.

+ L'ÉQUIPEMENT. La Bonneville a un équipement de série complet, surtout la version SE qui constitue la meilleure valeur du lot. Notons que le système de projection «tête haute», qui affiche la vitesse sur la face interne du pare-brise, est un des plus efficaces actuellement.

NÉGATIF

- LE COMPORTEMENT. La Bonneville SE souffre d'un comportement flou, engendré par sa suspension trop molle. Cela entraîne d'importants mouvements de carrosserie.

- LA DIRECTION. Son assistance est trop forte et elle ne donne aucune sensation de l'état du revêtement et s'avère beaucoup trop sensible.

- LE FREINAGE. Pour une voiture au tempérament sportif, le freinage pourrait être plus efficace. Les distances d'arrêt sont longues et les garnitures, peu résistantes à l'usage intensif. L'effort sur la pédale est difficile à doser et elle devient trop ferme lors d'un freinage d'urgence et l'antiblocage ne prévient pas tous les blocages.

- LES SIÈGES. La Bonneville SE n'a pas des sièges aussi confortables, ni aussi élégants, que ceux de la SSE. Ils sont moins galbés et moins bien rembourrés.

- LES COMMANDES. Le volant de la SSE est bardé d'une armée de commutateurs, qui imposent au conducteur un sérieux apprentissage, qui ne suffit pas toujours pour tout comprendre!

- LE STYLE. Certains éléments cosmétiques de la carrosserie de la SSE la font paraître ridicule, comme s'il s'agissait d'une caricature. Cela fait très «m'as-tu vu».

- LA FINITION. La qualité de la finition de l'habitacle est perfectible: la pose des appliqués de similibois n'est pas parfaite, alors que certains plastiques utilisés dans le tableau de bord ont une allure bon marché.

- LA TRANSMISSION. La transmission à contrôle automatique produit très peu de frein moteur lorsqu'on rétrograde manuellement. De plus, le levier de vitesses monté sur la colonne de direction (sauf sur la SSEi) est trop court et de maniement imprécis.

- À REVOIR : l'aménagement et l'emplacement des espaces de rangement, le levier de la transmission au plancher de la SSEi n'est pas agréable à employer. Enfin, certaines commandes sont mal placées.

CONCLUSION

Parmi les berlines familiales de taille respectable, la Bonneville SE constitue un achat intéressant, par rapport à ses homologues de Buick et d'Oldsmobile. Elle s'adresse à des bons vivants n'ayant pas peur de l'afficher. En outre, la SSE et sa variante à haute performance, la SSEi, ajoutent en style, en performances et en compétence.

ÉVALUATION PONTIAC Bonneville

CONCEPTION : 78%
- Technique : 75
- Sécurité : 75
- Volume cabine : 85
- Volume coffre : 80
- Qualité/finition : 75

CONDUITE : 66%
- Poste de conduite : 75
- Performances : 65
- Comportement : 60
- Direction : 75
- Freinage : 55

ÉQUIPEMENT D'ORIGINE : 76%
- Pneus : 75
- Phares : 80
- Essuie-glace : 65
- Dégivreur : 80
- Radio : 80

CONFORT : 71%
- Sièges : 75
- Suspension : 70
- Niveau sonore : 70
- Commodités : 60
- Climatisation : 80

BUDGET : 53%
- Prix d'achat : 35
- Consommation : 55
- Assurance : 50
- Satisfaction : 80
- Dépréciation : 45

Moyenne générale : 69.0%

NOUVEAU POUR 1999

- Le système OnStar en option.
- Les trois nouvelles teintes de carrosserie.

MOTEURS / TRANSMISSIONS / PERFORMANCES

Modèles/versions	Type / distribution soupapes / carburation	Cylindrée cc	Puissance ch @ tr/mn	Couple lb.pi @ tr/mn	Rapport volumét.	Roues motrices / transmissions	Rapport de pont	Accélér. 0-100 km/h s	400 m D.A. s	1000 m D.A. s	Reprise 80-120 km/h s	Freinage 100-0 km/h m	Vites. maxi. km/h	Accélér. latérale G	Niveau sonore dBA	Consommation l./100km Ville	Route	Carburant Octane
1)	V6* 3.8 ACC-12-IES	3791	205 @ 5200	230 @ 4000	9.4 :1	avant - A4	2.84	9.6	16.9	30.8	6.8	44	185	0.78	66	12.4	7.5	R 87
2)	V6C*3.8 ACC-12-IES	3791	240 @ 5200	280 @ 3200	9.0 :1	avant - A4	2.93	8.3	16.2	29.4	6.0	42	200	0.80	66	13.3	8.3	S 92

1) de base SE et SSE.   2) de série SSEi, option SSE et SLE.

PRIX & ÉQUIPEMENTS

PONTIAC Bonneville	SE	SSE
Prix maxi $:	29 000	35 170
Prix mini $:	25 525	30 955
Transport & préparation $:	920	920
Boîte automatique :	S	S
Régulateur de vitesse:	S	S
Direction assistée:	S	S
Système antiblocage des freins.	S	S
Système antipatinage:	O	S
Climatiseur:	SM	SA
Garnitures en cuir:	O	S
Radio MA/MF/ Cassette:	S	SDc
Serrures électriques:	S	S
Lève-vitres électriques:	S	S
Volant ajustable:	S	S
Rétroviseurs ext. ajustables:	SM	SEC
Jantes en alliage léger:	O	S
Système antivol:	S	S

Couleurs disponibles
Extérieur: Gris, Beige, Vert, Bleu, Bordeaux, Noir, Blanc, Argent, Tilleul, Topaz, Émeraude.
Intérieur: Taupe, Bordeaux, Bleu, Grls, Chamois.

EN BREF...

Catégorie: berlines tractées de grand format.   **Classe :** 6

HISTORIQUE
Inauguré en: 1992
Fabriqué à: Buick City, Flint, Michigan, États-Unis.

PROFIL DE CLIENTÈLE

Modèle	Hom./Fem.	Âge moyen	Mariés	CEGEP	Revenus
Bonneville	86/14 %	66 ans	86 %	28 %	58 000 $

INDICES
Sécurité:	75 %	Satisfaction:	82 %
Dépréciation:	52 %	Assurance:	935-1133 $
Prix de revient au km:	0.58 $	Nbre de concessionnaires:	77

VENTES
Modèle	1996	1997	Résultat	Part de marché
GM série H	1 790	2 082	+16.3 %	47.6 %

PRINCIPAUX MODÈLES CONCURRENTS
BUICK LeSabre, CHRYSLER Concorde, Intrepid et LHS, FORD Crown Victoria, MAZDA Millenia, MERCURY Grand Marquis, NISSAN Maxima, OLDSMOBILE 88, TOYOTA Avalon.

ENTRETIEN REQUIS PAR LA GARANTIE
Première révision:	Fréquence:	Prise de diagnostic:
5 000 km	10 000 km	Oui

CARACTÉRISTIQUES

PONTIAC   Garantie générale: 3 ans / 60 000 km; antipollution: 5 ans / 80 000 km; perforation corrosion: 6 ans / 160 000 km. Assistance routière.

Modèles	Versions	Carrosseries/ Sièges	Volume cabine l.	Volume coffre l.	Cx	Empat. mm	Long x larg x haut. mm x mm x mm	Poids à vide kg	Susp. av/ar	Freins av/ar	Direction type	Diamètre braquage m	Tours volant b à b.	Réser. essence l.	Pneus d'origine dimensions	marque	modèle	Mécanique d'origine
Bonneville	SE	ber. 4 p.6	3081	510	ND	2814	5093x1892x1415	1563	ih/ih	d/t/ABS	crém.ass.	12.34	2.79	68.1	215/65R15	-	-	V6/3.8/A4
Bonneville	SSE	ber. 4 p.5	3081	510	ND	2814	5133x1892x1415	1627	ih/ih	d/t/ABS	crém.ass.	12.34	2.86	68.1	225/60R16	Goodyear	Eagle RS-A	V6/3.8/A4

La Firebird a évolué à l'opposé des tendances du marché, si bien qu'aujourd'hui elle se retrouve au bas du palmarès des ventes. À une époque qui privilégie les utilitaires à quatre roues motrices, cette grosse voiture sport est anachronique, peu pratique et encombrante. De plus, elle coûte cher, consomme beaucoup et impose des assurances ruineuses. Ceux qui la chérissent sont les nostalgiques d'une époque révolue, car aujourd'hui la Firebird se retrouve à la croisée des chemins: elle doit évoluer ou disparaître.

GAMME

La Firebird est identique à la Camaro, à quelques détails près. Elle partage la même plate-forme, plusieurs éléments de carrosserie et les mêmes moteurs. Le coupé à hayon Firebird est proposé en versions de base, Formula et Trans Am, et le cabriolet en versions de base et Trans Am. Le moteur des modèles de base est le V6 3800 Série II de 3.8L, jumelé d'une transmission manuelle à 5 vitesses ou d'une automatique optionnelle à 4 vitesses. Les coupés Formula et Trans Am, et la décapotable Trans Am ont un V8 LS1 de 5.7L et 305 ch, ou 320 ch avec le système d'admission Ram Air optionnel. Pour ces modèles, la boîte de vitesses de série est l'automatique à 4 vitesses et l'optionnelle, une manuelle à 6 vitesses.

TECHNIQUE

La carrosserie monocoque est constituée de panneaux de polymère (ailes avant, pavillon, portes, hayon et parties avant et arrière) et d'acier galvanisé (capot et panneaux de custode). La finesse aérodynamique de la carrosserie est efficace, avec un coefficient de 0.32 pour le coupé, et de 0.36 pour le cabriolet. Lors de la refonte de 1993, le châssis a été rigidifié par l'ajout de nombreux renforts, dont des tubes qui ont été insérés dans les corps creux des bas de caisse latéraux.

La suspension avant indépendante utilise des bras transversaux longs et courts, alors que l'essieu rigide arrière est suspendu par des bras multiples de type Salisbury et une barre Panhard. Des barres antiroulis, de diamètres variables selon les versions, s'ajoutent devant et derrière. Il y a des freins à disques aux quatre roues assisté d'un système antiblocage Bosch. La servodirection à crémaillère est réglée selon les performances des modèles; sa démultiplication est plus courte pour les Formula et Trans Am.

Bolide d'autrefois...

POSITIF

+ L'APPARENCE. La partie avant reçoit un nouveau traitement cosmétique pour 1999, qui ajoute au côté spectaculaire de ce bolide. Même après 30 ans, la Firebird fait encore tourner les têtes, surtout la Trans Am Ram Air.

+ LES PERFORMANCES. Le moteur LS1, un dérivé du V8 de la Corvette, dispose d'assez de puissance pour arracher l'asphalte! De quoi rivaliser avec la Corvette elle-même!

+ L'AGRÉMENT DE CONDUITE. La puissance brute dont dispose la Trans Am engendre un plaisir de conduire indéniable, par les performances dont elle est capable, mais aussi par sa sonorité profonde qui, à chaque accélération, influence à la hausse le rythme cardiaque!

+ LA VALEUR. Compte tenu du prix, de l'équipement et des performances que procure ce bolide, sa valeur demeure excellente pour l'inconditionnel de performances à l'américaine.

+ LA TENUE DE ROUTE. Le comportement est satisfaisant sur une route en bon état. Le châssis rigide des coupés favorise un guidage précis des trains de roulement et le roulis limité autorise une accélération latérale étonnante, mais inférieure à celle d'une Corvette dont le centre de gravité est plus bas, les pneus plus adhérents et la suspension plus élaborée que celle de la Trans Am.

+ LE TABLEAU DE BORD. Redessiné en 1997, il possède une ergonomie et une esthétique agréables. Les plastiques utilisés ne donnent plus l'impression d'être un produit «Rubbermaid»!

+ LE CABRIOLET. Sa capote se replie à l'aide d'un mécanisme efficace. Elle a une belle doublure et une custode vitrée équipée d'un dégivreur électrique.

NÉGATIF

- LA VISIBILITÉ. Le champ de vision est limité, surtout pour le décapotable. La position de conduite est basse, la ceinture de caisse élevée, le pilier B, massif, et le tableau de bord empiète sur le champ de vision avant. La lunette arrière est très inclinée, et minuscule dans le cas du cabriolet.

- LA NOSTALGIE. La Firebird fait partie d'une époque révolue, par son gabarit incongru, son poids élevé et sa technique désuète.

- LE MOTEUR V6. Celui de base offre des performances convenables pour les ballades du dimanche, mais il ne correspond pas à l'idée que l'on se fait d'une voiture sport, car son rapport poids/puissance est moins favorable que celui du V8.

- LE CONFORT. La Trans Am n'est pas un exemple de confort. Sa mécanique puissante se débride lorsqu'on la sollicite hardiment et sa suspension fait sautiller le train arrière sur de mauvais revêtements.

- LA RIGIDITÉ. Les cabriolets sont nettement moins rigides que les coupés, ce qui rend leur conduite vague, qui peut devenir inquiétante à haute vitesse.

- L'HABITACLE. Le gabarit imposant de ces voitures est inversement proportionnel à leur côté pratique. S'installer à l'intérieur impose une gymnastique désagréable malgré les grandes portières; les places arrière sont symboliques; les espaces de rangement pratiquement inexistants; enfin, le coffre a des formes torturées et un volume lilliputien.

- À REVOIR : Le convertisseur catalytique impose de l'inconfort, car il fait une protubérance dans le plancher qui est gênante pour les jambes du passager avant. De plus, en raison du grand diamètre de braquage, la Firebird est très peu maniable. La sélection des rapports de la boîte manuelle s'accompagne souvent de grincements. Enfin, le couvre-capote s'utilise très mal.

CONCLUSION

La Firebird est aussi spectaculaire par son apparence provocante que les performances enivrantes de son moteur V8, mais elle est pratiquement dépassée. Il suffirait peut-être d'apposer son nom sur la carrosserie d'un 4x4, pour que ce modèle connaisse un grand succès commercial! Qui sait?

ÉVALUATION PONTIAC Firebird

CONCEPTION : 62%
Technique :	75
Sécurité :	90
Volume cabine :	35
Volume coffre :	40
Qualité/finition :	70

CONDUITE : 69%
Poste de conduite :	75
Performances :	70
Comportement :	70
Direction :	70
Freinage :	60

ÉQUIPEMENT D'ORIGINE : 77%
Pneus :	80
Phares :	75
Essuie-glace :	80
Dégivreur :	70
Radio :	80

CONFORT : 58%
Sièges :	60
Suspension :	60
Niveau sonore :	40
Commodités :	50
Climatisation :	80

BUDGET : 48%
Prix d'achat :	45
Consommation :	40
Assurance :	40
Satisfaction :	75
Dépréciation :	40

Moyenne générale : 62.8%

NOUVEAU POUR 1999

- Le différentiel Zexel Torsen pour tous les ponts autobloquants.
- Le témoin de durée utile de l'huile moteur.
- La chaîne audio Monsoon standard sur la décapotable.
- L'antipatinage désormais disponible sur les modèles V6.
- Le réservoir de carburant en plastique de 63.6 litres.
- Les deux nouvelles teintes de carrosserie.

MOTEURS / TRANSMISSIONS / PERFORMANCES

Modèles/ versions	Type / distribution soupapes / carburation	Cylindrée cc	Puissance ch @ tr/mn	Couple lb.pi @ tr/mn	Rapport volumét.	Roues motrices / transmissions	Rapport de pont	Accélér. 0-100 km/h s	400 m D.A. s	1000 m D.A. s	Reprise 80-120 km/h s	Freinage 100-0 km/h m	Vites. maxi. km/h	Accélér. latérale G	Niveau sonore dBA	Consommation l./100km Ville	Route	Carburant Octane
1)	V6* 3.8 ACC-12-IES	3791	200 @ 5200	225 @ 4000	9.4 :1	arrière - M5*	3.23	9.0	15.8	29.7	6.2	40	185	0.85	68	12.3	7.2	R 87
						arrière - A4	3.08	9.8	17.0	30.8	6.7	42	180	0.85	68	12.7	7.8	R 87
2)	V8* 5.7 ACC-16-IES	5665	305 @ 5200	335 @ 4000	10.1 :1	arrière - M6	3.42	5.5	14.0	25.4	3.8	38	240	0.87	72	14.5	8.3	S 91
						arrière - A4*	2.73	6.0	14.5	26.0	4.0	40	220	0.87	72	14.2	9.0	S 91
3)	V8 5.7 ACC-16-IES	5665	320 @ 5200	345 @ 4400	10.1 :1	arrière -M6	3.42	5.3	13.8	25.2	3.6	38	230	0.88	72	14.5	9.0	S 91

1) base   2) standard, Formula et Trans Am   3) option, WS6 Ram Air, Formula et Trans Am

PRIX & ÉQUIPEMENTS

PONTIAC Firebird	base cpé	base conv.	Formula cpé	Trans Am cpé	conv.
Prix maxi $:	24 865	33 265	39 430	34 750	40 320
Prix mini $:	21 480	28 735	26 285	30 105	34 825
Transport & préparation $:	705	705	705	705	705
Boîte automatique:	O	O	O	S	S
Régulateur de vitesse:	S	S	S	S	S
Direction assistée:	S	S	S	S	S
Système antiblocage des freins:	S	S	S	S	S
Système antipatinage:	O	O	O	O	O
Climatiseur:	SM	SM	SM	SM	SM
Garnitures en cuir:	O	O	O	S	S
Radio MA/MF/ Cassette:	SDc	SDc	SDc	SDc	SDc
Serrures électriques:	O	S	S	S	S
Lève-vitres électriques:	O	O	S	S	S
Volant ajustable:	S	S	S	S	S
Rétroviseurs ext. ajustables:	SM	SE	SE	SE	SE
Jantes en alliage léger:	S	S	S	S	S
Système antivol:	S	S	S	S	S

Couleurs disponibles

Extérieur: Pourpre, Blanc, Cayenne, Argent, Tilleul, Vert, Rouge, Noir, Bleu.

Intérieur: Neutre, Graphite, Gris moyen, Rouge, Taupe.

EN BREF...

Catégorie: coupés sportifs propulsés.   Classe : S

HISTORIQUE
Inauguré en:	1993
Fabriqué à:	Ste-Thérèse, Boisbriand, Québec, Canada.

PROFIL DE CLIENTÈLE
Modèle	Hom./Fem.	Âge moyen	Mariés	CEGEP	Revenus
Firebird	72/28 %	39 ans	52 %	40 %	67 000 $

INDICES
Sécurité:	95 %	Satisfaction:	75 %
Dépréciation:	49 %	Assurance:	1 385 -1 475 $
Prix de revient au km:	0.57 $	Nbre de concessionnaires:	77

VENTES
Modèle	1996	1997	Résultat	Part de marché
Firebird/Camaro	997	445	- 55.4 %	5.7 %

PRINCIPAUX MODÈLES CONCURRENTS
ACURA Integra, CHRYSLER Sebring, DODGE Avenger, FORD Mustang, HONDA Prelude, NISSAN 240SX, TOYOTA Supra.

ENTRETIEN REQUIS PAR LA GARANTIE
Première révision:	Fréquence:	Prise de diagnostic:
5 000 km	10 000 km	Oui

CARACTÉRISTIQUES

Modèles	Versions	Carrosseries/ Sièges	Volume cabine l.	Volume coffre l.	Cx	Empat. mm	Long x larg x haut. mm x mm x mm	Poids à vide kg	Susp. av/ar	Freins av/ar	Direction type	Diamètre braquage m	Tours volant b à b.	Réser. essence l.	Pneus d'origine dimensions	marque	modèle	Mécanique d'origine
PONTIAC		Garantie générale: 3 ans / 60 000 km; antipollution: 5 ans / 80 000 km; perforation corrosion: 6 ans / 160 000 km. Assistance routière																
Firebird	base	cpé.2 p. 2+2	2379	365	0.32	2568	4910x1890x1300	1507	ih/rh	d/ABS	crém.ass.	G11.55	2.67	63.6	215/60R16	BFGoodrich	Comp T/A	V6/3.8/M5
Firebird	base	déc.2 p. 2+2	2282	215	0.36	2568	4910x1890x1316	1543	ih/rh	d/ABS	crém.ass.	D12.37	2.67	63.6	215/60R16	BFGoodrich	Comp T/A	V6/3.8/M5
Firebird	Formula	cpé.2 p. 2+2	2379	365	0.32	2568	4910x1890x1300	1515	ih/rh	d/ABS	crém.ass.	G11.51	2.28	63.6	245/50ZR16	Goodyear	Eagle GS-D	V8/5.7/A4
Firebird	Trans Am	cpé.2 p. 2+2	2379	365	0.32	2568	4920x1890x1316	1541	ih/rh	d/ABS	crém.ass.	-	2.28	63.6	245/50ZR16	Goodyear	Eagle GS-D	V8/5.7/A4
Firebird	Trans Am	déc.2 p. 2+2	2282	215	0.36	2568	4920x1890x1316	1594	ih/rh	d/ABS	crém.ass.	D12.22	2.28	63.6	245/50ZR16	Goodyear	Eagle GS-D	V8/5.7/A4

La Grand Am est le modèle le plus populaire de la gamme Pontiac. Basée sur la nouvelle plate-forme P90 qu'elle partage avec la Chevrolet Malibu, l'Oldsmobile Cutlass et l'Alero, son renouvellement constitue donc un événement important pour cette division de GM. Afin de maximiser le succès de cette nouvelle venue, on a retenu l'élément de plus frappant de ce modèle: son style aussi exubérant à l'extérieur qu'à l'intérieur. Dans l'ensemble, on constate que son niveau technologique a été substantiellement rehaussé par l'emploi de solutions sophistiquées.

GAMME

Comme précédemment, Pontiac propose les versions SE et GT de la berline à 4 portes et du coupé à 2 portes. La SE reprend le 4 cylindres de 2.4L de l'ancienne Grand Am, alors qu'un nouveau V6 de 3.4L à soupapes en tête équipe la version GT. Chacune peut toutefois être dotée du moteur de l'autre, sur demande. La seule transmission offerte est une boîte automatique à 4 rapports, dont le rapport final est plus élevé pour la GT. L'équipement de série comprend un climatiseur, la transmission automatique, la direction assistée, l'antipatinage et l'antiblocage des roues, une télécommande de verrouillage et d'ouverture du coffre ainsi que des essuie-glace à balayage intermittent.

TECHNIQUE

La carrosserie monocoque est 32% plus rigide que la précédente. Elle est constituée de panneaux d'acier galvanisé (des deux côtés) et affiche un coefficient aérodynamique médiocre de 0.32 totalement dépassé pour une voiture 1999. L'empattement et les voies ont été agrandies de 8,4 cm, alors que le volume utile des habitacles a augmenté d'environ 20% et un berceau hydroformé supporte à l'avant le groupe propulseur et la suspension. La Grand Am bénéficie désormais d'une suspension indépendante aux quatre roues, avec des jambes de force Mac-Pherson et des leviers inférieurs à l'avant réalisés en aluminium et d'un système multibras à trois leviers à l'arrière. Il y a une barre antiroulis à l'avant et à l'arrière. Les SE ont des freins mixtes et les GT, des disques aux quatre roues. Un antiblocage et un antipatinage font, toutefois, partie de l'équipement de série des deux versions. La servodirection est à crémaillère, à assistance variable pour les modèles équipés du moteur V6.

Psychédélique!

POSITIF

+ LE STYLE. Cette refonte conserve le style exubérant et spectaculaire de la Grand Am, grâce aux formes accentuées par divers éléments de style, entre autres, ces gros projecteurs antibrouillards flanqués au bas du bouclier avant de la voiture.

+ LA VERSION GT. Elle représente une bonne valeur, car pour une somme abordable, on dispose d'un V6 performant, d'une transmission automatique souple et d'un antipatinage, que ses rivales n'ont pas toutes.

+ LE MOTEUR V6. Par rapport au V6 3.1L de l'ancienne Grand Am, le nouveau V6 est plus vitaminé. Il relègue le 4 cylindres à une classe inférieure, par son couple élevé produit à un régime inférieur. Le 2.4L est moins performant en charge et en côte, en plus d'émettre beaucoup de bruits et de vibrations.

+ LE COMPORTEMENT. La GT a une meilleure tenue de route grâce à sa suspension plus ferme et à des pneus plus larges et plus mordants.

+ L'HABITABILITÉ. Le coupé est aussi spacieux que la berline dont l'accès est plus aisé grâce aux portières arrière.

+ LES SIÈGES. Les sièges baquets offrent un confort appréciable, grâce à un dessin enveloppant et leurs dossiers sont plus hauts.

+ LE COFFRE. Le coffre a un volume moyen, mais dans les versions GT, un dossier divisé rabattable (optionnel pour la SE) le rend modulable en dépit de son ouverture qui demeure étriquée et son seuil haut.

+ LE TABLEAU DE BORD. Son style audacieux glorifie des rondeurs dignes de Dolly Parton.

+ LA DIRECTION. Précise et rapide elle rend la conduite agréable surtout avec la direction à assistance progressive des V6.

+ LA FIABILITÉ. La réputation de l'ancien modèle, qui atteignait 80% devrait influencer le succès de la nouvelle version, dont la construction paraît soignée.

NÉGATIF

- LE COMPORTEMENT. Les modèles SE ont un roulis plus important à cause de leur suspension souple. Les nouveaux pneus de 15 po compensent, de même que le châssis qui est beaucoup plus rigide. Néanmoins, les versions GT offrent une meilleure stabilité.

- LES PERFORMANCES. Le 4 cylindres a des prestations convenables, mais il demeure bruyant et produit beaucoup de vibrations à l'effort.

- LE NIVEAU SONORE. Par rapport à l'ancien modèle, l'insonorisation est à la hausse, mais il demeure des bruits parasites causés par le vent et l'échappement des versions GT produit un grondement qui devient irritant à la longue.

- LA FINITION. Bien que la qualité de la finition soit améliorée, elle demeure perfectible parce que certains détails font encore bon marché.

- LE FREINAGE. Il n'est pas toujours à la hauteur des prestations de ces modèles. Les distances d'arrêt sont longues et la pédale spongieuse n'aide pas à doser les arrêts. De plus, l'antiblocage n'aide pas toujours à stabiliser les trajectoires.

- L'ACCÈS. Malgré les nouvelles formes de la carrosserie, l'accès aux places arrière demeure ardu, particulièrement dans les coupés.

- LES RANGEMENTS. Il y a peu d'espaces de rangement: les videpoches sont petits mais la boîte à gants a gagné un peu de volume utile.

- À REVOIR : Le levier du frein de stationnement a un curieux aménagement. De plus, il manque encore un indicateur de sélection des rapports de la boîte automatique au tableau de bord.

CONCLUSION

La Grand Am s'adresse à un public jeune et familial. Son équipement répond bien aux aspirations de cette catégorie d'acheteurs, tout comme son nouveau style extraverti, qui ne laisse personne indifférent. Cette formule a jusqu'ici bien fonctionné et on ne voit aucune raison sérieuse pour que cela cesse maintenant.

ÉVALUATION
PONTIAC Grand Am

CONCEPTION :   **69%**
Technique :	75
Sécurité :	95
Volume cabine :	50
Volume coffre :	50
Qualité/finition :	75

CONDUITE :   **62%**
Poste de conduite :	75
Performances :	50
Comportement :	55
Direction :	75
Freinage :	55

ÉQUIPEMENT D'ORIGINE :   **74%**
Pneus :	75
Phares :	75
Essuie-glace :	75
Dégivreur :	70
Radio :	75

CONFORT :   **65%**
Sièges :	75
Suspension :	70
Niveau sonore :	50
Commodités :	50
Climatisation :	80

BUDGET :   **63%**
Prix d'achat :	60
Consommation :	70
Assurance :	55
Satisfaction :	80
Dépréciation :	50

Moyenne générale: **66.6%**

NOUVEAU POUR 1999

- Modèle entièrement redessiné à empattement rallongé, voies élargies et à suspension indépendante aux quatre roues.
- Les quatre nouvelles teintes de carrosserie.
- Le moteur V6 3.4L de 170 ch, la transmission automatique, la suspension arrière à roues indépendantes.
- Les témoins de pression des pneus et de vidange de l'huile.

MOTEURS / TRANSMISSIONS / PERFORMANCES

Modèles/ versions	Type / distribution soupapes / carburation	Cylindrée cc	Puissance ch @ tr/mn	Couple lb.pi @ tr/mn	Rapport volumét.	Roues motrices / transmissions	Rapport de pont	Accélér. 0-100 km/h s	400 m D.A. s	1000 m D.A. s	Reprise 80-120 km/h s	Freinage 100-0 km/h m	Vites. maxi. km/h	Accélér. latérale G	Niveau sonore dBA	Consommation Ville l./100km	Route	Carburant Octane
base	L4* 2.4 DACT-16-ISP	2392	150 @ 5600	155 @ 4400	9.5 :1	avant - A4*	3.42	10.0	17.2	30.8	6.9	44	175	0.75	68	10.8	7.1	R 87
option	V6 3.4 ACC -12-ISP	3350	170 @ 5200	195 @ 4000	9.5 :1	avant - A4*	3.05	8.5	16,4	29.5	6.2	40	180	0.76	67	12.0	8.2	R 87
GT	V6 3.4 ACC -12-ISP	3350	175 @ 5200	205 @ 4000	9.5 :1	avant - A4*	3.29	ND								12.2	8.4	R 87

PRIX & ÉQUIPEMENTS

PONTIAC Grand Am	SE	GT
Prix maxi $:	21 795	25 895
Prix mini $:	19 185	22 365
Transport & préparation $:	620	620
Boîte automatique:	S	S
Régulateur de vitesse:	O	S
Direction assistée:	S	S
Système antiblocage des freins:	S	S
Système antipatinage:	S	S
Climatiseur:	SM	SM
Garnitures en cuir:	-	O
Radio MA/MF/ Cassette:	S	SDc
Serrures électriques:	S	S
Lève-vitres électriques:	S	S
Volant ajustable:	S	S
Rétroviseurs ext. ajustables:	SM	SE
Jantes en alliage léger:	O	S
Système antivol:	S	S

Couleurs disponibles

Extérieur: Blanc, Bleu, Noir, Vert, Rouge, Gris, Jade, Sable, Orchidée.

Intérieur: Gris, Beige, Rouge, Bleu, Taupe, Tilleul, Graphite, Jade.

EN BREF...

Catégorie: berlines et coupés compacts tractés.   **Classe : 4**

HISTORIQUE
Inauguré en:	1994
Fabriqué à:	Lansing, Michigan, États-Unis.

PROFIL DE CLIENTÈLE
Modèle	Hom./Fem.	Âge moyen	Mariés	CEGEP	Revenus
Grand Am	64/36 %	47 ans	70 %	43 %	55 000 $

INDICES
Sécurité:	95 %	Satisfaction:	83 %
Dépréciation:	51 %	Assurance:	965 $
Prix de revient au km:	0.43 $	Nbre de concessionnaires:	77

VENTES
Modèle	1996	1997	Résultat	Part de marché
GM série N	6 966	6 096	- 12.5 %	9.3 %

PRINCIPAUX MODÈLES CONCURRENTS
berlines: BUICK Century, CHRYSLER Cirrus, DODGE Stratus, FORD Contour, HONDA Accord, HYUNDAI Sonata, MAZDA 626, MERCURY Mystique, NISSAN Altima, OLDSMOBILE Alero, SUBARU Legacy, TOYOTA Camry, VOLKSWAGEN Passat.
coupés: ACURA Integra, CHRYSLER Sebring, DODGE Avenger, HONDA Accord, Prelude, NISSAN 240SX, TOYOTA Celica.

ENTRETIEN REQUIS PAR LA GARANTIE
Première révision:	Fréquence:	Prise de diagnostic:
5 000 km	10 000 km	Oui

CARACTÉRISTIQUES

PONTIAC   Garantie générale: 3 ans / 60 000 km; antipollution: 5 ans / 80 000 km; perforation corrosion: 6 ans / 160 000 km. Assistance routière.

Modèles	Versions	Carrosseries/ Sièges	Volume cabine l.	Volume coffre l.	Cx	Empat. mm	Long x larg x haut. mm x mm x mm	Poids à vide kg	Susp. av/ar	Freins av/ar	Direction type	Diamètre braquage m	Tours volant b à b.	Réser. essence l.	dimensions	Pneus d'origine marque	modèle	Mécanique d'origine
Grand Am SE		cpé. 2 p.5	3038	405	0.32	2718	4732x1788x1400	1391	ih/ih	d/t/ABS	crém.ass.	11.49	2.5	57.5		215/60R15	-	L4/2.4/A4
Grand Am SE		ber. 4 p.5	2985	405	0.32	2718	4732x1788x1400	1413	ih/ih	d/t/ABS	crém.ass.	11.49	2.5	57.5		215/60R15	-	L4/2.4/A4
Grand Am GT		cpé. 2 p.5	3038	405	0.32	2718	4732x1788x1400	1402	ih/ih	d/d/ABS	crém.ass.	11.49	2.5	57.5		225/50R16	Goodyear	Eagle RS-A	V6/3.4/A4
Grand Am GT		ber. 4 p.5	2985	405	0.32	2718	4732x1788x1400	1437	ih/ih	d/d/ABS	crém.ass.	11.49	2.5	57.5		225/50R16	Goodyear	Eagle RS-A	V6/3.4/A4

À elle seule, la Grand Prix symbolise la philosophie de Pontiac. Plus encore que la Grand Am, son physique n'a aucun complexe et frise le summum de l'agressivité dans sa version GTP, qui est d'un rare «m'as-tu-vu». Mais tous les goûts sont dans la nature et les chiffres de ventes confirment qu'elle plaît à beaucoup de monde...
Entièrement redessinée en 1997, la Grand Prix a vu sa plate-forme élargie. Contrairement aux Buick Century-Regal et Oldsmobile Intrigue, qui sont de la même famille «W», la Grand Prix est seule à offrir un coupé.

GAMME
Pontiac offre la Grand Prix sous forme d'une berline à 4 portes et d'un coupé à 2 portes. La berline est proposée en trois exécutions: SE, GT et GTP, alors qu'il n'y en a que deux pour le coupé: GT et GTP. La berline SE reçoit le V6 3100 de 3.1L, les versions GT, le V6 3800 Série II de 3.8L, et les GTP, le V6 3800 Série SC qui est une version à compresseur du même moteur. L'équipement de base de ces modèles est fourni puisqu'il compte la transmission automatique, l'antipatinage et l'antiblocage des roues, les principaux asservissements électriques, un climatiseur à commandes manuelles et un système antivol.

TECHNIQUE
La plate-forme W des Grand Prix se distingue par son empattement long et ses voies très larges. La structure principale est monocoque dont les panneaux sont en acier galvanisé des deux côtés (sauf le pavillon). La carrosserie affiche une efficacité aérodynamique moyenne, avec des coefficients de 0.32 pour la berline, et 0.34 pour le coupé.
Un sous-châssis supporte le groupe propulseur et la suspension qui est indépendante aux quatre roues, basée sur des jambes de force MacPherson, à l'avant, et un système à trois leviers, à l'arrière. Il y a des ressorts hélicoïdaux et une barre antiroulis devant et derrière. Quatre freins à disque assurent le freinage, avec un antiblocage Bosch et un antipatinage utilisant les mêmes capteurs. La version SE dispose d'une servodirection à crémaillère conventionnelle, tandis que les GT et GTP reçoivent l'assistance magnétique MagnaSteer réagissant à la vitesse et mise au point pour Cadillac.

TRÈS POSITIF
++ L'ESTHÉTIQUE. La ligne galbée très réussie de la Grand Prix

L'audace du style...

suggère une puissance féline. En outre, avec leurs couleurs vives, les GT et GTP ne manquent jamais d'attirer l'attention des badauds. Leurs traits audacieux inspirent une fierté à leurs propriétaires, qui ont une propension à faire gronder l'échappement!

POSITIF
+ LA PRÉSENTATION. La version GT possède un bel intérieur. Cette version présente d'ailleurs une bonne valeur, avec son équipement complet, un tableau de bord bien garni et des sièges très élaborés.
+ LE COMPORTEMENT. La nouvelle Grand Prix procure un comportement routier nettement amélioré, grâce aux voies très larges qui améliorent la stabilité.
+ LES SIÈGES. Les sièges baquets sont très enveloppants et procurent

beaucoup de support latéral et dans la région lombaire, et ce malgré un rembourrage mince et plus ferme.
+ LA CONDUITE La GT procure plus d'agrément de conduite par sa direction rapide et précise et une suspension qui assure un guidage rigoureux. Les amateurs de conduite sportive l'apprécieront!
+ LES PERFORMANCES. Avec ses 200 ch, le V6 de 3.8L procure des performances très convenables, que le compresseur de type Roots accentue, en extirpant 40 ch additionnels. Les accélérations et reprises s'approchent alors de celles d'une voiture exotique!
+ LE TABLEAU DE BORD. Le tableau de bord très garni possède des commandes lisibles et bien disposées. Le centre du volant en contient également plusieurs, ce qui requiert un temps d'acclimatation

pour assimiler toutes leurs fonctions.
+ UN BON POINT: pour les poignées de maintien à l'intérieur et le système de projection «tête haute» qui permet de prendre connaissance des paramètres de conduite sur la face intérieure du pare-brise, sans avoir à quitter la route des yeux.

NÉGATIF
- LA SUSPENSION. Celle de la version GT est sèche et «brasse» les occupants allègrement sur les routes au revêtement irrégulier. De plus, on se lasse vite du bruit tonitruant de l'échappement.
- LA VISIBILITÉ. Les formes étirées de la carrosserie imposent une visibilité réduite sur les côtés et de 3/4 arrière. La ceinture de caisse haute, les piliers du pavillon larges et la forte inclinaison de la lunette arrière contribuent à cet inconvénient.
- LA FINITION. La qualité de certains matériaux reste perfectible car on ne retrouve pas dans cette voiture la même rigueur de construction que dans une Oldsmobile Intrigue, par exemple.
- LA RIGIDITÉ. La caisse de notre véhicule d'essai n'était pas un modèle de solidité, car elle laissait entendre de nombreux bruits parasites sur mauvais revêtement, où la suspension atteignait souvent l'extrémité de sa course.
- L'ACCÈS. S'installer aux places arrière est difficile, tant pour la berline que le coupé à cause de la forme arquée trop prononcée du pavillon.
- LES PNEUS. Ceux des modèles SE et GT sont sous-dimensionnés et seuls ceux de la GTP sont bien adaptés aux performances dont elle est capable.
- LE PRIX. Celui de la GTP paraît exagéré par rapport à celui d'une GT qui procure déjà un très bon niveau de performances!
- LE CÔTÉ PRATIQUE. Malgré le gabarit important de cette voiture, cet aspect semble avoir été oublié. Il y a peu d'espaces de rangement et ceux existants sont trop petits. Quant au coffre, il manque de hauteur, n'est pas transformable et son accès est limité par l'étroitesse de l'ouverture et son seuil élevé.
- À REVOIR: L'accoudoir avant trop large qu'il faut relever pour conduire confortablement.

CONCLUSION
La Grand Prix représente bien la marque «performance» de GM, ayant un style audacieux qui n'a pas son pareil. Au moins, elle offre désormais des prestations à la hauteur de l'image qu'elle véhicule. ☺

ÉVALUATION
PONTIAC Grand Prix

CONCEPTION :   **77%**
Technique :	80
Sécurité :	90
Volume cabine :	70
Volume coffre :	70
Qualité/finition :	75

CONDUITE :   **67%**
Poste de conduite :	80
Performances :	65
Comportement :	55
Direction :	80
Freinage :	55

ÉQUIPEMENT D'ORIGINE :   **79%**
Pneus :	75
Phares :	80
Essuie-glace :	75
Dégivreur :	80
Radio :	85

CONFORT :   **68%**
Sièges :	75
Suspension :	65
Niveau sonore :	50
Commodités :	70
Climatisation :	80

BUDGET :   **59%**
Prix d'achat :	50
Consommation :	70
Assurance :	50
Satisfaction :	75
Dépréciation :	50

Moyenne générale: **70.0%**

NOUVEAU POUR 1999

- L'éclairage de courtoisie des portières avant.
- Le système antivol combiné au système d'entrée sans clés.
- Les jantes aluminium de 16 pouces.
- Les deux nouvelles teintes de carrosserie.
- La puissance accrue de 5ch pour le 3.8L de base.

MOTEURS / TRANSMISSIONS / PERFORMANCES

Modèles/ versions	Type / distribution soupapes / carburation	Cylindrée cc	Puissance ch @ tr/mn	Couple lb.pi @ tr/mn	Rapport volumét.	Roues motrices / transmissions	Rapport de pont	Accélér. 0-100 km/h s	400 m D.A. s	1000 m D.A. s	Reprise 80-120 km/h s	Freinage 100-0 km/h m	Vites. maxi. km/h	Accélér. latérale G	Niveau sonore dBA	Consommation l./100km Ville	Route	Carburant Octane
1)	V6* 3.1 ACC-12-IES	3135	160 @ 5200	185 @ 4000	9.6 :1	avant - A4*	3.29	10.0	17.2	31.0	6.8	42	175	0.78	67	12.0	8.0	R 87
2)	V6* 3.8 ACC-12-IES	3791	200 @ 5200	225 @ 4000	9.4 :1	avant - A4*	3.29	8.5	16.5	29.7	6.4	41	185	0.78	67	12.5	7.8	R 87
3)	V6C 3.8 ACC-12-IES	3791	240 @ 5200	280 @ 3200	8.5 :1	avant - A4*	2.93	7.2	15.3	28.5	4.6	41	200	0.78	68	13.2	8.2	S 92

1) base SE berline   2) base GT, option SE   3) base GTP, option GT

PRIX & ÉQUIPEMENTS

PONTIAC Grand Prix	SE	GT
Prix maxi $:	25 399	27 489
Prix mini $:	22 355	24 195
Transport & préparation $:	810	810
Boîte automatique:	S	S
Régulateur de vitesse:	O	S
Direction assistée:	S	S
Système antiblocage des freins:	S	S
Système antipatinage:	S	S
Climatiseur:	SM	SM
Garnitures en cuir:	O	O
Radio MA/MF/ Cassette:	O	S
Serrures électriques:	S	S
Lève-vitres électriques:	S	S
Volant ajustable:	S	S
Rétroviseurs ext. ajustables:	SE	SE
Jantes en alliage léger:	O	S
Système antivol:	S	S

Couleurs disponibles
Extérieur: Blanc, Bleu, Noir, Vert, Rouge, Bronze.
Intérieur: Bleu, Gris, Taupe, Noir.

EN BREF...

Catégorie: berlines et coupés intermédiaires tractés.   **Classe :** 5

HISTORIQUE
Inauguré en: 1997
Fabriqué à: Fairfax-Kansas City, Kansas, États-Unis.

PROFIL DE CLIENTÈLE
Modèle	Hom./Fem.	Âge moyen	Mariés	CEGEP	Revenus
Grand Prix séd.	67/33 %	51 ans	78 %	29 %	53 000 $
Grand Prix cpé.	74/26 %	43 ans	54 %	42 %	48 000 $

INDICES
Sécurité:	90 %	Satisfaction:	75 %
Dépréciation:	52 %	Assurance:	1045-1135 $
Prix de revient au km:	0.47 $	Nbre de concessionnaires:	77

VENTES
Modèle	1996	1997	Résultat	Part de marché
GP + Regal 4p	3 006	2 019	- 32.8 %	6.4 %

PRINCIPAUX MODÈLES CONCURRENTS
berlines: DODGE Intrepid, FORD Taurus, MERCURY Sable, NISSAN Maxima, TOYOTA Camry.
coupés: CHEVROLET Monte Carlo Z34, CHRYSLER Sebring, DODGE Avenger, HONDA Accord V6, Prelude.

ENTRETIEN REQUIS PAR LA GARANTIE
Première révision:	Fréquence:	Prise de diagnostic:
5 000 km	10 000 km	Oui

CARACTÉRISTIQUES

Modèles	Versions	Carrosseries/ Sièges	Volume cabine l.	Volume coffre l.	Cx	Empat. mm	Long x larg x haut. mm x mm x mm	Poids à vide kg	Susp. av/ar	Freins av/ar	Direction type	Diamètre braquage m	Tours volant b à b.	Réser. essence l.	Pneus d'origine dimensions	marque	modèle	Mécanique d'origine
PONTIAC	Garantie générale: 3 ans / 60 000 km; antipollution: 5 ans / 80 000 km; perforation corrosion: 6 ans / 160 000 km. Assistance routière.																	
Grand Prix	berline SE	ber. 4 p.5	2803	453	0.32	2807	4991x1847x1389	1549	ih/ih	d/ABS	crém.ass.	11.25	2.26	68.1	205/70R15	Goodyear	Eagle LS	V6/3.1/A4
Grand Prix	coupé GT	cpé. 2 p.5	2803	453	0.34	2807	4991x1847x1389	1540	ih/ih	d/ABS	crém.ass.	11.25	2.26	68.1	225/60R16	Goodyear	Eagle RS-A	V6/3.8/A4
Grand Prix	berline GT	ber. 4 p.5	2803	453	0.32	2807	4991x1847x1389	1549	ih/ih	d/ABS	crém.ass.	11.25	2.26	68.1	225/60R16	Goodyear	Eagle RS-A	V6/3.8/A4

À la veille d'aller sous presse, nous apprenons que Pontiac aurait décidé de rebaptiser le Trans Sport en Montana, du nom de la finition spéciale qui était proposée jusqu'alors. Cette mini-fourgonnette constitue désormais, avec ses jumelles, les Chevrolet Venture et Oldsmobile Silhouette, une véritable rivale des produits Chrysler et de la Ford Windstar. Ces nouveaux véhicules sont nettement plus pratiques et efficaces que les modèles à carrosserie en polymère, qu'elles ont remplacés en 1998.

GAMME

La Montana se distingue des Venture et Silhouette par certains détails d'aménagement et des éléments esthétiques. Elle est proposée en version courte et longue, et désormais seule la version courte peut être commandée sans porte latérale coulissante du côté conducteur. Il n'y a qu'un seul niveau de finition et un ensemble cosmétique qui était jusqu'ici appelé «Montana». L'équipement de série comprend un climatiseur manuel, une servodirection, des essuie-glace à balayage intermittent et un aménagement intérieur pour sept passagers. Une porte à ouverture assistée, du côté passager, figure parmi les options, de même qu'un antipatinage.

TECHNIQUE

La Montana a une carrosserie à panneaux d'acier galvanisé des deux côtés (sauf le pavillon), monté sur un châssis monocoque à sous-châssis à longerons. Le capot du moteur est en aluminium. La suspension avant indépendante utilise des jambes de force MacPherson et, à l'instar du groupe moteur, elle est montée sur un sous-châssis rattaché par des éléments de caoutchouc. La suspension arrière semi-indépendante utilise un essieu de torsion suspendu par des ressorts hélicoïdaux. Il y a une barre stabilisatrice à l'avant et à l'arrière. Des amortisseurs arrière auto-nivelants figurent, enfin, parmi les options du groupe «Sport». Un tandem disques-tambours assure le freinage, avec un antiblocage Delco Moraine. La servodirection utilise une crémaillère. Enfin, le seul moteur proposé est le V6 3400 de 3.4L, commun à plusieurs autres produits GM. Pour 1999, il gagne 5 ch et 5 lb-pi de couple, ce qui porte sa puissance à 185 ch et son couple à 210 lb-pi. Il est le moteur de série le plus puissant de ce segment et il est jumelé à une transmission automatique à quatre 4 vitesses à contrôle électronique.

En quête de qualité...

POSITIF

+ LA POLYVALENCE. La grande qualité de cette mini-fourgonnette est l'aspect polyvalent de son habitacle. La partie arrière peut être aménagée d'une multitude de façons, selon qu'on a opté pour les banquettes divisées 50/50 ou 60/40, pour les sièges dits «Capitaines» ou les sièges baquets ultra légers (17 kg seulement) hérités des anciennes mini-fourgonnettes à carrosserie de polymère. Il est aussi possible d'obtenir, en option, un aménagement pour huit passagers.

+ LE CONFORT. Sur autoroute, le confort est satisfaisant. La suspension absorbe les irrégularités du revêtement; les sièges avant sont galbés et bien rembourrés; l'insonorisation s'avère efficace, car le bruit le plus évident est celui du roulement des pneus.

+ LES PERFORMANCES. Les accélérations et les reprises sont plus que satisfaisantes et permettent des dépassements sécuritaires, jusqu'à mi-charge du moins. Au-delà, un moteur de plus forte cylindrée serait apprécié.

+ LA BOÎTE AUTOMATIQUE. Elle fonctionne en douceur et procure assez de frein moteur, en 3e ou en 2e vitesse, pour ralentir le véhicule sans avoir à toucher au frein.

+ LE COMPORTEMENT. Il est sain et équilibré, grâce au roulis limité qui permet de prendre les courbes même serrées avec aplomb.

+ UN BON POINT: pour le mécanisme d'ouverture électrique de la porte coulissante côté passager, les nombreux espaces de rangement pratiques, le pare-chocs arrière qui sert de marchepied et les essuie-glace efficaces qui dégagent rapidement une très grande surface du pare-brise.

NÉGATIF

- LES SIÈGES. Ils sont trop bas, à cause d'une garde au toit limitée. Il est difficile de trouver une position confortable, surtout pour les personnes de grande taille qui se fatiguent rapidement. Les banquettes arrière sont plates, leurs coussins durs et leurs appuie-tête sont purement symboliques.

- LA CONCEPTION. Nos véhicules d'essai laissaient à désirer, au point de suggérer un travail d'ingénierie déficient. Des fils et des conduits étaient apparents dans l'habitacle, leurs fixations s'étant détachées. De même sous le capot, où des faisceaux électriques étaient pendants. De plus, en hiver, les essuie-glace et les prises d'air de la climatisation, situés au pied du pare-brise sous le capot moteur, sont souvent bloqués par la glace, ce qui les empêche de fonctionner normalement. Enfin, les bruits de caisse pullulent sur la version allongée qui, sur mauvais revêtement, révèle un manque flagrant de rigidité.

- LA QUALITÉ. L'assemblage et la finition manquent de qualité. Des bruits parasites se font entendre dès les premiers kilomètres et l'apparence de certains plastiques fait bon marché.

- LE FREINAGE. Le freinage est médiocre: les distances d'arrêt sont longues et la pédale, très spongieuse, se module difficilement.

- LA COMMANDE. Le levier unique qui actionne les feux de direction, les essuie-glace, le gicleur de lave-glace, le régulateur de vitesse et les phares est inutilement complexe et engendre la confusion.

- LA SUSPENSION. De conception simpliste, la suspension a des réactions désagréables sur mauvais revêtement. À cause d'un manque d'amplitude et une surcharge du train avant, les roues atteignent vite leur butée.

- L'ACCÈS. L'accès au moteur est aussi limité qu'il l'était pour l'ancienne Trans Sport: la majeure partie du moteur se trouve sous le pare-brise et le tableau de bord.

- L'AMÉNAGEMENT. L'apparence bon marché de certains plastiques affadit l'apparence de l'habitacle.

CONCLUSION

Si la Montana est désormais plus concurrentielle sa qualité d'ensemble devra impérativement s'améliorer afin qu'elle puisse soutenir la comparaison avec ses rivales chez Chrysler et Ford qui, sur ce point, lui sont supérieures. ☺

ÉVALUATION PONTIAC Montana

CONCEPTION : 71%
Technique :	75
Sécurité :	60
Volume cabine :	80
Volume coffre :	70
Qualité/finition :	70

CONDUITE : 52%
Poste de conduite :	75
Performances :	35
Comportement :	45
Direction :	70
Freinage :	35

ÉQUIPEMENT D'ORIGINE : 79%
Pneus :	70
Phares :	80
Essuie-glace :	80
Dégivreur :	85
Radio :	80

CONFORT : 70%
Sièges :	70
Suspension :	75
Niveau sonore :	50
Commodités :	75
Climatisation :	80

BUDGET : 64%
Prix d'achat :	50
Consommation :	65
Assurance :	70
Satisfaction :	80
Dépréciation :	55

Moyenne générale : 67.2%

NOUVEAU POUR 1999

- L'augmentation de la puissance et du couple du V6 3.4L.
- Le Trans Sport rebaptisé Montana.
- Les portes coulissantes de deuxième génération.
- Les quatre nouvelles teintes extérieures.
- Les pneus avec lettres blanches sur les flancs.

MOTEURS / TRANSMISSIONS / PERFORMANCES

Modèles/ versions	Type / distribution soupapes / carburation	Cylindrée cc	Puissance ch @ tr/mn	Couple lb.pi @ tr/mn	Rapport volumét.	Roues motrices / transmissions	Rapport de pont	Accélér. 0-100 km/h s	400 m D.A. s	1000 m D.A. s	Reprise 80-120 km/h s	Freinage 100-0 km/h m	Vites. maxi. km/h	Accélér. latérale G	Niveau sonore dBA	Consommation l./100km Ville	Route	Carburant Octane
court	V6* 3.4 ACC-12-IES	3350	185 @ 5200	210 @ 3200	9.5 :1	avant-A4	3.29	11.0	17.7	32.2	8.6	45	170	0.72	67	13.0	9.5	R 87
long	V6* 3.4 ACC-12-IES	3350	185 @ 5200	210 @ 3200	9.5 :1	avant-A4	3.29	11.7	18.0	33.0	9.2	53	165	0.71	68	13.0	9.5	R 87

PRIX & ÉQUIPEMENTS

PONTIAC Montana	base
Prix maxi $:	25 030
Prix mini $:	22 030
Transport & préparation $:	865
Boîte automatique:	S
Régulateur de vitesse:	O
Direction assistée:	S
Système antiblocage des freins:	S
Système antipatinage:	O
Climatiseur:	SM
Garnitures en cuir:	O
Radio MA/MF/ Cassette:	O
Serrures électriques:	S
Lève-vitres électriques:	O
Volant ajustable:	S
Rétroviseurs ext. ajustables:	SEC
Jantes en alliage léger:	O
Système antivol:	S

Couleurs disponibles

Extérieur: Brun, Blanc, Vert, Rouge, Malachite, Argent, Sable, Granite.

Intérieur: Gris, Beige, Brun.

EN BREF...

Catégorie: mini-fourgonnette tractées. **Classe :** utilitaires

HISTORIQUE
Inauguré en: 1997
Fabriqué à: Doraville, Georgie, États-Unis.

PROFIL DE CLIENTÈLE
Modèle	Hom./Fem.	Âge moyen	Mariés	CEGEP	Revenus
Trans Sport	76%/24%	45 ans	88 %	35 %	65 000 $

INDICES
Sécurité:	60 %	Satisfaction:	85 %
Dépréciation:	43 %	Assurance:	800 $
Prix de revient au km:	0.51 $	Nbre de concessionnaires:	77

VENTES
Modèle	1996	1997	Résultat	Part de marché
GM série U	9 376	11 267	+ 20.2 %	23.2 %

PRINCIPAUX MODÈLES CONCURRENTS
CHEVROLET Venture, CHRYSLER Town & Country, DODGE Caravan, Gd Caravan, FORD Windstar, HONDA Odyssey, MAZDA MPV, MERCURY Villager, NISSAN Quest, OLDSMOBILE Silhouette, PLYMOUTH Voyager, Gd Voyager, TOYOTA Sienna, VW EuroVan.

ENTRETIEN REQUIS PAR LA GARANTIE
Première révision:	Fréquence:	Prise de diagnostic:
5 000 km	6 mois/10 000 km	Oui

CARACTÉRISTIQUES

Modèles	Versions	Carrosseries/ Sièges	Volume cabine l.	Volume coffre l.	Cx	Empat. mm	Long x larg x haut. mm x mm x mm	Poids à vide kg	Susp. av/ar	Freins av/ar	Direction type	Diamètre braquage m	Tours volant b à b.	Réser. essence l.	dimensions	Pneus d'origine marque	modèle	Mécanique d'origine
PONTIAC		Garantie générale: 3 ans / 60 000 km; antipollution: 5 ans / 80 000km; perforation corrosion: 6 ans / 160 000 km, assistance routière 24 h.																
Montana	régulier	frg. 4 p.7/8	3585	ND	ND	2845	4757x1847x1712	1692	ih/rh	d/t/ABS	crém.ass.	11.4	3.05	75.7	215/70R15	Général	XP2000GT	V6/3.4/A4
Montana	allongé	frg. 4 p.7/8	4415	ND	ND	3048	5113x1847x1729	1788	ih/rh	d/t/ABS	crém.ass.	12.1	3.05	94.6	215/70R15	Général	XP2000GT	V6/3.4/A4

Bien que la Sunfire soit la soeur de la Chevrolet Cavalier, elle s'en distingue par ses lignes typiquement Pontiac qui correspondent aux attentes des fanatiques de cette marque, pour qui cette voiture devient une extension d'eux-mêmes. Comme la Cavalier, la Sunfire est une voiture extrêmement populaire. À la fois attirante et abordable elle s'adresse principalement à des jeunes au budget limité. Pas étonnant qu'avec ce duo, GM ait réussi à décrocher, en 1997, une troisième place au palmarès nord-américain des ventes d'automobiles, derrière la Toyota Camry et la Ford Taurus.

GAMME
Pontiac propose le coupé et la berline Sunfire SE ainsi que le coupé et la décapotable GT. Le 4 cylindres de 2.2L équipe les modèles SE, alors qu'un 4 cylindres DACT de 2.4L anime les GT. Ce moteur est disponible en option pour les versions SE. La boîte manuelle à 5 vitesses est de série et une automatique à 4 vitesses est disponible sur demande. En outre, pour un prix moindre, les SE 2.2L peuvent recevoir une boîte automatique à 3 vitesses.

TECHNIQUE
La carrosserie monocoque est constituée de panneaux d'acier galvanisé des deux côtés. Les formes exagérées cachent le rendement aérodynamique médiocre de cette carrosserie, dont le Cx est de 0.38! La suspension avant indépendante utilise des jambes de force MacPherson, alors qu'à l'arrière on trouve un simple essieu semi-rigide. Le freinage est assuré par des disques à l'avant, et des tambours à l'arrière et l'antiblocage est livré en équipement de série. Par ailleurs, un antipatinage est jumelé à la transmission automatique à 4 vitesses. Les moteurs ne sont pas des inconnus car ils ne sont plus très jeunes et manquent singulièrement de raffinement. Comparés à leurs homologues japonais, ils font figure de rustres.

POSITIF
+ **LA VALEUR.** On achète la Sunfire pour la valeur qu'elle offre. Son gabarit ne fait pas petite voiture, son équipement est honnête, et son prix, abordable. Par contre, la facture s'alourdit dès qu'on ajoute la moindre option.
+ **L'ALLURE.** La Sunfire plaît pour son style audacieux et près de la moitié des acheteurs sont des femmes.
+ **LE CONFORT.** L'habitabilité de

Le feu de la jeunesse...

la berline est satisfaisante, devant comme derrière. Le niveau de confort est acceptable, avec un amortissement consistant et des sièges avant bien galbés.
+ **L'ASPECT PRATIQUE.** Un gabarit raisonnable et une bonne habitabilité rendent ces compactes pratiques. De plus, on trouve dans ces voitures de nombreux espaces de rangement, aussi bien dimensionnés que disposés. Enfin, le coffre a un volume utile intéressant et il est modulable, grâce au dossier escamotable de la banquette arrière.
+ **LA SÉCURITÉ.** La Sunfire offre un niveau de sécurité élevé, grâce à sa caisse rigide, ses deux coussins gonflables avant (de série) et ses baudriers ajustables pour les occupants des places avant.
+ **L'AMÉNAGEMENT.** La qualité de l'aménagement est soignée, les

garnitures ont des motifs jeunes et l'apparence des matériaux est de plus belle qualité qu'autrefois.
+ **LE COMPORTEMENT.** Il est plus rigoureux depuis qu'on a réduit le roulis chronique des anciens modèles. Seuls les pneus sous-dimensionnés du modèle SE offrent peu de mordant et demandent à être remplacés.
+ **LES PERFORMANCES.** Le moteur 2.4L procure d'honnêtes performances. Les accélérations et reprises sont franches, mais il n'a pas la souplesse du V6 des anciennes Sunbird, ni sa douceur de fonctionnement.
+ **LA CARROSSERIE.** Comparée à celle de la Cavalier, la coque de la Sunfire fait plus soigné, plus achevé dans les moindres détails qui la rendent plus attachante que celle de sa consoeur.

NÉGATIF
- **LA SÉCURITÉ.** La Sunfire souffre d'indices médiocres (75%) au chapitre de la sécurité passive et de la satisfaction des utilisateurs. On apprend ainsi que la protection des occupants n'est pas aussi assurée qu'on le croirait, pas plus que la fiabilité et la qualité d'assemblage.
- **LES PERFORMANCES.** Celles du moteur 2.2L ne sont que moyennes, car il manque de souffle, surtout avec la boîte à 3 vitesses sans surmultipliée qui, de surcroît, le rend bruyant.
- **LES PNEUS.** Ceux de 14 pouces de la SE sont carrément médiocres. Leur adhérence est insuffisante sur pavé humide et ils sont bruyants.
- **LA DIRECTION.** Sa démultiplication est bonne, mais son assistance trop forte la rend légère et parfois instable. La Sunfire réagit lentement aux manoeuvres et sa maniabilité n'est que médiocre.
- **LE FREINAGE.** Le freinage est difficile à doser et peu résistant en utilisation intense. Les distances d'arrêt sont longues et le système antiblocage, simpliste, entre en action trop vite et il laisse passer quelques blocages à l'occasion!
- **L'ACCÉLÉRATEUR.** Il est difficile à doser à cause d'une course trop courte qui rend la conduite sur chaussée glissante délicate et saccadée.
- **LE NIVEAU SONORE.** Les deux moteurs à 4 cylindres, peu sophistiqués, sont bruyants et génèrent beaucoup de vibrations.
- **L'HABITABILITÉ.** Le coupé offre peu d'espace à l'arrière: les places sont petites et le dégagement pour la tête, limité, à cause de la forme arquée du pavillon.
- **LA CONSOMMATION.** La boîte automatique à 3 vitesses impose de hauts régimes qui ont une incidence directe sur la consommation.
- **LE COFFRE.** Son couvercle ne se soulève pas assez haut. De plus, l'ouverture est très petite et son seuil, élevé, ce qui complique le chargement des bagages.
- **LA LISIBILITÉ.** La nuit, l'éclairage des cadrans se reflète dans le pare-brise et sa couleur orange rend leur lecture difficile.

CONCLUSION
Loin d'être le prototype de la voiture idéale, la Sunfire demeure néanmoins très convenable, surtout compte tenu du prix exigé et de l'équipement qu'elle contient. De plus, la décapotable est unique dans cette catégorie à offrir quatre places pour moins de 30 000 $.

ÉVALUATION
PONTIAC Sunfire

CONCEPTION : **64%**
Technique :	75
Sécurité :	75
Volume cabine :	50
Volume coffre :	50
Qualité/finition :	70

CONDUITE : **58%**
Poste de conduite :	75
Performances :	50
Comportement :	55
Direction :	70
Freinage :	40

ÉQUIPEMENT D'ORIGINE : **72%**
Pneus :	60
Phares :	80
Essuie-glace :	80
Dégivreur :	70
Radio :	70

CONFORT : **68%**
Sièges :	70
Suspension :	70
Niveau sonore :	50
Commodités :	70
Climatisation :	80

BUDGET : **66%**
Prix d'achat :	70
Consommation :	70
Assurance :	60
Satisfaction :	75
Dépréciation :	55

Moyenne générale: **65.6%**

NOUVEAU POUR 1999

- Une teinte de carrosserie supplémentaire.
- Le moteur 2.4L comprenant de nouveaux composants.
- L'aileron arrière sur la berline.

MOTEURS

Modèles/ versions	Type / distribution soupapes / carburation	Cylindrée cc	Puissance ch @ tr/mn	Couple lb.pi @ tr/mn
1)	L4* 2.2 SACT-8-IES	2190	115 @ 5000	135 @ 3600
2)	L4* 2.4 DACT-16-IES	2392	150 @ 5600	155 @ 4400

TRANSMISSIONS

Rapport volumét.	Roues motrices / transmissions	Rapport de pont
9.0 :1	avant - M5*	3.58
	avant - A3-A4	3.91
9.5 :1	avant - M5*	3.94
	avant - A4	3.91

PERFORMANCES

Accélér. 0-100 km/h s	400 m D.A. s	1000 m D.A. s	Reprise 80-120 km/h s	Freinage 100-0 km/h m	Vites. maxi. km/h	Accélér. latérale G	Niveau sonore dBA	Consommation l./100km Ville	Route	Carburant Octane
10.0	17.2	31.0	6.9	47	165	0.76	68	9.7	6.9	R 87
11.2	17.4	31.2	7.0	48	160	0.76	68	10.0	7.6	R 87
9.0	16.8	30.5	6.6	45	180	0.78	70	11.5	8.0	R 87
9.8	17.4	30.8	6.4	47	175	0.78	70	10.0	7.6	R 87

1) base SE   2) base GT coupé et décapotable, option sur tous les modèles SE.

PRIX & ÉQUIPEMENTS

PONTIAC Sunfire	SE cpé	SE ber.	GT cpé	GT déc.
Prix maxi $:	16 165	16 135	20 605	27 565
Prix mini $:	14 370	14 345	17 795	23 810
Transport & préparation $:	645	645	645	645
Boîte automatique :	O	O	O	S
Régulateur de vitesse :	O	O	O	S
Direction assistée :	S	S	S	S
Système antiblocage des freins :	S	S	S	S
Système antipatinage :	O	O	O	S
Climatiseur :	O	O	S	S
Garnitures en cuir :	-	-	-	-
Radio MA/MF/ Cassette :	O	O	SDc	SDc
Serrures électriques :	O	O	O	O
Lève-vitres électriques :	O	O	O	O
Volant ajustable :	O	O	S	S
Rétroviseurs ext. ajustables :	SM	SM	SM	SM
Jantes en alliage léger :	O	O	S	O
Système antivol :	S	S	S	S

Couleurs disponibles
Extérieur : Blanc, Rouge, Noir, Vert, Pourpre, Orchidée, Cayenne, Bleu, Sable, Aqua, Violet.
Intérieur : Bleu Aqua, Rouge, Neutre, Graphite, Blanc, Gris.

EN BREF...

Catégorie: compactes tractées.   **Classe : 3**

HISTORIQUE
Inauguré en: 1995
Fabriqué à: Ramos Arizpe, Mexique, Lordstown, Ohio, Lansing, Michigan, É.-U.

PROFIL DE CLIENTÈLE
Modèle	Hom./Fem.	Âge moyen	Mariés	CEGEP	Revenus
coupé	45/55 %	38 ans	50 %	44 %	51 000 $
berline	53/47 %	40 ans	68 %	41 %	50 000 $

INDICES
Sécurité:	75 %	Satisfaction:	73 %
Dépréciation:	48 %	Assurance:	775 à 1085 $
Prix de revient au km:	0.35 $	Nbre de concessionnaires:	77

VENTES
Modèle	1996	1997	Résultat	Part de marché
Sunfire/Cavalier	26 432	30 601	+ 15.8 %	18.2 %

PRINCIPAUX MODÈLES CONCURRENTS
DODGE-PLYMOUTH Neon, FORD Escort, ZX2, HONDA Civic, HYUNDAI Elantra, MAZDA Protegé, NISSAN 200SX, Sentra, SATURN, SUBARU Impreza, TOYOTA Corolla, Paseo, VOLKSWAGEN Golf, Jetta.DECAPOTABLE: CHRYSLER Sebring, FORD Mustang.

ENTRETIEN REQUIS PAR LA GARANTIE
Première révision	Fréquence	Prise de diagnostic:
5 000 km	10 000 km	Oui

CARACTÉRISTIQUES

Modèles	Versions	Carrosseries/ Sièges	Volume cabine l.	Volume coffre l.	Cx	Empat. mm	Long x larg x haut. mm x mm x mm	Poids à vide kg	Susp. av/ar	Freins av/ar	Direction type	Diamètre braquage m	Tours volant b à b.	Réser. essence l.	Pneus d'origine dimensions	marque	modèle	Mécanique d'origine
PONTIAC		Garantie générale: 3 ans / 60 000 km; antipollution: 5 ans / 80 000 km; perforation corrosion: 6 ans / 160 000 km. Assistance routière.																
Sunfire	SE	cpé. 2 p.4	2469	351	0.39	2644	4620x1737x1346	1193	ih/sih	d/t/ABS	crém.ass.	10.85	2.66	56.8	195/70R14	Goodyear	Conquest	L4/2.2/M5
Sunfire	SE	ber. 4 p.5	2594	371	0.38	2644	4615x1737x1389	1211	ih/sih	d/t/ABS	crém.ass.	10.85	2.66	56.8	195/70R14	Goodyear	Conquest	L4/2.2/M5
Sunfire	GT	cpé. 2 p.4	2469	351	0.39	2644	4620x1737x1374	1280	ih/sih	d/t/ABS	crém.ass.	10.85	2.83	56.8	205/55R16	BFGoodrich	Touring T/A	L4/2.4/M5
Sunfire	GT	déc. 2 p.4	2362	280	0.42	2644	4620x1737x1374	1360	ih/sih	d/t/ABS	crém.ass.	10.85	2.66	56.8	195/65R15	BFGoodrich	Touring T/A	L4/2.4/A4

La 911 a succédé au Boxster qui lui a, en quelque sorte, servi de patron. Ces deux véhicules partagent désormais de nombreux éléments en commun. C'est le résultat d'une rationalisation dont la firme avait grand besoin pour demeurer opérationnelle. Mais les Porsche d'aujourd'hui ne sont-elles pas en train de devenir ce qu'elles ne devaient jamais être? C'est-à-dire des produits industriels banalisés par des méthodes de production efficaces, plus axés sur la profitabilité que sur la qualité ou le caractère. Une chose est certaine, les prix de ces jouets sont aussi élevés que leurs performances...

GAMME

Au roadster Boxster, proposé en version unique équipée d'un moteur 6 cylindres à plat de 2.5L, s'est joint la dernière 911 offerte en coupé ou cabriolet à deux roues motrices, et équipés d'un moteur de 3.4L avec transmission manuelle à 6 vitesses ou automatique «Tiptronic» à 5 rapports. L'équipement est complet.

TECHNIQUE

Après avoir maintenu pendant plus de cinquante ans une organisation dans laquelle le moteur était situé à l'extrême arrière, Porsche a inauguré sur la nouvelle base commune au Boxster et aux 911, une architecture à moteur central. La carrosserie dont le rendement aérodynamique est efficace avec un coefficient de 0.30, est de type monocoque en acier galvanisé des deux côtés à laquelle est assujetti un faux châssis destiné à raidir l'ensemble. Les suspensions avant et arrière sont de type MacPherson, c'est-à-dire à jambe élastique avec bras transversaux et longitudinaux, avec ressorts hélicoïdaux et barre antiroulis aux deux extrémités. Les freins sont à disque opérés par des étriers monobloc à quatre pistons comme ceux utilisés en Formule 1 et assistés par un dispositif antiblocage de 5e génération. La direction est à crémaillère assistée.

Les moteurs ont été créés pour la circonstance. Il s'agit de typiques 6 cylindres opposés qui ont été adaptés aux besoins respectifs de ces modèles. Ils sont bourrés d'astuces techniques comme le refroidissement liquide à fluxtransversal maintenant autour des cylindres une température constante et le refroidissement séparé de la culasse. Des actuateurs disposés dans les chaînes de commande des arbres à cames (système Variocam breveté par Porsche) permettent de faire varier la durée d'ouverture des soupapes

À vos Marks...

d'admission. La transmission automatique Tiptronic intègre à la fois un dispositif antipatinage électronique et un différentiel à glissement limité destinés à stabiliser les départs sur chaussée glissante.

TRÈS POSITIF

++ LE STYLE. Force est de reconnaître que les Porsche sont de beaux objets aux lignes polies comme des galets. La 911 a été renouvelée sans rien perdre du charisme qui a fait son succès au fil des années, tandis que le roadster Boxster, dérivé de la même souche, y ajoute un rien de non-conformisme mutin.

POSITIF

+ LES PERFORMANCES. Celles du moteur de la 911 permettent d'atteindre le nirvana pour les amateurs de vitesse, puisque Porsche est le seul constructeur au monde à

ne pas limiter ses bolides: 275 km/h en pointe et moins de 6 secondes pour passer de 0 à 100 km/h!

+ LE FREINAGE. Puissant, équilibré, facile à moduler et d'une endurance à toute épreuve, il assure une sécurité optimale.

+ LE COMPORTEMENT. Il est digne de la réputation de ce constructeur, car il est d'une stabilité remarquable qui tient autant à la position centrale de la mécanique, la qualité des pneumatiques que de l'élaboration des suspensions.

+ LA SÉCURITÉ. Elle est assurée par une généreuse zone d'absorption à l'avant (d'où le porte-à-faux important), des arceaux de sécurité en magnésium, un encadrement de pare-brise renforcé, deux coussins frontaux et deux latéraux.

+ LE CONFORT. Il est honnête malgré l'espace limité dans le cock-

pit, où les deux occupants sont bien installés et dont l'équipement complet ajoute à l'agrément.

+ LA CAPOTE. Son maniement assisté est très simple et elle est aussi rigide qu'étanche. Toutefois le saute-vent est obligatoire pour rouler décapoté...

NÉGATIF

- LES PERFORMANCES. Celles du Boxster sont décevantes, surtout avec la transmission Tiptronic, car elles n'ont rien de très exotique puisque de sages berlines (Regal ou Intrigue) atteignent les mêmes accélérations ou reprises malgré des origines infiniment moins nobles.

- LA TRANSMISSION. La formule Tiptronic ne semble pas aussi fondée que lors de son inauguration, comparée à d'autres offertes sur le marché. Les boutons placés sur le volant ne servent qu'à jouer les Jacques Villeneuve, car les vitesses passent d'elles-mêmes quand l'aiguille entre dans la zone rouge. Tenter de changer de vitesse en courbe expose à des risques de foulure des deux pouces...

- LA QUALITÉ. L'aménagement intérieur de ces automobiles récentes ne présentent pas une qualité de matériaux et de fini comparable à celles des modèles précédents.

- LE CÔTÉ PRATIQUE. Comme il fallait s'y attendre, une voiture aussi élitiste n'a rien d'utilitaire. Les vide-poches de portières remplacent la boîte à gants et les deux coffres contiennent peu.

- LE NIVEAU SONORE. Il est élevé en permanence et devient fatigant à la longue. Il est principalement composé de bruits de vent et d'échappement.

- L'AUTONOMIE. Selon le mode de conduite, elle sera limitée par la faible capacité du réservoir et la consommation non négligeable qui peut atteindre jusqu'à 14 litres aux 100 km en zone urbaine!

TRÈS NÉGATIF

--LE PRIX. Comme produits de luxe, les Porsche font dans l'exagération, mais tant qu'il y aura autant de gogos pour en acheter...

-- LA GARANTIE. Elle est une des plus limitatives de l'industrie, une belle preuve de confiance du constructeur dans son produit...

CONCLUSION

Les dernières Porsche nous impressionnent plus par le côté esthétique et rationnel de leur élaboration, que par les inévitables compromis «économiques» nécessaires à leur rentabilité. Comme quoi même une âme a son prix...

ÉVALUATION
PORSCHE 911-Boxster

CONCEPTION : 62%
- Technique : 90
- Sécurité : 90
- Volume cabine : 20
- Volume coffre : 30
- Qualité/finition : 80

CONDUITE : 83%
- Poste de conduite : 80
- Performances : 85
- Comportement : 80
- Direction : 80
- Freinage : 90

ÉQUIPEMENT D'ORIGINE : 81%
- Pneus : 90
- Phares : 80
- Essuie-glace : 80
- Dégivreur : 75
- Radio : 80

CONFORT : 60%
- Sièges : 80
- Suspension : 70
- Niveau sonore : 10
- Commodités : 60
- Climatisation : 80

BUDGET : 53%
- Prix d'achat : 0
- Consommation : 65
- Assurance : 35
- Satisfaction : 85
- Dépréciation : 80

Moyenne générale : 67.8%

NOUVEAU POUR 1999

- Information non disponible au moment d'aller sous presse.

MOTEURS / TRANSMISSIONS / PERFORMANCES

Modèles/ versions	Type / distribution soupapes / carburation	Cylindrée cc	Puissance ch @ tr/mn	Couple lb.pi @ tr/mn	Rapport volumét.	Roues motrices / transmissions	Rapport de pont	Accélér. 0-100 km/h s	400 m D.A. s	1000 m D.A. s	Reprise 80-120 km/h s	Freinage 100-0 km/h m	Vites. maxi. km/h	Accélér. latérale G	Niveau sonore dBA	Consommation l./100km Ville	Route	Carburant Octane
Boxster	H6* 2.5 DACT- 24-IES	2480	201 @ 6000	181 @ 4500	11.0 :1	arrière - M5	3.89	7.0	14.8	27.7	4.8	35	235	0.91	70-75	12.3	8.2	S 92
						arrière - A5	4.21	7.8	15.2	28.4	5.1	36	230	0.91	70-75	14.0	8.9	S 92
911	H6* 3.4 DACT-24-IED	3392	296 @ 6800	258 @ 4600	11.3 :1	arrière - M6	3.44	5.4	13.6	25.8	4.3	37	275	0.91	68-74	12.6	7.5	S 92
						arrière - A5	3.45	6.2	14.2	26.2	4.5	38	270	0.91	68-74	12.6	7.5	S 92

PRIX & ÉQUIPEMENTS

PORSCHE	Boxster cabrio	911 coupé	911 cabrio
Prix maxi $:	58 400	106 900	-
Prix mini $:	-	-	-
Transport & préparation $:	1 025	1 025	1 025
Boîte automatique:	O	O	O
Régulateur de vitesse:	S	S	S
Direction assistée:	S	S	S
Système antiblocage des freins:	S	S	S
Système antipatinage:	S	S	S
Climatiseur:	SA	SA	SA
Garnitures en cuir:	S	S	S
Radio MA/MF/ Cassette:	S	S	S
Serrures électriques:	S	S	S
Lève-vitres électriques:	S	S	S
Volant ajustable:	S	S	S
Rétroviseurs ext. ajustables:	SEC	SEC	SEC
Jantes en alliage léger:	S	S	S
Système antivol:	S	S	S

Couleurs disponibles
Extérieur: Gris, Blanc, Rouge, Noir, Bleu, Jaune.

Intérieur: Gris, Noir, Rouge, Vert.

EN BREF...

Catégorie: coupés et cabriolet sportif à hautes performances **Classe :** GT

HISTORIQUE
- **Inauguré en:** 1997: Boxster; 1999: 911.
- **Fabriqué à:** Zuffenhausen, Stuttgart, Allemagne.

PROFIL DE CLIENTÈLE

Modèle	Hom./Fem.	Âge moyen	Mariés	CEGEP	Revenus
911-Boxster	100/0 %	38 ans	80 %	40 %	85 000 $

INDICES
- **Sécurité:** 90 %   **Satisfaction:** 87 %
- **Dépréciation:** 22 %   **Assurance:** 1 685
- **Prix de revient au km:** 0.77-1.05 $ **Nbre de concessionnaires:** 2

VENTES

Modèle	1996	1997	Résultat	Part de marché
Boxster	-	106		
911				

PRINCIPAUX MODÈLES CONCURRENTS
AUDI TT, BMW Z3, MERCEDES-BENZ SLK.

ENTRETIEN REQUIS PAR LA GARANTIE

Première révision:	Fréquence:	Prise de diagnostic:
24 000 km	24 000 km	Oui

CARACTÉRISTIQUES

Modèles	Versions	Carrosseries/ Sièges	Volume cabine l.	Volume coffre l.	Cx	Empat. mm	Long x larg x haut. mm x mm x mm	Poids à vide kg	Susp. av/ar	Freins av/ar type	Direction av/ar b à b.	Diamètre braquage m	Tours volant l.	Réser. essence l.	dimensions	Pneus d'origine marque	modèle	Mécanique d'origine
PORSCHE		Garantie générale : 2 ans / kilométrage illimité; antipollution : 2 ans / 40 000km; corrosion surface-perforation 3 ans-10 ans / kilométrage illimité.																
911 Carrera Coupe		cpé.2 p.2+2	ND	130	0.30	2350	4430x1765x1315	1320	ih/ih	dv/ABS	crém.ass.	10.6	2.98	64.0	av.205/50ZR17	Bridgestone	S-02	H6/3.4/M6
911 Carrera Cabriolet		déc.2 p.2+2	ND	130	0.32	2350	4430x1765x1305	1395	ih/ih	dv/ABS	crém.ass.	10.6	2.98	64.0	ar.255/40ZR17	Bridgestone	S-02	H6/3.4/A5
Boxster	base	déc. 2 p. 2	ND	260	0.31	2415	4340x1780x1290	1280	ih/ih	d/ABS	crém.ass.	10.9	2.98	58.0	av.205/55ZR16	Bridgestone	S-02	H6/2.5/M5
Boxster	Triptronic	déc. 2 p. 2	ND	260	0.31	2415	4340x1780x1290	1340	ih/ih	d/ABS	crém.ass.	10.9	2.98	58.0	ar.225/50ZR16	Bridgestone	S-02	H6/2.5/A5

Saab espère toujours améliorer ses performances en Amérique du Nord, mais en dépit de ses efforts, les ventes continuent de stagner à un niveau nettement plus bas que celui de ses concurrents directs. Le renouvellement de la série 900, devenue récemment la 9³, et celui de la 9⁵ donne aux dirigeants de la marque l'espoir de voir les choses tourner en leur faveur. Il y a pourtant, dans le cas de ce constructeur très typique, des particularités, comme le moteur turbo, qui sont devenues des handicaps sur des marchés où les moteurs V6 et V8 règnent en maîtres...

GAMME

La Saab 9³ peut être une berline à 5 portes, un coupé à 3 portes ou un cabriolet à 2 portes, tous offerts en versions de base ou SE. Les seuls moteurs sont désormais des 4 cylindres de 2.0L, atmosphérique sur les modèles de base et turbocompressé sur les SE. La transmission standard est manuelle à 5 vitesses ou automatique à 4 rapports en option. L'équipement de série des modèles 9³ est très complet puisqu'il comprend des accessoires de luxe comme les sièges chauffants et le climatiseur et les seules options du modèle de base sont la transmission automatique, les garnitures de cuir et le toit ouvrant.

TECHNIQUE

Monocoque en acier, la carrosserie des 9³ a été dessinée à partir de la plate-forme de l'Opel Vectra. Elle a toutefois conservé les principaux attributs visuels qui caractérisaient les modèles précédents. Tout y est, les proportions, comme l'allure générale typique qui font que l'on reconnaît une Saab au premier coup d'oeil. Les coques ont été sérieusement rigidifiées, particulièrement celle du cabriolet, dont le toit, conçu et fabriqué pas ASC, est doublé et se manoeuvre électriquement. L'aérodynamique est favorable avec un coefficient de 0.30 pour la berline et le coupé, et 0.36 pour le cabriolet dont le toit est fermé. La position transversale des moteurs a permis de réduire le porte-à-faux avant et d'améliorer la répartition des masses dans un rapport 60/40 %. La suspension avant est indépendante de type MacPherson avec leviers triangulaires et jambe de force, alors qu'à l'arrière, l'essieu semi-indépendant est directionnel. Une barre antiroulis est montée à l'avant comme à l'arrière. Les freins sont à disque aux quatre roues avec système antiblocage en série. La transmission automatique (Aisin-

Cherche idée géniale

Warner) fonctionne selon trois modes: normal, sportif et hiver, ce dernier faisant démarrer en 3e pour maximiser l'adhérence jusqu'à 80 km/h. On est surpris de ne pas trouver de dispositif antipatinage sur une voiture d'origine suédoise...

POSITIF

+ L'APPARENCE. Elle est traditionnelle et fait de la 9³ un classique qui a su conserver l'héritage qui a fait le succès des anciens modèles.

+ LA SÉCURITÉ. Elle est assurée par une conception minutieuse, une coque plus rigide qui protège bien l'habitacle contre les collisions et les coussins gonflables latéraux encore rares dans cette catégorie.

+ LA CONDUITE. Elle est plus agréable avec le moteur Turbo qui procure des performances au-dessus de la moyenne et imprime à la 9³

un caractère sportif. La visibilité est bonne partout, sauf de 3/4 arrière sur le cabriolet dont la capote forme des angles morts importants, mais inclut une lunette en verre avec un dégivreur électrique appréciable par temps froid ou humide.

+ LA QUALITÉ. Elle est évidente partout car la construction fait solide, la finition est soignée et les matériaux employés ont une apparence noble, comme les superbes garnitures de cuir.

+ LE PRIX. Les 9³ ne sont pas si chères considérant leur étiquette luxueuse et sportive ainsi que leur équipement complet.

+ LE FREINAGE. Il est puissant, aussi facile à doser qu'équilibré en tout temps et l'endurance des garnitures est supérieure à ce qu'elle était jusqu'ici.

+ LE TABLEAU DE BORD. Il est

bien organisé, mais n'a rien à voir avec celui d'un avion, comme le prétendent les spécialistes de la mise en marché de Saab.

+ LE CÔTÉ PRATIQUE. Il est évident avec le coffre volumineux et transformable ainsi que les nombreux rangements bien disséminés dans la cabine.

+ L'ÉQUIPEMENT. Très complet, il confère même au modèle de base un statut luxueux, justifiant son prix et le positionnant favorablement, du moins de manière théorique, face à ses concurrents.

+ L'INSTRUMENTATION. Original, le fait de pouvoir éteindre les cadrans en conduite nocturne, laissant seulement le compteur de vitesse éclairé afin d'améliorer la concentration. En cas d'alerte, la fonction concernée s'allumera aussitôt.

NÉGATIF

- LA DÉPRÉCIATION. Elle constitue le plus gros handicap de ces voitures qui ne sont pas, financièrement parlant, de bonnes affaires.

- LE MOTEUR V6. Son absence place la Saab 9³ en position d'infériorité par rapport à la plupart de ses rivales qui en sont pourvues.

- LE CONFORT. La suspension n'est pas des plus moelleuses et les limites d'amplitude font rapidement talonner le train avant. Sur les versions SE, les pneus à taille basse ne font aucun cadeau aux occupants et le niveau sonore est maintenu élevé par le manque de discrétion des moteurs et les bruits de roulement omniprésents.

- L'EFFET DE COUPLE. Il affecte sérieusement les versions à moteur Turbo dont les roues patinent abondamment lors des démarrages rapides selon des trajectoires souvent capricieuses.

- LES COMMANDES. Elles sont trop particulières et réclament toujours une certaine habitude, comme la clé de contact sur le tunnel central, ou celles des vitres ou de l'éclairage intérieur, difficiles à localiser en tout temps, car disposées de manière peu naturelle.

- À REVOIR : le manque de largeur de la cabine, l'efficacité moyenne de la climatisation et le réseau confidentiel de la distribution.

CONCLUSION

Saab a besoin d'une idée géniale pour faire vendre ses produits qui sont ni plus ni moins particuliers que d'autres sur le marché actuel. Un modèle Outback 4x4 épaulé par Indiana Jones traversant la Nouvelle Zélande, plutôt que la campagne Top Gun pour des modèles qui ne décollent pas vraiment... ☺

ÉVALUATION SAAB 9³

CONCEPTION :   74%
Technique :   80
Sécurité :   90
Volume cabine :   50
Volume coffre :   70
Qualité/finition :   80

CONDUITE :   68%
Poste de conduite :   80
Performances :   60
Comportement :   60
Direction :   80
Freinage :   60

ÉQUIPEMENT D'ORIGINE :   78%
Pneus :   80
Phares :   80
Essuie-glace :   75
Dégivreur :   80
Radio :   75

CONFORT :   70%
Sièges :   80
Suspension :   70
Niveau sonore :   50
Commodités :   70
Climatisation :   80

BUDGET :   50%
Prix d'achat :   25
Consommation :   60
Assurance :   45
Satisfaction :   80
Dépréciation :   40

Moyenne générale: 68.0%

NOUVEAU POUR 1999

- Le moteur turbocompressé de 2.0L de 200 ch.
- Le rapport de démultiplication de la boîte manuelle révisé.
- Les jantes de 16 pouces à 5 raies et en alliage pour la SE.
- L'accoudoir intégré et porte-gobelet pivotant.
- La garniture de pavillon.
- La couleur métallique: gris givré.

MOTEURS / TRANSMISSIONS / PERFORMANCES

Modèles/ versions	Type / distribution soupapes / carburation	Cylindrée cc	Puissance ch @ tr/mn	Couple lb.pi @ tr/mn	Rapport volumét.	Roues motrices / transmissions	Rapport de pont	Accélér. 0-100 s	400 m D.A. s	1000 m D.A. km/h s	Reprise 80-120 km/h s	Freinage 100-0 m	Vites. maxi. km/h	Accélér. latérale G	Niveau sonore dBA	Consommation l./100km Ville	Route	Carburant Octane
base, 1)	L4T 2.0 DACT-16-IE	1985	185 @ 5500	194 @ 2100	9.2 : 1	avant - M5*	3.82	10.2	17.4	31.3	7.0	40	205	0.80	68	11.9	7.5	S 91
			185 @ 5750	170 @ 2000	9.2 : 1	avant - A4	2.86	11.0	18.0	31.9	7.6	39	200	0.80	68	12.4	7.8	S 91
SE	L4T 2.0 DACT-16-IE	1985	200 @ 5500	209 @ 2300	10.5 :1	avant - M5*	3.82	7.5	15.6	27.6	5.5	38	220	0.80	68	12.2	7.9	S 91
						avant - A4	2.86	8.3	16.4	28.3	6.0	41	210	0.80	68	13.6	8.8	S 91

1) et SE automatique

PRIX & ÉQUIPEMENTS

SAAB 9³	Coupé	Berline	Cabrio	SE berl.	SE cab.
Prix maxi $:	33 800	33 200	51 400	39 100	57 600
Prix mini $:	30 260	29 720	46 010	35 000	51 555
Transport & préparation $:	820	820	820	820	820
Boîte automatique:	O	O	O	O	O
Régulateur de vitesse:	S	S	S	S	S
Direction assistée:	S	S	S	S	S
Système antiblocage des freins:	S	S	S	S	S
Système antipatinage:	-	-	-	-	-
Climatiseur:	SM	SM	SM	SA	SA
Garnitures en cuir:	OC	OC	SC	SC	SC
Radio MA/MF/ Cassette:	S	S	S	S	S
Serrures électriques:	S	S	S	S	S
Lève-vitres électriques:	S	S	S	S	S
Volant ajustable:	S	S	S	S	S
Rétroviseurs ext. ajustables:	SEC	SEC	SEC	SEC	SEC
Jantes en alliage léger:	S	S	S	S	S
Système antivol:	S	S	S	S	S

Couleurs disponibles
Extérieur: Blanc, Noir, Bleu, Rouge, Gris, Vert, Argent, Violet.
Intérieur: Gris, Beige, Noir, Tan.

EN BREF...

Catégorie: berlines, coupés et cabriolets de luxe tractés .   Classe : 7

HISTORIQUE
Inauguré en: 1969-1993
Fabriqué à: Trollhattan, Suède & Nystad, Finlande (cabriolet).

PROFIL DE CLIENTÈLE

Modèle	Hom./Fem.	Âge moyen	Mariés	CEGEP	Revenus
9³	85/15 %	47 ans	83 %	85 %	131 000 $

INDICES
Sécurité: 90 %   Satisfaction: 80 %
Dépréciation: 60 %   Assurance: 1 250-1 475 $
Prix de revient au km: 0.62 $ Nbre de concessionnaires: 10

VENTES

Modèle	1996	1997	Résultat	Part de marché
9³	326	353	+ 8.3 %	1.8 %

PRINCIPAUX MODÈLES CONCURRENTS
ACURA TL , AUDI A4, BMW Série 3, INFINITI I30, LEXUS ES 300, MAZDA Millenia, NISSAN Maxima, VOLVO 70.

ENTRETIEN REQUIS PAR LA GARANTIE
Première révision: 5 000 km
Fréquence: 10 000 km
Prise de diagnostic: Oui

CARACTÉRISTIQUES

Modèles	Versions	Carrosseries/ Sièges	Volume cabine l.	Volume coffre l.	Cx	Empat. mm	Long x larg x haut. mm x mm x mm	Poids à vide kg	Susp. av/ar	Freins av/ar	Direction type	Diamètre braquage m	Tours volant b à b.	Réser. essence l.	Pneus d'origine dimensions	marque	modèle	Mécanique d'origine
SAAB		Garantie: 4 ans / 80 000 km; corrosion, perforation: 6 ans / 160 000 km.																
9³	S	déc. 2 p.4	2265	354	0.34	2605	4629x1711x1423	1450	ih/sih	d/ABS	crém.ass.	10.5	3.0	68.0	195/60VR15	Michelin	-	L4T/2.0/M5
9³	S	cpé. 3 p.5	2538	614	0.30	2605	4629x1711x1428	1355	ih/sih	d/ABS	crém.ass.	10.5	3.0	68.0	205/50ZR16	Michelin	-	L4T/2.0/M5
9³	S	ber. 5 p.5	2538	614	0.30	2605	4629x1711x1428	1375	ih/sih	d/ABS	crém.ass.	10.5	3.0	68.0	205/50ZR16	Michelin	-	L4T/2.0/M5
9³	SE	déc. 2 p.4	2265	354	0.34	2605	4629x1711x1423	1450	ih/sih	d/ABS	crém.ass.	10.5	3.0	68.0	195/60VR15	Michelin	Pilot	L4T/2.0/M5
9³	SE	ber. 5 p.5	2538	614	0.30	2605	4629x1711x1428	1375	ih/sih	d/ABS	crém.ass.	10.5	3.0	68.0	205/50ZR16	Michelin	Pilot	L4T/2.0/M5

Évolution..?

Après quatorze ans de bons et loyaux services, la 9000 a finalement laissé sa place à une nouvelle venue qui lui ressemble énormément, du moins du côté physique, parce que sur le plan technique la 9⁵ est forcément plus évoluée. Toutefois lorsqu'on parle d'évolution, force est de constater qu'elle a été très conservatrice car si la coque est plus rigide et la suspension arrière indépendante, les moteurs sont ceux du modèle précédent. Tout le reste est une question de confort et d'appréciation.

GAMME

La 9⁵ est proposée comme berline à quatre portes en version de base ou SE munie en série d'un moteur à 4 cylindres Turbo de 2.3L donnant 170 ch, ou en option d'un moteur V6 Turbo 3.0L développant 200 ch. Une transmission manuelle à 5 rapports est standard avec le 2.3L, mais uniquement automatique avec le V6. L'équipement de série est des plus complets et luxueux puisqu'il va du climatiseur aux sièges chauffants en passant par l'antiblocage, l'antipatinage et le radiocassette lecteur de disques compacts. Finalement les options les plus importantes demeurent la transmission automatique, les garnitures de cuir et le toit ouvrant.

TECHNIQUE

La remplaçante de la 9000 emprunte sa plate-forme à l'Opel Vectra, un produit GM conçu et fabriqué en Europe. La carrosserie est monocoque en acier galvanisé dont l'aérodynamique est à la fine pointe puisque son coefficient n'est que de 0.29. Elle a été rigidifiée à l'extrême afin de procurer une protection maximale en cas de collision. La suspension avant est indépendante de type MacPherson, alors qu'à l'arrière l'essieu est maintenu par plusieurs bras et on trouve une barre antiroulis à chaque extrémité.
Le freinage possède quatre disques avec un dispositif antiblocage qui partage ses palpeurs avec l'antipatinage, tous deux livrés en série. Le moteur 4 cylindres de 2.3L, pourvu de deux arbres d'équilibrage antivibratoires, a un rendement élevé, grâce à une distribution à DACT avec 16 soupapes et un système d'allumage direct particulier à Saab. Le moteur V6 développe 200 ch en utilisant lui aussi un compresseur Garrett T3 avec échangeur air-air qui permet plus d'améliorer le taux d'émissions de polluants que la puissance pure qui est pour le moins banale pour un moteur de cette cylindrée.

POSITIF

+ LES PERFORMANCES. Celles du moteur V6 sont supérieures à celles du 4 cylindres, car il procure un rapport poids-puissance plus favorable aux accélérations et aux reprises, qui se situent dans la moyenne de la catégorie, sans prouesses particulières.

+ LA SÉCURITÉ. La coque de la 9⁵ a été rigidifiée pour protéger efficacement les occupants en cas de collision. Au point que Saab présente dans les Salons un modèle ayant subi un essai d'écrasement avec succès.

+ LA LIGNE. Cette 9⁵ est une belle voiture. Son allure sobre et discrète rappelle immanquablement la précédente, c'est dire qu'elle est typiquement Saab.

+ LA CONDUITE. Elle est rendue agréable grâce à la bonne position du pilote, à la visibilité qui n'est que légèrement obstruée de 3/4 arrière, au tableau de bord complet et aménagé de manière rationnelle.

+ LE CONFORT. C'est sans doute ici que l'on constate la plus forte évolution, car l'essieu arrière a une amplitude plus généreuse qu'autrefois et la suspension plus moelleuse absorbe bien les défauts de la chaussée. Les sièges sont aussi efficaces que les anciens pour maintenir latéralement et offrir un appui lombaire efficace aux occupants.

+ L'HABITABILITÉ. La cabine de la 9⁵ est encore plus vaste que celle de la 9000. Cinq personnes y seront à l'aise et le coffre ingurgitera sans problème leurs bagages. De plus il est transformable ce qui permet de disposer d'un espace cargo considérable lorsqu'on replie la banquette.

+ LA QUALITÉ. La construction fait très solide, la finition très soignée, tandis que les matériaux employés sont d'excellente qualité et l'équipement des plus complet.

+ UN BON POINT : pour le rétroviseur extérieur gauche qui est convexe, afin de supprimer le point mort latéral.

NÉGATIF

- LES PERFORMANCES. Celles du moteur 4 cylindres sont décevantes car ses accélérations sont très ordinaires et bien des voitures plus abordables font nettement mieux. De plus le temps de réponse du Turbo est relativement long et faut s'habituer à ce décalage pour ne pas se frustrer constamment.

- LE COMPORTEMENT. Si elle ne pose aucun problème en conditions de conduite normales, il faut reconnaître que la 9⁵ n'affiche pas le tempérament sportif de sa devancière car sa suspension souple engendre un roulis important et son attitude est sensible à la nature du revêtement. Enfin la tenue de cap n'est pas idéale car elle est sensible au vent latéral et sa direction trop assistée et moyennement précise ne facilite pas les corrections qui s'imposent.

- LA TRANSMISSION. La manuelle n'est pas très sportive car elle tire trop long. On a souvent l'impression que l'on va caler en première tellement le temps de réponse du Turbo semble interminable.

- LE FREINAGE. L'efficacité de celui de notre véhicule (qui était en excellent état) n'avait qu'une efficacité moyenne avec des distances d'arrêts d'urgence moyennes de 50 m (165 pi). Si son dosage était progressif, l'ABS laissait passer quelques blocages, ce qui rendait l'équilibre des trajectoires incertain.

- LE BUDGET. Les Saab ne sont pas de bonnes affaires, car si elles sont plaisantes à conduire, leur prix et leur entretien corsé s'ajoutent à leur forte dépréciation pour en faire des gouffres financiers que seule la passion peut expliquer logiquement.

- LES RANGEMENTS. Hormis la boîte à gants qui est de bonne taille les autres rangements laissent à désirer car les vide-poches de portière sont petits, les porte-gobelets pas très pratique,

- À REVOIR : la roue de secours genre galette qui détonne beaucoup sur une voiture de ce prix.

CONCLUSION

La 9⁵ est devenue une voiture plus sûre et confortable que sportive, avec tout ce que cela comporte de bon et de mauvais. Et cela n'aidera pas selon nous à lui trouver de nouveaux clients... ☺

ÉVALUATION SAAB 9⁵

CONCEPTION :   **86%**
Technique :	80
Sécurité :	100
Volume cabine :	80
Volume coffre :	90
Qualité/finition :	80

CONDUITE :   **62%**
Poste de conduite :	80
Performances :	50
Comportement :	60
Direction :	75
Freinage :	45

ÉQUIPEMENT D'ORIGINE :   **78%**
Pneus :	80
Phares :	80
Essuie-glace :	75
Dégivreur :	75
Radio :	80

CONFORT :   **69%**
Sièges :	80
Suspension :	75
Niveau sonore :	50
Commodités :	60
Climatisation :	80

BUDGET :   **44%**
Prix d'achat :	0
Consommation :	65
Assurance :	30
Satisfaction :	80
Dépréciation :	45

Moyenne générale: **67.8%**

NOUVEAU POUR 1999

- Les sacs gonflables latéraux d'une conception deux parties.
- Les ceintures de sécurité de conception nouvelle .
- Une teinte métallisée: gris givré.
- L'option SE comprenant: des sièges avec assises en cuir, des rétroviseurs et sièges à mémoire, des jantes à cinq rayons, un toit ouvrant et un système de son Harman/Kardon.

MOTEURS / TRANSMISSIONS / PERFORMANCES

Modèles/versions	Type / distribution soupapes / carburation	Cylindrée cc	Puissance ch @ tr/mn	Couple lb.pi @ tr/mn	Rapport volumét.	Roues motrices / transmissions	Rapport de pont	Accélér. 0-100 km/h s	400 m D.A. s	1000 m D.A. s	Reprise 80-120 km/h s	Freinage 100-0 km/h m	Vites. maxi. km/h	Accélér. latérale G	Niveau sonore dBA	Consommation l./100km Ville	Route	Carburant Octane
base/SE	L4T* 2.3 DACT-16-IE	2290	170 @ 5500	206 @ 1800	9.3 :1	avant - M5*	4.05	10.6	17.2	29.5	6.4	48	220	0.80	65-72	11.9	7.5	S 91
						avant - A4	2.55	11.7	17.7	31.2	7.5	51	210	0.80	65-72	13.5	8.4	S 91
option	V6T 3.0 DACT-24-IE	2962	200 @ 5000	229 @ 2100	9.5 :1	avant - A4*	2.55	ND										S 91

PRIX & ÉQUIPEMENTS

SAAB 9⁵	base	SE
Prix maxi $:	39 800	49 990
Prix mini $:	35 425	44 500
Transport & préparation $:	820	820
Boîte automatique:	O	O
Régulateur de vitesse:	S	S
Direction assistée:	S	S
Système antiblocage des freins:	S	S
Système antipatinage:	S	S
Climatiseur:	SA	SA
Garnitures en cuir:	OC	SC
Radio MA/MF/ Cassette:	SDc	SDc
Serrures électriques:	S	S
Lève-vitres électriques:	S	S
Volant ajustable:	S	S
Rétroviseurs ext. ajustables:	SEC	SEC
Jantes en alliage léger:	S	S
Système antivol:	S	S

Couleurs disponibles

Extérieur: Blanc, Noir, Bleu, Rouge, Gris, Argent, Bleu nuit.

Intérieur: Gris, Beige, Noir, Tan.

EN BREF...

Catégorie:	berlines de luxe et sportives tractées.	**Classe :**	7

HISTORIQUE
Inauguré en:	1984-1999
Fabriqué à:	Trollhattan, Suède.

PROFIL DE CLIENTÈLE
Modèle	Hom./Fem.	Âge moyen	Mariés	CEGEP	Revenus
9⁵	68/32 %	49 ans	100 %	100 %	125 000 $

INDICES
Sécurité:	100 %	Satisfaction:	85 %
Dépréciation:	40 %	Assurance:	1 525 $
Prix de revient au km:	0.67 $	Nbre de concessionnaires:	10

VENTES
Modèle	1996	1997	Résultat	Part de marché
9000	88	77	- 12.5 %	1.8 %

PRINCIPAUX MODÈLES CONCURRENTS

ACURA 3.5 RL, AUDI A6, BMW Série 5, VOLVO 90.

ENTRETIEN REQUIS PAR LA GARANTIE
Première révision:	Fréquence:	Prise de diagnostic:
5 000 km	10 000 km	Oui

CARACTÉRISTIQUES

Modèles	Versions	Carrosseries/ Sièges	Volume cabine l.	Volume coffre l.	Cx	Empat. mm	Long x larg x haut. mm x mm x mm	Poids à vide kg	Susp. av/ar	Freins av/ar	Direction type	Diamètre braquage m	Tours volant b à b.	Réser. essence l.	dimensions	Pneus d'origine marque	modèle	Mécanique d'origine
SAAB		Garantie générale: 4 ans / 80 000 km; corrosion perforation: 6 ans / 160 000 km.																
9⁵	base	ber. 4 p.5	2804	450	0.29	2703	4805x1792x1449	1490	ih/lh	d/ABS	crém.ass.	10.8	2.9	75.0	215/55R16	-	-	L4T/2.3/M5
9⁵	SE	ber. 4 p.5	2804	450	0.29	2703	4805x1792x1449	1615	ih/lh	d/ABS	crém.ass.	10.8	2.9	75.0	215/55R16	-	-	L4T/2.3/M5

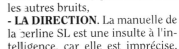
Plus le temps passe et plus la vérité se fait jour sur Saturn. Au départ ces voitures différentes des autres, construites par un constructeur différents des autres, a donner l'impression que nous assistions à un événement particulier dans le monde de l'automobile. Quelques années plus tard on se rend compte que rien n'a évolué, au contraire le produit connu régresse et aucun nouveau modèle n'est venu étayer cette gamme fragile. Il est plus facile d'organiser des réunions ou des anniversaires de clients que de réformer une administration qui dépend de la maison-mère qu'est General Motors.

GAMME

La famille Saturn offre trois carrosseries différentes: un coupé à 2 portes offert en finitions SC1 et SC2, une berline à quatre portes SL, SL1 et SL2 ainsi qu'une familiale à quatre portes SW1 et SW2. La transmission de série est manuelle à 5 vitesses et une automatique à 4 rapports est proposée en option. Le moteur 1.9L à SACT de 100 ch équipe les versions 1 et son homologue à DACT et 124 ch les versions 2. Leur équipement général va du dénuement le plus total de la berline SL à l'apparence chromée des versions 2 passant par la longue liste d'options.

TECHNIQUE

Toutes les Saturn ont la même architecture. Elle est constituée d'une cage métallique fixée à la plate-forme en acier (dont certains panneaux sont galvanisés), portant les éléments de carrosserie constitués d'acier pour les panneaux horizontaux (capots avant/arrière et toit), et de plastique polymère thermoformée pour les verticaux (ailes, portes et hayon de la familiale). La suspension est indépendante aux 4 roues et le freinage mixte avec ABS optionnel sur tous les modèles, y compris les versions 2.

POSITIF

+ **LE STYLE.** Il est plutôt réussi même s'il ne brille pas par son imagination. Pourtant son élégance discrète lui permettra de ne pas trop se démoder rapidement tout en permettant de les identifier facilement.

+ **LA CONCEPTION.** Elle est originale et unique sur le marché nord-américain depuis la disparition des mini-fourgonnettes de General Motors qui partageait la même technique. L'ossature métallique est recouverte de panneaux de polymère insensibles à la corrosion et aux légers chocs et Saturn est le seul

Ordinaires...

constructeur au monde à utiliser encore cette technologie dont le prix de revient est plus élevé.

+ **L'HABITABILITÉ.** Elle a gagné en hauteur, car la largeur et longueur sont inchangées. Deux adultes et deux enfants y sont à l'aise, même à l'arrière des derniers coupés où les dégagements sont honnêtes malgré la hauteur limitée.

+ **LE CONFORT.** Il s'est amélioré depuis que les sièges avant ont été redessinés et ils procurent désormais un maintien latéral et un support lombaire appropriés. D'autre part, l'amplitude plus généreuse de la suspension lui permet de mieux niveler les défauts de la route et de moins aller en butée.

+ **LE COMPORTEMENT.** Il demeure un point positif de ces voitures qui à la limite sont sous-vireuses, mais dont la neutralité est suffi-samment longue pour ne pas surprendre un conducteur moyen.

+ **LE FREINAGE.** Il se révèle efficace, car les distances des arrêts d'urgence sont dans la bonne moyenne et les trajectoires bien rectilignes grâce au dispositif antiblocage optionnel, tandis que l'endurance des garnitures est suffisante.

+ **LES PERFORMANCES.** Elles sont honnêtes sur les deux moteurs, mais ils sont aussi rugueux, vibrants que bruyants.

+ **LA VISIBILITÉ.** Elle est excellente sur tous les modèles dont la surface vitrée est importante et les piliers d'une épaisseur raisonnable.

+ **LA QUALITÉ.** Celle des matériaux et de la finition est plus évidente que par le passé et la présentation intérieure n'est pas désagréable pour une voiture de ce prix.

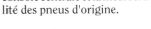

NÉGATIF

- **LE PRIX.** Il s'élève rapidement dès que l'on commence à recourir aux options qui sont nombreuses pour se retrouver bien loin des prix annoncés.

- **LE NIVEAU DE BRUIT.** Il demeure élevé en permanence car il provient de toutes parts. De la mécanique peu raffinée et des pneus dont le manque d'insonorisant ne laisse rien ignorer de leurs tribulations sur la route, qui masque tout les autres bruits.

- **LA DIRECTION.** La manuelle de la berline SL est une insulte à l'intelligence, car elle est imprécise, trop démultipliée et transforme toute manoeuvre de stationnement en un supplice.

- **LE FREINAGE.** Sans ABS les arrêts d'urgence peuvent réserver quelques surprises, car le blocage rapide des roues avant entraîne un louvoiement dangereux, pas toujours facile à contrôler lorsqu'on est surpris. L'antiblocage et l'antipatinage des roues qui ne font pas très bien leur travail, puisqu'on dénote quelques ratés tant à l'accélération qu'au freinage.

- **LA TRANSMISSION.** L'automatique présente une sélection saccadée et comme la manuelle elle procure peu de frein-moteur, ce qui oblige à utiliser trop souvent les freins.

- **LE CÔTÉ PRATIQUE.** Il souffre de la petitesse des espaces de rangements et de la soute à bagages, transformable, certes, mais dont l'importance des passages de roues limite singulièrement la longueur et la largeur.

- **LES PLACES ARRIÈRE.** Elles ne sont pas d'un accès facile du fait des portes étroites et de la courbure prononcée du toit. Une fois installé le confort y est médiocre car l'assise de la banquette est courte et son dossier manque de galbe et de douceur.

- **À REVOIR :** les commandes de vitres électriques mal situées sur la console centrale et la médiocre qualité des pneus d'origine.

CONCLUSION

Les Saturn ne sont plus aussi pertinentes qu'au moment où elles ont fait leur apparition sur le marché. Elles brillent surtout par le service amical des concessionnaires qui savent rendre leur usage agréable ce qui fait dire à certains que chez Saturn on trouve de tout même des amis...

ÉVALUATION
SATURN SC-SL-SW

CONCEPTION :   **73%**
Technique :	80
Sécurité :	100
Volume cabine :	60
Volume coffre :	50
Qualité/finition :	75

CONDUITE :   **63%**
Poste de conduite :	80
Performances :	50
Comportement :	60
Direction :	75
Freinage :	50

ÉQUIPEMENT D'ORIGINE :   **68%**
Pneus :	75
Phares :	70
Essuie-glace :	70
Dégivreur :	60
Radio :	65

CONFORT :   **72%**
Sièges :	75
Suspension :	75
Niveau sonore :	60
Commodités :	70
Climatisation :	80

BUDGET :   **71%**
Prix d'achat :	70
Consommation :	80
Assurance :	70
Satisfaction :	85
Dépréciation :	50

Moyenne générale: **69.4%**

NOUVEAU POUR 1999
- L'amélioration des composants des deux moteurs, réduction de la consommation et des bruits, vibrations et secousses.
- Les freins à tambour à l'arrière pour toute la gamme.
- L'amélioration de l'ajustement en hauteur des ceintures de sécurité.
- Les jantes pour le SC2.
- La capacité du réservoir de liquide lave-glace augmentée.

MOTEURS / TRANSMISSIONS / PERFORMANCES

Modèles/versions	Type / distribution soupapes / carburation	Cylindrée cc	Puissance ch @ tr/mn	Couple lb.pi @ tr/mn	Rapport volumét.	Roues motrices / transmissions	Rapport de pont	Accélér. 0-100 km/h s	400 m D.A. s	1000 m D.A. s	Reprise 80-120 km/h s	Freinage 100-0 km/h m	Vites. maxi. km/h	Accélér. latérale G	Niveau sonore dBA	Consommation Ville l./100km	Route	Carburant Octane
1)	L4* 1.9 SACT-8-IESPM	1901	100 @ 5000	114 @ 2400	9.3 :1	avant - M5*	4.06	11.0	18.0	32.4	7.8	41	165	0.75	70	8.0	5.9	R 87
						avant - A4	4.06	12.2	18.5	33.2	10.0	44	160	0.75	70	8.5	6.4	R 87
2)	L4* 1.9 DACT-16-IESPM	1901	124 @ 5600	122 @ 4800	9.5 :1	avant - M5*	4.06	8.7	16.5	29.7	6.3	42	185	0.78	70	8.5	6.2	R 87
						avant - A4	4.06	9.8	16.7	30.7	6.8	44	180	0.78	70	9.5	6.8	R 87

1) SL, SL1, SC1, SW1.   2) SC2, SL2, SW2.

PRIX & ÉQUIPEMENTS

SATURN	SL	SC1-SL1-SW1	SC2-SL2-SW2
Prix maxi $:	13 488	16 118	20 348
Prix mini $:	12 175	12 718	15 170
Transport & préparation $:	505	505	505
Boîte automatique:	O	O	O
Régulateur de vitesse:	-	O	O
Direction assistée:	-	S	S
Système antiblocage des freins:	O	O	ODc
Système antipatinage:	O	O	O
Climatiseur:	O	O	S
Garnitures en cuir:	-	-	O
Radio MA/MF/ Cassette:	-	O	O
Serrures électriques:	-	O	O
Lève-vitres électriques:	-	O	O
Volant ajustable:	S	S	S
Rétroviseurs ext. ajustables:	O	SM	SM
Jantes en alliage léger:	-	-	O
Système antivol:	-	O	O

Couleurs disponibles
Extérieur: Blanc, Bleu marine, Mûre, Argent, Prune, Vert, Noir, Rouge, Or.
Intérieur: Tan, Gris, Noir.

EN BREF...
Catégorie: coupés, berlines et familiales compacts tractés.   **Classe :** 3

HISTORIQUE
Inauguré en:	1990-1996-97
Fabriqué à:	Spring Hill, Tennessee, États-Unis.

PROFIL DE CLIENTÈLE
Modèle	Hom./Fem.	Âge moyen	Mariés	CEGEP	Revenus
coupés	30/70 %	36 ans	36 %	53 %	65 000 $
berlines/fam.	57/43 %	40 ans	67 %	56 %	58 000 $

INDICES
Sécurité:	100 %	Satisfaction:	90 %
Dépréciation:	52 %	Assurance:	775 -835 $
Prix de revient au km:	0.35 $	Nbre de concessionnaires:	17

VENTES
Modèle	1996	1997	Résultat	Part de marché
Saturn	5 122	6 263	+ 22.3 %	16.6 %

PRINCIPAUX MODÈLES CONCURRENTS
Saturn SL/SW: ACURA Integra, CHEVROLET Cavalier, DODGE-PLYMOUTH Neon, FORD Escort, HONDA Civic, HYUNDAI Elantra, MAZDA Protegé, NISSAN Sentra, PONTIAC Sunfire, SUBARU Impreza, TOYOTA Corolla, VW Jetta.
Saturn SC: EAGLE Talon, HYUNDAI Tiburon, NISSAN 200SX, TOYOTA Paseo, VOLKSWAGEN New Beetle.

ENTRETIEN REQUIS PAR LA GARANTIE
Première révision:	Fréquence:	Prise de diagnostic:
5 000 km	10 000 km	Oui

CARACTÉRISTIQUES

Modèles	Versions	Carrosseries/ Sièges	Volume cabine l.	Volume coffre l.	Cx	Empat. mm	Long x larg x haut. mm x mm x mm	Poids à vide kg	Susp. av/ar	Freins av/ar	Direction type	Diamètre braquage m	Tours volant b à b.	Réser. essence l.	dimensions	Pneus d'origine marque	modèle	Mécanique d'origine
SATURN		Garantie générale: 3 ans / 60 000 km; antipollution: 5 ans / 80 000 km; perforation corrosion: 6 ans / 160 000 km. Assistance routière.																
SC1		cpé. 3 p. 4	2381	323	0.33	2601	4574x1709x1348	1052	ih/ih	d/t	crém.ass.	11.3	3.00	45.8		175/70R14	-	L4/1.9/M5
SC2		cpé. 3 p. 4	2381	323	0.31	2601	4574x1709x1348	1084	ih/ih	d/t	crém.ass.	11.3	2.67	45.8	195/60R15	Firestone	GTA	L4/1.9/M5
SL		ber. 4 p. 5	2577	343	0.31	2601	4493x1694x1397	1055	ih/ih	d/t	crém.	11.3	4.00	45.8		175/70R14	-	L4/1.9/M5
SL1		ber. 4 p. 5	2577	343	0.31	2601	4493x1694x1397	1055	ih/ih	d/t	crém.ass.	11.3	3.00	45.8		175/70R14	-	L4/1.9/M5
SL2		ber. 4 p. 5	2577	343	0.32	2601	4493x1694x1397	1084	ih/ih	d/t	crém.ass.	11.3	2.67	45.8		185/65R15	-	L4/1.9/M5
SW1		fam. 4 p. 5	2600	706	0.36	2601	4493x1694x1412	1085	ih/ih	d/t	crém.ass.	11.3	3.00	45.8		175/70R14	-	L4/1.9/M5
SW2		fam. 4 p. 5	2600	706	0.36	2601	4493x1694x1412	1111	ih/ih	d/t	crém.ass.	11.3	2.67	45.8		185/65R15	-	L4/1.9/M5

SUBARU

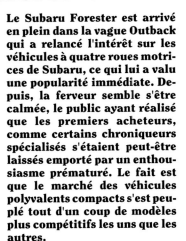

Forester

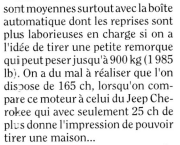

Le Subaru Forester est arrivé en plein dans la vague Outback qui a relancé l'intérêt sur les véhicules à quatre roues motrices de Subaru, ce qui lui a valu une popularité immédiate. Depuis, la ferveur semble s'être calmée, le public ayant réalisé que les premiers acheteurs, comme certains chroniqueurs spécialisés s'étaient peut-être laissés emporté par un enthousiasme prématuré. Le fait est que le marché des véhicules polyvalents compacts s'est peuplé tout d'un coup de modèles plus compétitifs les uns que les autres.

GAMME

Le Forester est un véhicule polyvalent compact à quatre roues motrices offert sous la forme d'une familiale à 4 portes. Il est animé par un moteur H4 de 2.5L avec transmission manuelle d'origine ou automatique en option, déclinée en version L et S. La première est relativement bien équipée puisqu'elle diffère seulement de la seconde par le régulateur de vitesse et les jantes en alliage léger.

TECHNIQUE

Le Forester a été conçu à partir de la plate-forme de l'Impreza dont il reprend les principaux organes mécaniques. Monocoque en acier celle-ci est faite d'acier résistant à la corrosion. Ses formes utilitaires expliquent que sa finesse aérodynamique ne soit pas idéale, avec un coefficient plus proche de celui des camions que des automobiles. Ses suspensions sont indépendantes aux quatre roues basées sur le principe de la jambe de force de MacPherson et pourvues d'une barre stabilisatrice à l'avant comme à l'arrière. D'origine le freinage est mixte sur la L et à disques sur la S équipés d'un système antiblocage et la direction est à crémaillère assistée.

POSITIF

+ **L'IDÉE.** Celle d'offrir un véhicule mi-auto-mi-utilitaire semblable à celui qui a amené à créer les CR-V chez Honda et le RAV4 chez Toyota. Cette synthèse permet d'offrir un comportement routier compétent et la possibilité de se véhiculer hors-route sur terrain peu accidenté.

+ **LA SÉCURITÉ.** La traction intégrale automatique permet de circuler sans appréhensions dans les régions où le climat est rude et les routes glissantes, sans parler du plaisir de pouvoir s'aventurer sur les chemins...forestiers.

+ **LE COMPORTEMENT.** Le Forester est stable malgré sa garde-

Pas la panacée...

au-sol confortable qui élève son centre de gravité situé plus haut que celui d'une automobile. Le Forester est facile à placer en virage où il est neutre aux allures normales grâce à sa traction intégrale.

+ **LA CONDUITE.** Elle est agréable grâce à la bonne maniabilité de ce véhicule compact dont le diamètre de braquage est raisonnable, bien que la direction soit un peu trop démultipliée (3.4 tr).

+ **LE CÔTÉ PRATIQUE.** L'espace cargo dont le volume est facilement modulable peut permettre de transporter toute sorte de choses car le dégagement en hauteur est généreux et l'accessibilité excellente par le hayon qui s'ouvre largement et dont le seuil descend au ras du pare-chocs.

+ **LE CONFORT.** La suspension ne réagit pas trop durement aux dé-

fauts de la route, les sièges avant sont bien galbés et le niveau sonore est suffisamment bas pour permettre de longues étapes sans trop de fatigue.

+ **UN BON POINT:** pour les rangements aux places avant qui comprennent un boîte à gants de bonne taille, des vides-poches de portière petits mais fermés par un couvercle, des évidements dans le tableau de bord et un coffret central à deux compartiments. Le contenu de la soute est caché de la vue par un rideau qui est absent chez la concurrence. Le plancher de la soute bien organisé et le traitement de petits détails pratiques.

NÉGATIF

- **LES CAPACITÉS** de franchissement hors route rappellent que nous avons plus affaire à une automobile

surélevée qu'à un véritable 4x4, et ceux qui voudraient s'aventurer trop loin devraient se rappeler que les principaux organes mécaniques ne sont pas protégés par une plaque métallique.

- **LES PERFORMANCES.** Elles sont moyennes surtout avec la boîte automatique dont les reprises sont plus laborieuses en charge si on a l'idée de tirer une petite remorque qui peut peser jusqu'à 900 kg (1 985 lb). On a du mal à réaliser que l'on dispose de 165 ch, lorsqu'on compare ce moteur à celui du Jeep Cherokee qui avec seulement 25 ch de plus donne l'impression de pouvoir tirer une maison...

- **LA TRANSMISSION.** La manuelle permet une conduite plus dynamique, mais elle est rébarbative à froid, sa sélection grincheuse et sa fiabilité douteuse, si l'on en juge par les bulletins de service.

- **LE MOTEUR.** Il est bruyant et vibrant tout comme l'était celui de la première Coccinelle, dont il est l'héritier et les diverses améliorations apportées par Subaru n'ont pas corrigé ce défaut congénital, au même titre que les limites de la puissance et du couple malgré l'importance de la cylindrée.

- **L'HABITABILITÉ.** Elle est plutôt limitée aux places arrière qui manquent autant de longueur que de largeur pour pouvoir y installer plus de deux adultes qui auront du mal à y accéder selon leur corpulence, car les portes sont étroites.

- **LES SIÈGES.** Leur rembourrage est très ferme particulièrement la banquette dont le manque de relief ne procure pas plus de maintien latéral que de support lombaire et son assise est courte.

- **LA QUALITÉ.** Celle de certaines matières plastique entrant dans la finition du tableau de bord font bon marché et ne cadrent pas avec le reste de la présentation.

- **LES PNEUS.** Ils sont mal adaptés et qui ne donnent pas plus satisfaction sur route que hors des sentiers battus et il vaudrait mieux donner à l'utilisateur un choix entre deux types d'enveloppes en fonction de l'utilisation qu'il compte faire du véhicule.

- **À REVOIR:** le manque de rangement aux places arrière, la radio de très mauvaise qualité dont les commandes sont trop basses.

CONCLUSION

Le Forester n'est pas le plus mal placé, au palmarès de sa catégorie, car il dispose de plusieurs atouts importants. Toutefois sa présentation attirante cache un format exigu qui tient plus de la petite familiale que d'un véritable utilitaire tout-terrain. ☺

ÉVALUATION
SUBARU Forester

CONCEPTION :   69%
Technique :	75
Sécurité :	75
Volume cabine :	60
Volume coffre :	60
Qualité/finition :	75

CONDUITE :   62%
Poste de conduite :	75
Performances :	50
Comportement :	50
Direction :	80
Freinage :	55

ÉQUIPEMENT D'ORIGINE :   77%
Pneus :	75
Phares :	80
Essuie-glace :	80
Dégivreur :	75
Radio :	75

CONFORT :   66%
Sièges :	65
Suspension :	70
Niveau sonore :	50
Commodités :	70
Climatisation :	75

BUDGET :   66%
Prix d'achat :	50
Consommation :	75
Assurance :	55
Satisfaction :	80
Dépréciation :	70

Moyenne générale: 68.0%

NOUVEAU POUR 1999

• Aucun changement majeur.

MOTEURS

Modèles/ versions	Type / distribution soupapes / carburation	Cylindrée cc	Puissance ch @ tr/mn	Couple lb.pi @ tr/mn
L, S.	H4* 2.5 DACT-16-IEPMS	2457	165 @ 5600	162 @ 4000

TRANSMISSIONS

Rapport volumét.	Roues motrices / transmissions	Rapport de pont
9.7 :1	quatre - M5*	4.11
	quatre - A4	4.44

PERFORMANCES

Accélér. 0-100 km/h s	400 m D.A. s	1000 m D.A. s	Reprise 80-120 km/h s	Freinage 100-0 km/h m	Vites. maxi. km/h	Accélér. latérale G	Niveau sonore dBA	Consommation l./100km Ville	Route	Carburant Octane
9.2	16.7	30.1	6.7	42	165	0.76	68	11.5	8.5	R 87
10.4	17.6	31.5	7.2	43	160	0.76	68	11.5	9.0	R 87

PRIX & ÉQUIPEMENTS

SUBARU Forester	L	S
Prix maxi $:	26 695	30 695
Prix mini $:	24 060	27 660
Transport & préparation $:	450	450
Boîte automatique:	O	O
Régulateur de vitesse:	O	S
Direction assistée:	S	S
Système antiblocage des freins:	S	S
Système antipatinage:	S	S
Climatiseur:	S	S
Garnitures en cuir:	-	-
Radio MA/MF/ Cassette:	S	S
Serrures électriques:	S	S
Lève-vitres électriques:	S	S
Volant ajustable:	S	S
Rétroviseurs ext. ajustables:	SM	SE
Jantes en alliage léger:	O	S
Système antivol:	-	-

Couleurs disponibles

Extérieur: Blanc, Noir, Rouge, Vert.

Intérieur: Beige,

EN BREF...

HISTORIQUE
Catégorie:	véhicules polyvalent à 4 roues motrices. Classe : utilitaires
Inauguré en:	1998
Fabriqué à:	Gunma, Japon.

PROFIL DE CLIENTÈLE
Modèle	Hom./Fem.	Âge moyen	Mariés	CEGEP	Revenus
Forester	ND				

INDICES
Sécurité:	75 %	Satisfaction:	78 %
Dépréciation:	28 %	Assurance:	965 $
Prix de revient au km:	0.47 $	Nbre de concessionnaires:	29

VENTES
Modèle	1996	1997	Résultat	Part de marché
Forester	-	472		9.1 %

PRINCIPAUX MODÈLES CONCURRENTS
CHEVROLET Tracker, HONDA CR-V, SUZUKI Sidekick, TOYOTA RAV4.

ENTRETIEN REQUIS PAR LA GARANTIE
Première révision:	Fréquence:	Prise de diagnostic:
5 000 km	12 000 km	Oui

CARACTÉRISTIQUES

Modèles	Versions	Carrosseries/ Sièges	Volume cabine l.	Volume coffre l.	Cx	Empat. mm	Long x larg x haut. mm x mm x mm	Poids à vide kg	Susp. av/ar	Freins av/ar	Direction type	Diamètre braquage m	Tours volant b à b.	Réser. essence l.	dimensions	Pneus d'origine marque	modèle	Mécanique d'origine
SUBARU		Garantie: générale: 3 ans / 60 000 km; mécanique: 5 ans / 100 000 km; corrosion et antipollution: 5 ans / kilométrage illimité.																
Forester	L	fam. 4 p. 5	2693	940	0.39	2525	4450x1735x1651	1379	ih/ih	d/t/ABS	crém.ass.	11.7	3.4	60.0	205/70R15	Bridgestone	Dueler	H4/2.5/M5
Forester	S	fam. 4 p. 5	2693	940	0.40	2525	4450x1735x1651	1379	ih/ih	d/d/ABS	crém.ass.	11.7	3.4	60.0	215/60R16	Bridgestone	Dueler	H4/2.5/M5

En Europe Subaru fait un véritable malheur avec les modèles sportifs de sa gamme Impreza qui raflent tous les honneurs des rallyes internationaux et locaux grâce à ses bombes à traction intégrale qui surclassent les modèles les plus prestigieux. En Amérique du Nord le public recherche surtout la polyvalence et la sécurité que peut apporter un système à quatre roues motrices. L'Impreza représente pour la plupart le budget le plus modeste pour disposer de cet avantage, mais les chiffres de ventes indiquent que ce véhicule n'est pas le meilleur vendeur de la gamme Subaru.

Oubliée..?

GAMME

La gamme Impreza ne comprend plus que trois modèles à traction intégrale. Un coupé 2 portes 2.5 RS, une berline de base et une familiale Outback Sport à 4 portes Le coupé est pourvu d'un moteur 2.5L à transmission manuelle à 5 vitesses, et les deux autres reçoivent un 2.2L avec boîte manuelle en série ou automatique en option.

TECHNIQUE

Monocoque en acier, l'Impreza dérive de la plate-forme de la Legacy qui a été raccourcie pour la circonstance. Malgré ses formes arrondies, son efficacité aérodynamique est très médiocre puisque son coefficient tourne autour de 0.35.
La suspension est indépendante aux quatre roues selon le principe de MacPherson et le freinage, mixte avec ABS standard sur la Outback et du 2.5 RS est à 4 disques avec ABS. La transmission intégrale, temporaire ne peut être utilisée que sur chaussée rendue glissante par la neige ou la pluie, sinon il faut la débrayer au risque de l'endommager. Sur la RS elle est permanente composée de deux visco-coupleurs sur les différentiels central et arrière qui solidarise le train arrière, puis la roue qui manque d'adhérence.
Les deux moteurs 4 cylindres sont disposés horizontalement et constituent l'une des originalités de ces voitures avec la traction intégrale que l'on reconnaît à leur bruit caractéristique.

POSITIF

+ L'ALLURE. Elle est originale, particulièrement celle de la version «Outback» de la familiale dont l'apparence dynamique est issue de la campagne de publicité géniale qui a remis Subaru à l'avant scène des constructeurs de voitures à transmission intégrale. Les maniaques du vroum-vroum opteront pour le coupé dont l'allure est agressive.

+ LES PRESTATIONS. Celles du coupé 2.5 RS ne sont pas aussi délirantes que celles du modèle vendu en Europe, qui dispose de 280 ch, mais disons qu'elles sont relevées pour permettre une conduite aussi amusante que sécuritaire grâce à la traction intégrale permanente.

+ LA CONDUITE. Elle est facilitée par le couple intéressant du moteur 2.2L, l'échelonnement judicieux des boîtes de vitesses et bien sûr la traction intégrale qui est un atout précieux en conduite hivernale.

+ LA CONSTRUCTION. La construction de l'Impreza fait robuste et la finition soignée, bien que la présentation intérieure, très ordinaire, fasse presque pitié sur la «Outback» où elle ne correspond pas du tout au style extérieur.

+ LA DIRECTION. Elle est aussi bien dosée que démultipliée, permettant un guidage précis et malgré un diamètre de braquage raisonnable, la maniabilité pourrait être supérieure.

+ LE CONFORT. Il est appréciable par l'efficacité de la suspension qui n'est jamais brutale et le galbe des sièges qui maintiennent bien et dont le rembourrage est ferme, mais consistant.

+ LE FREINAGE. Il est aussi efficace qu'équilibré, même lorsqu'il est dépourvu de l'ABS, parce qu'il est facile de doser pour s'arrêter «au seuil» du blocage des roues lors des arrêts d'urgence, un fait assez rare pour être mentionné.

+ L'ÉQUIPEMENT. Le fait qu'il soit bien garni procure un certain confort même à la berline ordinaire tels, la colonne de direction et les

rétroviseurs ajustables et celui des autres versions est à l'avenant, puisque sur la Outback, seuls le toit ouvrant et la transmission automatique sont optionnels.

+ LA TRANSMISSION. L'automatique est d'un usage nettement plus agréable que la manuelle de la berline ou de la familiale dont la sélection est grincheuse particulièrement à froid. Celle du coupé 2.5 RS ne présentait toutefois pas cet inconvénient.

NÉGATIF

- LES PERFORMANCES. Celles du moteur 2.2L ne sont pas exceptionnelles malgré sa cylindrée importante. Cela s'explique par l'importance du poids qui le fait travailler dur pour maintenir l'allure et se traduit par une consommation qui n'a rien d'économie.

- L'HABITABILITÉ. Elle est plus limitée aux places arrière dont l'accès difficile ne correspondent pas à l'encombrement de ce véhicule et il manque de place pour les jambes sur les deux portes, où le siège avant ne libère pas assez d'espace.

- LE PRIX. Les Impreza ne sont pas des cadeaux, car leur prix concurrence celui des nouveaux véhicules polyvalents plus avantageux et plus évolués avec leur traction intégrale permanente qui n'existe pas sur la berline et la «Outback».

- LE COFFRE. Le volume de celui de la berline et la soute de la familiale est nettement inférieur à la moyenne de la catégorie. Cet aspect a été sacrifié au style de la partie arrière, qui, il faut bien le reconnaître est assez original, rappelant celui de la vénérable Pacer d'AMC...

- LE BRUIT. L'Impreza n'est pas une voiture reposante, car son niveau sonore est élevé en permanence en provenance du moteur ou des pneus.

- L'ERGONOMIE. La console centrale du tableau de bord est peu ergonomique car il faut décoller le dos du siège pour atteindre certaines commandes mal disposées.

- L'APPARENCE. Les garnitures intérieures ont une apparence très synthétique et certains coloris sont pour le moins inhabituels.

CONCLUSION

On se bouscule chez Subaru où le Forester a cannibalisé les ventes des Impreza. Cette voiture compacte devrait se vendre comme des pains chauds dans les contrées où les conditions météo ne sont pas favorables, mais ce n'est pas le cas parce qu'elle est chère et peu pratique, son format ayant été sacrifié au style.

ÉVALUATION
SUBARU Impreza

CONCEPTION : 70%
Technique :	75
Sécurité :	90
Volume cabine :	50
Volume coffre :	60
Qualité/finition :	75

CONDUITE : 57%
Poste de conduite :	60
Performances :	35
Comportement :	60
Direction :	75
Freinage :	55

ÉQUIPEMENT D'ORIGINE : 74%
Pneus :	75
Phares :	80
Essuie-glace :	70
Dégivreur :	70
Radio :	75

CONFORT : 67%
Sièges :	70
Suspension :	70
Niveau sonore :	45
Commodités :	75
Climatisation :	75

BUDGET : 65%
Prix d'achat :	60
Consommation :	75
Assurance :	60
Satisfaction :	85
Dépréciation :	45

Moyenne générale: 66.6%

NOUVEAU POUR 1999

• Aucun changement majeur.

MOTEURS / TRANSMISSIONS / PERFORMANCES

Modèles/ versions	Type / distribution soupapes / carburation	Cylindrée cc	Puissance ch @ tr/mn	Couple lb.pi @ tr/mn	Rapport volumét.	Roues motrices / transmissions	Rapport de pont	Accél. 0-100 km/h s	400 m D.A. s	1000 m D.A. s	Reprise 80-120 km/h s	Freinage 100-0 km/h m	Vites. maxi. km/h	Accélér. latérale G	Niveau sonore dBA	Consommation l./100km Ville	Route	Carburant Octane
1)	H4* 2.2 SACT-16-IESPM	2212	137 @ 5400	145 @ 4000	9.7 :1	quatre - M5*	4.11	10.0	17.5	32.6	-	45	170	0.79	68	10.5	7.5	R 87
						quatre - A4	4.11	11.4	18.7	33.2	-	47	160	0.79	68	10.8	8.2	R 87
2)	H4* 2.5 DACT-16-IESPM	2457	165 @ 5600	162 @ 4000	9.7 :1	quatre - M5*	4.11	ND										
						quatre - A4	4.44	ND										

1) base, Outback Sport. 2) 2.5 RS.

PRIX & ÉQUIPEMENTS

SUBARU Impreza	Berline	Outback	2.5 RS
Prix maxi $:	21 695	24 995	26 395
Prix mini $:	19 895	22 725	23 995
Transport & préparation $:	300	300	300
Boîte automatique:	O	O	O
Régulateur de vitesse:	O	O	O
Direction assistée:	S	S	S
Système antiblocage des freins:	-	S	S
Système antipatinage:	-	-	S
Climatiseur:	S	S	S
Garnitures en cuir:	-	-	S
Radio MA/MF/ Cassette:	S	S	S
Serrures électriques:	S	S	S
Lève-vitres électriques:	S	S	S
Volant ajustable:	S	S	S
Rétroviseurs ext. ajustables:	SE	SE	SE
Jantes en alliage léger:	O	S	S
Système antivol:	-	-	-

Couleurs disponibles

Extérieur: Blanc, Noir, Rouge, Vert, Bleu.

Intérieur: Beige, Gris.

EN BREF...

Catégorie: coupés, berlines, familiales compactes intégrales. **Classe :** 3

HISTORIQUE
Inauguré en:	1993
Fabriqué à:	Gunma & Yajima, Japon.

PROFIL DE CLIENTÈLE

Modèle	Hom./Fem.	Âge moyen	Mariés	CEGEP	Revenus
Impreza	46/54 %	38 ans	60 %	47 %	55 000 $

INDICES
Sécurité:	90 %	Satisfaction:	83 %
Dépréciation:	55 %	Assurance:	855 $
Prix de revient au km:	0.43 $	Nbre de concessionnaires:	29

VENTES
Modèle	1996	1997	Résultat	Part de marché
Impreza	156	486	+ 211.5 %	-

PRINCIPAUX MODÈLES CONCURRENTS
CHEVROLET Cavalier, DODGE-PLYMOUTH Neon, FORD Escort-Contour, HONDA Civic, HYUNDAI Elantra, MAZDA Protegé, MERCURY Mystique, PONTIAC Sunfire, SATURN, TOYOTA Corolla, VOLKSWAGEN Golf-Jetta.

ENTRETIEN REQUIS PAR LA GARANTIE
Première révision:	Fréquence:	Prise de diagnostic:
5 000 km	12 000 km	Non

CARACTÉRISTIQUES

SUBARU Garantie: générale: 3 ans / 60 000 km; mécanique: 5 ans / 100 000 km; corrosion et antipollution: 5 ans / kilométrage illimité.

Modèles	Versions	Carrosseries/ Sièges	Volume cabine l.	Volume coffre l.	Cx	Empat. mm	Long x larg x haut. mm x mm x mm	Poids à vide kg	Susp. av/ar	Freins av/ar	Direction type	Diamètre braquage m	Tours volant b à b.	Réser. essence l.	Pneus d'origine marque	dimensions	modèle	Mécanique d'origine
Impreza	4x4 Berline	ber. 4 p.4	2390	314	0.32	2520	4374x1704x1410	1220	ih/ih	d/t	crém.ass.	10.2	3.2	50.0	Bridgestone	195/60R15	-	H4/2.2/M5
Impreza	4x4 Outback	fam. 4 p.5	2410	722	0.36	2520	4374x1704x1524	1286	ih/ih	d/t/ABS	crém.ass.	10.2	3.2	50.0	BFGoodrich	205/60R15	T/A	H4/2.2/M5
Impreza	4x4 2.5 RS	cpé. 2 p.4	2390	314	0.35	2520	4374x1704x1410	1281	ih/ih	d/d/ABS	crém.ass.	10.2	3.2	50.0		205/55R16	-	H4/2.5/M5

La Legacy est de loin la plus vendue des Subaru, du moins sur le continent nord-américain. Cela explique le nombre impressionnant de versions proposées par ce constructeur qui veut être sûr de quadriller parfaitement son territoire exclusif qu'est celui de la voiture à traction intégrale, disons presque abordable... S'il est certain que le phénomène Outback a propulsé la Legacy au palmarès des ventes, gageons qu'il ne sera pas facile de poursuivre longtemps sur cette lancée qui touche à sa fin. Une nouvelle Legacy fera sous peu son apparition avec une personnalité plus provocante que celle du modèle actuel.

GAMME

La Legacy est vendue sous la forme de familiales à traction intégrale en versions Brighton, L, GT, Outback et Outback Limited auxquelles s'ajoutent une berline L, GT et Outback. Les Brighton et L sont pourvues d'un moteur à plat à 4 cylindres de 2.2L tandis que les autres ont un 2.5L. La transmission manuelle est livrée en série et l'automatique en option. Elles sont généralement bien équipées et c'est ce qui explique qu'elles sont en général plus chères que la moyenne, ce n'est pas le cas de la Brighton dont l'équipement est symbolique.

TECHNIQUE

La plate-forme des Legacy actuelles est héritée de celle du modèle précédent qui a été retravaillée et dont les principales dimensions ont été allongées. Elle est monocoque en acier, mais son efficacité aérodynamique n'est pas fantastique puisque son coefficient oscille entre 0.32 et 0.41. La suspension est indépendante aux quatre roues selon le sacro-saint système MacPherson, à l'avant comme à l'arrière avec des triangles transversaux et barres antiroulis. Elle a été retravaillée afin d'offrir une plus grande amplitude aux roues qui améliore autant le confort que le comportement.

Les freins sont mixtes sur la Brighton et à quatre disques avec ABS sur les autres modèles. Le moteur reste le traditionnel «boxer», le seul 4 cylindres au monde à être encore disposé à cylindres opposés avec 16 soupapes à SACT sur le 2.2L et à DACT sur le 2.5L. La traction intégrale est permanente avec la boîte manuelle et active avec l'automatique qui répartit automatiquement le couple à l'aide de capteurs électroniques couplés au système antiblocage des freins et fonctionnant finalement comme un antipatinage.

À la refonte...

POSITIF

+ **L'EXCLUSIVITÉ.** Les Legacy n'ont pratiquement pas de concurrentes directes, si l'on excepte les CR-V de Honda, RAV4 de Toyota, les Tracker/Vitara et le Forester, avec carrosserie à quatre portes, qui sont toutefois plus des utilitaires que des automobiles.

+ **LA TRACTION INTÉGRALE.** Elle représente un intérêt majeur pour ceux qui recherchent la tranquillité d'esprit en toutes saisons. Toutefois l'équipement pneumatique se doit d'être à la hauteur pour que la traction soit efficace. Les Legacy ne sont pas des tout terrain, car elles ne pourront guère s'aventurer hors des sentiers battus du fait de leur garde-au-sol limitée.

+ **LA DIRECTION.** Elle est précise et son assistance bien dosée, mais la maniabilité n'est que moyenne, car sa démultiplication et son diamètre de braquage sont supérieurs à la moyenne.

+ **LE COMPORTEMENT.** Il est neutre la plupart du temps grâce à la fermeté de la suspension qui limite le roulis et les mouvements de caisse en virage serré. La traction intégrale rend la motricité idéale sur chaussée glissante où la prise des courbes ne cause aucun problème à vitesse raisonnable.

+ **LA QUALITÉ.** La Legacy fait solide et rigide, sa finition est plus soignée que par le passé et la fiabilité est redevenue normale.

+ **ORIGINAL :** le système de retenue en pente qui permet de lâcher l'embrayage à l'arrêt pour effectuer un démarrage en côte, une astuce qu'apprécieront certains conducteurs novices.

+ **LE FREINAGE.** Il a gagné en efficacité au fil des années, car les distances d'arrêt sont plus courtes qu'autrefois, mais son dosage reste délicat car la pédale réagit de manière spongieuse.

NÉGATIF

- **LES MOTEURS.** Ils demeurent à la fois rugueux et bruyants, mais pire il manquent de puissance et de couple pour entraîner le système complexe de transmission intégrale. En charge, les dépassements sont préoccupant, la mécanique est assourdissante et la consommation forte.

- **LA CONDUITE.** Elle serait plus agréable si le conducteur n'était pas assis aussi bas et si son siège était mieux galbé et son rembourrage moins ferme.

- **L'HABITABILITÉ.** C'est le point le plus décevant car la cabine n'accueille finalement que quatre adultes, malgré que les proportions de la carrosserie, laissent croire le contraire.

- **LA SUSPENSION.** Elle est ferme et malmène les occupants dès que la route n'est plus parfaite et ici encore le genre et la qualité des pneumatiques pourra faire une différence.

- **LE POIDS.** Il est important et pénalise les performances du moteur 4 cylindres qui est rugueux et manque encore de puissance et de couple à un certain régime, malgré le travail effectué par les motoristes de Subaru.

- **LA PRÉSENTATION.** L'intérieur d'une Legacy est d'une banalité navrante qui ne correspond pas au côté aventureux que Subaru essaie de vendre car la seule imagination entourant ce modèle provient des concepteurs de la campagne publicitaire.

- **LE RENDEMENT.** Il n'est pas des plus économiques car la consommation s'élève rapidement à cause de la boîte automatique et la transmission intégrale.

- **LE NIVEAU SONORE.** Il est plus élevé que la moyenne car les bruits mécaniques comme ceux de roulement mènent le bal constamment au point que l'on ne peut affirmer avoir entendu des bruits de vent autour du pare-brise...

CONCLUSION

La prochaine génération de Legacy devra survivre au phénomène Outback en proposant un ensemble plus homogène et surtout plus imaginatif. On souhaiterait aussi que Subaru décide finalement d'opter pour un autre type de moteur, mais ça, ce serait franchement rêver en couleurs...

ÉVALUATION SUBARU Legacy

CONCEPTION : 71%
Technique :	75
Sécurité :	90
Volume cabine :	60
Volume coffre :	55
Qualité/finition :	75

CONDUITE : 55%
Poste de conduite :	70
Performances :	30
Comportement :	50
Direction :	75
Freinage :	50

ÉQUIPEMENT D'ORIGINE : 73%
Pneus :	75
Phares :	80
Essuie-glace :	75
Dégivreur :	70
Radio :	65

CONFORT : 70%
Sièges :	70
Suspension :	70
Niveau sonore :	60
Commodités :	75
Climatisation :	75

BUDGET : 63%
Prix d'achat :	40
Consommation :	75
Assurance :	60
Satisfaction :	90
Dépréciation :	50

Moyenne générale: 66.4%

NOUVEAU POUR 1999

• Ce modèle sera renouvelé début 1999.

MOTEURS / TRANSMISSIONS / PERFORMANCES

Modèles/ versions	Type / distribution soupapes / carburation	Cylindrée cc	Puissance ch @ tr/mn	Couple lb.pi @ tr/mn	Rapport volumét.	Roues motrices / transmissions	Rapport de pont	Accélér. 0-100 km/h s	400 m D.A. s	1000 m D.A. s	Reprise 80-120 km/h s	Freinage 100-0 km/h m	Vites. maxi. km/h	Accélér. latérale G	Niveau sonore dBA	Consommation l./100km Ville	Route	Carburant Octane
base	H4* 2.2 SACT-16-IESPM	2212	137 @ 5400	145 @ 4000	9.7 :1	quatre - M5*	3.90	11.0	18.0	33.3	7.8	42	180	0.78	68	10.5	7.4	R 87
						quatre - A4	4.11	12.2	18.7	34.8	10.5	44	175	0.78	68	10.1	7.2	R 87
GT/Outbk	H4* 2.5 DACT-16-IESPM	2457	165 @ 5600	162 @ 4000	9.7 :1	quatre - M5*	4.11	10.0	17.5	31.8	7.0	45	190	0.78	67	11.5	8.1	R 87
1) standard GT Ltd.						1) quatre - A4	4.44	ND										

PRIX & ÉQUIPEMENTS

SUBARU Legacy

	F- Brighton	B-L	B-GT	B-Outbk	F-Outbk	F-Ok/Ltd
Prix maxi $:	20 495	25 995	29 995	34 295	30 895	34 295
Prix mini $:	19 060	23 165	26 730	30 560	27 530	30 560
Transport & préparation $:	300	300	300	300	300	300
Boîte automatique:	O	O	O	O	O	S
Régulateur de vitesse:	-	S	S	S	S	S
Direction assistée:	S	S	S	S	S	S
Système antiblocage des freins:	-	S	S	S	S	S
Système antipatinage:	S	S	S	S	S	S
Climatiseur:	-	S	S	S	S	S
Garnitures en cuir:	-	-	-	O	O	S
Radio MA/MF/ Cassette:	S	S	S	S	S	SDc
Serrures électriques:	-	O	O	O	S	S
Lève-vitres électriques:	-	S	S	S	S	S
Volant ajustable:	S	S	S	S	S	S
Rétroviseurs ext. ajustables:	SE	SE	SE	SE	SE	SE
Jantes en alliage léger:	-	O	S	S	S	S
Système antivol:	-	-	-	-	-	-

Couleurs disponibles

Extérieur: Noir, Blanc, Argent, Rubis, Vert, Saphir, Rouge, Bleu.

Intérieur: Gris, Beige.

EN BREF...

Catégorie:	berlines et familiales compactes 4RM. **Classe :** 4

HISTORIQUE

Inauguré en:	1989-1995
Fabriqué à:	Gunma, Japon.

PROFIL DE CLIENTÈLE

Modèle	Hom./Fem.	Âge moyen	Mariés	CEGEP	Revenus
Legacy	73/27 %	47 ans	78 %	35 %	60 000 $

INDICES

Sécurité:	90 %	**Satisfaction:**	90 %
Dépréciation:	50 %	**Assurance:**	835-1 075 $
Prix de revient au km:	0.47 $	**Nbre de concessionnaires:**	29

VENTES

Modèle	1996	1997	Résultat	Part de marché
Legacy	1 848	2 403	+ 30.0 %	-

PRINCIPAUX MODÈLES CONCURRENTS

CHEVROLET Tracker 4 p, HONDA CR-V, TOYOTA RAV4, SUZUKI Sidekick 4 p., SUBARU Forester.

ENTRETIEN REQUIS PAR LA GARANTIE

Première révision:	Fréquence:	Prise de diagnostic:
5 000 km	12 000 km	Non

CARACTÉRISTIQUES

Modèles	Versions	Carrosseries/ Sièges	Volume cabine l.	Volume coffre l.	Cx	Empat. mm	Long x larg x haut. mm x mm x mm	Poids à vide kg	Susp. av/ar	Freins av/ar	Direction type	Diamètre braquage m	Tours volant b à b.	Réser. essence l.	Pneus d'origine dimensions	marque	modèle	Mécanique d'origine
SUBARU		Garantie: générale: 3 ans / 60 000 km; mécanique: 5 ans / 100 000 km; corrosion et antipollution: 5 ans / kilométrage illimité.																
Legacy	Brighton	fam.4 p.4/5	2704	1022	0.37	2629	4686x1715x1450	1318	ih/ih	d/t	crém.ass.	10.6	3.2	60.0	185/70HR14	Bridgestone	-	H4/2.2/M5
Legacy	L	ber. 4 p.4/5	2608	357	0.32	2629	4610x1715x1405	1309	ih/ih	d/ABS	crém.ass.	10.6	3.2	60.0	185/70HR14	-	-	H4/2.2/M5
Legacy	L	fam.4 p.4/5	2704	1022	0.37	2629	4686x1715x1405	1349	ih/ih	d/ABS	crém.ass.	10.6	3.2	60.0	185/70HR14	-	-	H4/2.2/M5
Legacy	GT	ber. 4 p.4/5	2608	357	0.34	2629	4610x1715x1415	1402	ih/ih	d/ABS	crém.ass.	10.6	3.2	60.0	205/55HR16	-	-	H4/2.5/M5
Legacy	GT	fam.4 p.4/5	2704	1022	0.30	2629	4686x1715x1532	1442	ih/ih	d/ABS	crém.ass.	10.6	3.2	60.0	205/55HR16	-	-	H4/2.5/M5
Legacy	Outback	fam.4 p.4/5	2741	1034	0.40	2629	4719x1715x1600	1431	ih/ih	d/ABS	crém.ass.	11.2	3.4	60.0	205/70SR15	Michelin	XW4	H4/2.5/M5
Legacy	Outback Ltd	fam.4 p.4/5	2741	1034	0.41	2629	4719x1715x1600	1465	ih/ih	d/ABS	crém.ass.	11.2	3.4	60.0	205/70SR15	Michelin	XW4	H4/2.5/A4

L'Avalon a été la première incursion sérieuse d'un constructeur japonais dans le terrain de jeu des constructeurs américains. À partir de la plate-forme d'une Camry, Toyota a ni plus ni moins copié une Oldsmobile 88 ou une Buick LeSabre. Cela a donné des résultats remarquables puisque les ventes de l'Avalon se maintiennent à un niveau satisfaisant, du moins aux États-Unis et dans l'Ouest du Canada où l'on apprécie son format et sa fiabilité supérieure à celle des produits américains.

GAMME

L'Avalon est une berline à quatre portes pouvant accueillir cinq personnes offerte en versions, de base XL ou de luxe XLS, partageant une mécanique identique constituée d'un moteur V6 de 3.0L avec une transmission automatique à quatre rapports. L'équipement du modèle de base comprend, un régulateur de vitesse, un système antiblocage des roues, un radiocassette stéréo, le climatiseur et l'asservissement électrique des vitres, des serrures et des rétroviseurs extérieurs. Les jantes en alliage léger et le toit ouvrant sont les options disponibles sur ce modèle. La XLS est pourvue d'origine d'un climatiseur à réglage automatique, de jantes en alliage léger et d'un système antivol ce qui fait que finalement l'option disponible reste le toit ouvrant.

TECHNIQUE

L'Avalon a été conçue à partir de la plate-forme de l'ancienne Camry dont elle a repris les principaux éléments mécaniques. Pour disposer d'une cabine plus logeable, l'empattement a été allongé de 100 mm et la longueur de 60 mm. La carrosserie monocoque est constituée de panneaux en acier dont les plus exposés sont galvanisés. Les trains avant/arrière sont fixés à des berceaux indépendants permettant d'isoler la coque des bruits et vibrations en provenance des trains de roulement.

La suspension, indépendante aux quatre roues, est basée sur une jambe de force MacPherson avec leviers triangulaires transversaux à l'avant et à bras longitudinaux et transversaux à l'arrière, avec barres stabilisatrices sur les deux trains de roues. La mécanique provient elle aussi de la Camry. Elle est constituée d'un moteur V6 de 3.0L développant 200 ch, avec une transmission automatique à 4 rapports, des freins à disque aux 4 roues avec un dispositif antiblocage en série, mais seule le XLS dispose d'un dispositif antipatinage qui lui est couplé.

Plus américaine que japonaise...

POSITIF

+ LES PERFORMANCES. Elles sont intéressantes pour ce type de voiture, puisque les accélérations et les reprises permettent une conduite sécuritaire grâce à une réserve de puissance très suffisante pour faire face à toutes les situations, surtout que la transmission dont les rapports sont bien échelonnés, réagit rapidement et rétrograde sans se faire prier...

+ LE COMPORTEMENT. Il surprend par son efficacité sur un véhicule qui était sensé attirer des clients de modèles nord-américains. Malgré un léger roulis, l'Avalon s'inscrit facilement dans toutes sortes de virages, au point que l'on se surprend parfois à utiliser la puissance disponible pour conduire de manière un peu plus inspirée.

+ L'HABITABILITÉ. Elle est remarquable compte tenu de l'encombrement raisonnable qui est à peine supérieur à celui de la Camry actuelle. Les places avant comme arrière disposent de beaucoup d'espace en longueur comme en largeur ou en hauteur, tandis que les portes bien dimensionnées et ouvrant large permettent d'y accéder aisément.

+ LE FREINAGE. Il est à la fois efficace, stable, endurant tout en étant assez facile à doser malgré un certain manque de sensibilité de la part de la pédale.

+ LE CONFORT. Il découle de la souplesse de la suspension, du maintien efficace et du rembourrage généreux des sièges et de l'insonorisation qui ferait rougir certains modèles de très haut de gamme...

+ LA QUALITÉ. Elle fait la gloire de la marque par la minutie de l'assemblage, le soin de la finition et la qualité des principaux matériaux qui est irréprochable, bien que la présentation de la XL ne soit pas vraiment luxueuse puisque constituée de nombreuses matières plastiques.

+ LE POSTE DE CONDUITE. Il est très remarquablement bien organisé, car il met à la portée du conducteur les principales commandes et les contrôles qui sont simples et faciles à déchiffrer, tandis que la visibilité est satisfaisante sur toute la périphérie. Toutefois le fonctionnement de la radio demande à être soigneusement assimilé avant de prendre la route.

+ LE CÔTÉ PRATIQUE. Il s'ajoute au luxe de l'espace puisque les rangements sont bien disposés et en nombre suffisant, même s'ils sont plus concentrés à l'avant qu'à l'arrière et le coffre aussi long que large dont le seuil bas facilite l'accès et dont le dossier de la banquette double le volume en se rabattant vers la cabine.

NÉGATIF

- LE PRIX. Il est élevé pour un modèle qui n'est pas classé comme luxueux pour le justifier vraiment, même sur le XLS qui reste une Toyota et ne sera jamais une Lexus.

- LE STYLE. Il a surtout cherché à singer un modèle particulier de General Motors. Il est difficile de trouver du charme à ce modèle quel que soit l'angle sous lequel on le contemple, car les stylistes de Toyota sont des maîtres dans l'art de créer des produits incolores, inodores et sans saveur.

- LA DIRECTION. Elle manque trop de caractère et par moment devient floue et réclame une attention soutenue lorsque le vent souffle de côté. De plus son grand rayon de braquage pénalise sérieusement la maniabilité.

- LE NIVEAU DE BRUIT. Curieusement il demeure un peu plus élevé que sur d'autres véhicules de même statut, autant à cause des bruits de roulement qui dominent et révèlent une lacune au niveau de l'insonorisation, que des bruits éoliens suggérant que l'aérodynamique de la carrosserie n'a pas constitué un souci majeur pour le constructeur.

CONCLUSION

Destinée à une clientèle très spécifique, l'Avalon a parfaitement atteint son but qui consistait à vendre une voiture à des américains conservateurs qui avaient jurés de ne jamais acheter de modèle japonais. Le subterfuge a parfaitement fonctionné, à la grande satisfaction des intéressés... ☺

TOYOTA

ÉVALUATION
TOYOTA Avalon

CONCEPTION : 84%
Technique : 90
Sécurité : 100
Volume cabine : 80
Volume coffre : 70
Qualité/finition : 80

CONDUITE : 69%
Poste de conduite : 80
Performances : 65
Comportement : 60
Direction : 70
Freinage : 70

ÉQUIPEMENT D'ORIGINE : 77%
Pneus : 75
Phares : 80
Essuie-glace : 70
Dégivreur : 80
Radio : 80

CONFORT : 78%
Sièges : 80
Suspension : 80
Niveau sonore : 80
Commodités : 70
Climatisation : 80

BUDGET : 64%
Prix d'achat : 30
Consommation : 70
Assurance : 70
Satisfaction : 90
Dépréciation : 60

Moyenne générale: 74.4%

NOUVEAU POUR 1999

- Modèle XLS comprenant de base l'antipatinage, les sièges en cuir chauffant, le toit ouvrant et la mémorisation du siège conducteur.
- Nouvelle teinte extérieure titane.
- Cuir de couleur noir.
- Système de contrôle de l'éclairage.

MOTEURS / TRANSMISSIONS / PERFORMANCES

Modèles/ versions	Type / distribution soupapes / carburation	Cylindrée cc	Puissance ch @ tr/mn	Couple lb.pi @ tr/mn	Rapport volumét.	Roues motrices / transmissions	Rapport de pont	Accélér. 0-100 km/h s	400 m D.A. s	1000 m D.A. s	Reprise 80-120 km/h s	Freinage 100-0 km/h m	Vites. maxi. km/h	Accélér. latérale G	Niveau sonore dBA	Consommation l./100km Ville	Route	Carburant Octane
Avalon	V6 3.0 DACT-24-IESPM	2995	200 @ 5200	214 @ 4400	10.5 :1	avant - A4	3.625	8.5	16.4	29.0	6.1	38	200	0.80	64	11.2	7.3	R 87

PRIX & ÉQUIPEMENTS

TOYOTA Avalon	XL	XLS
Prix maxi $:	35 605	42 515
Prix mini $:	31 490	37 595
Transport & préparation $:	380	380
Boîte automatique:	S	S
Régulateur de vitesse:	S	S
Direction assistée:	S	S
Système antiblocage des freins:	S	S
Système antipatinage:	-	S
Climatiseur:	S	SA
Garnitures en cuir:	-	SC
Radio MA/MF/ Cassette:	S	S dc
Serrures électriques:	S	S
Lève-vitres électriques:	S	S
Volant ajustable:	S	S
Rétroviseurs ext. ajustables:	S	S
Jantes en alliage léger:	O	S
Système antivol:	O	S

Couleurs disponibles
Extérieur: Blanc, Noir, Rose, Titane, Sable, Épinette.

Intérieur: Noir, Ivoire, Quartz.

EN BREF...

Catégorie:	berlines tractées de grand format.		Classe : 6

HISTORIQUE

Inauguré en:	1995
Fabriqué à:	Georgetown, Kentuky, Etats-Unis,

PROFIL DE CLIENTÈLE

Modèle	Hom./Fem.	Âge moyen	Mariés	CEGEP	Revenus
Avalon	83/17 %	59 ans	87 %	42 %	85 000 $

INDICES

Sécurité:	100 %	Satisfaction:	92 %
Dépréciation:	42 %	Assurance:	825 $
Prix de revient au km:	0.58 $	Nbre de concessionnaires:	67

VENTES

Modèle	1996	1997	Résultat	Part de marché
Avalon	384	390	+ 1.6 %	13.5 %

PRINCIPAUX MODÈLES CONCURRENTS
ACURA RL, CHRYSLER LH & LHS, FORD Taurus & Crown Victoria, GM Série H, MAZDA Millenia, NISSAN Maxima.

ENTRETIEN REQUIS PAR LA GARANTIE

Première révision:	Fréquence:	Prise de diagnostic:
6 000 km	6 000 km	Oui

CARACTÉRISTIQUES

Modèles	Versions	Carrosseries/ Sièges	Volume cabine l.	Volume coffre l.	Cx	Empat. mm	Long x larg x haut. mm x mm x mm	Poids à vide kg	Susp. av/ar	Freins av/ar	Direction type	Diamètre braquage m	Tours volant b à b.	Réser. essence l.	dimensions	Pneus d'origine marque	modèle	Mécanique d'origine
TOYOTA		Garantie générale: 3 ans / 60 000 km; mécanique 5 ans / 100 000 km; corrosion, perforation: 5 ans / kilométrage illimité.																
Avalon	XL	ber.4 p. 5	2988	436	0.31	2720	4875x1790x1440	1560	ih/ih	d/d/ABS	crém.ass.	11.46	2.7	70.0		205/65R15 Bridgestone	Potenza RE92	V6/3.0/A4
Avalon	XLS	ber.4 p. 5	2988	436	0.31	2720	4875x1790x1440	1560	ih/ih	d/d/ABS	crém.ass.	11.46	2.7	70.0		205/65R15 Bridgestone	Potenza RE92	V6/3.0/A4

Venu de loin, Toyota a finalement réalisé son ambition de placer un de ses modèles en tête du palmarès des ventes nord-américaines. La déconfiture des dernières Taurus-Sable et de certaines de leurs homologues américaines a, sans aucun doute, facilité la tâche du constructeur nippon. Toutefois il ne reste pas moins vrai que la Camry est devenue au fil des années, une sorte de référence mondiale en matière de format et de qualité, sur laquelle tous les constructeurs tentent de s'aligner. C'est le cas de Honda qui n'a pas hésité à grossir sa Accord pour en faire une intermédiaire capable de rivaliser avec la Camry.

GAMME
Renouvelée voici deux ans, la Camry est proposée sous la forme d'une berline à 4 portes en finitions CE, CE V6, LE et XLE V6. Si les CE et LE sont pourvues du moteur à 4 cylindres de 2.2L développant 139 ch, les autres reçoivent un V6 de 3.0L dont la puissance atteint 194 ch. La transmission manuelle à 5 vitesses est livrée d'origine avec le moteur 4 cylindres et automatique à 4 rapports avec le V6. L'équipement de série du modèle de base comprend la direction assistée, les deux coussins gonflables, la colonne de direction ajustable et le mode intermittent des essuie-glace etc.

TECHNIQUE
La carrosserie monocoque en acier de la Camry a été sérieusement rigidifiée, lors de sa dernière refonte, au niveau du plancher, de la colonne de direction, des portes et des parties avant/arrière devant absorber les chocs en cas de collision. Sa finesse aérodynamique a été améliorée de façon peu coûteuse faisant passer le coefficient de 0.33 à 0.30 dans le but de réduire à fois les bruits éoliens et la consommation. L'empattement a été allongé de 52 mm et la longueur de 18 mm, mais le volume de la cabine et du coffre restent identiques à ceux de l'ancien modèle. De même, la largeur a gagné 10 mm et la hauteur 7 mm pour un poids sensiblement égal. Les suspensions indépendantes sont basées sur l'épure de MacPherson, mais elles ont été révisées dans le but d'améliorer la précision de la direction et du guidage des roues. Le freinage est mixte avec le moteur 4 cylindres, à quatre disques avec le V6 tandis que le système antiblocage des roues est standard sur tous les modèles excepté le CE de base. L'antipatinage, qui peut y être couplé est optionnel sur la XLE V6

La plus couronnée...

seulement, peut être mis hors circuit grâce à un interrupteur situé au tableau de bord.

POSITIF
+ L'APPARENCE. Plus moderne et plus raffinée la dernière carrosserie fait paraître la Camry plus petite qu'elle l'est en réalité tout en accentuant sa ressemblance avec la Honda Accord, ce qui en dit long sur les intentions de Toyota.

+ LA CONDUITE. Elle est agréable grâce à la douceur de l'ensemble des commandes, à la vivacité de la direction, au dosage précis du freinage, aux performances des deux moteurs et particulièrement celles du V6 qui peut être aussi soyeux à vitesse de croisière que rageur et musclé en accélérations ou en reprises.

+ LE CONFORT. Il tire parti du volume habitable permettant à quatre ou cinq adultes de prendre place à bord en profitant de suffisamment d'espace dans toutes les directions. Les sièges sont aussi bien galbés que rembourrés et la suspension, plus moelleuse, grâce à un débattement plus important des roues, qui nivelle mieux les défauts de la route. Le niveau sonore a été abaissé au point de faire paraître les bruits de vent et de roulement plus importants qu'ils le sont en réalité.

+ LA TENUE DE ROUTE. Elle est neutre longtemps, malgré le roulis modéré engendré par la souplesse de la suspension et il est prévisible dans la plupart des circonstances de conduite usuelle.

+ LA FIABILITÉ. Elle constitue le premier argument de la marque japonaise qui a développé au cours des années une philosophie de qua-

lité cachée qui a frappé les imaginations. C'est la durabilité des composants qui fait que la Camry récolte un des plus hauts indice de satisfaction de la part de ses propriétaires.

+ LE CÔTÉ PRATIQUE. Il profite des nombreux rangements disséminés dans la cabine et du volume appréciable du coffre qui communique avec l'habitacle par le dossier de la banquette se rabattant en deux parties.

NÉGATIF
- LA PRÉSENTATION. Elle est aussi ordinaire à l'extérieur qu'à l'intérieur où certains ajustements du tableau de bord ne paraissent pas aussi rigoureux qu'auparavant, et certaines différences de couleur entre différents éléments de plastique existent sur certains modèles, confirmant que malgré son prix, la Camry n'est pas une voiture de luxe. Son style passe-partout, qui ne provoque ni l'amour ni la haine traversera plus facilement l'épreuve du temps, car il est difficile à démoder.

- LA DIRECTION. Son assistance trop forte la rend légère et elle est sensible au moindre mouvement du volant, ce qui peut devenir préoccupant sur chaussée glissante ou lors d'une manoeuvre brutale d'évitement.

- LES PNEUS. Ceux livrés d'origine sont très glissants sur chaussée humide et il sera bon de les changer pour des enveloppes de meilleure qualité à la première occasion.

- LA SUSPENSION. Elle s'affole rapidement sur les défauts de faible amplitude, ce qui amène souvent le train avant en butée et les roues à enregistrer des pertes de motricité importantes.

- À REVOIR: l'absence de bouches d'air orientables aux places arrière comme on en trouve sur plusieurs modèles concurrents et la roue de secours de format régulier qui est difficile à atteindre car le tapis comme le couvercle ne sont pas faciles à dégager. On pourrait aussi souhaiter trouver un système de son de qualité supérieure qui soit plus en rapport avec le prix demandé.

CONCLUSION
La Camry est devenue une des plus solides icônes américaines grâce à son format médian, sa réputation de fiabilité due à la qualité de sa fabrication. Elle paie toutefois son universalité par la banalité de sa présentation et le fait qu'en en voit beaucoup partout ce qui n'est pas toujours valorisant pour un propriétaire... ☺

ÉVALUATION TOYOTA Camry		
CONCEPTION :		**75%**
Technique :	80	
Sécurité :	80	
Volume cabine :	70	
Volume coffre :	65	
Qualité/finition :	80	
CONDUITE :		**68%**
Poste de conduite :	80	
Performances :	60	
Comportement :	60	
Direction :	80	
Freinage :	60	
ÉQUIPEMENT D'ORIGINE :		**79%**
Pneus :	80	
Phares :	80	
Essuie-glace :	80	
Dégivreur :	80	
Radio :	75	
CONFORT :		**78%**
Sièges :	80	
Suspension :	80	
Niveau sonore :	70	
Commodités :	80	
Climatisation :	80	
BUDGET :		**67%**
Prix d'achat :	50	
Consommation :	70	
Assurance :	70	
Satisfaction :	90	
Dépréciation :	55	
Moyenne générale:		**73.4%**

NOUVEAU POUR 1999

- Trois nouvelles teintes extérieures.
- Système de contrôle de l'éclairage.
- Simplification des groupes d'options.

MOTEURS / TRANSMISSIONS / PERFORMANCES

Modèles/ versions	Type / distribution soupapes / carburation	Cylindrée cc	Puissance ch @ tr/mn	Couple lb.pi @ tr/mn	Rapport volumét.	Roues motrices / transmissions	Rapport de pont	Accélér. 0-100 km/h s	400 m D.A. s	1000 m D.A. s	Reprise 80-120 km/h s	Freinage 100-0 km/h m	Vites. maxi. km/h	Accélér. latérale G	Niveau sonore dBA	Consommation l./100km Ville	Route	Carburant Octane
CE	L4* 2.2 DACT-16-IESPM	2164	139 @ 5200	147 @ 4400	9.5 :1	avant - M5	3.944	10.5	17.7	31.4	7.2	40	180	0.80	67	10.0	6.8	R 87
CE, LE						avant - A4	3.944	11.8	18.6	32.8	8.6	40	175	0.78	67	10.4	7.2	R 87
CE V6,XLE V6* 3.0 DACT-24-IESPM		2995	194 @ 5200	209 @ 4400	10.5 :1	avant - A4	3.933	8.7	16.5	29.6	6.2	38	210	0.78	66	12.3	8.1	R 87

PRIX & ÉQUIPEMENTS

TOYOTA Camry berline	CE	CE V6	LE	XLE V6
Prix maxi $:	21 348	26 038	26 508	30 818
Prix mini $:	18 945	23 095	23 115	26 865
Transport & préparation $:	350	350	350	350
Boîte automatique:	O/S	S	S	S
Régulateur de vitesse:	S	S	S	S
Direction assistée:	S	S	S	S
Système antiblocage des freins:	-	S	S	S
Système antipatinage:	-	-	-	O
Climatiseur:	S	S	S	S
Garnitures en cuir:	-	-	-	S
Radio MA/MF/ Cassette:	S	S	S	S
Serrures électriques:	S	S	S	S
Lève-vitres électriques:	S	S	S	S
Volant ajustable:	S	S	S	S
Rétroviseurs ext. ajustables:	SE	SE	SE	SE
Jantes en alliage léger:	O	-	S	S
Système antivol:	-	-	-	O

Couleurs disponibles

Extérieur: Blanc, Sauge, Noir, Bois, Champagne, Rouge, Sable.

Intérieur: Gris, Chêne, Sauge.

EN BREF...

		Classe : 5
Catégorie:	berlines intermédiaires tractées.	

HISTORIQUE

Inauguré en:	1983-1997
Fabriqué à:	Georgetown, Kentucky, États-Unis.

PROFIL DE CLIENTÈLE

Modèle	Hom./Fem.	Âge moyen	Mariés	CEGEP	Revenus
Camry	70/30 %	54 ans	79 %	47 %	64 000 $

INDICES

Sécurité:	80 %	Satisfaction:	95 %
Dépréciation:	45 %	Assurance:	835-985 $
Prix de revient au km:	0.44 $	Nbre de concessionnaires:	67

VENTES

Modèle	1996	1997	Résultat	Part de marché
Camry	4 668	7 362	+ 57.7 %	23.4 %

PRINCIPAUX MODÈLES CONCURRENTS

BUICK Century-Regal, CHEVROLET Malibu-Lumina, CHRYSLER Cirrus-Stratus-LH, FORD Contour-Taurus, HONDA Accord, HYUNDAI Sonata, MAZDA 626, NISSAN Altima-Maxima, OLDSMOBILE Alero-Intrigue, PONTIAC Grand Am-Grand Prix, SUBARU Legacy, VOLKSWAGEN Passat.

ENTRETIEN REQUIS PAR LA GARANTIE

Première révision:	Fréquence:	Prise de diagnostic:
6 000 km	6 000 km	Oui

CARACTÉRISTIQUES

Modèles	Versions	Carrosseries/ Sièges	Volume cabine l.	Volume coffre l.	Cx	Empat. mm	Long x larg x haut. mm x mm x mm	Poids à vide kg	Susp. av/ar	Freins av/ar	Direction type	Diamètre braquage m	Tours volant b à b.	Réser. essence l.	dimensions	Pneus d'origine marque	modèle	Mécanique d'origine
TOYOTA	Garantie générale: 3 ans / 60 000 km; mécanique 5 ans / 100 000 km; corrosion, perforation: 5 ans / kilométrage illimité.																	
Camry	CE	ber.4 p.5	2744	399	0.30	2670	4785x1780x1415	1360	ih/ih	d/t	crém.ass.	10.79	3.06	70.0		195/70R14	Michelin	MX4	L4/2.2/M5
Camry	CE V6	ber.4 p.5	2744	399	0.30	2670	4785x1780x1415	1415	ih/ih	d/d/ABS	crém.ass.	11.19	3.06	70.0		205/65R15	Dunlop	Sport 4000	V6/3.0/A4
Camry	LE	ber.4 p.5	2744	399	0.30	2670	4785x1780x1415	1415	ih/ih	d/t/ABS	crém.ass.	10.79	3.06	70.0		195/70R14	Michelin	MX4	L4/2.2/A4
Camry	XLE V6	ber.4 p.5	2744	399	0.30	2670	4785x1780x1420	1475	ih/ih	d/d/ABS	crém.ass.	11.19	3.06	70.0		205/65R15	Dunlop	Sport 4000	V6/3.0/A4

Les ventes du petit RAV4 ont pris la relève de celles du coupé Celica qui n'avait jamais rêvé, même dans ses meilleures années d'être aussi populaire que le petit utilitaire l'est de nos jours. Cela témoigne du changement de goûts et mentalité important qu'a provoqué la vague déferlante des véhicules tout terrain, du moins à traction intégrale. Pourtant malgré des ventes minimes, la Celica attendra jusqu'à l'année prochaine ou elle verra sa remplaçante prendre la relève. Rien ici bas ne dure et la vague qui l'a emporté, lui ramènera un jour sa popularité...

GAMME

Le coupé Celica reste offert en version unique GT-S, mue par un 4 cylindres de 2.2L avec transmission manuelle en série et automatique en option. Son équipement de série comprend le régulateur de vitesse, la direction assistée, le dispositif antiblocage des freins, le climatiseur, la radiocassette à lecteur de disques compacts, les serrures, les vitres et les rétroviseurs à commande électrique et les jantes en alliage léger. Les seules options étant le système antivol et la transmission automatique.

TECHNIQUE

La carrosserie du coupé Celica est monocoque en acier. Elle offre une bonne rigidité que ce soit en torsion ou en flexion. Les trains avant et arrière sont fixés sur deux sous-châssis rapportés à la carrosserie afin de mieux l'isoler des bruits et vibrations en provenance des trains de roulement et de la mécanique. La suspension est indépendante aux quatre roues, selon le principe de la jambe de force MacPherson à l'avant, alors qu'à l'arrière elle est à bras tirés.

Une valve rotative montée sur le circuit d'assistance de la direction, améliore la franchise et la rapidité de ses réactions et les freins sont à quatre disques et le système antiblocage est standard.

Le moteur est un 4 cylindres de 2.2L à DACT à 16 soupapes développant 130 ch, équipé d'un radiateur d'huile. Il n'est pas des plus récents avec son bloc en fonte coiffé d'une culasse en aluminium, mais il a été mis au point pour procurer un excellent rendement.

POSITIF

+ LE STYLE. Le Celica actuel est un des plus réussis de son histoire, car il annonce exactement le genre de modèle auquel on a affaire. Nerveux et expressif il est très spectacu-

Le dépasseur dépassé...

laire dans certaines couleurs. Comparativement, le Supra qui lui était supérieur au titre des performances, était esthétiquement parlant nettement moins bien réussi.

+ LA CONDUITE. Elle est attrayante par la rapidité de la direction précise et bien dosée qui permet de placer le Celica avec beaucoup de précision et renseigne assez bien sur la nature du revêtement, la légèreté de la pédale d'embrayage et la précision du sélecteur de la boîte de vitesse.

+ LA TENUE DE ROUTE. Elle neutre et stable longtemps, avant que le sous-virage s'amorce, lorsque l'on pousse un peu trop en virage serré. Malgré sa traction sur les roues avant, le Celica est amusant à conduire car celui qui le connaît bien peut en tirer beaucoup de plaisir sur tracé sinueux.

+ LE FREINAGE. Il est aussi facile que précis à doser et fait preuve d'un bon équilibre, même sans système antiblocage. Toutefois les distances d'arrêt pourraient être plus courtes pour une voiture dite sportive, car certaines berlines familiales sont nettement plus efficaces sur ce plan.

+ LE POSTE DE PILOTAGE. Le conducteur est bien installé et dispose d'une visibilité satisfaisante, d'un tableau de bord fonctionnel et ergonomique traité comme celui du Supra (en mieux!).

+ LE RENDEMENT. Il est remarquablement économique puisqu'en usage normal le moteur de 2.2L permet de couvrir près de 700 km (435 miles) sur le plein du réservoir, un fait assez rare pour être signalé.

+ LE CONFORT. Il est surprenant

pour un véhicule de ce type car la suspension absorbe efficacement les inégalités de la route sans jamais devenir brutale. Les sièges bien formés au rembourrage consistant maintiennent adéquatement et le niveau sonore se maintient à un niveau raisonnable à vitesse de croisière. Le moteur se manifeste plus fortement lors des montées en régime, ce qui est tout à fait normal et finalement pas désagréable dans ce cas-ci, puisque son système d'échappement «sonne» sport...

+ LE CÔTÉ PRATIQUE. Ce coupé sportif n'en est pas dépourvu du fait que le coffre transformable peut être agrandi en basculant le dossier de la banquette qui est séparé 50/50, et que les rangements sont suffisamment spacieux et bien localisés dans la cabine.

NÉGATIF

- LE PRIX. Il explique en grande partie pourquoi le Celica s'est mal vendu ces dernières années et le condamne à jouer les figurants sur un marché déjà au point mort.

- LES PERFORMANCES. Elles sont décevantes du fait que le moteur 2.2L délivre sa puissance à haut régime, soit à des vitesses illégales à cause de la longueur des rapports de transmission plus destinés à favoriser la consommation que les accélérations ou les reprises. Un rapport de différentiel plus court procurerait des prestations plus nerveuses et donnerait au moins l'impression de rouler dans un véritable coupé sportif...

- L'HABITABILITÉ. Elle est plus restreinte que d'ordinaire, puisqu'elle est inférieure à celle d'un Honda Civic hatchback, et ne favorise pas les places arrière qui sont pratiquement inutilisables et ne serviront qu'à y installer de très jeunes enfant inconscients.

- LE NIVEAU SONORE. Il est maintenu élevé par les vociférations du moteur additionnées à ceux de la coque qui résonne à cause du manque d'insonorisant, surtout dans les passages de roue.

- L'EFFET DE COUPLE. Il se fait sentir lors des fortes accélérations et rend le guidage flou et la trajectoire incertaine.

- LA TENUE DE CAP. Le Celica est sensible au vent latéral de même qu'aux défauts de la route qui modifient sa trajectoire et réclame une attention soutenue.

CONCLUSION

Il vaudra mieux attendre un peu pour voir de quoi sera fait le remplaçant de l'actuel Celica qui est le résultat de trop de compromis douteux pour générer la passion. ☺

Celica

TOYOTA

ÉVALUATION
TOYOTA Celica

CONCEPTION : 62%
Technique : 80
Sécurité : 80
Volume cabine : 30
Volume coffre : 40
Qualité/finition : 80

CONDUITE : 68%
Poste de conduite : 80
Performances : 55
Comportement : 65
Direction : 80
Freinage : 60

ÉQUIPEMENT D'ORIGINE : 77%
Pneus : 80
Phares : 80
Essuie-glace : 75
Dégivreur : 75
Radio : 75

CONFORT : 67%
Sièges : 75
Suspension : 60
Niveau sonore : 50
Commodités : 70
Climatisation : 80

BUDGET : 61%
Prix d'achat : 40
Consommation : 75
Assurance : 50
Satisfaction : 90
Dépréciation : 50

Moyenne générale: 67.0%

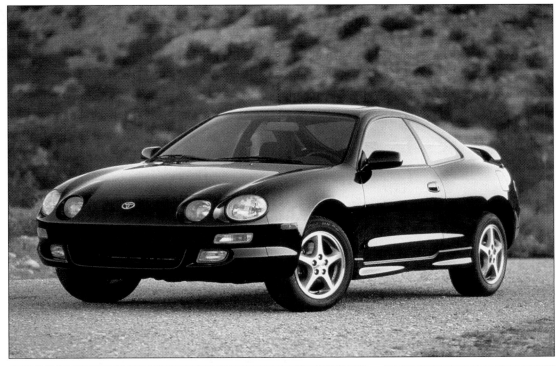

NOUVEAU POUR 1999

• Spécifications identiques à celles de 1998 à l'exception de l'abandon de deux teintes extérieures: le noir et le turquoise-vert.

MOTEURS / TRANSMISSIONS / PERFORMANCES

Modèles/versions *: de série	Type / distribution soupapes / carburation	Cylindrée cc	Puissance ch @ tr/mn	Couple lb.pi @ tr/mn	Rapport volumét.	Roues motrices / transmissions	Rapport de pont	Accélér. 0-100 km/h s	400 m D.A. s	1000 m D.A. s	Reprise 80-120 km/h s	Freinage 100-0 km/h m	Vites. maxi. km/h	Accélér. latérale G	Niveau sonore dBA	Conso. Ville	Conso. Route	Carburant Octane
GT-S	L4* 2.2-DACT-16-IESPM	2164	130 @ 5400	145 @ 4400	9.5 :1	avant - M5*	3.94	9.0	16.5	30.5	6.4	38	200	0.87	68	10.8	7.5	R 87
						avant - A4	4.18	10.2	17.3	31.2	7.0	40	190	0.87	68	10.6	7.6	R 87

PRIX & ÉQUIPEMENTS

TOYOTA Celica GT-S
Prix maxi $: 34 138
Prix mini $: 29 741
Transport & préparation $: 380
Boîte automatique: O
Régulateur de vitesse: S
Direction assistée: S
Système antiblocage des freins: S
Système antipatinage: -
Climatiseur: S
Garnitures en cuir: -
Radio MA/MF/ Cassette: SDc
Serrures électriques: S
Lève-vitres électriques: S
Volant ajustable: S
Rétroviseurs ext. ajustables: SE
Jantes en alliage léger: S
Système antivol: O

Couleurs disponibles
Extérieur: Iris, Rouge, Argent, Blanc.
Intérieur: Blanc, Ivoire.

EN BREF...
Catégorie: coupés sportifs tractés. Classe : 3S

HISTORIQUE
Inauguré en: 1971-1994.
Fabriqué à: Tahara, Japon.

PROFIL DE CLIENTÈLE
Modèle	Hom./Fem.	Âge moyen	Mariés	CEGEP	Revenus
Celica	59/41 %	41 ans	54 %	48 %	91 000 $

INDICES
Sécurité: 80 % — Satisfaction: 88 %
Dépréciation: 50 % — Assurance: 1045 $
Prix de revient au km: 0.45 $ — Nbre de concessionnaires: 67

VENTES
Modèle	1996	1997	Résultat	Part de marché
Celica	62	19	- 69.4 %	ND

PRINCIPAUX MODÈLES CONCURRENTS
ACURA Integra, CHEVROLET Camaro, FORD Mustang, HONDA Prelude, HYUNDAI Tiburon, PONTIAC Firebird.

ENTRETIEN REQUIS PAR LA GARANTIE
Première révision: 6 000 km — Fréquence: 6 000 km — Prise de diagnostic: Oui

CARACTÉRISTIQUES

Modèles	Versions	Carrosseries/ Sièges	Volume cabine l.	Volume coffre l.	Cx	Empat. mm	Long x larg x haut. mm x mm x mm	Poids à vide kg	Susp. av/ar	Freins av/ar	Direction type	Diamètre braquage m	Tours volant b à b.	Réser. essence l.	dimensions	Pneus d'origine marque	modèle	Mécanique d'origine
TOYOTA Celica GT-S		cpé.3 p.2+2	2186	459	0.32	2540	4425x1750x1305	1170	ih/ih	d/d/ABS	crém.ass.	11.2	2.9	60.0	205/55R15	Michelin	-	L4/2.2/M5

Garantie générale: 3 ans / 60 000 km; mécanique 5 ans / 100 000 km; corrosion, perforation: 5 ans / kilométrage illimité.

TOYOTA

La Corolla est la seule voiture à véritablement mériter le qualificatif de mondiale, car elle est la seule à être vendue à un aussi grand nombre d'exemplaires, à être fabriquée dans le plus grand nombre de pays à la surface de la Terre, ce qui implique qu'elle détient aussi le record du plus grand nombre de versions. En y regardant de plus près on s'aperçoit que ce qui constitue son principal attrait, c'est qu'elle est médiane en tout. De sa taille, à sa cylindrée, en passant par sa consommation et son prix, elle est la championne de la moyenne.

GAMME

La Corolla est une berline à 4 portes commercialisée en 1998 en versions VE, CE et LE mue par un 4 cylindres à DACT de 1.8L donnant 120 ch. La boîte manuelle à 5 vitesses est de série sur les VE et CE, et l'automatique à 4 rapports est optionnelle sur les modèles VE, CE et standard sur le LE. Le modèle de base VE est équipé de deux coussins gonflables, de la direction assistée, d'un radio-cassette du mode intermittent des essuie-glace et des rétroviseurs latéraux ajustables manuellement. La CE y ajoute la colonne de direction ajustable, tandis que la LE dispose de la transmission automatique, du régulateur de vitesse, des vitres et serrures à commande électrique et du climatiseur (option VE, CE). Enfin le toit ouvrant et le système antiblocage des freins sont les seuls options de la LE.

TECHNIQUE

Monocoque en acier la carrosserie de la Corolla a vu son efficacité aérodynamique améliorée en faisant passer son coefficient de 0.33 à 0.31. Son ossature primaire a été sérieusement rigidifiée. Elle forme une sorte de cage en acier à haute résistance entourant l'habitacle afin de mieux le protéger en cas de collision et pour résister aux torsions comme aux flexions. La suspension, indépendante aux quatre roues, reste basée sur le principe de MacPherson, mais cette fois les deux trains sont pourvus d'une barre stabilisatrice. À l'arrière le montage à bras parallèles améliore la stabilité et procure un comportement plus neutre en courbe. La direction assistée et le freinage mixte sont standard sur tous les modèles mais seule la version LE peut disposer du système antiblocage contre supplément. Parmi les curiosités techniques, on note la présence d'une valve dans le pot d'échappement principal permettant de créer un circuit court à bas régime et long à haut

Étalon mondial...

régime afin de diminuer la pression et laisser passer un plus grand volume de gaz.

POSITIF

+ LA VALEUR. La Corolla conserve une excellente valeur de revente grâce à sa réputation de fiabilité et de durabilité. Ce qui explique que les modèles d'occasion soient rares et chers. Au pire la voiture ne sort pas de la famille car les parents la donnent aux enfants et ainsi de suite.

+ LA SÉCURITÉ. Elle a été améliorée par la rigidification de la coque et la présence des coussins gonflables et la Corolla n'a jamais fait si solide et on s'y sent en confiance.

+ LE STYLE. Bien que très conservateur il a un certain charme et est devenu une sorte de classique où tout est équilibré, harmonieux, sans excès et difficile à démoder.

+ L'HABITABILITÉ. Il y a assez d'espace dans l'habitacle pour que quatre adultes puissent s'y installer confortablement et, chose rare, l'accès est aisé aux places arrière dont les portes bien dimensionnées s'ouvrent largement.

+ LA CONDUITE. Son agrément tient à la douceur des commandes, la bonne position du conducteur, la visibilité périphérique satisfaisante et l'organisation rationnelle du tableau de bord.

+ LES PERFORMANCES. Le dernier moteur de 1.8L procure, même avec la transmission automatique, des accélérations et des reprises très honnêtes vu le rendement économique, puisque la consommation est des plus frugales.

+ LA TENUE DE ROUTE. Elle demeure neutre et équilibré dans la plupart des circonstances ce qui

permet de la mettre entre toutes les mains sans appréhension, à condition toutefois qu'elle soit chaussée de pneus de qualité.

+ LE CONFORT. Il est excellent pour une voiture de ce format dont la suspension est souple, mais pas trop, l'insonorisation efficace et les sièges avant mieux galbés et rembourrés que la plate banquette.

+ LES PNEUS. Les Michelin MX4 qui ont remplacé les Goodyear Affinity essayés l'an dernier ont une adhérence bien supérieure, même sur chaussée humide et ils sont moins bruyants. Toutefois le modèle de base semble monté sur des roues de bicyclette...

+ LE CÔTÉ PRATIQUE. Les rangements comprennent une boîte à gants de bonne taille, des petits vide-poches de portières, un coffret placé sous les commandes de climatisation et les deux bacs répartis sur la console centrale. Quant au coffre il est facile d'accès et sa contenance est proportionnelle au format de la cabine et il peut être agrandi en abaissant facilement le dossier de la banquette.

NÉGATIF

- LA QUALITÉ. Il semble qu'elle soit moins évidente que sur l'ancien modèle et on ne parle plus chez Toyota du concept de «qualité cachée» qui prévaluts pendant si longtemps. La plupart des matériaux font très utilitaires même sur la version la plus luxueuse.

- LE PRIX. Il est trop élevé pour une petite voiture fabriquée en Amérique du Nord et avec les options «obligatoires», il n'est pas rare qu'il atteigne facilement celui d'un modèle de la classe supérieure...

- LES REPRISES. Elles laissent à désirer dès que la voiture est chargée à sa pleine capacité et dans ce cas la boîte manuelle aide mieux que l'automatique qui cherche sans arrêt le meilleur rapport.

- LA DIRECTION. Elle est trop légère et parfois un peu floue par excès d'assistance qui demande une plus grande attention.

- LES PLACES ARRIÈRE. Elles sont moins généreuses qu'à l'avant et il est impossible d'y asseoir trois adultes comme le prétend Toyota, car la banquette manque de largeur, son maintien latéral est faible et son rembourrage relativement dur.

CONCLUSION

La Corolla va continuer de procurer à des familles moyennes, un moyen de locomotion simple, fiable et économique en même temps qu'un confort très honnête et une allure passe-partout...

ÉVALUATION
TOYOTA Corolla

CONCEPTION :		72%
Technique :	80	
Sécurité :	90	
Volume cabine :	60	
Volume coffre :	50	
Qualité/finition :	80	

CONDUITE :		64%
Poste de conduite :	80	
Performances :	50	
Comportement :	60	
Direction :	75	
Freinage :	55	

ÉQUIPEMENT D'ORIGINE :		75%
Pneus :	75	
Phares :	80	
Essuie-glace :	75	
Dégivreur :	75	
Radio :	70	

CONFORT :		72%
Sièges :	75	
Suspension :	70	
Niveau sonore :	70	
Commodités :	70	
Climatisation :	75	

BUDGET :		76%
Prix d'achat :	70	
Consommation :	85	
Assurance :	70	
Satisfaction :	90	
Dépréciation :	65	

Moyenne générale:		**71.8%**

NOUVEAU POUR 1999

- La transmission automatique à trois rapports n'est plus disponible.
- Climatiseur standard sur le modèle LE.
- Rétroviseurs extérieurs ajustables manuellement sur le modèle VE.
- Retrait et addition de trois teintes extérieures.

MOTEURS / TRANSMISSIONS / PERFORMANCES

Modèles/ versions *: de série	Type / distribution soupapes / carburation	Cylindrée cc	Puissance ch @ tr/mn	Couple lb.pi @ tr/mn	Rapport volumét.	Roues motrices / transmissions	Rapport de pont	Accélér. 0-100 km/h s	400 m D.A. s	1000 m D.A. s	Reprise 80-120 km/h s	Freinage 100-0 km/h m	Vites. maxi. km/h	Accélér. latérale G	Niveau sonore dBA	Consommation l./100km Ville	Route	Carburant Octane
1)	L4* 1.8 DACT-16-IESPM	1794	120 @ 5600	122 @ 4400	10.5 :1	avant - M5*	3.722	9.5	16.6	30.8	6.9	41	185	0.76	65	7.7	5.8	R 87
2)						avant - A4*	2.655	11.2	17.8	32.2	7.8	42	180	0.78	67	8.3	6.0	R 87

1) base   2) de série LE, option VE, CE.

PRIX & ÉQUIPEMENTS

TOYOTA Corolla berline	VE	CE	LE
Prix maxi $:	15 090	16 700	20 070
Prix mini $:	13 975	15 275	18 350
Transport & préparation $:	300	300	300
Boîte automatique:	O	O	S
Régulateur de vitesse:	-	O	S
Direction assistée:	S	S	S
Système antiblocage des freins:	-	-	O
Système antipatinage:	-	-	-
Climatiseur:	O	O	S
Garnitures en cuir:	-	-	-
Radio MA/MF/ Cassette:	S	S	S
Serrures électriques:	-	-	S
Lève-vitres électriques:	-	-	S
Volant ajustable:	O	S	S
Rétroviseurs ext. ajustables:	SM	SM	SE
Jantes en alliage léger:	-	-	-
Système antivol:			

Couleurs disponibles

Extérieur: Blanc, Noir, Iris, Sable, Sarcelle, Émeraude.

Intérieur: Beige, Gris.

EN BREF...

Catégorie: berlines compactes tractées.   **Classe :** 3

HISTORIQUE

Inauguré en:	1966-1998
Fabriqué à:	Cambridge, Ontario, Canada et Fremont, Californie, E-U.

PROFIL DE CLIENTÈLE

Modèle	Hom./Fem.	Âge moyen	Mariés	CEGEP	Revenus
Corolla	50/50 %	43 ans	70 %	50 %	53 000 $

INDICES

Sécurité:	90 %	Satisfaction:	90 %
Dépréciation:	35 %	Assurance:	775 $
Prix de revient au km:	0.43 $	Nbre de concessionnaires:	67

VENTES

Modèle	1996	1997	Résultat	Part de marché
Corolla	11 749	13 841	+ 17.8%	13.1 %

PRINCIPAUX MODÈLES CONCURRENTS

CHEVROLET Cavalier, DODGE-PLYMOUTH Neon, FORD Escort, HONDA Civic, HYUNDAI Elantra, MAZDA Protegé, NISSAN Sentra, PONTIAC Sunfire, SATURN SL1 & SL2, SUBARU Impreza, SUZUKI Esteem, VOLKSWAGEN Jetta.

ENTRETIEN REQUIS PAR LA GARANTIE

Première révision:	Fréquence:	Prise de diagnostic:
6 000 km	6 000 km	Oui

CARACTÉRISTIQUES

Modèles	Versions	Carrosseries/ Sièges	Volume cabine l.	Volume coffre l.	Cx	Empat. mm	Long x larg x haut. mm x mm x mm	Poids à vide kg	Susp. av/ar	Freins av/ar	Direction type	Diamètre braquage m	Tours volant b à b.	Réser. essence l.	dimensions	Pneus d'origine marque	modèle	Mécanique d'origine
TOYOTA							Garantie générale: 3 ans / 60 000 km; mécanique 5 ans / 100 000 km; corrosion, perforation: 5 ans / kilométrage illimité.										
Corolla	VE	ber.4 p.4/5	2608	343	0.31	2465	4420x1695x1385	1095	ih/ih	d/t	crém.ass.	9.8	3.2	50.0	175/65R14	Michelin	MX4	L4/1.8/M5
Corolla	CE	ber.4 p.4/5	2608	343	0.31	2465	4420x1695x1385	1110	ih/ih	d/t	crém.ass.	9.8	3.2	50.0	175/65R14	Michelin	MX4	L4/1.8/M5
Corolla	LE	ber.4 p.4/5	2608	343	0.31	2465	4420x1695x1385	1145	ih/ih	d/t	crém.ass.	9.8	3.2	50.0	185/65R14	Michelin	MX4	L4/1.8/A4

Les véhicules polyvalents compacts ont fait une percée intéressante, puisque que l'on compte actuellement cinq modèles dans ce créneau. Honda et Toyota se sont engouffrés voici deux ans dans cette catégorie que Suzuki a inventé voici plus de dix ans avec ses Jimny, Samurai et Sidekick. Ce qui est intéressant ici, c'est que contrairement à d'autres segments où les opposants sont tous quasiment pareils, ici ils sont tous différents. Le RAV4 fait plutôt office de véhicule-jouet son rôle utilitaire étant des plus minces.

GAMME

Le RAV4 est offert sous la forme d'une carrosserie courte à deux portes ou longue à quatre portes avec transmission à 4 roues motrices. Ces modèles partagent la même mécanique constituée d'un moteur 4 cylindres de 2.0L à DACT et 16 soupapes associé à une transmission manuelle à 5 vitesses en série ou automatique à 4 rapports en option. L'équipement du modèle à deux portes est succinct, puisqu'il ne dispose que de la direction assistée, d'un régulateur de vitesse, d'un radiocassette et de rétroviseurs extérieurs à ajustement manuel. Le 4 portes est plus luxueusement traité, puisqu'il comprend en plus, l'antiblocage des roues, le climatiseur, les principaux asservissements électriques, les jantes en alliage léger et un système antivol.

TECHNIQUE

La carrosserie monocoque en acier dont certains panneaux sont spécialement traités pour résister à la corrosion, a été privilégiée parce que plus légère que la carrosserie rapportée sur un châssis conventionnel et parce qu'avec les renforts appropriés, elle est suffisamment rigide. La suspension est indépendante aux quatre roues selon le principe de MacPherson à l'avant, tandis qu'à l'arrière on trouve des bras inférieurs en forme de L faisant office de barre de torsion. La direction est à crémaillère assistée et le freinage mixte avec système antiblocage en série sur le 4 portes. La transmission intégrale est permanente avec différentiel central à viscocouplage dont le blocage s'effectue de manière automatique et hydraulique avec la boîte automatique et par la pression d'un bouton situé au tableau de bord avec la transmission manuelle. La démultiplication du premier rapport des deux boîtes est assez courte pour permettre de se passer d'une boîte de transfert à rapports hauts et bas.

Drôle, mais limité...

Le moteur est un robuste 2.0L à DACT et 4 soupapes par cylindre qui a vu l'an dernier sa puissance et son couple augmentés.

POSITIF

+ SON PRIX. Il semble plus réaliste que lors de son lancement et considérant l'équipement de série, le RAV4 constitue une bonne affaire, surtout que sa valeur de revente se maintient au beau fixe...

+ LES PERFORMANCES. Elles sont très proches de celles d'une automobile grâce à un rapport poids/puissance raisonnable, la démultiplication judicieuse de la transmission et la souplesse du moteur qui permet d'honnêtes reprises à bas régime, même avec la transmission automatique.

+ LA PRÉSENTATION. Elle fait jeune grâce au style mutin de la carrosserie et les garnitures bigarrées des sièges qui changent du gris moyen universel.

+ LA CONDUITE. Elle est rendue agréable par la position élevée du conducteur qui y voit bien vers l'avant et les côtés de même que l'organisation rationnelle du tableau de bord qui met les commandes et contrôles à portée de la main.

+ LE COMPORTEMENT. Il est rassurant, même avec la version courte qui se conduit comme une petite voiture, à la différence près qu'il faut tenir compte de la hauteur du centre de gravité avant d'aborder des virages très serrés à vive allure. Les RAV4 est agile sur tracé sinueux et sa maniabilité fait merveille en ville.

+ LE CONFORT. Il est plus évident sur la version à quatre portes qui dispose d'un empattement plus long

et sautille moins que le petit deux portes qui joue les grenouilles sur mauvaise route.

+ LA QUALITÉ. Elle est fidèle à la philosophie dont Toyota s'est fait le champion. L'assemblage est solide, la finition aussi soignés que la qualité des matériaux employés qui ne font pas utilitaires.

+ LE CÔTÉ PRATIQUE. Sous cet aspect le RAV4 est un vrai charme car les rangements sont suffisants. La boîte à gants est vaste, les vide-poches de portière bien dimensionnés, plus quelques évidements sur la partie centrale du tableau de bord. Le coffre est aussi facilement modulable qu'accessible par le grand hayon à battant et libère tout l'espace nécessaire à la demande, même sur la version deux portes où son volume est pourtant plus modeste lorsque la banquette est occupée.

NÉGATIF

- LES PRESTATIONS LIMITÉES. Le RAV4 n'est pas un véritable tout terrain, car l'absence de pneus cramponnés et d'une véritable boîte de transfert gêne sa progression en terrain accidenté où il éprouve des difficultés à surmonter les obstacles importants ou lorsque l'adhérence est très précaire. Avant de suivre de véritables 4x4 il faudra connaître ses limites et le munir d'un treuil avec un long câble.

- L'HABITABILITÉ. La carrosserie est étroite et on a l'impression d'être collé sur les autres occupants car la partie haute de carrosserie va en diminuant.

- LE CONFORT. Le petit Toyota s'apprécie moins sur long trajet où les sièges supportent mal et le sautillement de la suspension devient plus gênant que lors des petites ballades ou pour se rendre au travail. L'empattement court de la version 2 portes provoque un effet de chaise berçante peu agréable sur mauvais revêtement.

- LA VISIBILITÉ. Elle est médiocre vers l'arrière où la roue de secours et des appuie-tête est plutôt gênante.

- À REVOIR: le hayon qui s'ouvre du mauvais côté par rapport au trottoir, parce qu'au Japon on roule à gauche...

CONCLUSION

LE RAV4 est un gadget amusant et sans danger à condition de ne pas sortir des sentiers battus. Il sera plus à l'aise en ville ou en banlieue qu'au milieu de la nature qui constitue pour lui un environnement hostile, si l'on ne tient pas compte de ses limites...

ÉVALUATION TOYOTA RAV4

CONCEPTION :		70%
Technique :	80	
Sécurité :	70	
Volume cabine :	50	
Volume coffre :	70	
Qualité/finition :	80	

CONDUITE :		58%
Poste de conduite :	75	
Performances :	45	
Comportement :	40	
Direction :	80	
Freinage :	50	

ÉQUIPEMENT D'ORIGINE :		77%
Pneus :	85	
Phares :	75	
Essuie-glace :	75	
Dégivreur :	70	
Radio :	80	

CONFORT :		71%
Sièges :	80	
Suspension :	70	
Niveau sonore :	50	
Commodités :	80	
Climatisation :	75	

BUDGET :		70%
Prix d'achat :	55	
Consommation :	75	
Assurance :	55	
Satisfaction :	90	
Dépréciation :	75	

Moyenne générale: 69.2%

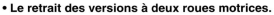

NOUVEAU POUR 1999

- Le retrait des versions à deux roues motrices.
- Les jantes en alliage, standard sur les 2 portes.
- Les rétroviseurs extérieurs à ajustement manuel et régulateur de vitesse, de série sur les 2 portes.
- Les serrures électriques, de base sur les 4 portes.
- Les trois teintes de carrosserie.

MOTEURS / TRANSMISSIONS / PERFORMANCES

Modèles/ versions *: de série	Type / distribution soupapes / carburation	Cylindrée cc	Puissance ch @ tr/mn	Couple lb.pi @ tr/mn	Rapport volumét.	Roues motrices / transmissions	Rapport de pont	Accélér. 0-100 km/h s	400 m D.A. s	1000 m D.A. s	Reprise 80-120 km/h s	Freinage 100-0 km/h m	Vites. maxi. km/h	Accélér. latérale G	Niveau sonore dBA	Consommation l./100km Ville	Route	Carburant Octane
RAV4	L4* 2.0 DACT-16-IESPM	1998	127 @ 5400	132 @ 4600	9.5 :1	toutes - M5*	4.933	11.5	18.2	32.7	9.5	43	165	0.70	68	10.7	8.5	R 87
						toutes - A4	4.404	13.0	18.5	34.2	12.1	45	160	0.70	68	10.8	8.4	R 87

PRIX & ÉQUIPEMENTS

TOYOTA RAV4 (4x4)	2 p.	4 p.
Prix maxi $:	**22 118**	**23 478**
Prix mini $:	**19 950**	**21 170**
Transport & préparation $:	**360**	**360**
Boîte automatique:	O	O
Régulateur de vitesse:	S	S
Direction assistée:	S	S
Système antiblocage des freins:	O	S
Système antipatinage:	-	-
Climatiseur:	O	S
Garnitures en cuir:	-	-
Radio MA/MF/ Cassette:	S	SDc
Serrures électriques:	O	S
Lève-vitres électriques:	O	S
Volant ajustable:	O	S
Rétroviseurs ext. ajustables:	SM	SE
Jantes en alliage léger:	S	S
Système antivol:	O	S

Couleurs disponibles

Extérieur: Violet, Rouge, Blanc, Séquoia, Noir, Vert, Saphir, Argent.

Intérieur: Gris.

EN BREF...

Catégorie: véhicules polyvalents à 4 roues motrices. **Classe :** utilitaires

HISTORIQUE

Inauguré en: 1997
Fabriqué à: Toyota City, Japon.

PROFIL DE CLIENTÈLE

Modèle	Hom./Fem.	Âge moyen	Mariés	CEGEP	Revenus
RAV4	ND				

INDICES

Sécurité:	70 %	Satisfaction:	87 %
Dépréciation:	25 %	Assurance:	955 $
Prix de revient au km:	0.45 $	Nbre de concessionnaires:	67

VENTES

Modèle	1996	1997	Résultat	Part de marché
RAV4	629	3 603	+ 472.8 %	29.0 %

PRINCIPAUX MODÈLES CONCURRENTS
CHEVROLET Tracker, HONDA CR-V, JEEP TJ, SUBARU Forester, SUZUKI Sidekick.

ENTRETIEN REQUIS PAR LA GARANTIE
Première révision: Fréquence: Prise de diagnostic:

CARACTÉRISTIQUES

Modèles	Versions	Carrosseries/ Sièges	Volume cabine	Volume coffre	Cx	Empat. mm	Long x larg x haut. mm x mm x mm	Poids à vide kg	Susp. av/ar	Freins av/ar	Direction type	Diamètre braquage m	Tours volant b à b.	Réser. essence l.	dimensions	Pneus d'origine marque	modèle	Mécanique d'origine
TOYOTA	Garantie générale: 3 ans / 60 000 km; mécanique 5 ans / 100 000 km; corrosion, perforation: 5 ans / kilométrage illimité.																	
RAV4	4RM	t.t. 2 p.4/5	-	272	-	2200	3749x1694x1656	1225	ih/ih	d/t	crém.ass.	10.2	2.7	58.0	235/60R16	Bridgestone Dueler H/T		L4/2.0/M5
RAV4	4RM	t.t. 4 p. 4	-	889	-	2410	4161x1694x1661	1290	ih/ihd/t/ABS	crém.ass.	11.0	2.7	58.0	235/60R16	Bridgestone Dueler H/T		L4/2.0/M5	

TOYOTA

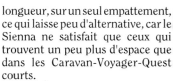

C'est avec la Sienna inaugurée l'an dernier que Toyota a fait sa véritable entrée dans le marché des mini-fourgonnettes en Amérique du Nord. Auparavant la Previa ne comblait que des fanatiques des produits Toyota, car sa propulsion la rendait dangereuse l'hiver et sa traction intégrale la mettait hors de prix. De plus, la position baroque de son moteur situé sous les sièges avant venait du fait qu'elle était établie à partir de la mécanique conventionnelle d'une camionnette genre Tacoma...Tout un hybride...

GAMME

La Sienna est une mini-fourgonnette compacte à 3 ou 4 portes et 7 places dont le format se situe entre ceux de la Caravan et de la Windstar. Elle est offerte en versions CE, LE et XLE qui est un groupe d'options. Son équipement d'origine comprend la transmission automatique, deux coussins gonflables, un climatiseur manuel, le freinage antiblocage aux quatre roues, un radiocassette, la colonne de direction ajustable et le mode intermittent des essuie-glace. La LE y ajoute les serrures, les vitres et les rétroviseurs chauffants à commandes électriques et le régulateur de vitesse. Parmi les options disponibles sur la LE, on compte les garnitures en cuir, les jantes en alliage léger, le toit ouvrant et le système antivol.

TECHNIQUE

La Sienna est basée sur la plateforme de la Camry qui a été adaptée pour la circonstance. Comparée à la Previa qu'elle remplace, son implantation mécanique est plus contemporaine, puisque le moteur V6 est disposé transversalement entre les roues avant qui sont motrices. La carrosserie monocoque en acier dont certains panneaux sont galvanisés comporte deux berceaux supportant les suspensions qui sont indépendantes aux quatre roues de type MacPherson à l'avant et à barres de torsion à l'arrière.

Les freins sont mixtes avec antiblocage et la direction à crémaillère est assistée en série sur tous les modèles qui disposent aussi d'un système de surveillance de la pression des pneus.

Le moteur V6 de 3.0L à DACT et 24 soupapes est le plus puissant de sa cylindrée, puisqu'il développe 194 ch, à peu près autant que le 3.8L de la Windstar...

POSITIF

+ LE CONFORT. Il tire sa qualité du bon calibrage des suspensions qui sont ni trop souples ni trop fermes ainsi que de la rigidité de la caisse qui est bien insonorisée.

+ LES PERFORMANCES. Profitant d'un rapport poids/puissance très favorable, la Sienna dispose d'accélérations et de reprises dont les chiffres sont comparables à ceux d'une voiture de tourisme.

+ LA VALEUR. Pour un prix réaliste la Sienna offre un niveau d'équipement satisfaisant même sur la version CE qui procure un minimum tout à fait décent.

+ L'HABITABILITÉ. Elle est bien calculé car il y a plus d'espace pour sept personnes dans la Sienna que dans les Villager, Caravan ou Venture à empattement court, tout en évitant les problèmes de rigidité qui affectent les versions à empattement allongé.

+ LA TENUE DE ROUTE. Elle est aussi saine qu'équilibrée, démontrant une bonne stabilité en ligne droite et un équilibre rassurant dans les grandes courbes et les virages, même abordé à bonne allure.

+ LA DIRECTION. Rapide, précise et bien dosée, elle ne transmet pas d'effet de couple lors des fortes accélérations.

NÉGATIF

- LE STYLE. Signé Toyota, il est banal et rappelle trop celui des Villager-Quest avec un porte-à-faux arrière plus important qui s'explique par une habitabilité supérieure. On remarque toutefois que le rail qui guide les portes coulissantes n'a pas été aussi bien intégré que sur ses rivales chez Chrysler ou GM. La Sienna a perdu le caractère original qui constituait le principal attrait de la Previa.

- LE CHOIX. Il se limite à une seule longueur, sur un seul empattement, ce qui laisse peu d'alternative, car le Sienna ne satisfait que ceux qui trouvent un peu plus d'espace que dans les Caravan-Voyager-Quest courts.

- LES SIÈGES. Ils déçoivent autant par leur manque de galbe qui prive de soutien latéral, que leur rembourrage mince et peu moelleux. De plus, la dernière banquette est difficile à atteindre et son système d'escamotage en deux parties n'est pas aussi pratique que celui qui prévalait dans la défunte Previa.

- LE FREIN DE STATIONNEMENT. Actionné au pied il est l'un des moins pratiques du marché et Toyota aurait pu se forcer pour trouver quelque chose de plus novateur.

- LA VISIBILITÉ. Elle est gênée de 3/4 et vers l'arrière par l'épaisseur du pilier C et la forme étroite de la lunette, sans parler des appuie-tête des places arrière.

- LE ROULIS. Sur tracé sinueux la souplesse excessive de la suspension provoque du roulis qui force à modérer l'allure, tandis que le train avant va rapidement en butée dès que le revêtement n'est plus parfait.

- LA MANIABILITÉ. Le diamètre de braquage, peu en rapport avec la longueur de l'empattement, gêne les manoeuvres de stationnement.

- LE FREINAGE. Celui des premiers modèles mis à notre disposition, manquaient singulièrement de puissance et les distances des arrêts d'urgence simulés étaient longues. Toutefois l'antiblocage livré d'origine assure des trajectoires parfaitement rectilignes.

- LA PRÉSENTATION. À l'intérieur, elle fait très utilitaire, car le fini brillant de certaines matières plastiques manque de classe.

- LES PNEUS. Les Dunlop installés au Canada, sont aussi médiocres que les Goodyear Affinity installés pour les États-Unis, aussi bien en matière d'adhérence que de confort.

- À REVOIR. L'ergonomie imparfaite du tableau de bord dont la console centrale est trop basse et certains accessoires mal disposés, ainsi que le manque de rangements puisque seuls les vide-poches des portières avant sont de taille convenable.

CONCLUSION

Par trop de compromis, Toyota ne répond que partiellement à la demande du marché avec cette mini-fourgonnette intermédiaire. À l'opposé, son concurrent Honda a opté pour un modèle unique plus volumineux, solution adoptée, il y a longtemps, par Ford pour sa Windstar.

Banalisée...

ÉVALUATION
TOYOTA Sienna

CONCEPTION :   75%
Technique :   80
Sécurité :   70
Volume cabine :   80
Volume coffre :   65
Qualité/finition :   80

CONDUITE :   59%
Poste de conduite :   75
Performances :   45
Comportement :   50
Direction :   80
Freinage :   45

ÉQUIPEMENT D'ORIGINE :   76%
Pneus :   70
Phares :   80
Essuie-glace :   80
Dégivreur :   75
Radio :   75

CONFORT :   72%
Sièges :   70
Suspension :   80
Niveau sonore :   50
Commodités :   80
Climatisation :   80

BUDGET :   64%
Prix d'achat :   40
Consommation :   60
Assurance :   70
Satisfaction :   85
Dépréciation :   65

Moyenne générale: **69.2%**

NOUVEAU POUR 1999

- Abandon du modèle LE 3 portes.
- Porte-bagages standard sur le modèle LE.
- Système d'immobilisation du moteur et porte coulissante assistée sur la XLE.
- Contrôle de l'audio sur le volant.

MOTEURS / TRANSMISSIONS / PERFORMANCES

Modèles/ versions *: de série	Type / distribution soupapes / carburation	Cylindrée cc	Puissance ch @ tr/mn	Couple lb.pi @ tr/mn	Rapport volumét.	Roues motrices / transmissions	Rapport de pont	Accélér. 0-100 km/h s	400 m D.A. s	1000 m D.A. s	Reprise 80-120 km/h s	Freinage 100-0 km/h m	Vites. maxi. km/h	Accélér. latérale G	Niveau sonore dBA	Consommation l./100km Ville	Route	Carburant Octane
CE, LE	V6* 3.0 DACT-24-IESPM	2995	194 @ 5200	209 @ 4400	10.5 :1	avant - A4	3.625	10.5	17.5	31.5	6.7	43	180	0.76	68	12.9	8.8	S91

PRIX & ÉQUIPEMENTS

TOYOTA Sienna	CE	LE
Prix maxi $:	26 858	29 618
Prix mini $:	23 165	26 715
Transport & préparation $:	400	400
Boîte automatique:	S	S
Régulateur de vitesse:	O	S
Direction assistée:	S	S
Système antiblocage des freins:	S	S
Système antipatinage:	S	S
Climatiseur:	S	S
Garnitures en cuir:	-	O
Radio MA/MF/ Cassette:	S	S
Serrures électriques:	O	S
Lève-vitres électriques:	O	S
Volant ajustable:	S	S
Rétroviseurs ext. ajustables:	S	SEC
Jantes en alliage léger:	-	O
Système antivol:	O	O

Couleurs disponibles
Extérieur:Noir, Bourgogne, Zibeline, Epinette, Vert, Bleu, Iris.
Intérieur: Gris, Chêne.

EN BREF...

Catégorie: fourgonnettes à traction.   **Classe :** utilitaires.

HISTORIQUE
Inauguré en: 1998: Sienna.
Fabriqué à: Georgetown, Kentucky, États-Unis.

PROFIL DE CLIENTÈLE
Modèle	Hom./Fem.	Âge moyen	Mariés	CEGEP	Revenus
Sienna	75/25 %	45 ans	90 %	58 %	82 000 $

INDICES
Sécurité:	70 %	Satisfaction:	87 %
Dépréciation:	35 %	Assurance:	845 $
Prix de revient au km:	0.51 $	Nbre de concessionnaires:	67

VENTES
Modèle	1996	1997	Résultat	Part de marché
Sienna	-	1 119	-	6.2 %

PRINCIPAUX MODÈLES CONCURRENTS
CHEVROLET Venture, FORD Windstar, HONDA Odyssey, MAZDA MPV, MERCURY Villager, NISSAN Quest, OLDSMOBILE Silhouette, PONTIAC Montana, VW EuroVan.

ENTRETIEN REQUIS PAR LA GARANTIE
Première révision:	Fréquence:	Prise de diagnostic:
6 000 km	6 000 km	Oui

CARACTÉRISTIQUES

Modèles	Versions	Carrosseries/ Sièges	Volume cabine l.	Volume coffre l.	Cx	Empat. mm	Long x larg x haut. mm x mm x mm	Poids à vide kg	Susp. av/ar	Freins av/ar	Direction type	Diamètre braquage m	Tours volant b à b.	Réser. essence l.	dimensions	Pneus d'origine marque	modèle	Mécanique d'origine
TOYOTA		Garantie générale: 3 ans / 60 000 km; mécanique 5 ans / 100 000 km; corrosion, perforation: 5 ans / kilométrage illimité.																
Sienna	CE	frg.3/4 p.7	-	507	-	2900	4915x1865x1710	1705	ih/sih	d/t/ABS	crém.ass.	12.2	2.88	79.0	205/70R15	Dunlop	SP 40	V6/3.0/A4
Sienna	LE	frg. 4 p.7	-	507	-	2900	4915x1865x1710	1765	ih/sih	d/t/ABS	crém.ass.	12.2	2.88	79.0	205/70R15	Dunlop	SP 40	V6/3.0/A4

TOYOTA Solara
Visionnaire...

Les dirigeants de Toyota pensent que les coupés vont revenir à la mode. Ce phénomène étant cyclique, ils préparent déjà les lendemains des véhicules «sport-utilitaire» en lançant un coupé issu de la Camry, baptisé Solara. Ce véhicule est fabriqué au Canada à Cambridge en Ontario, sur la même chaîne d'assemblage que les Corolla, au rythme de un Solara pour dix Corolla. La majorité des clients-cible de ce nouveau modèle a entre 40 et 49 ans. Ce sont des couples dont les enfants ont quittés la maison et qui se retrouvent souvent en pré-retraite quand ce n'est pas à la retraite, occupé à s'organiser une nouvelle vie. Ces clients potentiels conduisent actuellement des voitures de taille intermédiaire (25%), des tout terrain (20%), des modèles de luxe (16%) et des mini-fourgonnettes.

Les motifs pour lesquels ils seront intéressés à regarder du côté de la Solara seront la qualité du produit, la réputation de fiabilité de Toyota et le style du Solara qui agira comme déclencheur. Si on regarde en arrière, on s'apercevra que les constructeurs n'investissent pas de milliards de dollars sur des impressions, des sentiments ou des projections. Lors du lancement de l'Avalon en 1994, aucun des journalistes présents n'aurait parié sur l'avenir de ce modèle que l'on disait banal et voué à l'échec par manque d'intérêt. Cinq ans plus tard, les ventes de ce modèle ont battu des records, dépassant de beaucoup les projections les plus optimistes. L'entreprise n'est toutefois pas sans risques, car bien souvent les événements projetés ne se déroulent pas dans la fenêtre de temps prévue. C'est pour palier à cet inconvénient que les campagnes de publicité existent, dans le but de créer ou de précéder le phénomène que l'on veut voir se concrétiser.

Le Solara est le sixième véhicule à être construit par Toyota en Amérique du Nord. La capacité de sa production est de 50 000 unités par an qui s'ajoute aux 150 000 Corolla pouvant être fabriquées à cet endroit qui emploi 2 700 employés. Le Solara a été dessiné en Californie chez Calty Design à Newport Beach qui a commencé à travailler sur le projet à partir de 1994 sous le nom de code de 700T. L'idée maîtresse consistait à construire un coupé sur la base de la Camry, en le dotant d'une carrosserie totalement différente. Il fallait que ce produit n'en soit pas un de niche, mais de grande diffusion. Il devait être un véritable coupé, sans toutefois donner l'impression d'être un 2+2. Aux lignes fluides de la carrosserie, les créateurs devaient donner une forte personnalité au produit en lui dessinant des parties avant et arrière distinctives dans lesquels les feux et la calandre devaient jouer un rôle prépondérant.

Le Solara ne sera pas commercialisé ailleurs dans le monde qu'en Amérique du Nord. Pour lui donner un cachet particulier son tableau de bord et ses contreportes auront la qualité et l'apparence des produits Lexus et des appliques de similibois feront partie des garnitures intérieures. Une infinité de petits détails pratiques ont été intégrés afin de rendre son usage pratique et l'équipement de ses différentes versions sera le plus complet possible pour en faire un produit attirant pour une classe de gens très précise. Toyota s'attend à vendre 90 % de Solara avec moteurs V6 qui devront venir du Japon, l'usine de Georgetown produisant à pleine capacité pour son propre approvisionnement.

Si le Solara n'annonce pas forcément le retour des coupés, Toyota et Honda ont peut-être simplement décidés de se séparer le peu de marché restant.

TOYOTA

Solara

Afin de répliquer au lancement l'an dernier d'un coupé dérivé de la Honda Accord, Toyota inaugure son concurrent direct, le Solara issu de la Camry. Il est curieux de constater que ces deux véhicules entrent en lice dans une arène où la seule chose qui manque pour l'instant, ce sont les clients. Quant on sait qu'ils sont occupés à acheter ailleurs des Lincoln Navigator, des Lexus RX 300 et autres chars d'assaut urbains. De deux choses l'une. Ou Honda et Toyota sont des visionnaires qui lisent dans des boules de cristal, ou alors ils prennent une chance de voir se développer un segment nouveau du marché.

GAMME

Le Solara est un coupé deux portes quatre places offert en versions SE animé par un moteur 4 cylindres de 2.2L et SE V6 et SLE d'un 3.0L. Toutes trois seront équipées d'une transmission manuelle à 5 vitesses au d'une automatique à 4 rapports et un groupe d'options baptisé SLE vient couronner le tout. La SE reçoit de série le moteur 4 cylindres avec la transmission automatique, le régulateur de vitesse, le freinage antiblocage, le climatiseur manuel, la colonne de direction ajustable, la radiocassette et les vitres, les serrures et les rétroviseurs à commande électrique. La SE V6 y ajoute le moteur de ce type avec une transmission manuelle, un lecteur de disques compacts et les jantes en alliage léger. La SLE y ajoute le climatiseur automatique. Dans tous les cas le système antivol est optionnel au même titre que les garnitures de cuir et l'antipatinage (SLE).

TECHNIQUE

Le Solara dérive directement de la Camry dont il reprend intégralement la plate-forme et les principaux organes mécaniques. Sa carrosserie de type monocoque est en acier dont certains panneaux sont galvanisés. Son profil aérodynamique relativement efficace résulte en un coefficient de 0.32. La coque est organisé comme une sorte de cage tubulaire dont les éléments sont calculés pour absorber et dissiper de manière précise l'énergie résultant d'une collision afin de protéger l'habitacle et ses occupants.

Les suspensions sont indépendantes aux quatre roues, basées sur le principe de MacPherson, mais elles ont été révisées dans le but d'améliorer la précision de la direction et du guidage des roues. Le freinage est mixte avec le moteur 4 cylindres, à quatre disques avec le V6 tandis que le système antiblocage

des roues est standard sur tous les modèles. L'antipatinage, qui peut y être couplé est optionnel sur la version SLE seulement, et il peut être mis hors circuit grâce à un interrupteur situé au tableau de bord.

POSITIF

+ **LE STYLE.** Il est très flatteur avec ses lignes incurvées et ses parties avant-arrière parfaitement intégrées au corps du véhicule qui dégage une impression d'harmonie d'une rare élégance. Les proportions sont parfaites, les volumes équilibrés et les éléments lumineux parfaitement intégrés. La calandre vient couronner le tout avec sa petite pointe acérée comme un bec pour rappeler que le bel oiseau peut inquiéter. Il est remarquable de constater que malgré une certaine similitude de l'avant avec celui de la Camry, le Solara ne rappelle pas vraiment son origine, tandis que de l'arrière est totalement différent.

+ **LA QUALITÉ.** Elle transpire par tous les pores du Solara, dont l'assemblage est serré, la présentation et la finition sans faute, tandis que les matériaux comme les matières plastiques ou le similibois ont une belle apparence.

+ **L'HOMOGÉNÉITÉ.** Elle est plus évidente sur la version SE V6 qui fait bloc tellement ses composants semblent parfaitement imbriqués les uns dans les autres et indissociables. La structure fait solide, la mécanique à la hauteur de même que la direction et le freinage. Quelle réussite!

+ **LA CONDUITE.** Celle de l'ensemble composé du moteur V6 et de la transmission automatique procure beaucoup de satisfaction, par la douceur et la discrétion de la mécanique, qui peut à la demande devenir agressive et sportive. Tout dans le guidage est d'une douceur, d'une précision, d'une efficacité qui rappelle la Camry. Le conducteur trouve rapidement la position la plus confortable où il jouit de la meilleure visibilité et des commandes organisées de manière ergonomique.

+ **LE CONFORT.** Il est pratiquement parfait grâce à la souplesse bien contrôlée de la suspension, au rembourrage consistant des sièges qui manque toutefois d'un peu de maintien latéral et ce à l'avant comme à l'arrière.

+ **LE CÔTÉ PRATIQUE.** Rien n'a été omis pour que le Solara soit

d'un usage agréable. Son coffre immense est transformable vers la cabine en escamotant le dossier de la banquette. Toutefois pour des raisons de rigidité, l'orifice dégagé est relativement petit.

NÉGATIF

- **LE MOTEUR 4 CYLINDRES.** Il est difficile de comprendre pourquoi Toyota s'est compliqué la vie en développant une version à moteur 4 cylindres, quand elle sait qu'elle ne représentera, au mieux que 10% des ventes. Bien que ce moteur fasse parfaitement l'affaire dans l'absolu, le V6 est tellement plus plaisant et gratifiant à l'usage qu'il soutient mal la comparaison.

- **LA BOÎTE MANUELLE.** Sa synchronisation est lente et si elle donne un certain tempérament au moteur V6, il ne semble pas que ce soit le genre d'option que la clientèle visée, va choisir. Le Solara est remarquablement efficace et homogène avec son moteur et sa transmission automatique, alors pourquoi aller chercher midi à quatorze heures? De plus son étagement est long et la commande de l'embrayage est parfois brutale et la course de la pédale trop courte.

- **LES COUSSINS LATÉRAUX.** Il est curieux que le Solara ne soit pas équipé de coussins latéraux pour un produit qui sort tout juste de sa boîte. Aucune explication officielle n'a été donné par le constructeur qui semblait même gêné de répondre à la question.

- **LE FREINAGE.** Bien qu'il soit efficace et équilibré, son dosage n'est pas des plus aisé car la pédale dure empêche toute modulation.

- **LES RANGEMENTS.** Ils sont rares aux places arrière qui ne disposent que d'aumônières au dos des sièges avant et de deux porte-gobelets sur la console centrale. Toyota aurait pu inclure un coffret à l'accoudoir escamotable, comme tant d'autres le font aujourd'hui.

- **LE BRUIT.** La discrétion de la mécanique et la faiblesse des bruits de roulement bien étouffés par une insonorisation efficace, fait souligner le bruit marqué de l'air autour de la verrière.

- **À REVOIR:** le rythme un peu lent des essuie-glace.

CONCLUSION

Le Solara a toutes les qualités requises pour convertir le camionneur le plus endurci de se laisser aller à plus de douceur et de raffinement. Pour un prix raisonnable il offre le côté exclusif d'un véhicule de classe et le côté pratique indispensable au quotidien.

☺

ÉVALUATION
TOYOTA Solara

CONCEPTION :   **75%**
Technique :	85
Sécurité :	90
Volume cabine :	60
Volume coffre :	55
Qualité/finition :	85

CONDUITE :   **69%**
Poste de conduite :	85
Performances :	55
Comportement :	60
Direction :	75
Freinage :	70

ÉQUIPEMENT D'ORIGINE :   **79%**
Pneus :	80
Phares :	80
Essuie-glace :	75
Dégivreur :	80
Radio :	80

CONFORT :   **74%**
Sièges :	80
Suspension :	80
Niveau sonore :	60
Commodités :	70
Climatisation :	80

BUDGET :   **55%**
Prix d'achat :	45
Consommation :	80
Assurance :	50
Satisfaction :	50
Dépréciation :	50

Moyenne générale: **70.4%**

NOUVEAU POUR 1999

- Nouveau coupé issu de la Camry, utilisant les mêmes composants mécaniques.

MOTEURS / TRANSMISSIONS / PERFORMANCES

Modèles/ versions	Type / distribution soupapes / carburation	Cylindrée cc	Puissance ch @ tr/mn	Couple lb.pi @ tr/mn	Rapport volumét.	Roues motrices / transmissions	Rapport de pont	0-100 km/h s	400m s	1000m s	Reprise 80-120 km/h s	Freinage 100-0 km/h m	Vites. maxi. km/h	Accélér. latérale G	Niveau sonore dBA	Cons. Ville l./100km	Cons. Route	Carburant Octane
SE	L4 2.2 DACT-16-IESPM	2164	135 @ 5200	147 @ 4400	9.5:1	avant-A4	3.944	11.5	18.2	32.7	8.0	42	180	0.80	65-71	10.4	7.2	S 91
SE V6	V6 3.0 DACT-24-IESPM	2995	200 @ 5200	214 @ 4400	10.5:1	avant-M5	3.933	7.8	15.6	26.8	5.7	43	210	0.80	64-70	11.4	7.6	S 91
1) SLE					1)	avant-A4	3.944	8.4	16.3	28.0	6.0	44	200	0.80	64-70	11.9	7.8	S 91

PRIX & ÉQUIPEMENTS

TOYOTA Solara

	SE	SE V6
Prix maxi $:	26 245	29 815
Prix mini $:	23 760	26 985
Transport & préparation $:	380	380
Boîte automatique:	S	O
Régulateur de vitesse:	S	S
Direction assistée:	S	S
Système antiblocage des freins:	S	S
Système antipatinage:	-	O -> SLE
Climatiseur:	S	S/SA sur SLE
Garnitures en cuir:	-	O
Radio MA/MF/ Cassette:	S	SDc
Serrures électriques:	S	S
Lève-vitres électriques:	S	S
Volant ajustable:	S	S
Rétroviseurs ext. ajustables:	SEC	SEC
Jantes en alliage léger:	-	S
Système antivol:	O	O

Couleurs disponibles

Extérieur: Blanc, Opal-Iris, Noir, Sable, Rouge, Vert, Bleu.

Intérieur: Gris, Ivoire.

EN BREF...

Catégorie: coupés compacts tractés.   **Classe : 4**

HISTORIQUE

Inauguré en: 1999
Fabriqué à: Cambridge, Ontario, Canada.

PROFIL DE CLIENTÈLE

Modèle	Hom./Fem.	Âge moyen	Mariés	CEGEP	Revenus
Solara	ND				

INDICES

Sécurité:	90 %	Satisfaction:	ND %
Dépréciation:	ND %	Assurance:	955 $
Prix de revient au km:	0.45 $	Nbre de concessionnaires:	67

VENTES

Modèle	1996	1997	Résultat	Part de marché
Solara	non commercialisé à cette époque.			

PRINCIPAUX MODÈLES CONCURRENTS

ACURA CL, HONDA Accord.

ENTRETIEN REQUIS PAR LA GARANTIE

Première révision: 6 000 km
Fréquence: 6 000 km
Prise de diagnostic: Non

CARACTÉRISTIQUES

Modèles	Versions	Carrosseries/ Sièges	Volume cabine l.	Volume coffre l.	Cx	Empat. mm	Long x larg x haut. mm x mm x mm	Poids à vide kg	Susp. av/ar	Freins av/ar	Direction type	Diamètre braquage m	Tours volant b à b.	Réser. essence l.	Pneus d'origine dimensions	marque	modèle	Mécanique d'origine
TOYOTA		Garantie générale: 3 ans / 60 000 km; mécanique 5 ans / 100 000 km; corrosion, perforation: 5 ans / kilométrage illimité.																
Solara	SE	cpé 2 p. 5	-	391	0.32	2670	4825x1805x1400	1440	ih/ih	d/t/ABS	crém. ass.	11.6	2.88	70.0	205/65R15	Bridgestone	Potenza RE92	L4/2.2/A4
Solara	SE V6	cpé 2 p. 5	-	391	0.32	2670	4825x1805x1400	1465	ih/ih	d/ABS	crém. ass.	11.6	2.88	70.0	205/60R16	Michelin	XW4	V6/3.0/M5

Malgré leur bonne réputation, les camionnettes Toyota, ne sont pas les plus courues du marché où leurs ventes ne représentent qu'une infime partie de celles des prima donna de cette catégorie. Les utilisateurs leur reprochent de ne pas offrir les dernières innovations du marché comme des portes à l'arrière de la cabine allongée Xtracab. Le remplacement de la T100 s'effectuera au printemps prochain par un modèle baptisé Tundra, qui cette fois offrira un V8 dérivé de celui des voitures Lexus. De là à penser que cette gamme aura bientôt sa camionnette de haut de gamme il n'y a qu'un pas...

Incognito...

GAMME
La camionnette Tacoma est offerte en traction à 2 et 4 roues motrices, avec moteur à 4 ou 6 cylindres et transmission manuelle en série ou automatique en option. Les niveaux de finition sont de base, Xtracab ou SR5. Pour les carrosseries on peut choisir entre cabine simple ou allongée (Xtracab) avec caisse standard, allongée ou châssis cabine. De base elle est équipée d'une direction assistée et de deux coussins gonflables. La Xtracab y ajoute le volant ajustable, l'essuie-glace intermittent, le radiocassette avec lecteur de disques compacts et la SR5, le régulateur de vitesse, l'antiblocage des roues et les jantes en alliage léger. Tout le reste faisant partie d'une longue liste d'options.

TECHNIQUE
Cette camionnette est construite à partir d'un châssis en échelle en acier à cinq traverses sur lequel la cabine est fixée. La suspension avant est à doubles triangles superposés avec barre stabilisatrice et la direction à crémaillère. À l'arrière l'essieu est rigide supporté par deux ressorts à lames. Les freins sont mixtes mais le système antiblocage aux quatre roues est offert en option sur tous les modèles. Il fonctionne différemment sur les véhicules à quatre roues motrices où il est soumis à un détecteur de décélération. Le moteur, la boîte de transfert et le réservoir de carburant des versions 4x4 sont protégés en série par des plaques métalliques.
Les moteurs équipant les Tacoma sont deux 4 cylindres de 2.4L de 142 ch et 2.7L de 150 ch et un V6 de 3.4L fournissant 190 ch.
Les versions à quatre roues motrices disposent d'un système permettant de faire passer la traction de deux à quatre roues à la volée, quelle que soit la vitesse, en appuyant sur

le bouton situé sur le levier de la boîte de transfert. Côté sécurité, le châssis et la cabine ont été renforcés afin d'offrir une rigidité supérieure, les portes comprennent des poutres anti-intrusion, deux coussins gonflables, les baudriers de ceintures avant sont ajustables en hauteur et le réservoir de liquide lave-glace peut contenir un bidon de 4.5 litres. La cabine allongée est plus volumineuse et elle est pourvue de strapontins qui font face à la route et s'escamotent entièrement pour libérer le volume cargo. Une tablette repliable contenant deux porte-gobelets permet aussi d'installer un siège d'enfant ce qui constitue un avantage unique dans cette catégorie.

POSITIF
+ LA RÉPUTATION. La fiabilité et

la durabilité des utilitaires Toyota est solidement établie, ce qui explique en partie leur prix élevé, mais aussi leur valeur de revente supérieure à la moyenne et le fait que les modèles récents sont difficiles à trouver usagés.

+ LA QUALITÉ. Elle est à la base de la réputation de Toyota, dont la construction est robuste, la finition méticuleuse et la présentation comme le choix des matériaux soignés.

+ LES PERFORMANCES. Celles des moteurs 4 cylindres 2.7L et V6 de 3.4L sont appréciables car elles permettent une réserve de puissance sécuritaire en autorisant des accélérations et des reprises franches.

+ LE COMPORTEMENT. Certains modèles 4x2 se comparent aisément à une automobile en autant que la boîte est le moindrement lestée pour

assurer une propulsion efficace.

+ LES APTITUDES. Hors route les capacités de franchissement des versions 4x4 démontrent un certain avantage sur la concurrence, grâce à leur importante garde-au-sol et leurs angles d'entrée et de sortie largement calculés.

+ LE RENDEMENT. Celui du moteur 4 cylindres 2.4L est très économique, mais son usage conviendra mieux pour des travaux légers.

+ LE CONFORT. La cabine Xtracab offre assez d'espace à ses occupants dont les sièges individuels sont plus confortables que la banquette originale, grâce à leur galbe et leur rembourrage procurant un maintien et un soutien supérieurs.

NÉGATIF
- LA SÉCURITÉ. Le faible indice décerné par la NHSTA, indique que les occupants sont exposés à des blessures en cas d'accident.

- LE PRIX. Comme tout produit Toyota les Tacoma sont souvent plus chères que leurs concurrentes à équipement égal. Heureusement que leur faible dépréciation nivelle en partie cet inconvénient.

- LE COUPLE. Il fait défaut à bas régime comme sur tous les moteurs V6 dont la consommation augmente rapidement en usage intensif ou en tout terrain.

- LE FREINAGE. Il est insuffisant car les distances d'arrêt sont longues en situation d'urgence et les trajectoires fantaisistes en l'absence du système antiblocage.

- LE CHOIX. Il est plus restreint que celui des constructeurs américains en ce qui concerne les carrosseries, les mécaniques et les versions.

- LES PLACES ARRIÈRE. Sur l'Xtracab elles sont difficiles d'accès et peu utilisables à cause de leur position face à la route qui laisse trop peu d'espace pour les jambes.

- LA TENUE DE ROUTE. Celle des versions 4x4 est plus aléatoire en courbe, à cause de la hauteur du centre de gravité et la maniabilité des Xtracab est pénalisée par un trop grand diamètre de braquage.

CONCLUSION
Toyota n'est pas assez agressif sur le marché des utilitaires où il laisse ses principaux concurrents prendre l'initiative du marché. À croire que les ventes d'utilitaires n'intéressent pas le premier constructeur japonais, qui sur d'autres marchés est un meneur incontesté. Serait-ce le résultat d'ententes secrètes avec les constructeurs nord-américains en échange de quelques autres faveurs?

CONCEPTION : 60%
Technique :	80
Sécurité :	50
Volume cabine :	30
Volume coffre :	60
Qualité/finition :	80

CONDUITE : 56%
Poste de conduite :	80
Performances :	50
Comportement :	30
Direction :	70
Freinage :	50

ÉQUIPEMENT D'ORIGINE : 61%
Pneus :	75
Phares :	80
Essuie-glace :	80
Dégivreur :	0
Radio :	70

CONFORT : 60%
Sièges :	70
Suspension :	60
Niveau sonore :	50
Commodités :	40
Climatisation :	80

BUDGET : 63%
Prix d'achat :	60
Consommation :	65
Assurance :	50
Satisfaction :	85
Dépréciation :	55

Moyenne générale: 60.0%

NOUVEAU POUR 1999

- Quatre nouvelles teintes de carrosserie.
- Console de série sur le XtraCab V6.
- Version SR5 V6 avec équipements plus complets.

MOTEURS / TRANSMISSIONS / PERFORMANCES

Modèles/versions *: de série	Type / distribution soupapes / carburation	Cylindrée cc	Puissance ch @ tr/mn	Couple lb.pi @ tr/mn	Rapport volumét.	Roues motrices / transmissions	Rapport de pont	Accélér. 0-100 km/h s	400 m D.A. s	1000 m D.A. s	Reprise 80-120 km/h s	Freinage 100-0 km/h m	Vites. maxi. km/h	Accélér. latérale G	Niveau sonore dBA	Consommation l./100km Ville	Route	Carburant Octane
1)	L4* 2.4 DACT-16-IESMP	2438	142 @ 5000	160 @ 4000	9.5 :1	arrière - M5*	3.416	ND								10.8	8.0	R 87
						arrière - A4	3.583	ND								11.1	8.8	R 87
2)	L4* 2.7 DACT-16-IESMP	2694	150 @ 4800	177 @ 4000	9.5 :1	ar./4 - M5*	3.615	12.5	19.0	36.5	10.8	46	160	0.75	68	13.3	10.1	R 87
3)	V6* 3.4 DACT-24-IESMP	3378	190 @ 4800	220 @ 3600	9.6 :1	ar./4 - M5*	3.909	11.8	18.5	34.7	8.8	45	170	0.75	68	14.4	11.3	R 87
						ar./4 - A4	4.100	13.0	19.5	35.8	10,0	48	165	0.75	68	14.1	11.1	R 87

1) Tacoma 4X2. 2) Tacoma 4x4 Xtracab. 3) Tacoma V6

PRIX & ÉQUIPEMENTS

TOYOTA Tacoma	Rég	Xtra	Xtra V6	SR5 V6
Roues motrices:	2	2-4	4	4
Prix maxi $:	16 018	19 098	26 448	31 588
Prix mini $:	14 845	17 170	23 305	28 060
Transport & préparation $:	360	360	360	360
Boîte automatique:	O	O	O	O
Régulateur de vitesse:	-	O	O	S
Direction assistée:	S	S	S	S
Système antiblocage des freins:	-	O	O	S
Système antipatinage:	-	-	-	-
Climatiseur:	O	O	O	S
Garnitures en cuir:	-	-	-	-
Radio MA/MF/ Cassette:	O	SDc	SDc	SDc
Serrures électriques:	-	-	-	S
Lève-vitres électriques:	-	-	-	S
Volant ajustable:	O	O	S	S
Rétroviseurs ext. ajustables:	-	-	-	SE
Jantes en alliage léger:	-	O	O	S
Système antivol:	-	-	-	-

Couleurs disponibles
Extérieur: Blanc, Noir, Rouge, Jade, Aigue-marine, Bleu, Pourpre.
Intérieur: Gris, Chêne.

EN BREF...

Catégorie: camionnettes compactes propulsées ou 4RM. **Classe :** utilitaires

HISTORIQUE
Inauguré en: 1995
Fabriqué à: Tahara+Hino, Japon; Fremont-Californie, Georgetown-Kentucky, É-U

PROFIL DE CLIENTÈLE
Modèle	Hom./Fem.	Âge moyen	Mariés	CEGEP	Revenus
Tacoma	89/11 %	35 ans	69 %	42 %	57 000 $

INDICES
Sécurité:	50 %	Satisfaction:	83 %
Dépréciation:	46 %	Assurance:	965 $
Prix de revient au km:	0.47 $	Nbre de concessionnaires:	67

VENTES
Modèle	1996	1997	Résultat	Part de marché
Tacoma	566	653	+ 15.4 %	8.3 %

PRINCIPAUX MODÈLES CONCURRENTS
DODGE Dakota, FORD Ranger, CHEVROLET S-10, GMC Sonoma, MAZDA B, NISSAN Frontier.

ENTRETIEN REQUIS PAR LA GARANTIE
Première révision:	Fréquence:	Prise de diagnostic:
6 000 km	6 000 km	Non

CARACTÉRISTIQUES

Modèles	Versions	Traction	Carrosseries/ Sièges	Empat. mm	Long x larg x haut. mm x mm x mm	Poids à vide kg	Susp. av/ar	Freins av/ar	Direction type	Diamètre braquage m	Tours volant b à b.	Réser. essence l.	dimensions	Pneus d'origine marque	modèle	Mécanique d'origine
TOYOTA		Garantie générale: 3 ans / 60 000 km; mécanique 5 ans / 100 000 km; corrosion, perforation: 5 ans / kilométrage illimité.														
Tacoma	4x2 Rég		cam. 2 p.3	2625	4540x1690x1575	1170	ih/rl	d/t	crém.ass.	10.79	3.7	57.0	195/75R14	Dunlop		L4/2.4/M5
Tacoma	4x2 Xtra		cam. 2 p.5	3095	5010x1690x1580	1252	ih/rl	d/t	crém.ass.	12.59	3.4	57.0	215/70R14	Firestone		L4/2.4/M5
Tacoma	4x4 Xtra		cam. 2 p.5	3095	5135x1690x1720	1524	ih/rl	d/t	crém.ass.	12.19	3.5	68.0	225/75R15	Dunlop		L4/2.7/M5
Tacoma	4x4 SR5 V6		cam. 2 p.4	3095	5135x1765x1750	1556	ih/rl	d/tABS	crém.ass.	12.19	3.5	68.0	31x10.5R15	Goodyear	Wrangler GSA	V6/3.4/M5

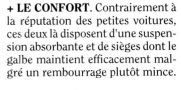
Il semble que Toyota soit revenu sur sa décision de supprimer la Tercel comme modèle d'entrée de sa gamme nord-américaine et par là même le coupé Paseo qui en dérive. À une époque où les consommateurs achètent toujours plus confortables, toujours plus gros et toujours moins économique, le maintien de ces «econo-car» semblait de moins en moins justifié dans certaines contrées. Le problème c'est que ces modèles continuent de se vendre, moins que d'autres certes, mais régulièrement, signifiant qu'il existe encore une clientèle qui s'intéresse à eux.

GAMME

En 1999 la Tercel n'est plus disponible qu'en berline à 4 portes en finition unique CE et le Paseo sous la forme d'un coupé à 2 portes lui aussi en version unique. Ils sont tous les deux pourvus de la même mécanique composée d'un moteur 4 cylindres de 1.5L et d'une boîte manuelle à 5 vitesses en série, ou automatique à 4 rapports en option. Les coussins gonflables sont livrés en série sur la Tercel dont la direction d'origine est désormais assistée comme sur le Paseo. Les seules options disponibles sont la transmission automatique, le climatiseur, le système antiblocage des freins et le radiocassette.

Le Paseo n'est pas beaucoup plus riche, puisqu'en série, outre les coussins d'air, il est pourvu de lève-vitres électriques, des rétroviseurs extérieurs ajustables et de la direction assistée. Ses options sont identiques à celles de la Tercel, mais il peut aussi être équipé de jantes en alliage léger, d'un toit ouvrant et d'essuie-glace à mode intermittent.

TECHNIQUE

Ces deux véhicules disposent d'une carrosserie monocoque en acier, dont certains panneaux sont galvanisés. Leur suspension avant de type MacPherson avec un essieu de torsion à l'arrière intégrant une barre antiroulis. La direction est à crémaillère et le freinage mixte en série, mais le système antiblocage des roues est optionnel. Leurs lignes simples affichent une bonne finesse aérodynamique puisque le coefficient de traînée de la Tercel est de 0.32 et celui du Paseo 0.31.

POSITIF

+ LA FIABILITÉ. Celle des Tercel-Paseo constitue leur plus beau titre de gloire puisque le taux des utilisateurs très satisfaits dépasse encore les 92%.

+ LA SÉCURITÉ. Elle a été amélio-

Minimaux...

rée par la rigidification de la caisse et le montage d'origine de coussins gonflables, de ceintures à rétracteur et de renforts dans les portes visant à réduire le risque d'intrusions latérales.

+ L'HABITABILITÉ. Le dernier modèle est plus logeable grâce à leur longueur et leur hauteur supérieures, surtout aux places arrière qui disposent de plus de place dans ces deux directions.

+ LA CONSOMMATION. Elle demeure très économique surtout avec la boîte manuelle, bien que les performances soient suffisantes pour ce genre de véhicule.

+ LE COMPORTEMENT. Il est aussi stable que prévisible, typique des petites tractions, pour lesquelles la taille et la qualité des pneus sont primordiales.

+ LA QUALITÉ. Malgré leur carac-

tère économique, la fabrication comme la finition de ces petites voitures est très soignée ainsi que l'apparence plus flatteuse des matériaux de l'aménagement intérieur, justifie mieux le prix plutôt élevé demandé pour ces deux modèles qui se rapproche dangereusement de celui d'une Corolla de base...

+ LA CONDUITE. Elle est loin d'être désagréable malgré le caractère minimaliste de ces véhicules, car leurs réactions sont franches, vives et la Tercel comme le Paseo sont faciles à vivre avec leurs commandes précises et d'une grande douceur.

+ LE CÔTÉ PRATIQUE. Bien qu'on ne puisse pas toujours le transformer, il contient suffisamment de bagages pour dépanner. Toutefois dans la cabine les rangements sont limités au minimum.

+ LE CONFORT. Contrairement à la réputation des petites voitures, ces deux là disposent d'une suspension absorbante et de sièges dont le galbe maintient efficacement malgré un rembourrage plutôt mince.

NÉGATIF

- LA SÉCURITÉ. La note attribuée à la Tercel par le bureau des autoroutes américaines est médiocre, car les passagers des places avant sont vulnérables en cas de collision.

- LE PRIX. Il est plus élevé que celui de la concurrence et s'explique par la qualité, la fiabilité et la valeur de revente supérieure et aussi le fait que ces véhicules sont fabriqués au Japon.

- LE CONFORT. Il souffre du manque d'insonorisant qui maintient un niveau sonore important et de l'habitabilité limitée à l'arrière du Paseo qui n'accueillera que de jeunes enfants.

- LE FREINAGE. Il a gagné en efficacité, mais privé d'antiblocage les roues avant bloquent rapidement lors des arrêts d'urgence, ce qui a pour effet d'allonger les distances et de rendre les trajectoires plutôt imprévisibles.

-L'ÉQUIPEMENT. Il est minimaliste ce qui oblige à recourir aux options pour disposer de véhicules décemment pourvus. Heureusement que la valeur de revente permet de retrouver une partie de l'argent investi.

- LES PNEUS. La taille de ceux livrés en série sur la Tercel, sont indignes d'une marque réputée comme Toyota, car ils constituent avec les freins, les deux premiers éléments de la sécurité active.

- LE CABRIOLET. Vendu seulement aux États-Unis, ce dernier souffre d'un certain manque de rigidité qui se révèle au passage des revêtements dégradés en imprimant aux portes et au pare-brise des vibrations inhabituelles.

- L'ACCÈS. L'espace réservé aux places arrière n'est pas très généreux et deux personnes qui y seront d'autant plus à l'aise qu'elles seront minces et agiles...

CONCLUSION

La Tercel et le Paseo, sont des véhicules de base qui ne manquent pas d'intérêt, car ils n'ont pas été traités de manière désinvolte par leur constructeur. Ils offrent un moyen de transport simple, efficace mais surtout économique. Le Paseo, le seul mini-coupé restant offert sur le marché, ne manque pas d'élégance malgré son caractère basique.

ÉVALUATION
TOYOTA Tercel-Paseo

CONCEPTION :		61%
Technique :	80	
Sécurité :	75	
Volume cabine :	35	
Volume coffre :	35	
Qualité/finition :	80	

CONDUITE :		56%
Poste de conduite :	75	
Performances :	30	
Comportement :	50	
Direction :	70	
Freinage :	55	

ÉQUIPEMENT D'ORIGINE :		72%
Pneus :	60	
Phares :	75	
Essuie-glace :	80	
Dégivreur :	75	
Radio :	70	

CONFORT :		65%
Sièges :	70	
Suspension :	70	
Niveau sonore :	50	
Commodités :	60	
Climatisation :	75	

BUDGET :		79%
Prix d'achat :	80	
Consommation :	90	
Assurance :	80	
Satisfaction :	90	
Dépréciation :	55	

Moyenne générale: 66.6%

NOUVEAU POUR 1999

- Le retrait de la Tercel CE 2 portes.
- Deux teintes de carrosserie pour la Tercel et une pour la Paseo.

MOTEURS / TRANSMISSIONS / PERFORMANCES

Modèles/ versions *: de série	Type / distribution soupapes / carburation	Cylindrée cc	Puissance ch @ tr/mn	Couple lb.pi @ tr/mn	Rapport volumét.	Roues motrices / transmissions	Rapport de pont	Accélér. 0-100 km/h s	400 m D.A. s	1000 m D.A. s	Reprise 80-120 km/h s	Freinage 100-0 km/h m	Vites. maxi. km/h	Accélér. latérale G	Niveau sonore dBA	Consommation l./100km Ville	Route	Carburant Octane
Tercel	L4* 1.5 DACT-16-IESPM	1497	93 @ 5400	100 @ 4400	9.4 :1	avant - M5*	3.72	11.0	18.0	33.7	7.8	44	165	0.75	68	7.2	5.5	R 87
						avant - A4	2.82	13.5	19.5	36.5	9.0	45	160	0.75	68	8.4	5.9	R 87
Paseo	L4* 1.5 DACT-16-IESPM	1497	93 @ 5400	100 @ 4400	9.4 :1	avant - M5*	3.94	10.5	17.3	32.5	7.2	44	170	0.77	68	7.8	5.9	R 87
						avant - A4	3.27	11.8	17.9	33.5	8.0	46	165	0.77	68	8.7	6.7	R 87

PRIX & ÉQUIPEMENTS

TOYOTA	Tercel	Paseo
Prix maxi $:	13 098	15 988
Prix mini $:	11 470	14 580
Transport & préparation $:	300	300
Boîte automatique:	O	O
Régulateur de vitesse:	-	-
Direction assistée:	S	S
Système antiblocage des freins:	-	-
Système antipatinage:	-	-
Climatiseur:	O	O
Garnitures en cuir:	-	-
Radio MA/MF/ Cassette:	O	SDc
Serrures électriques:	-	-
Lève-vitres électriques:	-	-
Volant ajustable:	-	-
Rétroviseurs ext. ajustables:	O	SM
Jantes en alliage léger:	-	-
Système antivol:	-	-

Couleurs disponibles

Extérieur: Blanc, Rouge, Argent, Noir, Bleu.

Intérieur: Noir, Gris, Chêne.

EN BREF...

Catégorie: berlines et coupés sous-compacts tractés. **Classe :** 3

HISTORIQUE

Inauguré en: 1978-1995:Tercel; 1996:Paseo.
Fabriqué à: Takaoka-Toyota City, Japon.

PROFIL DE CLIENTÈLE

Modèle	Hom./Fem.	Âge moyen	Mariés	CEGEP	Revenus
Tercel	43/57 %	42 ans	57 %	53 %	42 000 $
Paseo	ND				

INDICES

Sécurité:	T-65% P-85 %	Satisfaction:	92 %
Dépréciation:	45 %	Assurance:	725 $
Prix de revient au km:	0.35 $	Nbre de concessionnaires:	67

VENTES

Modèle	1996	1997	Résultat	Part de marché
Tercel	5 676	8 762	+ 54.4 %	13.1 %
Paseo	255	ND	-	-

PRINCIPAUX MODÈLES CONCURRENTS

Tercel: HONDA Civic, CHEVROLET Metro (4 p.) HYUNDAI Accent, NISSAN Sentra.
Paseo: HONDA Civic Si, SATURN SC1.

ENTRETIEN REQUIS PAR LA GARANTIE

Première révision:	Fréquence:	Prise de diagnostic:
6 000 km	6 000 km	Non

CARACTÉRISTIQUES

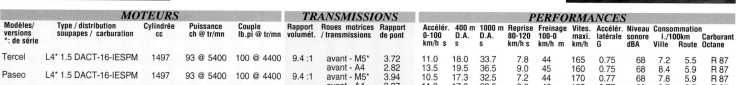

Modèles	Versions	Carrosseries/ Sièges	Volume cabine	Volume coffre	Cx	Empat. mm	Long x larg x haut. mm x mm x mm	Poids à vide kg	Susp. av/ar	Freins av/ar	Direction type	Diamètre braquage m	Tours volant b à b.	Réser. essence l.	dimensions	Pneus d'origine marque	modèle	Mécanique d'origine
TOYOTA		Garantie générale: 3 ans / 60 000 km; mécanique 5 ans / 100 000 km; corrosion, perforation: 5 ans / kilométrage illimité.																
Tercel	CE	ber.4 p.4/5	2294	263	0.32	2380	4130x1660x1375	948	ih/sih	d/t	crém.ass.	10.0	3.8	45.0	155/80R13	Michelin	MX4	L4/1.5/M5
Paseo	man.	cpé.2 p.2+2	2186	212	0.31	2380	4155x1660x1296	941	ih/sih	d/t	crém.ass.	10.2	2.7	45.0	185/60R14	Goodyear		L4/1.5/M5
Paseo	autom.	cpé.2 p.2+2	2186	212	0.31	2380	4155x1660x1296	986	ih/sih	d/t	crém.ass.	10.2	2.7	45.0	185/60R14	Goodyear		L4/1.5/A4

TOYOTA

Depuis qu'il a été redéfini, le 4Runner a vu ses ventes augmenter de manière significative. Il s'est mis au goût du jour, histoire de pouvoir lutter à armes égales avec les ténors de la catégorie que sont les Explorer et Grand Cherokee. Lui qui faisait très utilitaire dans ses définitions précédentes, il est désormais disponible affublé comme une limousine. Ce faisant il a pris aussi quelques vitamines qui lui faisaient défaut afin de pouvoir faire face à la musique puisque ses deux moteurs sont plus puissants chacun dans leur genre.

GAMME

Le 4Runner n'est disponible qu'en une seule carrosserie à 4 portes, en finitions SR5, SR5 V6 et Limited. Le moteur de base est un 4 cylindres de 2.7L avec boîte manuelle à 5 vitesses et en option, on peut obtenir un V6 de 3.4L avec boîte manuelle à 5 vitesses ou automatique à 4 rapports contre supplément qui est standard sur le Limited. La transmission est intégrale à la demande, sinon ce sont les roues arrière qui sont motrices. La version SR5 comprend la direction assistée, le radiocassette, le volant ajustable, les rétroviseurs à ajustement manuel et des essuie-glace à mode intermittent. Il faut passer à la SR5 V6 pour disposer en série du V6 en plus du régulateur de vitesses, du système antiblocage des roues, de l'asservissement électrique des serrures, des vitres, des rétroviseurs extérieurs qui sont chauffants, du climatiseur et des jantes en alliage léger et le lecteur de disques compacts. La version Limited possède tout cela plus la transmission automatique, les sièges garnis de cuir, le système antivol et le toit ouvrant.

TECHNIQUE

Le 4Runner ne dérive plus entièrement de la camionnette Tacoma à laquelle il n'emprunte désormais que son châssis, ses principaux éléments de suspension et ses motorisations. Sa carrosserie, qui lui est propre, est en acier, fixée sur un châssis en échelle. La suspension avant est basée sur des triangles doubles superposés, tandis qu'à l'arrière l'essieu rigide, suspendu par des ressorts hélicoïdaux et maintenu par quatre bras longitudinaux. Le freinage est mixte sur toutes les versions et le dispositif antiblocage agit sur les quatre roues des versions SR5 V6 et Limited. Sur cette dernière il est possible de passer de 2 à 4 roues motrices à la volée par la pression d'un simple bouton situé sur le tableau de bord.

Professionnel

POSITIF

+ LE STYLE. L'allure de la carrosserie a été améliorée lors de la dernière refonte en lui donnant une allure plus massive et moins haute sur roue (effet d'optique des marchepieds) que précédemment. Son dessin a encore été retouché cette année pour lui donner un aspect encore plus distinctif.

+ L'HABITABILITÉ. Elle a profité de l'allongement de l'empattement qui a donné plus d'espace aux jambes des occupants, alors que le plancher a été abaissé pour faciliter l'accès à la cabine.

+ LA CONDUITE. La position du conducteur est plus confortable et la visibilité supérieure à ce qu'elle était précédemment.

+ LE HAYON. Il est nettement plus pratique que le précédent, car il permet d'accéder facilement à la soute dont le seuil est assez élevé.

+ LE RENDEMENT. Les deux moteurs disposent d'une puissance supérieure, mais le 4 cylindres est encore un peu juste pour bouger cette masse de près de 1700 kg (3745 lb) en tout terrain, bien que son rapport poids/puissance soit plus favorable que sur l'ancienne version.

+ LA QUALITÉ. La marque de Toyota apparaît partout que ce soit au niveau de la construction robuste, de la finition très rigoureuse, ou des matériaux dont l'apparence est plus flatteuse en dépit d'un manque total de fantaisie dans la présentation.

+ HORS ROUTE Les capacités de franchissement hors-route sont excellentes grâce à la garde-au-sol et aux angles d'attaque et de sortie généreux malgré que les marchepieds soient parfois gênants au passage des buttes.

+ LE CONFORT. Les sièges avant sont désormais bien galbés et leur rembourrage est plus généreux. Quant à l'insonorisation elle est comparable à celle d'une voiture.

+ LA SATISFACTION. Son fort pourcentage témoigne de la fiabilité de ce véhicule qui conserve une excellente valeur de revente et qui est rare sur le marché de l'occasion.

NÉGATIF

- LE PRIX. Celui de la version Limited est des plus corsés, comparable à celui de ses rivaux américains dont les moteurs sont toutefois plus puissants.

- LE COMPORTEMENT. Selon le type de pneu, il n'est pas toujours rassurant à cause du centre de gravité élevé, de la souplesse de la suspension qui engendre des mouvements de caisse importants et des rebondissements parfois imprévisibles des gros pneus.

- LE CONSOMMATION. L'importance du poids se traduit pas une forte consommation qui est comparable à celle de ses rivaux.

- LA DIRECTION. Elle est trop légère par excès d'assistance, ce qui constitue un avantage en tout terrain où elle réagit rapidement, mais un inconvénient sur la route où il n'est pas toujours facile de maintenir le cap quand la chaussée est glissante et que le vent souffle de côté.

- LES PERFORMANCES. Celles du moteur 4 cylindres sont plutôt timides et ce moteur ne se justifie que sur la version 4x2 vendu aux États-Unis dont le poids est moindre.

- LA BOÎTE MANUELLE. Elle n'est pas la plus agréable à utiliser, car mal adaptée aux performances des moteurs et la course de la pédale d'embrayage est trop longue.

- LE CONFORT. Il n'est jamais parfait avec ce type de véhicule qui sautille facilement à cause des gros pneus qui transmettent tous les défauts de la route. De plus les bruits de roulement et de vent maintiennent en permanence un niveau sonore soutenu.

- L'ACCÈS. Il est difficile d'accéder aux places arrière pour des personnes de grande taille ou de forte corpulence, car malgré l'abaissement du plancher, les portes sont étroites et la marche est haute.

CONCLUSION

S'il n'est pas le plus vendu, le 4Runner est sans doute celui que l'on peut taxer de plus professionnel en matière de véhicule polyvalent, ce qui justifie en partie sont prix plus élevé. ☺

ÉVALUATION
TOYOTA 4Runner

CONCEPTION :   71%
Technique :	80
Sécurité :	60
Volume cabine :	65
Volume coffre :	70
Qualité/finition :	80

CONDUITE :   58%
Poste de conduite :	80
Performances :	35
Comportement :	50
Direction :	75
Freinage :	50

ÉQUIPEMENT D'ORIGINE :   78%
Pneus :	75
Phares :	80
Essuie-glace :	80
Dégivreur :	75
Radio :	80

CONFORT :   70%
Sièges :	80
Suspension :	65
Niveau sonore :	50
Commodités :	75
Climatisation :	80

BUDGET :   52%
Prix d'achat :	30
Consommation :	45
Assurance :	40
Satisfaction :	85
Dépréciation :	60

Moyenne générale: 65.8%

NOUVEAU POUR 1999
- D'innombrables changements, additions, améliorations et relocalisation de composants intérieurs et extérieurs.
- La version SR5 V6 comprenant de série: le climatiseur, le lecteur de disques compacts, le lève-vitres électriques, les rétroviseurs chauffants et le jantes en alliage léger.
- Le système antivol et les phares antibrouillard de série sur la Limited.

MOTEURS / TRANSMISSIONS / PERFORMANCES

Modèles/ versions	Type / distribution soupapes / carburation	Cylindrée cc	Puissance ch @ tr/mn	Couple lb.pi @ tr/mn	Rapport volumét.	Roues motrices / transmissions	Rapport de pont	Accélér. 0-100 km/h s	400 m D.A. s	1000 m D.A. s	Reprise 80-120 km/h s	Freinage 100-0 km/h m	Vites. maxi. km/h	Accélér. latérale G	Niveau sonore dBA	Consommation l./100km Ville	Consommation l./100km Route	Carburant Octane
SR5	L4* 2.7 DACT-16-IESMP	2694	150 @ 4800	177 @ 4000	9.5 :1	arr./4 - M5*	4.10	ND								13.7	10.3	R 87
						arr./4 - A4	4.10	ND								12.6	9.9	R 87
SR5 V6	V6* 3.4 DACT-24-IESMP	3378	183 @ 4800	217 @ 3600	9.6 :1	arr./4 - M5*	3.91	10.0	17.2	31.1	7.0	43	165	0.75	68	14.4	11.3	R 87
Limited	V6* 3.4 DACT-24-IESMP	3378	183 @ 4800	217 @ 3600	9.6 :1	arr./4 - A4*	3.91	11.5	18.3	32.8	8.2	45	160	0.75	68	14.1	11.1	R 87

EN BREF...

Catégorie: véhicules tout terrain à 4RM.   **Classe :** utilitaires

TOYOTA 4RUNNER	SR5	SR5 V6	LIMITED
Prix maxi $:	29 898	33 588	45 248
Prix mini $:	26 510	29 440	39 640
Transport & préparation $:	400	400	400
Boîte automatique:	O	O	S
Régulateur de vitesse:	O	S	S
Direction assistée:	S	S	S
Système antiblocage des freins:	O	S	S
Système antipatinage:	-	-	-
Climatiseur:	O	S	S
Garnitures en cuir:	O	O	S
Radio MA/MF/ Cassette:	S	SDc	SDc
Serrures électriques:	O	S	S
Lève-vitres électriques:	O	S	S
Volant ajustable:	S	S	S
Rétroviseurs ext. ajustables:	SM	SEC	SEC
Jantes en alliage léger:	-	S	S
Système antivol:	-	-	S

Couleurs disponibles

Extérieur: Blanc, Gris sable, Noir, Sarcelle, Bleu azur, Bleu acier, Argent, Jade.

Intérieur: Tissu: Gris, Chêne. Cuir: Chêne.

HISTORIQUE
Inauguré en:	1985-1996
Fabriqué à:	Tahara, Japon.

PROFIL DE CLIENTÈLE
Modèle	Hom./Fem.	Âge moyen	Mariés	CEGEP	Revenus
4Runner	81/19 %	42 ans	66 %	51 %	66 000 $

INDICES
Sécurité:	60 %	Satisfaction:	85 %
Dépréciation:	38 %	Assurance:	1 285 $
Prix de revient au km:	0.51 $	Nbre de concessionnaires:	67

VENTES
Modèle	1996	1997	Résultat	Part de marché
4Runner	951	1 208	+ 27.0 %	5.5 %

PRINCIPAUX MODÈLES CONCURRENTS
CHEVROLET Blazer, FORD Explorer, ISUZU Rodeo & Trooper, GMC Jimmy, JEEP Cherokee-Grand Cherokee, LEXUS RX 300, MERCEDES-BENZ ML320, NISSAN Pathfinder.

ENTRETIEN REQUIS PAR LA GARANTIE
Première révision:	Fréquence:	Prise de diagnostic:
6 000 km	6 000 km	Non

CARACTÉRISTIQUES

Modèles	Versions	Carrosseries/ Sièges	Empat. mm	Long x larg x haut. mm x mm x mm	Poids à vide kg	Susp. av/ar	Freins av/ar	Direction type	Diamètre braquage m	Tours volant b à b.	Réser. essence l.	dimensions	Pneus d'origine marque	Pneus d'origine modèle	Mécanique d'origine
TOYOTA	Garantie générale: 3 ans / 60 000 km; mécanique 5 ans / 100 000 km; corrosion, perforation: 5 ans / kilométrage illimité.														
4Runner 4x4	SR5	fam.4 p. 5	2675	4540x1690x1715	1690	ih/rh	d/t	crém.ass.	11.4	3.5	70.0	225/75R15	Bridgestone	Dueler H/T	L4/2.7/M5
4Runner 4x4	SR5 V6	fam.4 p. 5	2675	4540x1730x1760	1762	ih/rh	d/t/ABS	crém.ass.	11.4	3.5	70.0	265/70R16	Bridgestone	Dueler H/T	V6/3.4/M5
4Runner 4x4	Limited	fam.4 p. 5	2675	4540x1800x1760	1803	ih/rh	d/t/ABS	crém.ass.	11.4	3.5	70.0	265/70R16	Bridgestone	Dueler H/T	V6/3.4/A4

Rien n'est jamais vraiment clair chez Volkswagen et la distribution de l'EuroVan a été suspendue en 1998 où seuls des modèles 1997 qui étaient en stock ont été écoulés. On apprend aujourd'hui que l'importation va redémarrer et qu'il y aura bel et bien un EuroVan 1999. Il s'agit de la tant attendue version V6 que seuls quelques propriétaires de Campeurs chanceux avaient pu se procurer l'an dernier. Ce véhicule a été remis à jour l'an dernier en Europe et c'est cette version qui sera importée en Amérique du Nord.

GAMME

Pour 1999, cette mini-fourgonnette sera offerte en versions familiales GLS à 5 et 7 places, MV pour MultiVan et Camper dont l'aménagement est toujours réalisé par Winnebago aux États-Unis. Toutes les EuroVan seront pourvues en série d'un moteur V6 à essence de 140 ch avec boîte automatique à 4 rapports.

L'équipement d'origine des GLS a été enrichi puisqu'il comprend la direction assistée, le régulateur de vitesse, le radiocassette, la commande électrique des vitres, des serrures et des rétroviseurs extérieurs qui sont chauffants, le climatiseur automatique, les systèmes antiblocage-antipatinage des roues, les garnitures en cuir et les jantes en alliage léger. La MultiVan possède un équipement identique excepté les sièges en cuir.

TECHNIQUE

Les retouches esthétiques ont donné à l'EuroVan une apparence moins utilitaire. Sa carrosserie monocoque en acier n'en est que plus efficace sur le plan aérodynamique puisque son coefficient de traînée n'est que de 0.36. Le moteur est disposé de manière transversale entre les roues motrices, ce qui permet de dégager au maximum l'espace dans la cabine et d'améliorer le comportement par un bon équilibrage du poids.

La suspension, indépendante aux quatre roues, est basée sur un système de doubles leviers triangulés avec barres de torsion longitudinales à l'avant. Le freinage est à quatre disques avec ABS de série. Le moteur VR6 est celui qui équipe déjà les Golf GTI et Jetta GLX ainsi que la Passat. Il a vu sa puissance limitée à 140 ch, mais son couple est resté identique à ce qu'il est sur les automobiles. L'EuroVan possède une charge utile de 454 kg (1 000 lb) et peut remorquer une charge freinée de 1996 kg (4 400 lb).

Nouveau riche...

TRÈS POSITIF

++LE VOLUME UTILE. Il est phénoménal, car la cabine peut accueillir dans un luxe d'espace jusqu'à sept personnes qui peuvent facilement circuler entre les sièges, tandis que la soute facilement accessible accueillera une montagne de bagages.

POSITIF

+LE MOTEUR V6. Il a mis longtemps à nous parvenir et il apporte à l'EuroVan les performances qui lui ont toujours fait défaut, et chose curieuse, sans vraiment augmenter la consommation qui, il faut bien l'avouer, était déjà copieuse pour un 5 cylindres anémique.

+ LA QUALITÉ. Sa construction et sa finition est conforme aux critères de Volkswagen Allemagne où ces véhicules sont fabriqués, car les matériaux sont durables et la présentation générale sans reproche et aujourd'hui traitée de façon moins utilitaire.

+ LE COMPORTEMENT. Il est l'un des meilleurs de la catégorie, malgré la hauteur importante de la carrosserie, car le roulis et les mouvements de caisse sont bien contrôlés par un amortissement très efficace. Sur chaussée glissante l'EuroVan surprend par son adhérence, son équilibre et la précision de son guidage.

+ L'ÉQUIPEMENT. Il a été sérieusement rehaussé (le prix aussi) puisqu'on parle de garnitures en cuir, de jantes en alliage, de climatiseur automatique. Ce n'est peut-être pas une mauvaise idée, puisque le marché de la mini-fourgonnette de luxe est en train de se développer...

+ LA CONDUITE. Elle est haute et droite, comme celle d'un chauffeur d'autobus, mais elle procure une posture qui n'est pas fatigante à la longue, ainsi qu'une excellente visibilité à laquelle les grands rétroviseurs latéraux contribuent efficacement.

+ LE FREINAGE. Les quatre disques avec antiblocage livrés en série sont efficaces en situation d'urgence dont les distances d'arrêt sont raisonnables et les trajectoires rectilignes grâce à l'ABS.

+ LE CAMPER. Il est très polyvalent, car il peut servir à la fois de mini maison mobile pendant la belle saison et de second véhicule familial pratique et relativement économique, durant le reste de l'année.

+ LES SIÈGES. Ils sont confortables, malgré leur rembourrage ferme car ils sont bien galbés et leurs appuie-bras escamotables sont les seuls qui puissent s'ajuster en hauteur.

+ UN BON POINT. Pour les appuie-tête à toutes les places et les vitres latérales coulissantes procurant une excellente ventilation.

NÉGATIF

- LE PRIX. Il est devenu astronomique pour tous ces modèles qui coûtent pratiquement, aussi cher qu'une limousine. Souhaitons simplement que sa dépréciation demeurera aussi faible que celle du Camper ce qui permettra de limiter limite les dégâts...

- LE FREINAGE. Il exige encore une certaine habitude, car la pédale spongieuse ne permet pas de le doser avec précision.

- LA DIRECTION. Elle est floue et ne se recentre pas d'elle-même ce qui demande de nombreuses corrections lorsqu'on circule par vent latéral, auquel l'EuroVan est encore très sensible, vu sa hauteur importante.

- LA PLANCHE DE BORD. Peu ergonomique elle a toujours l'air utilitaire et les commandes y sont confuses, surtout celle situées sur sa partie centrale, hors de portée du conducteur.

- LES SIÈGES. Les banquettes ne sont pas faciles à démonter et à manipuler, particulièrement dans le cas de la dernière banquette qui oblige à jouer de la boîte à outils.

CONCLUSION

En prenant le parti de changer la vocation de son EuroVan en l'offrant équipée comme un véhicule de luxe et non plus un utilitaire, Volkswagen va tenter de séduire une clientèle qui n'a pour le moment que très peu de choix et sera très sensible à la qualité allemande. ☺

ÉVALUATION	
VOLKSWAGEN EuroVan	

ÉVALUATION
VOLKSWAGEN EuroVan

CONCEPTION :		87%
Technique :	80	
Sécurité :	75	
Volume cabine :	100	
Volume coffre :	100	
Qualité/finition :	80	

CONDUITE :		53%
Poste de conduite :	70	
Performances :	40	
Comportement :	45	
Direction :	70	
Freinage :	40	

ÉQUIPEMENT D'ORIGINE :		76%
Pneus :	75	
Phares :	80	
Essuie-glace :	80	
Dégivreur :	75	
Radio :	70	

CONFORT :		71%
Sièges :	75	
Suspension :	75	
Niveau sonore :	50	
Commodités :	80	
Climatisation :	75	

BUDGET :		51%
Prix d'achat :	10	
Consommation :	50	
Assurance :	50	
Satisfaction :	85	
Dépréciation :	60	

| **Moyenne générale :** | | **67.6%** |

NOUVEAU POUR 1999

- Modèle rajeuni à moteur VR6 primé et transmission A4, pouvant tracter 1996kg, comprenant des caractéristiques de sécurité plus nombreuses et un équipement plus garni et disponible en versions GLX, MultiVan et Camper.

MOTEURS / TRANSMISSIONS / PERFORMANCES

Modèles/ versions	Type / distribution soupapes / carburation	Cylindrée cc	Puissance ch @ tr/mn	Couple lb.pi @ tr/mn	Rapport volumét.	Roues motrices / transmissions	Rapport de pont	Accélér. 0-100 km/h s	400 m D.A. s	1000 m D.A. s	Reprise 80-120 km/h s	Freinage 100-0 km/h m	Vites. maxi. km/h	Accélér. latérale G	Niveau sonore dBA	Consommation l./100km Ville	Route	Carburant Octane
VR6	V6* 2.8 DACT-12-IESMP	2792	140 @ 4500	177 @ 3200	10.0 :1	avant - A4	4.91	ND								15.8	11.0	R 87

VOLKSWAGEN EuroVan	GLS	MV	Camper
Prix maxi $:	43 940	46 200	-
Prix mini $:	37 725	39 665	-
Transport & préparation $:	600	600	-
Boîte automatique:	S	S	S
Régulateur de vitesse:	S	S	S
Direction assistée:	S	S	S
Système antiblocage des freins:	S	S	S
Système antipatinage:	S	S	S
Climatiseur:	SA	SA	SM
Garnitures en cuir:	S	-	-
Radio MA/MF/ Cassette:	S	S	S
Serrures électriques:	S	S	S
Lève-vitres électriques:	S	S	S
Volant ajustable:	S	S	S
Rétroviseurs ext. ajustables:	SEC	SEC	SEC
Jantes en alliage léger:	S	S	-
Système antivol:	-	-	-

Couleurs disponibles

Extérieur: Blanc, Bleu, Gris, Rouge, Vert, Brun, Bordeaux, Beige, Argent.

Intérieur: Gris, Bleu, Beige.

EN BREF...

Catégorie: fourgonnettes compactes tractées. **Classe :** utilitaires

HISTORIQUE

Inauguré en:	1990-1999
Fabriqué à:	Hanovre, Allemagne.

PROFIL DE CLIENTÈLE

Modèle	Hom./Fem.	Âge moyen	Mariés	CEGEP	Revenus
EuroVan	87/13 %	50 ans	73 %	37 %	56 000 $

INDICES

Sécurité:	70 %	Satisfaction:	85 %
Dépréciation:	36 %	Assurance:	1 125 $
Prix de revient au km:	0.55 $	Nbre de concessionnaires:	55

VENTES

Modèle	1996	1997	Résultat	Part de marché
EuroVan	30	1	- 96.7 %	ND

PRINCIPAUX MODÈLES CONCURRENTS

CHEVROLET Venture, CHEVROLET Astro, CHRYSLER Town & Country, DODGE Caravan, FORD Windstar, MAZDA MPV, MERCURY Villager, NISSAN Quest, PLYMOUTH Voyager, PONTIAC Montana, TOYOTA Sienna.

ENTRETIEN REQUIS PAR LA GARANTIE

Première révision:	Fréquence:	Prise de diagnostic:
6 000 km	6 000 km	Non

CARACTÉRISTIQUES

Modèles	Versions	Carrosseries/ Sièges	Volume cabine l.	Volume coffre l.	Cx	Empat. mm	Long x larg x haut. mm x mm x mm	Poids à vide kg	Susp. av/ar	Freins av/ar	Direction type	Diamètre braquage m	Tours volant b à b.	Réser. essence l.	dimensions	Pneus d'origine marque	modèle	Mécanique d'origine
VOLKSWAGEN		Garantie générale: 2 ans / 40 000 km; mécanique: 5 ans / 80 000 km; antipollution: 6 ans / 80 000 km; corrosion perforation: 6 ans.																
EuroVan	GLS	frg.4 p.7	4250	-	0.36	2920	4789x1840x1940	1914	ih/ih	d/d/ABS	crém.ass.	11.7	3.5	79.8	205/65R15	-	-	V6/2.8/A4
EuroVan	MultiVan	frg.4 p.7	4250	-	0.36	2920	4789x1840x1940	1972	ih/ih	d/d/ABS	crém.ass.	11.7	3.5	79.8	205/65R15	-	-	V6/2.8/A4
EuroVan	Camper	frg.4 p.6	-	-	0.36	3320	5189x1840x2032	2375	ih/ih	d/d/ABS	crém.ass.	11.7	3.5	79.8	205/65R15	-	-	V6/2.8/A4

VOLKSWAGEN
Golf-Jetta
En retard...

Depuis des années, les constructeurs allemands sont toujours les derniers à annoncer ou à présenter leurs derniers modèles. Ils ne savent pas au 15 septembre ce que leurs concessionnaires vont vendre le 1er octobre. À ce petit jeu Volkswagen est le plus fort. C'est pourquoi malgré toute la bonne volonté des représentants de cette firme en Amérique du Nord, nous n'avons pu faire une évaluation des véritables modèles 1999 avant d'aller sous presse. C'est d'autant plus regrettable que dans le cas de la Golf elle existe en Europe depuis deux ans. La Jetta, elle, est toute neuve et elle sera la première à poser la roue sur notre continent.

Nous allons toutefois passer en revue les caractéristiques des produits qui arriveront tard cet automne et tôt le printemps prochain.

Donc, la Jetta sera la première à nous parvenir. Elle est totalement nouvelle, établie sur une plate-forme qui n'a plus rien à voir avec la Golf. En fait elle dérive de la Bora qui se situe entre la Golf et la Passat. Elle sera disponible en deux versions GL et GLS animées par le 4 cylindres de 2.0L qui équipe le modèle actuel, tandis que la GLX sera pourvue du VR6. La carrosserie des Jetta sera entièrement galvanisée, ce qui permettra à Volkswagen de les garantir pour 12 ans contre la corrosion. Ces carrosseries auront une rigidité jamais atteinte par un modèle de ce format et leur carrosserie est soudée par un procédé au laser d'une grande précision.

Ces modèles seront équipés de coussins gonflables latéraux, d'une radiocassette de qualité, d'un système antiblocage des roues, d'une colonne de direction ajustable en hauteur et de manière télescopique, de rétroviseurs extérieurs chauffants.

La Golf de quatrième génération, offre une carrosserie aux lignes plus arrondies et plus efficaces puisque son coefficient aérodynamique est de 0.31. Elle sera déclinée en version de base arborant un nouveau moteur de 2.0L développant 115 ch ou d'un moteur Diesel de 1.9L Turbo Direct. Son équipement de série inclura ici encore, un système antivol, une radiocassette de qualité, des serrures à commande électrique, le dossier de la banquette arrière basculant et pourvu de trois appuie-tête, tandis que le système de ventilation sera muni d'un filtre à pollen et à odeurs. En option, on pourra équiper ce modèle de sièges garnis de cuir, avec sièges avant chauffants, de jantes en alliage léger, d'un toit ouvrant et de vitres à commande électrique express possédant une protection contre le pincement des doigts. On n'arrête pas le progrès... Une Golf GTI sera offerte sous la nouvelle carrosserie qui offrira soit les 115 ch du moteur 2 litres, soit les

172 ch du VR6. Elle sera suivie par le cabriolet qui sera établi sur la nouvelle carrosserie et bénéficiera d'une rigidité accrue. Son aménagement intérieur sera rafraîchi et son apparence extérieure se distinguera par ses phares qui regrouperont sous un même ensemble les optiques principales, celle des feux antibrouillards et des feux de directions. Le cabriolet disposera lui aussi du moteur de 2.0L de 115 ch et de deux niveaux de finition. Un GL au prix compétitif et un GLX dont l'équipement de série inclura les sièges garnis de cuir, les vitres à commande électrique et la capote à commande motorisée. Comme on le voit, il n'y aura pas de grand bouleversement par rapport à la gamme actuelle excepté, que la carrosserie et ses principaux aménagements sera entièrement nouvelle avec des dimensions un peu plus généreuses et une rigidité accrue.

Au moment où ces lignes seront imprimées, nous n'aurons pas eu la chance de faire l'essai de la nouvelle Jetta qui arrivera plus tard sur le continent nord-américain alors que la prochaine Golf attendra le printemps de 1999 pour y débarquer. Les remarques ci-dessous s'adressent aux modèles encore en vente, tandis que les tableaux contiennent certaines données sur les nouvelles Jetta. La prochaine édition de Carnet de Route contiendra l'analyse de ces 2 modèles très populaires.

GAMME

Les Golf sont des berlines 3 et 5 portes (hayon) ou décapotable à deux portes, offertes en 4 niveaux de finition: CL, GL, GTI (wolfsburg) et décapotable. La Jetta est une berline à 4 portes disponible en GL, GLS, GT (wolfsburg) et GLX. La CL est équipée du moteur 1.8L, alors que les GL, GLS, GT, le cabriolet et la GTI reçoivent le 2.0L, et les GTI VR6 et GLX, le V6 de 2.8L. Le Turbo Diesel des versions TDI est le dernier du genre, puisque VW est le seul constructeur qui vende encore ce type de moteur en Amérique du Nord dans cette catégorie. L'équipement de ses différents modèles varie du tout au tout selon la version considérée. Au minimum la Golf CL est parée de deux coussins gonflables, d'une direction assistée, de serrures à commande électrique couplée à un système antivol, des rétroviseurs extérieurs ajustables et des essuie-glace à mode intermittent. À l'autre bout de la gamme, les GTI-GLX à moteur VR6 ajoutent à cela, un régulateur de vitesse, le système antiblocage des freins, le climatiseur, les vitres et les rétroviseurs à commande électrique, les jantes en alliage et le toit ouvrant. La boîte automatique et les sièges en cuir sont optionnels.

TECHNIQUE

La carrosserie, monocoque en acier possède une efficacité aérodynamique acceptable avec cœfficient moyen de 0.32. La suspension avant est indépendante, basée sur le principe de MacPherson, avec stabilisation automatique et déport négatif. À l'arrière on trouve un essieu de torsion, dont la voie varie automatiquement pour compenser le sous-virage et donner un effet directionnel induit. Les freins sont mixtes sur les CL/GL et TDI, à 4 disques sur les GLS, GT et GTI tandis que l'antiblocage s'ajoute sur les GTI et GLX à moteur VR6. Les moteurs sont connus, mais c'est le Turbo Diesel qui retient l'attention par sa faible consommation.

POSITIF

+ LA RIGIDITÉ. Lors de sa dernière refonte la structure a été sérieusement renforcée afin de bonifier autant le comportement que le confort ou la sécurité sans compter que cela donne une sérieuse impression de solidité.

+ LES PERFORMANCES. Celles du moteur VR6 des GTI VR6 et GLX sont enthousiasmantes par le brio de ses prestations car il confère à ces modèles des accélérations comme leurs reprises toniques qui font détester le 2.0L falot installé dans la fausse GTI.

+ LE COMPORTEMENT. Il est très stable et prévisible, grâce à l'efficacité de la suspension sophistiquée qui procure un guidage plus précis. Bien que sous-vireuses ces voitures sont faciles à contrôler et elles adorent le mode de conduite sportif.

+ LA DIRECTION. Elle est aussi précise que rapide et convenablement assistée et sa vivacité fait merveille sur tracé sinueux où elle permet une conduite inspirée.

+ LE CONFORT. Un amortissement plus progressif et un débattement plus généreux des roues ont amélioré la confort de roulement de ces voitures qui est moins ferme qu'à une certaine époque.

+ LE RENDEMENT. Celui du moteur Diesel est plus économique que celui des moteurs à essence dont les performances sont toutefois plus musclées

+ LA PRÉSENTATION. Elle est moins sévère depuis que les matériaux ont une autre couleur que le noir et le gris. L'apparence des matières plastiques et des tissus fait moins bon marché.

+ L'ANTIVOL. Il s'est tellement volé de ces modèles à travers le monde que VW a eu la bonne idée d'en installer un en série.

+ LE CABRIOLET. C'est un phénomène sur le marché où il est unique en son genre, avec ses quatre places et sa capote doublée incluant une custode vitrée avec dégivreur électrique, autorisant un usage hivernal sans problème.

NÉGATIF

- LA FIABILITÉ. Depuis que la fabrication est faite au Mexique de nombreux problèmes de qualité ont exaspéré les propriétaires qui ont fini par déserter la marque. Il est juste de préciser que la majorité de ces avaries sont plus dues aux fournisseurs de Volkswagen qu'à la compagnie elle-même qui affirme appliquer les mêmes critères de qualité à Puebla qu'à Wolfsburg.

- L'HABITABILITÉ. Elle ne s'est pas améliorée au fil des ans, car si l'espace est relativement généreux aux places avant, il manque d'espace pour les jambes à l'arrière et ce de manière chronique.

- LE PRIX. Les Golf et Jetta coûtent cher comparées à certaines de leurs concurrentes japonaises moins problématiques. Cela est d'autant plus surprenant que ces modèles sont fabriqués en Amérique du Nord. Cette remarque est d'autant plus vrai pour les Golf GTI et Jetta GLX dont la présentation banale ne vaut pas le prix demandé et qui ne sont pas dignes d'un constructeur sérieux.

- LES PERFORMANCES. Les moteurs 4 cylindres ont un rendement médiocre car les accélérations comme les reprises sont molles surtout avec le moteur de 2.0L qui est encore plus paresseux que le 1.8L de base.

- LE BRUIT. Rouler dans ces voitures n'est pas de tout repos car elles émettent moult bruits et des vibrations en provenance tant de la mécanique que des trains de roulement.

- LA SÉLECTION. Curieusement chez Volkswagen, la boîte manuelle est grinceuse à froid et sa tringlerie manque rapidement de précision dès que le véhicule atteint un certain kilométrage.

- LE COMPORTEMENT. Celui des Golf GTI et Jetta GLX n'est pas rassurant et elles ne sont pas à mettre entre toutes les mains, tellement l'effet de couple important rend leur guidage aléatoire et l'inconsistance de la suspension, le comportement instable. La coque et les suspensions n'ont pas été suffisamment renforcées pour accepter le moteur V6 qui est trop puissant. Ces réactions brutales et l'instabilité directionnelle rendent le guidage encore plus délicat sur chaussée glissante où il faut être extrêmement prudent. Sur les autres modèles, la souplesse de la suspension génère un roulis qui accélère l'apparition du sous-virage.

CONCLUSION

Les Golf et Jetta conservent un grand nombre de fidèles qui apprécient leur tempérament de voiture européenne, sportif et dynamique, même dans les versions les moins reluisantes. Tant que la gamme des modèles 1999 ne sera pas complétée ils continueront d'être commercialisés.

☺

ÉVALUATION
VOLKSWAGEN Golf-Jetta

CONCEPTION :		69%
Technique :	80	
Sécurité :	60	
Volume cabine :	50	
Volume coffre :	80	
Qualité/finition :	75	

CONDUITE :		67%
Poste de conduite :	80	
Performances :	50	
Comportement :	60	
Direction :	80	
Freinage :	65	

ÉQUIPEMENT D'ORIGINE :		76%
Pneus :	75	
Phares :	80	
Essuie-glace :	80	
Dégivreur :	75	
Radio :	70	

CONFORT :		71%
Sièges :	80	
Suspension :	70	
Niveau sonore :	50	
Commodités :	80	
Climatisation :	75	

BUDGET :		57%
Prix d'achat :	50	
Consommation :	70	
Assurance :	45	
Satisfaction :	70	
Dépréciation :	50	

Moyenne générale: 68.0%

NOUVEAU POUR 1999

• La Jetta redessinée sur une base Bora arrivera sur le marché fin 1998 et la Golf présentement vendue en Europe arrivera au printemps de 1999 en version berline et cabriolet.

MOTEURS / TRANSMISSIONS / PERFORMANCES

Modèles/ versions	Type / distribution soupapes / carburation	Cylindrée cc	Puissance ch @ tr/mn	Couple lb.pi @ tr/mn	Rapport volumét.	Roues motrices / transmissions	Rapport de pont	Accélér. 0-100 km/h s	400 m D.A. s	1000 m D.A. s	Reprise 80-120 km/h s	Freinage 100-0 km/h m	Vites. maxi. km/h	Accélér. latérale G	Niveau sonore dBA	Consommation l./100km Ville	Route	Carburant Octane
1)	L4* 1.8 SACT-8-IE	1781	90 @ 5250	107 @ 2500	10.0 :1	avant - M5*	3.67	11.8	18.5	33.0	8.8	39	175	0.80	67	9.3	6.6	R 87
2)	L4* 2.0 SACT-8-IESPM	1984	115 @ 5200	122 @ 2600	10.0 :1	avant - M5*	4.24	10.5	17.2	31.5	6.9	37	195	0.80	67	10.0	6.9	R 87
						avant - A4	4.88											
3)	V6* 2.8 DACT-12-IESMP	2792	172 @ 5800	181 @ 3200	10.0 :1	avant - M5*	3.39	12.0	18.6	33.6	9.0	41	190	0.80	67	11.6	8.1	R 87
						avant - A4	4.27	8.0	15.8	27.0	5.6	38	220	0.81	69	12.7	8.6	R 87
4)	L4* 1.9 SACT-8-ID	1896	90 @ 3750	155 @ 1900	19.5 :1	avant - M5*	3.39	ND										D
								ND										

1) CL 2) GL,GT, GLS, GTI, Cabrio   3) GLX, GTI VR6, option GLS 4) TDI

VOLKSWAGEN Golf	CL	GL Wolfsburg	TDICab.GLS
VOLKSWAGEN Jetta	GL	GLS/GLX	TDI
Prix maxi $:	15 610	18 095	21 325	19 945	30 970
Prix mini $:	14 190	15 245	18 310	17 730	26 905
Transport & préparation $:	510	510	510	510	510
Boîte automatique :	O	O	O	-	O
Régulateur de vitesse :	O	O	O	O	O
Direction assistée :	S	S	S	S	S
Système antiblocage des freins :	-	-/S	S	O	O
Système antipatinage :	-	-	-/S	-	-
Climatiseur :	O	O	S/SA	O	O
Garnitures en cuir :	-	-	O/S	-	-
Radio MA/MF/ Cassette :	O	S	S	S	S
Serrures électriques :	S	S	S	S	S
Lève-vitres électriques :	O	O	S	O	O
Volant ajustable :	-	O/S	S	O	S
Rétroviseurs ext. ajustables :	S	S/SEC	S/SEC	O	S
Jantes en alliage léger :	-	-	O/S	O	S
Système antivol :	S	S	S	S	S

Couleurs disponibles
Extérieur: Blanc, Gris, Bleu, Rouge, Argent, Noir, Vert, Suède, Violet, Mûre, Jaune.
Intérieur: Gris, Noir, Beige.

EN BREF...

Catégorie: sous-compactes et compactes tractées.   **Classe :** 3S & 3

HISTORIQUE
Inauguré en : 1985-1993. Jetta: 1999.
Fabriqué à : Mexico:Golf/Jetta;décapotable: Osnabrück, Allemagne.

PROFIL DE CLIENTÈLE

Modèle	Hom./Fem.	Age moyen	Mariés	CEGEP	Revenus
Golf	57/43 %	32 ans	46 %	62 %	53 000 $
Jetta	76/24 %	44 ans	70 %	55 %	65 000 $

INDICES
Sécurité:	50 %	Satisfaction:	75 %
Dépréciation:	37 %	Assurance:	935-1 150 $
Prix de revient au km:	0.32-0.40 $	Nbre de concessionnaires:	55

VENTES
Modèle	1996	1997	Résultat	Part de marché
Golf	4 746	4 381	- 7.7 %	21.5 %
Jetta	5 446	5 331	- 2.1 %	21.5 %

PRINCIPAUX MODÈLES CONCURRENTS
Golf: HONDA Civic, NISSAN Sentra, TOYOTA Tercel. **Jetta:** ACURA 1.6 EL, CHEVROLET Cavalier, DODGE Stratus-Neon, FORD Escort-Contour, HONDA Civic, HYUNDAI Elantra, MAZDA Protegé, MERCURY Mystique, PLYMOUTH Breeze-Neon, PONTIAC Sunfire, SATURN SL1 & SL2, SUBARU Impreza, TOYOTA Corolla.

ENTRETIEN REQUIS PAR LA GARANTIE
Première révision:	Fréquence:	Prise de diagnostic:
5 000 km	6 mois/10 000 km	Oui

CARACTÉRISTIQUES

Modèles	Versions	Carrosseries/ Sièges	Volume cabine l.	Volume coffre l.	Cx	Empat. mm	Long x larg x haut. mm x mm x mm	Poids à vide kg	Susp. av/ar	Freins av/ar	Direction type	Diamètre braquage m	Tours volant b à b.	Réser. essence l.	Pneus d'origine marque	modèle	Mécanique d'origine
VOLKSWAGEN	Garantie générale: 2 ans / 40 000 km; mécanique: 5 ans / 80 000 km; antipollution: 5 ans / 80 000 km; corrosion perforation: 6 ans.																
Golf	CL	ber. 3 p.5	2492	495	0.32	2475	4075x1695x1427	1117	ih/sih	d/t	crém.ass.	10.7	3.2	55.0	195/60R14	Goodyear	Invicta	L4/1.8/M5
Golf	GL	ber. 5 p.5	2492	495	0.32	2475	4075x1695x1427	1173	ih/sih	d/t	crém.ass.	10.7	3.2	55.0	195/60R14	Goodyear	Eagle GA	L4/2.0/M5
Golf	Cabriolet	déc. 2 p.5	2140	270	0.38	2475	4075x1695x1422	1225	ih/sih	d/t	crém.ass.	10.7	3.2	55.0	195/60HR14	Goodyear	Eagle GA	L4/2.0/M5
Golf	GTI VR6	ber. 3 p.5	2492	495	0.34	2475	4075x1695x1427	1252	ih/sih	d/d/ABS	crém.ass.	10.7	3.2	55.0	205/50HR15	Goodyear	Eagle GA	V6/2.8/M5
Jetta	GL	ber.4 p.5	2492	368	0.32	2513	4376x1735x1446	1271	ih/sih	d/d/ABS	crém.ass.	10.9	3.2	54.9	195/65R15	Goodyear	Invicta	L4/2.0/M5
Jetta	GLS	ber.4 p.5	2492	368	0.32	2513	4376x1735x1446	1283	ih/sih	d/d/ABS	crém.ass.	10.9	3.2	54.9	195/65R15	Goodyear	Eagle GA	L4/2.0/M5
Jetta	GLX VR6	ber.4 p.5	2398	374	0.34	2513	4376x1735x1446	1369	ih/sih	d/d/ABS	crém.ass.	10.9	3.2	54.9	195/65R15	Goodyear	Eagle GA	V6/2.8/M5

VOLKSWAGEN
New Beetle
Nostalgie

Le retour de la Coccinelle ou si vous préférez de la New Beetle est un véritable coup de maître. Celui qui en a eu l'idée est un véritable génie de la mise en marché. C'est vrai qu'au départ la ligne du prototype Concept 1 dévoilé au Salon de Détroit en 1994, était très réussi et actualisait bien la vénérable machine. Pas étonnant que le public américain qui a gardé un souvenir touchant de la voiture de sa jeunesse, lui fasse une telle ovation et que les dirigeants de Volkswagen en viennent à la conclusion que ce serait peut-être une bonne idée de la commercialiser, un peu comme Chrysler commercialise ses Viper et Prowler, pour l'énorme intérêt que cela suscite et le trafic que cela amène dans les salles d'exposition des concessionnaires qui réclament à grand cris, qu'on leur envoie quelque chose qui attire les foules...

C'est ainsi que la seconde légende est née. Il n'est pas nécessaire d'être devin pour prévoir que si elle n'est pas un produit de masse la New Beetle, va combler tous ceux qui veulent se distinguer de la foule des modèles plus anonymes les uns que les autres.

Quand on sait qu'il s'est vendu 21 millions de Coccinelle à travers le monde en cinquante ans, dont 5 millions en Amérique du Nord, cela laisse pas mal de nostalgiques. Même si ceux qui vivent encore aujourd'hui étaient tentés de refaire l'expérience, cela assurerait la production de l'usine de Puebla au Mexique pour quelques années au rythme d'une centaine de mille unités de capacité de production.

Ce qu'il y a de touchant dans la dernière New Beetle, c'est son pouvoir d'évocation. Chacun y va de sa petite anecdote, de son souvenir d'utilisateur souvent déçu ou trahi par la simplicité désarmante de l'original.

Mais lorsqu'on dit à tous ces braves gens que la Coccinelle a corrigé la plupart de ses défauts d'antan, beaucoup semblent songeurs et seraient prêts à repartir pour un tour. Songez donc, le nouveau modèle est équipé de la mécanique de Golf. Fini le bruit de machine à coudre pétaradante, pas tuable certes, mais combien désagréable à l'oreille et peu puissant avec ça! Lorsqu'on leur dit que la New Beetle est une traction, ils se rappellent les cabrioles sur les routes enneigées l'hiver et le manque de chauffage à bord. En plus du chauffage à eau on peut aussi disposer d'un climatiseur, d'une transmission automatique et songez donc le coffre n'est plus à l'avant mais derrière sous un grand hayon. Cela leur semble presque trop beau ou alors inaccessible. Le prix? Oui elle coûte aussi cher qu'une Jetta bien équipée, mais quel style, elle a l'air d'un gros jouet, pas très beau sous certains angles, mais sûr de ne pas passer inaperçu.

Plus qu'une voiture, nous avons découvert que la New Beetle est plus qu'un moyen de transport original: c'est un moyen de communication efficace et pacifique. Autour de son capot ouvert, les conversations s'amorcent, les amitiés ou les amours se nouent, tout comme au temps de l'ancêtre. La New Beetle n'est sans doute pas parfaite ou pratique au sens ou nous évaluons toutes voitures de la même manière selon la même méthode basée sur la logique. Mais cette Coccinelle échappe à toute logique et sa résurgence a montré que son influence était intemporelle, comme toutes les choses qui touchent les hommes et les femmes. Nous aurions aimé avoir des appareils pour mesurer le désir des gens d'en posséder une immédiatement, la douceur de leurs souvenirs et leur affection pour cet objet sans âge, qui les fascinait au plus haut point afin de percer le mystère de sa magie...

Il y a longtemps qu'une automobile n'avait pas suscité autant d'intérêt de la part des médias comme du public qui lui ont fait une véritable ovation. Si la renaissance de la légende doit surtout servir à provoquer du trafic dans les salles de vente de la marque allemande, son esthétique et le modernisme de sa technique ont créé un phénomène intéressant dont d'autres constructeurs s'inspireront sans doute. Un battage bien organisé et la livraison soudaine de milliers d'insectes de toutes les couleurs a frappé.

GAMME

La New Beetle n'existe pour l'instant qu'en berline 2 portes animée par un moteur 4 cylindres à essence de 2.0L soit d'un Diesel turbo de 1.9L ou encore du 4 cylindres turbo de 1.8L à essence qui équipe la Passat et la Audi A4, avec boîte manuelle 5 vitesses en série ou automatique à 4 rapports en option. Son équipement de série comporte quatre coussins gonflables, deux frontaux et deux latéraux, d'un climatiseur comportant un filtre à pollens et à odeurs, d'un radiocassette à six haut-parleurs, d'un dispositif antivol et de serrures télécommandées.

TECHNIQUE

C'est la plate-forme des dernières Golf-Jetta (qui seront introduites à l'automne de 1998) qui a servi de fondation à la New Beetle. Cela signifie qu'elle est passée de la propulsion à la traction et que ses moteurs sont des 4 cylindres en ligne refroidis par eau. L'élaboration de l'architecture de sa carrosserie a été plus soignée, sur le plan structurel dont la rigidité lui permet de bien se comporter lors des tests de collision, qu'aérodynamique puisque le coefficient tributaire des formes bulbeuses de la carrosserie n'est pas favorable. La coque autoporteuse sur laquelle les ailes et les boucliers en plastique sont boulonnées, est faite d'acier galvanisé, permettant d'assurer une garantie contre la corrosion de surface et la perforation de 12 ans sans limitation de kilométrage.

La suspension est indépendante aux quatre roues, basée sur des éléments de type MacPherson à l'avant et un essieu torsionnel à l'arrière avec barre antiroulis à l'avant comme à l'arrière. Les freins sont à disques dont ceux situés à l'avant sont ventilés, mais le dispositif antiblocage est optionnel sauf pour la GLX. Enfin les roues sont équipées de pneus de 16 pouces et celle de secours de type galette est disposée sous le plancher du coffre à bagages.

POSITIF

+ LE STYLE. Son profil semi-circulaire et ses extrémités en forme de bateau lui confèrent une allure irrésistible qui ne passe pas inaperçu grâce à une gamme de couleurs toniques.

+ LA TECHNIQUE. Très moderne elle permet de bénéficier d'éléments de sécurité ou de confort qui étaient inconnus sur l'original. Ainsi le chauffage ou la climatisation sont efficaces en toute saison et les quatre coussins gonflables protègent les occupants.

+ LA CONDUITE. Elle est infiniment plus sécuritaire que celle du modèle original tel qu'il est encore produit au Mexique, dont le comportement aléatoire dépend essentiellement de la qualité des pneus. La New Beetle tient bien la route grâce à un roulis modéré, elle est facile à guider car sa direction est douce et son freinage inspire confiance dans la plupart des circonstances. Les deux transmissions offertes sont agréables d'emploi.

+ LE CONFORT. Il est plus évident à l'avant où l'accès est aisé, l'espace abondant dans toutes les directions, surtout en hauteur qui est inhabituelle et les sièges aussi bien formés que rembourrés. La suspension est ferme mais pas dure, un compromis très germanique.

+ LA PRÉSENTATION. Elle est très flatteuse, car les matériaux utilisés comme l'aluminium, les matières plastiques ou le tissu des garnitures font riche, la finition est soignée et la construction méticuleuse.

+ LE HAYON. Il a été parfaitement intégré à la ligne et réalisé avec soin comme en témoigne sa serrure dissimulée sous le sigle de la marque, qui est un véritable objet d'art!

+ LA CONDUITE. Malgré le manque de performances, la conduite n'est pas désagréable, lorsqu'on a bien le véhicule en main, parce que sa direction est précise et son diamètre de braquage raisonnable la rend suffisamment maniable en ville.

+ LA TRANSMISSION. La boîte manuelle est un charme à opérer car sa sélection est aussi précise que rigoureuse, du grand VW.

+ BIEN VU: l'instrumentation combinée en un seul module comprenant un mini compte-tours et un écran digital.

NÉGATIF

- LE CÔTÉ PRATIQUE. L'utile n'a pas été facile à concilier à l'agréable, car la ligne caractéristique de la carrosserie n'a pas permis de disposer d'un volume habitable ou cargo conforme aux canons actuels. Mais surtout les créateurs ne se sont pas forcés pour doter la New Beetle d'une boîte à gants, de vide-poches de portes ou de porte-gobelets fonctionnels. Les places arrière sont limitées en hauteur et plus difficiles à atteindre, tout comme le coffre dont la capacité n'est suffisante que lorsque la banquette est repliée.

- LES PERFORMANCES. Avec les moteurs 2.0L à essence et 1.9L Diesel que nous avons eu à mettre à l'épreuve, la Beetle semble lourde et manque autant d'entrain avec la transmission manuelle qu'automatique. Espérons qu'il en sera autrement avec le moteur 1.8L turbocompressé.

- LA VISIBILITÉ. Elle n'est pas supérieure à celle de l'original, à cause de sa ceinture de caisse haute qui réduit la surface vitrée, des montants de toit massifs et des rétroviseurs petits et placés haut à l'extérieur ou trop étroit à l'intérieur. L'écran des données digitales installé au milieu des instruments est indéchiffrable de jour. De plus le rétroviseur de droite est ridiculement petit, comme sur d'autres véhicules de cette marque.

- LE NIVEAU SONORE. Traditionnellement les VW ne sont pas silencieuses et la New Beetle ne fait pas exception à la règle. Le moteur émet autant de décibels que de vibrations, les rétroviseurs extérieurs sifflent dès 80 km/h (50 m/h) et les pneus manquent de discrétion.

- LA POSITION DE CONDUITE. Elle est difficile à trouver et on se sent bien loin du pare-brise et de ce qui se passe en avant...

- LE TABLEAU DE BORD. Il est extrêmement massif pour le peu qu'il contient ce qui a tendance à faire paraître la cabine plus petite qu'elle l'est en réalité.

- À REVOIR. Un essuie-glace à l'arrière ne serait pas de trop pour chasser l'eau qui reste sur la lunette par mauvais temps, les vitres arrière fixes qui confinent à la claustrophobie, les pare-soleil trop petits, les phares pas assez puissants, la montre bien mal située (au plafond) et les porte-gobelets peu pratiques.

CONCLUSION

La dernière New Beetle est avant tout le bel objet d'une propagande très réussie, car son côté pratique au quotidien laisse autant à désirer que son agrément de conduite faute de performances. Elle s'adresse à des nostalgiques soucieux de ne pas passer inaperçu... ☺

ÉVALUATION
VW New Beetle

CONCEPTION : 71%
Technique : 85
Sécurité : 100
Volume cabine : 40
Volume coffre : 50
Qualité/finition : 80

CONDUITE : 60%
Poste de conduite : 75
Performances : 40
Comportement : 55
Direction : 80
Freinage : 50

ÉQUIPEMENT D'ORIGINE : 78%
Pneus : 80
Phares : 75
Essuie-glace : 80
Dégivreur : 75
Radio : 80

CONFORT : 61%
Sièges : 75
Suspension : 80
Niveau sonore : 30
Commodités : 40
Climatisation : 80

BUDGET : 68%
Prix d'achat : 50
Consommation : 80
Assurance : 50
Satisfaction : 80
Dépréciation : 80

Moyenne générale: 67.6%

NOUVEAU POUR 1999

- Moteur 1.8L turbo de 150ch dans la version GLX laquelle comprend l'ABS, les lève-vitres électriques, le régulateur de vitesse, les garnitures en cuir et les jantes en alliage.

MOTEURS / TRANSMISSIONS / PERFORMANCES

Modèles/ versions	Type / distribution soupapes / carburation	Cylindrée cc	Puissance ch @ tr/mn	Couple lb.pi @ tr/mn	Rapport volumét.	Roues motrices / transmissions	Rapport de pont	Accélér. 0-100 km/h s	400 m D.A. s	1000 m D.A. s	Reprise 80-120 km/h s	Freinage 100-0 km/h m	Vites. maxi. km/h	Accélér. latérale G	Niveau sonore dBA	Consommation l./100km Ville	Route	Carburant Octane
base	L4* 2.0 SACT-8-IESPM	1984	115 @ 5200	122 @ 2600	10.0 :1	av.- M5*	4.24	11.5	17.5	31.8	7.3	39	180	0.80	68-72	12.3	9.7	R 87
						av.- A4	4.53	12.0	18.0	33.3	9.0	44	180	0.80	68-72	12.8	10.5	R 87
TDI	L4T* 1.9 SACT-8-ID	1896	90 @ 4000	149 @ 1900	19.5 :1	av.- M5*	3.39	ND								6.9	5.9	D
						av.- A4	3.71	ND								8.3	6.4	D
GLX	L4T* 1.8 DACT-20-IE	1781	150 @ 5700	155 @ 1750	9.5 :1	av.- M5* A5	ND	ND										R 87

VOLKSWAGEN New Beetle	base	TDI	GLX
Prix maxi $:	19 940	21 685	-
Prix mini $:	18 130	19 715	-
Transport & préparation $:	510	510	-
Boîte automatique:	O	O	O
Régulateur de vitesse:	O	O	S
Direction assistée:	S	S	S
Système antiblocage des freins:	O	O	S
Système antipatinage:	-	-	-
Climatiseur:	S	S	S
Garnitures en cuir:	O	O	S
Radio MA/MF/ Cassette:	S	S	S
Serrures électriques:	S	S	S
Lève-vitres électriques:	O	O	S
Volant ajustable:	S	S	S
Rétroviseurs ext. ajustables:	SEC	SEC	SEC
Jantes en alliage léger:	O	O	S
Système antivol:	S	S	S

Couleurs disponibles
Extérieur: Noir, Blanc, Rouge, Bleu, Jaune, Argent, Vert.
Intérieur: Beige.

EN BREF...

Catégorie: berlines sous-compactes tractées. **Classe :** 3

HISTORIQUE
Inauguré en: 1998
Fabriqué à: Puebla, Mexique.

PROFIL DE CLIENTÈLE
Modèle	Hom./Fem.	Âge moyen	Mariés	CEGEP	Revenus
New Beetle	ND				

INDICES
Sécurité:	100 %	Satisfaction:	78 %
Dépréciation:	20 %	Assurance:	995 $
Prix de revient au km:	0.37 $	Nbre de concessionnaires:	55

VENTES
Modèle	1996	1997	Résultat	Part de marché
New Beetle	non commercialisé à cette époque.			

PRINCIPAUX MODÈLES CONCURRENTS
CHEVROLET Cavalier, DODGE Neon, HONDA Civic SiR, PLYMOUTH Neon, PONTIAC Sunfire, SUBARU Impreza 2.5RS, VOLKSWAGEN Golf.

ENTRETIEN REQUIS PAR LA GARANTIE
Première révision:	Fréquence:	Prise de diagnostic:
5 000 km	6 mois/10 000 km	Oui

CARACTÉRISTIQUES

Modèles	Versions	Carrosseries/ Sièges	Volume cabine l.	Volume coffre l.	Cx	Empat. mm	Long x larg x haut. mm x mm x mm	Poids à vide kg	Susp. av/ar	Freins av/ar	Direction type	Diamètre braquage m	Tours volant b à b.	Réser. essence l.	Pneus d'origine dimensions	marque	modèle	Mécanique d'origine
VOLKSWAGEN						Garantie générale: 2 ans / 40 000 km; mécanique: 5 ans / 80 000 km; antipollution: 5 ans / 80 000 km; corrosion perforation: 12 ans/km illimité.											
New Beetle 2.0	ber. 2 p. 4		2387	340	0.38	2512	4092x1725x1511	1230	ih/sih	d/d	crém.ass.	10.8	3.2	55.0	205/55R16	Michelin	Energy	L4/2.0/M5
New Beetle TDI	ber. 2 p. 4		2387	340	0.38	2512	4092x1725x1511	1260	ih/sih	d/d	crém.ass.	10.8	3.2	55.0	205/55R16	Michelin	Energy	L4TD/1.9/M5
New Beetle 1.8T	ber. 2 p. 4		2387	340	0.38	2512	4092x1725x1511	-	ih/sih	d/d	crém.ass.	10.8	3.2	55.0	205/55R16	Michelin	Energy	L4T/1.8/M5

VOLKSWAGEN
Passat

Le renouvellement de la Passat a été l'occasion pour Volkswagen d'une réorientation profonde de sa philosophie et de sa stratégie. À l'aube du 21e siècle, la firme de Wolfsburg est en pleine ébullition, engagée dans une restructuration en même temps qu'une expansion planétaire, et des acquisitions prestigieuses. La Passat est le navire amiral de la flotte de VW. Dérivée de la Audi A4, elle a acquis une présentation moins utilitaire et un degré d'élaboration qui voudrait en faire la concurrente de choix pour les Honda Accord et Toyota Camry de même calibre.

GAMME
La Passat est disponible en berlines et familiales à 4 portes GLS à moteur 4 cylindres Turbo de 1.8L à essence, ou Turbo Diesel TDI de 1.9L et GLX à moteur V6 de 2.8L. La transmission à cinq rapports de série est manuelle ou automatique Tiptronic en option (de série sur la GLX) sur les moteurs à essence seulement. La GLS comprend d'origine, la direction assistée, le régulateur de vitesse, le climatiseur manuel, deux coussins gonflables, un radiocassette, les serrures, vitres et rétroviseurs à commande électrique et un système antivol. La GLX y ajoute le système antiblocage des freins, les jantes en alliage, le toit ouvrant et les garnitures de cuir.

TECHNIQUE
La carrosserie monocoque en acier de la Passat possède une excellente efficacité aérodynamique puisque son cœfficient de pénétration dans l'air est de 0.27. Comme il se doit de nos jours la rigidité a été sérieusement améliorée et ce tant en flexion qu'en torsion. La carrosserie est légèrement plus large que l'ancienne. La suspension avant est nouvelle dérivée de celle de la A4 avec ses quatre bras dont les points d'articulation sont positionnés de manière à éliminer tout effet de couple dans la direction lors des fortes accélérations. À l'arrière, les roues sont semi-indépendantes fixées à un essieu de torsion monté sur des paliers autocorrecteurs qui procurent un léger effet de braquage induit sous la force latérale, qui facilite la mise en trajectoire en courbe et stabilise le véhicule lors des changements rapides de voie.

POSITIF
+L'APPARENCE. Cette nouvelle génération de Passat est moins anonyme que celui de la précédente et plus dynamique dont la finesse aérodynamique est remarquable avec

Offensive...

une marque de 0.27. Toutefois il ne faut pas être dupe, car il s'agit de celle de la Audi A4 réaménagée...

+ LE CHOIX. Deux carrosseries, trois motorisations très différentes et deux niveaux de finitions permettent de combler un large éventail de clients.

+ LES PERFORMANCES. Celles du moteur V6 sont les seules qui rendent la Passat agréable à conduire car le 1.8L a des accélérations et des reprises plus conservatrices et le Turbo Diesel requiert une philosophie de conduite très fataliste.

+ L'HABITABILITÉ. Elle est bien calculée comparée à l'encombrement car les dégagements dans toutes les directions, sont bien calculées, même si dans l'absolu le volume intérieur est légèrement plus faible que le modèle précédent.

+ LE COMPORTEMENT. Il est rigoureux, d'une belle neutralité

aux allure régulières sur bon revêtement et ce, quel que soit le profil de la route car la tendance au sous-virage n'apparaît que dans des conditions extrêmes. La nouvelle suspension est responsable de cette amélioration qui avec la justesse de la direction permet une conduite d'une rare précision en virage serré comme en courbe.

+ LE FREINAGE. Il est efficace puisque les distances des arrêts de secours se situent en dessous de la moyenne et la pression sur la pédale est facile à moduler.

+ LA DIRECTION. Elle est rapide et précise, aussi bien démultipliée qu'assistée et son diamètre de braquage court autorise une bonne maniabilité.

+ LE TABLEAU DE BORD. Il est plus agréable à contempler que celui de l'ancien modèle, plus ergonomique et plus rationnel aussi.

+ LA QUALITÉ. L'assemblage fait robuste, la finition est soignée et les matériaux employés conformes à la réputation des produits allemands. Et qui plus est, la présentation s'est nettement améliorée et le tableau de bord a beaucoup de classe.

+ LE CONFORT. Sans être souple, au sens américain du terme la suspension a plus d'amplitude qu'autrefois et les sièges plus consistants. Quant au niveau sonore il dépend du moteur choisi.

+ LE RENDEMENT. Il est économique avec le moteur Turbo Diesel, original dans cette catégorie et qui ne satisfera que les radins...

+ LE CÔTÉ PRATIQUE. Il profite plus du volume du coffre dont les formes régulières permettent d'en tirer de maximum, mais dans la cabine les rangements sont tout juste suffisant et concentrés aux places avant.

NÉGATIF
- LA DIRECTION. Elle est floue et ses réactions élastiques donnent l'impression de flotter. Cela provient en partie de la souplesse de la suspension avant qui talonne souvent sur mauvais revêtement.

- LES PNEUS. Les Continental Contact de notre voiture d'essai sont à éviter pour leur adhérence médiocre et le bruit qu'ils font.

- LA TIPTRONIC. À l'origine de toutes les transmissions séquentielles existant aujourd'hui, la Tiptronic est la moins intéressante, car elle ne donne au pilote qu'un contrôle partiel des opérations.

- LES PERFORMANCES. Celles du moteur Turbo Diesel n'ont rien de très excitant, son économie d'emploi compense pour la mollesse des accélérations et des reprises.

- LA VISIBILITÉ. Elle est moyenne, gênée par les gros appuie-tête et l'épaisseur du pilier C.

- LE NIVEAU SONORE. Il est élevé, car on entend les bruits de vent autour du pare-brise (curieux avec un tel Cx), ceux de roulement dans les passages de roues et les moteurs 4 cylindres à l'accélération.

- À REVOIR: La position de conduite satisfaisante, mais très longue à trouver, la lisibilité de l'écran digital est très impossible en plein soleil, la lisibilité des instruments de couleur orangée, les commandes de la radio situées sous celles de la climatisation.

CONCLUSION
Cette Audi dégonflée fera sans doute une excellente Passat pour peu que sa fiabilité soit finalement au rendez-vous et que ses prix se maintiennent raisonnablement face à ceux de la concurrence. ☺

ÉVALUATION
VOLKSWAGEN Passat

CONCEPTION :		77%
Technique :	80	
Sécurité :	80	
Volume cabine :	65	
Volume coffre :	80	
Qualité/finition :	80	

CONDUITE :		67%
Poste de conduite :	80	
Performances :	45	
Comportement :	65	
Direction :	80	
Freinage :	65	

ÉQUIPEMENT D'ORIGINE :		77%
Pneus :	75	
Phares :	80	
Essuie-glace :	80	
Dégivreur :	75	
Radio :	75	

CONFORT :		73%
Sièges :	80	
Suspension :	75	
Niveau sonore :	50	
Commodités :	80	
Climatisation :	80	

BUDGET :		54%
Prix d'achat :	40	
Consommation :	60	
Assurance :	45	
Satisfaction :	75	
Dépréciation :	50	

Moyenne générale: 69.6%

NOUVEAU POUR 1999

• Berline et familiale en versions GLS et GLX avec moteur V6 de 190cv. Les versions GLX comprennent de série une traction à 4RM type Syncro accouplé à une transmission A5 Tiptronic, le tout optionnel pour les GLS.

MOTEURS / TRANSMISSIONS / PERFORMANCES

Modèles/versions	Type / distribution soupapes / carburation	Cylindrée cc	Puissance ch @ tr/mn	Couple lb.pi @ tr/mn	Rapport volumét.	Roues motrices / transmissions	Rapport de pont	Accélér. 0-100 km/h s	400 m D.A. s	1000 m D.A. s	Reprise 80-120 km/h s	Freinage 100-0 km/h m	Vites. maxi. km/h	Accélér. latérale G	Niveau sonore dBA	Consommation l./100km Ville	Consommation l./100km Route	Carburant Octane
GLS	L4T* 1.8 DACT-20-IE	1781	150 @ 5700	155 @ 1750	9.5 :1	avant - M5*	3.70	9.0	16.8	29.8	6.4	38	220	0.80	67	11.3	7.2	R 87
						avant - A5	3.70	10.5	17.2	31.2	6.8	40	210	0.80	67	ND		
GLX	V6* 2.8 DACT-30-IES	2792	190 @ 6000	207 @ 4200	10.6 :1	avant - M5	3.39	8.0	15.6	27.0	5.7	39	225	0.83	66	12.4	8.4	R 87
						avant - A5*	3.70	9.3	16.7	30.2	6.5	40	220	0.83	66	13.2	8.7	M 89
TDI	L4*T1.9 SACT-8-ID	1896	90 @ 3750	149 @ 1900	19.5 :1	avant - M5*	3.16	14.5	19.0	37.5	11.5	40	175	0.80	70	6.2	4.6	D

VOLKSWAGEN Passat	GLS ber.4 p.	GLX ber.4 p.	GLS fam.4p.	GLX fam.4 p.
Prix maxi $:	28 450	35 950	-	-
Prix mini $:	24 715	31 230	-	-
Transport & préparation $:	510	510	-	-
Boîte automatique:	O	S	O	S
Régulateur de vitesse:	S	S	S	S
Direction assistée:	S	S	S	S
Système antiblocage des freins:	O	S	O	S
Système antipatinage:	O	S	O	S
Climatiseur:	SM	SA	SM	SA
Garnitures en cuir:	O	S	O	S
Radio MA/MF/ Cassette:	S	S	S	S
Serrures électriques:	S	S	S	S
Lève-vitres électriques:	S	S	S	S
Volant ajustable:	S	S	S	S
Rétroviseurs ext. ajustables:	SE	SE	SE	SE
Jantes en alliage léger:	O	S	O	S
Système antivol:		S		S

Couleurs disponibles
Extérieur:Blanc, Rouge, Bleu, Vert, Gris, Noir, Mauve, Argent.

Intérieur: Gris, Noir, Bleu, Beige.

EN BREF...

Catégorie: berlines et familales compactes tractées. **Classe :** 4

HISTORIQUE
Inauguré en:	1973-1998
Fabriqué à:	Emden, Allemagne.

PROFIL DE CLIENTÈLE
Modèle	Hom./Fem.	Âge moyen	Mariés	CEGEP	Revenus
Passat	72/28 %	44 ans	70 %	60 %	75 000 $

INDICES
Sécurité:	80 %	Satisfaction:	75 %
Dépréciation:	50 %	Assurance:	1 135 $
Prix de revient au km:	0.46 $	Nbre de concessionnaires:	55

VENTES
Modèle	1996	1997	Résultat	Part de marché
Passat	374	404	+ 8.0 %	ND

PRINCIPAUX MODÈLES CONCURRENTS
BUICK Century-Regal, CHRYSLER Cirrus-Stratus, HONDA Accord, MAZDA 626, NISSAN Altima, OLDSMOBILE Alero, PONTIAC Grand Am, SUBARU Legacy, TOYOTA Camry.

ENTRETIEN REQUIS PAR LA GARANTIE
Première révision:	Fréquence:	Prise de diagnostic:
5 000 km	6 mois/10 000 km	Oui

CARACTÉRISTIQUES

Modèles	Versions	Carrosseries/ Sièges	Volume cabine l.	Volume coffre l.	Cx	Empat. mm	Long x larg x haut. mm x mm x mm	Poids à vide kg	Susp. av/ar	Freins av/ar	Direction type	Diamètre braquage m	Tours volant b à b.	Réser. essence l.	Pneus d'origine dimensions	Pneus d'origine marque	Pneus d'origine modèle	Mécanique d'origine
VOLKSWAGEN Garantie générale: 2 ans / 40 000 km; mécanique: 5 ans / 80 000 km; antipollution: 5 ans / 80 000 km; corrosion perforation: 6 ans.																		
Passat	GLS	ber. 4 p.5	2700	425	0.27	2705	4675x1740x1603	1200	ih/sih	d/d	crém.ass.	10.4	3.33	70.0	185/60HR14	Continental	Touring	L4T/1.8/M5
Passat	GLX VR6	ber. 4 p.5	2700	425	0.27	2705	4675x1740x1603	1250	ih/sih	d/ABS	crém.ass.		3.08	70.0	215/50HR15	-	-	V6/2.8/A5
Passat	TDI	ber. 4 p.5	2700	425	0.27	2705	4675x1740x1603	-	ih/sih	d/d	crém.ass.	10.4	3.33	70.0	195/60HR14	-	-	L4TD/1.9/M5

Après avoir renouvelé ses berlines et familiales de la série 70 Volvo a décidé d'en tirer un coupé puis un cabriolet. Cette démarche pour le moins inhabituelle pour ce constructeur s'explique par sa volonté de se diversifier et d'occuper d'autres créneaux que ceux qu'il occupait traditionnellement dans le passé. Issus de la plate-forme des berlines S70 les C70 coupés et cabriolets se situent à un niveau de luxe jamais atteint par Volvo à ce jour.

GAMME

Les C70 sont offerts en coupé et cabriolet à 2 portes en finition unique animée par un 5 cylindres de 2.3L à 20 soupapes développant 236 ch complété par une transmission manuelle à 5 vitesses en série ou automatique à 4 rapports en option. L'équipement de série comprend le régulateur de vitesse, la direction assistée, le système antiblocage-antipatinage, le climatiseur, quatre coussins gonflables dont deux latéraux, les sièges avant chauffants, les garnitures en cuir, le radiocassette, la colonne de direction ajustable, les principaux asservissements électriques, les jantes en alliage léger et un système antivol. La capote du cabriolet est motorisée et elle prend place automatiquement sous un cache assisté.

TECHNIQUE

La carrosserie des modèles C70 est monocoque et réalisée en acier, dont le poids est réparti selon la proportion 60/40. Arrondies leurs lignes ont une efficacité aérodynamique remarquable puisque le coefficient du coupé descend en dessous de 0.30 et celui du cabriolet est de 0.34. La suspension est de type MacPherson à l'avant et à essieu de torsion semi-indépendant baptisé «Delta Link» à l'arrière. Ce procédé mis au point par Volvo permet de contrôler l'amplitude et la flexibilité et une barre antiroulis y est incorporée. Les freins sont à disque aux quatre roues, contrôlés par un dispositif antiblocage et une soupape d'équilibrage entre les circuits avant/arrière afin de mieux répartir la force du freinage. Le moteur est le 5 cylindres turbocompressé identique à celui équipant déjà les berlines et familiales sportives T-5.

TRÈS POSITIF

++ LE STYLE. Tout en restant classique et très Volvo, il a de la classe avec des touches de raffinement qui font penser à Jaguar sous certains aspects et la couleur cuivre inaugurée sur le coupé ajoute au charme.

Le vent du changement

POSITIF

+ LA SÉCURITÉ. La rigidité a fait l'objet de recherche approfondies afin de garantir à la structure de ces véhicules, la même intégrité que les berlines et familiales en cas de collision. Le cabriolet plus particulièrement, puisque sa carrosserie ouverte est plus sensible aux forces de torsion et de flexion. De nombreux renforts ont été disposés en des endroits stratégiques et la structure incorpore deux arceaux escamotables, qui se mettent en place dès que le véhicule prend un angle d'inclinaison longitudinal donné. De plus, ces deux véhicules sont pourvus de quatre coussins gonflables dont deux latéraux ainsi que d'appuie-tête aux places arrière.

+ L'HABITABILITÉ. Bien qu'elle paraisse compacte, la carrosserie de ces voitures a une masse comparable à celle de la berline. Il en résulte un volume habitable inhabituel pour deux véhicules de ce type, puisque les occupants des places arrière disposent de suffisamment d'espace sur le coupé et sur le cabriolet pour constituer des places d'appoint relativement confortables.

+ LES PERFORMANCES. Une fois le Turbo dans sa bonne plage de régime, ces véhicules disposent d'accélérations et de reprises fort honorables, dignes de véhicules de Grand Tourisme.

+ LA QUALITÉ. Avec ces deux véhicules Volvo atteint un niveau de luxe et d'exclusivité jamais atteint par d'autres modèles auparavant. Le volant mi-bois, mi-cuir, fait très Jaguar, de même que les peausseries des garnitures de cuir.

+ LA CONDUITE. Malgré les performances dont ces deux véhicules sont capables, c'est en conduite tranquille sur les petites routes de l'Arizona ou dans les quartiers chics de la côte californienne qu'elles sont le plus agréables. À la limite, le 6 cylindres installé dans la S80 serait préférable au moteur Turbo pour ce genre de ballade à l'américaine.

+ REMARQUABLE. La chaîne stéréo à huit haut-parleurs qui délivre une qualité et un relief inhabituel, dans des voiture de ce prix.

+ BIEN VU : les éléments et les profilés de caoutchouc moulés qui constituent la finition du pare-brise du cabriolet ont une apparence soignée et procurent un fini soigné. Le filet pare-vent qui se pose au-dessus des places arrière lorsqu'elles ne sont pas occupées est efficace, même si ses manipulations sont quelque peu laborieuses.

NÉGATIF

- LE TURBO. Son temps de réponse trop long gâche un peu le plaisir de la conduite sportive et il faut l'anticiper pour tirer le meilleur parti de la mécanique. En conduite normale, il est moins gênant, la boîte automatique réagissant en conséquence.

- LE FREINAGE. Il nous a moins impressionné que sur les berlines et familiales. Il faut dire que les véhicules mis à notre disposition avaient été copieusement maltraités par certains de nos confrères peu scrupuleux.

- L'ACCÈS. Il n'est pas facile d'atteindre les places arrière, car les dossiers ne libèrent pas suffisamment d'espace et lorsqu'ils sont assistés il s'effacent très lentement ce qui est horripilant lorsqu'il pleut...

- LA VISIBILITÉ. La hauteur de la partie arrière comme la capote du cabriolet créent des angles morts importants qui ne facilitent pas certaines manoeuvres de stationnement.

- LE CÔTÉ PRATIQUE. Il manque de rangements dans la cabine où la boîte à gants et le coffret de console sont vite remplis, tandis que les vide-poches de portières sont minuscules.

- À REVOIR : le haut-parleur disposé au milieu de la plage du tableau de bord, fait rajouté et un peu bricolé, ce qui fait un peu bizarre, mais constitue le prix à payer pour goûter à une qualité de son exceptionnelle.

CONCLUSION

Volvo a pris la chance d'ajouter à sa gamme deux modèles qui ne peuvent qu'étendre l'éventail de sa clientèle, dans un domaine où il possède l'expertise nécessaire pour faire un succès. ☺

ÉVALUATION VOLVO C70

CONCEPTION : 72%
Technique :	85
Sécurité :	90
Volume cabine :	60
Volume coffre :	45
Qualité/finition :	80

CONDUITE : 78%
Poste de conduite :	80
Performances :	80
Comportement :	70
Direction :	80
Freinage :	80

ÉQUIPEMENT D'ORIGINE : 81%
Pneus :	80
Phares :	80
Essuie-glace :	85
Dégivreur :	80
Radio :	80

CONFORT : 67%
Sièges :	80
Suspension :	75
Niveau sonore :	30
Commodités :	70
Climatisation :	80

BUDGET : 55%
Prix d'achat :	0
Consommation :	70
Assurance :	40
Satisfaction :	95
Dépréciation :	70

Moyenne générale: 70.6%

NOUVEAU POUR 1999

• Version cabriolet du coupé C70.

MOTEURS / TRANSMISSIONS / PERFORMANCES

Modèles/ versions	Type / distribution soupapes / carburation	Cylindrée cc	Puissance ch @ tr/mn	Couple lb.pi @ tr/mn	Rapport volumét.	Roues motrices / transmissions	Rapport de pont	Accélér. 0-100 km/h s	400 m D.A. s	1000 m D.A. s	Reprise 80-120 km/h s	Freinage 100-0 km/h m	Vites. maxi. km/h	Accélér. latérale G	Niveau sonore dBA	Consommation Ville l./100km	Route	Carburant Octane
C70	L5T* 2.3 DACT-20-IEPM	2319	236 @ 5100	243 @ 2700	8.5 :1	avant - A4	2.56	6.8	14.8	26.5	4.8	40	235	0.85	67-74	12.8	8.6	S 91
						avant - M5*	4.00	ND								12.6	8.6	S 91

VOLVO C70	Coupé	Cabrio.
Prix maxi $:	54 695	61 995
Prix mini $:	48 900	55 375
Transport & préparation $:	495	495
Boîte automatique:	O	O
Régulateur de vitesse:	S	S
Direction assistée:	S	S
Système antiblocage des freins:	S	S
Système antipatinage:	S	S
Climatiseur:	S	S
Garnitures en cuir:	SC	SC
Radio MA/MF/ Cassette:	S	S
Serrures électriques:	S	S
Lève-vitres électriques:	S	S
Volant ajustable:	S	S
Rétroviseurs ext. ajustables:	SEC	SEC
Jantes en alliage léger:	S	S
Système antivol:	S	S

Couleurs disponibles

Extérieur: Noir, Blanc, Rouge, Bleu, Vert, Argent, Graphite, Gris, Sable, Sarcelle.

Intérieur: Bleu, Taupe, Gris.

EN BREF...

Catégorie: coupés et cabriolets de luxe tractés. **Classe :** 7

HISTORIQUE
Inauguré en:	1992-1997
Fabriqué à:	Birmingham, Angleterre.

PROFIL DE CLIENTÈLE
Modèle	Hom./Fem.	Âge moyen	Mariés	CEGEP	Revenus
C70	75/25 %	42 ans	81 %	73 %	112 000 $

INDICES
Sécurité:	90 %	Satisfaction:	93 %
Dépréciation:	30 %	Assurance:	1 135-1 475 $
Prix de revient au km:	0.65-0.71 $	Nbre de concessionnaires:	12

VENTES
Modèle	1996	1997	Résultat	Part de marché
C70	ND			

PRINCIPAUX MODÈLES CONCURRENTS
MERCEDES-BENZ CLK.

ENTRETIEN REQUIS PAR LA GARANTIE
Première révision:	Fréquence:	Prise de diagnostic:
Tbo : 8 000 km	Tbo : 8 000 km	Oui

CARACTÉRISTIQUES

Modèles	Versions	Carrosseries/ Sièges	Volume cabine l.	Volume coffre l.	Cx	Empat. mm	Long x larg x haut. mm x mm x mm	Poids à vide kg	Susp. av/ar	Freins av/ar	Direction type	Diamètre braquage m	Tours volant b à b.	Réser. essence l.	dimensions	Pneus d'origine marque	modèle	Mécanique d'origine
VOLVO		Garantie générale: 4 ans / 80 000 km; corrosion: 8 ans / kilométrage illimité; antipollution: 5 ans / 80 000 km.																
C70	Coupé	cpé. 2 p. 4	-	403	0.29	2664	4720x1820x1410	1458	ih/sih	d/ABS	crém.ass.	11.70	3.0	70.0	225/45ZR17	Michelin	Pilot SX	L5T/2.3/M5
C70	Cabrio.	déc.. 2 p. 4	-	227	0.34	2664	4720x1820x1430	1647	ih/sih	d/ABS	crém.ass.	11.70	3.0	70.0	205/55R16	Pirelli	P6000	L5T/2.3/M5

La série 70 est l'aboutissement de ce qui fut avant elle la série 850 et du temps de la propulsion la 750. Ces modèles ont toujours constitué le noyau des ventes du constructeur suédois, qui essaie aujourd'hui de diversifier sa gamme au-dessus et au-dessous de la série 70. Au delà de l'apparence les berlines S et les familiales V ont subi des changements en profondeur visant à améliorer encore tant leur comportement que leur confort, les mettant ainsi au niveau de leurs plus proches concurrentes. Sans parler de la version Cross Country qui représente la première incursion de Volvo dans le domaine du véhicule polyvalent.

GAMME

La série 70 est composée de berlines et familiales de base, GLT, T-5 et familiale AWD. Elles sont équipées dans l'ordre du moteur 5 cylindres de 2.4L à 20 soupapes de 168 ch sur la de base et de 190 ch sur la GLT et la familiale AWD, d'un 2.3L Turbo compressé développant 236 ch sur la T-5. Selon les modèles la boîte d'origine est manuelle à 5 vitesses ou automatiques à quatre rapports. Le modèle de base reçoit en équipement de série le régulateur de vitesse, la direction assistée, le système antiblocage des freins, le climatiseur, quatre coussins gonflables dont deux latéraux, les sièges avant chauffants, le radiocassette, la colonne de direction ajustable et les principaux asservissements électriques. Les options sont la transmission automatique (en série sur la GLT), le système antipatinage (en série sur la AWD) et les jantes en alliage léger (de série sur la T-5 et AWD). Les GLT, T-5 et AWD avec d'origine un toit ouvrant et un système antivol.

TECHNIQUE

La carrosserie des modèles 70 est monocoque en acier, dont le poids est réparti selon le rapport 60/40. Ses lignes plus arrondies lui confèrent une efficacité aérodynamique améliorée dont le coefficient est de 0.32.

La suspension est de type MacPherson à l'avant, alors qu'on a affaire à un essieu de torsion semi-indépendant baptisé «Delta Link» à l'arrière. Cette trouvaille de Volvo permet de contrôler l'amplitude et la flexibilité et une barre antiroulis y est incorporée. Les freins sont à disque aux quatre roues, contrôlés par un dispositif antiblocage et une soupape d'équilibrage entre les circuits avant/arrière pour mieux répartir la force du freinage.

Le coeur de Volvo...

TRÈS POSITIF

++ LA VERSION AWD. Sa philosophie ouvre de nouveaux horizons qui vont dans le même sens que Subaru, mais à un niveau de qualité et de finition supérieurs. La preuve que l'on peut bénéficier des avantages de la traction intégrale sans obligatoirement rouler en camion.

POSITIF

+ LE STYLE. Bien que plus rond il respecte cependant les attributs traditionnels qui font qu'une Volvo se reconnaît au premier coup d'oeil. Ses lignes inspirent toujours la solidité et la durabilité depuis des générations, il ouvre de nouvelles perspectives d'évolution au constructeur suédois qui semblait enfermé dans un monde de lignes droites...

+ LES PERFORMANCES. Celles du moteur Turbo sont très brillantes et procurent beaucoup d'agrément en conduite sportive où les accélérations comme les reprises sont très rapides. Cette mécanique placée sous le capot d'une familiale ne manque pas d'une certaine audace. Celles du moteur de base sont moins excitantes, mais elles ne sont pas anodines, car même avec la transmission automatique il y a assez de pouvoir pour rendre la conduite amusante, grâce aux deux modes de sélection de la transmission.

+ LE FREINAGE. Il compte parmi les plus efficaces observés sur un modèle de grande série puisqu'en cas d'urgence les distances d'arrêt sont très courts, malgré le poids respectable et l'antiblocage.

+ LE COMPORTEMENT. Il a été sérieusement amélioré par la plus grande rigidité de la caisse, mais la souplesse de la suspension du modèle de base la rend plus «utilitaire» que sportive, car son roulis marqué provoque un sous-virage facile à contrôler. La AWD fait merveille dans les contrées où la neige s'installe une bonne partie de l'année, car elle offre la meilleure adhérence possible dans le contexte.

+ L'HABITABILITÉ. Le volume de la cabine et du coffre permet de transporter cinq personnes et leurs bagages, et le dossier de la banquette s'abaisse pour charger des objets encombrants.

+ LE CONFORT. Il se situe surtout au niveau de la suspension souple des modèles à moteur atmosphérique, des sièges de conception remarquable qui maintiennent bien le corps, du niveau sonore raisonnable à vitesse de croisière et de la climatisation aussi facile à ajuster qu'efficace en toutes saisons.

+ LE TABLEAU DE BORD. Il est d'un dessin plus agréable à l'oeil et plus ergonomique qui rompt lui aussi avec le côté taillé à la serpe de celui des anciens modèles.

+ LA QUALITÉ. La construction, la finition et la facture des matériaux employés, se compare facilement à celle de certaines Japonaises et l'équipement est complet, mais sans qu'on puisse toutefois le taxer de luxueux.

NÉGATIF

- LE BUDGET. Le prix, l'entretien et la valeur de revente fluctuante coûtent cher aux amateurs de belles suédoises.

- LA SÉLECTION. Celle de la boîte automatique est plus saccadée avec le moteur de base qu'avec le Turbo.

- LE CONFORT. Il devient vite précaire sur les versions sportives dont la suspension plus ferme transmet intégralement les inégalités du revêtement.

- LES ROSSIGNOLS. Il est curieux que sur des voitures de cette qualité, on entende quelques grelots, rossignols et autres bruits de finition incongrus.

- LES COMMANDES. Non conventionnelles elles demandent une certaine habitude comme celles des vitres, des rétroviseurs, du régulateur de vitesse, de la radio placées trop bas, enfin le volant est encore massif et son diamètre trop grand.

CONCLUSION

Le succès de la série 70 de Volvo sanctionne les améliorations apportées sans cesse à ces modèles qui ont marqué le renouveau de la marque suédoise. Il y en a pour tous les goûts, mais pas pour toutes les bourses...

ÉVALUATION
VOLVO Série 70 S/V

CONCEPTION : 78%
Technique :	85
Sécurité :	75
Volume cabine :	70
Volume coffre :	80
Qualité/finition :	80

CONDUITE : 71%
Poste de conduite :	80
Performances :	65
Comportement :	60
Direction :	80
Freinage :	70

ÉQUIPEMENT D'ORIGINE : 81%
Pneus :	80
Phares :	80
Essuie-glace :	85
Dégivreur :	80
Radio :	80

CONFORT : 72%
Sièges :	80
Suspension :	70
Niveau sonore :	50
Commodités :	80
Climatisation :	80

BUDGET : 56%
Prix d'achat :	20
Consommation :	70
Assurance :	40
Satisfaction :	90
Dépréciation :	60

Moyenne générale: 71.6%

NOUVEAU POUR 1999

• Aucun changement majeur.

MOTEURS / TRANSMISSIONS / PERFORMANCES

Modèles/ versions *: de série	Type / distribution soupapes / carburation	Cylindrée cc	Puissance cv @ tr/mn	Couple lb.pi @ tr/mn	Rapport volumét.	Roues motrices / transmissions	Rapport de pont	Accélér. 0-100 km/h s	400 m D.A. s	1000 m D.A. s	Reprise 80-120 km/h s	Freinage 100-0 km/h m	Vites. maxi. km/h	Accélér. latérale G	Niveau sonore dBA	Consommation l./100km Ville	Route	Carburant Octane
S, V 70	L5* 2.4 DACT-20-IEPM	2435	168 @ 6200	162 @ 4700	10.3 :1	avant - M5*	4.00	8.9	16.7	29.9	6.5	37	205	0.78	68	11.9	7.6	S 91
						avant - A4	2.74	9.6	17.0	31.5	7.0	39	200	0.78	68	11.7	7.6	S 91
GLT	L5T* 2.4 DACT-20-IEPM	2435	190 @ 5100	199 @ 1800	9.0 :1	avant - A4	2.74	9.0	16.6	30.0	6.4	40	220	0.78	68	12.0	8.1	S 91
AWD	L5T* 2.4 DACT-20-IEPM	2435	190 @ 5100	199 @ 1800	9.0 :1	avant - M5*	4.00	9.2	16.8	30.3	6.5	42	210	0.80	68	12.3	8.6	S 91
T-5	L5T* 2.3 DACT-20-IEPM	2319	236 @ 5100	243 @ 2700	8.5 :1	avant - M5*	4.00	6.0	14.2	25.5	4.0	41	230	0.80	68	12.8	8.4	S 91

PRIX & ÉQUIPEMENTS

VOLVO 70	base	GLT	T-5	AWD
Prix maxi $:	33 995	40 995	43 695	55 595
Prix mini $:	30 840	36 685	38 715	41 480
Transport & préparation $:	495	495	495	495
Boîte automatique :	O	S	O	-
Régulateur de vitesse :	S	S	S	S
Direction assistée :	S	S	S	S
Système antiblocage des freins :	S	S	S	S
Système antipatinage :	O	O	O	S
Climatiseur :	O	O	O	S
Garnitures en cuir :	O	O	O	S
Radio MA/MF/ Cassette :	S	S	S	S
Serrures électriques :	S	S	S	S
Lève-vitres électriques :	S	S	S	S
Volant ajustable :	S	S	S	S
Rétroviseurs ext. ajustables :	S	S	S	S
Jantes en alliage léger :	O	S	S	S
Système antivol :	O	S	S	S

Couleurs disponibles
Extérieur: Noir, Blanc, Rouge, Bleu, Vert, Argent, Graphite, Gris, Sable, Sarcelle.

Intérieur: Bleu, Taupe, Gris.

EN BREF...

Catégorie: berlines et familiales de luxe tractées ou AWD. **Classe :** 7

HISTORIQUE
Inauguré en:	1992-1997
Fabriqué à:	Gand, Belgique; Torslanda, Suède; Halifax, Canada.

PROFIL DE CLIENTÈLE
Modèle	Hom./Fem.	Âge moyen	Mariés	CEGEP	Revenus
70	75/25 %	42 ans	81 %	73 %	112 000 $

INDICES
Sécurité:	90 %	**Satisfaction:**	91 %
Dépréciation:	40 %	**Assurance:**	1 175-1 500 $
Prix de revient au km:	0.67-0.73 $	**Nbre de concessionnaires:**	12

VENTES
Modèle	1996	1997	Résultat	Part de marché
850-70	1 567	2 834	+ 80.8 %	ND

PRINCIPAUX MODÈLES CONCURRENTS
ACURA 3.2TL, AUDI A4, INFINITI I30, LEXUS ES 300, NISSAN Maxima, SAAB 9⁵·9³.

ENTRETIEN REQUIS PAR LA GARANTIE
Première révision:	Fréquence:	Prise de diagnostic:
16 000 km;	16 000 km;	Oui
Tbo : 8 000 km	Tbo : 8 000 km	Oui

CARACTÉRISTIQUES

Modèles	Versions	Carrosseries/ Sièges	Volume cabine l.	Volume coffre l.	Cx	Empat. mm	Long x larg x haut. mm x mm x mm	Poids à vide kg	Susp. av/ar	Freins av/ar	Direction type	Diamètre braquage m	Tours volant b à b.	Réser. essence l.	dimensions	Pneus d'origine marque	modèle	Mécanique d'origine
VOLVO		Garantie générale: 4 ans / 80 000 km; corrosion: 8 ans / kilométrage illimité; antipollution: 5 ans / 80 000 km.																
S70	base	ber. 4 p. 5	2854	416	0.32	2664	4660x1760x1415	1413	ih/sih	d/ABS	crém.ass. 10.20	3.2	73.0	195/60VR15	Michelin	MXV4	L5/2.4/M5
V70	base	fam. 5 p. 5	2651	1050	0.32	2664	4710x1760x1415	1458	ih/sih	d/ABS	crém.ass. 10.20	3.2	73.0	195/60VR15	Michelin	MXV4	L5/2.4/M5
S70	GLT	ber. 4 p. 5	2854	416	0.32	2664	4660x1760x1415	1413	ih/sih	d/ABS	crém.ass. 10.20	3.2	73.0	195/60VR15	Michelin	MXV4	L5T/2.4/A4
V70	GLT	fam. 5 p. 5	2651	1050	0.32	2664	4710x1760x1415	1458	ih/sih	d/ABS	crém.ass. 10.20	3.2	73.0	195/60VR15	Michelin	MXV4	L5T/2.4/A4
S70	T-5	ber. 4 p. 5	2854	416	0.32	2664	4660x1760x1415	1413	ih/sih	d/ABS	crém.ass. 10.20	3.2	73.0	205/55ZR16	Michelin	XGTV4	L5T/2.3/M5
V70	T-5	fam. 5 p. 5	2651	1050	0.32	2664	4710x1760x1415	1458	ih/sih	d/ABS	crém.ass. 10.20	3.2	73.0	205/55ZR16	Michelin	XGTV4	L5T/2.3/M5
V70	AWD	fam. 5 p. 5	2651	1050	0.32	2664	4710x1760x1430	1480	ih/sih	d/ABS	crém.ass. 10.20	3.2	73.0	205/65R15	Continental	Eco Plus	L5T/2.3/M5

VOLVO S80
Anticonformiste...

On dirait que depuis l'avortement de son alliance avec le constructeur français Renault, le suédois Volvo met les bouchées doubles. La frustration de ne rien avoir pu concrétiser de solide pour l'avenir et l'attitude décevante de la fiancée, ont permis à Volvo de sortir plus fort de cette épreuve, plus décidé que jamais à empoigner son avenir pourtant fragile sur le grand échiquier mondial. Isolé, sans partenaire le seigneur de Gothenbürg est fort dans son fief, mais à moyen terme, il devra tôt ou tard s'associer à quelqu'un de plus gros pour réduire ses coûts, partager les recherches et les moyens de production afin de demeurer compétitif à l'échelle de la planète. En attendant Volvo fait feu de tout bois car après le reconditionnement des berlines et familiales puis le lancement des coupés et cabriolets de la série 70, voici la S80.

Dans le cadre de la restructuration de sa gamme, et on pourrait dire sans être péjoratif, de l'élaboration de sa gamme, puisqu'elle se réduit toujours à deux lignes, la S80 ne remplace pas véritablement la 90. Celle-ci était considérée comme un modèle haut de gamme alors que la 80 sera chapeautée bientôt par une 100 et que l'actuelle 70 cédera sa place de bas de gamme à la 40 qui sera bientôt introduite en Amérique du Nord.
La S80 se distingue tout d'abord par sa ligne pour le moins inhabituelle pour une Volvo. Il reprend du fameux prototype ECC cette ceinture de caisse fortement sculptée qui coure des phares au feux arrière en imprimant à son profil une ligne dynamique forte. Parfaitement équilibrée celle-ci n'a plus rien à voir avec l'apparence traditionnelle des anciennes Volvo si ce n'est la calandre qui est intégrée dans un museau et un bouclier avant tout en rondeurs.

L'intérieur semble plus austère que l'extérieur. Les lignes souples du tableau de bord ne diminuent pas la sévérité de la présentation du bloc des instruments ou de la console centrale qui semble s'être inspirée de celle de l'Acura RL. Cette rigueur toute scandinave se retrouve dans le dessin des interrupteurs et boutons des principaux accessoires, qui est bien dans la tradition industrielle des «pays d'en haut» de l'Europe.

La deuxième originalité de la nouvelle Volvo S80 réside dans la position transversale de son moteur à six cylindres, celui-là même qui équipait la S90 en position longitudinale. La boîte de vitesses baptisée Geartronic qui est livrée d'origine, a été étudiée et mise au point par General Motors. Elle présenta l'avantage d'être très compacte et séquentielle c'est-à-dire de s'utiliser de manière manuelle sans embrayage ou complètement automatique comme la fameuse Tiptronic de Porsche qui inventa le genre.

La S80 est la première Volvo à adopter un faisceau électrique Multiplex qui permet d'utiliser un seul conducteur de courant sur lequel les informations codées ne peuvent être lues que par le seul récepteur concerné. Lincoln a appliqué ce système à sa Continental voici deux ans. Il a l'avantage de réduire la complexité du faisceau tout en augmentant le nombre d'informations.

Comment décrire une Volvo sans parler de sécurité. En plus des coussins frontaux et latéraux, la S80 inaugure des rideaux gonflables protégeant la tête des occupants au niveau des vitres. De plus, lors d'un impact, les sièges avant s'inclinent pour amoindrir l'effet appelé «le coup du lapin».

Côté dynamique, ces modèles sont bardés d'aides à la conduite prévenant le blocage ou le patinage des roues ainsi que les dérapages.

Volvo effectue un virage à 180 degrés avec la nouvelle S80. Fini les formes anguleuses et les Volvo de conception conservatrice qui ne plaisaient qu'aux intellectuels. La S80 mise sur des formes très personnalisées et une technologie avant-gardiste pour conquérir une nouvelle clientèle. Cette traction est le premier modèle qui utilise la nouvelle plate-forme Volvo destinée à ses voitures de grand format. C'est aussi un précurseur du futur modèle haut de gamme S100 qui, selon la rumeur, aurait un moteur V10! Pas mal d'excitation en perspective dans l'avenir du constructeur suédois...

GAMME

La S80 est un berline de luxe offerte en deux livrées: 2.9 et T6, chacune équipée d'un moteur multisoupape 6 cylindres en ligne DACT. La première mise surtout sur le luxe et dispose d'un moteur atmosphérique de 2.9L. La seconde, axée côté performance, dispose d'un biturbo de 2.8L.

L'habitacle accueille jusqu'à cinq passagers et les deux occupants des places avant dans des sièges baquets à ajustements multiples assistés. De plus, les deux modèles ont une sellerie de cuir, mais de qualités différentes. En outre, la T6 reçoit des garnitures de noyer véritables, alors qu'on doit se contenter de similibois pour le modèle de base! Le volant est télescopique et inclinable. Une climatisation à deux zones figure parmi l'équipement de série, tout comme la banquette arrière à dossier 60/40 escamotable. Les antibrouillards et le rétroviseur intérieur dichromique sont réservés à la T6, alors que le toit est offert en option pour les deux versions.

TECHNIQUE

La S80 possède une carrosserie monocoque en acier d'une grande efficacité aérodynamique, comme en témoigne son coefficient de 0.28, dont les capots avant-arrière sont fait d'aluminium.

La suspension indépendant aux quatre roues utilise des jambes de force MacPherson à l'avant et, à l'arrière, ont un système multibras à quatre leviers monté sur un souschâssis. Ce dernier est fixé au châssis par des coussinets isolants de caoutchouc. Il y a des barres antiroulis à l'avant et à l'arrière. Le freinage est assuré par des disques aux quatre roues, un antiblocage à trois canaux et un système de répartition électronique du freinage (EBD).

Un antipatinage figure également

parmi l'équipement de série. Enfin, la servodirection varie selon la vitesse du véhicule. La S80 se distingue par la position transversale de ses moteurs 6 cylindres en ligne et pour ses transmissions automatiques très compactes.

Pareil aménagement visait à offrir un habitacle plus spacieux et une zone de déformation plus importante, pour protéger les occupants des collisions. Les deux moteurs ont un système de calage variable des soupapes. Par ailleurs, le biturbo de la T6 maintient son couple maximum sur une grande bande de régime (de 2000 à 5000 tours) et il est jumelé à une transmission automatique séquentielle à 4 rapports appelée Geartronic, qui permet de passer les rapports comme avec une manuelle, mais sans embrayage. Cette version possède également un viscocoupleur de différentiel.

L'arsenal de sécurité comprend, en plus des coussins gonflables frontaux et latéraux, des rideaux gonflables destinés à protéger la tête des occupants des sièges avant. De plus, les sièges baquets ont une armature mobile conçue pour minimiser les blessures cervicales causés par les contrecoups d'une collision et communément appelé «coup du lapin».

POSITIF

+ LE STYLE. Il diffère radicalement de celui qui habillait les modèles du constructeur suédois depuis des décennies. Plus sculptées les formes du S80 rapellent celles du prototype ECC dévoilé en 1992.

+ LES SIÈGES. Les baquets de la S80, comme ceux de toutes les Volvo, procurent un confort exemplaire. Ils ont un dossier haut et des formes bien galbées qui procurent un excellent support latéral. Qui plus est, ils sont chauffants.

+ LE COFFRE. Grâce au dossier 60/40 escamotable de la banquette arrière, le volume utile du coffre de 440L peut atteindre 765L, au besoin. De plus, le coffre est très profond et son plancher, plat.

+ LES PERFORMANCES. Les accélérations et les reprises du moteur biturbo sont enlevantes et permettent des dépassements parfaitement sécuritaires.

+ LA BOÎTE GEARTRONIC. Cette boîte automatique séquentielle permet de tirer le maximum du moteur biturbo. Dommage, toutefois, que Volvo n'ait pas doté le volant de la T6 de commutateurs, comme Porsche l'a fait avec ses versions Tiptronic.

+ LE COMPORTEMENT. Il est très

neutre, grâce au roulis bien contrôlé par la suspension qui absorbe bien les défauts du revêtement.

+ L'HABITABILITÉ. La banquette arrière offre beaucoup de confort à ses occupants: un dégagement satisfaisant pour la tête, les épaules et les pieds. Les appuie-tête sont escamotables, ce qui améliore légèrement la visibilité vers l'arrière... lorsque personne n'occupe ces places.

+ LE FREINAGE. Il est facile à doser et endurant, même lorsqu'on soumet la voiture à un parcours montagneux difficile.

NÉGATIF

- LA MANIABILITÉ. Les Volvo sont reconnues pour leur grande manoeuvrabilité, mais la S80 fait exception à cette règle. Sa voie très large, imposée par l'implantation transversale du moteur, donne un diamètre de braquage moyen plus grand que celui de la S90.

- LA VISIBILITÉ. Pour une voiture qui mise tant sur la sécurité passive et active, la visibilité vers l'arrière s'avère limitée, ce qui paraît incongru. La ligne du coffre, très haute, cause un réel désagrément lorsqu'il faut reculer avec cette voiture, qui a un format respectable. Impossible de voir où l'on va. Faudra-t-il un système de détection, du genre radar, pour éviter ces désagréments?

- LA DIRECTION. Sur la T6, elle est trop assistée et devient rapidement légère et floue au centre. Celle de la S80 atmosphérique qui offre des réglages différents est plus agréable d'emploi.

- LA TRANSMISSION. La transmission Geartronic de la S80 T6 laisse sentir le passage des rapports dans certaines conditions, entre autres lorsqu'on déclenche la surmultipliée pour rétrograder.

- LES PERFORMANCES. Celles de la S80 à moteur atmosphérique sont modestes car ses accélérations et reprises sont convenables, sans plus.

- LES PNEUS. Malgré les performances élevées dont la T6 est capables, Volvo s'est contenté de l'équiper des mêmes pneus de tourisme que la S80 atmosphérique. Heureusement, des Michelin MXX3, à cote «Z», figurent parmi les options.

CONCLUSION

La S80 tranche radicalement avec la S90 qu'elle remplace. Les performances de son moteur sont attrayantes et son habitabilité, remarquable. Elle annonce un vent de renouveau chez le constructeur suédois. Reste à voir si les acheteurs lui accorderont la même cote de notoriété qu'ils ont donné à sa rivale la Audi A6? ☺

ÉVALUATION VOLVO S80

CONCEPTION :		80%
Technique :	80	
Sécurité :	100	
Volume cabine :	70	
Volume coffre :	70	
Qualité/finition :	80	

CONDUITE :		74%
Poste de conduite :	80	
Performances :	70	
Comportement :	60	
Direction :	75	
Freinage :	85	

ÉQUIPEMENT D'ORIGINE :		81%
Pneus :	80	
Phares :	80	
Essuie-glace :	85	
Dégivreur :	80	
Radio :	80	

CONFORT :		78%
Sièges :	80	
Suspension :	80	
Niveau sonore :	70	
Commodités :	80	
Climatisation :	80	

BUDGET :		46%
Prix d'achat :	0	
Consommation :	60	
Assurance :	30	
Satisfaction :	90	
Dépréciation :	50	

Moyenne générale: **71.8%**

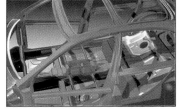

NOUVEAU POUR 1999
- Modèle entièrement nouveau remplaçant la S90.
- Les deux moteurs 6 cylindres en ligne: atmosphérique de 2.9L et biturbo de 2.8L placés transversalement.
- La nouvelle transmission automatique séquentielle Geartronic à 4 rapports (S80 T6).
- Les nouveaux rideaux gonflables destinés à protéger la tête des occupants des places avant.

MOTEURS / TRANSMISSIONS / PERFORMANCES

Modèles/ versions *: de série	Type / distribution soupapes / carburation	Cylindrée cc	Puissance cv @ tr/mn	Couple lb.pi @ tr/mn	Rapport volumét.	Roues motrices / transmissions	Rapport de pont	Accélér. 0-100 km/h s	400 m D.A. s	1000 m D.A. s	Reprise 80-120 km/h s	Freinage 100-0 km/h m	Vites. maxi. km/h	Accélér. latérale G	Niveau sonore dBA	Consommation l./100km Ville	Route	Carburant Octane
S80 2.9	L6 2.9 DACT-24-IE	2922	201 @ 6000	207 @ 4200	10.7 :1	avant - A4	3.73	9.0	16.8	30.0	6.4	37	200	0.78	66-70	13.2	8.7	S 91
S80 T6	L6T 2.8 DACT-24-IE	2783	268 @ 5400	280 @ 2000	-	avant - A4	-	7.2	15.4	26.6	5.2	38	240	0.78	66-70	14.2	9.0	S 91

PRIX & ÉQUIPEMENTS

VOLVO S80	2.9	T6
Prix maxi $:	49 995	55 995
Prix mini $:	44 920	49 855
Transport & préparation $:	495	495
Boîte automatique:	S	S
Régulateur de vitesse:	S	S
Direction assistée:	S	S
Système antiblocage des freins:	S	S
Système antipatinage:	S	S
Climatiseur:	SE	SE
Garnitures en cuir:	SC	SC
Radio MA/MF/ Cassette:	SDc	SDc
Serrures électriques:	S	S
Lève-vitres électriques:	S	S
Volant ajustable:	S	S
Rétroviseurs ext. ajustables:	SEC	SEC
Jantes en alliage léger:	S	S
Système antivol:	S	S

Couleurs disponibles

Extérieur: Noir, Blanc, Bleu, Argent, Java, Turquoise, Gris, Émeraude.

Intérieur: Taupe, Graphite, Granite.

EN BREF...

Catégorie: berlines de luxe tractées.   **Classe :** 7

HISTORIQUE
Inauguré en: 1999
Fabriqué à: Torslanda, Suède .

PROFIL DE CLIENTÈLE

Modèle	Hom./Fem.	Âge moyen	Mariés	CEGEP	Revenus
80	80/20 %	52 ans	88 %	62 %	85 000 $

INDICES

Sécurité:	100 %	Satisfaction:	(S90) 88 %
Dépréciation:	50 %	Assurance:	1 400 $
Prix de revient au km:	0.68 $	Nbre de concessionnaires:	12

VENTES

Modèle	1996	1997	Résultat	Part de marché
S90	135	66	- 51.1 %	ND

PRINCIPAUX MODÈLES CONCURRENTS
ACURA RL, AUDI A6, BMW Série 5, CHRYSLER 300M, LEXUS GS 300, MAZDA Millenia, MERCEDES-BENZ C 280, SAAB 9⁵, TOYOTA Avalon.

ENTRETIEN REQUIS PAR LA GARANTIE

Première révision:	Fréquence:	Prise de diagnostic:
5 000 km	10 000 km	Oui

CARACTÉRISTIQUES

Modèles	Versions	Carrosseries/ Sièges	Volume cabine l.	Volume coffre l.	Cx	Empat. mm	Long x larg x haut. mm x mm x mm	Poids à vide kg	Susp. av/ar	Freins av/ar	Direction type	Diamètre braquage m	Tours volant b à b.	Réser. essence l.	dimensions	Pneus d'origine marque	modèle	Mécanique d'origine
VOLVO		Garantie générale: 4 ans / 80 000 km; corrosion: 8 ans / kilométrage illimité; antipollution: 5 ans / 80 000 km.																
S80	2.9	ber.4 p.5	2828	440	0.28	2791	4822x1832x1452	1552	ih/ih	d/ABS	crém.ass.	10.9	-	80.0	215/55HR16	-	-	L6/2.9/A4
S80	T6	ber.4 p.5	2828	440	0.28	2791	4822x1832x1452	1552	ih/ih	d/ABS	crém.ass.	10.9	-	80.0	225/55HR16	-	-	L6T/2.8/A4

LE BILAN COMPARATIF PAR CATÉGORIE

Comme chaque année, l'équipe de Carnet de Route a mis plus de cinquante modèles à l'épreuve et a soigneusement relevé les paramètres dont l'ensemble constitue la valeur de chaque véhicule. Les différents essayeurs ont confronté leurs impressions et analysé les résultats chiffrés que les appareils de mesure leur ont donnés.

Les véhicules sont classés dans des catégories précises qui correspondent à la fois à leur format global et à celui de leur mécanique. Leurs prestations sont notées selon un système que nous avons mis au point au cours des années.

Quatre-vingt-dix pour cent de ces notes sont attribuées sur la base d'éléments mathématiques irréfutables qui donnent à chaque véhicule une chance égale. La compilation de ces notes donne un résultat en pourcentage qui permet d'évaluer et de comparer les différents modèles les uns par rapport aux autres.

Le système se compense de lui-même. Ainsi, une fourgonnette gagne en habitabilité et accessibilité ce qu'elle perd en performances ou en comportement, et inversement pour un coupé sportif.

Aucun système n'est parfait, mais le nôtre est particulièrement sévère. Il ne faut donc pas s'étonner de l'écart qu'il peut y avoir entre le commentaire subjectif de l'essayeur et le pointage qui peut refléter une réalité plus mathématique. L'impression que donne la conduite d'un certain modèle peut être plus ou moins influencée par de nombreux éléments, alors que la notation analyse plus froidement la réalité.

S'il est aisé de mesurer les dimensions ou le volume d'une cabine, il est difficile de quantifier la qualité des matériaux qui garnissent les sièges ou le moelleux d'une suspension. De même, il n'y a pas de critères clairement définis pour évaluer la qualité d'un assemblage ou d'une finition.

Voir page 8 le barème de notation et les explications connexes.

Sous-compactes de classe 3 S de moins de 15 000 dollars

1re   ACURA EL   70.8%

2e   NISSAN Sentra   68.8%

3e   HONDA Civic 68.6%

NOTRE CLASSEMENT

Position	Modèles	Conception	Conduite	Équipement	Confort	Budget	Moyenne
1	**ACURA EL**	70	66	78	70	70	**70.8 %**
2	NISSAN Sentra	63	59	73	69	**80**	68.8 %
3	HONDA Civic	69	62	74	65	73	68.6 %
4	TOYOTA Tercel	61	56	72	65	79	66.6 %
5	HYUNDAI Accent	61	59	70	59	79	65.6 %
6	CHEVROLET Metro	62	46	69	57	72	61.2 %
6	PONTIAC Firefly	62	46	69	57	72	61.2 %

VOTRE CLASSEMENT

Position	Modèles	Ventes 97
1	**HONDA Civic**	23 688
2	TOYOTA Tercel	8 762
3	HYUNDAI Accent	5 801
4	ACURA EL	2 856
5	CHEVROLET Metro-	2 742
5	PONTIAC Firefly	2 742
6	NISSAN Sentra	1 869

Compactes de classe 3 de 15 000 à 20 000 dollars

1er TOYOTA Corolla 71.8 %

2e SATURN SL-SW 69.4 %

3e MAZDA Protegé 68.8 %

NOTRE CLASSEMENT

Position	Modèles	Conception	Conduite	Équipement	Confort	Budget	Moyenne
1	**TOYOTA Corolla**	72	64	75	**72**	**76**	**71.8 %**
2	SATURN SL-SW	**73**	63	68	**72**	71	69.4 %
3	MAZDA Protegé	72	60	75	67	70	68.8 %
4	VW Golf	69	**67**	**76**	71	57	68.0 %
5	CHEVROLET Cavalier	66	63	74	69	67	67.8 %
6	FORD Escort	67	59	75	64	73	67.6 %
7	SUBARU Impreza	70	57	74	67	65	66.6 %
8	CHRYSLER Neon	69	62	68	59	72	66.0 %
9	HYUNDAI Elantra	59	60	69	64	70	64.4 %

VOTRE CLASSEMENT

Position	Modèles	Ventes 97
1	**CHEVROLET Cavalier**	
1	**PONTIAC Sunfire**	30 601
2	TOYOTA Corolla	13 841
3	FORD Escort	10 862
4	CHRYSLER Neon	8 081
5	SATURN SL-SW	6 263
6	MAZDA Protegé	6 119
7	VW Golf	4 381
8	HYUNDAI Elantra	3 450
9	SUBARU Impreza	486

Compactes de classe 4 de 20 000 à 25 000 dollars

1re NISSAN Altima 73.0%

2e BUICK Century 71.6 %

3e INFINITI G20 71.2 %

NOTRE CLASSEMENT

Position	Modèles	Conception	Conduite	Équipement	Confort	Budget	Moyenne
1	**NISSAN Altima**	75	**72**	77	**75**	66	**73.0 %**
2	BUICK Century	**80**	65	**79**	74	60	71.6 %
3	INFINITI G20	72	69	**79**	72	64	71.2 %
4	OLDSMOBILE Alero	75	68	76	73	58	70.0 %
5	FORD Contour	69	66	76	66	**72**	69.8 %
5	MERCURY Mystique	69	66	76	66	**72**	69.8 %
6	CHEVROLET Malibu	74	60	**79**	70	65	69.6 %
7	MAZDA 626	75	65	75	71	61	69.4 %
8	VW Jetta	69	67	76	71	57	68.0 %
9	VW New Beetle	71	60	78	61	68	67.6 %
10	CHRYSLER JA	69	62	70	64	69	66.8 %
11	PONTIAC Grand Am	69	62	73	65	63	66.4 %
11	SUBARU Legacy	71	55	73	70	63	66.4 %

VOTRE CLASSEMENT

Position	Modèles	Ventes 97
1	**CHRYSLER JA**	6 242
2	GM série N	6 096
3	FORD Contour-	
3	MERCURY Mystique	5 812
4	VW Jetta	5 331
5	NISSAN Altima	3 835
6	CHEVROLET Malibu	3 294
7	SUBARU Legacy	2 403
8	MAZDA 626	2 267

Non classé :
INFINITI G20
VW New Beetle

LES MEILLEURS ACHATS EN 1999
Intermédiaires de classe 5 de 25 000 à 30 000 dollars

1re CHRYSLER LH 73.6 %

2e TOYOTA Camry 73.4 %

3e HONDA Accord 72.2 %
3e OLDSMOBILE Intrigue 72.2%

NOTRE CLASSEMENT

Position	Modèles	Conception	Conduite	Équipement	Confort	Budget	Moyenne
1	CHRYSLER Concorde Intrepid	**83**	66	82	76	61	**73.6 %**
2	TOYOTA Camry	75	68	79	**78**	**67**	73.4 %
3	HONDA Accord	77	66	78	74	66	72.2 %
3	OLDS Intrigue	78	64	**84**	73	62	72.2 %
4	BUICK Regal	80	65	79	74	60	71.6 %
5	PONTIAC Grand Prix	77	67	79	68	59	70.0 %
6	NISSAN Maxima	75	**70**	71	69	63	69.6 %
6	VW Passat	77	67	77	73	54	69.6 %
7	FORD Taurus	78	58	73	70	60	67.8 %
7	MERCURY Sable	78	58	73	70	60	67.8 %
7	CHEVROLET Lumina Monte Carlo	76	63	71	72	57	67.8 %
8	HYUNDAI Sonata	70	62	72	68	64	67.2 %

VOTRE CLASSEMENT

Position	Modèles	Ventes 97
1	**HONDA Accord**	**8 130**
2	TOYOTA Camry	7 362
3	FORD Taurus-Sable	6 366
4	CHRYSLER LH	4 650
5	CHEVROLET Lumina Monte Carlo	3 727
6	NISSAN Maxima	2 688
7	PONTIAC Grand Prix	2 019
8	BUICK Regal	1 948
9	OLDS Intrigue	907
10	HYUNDAI Sonata	591
11	VW Passat	404

Grand format de classe 6 de 30 000 à 40 000 dollars

1re OLDSMOBILE 88 69.6 %

2e - FORD Crown Victoria 69.4%
2e MERCURY Gd Marquis 69.4 %

3e PONTIAC Bonneville 68.8 %

NOTRE CLASSEMENT

Position	Modèles	Conception	Conduite	Équipement	Confort	Budget	Moyenne
1	**OLDSMOBILE 88**	80	**66**	75	71	56	**69.6 %**
2	FORD Crown Vic.	**83**	55	**77**	**75**	**57**	69.4 %
2	MERCURY Gd Mar.	**83**	55	**77**	**75**	**57**	69.4 %
3	PONTIAC Bonneville	78	**66**	76	71	54	68.8 %
4	BUICK LeSabre	79	65	74	69	52	67.8 %

VOTRE CLASSEMENT

Position	Modèles	Ventes 97
1	OLDS 88 PONTIAC Bonneville BUICK LeSabre	2 082
2	FORD C.Vic	
	MERCURY Gd Mar.	926

Berlines de luxe de classe 7 de moins de 50 000 dollars

1ʳᵉ TOYOTA Avalon 74.4 %

2ᵉ LEXUS ES 300 72.4 %

3ᵉ ACURA TL 72.0 %

Position	Modèles	Conception	Conduite	Équipement	Confort	Budget	Moyenne		Position	Modèles	Ventes 97
				NOTRE CLASSEMENT						VOTRE CLASSEMENT	
1	**TOYOTA Avalon**	**84**	69	77	78	**64**	**74.4 %**		1	**VOLVO S/V70**	**2 834**
2	LEXUS ES 300	75	72	80	**82**	53	72.4 %		2	BMW Série 3	1 235
3	ACURA TL	76	67	80	78	59	72.0 %		3	AUDI A4	659
4	CHRYSLER 300M								4	MERCEDES Classe C	583
	LHS	**84**	67	**82**	74	52	71.8 %		5	OLDS Aurora	534
5	VOLVO 70 S/V	78	71	81	72	56	71.6 %		6	ACURA TL	421
6	INFINITI I30	78	66	73	77	58	70.4 %		7	TOYOTA Avalon	390
7	MERCEDES Classe C	74	70	79	74	53	70.0 %		8	CADILLAC Catera	377
8	AUDI A4	76	64	80	73	56	69.8 %		9	SAAB 9³	353
9	BMW Série 3	69	**79**	79	71	50	69.6 %		10	LEXUS ES 300	306
10	CADILLAC Catera	78	68	78	79	44	69.4 %		11	INFINITI I30	178
11	MAZDA Millenia	75	66	77	72	52	68.4 %		12	MAZDA Millenia	121
11	OLDS Aurora	74	68	76	78	49	68.4 %			**Non classé:**	
12	SAAB 9³	74	68	78	70	50	68.0 %			CHRYSLER 300M-LHS	

Berlines de luxe de classe 7 de 50 000 à 100 000 dollars

1ʳᵉ BMW Série 5 73.8 %

2ᵉ CADILLAC Seville 72.2 %

3ᵉ VOLVO S80 71.8 %

Position	Modèles	Conception	Conduite	Équipement	Confort	Budget	Moyenne		Position	Modèles	Ventes 97
				NOTRE CLASSEMENT						VOTRE CLASSEMENT	
1	**BMW Série 5**	80	**75**	**85**	**82**	47	**73.8 %**		1	**CADILLAC DeVille**	
2	CADILLAC Seville	84	68	80	**82**	47	72.2 %			**Seville**	**979**
2	CADILLAC DeVille	**89**	67	78	80	47	72.2 %		2	MERCEDES Classe E	436
3	VOLVO S80	80	74	81	78	46	71.8 %		3	BUICK Park Avenue	433
4	AUDI A6	82	70	80	78	48	71.6 %		4	BMW Série 5	430
4	LEXUS GS	78	73	82	75	50	71.6 %		5	ACURA RL	236
4	MERCEDES Classe E	83	71	78	75	**51**	71.6 %		6	LINCOLN Tow Car	211
5	ACURA RL	76	68	82	79	49	70.8 %		7	LINCOLN Continental	148
6	LINCOLN Continental	82	72	79	73	43	69.8 %		8	AUDI A6	147
7	LINCOLN Town Car	86	62	77	73	45	68.6 %		9	BUICK Riviera	129
8	BUICK Park Avenue	78	65	75	72	**51**	68.2 %		10	SAAB 9⁵	77
9	BUICK Riviera	75	66	74	76	49	68.0 %		11	LEXUS GS	28
10	SAAB 9⁵	86	62	78	69	44	67.8 %			**Non Classé:**	
										VOLVO S80	

LES MEILLEURS ACHATS EN 1999

Catégorie des berlines de luxe de plus de 100 000 dollars

1ʳᵉ BMW Série 7   76.4 %

2ᵉ AUDI A8 73.4 %

3ᵉ LEXUS LS 400 73.0 %

NOTRE CLASSEMENT

Position	Modèles	Conception	Conduite	Équipement	Confort	Budget	Moyenne
1	**BMW Série 7**	**92**	**78**	**87**	**87**	38	**76.4 %**
2	AUDI A8	88	73	83	83	40	73.4 %
2	MERCEDES Classe S	**92**	72	82	84	37	73.4 %
3	LEXUS LS 400	81	73	80	80	**51**	73.0 %
4	INFINITI Q45	74	72	84	82	48	72.0 %
5	JAGUAR XJ8-XJR	75	74	81	80	40	70.0 %

VOTRE CLASSEMENT

Position	Modèles	Ventes 97
1	**MERCEDES Classe S**	244
2	BMW Série 7	221
3	JAGUAR XJ8-XJR	175
4	LEXUS LS 400	51
5	AUDI A8	45
6	INFINITI Q45	35

Catégorie des coupés sportifs de classe 3S de 17 500 à 25 000 dollars

1ʳᵉ SATURN SC 69.4 %

2ᵉ ACURA Integra 68.4 %

3ᵉ HYUNDAI Tiburon 68.2 %

NOTRE CLASSEMENT

Position	Modèles	Conception	Conduite	Équipement	Confort	Budget	Moyenne
1	**SATURN SC**	**73**	63	68	72	71	**69.4 %**
2	ACURA Integra	62	70	76	71	63	68.4 %
3	HYUNDAI Tiburon	64	67	76	**73**	61	68.2 %
4	TOYOTA Paseo	61	56	72	65	**79**	66.6 %
5	FORD ZX2	62	60	75	63	71	66.2 %
6	MAZDA Miata	52	**71**	**78**	53	62	63.2 %

VOTRE CLASSEMENT

Position	Modèles	Ventes 97
1	**ACURA Integra**	1 418
2	SATURN SC	1 102
3	HYUNDAI Tiburon	927
4	MAZDA Miata	196

Non classés :
TOYOTA Paseo
FORD ZX2

Catégorie des coupés sportifs de classe S de 25 000 à 35 000 dollars

1re TOYOTA Solara 70.4 %

2e ACURA CL 69.8 %

3e HONDA Prelude 69.0 %

NOTRE CLASSEMENT

Position	Modèles	Conception	Conduite	Équipement	Confort	Budget	Moyenne
1	**TOYOTA Solara**	**75**	69	79	74	55	**70.4 %**
2	ACURA CL	68	66	**82**	71	62	69.8 %
3	HONDA Prelude	61	72	77	**76**	59	69.0 %
4	CHRYSLER Sebring	71	60	69	68	**68**	67.2 %
4	DODGE Avenger	71	60	69	68	**68**	67.2 %
5	TOYOTA Celica	62	68	77	67	61	67.0 %
6	FORD Mustang	61	**75**	75	65	57	66.6 %
7	MERCURY Cougar	66	64	78	64	60	66.4 %
8	CHEVROLET Camaro	62	70	78	58	50	63.6 %
9	PONTIAC Firebird	62	69	77	58	48	62.8 %

VOTRE CLASSEMENT

Position	Modèle	Ventes 97
1	**CHRYSLER FG**	**932**
2	FORD Mustang	535
3	HONDA Prelude	500
4	GM F	445
5	ACURA CL	441
6	TOYOTA Celica	19

Non classés:
MERCURY Cougar
TOYOTA Solara

Catégorie des coupés sportifs GT de 35 000 à 100 000 dollars

1re VOLVO C70 70.6 %

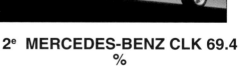

2e MERCEDES-BENZ CLK 69.4 %

3e JAGUAR XK8 68.0 %

NOTRE CLASSEMENT

Position	Modèles	Conception	Conduite	Équipement	Confort	Budget	Moyenne
1	**VOLVO C70**	**72**	78	81	67	**55**	**70.6 %**
2	MERCEDES CLK	69	74	**84**	69	51	69.4 %
3	JAGUAR XK8	68	77	80	**70**	45	68.0 %
4	PORSCHE BOXSTER-911	62	83	81	60	53	67.8 %
5	AUDI TT	64	79	81	67	41	66.4 %
6	CHEVROLET Corvette	65	**86**	79	55	43	65.6 %
6	MERCEDES SLK	56	74	80	69	49	65.6 %
7	BMW Z3	57	82	64	64	54	64.2 %
8	DODGE Viper	61	**88**	78	46	43	63.2 %
9	PLYMOUTH Prowler	48	70	72	40	50	56.0 %

VOTRE CLASSEMENT

Position	Modèle	Ventes 97
1	**PORSCHE 911**	**76**
2	JAGUAR XK8	53
3	DODGE Viper	18

Non classés :
AUDI TT
BMW Z3
CHEVROLET Corvette
MERCEDES CLK-SLK
PLYMOUTH Prowler
PORSCHE Boxster
VOLVO C70

Catégorie des mini-fourgonnettes

1er HONDA Odyssey 71.2 %

**2e CHRYSLER
T&Country-Caravan-Voyager
70.8 %**

3e FORD Windstar 70.6 %

NOTRE CLASSEMENT

Position	Modèles	Conception	Conduite	Équipement	Confort	Budget	Moyenne
1	**HONDA Odyssey**	79	**63**	78	70	**66**	**71.2 %**
2	CHRYSLER NS	79	59	74	**78**	64	70.8 %
3	FORD Windstar	84	61	74	72	62	70.6 %
4	TOYOTA Sienna	75	59	76	72	64	69.2 %
5	NISSAN Quest	76	61	76	70	58	68.2 %
6	OLDS Silhouette	71	52	**81**	70	**66**	68.0 %
7	VW EuroVan	**87**	53	76	71	51	67.6 %
8	PONTIAC Montana	71	52	79	70	64	67.2 %
9	CHEVROLET Venture	67	52	**81**	70	65	67.0 %
10	MAZDA MPV	73	51	73	70	49	63.2 %
11	GM Astro-Safari	72	52	65	69	54	62.4 %

VOTRE CLASSEMENT

Position	Modèle	Ventes 97
1	**CHRYSLER NS**	23 870
2	FORD Windstar	11 989
3	GM série U	11 267
4	GM Astro-Safari	3 051
5	TOYOTA Sienna	1 119
6	NISSAN Quest	1 082
7	HONDA Odyssey	522
8	MAZDA MPV	456
9	VW EuroVan	1

Catégorie des véhicules polyvalents compacts

2e HONDA CR-V 68.8 %

1re TOYOTA RAV4 69.2 %

3e SUBARU Forester 68.0 %

NOTRE CLASSEMENT

Position	Modèles	Conception	Conduite	Équipement	Confort	Budget	Moyenne
1	**TOYOTA RAV4**	70	58	**77**	71	**70**	**69.2 %**
2	HONDA CR-V	**74**	58	75	**73**	64	68.8 %
3	SUBARU Forester	69	**62**	**77**	66	66	68.0 %
4	JEEP Cherokee	66	54	**77**	61	57	63.0 %
5	CHEVROLET Tracker	60	53	75	61	63	62.4 %
6	JEEP TJ	54	45	60	43	55	51.4 %

VOTRE CLASSEMENT

Position	Modèles	Ventes 97
1	**HONDA CR-V**	4 077
2	TOYOTA RAV4	3 603
3	JEEP Cherokee	1 525
4	JEEP TJ	1 200
5	CHEVROLET Tracker	643
6	SUBARU Forester	472

LES MEILLEURS ACHATS EN 1999

Catégorie des véhicules polyvalents intermédiaires

1re MERCEDES-BENZ Classe M 70.0 %

2e JEEP Grand Cherokee 68.0 %

3e DODGE Durango 67.0 %

NOTRE CLASSEMENT

Position	Modèles	Conception	Conduite	Équipement	Confort	Budget	Moyenne
1	**MERCEDES Classe M**	78	69	**79**	**75**	49	**70.0 %**
2	JEEP Gd Cherokee	78	**70**	**79**	74	39	68.0 %
3	DODGE Durango	79	56	77	74	49	67.0 %
4	INFINITI QX4	76	62	78	73	45	66.8 %
5	ISUZU Rodeo	76	61	76	64	**55**	66.4 %
5	LEXUS RX 300	**80**	59	77	71	45	66.4 %
6	TOYOTA 4Runner	71	58	78	70	52	65.8 %
7	FORD Explorer	77	55	77	66	53	65.6 %
7	MERCURY Mountaineer	72	57	75	70	52	65.2 %
8	NISSAN Pathfinder	72	57	75	70	52	65.2 %
9	GM Blazer-Jimmy	73	58	74	67	52	64.8 %
10	OLDS Bravada	73	57	74	67	52	64.6 %

VOTRE CLASSEMENT

Position	Modèle	Ventes 97
1	**JEEP Gd Cherokee**	**4 339**
2	GM Blazer-Jimmy	2 974
3	FORD Explorer	2 151
4	NISSAN Pathfinder	2 022
5	TOYOTA 4Runner	1 208
6	INFINITI QX4	386
7	MERCEDES Classe M	120
8	ISUZU Rodeo	51
9	DODGE Durango	43

Non classés :
LEXUS RX 300
MERCURY Mountaineer
OLDSMOBILE Bravada

Catégorie des véhicules polyvalents de grand format

1re LEXUS LX 470 67.0 %

2e LINCOLN Navigator 66.6 %
2e FORD Expedition 66.6 %

3e GM C/K 64.6%

NOTRE CLASSEMENT

Position	Modèles	Conception	Conduite	Équipement	Confort	Budget	Moyenne
1	**LEXUS LX 470**	84	56	76	**76**	43	**67.0 %**
2	FORD Expedition	85	53	78	71	**46**	66.6 %
2	LINCOLN Navigator	**86**	48	**80**	75	44	66.6 %
3	GM C/K	77	57	75	68	**46**	64.6 %
4	ISUZU Trooper	77	**59**	76	66	41	63.8 %
5	AMG Hummer	81	38	62	50	43	54.8 %

VOTRE CLASSEMENT

Position	Modèle	Ventes 97
1	**GM C/K**	**1 482**
2	FORD Expedition	1 126
3	LINCOLN Navigator	170
4	ISUZU Trooper	41
5	LEXUS LX 450	36

Non classés :
AMG Hummer